Borysthenes F.
(Danaper)
Rha F.
Tyras F.
(Danaster)
Hypanis F.
Pyretus F.
Hierasus F.
(Siret)
(Hister)
MAEOTIS PALUS
MARE CASPIU
Hypanis F.
Panticapaeum
Theodesia
Heraclea Chersonesus
Bosporus Cimmerius
Aegysus
Alutus F.
Danuvius F.
Istrus
Tomi
Durostorum
Oescus
Novae
Odessus
HAEMUS M.
Marcianopolis
Mesembria
Berrhoea
Anchialus
Philippopolis
Apollonia
Adrianopolis
Bosporus Thracicus
PONTUS EUXINUS
CAUCASUS M.
Pityus
Dioscurias
Phasis
Cyrus F.
Sinope
Amisus
Trapezus
Araxes
Neocaesarea
Satala
Theodosiopolis
Philippi
Neapolis
Constantinopolis
Chalcedon
Nicomedia
Gangra
Comana Pontica
Aenus
PROPONTIS
Nicaea
Sangarius F.
Ancyra
Tavium
THOSPITIS L.
MATIA
Cyzicus
Pessinus
Halys F.
Melitene
Pergamum
MARE THRACICUM
Antiochia Pisidiae
Caesarea
Comana Cappadocica
Amida
Hermus
Carmalas F.
Samosata
Nisibis
Nineveh
Sardis
Iconium
Smyrna
Apamea
Lystra
Pyramus
Edessa
Tigris F.
Ephesus
Maeander
Laodicea
Derbe
Tarsus
Carrhae
Antiochia Syriae
Halicarnassus
Seleucia
Seleucia
Xanthus
Euphrates F.
Apamea
CYPRUS
CRETA
Palmyra
Damascus
Tyrus
Alexandria
Petra
W0386782

Otto J. Maenchen-Helfen

DIE WELT DER HUNNEN

OTTO J. MAENCHEN-HELFEN

DIE WELT DER HUNNEN

Herkunft, Geschichte, Religion, Gesellschaft, Kriegführung, Kunst, Sprache

Deutschsprachige Ausgabe besorgt
von

ROBERT GÖBL

VMA-VERLAG WIESBADEN

Titelbild:

Die Hunnen im Kampf gegen die Alanen
aus der Sicht des 19. Jahrhunderts
im Vordergrund Attila.

Colorierter Holzstich nach einem Gemälde von P. J. N. Geiger.

Bild auf der Rückseite:

Bronzekessel der Attilazeit aus Dessa (Walachei).

VMA-Verlag 1997
Wiesbaden

Lizenzausgabe mit freundlicher Genehmigung des
Böhlau Verlag Wien

Druck und Bindung: Paderborner Druck Centrum GmbH
ISBN 3-928127-43-8

INHALTSVERZEICHNIS

VORWORT ZUR DEUTSCHSPRACHIGEN AUSGABE

Dieses Buch stellt ohne Zweifel einen absoluten Wendepunkt in der mehr als 200jährigen Geschichte der Hunnenforschung dar und ist zugleich die bisher größte auf diesem Gebiet vorgelegte Leistung. Wenn es nunmehr auch in der Muttersprache des 1894 in Wien geborenen und seit 1939 in den Vereinigten Staaten, zuletzt in Berkeley, California, wirkenden und 1969 verstorbenen Gelehrten erscheint, so verdient die Geschichte sowohl der Entstehung als auch der schließlichen Drucklegung — jedes für sich eine Odyssee — aus verschiedenen Gründen die Aufmerksamkeit auch jenes Lesers, der gewohnt ist, Einleitungen und Vorworte zu überblättern. Erst die Kenntnis dieser Grundlagen ermöglicht es, die ungeheure und in ihrer Art wohl unwiederholbare Leistung zu würdigen, die dahintersteckt, da das Buch selbst sich weit kürzer und bescheidener gibt, als es in Wirklichkeit ist. Es mag sein, daß dieses Urteil in einer Zeit subjektiv verstanden wird, die Objektives grundsätzlich aus dem Felde schlagen möchte. Ich habe aber in meiner Darlegung nicht bloß die wertvollen Vorbemerkungen des amerikanischen Herausgebers Max Knight (University of California Press) zu verarbeiten, vielmehr kann ich mich auf die gesamten Handakte und Arbeitsunterlagen meines verstorbenen Freundes stützen, die mir Frau Dr. Anna Maenchen-Helfen auf den Rat von Max Knight samt dem Originalmanuskript leihweise zur Durchsicht und Überprüfung überlassen hatte. Dadurch war es nicht nur möglich, Korrekturen und Ergänzungen gegenüber der amerikanischen Ausgabe zu erreichen, sondern ich konnte mir auch ein weit über die langjährigen persönlichen Kontakte hinausreichendes und wesentlich vertieftes Bild von der Arbeits- und Verfahrensweise des Verfassers machen. Vor allem konnte ich auch Einblick in seinen Werkplan gewinnen, der im Laufe der Zeit offenbar verschiedentlich umgeformt worden ist, wovon noch zu sprechen sein wird.

Zunächst ist an allererster Stelle festzuhalten, daß dieses Werk ohne die Initiative Max Knights — zwar selbst kein Fachmann, aber gleichfalls ein alter Freund des Verfassers — nie hätte erscheinen können und daß allein seine Umsicht und aufopfernde Hingabe es der Wissenschaft gerettet hat, als der Tod dem Verfasser die Feder kurz nach Ablieferung eines ersten Manuskriptteiles und mitten in der Anlegung der letzten Feilstriche aus der

Hand nahm. Den nicht unbeträchtlichen Rest hat Herr Knight dann aus den Unterlagen des Verfassers in dessen Arbeitszimmer nach mühseligen Vergleichen von Dubletten mit teilweise abweichenden Versionen der bereits in Maschinschrift umgesetzten und auch dort wieder mit zahlreichen Verbesserungen und Notizen versehenen Manuskriptteile unter Auswahl der mutmaßlichen Letztredaktion herausgesucht und nach einem glücklicherweise endlich gefundenen Gliederungsplan des Autors arrangiert. Soweit ich nach Prüfung aller Unterlagen den ganzen Sachverhalt überblicken und beurteilen kann, ist die letzte Intention Otto Maenchen-Helfens durchaus getroffen worden, so daß ich hierin — obwohl mit der nötigen Vollmacht dazu ausgestattet — auch für die deutschsprachige Ausgabe nichts zu ändern oder hinzuzufügen für nötig hielt.

Aus dem Kreis von Freunden, ehemaligen Schülern und Fachkollegen haben sich die Professoren Peter A. Boodberg (†; russische Zitate), Edward H. Schafer (chinesische Zitate), J. K. Anderson (lateinische und griechische Zitate), Talat Tekin und Hamid Ager (türkische Zitate), Joachim Werner (zum Schwert von Altlußheim) und eine weitere lange Reihe von Gelehrten für die Kontrolle von gotischen, iranischen, ungarischen, japanischen und ukrainischen Belegen sowie für allerlei andere Fragen des Textes mit Rat und Hilfe zur Verfügung gestellt; Frau Prof. Guitty Azarpay, die Lieblingsschülerin des Verfassers, hat die Illustrationen ausgewählt und bezeichnet, ferner die Zitate überprüft. Bibliographie und Index fehlten und mußten nachgefertigt werden. Diese Angaben und die Danksagungen des amerikanischen Herausgebers übernehme ich pflichtgemäß und gebe sie gerne weiter.

Für die vorliegende Ausgabe erscheinen indessen einige zusätzliche Bemerkungen angezeigt, die nicht bloß der wissenschaftlichen Kritik und den verschiedenen Leserkreisen zur Orientierung dienen, sondern auch von wissenschaftlichem Wert sein können. Sie müssen mit der Würdigung der Gelehrtenpersönlichkeit eines längst im Aussterben befindlichen Schlages beginnen, dessen enorme Spannweite seiner Interessen, getragen von einer ebenso vielseitigen wie soliden Ausbildung, mit der Gabe verbunden war, den Dingen das Wesentliche abzugewinnen, Phantasie zu besitzen und nicht von ihr besessen zu sein, Ideen zu haben und ihnen nicht zu erliegen, genau zu sein, ohne der Pedanterie zu verfallen, wie ich es an anderer Stelle charakterisiert habe. Was der Verfasser über sich und sein Werk selbst sagt, verdient sachlich und menschlich unsere höchste Achtung. Otto Maenchen-Helfen hat kein einfaches Schicksal gehabt. Er studierte in Wien 1914, machte dann den Ersten Weltkrieg in der Armee mit und setzte danach seine Studien an den Universitäten Wien, Gothenburg und Leipzig fort, um sie 1923 in Leipzig als Dr. phil. abzuschließen. Die folgenden Jahre waren mit privaten Studien in Wien, archäologischen Studien in Rußland (einschließlich Sibiriens) und einer archäologischen Expedition in die nordwestliche Mongolei ausgefüllt. Seine weiteren Forschungen in Berlin zwischen 1930 und 1933 brachten ihm im Jahre 1933 die Dozentur in Berlin, die er aber aus politischen Gründen nicht antrat. Von 1933 bis 1938 lebte Maenchen-Helfen als Privatgelehrter in seiner Heimatstadt Wien, wurde hier 1938 neuerlich Privatdozent an der Universität und verließ, vom gleichen Schicksal ein zweites Mal verfolgt, den Kontinent. Von 1939 an war er dann, wie bereits bemerkt, akademischer Lehrer in den Vereinigten Staaten. Maenchen-Helfen war zunächst Kunsthistoriker und lehrte Geschichte der chinesischen, japanischen und indischen Kunst; seine eigentlichen Forschungen, obgleich aus diesen Bereichen erwachsen, lagen jedoch weit außerhalb dieser Gebiete, und sein bevorzugtes Thema war die Geschichte der großen eurasischen Wanderbewegungen und ihrer Träger, der Skythen, Sarmaten und Hunnen. Für seine Forschungen brachte Maenchen-Helfen außer der notwendigen anthropologischen, ethnologischen und archäologischen Schulung ein geradezu unwahrscheinliches Arsenal an Sprachen mit: außer Latein und Griechisch las und sprach er alle romanischen Sprachen ebenso wie die wichtigsten germanischen Sprachen der Gegenwart. Neben dem Deutschen ist ihm das Englische die zweite Muttersprache geworden. Russisch las er fließend, las (und sprach bis zu einem gewissen Maße) Chinesisch und Japanisch, besaß hinreichende Kenntnisse des Mongolischen und Alttürkischen und wußte sich auch im Ungarischen zu helfen. Er war dadurch in der einmaligen Lage, die Quellen über jene Völker im Original zu studieren, von denen er in diesem Werk spricht.

An dieser Stelle nun ist die erfreuliche Feststellung zu treffen, daß die Max Knight offenbar unter dem Eindruck des plötzlichen Todes des Verfassers sich aufdrängende Auffassung von der stellenweise möglichen Unvollständigkeit des Werkes sachlich unbegründet ist. Leider sind seine vorsichtigen Formulierungen mehrfach mißverstanden und falsch interpretiert worden (so zum Beispiel von G. Schreiber in seinem volkstümlichen Hunnenbuch, der es „nur zum Teil vollendet“ nennt, es aber im übrigen in der Praxis kaum zur Kenntnis genommen hat). Eine fachliche Beurteilung der Frage muß sich daran halten, daß Plan und Vorarbeiten zu dem Werk über dreißig Jahre zurückreichen und daß in dieser Zeit sich zwar nicht die Absichten, aber die Durchführungspläne des Verfassers unter dem Eindruck seiner umfassenden Quellensammlung notwendigerweise ändern mußten, der als Untertitel zunächst die Formulierung „ein Forschungsbericht“ gewählt, dann aber aufgegeben hatte. Daß die Grundfrage nach der Herkunft der attilanischen Hunnen sich nicht in der Klärung möglicher Zusammenhänge mit den sogenannten „östlichen“ Hunnen (Hsiung-nu) erschöpfen konnte, sondern vielmehr überhaupt ein Problem der raschen Bildung nomadischer Völker- und Machtagglomerationen — im vorliegenden Fall mit der Besonderheit der einzigartigen Einbeziehung der primär nichtnomadischen ethnischen Komponente der Ostgermanen — ist, hat Maenchen-Helfen früh erkannt. Er ist daher in erster Linie dem unermeßlichen und vielschichtigen archäologischen Hintergrund in einer Ausführlichkeit und methodischen Exaktheit nachgegangen, von der die lapidare Kürze seiner Schlüsse und Feststellungen nur wenig ahnen läßt. Was die Arbeitsunterlagen des Verfassers allein über Alanen und Sarmaten, Hsiung-nu oder Weiße Hunnen — um nur einige Beispiele zu nennen — enthalten, hätte ausgereicht, den Umfang des Werkes mühelos zu verdreifachen. Das Manuskript der Letztfassung zeigt aber deutlich Auswahl und beabsichtigte Beschränkung.

Maenchen-Helfen hat sie im offensichtlich permanenten Spannungsfeld zwischen der möglichst umfassenden Vollständigkeit der gesamten Evidenz und der Unüberschaubarkeit und Kontrollmöglichkeit durch die Benützer bewußt gewählt. Dabei ist in Rechnung zu stellen, daß er in zweiter Spur in einer fast kriminalistischer Spuren- und Indiziensuche vergleichbaren Examinierung auch solche literarische Quellen und Fragmente aufgespürt und skrupulös untersucht hat, in denen etwas Brauchbares über die Hunnen zu finden bisher niemand vermutet und daher auch nicht versucht hat. Rechnet man hinzu, daß er in einer dritten Spur, durch eine umfassende und gründliche Kenntnis der Originalsprachen wie oben angedeutet befähigt, den sprachlichen Grundlagen mit einer bisher unerhörten Intensität und Kompetenz umfassend nachgegangen ist, daß Anthropologie, Paläoethnologie und Kunstgeschichte ebenso wie Wirtschaftliches und Soziales mit zu berücksichtigen waren, so ergibt allein der Blick auf das Umfangverhältnis der einzelnen Kapitel zueinander, das dank der Umsicht Max Knights erhalten ist, die planvolle Abstimmung nach jeweiliger Valenz der Zeugnisse hinsichtlich Menge und Bedeutung im einzelnen. Wofern der Verfasser je einen größeren Umfang vorgehabt hat, so hat ihn jedenfalls — soweit erkennbar — schließlich wohl auch noch die Einsicht in die rein physischen Grenzen seiner Kapazität letzten Endes zu mancher im Grundtext noch erkennbaren radikalen Kürzung veranlaßt. Wenn zum Beispiel ein größeres Kapitel über die Verbreitung oströmischer Solidi im damaligen hunnischen Territorium und die daraus ableitbaren Schlüsse als fehlend empfunden werden sollten, so mag dies äußerlich richtig sein. Tatsächlich ist es einfach deshalb unterblieben, weil eine hier nicht näher auszuführende, auch zehn Jahre später kaum bessere Forschungssituation den Verfasser zu Recht davon abhielt. So ist zum Beispiel der 1962 gefundene Schatz von über 1500 oströmischen Solidi, der in Budapest liegt, offenbar ein Teil einer Zahlung an die Hunnen, noch immer nicht adäquat publiziert worden. Insgesamt wird man kaum in der Annahme fehlgehen, daß eine derartig multilaterale Leistung aus einer Hand in Hinkunft kaum mehr möglich sein wird.

Wenn mir Maenchen-Helfen vor Jahren einmal sagte, er schriebe dieses Werk, mich eingeschlosen, für abgezählte achtzehn Menschen, so ergibt dies zusammen mit seiner eigenen Vorrede zwar klar, daß das Werk für die engere Fachwelt bestimmt war und daß sich aus ihm keine Art Volkslesebuch über die Hunnen machen läßt, die im Geschichtsdenken auch des nüchternsten aller Jahrhunderte nichts von ihrer Romantik eingebüßt haben. Das Besondere dieses Werkes ist aber trotz seines absolut wissenschaftlichen Niveaus, daß es dank seiner erdnahen Betrachtungsweise und seiner Sprache, in der sachliche Nüchternheit mit lebendiger Darstellung und oft mit kaustischem, mitunter sarkastischem Witz eine unwiederholbare Verbindung eingegangen sind, jedem bloß wissenschaftlich Interessierten das sichere Gefühl gibt, sich in diese nicht leichte Materie einlesen zu können. In hohem Maße ist das Buch daher auch eine große literarische Leistung.

Es ist selbstverständlich, daß ich mich für die deutschsprachige Ausgabe bemüht habe, gewisse Mängel der amerikanischen Edition nach Tunlichkeit auszumerzen. Daß trotz mehrmaligem Durcharbeiten des Buches in mehr als einem halben Jahr, währenddessen die eigene Produktion so gut wie gänzlich ruhte, dennoch nicht alles so geworden ist, wie ich es gerne gehabt hätte, liegt unter anderem auch daran, daß dem Druckbeginn ein vernünftiger Termin gesetzt werden mußte, an den ich gebunden war. Meine vordringlichste Aufgabe habe ich zunächst darin gesehen, Schreibweise und Sprachrhythmus meines alten Freundes, wie ich sie aus seinen gelegentlichen deutschsprachigen Arbeiten und seinen Briefen in Erinnerung habe, in der Übersetzung von Viktor Straub wiederherzustellen, die ich daher wörtlich durchgegangen bin. Dem Sachlichen bin ich aber stets treu geblieben und habe daher zum Beispiel bewußt, aber wertungsfrei den englischen Ausdruck *civilization* mit *Zivilisation* übernommen, wo man vielleicht andernorts *Kultur* schreiben würde. Wenn ich für die Übersetzungen metrischer Texte eine metrische Übersetzung ins Deutsche gegeben habe, so mit dem Wunsch, den Eindruck des Originals tunlichst ebenso zu erhalten wie der über diese Texte laufenden Argumentation des Verfassers getreulich Rechnung zu tragen. Daß ich in meiner Arbeit auf so manche detailfachliche Rückfrage bei befreundeten Kollegen angewiesen war, versteht sich von selbst. Ich war selbstverständlich aber nicht in der Lage, in der mir zur Verfügung stehenden Zeit alle Stellenangaben der Primär- wie der Sekundärliteratur im Original nachzuprüfen, aber bei den wichtigsten habe ich es getan und die Kontrolle wenigstens nach dem Manuskript durchgeführt. Da ich jedoch versuchen mußte, die Zitate auf die in Europa im Fach allgemein üblichen Formen zu bringen, konnten nicht nur gewisse Inkongruenzen, die nicht primär auf das Konto des Verfassers gehen, aufgehoben, sondern auch manches Zitat berichtigt oder ergänzt werden. Gänzlich fehlende Fußnoten habe ich zum größten Teil direkt aus den Unterlagen, vom Kontext geleitet, und hoffentlich im Sinne des Autors ergänzen können. Das wenige noch Fehlende ist ausdrücklich vermerkt, und ich wäre für die Ergänzung Kundigeren als mir herzlich dankbar. Die vom amerikanischen Herausgeber stellenweise vermuteten Lücken bestehen nach meiner eingehenden Prüfung der Unterlagen entweder nicht oder sind praktisch irrelevant. An einer Stelle war die Ergänzung eines unvollendeten Satzes und die Einfügung des geplanten folgenden Absatzes aus den Arbeitsakten leicht möglich. Ergänzungs- und Zusatzvermerke sind mit der Sigle R. G. ausdrücklich von den Angaben des Verfassers abgehoben und kenntlich gemacht. Im Kapitel über die Akatir (S. 293 f.) habe ich die Orthographie des Alttürkischen nach der Arbeit von Maenchen-Helfen im CAJ 1966 glücklicherweise wiederherstellen können. Alle chinesischen Zitate sind einschließlich der Schriftzeichen nach dem Originalmanuskript sorgfältig überprüft, in der Frage einheitlicher Transliteration hat mich Kollege O. Ladstätter gütig beraten.

Um die Überprüfung der stellenweise äußerst unvollkommenen Bibliographie, der Lücken und Fehler in den Listen der antiken Autoren und deren herangezogenen Werke haben sich meine Schüler Dr. Wolfgang Szaivert (Bibliographie und antike Autoren) und Dr. Herbert Bannert (Verifizierung und Überprüfung lateinischer und griechischer Zitate), soweit ich die Werke nicht selbst zur Hand hatte, besonders dankenswert bemüht und verdient gemacht. Daß dennoch ein im einzelnen nicht geringer Stock an unentdeckten Fehlern geblieben sein wird, muß leider als ziemlich sicher gelten. Auch hier bin ich für Hinweise sehr dankbar. Insbesondere habe ich nicht über die ungewöhnlich ausgedehnt herangezogene russische Sekundärliteratur verfügen können. In die Liste der antiken Autoren sind — schon zur Orientierung des Lesers über die Grunddaten — alle im Text nur irgend erwähnten aufgenommen. Im Gegensatz scheinen in der modernen Bibliographie nur jene Werke auf, auf die sich der Verfasser mehrfach bezieht. Die Bibliographie gibt jene Werke an, nach denen der Verfasser gearbeitet hat, und spiegelt neben dessen Wahl auch die ihm zur Verfügung stehenden bibliothekarischen Ressourcen wider. Zu einer Ergänzung auf den allerneuesten Stand hielt ich mich weder berechtigt noch wäre dies in der zur Verfügung stehenden Zeitspanne überhaupt möglich gewesen. Die üblichen Abkürzungen sind für lateinische Autoren nach dem Thesaurus Linguae Latinae (TLL), für die griechischen nach dem Werk von Moravczik 1958, die übrigen analog nach diesen erstellt worden. Daß es hier dennoch Differenzen im internationalen Gebrauch gibt, ist hinlänglich bekannt; jedenfalls habe ich auf Klarheit und Einheitlichkeit möglichst geachtet. Den Text des Kapitels XII von Prof. Alexander habe ich kommentarlos übernommen. Daß er in dieser Ausgabe entgegen dem Wunsch einiger amerikanischer Kritiker an seiner Stelle blieb, wohin ihn außerdem sein Titel verweist, habe ich allein zu verantworten. Seine Wichtigkeit wird keineswegs dadurch gemindert, daß Maenchen-Helfen offensichtlich kein solches Kapitel zu schreiben vorhatte. Auch die Arbeitsunterlagen haben dazu kein einziges Blatt. Für den wissenschaftlich interessierten Leser findet sich jedenfalls in ihm manche Hilfe. Die Bilder sind auf meinen Wunsch aus dem Text herausgezogen und in Abstimmung mit meinen Anweisungen in einen eigenen Tafelteil vereinigt worden, was manchen Vorteil bietet. Mit Ausnahme der Beigabe der Rekonstruktion des hunnischen Bogens, einiger Solidi der Zeit, die gleichzeitig die wichtigsten römischen Herrscher des hunnischen Jahrhunderts zwischen 378 und 467 zeigen, und einiger Anschauungsbeispiele für die artifizielle Schädeldeformation habe ich keine weiteren Ergänzungen vorgenommen, sondern mich dafür nach Kräften bemüht, für die Verbesserung verschiedener Bilder Sorge zu tragen, wobei mich wiederum die Übermittlung von Material aus den Arbeitsunterlagen des Verfassers sehr unterstützt hat.

Mein besonderer Dank für verschiedentliche Hilfe im einzelnen gilt in alphabetischer Reihung nachfolgender Liste: H. Friesinger, O. Gamber, W. Hahn, O. Höfler, H. Hommel, J. Koder, J. Kreiner, M. Mayrhofer, W. Seibt, J. Werner.

Robert Göbl

VORWORT DES VERFASSERS

Der Verfasser des vorliegenden Buches — er steht in seinen frühen Siebzigern — mag wohl von dem Vorrecht Gebrauch machen, das üblicherweise Männern in der Blüte ihres Greisenalters gewährt wird, und einige Worte über sich selbst sagen, in meinem Fall über die Ursprünge meines Interesses an den Hunnen. Mein ganzes Leben lang haben mich Grenzprobleme fasziniert. Als Knabe habe ich römische Kupfermünzen entlang der Überreste jenes Erdwalles ausgegraben, der bis zum 17. Jahrhundert meine Heimatstadt Wien vor dem Osten beschützte. Zwei Häuserblöcke von meinem Geburtshaus entfernt stand noch in meiner Jugend ein Haus, über dessen Tor eine türkische Kanonenkugel aus Stein von der Belagerung 1529 eingemauert war. Mein Großvater war ein Jahr im Gefängnis, weil er 1848 mit den Revolutionären gegen die kroatischen Söldner der Habsburger gekämpft hatte. Meine Doktorarbeit beschäftigte sich mit den „barbarischen“ Elementen in der Kunst der Han-Zeit. Im Jahre 1929 lebte ich monatelang in den Zelten der türkisch sprechenden Nomaden in der nordwestlichen Mongolei, wo der Zusammenstoß zwischen „höherer Zivilisation“, vertreten durch den tibetanischen Lamaismus, und den „primitiven“ Ansichten der Türken deutlich ins Auge sprang. In Kaschmir bewunderte ich in Harwan die künstlich verformten Schädel auf den gestempelten Ziegeln aus der Kuschan-Zeit. Diese Schädel hatten mich bereits sehr beeindruckt, als ich sie zum ersten Mal im Museum in Wien sah und sie als Student vermaß. In Nepal hatte ich eine andere Gelegenheit, die Verschmelzung verschiedener Zivilisationen in einem Grenzland zu beobachten. Ich verbrachte viele Tage im Museum von Minusinsk in Südsibirien mit dem Studium von „skythischen“ Bronzeplatten und Kesseln. In Kabul stand ich ehrfürchtig vor der Inschrift von Surkh Kotal: sie rief mir die Probleme der Barbaren an der chinesischen Grenze in Erinnerung, worüber ich in früheren Jahren ziemlich viel geschrieben hatte. Attila und seine Inkarnationen verfolgten mich, solange ich mich erinnern kann.

In der Geschichte der westlichen Welt sind die achtzig Jahre der hunnischen Macht nur eine Episode. Die Väter, die sich zum Konzil von Chalkedon versammelt hatten, zeigten eine erhabene Gleichgültigkeit den barbarischen Reitern gegenüber, die in einer Entfernung von nur hundert Meilen Thrakien verwüsteten. Sie hatten recht. Wenige Jahre später wurde das Haupt von Attilas Sohn im Triumphzug durch die Hauptstraße von Konstantinopel getragen.

Manche Autoren hatten das Gefühl, sie müßten ihre Studien über die Hunnen damit rechtfertigen, daß sie sich Gedanken über deren Rolle beim Übergang der Spätantike zum Mittelalter machten. Ohne die Hunnen, so behauptete man, wären Gallien, Spanien und Afrika nicht oder nicht so bald in die Hand der Germanen gefallen. Die bloße Existenz der Hunnen im östlichen Zentraleuropa soll, so sagt man, die Feudalisierung von Byzanz gehemmt haben. Das kann wahr sein oder auch nicht. Wenn aber ein historisches Phänomen nur dann unserer Aufmerksamkeit wert wäre, wenn es das hernach Kommende formte, dann müßten die Mayas und Azteken, die Vandalen in Afrika, die Burgunder, die Albigenser und die Kreuzfahrerkönigreiche in Griechenland und Syrien von der Tafel der Klio weggewischt werden. Es ist zweifelhaft, ob Attila „Geschichte machte". Die Hunnen „vergingen wie die Awaren" — „sginuli kak obry", wie die alten russischen Chronisten zu sagen pflegten, wenn sie über ein Volk schrieben, das für immer verschwunden war.

Es scheint daher seltsam, daß die Hunnen noch 1500 Jahre später solche Emotionen hervorrufen können. Fromme Seelen schaudern noch immer, wenn sie an Attila, die „Geißel Gottes", denken; und in ihren Tagträumen trotten deutsche Universitätsprofessoren hinter Hegels *Weltgeist zu Pferde*. Man kann sie übergehen. Aber einige Türken und Ungarn singen noch immer laute Päane zum Lobe ihres großen Ahnen, Friedensbringer der Welt und Gandhi in einer Person. Die leidenschaftlichsten Kämpfer wider die Hunnen aber sind die sowjetischen Historiker. Sie fluchen ihnen, als ob sie erst tags zuvor raubend und mordend durch die Ukraine geritten wären; einige Gelehrte in Kiew können noch immer nicht die brutale Zerstörung der „ersten Blüte slawischer Zivilisation" verwinden.

Der gleiche grimmige Haß brannte in Ammianus Marcellinus. Er und andere Schriftsteller des 4. und 5. Jahrhunderts beschrieben die Hunnen als die wilden Monster, als die wir sie noch heute sehen. Haß und Furcht entstellten das Bild der Hunnen von dem Augenblick an, da sie an der unteren Donau erschienen. Wofern diese tendenziöse Haltung nicht voll erkannt wird — und das ist selten der Fall —, wird die literarische Evidenz zwangsläufig fehlinterpretiert. Die vorliegende Studie beginnt daher mit ihrer Neuüberprüfung.

Die folgenden Kapitel, die sich mit der politischen Geschichte der Hunnen befassen, sind kein erzählender Bericht. Die Geschichte von Attilas Einfällen in Gallien und Italien braucht nicht noch einmal erzählt zu werden. Man findet sie in jeder Standardgeschichte über den Niedergang des Römischen Reiches. Die Kenntnis davon, wenigstens in den Umrissen, wird in diesem Buch vorausgesetzt. Allerdings wurden viele Probleme von Bury, Seeck und Stein nicht einmal berührt, und sie haben manche Irrtümer begangen. Diese Feststellung will die Leistung dieser hervorragenden Gelehrten nicht schmälern, denn die Hunnen lagen an der Peripherie ihrer Interessen. Aber solche Mängel sind auch bei Büchern anzutreffen, in denen die Hunnen mehr Raum einnehmen, sogar bei Monographien. Die ersten vierzig oder fünfzig Jahre der hunnischen Geschichte werden nur flüchtig behandelt. Gewiß sind die Quellen dürftig, aber nicht so dürftig, wie man glauben könnte: für die Invasion in Vorderasien im Jahre 395 z. B. fließen die syrischen Quellen reichlich. Einige der Fragen, die die Herrschaft Attilas aufwirft, werden für immer unbeantwortet bleiben. Andere aber werden von den Quellen beantwortet, vorausgesetzt, man sieht sich, wie ich es getan habe, um Quellen um, die außerhalb jener Literatur liegen, die die Basis für Studien über die Hunnen seit Gibbon und Le Nain de Tillemont bildete. Die chronologischen Erörterungen mögen zeitweise die Geduld des Lesers auf die Probe stellen, dem kann man aber nicht abhelfen. Eunapius, der in seinem Geschichtswerk ebenfalls über die Hunnen schrieb, stellt einmal die Frage, welchen Wert für den eigentlichen Gegenstand der Geschichte das Wissen besitze, daß die Schlacht bei Salamis von den Griechen beim Aufgehen des Sirius gewonnen wurde. Eunapius hat auch heute noch seine Nachfolger, und vielleicht heute mehr denn je. Man kann nur hoffen, daß uns ein Historiker erspart bleibt, dem es gleichgültig ist, ob Pearl Harbor vor oder nach der Invasion in der Normandie kam, weil es darauf „in einem höheren Sinn" nicht ankomme.

Der zweite Teil des vorliegenden Buches besteht aus Monographien über die Wirtschaft, Gesellschaft, Kriegführung, Kunst und Religion der Hunnen. Was diese Untersuchungen von früheren unterscheidet, ist die umfassende Benützung archäologischen Materials. In seinem Buch „*Attila and the Huns*" weigert sich Thompson, davon Kenntnis zu nehmen, und das Wenige, worauf sich Altheim in seiner *Geschichte der Hunnen* bezieht, hat er aus zweiter Hand. Das Material, das in russischen, ukrainischen, rumänischen, ungarischen, chinesischen, japanischen und zuletzt auch in mongolischen Publikationen verstreut ist, ist gewaltig. In den letzten Jahren hat die archäologische Forschung so rasche Fortschritte gemacht, daß ich meine Ansichten wiederholt während der Arbeit an diesen Untersuchungen modifizieren mußte. Werners monumentales Buch über die Archäologie des Attilareiches, das 1956 erschien, ist schon in einigen Teilen veraltet. Ich erwarte und hoffe, daß das gleiche in zehn Jahren auch von meinen Studien gelten wird.

Obwohl ich mir der Gefahren bewußt bin, die im Suchen nach Parallelen zwischen den Hunnen und früheren und späteren Nomaden der eurasischen Steppen liegen, bekenne ich, daß meine Ansichten bis zu einem gewissen — und ich hoffe nicht übermäßigen — Grad durch meine Erfahrungen mit den Bewohnern von Tuwa, in der nordwestlichen Mongolei, beeinflußt sind, bei denen ich den Sommer 1929 verbrachte. Diese sind — oder waren damals — das primitivste türkisch sprechende Volk an den Grenzen der Wüste Gobi.

Man wird mich möglicherweise dafür kritisieren, daß ich den von Robert Göbl so benannten Iranischen Hunnen zuwenig Aufmerksamkeit schenke: den Kidariten, den Weißen Hunnen, Hephthaliten und Hunas. Bei der Erörterung des Namens „Hunne" konnte ich nicht umhin, mich mit deren Namen zu befassen. Aber weiter wagte ich mich nicht. Die Literatur über diese Stämme oder Völker ist gewaltig. Sie stehen im Zentrum von Altheims *Geschichte der Hunnen*, obwohl er die numismatische und die chinesische Evidenz, über die Enoki so viele Jahre lang gearbeitet hat, praktisch ignoriert. Göbls *Dokumente zur Geschichte der Iranischen Hunnen in Baktrien und Indien* ist die gründlichste Untersuchung ihrer Münzen und Siegel und — auf dieser Grundlage — ihrer politischen Geschichte. Und doch bleiben hier Probleme, zu deren Lösung ich keinen sinnvollen Beitrag leisten konnte. Ich habe weder die linguistischen noch die paläographischen Kenntnisse, um die Richtigkeit der verschiedenen und manchmal völlig entgegengesetzten Lesungen der Münzinschriften beurteilen zu können. Aber selbst wenn eines Tages die Gelehrten, die sich mit diesem widerspenstigen Material abmühen, zu einer Einigung kommen, so wird doch das Ergebnis relativ bescheiden sein. Die Hunas Mihirakula und Toramana werden bloße Namen bleiben. Es gibt keine Ansiedlung, kein Grab, nicht einmal einen Dolch oder ein Metallstück, das ihnen oder irgendwelchen anderen Iranischen Hunnen zugeschrieben werden könnte. Bis die dürftigen und widersprüchlichen Beschreibungen ihres Lebens gegenständlich durch Funde ergänzt werden können, wird der Forscher, der sich mit den attilanischen Hunnen befaßt, dankbar das zur Kenntnis nehmen, was ihm die Erforscher der sogenannten Iranischen Hunnen anbieten können. Aber dabei ist wenig, was er für seine Forschung gebrauchen kann. Eine vor kurzem entdeckte Wandmalerei in Afrasiab, dem alten Samarkand, scheint das erste Licht in der Dunkelheit zu sein. Die Zukunft der hephthalitischen Studien liegt in der Hand der sowjetischen und, wie zu hoffen, der chinesischen Archäologen. Ἐν βυθῷ γὰρ ἡ ἀλήθεια.

Ich bin mir bewußt, daß einige Kapitel nicht leicht zu lesen sind. Zum Beispiel zieht jenes über die Hunnen nach Attilas Tod die Aufmerksamkeit auf Ereignisse, die anscheinend nicht wissenwert sind, auf Männer, die bloße Schatten waren; es springt von germanischen Sagas zu Kirchenstreitigkeiten in Alexandrien, von den iranischen Namen obskurer Anführer zu einem Erdbeben in Ungarn, von Isispriestern in Nubien zur Hauptstraße in Konstantinopel. Ich will mich nicht entschuldigen. Einige Leser werden sicherlich das Zusammenfügen der verstreuten Stücke so faszinierend finden wie ich, und ich bekenne mich frivolerweise zu einem künstlerischen Hedonismus, der für mich nicht der letzte Impuls für meine Beschäftigung mit den dunklen Zeitaltern ist. Um auf einer höheren Ebene die zu beruhigen, die mit schlechtem Gewissen das rechtfertigen, was sie tun — nämlich Historische Untersuchungen in Großbuchstaben —, darf ich vielleicht darauf hinweisen, daß ich nicht einsehen kann, warum die Geschichte von — sagen wir — Baja California respektabler ist als etwa die der Geschichte der Hunnen auf dem Balkan um 460. *Sub specie æternitatis* schwinden beide ins Nichts.

In seinen *Opinions de Jérôme Coignard* erzählte einmal Anatole France die wundervolle Geschichte des jungen persischen Prinzen Zémire, der seinen Gelehrten den Auftrag gab, die Geschichte der Menschheit zu schreiben, um später als Monarch, durch die Erfahrung der Vergangenheit aufgeklärt, weniger Fehler zu begehen. Nach zwanzig Jahren erschienen die weisen Männer vor dem Prinzen, der inzwischen schon König war. Ihnen folgte eine Karawane von zwölf Kamelen, von denen jedes 500 Bände trug. Der König bat sie um eine kürzere Version, und sie kehrten nach weiteren zwanzig Jahren mit drei Kamelladungen und nach abermaliger Ablehnung durch den König zehn Jahre später mit einer einzigen Elefantenladung zurück. Nach wiederum fünf Jahren erschien ein Gelehrter mit einem einzigen großen Buch, das von einem Esel getragen wurde. Der König lag auf seinem Totenbett und seufzte: „Ich werde sterben, ohne die Geschichte der Menschheit zu kennen. Kürze ab, kürze ab!" „Herr", entgegnete der Gelehrte, „ich werde es für Dich in drei Worten zusammenfassen: *Sie wurden geboren, sie litten, sie starben!*"

Auf seine Weise war der König, der nicht alles hören wollte, im Recht. Aber solange Menschen, vielleicht aus Torheit, wissen wollen, „wie es war", mag es einen Platz für Untersuchungen wie die vorliegende geben. *Dixi et salvavi animam meam* . . . O. M.-H.

Die Danksagung des Autors an seine Korrespondenten in aller Welt wurde von Maenchen-Helfen im Laufe vieler Jahre länderweise vorbereitet, wobei leider auch aus der Korrespondenz die für Frankreich, Korea, Rumänien und Taiwan zu nennenden Gelehrten, denen er ohne Zweifel seinen Dank aussprechen wollte, nicht mehr zu eruieren waren. Besonders erwähnt sind die East Asiatic Library und der Interlibrary Borrowing Service der University of California; anderen Institutionen ist im Text gedankt. Die folgende Liste ist daher inkomplett. (R.G.)

BRD: E. v. Eickstedt, W. Enßlin, G. Haloun, K. Jettmer, W. Krause, A. Mutzenbecher, O. Pritsak, G. Schramm, J. Werner

Großbritannien: G. H. Minns, E. G. Pulleyblank, G. Ransom, A. Waley, W. P. Yetts

Indien: B. Prakash

Italien: M. Bussagli, P. Daffinà, L. Petech

Japan: N. Egami, K. Enoki, U. Gimpu

Niederlande: K. Jahn

Österreich: R. Göbl, F. Hančar, R. Heine-Geldern

Schweden: B. Karlgren, F. Rundgren

Schweiz: A. Alföldi, K. Gerhart, I. Hubschmid

UdSSR: M. I. Artamanov, A. Belenickij, V. V. Ginzburg, K. V. Golenko, M. P. Grjaznov, L. N. Gumilev, I. Kožomberdiev, L. P. Kyslasov, B. A. Litvinskij, E. Lubo-Lesničenko, A. Mansevič, V. A. Nil'sen, A. P. Okladnikov, L. V. Ošanin, M. Saratov, T. N. Senigova, I. V. Sinicyn, S. S. Sorokin, B. Staviskij, C. Trever, V. B. Vinogradov, I. und A. Zadneprovskij

Ungarn: K. Cségledy, D. Czallány, L. Ligeti, E. Lipták, Gy. Moravcsik, J. Nemeskéri

USA: P. A. Boodberg, C. S. Chard, H. Dubs, R. N. Frye, W. B. Henning, E. Kantorowicz, O. Lattimore, H. L. Levy, K. H. Menges, L. Olschki, N. Poppe, E. Porada, J. Rosenfield, R. C. Rudolph, E. Schafer, I. Ševčenko, E. Soper, L. Sickman, L. White

I. LITERARISCHE ZEUGNISSE

Das Kapitel, das der römische Geschichtsschreiber Ammianus Marcellinus (330—400 n. Chr.) über die Hunnen verfaßte, ist ein unschätzbares Dokument. Es stammt aus der Feder des „größten literarischen Genies, das die Welt zwischen Tacitus und Dante gesehen hat“[1], und ist auch stilistisch ein Meisterwerk. Die Überlegenheit Ammians über die anderen Schriftsteller seiner Zeit, die nicht umhin konnten, die Hunnen zu erwähnen, wird deutlich, wenn man ihre Schilderungen vom ersten Erscheinen der wilden Horden in den nördlichen Balkanprovinzen liest. Sie erzählen uns in wenigen dürren Worten, daß die Goten von den Hunnen aus ihren Wohnsitzen vertrieben wurden; einige fügen die Geschichte einer Hindin hinzu, die die Hunnen über den Kimmerischen Bosporus führte. Das ist alles. Sie bemühten sich nicht, die Gründe der Katastrophe von Adrianopel zu erforschen, diesen schrecklichen Nachmittag des 9. August 378, als die Goten zwei Drittel der römischen Armee vernichteten, denn sonst hätten sie erkannt, daß „die Saat des ganzen Zusammenbruchs und der Ursprung der verschiedenen Katastrophen“[2] die Ereignisse waren, die im transdanubischen Barbarikum Jahre vor der Aufnahme der Goten ins Reich stattfanden. Sie versuchten nicht einmal in Erfahrung zu bringen, wer die Hunnen waren, und wie sie lebten und kämpften.

Es ist lehrreich, die eben zitierten Worte Ammians mit der folgenden Passage des Historikers und Kirchenschriftstellers Paulus Orosius (*floruit* 415), Schüler des heiligen Augustinus, zu vergleichen.

> Im 13. Jahr der Herrschaft des Valens, das heißt in dem kurzen Zeitraum, der der Zerstörung der Kirchen durch Valens und der Niedermetzelung der Heiligen im Osten folgte, ließ diese Wurzel unserer Trübsal zur gleichen Zeit eine sehr große Zahl von Schößlingen wachsen. Der Stamm der Hunnen, lange Zeit durch unzugängliche Berge abgeschlossen, brach in plötzlicher Wut gegen die Goten los und trieb sie in Panik weithin aus ihren alten Wohnsitzen[3].

Wenn die arianische Häresie des Valens die Wurzel aller Übel war und der Angriff der Hunnen auf die Goten nur ihr Trieb, dann war es gewiß Verschwendung von Zeit und Mühe, sich mit den Hunnen zu beschäftigen. Ja, es bestand sogar die Gefahr, daß man, betrachtete man die *gesta diaboli per Hunnos* zu sehr aus der Nähe, den Teufel selbst aus dem Blick verlieren konnte. Orosius schenkt nur übernatürlichen Mächten seine Aufmerksamkeit, Gott oder den Dämonen. Ohne Rücksicht auf die Vorgeschichte oder die Folgen eines Ereignisses, wofern sie nicht für theologische Lektionen verwendbar waren, zeigten Orosius und mit ihm alle christlichen Autoren des Westens kein Interesse an den Hunnen. Ammianus nannte die Schlacht von Adrianopel ein zweites Cannae[4]. Er zweifelte nie daran, nicht einmal als alles verloren schien, daß jeder Hannibal seinen Scipio finden würde, und war überzeugt, daß das Reich bis zum Ende der Welt dauern würde[5]. „Weder setze ich diesen im Raum noch zeitliche Grenzen: gab ohne Ende das Reich." *(His ego nec metas rerum, nec tempora pono: imperium sine fine dedi[6].)* Unter den Christen war Rufinus der einzige, der sagen konnte, daß die Niederlage von Adrianopel „der Beginn des Unheils für das Römische Reich war, damals und von diesem Zeitpunkt an"[7]. Die anderen sahen in ihr nur den Triumph der Orthodoxie und ergingen sich in grausigen Beschreibungen des Untergangs des verfluchten Häretikers Valens. Orosius führte den Tod des unglücklichen Kaisers als Beweis für die Einheit Gottes an.

DIE VERTEUFELUNG

Möglicherweise hatte der Mangel an Interesse an den Hunnen noch einen anderen Grund: die Hunnen wurden früh verteufelt. Als im Jahre 364 Hilarius von Poitiers das Kommen des Antichrists innerhalb einer Generation voraussagte[8], wiederholte er, was während der zwei Jahre von Julians Herrschaft viele gedacht haben mußten. Aber seit damals hatte Christus gesiegt, und nur ein verbohrter Fanatiker wie Hilarius konnte in der Weigerung des Kaisers, einen arianischen Bischof abzusetzen, ein Zeichen dafür erkennen, daß das Ende der Welt herannahte. Sogar die, die immer noch dem Chiliasmus der vorkonstantinischen Kirche anhingen und die hochgeschätzten *Divinae institutiones* des Lactantius als ihren Führer mit in die Zukunft nahmen, erwarteten nicht, daß sie selbst den Klang der Trompete Gabriels vernehmen würden. „Der Fall und Untergang der Welt wird bald stattfinden, es scheint aber, daß nichts dieser Art gefürchtet werden muß, solange die Stadt Rom unverletzt steht." *(Etiam res ipsa declarat lapsum ruinamque rerum brevi fore, nisi quod incolumi urbe Roma nihil istius videtur esse metuendum . . .[9])*

Die Wende trat zu Anfang 378 ein. Seit Aurelian (270—275) war Italien von Barbaren nicht überfallen worden. Nun wurde es plötzlich durch einen „ruchlosen und grausamen Feind" bedroht. Panik verbreitete sich unter den Städten; hastig wurden improvisierte Befestigungsanlagen errichtet[10]. Ambrosius, der kurz vorher seinen Bruder Saturus verloren hatte, fand Trost in dem Gedanken, daß er „hinweggerafft worden war, um nicht in die Hände der Barbaren zu fallen . . ., um nicht den Untergang der ganzen Erde, das Ende der Welt, die Bestattung von Verwandten und den Tod von Mitbürgern zu sehen". Es war die Zeit, die die Propheten vorausgesehen hatten, als sie „die Toten glücklich priesen und die Lebenden beklagten" *(gratulabantur mortuis et vivos plangent)*[11]. Nach Adrianopel fühlte Ambrosius, daß „das Ende der Welt über uns kommt". Überall Krieg, Seuche, Hungersnot. Das letzte Kapitel der Weltgeschichte neigte sich dem Ende zu. „Wir stehen am Ende des Zeitalters."[12]

In der letzten Dekade des 4. Jahrhunderts wurde der Westen von Afrika bis Gallien von einer eschatologischen Welle erfaßt. Der Antichrist war schon geboren, bald würde er auf den Thron des Reiches kommen[13]. Nach drei weiteren Generationen würde das Millennium eingeleitet sein, doch würden Unzählige in den Schrecken davor zugrunde gehen; die Stunde des Gerichts rückte näher, die Zeichen, die darauf hinwiesen, wurden jeden Tag deutlicher[14].

Gog und Magog (Ezechiel 38, 1—39, 20) stürmten vom Norden herab. Die Anfangsbuchstaben legten nach Augustinus, der seinerseits solche Gleichsetzungen ablehnte, manchen Leuten nahe, sie mit den Geten (Goten) und Massageten zu identifizieren[15]. Ambrosius hielt die Goten für Gog[16]. Der afrikanische Bischof Quodvultdeus konnte sich nicht entscheiden, ob er Magog mit den Mauren oder mit den Massageten identifizieren sollte[17]. Warum die Massageten? Es gab im 5. Jahrhundert keine Massageten. Bedenkt man aber, daß Themistius, Claudian und später Procopius die Hunnen Massageten nannten[18], so scheint es naheliegend, daß, wer Magog mit den Massageten gleichsetzte, an die Hunnen dachte. Im Talmud, in dem die Goten Gog sind[19], ist Magog „das Land der kanth" (sogdisch *kant*), das heißt das Königreich der Weißen Hunnen[20].

Hieronymus teilte die chiliastischen Ängste und Erwartungen seiner Zeitgenossen nicht. Bei der Neufassung des *Kommentars zur Apokalypse* des Victorinus von Poetovio ersetzte er den letzten Teil, der voll von chiliastischen Ideen ist, durch Partien von Tyconius[21]. Als aber 395 die Hunnen in die östlichen Provinzen einbrachen, fürchtete auch er, daß „die römische Welt zusammenbreche"[22], und das Ende Roms bedeutete das Ende der Welt[23]. Vier Jahre später sah er, immer noch unter dem Eindruck der Katastrophe, in den Hunnen die wilden Völker, die von Alexander durch die ehernen Pforten hinter dem Kaukasus zurückgehalten worden waren[24]. Die *ferae gentes* waren Gog und Magog der Alexanderlegende. Flavius Josephus (37/38—100), der erste, der von den Pforten Alexanders sprach[25], setzte sie Skythen und Magog gleich[26]. Ihm folgend, identifizierte Hieronymus[27] die Skythen bei Herodot mit den Hunnen[28] und setzte auf diese indirekte Weise die Hunnen mit Magog gleich. Orosius tat das gleiche; seine „unzugänglichen Berge", hinter denen die Hunnen abgeschlossen worden waren, waren dort, wo Alexander den Wall errichtet hatte, um Gog und Magog zurückzuhalten. Noch im 6. Jahrhundert hielt Andreas von Caesarea in Kappadokien an der Ansicht fest, daß Gog und Magog jene Skythen im Norden waren, „von uns Hunnica genannt", ἅπερ καλοῦμεν Οὐννικά[29]. Wenn sogar der nüchterne Hieronymus eine Zeitlang geneigt war, in den Hunnen die Begleiter der apokalyptischen Reiter zu sehen, kann man sich leicht vorstellen, was die abergläubischen Massen empfanden[30].

Nach 400 verminderten sich die chiliastischen Ängste etwas[31]. Aber noch immer lauerte hinter den Hunnen der Teufel. Die seltsame Geschichte bei Jordanes[32] über deren Ursprung ist nahezu sicher nach der christlichen Legende über die gefallenen Engel geformt[33]: Die unreinen Geister „umarmten die Hexen und zeugten dieses wilde Geschlecht“. Die Hunnen waren nicht ein Volk wie andere Völker. Diese teuflischen Menschenfresser[34], die über die trostlosen Ebenen jenseits der Grenzen der christlichen Ökumene streiften, von wo sie immer wieder losbrachen, um Tod und Verderben über die Gläubigen zu bringen, waren die Nachkommen von *daemonia immunda*. Selbst nach dem Zusammenbruch von Attilas Königreich waren die Völker, von denen man annahm, daß sie von den Hunnen abstammten, mit dem Teufel im Bunde. Sie hüllten ihre Feinde in Dunkelheit ὑπὸ τινας μαγείας[35]. Die Awaren, die Gregor von Tours *Chuni* nennt, „waren in magischen Künsten unterrichtet, sie gaukelten ihnen, das heißt den Franken, Trugbilder vor und besiegten sie völlig“ *(magicis artibus instructi, diversas fantasias eis, i. e. Francis, ostendunt et eos valde superant)*[36].

Sicherlich hätte diese Verteufelung der Hunnen allein lateinische Historiker und Kirchenschriftsteller nicht daran gehindert, die Vergangenheit der Hunnen zu erforschen und sie zu beschreiben, wie es Ammianus tat. Aber der Schwefelgeruch und die Hitze der Höllenflammen, die die Hunnen umgaben, waren historischer Forschung nicht förderlich.

GLEICHSETZUNGEN

Wie sahen die östlichen Schriftsteller die Hunnen? Man sollte erwarten, daß die griechischen Historiker sich wenigstens etwas von der ethnographischen Neugier eines Herodot und Strabo bewahrt hätten. Was wir aber haben, ist enttäuschend. An Stelle von Fakten liefern sie uns Gleichsetzungen. Wenn die lateinischen Chronisten des 5. Jahrhunderts die Hunnen bei ihrem eigentlichen Namen nannten, so waren sie weniger von der Absicht geleitet, genau zu sein, als durch ihre Unkenntnis der Literatur gezwungen, sich an die Tatsachen zu halten. Sie wußten so gut wie nichts über die Skythen, Kimmerier und Massageten, deren Namen die griechischen Autoren ständig mit dem der Hunnen vertauschten. Allerdings vermieden selbst zu einer Zeit, da noch eine ihrer ruhmreichen Vergangenheit würdige lateinische Literatur existierte, lateinische Schriftsteller sowohl in der Prosa als auch in der Dichtung jene Umschreibungen und Gleichsetzungen, in denen die Griechen schwelgten. Ausonius ließ selten eine Möglichkeit aus, seine Belesenheit zu beweisen, und doch ersetzte er nicht die wirklichen Namen der Barbaren, mit denen Gratian kämpfte, durch jene, die er von Livius und Ovid kannte[37]. Auch Ambrosius vermied den Gebrauch von archaischen oder gelehrten Worten. Die Hunnen, nicht die Massageten, griffen die Alanen an, die sich ihrerseits auf die Goten, nicht die Skythen, warfen[38]. In Ambrosius, dem früheren Konsular, waren römische Nüchternheit und Abneigung gegen Spekulationen so lebendig wie in Ausonius, dem Rhetor aus Bordeaux. Ein Vergleich des Panegyricus des Pacatus auf Theodosius mit den Reden des Themistius ist aufschlußreich: Der Gallier nannte die Hunnen bei ihrem Namen[39]; der Grieche nannte sie Massageten[40].

Wie im Westen mangelte es auch vielen Schriftstellern im Osten an Interesse für die Eindringlinge. Sie betrachteten sie als „Banditen und Deserteure“[41] oder nannten sie Skythen, eine Bezeichnung, die im 4. und 5. Jahrhundert schon längst ihre spezifische Bedeutung verloren hatte. Sie wurde weitgehend auf alle nördlichen Barbaren angewendet, ob sie nun Nomaden oder Bauern waren, ob sie Germanisch, Iranisch oder irgendeine andere Sprache redeten. Nichtsdestoweniger behielt das Wort im Vokabular der Gebildeten in allerdings abgeschwächter Weise etwas von seiner ursprünglichen Bedeutung. Die Assoziationen, die es hervorrief, mußten zwangsläufig die Art beeinflussen, in der die Barbaren gesehen wurden. Dadurch ist es manchmal schwierig zu entscheiden, wen ein Autor meint. Sind die „Königlichen Skythen“ bei Priscus der herrschende Stamm wie bei Herodot, sind sie Mitglieder der königlichen Sippe oder einfach Adelige? Es genügt nicht festzustellen, daß diese Wendung einfach eines der zahlreichen Beispiele dafür darstellt, daß Priscus dem Herodot literarisch verpflichtet ist. Sicher ist er es. Aber es wäre seltsam, wenn der Mann, der diesen und andere Ausdrücke des großen Historikers verwendete, nicht ab und zu der Versuchung unterlegen wäre, die Hunnen so zu sehen, wie die Alten die Skythen gesehen hatten.

Die griechischen Historiker setzten die Hunnen mit den Kimmeriern, den Skythen und anderen Völkern der alten Zeit nicht bloß gleich, um ihre Kenntnis der Klassiker zu beweisen oder ihre Berichte auszuschmücken[42], sondern in erster Linie, weil sie davon überzeugt waren, daß es keine Völker gab, die die Weisen der Vergangenheit nicht gekannt hätten. Und das wiederum war nicht so sehr engstirniger Traditionalismus — freilich war er das auch — als, um einen psychologischen Fachausdruck zu verwenden, ein Verteidigungsmechanismus. Synesius von Kyrene (etwa 370—412) erklärte in seiner Schrift *de regno*, warum es keine neuen Barbaren geben konnte:

> Nun haben die früheren Herrscher nicht durch Ummauern des eigenen Hauses die Barbaren Asiens oder Europas davon abgehalten, einzudringen. Eher durch ihre eigenen Taten ermahnten sie diese Männer, ihr Eigentum zu ummauern, in dem sie bei der Verfolgung der Parther den Euphrat überschritten und bei der Verfolgung der Goten und Massageten die Donau. Jetzt aber verbreiten diese Völker Schrecken unter uns, indem sie ihrerseits herübersetzen, andere Namen annehmen und einige von ihnen sogar künstlich ihre Gesichter entstellen, so daß es den Anschein haben möchte, eine andere, neue und fremde Rasse sei aus dem Boden gewachsen[43].

Das heißt, die These von der Identität der alten und neuen Barbaren bis zur Absurdität treiben. Aber schließlich ist es genau das, was so viele römische Generäle so oft am Vorabend einer Schlacht sagten: „Unsere Väter haben sie besiegt, wir werden sie wieder besiegen.“ Das immer wiederkehrende οἱ πάλαι dient demselben Zweck. Es beraubt den unbekannten Angreifer seines schrecklichsten Aspekts: Er *ist* bekannt und braucht daher nicht gefürchtet zu werden. Bei der Gleichsetzung der Hunnen mit Völkern früherer Zeiten spielen beide Motive, sowohl die emotionell bedingte *reductio ad notum* als auch die Absicht des gelehrten Historikers, seine Bildung zu zeigen, eine Rolle, wobei meines Erachtens das erste öfter im Dienst des zweiten steht, als man üblicherweise annimmt. Mit welchem der bekannten Völker ein Autor die Hunnen identifizierte, hing von seiner Information ab, von den Umständen, unter denen er schrieb, und von der angeblichen oder tatsächlichen Ähnlichkeit zwischen den bekannten und den kaum bekannten Völkern. Das Ergebnis war ständig dasselbe. Alle Spekulationen über den Ursprung der Hunnen endeten in einer Gleichsetzung.

In seiner Kirchengeschichte (verfaßt zwischen 425 und 433) „erkannte" Philostorgius in ihnen die *Neuri*[44]. Als sehr belesener Mann war er vielleicht auf eine jetzt verlorengegangene Beschreibung der *Neuri* gestoßen, die ihn an das erinnerte, was er von den Hunnen gehört hatte. Man könnte denken, daß Philostorgius, weniger kritisch als Herodot, die Werwolfgeschichten glaubte, die über die *Neuri* erzählt wurden[45]. Synesius[46] und Hieronymus[47] waren möglicherweise nicht die einzigen, die die Hunnen mit Wölfen verglichen. Es wäre Philostorgius zuzutrauen, daß er die „wölfischen" Hunnen mit den Werwölfen Skythiens identifizierte. Die wahrscheinliche Erklärung für seine Annahme aber ist die Lokalisierung der *Neuri*: Sie waren das nördlichste Volk, auch die Hunnen kamen aus dem äußersten Norden — *ergo* waren die Hunnen die *Neuri*. Wie Philostorgius zu sagen, daß sie entlang den rhipäischen Bergen lebten, war nur eine andere Art, sie so weit wie möglich im Norden anzusiedeln. Seit den Zeiten des legendären Aristeas[48] betrachtete man die rhipäischen Berge als die Region des ewigen Schnees und als das Haus des eisigen Boreas.

Wenn Procopius die Hunnen mit den Kimmeriern gleichsetzt[49], so ist das weder besser noch schlechter als seine Versicherung, die Goten, Vandalen und Gepiden seien in früheren Zeiten Sauromaten genannt worden[50]. In der Regel identifizierte Procopius wie Themistius und Claudian[51] die Hunnen mit den Massageten[52]. Die späteren byzantinischen Schriftsteller wiederholen monoton die Formel: das frühere X = das gegenwärtige Y.

Schließlich ist da noch Eunapius von Sardes (etwa 345—420). Das folgende Fragment von ihm zeigt (nach der Meinung von Vasiliev), welch gewissenhafter Historiker Eunapius war:

> Obwohl es keine verläßlichen Berichte darüber gibt, woher die Hunnen kamen und auf welchem Weg sie in ganz Europa einfielen und das skythische Volk vertrieben, habe ich zu Beginn meines Werkes, nachdem ich die Berichte der alten Schriftsteller gesammelt hatte, die Tatsachen so dargelegt, wie es mir verläßlich erschien. Ich habe die Erzählungen unter dem Gesichtspunkt ihrer Genauigkeit betrachtet, damit meine Arbeit nicht bloß von wahrscheinlichen Feststellungen abhänge und mein Werk nicht von der Wahrheit abweiche. Wir gleichen nicht diesen, die in ihrer Kindheit in einem kleinen und ärmlichen Hause leben, später dann durch eine glückliche Wendung des Schicksals große und prächtige Gebäude erwerben, aber nichtsdestoweniger aus Gewohnheit die alten Dinge lieben und sich um sie kümmern . . . Wir gleichen vielmehr denen,

die zuerst eine Medizin anwenden, um ihren Körper zu behandeln, weil sie auf Hilfe hoffen, dann aber durch Erfahrung eine bessere Medizin finden und sich an diese halten, nicht um die Wirkung der ersteren durch die zweite zu neutralisieren, sondern um ein irriges Urteil richtigzustellen und sozusagen das Licht einer Lampe durch einen Sonnenstrahl auszuschalten und zu schwächen. In ähnlicher Weise werden wir die korrekteren Zeugnisse den vorher erwähnten hinzufügen, da wir es für möglich halten, das frühere Material als einen historischen Gesichtspunkt beizubehalten und das spätere zu verwenden und hinzuzufügen, um die Wahrheit zu rekonstruieren[53].

All dieses Gerede über Medikamente und Bauwerke, diese pompöse Ankündigung seines Werkes über die Hunnen ist leeres Geschwätz. Die Beschreibung der Hunnen durch Eunapius ist bei Zosimus erhalten[54]. Sie zeigt, was für ein Schwätzer der angeblich gewissenhafte Historiker war. Die eine Hälfte davon schrieb Eunapius von Ammianus Marcellinus ab[55], die andere, in der er „die Berichte der alten Schriftsteller sammelte“, ist ein lächerliches Sammelsurium. Eunapius nennt die Hunnen ein „früher unbekanntes Volk“[56], bloß um in der nächsten Zeile ihre Identität mit Herodots Königlichen Skythen nahezulegen. Als Alternative bezog er sich auf das „stumpfnasige und schwächliche Volk, das, wie Herodot sagt, nahe dem Hister [Donau] wohnt“. Woran er dabei dachte, war Herodot 5, 9, aber er veränderte die Pferde der *Sigynnae*, „die stumpfnäsig und nicht in der Lage waren, Menschen zu tragen“, zu dem „stumpfnäsigen und schwächlichen Volk“ (σιμοὺς καὶ ἀδυνάτους ἄνδρας φέρειν zu: σιμοὺς καὶ ἀσθενέας ἀνθρώπους)[57].

AMMIANUS MARCELLINUS

Vor diesem Hintergrund von Gleichgültigkeit, Aberglauben und willkürlichen Gleichsetzungen kann die Beschreibung der Hunnen von Ammianus nicht hoch genug geschätzt werden. Sie ist aber nicht „eine ganz realistische Sittenschilderung“, wie sie Rostovcev nannte[58]. Um sie richtig einzuschätzen, muß man die Umstände in Betracht ziehen, unter denen sie geschrieben wurde, die Quellen des Ammianus und seine Bewunderung für die *styli veteres*.

Aller Wahrscheinlichkeit nach beendete er sein Werk im Winter 392/393[59], das heißt zu einer Zeit, da die Gefahr eines Krieges zwischen den beiden Reichsteilen ständig wuchs. Im August 392 rief der mächtige General Arbogast Eugenius zum Herrscher des Westens aus. Einige Zeit konnte sich Theodosius offensichtlich nicht entschließen, was er tun sollte. Er mag es für ratsam gehalten haben, sich mit dem Usurpator zu einigen, der „in jeder Beziehung militärisch besser ausgerüstet war“[60]. Als er aber nicht Eugenius, sondern einen seiner Generäle zum Mitkonsul ernannte und am 23. Januar 393 seinen Sohn Honorius zum Augustus proklamierte, wurde es klar, daß er gegen Eugenius ziehen würde, wie er es 388 gegen Maximus getan hatte. Es ist kaum zweifelhaft, daß Ammianus, der Bewunderer Julians, von Anfang an nicht mit dem fanatischen Christen Theodosius, sondern mit dem gelehrten Heiden Eugenius sympathisierte[61]. Ammianus muß die Armee des Theodosius, die nur dem Namen nach römisch war, mit Abscheu betrachtet haben. Obschon unbeweisbar ist, daß der Kaiser seinen Sieg über Maximus seiner tollkühnen hunnischen Reiterei verdankte[62], spielte sie in diesem Feldzug sicherlich eine entscheidende Rolle. Die Reiter des Theodosius wurden „von Pegasi durch die Luft getragen“[63]; sie ritten nicht, sie flogen.[64] Keine andere Truppe, außer den hunnischen Hilfskontingenten, konnte die 60 Meilen von Emona nach Aquileia in einem Tag zurückgelegt haben.[65] Ammianus hatte allen Grund zu befürchten, daß in dem offensichtlich unvermeidbaren Krieg wiederum ein großes Kontingent der Ostarmee aus Hunnen bestehen würde. Das war auch der Fall[66].

Ammianus haßte alle Barbaren, selbst die, die sich im Dienste Roms auszeichneten[67]: er nannte die gallischen Soldaten, die so tapfer gegen die Perser bei Amida kämpften, *dentatae bestiae*[68]; sein Werk beschloß er mit einem Lob auf Julius, den *magister militiae trans Taurum*, der, als er vom Sieg der Goten bei Adrianopel erfuhr, alle Goten in seinem Bereich massakrieren ließ. Die Hunnen aber waren die schlimmsten. Sowohl Claudian[69] als auch Jordanes[70] folgen Ammianus, wenn sie die Hunnen „die ruchlosesten Abkömmlinge des Nordens“, „wilder als die Wildheit selbst“ nennen. Sogar die alanischen Kopfjäger waren „in ihrer Lebensart und ihren Gewohnheiten weniger wild“ als die Hunnen[71]. Einige Germanen hatten durch den langen Umgang mit den Römern ein gewisses Maß an Zivilisiertheit erworben. Die Hunnen aber waren noch immer urzeitliche Wilde.

Zudem ist der Bericht des Ammianus durch die Vorurteile seiner Informanten gefärbt. Er kam einige Zeit vor 378 nach Rom, wo er mit Ausnahme einer kurzen Zeit im Jahre 383 den Rest seines Lebens verbrachte. Die Möglichkeit, daß er hier den einen oder anderen Hunnen traf, kann zwar nicht gänzlich ausgeschlossen werden[72], aber es ist undenkbar, daß ein Hunne, der bestenfalls ein paar lateinische Befehle verstand, Ammianus erzählt haben konnte, wie sein Volk lebte und wie sie gegen die Goten kämpften. Der Bericht über den Krieg in Südrußland und Rumänien beruht weitgehend auf Nachrichten, die Ammianus von den Goten erhielt. Munderich, der gegen die Hunnen gekämpft hatte und später *dux limitis per Arabias* war[73], war vielleicht einer seiner Informanten. Fast könnte man sagen, daß Ammianus seinen Bericht aus gotischer Sicht schrieb. Zum Beispiel beschrieb er Ermanarich als überaus kriegerischen König, der wegen seiner zahlreichen Heldentaten bei den Nachbarvölkern gefürchtet war[74]. *Fortiter* ist ein Lob, das Ammianus nicht leicht einem Barbaren zollte. Alatheus und Saphrax waren „erfahrene Anführer, bekannt für ihren Mut“[75]. Ammianus nennt nicht weniger als elf der gotischen Anführer namentlich[76], aber keinen einzigen von den Hunnen. Sie waren eine gesichtslose Masse, schrecklich und minderwertig.

Die Beschreibung des Ammianus ist von Haß und Furcht verzerrt. Thompson, der fast jedes Wort davon glaubt, stellt die Hunnen der zweiten Hälfte des 4. Jahrhunderts daher auf die „niedrigere Stufe des Hirtentums“[77]. Seiner Meinung nach lebten sie unter äußerst harten Bedingungen, zogen unaufhörlich von einem Weidegrund zum anderen und waren ausschließlich damit beschäftigt, von früh bis spät nach ihren Herden zu schauen. Ihre eisernen Schwerter mußten sie im Tauschhandel erstanden oder als Beute bekommen haben, „weil Nomaden kein Metall bearbeiten können“. Thompson behauptet, daß die Fähigkeiten der Hunnen, etwas herzustellen, selbst nach achtzig Jahren Kontakt mit den Römern so gering waren, daß sie keine Tische, Sessel und Betten erzeugen konnten: „Die den Hunnen zugänglichen Produktionsmethoden waren so primitiv, wie man es sich heute kaum vorstellen kann.“ Dieser beinahe unvorstellbaren Primitivwirtschaft entspricht eine ebenso primitive Sozialstruktur, eine klassenlose Gesellschaft ohne Erbaristokratie; die Hunnen waren amorphe Banden von Plünderern. Sogar die sowjetischen Gelehrten, die die Hunnen noch immer als die Mörder ihrer slawischen Ahnen hassen, weisen die Auffassung zurück, daß ihre Wirtschaft und Gesellschaft in irgendeiner Weise primitiv gewesen wären[78].

Wären die Hunnen unfähig gewesen, ihre Schwerter zu schmieden und ihre Pfeilspitzen zu gießen, hätten sie nie den Don überqueren können. Die Vorstellung, daß die hunnischen Reiter sich bis nach Konstantinopel und an die Marne mit eingetauschten und erbeuteten Schwertern vorgekämpft hätten, ist absurd. Die hunnische Kriegführung setzt eine weitreichende Arbeitsteilung in Friedenszeiten voraus. Ammianus betont das Fehlen jeglicher Gebäude im Land der Hunnen so sehr, daß der Leser denken muß, sie hätten das ganze Jahr unter freiem Himmel geschlafen; nur im Vorübergehen erwähnt Ammianus ihre Zelte und Wagen. Viele mochten in der Lage gewesen sein, Zelte herzustellen, aber nur wenige konnten Wagenbauer gewesen sein.

Die folgende, oft zitierte und kommentierte Passage zeigt mehr als jede andere, daß die Beschreibung des Ammianus nicht wörtlich zu nehmen ist: *Aguntur autem nulla severitate regali; sed tumultuario primatum ductu contenti, perrumpunt quidquid inciderit*[79]. In der Übersetzung von Rolfe heißt das: „Sie sind keinerlei Zwang seitens eines Königs unterworfen, sondern zufrieden mit der ungeordneten Herrschaft ihrer bedeutenden Männer, und unter deren Führung erzwingen sie ihren Weg durch jedes Hindernis.“ Es hat keine große Bedeutung, daß diese Feststellung im Widerspruch zum Bericht von Cassiodorus-Jordanes über den Krieg zwischen den Goten und dem Hunnenkönig Balamber steht, der später Vadamerca, die Enkelin des Gotenherrschers Vinitharius, heiratete[80]. Wer immer Balamber war, Cassiodorus hätte nicht zugegeben, daß eine gotische Prinzessin die Frau eines Mannes werden konnte, der nicht so etwas wie ein König war. Bedeutender ist die Diskrepanz zwischen der Feststellung des Ammianus und dem, was er selbst über die Taten der Hunnen erzählt. Wenn auch das kulturelle Niveau von Ermanarichs Ostgoten und die innere Festigkeit seines Königreiches nicht überschätzt werden dürfen, so wäre doch sein plötzlicher Zusammenbruch unter dem Ansturm der Hunnen unerklärbar, wenn diese nichts als eine anarchische Masse heulender Wilder gewesen wären. Thompson nennt die Hunnen bloße Marodeure und Plünderer. In gewisser Hinsicht hat er recht. Aber in dem Ausmaß zu plündern, wie es die Hunnen taten, war unmöglich ohne eine militärische Organisation, ohne Anführer, die einen Feldzug planten und die Kräfte der Angreifer koordinierten, ohne Männer, die Befehle gaben, und Männer, die diesen gehorchten. Altheim definiert *tumultuarius ductus* als „eine aus dem Augenblick erwachsene, improvisierte Führung“[81]. Damit gibt er die Worte Ammians besser wieder als Rolfe mit „disorderly government“. Und doch zeigt die Kriegführung der Hunnen zu keiner Zeit etwas, das man improvisierte Führung nennen könnte[82].

Eine Zeitlang war vielleicht ein Mißverständnis der hunnischen Angriffstaktik — plötzliche vorgetäuschte Flucht und erneute Attacke — unvermeidlich[83]. Aber Ammianus schrieb die letzten Bücher vierzehn Jahre nach Adrianopel. Zu diesem Zeitpunkt muß er gewußt oder zumindest vermutet haben, daß die frühen Berichte über die improvisierte Führung der Hunnen nicht der Wahrheit entsprachen. Trotzdem hielt er an ihnen fest, denn diese zweibeinigen Tiere hatten nur „die Gestalt von Menschen“[84]. Er behauptete, daß ihre Geschosse mit scharfen Spitzen aus Bein versehen waren[85]. Er mag nicht ganz unrecht gehabt haben, aber die Pfeilspitzen mit Widerhaken, die wir kennen, sind alle aus Eisen. Ammianus machte die Ausnahme zur Regel.

Bei der Beschreibung der Hunnen verwendete Ammianus zu viele Phrasen früherer Autoren. Da die Hunnen Barbaren aus dem Norden waren wie die Skythen der alten Zeit und da die *styli veteres* so gut über die früheren Barbaren schrieben, hielt es Ammianus, der Grieche aus Antiochia, für das beste, sie zu paraphrasieren. Einer der nachgeahmten Autoren war der Historiker Pompeius Trogus, ein Zeitgenosse des Kaisers Augustus. Ammianus schrieb: „Keiner von ihnen pflügt je, noch berührt er eine Pflugschar. Ohne feste Wohnsitze, ohne Heim, Gesetz oder festen Ritus streifen sie umher, stets Flüchtigen gleich, ... rastlos Berge und Wälder durchziehend. Sie bedecken sich mit Kleidungsstücken, die aus den Häuten von Nagetieren aus dem Wald zusammengenäht sind.“ *(Nemo apud eos arat nec stivam aliquando contingit. Omnes enim sine sedibus fixis, absque lare vel lege aut ritu stabili dispalantur, semper fugientium similes ... vagi montes peragrantes et silvas. ... Indumentis operiuntur ex pellibus silvestrium murum consarcinatis*[86]*.)* Das ist eindeutig der Beschreibung der Skythen bei Trogus nachgebildet: „Sie bearbeiten keine Äcker. Sie haben weder Heim noch Dach, noch Wohnsitz ... und pflegen durch unbebaute Einöden zu streifen. Sie benützen Felle von wilden Tieren und Nagern.“ *(Neque enim agrum exercent. Neque domus illis ulla aut tectum aut sedes est ... per incultas solitudines errare solitis. Pellibus ferinis ac murinis utuntur*[87]*.)*

Man könnte einwenden, daß solche Übereinstimmungen nicht so besonders bemerkenswert wären, da die Lebensweise der Nomaden in den eurasischen Steppen schließlich mehr oder weniger die gleiche war. Aber von anderen Feststellungen Ammians, die er aus früheren Quellen nahm, läßt sich das nicht sagen. So schrieb er: „Tag und Nacht auf ihren Pferden kaufen und verkaufen, essen und trinken alle Männer dieses Volkes, und über den schmalen Nacken des Tieres gebeugt ruhen sie sich in einem so tiefen

Schlaf aus, daß er von mancherlei Träumen begleitet ist."[88] Hier übermannte ihn die Bewunderung für Trogus. Er hatte die folgende Beschreibung der Parther gelesen: „Immer sind sie zu Pferd. Zu Pferd ziehen sie in den Krieg, nehmen an Gastmählern teil, auf ihnen erledigen sie öffentliche und private Geschäfte. Auf dem Rücken der Pferde gehen und stehen sie, treiben sie Handel und unterhalten sie sich." *(Equis omni tempore vectantur; illis bella, illis convivia, illis publica et privata officia obeunt; super illos ire, consistere, mercari, colloqui*[89]*.)* Ammianus nahm Trogus zu wörtlich; er gab „zu jeder Zeit" *(omni tempore)* mit „bei Tag und Nacht" *(pernox et perdiu)* wieder und mußte daher die Hunnen sogar im Schlaf auf ihren Pferden lassen.

Die Beschreibung der hunnischen Eßgewohnheiten bei Ammianus ist ein weiteres Beispiel für seine Neigung, das auszuschmücken, was er in alten Büchern las. Die Hunnen, sagt er, „sind in ihrer Lebensweise so abgehärtet, daß sie weder Feuer noch schmackhaftes Essen brauchen. Sie essen die Wurzeln wilder Pflanzen und das halbrohe Fleisch jeder Art von Tieren, das sie zwischen ihre Oberschenkel und den Rücken ihrer Pferde legen und auf diese Weise ein wenig wärmen."[90] Das ist eine seltsame Mischung aus guter Beobachtung und überliefertem Topos. Daß die Hunnen die Wurzeln wilder Pflanzen aßen, ist durchaus glaubhaft: viele nördliche Barbaren taten es. Ammians Beschreibung der Art, wie die Hunnen rohes Fleisch auf dem Rücken der Pferde wärmten, wurde als ein Mißverständnis einer weitverbreiteten Nomadensitte zurückgewiesen. Man nimmt an, daß die Hunnen rohes Fleisch verwendeten, um Wunden, die bei den Pferden durch den Druck des Sattels verursacht wurden, vorzubeugen und sie zu heilen[91]. Aber zu Ende des 14. Jahrhunderts berichtete der brave bayrische Soldat Hans Schiltberger, der sicherlich nie von Ammianus Marcellinus gehört hatte, daß die Tataren der Goldenen Horde, wenn sie schnell unterwegs waren, „ein Stück Fleisch nahmen, es in dünne Scheiben schnitten, in Leinen wickelten, unter den Sattel legten und darauf ritten . . ., wenn sie Hunger spürten, nahmen sie es heraus und aßen es"[92].

Die Wendung „ihre Lebensart ist so rauh, daß sie halbrohes Fleisch essen" *(ita victu sunt asperi, ut semicruda carne vescantur)* stammt von dem Geographen Pomponius Mela (40 v. Chr.), der die Germanen folgenderweise beschrieb: „Ihre Lebensart ist so hart und rauh, daß sie sogar rohes Fleisch essen." *(Victu ita asperi incultique ut cruda etiam carne vescantur*[93]*.)* Auch von den Cimbern hieß es, sie äßen rohes Fleisch[94]. Ein russisches Wort für die Tataren, *Syrojadcy*, heißt möglicherweise „ein Volk, das rohes (Fleisch) ißt", *syroedcy*[95]. Wie so manche Völker des Nordens mögen auch die Hunnen in der Tat rohes Fleisch gegessen haben. Doch Ammianus geht einen Schritt weiter; er behauptet, daß die Hunnen ihr Essen überhaupt nicht kochen. Das aber wird durch die großen Kupferkessel, in denen Fleisch gekocht wurde, widerlegt; sie sind eines der Leitfossilien hunnischer Kultur. Ammianus aber glaubte die Hunnen in das Klischee der primitivsten Barbaren pressen zu müssen[96].

All das bedeutet aber nicht, daß man den Bericht des Ammianus als unglaubwürdig abtun muß. Er enthält eine Menge Material, das durch andere literarische Zeugnisse und durch die archäologische Evidenz wiederholt als gut und verläßlich bestätigt wird. Wir erfahren von Ammianus, wie die Hunnen aussahen und wie sie sich kleideten. Er beschreibt ihre Pferde, Waffen, ihre Taktik und ihre Wagen so genau, wie es kein anderer Schriftsteller tat.

CASSIODORUS, JORDANES

In seiner Hunnophobie wurde Ammianus von Cassiodorus (487—583) erreicht. Von seiner verlorengegangenen *Geschichte der Goten* blieb viel im Werk des Jordanes *Vom Ursprung und den Taten der Geten*, meistens *Getica* genannt, erhalten. Cassiodorus aber mußte erklären, warum die Hunnen sich zu den Herren seiner Helden, der Ostgoten, machen und drei Generationen lang über sie herrschen konnten. Seine Hunnen haben eine verruchte Größe. Sie sind gierig und brutal, aber ein mutiges Volk. Attila war ein grausames und lüsternes Monster, aber niemals feige; er war wie ein Löwe[97]. Nach Ammianus „zerschnitten die Hunnen die Wangen der Kinder mit Eisen gleich nach der Geburt“[98]. Diese Worte kopierte Cassiodorus. Während aber Ammianus fortfuhr: „damit der Haarwuchs, wenn er zu seiner Zeit eintritt, durch die verhärteten Narben gehemmt wird“, schrieb Cassiodorus: „so daß sie es lernen müssen, Wunden zu ertragen, noch bevor sie mit Milch ernährt werden“[99].

In seinem Bericht über die frühe Geschichte der Goten folgte Jordanes Cassiodorus, jedoch nicht immer verbatim. Um die gotische Tradition über den Kampf gegen die Hunnen in Südrußland richtig zu werten, muß man daran denken, daß sie in einer gereinigten und „zivilisierten“ Form auf uns kam. Im ostgotischen Italien muß die Erinnerung an die großen Kriege, die Seite an Seite mit den Hunnen und gegen sie ausgefochten worden waren, noch immer lebendig gewesen sein. Die Quellen Cassiodors waren Lieder, *cantus maiorum*, *cantiones*, *carmina prisca*, und Erzählungen, von denen einige „beinahe in der Art historischer Ereignisse berichtet wurden“ *(pene storico ritu)*. Das *pene* darf nicht ernst genommen werden. Cassiodorus schrieb seine Geschichte der Goten, „um dem Geschlecht der Amaler den Glanz wiederherzustellen, der ihm in Wahrheit zukam“ (Cassiod. *epist.* 9, 25, 4). Er schrieb für ein gebildetes römisches Publikum, dessen Geschmack an den rohen, grausamen und blutigen Aspekten früher germanischer Dichtung Anstoß genommen hätte. Ein Vergleich der *Getica* mit der *Historia Langobardorum* des Paulus Diaconus zeigt, bis zu welchem Ausmaß Cassiodorus die Tradition seiner gotischen Herren von allem Barbarischen säuberte.

Aber das ist nicht alles. Die *Origo gentis Langobardorum*, eine der Quellen des Diaconus, etwa um 670 verfaßt, ist voll von heidnischem Volksgut. Mehr als zweihundert Jahre nach der Bekehrung der Dänen zum Christentum wanderten die alten Gottheiten, nur dürftig als alte Könige verkleidet, durch die Seiten des *Saxo Grammaticus*. Als Cassiodorus um 530 seine Geschichte schrieb, lebten noch immer Männer, deren Väter den alten Göttern geopfert hatten, wenn sie es nicht sogar selbst in ihrer Jugend getan hatten. Die gotischen „Heldenlieder“ waren sicher so heidnisch wie die der Dänen und Langobarden. In einer einzigen Passage der *Getica*, die von Cassiodorus übernommen wurde, bricht das Original durch: „Und wegen der großen Siege, die die Goten in diesem Gebiet errungen hatten, nannten sie ihre Anführer, durch deren guten Stern sie gesiegt zu haben schienen, nicht einfache Menschen, sondern Halbgötter, das heißt *ansis*!“[100] Sogar hier euhemerisierte Cassiodorus die Überlieferung. Überall sonst sind die heidnischen Elemente radikal unterdrückt. Die Genealogie der Amaler, die in den *carmina* und *fabulae* fast sicher voll von Göttern, Göttinnen, Mord und Totschlag waren, liest sich wie ein offizielles Dokument.

Wo Cassiodorus-Jordanes und Ammianus sich voneinander unterscheiden, wie im Bericht über den Krieg zwischen den Ostgoten und den Hunnen, ist ohne den geringsten Zweifel die Version des Ammianus die richtige. Wir können nicht einmal sicher sein, daß die Zitate Cassiodors nach Priscus immer exakt sind. Da aber so viel von dem, was wir über die Hunnen wissen, auf diesen Zitaten beruht, müssen wir sie nehmen, wie sie sind. Gelegentlich (wie z. B. bei der Geschichte von Attila und dem heiligen Schwert oder bei der Beschreibung von Attilas Palast) gibt Cassiodorus den Priscustext besser wieder als die Exzerpte, die die Schreiber für Constantin Porphyrogenitus im 10. Jahrhundert anfertigten. Allein dafür müssen wir dem stammelnden, konfusen und schwerlich gebildeten Jordanes dankbar sein. Ihn aber auf eine Stufe mit den großen Historikern zu stellen, wie es vor einigen Jahren Giunta versuchte, ist ein hoffnungsloses Unterfangen[101].

II. GESCHICHTE

VOM DON ZUR DONAU

Die ersten Kapitel vom letzten Buch des Ammianus Marcellinus enthalten den einzigen existierenden zusammenhängendern Bericht über die Ereignisse in Südrußland vor 376. Von seinen gotischen Informanten erfuhr Ammianus, daß die Hunnen „sich gewaltsam unter Plünderung und Niedermetzelung der Nachbarvölker ihren Weg bis zu den Halani bahnten[1]. Wer diese Völker waren, konnte ihm offensichtlich niemand sagen, und die *monumenta vetera* lieferten keine Information über sie; sie zählten zu jenen „obskuren Völkern, deren Namen und Sitten unbekannt sind“[2]. Ammians tatsächliche Information beginnt mit dem hunnischen Angriff auf die Alanen: die Hunnen überrannten „die Gebiete jener Halani (sie grenzen an die Greutungen-Ostgoten), denen man üblicherweise den Beinamen Tanaitae [Volk vom Don] gegeben hat“.

Diese Stelle ist in verschiedener Weise interpretiert worden[3]. Wie weit nach Osten und Westen lebte das „Don-Volk“? In einer Passage lokalisiert Ammianus alle Alanen — und das würde die Tanaiten miteinschließen — „in den endlosen Einöden Skythiens am Osten des Stromes“[4], sagt aber wenige Zeilen später, daß die Alanen auf die zwei Weltteile, Europa und Asien[5], die durch den Don getrennt werden[6], aufgeteilt sind. Die Greutungen-Ostgoten[7] waren die westlichen Nachbarn der Tanaiten, aber an anderer Stelle setzt Ammianus die Sauromaten, nicht die Greutungen, zwischen Don und Donau an[8], und wieder an einer anderen (folgend Ptolemäus, *geogr.* 5, 9, 1) auch östlich des Don[9].

Ammianus litt an einer Art literarischem Atavismus und brachte neue Berichte mit alten durcheinander[10]. Das Kapitel über die Alanen im Buch XXXI beinhaltet eine langatmige Erörterung über die Völker, die die Alanen „durch wiederholte Siege ihrer eigenen Nation einverleibten“[11]. Ammianus verspricht, die konfusen Meinungen der Geographen zu entwirren und die Wahrheit darzulegen. In Wirklichkeit offeriert er das wunderlichste Durcheinander von Zitaten aus Herodot, Plinius und Mela[12] und nennt die Gelonen, Agathyrsen, Melanchlainen, Anthropophagen, Amazonen und Serer, so als ob alle diese Völker noch in seiner Zeit gelebt hätten.

Die Hunnen stießen mit alanischen Stämmen im Dongebiet zusammen. Das ist alles, was wir aus dem Bericht des Ammianus herauslesen können. Wenn Ammianus den Begriff Tanaiten so verwendet hätte, wie ihn Ptolemäus gebrauchte[13], hätte das „Volk vom Don“ im europäischen Sarmatien gewohnt. Aber nie bildete ein Fluß die Grenze zwischen halbnomadischen Hirten, und schon gar nicht der „ruhig dahinfließende" Don. Die archäologische Evidenz ist eindeutig: im 4. Jahrhundert weideten die Sarmaten ihre Herden sowohl östlich des Don bis zur Wolga und darüber hinaus als auch westlich des Stroms bis zu den rumänischen Ebenen. Wo die Hunnen genau angriffen, läßt sich nicht mit Sicherheit bestimmen. Wie bei den späteren Eindringlingen, operierte ihre Hauptmacht wahrscheinlich am Unterlauf des Stromes.

Ammians Bericht über eine Allianz zwischen einer Gruppe oder Gruppen von Alanen und Hunnen kann nicht bezweifelt werden. In den siebziger und achtziger Jahren des 4. Jahrhunderts sind die Hunnen und Alanen so oft miteinander genannt, daß man selbst ohne die ausdrückliche Feststellung des Ammianus irgendeine Art von Zusammenwirken der beiden Völker annehmen müßte:

> Die Hunnen mordeten viele und plünderten sie aus [gemeint sind die Tanaiten] und schlossen sich die Überlebenden in einem Bündnisvertrag an *(reliquos sibi concordandi fide pacta iunxerunt)*; im Verein mit ihnen noch kühner geworden, fielen sie in überraschendem Stoß in die ausgedehnten und reichen Gebiete des Ermenrichus ein[14].

Lange Zeit *(diu)*[15] tat der König der Greutungen „sein Bestes, um fest und beharrlich standzuhalten; als aber Gerüchte den Schrecken der bevorstehenden Gefahr verbreiteten und übertrieben", tötete er sich selbst. Sein Nachfolger Vithimir

> leistete den Halani eine Zeitlang *(aliquantisper)* Widerstand, wobei er sich auf andere Hunnen stützte, die er für Sold auf seine Seite zog. Nachdem er aber viele Niederlagen überstanden hatte, wurde er durch Waffengewalt überwunden und starb in der Schlacht. Alatheus und Saphrax, erfahrene Generäle und für ihren Mut bekannt, übernahmen für seinen kleinen Sohn Viderichus die Führung. Als sie aber unter dem Druck der Umstände ihr Vertrauen in den Widerstand aufgeben mußten, zogen sie sich vorsichtig bis zum Danastius zurück[16].

Der kroatische Gelehrte L. Hauptmann verwarf den Bericht des Ammianus. Er dachte, daß entweder Ammianus einen groben Fehler gemacht hatte oder daß der Text korrupt war[17]. Vithimir kann nicht *Hunis aliis fretus* den Alanen Widerstand geleistet haben, sondern **Halanis aliis fretus* den Hunnen. Hauptmann bezieht sich auf Jordanes, in dessen Bericht tatsächlich die Hunnen die einzigen Feinde der Ostgoten sind. Aber die Kompilation des Jordanes ist von Anfang bis Ende tendenziös. Er behielt nicht nur die Umformung der frühen Geschichte der Goten bei, wie er sie bei Cassiodorus fand, sondern änderte auch, was er bei Ammianus fand, zugunsten der Alanen[18]. Nach Ammianus waren sie *Hunis per omnia suppares* (31, 2, 21); Jordanes (*Getica* 126) änderte das auf *pugna pares*. Laut Ammianus waren die Alanen im Vergleich mit den Hunnen *victu mitiores et cultu;* Jordanes ersetzte *mitiores* durch *dissimiles* und *cultu* durch *humanitate*. Bei Ammianus las er, daß die Alanen die Ostgoten nach dem Tod Ermanarichs angriffen. Das aber paßte nicht zu dem Bild der edlen Alanen, und daher ließ er es aus.

Die Kämpfe zwischen den Alanen und Goten sind auch vom Bischof Ambrosius von Mailand (374—397) bezeugt. In der *Expositio evangelii secundum Lucam*, geschrieben wahrscheinlich Ende 378[19], faßte er die Ereignisse zusammen, die zur Katastrophe von Adrianopel führten: „Die Hunnen warfen sich auf die Alanen, die Alanen auf die Goten und die Goten auf die Taifalen und Sarmaten; die Goten, aus ihrem eigenen Land vertrieben, vertrieben uns aus Illyricum, und ein Ende ist noch nicht abzusehen.“ *(Chuni in Halanos, Halani in Gothos, Gothi in Taifalos et Sarmatas insurrexerunt, nos quoque in Illyrico exules patriae Gothorum exilia fecerunt et nondum est finis*[20]*.)*

Die Information, die Ambrosius in Mailand erhielt, war nicht ganz korrekt. Das Königreich Ermanarichs brach unter dem Angriff der Hunnen zusammen. Aber das Zeugnis von Ammianus und Ambrosius läßt keinen Zweifel daran, daß zu einem bestimmten Zeitpunkt in dem offensichtlich langen Kampf die Hauptfeinde der Goten tatsächlich die Alanen waren. Waren das nur jene Alanen, die sich mit den Hunnen verbündet hatten? Das ist möglich. Vielleicht aber bewahrt die folgende seltsame Geschichte, die von Jordanes erzählt wird, eine blasse Erinnerung an einen Aufstand alanischer Gruppen *innerhalb* des ostgotischen Königreiches:

> Obwohl nun der Gotenkönig Hermanarich viele Stämme unterworfen hatte, wie wir oben erwähnten, nahm der verräterische Stamm der Rosomonen *(Rosomonorum gens infida)*, die zu dieser Zeit zu denen gehörten, die ihm huldigen mußten, als er wegen dieses Einfalls der Hunnen mit sich zu Rate ging, die Chance wahr, ihn unversehens zu überrumpeln. Als nämlich der König den Befehl erteilt hatte, eine gewisse Frau des erwähnten Stammes namens Sunilda an wilde Pferde zu binden und dadurch, daß man diese in verschiedene Richtungen trieb, zu zerreißen (denn er war über den Verrat ihres Gatten an ihm erbost), kamen ihre Brüder Sarus und Ammius, um den Tod ihrer Schwester zu rächen, und stießen Hermanarich ein Schwert in die Seite. Durch diesen Hieb entkräftet, siechte er elend dahin. Balamber, der Hunnenkönig, machte sich seine Krankheit zunutze und kam mit einer Armee ins Land der Ostgoten[21].

Während Sunilda fraglos ein germanischer Name ist, ist die Ableitung von Sarus vom gotischen *sarwa*, „Waffe“, und von Ammius vom gotischen **hama*, „bewaffnen“[22], nicht überzeugend. Für die *Rosomoni* gibt es keine zufriedenstellende Etymologie[23]. Sarus begegnet uns später als der Name eines Goten[24], das macht aber nicht notwendigerweise aus dem Rosomonen Sarus einen Goten. Der Name kann mit Sarosius oder Saroes[25] verglichen werden, der um 500 König der Alanen im Kaukasus war. Sarakos in einer Inschrift vom Tanais (frühes 3. Jahrhundert v. Chr.) ist möglicherweise von dem sarmatischen Wort abgeleitet, das dem avestischen *sara-*, ossetisch *sär-*, „Kopf“[26], entspricht; Sarus könnte „Haupt“, „Anführer“ bedeuten. Saphrax (Safrax) und Lagarimanus, bedeutende Anführer der

Goten, hatten iranische Namen[27]; sie mögen Alanen gewesen sein. Obwohl man nicht beweisen kann, daß die *Rosomoni* aufrührerische Alanen waren, scheint der *discessus* einer alanischen *gens* zu einer Zeit, da Alanen die Ostgoten angriffen, wahrscheinlicher als der Verrat gotischer Adliger. Fast sicher war es die *concordia* mit großen Gruppen der Alanen, die es den Hunnen ermöglichte, gegen Ermanarich zu ziehen. Ammianus sagt uns nichts über die Bedingungen des Bündnisses. Wenn man bedenkt, daß jene Alanen, die sich 418 dem *patrocinium* des Vandalenkönigs unterwarfen, ihre Stammesorganisation bis zum Ende des vandalischen Königreichs beibehielten, so kann man annehmen, daß das hunnisch-alanische Bündnis dem iranischen Partner ein beträchtliches Maß an Unabhängigkeit und einen großen Anteil an der Beute garantierte. Es war sicherlich weder das erste noch das letzte Mal, daß andere Stämme sich mit den Hunnen zusammentaten. In manchen Fällen scheint das Bündnis eine wirkliche Symbiose ergeben zu haben, in anderen vereinigten sich die Stämme nur eine Zeitlang für Überfälle und Raubzüge. Das hunnisch-alanische Bündnis dauerte dreißig Jahre. Der Bericht des Ammianus über die alanischen Angriffe auf die Goten wird von Ambrosius bestätigt; was bei ihm aber über die Hunnen an der Seite Vithimirs steht, scheint durch keine andere Autorität gesichert. Warum sollten Hunnen, selbst wenn sie vom Gotenkönig bezahlt wurden, für ihn zu einem Zeitpunkt kämpfen, da seine Situation so offenkundig hoffnungslos war? Wenn sie mit den Horden, denen nicht einmal der große Ermanarich widerstehen konnte, gemeinsame Sache machten, konnten sie doch erwarten, nach Herzenslust Beute zu machen. Wenig später waren die Hunnen, die in das Land der Westgoten einbrachen, schnell mit Beute so beladen, daß sie ihre Attacke abbrechen mußten[28]. Waren die Hunnen an der Seite der Goten ein Teil des Volkes, das den Don überquert hatte? Oder gab es Hunnen westlich des Stromes, Stämme, die sich ebenso bedroht fühlten wie die Goten und die, als Vithimir sie um ihre Hilfe bat, beschlossen, mit den Germanen gegen die Eindringlinge gemeinsame Sache zu machen? Eine Stelle in den *Getica* des Jordanes, die auf Priscus, den Historiker aus dem 5. Jahrhundert, zurückgeht, gibt die Antwort. „Wie ein Völkersturm fegten die Hunnen über die Alpidzuri, Alcildzuri, Itimari, Tuncarsi und Boisci, die an diesen Teil Skythiens angrenzten."[29]

Wie wir sehen werden, stehen die ersten beiden Namen für einen einzigen, den türkischen Namen **Alp-il-čur*, der mit den hunnischen Namen, die auf *-čur* enden, zusammengehört. Die anderen Namen werden uns später beschäftigen. Im gegenwärtigen Zusammenhang genügt dieser eine Name *Alpilčur, um die Existenz von türkisch sprechenden Nomaden[30] am nordöstlichen Ufer des Schwarzen Meeres oder nahe davon vor dem Kommen der Hunnen zu beweisen. Um 430 hatten dieselben Völker, die in derselben Reihenfolge nun aber unter hunnischer Herrschaft aufgezählt wurden, ihre Weidegründe entlang der Donau[31]. Ob sie aus eigenem Willen hierherzogen oder von ihren hunnischen Herren dort angesiedelt wurden, ist von geringerer Bedeutung. Worauf es ankommt, ist, daß ihr Bündnis allen Wechselfällen dieser stürmischen Dekaden widerstand. Da in beiden Passagen die *Alpilčur an erster Stelle genannt sind, waren sie offensichtlich der führende Stamm. Von den Hunnen nahe der Maeotis überrannt, standen sie sechzig Jahre später noch immer in erbitterter Gegnerschaft zu ihren Herren; sie schlossen mit den Römern einen Vertrag ab. In einem späteren Kapitel werde ich auf diese „Hunnen vor den Hunnen“ zurückkommen.

Das Königreich Ermanarichs

Man hat oft angenommen, daß Attila über alle Völker regierte, die einst vom Ostgotenkönig Ermanarich beherrscht wurden. Vielleicht hätten Archäologen gezögert, Gräber in den Wäldern Zentralrußlands den nomadischen Hunnen zuzuweisen, hätten sie nicht geglaubt, daß zu einer bestimmten Zeit die Goten Ermanarichs hier geherrscht hätten. Die Versicherung der weströmischen Gesandten am Hofe Attilas, daß der Hunnenkönig Herr über die Inseln im Ozean wäre, hätte man nicht so weitgehend akzeptiert, hätte nicht Jordanes festgestellt, daß die *Aesti* an der baltischen Küste Untertanen Ermanarichs waren. Mangel an kritischer Einstellung oder chauvinistische Tendenz vergrößerte entweder das gotische Reich übermäßig oder leugnete praktisch seine Existenz[32].

Die Beschreibung dieses Reiches durch Jordanes ist beinahe eine Hymne[33]. „Einige unserer Ahnen“, schrieb er, „haben zu Recht Hermanarich mit Alexander dem Großen verglichen.“ Offensichtlich war es Cassiodorus, die Quelle des Jordanes, nicht ein unbelesener Gote, der diesen Vergleich machte und Ermanarich „den Beherrscher aller Nationen Skythiens und Germaniens“ nannte. Jordanes zählte dreizehn Völker auf, die der Amalerherrscher Ermanarich im Norden besiegte: *Golthescytha, Thiudos, Inaunxis, Vasinabroncae, Merens, Mordens, Imniscaris, Rogas, Tadzans, Athaul, Navego, Bubegenes* und *Coldas*. Die unsicheren Lesarten und die seltsamen Formen dieser Namen machen sie zu einem idealen Jagdrevier für Namenjäger. Tomaschek erkannte in Athaul den Namen eines hunnischen Stammes, türkisch **ataghul*, „der Bogenschütze“[34]. Müllenhoff dachte, daß *scytha* in *Golthescytha* das latinisierte *chud*, die Bezeichnung für finnische Stämme in den frühen russischen Chroniken wäre[35]. Marquart nahm *golthe* für eine andere Form von *Scoloti*, verknüpfte es mit *thiudos*, ließ *scytha* als eine Glosse aus und gelangte so zu „die scolotischen Völker“[36]. Er und Grienberger zweifelten nicht daran, daß *thiudos* gotisch war und „Völker“ bedeutete; Grienberger aber vermutete in *golthe* das lateinische *gothice*, verknüpfte *scytha* und *thiudos* und übersetzte „auf gotisch die skythischen Völker“[37]. Diese und ähnlich phantasievolle Etymologien zu erörtern, wäre Zeitverschwendung. Die Mordens[38] sind die Mordwinen und die Merens die Mari[39]. Ob Ermanarich sie tatsächlich „*domuerat*“, ist nicht so sicher. Die Volksnamen geben vielleicht nur den Horizont des geographischen Wissens des Jordanes oder seiner Quellen an.

Ermanarich soll auch die *Aesti* an der baltischen Küste „durch seine Weisheit und Macht“ unterworfen haben, was wahrscheinlich nichts anderes heißt, als daß es Handelsbeziehungen zwischen den Goten und den Stämmen in den Bernsteinländern gab, wie sie möglicherweise auch in den hunnischen Zeiten[40] und unter dem Ostgotenkönig Theoderich dem Großen bestanden[41].

Nachdem Ermanarich die Völker des Norden besiegt hatte, „brachte Ermanarich die Heruler nahe dem Asowschen Meer unter seine Macht", was ziemlich glaubwürdig ist. Seit der Mitte des 3. Jahrhunderts hatte ein Stamm der ostgermanischen Heruler an den Ufern der Maeotis gesiedelt[42].

Schließlich griff Ermanarich auch die *Venethae* an und unterwarf sie. Aus dem Hymnus in Prosa übertragen heißt das: „Von Zeit zu Zeit fielen die Goten in das slawische Territorium im Nordwesten ein." In dem wirren Bericht über die Jahre nach dem Tod Ermanarichs spricht Jordanes von einem Krieg zwischen einem Teil der Ostgoten und den Anten unter der Führung des Königs Boz[43]. Nach dem Sieg über die Anten wurden die Goten von den Hunnen angegriffen und am Fluß Erac geschlagen[44].

Die Grenzen des ostgotischen „Reiches" lassen sich nicht bestimmen, weil es keine gab. Um ein mehr oder weniger dicht besiedeltes gotisches Gebiet lagen die Territorien verschiedener Stämme. Einige von diesen zahlten vielleicht regelmäßig Tribut; andere tauschten nur ihre Waren, vermutlich meistens Pelze, für das ein, was die Goten entweder vom bosporanischen Königreich oder von den Donauprovinzen bekamen; wiederum andere verbündeten sich vielleicht gelegentlich mit den Ostgoten zu Beutezügen. Der rasche Zusammenbruch des Ermanarichreiches zeigt deutlich seinen mangelnden Zusammenhalt.

Es ist nicht unsere Aufgabe, neuerlich den Bericht des Ammianus über den Krieg zwischen den Hunnen und den Westgoten, den südlichen Nachbarn der Ostgoten, zu analysieren. Das haben bereits alle Historiker der Völkerwanderungszeit getan, meiner Meinung nach am kompetentesten und bündigsten Patsch[45]. Unter der Führung Athanarichs erwarteten die Westgoten den Angriff der Hunnen am rechten Ufer des Dnjestr, konnten ihm aber nicht standhalten; sie zogen sich hinter den Seret zurück. Der größere Teil des Volkes entschloß sich, eine neue Heimat im Reich zu suchen; Athanarich und sein Gefolge marschierten durch Oltenien zum *Caucalandis locus*. Nach Patsch war Caucalanda der gebirgige Teil des Banats zwischen den Flüssen Maros, Theiß und Donau[46]. Die Einwände gegen diese These[47] basieren auf zweifelhaften Gleichsetzungen des Namens Cauca. Sie mißachten die Ereignisse der späten siebziger Jahre des 4. Jahrhunderts, die eindeutig auf Westgoten im östlichen Banat hinweisen. Daher akzeptiere ich die Lokalisierung von Patsch[48].

Von 376 an waren die Hunnen Herrscher über ein weites Gebiet in Südrußland. Sie standen an der unteren Donau. Das Bild, das man sich nach Ammianus machen kann, ist nicht falsch, aber einseitig. Er sagt nichts über das Schicksal des bosporanischen Königreiches, über das Leben der Völker, die die Hunnen überrannten, ihre Wirtschaft, ihre sozialen Institutionen und ihre Verbindungen untereinander. Es wäre nicht gerecht, Ammianus deswegen einen Vorwurf zu machen. Er schrieb eine Geschichte des Römischen Reiches, nicht eine der Barbaren. Glücklicherweise können die Kulturen der Völker westlich des Don wenigstens in ihren Umrissen — hauptsächlich mit Hilfe archäologischen Materials — rekonstruiert werden.

DIE HUNNEN AN DER DONAU

Im Sommer 376 lagerten Zehntausende von Westgoten am Nordufer der unteren Donau um Durostorum (heute Siliştea, Rumänien) und warteten ängstlich auf die Erlaubnis, den Fluß überqueren und sich in Thrakien ansiedeln zu dürfen. Sie waren der größere Teil der stolzen Nation, die nur wenige Jahre vorher die Römer gezwungen hatte, mit ihrem Anführer Athanarich wie mit dem König der Könige zu verhandeln. Nun aber, von den Hunnen geschlagen (s. vorhergehenden Abschnitt) und hungernd, waren sie in tödlicher Angst, daß ihre Feinde wieder über sie herfallen könnten, bevor man ihnen erlaubte, im Reich Zuflucht zu suchen.

Die Erlaubnis kam im Herbst. Die Westgoten und in ihrem Gefolge nach kurzer Zeit auch Ostgoten[49], Taifalen[50] und andere transdanubische Barbaren[51] überquerten die Donau. Der folgende Kampf zwischen den Westgoten[52] und den Oströmern, der jahrelang in Thrakien tobte und bisweilen weite Gebiete Makedoniens in den Abgrund stürzte, wurde gründlich untersucht. Das ist verständlich und legitim. Die germanischen Eindringlinge entwickelten sich zu großen Nationen; in Frankreich und Spanien gestalteten sie das Schicksal der westlichen Welt. Die Hunnen hingegen lauerten mit Ausnahme der wenigen Jahre von Attilas Herrschaft an der Peripherie der Ökumene und dahinter. Ihre Geschichte in den letzten Dekaden des 4. Jahrhunderts scheint völlig uninteressant zu sein. Nicht einmal die auf die Hunnenforschung spezialisierten Gelehrten schenkten ihr Aufmerksamkeit[53].

Zwar ist unsere Information über die Hunnen zu dieser Zeit dürftig (nicht viel dürftiger allerdings als für andere Perioden), das aber sollte nur eine Herausforderung sein, aus den wenigen Daten das Beste zu machen. Es erfordert sehr großen Aufwand, aus den Annalen, Bibelkommentaren, Homilien, Edikten und Gedichten die wenigen Passagen herauszuziehen, die sich mit den Hunnen befassen, und festzustellen, was wann und wo geschah. Aber darum kommt man nicht herum, wenn man erfahren will, wie die Hunnen nach Zentraleuropa kamen.

Gemeinsame Operationen von Westgoten und Hunnen

Nach der blutigen Schlacht *ad salices* in der nördlichen Dobrudscha zwischen Westgoten und den kaiserlichen Truppen im Sommer 377 zogen sich die Römer hinter den Hämus (Balkan) zurück. Ihre Verluste waren nicht ganz so schwer wie die der Westgoten. Aber selbst mit den ihm gesandten Verstärkungen konnte der römische Befehlshaber keine weitere Schlacht riskieren. Die Westgoten waren zahlenmäßig noch immer weit überlegen. Ihre Stärke war freilich zugleich auch ihre Schwäche. Sie waren kein Heer, sondern ein ganzes Volk: Frauen, Kinder, Kranke und alte Leute waren vier- oder fünfmal so zahlreich wie die Krieger. „Alles, was in den Ländern Skythien und Mösien zur Nahrung dienen konnte, war aufgebraucht worden. Alles Lebensnotwenige hatte man auf befestigte Plätze gebracht, die der Feind wegen seiner völligen Unerfahrenheit in solchen und ähnlichen Operationen nicht einmal zu belagern versuchte“[54].

Die Römer befestigten hastig die Bergpässe. Die Goten befanden sich „gedrängt zwischen dem Hister [Donau] und den Einöden". Ihre Situation wurde zusehends verzweifelt. Römische Truppen hätten mit Leichtigkeit die *aggeres celsi*, offensichtlich bloße Palisaden, durchbrochen: für die Goten erwiesen sie sich als uneinnehmbar. „In gleicher Weise von ihrer Wildheit und dem Hunger angetrieben", griffen sie immer wieder an, mit dem Erfolg, wieder zurückgeschlagen zu werden. Eingeengt durch das Meer zu ihrer Linken, die Berge rechts und vorne und die Donau im Rücken konnten die Goten nicht viel länger aushalten. „Durch ihre schreckliche Notlage gezwungen gewannen sie einige der Hunnen und Halani für ein Bündnis, indem sie ungeheure Beute in Aussicht stellten." Sobald der römische Kommandant davon hörte, räumte er seine Stellungen und zog sich in die thrakische Ebene zurück.

Ammianus Marcellinus gibt uns einen malerischen Bericht über die folgenden Ereignisse. Anstatt aber seinen Lesern zu erzählen, was tatsächlich geschah, beschreibt er ausführlich und mit schaurigen Einzelheiten die Schrecken der Barbareninvasion. Wir hören viel über das Elend von Frauen und frei geborenen Männern, die mit Peitschenhieben dahingetrieben wurden, wir erfahren aber nicht, warum sich die Römer zurückzogen. Die Hunnen hatten bei der Erstürmung selbst improvisierter Befestigungen so wenig Erfahrung wie die Westgoten. In den Bergen waren ihre Reiter so gut wie verloren. Die wenigen, die sich vielleicht hinter die römischen Linien schleichen konnten, konnten leicht niedergehauen werden. Die Goten brauchten nicht mehr Männer; sie hatten genug. Außerdem betont Ammianus selbst, daß die Zahl der Hunnen und Alanen gering war, *Hunorum et Halanorum aliquos*. Warum brach also die Blockade zusammen? Durch einen Blick auf die Landkarte fand Seeck die Antwort: Mit größter Wahrscheinlichkeit überquerten die Hunnen die Donau weit im *Westen*. Sie ritten das Tal der Morawa nach Naissus (heute Niš, Jugoslawien) hinunter und wandten sich ostwärts; damit bedrohten sie die Römer von hinten[55]. Saturninus, der römische Kommandant, hatte keine Wahl. Er verließ die Pässe. Die Goten waren gerettet.

Eine strategische Bewegung solchen Maßstabs erforderte mehr als ein Übereinkommen zwischen den Westgoten und „einigen" Hunnen. Sie setzt seitens der Hunnen die Fähigkeit voraus, Hunderte von Reitern in Bewegung zu setzen. Über den Status ihrer Anführer wissen wir nichts. Ob sie aber „Könige" waren, Phylarchen (Stammeshäuptlinge) oder Hauptleute, ob ihnen ihre Männer aus Loyalität folgten, um militärischen Ruhm zu erwerben oder einfach, um in kürzester Zeit soviel Beute wie möglich zu machen, ist unerheblich im Vergleich zu der Tatsache, daß diese Reiter gesammelt werden *konnten*, daß ihre Anführer zu einer Übereinkunft mit den Westgoten *kamen* und daß die Hunnen über Hunderte von Meilen zusammengehalten wurden. Der allererste Bericht eines hunnischen Einfalls in die Balkanprovinzen widerlegt die Ansicht, daß die hunnische Gesellschaft ein halbes Jahrhundert lang nach der Invasion in Südrußland aus einer großen Zahl von kleinen, unabhängigen Gruppen bestand. Aber die Probleme der hunnischen Gesellschaft werden uns in einem anderen Zusammenhang beschäftigen.

Man hat bisweilen behauptet, daß die Hunnen bei Adrianopel Seite an Seite mit den Goten fochten[56]. Aber Adrianopel (378 n. Chr.) war ein gotischer Sieg. „Die römischen Legionen wurden von den Goten niedergemetzelt“ *(Romanae legiones usque ad internicionem caesae sunt a Gothis)*, schrieb Hieronymus ein Jahr nach der Katastrophe, und keiner von denen, die seine Chronik benützten, hatte in diesem Punkt irgend etwas aus anderen Quellen hinzuzufügen. Der Bericht Ammians über die Schlacht ist bei weitem nicht so genau, wie man von einem Autor mit seiner militärischen Erfahrung und seinem Verständnis für das Wesentliche erwarten würde. Doch so viel ist sicher: Die Entscheidung fiel mit der Ankunft der Ostgoten. Fritigerns Westgoten konnten dem stürmischen Angriff der römischen Reiterei nicht standhalten. Zurückgetrieben zu ihren Wagenburgen und hart bedrängt von den vordringenden Legionen, wurden sie von den ostgotischen Reitern des Alatheus und Saphrax gerettet. Der westgotische Anführer vermied solange er konnte, eine Schlacht zu liefern; teils, weil er noch immer hoffte, mit dem Kaiser zu einer Übereinkunft zu kommen, hauptsächlich aber, weil er es nicht wagte, allein zu kämpfen. Die Römer hatten ihre sarazenischen Reiter; Fritigern benötigte dringend die ostgotische Kavallerie. Wäre sie nicht gerade rechtzeitig herangestürmt, wären die Westgoten aller Wahrscheinlichkeit nach geschlagen, wenn nicht sogar vernichtet worden. Die plötzliche ostgotische Attacke stürzte die Römer in Verwirrung, dann in Panik, und was folgte, war ein Massaker.

Adrianopel, eine der entscheidenden Schlachten der Geschichte, wurde vom *equitatus Gothorum* gewonnen. Sicherlich waren einige Männer von anderen Stämmen bei ihnen, aber das waren keine Hunnen. Ammianus spricht ausdrücklich von *Halanorum manus*[57]. Wäre der Bericht von Jordanes geschrieben worden, könnten wir argwöhnen, daß er den Hunnen nicht das Verdienst für einen gotischen Sieg einräumen wollte. Aber Ammianus hatte keinen Grund, die Alanen den Goten vorzuziehen. In seiner Erzählung tauchen die Hunnen *nach* der Schlacht wieder auf. Als die Goten ihr Lager bei Perinthus am Marmarameer aufschlugen, waren sie *Hunis Halanisque permixti*[58]. Die Hunnen hatten sich dem Kampf ferngehalten. Ihre Nachkommen, die „Massageten“ in der römischen Armee in Afrika, handelten mehr als einmal ebenso. Sie warteten ab, wer gewinnen würde. Die Hunnen waren auf Beute aus und hatten keine Sehnsucht danach, ihr Blut *pour le roi des Goths* zu vergießen.

In den folgenden zwei Jahren nennen unsere Quellen wiederholt Hunnen, Alanen und Goten zusammen[59]. Ob aber die Hunnen allein oder als Verbündete der Goten die Dörfer der unglücklichen thrakischen Bevölkerung plünderten und niederbrannten, ist unbekannt. Einige zeitgenössische Autoren sahen in den Hunnen die schlimmsten Bösewichte. Sie waren „schrecklicher als jegliche Art des Verderbens“ *(omni pernicie atrociores)*[60]. Orosius nennt die Hunnen und Alanen vor den Goten[61].

Nach 380 werden weder Hunnen noch Alanen unter den Barbaren in den Balkanprovinzen erwähnt[62]. Die Goten dienten zu Tausenden in den kaiserlichen Armeen. Die römischen Kommandeure Botherich, Eriulf, Fravittas, Gainas und Rumorid waren Goten. Aber wir hören nichts von hunnischen Kontingenten oder hunnischen Offizieren. Die Hunnen kehrten hinter die Donau zurück.

Obwohl die Hunnen bei Adrianopel nicht am Kampf teilnahmen, haben sie vielleicht doch den Ausgang der Schlacht entschieden. Die folgenden chronologischen und geographischen Überlegungen scheinen von den Hunnen wegzuführen. Aber ohne sie lassen sich die Ereignisse im Barbaricum (den Territorien jenseits der römischen Grenzen) nicht rekonstruieren.

Die Hunnen bedrohen Pannonien

Anfang Juni 378 setzte sich die Armee Gratians, die sich so schnell wie möglich mit den von den Westgoten hart bedrängten Oströmern vereinigen sollte, endlich nach Thrakien in Bewegung. Der frivole Wunsch des jungen Herrschers, sich dem Valens als Sieger über mächtige Barbaren im Westen zu präsentieren, verzögerte den Marsch um mindestens einen Monat[63]. Nun aber beeilte sich Gratian. Er führte seine Truppen in langen Märschen, *porrectis itineribus*, von Felix Arbor am Bodensee nach Lauriacum, dem heutigen Lorch in Oberösterreich. Dort rastete die Armee, die *300 milia*[64] zurückgelegt hatte, für kurze Zeit[65]. Gratian selbst „schickte auf dem Landweg all sein Gepäck voraus, zog die Donau hinab, . . ., kam nach Bononia [in Pannonia superior; heute Vidin, Bulgarien] und betrat Sirmium [in Pannonia inferior; heute Srewska Mitrovica, Jugoslawien]. Nachdem er hier vier Tage aufgehalten worden war, zog er über denselben Fluß nach Castra Martis[66] weiter, obwohl er vom Wechselfieber befallen wurde. In diesem Gebiet überfielen ihn unerwartet die *Halani*, und er verlor einige Leute seines Gefolges."[67] Das war die erste Begegnung mit dem Feind.

Gratian hätte es nicht gewagt, mit nur „einer Schar leichtbewaffneter Truppen" die Donau hinabzusegeln, wäre er nicht sicher gewesen, daß die Quaden, Jazygen und Sarmaten am linken Ufer des Flusses Frieden halten würden. Sie litten noch immer unter den Niederlagen, die ihnen Valentinian drei Jahre vorher zugefügt hatte. Die Quaden waren gezwungen, Rekruten für die römische Armee zu stellen, und das Bündnis mit den *Sarmatae Argaragantes* im Banat war erneuert worden. Um gegen neuerliche Überraschungsangriffe wie jene, die die Barbaren in den Jahren 374 und 375 tief in römisches Territorium vorgetragen hatten, vorzusorgen, hatte man die Grenzbefestigungen sehr verstärkt[68]. Pannonische Soldaten konnten zum Dienst nach Britannien abkommandiert werden[69]. Im Frühling 378 vereinigte sich Gratians General Frigeridus und seine pannonischen und transalpinen Hilfstruppen mit der Heeresmacht in Thrakien[70]. Gratian hatte von den Völkern östlich der Donau nichts zu befürchten. Aber nur wenige Monate später wurde die Valeria, die östlichste Provinz Pannoniens, von Goten, Hunnen und Alanen überrannt.

Nimmt man an, daß Gratian so schnell wie Kaiser Julian reiste, der im Sommer 361 bei außergewöhnlich gutem Wetter mit dreitausend Mann von „der Stelle, wo der Fluß schiffbar ist", bis nach Sirmium in elf Tagen fuhr[71], so konnte Gratian Ende Juni oder Anfang Juli in Bononia angelangt sein. Wahrscheinlich war er in Castra Martis nicht später als Mitte Juli. Es ist eine Streitfrage, ob er mit Valens vor dem 9. August, dem Tag der Schicksalsschlacht, hätte zusammentreffen können. Der Brief, den er Valens sandte, zeigt, daß er entschlossen war, seine Reiterei so schnell wie möglich in den Kampf zu werfen[72]. Doch eine Passage bei Zosimus (Νέα ἱστωρία, historia nova, verfaßt im 6. Jahrhundert) scheint anzudeuten, daß Gratian plötzlich stehenblieb, umkehrte und nach Sirmium zurückritt.

Der Reitergeneral Victor, einer der wenigen hohen Offiziere, die das Massaker von Adrianopel überlebt hatten, schlug sich mit einigen seiner Reiter „durch Makedonien und Thessalien nach Mösien und zu den Paiones durch, um Gratian, der sich dort aufhielt, von dem Geschehenen zu informieren“[73]. Paiones steht hier für die Provinz Pannonia secunda[74]. Wenn Victor wirklich der erste war, der Gratian den Tod des Valens meldete, und wenn er ihn in Pannonia secunda traf, dann muß Gratian nicht — wie allgemein angenommen — deswegen nach Sirmium zurückgekehrt sein, weil er erkannte, daß er allein nach der Vernichtung der Ostarmee zu schwach war, um den Kampf mit den Goten fortzusetzen, sondern *bevor* er von der Katastrophe erfuhr. Zosimus ist kein sehr verläßlicher Autor[75]. Sein τὸ συμβάν kann nur „alle Einzelheiten“ bedeuten. Die bedeutendste Einzelheit dieser Neuigkeiten, nämlich jene vom Tod des Valens, hat Gratian vielleicht bereits erfahren, während er noch ostwärts marschierte[76]. Sollte er aber vorher umgekehrt sein, so konnte es dafür nur einen Grund geben: Seine Truppen, obwohl in Thrakien gebraucht, müssen noch dringender in Pannonien benötigt worden sein. Valens kämpfte mit den Goten; Gratian mußte mit den Völkern kämpfen, die von den Hunnen nach Pannonien getrieben wurden, und mit den Hunnen selbst.

Gratian hatte den Bischof Ambrosius zuerst brieflich und später bei seinem Treffen mit ihm in Sirmium[77] gebeten, für ihn eine Abhandlung über den orthodoxen Glauben zu schreiben. Ambrosius verfaßte die ersten beiden Bücher *De fide* „hastig, summarisch und in eher unausgearbeiteter als exakter Form“[78]. Er schrieb sie, nachdem er vom Tod des Häretikers Valens erfahren hatte[79], der ihn nicht sonderlich schmerzte. Er pries den jungen, orthodoxen Kaiser Gratian als „Herrscher über die ganze Welt“, der die Goten besiegen würde[80]. Mitten unter theologischen Argumenten und biblischen Beweisen für die Einheit von Vater, Sohn und Heiligem Geist, steht eine Passage, die aufmerksame Betrachtung erfordert: „Haben wir nicht“, schrieb Ambrosius, „von der ganzen Grenze entlang, von Thrakien und durch die Dacia ripensis, Mösien und von der ganzen Valeria der pannonischen Provinzen *(omnemque Valeriam Pannoniarum)* ein wüstes Durcheinander predigender Gotteslästerer [= Arianer] und eindringender Barbaren gehört?“[81] Ambrosius ließ die Pannonia secunda aus, wo offensichtlich die Hauptmacht Gratians stand. Daß er die Invasion in der Valeria, und zwar in der *ganzen* Valeria, betont, ist noch bedeutungsvoller.

In *De fide* waren die Goten noch der einzige Feind. Bald aber erhielt Ambrosius genauere und alarmierendere Nachrichten. „Die Hunnen“, schrieb er jetzt, „warfen sich auf die Alanen, die Alanen auf die Goten und die Goten auf die Taifalen und Sarmaten; die Goten, aus ihrem eigenen Land vertrieben, vertrieben uns aus Illyrien, und ein Ende ist nicht abzusehen."[82] Das verschwommene Bild, das die Römer von den Geschehnissen jenseits der Donau hatten, wurde deutlicher: Die Westgoten Athanarichs, die sich Fritigern nicht angeschlossen hatten, warfen sich auf die Taifalen in Oltenien und die Sarmaten in Caucalanda[83]. Im ganzen Barbarenland, „bis zu den Markomannen und Quaden"[84], gerieten die Völker in Bewegung. Wir haben keine Nachricht über den Widerstand, den die Sarmaten in Caucalanda, dem Banat, den Goten entgegensetzten. Er muß hartnäckig gewesen sein; die Argaraganten waren als tapfer und schlagkräftig bekannt[85]. Er wurde aber überwunden, und eine offenkundig große Gruppe von Sarmaten war gezwungen, die Donau in die Valeria zu überqueren. Im Dezember 378 schlug der General Theodosius, aus seinem Ruhestand in Spanien eilig herbeigerufen, die Eindringlinge[86]. Der Bericht des Kirchenhistorikers Theodoret über die Schlacht ist zwar breit ausgeschmückt, in seinem Kern aber wahr. Eine Stelle wirft sogar Licht auf die Zusammensetzung der hereinbrechenden Horden. „Viele der Barbaren", schrieb Theodoret, „wurden von ihren eigenen Landsleuten erschlagen." Offensichtlich wandten sich die sarmatischen Limiganten, die „Sklaven" der Argaraganten[87], gegen ihre eigenen Herren und töteten sie mit den Waffen, die sie gegen die Römer erheben sollten.

Der Sieg des Theodosius mag den Druck an einem Abschnitt der Front leicht gemildert haben. Er war aber eine bloße Episode in dem gigantischen Kampf. Im Januar 379, als Gratian Theodosius zum Herrscher ausrief, war die Situation beinahe hoffnungslos: „Die Städte sind verwüstet, Myriaden von Menschen getötet, die Erde ist vom Blut durchtränkt, und ein fremdes Volk (λαὸς ἀλλόγλωσσος) zieht durch das Land, als ob es ihm gehörte."[88] Gratian konnte nicht länger von seinem Hauptquartier in Sirmium die Operationen an einer Front leiten, die von Westungarn bis zum Schwarzen Meer reichte. Das östliche Illyricum, das die Diözesen Dacia und Macedonia umfaßte, wurde der *præfectura oriens* hinzugefügt, die Theodosius als Nachfolger des Valens beherrschen sollte[89]. Die Teilung von Illyricum in einen östlichen und westlichen Abschnitt war aus rein militärischen Gründen notwendig geworden. Gratian übernahm den Kampf gegen die Eindringlinge in Pannonien.

Die Kirchenhistoriker Sokrates und Sozomenos sprechen vage über die Stämme von den Ufern des Hister oder einfach über Barbaren[90]. Auch der römische Redner Symmachus (etwa 340—402) erwähnt die Siege der beiden Herrscher, ohne zu sagen, wer die Feinde waren[91]. Die Dichter sind glücklicherweise genauer. Von Pacatus und Ausonius erfahren wir, daß die Völker, die die Sarmaten gegen die Donau und westlich von dieser getrieben hatten, nun selbst den Limes angriffen und ihn an vielen Punkten durchstießen. Theodosius war noch in Spanien, als die Goten, Hunnen und Alanen in die Valeria einbrachen. „Alles, was der Gote verwüstet, der Hunne plündert, der Alane wegschleppt, wird Arcadius einst wünschen [wiederzugewinnen]." *(Quidquid atterit Gothus, quidquid rapit Chunus, quidquid aufert Halanus, id olim desiderabit Arcadius)*[92]. „Ich Unglückliche habe die pannonischen Provinzen verloren" *(Perdidi infortunata Pannonias)*, klagt die *res publica* und fleht Theodosius an, ihr zu Hilfe zu kommen. Pacatus hat übertrieben. Pannonien war noch nicht verloren, aber es wurde heftig angegriffen. Ende 378 erhielt Ausonius, Freund und Lehrer Gratians und Konsul des Jahres 379, in Trier gute Nachricht:

> Da nun alle Feinde besiegt sind (wo die vermischten fränkischen und suebischen Horden wetteifern, sich zu unterwerfen, und in unseren römischen Armeen dienen wollen; und wo die wandernden hunnischen Banden sich mit den Sarmaten verbündet hatten; und wo die Geten mit ihren alanischen Freunden die Donau anzugreifen pflegten — denn der schnellflügelige Sieg bringt mir diese Nachricht), siehe, da kommt der Kaiser, um meine Würde zu ehren, und krönt mit seiner Gunst die Auszeichnung, die er gerne geteilt hätte[93].

Man darf vielleicht der Unterscheidung zwischen Sauromaten und Alanen und dem angeblichen Bündnis zwischen den Barbaren nicht allzu große Bedeutung beimessen, obwohl die Sarmaten, die von den Goten angegriffen wurden, sich tatsächlich an die Hunnen um Hilfe gewandt haben könnten. Die Siege können nicht so entscheidend gewesen sein, wie sie im weit entfernten Trier aussahen, denn der Krieg ging weiter.

Gratian blieb den ganzen Februar und die erste Märzhälfte in Sirmium. Am 5. April war er in Tricciana[94], dem heutigen Ságvár, einer Stadt an der Straße von Sopiana nach Arrabona, rund zehn Meilen südlich des Nordwestufers des Plattensees[95]. Was er im nördlichen Pannonien tat, erfahren wir wiederum aus einigen Passagen bei Ausonius. Der gallische Rhetor hat vielleicht die Großtaten des Herrschers etwas übertrieben, erfunden hat er sie jedoch nicht, wie der Ausgang des Kampfes zeigt. In seiner Danksagung für den Konsulat, die Ende 379[96] in Trier an Gratian gerichtet wurde, preist Ausonius den jungen Herrscher dafür, daß er „in einem einzigen Jahr die Donau- und Rheingrenzen befriedet hatte“[97]. Er nennt ihn *Sarmaticus*, „weil er dieses Volk besiegte und ihm vergab“ *(vincendo et ignoscendo)*[98]. In einem Epigramm rühmt Ausonius Gratian, der „inmitten von Waffen, wilden Hunnen und gefährlichen Sauromaten heimlich im Feldlager die Zeit, die ihm von den Stunden des Krieges blieb, ganz den Clarianischen Musen widmete“[99]. In einem Alptraum sah Ausonius sich selbst, wie er als waffenloser Kriegsgefangener der Alanen durch die Straßen gezerrt wurde[100].

Mitte Juni etwa hatte sich die Situation so weit gebessert, daß Gratian das Kommando einem seiner Generäle übergeben und nach Italien aufbrechen konnte[101]. Außerdem erforderte die neuerliche Erhebung der Alamannen im Westen seine Anwesenheit am Rhein.

Hunnischer Druck an der unteren Donau

Wir brauchen den Kampf zwischen den Westgoten und den Armeen des Theodosius nicht zu verfolgen. Wofern sich dort noch immer Hunnen unter den Barbaren befanden, waren es höchstens ein paar von ihren Horden versprengte oder verlorene Männer. Die hunnische Gefahr war aber keineswegs gebannt. Im Winter 381/382 überquerten Skiren und Karpodaker,

„vermischt mit Hunnen“, die Donau, wurden aber nach wenigen Scharmützeln zurückgetrieben[102]. Diese Episode scheint nur insofern bedeutsam, als sie zeigt, daß die Hunnen nicht in der Lage waren, unternehmungslustigere Stämme nördlich der Donau daran zu hindern, auf eigene Faust zu handeln. Doch Theodosius mußte erkannt haben, daß die schrecklichen Reiter, die sich zu Herren, wenn auch bis jetzt noch nicht zu absoluten Herren, der wimmelnden Masse von Barbaren in „Scythia“ gemacht hatten, sich eines Tages als größere Gefahr für seine *pars* herausstellen könnten als die Goten. Er schloß im Herbst 382 mit den Westgoten Frieden.

Von Epidemien geschwächt[103], ihre Verbände durch Desertionen gelichtet, durch unaufhörliches Wandern von Ort zu Ort völlig erschöpft, waren die Westgoten mehr als bereit, mit dem Kaiser zu irgendeinem Übereinkommen zu gelangen. Sie wollten Land zur Besiedelung und — falls zu bekommen — Subsidien. Theodosius brauchte Soldaten. Der Friedensvertrag räumte den Goten weite Landstriche in Moesia inferior und der östlichen Dacia ripensis ein[104]; dem Kaiser gab er Truppen, um die Donau von Oescus (an der Donau nahe dem Zusammenfluß mit dem Isker) bis Durostorum zu bewachen. Die Neujahrsrede des Themistius vom 1. Januar 383 ist nicht wörtlich zu nehmen. Nach seinen Erfahrungen mit den Barbaren konnte Theodosius nicht erwartet haben, daß die Goten wie die Kelten in Galatia[105] gute und gesetzestreue römische Bürger werden würden. Sicherlich aber hoffte er, daß sie ihm zur Verteidigung dienen würden[106]. Ein Jahr vorher waren die Gefolgsleute Athanarichs am rechten Flußufer angesiedelt worden, „um jegliche Überfälle auf die Römer zu verhindern“[107]. Wie Themistius nannte auch Zosimus den möglichen Feind nicht beim Namen. Eunapius von Sardes tat es aber. Der Kaiser, so schrieb er, gab den Goten Rinder und Land, weil er von ihnen erwartete, daß sie „ein uneinnehmbares Bollwerk gegen die Einfälle der Hunnen bilden würden“[108]. Als Föderaten waren die Westgoten zu Dienstleistungen verpflichtet, wann und wo immer sie gerufen wurden, aber ihre ständige Hauptaufgabe war es, sich selbst zu verteidigen. Indem sie für ihre neue Heimat kämpften, kämpften sie für Rom. Solange sie Wache an der Donau hielten, schienen die nördlichen Balkanprovinzen außer der östlichsten Scythia minor sicher zu sein. Wenige, viel zu wenige Jahre erfreute sich die römische Bevölkerung in den verwüsteten Städten und Dörfern eines Mindestmaßes an Frieden. 384 oder 385 überquerte eine barbarische Horde die zugefrorene Donau nahe der Mündung und nahm Halmyris ein[109]. Das war aber außerhalb des gotischen Territoriums. Kurz danach suchten hunnische Horden Skythien heim[110].

Im Jahre 386 stießen Barbaren wiederum östlich und westlich der gotischen Wacht an der Donau an einzelnen Punkten tief in römisches Gebiet vor. Ein Edikt von 29. Juli 386 gibt uns ein seltsames Bild von der Situation am Balkan: „Da die Prokuratoren der Bergwerke in Macedonia, Dacia mediterranea, Moesia und Dardania[111], die nach Gewohnheit von den Dekurionen ernannt werden und die die üblichen Steuern eintreiben, sich unter dem Vorwand der Angst vor dem Feind *(simulato hostili metu)* von dieser öffentlichen Verpflichtung zurückgezogen haben, sollen sie zur Erfüllung ihrer Pflicht zurückgeholt werden.“[112] Sicherlich waren die Prokuratoren willens, jegliche Entschuldigung vorzuschützen, um sich ihrer sehr unangenehmen Pflichten zu entziehen, aber sie konnten keinen Feind erfinden, wenn es keinen gab. Die Abfolge, in welcher die vier Provinzen genannt werden, läßt keinen Zweifel daran, daß es das Morawa-Vardar-Tal war, in dem der Feind operierte; daß sie bis Macedonia Angst verbreiten konnten, beweist, daß die Plünderer schnelle Reiter waren. Vielleicht waren es nicht viele, doch sie waren stark genug, um die römischen Truppen zu überrennen — möglicherweise unter Umgehung befestigter Plätze — und unbelästigt mit ihrer Beute zurückzukehren, woher sie gekommen waren. Zu diesem Zeitpunkt gab es keinen anderen Feind, der solche Raubzüge in den westlichen Balkan durchführen konnte, als die transdanubischen Hunnen.

Die Eindringlinge im Osten waren Germanen. Im Sommer 386 erschienen Greutungen unter dem Kommando des Odotheus mit ihren Verbündeten am linken Ufer der unteren Donau und erbaten von Promotus, dem *magister militum* in Thrakien, die Erlaubnis, den Fluß zu überqueren; sie wollten Land, um sich anzusiedeln. Als ihr Ansinnen abgelehnt wurde, versuchten sie, sich den Weg ins Reich zu erzwingen. Promotus fügte ihnen eine vernichtende Niederlage zu[113].

Zosimus erzählt, zwei Quellen folgend, dasselbe Ereignis zweimal. Er gibt einen detaillierten Bericht über die Kriegslist, mit der Promotus die Barbaren täuschte; der Dichter Claudian schwelgt in einer blutigen Beschreibung der Niedermetzelung der Greutungen. Keiner dieser beiden Autoren aber zeigt irgendein Interesse an der Vorgeschichte dieses kurzen Krieges: es war eben nur ein weiterer Ausbruch des wohlbekannten „Wahnsinns" der Wilden. Es ist zwar unwahrscheinlich, aber nicht unmöglich, daß die Quellen des Zosimus mehr über die Greutungen und ihre Gründe, südwärts zu ziehen, enthielt. Denn es war ein Treck, die Wanderung einer sehr großen Gruppe von Völkern auf der Suche nach einer neuen Heimat. Zosimus betont, daß sie Frauen und Kinder bei sich hatten. Wie viele es waren, erfahren wir nicht. Sicherlich übertreibt Claudian die Zahl der Boote, die, von der Blüte der barbarischen Jugend bemannt, von dem Römern versenkt worden waren. Aber selbst wenn deren Zahl nicht dreitausend war, wie er schrieb, sondern bloß tausend, mit nicht mehr als drei oder vier Männern in jedem, würden wir auf eine Zahl von annähernd zehntausend waffentragenden Männern kommen. Eine germanische Armee konnte ein Viertel oder ein Fünftel der Bevölkerung ausmachen. Selbst wenn aber die Greutungen, zusammen mit all den Stämmen und Stammessplittern, die sich ihnen anschlossen[114], nicht Fünfzig-, sondern Dreißig- oder Zwanzigtausend zählten (beide Quellen von Zosimus nennen sie eine „gewaltige Horde"), ist jedenfalls die Tatsache, daß eine so große Masse imstande war, ihren hunnischen Herren zu trotzen und zur Donau durchzubrechen, sehr bedeutsam.

381, fünf Jahre vorher, hatten sich einige Hunnen den Skiren und Karpodakern zu einem raschen Raubzug angeschlossen. Dieses Mal war es aber ein ganzes Volk unter der Führung eines ostgotischen Fürsten[115], das das hunnische Joch abgeschüttelt hatte. Kein Wunder, daß Cassiodorus-Jordanes den Zug der Greutungen ignorieren: die anderen Ostgoten, die nach dem Bericht Cassiodors den Amalern folgten, wagten es nicht, sich gegen die Hunnen zu erheben. Unglücklicherweise wissen wir nichts über die Umstände, unter denen die Greutungen den Hunnen entkommen konnten. Vielleicht gab es Zwietracht unter ihren Herren; vielleicht waren jene Hunnen, die über die Greutungen herrschten, mit einer Beuteexpedition im Norden beschäftigt. Die Tatsache bleibt aber, daß viele Tausende des „Menschenviehs" die hunnischen Zäune durchbrachen. Die hunnische Macht war in den Ebenen nördlich der unteren Donau noch nicht gefestigt.

Hunnische Reiter ziehen nach Gallien

Die Situation an den Grenzen Pannoniens und in der Ebene östlich der Donau blieb ebenso im Fluß. Nur ein geringer Teil der Sarmaten schloß mit den Römern Frieden. Der Krieg mit den anderen dauerte das ganze Jahr 383 an[116]. Ob der Sieg, den die Truppen Valentians II.[117] über den schwer zu fassenden Feind im Frühjahr 384 davontrugen, so entscheidend war, wie er den Zuschauern im Kolosseum[118] in Rom erschien, ist eher zweifelhaft. Die fortgesetzten Versuche der Sarmaten, auf das rechte Donauufer überzusetzen, haben ihre Parallele in der Wanderung der Greutungen des Odotheus. Auch sie schienen versucht zu haben, die hunnische Herrschaft abzuschütteln und neue Weidegründe zu finden. Die Hunnen selbst bekommen wir nur flüchtig zu sehen.

Im Frühjahr 384 ritten hunnische Reiter als Verbündete des legitimen Herrschers durch Noricum und Rätien in Richtung Gallien. Barbaren wurden gegen Barbaren eingesetzt, von ihren Zelten im Osten herbeigerufen, wie dies später noch so oft der Fall sein sollte. Die einzige Quelle für das erste Auftauchen der Hunnen in Westeuropa ist eine kurze Passage in einem Brief des Bischofs Ambrosius an Valentinian II.[119]. Er ist nicht leicht zu datieren. Ambrosius spielt auf Ereignisse an, von denen wir wenig oder gar nichts wissen. Und doch ist angesichts des völligen Fehlens anderer Informationen über die Hunnen in jenen Jahren sogar das kleinste Stückchen einer Nachricht wertvoll.

Auf seiner Rückkehr von Trier nach Mailand im Dezember 383[120] traf Ambrosius im südlichen Gallien die Truppen des Usurpators Maximus. Sie waren auf dem Marsch, um die Pässe über die Seealpen und die Sperren entlang der Riviera zu besetzen. In Italien sah Ambrosius die kaiserliche Armee auf ihrem Weg in der Gegenrichtung mit dem gleichen Ziel. In den vier Monaten, die seit der Ermordung Gratians verstrichen waren, hatte sich Maximus zum unbestrittenen Herrn Galliens gemacht; er hätte in Italien jederzeit einfallen können und nicht gezögert, wenn er sicher sein hätte können, daß er dort nur mit den Truppen von Gratians kleinem Bruder Valentinian oder besser von Bauto, dessen fränkischem Generalissimus, hätte kämpfen müssen.

Bauto war ein erfahrener und wendiger Soldat, doch seine Truppen waren zahlenmäßig schwach und mit Ausnahme der gotischen Söldner unverläßlich. Auf der einen Seite stand der sehr orthodoxe Maximus; auf der anderen die arianische Kaiserinwitwe Justina — der Knabe Valentinian zählte nicht — und der Heide Bauto. Als Maximus vier Jahre später nach Italien marschierte, stieß er praktisch auf keinen Widerstand. Bautos Armee hätte in den Jahren 383 und 384, bevor Justina die orthodoxe Majorität ihrer Untertanen zu „verfolgen" begann, besser gekämpft, aber sie wäre geschlagen worden, hätte Maximus sich entschlossen, zu marschieren. Es war nur die Angst vor dem Ostherrscher Theodosius, die Maximus zurückhielt. Es war nur die Hoffnung auf Hilfe aus dem Osten, die Bauto aufrechterhielt. Maximus wußte, daß ein Angriff auf Italien Krieg mit Theodosius bedeutete. Bauto stellte alle seine Kräfte entlang der Westgrenze auf; ihre Aufgabe war es, auszuhalten so gut sie konnten, bis die Armeen des Theodosius an der Schlacht teilnahmen.

Maximus *schlug* los, aber nicht auf Italien. Er stachelte die Jutungen auf, ihre Überfälle auf Rätien wiederaufzunehmen[121]. Da die Jutungen noch unter ihren Niederlagen der Jahre 378 und 379 litten und von den verstärkten Garnisonen entlang dem *limes Raeticus* in Schach gehalten wurden[122], rührten sie sich nicht bis zum Sommer 383. Als zu dieser Zeit eine schreckliche Hungersnot einen großen Teil des Westreiches und besonders Italien heimsuchte[123], „erfuhr Raetia secunda die Gefahr ihrer eigenen Fruchtbarkeit. Denn früher ihrer eigenen Armut wegen an Sicherheit gewöhnt, zog sie nun durch ihren Überfluß den Feind auf sich."[124] Die Eindringlinge waren die Jutungen. Gratian wollte gerade gegen sie ziehen, als ihn die größere Gefahr im Westen zwang, die Verteidigung der Provinz den dort stationierten Truppen zu überlassen und die mobile Armee nach Gallien zu werfen, um Maximus aufzuhalten[125].

Im Januar des Jahres 384 bereiteten die Jutungen einen neuen Angriff vor. Es ist unwahrscheinlich, daß Maximus mit den Barbaren ein formelles Bündnis schloß; alles, was sie brauchten, war die vielleicht auch nur stillschweigende Zustimmung des Maximus für den Einfall in Rätien. Wenn sie ihren Angriff energisch durchführten und die Alpenpässe überquerten, so war Bauto verloren. Maximus konnte dann nicht als Angreifer, sondern als Retter der römischen Welt vor den Barbaren nach Italien ziehen.

Damals wandte sich Bauto an die Hunnen und Alanen[126]. Aus dem Brief des Ambrosius erfahren wir nichts über die Stärke der hunnischen und der alanischen Reiterei, über ihre Anführer und die Schlachten, die sie kämpften. Er spricht nur beiläufig über ihre Triumphe. Es scheint, daß sie die Jutungen mit einem mächtigen Schlag zerschmetterten. Ihre Aufgabe war erfüllt. Die jutungische Gefahr war gebannt. Die Hunnen konnten in ihr Land zurückkehren.

Sie kehrten aber nicht zurück. Sie ritten weiter westwärts und „näherten sich Gallien" *(appropinquantes Galliae)*. Als die Nachricht davon Mailand erreichte, muß Bauto entsetzt gewesen sein. Obwohl Theodosius beschlossen hatte, Italien zu verteidigen, war er keineswegs gewillt, Bauto bei einem Angriff auf Maximus beizustehen. Wenn die Hunnen, die Verbündeten Bautos, in Gallien einbrachen, so mußte Maximus das als offene Kriegserklärung betrachten. Sie mußten also aufgehalten werden, und das gelang auch. Bauto erkaufte mit Gold den Rückzug der *foederati*[127]. Wieder berichtet man uns nicht, wieviel er ihnen zahlte, man muß aber annehmen, daß sie für den Verlust der Beute, die sie sich in Gallien erwartet haben konnten, reich entschädigt wurden. Die Hunnen kehrten um und ritten heim[128]. In der Geschichte des späten Römischen Reiches würde all dies nicht mehr als zwei Zeilen verdienen; für das Studium der Hunnen aber ist die Episode des Jahres 384 von großer Bedeutung. Wir können aus ihr folgende Schlüsse ziehen:

In einer Passage nennt Ambrosius die Hunnen an erster und die Alanen an zweiter Stelle, in einer anderen nur die Hunnen. Die Hunnen waren also offensichtlich nicht nur die stärkere, sondern auch die dominierende Gruppe.

Die Hunnen, an die sich Bauto um Hilfe wandte, können nicht weit im Osten, tief im Barbaricum, gelebt haben. Wenn ihre Siedlungsgebiete nicht schon westlich der Donau lagen, was möglich ist, müssen sie ganz in der Nähe oder entlang dem linken Ufer gelebt haben. Schon 384 waren die Hunnen und ihre alanischen Verbündeten im Besitz weiter Gebiete der ungarischen Ebene.

Der *ductus* der hunnischen *primates* war nicht *tumultuarius*. Wie 378 trafen sie ein Abkommen mit einer nichthunnischen Macht; sie versammelten die Reiter, diesmal bedeutend mehr als im Jahre 378; sie führten sie Hunderte von Meilen durch unbekannte Länder. Es wäre absurd anzunehmen, daß die Gesandten Bautos jedem Hunnen eine bestimmte Anzahl Solidi bezahlten. Das Gold erhielten die hunnischen Anführer. Wir wissen nicht, wie sie es unter ihren Gefolgsleuten verteilten. Aber daß sie ihr Versprechen, zurückzureiten, halten konnten, obwohl für eine ganze Anzahl Barbaren die Versuchung groß gewesen sein muß, das Geld zu nehmen und den Beutezug fortzusetzen, beweist, daß sie die Reiter fest in der Hand hatten. Welche Position auch immer diese Anführer innehatten, sie waren Männer mit Autorität.

Unsere Nachrichten über die Hunnen westlich und östlich der Karpaten nach 386 sind sogar noch dürftiger als das, was wir bis jetzt aus den kärglichen Quellen herauslesen konnten. Alles, was wir haben, sind kurze Anspielungen in poetischen Werken.

Als im Sommer 387 Maximus das Angebot machte, Truppen[129] von Gallien nach Italien zu schicken, um Valentinian gegen die Barbaren zu helfen, die Pannonien bedrohten[130], muß die Lage entlang dem Mittellauf der Donau sehr ernst gewesen sein. Allein die Gefahr, daß die Grenzverteidigung völlig zusammenbrechen und die Barbaren nach Italien selbst hereinströmen könnten, konnte Valentinian, der allen Grund hatte, der unerwarteten Hilfsbereitschaft des Mörders seines Bruders zu mißtrauen, dazu bringen, das Angebot anzunehmen. Tatsächlich folgte nach wenigen Wochen den „Hilfstruppen" die gesamte Armee des Maximus, und Valentinian mußte nach Konstantinopel fliehen.

Zosimus, die einzige Quelle für diese Ereignisse, schrieb, was sein Publikum von ihm erwartete. Er sagte nicht, wer die Feinde waren, wo sie angriffen und wie der Kampf ausging. Seine Leser waren nur beiläufig an Geschichte interessiert; sie wollten Hofklatsch hören und boshafte, christenfeindliche Anekdoten. Ebensowenig kümmerte sich die fromme Menge, die

die Kathedrale in Mailand füllte, darum, wer die Wilden waren, gegen die die Soldaten ihres Kaisers oder — in diesem Falle — jene des anderen in Gallien kämpften. In seinen Pfingstpredigten des Jahres 387 nannte Ambrosius sie einfach *barbarus hostis*[131]. Glücklicherweise ist Pacatus, obschon weitschweifig, sehr genau.

Wie bekannt ist sein *Panegyricus auf Theodosius* die Hauptquelle für den Feldzug gegen Maximus im Jahre 388. Die Armee, die der Herrscher versammelte, bestand fast zur Gänze aus Barbaren. Theodosius traf sorgfältige diplomatische und militärische Vorbereitungen; der Frieden mit Persien wurde erneuert[132], die Sarazenen wurden beruhigt[133]. Theodosius „nahm die Barbarenvölker auf, die ihm ihre Hilfe als Mitkämpfer gelobten“[134]. Durch die Bündnisse mit ihnen beseitigte er nicht nur den Schrekken, der den Grenzen gedroht hatte, sondern erhöhte die Stärke seiner Truppen so ausreichend, daß er die Aushebung römischer Bürger vermeiden konnte.

Die barbarischen Reiter kämpften großartig. Das war zu erwarten gewesen. Was aber alle, die ihre Barbaren kannten, überraschte, war ihre beispielhafte Disziplin. „Ich gebot der Armee, die aus vielen nicht unterworfenen Nationen gesammelt worden war“ — hier wendet sich Christus an den Kaiser[135] — „Treue, Ruhe und Eintracht zu bewahren, als ob sie eine einzige Nation wären.“ Pacatus hat nur Lob für die Verbündeten:

> O denkwürdiges Ereignis: jene, die vorher unsere Feinde gewesen waren, marschierten unter römischen Anführern und Bannern. Sie folgten den Zeichen, denen sie entgegengetreten waren, und füllten als Soldaten die Städte Pannoniens, die sie plündernd geleert hatten. Goten, Hunnen und Alanen traten zum Appell an, wechselten in der Wache und mußten selten getadelt werden. Es gab keinen Tumult, keine Verwirrung und auch keine Plünderung in der üblichen Barbarenart[136].

An einer anderen Stelle bezieht sich Pacatus auf die Verbündeten als die Barbaren, die „vom dräuenden Kaukasus, dem eisigen Taurus und der Donau kamen, die die gigantischen Leiber stählen“. Die zuletzt Erwähnten sind offensichtlich die Goten. Kaukasus und Taurus sind nicht die Gebirge, von denen die Hunnen und Alanen herabstiegen, um sich dem Theodosius anzuschließen, sondern ihre ursprüngliche Heimat „irgendwo im Osten“[137].

Theodosius marschierte von Thessalonike die Täler des Vardar und der Morawa nach Singidunum (heute Belgrad) hinauf und von dort westwärts der Save entlang nach Siscia (heute Sisak, Jugoslawien), wo er den Truppen des Maximus die erste Niederlage zufügte. Die zweite Schlacht fand in der Nähe von Poetovio (heute Ptuj, Jugoslawien) statt. Die Straße von Singidunum über Siscia nach Poetovio führt durch die Pannonia secunda und die Savia. Die Städte, die die Goten, Hunnen und Alanen vor 388 heimgesucht hatten, lagen in diesen beiden Provinzen. Es ist ziemlich unwahrscheinlich, daß die Valeria von ihren Überfällen verschont blieb. 387 müssen die Barbaren tief in die Pannonia prima eingedrungen sein. Ambrosius hätte über wenige Marodeure an der Donau kein Wort verloren, und sie hätten Valentinian nicht veranlaßt, die Hilfe des Maximus zu akzeptieren.

Das Zeugnis des Pacatus bestätigt die Schlüsse, die hier aus dem Brief des Ambrosius gezogen wurden: Ostungarn war hunnisches Land. Sicherlich war es nicht eine einzige große Weide für die Herden und Massen der Hunnen allein; es gab dort ebenso Alanen und Goten, mit den Hunnen verbündet oder ihnen untertan, jazygische Sarmaten, germanische Stämme und die ureingesessene illyrische Bevölkerung. Aber die Hunnen waren die Herren.

Wenn die Hunnen 388 für die Römer kämpften, so verwüsteten doch vier Jahre später hunnische Reiter wiederum die unglücklichen Balkanprovinzen. Aus Claudians Traktat *Wider Rufinus* und aus seinem *Panegyricus auf Stilichos Konsulat* erfahren wir, daß die Hunnen die Donau überquerten und sich den germanischen Feinden der Römer anschlossen. Claudians Gedichte, das eine bissige Invektive, das andere übertriebener Lobgesang, sind nicht gerade verläßliche Quellen für die dunkle Periode, die dem Sieg des Theodosius über Maximus folgte. Und doch ist Claudian geradezu ein Muster an Genauigkeit im Vergleich zu Zosimus, dessen anekdotischer Bericht die Rekonstruktion der Ereignisse dieser Jahre gerade noch in ihren gröbsten Umrissen erlaubt.

Eine große Zahl von Barbaren, in der Hauptsache offensichtlich Westgoten, ließen die kaiserlichen Standarten am Vorabend des Feldzuges 388 im Stich und wurden zu Räubern. Durch fast vier Jahre terrorisierten sie Macedonia, plünderten Gehöfte, blockierten Landstraßen, brachen schnell aus ihren Verstecken in den Sümpfen und Wäldern hervor und verschwanden ebenso schnell „wie Gespenster“[138]. Ihre Reihen, durch den Zuzug weiterer Deserteure nach dem Ende des Krieges in Italien verstärkt, wuchsen zu großen und gut organisierten Banden wie ein halbes Jahrhundert später die *Vargi* und *Scamarae*. Im Sommer 391 wurde die Situation so verzweifelt, daß Theodosius Zivilisten den Waffengebrauch gegen die Briganten zugestand[139], eine verwegene Maßnahme, wenn man bedenkt, wie leicht die Arbeiter in den Bergwerken und andere Proletarier sich den Banden hätten anschließen können, wie sie sich 378 den Goten angeschlossen hatten.

Im Herbst erschien der Kaiser selbst auf dem Schauplatz. Schon die ersten Feindberührungen zeigten, daß die lokalen Streitkräfte unzureichend waren. Nach einer schweren Schlappe, bei der er fast umgekommen wäre, forderte Theodosius Verstärkungen von der thrakischen Armee an. Das Ergebnis war, daß große Horden von transdanubischen Barbaren den Limes durchbrachen und sich weit in die Ebene nördlich des Haemus (Balkan) ergossen. Was bis zu diesem Zeitpunkt eine Strafexpedition, wenn auch in großem Maßstab, gewesen war, wurde nun ein schrecklicher Krieg[140]. Hieronymus war nicht sicher, ob die Goten nicht am Ende siegen würden[141]. Der Brief des Johannes Chrysostomos an eine junge Witwe gibt uns eine Vorstellung von der Größe der Katastrophe, die über Thrakien hereinbrach. Er tröstete sie, indem er hervorhob, um wieviel elender es Frauen wie der Kaiserin erginge. Die Gemahlin des Theodosius

> stirbt fast vor Angst und verbringt ihre Zeit elender als zum Tode verurteilte Verbrecher, denn seit ihr Gatte die Krone nahm, war er bis zum

heutigen Tag unaufhörlich in Krieg und Kämpfe verstrickt ... Denn was noch nie geschah, hat sich nun ereignet: die Barbaren, die ihr eigenes Land verließen, überrannten ein unermeßliches Gebiet unseres Territoriums, und das viele Male. Nachdem sie das Land niedergebrannt und die Städte erobert haben, sind sie nicht gesonnen, nach Hause zurückzukehren, sondern sie verlachen uns alle höhnisch eher nach der Art von Männern, die feiern als Krieg führen. Man sagt, daß einer ihrer Könige erklärte, er wäre erstaunt über die Unverschämtheit unserer Soldaten, die noch immer auf den Sieg warten, obwohl man sie leichter hinschlachtet als Schafe, und die ihr eigenes Land nicht verlassen wollen, denn er sagte, er habe schon genug davon, sie in Stücke zu hauen[142].

Theodosius kehrte 391 „so deprimiert über das, was er und seine Armee von den Barbaren in den Sümpfen erlitten hatten, nach Konstantinopel zurück, daß er beschloß, keine Kriege und Schlachten mehr zu führen und dem Promotus diese Aufgaben überließ“[143]. Der erfahrene General hatte nicht mehr Glück. Ob der Feind tatsächlich so stark war, wie Claudian angibt, ist unbekannt. Er gibt in seinen Gedichten nie Zahlen an. Statt dessen häuft er Namen auf Namen. In der Schmähschrift gegen Rufinus zählt er die Geten, Sarmaten, Daker, Massageten, Alanen und Gelonen auf[144], im *Panegyricus auf Stilicho*, drei Jahre später verfaßt, die *Visi*, Bastarnen, Alanen, Hunnen, Gelonen, Geten und Sarmaten[145]. Promotus wurde in einem Treffen mit den Bastarnen getötet. Stilicho, sein Nachfolger, soll die Westgoten zersprengt und die Bastarnen überwältigt haben[146]; er hätte die Barbarenhaufen, die in einem engen Tal eingepfercht waren, vernichtet, „hätte nicht ein Verräter [Rufinus] durch einen perfiden Trick den Kaiser beredet und ihn veranlaßt, seine Hand zurückzuziehen; daher wurde das Schwert in die Scheide gesteckt, die Belagerung aufgehoben und den Gefangenen Verträge zugestanden“[147].

Rufinus handelte wie Stilicho drei Jahre später und dann wiederum im Jahre 402, als er mit Alarich, dem Westgotenkönig, ein Abkommen traf und ihm erlaubte, abzuziehen. Was Claudian zum Ruhme Stilichos sagte, hätte er auch über Rufinus sagen können: „Rücksicht auf dich, Rom, zwang uns, den belagerten Feind entkommen zu lassen, damit ihre Wut nicht, wenn sie den Tod vor Augen hätten, noch schrecklicher wachse, weil man sie einsperrte.“[148] Die „Gefangenen“, mit denen Rufinus sicherlich mit Zustimmung des Theodosius, wenn nicht überhaupt nach der Anordnung des Kaisers, Bündnisse schloß, waren Goten und Hunnen[149]. Über die Bedingungen der *foedera* sagt Claudian nichts. Aber viele Hunnen kehrten nicht zu ihren Zelten jenseits der Donau zurück; sie blieben, wie wir sehen werden, in Thrakien.

Im Sommer 394 führte Theodosius wieder eine Armee gegen einen Usurpator im Westen, Eugenius. Sie war mindestens so stark wie die, mit der er 388 ins Feld gezogen war. „Das Glück Roms stand auf des Messers Schneide.“[150] Diesmal war es nicht wie vor sechs Jahren ein Krieg zwischen dem legitimen Herrscher und einem Usurpator; es war ein Krieg zwischen Christus und Jupiter, den Mönchen aus der Thebais und etruskischen Auguren, zwischen dem gottesfürchtigen Osten und den westlichen Götzenanbetern. Eugenius kämpfte für die Götter, und die Götter kämpften für ihn. Seine Soldaten trugen auf ihren Standarten das Bild des Hercules Invictus[151]. Und auf den Höhen der Julischen Alpen standen goldene Jupiterstatuen[152], bereit, ihre Donnerkeile auf die Galiläer zu schleudern, wenn sie es wagen sollten, sich dem heiligen Boden Italien zu nähern. In Rom las Nicomachus Flavianus, das Haupt der stürmischen heidnischen Erneuerungsbewegung, den Sieg des Eugenius aus den Eingeweiden geopferter Stiere[153]; in Konstantinopel wartete Theodosius ängstlich auf die Antwort des prophetischen Mönchs Johannes von Lykopolis, ob er oder der gottlose Tyrann den Krieg gewinnen würde[154]. Er betete und fastete. „Er war für den Krieg nicht so sehr mit Hilfe von Waffen und Wurfgeschossen als von Fasten und Gebeten vorbereitet“ *(Praeparatus ad bellum non tamen armorum telorumque quam ieiuniorum orationumque subsidiis)*, sagte Rufinus[155]. Und alle christlichen Autoren stimmen darin überein, daß es die Macht Gottes war, die Theodosius den glorreichen Sieg über die Heiden erringen ließ. Ambrosius verglich ihn mit Moses, Joshua, Samuel und David[156]. Als aber endlich der Kaiser in den Krieg zog, trug er keine Schleuder, sondern marschierte an der Spitze einer riesigen Armee.

Theodosius befaßte sich im Winter 393/394 mit gründlichen militärischen Vorbereitungen[157]. Seine Aushebungsoffiziere im Osten warben Armenier, kaukasische Bergbewohner und Araber an. Den westgotischen Verbündeten trug man auf, so viele Truppen wie möglich zu stellen. Selbst wenn jene nicht mehr als zwanzigtausend zählten, wie Jordanes versichert[158], müssen sie ein großes Kontingent gebildet haben[159]. Die Alanen rückten unter dem Kommando Sauls an[160], dem wir bald wieder begegnen werden. Und dazu kamen, um die Streiter Gottes zu verstärken, „viele der Hunnen in Thrakien mit ihren Phylarchen“[161].

Der Chronist Johannes Antiochenus erwähnt als einziger die Hunnen. Es ist verständlich, daß die Kirchenhistoriker sie stillschweigend übergingen; sie waren an der Zusammensetzung der Hilfstruppen nicht interessiert[162]. Daß Jordanes nur von den Goten sprach, ist in keiner Weise bemerkenswert. Aber das Fehlen der Hunnen in der langen Liste von Völkern bei Claudian erfordert eine Erklärung.

Der Dichter nennt Araber, Armenier, Orientalen vom Euphrat, Halys und Orontes, Kolcher, Iberer, Meder vom Kaspischen See, Parther vom Niphates und sogar Saken und Inder[163]. Er erwähnt die Goten und in einer Umschreibung[164] die Alanen. Aber die Hunnen existieren für ihn nicht, obwohl er gewußt haben muß, daß sie für Theodosius kämpften. Vielleicht spielte er leise auf sie an, indem er die Gelonen unter den Hilfstruppen anführte[165].

Man könnte denken, daß Claudian damit, daß er die Hunnen ignorierte, seinen Abscheu vor diesen niedrigsten der Barbaren, und sein Widerstreben, ihnen irgendein Verdienst an dem Sieg der guten Sache einzuräumen, ausdrückt. Ich aber glaube, die enge Verbindung zwischen den Hunnen und dem verhaßten Rufinus war das wirkliche oder zumindest das stärkere Motiv. Sicherlich malt Claudian Rufinus in den dunkelsten Farben als den ergebenen Freund der Goten. Als aber auf Befehl des Rufinus Stilicho das Kommando der Osttruppen abgeben mußte, fürchteten diese nicht, wie man erwarten könnte, daß nun die Goten ihre Herren werden würden. Sie fürchteten eher, daß Rufinus sie zu Sklaven der „widerlichen Hunnen oder der ruhelosen Alanen“[166] machen würde. Das ist seltsam. Die einzige Erklärung, die ich mir denken könnte, wäre der Entschluß des Rufinus, sich auf Hunnen und Alanen zu stützen, um die Macht der Goten auszugleichen. Dies wäre nicht das erfreulichste, aber sicherlich das wirksamste Mittel gewesen. Einige Jahre später spielte die gotenfeindliche Partei in Konstantinopel tatsächlich mit dem Gedanken, sich mit den Hunnen gegen die Goten, mit dem Wolf gegen den Löwen[167], zu verbünden. Ich vermute, daß Rufinus dieselbe Absicht hatte. Es kann kein Zufall sein, daß er im Herbst 395 eine hunnische, nicht eine gotische Leibwache hatte; erst nachdem diese bis zum letzten Mann niedergehauen worden war, konnten die Soldaten des Generals Gainas ihn töten[168].

Auch daß er ihnen Land in Thrakien gab, weist auf eine außergewöhnliche und enge Verbindung zwischen Rufinus und den Hunnen hin. Das ist das einzige Mal, daß Hunnen ins Reich gelassen wurden. Alle anderen Bündnisse mit den Hunnen wurden mit Stämmen oder Stammesverbänden im Barbarikum geschlossen. Die Zahl der Hunnen in Thrakien muß mehrere Tausend erreicht haben, denn es ist höchst unwahrscheinlich, daß die hunnischen Krieger, zu römischen Föderaten gemacht, bereit gewesen sein sollten, ohne ihre Frauen und Kinder, Rinder und Schafherden und ohne ihre Wagen zu leben, die sie sicherlich bei ihrem Einfall in Thrakien nicht mitgenommen hatten. Sie müssen nach ihnen geschickt haben.

Die ausdrückliche Feststellung des Johannes Antiochenus, daß die Hunnen unter *phylarchoi* lebten, erlaubt uns ebenso, einige Schlüsse hinsichtlich ihrer politischen Organisation zu ziehen. Im Gebrauch der byzantinischen Schriftsteller ist der Terminus φύλαρχος nicht genau definiert; er ist mit ἡγεμών, ἡγούμενος, ἄρχων und sogar mit βασιλεύς austauschbar. *Phylarchos* bedeutet Anführer irgendeiner größeren Gruppe; die *phyle* kann ein Stamm sein, eine Zahl von Sippen umfassen, eine Vielzahl von Stämmen oder ein ganzes Volk. Wenn die Hunnen in Thrakien einen König, einen Herrscher über die *phylarchoi*, hatten, dann hätte das Johannes Antiochenus sicherlich berichtet. Ihre *phylarchoi* waren ziemlich sicher Stammesführer. Daraus folgt aber nicht notwendigerweise, daß die Hunnen jenseits der Donau ebenso in unabhängige Stämme ohne gemeinsame Führung aufgeteilt waren. Es ist denkbar, daß die Hunnen, die sich mit den Römern verbündeten, sich keinem Herrscher unterordnen wollten. Jedenfalls war um 390 offensichtlich kein hunnischer Herrscher stark genug, allen Stämmen seinen Willen aufzuzwingen und hunnische Gruppen daran zu hindern, ihre eigenen Kriege zu führen und ihren eigenen Frieden zu schließen. Jene in der ungarischen Tiefebene plünderten Pannonien, die in Rumänien Thrakien; sie schlossen Bündnisse und brachen sie nach ihrem Belieben, nicht nach dem eines Königs. Das schloß aber die Möglichkeit einer gemeinsamen Aktion von hunnischen Gruppen im größerem Ausmaß nicht aus. Eine solche war der große Einfall in Vorderasien im Jahre 395.

DIE INVASION IN VORDERASIEN

In Sommer 395 überquerten große hunnische Horden den Don nahe der Mündung, wandten sich nach Südosten und brachen durch den Kaukasus in Persien und in die römischen Provinzen südlich und südwestlich von Armenien ein.

Eine Gruppe verheerte das Land südlich und westlich des Anti-Taurus. Als sie über den Euphrat setzten, griffen die Römer an und rieben sie auf. Eine andere Gruppe ritt unter der Führung von Basich und Kursich die Täler des Tigris und Euphrat bis nach Ktesiphon hinunter. Auf die Nachricht, daß eine persische Armee gegen sie auf dem Weg war, kehrten sie um, wurden aber eingeholt. Ein Teil wurde niedergehauen, der andere floh unter Zurücklassung seiner Kriegsgefangenen durch Aserbaidschan und kehrte über die Kaspische Pforte in die Steppe zurück. Eine dritte Gruppe plünderte Kleinasien und Syrien.

Im folgenden Jahr zitterte der Osten in der Furcht, daß die Hunnen diesmal als Verbündete der Perser wiederkommen würden. Aber die Gefahr ging vorüber, möglicherweise weil die Römer mit den Persern zu einer Übereinkunft kamen. Als 397 einige hunnische Horden wieder in das römische Armenien einbrachen, wurden sie ohne Schwierigkeiten zurückgeschlagen. Man sagt, der Grund der Invasion des Jahres 395 sei eine Hungersnot im Land der Hunnen gewesen. Tatsächlich trieben sie so viele Rinderherden weg, wie sie konnten. Aber in erster Linie machten sie tausende Kriegsgefangene. Der Raubzug wurde zu einer gigantischen Sklavenjagd. Das sind in groben Umrissen die Ereignisse. Ich werde nun, statt die Texte in Fußnoten zu behandeln, die ihrerseits noch mehr Anmerkungen erfordern würden, die verschiedenen Fragen und Probleme nacheinander erörtern und das Material, das sonst in den Anmerkungsteil kommen würde, gleich eingliedern.

Die Quellen

Die Quellen fließen so reichlich, daß keine Notwendigkeit besteht, Werke zweifelhaften Wertes wie z. B. *Das Leben Peters des Iberers*[169] zu verwenden. Mit Ausnahme von Theodoret (siehe unten) werden die griechischen und lateinischen Quellen[170] von allen Standardwerken herangezogen, aber der Großteil der Information, die die syrische Literatur enthält, wurde vernachlässigt. Ich beziehe mich auf die Legende von Euphemia und dem Goten[171], ein *mamre* (Gedicht) des Cyrillonas (etwa 400)[172], auf Johannes von Ephesus (etwa 507—586)[173] und auf den *Liber Chalifarum*[174]. In verschiedener Hinsicht vervollständigen sie die westlichen Quellen. Einige Texte wurden mißverstanden und fehlinterpretiert, mit dem Ergebnis, daß die hunnische Geschichte in seltsamer Weise verdreht wurde. Zwei Beispiele werden genügen.

Der Historiker Philostorgius (Arianer; 368 bis nach 433) beginnt seine recht detaillierte Beschreibung der hunnischen Invasion Vorderasiens im Jahre 395 mit einer kurzen Zusammenfassung der früheren Geschichte dieses Volkes: „Zuerst eroberten und verwüsteten sie einen großen Teil Skythiens, dann überquerten sie die zugefrorene Donau, schwärmten über Thrakien aus und verheerten ganz Europa.“[175] Man hat diese Zeilen auf eine hunnische Invasion Thrakiens im selben Jahr bezogen zitiert[176]. Tatsächlich drängte Philostorgius hier drei oder mehr Dekaden zusammen, vom hunnischen Sieg über die Goten bis zu den wiederholten Einfällen in die Balkanprovinzen. Auch der Dichter Claudian soll in seiner Schmähschrift gegen Rufinus einen Einbruch der Hunnen in Europa im Jahre 395 beschrieben haben. Aber die Barbaren, die „alles Land zwischen dem stürmischen Schwarzmeer und der Adria“ verwüsteten, waren Goten, *Geticae cavernae*[177]. Von den Kirchenhistorikern erwähnt weder Sokrates noch Sozomenos[178] eine hunnische Invasion in Thrakien oder irgendeiner anderen Balkanprovinz im Jahre 395[179]. Obwohl die östlichen Quellen sich hauptsächlich mit den Ereignissen im Orient befassen, wissen sie doch nichts von hunnischen Raubzügen nach Thrakien, ganz zu schweigen von einer „Verwüstung ganz Europas“.

Eine andere oft mißverstandene Passage begegnet uns im Bericht des Priscus von der oströmischen Gesandtschaft an Attilas Hof, *Excerpta de legationibus Romanorum ad gentes* (zitiert als *EL*), 46. In einer Unterhaltung zwischen den Gesandten aus Rom und Konstantinopel sprach der Weströmer Romulus über die ehrgeizigen Pläne Attilas:

> Er möchte gegen die Perser ziehen, um sein Territorium zu noch größerem Umfang auszudehnen. Einer von uns fragte, welchen Weg er gegen die Perser nehmen könnte. Romulus antwortete, daß das Land der Meder nicht weit von Skythien entfernt wäre und daß die Hunnen diesen Anmarschweg wohl kannten. Schon vor langer Zeit waren sie auf ihm dahergekommen, als in ihrem Land eine Hungersnot wütete und die Römer sich ihnen wegen des Krieges, in den sie zu dieser Zeit verwickelt waren, nicht entgegenstellten. Basich und Kursich, die später nach Rom kamen, um ein Bündnis abzuschließen, Männer von den Königlichen Skythen und Herrscher über eine riesige Horde, rückten in das Land der Meder vor. Die, die ihnen begegneten, sagen, daß sie ein ödes Land durchquerten, durch einen Sumpf zogen, von dem Romulus meinte, er wäre die Maeotis, fünfzehn Tage lang Berge überquerten und so nach Medien hinabstiegen. Ein persisches Heer griff sie an, als sie plündernd durch das Land zogen, und, da es auf einem höhergelegenen Terrain stand als sie, füllte es die Luft mit Wurfgeschossen, so daß die Hunnen, von der Gefahr eingeschlossen, umkehren und sich mit geringer Beute über die Berge zurückziehen mußten, da der größte Teil von den Medern zurückgewonnen worden war. Auf der Hut vor der Verfolgung durch den Feind nahmen sie eine andere Route und kamen, nachdem sie ... Tage[180] von der Flamme, die dem Stein unter dem Meer entspringt, gezogen waren, zu Hause an.

Die exzerpierenden Schreiber kürzten den Text, so wie sie, nebenbei gesagt, auch die unmittelbar danach folgende Geschichte über die Entdekkung vom Schwert des Ares, die in den *Getica* viel besser bewahrt ist, kürzten. Es ist unwahrscheinlich, daß Romulus nur sagte, die Römer hätten sich den Hunnen nicht entgegengestellt „wegen des Krieges, in den sie zu dieser Zeit verwickelt waren". Er muß genauer gewesen sein. Und warum sollten sich die Römer den Hunnen entgegengestellt haben, wenn deren Ziel Medien war? Offenbar sprach Romulus auch von hunnischen Einfällen in römisches Territorium, aber die Schreiber ließen alles aus, was sich nicht unmittelbar auf die Invasion in den persischen Ländern bezog.

Ein Vergleich zwischen Priscus und dem *Liber Chalifarum* zeigt, daß beide Quellen dieselbe Invasion behandeln.

Priscus: „Als die Perser zum Gegenangriff schritten, zogen sich die Hunnen zurück. Der größere Teil ihrer Beute wurde von den Medern zurückgewonnen."

Liber Chalifarum: „Als die Hunnen hörten, daß die Perser ihnen entgegenrückten, wandten sie sich zur Flucht. Die Perser verfolgten sie und nahmen ihnen all ihre Beute ab."

Priscus stimmt auch mit Hieronymus überein:

Priscus: „Die Römer stellten sich ihnen wegen des Krieges, in den sie zu dieser Zeit verwickelt waren, nicht entgegen."

Hieronymus über die hunnische Invasion des Jahres 395: „Zu dieser Zeit war die römische Armee fern und von einem Bürgerkrieg in Italien aufgehalten."

Dieser Krieg war der Kampf zwischen Stilicho und Rufinus im Jahre 395. Die Hunnen brachen in Asien ein, als der größere Teil des Ostheeres in Italien stand oder sich auf dem Marsch nach Illyricum befand; es kehrte erst Ende November nach Konstantinopel und Kleinasien zurück.

Es ist schwer zu verstehen, wie diese Texte trotz ihrer Genauigkeit so oft und auf so merkwürdige Weise mißverstanden werden konnten. Bury identifiziert die Hunnen mit den Sabiren[181], Demougeot mit den Hephthaliten[182]. Thompson datiert die Invasion im Priscusbericht auf 415 bis 420[183]; Gordon, der wenigstens erkannte, daß der Krieg, in den die Römer verwickelt waren, datiert werden mußte, entschloß sich für jenen der Jahre 423 bis 425[184]. Daß die Hunnenführer, die nach Rom kamen, um ein Bündnis zu schließen, dieselben waren, die zum Tigris ritten, beweist, daß ihre Wohnsitze in Europa lagen. Die hunnischen Föderaten der Römer waren nicht Hunnen in Dagestan oder im Kubangebiet; die Freunde des Aetius lebten an der Donau.

Basich und Kursich mögen 404 oder 407 nach Rom gekommen sein. Kaiser Honorius war von Februar bis Juli 404 in Rom; zwei Jahre später schlug Stilicho den Radagaisus mit Hilfe hunnischer Kontingente (s. S. 44). Mit Ausnahme des Februars war Honorius wieder das ganze Jahr 407 in Rom, wo er bis Mai 408 blieb[185]. 409 dienten Hunnen in der römischen Armee (s. Seite 50).

Die *Chronik von Edessa* liefert das genaueste Datum: „Im Jahre 706, im Monat Tammuz (Juli 395), erreichten die Hunnen Osroene in Nordmesopotamien."[186] Sie führten einen echten Blitzkrieg, daher konnten sie den Kaukasus nicht viel früher überquert haben. Hinsichtlich der Jahresangaben variieren die syrischen Quellen leicht[187], in der Hauptsache aber stimmen sie miteinander überein. „In den Tagen der Kaiser Honorius und Arcadius, den Söhnen Theodosius des Großen, war ihnen [das heißt den Hunnen] ganz Syrien durch den Verrat des Präfekten Rufinus und die Nachlässigkeit des Generals Addai ausgeliefert."[188] „Aber die Römer töteten Rufinus, den Hyparchen des Kaisers, während er zu Füßen des Kaisers saß, denn seine Tyrannei war der Grund für das Kommen der Hunnen."[189]

> Sie [nämlich die Hunnen] machten viele Kriegsgefangene, verwüsteten das Land und kamen bis nach Edessa. Und Addai, zu dieser Zeit Militärgouverneur *(stratelates)*, erlaubte den Föderaten wegen Verrats in ihren eigenen Reihen nicht, gegen sie auszurücken[190].

Das Gerücht, daß Rufinus die Hunnen ins Reich gelassen hatte, war gleichermaßen im Osten wie im Westen im Umlauf. Rufinus wurde am 27. November 395 getötet. Addai (Addaeus), *comes et magister utriusque militiae per orientem*, ist in einem am 3. Oktober 395 an ihn erlassenen Edikt zum letzten Male erwähnt[191].

Im Jahre 396 schien eine neuerliche hunnische Invasion zu drohen. „Nach kurzer Zeit kamen die Goten wiederum mit einem bestimmten General nach Edessa, der vom Kaiser an diesen Platz beordert worden war, um ihn vor den Feinden, ich meine die Perser und die Hunnen, die übereingekommen waren, gegen dieses Land Krieg zu führen, zu bewahren."[192] Auch Claudian spielte auf einen drohenden Krieg mit den Persern an[193], erwähnte aber nicht die Hunnen als ihre Verbündeten. Mehr über die Gefühle der Syrer erfahren wir aus dem bewegenden *Mimra* (Madrascha) des Cyrillonas:

> Täglich Unruhe, täglich Unglücksnachrichten, stündlich Schicksalsschläge, nichts als Kämpfe! Das Morgenland hat Dein Wink in die Gefangenschaft abgeführt, und seine zerstörten Städte bleiben unbewohnt. Das Abendland wird gezüchtigt, und seiner Städte haben sich Völker bemächtigt, welche Dich nicht kennen. Tot sind die Kaufleute, verschwunden die Gelübde, verwitwet die Frauen, aufgehört hat das Opfer. Der Norden ist bedrängt und von Kampf erfüllt; ja, wenn Du, Herr, nicht einschreitest, werde ich abermals verwüstet werden! Wenn mich die Hunnen, o Herr, besiegen werden, warum habe ich dann meine Zuflucht bei den heiligen Märtyrern genommen? Wenn ihre Schwerter meine Söhne erwürgen werden, warum habe ich dann Dein erhabenes Kreuz umfaßt? Wenn Du ihnen meine Städte ausliefern willst, wo bleibt dann der Ruhm Deiner heiligen Kirche? Noch ist nicht ein Jahr vergangen, seit jene auszogen, mich verwüsteten und meine Kinder gefangennahmen; und siehe, sie drohen nun wiederum, zum zweiten Mal, unser Land zu demütigen! . . . Auch der Süden, welcher erfüllt ist von allen Deinen Wundern, Deiner Empfängnis, Geburt und Kreuzigung, der noch jetzt den Wohlgeruch Deiner Fußspuren aushaucht, wo Du gewandelt bist, den Du gesegnet hast, in dessen Strom Deine Taufe stattfand, in dessen Siloa Du geheilt hast, in dessen Krügen Dein kostbarer Wein war und in dessen Schoße Deine Jünger zu Tische lagen, auch er wird gleich

den anderen Himmelsgegenden gezüchtigt durch die grausamen Horden, die sich auch in ihm gezeigt haben[194].

Es gab keine andere Invasion Syriens im Jahre 397, wie Claudian wider sein besseres Wissen versicherte[195]. Er übertrug einfach die Ereignisse von 395 auf 397 und setzte den verhaßten Eunuchen Eutropius mit dem ebenso verhaßten Rufinus gleich. Kein griechischer oder syrischer Autor weiß etwas von einem zweiten Kommen der Hunnen. Eutropius kämpfte mit einigen barbarischen Horden im Kaukasus, unter denen sich auch Hunnen befunden haben mögen[196].

Der Verlauf des Krieges

Wenn man Claudian Glauben schenken darf, überquerten die Hunnen den Kaukasus über die *Caspia claustra*[197], den Darialpaß; er fügt hinzu: *inopino tramite*, „auf einer Nebenroute, wo man sie nicht erwartete"[198], denn gewöhnlich kamen die nördlichen Barbaren über den Paß von Derbend[199]. Es ist schwierig festzustellen, wie tief die Hunnen nach Kleinasien, Syrien und Westpersien vordrangen.

Sokrates, Sozomenos und einige syrische Quellen beschreiben den Schauplatz des Krieges mit allgemeinen Angaben: Armenien und andere Ostprovinzen; Syrien und Kappadokien; ganz Syrien. In seinem Kommentar zu Ezechiel 38, 10—12[200], der wahrscheinlich vor 435 geschrieben wurde[201], möchte Theodoret beweisen, daß Gog und Magog, die er mit den skythischen Völkern identifiziert, nicht weit von Palästina entfernt leben. Er erinnert seine Leser daran, daß „in unseren Zeiten der ganze Orient von ihnen besetzt war". Die Skythen sind, wie bei Hieronymus, Hunnen. Sie führten mit den Phrygern, Galatern, Iberern und Äthiopiern Krieg. Die ersten drei Namen stehen für Θογαρμά, Γομέρ und Θοβέλ in der Septuaginta nach der Interpretation von Josephus[202].

Philostorgius ist genauer: Die Hunnen brachen durch Großarmenien in Melitene ein, erreichten von dort die Euphratensis und ritten bis Coelesyria[203]. Claudian spricht von Kappadokien, dem Berg Argaeus, dem Halys, Kilikien, Syrien und dem Orontes. Hieronymus nennt die Städte am Halys, Cydnus, Orontes und Euphrat[204]. Die Hunnen kamen bis Antiochia und Edessa[205].

Zwei syrische Quellen geben weitere Einzelheiten. Zuerst die Exzerpte aus der *Kirchengeschichte* des Johannes von Ephesos:

> Im selben Jahr drangen die Hunnen in das Land der Römer ein und verwüsteten alle syrischen Gebiete entlang der Cahjā-Berge, nämlich Arzōn, Mipherqēt, Āmid, Hanzīṭ und Aršəmīšāt[206]. Als sie den Euphrat überquert hatten, wurde die Brücke abgebrochen, die Truppen der Römer sammelten sich von verschiedenen Seiten gegen sie und vernichteten sie. Keiner der Hunnen entkam.

„Syrien" bedeutet hier Mesopotamien; die genannten Städte liegen am oberen Tigris und nördlich davon. In der Folge beschreibt der Autor, wie die Hunnen durch Unterbrechung der Wasserleitung die Leute, die in der Festung von Zijāt Zuflucht gesucht hatten, zwangen, sich zu ergeben; die meisten von ihnen wurden niedergemacht, der Rest in Gefangenschaft geführt.

Der *Liber Chalifarum* gibt folgenden Bericht:

In diesem Jahr kam das verfluchte Volk der Hunnen in das Land der Römer und zog durch Sophene, Armenien, Mesopotamien, Syrien und Kappadokien bis Galatien. Sie machten viele Gefangene und zogen sich wiederum in ihr Land zurück. Sie stiegen aber zu den Ufern des Euphrat und Tigris im Gebiete der Perser herab und kamen bis zur Königsstadt der Perser. Dort richteten sie zwar keinen Schaden an, aber sie verwüsteten viele Bezirke am Euphrat und Tigris, brachten viele Menschen um und schleppten viele in die Gefangenschaft. Als sie aber erfuhren, daß die Perser gegen sie anrückten, wandten sie sich zur Flucht. Die Perser jagten sie und töteten eine Gruppe. Sie nahmen ihnen all ihre Beute weg und befreiten achtzehntausend Gefangene.

In der Geschichte der Hunnen war die Invasion Vorderasiens bloß eine Episode, obschon eine bedeutende. Drei Dinge kann man aus ihr lernen: Erstens zeigt sie, welch große Distanzen die Hunnen in einem Feldzug zurücklegen konnten, was bei der historischen Interpretation isolierter hunnischer Funde oft übersehen wurde. Zweitens führten die Hunnen viele junge Leute, „die Jugend von Syrien“[207], in die Gefangenschaft. Obwohl man dies auch so hätte annehmen können, ist das ausdrückliche Zeugnis der Texte entschieden willkommen. Drittens gibt es einige Zeilen bei Theodoret, die, wie der ganze Text, von allen Gelehrten, die sich mit den Hunnen beschäftigten, ignoriert wurden. Nach Theodoret schlossen sich viele Menschen in den von den Hunnen überrannten Gebieten diesen an. Manche wurden gezwungen; wir können annehmen, daß sie Sklavenarbeit zu verrichten hatten: Sammeln von Brennmaterial, Ausführen der unangenehmeren Tätigkeiten in den Haushalten der höhergestellten Hunnen usw. Andere aber liefen zu den Hunnen über und kämpften *freiwillig* in deren Reihen. Theodoret paraphrasierte weder Ezechiel noch interpretierte er die Worte des Propheten; Ezechiel sagte nicht, daß die Israeliten sich den Armeen von Gog und Magog anschließen würden.

Theodorets Quelle ist unbekannt. Er war ein kleines Kind, als die Hunnen seiner Geburtsstadt Antiochia gefährlich nahe kamen[208]. Was er über die Flucht zu den Hunnen sagt, hat er vielleicht von älteren Leuten gehört. Jedenfalls ist es sehr bemerkenswert. Ich werde in einem anderen Zusammenhang darauf zurückkommen.

ULDIN

Nach dem schattenhaften Balamber[209] ist Uldin der erste Hunne, der namentlich erwähnt wurde. Die literarischen Zeugnisse enthalten genug Material für ein Bild zwar nicht des Mannes, doch seiner Taten. Wir wissen, wann und wo er seine Hunnen in die Schlacht führte, und wir bekommen auch Einblick in die Ereignisse im Hunnenland.

Im Jahre 400 war Uldin der Herrscher über die Hunnen in Muntenien, Rumänien östlich des Olt. Als Gainas, der rebellische frühere *magister militum praesentalis,* und seine gotischen Gefolgsleute über die Grenzen flohen (s. Seite 331), hielt es Uldin „für nicht sicher, einem Barbaren zu gestatten, mit einer eigenen Armee jenseits der Donau Wohnsitz zu nehmen". Er sammelte seine Truppen und griff die Goten an. Der kurze, aber blutige Feldzug endete mit einem hunnischen Sieg. Gainas wurde getötet[210]. Da bloß elf Tage später[211] sein Haupt in Konstantinopel zur Schau gestellt wurde[212], fand der letzte Kampf wahrscheinlich nahe von Novae, dem der Hauptstadt nächsten Ort an der Donau, statt, der mit ihr durch eine vortreffliche Straße verbunden war[213].

Gainas wollte sich mit seinen Landsleuten vereinen; er floh in „sein Heimatland" (εἰς τὰ οἰκεῖα)[214]. Daraus folgt, daß in Muntenien Goten unter hunnischer Herrschaft lebten. Wir wissen nicht, wie weit nach Osten und Norden Uldins Reich sich ausdehnte. Im Westen reichte seine Macht bis zu den Ufern der Donau in Ungarn. Das geht aus dem Bündnis hervor, das er mit den weströmischen Generalissimus Stilicho im Jahre 406 schloß[215].

Ende 405[216] wurde Italien, das sich kaum vom ersten Gotenkrieg erholt hatte, erneut von den Goten heimgesucht. Unter ihrem König Radagaisus stiegen die Barbaren nach Venetien und in die Lombardei[217] herab, überrannten die Toskana und näherten sich Rom, als sie endlich aufgehalten wurden. Die reguläre römische Armee war zu schwach, um die germanische Flut einzudämmen. Stilicho wandte sich an den Hunnen Uldin und an den Goten Sarus um Hilfe. Bei Faesulae schlossen die hunnischen Hilfstruppen einen Großteil der Horden des Radagaisus ein[218]; er versuchte zu entkommen, wurde aber gefangengenommen und hingerichtet (April 406). Die Überlebenden verkaufte man als Sklaven[219]. Was mit jenen Goten geschah, die nicht bei Radagaisus waren, ist nicht bekannt. Einige scheinen in Stilichos Armee aufgenommen worden zu sein[220], andere erkämpften sich vielleicht den Rückweg in ihre Heimat jenseits der Donau. Die gotische Nation war „für alle Zeiten" ausgelöscht. Zumindest konnte man das auf dem Triumphbogen lesen, der 406[221], gerade vier Jahre vor der Einnahme Roms durch Alarich, errichtet wurde.

Man hat oft angenommen, daß die gotische Invasion eine Wiederholung der Ereignisse in den siebziger Jahren des 4. Jahrhunderts war. Die Goten des Radagaisus sollen vor den Hunnen geflohen sein, die ihrerseits durch andere Nomadengruppen nach Westen getrieben wurden, die wiederum durch eine Umwälzung im Fernen Osten in Bewegung gesetzt worden waren. Das ist die bekannte Billardkugeltheorie, wobei das *primum movens* „in den weiten Ebenen Eurasiens" versteckt ist. Wir haben keinen Hinweis in unseren Quellen, daß hinter Radagaisus ein anderer barbarischer Anführer stand, dessen Volk durch wiederum einen anderen getrieben wurde usw.[222] Wir wissen nur, daß die Goten von den Ländern jenseits der Donau kamen.

Wenn sie tatsächlich flohen, so war es keine kopflose Flucht. Obwohl die Zahlen bei Orosius und Zosimus stark übertrieben sind[223], können wir glauben, daß Radagaisus in der Tat eine mächtige Armee nach Italien führte[224]. Die gotischen Krieger waren nicht auf Raubzug; sie waren der bewaffnete Teil eines Volkes auf seiner Wanderung in eine neue Heimat. Aus der Tatsache — wofern es eine ist —, daß Radagaisus ein Heide war[225], haben einige Gelehrte geschlossen, daß seine Horden Ostgoten waren, da um 400 alle Westgoten nach allgemeiner Annahme gute Christen waren. Aber der Westgote Fravittas, oströmischer General und Konsul im Jahre 401, war überzeugter Heide, und unter den Westgoten jenseits der römischen Grenze muß es viele Tausende gegeben haben, die noch nicht getauft waren[226]. Außerdem beweist ein Vermerk in der Chronik von 462, von dem man wenig Notiz genommen hat, daß es arianische Christen unter den Goten des Radagaisus *gab*[227]. Patsch kann mit seiner Annahme sehr gut recht gehabt haben, daß ein Gutteil von ihnen aus Caucalanda (dem Banat) kam[228].

Es gibt keinen Grund anzunehmen, daß die hunnischen Hilfstruppen Stilichos von weit her oder ausgerechnet aus der Dobrudscha kamen[229]. Hunnen hatten schon seit 378 in Ungarn ihre Zelte aufgeschlagen. Sie sind dort auch, wie wir sahen, um 385 gut bezeugt. Sicherlich gaben sie das Land nicht freiwillig auf, und kein Feind war stark genug, sie von dort zu vertreiben. Stilicho schloß ein Bündnis mit den Hunnen in Ungarn. Uldin war König der Hunnen westlich *und* östlich der Karpaten, im Alföld so gut wie in Muntenien. Er war nicht der Herrscher über alle hunnischen Stämme; das war nicht einmal Attila im Zenit seiner Macht. Aber Uldin konnte seine Reiter nach Italien und Thrakien werfen. Im Winter 404/405 brach Uldin in die Balkanprovinzen ein. Bei Sozomenos lesen wir:

> Zu dieser Zeit waren die Zwistigkeiten, durch welche die Kirche erschüttert wurde, wie so oft von Verwirrung und Durcheinander im Staat begleitet. Die Hunnen überquerten den Hister und verwüsteten Thrakien. Die Räuber in Isaurien, die sich in großer Stärke gesammelt hatten, plünderten die Städte und Dörfer zwischen Karien und Phönikien[230].

Wenn Sozomenos seinen Bericht über die Synoden, Bischofswahlen und die Kämpfe zwischen den verschiedenen Cliquen an den Metropolitensitzen unterbricht, um sich mit weltlichen Ereignissen zu befassen, behandelt er sie mit wenigen Ausnahmen nur, wenn sie für den endlosen Kampf zwischen orthodoxem Glauben und Häresie Bedeutung haben. Die Daten der Kirchengeschichte werden so genau wie möglich gegeben; politische Ereignisse finden „um dieselbe Zeit" statt. Und doch glaube ich, daß Uldins erste Invasion in Thrakien recht gut datiert werden kann.

Die „Auseinandersetzungen" waren die Kämpfe von Theophilos (384 bis 412), dem Patriarchen von Alexandrien, gegen Johannes Chrysostomos. Die Kapitel 20 bis 24 des Buches VIII behandeln die Zeit vom Herbst 403 bis November 404[231]. Im Kapitel 26 gibt Sozomenos die Übersetzung der Briefe, die Papst Innozenz dem Johannes im Herbst 404 sandte[232]. Im Kapitel 27 erwähnt er den Tod der Kaiserin Eudoxia (6. Oktober 404), den Tod des Arsacius (Ende 405)[233] und die Einsetzung seines Nachfolgers Allicus (Ende 405 oder 406)[234]. Die Invasion in Thrakien fällt daher irgendwann zwischen 404 und 405. Ich glaube, sie kann sogar noch genauer datiert werden. Aus den Briefen des Johannes Chrysostomos erfahren wir, daß die

Isaurier im Sommer 404, wahrscheinlich im Juni[235], aus den Tälern des Taurusgebirges hervorbrachen. Sie wurden schwer geschlagen[236]. Im folgenden Jahr wiederholten sie ihre Operationen und dehnten dieses Mal ihre Raubzüge über fast ganz Kleinasien aus[237]. Im Jahre 404 waren die Isaurier nicht in der Lage, ummauerte Städte einzunehmen[238], so daß die Eroberungen von Städten und Dörfern, von denen Sozomenos spricht, in das Jahr 405 fallen müssen. Die Barbaren jenseits der Donau pflegten den Strom im Winter zu überqueren, wenn die Flotte aktionsunfähig war und sie zurückkehren konnten, solange die Donau noch zugefroren war. All diese Überlegungen führen uns auf den Winter 404/405 als das wahrscheinlichste Datum der hunnischen Invasion in Thrakien.

Sozomenos ist der einzige frühe Schriftsteller, der sie erwähnt. Der Bericht des Nikephoros Kallistos (1256—1311) ist eine Paraphrase, jedoch mit einer bemerkenswerten Ausnahme: Er nennt uns den Namen des hunnischen Anführers — Uldin[239]. Die Hauptquelle des Nikephoros war wahrscheinlich eine Kompilation aus dem 10. Jahrhundert, die auf Philostorgios, Sokrates, Sozomenos, Theodoret und Euagrios zurückgreift[240]. Welcher dieser Autoren Uldin nannte, läßt sich nicht feststellen. Es kann Philostorgios sein, von dessen Werken wir nur Exzerpte haben; es kann Sozomenos selbst gewesen sein, da es unwahrscheinlich ist, daß der Text des Sozomenos, wie er uns heute vorliegt, Wort für Wort mit dem Original identisch ist. Die Möglichkeit, daß Nikephoros selbst den Namen Uldin hinzufügte, kann man ausschließen. Er war zu sehr von seinen Quellen abhängig, um sie zu ändern; das beste, was er tun konnte, war, aufzubereiten, was andere vor ihm geschrieben hatten. Von wo auch immer Nikephoros zuletzt abschrieb, es war eine Quelle, in der Uldin als Anführer der Hunnen 404/405 genannt wurde.

Sozomenos erwähnt die Invasion nur nebenbei. Vielleicht war es eine schnelle Expedition, vielleicht plünderten die Hunnen die unglücklichen Provinzen wochen- oder monatelang. Sie wurde jedoch in ihrer Bedeutung weit von jener übertroffen, die wenige Jahre später Uldins Reiter tief nach Thrakien hineinführte.

Im Sommer 408 überquerten die Hunnen die Donau[241]. Wie üblich über die Situation im Balkan gut informiert, wählten sie den richtigen Zeitpunkt für die Attacke. Im Frühjahr 408 gab Stilicho seinen Plan auf, Alarichs Westgoten nach Illyricum zu treiben. Kurz danach waren sie auf dem Marsch nach Italien.

Mit dem Schwinden der Gefahr einer gotischen Invasion wurde der größere Teil der oströmischen Truppen an die persische Grenze geworfen, wo der Ausbruch von Feindseligkeiten jeden Tag erwartet wurde[242]. Die Regierung in Konstantinopel war sich darüber völlig klar, daß die Hunnen jenseits der Donau die Schwächung der Balkanarmee ausnützen konnten, um in die Randprovinzen einzufallen. Im April 408 erhielt Herculius, der Prätorianerpräfekt von Illyricum, den Auftrag, „alle Personen ohne Rücksicht auf irgendwelche Privilegien zu zwingen, für den Bau der Mauern, aber auch für die Beschaffung und den Transport von Nachschub für Illyricum Vorsorge zu treffen“[243]. Wenn die Hunnen die befestigten Plätze entlang dem Limes umgehen sollten, konnten sie eine Zeitlang die hilflosen Dörfer plündern, zuletzt aber würden sie zwischen den uneroberten Städten im Innern und den Truppen, die in den Befestigungsanlagen entlang der Grenze ausharrten, eingeschlossen und gezwungen werden, in das Barbarikum zurückzukehren. Was die Römer nicht erwarten konnten, war, daß die Hunnen die strategisch wichtige Festung Castra Martis in Dacia ripensis durch Verrat nehmen würden[244]. Ob andere befestigte Plätze in die Hand der Hunnen fielen, ist nicht bekannt, aber möglich.

Unsere Hauptquelle für Uldins zweite Invasion ist wieder die *Historia Ecclesiastica* des Sozomenos. Die andere, der *Jesaiaskommentar* des Hieronymus, wurde bisher von allen Gelehrten, die sich mit den Hunnen befaßten, nicht beachtet. Im Kommentar zu 7, 20—21 schrieb Hieronymus:

> Nun aber gleicht ein großer Teil des römischen Erdkreises dem einstigen Judäa. Das kann, so glauben wir, nicht ohne den Willen Gottes geschehen sein, der seine Mißachtung keineswegs durch Assyrer und Chaldäer rächt, sondern durch wilde und uns einst unbekannte Stämme, deren Angesicht und Rede Schrecken einflößen, und die weibische Gesichter mit tiefen Einschnitten denen der Männer vorziehen, und die die Rücken bärtiger Männer durchbohren, wenn sie fliehen.
> *(Ac nunc magna pars Romani orbis quondam Iudaeae similis est; quod absque ira Dei factum non putamus, qui nequaquam contemptum sui per Assyrios ulsciscitur, et Chaldaeos: sed per feras gentes, et quondam nobis incognitas, quarum et vultus et sermo terribilis est, et femineas incisasque facies praeferentes virorum, et bene barbatorum fugientia terga confodiunt*[245]*.)*

Das wurde im Juni oder Juli 408 geschrieben[246]. Daß die *ferae gentes* des Hieronymus die Hunnen waren, geht aus ihrer Beschreibung hervor: Sie waren früher unbekannt, und sie fügten sich im Gesicht Schnittwunden zu, weil sie eher wie Frauen als wie bärtige Männer aussehen wollten. Wie ich an anderer Stelle zeigte[247], folgte Hieronymus der Beschreibung der Hunnen durch Ammianus. Worauf es hier ankommt, ist das Datum der Passage im Kommentar und im besonderen die Wendung *[ferae gentes] bene barbatorum fugientia terga confodiunt.* Wenn Hieronymus schon im Sommer 408 im weit entfernten Jerusalem Berichte über Niederlagen der römischen Truppen durch die Hunnen erhielt, müssen die Verluste ungewöhnlich schwer gewesen sein.

Selbst in dem erbaulichen Bericht des Sozomenos spürt man durch, wie ernst die Situation gewesen sein muß. Der römische Kommandant in Thrakien konnte mit seinen wenigen Truppen die Hunnen nicht zurücktreiben. Er machte Uldin Friedensvorschläge. Dieser

> antwortete, indem er auf die aufgehende Sonne zeigte und erklärte, daß es für ihn, wenn er es wünschte, leicht wäre, jedes Gebiet der Erde zu unterwerfen, das von diesem Gestirn erhellt würde. Während er aber solche Drohungen äußerte und eine riesige Tributzahlung nach seinem Gutdünken befahl, mit dem Bemerken, daß unter dieser Bedingung

Friede mit den Römern geschlossen werden könnte, sonst aber der Krieg weitergehen würde, gab Gott einen Beweis seiner Gunst für die gegenwärtige Herrschaft; denn wenig später berieten sich Uldins eigene Leute und Hauptleute (οἰκεῖοι καὶ λοχαγοί) über die Regierungsform der Römer, die Menschenfreundlichkeit des Kaisers und die Schnelligkeit und Freigiebigkeit, mit der die besten Männer belohnt würden. Gemeinsam mit ihren Truppen gingen sie zu den Römern über und teilten deren Feldlager. Uldin, der sich nun verlassen fand, entkam mit Mühe an das gegenüberliegende Ufer des Flusses. Viele seiner Truppen gingen verloren, unter anderem der ganze barbarische Stamm der sogenannten Skiren. (Vor diesem Unglück war dieser Stamm zahlenmäßig stark gewesen.) Einige von ihnen wurden getötet, andere gefangengenommen und in Ketten nach Konstantinopel gebracht. Die verantwortlichen Stellen waren der Meinung, daß sie revoltieren könnten, wenn man ihnen erlaubte, zusammenzubleiben. Daher wurden einige von ihnen zu einem niedrigen Preis verkauft, andere als Sklaven unter der Bedingung verschenkt, daß man ihnen nie erlauben dürfe, nach Konstantinopel oder irgendwohin nach Europa zu kommen, sondern daß sie durch das Meer von den Plätzen getrennt wären, die ihnen vertraut waren. Eine Anzahl von diesen wurden nicht verkauft, sondern mit dem Befehl entlassen, sich an verschiedenen Orten anzusiedeln. Ich habe viele in Bithynien nahe dem Olympus gesehen. Sie lebten voneinander getrennt und bebauten die Hügel und Täler dieses Gebietes[248].

Sozomenos berichtet nicht, wann der Krieg zu Ende ging, aber aus einem Edikt vom 23. März 409 kann geschlossen werden, daß zu diesem Zeitpunkt die Hunnen wieder über die Donau zurückgekehrt waren[249].

Natürlich darf man den Bericht des Sozomenos nicht wörtlich nehmen. Die Skiren verschwanden nicht aus der Geschichte[250]. Aber die Prahlerei Uldins klingt echt, und zweifellos berichtet Sozomenos genau den Inhalt der Forderungen Uldins. Das ist das erste Mal, daß unsere Quellen etwas über das Ziel einer hunnischen Expedition sagen. Uldin war nicht bloß auf πραιδεύειν[251], „plündern", und Gefangene zu machen, die als Sklaven verkauft werden konnten, aus. Er forderte auch nicht, daß man ihm römisches Territorium einräumte. Es gab keine Weideplätze, die groß genug für alle Hunnen unter Uldin gewesen wären. Wenn doch einige Gruppen im Reich sich aufhielten, wie jene um Oescus (s. Seite 186), so wären sie von den anderen getrennt gewesen; und das war gegen die Interessen Uldins. Er forderte eher, daß die Römer ihm Tribut, δασμόν, wahrscheinlich eine festgelegte jährliche Summe, zahlten.

Die Hunnen waren beritten, die Skiren offensichtlich zumeist Fußsoldaten. Das Edikt vom 12. April 409[252] traf nur Vorkehrungen für die Ansiedelung der Skiren. Die hunnischen Gefangenen wurden entweder getötet oder in die Reihen der Hilfstruppen gesteckt. Wer Uldins „eigene Leute" waren, ist nicht ganz klar; dieser Ausdruck kann einfach die Leute bedeuten, die bei ihm zu sein pflegten. Die Mitglieder der οἰκία des Belisar, von der Procopius im 6. Jahrhundert so oft spricht, waren nicht notwendigerweise seine Verwandten. Paulus z. B., der eine Zeitlang der Chef der οἰκία war, war Kilikier[253]; Athaulf übernahm einen Mann von der οἰκία des Sarus[254]. Ebenso ist das Wort *lochagos* nicht genau definiert. Daß einige *lochagoi* gemeinsam mit ihren Truppen zu den Römern übergingen, scheint ein Anzeichen dafür zu sein, daß zwischen ihnen und ihren Gefolgsleuten ein enges Band bestand. Ammianus und Orosius sprechen von den *cunei* (Keilen) der Hunnen. Obwohl *cuneus*, wie es bei ihnen verwendet wird, eine taktische Einheit ist, hat das Wort vielleicht noch immer etwas von der Bedeutung bewahrt, die es bei Tacitus hatte: „Nicht Zufall noch Zusammenrottung von ungefähr, sondern Familien und Sippen bilden eine Schwadron oder einen Keil." *(Non casus nec fortuita conglobatio turmam aut cuneum facit, sed familiae et propinquitates*[255]*.)*

Der Zusammenhalt von Uldins Königreich ist überschätzt worden[256], aber er sollte auch nicht unterschätzt werden. Uldin war nicht der Anführer „bloß eines Teiles"[257], sondern vieler Stämme, die in der Lage waren, von den rumänischen Ebenen bis zur ungarischen Pußta zu operieren. Und doch war die beginnende königliche Macht, obwohl zunehmend erstarkt, keineswegs stabilisiert. Wie geschwächt sie in Uldins letzten Jahren wurde, wird deutlich, wenn wir zum Westen zurückkehren.

Kurz bevor die Hunnen Uldins in die Balkanprovinzen einbrachen, begannen die Westgoten jenen langen Treck, der ein Jahrhundert später in Spanien endete. Die ihm vorausgehenden Ereignisse in ihren Einzelheiten zu rekapitulieren ist unnötig; sie wurden bereits von Santo Mazzarino in seinem meisterlichen *Stilicone* gründlich erörtert. Für unsere Zwecke wird ein kurzer Überblick genügen.

Nach der Schlacht von Verona im Sommer 402[258] führte Alarich sein Heer auf den Balkan zurück. In den folgenden drei Jahren hielt er sich strikt an seinen Vertrag mit Stilicho. Von dem „barbarischen Gebiet aus, das an Dalmatien und Pannonien grenzt"[259], das ihnen zugeteilt worden war, unternahmen die Goten ab und zu Raubzüge in das östliche Illyricum[260], waren aber sorgfältig darauf bedacht, keinen Konflikt mit dem Westen zu provozieren, teils weil sie sich von ihren Niederlagen noch nicht erholt hatten, teils (und vielleicht hauptsächlich) in der Hoffnung, mit Stilicho zu einem anderen, engeren und besseren Abkommen zu gelangen. Tatsächlich schloß dieser im Jahre 405 ein *foedus* mit Alarich, ein Bündnis zur Eroberung des östlichen Illyricum[261]. Dem Gotenkönig wurde die Stellung eines *magister militum per Illyricum* versprochen. Er zog nach Epirus, wo er drei weitere Jahre blieb. Zuerst zwang die Invasion des Radagaisus, dann die Usurpation des Constantinus III. in Britannien Stilicho, die illyrische Expedition zu verschieben, und schließlich wurde der Plan überhaupt fallengelassen.

Zu Anfang 408 wandte sich Alarich gegen den Westen. Im Mai[262] hatte er Noricum erreicht. Ob er in der Nähe von Virunum, dem heutigen Maria Saal bei Klagenfurt, oder bei Celeia[263] (heute Celje, Jugoslawien) lagerte, läßt sich nicht feststellen. Worauf es ankommt, ist, daß er durch Emona (heute Ljubljana, Jugoslawien) zog. Der Weg von Epirus nach Emona führt durch die Pannonia secunda und die Savia[264].

Von allen Gelehrten, die sich mit den Hunnen befaßten, erkannte nur Alföldi, daß ihre Tatenlosigkeit in den ereignisreichen Jahren 408 bis 410 eine Erklärung erfordert[265]. Wie wir gleich sehen werden, verhielten sie sich gar nicht so ruhig. Wahr ist hingegen, daß Alarich 408 westwärts marschieren konnte, als ob es keine Hunnen gegeben hätte — jene Hunnen, die, wie Alföldi mit Recht betont, sonst so darauf bedacht waren, im Trüben zu fischen. Alföldi nimmt an, daß sie sich den Goten nicht anschlossen, weil sie mit den Römern verbündet waren. Nach seiner Ansicht siedelte Stilicho sie 406 als Föderaten in der Provinz Valeria an, im gleichen Jahr, in dem wahrscheinlich der junge Aetius als Geisel zu den Hunnen kam[266].

Wenn diese Annahme richtig wäre, müßten die Hunnen mehr getan haben, als sich bloß vom Kampf fernzuhalten. Sie hätten die Goten *bekämpfen* und sie in der rechten Flanke angreifen müssen, während Alarichs Volk, das langsam in seinen Wagen dahinzog, sich auf Emona zu bewegte. Aber die Hunnen machten weder gemeinsame Sache mit den Goten noch erfüllten sie ihre angeblichen Verpflichtungen als Verbündete der Römer.

Der Grund für ihre Untätigkeit ist meines Erachtens viel einfacher. Die Hunnen kämpften nicht in Pannonia secunda und Savia, weil sie unter Uldin in Illyricum und Thrakien kämpften. Mit der Datierung von Uldins Invasion auf 409 statt 408[267] mußte Alföldi eine Erklärung für etwas finden, was gar keiner bedarf.

Damit ist nicht gesagt, daß die Hunnen Uldin bis zum letzten Reiter Gefolgschaft leisteten. Es gab Hunnen in der weströmischen Armee unter Stilicho, und auch Ravenna hatte eine hunnische Garnison nach der Hinrichtung des großen *ductor* im August 408[268]. Außerdem müssen viele Hunnen zu Hause geblieben sein, um eine Rebellion ihrer Untergebenen zu verhindern, während die „bewegliche“ Armee in Kämpfe südlich der Donau verwickelt war. Das war, glaube ich, ein zusätzlicher Grund, warum sie nicht in den Krieg zwischen Alarich und den Römern eingriffen.

Die Hunnen wurden im Westen erst aktiv, nachdem die Horden Uldins zu ihren Wohnsitzen jenseits der Donau zurückgekehrt waren. Wie sehr die Niederlage seine Autorität untergraben hatte, läßt sich aus zwei Passagen des Zosimus erkennen, die er von Olympiodorus abschrieb.

Im Sommer 409 soll Honorius zehntausend Hunnen zu seiner Unterstützung herbeigerufen haben[269]. Die meisten Historiker akzeptieren diese Zahl, als ob sie einem offiziellen Dokument entstammte[270]. In Wirklichkeit aber ist das eine der Übertreibungen, wie sie sich Olympiodorus gestattete[271]. Was erreichten diese zehntausend Hunnen? Nichts. Zu Jahresende stand Alarich wiederum vor den Toren Roms. 410 marschierte er nach Ariminum, in die Aemilia, nach Ligurien und wieder zurück nach Ariminum. Im August (24. 8. 410) eroberte er Rom. Wir hören nichts über die gigantische hunnische Armee. Offensichtlich handelte es sich um ein kleines Kontingent, wahrscheinlich nicht mehr als einige Hundert Reiter. Jedoch zeugt die Tatsache, daß Hunnen sich der römischen Armee anschlossen, während andere gegen sie kämpften, von einer Schwächung der königlichen Autorität.

In der zweiten Hälfte des Jahres 409 ritten Westgoten in Oberpannonien — ein Teil von Alarichs Truppen, die aus irgendeinem Grund nicht den ganzen Weg mit ihm zurückgelegt hatten — nach Italien. Hunnen schlossen sich ihnen an[272]. Ihre Zahl mag zwar klein gewesen sein, doch auch sie handelten auf eigene Faust.

Wiederum andere, vielleicht jene, die Uldin noch immer gehorchten, waren in Kämpfe mit den Römern in Pannonien verstrickt. Im Sommer oder Herbst 409[273] betraute Honorius „den Generidus mit dem Kommando der Streitkräfte in Dalmatien; er war bereits General der Truppen in Oberpannonien, Noricum und Rätien bis zu den Alpen“[274]. Diese Passage ist verschieden interpretiert worden. Swoboda tut sie als Erfindung ab; es gab, wie er behauptet, keine Truppen in Oberpannonien nach dem Jahr 395[275]. Alföldi ist der Meinung, daß sie seine Annahme stützt, die Valeria wäre zu dieser Zeit bereits den Hunnen überlassen worden[276]. Lot ging einen Schritt weiter; aus der Tatsache, daß weder die Valeria noch Pannonia secunda unter dem Kommando des Generidus stand, schloß er, daß beide Provinzen nicht mehr von den Römern gehalten wurden[277].

Keine dieser Behauptungen oder Annahmen ist durch literarische oder archäologische Zeugnisse direkt oder durch Indizien gerechtfertigt. Wie wir sehen werden (s. Seite 66), wurde sogar auf dem Höhepunkt von Attilas Macht ein Teil der Pannonia prima von den Römern gehalten, und es gab höchstwahrscheinlich nie eine formale „Abtretung“ der Valeria.

Generidus hatte keinen genau definierten Titel oder Rang; er war „einer der Kommandanten der Streitkräfte, die während der Herrschaft des Honorius ernannt wurden, um den Notständen der Zeit zu begegnen“[278]. Aus seiner Stellung in den genannten Provinzen — Egger nannte sie ein „Generalkommando“[279] — läßt sich nicht ableiten, daß es keine römischen Truppen in den nicht genannten Provinzen gab. Sicherlich, wir haben keine Information über römische Kräfte in der Valeria, und wenn wir nicht die *Vita S. Severini* hätten, besäßen wir auch keine über die Garnisonen in Noricum.

In seinem Eifer als Heide hat Zosimus wahrscheinlich die Leistungen seines Glaubensgenossen Generidus übertrieben, von dem es heißt, er habe seine Truppen gedrillt, darauf gesehen, daß die Soldaten ihre Rationen bekamen, und unter sie verteilt, was er von der Staatskasse erhielt. „Auf diese Weise war er schrecklich für die benachbarten Barbaren und gab den Provinzen, zu deren Schutz er bestimmt worden war, Sicherheit.“[280]

Es gab keine „benachbarten Barbaren“ von Bedeutung außer den Hunnen. Der Unterschied zwischen 408 und 409 ist offenkundig. 408 rührten sich die Hunnen im Westen nicht; 409 wurden die Truppen von Rätien bis Dalmatien unter den Befehl *eines* Mannes gestellt, um sie zurückzuschlagen.

Das Bild, das man aus den Quellen und deren zugegebenerweise gemutmaßter Interpretation gewinnen kann, ist unscharf. Doch es scheint, daß wir in den ersten Jahren des 5. Jahrhunderts vier Gruppen von Hunnen unterscheiden können. Erstens Uldin und seinen Anhang, der auf dem Rückweg von den Feldzügen in Illyricum und Thrakien mit den Truppen des Generidus kämpfte; zweitens jene Hunnen, die 408 einen Teil der römischen Armee in Italien bildeten; drittens die Hunnen, die sich diesem Heer

409 anschlossen; und viertens eine Gruppe, die mit den Westgoten Athaulfs gegen die Römer ritt. Dieses Gesamtbild, aus den wenigen Informationen abgeleitet, zeigt die Auflösung der Macht des „ersten Königs der Hunnen", wie Olympiodorus Uldin genannt haben würde.

In seine Zeit fällt auch der Zerfall der hunnisch-alanischen Allianz. Bis 388 werden Hunnen und Alanen ständig gemeinsam genannt, die Hunnen meist, wenn auch nicht immer, an erster Stelle. Aber 394 schlossen sich nur die transdanubischen Alanen unter der Führung des Saul[281] dem Kaiser Theodosius an[282], während von den Hunnen nur jene in Thrakien unter den kaiserlichen Drachenbannern marschierten. Alanen, aber keine Hunnen, dienten unter Stilicho 398 und, immer noch unter dem Kommando Sauls, im Jahre 402[283]. 406 jedoch rekrutierten sich die barbarischen Hilfstruppen Stilichos aus Hunnen und Goten; seine Leibwache bestand aus Hunnen[284]. Hunnen, aber keine Alanen, dienten in der römischen Armee im Jahre 409[285].

Nach 406 kennen westliche Schriftsteller Alanen nur in Gallien, Spanien und Afrika. Kein Autor des 5. Jahrhunderts erwähnt Alanen als Verbündete der Hunnen[286]. Jordanes wußte von Sarmaten, aber nichts von Alanen in Pannonien. Die wenigen Alanen, die nach dem Zusammenbruch von Attilas Königreich in Scythia minor und Untermösien[287] siedelten, kamen offensichtlich aus der Ebene der Walachei dorthin. All dies kann kein zufälliges Zusammentreffen sein, und wir kennen tatsächlich den Grund: Die Alanen zogen von ihren alten Wohnsitzen nach Gallien; gemeinsam mit den Vandalen überquerten sie den Rhein am letzten Tag des Jahres 406[288].

Warum die Alanen ihr Bündnis mit den Hunnen brachen, ist unbekannt. Bei Orosius gibt es einen Hinweis darauf, daß die Beziehung zwischen den beiden Völkern schon nach 402 gespannt war. „Ich sage nichts", schreibt er, „von den vielen mörderischen Konflikten zwischen den Barbaren selbst, wenn zwei *cunei* der Goten und dann die Alanen und Hunnen einander zusammenhauen."[289] Diese Passage wurde auf seltsame Art mißverstanden. Die meisten Autoren dachten, daß Orosius sich auf Kriege zwischen Hunnen und Alanen in deren Wohnsitzen irgendwo im Osten bezog[290]. Aber Orosius, der jubelte, wenn er darüber berichten konnte, wie viele Barbaren in dieser oder jener Schlacht getötet wurden, hätte sicherlich nicht die gegenseitige Niedermetzelung von Feinden Roms beklagt. Das *taceo* bei Orosius 7, 37 bezieht sich auf Ereignisse, die für die Römer unglücklich waren: darauf, daß der geschlagene Alarich entkam, und auf die „unseligen Geschehnisse bei Pollentia". Die *cunei* der Hunnen und Alanen waren römische Hilfstruppen, und Orosius beklagt, daß Stilicho diese wilden Zusammenstöße in seiner eigenen Armee nicht verhindern konnte[291]. Da gotische Truppen einander ebenso bekämpften, mag die nationale Gegensätzlichkeit zwischen Hunnen und Alanen, wenn es sie überhaupt gab, nur ein zusätzlicher Faktor gewesen sein.

Nach Procopius verließen die Vandalen Ungarn, weil „sie vom Hunger geplagt wurden"[292]. Wahrscheinlich war das Volk schon zu groß geworden, um sich dort ernähren zu können[293]. Dasselbe mag für die Alanen gegolten haben. Zusammenstöße mit den Hunnen und die Abneigung, immer die

Juniorpartner in einem Bündnis zu sein, das hauptsächlich den Hunnen nützte, waren für die Alanen vielleicht zusätzliche Gründe, sich neue Heimstätten zu suchen.

Die hunnischen Adeligen, Attilas Verwandte und Gefolgsleute, haben entweder türkische oder germanische Namen. Es gab offensichtlich, wenn überhaupt, nur wenige Alanen in der Führungsschicht. Da kein Volk je bis zum letzten Mann auswanderte, hielten sich auch nach 406 noch einige Alanen in Ungarn auf; sie spielten aber eine geringere Rolle. Die meisten ihrer Stammes- und Sippenführer waren weggezogen.

CHARATON

Keine Periode in der politischen Geschichte der Hunnen ist dunkler als die beiden Dekaden ab 410 und 420. Der Verlust der *Geschichte* des Olympiodorus, die im zweiten Viertel des 5. Jahrhunderts verfaßt wurde, ist, um Thompson zu zitieren, „ein Unglück für unsere Kenntnis der Nomaden"[294]. Sicherlich mangelte dem Olympiodorus die Fähigkeit, das ihm offensichtlich zur Verfügung stehende reiche Material in einem zusammenhängenden Bericht vorzulegen[295]; zeitweise war er einfältig[296]; seine Zahlenangaben sind phantastisch[297]. Aber von all den Schriftstellern des 5. Jahrhunderts haben nur er und Priscus das Land der Hunnen bereist. Was würden wir dafür geben, hätten wir seine Darstellung der Verhandlungen mit König Charaton, statt der wenigen Zeilen, auf die sie Photius reduzierte! Ich habe den Namen des Hunnenkönigs mehr in Übereinstimmung mit den Titeln der anderen Abschnitte an den Anfang dieses Kapitels gesetzt, als um seinen Inhalt anzuzeigen. Alles, was wir für die beiden dunklen Dekaden besitzen, sind ein paar isolierte Fakten. In einigen Fällen ist es, so paradox es klingt, gerade das Fehlen von Information über die Hunnen, das ein schwaches Licht auf die Ereignisse wirft.

Ein Fragment des Olympiodorus lautet wie folgt:

> Donatus und die Hunnen und die Geschicklichkeit ihrer Könige in der Benützung des Bogens. Der Autor erzählt, daß er selbst in einer Mission zu ihnen und Donatus geschickt worden war, und gibt einen tragischen Bericht von seiner Reise und den Gefahren zur See. Wie Donatus, durch einen Eid getäuscht, rechtswidrig getötet wurde. Wie Charaton, der erste der Könige, über den Mord erzürnt, vom Kaiser durch Geschenke besänftigt wurde[298].

Das Datum ist das Ende des Jahres 412 oder der Beginn von 413, nach dem Tod des Sarus, von dem das vorangehende Fragment spricht, und bevor Jovinus seinen Sohn Sebastianus zum Caesar ernannte, worauf sich das Folgende bezieht. Altheims Versicherung, daß Charaton und Uldin noch 414 miteinander regierten[299], findet in den Texten keine Stütze, zu Recht aber lehnt er die Annahme ab, daß Donatus ein hunnischer König war[300].

Aus diesen wenigen Zeilen des Olympiodorus-Fragments wurden einige ungerechtfertigte Schlüsse gezogen. Es heißt, Charaton wäre der Nachfolger des Donatus gewesen[301]. Der Text enthält nichts dieser Art. In der Annahme, daß Olympiodorus von der oströmischen Regierung zu den Hunnen geschickt wurde, lokalisieren die meisten Historiker das Zentrum der hunnischen Macht irgendwo in der Nähe der Schwarzmeerküste. Das ist sicherlich nicht korrekt. Wie Thompson bemerkte[302], befaßt sich die *Geschichte* des Olympiodorus ausschließlich mit dem Westreich. Haedicke nahm an, daß Olympiodorus im Zivildienst der Regierung von Ravenna stand[303]. In der Tat lassen Olympiodors Kenntnis des Lateinischen, sein Gebrauch lateinischer Wörter, die lateinischen Formen von Barbarennamen nicht den geringsten Zweifel daran, daß Haedicke recht hatte. Olympiodorus, der von Honorius zu den Hunnen geschickt worden war, überquerte nicht das Schwarze Meer, sondern die Adria[304]. Die Hunnen, die er aufsuchte, lebten in Ungarn. Wie lange Charaton „regierte“, ist so unbekannt wie die Zahl der Stämme, die seine Herrschaft anerkannten. Wofern die Hunnen nördlich der unteren Donau der Konföderation angehörten, an deren Spitze Charaton stand — eine Möglichkeit, die nicht auszuschließen ist —, fühlten sie sich sicherlich durch kein Übereinkommen, das er mit Honorius traf, gebunden. „Ihre“ Römer waren die des Ostens.

Neue Einfälle in Thrakien

Zur selben Zeit, da Honorius Charaton Geschenke schickte, begannen sich die Hunnen in Muntenien wiederum zu rühren. Moesia inferior und Scythia waren den Barbareneinfällen am meisten ausgesetzt. Der Prätorianerpräfekt Anthemius tat, was er konnte, um die Grenzverteidigung, vor allem die Donauflotte, zu verstärken[305]. 413 wurden die Mauern von Konstantinopel wiederhergestellt und erweitert[306]. Trotz der wiederholten Anordnungen, die den Handel mit den Barbaren einschränkten, fanden unternehmungslustige Kaufleute noch immer Mittel und Wege, von ihnen zu kaufen und, was noch bedeutsamer war, ihnen verbotene Güter zu verkaufen. Das Dekret vom 18. September 420 unterscheidet sich von früheren dieser Art in einem Punkt: Es verbietet den Export von *merces inlicitae* in Schiffen[307]. Zielte diese Verordnung auf den Handel mit den Hunnen an den Küsten und im Hinterland des Schwarzen Meeres? Um darauf eine Antwort zu finden, müssen wir kurz abschweifen.

Im dritten Viertel des 3. Jahrhunderts waren die Goten der Schrecken Asiens. Sie segelten von den Häfen des Schwarzen Meeres bis Ionien; die Heruler nahmen Lemnos und Skyros ein, die Boranen plünderten Pityus und Trapezunt[308]. Die Hunnen aber ließen sich nie mit dem Meer ein.

Auch die Goten waren keine Seeleute. Als König Totila (541—552) in den letzten Jahren der Ostgotenherrschaft in Italien beschloß, eine Flotte zu bauen, um den Oströmern die bis zu diesem Zeitpunkt unbestrittene Herrschaft in den italischen Gewässern streitig zu machen, konnte er nicht genügend Goten finden, um die Schiffe zu bemannen. Die Seeschlacht von Senigallia, in der die Römer 36 der 47 feindlichen Schiffe versenkten oder erbeuteten, bedeutete das Ende der gotischen Flotte[309]. Totilas Schiffe wurden von Römern gebaut. Die Boote, die im 3. Jahrhundert die Barbaren über das Schwarze Meer trugen, waren in Panticapaeum gebaut worden und mit bosporanischen Besatzungen bemannt[310]. Unfähig, die Schiffe selbst zu navigieren, zwangen die Goten und Boranen die Bosporaner, ihnen Geleitschiffe für Expeditionen nach Pontus, Paphlagonien und Bithynien zur Verfügung zu stellen. Warum die gotischen Aktionen zur See nach 276 aufhörten, wissen wir nicht. Aber es ist wahrscheinlich kein Zufall, daß Dakien ungefähr um die gleiche Zeit aufgegeben wurde. Mit der Auswanderung eines großen Teiles der Goten in die frühere römische Provinz konnten nun die Stämme östlich von ihnen sich nach dem Westen ausbreiten. So begierig sie auch nach den Reichtümern der römischen Städte waren, so wollten und benötigten sie vor allem Land zum Siedeln. Das galt aber nicht für die Hunnen. Warum also wurden sie nicht wie die Goten vor und die Slawen nach ihnen zu Piraten? Sie versuchten es, aber sie scheiterten.

Im Jahre 419 richtete Asclepiades, der Bischof von Chersonesos, einen Antrag an den Kaiser, „den Personen, die den Barbaren die Kunst des Schiffbaus, die ihnen bis dahin unbekannt war, verraten hatten", die Strafe zu erlassen. Dem Antrag wurde stattgegeben. „Wir verfügen aber", so schließt das Edikt, „daß diese Männer und alle anderen, wenn sie irgend etwas Ähnliches in Zukunft tun sollten, mit dem Tode bestraft werden."[311]

Chersonesos war der einzige Platz an der Westküste der Krim, der noch unter römischer Herrschaft stand. Die Barbaren in der Nähe waren Goten und Hunnen. Es ist äußerst unwahrscheinlich, daß die Krimgoten in ihrer gebirgigen Heimat Schiffe bauen wollten. Also bleiben nur die Hunnen. Diese brauchten wahrscheinlich Schiffe sowohl für Piratenzüge als auch für den Handel. Sie konnten sie nicht bekommen, und die Regierung in Konstantinopel achtete darauf, daß keine römischen Schiffe in das Gebiet der Hunnen am Schwarzen Meer fuhren. Wenn die Hunnen *merces inlicitae* wollten, mußten sie die Grenzprovinzen plündern. Das taten sie auch.

Am 3. März 422 erließ Theodosius II. folgendes Edikt, das bei den Hunnenforschern nicht die gebührende Beachtung fand:

> Unsere sehr ergebenen Soldaten, die vom Kampf zurückkehren oder in den Krieg ziehen, sollen die Räume des Erdgeschosses jedes Turmes im neuen Wall der Kaiserlichen Stadt für sich haben. Gutsbesitzer sollen nicht deswegen beleidigt sein, daß der hinsichtlich öffentlicher Gebäude erlassene Befehl verletzt wurde. Denn sogar private Hauseigentümer stellen gewöhnlich ein Drittel ihres Raumes für diesen Zweck zur Verfügung[312].

Neun Jahre vorher war den Gutsbesitzern, auf deren Grund die Mauer errichtet worden war, Immunität vom Gesetz der Zwangseinquartierungen zugesichert worden[313]. Der obere Teil der Türme war für militärische Zwecke reserviert; der untere aber konnte ohne Einschränkungen von den Grundbesitzern benützt werden. Wenn man bedenkt, welch schwere und verhaßte Last die Zwangseinquartierung von Soldaten war und wie sorgfältig die Regierung davon Abstand nahm, sie über das mit den militärischen Notwendigkeiten vereinbarte Minimum auszudehnen[314], so wird deutlich, wie angespannt die Situation in und um Konstantinopel im Frühjahr 422 gewesen sein muß, daß man eine Regelung aufhob, die „für alle Zeiten Geltung haben sollte". Aus der Juristen- in die Militärsprache übersetzt besagt das Edikt, daß die Garnison der Hauptstadt in dauernde Bereitschaft gegen einen nahen Feind gehalten werden mußte. Eine knappe Eintragung in der lateinischen Chronik des Marcellinus Comes (6. Jahrhundert) zum Jahre 422 liefert den Kommentar: „Die Hunnen verwüsten Thrakien."

Nirgendwo in der Geschichte der Hunnen wird die Einseitigkeit unserer Quellen deutlicher. Hunnische Einheiten schlugen sich mit römischen Soldaten fast an den Toren von Konstantinopel herum — und dennoch kein Wort darüber in den detaillierten Kirchengeschichten, keine Anspielung in der riesigen theologischen Literatur dieser Zeit. Theophanes hielt fest, daß am 7. September 422 in Alexandria der *praefectus Augustalis* Callistus von seinen Sklaven getötet wurde[315], ein Schicksal, das er vermutlich verdiente. Aber weder Theophanes noch irgendein anderer Autor fand es der Mühe wert, die Ermordung von Bauern in Thrakien zu erwähnen und über die Menschen zu sprechen, die man aus ihren Wohnungen in den Türmen verdrängt hatte, und über die Mühsal der Soldaten. Anders als die „berühmten Personen" und Bischöfe waren sie ersetzbar.

Die Hunnen helfen Aetius und verlieren Pannonien

Wir haben keine Nachricht über hunnische Raubzüge in den Westen um 420. Unter den Truppen, die Castinus, der Oberbefehlshaber des Usurpators Johannes, im Jahre 424 gegen Bonifatius nach Afrika schickte, waren auch Hunnen[316]. Das Datum ist von einiger Bedeutung. Da das Expeditionsheer, unmittelbar nachdem Castinus zu Johannes übergegangen war, sich in Bewegung gesetzt hatte[317], müssen diese Hunnen einen Teil der regulären Armee gebildet haben. Es war nicht genug Zeit, sich an Föderaten jenseits der Grenze zu wenden; die Hunnen müssen in Italien stationiert gewesen sein. Das wiederum weist auf freundschaftliche Beziehungen zwischen dem Westreich und zumindest einigen Hunnen zu der Zeit, da Aetius noch die bescheidene Position der *cura palatii* innehatte. Sanoeces, einer der drei *duces* in Afrika[318], war vielleicht ein Hunne.

Ein Jahr später, 425, marschierte Aetius mit einer gewaltigen hunnischen Armee[319] nach Italien, um Johannes im Krieg mit den Oströmern zu unterstützen.

> Johannes schickte Aetius mit einer großen Summe Goldes zu den Hunnen, einem Volk, das dieser seit der Zeit kannte, als er ihr Geisel war und in enger Freundschaft mit ihnen verbunden; er fügte die Anweisungen hinzu, daß Aetius den Feind, das heißt die Armee des Ostreiches, sobald er Italien betreten habe, vom Rücken her überfallen solle, während er selbst sie von vorne beschäftigen würde[320].

Die Hunnen kamen zu spät; drei Tage vor ihrer Ankunft war Johannes hingerichtet worden. Aetius aber, der entweder nicht wußte, was geschehen war, oder die Neuigkeit nicht glauben wollte, lieferte den Streitkräften Ostroms eine Schlacht, in der es auf beiden Seiten hohe Verluste gab. Der kurze Kriegszug endete mit einer Versöhnung zwischen Aetius und der Kaiserinmutter Galla Placidia. Die Hunnen erhielten eine Summe Goldes, gaben Geisel zurück, tauschten Eide aus und ritten in ihr Land zurück[321].

Aetius, der wahrscheinlich ihre Sprache beherrschte, war der beste Mann, den Johannes für seine Verhandlungen mit den Hunnen finden konnte. Natürlich schickten sie ihre Reiter nicht aus Freundschaft zu Aetius nach Italien, sondern weil ihnen „eine große Summe Goldes" bezahlt wurde. Sie erhielten noch mehr für den Abbruch des Kampfes, und es ist fast sicher, daß ihnen regelmäßig jährliche Tribute versprochen wurden. Wäre Aetius in Ravenna geblieben, hätte das Bündnis mit den Hunnen vielleicht jahrelang gedauert. Aber er wurde nach Gallien geschickt, und die Römer griffen aus uns unbekannten Gründen im Jahre 427 die Hunnen in Pannonien an und besiegten sie.

Unter dem Jahr 427 hat Marcellinus Comes den kurzen Vermerk: „Die pannonischen Provinzen, die fünfzig Jahre lang von den Hunnen besetzt gewesen waren, wurden von den Römern zurückgewonnen." *(Pannoniae quae per quinquaginta annos ab Hunnis retinebantur, a Romanis receptae sunt.)*

Diese Zeilen wurden von Generationen von Historikern erörtert[322] und einerseits als Unsinn klassifiziert[323], andererseits wieder zur Basis weitreichender Schlüsse gemacht; man interpretierte und übersetzte sie immer wieder aufs neue, um sie allen möglichen Theorien über das Schicksal der früheren römischen Provinzen im Donauraum anzupassen.

Es wurde behauptet, daß die *Romani* bei Marcellinus die Oströmer gewesen sein müssen[324]. Allerdings schrieb Marcellinus im Vorwort zu seiner Chronik, daß er in Fortsetzung des Werkes von Hieronymus „nur vom oströmischen Reich schreibe" *(orientale tantum secutus imperium)*. Im großen und ganzen tat er das auch. Aber vor der Eintragung zum Jahr 427 befaßte sich Marcellinus nicht weniger als dreizehnmal mit rein westlichen Angelegenheiten[325]. Ob es die Ost- oder die Weströmer waren, die Pannonien zurückeroberten, Marcellinus konnte in jedem Fall nur ein Wort verwenden, nämlich *Romani*[326]. Bis 476 bildeten die zwei *partes* das eine Römische Reich, *Romanum imperium*, des *Romanus populus* oder der *Romana gens*[327].

Wenn die Passage bei Marcellinus aus sich selbst heraus ebenso eine „östliche" wie eine „westliche" Interpretation erlaubt, so läßt die Parallele bei Jordanes, *Getica* 166, keinen Zweifel zu, wie sie zu verstehen ist. Unter dem Konsulat des Hierius und Ardabures lesen wir dort: „Fast fünfzig Jahre nach ihrer Invasion Pannoniens wurden die Hunnen von Römern und Goten vertrieben." *(Huni post pene quinquaginta annorum invasam Pannoniam a Romanis et Gothis expulsi sunt.)* Bis vor kurzem wurde allgemein angenommen, daß Cassiodorus einfach Marcellinus kopierte. Daß er die Goten in den Text schmuggelte, war in keiner Weise bemerkenswert; das tat er mehr als einmal[328]. Die anderen Unterschiede zwischen den *Getica* und Marcellinus wurden als zu gering erachtet, um Aufmerksamkeit zu verdienen. Enßlin machte diese Unterschiede zwischen den *Romana*, den *Getica* und Marcellinus zum Gegenstand einer bewundernswerten Studie[329]. Er wies nach, daß sowohl Cassiodorus und Jordanes als auch Marcellinus sehr von der verlorengegangenen *Historia Romana* des Symmachus († 525), des Urenkels des berühmten Redners gleichen Namens, zehrten. Es ist praktisch sicher, daß die beiden Passagen darauf zurückgehen[330]. Cassiodorus mußte, da er die Goten hineinbrachte, das farblose *receptae* ändern — die Hunnen gaben Pannonien nicht auf, sie wurden hinausgeworfen. Er behielt aber das *pene quinquaginta* des Originals bei[331].

Ansonsten bedürfen die beiden Stellen schwerlich eines Kommentars. *Pannoniae* bedeutet dasselbe wie *Pannonia*[332]. *Retinebantur* ist vielleicht ein wenig ausdrucksstärker als *tenebantur*[333]. *A Romanis receptae* bedeutet natürlich „sie wurden von den Römern zurückgenommen, zurückerlangt, wiedergewonnen". Ich erwähne das nur, weil Lizerand übersetzte: *reçues des Romains*[334]. So verstand er auch die Eintragung bei Marcellinus, *à une possession de fait succède en 427, pour les Huns, une possession de droit*, was ganz klar unkorrekt ist.

Archäologische Zeugnisse bestätigen Symmachus nicht. Nirgends in der Pannonia prima oder in der Valeria existiert eine Befestigung, ein Militärlager oder auch nur ein einfaches Gebäude, das in die zwanziger Jahre des 5. Jahrhunderts datiert werden könnte. Doch konnte Symmachus die *reconquista* nicht einfach erfunden haben. Wahrscheinlich hat er die Erfolge der Römer übertrieben. Vielleicht haben sie nur eine Anzahl befestigter Plätze wiederbesetzt. Es ist wahrscheinlich, daß sie einige hunnische Banden, die sich zu nahe an Noricum herangewagt hatten, zurücktrieben. Möglicherweise stießen römische Reiter tief in seit langem aufgegebene Landstriche vor; da und dort mögen sie sogar die Donau erreicht haben. Jedenfalls zogen die Weströmer gegen die Hunnen in den Krieg, mit denen sie erst zwei Jahre vorher ein Bündnis geschlossen hatten, und schlugen sie.

Güldenpenning wies die „westliche" Interpretation der strittigen Stellen mit der Begründung zurück, daß die Regierung der Placidia in Gallien und anderswo so vollauf beschäftigt war, daß sie nicht zur selben Zeit gegen die Hunnen offensiv werden konnte[335]. In gewisser Weise ist das richtig. Da wir aber wissen, daß im Jahre 427 Pannonien, wenn auch nicht wiedererobert, so doch wenigstens teilsweise wieder römisch wurde, muß das Argument Güldenpennings umgedreht werden. Tatsächlich konnten die Römer die Hunnen nicht angreifen, es sei denn, die letzteren waren so schwach, daß sogar die begrenzten Kräfte entlang der „Grenze" für eine lokale Offensive genügten. Die Römer waren nicht sehr stark; die Hunnen müssen noch schwächer gewesen sein.

Wie so oft in dieser Arbeit haben wir es mit so dürftigen Zeugnissen zu tun, daß es vielleicht das beste zu sein scheint, die verschiedenen Informationsfragmente bloß zu registrieren und es dabei zu belassen. Die Lücken sind zu groß, gar nicht zu reden von den chronologischen und geographischen Unsicherheiten, als daß man irgendeinen Trend oder eine Entwicklung suchen könnte. Doch in ihrer Gesamtheit und vor dem Hintergrund der Ereignisse zu Uldins Zeit gesehen, scheinen diese dunklen Dekaden zumindest zwei Krisen in der „Grundpolitik" der Hunnen aufzudecken.

Um 410 agierten die hunnischen Horden, als ob es keine Bindungen, nicht einmal die lockersten, zwischen ihnen gäbe. Es mag ein Zufall sein oder auch nicht, daß die Alanen kurze Zeit vorher ihr Bündnis mit den Hunnen brachen. Wenn es, wie wir annehmen können, die mächtigsten hunnischen Stämme waren, die die Alanen gezwungen hatten, sich ihnen anzuschließen, muß der Abzug der Alanen ihre Stärke untergraben haben.

Nur wenige Jahre später anerkannten die hunnischen Könige wiederum die Führungsposition eines einzigen Mannes. Charaton war vielleicht nur *primus inter pares*. Jedenfalls verdankte er, selbst wenn er nicht mehr war, seine Stellung wahrscheinlich nicht so sehr seinen persönlichen Qualitäten, obwohl diese von einiger Bedeutung gewesen sein dürften, als der überlegenen Stellung der Hunnen, die sich ihm anschlossen. Die Krise war vorüber. 425 war die Stammeskonföderation wieder so gut organisiert, daß die Hunnen etliche tausend Reiter nach Italien schicken konnten, offensichtlich mehr, als ein einzelner Stamm aufzubringen imstande war. Die Hunnen, deren Hilfe Aetius suchte und fand, müssen unter der Führung einer Gruppe gestanden sein, die in der Lage war, die Anstrengungen einer Zahl von Stämmen zu koordinieren, vielleicht sogar anderen ihren Willen aufzuzwinge.

Dann aber verlor die Konföderation erneut aus unbekannten Gründen viel von ihrem Zusammenhalt. Selbst wenn die Erfolge der Weströmer in Pannonien relativ bescheiden waren, so zeigt doch die Tatsache, daß die Hunnen westlich der Donau einen Teil ihres Besitzes aufgeben mußten, ihre Unfähigkeit, als Volk ihre Kräfte für eine gemeinsame Sache zu vereinigen. Als die Hunnen in Pannonien angegriffen wurden, müssen sie ihre Landsleute im Osten zu Hilfe gerufen haben. Sie erhielten keine. Wir hören auch nichts davon, daß sich die Hunnen jenseits der Donau in den folgenden fünf Jahren um die Rückgewinnung des verlorenen Territoriums bemüht hätten.

OCTAR UND RUGA

Obwohl die Quellen für die Geschichte der Hunnen in den dreißiger Jahren des 5. Jahrhunderts vergleichsweise reichlich fließen, ist es nicht leicht, auch nur die hauptsächlichen Ereignisse zu rekonstruieren. Im Jahre 432 war Ruga König der Hunnen. Das scheint das einzige sichere Datum zu sein. In welchem Jahr er König wurde, über welches Territorium er herrschte, bis zu welchen Grenzen er es ausdehnte, welche Kriege er führte und wann, wer nach 430 sein Mitregent war (wofern er einen hatte) — das sind Fragen, auf die die divergierendsten Antworten gegeben wurden[336]. Unter solchen Umständen muß das kleinste Stückchen Information sorgfältig geprüft werden. Wir beginnen mit einer Passage in den *Getica*:

> Denn dieser Attila war der Sohn des Mundzuc, dessen Brüder Octar und Ruas waren, die vor Attila Könige gewesen sein sollen, jedoch nicht über genau dieselben [Territorien] wie er. Nach deren Tod folgte er gemeinsam mit seinem Bruder Bleda in der Herrschaft der Hunnen.

(Is namque Attila patre genitus Mundzuco, cuius fuere germani Octar et Roas, qui ante Attilam regnum tenuisse narrantur, quamvis non omnino cunctorum quorum ipse. Post quorum obitum cum Bleda germano Hunnorum successit in regno[337]*.)*

Jordanes — oder eher Cassiodorus — raffte die Angaben seiner Quelle zusammen[338]; Octar starb um 430, Ruga wenige Jahre später. Aber abgesehen von diesem Fehler ist die Angabe so genau, daß man sich fragen muß, wie sie fehlinterpretiert werden konnte. Und doch machen sowohl Bury als auch Thompson Mundzuc zum Mitregenten von Octar und Ruga[339]. Der Stil des Jordanes ist salopp, aber wenn er hätte sagen wollen, daß die drei Brüder über die Hunnen herrschten, hätte er geschrieben: *Mundzuco, qui cum germanis Octar et Roa regnum tenuisse narratur*. Von Priscus wissen wir, daß es noch einen vierten Bruder, Oebarsius, gab, der 448 noch am Leben war[340]. Er hatte keinen Anteil an der Regierung Octars oder Rugas. Nur diese beiden waren Könige. Bevor ich nun deren angebliches Doppelkönigtum erörtere, muß ich den Bericht des Sokrates über Octars Kampf mit den Burgundern behandeln.

In der ersten Hälfte des 10. Jahrhunderts suchten die Magyaren Westeuropa von der Nordsee bis zum Mittelmeer heim. Zwischen 900 und 913 verwüsteten sie Schlesien, Thüringen, Franken und Bayern. 912 überquerten sie den Rhein. 915 nahmen sie Bremen ein. Zweimal verheerten sie Lothringen, 917 und dann wiederum 919, als sie sich nach Süden wandten und Norditalien plünderten. Im Jahre 924 tauchten sie in Südfrankreich auf; Verdun fiel 926 in ihre Hände. Magyarische Reiter lagerten 937 vor Lyon. 951 ritten sie bis Kalabrien[341]. Unter Aufbietung aller Kräfte des Reiches schlug sie Otto I. schließlich entscheidend in der Schlacht auf dem Lechfeld 955.

Die germanischen Nachbarn der Hunnen waren in Stämme aufgesplittert, von denen keiner auch nur annähernd so stark war wie das schwächste der germanischen Fürstentümer des 10. Jahrhunderts. Unfähig zu irgendeiner gemeinsamen Aktion, gleichgültig für wie lange, durch gegenseitiges Mißtrauen gespalten und von Zeit zu Zeit gegeneinander im Krieg, waren sie ungleich weniger dazu imstande, sich gegen die Hunnen zu verteidigen, als 500 Jahre später die Herzöge von Bayern oder Thüringen gegen die Magyaren. Selbst ohne die nicht allzu genauen literarischen Zeugnisse müßten wir annehmen, daß die Hunnen Raubzüge in die Gebiete der germanischen Stämme im Westen unternahmen, wie sie die Balkanprovinzen im Süden heimsuchten.

In der Tat gibt es zwei Berichte von solchen Beuteexpeditionen. Der erste findet sich bei Sokrates. Wie er diese Nachricht bekam, ist nicht bekannt. Nur Uptaros, der Name des Hunnenkönigs bei Sokrates, der bei Jordanes Octar heißt, weist auf Informanten hin, die Latein sprachen. Sokrates schrieb:

Es gibt eine Nation von Barbaren, die jenseits des Rheins wohnt, mit Namen Burgunder. Sie führen ein friedliches Leben. Da sie fast alle Zimmerleute sind, erhalten sie sich von dem, was sie durch diese Fertigkeit verdienen. Die Hunnen griffen dieses Volk ununterbrochen an, verwüsteten ihr Land und töteten oft viele von ihnen. In dieser verzweifelten Situation beschlossen die Burgunder, nicht bei irgendeinem menschlichen Wesen Hilfe zu suchen, sondern sich dem Schutz eines Gottes anzuvertrauen; nachdem sie nun ernstlich überlegt hatten, daß der Gott der Römer die verteidigte, die ihn fürchteten, nahmen sie alle übereinstimmend den christlichen Glauben an. Daher kamen sie in eine der gallischen Städte und baten den Bischof um die Gewährung der christlichen Taufe. Dieser hieß sie sieben Tage fasten, und nachdem er sie in der Zwischenzeit in den Grundsätzen des Glaubens unterrichtet hatte, taufte er sie am achten Tag und entließ sie. Von da an zuversichtlich geworden, marschierten sie gegen die Tyrannen[342] und wurden auch in ihrer Hoffnung nicht enttäuscht. Denn da der König der Hunnen, Uptaros mit Namen, sich überfressen hatte und in der Nacht zerplatzt war, griffen die Burgunder das damit führerlose Volk an; und obwohl sie gering an Zahl waren, ihre Gegner aber zahlreich, errangen sie einen Sieg; denn die Burgunder waren nur dreitausend Mann und vernichteten nicht weniger als zehntausend ihrer Feinde. Von dieser Zeit an war diese Nation eine eifrige Anhängerin der christlichen Religion[343].

Der Bericht des Sokrates über diesen hunnischen Raubzug um 430[344] wurde als historisch völlig wertlos abgetan[345]. Kein anderer Autor weiß etwas über einen Kampf zwischen Hunnen und Burgundern jenseits des Rheins. Die traditionellen Wundermotive können abgestrichen werden. Aber dann bleiben noch immer Absurditäten, wie die Existenz eines germanischen Stammes von friedlichen Zimmerleuten, ihre Bekehrung innerhalb einer Woche und der Sieg von dreitausend Handwerkern über zehntausend der schrecklichsten Krieger des Jahrhunderts. Außerdem wurde behauptet, daß diese Geschichte sich im Widerspruch zu allem befindet, was wir über die Geschichte der Burgunder wissen. Sie überquerten den Rhein kurz nach 406. Im Jahre 411 halfen sie Iovinus auf den Thron. 413 erhielten sie *partem Galliae propinquam Rheno*[346]. Die hunnischen Hilfstruppen des Aetius erschlugen König Gundahar, seine ganze Familie und zwanzigtausend Burgunder[347]. Wenn noch irgendwelche Burgunder am rechten Ufer des Rheins zurückblieben, können es nicht mehr als ein paar Hundert gewesen sein. Das sind starke Argumente. Und doch enthält die Geschichte des Sokrates einen historischen Kern.

Im *Panegyricus auf Avitus* zählt Sidonius die Burgunder unter den Völkern auf, die Attila auf seinem Marsch nach Gallien folgten[348]. Sein Katalog von Völkernamen wurde als unglaubwürdig abgetan[349], und es ist zuzugeben, daß er ein seltsames Durcheinander von Namen damals existierender Völker ist und solchen, die längst zu bestehen aufgehört hatten oder nur in der Dichtung weiterlebten[350]. Sidonius schrieb den Panegyricus fünf Jahre nach dem Hunnenkrieg 451[351]. Jeder in Gallien wußte, daß Attila weder *Geloni* noch *Bellonoti* unter seinen Truppen hatte, aber niemand hätte dagegen protestiert, daß Sidonius sie nannte. Mit den Burgundern war es anders. Avitus selbst hatte mit ihnen in Belgica prima gekämpft[352]. Im

Jahre 443, nach der katastrophalen Niederlage durch die Hunnen des Aetius, wurden sie in der Sapaudia angesiedelt[353]. Acht Jahre später folgten sie unter Aetius und Avitus gegen die Hunnen Attilas[354]. Wie konnte Sidonius in einer Rede, die er vor Avitus und in Anwesenheit des Prätorianerpräfekten hielt[355], gesagt haben, daß Attila Burgunder in seinem Heer hatte, wenn das nicht zutraf? Die Namen der germanischen Stämme in der Liste des Sidonius zeigen, wie genau sie war (abgesehen von den poetischen Namen). Die Rugier, Skiren und Gepiden marschierten tatsächlich mit den Hunnen nach Gallien. Kein Dichter vor Sidonius erwähnte die *Toringi*[356], keine andere Quelle erwähnt sie als Teilnehmer des Krieges. All das läßt so gut wie sicher erscheinen, daß Burgunder von jenseits des Rheins sich Attila anschlossen.

Der Bericht des Sokrates von der Bekehrung der Burgunder zum orthodoxen Glauben wird — obschon nicht in Einzelheiten — von Orosius bestätigt, nach welchem die Burgunder „durch göttliche Vorsehung jüngst Christen des katholischen Glaubens wurden“ *(providentia Dei Christiani omnes modo facti catholica fide)*[357]. Auch diese Feststellung wurde eine fromme Erfindung genannt[358]. Die gründliche Analyse des Orosiustextes durch Coville[359] läßt jedoch keinen Zweifel daran, daß die Burgunder, bevor sie — vermutlich unter westgotischem Einfluß — Arianer wurden, Katholiken gewesen waren[360].

Werner hält es für möglich, sogar für wahrscheinlich, daß die Burgunder östlich des Rheins einige Zeit hindurch Untertanen der Hunnen waren[361]. Aber die Argumente, die er anführt, weisen eher auf eine Symbiose von Alanen und Burgundern in der Sapaudia hin. Es scheint das beste, die Geschichte des Sokrates so zu nehmen, wie sie dasteht: Die Hunnen plünderten das Maingebiet, wie die Magyaren Jahrhunderte später Lothringen plünderten.

Seeck meinte, daß Octar-Uptaros und Roas-Ruga die Söhne Uldins gewesen sein könnten[362]. Vielleicht waren sie es. Ebensogut könnten sie Verwandte Charatons gewesen sein. Es ist gleichermaßen möglich, daß ihre Familie einem Stamme angehörte, der bis dahin eine geringere Rolle in der Konföderation gespielt hatte. Wir haben einfach keine Nachricht über die Herkunft Octars und Rugas und wissen auch nicht, wie sie ihre bedeutende Position erwarben. Hätten wir nicht die Nachricht des Jordanes, so wüßten wir nicht einmal, daß sie durch einige Jahre die Hunnen gemeinsam regierten.

Auf Grund dieser kurzen Passage in den *Getica* und einiger vager Analogien wurde vermutet, daß die hunnische Herrschaft ein „Doppelkönigtum“ war. Wenn das heißen soll, daß zwei Könige miteinander ein gemeinsames Territorium regierten, müßte diese Vermutung zurückgewiesen werden, da sie sich im Widerspruch zu den Texten befindet.

Jordanes ist ganz deutlich: „Bleda herrschte über einen großen Teil der Hunnen.“ *(Bleda magnae parti regnabat Hunnorum.)* Nach seinem Tod „vereinte Attila das gesamte Volk unter seiner Herrschaft“ *(universum sibi populum adunavit)*. Der Chronist Prosper von Aquitanien sagt dasselbe: „Attila, der König der Hunnen, tötete Bleda, seinen Bruder und Mitherrscher, und zwang dessen Völker, ihm zu gehorchen." *(Attila rex Hunnorum Bledam fratrem et consortem in regno suo perimit eiusque populos sibi parere compellit*[363]*)*. Die Quellen geben keine verschiedenen Funktionen für die beiden Könige an, z. B. daß der eine das geistliche, der andere das weltliche Oberhaupt seines Volkes gewesen wäre. Gegen die These eines Doppelkönigtums als Institution spricht ebenso die Tatsache, daß nach dem Tod Octars 430 keiner seine Nachfolge antrat; sein Bruder wurde Alleinherrscher wie Attila nach der Ermordung Bledas. Doppelkönigtum ist angeblich für große Gruppen der eurasischen Nomaden charakteristisch. Ich bezweifle es. Die Goten waren keine Türken oder Mongolen, aber im 4. Jahrhundert hatten sie gleichzeitig zwei Könige[364]. Unter den Alamannen waren Chnodomarius und Serapio *potestate excelsiores ante alios reges*[365].

Der Unterschied, den Prosper zwischen den Völkern Bledas und Attilas machte, weist deutlich auf eine geographische Trennung hin. Daß das Doppelkönigtum tatsächlich nichts anderes war, folgt aus zwei scheinbar widersprüchlichen Eintragungen in den gallischen Chroniken. Nach der Chronik von 452 folgte Bleda auf Rugila[366]; der Chronist von 511 macht Attila zum Nachfolger Rugilas[367]. Wenn man bedenkt, daß die Chronik von 452 an mehr als einer Stelle eine östliche Quelle widerspiegelt[368], wird der Widerspruch zur klaren Aussage: Bleda regierte die Stämme des Ostens, Attila die des Westens. Die gleiche Teilung scheint es bei ihren Vorgängern gegeben zu haben. Octar hatte mit den Oströmern nichts zu tun, deren einziger Gegner Ruga war.

Es wäre riskant, eine Regel aus etwas abzuleiten, das sehr gut durch einmalige Umstände begründet gewesen sein konnte. Nach Attilas Tod „forderten seine zahlreichen Söhne mit Nachdruck, daß die Völker in gleicher Weise unter sie aufgeteilt werden sollten"[369]. Daß wir später von nur zwei Königen hören, von Dengizich und Ernach, schließt die Möglichkeit nicht aus, daß es vorher mehr gab. Attila hatte seinen Mitregenten getötet, Dengizich und Ernach können ihre Mitregenten genauso getötet haben. Wenn jedenfalls die Hunnen — oder besser ihre „herausragenden Männer" — beschlossen haben sollten, wieder zwei Könige zu haben, wiesen sie jedem ein bestimmtes Territorium zu. Dengizich und Ernach regierten, obwohl sie zeitweise zusammenarbeiteten, jeweils über ihre eigenen Länder. Die Möglichkeit, daß eine solche geographische Teilung in kosmologischen oder religiösen Vorstellungen begründet war, kann nicht ausgeschlossen werden, ist aber durch nichts bezeugt. Vielleicht war sie von rein praktischen Gründen diktiert: Nur außergewöhnlich fähige Männer konnten alle Stämme zusammenhalten. Das Doppelkönigtum mag das Ergebnis des Zusammenwachsens zweier Stammesgruppen gewesen sein, die weiterhin in einem gewissen Ausmaß ihre Identität bewahrten. Schließlich ist es nicht ausgeschlossen, daß die Hunnen ihre Territorien analog zu den zwei *partes* des Römischen Reiches in zwei Teile teilten.

Verglichen mit Octar ist Ruga für uns eine greifbarere Gestalt. Wir wissen nicht, wie er nach dem Tod seines Bruders Alleinherrscher über die Hunnen wurde; er war spätestens 432 Herrscher, als Aetius sich an ihn um Hilfe wandte.

Nach dem Verlust seines Amtes lebte Aetius auf seinem Landgut. Als einige seiner Feinde ihn dort durch eine unerwartete Attacke ergreifen wollten, floh er nach Rom und von dort nach Dalmatien. Auf dem Weg über Pannonien *(per Pannonias)*[370] erreichte er die Hunnen. Durch deren Freundschaft und Hilfe gelang ihm die Aussöhnung mit den Regenten, und er wurde in seinem alten Amt bestätigt[371].

Zu dieser Zeit war „Ruga der Herrscher der *gens Chunorum*“[372].

Die Kürze der wenigen Vermerke in den Chroniken verleitet, mehr in sie hineinzulesen, als sie hergeben können. Ob die bloße Drohung, mit einer hunnischen Armee in Italien einzumarschieren, genügte, um die Kaiserin Placidia zur Annahme der Bedingungen des Aetius zu bewegen, oder ob dieser tatsächlich die Julischen Alpen an der Spitze hunnischer Reiter überquerte, ist unbekannt; die meisten Historiker haben sich jedoch für die letztere Ansicht entschieden[373]. Die Wendung *per Pannonias* bei Prosper wurde als Beweis dafür angesehen, daß die Römer 432 die Herren des ganzen Landes westlich der Donau waren[374], obwohl die beiden Wörter nur darauf hinweisen, daß Rugas Residenz östlich des Flusses lag[375]. Doch sind dies wenigstens noch Interpretationen der Quellen. Die These aber, daß die Abtretung eines großen Teiles von Pannonien jener Preis war, den Aetius für die Hilfe der Hunnen zahlen mußte, ist durch keinen Text belegt. Und doch hat man geradezu ein Glaubensbekenntnis daraus gemacht.

Die angebliche und tatsächliche Abtretung römischen Territoriums an die Hunnen nimmt einen hervorragenden Platz in beinahe allen Arbeiten über die Barbaren ein. Ich hätte Alföldis Ansicht über das Schicksal der Provinz Valeria schon erörtern können, als ich mich mit den Ereignissen des Jahres 408 befaßte; es schien mir aber besser, das Problem der Abtretung als ganzes und von einer weiteren Sicht aus anzugehen.

Wie sollte man sich die Preisgabe der Valeria vorstellen, die im Westen und Süden keine natürlichen Grenzen hatte? Weder für die Hunnen noch für irgendwelche anderen Barbaren an den Grenzen des Reiches hatten die Abgrenzungen der römischen Provinzen irgendeine Bedeutung. Kein hunnischer Reiter hätte beim Anblick einer Grenzmarkierung innegehalten oder gar umgedreht, weil nur die Valeria seinem Anführer abgetreten worden war. Die Linien, die auf den Landkarten in den Ämtern Roms und Ravennas die Valeria von der Pannonia prima und secunda trennten, konnten keinen einzigen Hunnen davon abhalten, seine Herden hinüberzutreiben. Die meisten Hunnenforscher sind Spezialisten für die Spätzeit des Römischen Reiches und denken unwillkürlich in römischen Verwaltungsbegriffen. Wenn die Barbaren die Grenzen der Provinzen kannten, so scherten sie sich nicht darum. Nach der Wanderung der Ostgoten in die Balkangebiete hielten die Gepiden nicht nur Sirmium, sondern ebenso die nahe liegenden Regionen von Moesia prima[376]. Durch den Vertrag von 510 wurde Pannonia secunda geteilt: der bei weitem größere Teil der Provinz wurde ostgotisch; nur das Territorium von Bassiana blieb römisch[377]. 528 trat Justinian den Herulern ein Territorium ab, das mit keiner der alten administrativen Einheiten übereinstimmte; es beinhaltete Landstriche sowohl am rechten als auch am linken Ufer der Save[378]. Isidor von Sevilla gab die beste Definition einer solchen „Abtretung". Er zählt nicht die Provinzen auf, die 435 in die Hand der Vandalen fielen; die Barbaren, schrieb er, erhielten *partem Africae quam possederunt*[379]. Wenn die Römer den Barbaren Land „abtraten", dann erkannten sie — mit sehr wenigen Ausnahmen — bloß eine De-facto-Situation an, die die Barbaren legalisiert haben wollten, um als Föderaten gewertet zu werden (was die Bezahlung von Tributen bedeutete) oder um Handelsbeziehungen zu regeln.

Die archäologische Evidenz kann uns nicht den genauen Zeitpunkt offenbaren, wann eine Provinz oder der Teil einer Provinz oder eine Provinz und einige benachbarte Gebiete aufgegeben wurden. Um wiederum die Valeria als Beispiel zu nehmen: Nach archäologischen Indizien fällt die Räumung von Aquincum (heute Budapest) in die letzten Dekaden des 4. Jahrhunderts[380], während man annimmt, daß das viel kleinere Intercisa über das 5. Jahrhundert hinaus römisch blieb[381]. Für solche Daten gibt es keinen Beweis und kann es keinen geben. Die Funde von Intercisa wurden gründlich studiert. Viele Tongefäße wurden auf das 4. Jahrhundert datiert. Aber nicht einmal die genaueste Analyse ihrer Formen und des Schmuckes kann die Dekade feststellen, in der sie erzeugt wurden, vom Jahr ganz zu schweigen. War es 379? Vielleicht. Oder 390? Möglich. 410? Auch das kann nicht ausgeschlossen werden. Es ist unmöglich, einen Stichtag zu setzen, nach dem diese einfachen Krüge oder Teller nicht erzeugt worden sein konnten. Die ethnische Zuweisung von Funden mit deutlich barbarischen Formen ist in gleicher Weise ungewiß. Nachdem Klára Sz. Póczy einen Gefäßtypus den Westgoten, einen anderen „einem ostgotischen bzw. hunnisch-alanischen Volk", was immer das bedeuten soll, zugewiesen hat, gibt sie am Ende ihrer Studie zu, daß es schwer möglich sei, zwischen Töpferwaren der Goten, Hunnen und Sarmaten zu unterscheiden. Doch selbst wenn die genauen Entstehungsdaten dieser Gefäße und die Nationalität der Hersteller eruiert werden könnten, würden wir noch immer nicht wissen, wann und unter welchen Umständen die Garnisonen abgezogen wurden. Die Behausungen in und um die verwahrlosten Lager waren von Barbaren besetzt, unter denen sich wahrscheinlich einige Hunnen befanden. Waren das freie Hunnen oder dem Namen nach Untertanen des Kaisers? Wir wissen es nicht. In Fenékpuszta in der Pannonia prima, südlich von Balcum am Plattensee, lebten Römer Seite an Seite mit halb sarmatisierten Germanen[382]. Kleine römische Ansiedlungen hielten allenthalben aus. Die Hunnen erkannten, daß es für sie vorteilhaft war, diese zu verschonen, weil sie die Handwerker brauchten. Wenn sie es gewollt hätten, hätten sie fast sicher Vindobona (heute Wien) jederzeit überrennen können; sie ließen aber die arme Bevölkerung dort in Frieden leben[383]. Es ist sehr wahrscheinlich, daß ein Streifen Ödland hunnisches Gebiet vom römischen im Westen ebenso trennte, wie das jahrelang im Süden der Fall war. Aber wo immer es Grenzen gab, wenn man von Grenzen sprechen kann, waren es nicht die der früheren Provinzen.

Die Annahme, daß Aetius einen Teil Pannoniens an Ruga abtrat, beruht auf einer Fehlinterpretation einer Stelle bei Priscus. In seinem Bericht über die oströmische Gesandtschaft an Attila nennt Priscus den Orestes einen Römer, der „im Land der Paionier an der Save wohnte, das gemäß dem Vertrag des Aetius, des weströmischen Generals, den Barbaren gehörte" (ᾤκει τὴν πρὸς τῷ Σάῳ ποταμῷ Παιόνων χώραν τῷ βαρβάρῳ κατὰ τὰς Ἀετίου στρατηγοῦ τῶν ἑσπερίων Ῥωμαίων συνθήκας ὑπακούουσαν)[384]. Die Ansicht, daß Aetius Ruga pannonisches Territorium einräumte, ist so fest begründet, daß meines Wissens niemand den gesperrt gedruckten Worten Aufmerksamkeit schenkte. Priscus hätte schreiben können τῷ Ῥούᾳ oder τοῖς βαρβάροις. Er schrieb aber τῷ βαρβάρῳ. „Der Barbar" kommt in dem Fragment noch dreimal vor: (1) Attila ordnete an, daß weder Bigilas noch die anderen Oströmer Pferde oder irgend etwas anderes außer der unbedingt notwendigen Nahrung kaufen dürften. — „Das war ein kluger Plan des Barbaren"[385]; (2) die Weströmer schickten eine Gesandtschaft „zu dem Barbaren"[386]; (3) „der Barbar" nannte die Männer, die er als Unterhändler akzeptieren würde[387]. Daraus folgt, daß der Barbar, dem Aetius das Land entlang der Save abtrat, Attila und nicht Ruga war. Man bemerke auch, daß nicht eine Provinz, sondern ein Territorium, das durch den Fluß gekennzeichnet war, abgetreten wurde.

Ohne Rücksicht auf die präzise Feststellung des Priscus haben Hunnenforscher die „Abtretung" von Pannonia prima[388] willkürlich auf 425[389], 431[390] oder 433[391] datiert. Eine andere Passage in demselben Fragment zeigt, daß nicht einmal im Jahre 448, als Attila im Zenit seiner Macht stand, die ganze Provinz hunnisches Land war. Constantiolus war ein Mann „aus dem Land der Paionier, das von Attila beherrscht wurde" (ἐκ τῆς Παιόνων χώρας τῆς ὑπὸ Ἀττήλα ταττομένης)[392]. Diese Definition ist nur dann sinnvoll, wenn ein Teil von Pannonien *nicht* unter Attilas Herrschaft war.

Es ist denkbar, daß Aetius für Rugas Hilfe mit Land bezahlte. Das kann nur bedeuten, daß er offiziell den Hunnen zugestand, sie dürften, um Isidors Worte zu variieren, *partem Pannoniae quam possederunt* behalten. Es ist ebenso möglich, daß er dafür bar in Geld bezahlte; vielleicht schloß er ein Bündnis mit Ruga und versprach, ihm Subsidien zu bezahlen. Vielleicht hat er auch all das gleichzeitig getan. Das sind aber bloße Annahmen. Wir sollten uns nun Rugas Beziehungen zu den Oströmern zuwenden.

Unsere Informationen haben wir von Sokrates, Theodoretus, Priscus und aus der Chronik von 452. Das Exzerpt aus Priscus[393] scheint etwas gekürzt zu sein, und in der zweiten Hälfte gibt es eine Lücke von wenigen Worten; dennoch ist es mit Abstand die bedeutendste und verläßlichste Quelle für die Geschichte dieser dunklen Jahre.

Als einige Stämme an der Donau auf römisches Territorium flüchteten und Theodosius ihre Dienste anboten, forderte Ruga durch seinen Gesandten Esla, daß sie und alle anderen Flüchtlinge ihm ausgeliefert werden sollten; eine Ablehnung würde er als Friedensbruch betrachten. Kurz danach starb Ruga, und Attila und Bleda traten die Nachfolge an. Der neue Vertrag, den sie bei Margus (in der Nähe des heutigen Dorfes Dubravica, östlich von Belgrad) mit Plintha, dem römischen Bevollmächtigten, der vom *quaestor* Epigenes begleitet wurde, abschlossen, war völlig zum Vorteil der

Hunnen. Er sah sowohl die Auslieferung aller hunnischen Flüchtlinge als auch jener römischen Gefangenen der Hunnen vor, die, ohne Lösegeld zu zahlen, ins Reich zurückgekehrt waren; die Letztgenannten mußten zurückgeschickt werden, sofern nicht 8 Solidi für jeden von ihnen bezahlt wurden. Die Römer verpflichteten sich, kein Bündnis mit einem Barbarenvolk einzugehen, gegen das die Hunnen Krieg führten. Auf den Märkten sollten Hunnen und Römer gleiche Rechte und gleiche Sicherheit besitzen. Der jährliche Tribut wurde von 350 auf 700 Pfund Gold erhöht. Unter den Flüchtlingen, die von den Römern ausgeliefert wurden, waren Mamas und Atakam, zwei junge Männer königlicher Abstammung; sie wurden den Hunnen bei Carso[394] übergeben und gekreuzigt.

Dieses Priscusfragment ist in mehrfacher Hinsicht äußerst lehrreich. Wir erfahren aus ihm etwas von einem vorangegangenen Krieg, den die Hunnen gewonnen hatten. Ein Tribut von 350 Pfund Gold, 25 200 Solidi, ist keine sehr große Summe, die Tatsache aber, daß die Römer sie an Ruga bezahlten, weist auf seine hervorragende Position hin. Er muß mehr als „der erste der Könige" gewesen sein, wie es Charaton war. Er, und nicht die „Könige" oder *phylarchoi*, erhielt das Geld. Wie er das Gold unter die Stammesführer und anderen Mitglieder der der hunnischen Aristokratie verteilte, ist nicht auszumachen. Doch er war offensichtlich in der Lage, seine Entscheidung durchzusetzen: die Unzufriedenen konnten nicht rebellieren; sie flohen zu den Römern. Ruga hatte seine Diplomaten; Esla, sagt Priscus, war im Verhandeln mit der kaiserlichen Regierung erfahren. Es scheint, daß Ruga — wenn auch indirekt — auch in den internen Machtkämpfen am Hofe in Konstantinopel eine Rolle spielte. Plintha drängte ihn, mit ihm und keinem anderen Römer zu verhandeln, was nur dann sinnvoll ist, wenn man annimmt, daß der Exkonsul seine Verbindungen mit den Hunnen als Waffe gegen seine Rivalen benützte, wie das Aetius in Ravenna tat. Doch war die Macht des Königs noch nicht unbegrenzt. Die Hunnen kämpften gemeinsam, zur selben Zeit aber kämpfte auch jeder für sich selbst. Die Gefangenen, die ein Hunne machte, gehörten ihm, nicht Ruga. Unter Attila konnten nur so prominente Männer wie Onegesius ihre eigenen Gefangenen behalten[395]; alle anderen waren Attilas Eigentum. Wie weit Rugas Macht nach Osten reichte, läßt sich nicht entscheiden. Daß er nicht von Ungarn bis zur Wolga regierte, wie einige Gelehrte dachten, folgt aus dem Vertrag von Margus. Die Römer konnten nur mit Völkern Bündnisse schließen, die nicht weit von ihren Grenzen entfernt lebten.

Die Chronologie von Rugas letzten Jahren ist nicht leicht zu rekonstruieren. Die Chronik von 452 vermerkt seinen Tod unter dem Jahr 434: „Aetius in Gnaden wieder aufgenommen. Rugila, der Hunnenkönig, mit dem der Friede geschlossen wurde, stirbt, Bleda folgt ihm nach." *(Aetius in gratiam receptus. Rugila, rex Chunorum, cum quo pax firmata, moritur, cui Bleda succedit*[396]*.)* Es ist bekannt, wie unzuverlässig die Chronologie der gallischen Chronik ist[397]. Wäre sie unsere einzige Autorität, so könnten wir Rugas Tod schon 431 oder erst 437 datieren. Seeck[398] dachte, das Datum in der Chronik sei durch die erbauliche Geschichte über den schmachvollen Tod des Hunnenkönigs bei Sokrates bestätigt.

Der Kirchenhistoriker erzählt[399], daß Kaiser Theodosius II. (408—450) auf die Nachricht hin, daß die Barbaren Vorbereitungen träfen, die römischen Provinzen zu plündern,

> die Erledigung dieser Angelegenheit Gott anvertraute und, in ernstem Gebet fortfahrend, rasch erreichte, was er wünschte. Denn der Führer der Barbaren mit Namen Rugas wurde von einem Blitzschlag getötet. Darauf folgte eine Seuche, die den Großteil seiner Männer dahinraffte, und, als ob das nicht genügte, kam Feuer vom Himmel herab und verzehrte viele der Überlebenden. Bei dieser Gelegenheit hielt der Bischof Proclus eine Predigt in der Kirche, in der er eine Prophezeiung des Ezechiel[400] auf die Errettung durch Gott in der jüngsten Notlage bezog, wofür er sehr bewundert wurde.

Proclus trat die Nachfolge Maximians als Bischof von Konstantinopel im April 434 an. Sokrates sagt aber nicht, daß Proclus die Predigt in der Hauptstadt hielt. Die Geschichte ist Teil eines Panegyricus auf Theodosius, der offensichtlich vor 434 genauso fromm und demütig war. Rugas Tod könnte in die Zeit gefallen sein, da Proclus noch Bischof von Cyzicus war. Und das war er auch in der Quelle, die Sokrates benützte. „Wegen dieser Demut [des Theodosius] unterwarf Gott seine Feinde ohne kriegerische Konflikte, wie die Gefangennahme des Usurpators Johannes [im Jahre 425] und die darauffolgende Niederlage der Barbaren[401] deutlich beweist.“ Rugas Horden waren jene, die Johannes gegen die Römer zu Hilfe gerufen hatte (s. Seite 56 f); sie griffen „nach dem Tod des Usurpators“ an[402].

Das Datum bei Sokrates, nicht lange nach 425, steht nicht nur im Widerspruch zu dem in der gallischen Chronik; es ist auch mit jenem unvereinbar, das von Theodoretus angegeben wird, der genau dieselbe Geschichte sowohl in seiner Kirchengeschichte[403] als auch im Kommentar zu Psalm 22, 14—15 erzählt[404]. Gott half Theodosius wider die Hunnen, weil der Kaiser seine Ergebenheit in die wahre Religion dadurch bewiesen hatte, daß er ein Gesetz erließ, das die völlige Zerstörung aller heidnischen Tempel anordnete. Der Sieg über Ruga war „die reiche Ernte, die dieser guten Saat folgte“. Das Edikt wurde am 14. November 435 erlassen[405]; folglich müßte Ruga nach diesem Datum getötet worden sein. Daß dies tatsächlich die Information Theodorets war, wird durch den anderen Sieg, den Gott Theodosius als Belohnung für seinen frommen Eifer gewährte, bestätigt, wofern diese Bestätigung noch nötig ist. Er schlug die Perser[406] im Jahre 441 vernichtend[407].

Wir haben also drei Daten für den Tod Rugas: Kurz nach 425, 434 und nach dem November 435. Genaugenommen stimmt keines, denn Ruga starb, wie wir von Priscus wissen, nicht bei einem Feldzug in Thrakien[408], sondern in seinem eigenen Land. Und doch können die Berichte des Sokrates und des Theodoret nicht als wertlos verworfen werden. Die Römer *führten* Krieg gegen Ruga. Die Legende spiegelt verzerrt dessen erste Phase wider. Sie hat eine enge Parallele in der Homilie des Isaak von Antiochia. Wie die Hunnen 447 sich für kurze Zeit zurückziehen mußten — übrigens auch wegen einer Seuche — und dann neuerlich angriffen und siegten, so erlitten offenbar auch Rugas Horden zeitweise einen Rückschlag.

Zur Zeit der Verhandlungen, die zum Vertrag von Margus führten, hatten die Hunnen noch immer römische Kriegsgefangene, so daß der Friede nicht lange vorher geschlossen worden zu sein scheint[409]. Das gibt auch die gallische Chronik an: „Ruga, mit dem der Friede geschlossen wurde, stirbt.“ *(Ruga, cum quo pax firmata, moritur.)* Wer schloß Frieden mit Ruga? Nicht die Weströmer, wie man gewöhnlich annimmt[410]; sie hatten mit den Hunnen keinen Krieg geführt, die Oströmer jedoch schon. Wenn wir weiter bedenken, daß die gallische Chronik mehr als einmal von östlichen Quellen abhängt[411], ist es fast sicher, daß der Friede, auf den Bezug genommen wird, jener ist, der die Kämpfe in Thrakien beendete.

Das Datum bei Sokrates ist unannehmbar, das in der gallischen Chronik ungewiß. Die Angabe Theodorets „nach dem Ende des Jahres 435“ stimmt mit der bei Priscus überein. Epigenes, der Begleiter Plinthas in der Gesandtschaft zu Rugas Nachfolgern, war am 15. November 438 noch *magister memoriae.* Da Priscus ihn als *quaestor* bezeichnet, fällt die Gesandtschaft *nach* diesem Datum[412]. Thompson ist der Meinung, daß Priscus ein Fehler unterlief, sein einziges Argument ist aber der Zeitpunkt von Rugas Tod, den er — wie wir jetzt sagen können — willkürlich auf 434 ansetzt. Plinthas Rolle bei den Verhandlungen mit Ruga und später mit Bleda und Attila liefert ein weiteres Argument für eine späte Datierung. Er war, sagt Priscus, *magister militum.* Anatolius, der 447 den Friedensvertrag mit Attila schloß, war *magister militum praesentalis.* Die Position Plinthas am Hof, seine offensichtlich gespannte Beziehung zu anderen hohen Würdenträgern, sein Eingreifen in diplomatische Angelegenheiten, all das läßt nur geringen Zweifel, daß auch er den Rang eines *magister militum praesentalis* innehatte. Im Jahre 434 kam Saturninus, der den Platz des Dorotheus, des von Maximian abgesetzten Bischofs von Marcianopolis, einnehmen sollte, *cum magnificentissimo et gloriosissimo magistro militae Plintha*[413] in die Stadt. Zu dieser Zeit war Plintha noch *magister militum per Thracias.* Seine Beförderung erfolgte also nach 434.

Um es zusammenzufassen: Rugas Krieg mit den Oströmern, sein Tod und der Beginn der Herrschaft von Bleda und Attila müssen in die zweite Hälfte der dreißiger Jahre des 5. Jahrhunderts datiert werden.

ATTILA

In seinem *liber Heracleidi* kommt Nestorius, der Expatriarch von Konstantinopel (428—431), der seit 436 nach Oasis in Ägypten verbannt war, mit tödlicher Monotonie auf das Unrecht zu sprechen, das ihm auf dem Konzil von Ephesos (Juni 431) angetan worden war, und auf die unsäglichen Übel, die davon herrührten. In seiner *rabies theologica* übertrifft das Buch sogar die Schriften des Patriarchen Cyrillus von Alexandria, des Feindes von Nestorius. Nur gelegentlich wirft sein Autor einen raschen Blick auf die Welt außerhalb der Konklaven, wo die Feinde Gottes seinen Sturz ausheckten. Und doch verstand dieser engstirnige Fanatiker die Gründe des raschen Aufstiegs der Hunnen besser als die meisten seiner

Zeitgenossen. Gegen Ende seines *liber Heracleidi* schreibt Nestorius, indem er von den Kriegen mit den Hunnen in der letzten Dekade der Herrschaft des jüngeren Theodosius (II.) spricht oder richtiger auf sie anspielt:

> Das Volk der Skythen war groß und zahlreich. Früher waren sie in Völker und Königreiche aufgeteilt und wurden als Räuber behandelt. Sie pflegten nicht viel Unheil anzurichten, außer durch ihre Schnelligkeit. Später jedoch wurden sie in einem Königreich zusammengefaßt und wurden sehr mächtig, so daß sie in ihrer Größe alle Kräfte der Römer übertrafen[414].

Obwohl das mehr als simplifiziert ist, hatte Nestorius grundsätzlich recht. Bis zum Ende der dreißiger Jahre des 5. Jahrhunderts waren die Hunnen eine große Plage, viel schlimmer als die Sarazenen oder Isaurier, aber sie waren keine Gefahr. Ihre Einfälle führten sie zeitweise bis tief in die Balkanprovinzen, sie wurden aber stets entweder vertrieben oder hinausgekauft.

Zu Ende der vierziger Jahre des 5. Jahrhunderts waren die Barbaren nach den Worten des Nestorius „die Herren und die Römer die Sklaven"[415]. Auch das ist eine arge Übertreibung, aber nicht einmal die verworfensten Schmeichler des christliebenden Theodosius könnten geleugnet haben, daß innerhalb weniger Jahre die „Räuberbanden" zu einer Militärmacht ersten Ranges geworden waren. Sie hätten die Erklärung dieser Veränderung durch Nestorius zurückgewiesen, daß es nämlich das „lieblose Vergehen wider dem wahren Gottesglauben" war, das es den Hunnen ermöglichte, sich unter einem Herrscher zu einigen; und auf ihre Weise hätten sie recht gehabt. Die Hunnen wurden nicht mächtiger, weil die Römer schwächer wurden. Die Ostarmee war 447 so stark, wie sie 437 war, die Befestigungen entlang dem Limes waren mit Garnisonen genauso gut, wenn nicht besser ausgestattet, und es gibt keinen Grund, anzunehmen, daß die römischen Truppen von unfähigen Generälen kommandiert wurden. Außerdem fallen die großen hunnischen Siege in eine Zeit, in der das Ostreich Frieden mit Persien hatte. Die Erklärung für die radikale Änderung in der relativen Stärke der Hunnen und Römer darf man nicht im römischen, sondern im hunnischen Reich suchen.

Es ist Mode geworden, Attila praktisch jegliches Verdienst für die kurzlebige Größe seines Volkes abzusprechen. Er war, so erzählt man uns, weder ein militärisches Genie noch ein Diplomat von außergewöhnlichen Fähigkeiten, sondern ein Stümper, der nicht so grobe Schnitzer gemacht hätte, wenn er einen Professor der Geschichte als Berater gehabt hätte. Es ist nicht Absicht der folgenden Seiten, zu beweisen, daß Attila ein zweiter Alexander war; wenn es sich als Resultat einer neuen Überprüfung der Jahre 441 bis 447 ergibt, daß die Persönlichkeit Attilas einen entscheidenden Faktor darstellte, so liegt es mir doch fern, zu behaupten, daß sie der einzige war. Bevor wir aber über primäre, sekundäre und tertiäre Faktoren, über die direkten und abseitigen Ursachen von diesem oder jenem Ereignis Überlegungen anstellen, müssen die Ereignisse selbst fixiert werden. Die historischen Standarddarstellungen geben meiner Ansicht nach ein irriges Bild von den Hunnenkriegen in den vierziger Jahren des 5. Jahrhunderts und ein verzerrtes von den Beziehungen der Hunnen zum Westen. Es gibt eine Anzahl von Quellen, die entweder ignoriert oder zu kavaliersmäßig behandelt wurden. Keine von diesen ist, für sich allein betrachtet, sehr aufschlußreich. Nur wenn man sie in ihrer Gesamtheit sieht und den Details Aufmerksamkeit schenkt, können wir hoffen, daß es uns gelingt, die Ereignisse in dieser entscheidenden Dekade hunnischer Geschichte zu rekonstruieren.

Die Hunnen bedrohen den Westen

Der *Zweite Panegyricus auf Aetius*[416] des Merobaudes ist ein mittelmäßiges Gedicht. Mehr als die Hälfte davon ist verlorengegangen; viele Verse in dem einzigen erhaltenen Manuskript sind verstümmelt und können nur mit einem wechselnden Grad von Wahrscheinlichkeit wiederhergestellt werden. Wie die anderen Gedichte des Merobaudes nimmt der Panegyricus einen sehr bescheidenen Platz in der lateinischen Literatur ein. Aber sein Wert als historisches Dokument kann nicht überschätzt werden. Es wirft Licht auf die Beziehungen zwischen den Hunnen und dem Westreich in einer Zeit, über die wir nahezu nichts aus anderen Quellen wissen.

Es liegt nicht in meiner Absicht, den Panegyricus in all seinen historischen Aspekten zu erörtern, aber die Teile, die sich mit den Hunnen befassen, können nur dann in einen richtigen Zusammenhang gebracht werden, wenn das Datum festgestellt worden ist, zu dem das Gedicht vorgetragen wurde. Aetius war 432, 437 und 446 Konsul. Mommsen[417], Seeck[418] und Levison[419] nahmen an, daß Merobaudes sich an den Konsul von 437 wandte; Vollmer[420], Bury[421], Stein[422] und Thompson[423] plädierten für 446. Der obskure Stil des Merobaudes und sein Hang, Umschreibungen zu verwenden, statt Personen und Plätze mit Namen zu nennen, macht die Interpretation oft schwierig. In seiner Gesamtheit aber gibt uns das Gedicht ein klares Bild von den Ereignissen, die dem dritten Konsulat des großen *ductor* vorangingen.

Das Jahr beginnt friedlich (Verse 30—41): Die Trompeten schweigen, die Waffen ruhen, Bellona hat ihren Helm abgelegt, ihr Haar mit Ölzweigen bekränzt, Mars steht untätig dabei, während Aetius die Toga des Konsuls anlegt. „Die Waffen und der Wagen des Gottes ruhen, und seine untätigen Streitrosse legen die Weiden bloß, die unter dem rhipäischen Rauhreif verborgen sind."[424] Bei Claudian, an den sich Merobaudes eng anlehnt, tollen die Streitrösser des Mars auf den Weideplätzen des Eridanus umher[425]. Der Unterschied ist bedeutsam. Für Merobaudes liegt die Heimat des Mars weit im Norden. Aetius tritt seinen Konsulat an, „als die nördlichen Regionen unterworfen waren"[426].

Es ist aber ein harterkämpfter Friede. Um ihn zu sichern, mußte Aetius viele Kriege führen[427]. Im Proömium überblickt der Dichter rasch die Taten seines Helden. Er hält sich dabei nicht an eine chronologische Reihenfolge. Vom Norden, an der Donau beginnend, schreitet er weiter nach Westen zum Rhein und zum *tractus Armoricanus* (heute die Bretagne), wendet sich dann südwärts zur Gallia Narbonensis und schließt mit Afrika.

Nachdem Merobaudes von den Taten des Aetius an der Donau gesprochen hatte, die ich später erörtern werde, redet er von den Franken:

> Der Rhein hat ein nützliches Bündnis dem winterlichen Erdkreis hinzugefügt, und zufrieden darüber, von westlichen Ketten bezwungen zu sein, freut er sich, den Tiber [Rom] an seinem anderen Ufer schwellen zu sehen. *(Addidit hiberni famulantia foedera Rhenus orbis et Hesperiis flecti contentus habenis gaudet ab alterna Thybrin sibi crescere ripa.)* [Verse 5—7.]

Diese geschraubten Verse sind ein Beispiel für den Stil des Merobaudes. Er will sagen, daß Aetius die Völker am Rhein zwang, ein Bündnis mit Rom zu schließen: Das Territorium östlich des Flusses wurde wieder römisch[428].

Für sich allein genommen, kann diese Passage sich auf die späten zwanziger Jahre, die frühen dreißiger oder die vierziger Jahre des 5. Jahrhunderts beziehen. Mommsen meinte, daß Merobaudes auf den Sieg des Aetius über die Franken im Jahre 428 anspielte[429]. Im Jahre 432 besiegte Aetius die Franken erneut[430]. In einem Zusammenhang, der auf einen Zeitpunkt nicht lange vor 439 hinweist, spricht Jordanes einigermaßen vage über die „vernichtenden Niederlagen", die Aetius den stolzen Sueben und den barbarischen Franken zufügte[431]. Um 440 waren Köln und eine Anzahl andere Städte im Rheinland wiederum in fränkischer Hand. Wenige Jahre später — der genaue Zeitpunkt ist unbekannt — zogen sie sich zurück, um dann 455 erneut anzugreifen. Da sie 451 als Alliierte der Römer gegen Attila kämpften, muß das *foedus* zwischen ihnen und dem Reich, das heißt mit Aetius, nach 440 erneuert worden sein. Stein[432] neigte zu der Annahme, daß Merobaudes auf dieses letzte Bündnis anspielt. Mit anderen Worten, die Verse 5 bis 7 sind mit jedem der Daten vereinbar, die für den Panegyricus vorgeschlagen wurden. Aber die folgenden Verse 8 bis 15 weisen unmißverständlich auf 446.

Das rosige Bild, das Merobaudes vom *tractus Armoricanus* zeichnet, wo die früheren Bakauden (s. Seite 79; 324), die nun ordnungsliebende Bauern sind, friedlich die lange vernachlässigten Felder pflügen, traf auf keinen Zeitpunkt in der ersten Hälfte des 5. Jahrhunderts zu. Aber selbst wenn man den Übertreibungen, in denen der Verfasser eines Panegyricus erwartungsgemäß schwelgt, jegliches Zugeständnis macht[433], konnte Merobaudes diese Verse nicht 436 geschrieben haben. Die Bakauden, „eine unerfahrene und ungeordnete Bande von Bauern" *(agrestium hominum imperita et confusa manus*[434]*)*, waren einer regulären Armee nicht ebenbürtig[435], leisteten aber dem buntgemischten Heer der Föderaten, das ihnen Aetius entgegenwarf, zähesten Widerstand. Es kostete die Römer geraume Zeit, den Aufstand, der 435 begann, niederzuschlagen[436]. Tibatto, der Anführer der Bakauden, kämpfte 436 und 437 noch immer. Als Aetius seinen zweiten Konsulat antrat, waren Litorius und seine Hunnen vollauf damit beschäftigt, die schwer zu fassenden Banden zur Strecke zu bringen, die aus den Wäldern, in die sie getrieben wurden[437] und wo sie für die Reiter unangreifbar waren, immer wieder hervorbrachen. Erst nachdem die meisten ihrer Anführer getötet oder gefangengenommen worden waren, kam die *commotio Bacaudarum* „zur Ruhe"[438].

Nicht nur der *tractus Armoricanus* war 437 nicht befriedet, der Krieg tobte auch im südlichen Gallien. Narbonne, monatelang von den Goten belagert[439], war nahe daran, sich zu ergeben, als Litorius die Stadt im Frühjahr 437 entsetzte[440]. Merobaudes beschreibt die Gallia Narbonensis treffend und betont die Wichtigkeit der Provinz als Bindeglied zwischen Italien und Spanien. Aetius vertrieb die Banditen, die Straßen waren wieder offen, und die Menschen waren in ihre Städte zurückgekehrt[441]. Später zeichnet Merobaudes in dem Gedicht (Verse 144—186), dort, wo er sich mit den „kriegerischen Taten" (πράξεις κατὰ πόλεμον) seines Helden befaßt, ein bemerkenswertes Bild vom Krieg in Gallien. Die Goten waren nicht mehr die primitiven Wilden, mit denen Caesar gekämpft hatte. Sie hatten die Kriegskunst erlernt, hielten an befestigten Plätzen tapfer aus und waren ein Volk edel an Taten, wenn nicht an Gesinnung. 439 endete der Krieg mit einem Bündnis zwischen Goten und Römern[442].

Die Verse 24 bis 29 beziehen sich auf noch spätere Ereignisse. Zu einer Zeit, da die Römer noch Karthago hielten, konnte Merobaudes Geiserich nicht den *insessor Libyae* genannt haben; er konnte nicht behauptet haben, daß der Vandalenkönig den Thron des Elissaeischen Königreiches gestürzt habe und daß nordische Horden die tyrischen Städte füllten[443]. Karthago fiel am 19. Oktober 439. Der innige Wunsch Geiserichs, eine Verlobung zwischen einem seiner Söhne und einer römischen Prinzessin zu arrangieren — darauf spielt Merobaudes in den Versen 27 bis 29 an —, setzt ebenso voraus, daß der Krieg zu Ende gegangen war. Der Friedensschluß von 442[444] ist das letzte datierbare Ereignis, das im Proömium genannt wird.

Nun können wir zum Anfang des Gedichtes zurückkehren. Der erste Vers ist verloren. Er muß ein kurzes Lob auf Aetius gewesen sein, der

> . . . mit Frieden an der Donau [oder: von den Ufern der Donau]
> zurückkommt und den Tanais seines Wahnsinns entkleidet
> und den Ländern, die unter schwarzem Himmel glänzen, befiehlt,
> ihren Mars zu entbehren; der Kaukasus läßt das Eisen ruhen,
> und die grausamen Könige verurteilen die Schlachten.
> *(. . . Danuvii cum pace redit Tanainque furore*
> *exuit et nigro candentes aethere terras*
> *Marte suo caruisse iubet; dedit otia ferro*
> *Caucasus et saevi condemnant proelia reges.)*

Mommsens Vermutung[445], daß die vier Verse sich auf den Aufenthalt des Aetius bei den Hunnen nach 409 beziehen (Vollmer[446], Bugiani[447] und Thompson[448] sind ihm darin gefolgt), kann nicht zutreffen. Die αὔξησις der Tugenden seines Helden war sicherlich Pflicht des Rhetors[449]. Aber es gab Grenzen. Nicht einmal der servilste Sykophant konnte behauptet haben, daß der Knabe Aetius mit dem Frieden an der Donau zurückkam. Er war als Geisel zu den Hunnen geschickt worden, um die Einhaltung eines Vertrages zu garantieren. Er erteilte keine Befehle, er empfing sie.

Es ist aber nicht nur der Inhalt der Verse, der es verbietet, sie als eine Anspielung auf die Jugend des Aetius aufzufassen, es ist ebenso der Zusammenhang, in dem sie stehen. Merobaudes stellt den Friedensschluß mit den Barbaren des Nordens an die Spitze der Liste der Leistungen des Aetius. Alle Leistungen — die Wiedereroberung des linken Rheinufers, die Befriedung der Aremorica, der Sieg über die Goten und Geiserichs Versuch einer Annäherung an den Hof in Ravenna — fallen zwischen 437 und 446. Die Befassungen des Aetius mit dem „Kaukasus" und dem „Tanais" müssen in dieselbe Zeit datiert werden.

Die Verse 50 bis 97 beziehen sich neuerlich auf Barbaren im hohen Norden. Eine ruchlose Gottheit beklagt sich, daß sie überall verachtet wird. „Wir werden von den Wellen zurückgeschlagen und nicht an Land gelassen." Nicht gewillt, das noch länger zu ertragen, ist sie entschlossen, die Völker, die weit oben im Norden wohnen, herbeizurufen. Sie will die Bündnisse der Königreiche brechen, *regnorum foedera*, und die Welt ins Elend stürzen. Sie begibt sich zu den Rhipäischen Bergen, wo Enyo haust. Die Göttin des Krieges ist bedrückt, weil Frieden so lange Zeit regiert hat. Die *diva nocens* feuert Enyo an, sich ein Herz zu fassen und die skythischen Horden des Tanais anzustacheln, mit den Römern Krieg zu führen.

Diese Verse spiegeln den Einfluß Claudians sowohl im Gedanken als auch in der Diktion wider[450]. Doch ist es der Inhalt, der uns interessiert. Die Reden der *diva nocens* können nicht einer Beschreibung des Gotenkrieges vorangehen, wie Vollmer vermutet. Die Verse 52 und 53 geben das Datum mit aller Genauigkeit an, die man von Merobaudes erwarten kann. „Wir werden von den Wellen vertrieben, und es ist uns nicht erlaubt, an Land zu regieren." *(Depellimur undis nec terris regnare licet.)* Das einzige Volk, das mit den Römern zur See kämpfte, waren die Vandalen. Prosper, Marcellinus Comes und das *Chronicon Paschale* berichten von deren Piratenexpeditionen in den Jahren 437, 438 und 439[451]. Nach der Eroberung von Karthago ;„schufen sie eine Flotte von leichten Seglern und griffen das Reich zur See an, wie es kein anderes teutonisches Volk im Mittelmeer getan hatte oder tun sollte"[452]. Im Jahre 440 landeten die Vandalen in Sizilien und plünderten Bruttium. Erst nach 442, als Geiserich versuchte, bessere Beziehungen zu Rom zu bekommen, wurden die Furien „von den Wellen zurückgeschlagen"[453]. In einer Dekade wildester Angriffe auf das Reich muß eine Periode von drei oder vier Friedensjahren als ziemlich lang betrachtet worden sein, *pax annosa*. Die Kriegsandrohung, Enyos Aufruf an die Barbaren im Norden, muß zwischen 443 und 446 datiert werden.

Die „wilden skythischen Horden" waren die Hunnen. Um die Mitte des 5. Jahrhunderts war kein anderes Volk stark genug, Italien zu bedrohen. Außerdem charakterisiert Merobaudes den Feind so deutlich, daß kein Zweifel darüber bestehen kann, wen er meinte. Die Wohnsitze der Barbaren liegen nahe den Rhipäischen Bergen, am Tanais (Don)[454] und am Phasis (der Fluß Rioni östlich des Schwarzen Meeres): „Der zitternde Tiber wird von seinem Freund, dem Phasis, angegriffen werden." *(Phasiacoque pavens innabitur hospite Thybris.)* [Vers 56.] Die Bedeutung dieser bizarren Metapher ist offenkundig: Das Volk vom Phasis wird nach Italien einbrechen.

Die Rhipäischen Berge könnten mit jedem Volk im Norden in Verbindung gebracht werden. Der Tanais ist in dichterischer Sprache der Fluß des Nordens *katexochen*, wie der Nil der des Südens ist[455]. Die Goten Alarichs waren ein Volk vom Tanais und vom Hister[456]. Sidonius nannte sogar Geiserich einen Rebellen vom Tanais[457]. Aber kein germanischer Stamm wurde je mit dem Phasis und dem Kaukasus in Verbindung gebracht. Das waren die Regionen, aus denen die Hunnen kamen. Die hunnischen Hilfstruppen in der Armee des Theodosius strömten aus dem „drohenden Kaukasus und dem starrenden Taurus" *(minax Caucasus et rigens Taurus)*[458]. Im Jahre 395 brachen die Hunnen „von den entfernten Felsspitzen des Kaukasus"[459] nach Asien ein. Sie kamen aus dem Land jenseits des kalten Phasis[460]. Die Hunnen waren nicht einfach Barbaren weit oben im Norden. Sie waren „ein Volk von den äußersten Grenzen Skythiens, jenseits des eisigen Don" *(genus extremos Scythiae vergentis in ortus/trans gelidum Tanain)*[461]. Und ebenso nennt sie Merobaudes: „Stämme, die im äußersten Norden wohnen" *(Summo gentes aquilone repostas)*. [Vers 55.] Kaukasus, Tanais, Phasis, der äußerste Norden — das ist das Land der Hunnen und nur der Hunnen.

Die Analyse des Panegyricus von Merobaudes läßt keinen Zweifel offen, daß zu einem bestimmten Zeitpunkt zwischen 437 und 446 die Beziehungen zwischen dem Westreich und den Hunnen äußerst gespannt waren. Die Wendung „der Kaukasus läßt sein Eisen ruhen" *(dedit otia ferro Caucasus)* weist auf einen gegenwärtigen, wenn auch begrenzten Krieg hin. Unsere Interpretation wird durch die Inschrift auf einem (heute verschollenen) Grabstein gestützt[462]:

Hier ist Italiens Zier, des Helden Constantius Grabstatt,
 einst des Vaterlands Schild, Mauer und Waffen zugleich.
Ungeschlagen im Krieg, ein Freund des wirklichen Friedens,
 nun von Wunden durchbohrt, Sieger doch allüberall,
unterwarf er ein Volk, das die See inmitten durchquerte,
 und den Besiegten zugleich wehrte die Hilfe das Land.
Nüchtern war er und rein, ein mächtiger Krieger und Feldherr,
 hier der Erste im Rat, dort der Erste im Kampf.
Hingebend liebte er Rom, jedoch Pannoniens Stämmen
 hat er im selben Maß Furcht und Schrecken gebracht.
Sich und seinem Geblüt erwarb im Kriege er Ehren,
 gab den Führern des Feinds abgeschlagenes Haupt.
Mitten unter den Söhnen durchbohrt der Vater! Die Mutter
 weiß nicht, wen sie beklagt, steht vom Schmerz wie betäubt.
Schwerer noch jammert nun Rom, beraubt eines solchen Senators,
 denn es verlor seine Zier und seine Waffen zugleich.
Trauernd stehen die Heere, denen man den Feldherrn entrissen:
 mit ihm war Rom eine Macht, ohne ihn liegt es zerstört.
Diesen Hügel, gewaltiger dux, errichtet dein Weib dir,
 das dir wieder vereint liegt hier in ewigem Bund.
Wage es nie eine Hand, dies Grabmal dir zu verletzen,
 deins, Theodora zugleich, die als Nächste es wünscht.

(Hic decus Italiae tegitur Constantius heros
qui patriae tegmen, murus ac arma fuit.
Invictus bello, non fictae pacis amator,
confixus plagis, victor ubique fuit.
Hic mare per medium gentem compressit euntem,
et victis pariter terra negavit opem.
Sobrius armipotens castus moderamine pollens
primus in ingenio, primus in arma fuit.
Romanis blando quantum flagravit amore,
tantum Pannoniis gentibus horror erat.
Iste sibi et natis bello mercavit honores,
munera principibus colla secata dedit.
Natorum medio fixus pater: anxia mater
quem plangat nescit, stat stupefacta dolens.
Peius Roma gemit tanto spoliata senatu,
perdidit ornatum, perdidit arma simul.
Tristes stant acies magno ductore remoto,
cum quo Roma potens, quo sine pressa iacet.
Hunc tumulum, dux magne, tuum tibi condidit uxor,
quae tecum rursus consociata iacet.
Istud nulla manus temptet violare sepulcrum
at, Theodora, tuum, te cupiente parens[462a]*.)*

Constantius, ein Mann von geringer Herkunft, zeichnete sich im Dienste Roms aus. Er bekämpfte ein barbarisches Volk zu Lande und zu Wasser; im Kampf mit den pannonischen Völkern wurde er getötet.

Wer war dieser Constantius, und wann lebte er? Der Name ist ungemein häufig; es muß Dutzende von Senatoren mit Namen Constantius gegeben haben. Mommsen[463] nimmt an, daß die Verse den Kaiser Constantius Chlorus (305/306) verherrlichen. Sie wurden aber zu einer Zeit geschrieben, als Pannonien oder zumindest der größere Teil davon nicht mehr römische Provinz war[464]. Daß das seefahrende Volk die Vandalen waren, wurde von Seeck[465], Sundwall[466] und Fiebiger[467] erkannt. Doch konnten diese Gelehrten für die Taten des Constantius keinen Platz in der Geschichte zwischen ungefähr 430 und 445 finden. Ich glaube aber, daß das möglich ist. Das einzige Mal, daß die Weströmer mit seefahrenden Barbaren, und zwar zuerst zur See und dann zu Lande, kämpften, war zwischen 437 und 440. *Tantum Pannoniis gentibus horror erat* weist auf Kämpfe in und um Pannonien hin, auf einen Kommandanten von Grenztruppen, der bald plündernde Banden zurückschlug, bald selbst in das Territorium des Feindes einfiel, auf andauernde Zusammenstöße entlang der Grenze: *munera principibus colla secata dedit.*

Es gibt noch zwei Dokumente, die den drohenden Krieg mit einem schrecklichen Feind zwischen dem zweiten und dritten Konsulat des Aetius widerspiegeln. Durch die am 14. Juli 444[468] in Ravenna erlassene *novella* verlor eine große Gruppe von Beamten mit einem Streich Privilegien, deren sie sich mehr als dreißig Jahre erfreut hatten. Nicht nur daß sie von der Verpflichtung befreit waren, Rekruten aus den Reihen ihrer Pächter zu stellen, sie mußten nicht einmal die Geldablösen bezahlen wie die meisten Landeigentümer, die keine Männer stellten[469]. Das neue Gesetz sah vor, daß die inaktiven *illustres* je für drei Rekruten bar bezahlten; dabei wurde der Preis für einen Rekruten auf dreißig Solidi festgesetzt; weiter daß die *comites* des Konsistoriums und jene der ersten Klasse, sowohl die Tribunen, die *notarii*, als auch die Exprovinzgouverneure, für je einen Rekruten, und daß die inaktiven Tribunen, die *comites* der zweiten und dritten Klasse und alle *clarissimi* für ein Drittel eines Rekruten bezahlten. Die Regierung, die sich darüber im klaren war, welch ein Sturm der Entrüstung sich in den mittleren und unteren Rängen der Bürokratie erheben würde, beeilte sich zu versichern, daß das Dekret nur für die gegenwärtige Zeit gelte. Aber die Regierung hatte keine Wahl: Wegen der „Notwendigkeit unmittelbar bevorstehender Ausgaben" genügten die Mittel des Staatsschatzes nicht.

Wenn die Minister Valentinians erwarteten, daß die neue Steuer den schrecklichen Engpaß in den Finanzen in irgendeiner Weise, *in aliqua parte*, mildern würde, erkannten sie bald, daß radikalere Maßnahmen getroffen werden mußten. Ob tatsächlich, wie der Kaiser sagte, die Kaufleute und im besonderen die Landeigentümer nicht in der Lage waren, mehr Steuern zu zahlen, mag man bezweifeln. Der andere Ausweg, eine Kürzung des Militärbudgets, war ungangbar. „Nichts ist für die gefährdete Situation des Staates so notwendig wie eine zahlenmäßig starke Armee." Im Herbst 444 erfand die Regierung eine neue Steuer, das *siliquaticum*, die Bezahlung einer *siliqua* pro Solidus, das heißt ein Vierundzwanzigstel, bei allen Umsätzen[470]. Die Regierung war kaum imstande, die Veteranenarmee zu verköstigen und zu bekleiden, und doch gab sie die striktesten Befehle aus, mehr und immer mehr Soldaten zu rekrutieren. Es waren „schwierige Zeiten"; eine möglichst starke Armee war „die Grundlage für die volle Sicherheit aller"[471].

Die Vorbereitungen für den Krieg mit den Hunnen — es gibt, wie wir nun wohl zuversichtlich behaupten können, keine andere Erklärung für die Gesetze — fallen in die zweite Hälfte des Jahres 444. Aetius verhandelte mit den *saevi reges* — Bleda und Attila. Könnte Bledas Tod genau datiert werden, würde er uns den *terminus ante quem* für die Erneuerung des Vertrages zwischen Hunnen und Römern geben. Unsere Quellen geben verschiedene Daten an. Nach Prosper[472] beseitigte Attila seinen Bruder 444, möglicherweise im Herbst oder Winter, da dies die letzte Eintragung unter diesem Jahr ist. Marcellinus Comes datiert den Mord auf Anfang 445[473], die Chronik von 452, die notorisch ungenau ist, auf 446[474]. Theophanes, Anno Mundi 5943, ist in seiner Chronologie hoffnungslos verwirrt (s. Seite 82 f.); Bleda war mit größter Wahrscheinlichkeit nicht 441 getötet worden, wie Theophanes anzugeben scheint.

Daß die gespannte Lage 445 vorbei war, kann aus der Biographie des griechischen Renegaten geschlossen werden, den Priscus am Hofe Attilas traf. Dieser Mann war in Viminacium (heute Kostolac, Jugoslawien) im Jahre 441 gefangengenommen worden, kämpfte unter Onegesius zuerst gegen die Römer, dann gegen die *Acatiri* mit solcher Tapferkeit, daß sein Herr ihn freiließ. Er nahm eine Hunnin zur Frau, die ihm Kinder gebar[475]. Er erzählte Priscus seine Geschichte im Jahre 449. Daher fällt seine Hochzeit spätestens in das Jahr 446. Da es aber unwahrscheinlich ist, daß ein römischer Gefangener sofort auf ein Pferd gesetzt und gegen seine Landsleute geschickt wurde, ist der Feldzug, an dem er teilnahm, offensichtlich der des Jahres 442 oder, was noch wahrscheinlicher ist, jener von 443. Er fand vor dem Krieg mit den *Acatiri* statt, der daher frühestens auf 443 zu datieren ist. Priscus sagt ausdrücklich, daß Kuridach, der hunnenfreundliche König der *Acatiri*, sich an Attila um Hilfe gegen die proromischen Anführer des Volkes wandte[476]. Der Krieg fällt daher in die Zeit nach dem Tod Bledas. Attila führte ein mächtiges Heer gegen die *Acatiri*; er besiegte sie erst nach vielen Schlachten. Noch hundert Jahre später nannte Jordanes sie eine *gens fortissima*[477]. Gleichzeitig gegen die Römer und die *Acatiri* zu kämpfen, ging über die Kräfte der Hunnen. All das führt uns zu 445 als dem einzigen Jahr, in das unter Berücksichtigung aller Umstände der Krieg mit den *Acatiri* datiert werden sollte. Das wiederum engt den Zeitraum, in dem „Frieden an der Donau" geschlossen wurde, auf den Winter 444/445 oder das darauffolgende Frühjahr ein[478]. Es folgt weiter, daß kurz danach, das heißt 445, Attila seinen Bruder ermordete.

Unsere Information über die folgenden Jahre stammt aus drei Quellen. Zwei davon wurden von den Hunnenforschern ignoriert, die dritte fehlinterpretiert. Erstens haben wir den Brief des Cassiodorus, in dem er das Treffen seines Großvaters mit Attila beschreibt:

> Mit Carpilio, dem Sohn des Aetius, wurde er in nicht vergeblicher Mission zu Attila geschickt. Unerschrocken blickte er auf den Mann, vor dem das Reich zitterte. Ruhig in seiner selbstbewußten Stärke verachtete er all jene schrecklichen grimmigen Gesichter, die rund um ihn finster blickten. Er zögerte nicht, der ganzen Gewalt der Schmähungen des Wahnsinnigen entgegenzutreten, der sich einbildete, er würde die Herrschaft der ganzen Welt erringen. Er fand den König anmaßend; er verließ ihn beruhigt; und so fähig widerlegte er alle seine verleumderischen Vorwände für einen Streit, daß der Hunne, obwohl er mit dem wohlhabendsten Reich der Welt Zwist wünschte, nichtsdestoweniger sich herabließ, seine Gunst zu suchen. Die Standhaftigkeit des Redners hob den sinkenden Mut seiner Landsleute, und die Männer fühlten, daß Rom nicht unverteidigt genannt werden konnte, solange es über solche Gesandte verfügte. So brachte er den Frieden heim, an dem die Menschen schon gezweifelt hatten, und so innig sie für seinen Erfolg gebetet hatten, so dankbar hießen sie ihn bei seiner Rückkehr willkommen.

Der Großvater Cassiodors verhandelte nicht mit den *saevi reges*, sondern mit Attila allein. Die Charakterisierung des Königs als eines Mannes, „der, von einer Art Wahnsinn getrieben, die Weltherrschaft anzustreben schien" *(qui furore nescio quo raptatus mundi dominatum videbatur expetere)*, läßt keinen Zweifel zu, daß er sich zum Alleinherrscher der Hunnen gemacht hatte. Die Gesandtschaft muß nach 445 datiert werden[481]. Es wäre interessant zu wissen, was die *calumniosae allegationes* Attilas waren. Vielleicht beklagte er sich, wie er es so oft in seinen Verhandlungen mit dem Osten tat, daß die Römer nicht alle hunnischen Flüchtlinge auslieferten. Oder Aetius bezahlte möglicherweise den Tribut nicht so regelmäßig, wie es der König forderte. Vielleicht hatte er auch versucht, Germanen für sich zu gewinnen, über die Attila die Oberherrschaft beanspruchte. Aber all dies ist bloße Vermutung. Was wir aus den *Variae* erfahren, ist, daß die Hunnen ihre Drohungen, den Westen anzugreifen, erneuerten und die Gesandten des Aetius gerade noch die Wilden davon abhalten konnten, in Italien oder Gallien einzufallen. Natürlich war es nicht Cassiodors überlegene diplomatische Fähigkeit, die Attilas Gesinnungswandel bewirkte. Römische Rhetorik war bei Attila nie erfolgreich, wenn sie nicht vom Klang römischer Solidi begleitet war.

Die zweite Quelle, die etwas Licht auf die Ereignisse zwischen 445 und 450 wirft, ist eine kurze Passage im Werk des Anonymus Valesianus, die unter anderem einen Bericht von dem Ostgotenkönig Theoderich (493 bis 526) enthält: Orestes, der Vater des letzten weströmischen Kaisers Romulus Augustus, schloß sich Attila zu der Zeit an, als der König nach Italien kam, und wurde sein Sekretär[482]. 449 hatte Orestes schon eine verantwortungsvolle Position; er begleitete Edecon auf seiner Mission nach Konstantinopel[483]. Wenn man bedenkt, wie Attila seinen römischen Sekretären mißtraute — einen von ihnen hatte er kreuzigen lassen[484] —, muß es einige Zeit gedauert haben, bevor er Orestes sein Vertrauen schenkte. Aber es ist offensichtlich unmöglich, Attilas Aufenthalt in Italien auf einer so schwankenden Basis zu datieren. Viel bedeutsamer ist, daß der Hunnenkönig wirklich nach Italien ging. Im Jahre 449, in einer angespannten Lage, ließ Attila die Oströmer wissen, daß er bereit sei, ihre Gesandten in Serdica (heute Sofia) zu treffen, vorausgesetzt, es wären Männer von höchstem Rang[485]. Es war nicht Attilas Gewohnheit, Vergnügungsreisen in Feindesland zu unternehmen. Wir können annehmen, daß er Aetius oder dessen Bevollmächtige auf italischem Boden traf, wahrscheinlich nicht weit von der Grenze, weil Beschlüsse von großer Tragweite getroffen werden mußten.

Die dritte Quelle, der wir Nachrichten über die Beziehungen des Hunnenkönigs zu Aetius entnehmen können, ist die kurze Passage bei Priscus, die im vorangegangenen Kapitel erörtert wurde. Der römische *ductor* trat einen großen Teil Pannoniens an Attila ab.

Es kann nicht länger ernsthaft daran gezweifelt werden, daß Attilas Reise nach Italien, die Verhandlungen Cassiodors mit ihm und die Abtretung von Land entlang der Save zusammengehören. Vielleicht wurde bei dieser Gelegenheit Attila auch zum *magister militum* ernannt, natürlich mit dem entsprechenden Gehalt[486].

Attila war besänftigt, er wurde aber nicht der Freund des Aetius, wie nahezu alle modernen Autoren behaupten[487]. Daß Aetius ihm Sekretäre und Geschenke schickte, ist von geringer Bedeutung. Im Jahre 448 floh Eudoxius, der Anführer der Bakauden, zu den Hunnen[488]. Wäre er den Römern ausgeliefert worden, was Aetius zweifellos forderte, so hätte der Chronist, der über die Flucht berichtete, das sicher erzählt. Er tat es aber nicht. Eudoxius war sicherlich nicht der einzige Rebell, dem Attila Asyl gewährte. Daß die Hunnen nicht Noricum und Rätien plünderten, wie sie die Balkanprovinzen heimsuchten, hatte mit ihren angeblichen freundschaftlichen Gefühlen für Aetius nichts zu tun; dort gab es wenig Beute zu holen. Alle Verträge, die die Hunnen mit Ostrom schlossen, verpflichteten die Regierung in Konstantinopel, ihnen Tribut zu zahlen. Zweifellos forderten und erhielten sie auch vom Westen Gold und immer mehr Gold. Aetius war nicht mehr Attilas Freund als der Freund der anderen ληστάρχοι von Afrika bis zur Donau. Die hunnische Invasion in Gallien des Jahres 451 war nur die Fortsetzung der Politik mit anderen Mitteln, wenn man systematische Erpressung als Politik bezeichnen kann.

Der Krieg am Balkan

Im Frühsommer 440 erfuhr die Regierung in Ravenna, daß eine riesige vandalische Flotte Karthago verlassen hatte. Ob ihr Ziel Spanien, Sardinien, Sizilien, Ägypten[489] oder sogar Rom oder Konstantinopel war, wußte niemand[490]. Geiserichs Einnahme Karthagos durch Verrat im Jahr vorher war nicht nur für Westrom ein Schlag. Da sich Geiserich nun im Besitz des besten Hafens westlich von Alexandrien mitsamt seinen Werften und erfahrenen Schiffsbauleuten befand, konnte man darauf gefaßt sein, daß er in kurzer Zeit eine Flotte haben würde, die imstande war, die vandalischen Piraten an jeden beliebigen Platz des Mittelmeeres zu bringen. Die Mauern Roms wurden in aller Eile wiederhergestellt[491], der Strand und die Häfen von Konstantinopel befestigt[492]. In einer Rede an das römische Volk versicherte Kaiser Valentinian III., daß die Armee des „unbesiegbaren Theodosius" bald kommen würde, um am Kampf gegen die Vandalen teilzunehmen[493].

Geiserich landete in Sizilien. Die Vandalen eroberten Lilybaeum an der Westküste der Insel, plünderten die hilflosen Städte und Dörfer, verfolgten den katholischen Klerus und überquerten sogar die Straße von Messina[494]. Ende 440 oder Anfang 441[495] brach Geiserich seinen Feldzug ab und segelte nach Karthago zurück. Die Ostarmee unter dem Oberkommando von Areobindus, die die Vandalen vertreiben hätte sollen, kam in Sizilien an, nachdem die Insel vom Feind bereits geräumt war[496]. Da sich diese Truppen, die zum größten Teil aus Germanen bestanden[497], nicht viel besser als die Vandalen benahmen, wurden sie bald „eher eine Last für Sizilien als eine Hilfe für Afrika"[498].

Die sizilische Expedition war ein Fehlschlag. Vor allem einmal kam sie zu spät. Die Minister Valentinians waren vielleicht zu optimistisch, als sie ihr Zustandekommen schon für Juni 440 ankündigten. Die Schwierigkeiten und Risken eines solchen Unternehmens waren größer, als sie der hartbedrängte Westen zugestehen wollte. Die Transportfahrzeuge zu sammeln, die notwendige Versorgung sicherzustellen, die Truppen in die Einschiffungshäfen zu bringen — all das brauchte Zeit[499]. Doch das allein gibt noch keine ausreichende Erklärung für die Verzögerung. Der Osten konnte dem Westen nicht zu Hilfe kommen, weil er selbst an zwei Fronten, am Balkan und in Armenien, bedroht war[500].

Über den kurzen Konflikt mit den Persern ist wenig bekannt[501]. Sie griffen das Gebiet von Theodosiopolis und Satala an[502]. Es scheint, daß die Römer gänzlich auf Defensive eingestellt und darauf aus waren, zu einer schnellen Verständigung mit dem Feind zu kommen. Theodorets Wundererzählungen[503] kann man weglassen. Aber seine Quelle verknüpfte richtigerweise die Ereignisse im Osten mit denen im Westen:

> Zu einer Zeit, da die Römer mit anderen Feinden beschäftigt waren, verletzten die Perser die bestehenden Verträge und drangen in die Nachbarprovinzen ein, während der Kaiser, der sich auf den geschlossenen Frieden verließ, seine Generäle und seine Truppen zu anderen Kriegen hatte in See stechen lassen. Anatolius, *magister militum per orientem*, nahm alle Forderungen des tobenden Tyrannen an[504].

Im Juni 451 war der Krieg in Armenien vorbei[505].

Aber es tobte noch ein anderer Krieg in den westlichen Provinzen. Die Hunnen waren in Illyricum eingebrochen. Von Priscus[506] erfahren wir, daß die Hunnen zum Zeitpunkt des jährlich stattfindenden Marktes, der bei einer der *phrouria* nördlich der Donau abgehalten wurde, plötzlich die Römer angriffen und viele von ihnen niedermachten. Als die Regierung in Konstantinopel gegen den Bruch des Vertrages protestierte, der vorsah, daß die Märkte mit gleichen Rechten und ohne Gefahr für beide Seiten abgehalten werden sollten, behaupteten die Hunnen, daß sie nur das schwere Unrecht gerächt hätten, das man ihnen zufügte. Der Bischof von Margus, sagten sie, hätte den Fluß überquert und die Königsgräber[507] ihrer Schätze beraubt. Außerdem hätten die Römer gegen die Abmachungen wiederum vielen hunnischen Flüchtlingen Zuflucht gewährt. Obwohl die Römer diese Vorwürfe von sich wiesen, hatten die Hunnen zweifellos recht[508].

Die Hunnen überquerten die Donau und eroberten die bedeutende Stadt Viminacium in Moesia superior. Der Bischof von Margus, der befürchtete, daß die Römer ihn fallenlassen würden, um die Barbaren zufriedenzustellen, übte Verrat und übergab die Stadt dem Feind, „und die Macht der Barbaren wuchs zu noch größeren Ausmaßen".

Unsere Hauptquelle für die folgenden Ereignisse ist Marcellinus Comes. Unter dem Jahr 441 hat er zwei Eintragungen, die sich auf die Hunnen beziehen. Die erste ist ein typisches Beispiel dafür, wie gedankenlos Marcellinus abkürzte, was er in seinen Quellen fand. „Die Perser, Sarazenen, Tzannen, Isaurier und Hunnen brachen aus ihren Ländern hervor und verheerten die Gebiete der Römer. Anatolius und Aspar wurden gegen sie geschickt und schlossen Frieden für ein Jahr."[509]

Wer wurde gegen wen geschickt? Mit welchem der Feinde wurde der Waffenstillstand geschlossen? Nicht mit den Persern, denn der Friedensvertrag, den Anatolius unterzeichnete, war nicht auf ein Jahr begrenzt; tatsächlich gab es zwischen Rom und Persien zwischen 441 und 502, also für mehr als sechzig Jahre, keinen Krieg. Die wilden Tzannen und Sarazenen, ganz zu schweigen von den isaurischen Banditen, waren keine Partner, mit denen die kaiserliche Regierung Verträge abschloß. Also bleiben die Hunnen. Anatolius war im Osten und Oberkommandant der Truppen im Orient seit spätestens 438[510]. Dieselbe Position hatte er 441, 442[511] und im Frühjahr 443[512] noch immer inne. Der Waffenstillstand mit den Hunnen wurde von Aspar, *comes*, *magister militum* und Exkonsul, geschlossen[513].

Daß Areobindus und nicht Aspar zum Kommandanten der Armee gemacht wurde, die schließlich nach Sizilien ging, zeigt das Zögern und die Bedenken, die man der Expedition entgegenbrachte. Aspar kannte Afrika. Er hatte mit den Vandalen 431 gekämpft; 434 war er in Karthago[514]. Er war der hervorragendste General des Ostens. Aber er blieb in Illyricum, offensichtlich weil die Situation trotz des Waffenstillstandes zu prekär war, als daß ein anderer ihrer hätte Herr werden können. Abgesehen von seinen Schwierigkeiten mit den Hunnen mußte Aspar sich noch mit wilden Rivalitäten unter seinen Generälen auseinandersetzen, was die Schlagkraft seiner Armee noch zusätzlich schwächte. „Johannes, *magister militum*, von vandalischer Herkunft, wurde in Thrakien durch den Verrat des Arnegisclus getötet.“[515]

Kaiser Theodosius II. begann mit Geiserich zu verhandeln. Die Armee in Sizilien würde möglicherweise bald an einer anderen Front gebraucht werden. War sie einmal in Kämpfe in Afrika verwickelt, so konnte sie nicht mehr zurückgebracht werden. Marcellinus Comes hat als letzte Eintragung unter 441 die Zeilen: „Die Könige der Hunnen brachen mit vielen ihrer Krieger in Illyricum ein; sie verheerten Naissus, Singidunum, andere Städte und viele befestigte Plätze in Illyricum.“ Im Jahre 442 „verwüsteteten die Brüder Bleda und Attila, die Könige vieler Völker, Illyricum und Thrakien“[516].

Prosper schenkt dem Feldzug des Jahres 441 keine Beachtung; er hat unter 442: „Da die Hunnen Thrakien und Illyricum mit wilder Verheerung heimsuchten, kehrte die Armee, die in Sizilien stand, zurück, um die östlichen Provinzen zu verteidigen.“[517] Im Jahre 442 schloß Theodosius mit den Vandalen Frieden[518].

Die erste Phase des Krieges kann zumindest in groben Umrissen rekonstruiert werden, seine zweite aber ist höchst widersprüchlich. Seit der Veröffentlichung des sechsten, postumen Bandes der großen *Histoire des empereurs* von Tillemont sind mehr als dreihundert Jahre vergangen. Gibbon, Wietersheim, Güldenpenning, Kulakovskij, Bury, Seeck, Stein und Thompson rangen mit den chronologischen Problemen der Hunnenkriege der vierziger Jahre des 5. Jahrhunderts. Und doch scheint kein einziges Datum definitiv festzustehen. Wann eroberten die Hunnen Philippopolis und Arcadiopolis? In den Jahren 441/442, wie Thompson annimmt, oder 447, wie Tillemont und Seeck behaupteten? Wann wurde der Friede geschlossen, von dem Priscus im Fragment 5 spricht? Bury, Stein und Thompson datierten ihn auf 443, Gibbon bestand auf 446, Wietersheim und Kulakovskij zogen 447 vor, und Tillemont war der Meinung, daß der Krieg nicht vor 448 zu Ende ging. Es hat den Anschein, daß die vorhandenen Zeugnisse praktisch jedes Datum erlauben.

Die Crux ist der lange Vermerk unter A. M. 5942 in der *Chronographia* des Theophanes. Seine Bedeutung für die Ereignisse zwischen 440 und 450 liegt auf der Hand. Daß er nicht so, wie er dasteht, akzeptiert werden kann, ist gleichfalls offensichtlich — oder sollte es sein. Gleichwohl gab und gibt es Historiker, die diese Passage verwenden, als wäre sie von Klio höchstpersönlich geschrieben worden[519]. Tatsächlich ist die lange Eintragung verworrenes Zeug, das selbst für Theophanes, der im 9. Jahrhundert schrieb, ungewöhnlich ist. A. M. 5942 sollen folgende Ereignisse passiert sein:

1. Kaiser Theodosius II., der erkannte, daß er von Chrysaphius getäuscht worden war, verbannte den Eunuchen auf eine Insel.

Wenn das wahr wäre[520], würde es uns auf die ersten Monate des Jahres 450 führen.

2. Die Kaiserin Eudocia zog sich vom Hof zurück und ging nach Jerusalem.

Das war 443[521] oder 444[522].

3. Auf Befehl des Theodosius wurden der Presbyter Severus und der Diakon Johannes hingerichtet.

Das geschah im Jahre 444[523].

4. Pulcheria hatte die Überreste des Bischofs Flavian nach Konstantinopel gebracht und in der Apostelkirche bestattet.

Diese Überführung fand im Nobemver 450 statt[524].

5. Pulcheria wandelte eine Synagoge in eine Kirche um, Θεοτόκος τῶν Χαλκοπρατείων.

Das mag wahr sein[525], man sollte aber festhalten, daß an anderer Stelle[526] Theophanes diese fromme Tat dem Justinus II. zuschreibt.

6. „Während die Armee in Sizilien stand und auf die Ankunft von Geiserichs Gesandten und die Befehle des Kaisers wartete, überwältigte Attila der Skythe, des Mundius Sohn, Bdellas, seinen älteren Bruder, machte sich selbst zum Alleinherrscher über die Skythen, die auch Hunnen genannt werden, und überrannte Thrakien. Daher schloß Theodosius Frieden mit Geiserich und rief die Armee aus Sizilien zurück. Er sandte Aspar mit den von ihm befehligten Truppen, Areobindus und Argagisclus gegen Attila, der schon Ratiaria, Naissus, Philippopolis, Arcadiopolis, Constantia und viele andere Städte erobert hatte, viele Gefangene machte und eine enorme Beute anhäufte. In einer Folge von Schlachten erlitten die römischen Generäle schwere Niederlagen, und Attila erreichte das Meer, den Pontus wie auch die Propontis, bei Callipolis und Sestus. Er nahm jede Stadt und Festung ein, mit Ausnahme von Adrianopel und Heraclea, sogar die Festung Athyras. Theodosius sah sich gezwungen, Gesandte zu Attila zu schicken und ihm sechstausend Pfund Gold für den Rückzug sowie einen jährlichen Tribut von tausend Pfund zu gewähren."

7. Theodosius II. starb (2. Juli 450).

8. Pulcheria heiratete Marcianus, der zum Kaiser ausgerufen wurde (24. August 450).

Das Ende des Berichts von Theophanes über den Krieg stimmt mehr oder weniger mit dem Beginn des Fragments 5 von Priscus überein[527]: Nach der Schlacht auf der Chersonesus schlossen die Römer durch den Gesandten Anatolius Frieden mit den Hunnen. Die Flüchtlinge mußten ausgeliefert werden, die Tributrückstände, 6000 Pfund Gold, mußten auf einmal gezahlt werden. Der jährliche Tribut wurde auf 2100 Pfund Gold festgelegt.

Theophanes preßte Ereignisse, die acht Jahre auseinanderlagen, in zwölf Monate. Der Krieg mit den Hunnen brach aus,

a) während der größere Teil der Armee in Sizilien stand, also 441/442;

b) nach Bledas Tod, also frühestens 444; der Krieg wird

c) auf A. M. 5942 datiert, das am 25. März 450 begann, und das 42. Jahr von Theodosius II., das übereinstimmend vom 1. September 449 an gerechnet wird. Wenn a) richtig ist, sind b) und c) falsch und vice versa.

Da wir ja von anderen Quellen wissen, daß die Hunnen die Balkanprovinzen zur Zeit der sizilischen Expedition überfielen, könnte man argumentieren, daß Theophanes an diesen ersten Hunnenkrieg dachte, Bledas Tod irrtümlich hineinbrachte und auf diese Weise seine Chronologie verwirrte. Das ist tatsächlich die Meinung der meisten Gelehrten, die sich mit dem spätrömischen Reich befassen. Sie nehmen an, daß der Krieg, den Theophanes erwähnt, jener ist, der 441 ausbrach und 442 oder 443 zu Ende ging. Folglich datieren sie die Ereignisse, die im Priscusfragment 5 beschrieben werden, auf dieselben Jahre.

Die wenigen Interpretationen, die damit nicht übereinstimmten, wurden praktisch ignoriert. Tillemont, der den Krieg A. M. 5942 auf 447 datierte[528], ist fast vergessen. Kulakovskij vertrat dieselbe Ansicht[529], aber sein ausgezeichnetes Werk, das in russischer Sprache verfaßt und in Kiew veröffentlicht wurde, blieb westlichen Gelehrten unbekannt. Zwar kam auch Seeck zu denselben Schlüssen[530], doch stellte er wie Tillemont und Kulakovskij nur seine Chronologie der allgemein anerkannten gegenüber, ohne seine Gründe anzugeben.

Die folgenden Überlegungen sollen die tatsächliche Abfolge der Ereignisse nicht um ihrer selbst willen wiederherstellen. *Sub specie aeternitatis* sind sie trivial. Aber der Historiker als loyaler Bürger der *civitas terrena* muß in Details gehen, wenn er Attilas Platz in der Geschichte der Hunnen und des Römischen Reiches bestimmen will.

1. Wann bezahlten die Römer Attila 6000 Pfund Gold? Die Belastung für die kaiserliche Kasse muß schwer gewesen sein. Priscus mag die Notlage der Römer übertrieben haben, doch ist ohne weiteres glaubhaft, daß viele ihren Hausrat und den Schmuck ihrer Frauen verkaufen mußten, um das Geld aufzubringen, das die unerbittlichen Steuereintreiber von ihnen verlangten. Einige sollen in ihrer Verzweiflung Selbstmord begangen haben[531]. Ob die Steuerlast gerechter hätte aufgeteilt werden können, braucht nicht erörtert zu werden. Nachdem die Regierung 6000 Pfund auf einmal zahlte und gezwungen war, Jahr für Jahr 2100 Pfund Tribut zu zahlen, konnte sie nicht gut das Steuersystem reformieren.

Wenn der Krieg, der den unglücklichen Oströmern eine so schwere Last aufbürdete, jener war, der 442 oder 443 endete, sollte man denken, daß die Steuern im Jahre 444 außergewöhnlich hoch waren. Das letzte, das man erwarten würde, wäre eine Steuerermäßigung. Aber die Steuern wurden 444 verringert. „Die Eintreibung von rückständigen Steuern aus der Vergangenheit wird für die Landgüter erlassen . . ., und in Zukunft braucht keine solche Steuerfestsetzung befürchtet werden.“[532] Dieses Edikt wurde am 29. November 444 in Konstantinopel erlassen. Das allein wäre ein ausreichender Beweis dafür, daß der große Krieg, der mit einer Finanzkatastrophe endete, *nach* diesem Edikt stattfand.

2. Im Spätfrühling 443 reiste Theodosius durch einige Provinzen Kleinasiens. Er hielt sich einige Zeit in Heraclea in Bithynien auf[533]; Der Kaiser hatt eine Vorliebe für diese Provinz, die er zu Ehren seines Onkels Honoria nannte[534]. Dann wandte er sich süwdärts und reiste ohne Eile nach Karien. Ende Mai war er in Aphrodisias[535]. Am 27. August kehrte er von der *expeditio Asiana* nach Konstantinopel zurück[536]. Im Frühling 443 muß der Krieg vorbei gewesen sein. Theodosius hätte schwerlich die Hauptstadt verlassen können, solange die Kämpfe andauerten. Wenn er es aber tat, dann hätte er nach Chalcedon übergesetzt, wie z. B. Leo nach dem großen Brand von 465[537], und wäre dort geblieben. In der Widmung seiner Kirchengeschichte für Theodosius schmeichelte Sozomenos dem Herrscher, aber er hätte über die Reise nicht so schreiben können, wie er es tat[538], wäre Theodosius auf der Flucht vor den Hunnen gewesen. Darüber hinaus gibt es ein einleuchtendes Zeugnis dafür, daß der Krieg praktisch 442 zu Ende war. Am 11. Januar 443 wurden die Thermen des Achilleus, τὸ δημόσιον λουτρὸν ὁ ’Αχιλλεύς, feierlich eröffnet[539]. Die Bevölkerung von Konstantinopel war gewiß vergnügungssüchtig, aber man kann sich schwer vorstellen, daß sie in der Stimmung gewesen sein soll, die Eröffnung eines neuen Bades zu einem Zeitpunkt zu feiern, da die Hunnen vor den Toren standen.

3. Der heilige Hypatius, Abt des Klosters von Drys, einer Vorstadt von Chalcedon, starb im Juni 446[540]. Sieben Monate später begannen die Erdbeben, die einen bedeutenden Teil der großen Landmauer von Konstantinopel zerstörten. Und *dann* kamen die Hunnen. Callinicus, der Biograph des Hypatius, war ein gewissenhafter Chronist. Er zählte nicht nur die vielen Wunder auf, die sein Held tat; er bewies auch ein scharfes Auge für alle weltlichen Ereignisse, die seine Brüder in Mitleidenschaft zogen. Callinicus hätte nie einen Krieg übergangen, in dem der Feind bis nahe an Konstantinopel herankam; und er tat es auch nicht. Aber der einzige Krieg, von dem er wußte, war der des Jahres 447.

4. Euagrius erwähnt bloß „den berühmten Krieg des Attila“ im Jahre 447[541].

5. Jordanes muß in seinen Quellen gelesen haben, daß Bleda und Attila Illyricum und Thrakien 441 und 442 verwüsteten. Aber er erwähnt diesen ersten Krieg weder in den *Romana* noch in den *Getica*. Wie für Callinicus und Euagrius gab es für Jordanes nur *einen* Hunnenkrieg, den großen Krieg des Jahres 447.

6. Hätte die Schlacht auf der Chersonesus das Ende der Kämpfe im Jahre 442 oder 443 bedeutet, hätten die Römer den Frieden mit Attila und Bleda aushandeln müssen. Im Fragment 2, das sich mit der ersten Phase des Krieges im Jahre 441 befaßt, spricht Priscus von den Königen der Hunnen. Im Fragment 5, das, wie man annimmt, die Darstellung der Ereignisse von 443 beschließt, kommt Bledas Name nicht vor. Anatolius muß mit Attila — und mit ihm allein — verhandeln. Attila ist *der* König der Hunnen[542], die hunnische Armee ist *seine* Armee[543].

7. Während des ersten Krieges war Anatolius nicht in Thrakien, sondern in Antiochia, dem Hauptquartier des *magister militum per orientem*. Als er mit Attila Frieden schloß, war er *magister militum praesentalis*[544].

Alle diese Angaben stellen das Datum des Krieges im Priscusfragment 5 außer jeden Zweifel: Er fand 447 statt.

Wir können jetzt zusammenfassen: 441 brachen die Hunnen in die westlichen Balkanprovinzen ein. Nach einem kurzen Feldzug, in dessen Verlauf sie Viminacium einnahmen, stimmten sie einem Waffenstillstand zu. Im Jahre 442 wurden die Angriffe wiederaufgenommen. Die Römer unter Aspars Kommando[545] erlitten eine Niederlage nach der anderen. Nach dem Fall von Margus, der Schlüsselstellung im Morawatal, stießen die Hunnen südwärts vor und nahmen Naissus[546]. Selbst wenn wir von Marcellinus Comes nicht wüßten, daß Singidunum in diesem Jahr verlorenging, müßten wir annehmen, daß das Verteidigungssystem entlang der Donau und der Save zusammenbrach. Die Straße Sirmium—Singidunum—Margus—Viminacium—Naissus war für alle praktischen und besonders für alle militärischen Zwecke die einzige, die Pannonia secunda und Moesia superior mit Thrakien verband. Mit dem Fall von Naissus war das Schicksal Singidunums besiegelt. Alles, was westlich von Singidunum lag, mußte nun in die Hand der Hunnen fallen. Sie eroberten Sirmium[547], sie brachen in Thrakien ein. Dann aber muß den hunnischen Armeen etwas zugestoßen sein. Vielleicht wurden sie von Epidemien heimgesucht, wie später 447 und wiederum 452. Vielleicht zwang sie ein Aufstand in ihrem Rücken, den Feldzug abzubrechen und gegen die Rebellen zu ziehen. Vielleicht nützten einige Völker, wie etwa die *Sorosgi*, mit denen Attila und Bleda vorher Krieg geführt hatten, ihre Chance und griffen das hunnische Kernland an, während die Hauptmacht ihres Feindes anderswo beschäftigt war.

In den vorigen Abschnitten habe ich einige Argumente dafür vorgebracht, daß der Krieg vor Beginn des Jahres 443 zu Ende war. Das Gesetz vom 21. August 442[548] legt uns die Annahme nahe, daß er zumindest in den meisten Provinzen sogar noch früher sein Ende fand. Die Erwähnung der Anwälte, die ihre Praxis in der illyrischen Präfektur wiederaufnahmen, setzt voraus, daß große Teile Illyriens wiederum unter fester Kontrolle der Römer standen. Im Herbst 443 wurde die Donauflotte verstärkt, wurden die Lager entlang dem Fluß wiederhergestellt und die Garnisonen am Limes auf volle Stärke gebracht[549]. Im selben Jahr, vielleicht auch erst 444, stellten die Römer die Zahlungen an die Hunnen ein.

Im Jahre 447 berechnete Attila die Tributrückstände auf 6000 Pfund Gold[550]. Das war offensichtlich eine Pauschalsumme; sie muß aber ungefähr den tatsächlichen Rückständen entsprochen haben. Im Vertrag von Margus wurde der jährliche Tribut auf 700 Pfund festgesetzt[551]. Von 447 an erhielten die Hunnen 2100 Pfund pro Jahr, klarerweise eine viel höhere Summe, als jene, auf die man sich 442 oder 443 geeinigt hatte. Nimmt man nun an, daß die spätere Summe das Doppelte des Tributs nach dem Vertrag von Margus war, also 1400 Pfund, müssen sich die Römer schon 444 oder vielleicht noch früher, 443, geweigert haben, den Hunnen etwas zu bezahlen. Jedenfalls wurde der Tribut, wie hoch er auch war, den Hunnenkönigen durch eine Reihe von Jahren nicht bezahlt. Nach ein oder zwei Zahlungen fühlte sich die Regierung in Konstantinopel stark genug, ihre Verpflichtungen zurückzuweisen, *und die Hunnen unternahmen nichts*. In jenen Jahren versuchten sie, den Westen zu erpressen. Der Osten war für sie zu stark.

Von welchem Gesichtspunkt auch immer wir den Krieg von 441/442 betrachten, das Bild bleibt das gleiche. Alle direkten und indirekten Quellen stimmen überein. Begünstigt durch die Abwesenheit der römischen Armee von der Westgrenze waren die Hunnen in der Lage, den Römern schwere Niederlagen zuzufügen. Um die Wilden loszuwerden, zahlte Theodosius sie aus. Sobald sie aber zurückgekehrt waren, zerriß Theodosius den Friedensvertrag. Die Hunnen hatten sich als schrecklicher Feind erwiesen, sie waren aber noch keine Großmacht.

Der Gegensatz zwischen dem Krieg von 441/442 und seinen Ergebnissen und jenem im Jahre 447 ist so augenfällig, daß er eine Erklärung verlangt. Es kann nicht eine Verkettung von Zufällen, eine mysteriöse Schwächung der Macht des östlichen Reichsteiles gewesen sein. Zwischen diese beiden Kriege fällt der Aufstieg Attilas. Mit Ausnahme von drei Fragmenten und ein paar Zeilen in der gallischen Chronik von 452 ist der Bericht des Priscus über den großen Krieg verlorengegangen; ebenso die Chronik des Eustathius von Epiphaneia, der in der Hauptsache Priscus folgte[552]. Von den westlichen Autoren scheint Quintus Aurelius Memmius Symmachus der einzige gewesen zu sein, der über den Krieg 447 schrieb, aber auch sein Werk ist verlorengegangen[553]. Prosper erwähnt ihn nicht. Unter diesen Umständen kann der Ablauf der Ereignisse nur in den gröbsten Umrissen rekonstruiert werden.

Das Priscusfragment 3 behandelt den Beginn des Krieges[554]: Attila, der Hunnenkönig, sammelte seine eigene Armee und schickte Briefe an Theodosius, in denen er die Auslieferung der Flüchtlinge und den Tribut forderte, der unter dem Vorwand jenes Krieges nicht bezahlt worden war. Wegen des zukünftigen Tributs sollten Gesandte zu ihm geschickt werden. Wenn die Römer die Sache verzögern oder zum Krieg rüsten sollten, wäre nicht einmal er in der Lage, die Horden zurückzuhalten. Die Ratgeber des Kaisers lasen den Brief und erklärten, daß die Flüchtlinge nicht ausgeliefert werden dürften; es wäre besser, gemeinsam mit ihnen auf den Ausbruch des Krieges zu warten. Doch sollten jedenfalls Gesandte hingeschickt werden, um die Streitigkeiten zu beseitigen. Als Attila über die Entschlüsse der Römer benachrichtigt wurde, geriet er in Wut, verheerte römisches Territorium, eroberte einige Festungen und griff die große und volkreiche Stadt Ratiaria[555] an.

Viele Historiker datierten die Ereignisse, die in diesem Fragmen erzählt werden, auf 442[556]. Das ist sicherlich nicht richtig, Attila ist der alleinige Herrscher der Hunnen, ὁ τῶν Οὔννων βασιλεύς. *Er* schickt dem Kaiser Briefe, *er* ist bereit, die römischen Gesandten zu empfangen, *er* fordert den Tribut. Es gibt keine „Könige der Hunnen" mehr. Bleda ist tot. Wir befinden uns frühestens im Jahr 445.

Die Wendung ουδὲ αὐτὸν ἔτι ἐθέλοντα τὸ Σκυθικὸν ἐφέξειν πλῆθος wurde oft mißverstanden. Thompson umschrieb sie mit „er würde nicht länger die Hunnen zurückhalten"[557]. In Wirklichkeit warnte Attila die Römer, daß es nicht einmal in *seiner* Macht stünde, die skythische Masse daran zu hindern, loszubrechen, wenn man seine Forderungen nicht erfüllte[558]. Die Römer zahlten den Tribut nicht προφάσει τοῦδε τοῦ πολέμου. Welchen Krieges? Nicht einmal Attila in all seiner Anmaßung konnte erwarten, daß Theodosius ihm die „Subsidien" schicken würde, so als ob er noch ein „Verbündeter" wäre, der sich an die Bedingungen des *foedus* hielt, während er tatsächlich mit den Römern Krieg führte. Attila kämpfte nicht. Er sammelte seine *eigene* Armee, τὸν οἰκεῖον στρατόν. Die Betonung liegt auf οἰκεῖον. Es muß andere Hunnen gegeben haben, die nicht zu Attila gehörten und die bereits mit den Römern kämpften, während er noch mit ihnen verhandelte. Attila lehnte jede Verantwortung für „jenen Krieg" ab. Aber er ließ die Römer wissen, daß das Σκυθικὸν πλῆθος denen zuneigte, die bereits römisches Territorium plündernd durchzogen.

Wir können, glaube ich, drei Gruppen von Hunnen unterscheiden. Da gab es Attila mit seiner Armee; dann die „skythische Masse", die ungeduldig, unzufrieden mit ihrem König und bereit war, in den Krieg zu ziehen, wenn sie nicht all das Gold bekamen, das ihnen ihrer Meinung nach zustand; und dann gab es Hunnen, die bereits mit den Römern Krieg führten.

Das — und nur das — ist der Kontext, in den ein anderes Priscusfragment paßt. Theodosius schickte den Exkonsul Senator zu Attila. Doch „obwohl er [Senator] den Namen eines Gesandten hatte, wagte er es nicht, auf dem Landweg zu den Hunnen zu gehen; statt dessen fuhr er auf dem Pontus bis Odessus [heute Varna, Bulgarien], wo auch der General Theodulos, der hierhergeschickt worden war, sich aufhielt" (Prisc. *EL* 122, 24—27). In den *Excerpta de legationibus Romanorum ad gentes* folgt dieses Fragment jenem über den Vertrag von Margus und steht vor dem Fragment, das sich mit der Gesandtschaft des Jahres 449 befaßt. Senator war 436 Konsul. Daraus folgt aber nicht, daß unser Fragment sich auf jeden Zeitpunkt zwischen 436 und 449 beziehen kann[559]. Wir müssen wieder betonen, daß Senator zu *Attila* geschickt wurde, was den Zeitraum auf die Jahre 445 bis 449 einengt. Die Männer, die 447 mit Attila verhandelten, waren Anatolius und Theodulos, der letztgenannte als Kommandant der Streitkräfte in Thrakien. Die Reise Senators fällt daher in das Jahr 445 oder — mit noch größerer Wahrscheinlichkeit — auf 446.

Unser Fragment wurde von den meisten Hunnenforschern entweder nicht beachtet oder falsch interpretiert. Thompson[560] glaubt, in ihm die Verachtung des Priscus für den feigen Senator entdecken zu können. Nichts davon steht in dem Text. Der Schlüssel zum Verständnis sind die Worte

„obwohl er [Senator] die Bezeichnung eines Gesandten hatte“ (Pris. *EL* 122, 24 f.). Das kann nur bedeuten, daß er nicht annehmen konnte, das Volk in dem Gebiet, durch das er auf seinem Weg zu Attila ziehen mußte, würde seinen Status respektieren. Dabei kann es sich nur um jene Hunnen handeln, die gegen den Willen Attilas ihren eigenen Krieg mit den Römern führten. Senator kehrte offensichtlich nach Konstantinopel zurück, ohne seine Absicht erreicht zu haben. Hätte er Attila getroffen, würden wir über dieses Treffen bei Priscus etwas lesen.

Marcellinus Comes hat vier Eintragungen unter dem Jahr 447: In einem fürchterlichen Krieg, der noch größer als der erste war, zermalmte Attila fast ganz Europa zu Staub; die Mauern von Konstantinopel stürzten bei einem Erdbeben ein und wurden in drei Monaten wieder errichtet; Attila kam bis zu den Thermopylen; Arnegisclus fiel, nachdem er tapfer gekämpft und viele Feinde getötet hatte, in einer Schlacht gegen Attila in der Nähe des Flusses Utus in der Dacia ripensis. Diese Schlacht wird auch bei Jordanes erwähnt, der hinzufügt, daß Arnegisclus *magister militum Mysiae* war, von Marcianopel loszog und noch weiterkämpfte, als selbst sein Pferd unter ihm getötet wurde[561]. Der Fall von Marcianopel und der Tod des tapferen Generals finden sich auch im *Chronicon Paschale*[562]. Alle drei Erwähnungen des Arnegisclus gehen klarerweise auf dieselbe Quelle zurück. Wo aber las Marcellinus, daß Attila vor dem Erdbeben in den Krieg zog? Und konnte er tatsächlich gemeint haben, daß der Krieg zwischen dem 1. und dem 27. Januar begann? Offensichtlich nicht. Es scheint fast, daß die jetzt erste Eintragung unter 447 ursprünglich die letzte unter 446 war. Aus der gallischen Chronik von 452 erfahren wir nichts über den Verlauf des Krieges. Doch gibt es drei Quellen, die, wenn man sie gemeinsam betrachtet, etwas Licht auf die Abfolge der Ereignisse werfen.

Wir beginnen am besten mit dem großen Erdbeben. Im Jahre 439 wurde unter der Leitung des Cyrus, des *praefectus urbis*, die anthemianische Mauer, die die Stadt nur gegen Angriffe zu Lande im Westen schützte, entlang dem Goldenen Horn und dem Marmarameer, ausgebaut[563]. Ein Teil davon stürzte am Sonntag, dem 27. Januar 447, in der zweiten Stunde nach Mitternacht, ein[564]. Der gesamte Bezirk zwischen der Porticus Troadensis, in der Nähe des Goldenen Tores, und dem Tetrapylon, wo nun die Şehzade-Moschee steht, lag in Trümmern. Als der Morgen kam, schritten Zehntausende barfuß, mit dem Kaiser an ihrer Spitze, zum Feld des Hebdomon, wo der Patriarch einen außerordentlichen Gottesdienst abhielt.

Ob zu dieser Zeit die Hunnen bereits die Feindseligkeiten eröffnet hatten oder nicht, es war wichtig, daß die Mauern so schnell wie möglich wieder aufgestellt wurden. Das geschah auch. Flavius Constantinus, der *praefectus praetorio orientis*[565], mobilisierte die Zirkusparteien. Er teilte den Blauen die Strecke vom Blachernenpalast bis zur Porta Myriandri zu und den Grünen den Abschnitt von der Porta Myriandri bis zum Marmarameer[566]. Er ließ den Schutt aus den Wallgräben räumen, „verband Mauer mit Mauer“[567] und errichtete neue Türme und neue Tore. Ende März stand der Landwall wie vorher, „nicht einmal Pallas konnte ihn besser und schneller gebaut haben“[568].

Im *liber Heracleidi* konnte der Expatriarch Nestorius das Erdbeben nicht übergehen, denn es bewies wieder einmal, was denen geschah, „die leugneten, daß Gott, das Wort, unsterblich und ewig ist“. Er schrieb:

Gott erschütterte die Erde durch Erdbeben, wie man sich an keines erinnern kann . . . In Konstantinopel, der Kaiserstadt, stürzten die Türme der Mauer zusammen und ließen die Mauer allein stehen. [Das war zu einer Zeit], als der Barbar sich wieder gegen sie erhob, mordend über alles Land der Römer schwärmte und alles umstürzte. Und sie hatten kein Mittel, zu entkommen, und keine Zuflucht, sondern sie waren von Furcht ergriffen und ohne Hoffnung. Und er hatte sie eingeschlossen und bewirkte, daß alles, was sie zu ihrer Rettung unternahmen, unzulänglich war; und da sie ihr früheres Heil nicht begriffen, hatte er diesen Mann geschickt, den er berief, während er Schafe weidete, der gegen die geheimen Absichten im Herzen des Kaisers protestiert hatte. Und schon war er von Gott aufgerüttelt worden, und er befahl, ein Kreuz zu machen; und obwohl er, nämlich der Kaiser, ihm nicht glaubte, machte er es mit seinen eigenen Händen aus Holz und schickte es gegen die Barbaren. Ein anderes Kreuz aber stellte er im Palast auf; und wieder ein anderes auf dem Forum von Konstantinopel in der Mitte der Stadt, daß es von jedermann gesehen würde, so daß sogar die Barbaren, wenn sie es sahen, flohen und aus der Fassung gebracht wurden. Und der Kaiser selbst, der zur Flucht bereit war, gewann Vertrauen und blieb, und die Kräfte der Stadt, die geschwächt waren, gewannen wiederum an Stärke, und alles geschah so . . . Die Barbaren flohen in Verwirrung, während niemand sie verfolgte, und der Kaiser wurde sehr ermutigt, sich um sein Reich zu kümmern. [Aber die Barbaren kehrten zurück, und dieses Mal wurden die Römer] zu Sklaven der Barbaren, und sie wurden nach dem Bekenntnis geschriebener Dokumente der Sklaverei unterworfen. Die Barbaren waren die Herren und die Römer die Sklaven. So war die Oberherrschaft auf die Barbaren übergegangen[569].

Der Text ist nicht sehr klar, möglicherweise wegen der Ungeschicklichkeit des syrischen Übersetzers. Doch gewinnt man den Eindruck, daß Nestorius in seinem Exil so manche detaillierte Informationen über den Krieg in Thrakien erhalten hatte. Was er über die Flucht der Hunnen schrieb, wird tatsächlich durch die *Homilie über die Königliche Stadt* des Isaak von Antiochia bestätigt; auch dieses Dokument ist von den Hunnenforschern ignoriert worden:

Huldige wiederum der Macht, die dich vom Schwerte befreite, danke wieder dem Kreuz, damit es wiederum die Breschen abschirmt. Er [das heißt Gott] ließ nicht die Kraft im Krieg ermüden, du sahest nicht die Gesichter des Verfolgers — durch Krankheit besiegte er den Tyrannen, der drohte, zu kommen und dich als Gefangenen wegzuführen. Über den Stein der Krankheit taumelten sie, und die Streitrosse fielen und ihre Reiter — und über dem Feld, das für deine Vernichtung vorbereitet war, kehrte Ruhe ein . . . Mit der schwachen Gerte der Krankheit vernichtete er mächtige Männer und streckte sie hin, und Wildheit konnte der

Schwäche, die sie traf, nicht standhalten. Mit einem dünnen und schwachen Stab bot er den kriegerischen Mächten für dich Einhalt, die Schnellen vertrauten ihren Füßen, aber die Krankheit drückte sie nieder. Die Pferde wurden zunichte, die Reiter wurden zunichte, und die Waffen und der Angriff wurden zunichte ... Durch Krankheit streckte er die Hunnen nieder, die dich bedrohten ... Durch seinen Willen wich das Schwert ... Der Hunne begehrte deinen Besitz, und sein Wunsch wurde zur Wut — sein Begehren wechselte zu Zorn und trieb ihn zu Krieg und Schwert. Die Gierigen vermengten Begehren mit Wut und wagten es, gegen die Stadt zu ziehen — denn so ist das bei Plünderern, daß sie vom Begehren zum Streit kommen. Der Hunne hörte in der Mitte des Feldes von deiner Majestät und beneidete dich, und deine Reichtümer erweckten in ihm den Wunsch, zu kommen, um deine Schätze zu plündern. Er rief zusammen und sammelte die Tiere des Feldes, die Heerscharen der Wüste, damit er das Land in Gefangenschaft bringe. Er hing sich das Schwert zur rechten Hand, und er hatte seine Hand auf den Bogen gelegt und ihn mit dem Pfeil geprüft, den er mit ihm abschoß. Aber die Sünder spannten den Bogen und legten ihre Pfeile auf die Sehne — und die Vorbereitung hatte sich vervollkommnet, und der Feind war nahe daran, schnell zu kommen — doch da fuhr Krankheit durch das Heer und schleuderte es in die Wildnis ... Er, dessen Herz stark für die Schlacht war, wurde schwach durch die Krankheit. Er, der geschickt im Bogenschießen war, den überwältigte Krankheit in den Eingeweiden — die Reiter der Streitrosse schlummerten und schliefen, und die grausame Armee wurde zur Ruhe gebracht. Die versammelte Heerschar, in der der Hunne geprahlt hatte, sank plötzlich dahin. Der Schlachtentumult schwand ... Der Krieg mit den Fremdlingen ist zu Ende gegangen[570].

C. Moss, der Übersetzer der *Homilie*, datiert sie auf 441, „da es offenoffensichtlich unmöglich ist, daß der Autor die Ereignisse von 447 erzählt, ohne das große Erdbeben zu erwähnen". Das ist kein überzeugendes Argument. Ein Erdbeben hat in einer Homilie auf die königliche, reiche, blühende Stadt keinen Platz. Außerdem waren die Hunnen in den Jahren 441 und 442 nicht einmal in der Nähe von Konstantinopel.

Zwei Autoren beschreiben unabhängig voneinander die Flucht der Hunnen: Nestorius beschwört einen von Gott berufenen Schäfer, und der syrische Prediger schreibt sie nüchterner, jedoch in einem verschnörkelteren Stil einer „Krankheit in den Eingeweiden" zu. Dazu gibt es übrigens eine Parallele in der Belagerung von Konstantinopel durch die Araber im Jahre 717: Auch sie wurden von einer Epidemie heimgesucht, „und unzählige von ihnen starben"[571]. Die beiden frommen Autoren bewahrten uns mit allen möglichen Übertreibungen die Erinnerung an eine Phase oder zumindest eine Episode im Krieg von 447. Im April oder Mai, nachdem die Mauern wieder standen (daß es nach dem Erdbeben war, erfahren wir von Nestorius), näherte sich eine Gruppe von Hunnen dem Bosporus, und die Mauern stürzten ein. 452, fünf Jahre später, brachen die Hunnen einen Feldzug in Italien ab, als sie eine Krankheit „vom Himmel traf". Im Jahre 447 waren sie mehr vom Glück begünstigt. Die Hauptarmee unter der Führung Attilas, wie wir annehmen können, war offensichtlich von der Seuche nicht betroffen.

Callinicus war sicherlich über den Rückzug der Vorhut informiert, doch dieser war im Vergleich zu dem schrecklichen Schicksal, das der armen Bevölkerung Thrakiens widerfuhr, völlig bedeutungslos:

> Das barbarische Volk der Hunnen, derer, die in Thrakien waren, wurde so mächtig, daß es mehr als hundert Städte eroberte und beinahe Konstantinopel in Gefahr brachte, und die meisten Menschen flohen vor ihm. Sogar die Mönche wollten nach Jerusalem entweichen. Es gab so viel Morden und Blutvergießen, daß keiner die Toten zählen konnte. Sie plünderten die Kirchen und Klöster und erschlugen Mönche und Jungfrauen. Und sie verwüsteten den Hosios Alexandros [Seligen Alexander] und schleppten die Schätze und Erbstücke davon, etwas, was nie zuvor geschehen war, denn obwohl die Hunnen dem Hosios Alexandros oft nahe gekommen waren, wagte es niemand, sich dem Märtyrer zu nähern. Sie verwüsteten Thrakien derart, daß es sich nie mehr erheben und wieder so sein wird, wie es früher war[572].

Der „Selige Alexander" war die Kirche des Märtyrers in Drizipera, dem heutigen Kariştiran, an der Straße von Heraclea (Perinthus) nach Arcadiopolis[573]. Von Priscus erfahren wir, daß die römische Armee auf der Chersonesus geschlagen wurde, von Theophanes, daß die Hunnen das Meer bei Callipolis und Sestus erreichten und Athyras besetzt wurde.

Theodosius bat um Friedensbedingungen. Anatolius, der mit Attila verhandelte, war nicht in der Lage, irgend etwas abzulehnen, was der Hunnenkönig forderte. Die Tributrückstände mußten auf einmal bezahlt werden; sie beliefen sich auf 6000 Pfund Gold. Der jährliche Tribut wurde auf 2100 Pfund festgesetzt[574]. Das war schon hart genug. Das gefährlichste für die Zukunft aber war die Räumung eines weiten Territoriums südlich der Donau, eines Streifens, der „fünf Tagesreisen breit war", von Pannonien bis Novae (heute Svištov, Bulgarien)[575]. Die meisten Städte innerhalb des Grenzlandes und viele südlich und östlich davon waren zerstört worden. Naissus war verlassen; als Priscus die Stadt 449 sah, war die Gegend in der Nähe des Flußufers noch immer mit den Gebeinen der Gefallenen bedeckt; nur wenige Menschen waren dort in den Herbergen[576]. Serdica war zerstört. Doch das Volk, das geflohen war, begann langsam, zögernd und ängstlich wieder zurückzukommen. Im Grenzland aber ließ Attila nicht einmal einen römischen Schäfer zu. Er verlangte immer wieder die genaueste Erfüllung der Vertragspunkte[577]. Nur die Bauern klammerten sich an ihr Land, wie es Bauern überall und zu jeder Zeit tun. Sie flohen, wenn die Hunnen kamen, nahmen alles mit sich, was sie tragen konnten, trieben das Vieh in die Wälder und kehrten zurück, wenn der Sturm vorüber war. Der Kaiser war so wenig in der Lage, die Bauern zu vertreiben, wie es die Hunnen waren.

Und dennoch tat der Grenzstreifen, obwohl er nicht so entblößt von jeder Bevölkerung war, wie Attila es wünschte, seinen Zweck — er bewirkte, daß die Römer schutzlos waren. Die Hunnen wollten oder brauchten das Grenzland für ihre Herden nicht; es war für ihre beträchtliche Rinder- und Schafzucht wenig geeignet. Vielleicht ging Attila dort gern zur Jagd[578], aber es gab in seinem Königreich andere Jagdreviere. Die Hunnen zielten auf eines ab: die Römer von der Donau wegzudrängen und auf diese Weise das Haupthindernis zu beseitigen, das sie davon abhalten konnte, ins Reich einzubrechen. Der Donaulimes war nicht undurchdringlich. Im Winter konnten die Boote auf dem Fluß nicht eingesetzt werden, die zum Großteil barbarische Besatzung in den Befestigungen war nicht sehr verläßlich, und selbst wenn sie es war, konnte man sie überwältigen. Aber es kostete die Hunnen viel Blut, die Grenzverteidigungsanlagen zu durchbrechen. Die Verteidigungsanlagen der Balkanprovinzen entlang der Donau waren trotz ihrer Schwäche noch unvergleichlich stärker als das, was die Römer nun erhoffen konnten, südlich des neuen Grenzstreifens zu errichten. Sie waren Attilas Gnade ausgeliefert.

Im Herbst 447 war der Krieg vorüber[579]. Er begann, wenn ich die Quellen richtig lese, mit einem unkoordinierten Angriff hunnischer Heere; als er mit dem größten Sieg, den die Hunnen je davontrugen, endete, war Attila Herrscher einer Großmacht. Unsere Texte berichten uns nichts über die Aufteilung der Macht innerhalb der „Königlichen Skythen" nach Bledas Tod. Als der große Krieg ausbrach, war Attilas Ansehen zwar groß, aber noch nicht ganz gefestigt. Der Sieg war *sein* Sieg. Vom Jahr 447 an gehorchte man Attila, dem König, Oberbefehlshaber und obersten Richter[580], bedingungslos.

ATTILAS REICH

Die Ausdehnung der hunnischen Macht in der Mitte des 5. Jahrhunderts festzustellen, ist eine undankbare Aufgabe. Ein nüchterner Versuch muß notwendigerweise die stolzen Gefühle mancher verletzen und lange gehüteten Mythen widersprechen. Obwohl niemand in Ungarn wirklich noch an den großen Attila der mittelalterlichen Chronisten[581] glaubt, beherrscht sein Bild noch immer die Vorstellungen. Sicherlich nannten die Bauern, die Träger nationaler Tradition, ihre Söhne schon immer István und Lajos, aber in Budapest und Debrecen gibt es immer noch eine Menge Attilas. In den germanischen Ländern wurde Attila, *milte* und schrecklich zugleich, früh eine Gestalt von übermenschlicher Größe[582]. Selbst Historiker können sich von der Vorstellung nicht befreien, daß der hunnische König ein Vorläufer der großen mongolischen Anführer war. Grousset gab seinem Werk *L'Empire des steppes* den Untertitel „Attila, Gengiz-Khan, Tamerlane". Attilas Königreich, schrieb er, *englobait et entraînait tous les Barbares sarmates, alains, ostrogoths, gépides, etc., répandus entre l'Oural et le Rhin.* Mommsen meinte, daß die Inseln im Ozean, über die Attila, wie es hieß, herrschte, die Britischen Inseln waren[583], Thompson denkt an Bornholm im Baltischen Meer[584], Werner macht Baschkirien, 1500 Meilen westlich von Attilas Residenz, zu seiner Provinz[585].

Der geringe heuristische Wert des Vergleichs von Attilas Königreich mit den großen innerasiatischen Mongolenreichen wird leider von der Versuchung belastet, nach Analogien zu suchen, wo es keine gibt. Der Hunne war, was immer auch seine Ambition gewesen sein mochte, kein *regnator mundi*, sondern Herr über ein ziemlich genau abgegrenztes Territorium. Es war nicht viel größer als jenes, das der Dakerkönig Burebista in der Mitte des 1. Jahrhunderts v. Chr. innehatte, der in zehn Jahren seine Herrschaft von der Mündung der Donau bis in die Slowakei ausdehnte und den größeren Teil der Balkanhalbinsel unterwarf. Der kometenhafte Aufstieg Burebistas und der jähe Zusammenbruch seiner Macht waren nicht auf die den Nomadenvölkern angeblich eigenen Möglichkeiten bzw. Schwachstellen zurückzuführen. Die Daker waren keine berittenen Bogenschützen. Oder aber, um ein anderes Beispiel zu nehmen, Attila mit dem gotischen *condottiere* Theoderich Strabo („das Schielauge“) zu vergleichen, mag manchen wie ein Sakrileg klingen. Aber bei aller Verschiedenheit in der Größenordnung haben die beiden vieles gemeinsam. Für wenige Jahre in der zweiten Hälfte des 5. Jahrhunderts war Strabo der Schrecken der Oströmer. Er zwang sie, ihn zum *magister militum* zu ernennen, natürlich mit der entsprechenden Bezahlung. Er schlug eine römische Armee nach der anderen. Im Jahre 473 verpflichtete sich Kaiser Leo, ihm 2000 Pfund Gold jährlich zu zahlen[586]; das waren nur 100 Pfund weniger, als Attila als jährlichen Tribut auf der Höhe seiner Macht erhielt. Theoderich Strabo war kein zweiter Attila, aber ebenso war Attila kein zweiter Dschingis-Khan. Nach der Ermordung Bledas war Attila der Alleinherrscher über die Hunnen, sein „eigenes Volk“, τοῦ σφετέρου ἔθνους[587], Herr über die Goten und Gepiden, ein mächtiger Krieger und für einige Jahre mehr als nur ein Ärgernis für die Römer, doch nie eine wirkliche Gefahr.

Jene romantischen Seelen, die noch immer in Attila Hegels *Weltgeist zu Pferde* erblicken, sollten die Akten des Konzils von Chalcedon lesen. Unter den umfangreichen Dokumenten gibt es wenige Briefe mit gelegentlichen Anspielungen auf die Kämpfe zwischen römischen Truppen und Hunnen irgendwo in Thrakien. In den sehr detaillierten Protokollen der Versammlungen sind die Hunnen nicht erwähnt. Sicherlich waren die Bischöfe heftig in ihre dogmatischen Streitereien verstrickt, doch könnte man ihre völlige Mißachtung der tödlichen Gefahr, die nur hundert Meilen entfernt war und die Christenheit mit Vernichtung bedrohte, nicht verstehen, wenn sie wirklich so tödlich gewesen wäre.

Im Westen verliert Prosper kein Wort über die Invasion in Gallien im Jahre 451. Vielleicht hatte er persönliche Gründe dafür. Er mag in seiner Feindschaft zu Aetius diesem nicht das Verdienst für den Sieg zugestanden haben. Aber er hätte die Invasion nicht stillschweigend übergehen können, wenn er — und nicht nur er — sie nicht bloß für einen weiteren der ununterbrochenen Raubzüge der Barbaren ins Reich gehalten hätte, für eine Episode, wie später die Züge der Magyaren Episoden waren. Wie im 9. und 10. Jahrhundert niemand auch nur einen Augenblick daran dachte, daß die Magyaren sich zu den Herren Europas aufwerfen könnten, so wäre für die Römer die Vorstellung absurd gewesen, daß Attila Konstantinopel erobern und halten könnte.

Im Westen, südlich der Donau, blieb Noricum römische Provinz. 449 trafen die oströmischen Gesandten Promotus, den Statthalter Noricums, am Hofe Attilas[588].

Nördlich der Donau verteidigten die Langobarden erfolgreich ihre Unabhängigkeit gegen die Hunnen. Mit Hilfe der Geschichte von Agelmund, Lamissio und den *Vulgares* können die Kämpfe zwischen den beiden Völkern in groben Umrissen rekonstruiert werden. Die Geschichte ist bei Paulus Diaconus in der *Historia Langobardorum* erhalten; dieser nahm sie aus der *Origo gentis Langobardorum*, die um die Mitte des 7. Jahrhunderts verfaßt wurde. Nicht trotz, sondern gerade wegen ihrer Lücken und Widersprüchlichkeiten[589] ist die *Origo* ein historisches Dokument ersten Ranges. Sie steht der lebendigen Überlieferung der Langobarden unvergleichlich näher als die *Geschichte der Goten* von Jordanes-Cassiodorus, dem gotischen *cantus maiorum*. Die Geschichte lautet folgendermaßen[590]:

> Es heißt, daß die Langobarden einige Jahre lang Anthaib und Banthaib und in gleicher Weise Vurgundaib besaßen. Dort machten sie Agelmund zu ihrem König. Dieser führte sie über einen Fluß, der von Amazonen verteidigt wurde. Nachdem sie ihn überquert hatten, hielten sich die Langobarden, als sie in das Land jenseits des Flusses kamen, dort einige Zeit lang auf. Da sie in der Zwischenzeit keine Feindschaft argwöhnten, bereitete ihnen ihre Vertrauensseligkeit ein Unglück nicht geringen Ausmaßes. Zur Nachtzeit, als sie alle ruhten, in Nachlässigkeit erschlafft, stürzten sich die Vulgares über sie, erschlugen viele, verwundeten noch mehr und wüteten so in ihrem Lager, daß sie Agelmund, den König selbst, töteten und seine einzige Tochter in Gefangenschaft führten.
> Dennoch machten die Langobarden, nachdem sie nach diesem Unglück ihre Kräfte wiedergewonnen hatten, Lamissio zu ihrem König. Und dieser wandte die Waffen gegen die *Vulgares*. Doch sofort nach Beginn der ersten Schlacht wandten die Langobarden den Feind den Rücken zu und flohen in ihr Lager. Da drängte sie der König Lamissio, sich selbst mit Waffengewalt zu verteidigen. Angestachelt durch die Mahnung ihres Anführers, fielen sie über den Feind her, fochten wacker und richteten unter den Gegner ein großes Blutbad an.

Die Nachfolge Lamissios traten Lethu, Hildeoc und Gudeoc an, zu dessen Zeit Odoacar die *Rugi* schlug. „Dann [unter Gudeoc] kamen die Langobarden, die ihr Territorium verlassen hatten, ins Rugiland, und da es fruchtbaren Boden dort gab, blieben sie eine Anzahl von Jahren“[591].

Nach seinem Sieg über die *Rugi* im Winter 487/488 brach Odoacar ihren letzten Widerstand 488. Rugiland ist Niederösterreich nördlich der Donau, westlich von Korneuburg. Es ist die erste identifizierbare geographische Bezeichnung in der *Historia Langobardorum*, und 488 ist das erste fixierbare Datum. Alles, was vorher geschah, scheint in undurchdringlichem Nebel verloren. Jede Interpretation scheint so gut wie die andere zu sein.

Kemp Malone datiert den Krieg zwischen den Langobarden und den *Vulgares* in die zweite Hälfte des 2. Jahrhunderts und lokalisiert die Geschichte im Baltikum. Er gelangt zu diesem erstaunlichen Ergebnis dadurch, daß er *Vulgares* als die latinisierte Form des langobardischen **Wulg(w)aras = wulg*, „Wölfin" mit einem germanischen Pluralsuffix auffaßt[592]. Es ist wohl schwierig, eine phantasievollere Etymologie zu finden; sie wurde unter völliger Mißachtung des Textes erdacht.

In der Überzeugung, daß die Langobarden in Schlesien lebten, bevor sie nach Rugiland kamen, lokalisierten einige Gelehrte die Schlacht an der Oder[593]. Klebel ist genauer. Seiner Ansicht nach schlugen die Langobarden die *Vulgares* in der Gegend von Glogau oder noch weiter östlich[594]. Er meint, die *Vulgares* seien die Bulgaren Südrußlands; er leitet sogar ihren Namen von dem der Wolga ab[595].

Zur Diskussion steht nicht die Etymologie der *Vulgares*, sondern was der ethnische Name in den Schriften des Paulus bedeutet. In der *Historia* sind die *Vulgares*

a) die Feinde der Langobarden;

b) ein Volk, das unter den Langobarden in Pannonien, später in Italien lebte[596];

c) die Gefolgsleute des *dux* Alzeco, der sein Land verließ und sich den Langobarden unter der Herrschaft des Grimoald (662—671) anschloß; die Besiedler des früheren Samnium[597];

d) die Vulgarier an der unteren Donau[598]. Die Bulgaren von c) und d) sind offensichtlich nicht die *Vulgares* unserer Geschichte. Die pannonischen Bulgaren b), die möglicherweise ein Stamm oder eine Gruppe von Stämmen waren, die nach dem Zusammenbruch von Attilas Königreich in Ungarn siedelten, erscheinen unter diesem Namen erst in den achtziger Jahren des 5. Jahrhunderts; das ist zu spät für unsere Geschichte.

So unverläßlich die *Origo* und Paulus auch sind, wenn sie die Namen der Stationen der langobardischen Wanderung angeben[599], so folgen sie bei der Aufzählung der Könige einer Überlieferung in der — wie in jener der Goten und Burgunder — die Namen der Herrscher und deren Abfolge treu bewahrt sind. Lamissio regierte vierzig Jahre. Wie lange sein Nachfolger Lethu regierte, ist nicht bekannt[600]. Gesteht man ihm eine Regierungszeit von nur eineinhalb Jahren zu — das ist die kürzeste Regierungszeit eines Langobardenkönigs, die uns aus verläßlichen Quellen bekannt ist — und nimmt man an, daß Gudeoc sein Volk im ersten Jahr seiner Herrschaft nach Rugiland führte, würde der Krieg mit den *Vulgares* in das Jahr 446 fallen. Die durchschnittliche Herrschaftsdauer der Langobardenführer betrug neun Jahre. Gibt man Hildeoc neun Jahre, würde der Sieg in das Jahr 439 fallen. Diese Schätzungen sind zugegeben alles andere als schlüssig. Immerhin weisen beide auf die erste Hälfte des 5. Jahrhunderts. Der mächtige Feind der Langobarden müssen die Hunnen gewesen sein. Das hat man schon vor langer Zeit vermutet, und man hätte nie daran zweifeln sollen. Warum aber nannte Paulus die Hunnen *Vulgares*? Das tat er, weil seine Leser gedacht haben mochten, er meine die Awaren, wenn er von den Hunnen gesprochen hätte. In der *Historia Langobardorum* sind die *Hunni* immer die Awaren, „die zuerst Hunnen, später aber nach dem Namen ihres eigenen Königs Awaren genannt wurden“ *(qui primum Hunni, postea de regis proprii nomine Avares appellati sunt)*[601]. Auch Gregor von Tours nannte die Awaren Hunnen, und ebenso — ein Jahrhundert später — der Langobarde, der die *Origo* verfaßte. In der byzantinischen Geschichtsschreibung des 6., 7. und 8. Jahrhunderts ist der Gebrauch der Bezeichnung Οὖννοι für Ἄβαροι allgemein üblich[602].

Bis vor kurzem wäre es unmöglich gewesen, festzustellen, wo die Langobarden mit den Hunnen kämpften. Dank Werners gründlicher Bearbeitung der archäologischen Zeugnisse[603] wissen wir nun, daß Südmähren von den Langobarden besetzt war, bevor sie sich in Rugiland ansiedelten. 24 Fundstellen bezeugen ihnen längeren Aufenthalt in diesem Gebiet.

DIE HUNNEN IN ITALIEN

Die allgemein bekannten Quellen für die hunnische Invasion in Gallien im Jahre 451 wurden so gründlich studiert, daß es unwahrscheinlich ist, daß ihre Neuüberprüfung neue relevante Ergebnisse bringt[604]. Es gibt aber immer noch einige, die nicht beachtet worden sind. Wir erfahren z. B. nur aus den Briefen Papst Leos (440—461), daß die Weströmer im Frühsommer 451 erwarteten, daß Attila noch nach Italien marschieren würde.

In diesem Brief an Kaiser Marcian (450—457) vom 23. April gab Leo seiner Überzeugung Ausdruck, daß durch die Eintracht der beiden Herrscher des Reiches „die Irrtümer der Häretiker und die Feindseligkeit der Barbaren „überwunden werden würde“[605]. Das konnte zu jedem Zeitpunkt gesagt worden sein; es ist ein stets wiederkehrender Gemeinplatz. Als aber der Kaiser im Mai beschloß, ein ökumenisches Konzil im Osten, in Nicäa, einzuberufen, beschwor ihn der Papst, es zu verschieben; die Bischöfe der bedeutendsten Provinzen würden wegen des drohenden Krieges ihre Kirchen nicht verlassen können[606]. Als Marcian auf der Einberufung bestand, schickte Leo Paschasinus, den Bischof von Lilybaeum, als seinen Vertreter; Sizilien war „die sicherste Provinz“[607].

Warum Attila nicht nach Italien, sondern nach Gallien marschierte, ist nicht bekannt. Sicherlich unternahm er den Feldzug gegen die Westgoten nicht, weil er von Geiserich, deren Feind, bestochen worden war, wie Jordanes versichert[608]. Die Vorstellung, daß Agenten des Vandalenkönigs mit Goldbeuteln beladen von Nordafrika nach Ungarn durch das Reich schlichen, ist grotesk. Immer noch schenkt man dem wertlosen Bericht des Malalas, eines Chronisten aus dem 6. Jahrhundert, Glauben. Malalas brachte alles durcheinander. Er nannte Attila einen Gepiden, verwechselte Theoderich mit Alarich und verlegte die Entscheidungsschlacht von Gallien an die Donau. Von Attila heißt es, er habe Gesandte nach Rom und Konstantinopel geschickt, die den beiden Herrschern befehlen sollten, ihre Paläste für ihn bereitzumachen[609]. Gibbon und nach ihm Thompson[610] dachten, sie könnten in diesem Befehl „den tatsächlichen und ursprünglichen Stil Attilas“ wiedererkennen. Eher ist es der Stil des stumpfsinnigsten aller byzantinischen Chronisten. Ich halte nichts von der oft erzählten melodramatischen Geschichte der lasterhaften Prinzessin Honoria, von ihrer heimlichen Verlobung mit Attila und dem, was daraus folgte. Sie trägt ganz den Stempel byzantinischen Hofklatsches.

Nach der Schlacht am *locus Mauriacus* in der ersten Juliwoche des Jahres 451[611] zog sich Attila nach Ungarn zurück. Über die Situation in Gallien finden wir wiederum einige Nachrichten in den Briefen Papst Leos. Leo war bemüht, sich mit den Bischöfen jenseits der Alpen in Verbindung zu setzen, aber erst im Januar 452 kam ihr Sprecher, Ingenuus Ebredurensis, nach Rom[612]. Offensichtlich machte die starke Rivalität unter den westgotischen Prinzen nach dem Tod König Theoderichs jede Reise unmöglich.

Die Akten des Konzils von Chalcedon werfen ein schwaches Licht auf die hunnischen Einfälle in den Balkan im Jahre 451. Kaiser Marcian ließ eine Aufforderung zu einer Zusammenkunft in Nicäa am 1. September 451 ergehen. Zu dieser Zeit hoffte er dort sein zu können, „es sei denn, daß einige wichtige Staatsangelegenheiten ihn im Felde zurückhalten sollten"[613]. Es ist klar, daß er Schwierigkeiten an der Donaugrenze erwartete. Tatsächlich kam es im Sommer auch dazu. Im August bat Marcian die in Nicäa versammelten Bischöfe, für einen Sieg über den (ungenannten) Feind zu beten[614]. Er war damals in Thrakien[615]; in Teilen Illyricums waren die Kämpfe noch im Gange. Da kein Bischof von Moesia prima und Dacia ripensis am Konzil teilnahm, als es schließlich in Chalcedon zusammentrat[616], kann man annehmen, daß die Hunnen wiederum die beiden unglücklichen Provinzen verheerten. Auch Skythien wurde bedroht: Alexander, Bischof von Tomis, blieb bei seiner Herde[617].

Die archäologische Evidenz hilft nur wenig bei der Rekonstruktion des Feldzuges in Gallien. Der *Gesta Trevirorum* zufolge eroberte Attila Trier. Das scheint sich durch Ausgrabungen in letzter Zeit zu bestätigen: Die Eucheriuskirche wurde bald nach 450 zerstört[618]. Vor wenigen Jahren wurde angeblich das Fragment eines hunnischen Kessels in Nordfrankreich, angeblich in der Nähe von Troyes, gefunden[619]. Das gab der Suche nach dem Schlachtfeld in der Nähe des *locus Mauriacus*, einem Lieblingshobby von Lokalhistorikern und pensionierten Obersten, neuen Auftrieb[620].

All diese Zusätze verändern das Gesamtbild der Ereignisse von 451 nicht. Indessen erfordert Attilas Feldzug nach Italien eine neuerliche Überprüfung. Nahezu alle neueren Historiker, von Mommsen bis Thompson, nahmen ihn vor allem als Beweis dafür, welch unfähiger Staatsmann und General Aetius war[621]. Einige fromme Seelen betrachten den Krieg in Italien noch immer als ein Duell zwischen einem stümperhaften römischen Anführer und einem blutrünstigen Wilden, der mit der Intervention Papst Leos als *pontifex ex machina* glücklich endete[622]. Aetius, den seine Zeitgenossen „den letzten Römer" nannten, ist das „schwarze Schaf" für die Historiker von heute. Es liegt nicht in meiner Absicht, ihn zu rehabilitieren. Aber ich möchte unter anderem zeigen, daß Aetius nicht die dilettantischen Fehler beging, deren er bezichtigt wird.

Die erste Phase des Krieges

Die Verluste der Hunnen im Jahre 451 müssen sehr schwer gewesen sein, Die bloße Tatasche, daß Attila im Frühsommer seine Armee in Bewegung zu setzen begann, zeigt, wieviel Zeit er brauchte, um sich von der Katastrophe des Vorjahres zu erholen. Er muß sich der Gefahren eines Feldzuges in der heißen Jahreszeit bewußt gewesen sein. Warum aber griff er überhaupt an? Zweifellos war Attila „wütend über die unerwartete Niederlage, die er in Gallien hatte hinnehmen müssen", um die Chronik von 452 zu zitieren[623], die als einzige Quelle eine Art Verbindung zwischen den beiden Kriegen herstellt. Sicherlich haßte er Aetius. Warum aber wartete er nicht noch ein Jahr, um sich zu rächen? Seine Beziehungen zu den Oströmern konnten nicht schlechter gewesen sein. Als er 451 nach Gallien marschierte, scheinbar um mit den Westgoten zu kämpfen, unternahm Kaiser Marcian nichts. Aber Attila konnte nicht mit der Neutralität Ostroms rechnen, wenn er in Italien eindrang. Er mag gehofft haben, die Armee des Aetius vernichten zu können, bevor der Osten dem Westen zu Hilfe kommen konnte. Vielleicht dachte er auch, daß, wenn seine Reiter einmal das Po-Tal überflutet hätten, Aetius um Frieden bitten würde. Vielleicht erwartete er, daß Valentinian Aetius opfern würde, um seinen Thron zu retten. Wir wissen nichts über die politische Situation in Italien; sie mag die Annahme Attilas begründet haben, der Feind würde bald zusammenbrechen. Genauso aber kann es der Druck seiner eigenen Horden, die auf noch reichere Beute aus waren, gewesen sein, der den König zwang, allzu früh einen neuen Beutefeldzug zu unternehmen. Es gab Zeiten, da die Hunnen in Oberitalien nur sehr langsam vorwärtskamen, weil ihre Wagen schwer mit Beute beladen waren.

Wann überquerten die Hunnen die Julischen Alpen vom heutigen Jugoslawien nach Italien? Die Chroniken geben den Zeitpunkt nicht an, und nur wenige Jahre später war sogar die Abfolge der wichtigeren Ereignisse vergessen. Hydatius, ansonsten gut informiert, dachte, Attila marschierte von Gallien direkt nach Italien[624]; der Chronik von 511 zufolge eroberten die Hunnen Aquileia auf ihrem Rückzug von Gallien nach Pannonien[625]. Nur Priscus scheint einen Hinweis bezüglich des Datums von Aquileia zu geben:

> Die Belagerung von Aquileia war lang und erbittert, aber erfolglos, denn die tapfersten der römischen Soldaten leisteten ihm [Attila] von innen her Widerstand. Zuletzt war seine Armee unzufrieden und wollte sich zurückziehen. Attila ging zufällig gerade um die Mauern herum und überlegte, ob er das Lager abbrechen oder noch länger bleiben sollte, da bemerkte er, daß weiße Vögel, nämlich Störche, die ihre Nester auf den Giebeln der Häuser bauten, ihre Jungen aus der Stadt und gegen ihre Gewohnheit auf das Land hinaustrugen. Da er ein sehr kluger Beobachter war *(sagacissimus inquisitor)*, verstand er das und sagte zu seinen Soldaten: „Ihr seht, wie die Vögel die Zukunft voraussehen. Sie verlassen die Stadt, weil sie sicher sind, zugrunde zu gehen, und geben die Festung auf, die durch die bevorstehende Gefahr zum Untergang

verurteilt ist. Glaubt nicht, daß dies ein bedeutungsloses oder ungewisses Zeichen ist; Furcht, die daraus entsteht, was sie vorhersehen, hat ihre Gewohnheit geändert.“ Was soll ich noch weiter erzählen? Er entflammte die Herzen der Soldaten, so daß sie Aquileia aufs neue angriffen[626].

Wenn die Geschichte des Priscus einen wahren Kern haben soll, dann müßte der Fall von Aquileia auf Ende August oder Anfang September datiert werden müssen. Nach Plinius verlassen die Störche Italien nach den Vulcanalia, am 23. August[627]. Die Belagerung soll drei Monate gedauert haben[628]. Die Hunnen hätten dann die Julischen Alpen im Mai oder Juni überquert. Es ist aber mehr als zweifelhaft, daß die Geschichte von Attila und den Störchen eine solche Interpretation erlaubt. Sie scheint eher ein Licht auf die abergläubische Scheu zu werfen, mit der seine Untertanen, vor allem die Germanen, zu dem König aufblickten.

Der Vogelflug wurde von Griechen, Römern und Germanen als schicksalsverkündend betrachtet. Wie viele Helden der germanischen Überlieferung verstand Hermenegisclus, der König der *Varni*, die Sprache der Vögel[629]. Die Westgermanen betrachteten Rabe und Storch als prophetische Vögel[630]. Man könnte daher vermuten, daß Germanen Priscus diese Geschichte erzählten; sie mögen über Attila gesprochen haben, wie in späteren Zeiten die Schweden und Norweger über die gefürchteten Hexenmeister der Finnen und Lappen sprachen. Priscus selbst war möglicherweise über den Aberglauben der Griechen vor und nach ihm nicht erhaben, in deren Augen die „Skythen“ große Zauberer waren. Der hyperboreische Zauberer im *Philopseudes*[631] des Lukian zaubert übernatürliche Wesen hervor, ruft Tote ins Leben zurück, läßt Hekate erscheinen und zieht den Mond herab. In Kaiserin Eudocias *Gesprächen mit dem Märtyrer Cyprian* (Λόγοι εἰς μάρτυρα Κυπριανόν) erzählt Cyprian, wie die Skythen ihn die Sprache der Vögel lehrten, wie er lernte, die Laute von Brettern und Steinen, das Knarren von Toren und Türangeln und die Gespräche der Toten in ihren Gräbern zu verstehen[632]. Geiserich, ein anderer „Skythe“ und wie Attila „ein sehr weiser Mann“, deutete genau den Flug des Adlers über dem schlafenden Marcian[633]. So ist es sehr gut möglich, daß diese Geschichte von Leuten erzählt wurde, die auch geneigt waren, sie zu glauben, aber selbst sie ist von ungewisser Herkunft.

Tatsächlich ist die Geschichte von Attila und den Störchen von Aquileia die Variante einer Erzählung, die im Kapitel 122 des *Chin shu*, der Biographie des Lü Kuang, der Turkistan für den Kaiser Fu Chien der Früheren Chin wiedereroberte. Im Februar 384 belagerte er Ch’iu-tz’u (Kuchā). „Wieder einmal rückte er vor, um die Stadt anzugreifen. In der Nacht träumte er, daß ein goldenes Bild über die Mauern der Stadt hinausflog. Kuang sagte: ‚Das bedeutet, daß Buddha und die Götter sie verlassen. Die Hu werden sicher zugrunde gehen‘.“[634]

Volkskundeforscher werden wahrscheinlich auch andere Versionen dieser Geschichte anführen können und sie vielleicht in engere Verbindung mit den sprichwörtlichen Ratten bringen, die das sinkende Schiff verlassen, eine Geschichte, die im Westen weit verbreitet ist. Aber Erzählungen wie jene, die über Attila und Lü Kuang erzählt wurden, sind in Europa unbekannt[635]. Es müssen die Hunnen gewesen sein, die sie aus dem Osten brachten.

Verlassen wir die Störche von Aquileia und kehren wir zu den Briefen Papst Leos zurück: sie bieten eine bessere Grundlage für die Datierung des Beginns der hunnischen Invasion. Am 22. Mai 452 schrieb Leo lange Briefe an Marcian, Pulcheria, Anatolius und Julian, den Bischof von Kios, in denen er erklärte, warum er die Disziplinarverordnungen, die vom Konzil von Chalcedon verabschiedet worden waren, nicht billigen könne[636]. Hier steht kein Wort, mit dem angedeutet würde, daß Italien zum Kriegsschauplatz geworden wäre. Dasselbe gilt für den Brief, den der Papst an Theodor, den Bischof von Forum Julii[637], am 11. Juli schickte. Der Erlaß, in dem er die Bedingungen über die Absolutionserteilung in der Bußverordnung definiert, könnte in jedem beliebigen Jahr seines Pontifikats verfaßt worden sein[638]. Es ist unvorstellbar, daß der Mann, der es diktierte, das Schicksal der Städte und Befestigungen in Norditalien stillschweigend übergangen haben sollte, wären sie tatsächlich bereits von den Hunnen angegriffen worden. Aquileia war noch nicht gefallen; wahrscheinlich war es noch nicht einmal belagert.

Und dann gibt es die *Novella Valentiniana* 36 vom 29. Juni 452 über die Pflichten von Schwein-, Rinder-, Schaf- und Ziegeneintreibern, eine Sache, die offensichtlich von keinerlei Interesse für die Hunnenforscher ist und daher von ihnen nicht beachtet wurde. Aber die *Novella* ist das einzige Dokument des Jahres 452, das eine Anspielung auf den Krieg enthält. In der Einleitung lobt der Kaiser Aetius, der sogar „in den kriegerischen Verwirrungen und beim Schmettern der Trompeten“ Zeit findet, an die Fleischversorgung der Heiligen Stadt zu denken. Der Gegenstand der *bellicae curae* des Aetius Ende Juni konnte nur die Hunneninvasion sein. Attilas Horden stiegen im Frühsommer 452 in die Ebenen herab[639].

Wenn man Prosper glauben darf, wäre die Invasion für Aetius eine völlige Überraschung gewesen. Er schrieb:

> Nachdem Attila die Verluste, die er in Gallien erlitten hatte, ersetzt hatte, plante er, Italien über Pannonien anzugreifen. Unser General hatte keine Vorbereitungen getroffen, wie er es im ersten Krieg getan hatte, so daß nicht einmal die Verteidigungsanlagen in den Alpen, wo der Feind hätte aufgehalten werden können, eingesetzt wurden. Er dachte, daß das einzige, worauf er hoffen konnte, die gemeinsame Flucht mit dem Kaiser aus Italien wäre. Dies aber schien so schamlos und gefährlich, daß das Ehrgefühl in ihm die Furcht überwand[640].

Es ist erstaunlich, daß alle modernen Historiker Prosper glaubten. „Die Neuigkeit von Attilas Ankunft in Italien“, sagt Thompson, „muß den Patrizier mit der Gewalt eines Blitzes getroffen haben“.[641] Nichts konnte der Wahrheit ferner liegen.

Die Pässe über die Julischen Alpen, um damit zu beginnen, können in keiner Weise mit dem Gotthard oder sogar dem Brenner verglichen werden. In der *Historia Langobardorum* beschrieb Paulus Diaconus die Zugänge zur Halbinsel:

Italien ist von den Wellen des Tyrrhenischen Meeres und der Adria umschlossen, doch vom Westen und Norden ist es von den Alpen so zugeriegelt, daß es nur durch enge Pässe und über hohe Berggipfel betreten werden kann. Vom Osten her aber, wo es mit Pannonien verbunden ist, hat es einen offeneren und flacheren Zugang[642].

Zweitens bestand der Limes im Karst[643] aus leichten Befestigungsanlagen oder besser Straßensperren und Wachtürmen, die von Kräften besetzt waren, die nicht in der Lage waren, einem entschlossenen Angriff zu widerstehen[644]. Sie konnten den Feind bestenfalls aufhalten, jedoch nicht zum Stehen bringen.

Drittens, und das ist das wichtigste, handelte Aetius genauso, wie andere Generäle vor und nach ihm in der gleichen Situation handelten. Sechsmal im Laufe des 5. Jahrhunderts drangen Feinde in Italien ein[645]. Stets stieg der Feind vom Osten in die Ebene herab — möglicherweise machte das Heer des Radagaisus eine Ausnahme, aber das ist nicht wahrscheinlich — jedesmal überquerte er die Pässe der Julischen Alpen, ohne dort auf irgendeinen Widerstand zu stoßen. Das gilt für Alarich in den Jahren 401 und dann 408, für die oströmische Armee unter Aspar 425, für Attila 452 und die Ostgoten Theoderichs im Jahre 489. Weder Stilicho noch der Usurpator Johannes, noch Odoacar verteidigten Italien an den Pässen. Man könnte dagegen einwenden, daß sie nicht genügend Truppen hatten, sowohl für die Pässe als auch, wenn man dort durchgebrochen war, für die Ebene. Aber 388 hatte der Usurpator Maximus eine sehr starke Armee, und dennoch machte er keinen Versuch, Kaiser Theodosius aufzuhalten; der Kaiser „überquerte die leeren Alpen" *(vacuas transmisit Alpes)*[646]. Im Jahre 394 lagen die Alpen wiederum „offen" vor der Armee des Theodosius[647]. Der Kampf um Italien begann im Tal des Isonzo oder vor den Mauern von Aquileia.

Attila konnte an der Festung nicht vorüberziehen — ihre Garnison scheint in Erwartung der Belagerung verstärkt worden zu sein[648]. Erst nachdem Attila Belagerungsmaschinen eingesetzt hatte[649], die offensichtlich von römischen Deserteuren oder Gefangenen gebaut worden waren, wurden Breschen in die Mauern von Aquileia geschlagen, und man stürmte die Stadt. Sie wurde völlig ausgeplündert; wer nicht rechtzeitig fliehen konnte, wurde massakriert oder in Gefangenschaft geschleppt[650]. Die Verwüstung war sicherlich grausam, aber die Behauptung des Jordanes, daß nichts von der einst großen Stadt übrigblieb, ist eine der Übertreibungen, mit der später die hunnischen Greueltaten, so gewaltig sie waren, über jedes Maß vergrößert wurden. Um die Mitte des 6. Jahrhunderts war Aquileia schon lange wieder aufgebaut. Es ist wahr, daß die Befestigungsanlagen noch nicht wiederhergestellt waren. Der Ostgote Theoderich und der byzantinische General Narses zogen 489 bzw. 552 an der Stadt vorbei. Aber nur wenige Jahre nach der Verwüstung durch die Hunnen war Aquileia wiederum Bischofssitz[651]. Die christliche Gemeinde gewann an Bedeutung, als immer mehr Flüchtlinge zurückkehrten[652]. Im 6. Jahrhundert wurde eine Basilika mit einem prachtvollen Mosaikboden errichtet[653]. Der Metropolit von Aquileia war gleichrangig mit den Metropoliten von Mailand und Ravenna[654].

In der Po-Ebene

Jordanes nennt, wahrscheinlich Priscus folgend, drei Städte, die in die Hand der Hunnen fielen: Aquileia, Mediolanum (Mailand) und Ticinum (Pavia) — und spricht ebenso vage über die „verbleibenden Städte der Veneter" und „fast die Gesamtheit Italiens"[655]. Paulus Diaconus kopierte Jordanes[656], da er aber aus Cividale stammte, war er natürlich mehr an den Städten Oberitaliens interessiert als Jordanes. Zuerst zählte er drei Orte in der Nähe von Aquileia auf: Concordia, Altinum und Patavium, und dann „alle Städte von Venetia", nämlich, *hoc est*, Vicetia (Vicenza), Verona, Brixia (Brixen) und Pergamum (Bergamo)[657]. Es ist sehr gut möglich, daß die Hunnen tatsächlich alle diese Orte einnahmen, aber das *hoc est* des Paulus macht die Liste einigermaßen verdächtig[658].

Die Hunnen überquerten den Po und verwüsteten die Provinz Aemilia südlich des Flusses. Nach seinen Erfahrungen vor Aquileia konnte Attila nicht hoffen, die unvergleichlich stärkere Festung Ravenna einzunehmen. Wie Alarich ein halbes Jahrhundert früher hätte er gegen Rom marschieren können, wo sich der Kaiser aufhielt[659]. Doch die Hunnen überquerten den Apennin nicht. Ob sie es versuchten und dabei zurückgeschlagen wurden, oder ob sie von Aetius in der Ebene in so schwere Kämpfe verwickelt wurden, daß Attila keine Truppen für einen Angriff erübrigen konnte, ist nicht bekannt. Möglicherweise waren die Reihen der Hunnen durch Krankheiten bereits gelichtet. Vielleicht waren viele Reiter eilends nach Ungarn zurückbeordert worden. Unsere einzige Informationsquelle ist eine Passage bei Hydatius: „Hilfstruppen wurden vom Kaiser Marcian ausgeschickt, und unter dem Kommando des Aetius wurden sie [die Hunnen] geschlagen. In gleicher Weise wurden sie in ihren eigenen Wohnsitzen teils durch vom Himmel geschickte Seuchen, teils durch die Armee Marcians unterworfen." *(Missis per Marcianum principem Aetio duce caeduntur auxiliis pariterque in sedibus suis et caelestibus plagis et per Marciani subiuguntur exercitum*[660]*.)*

Das wurde oft mißverstanden. Man hat behauptet[661], daß der *dux* Aetius ein oströmischer General, der Kommandant der Truppen war, die die Hunnen *in sedibus suis* angriffen, und der zufällig denselben Namen trug wie der weströmische Generalissimus. Hydatius macht aber einen deutlichen Unterschied zwischen den *auxilia*, die dem Aetius von Marcian geschickt wurden, und Marcians *exercitus*. Es gibt keinerlei Ursache, die Existenz von zwei Generälen zu postulieren, die beide Aetius hießen und beide mit den Hunnen kämpften[662]. Die Passage wirft einiges Licht auf die Vorbereitungen, die Aetius getroffen haben mußte, als die erste Nachricht über Attilas Pläne ihn erreichte. Da die oströmischen *auxilia* nicht durch Pannonien marschieren konnten, müssen sie von Häfen im Osten nach Italien, wahrscheinlich nach Ravenna, gesegelt sein. Die Truppen zu den Einschiffungshäfen zu bringen, die Schiffe zu sammeln, Vorsorge für die Verpflegung der Soldaten und das Futter für die Pferde in den Ankunftshäfen zu treffen, all das erforderte beträchtliche Zeit. Wenn eine Expedition wirkliche Hilfe für den Westen bedeuten sollte, konnte sie nicht improvisiert sein. Aetius und die Regierung in Konstantinopel müssen den Plan einer koordinierten

Aktion gegen die Hunnen für den Fall, daß Attila Italien angreifen sollte, ausgearbeitet haben.

Nach Paulus Diaconus eroberten die Hunnen Mediolanum und Ticinum, die beiden Städte wurden aber weder geplündert noch wurden deren Bürger niedergemacht. Wie eine Predigt zeigt, die gehalten wurde, nachdem die Hunnen Mailand räumten[663], war Paulus falsch informiert. Viele Häuser und Kirchen waren zerstört[664]. Die Basilika des heiligen Ambrosius[665] war in Brand gesteckt worden und eingestürzt[666]. Die Hunnen töteten nicht wenige Kleriker und Laien[667]. Dennoch überlebten viele, nicht weil die Hunnen so milde waren, sondern weil die Mailänder schneller davonliefen als die Hunnen sie verfolgen konnten: schwer mit Beute beladen waren die hunnischen Wagen zu langsam, *ut velocissimi equites tarda atque onere gravata suo trepidantium plaustra fugerunt*[668]. Es ist sehr gut möglich, glaube ich, daß Aetius die Städte Norditaliens aufgab, um den Zug der wilden Horden zu verlangsamen. Ihr Verlust mag der Preis gewesen sein, der für die Rettung Roms bezahlt wurde. Attila errichtete seine Residenz im Kaiserpalast[669]. Seine Reiter plünderten und mordeten nach Herzenslust.

Die Hunnen blieben nicht lange in Mailand[670]; sie räumten die Stadt und zogen sich nach Osten zurück. Lebensmittel und Futter für die Pferde müssen zwischen den ausgebrannten Ruinen schwer aufzutreiben gewesen sein; außerdem schlug Krankheit „vom Himmel" die Hunnen[671]. Das erfahren wir nur von Hydatius. Sicherlich wußte auch Prosper von der Epidemie, die unter den Hunnen wütete, aber nach seinen Angaben fiel das Verdienst der Rettung Italiens vor den Wilden ausschließlich dem Heiligen Vater zu.

Norditalien wurde für die Hunnen, was es fünfzig Jahre vorher für die Westgoten Alarichs gewesen war, *regio funesta*[672], ein Land des Todes, wo „eine Seuche wütete, die durch schlechte Nahrung gebracht und durch die Hitze der Jahreszeit verschlimmert wurde"[673]. Die Lage, in der sich Attilas Heer befand, muß fast jener von 447 geglichen haben, als er vor Konstantinopel stand. Vielleicht kann sie am besten mit dem Schicksal der fränkischen Eindringlinge im Jahre 540 verglichen werden, die „nicht imstande waren, irgendwelche Nahrung zu bekommen außer Rindern und dem Wasser des Po. Die meisten von ihnen wurden von Durchfall und Ruhr befallen, die sie nicht loswerden konnten, da ihnen die richtige Ernährung fehlte. Tatsächlich sagt man, daß ein Drittel der fränkischen Armee auf diese Weise zugrunde ging."[674] Das gleiche Schicksal traf eine andere fränkische Armee im Jahre 553: sie wurde fast ausgelöscht[675]. Es scheint, daß die Goten, von denen viele unter Attila kämpften, für epidemische Krankheiten außerordentlich anfällig waren[676].

Der Rückzug

In wenigen Wochen, höchstens einem Monat wären die Hunnen unter dem dreifachen Angriff der Truppen des Aetius, der Armee Marcians und der Seuche gezwungen worden, zurück nach Ungarn zu reiten. Doch in diesem Augenblick entschlossen sich die Römer, mit Attila zu verhandeln. Mit den Worten Prospers:

Nach all den Überlegungen des Kaisers, des Senats und des römischen Volkes fand man nichts Besseres, als eine Gesandtschaft zu dem schrecklichen König zu schicken und um Frieden zu bitten. Im Vertrauen auf die Hilfe Gottes, der, wie er wußte, sich den Taten der Frömmigkeit nie versagte, nahm der hochheilige Papst Leo gemeinsam mit dem Exkonsul Avienus und dem Expräfekten Trygetius diese Verhandlungen auf sich. Und dies ging nicht anders aus, als der Glaube es erwartet hatte. Der König empfing die ganze Delegation höflich, und er fühlte sich durch die Anwesenheit des höchsten Priesters so geschmeichelt, daß er seinen Männern befahl, die Feindseligkeiten einzustellen, und mit dem Versprechen, Frieden zu halten, hinter die Donau zurückkehrte[677].

Wie soll man diese Passage interpretieren? Hydatius, ein getreuer Sohn der Kirche, weiß nichts über eine solche Gesandtschaft. Es bedarf nicht erst eines Beweises, daß in der Mitte des 5. Jahrhunderts das „römische Volk" nichts zu entscheiden hatte, und es ist mehr als zweifelhaft, daß Attila von der Heiligkeit des Pontifex oder des obersten Schamanen der Römer, wie er ihn wahrscheinlich nannte, so überwältigt war, daß er sanftmütig Frieden schloß. Und doch erfand Prosper dieses Zusammentreffen nicht. Auch Jordanes wußte davon und nannte sogar den Ort, wo Leo Attila traf[678]. Was aber war dann die Mission des Papstes? Er selbst erwähnt sie nie, weder in seinen Schriften noch in seinen Briefen, noch in seinen Predigten. Schon früh schmückten Legenden die Begegnung des Papstes, der ein Heiliger wurde, mit dem Hunnenkönig, der zur „Geißel Gottes" wurde, aus[679]. Paulus Diaconus weiß von einem ehrwürdigen alten Mann, der an der Seite Leos stand und den König mit einem gezückten Schwert bedrohte[680]. Dieser Mann ist das christliche Gegenstück zu Achilles und Athena Promachos, die Athen vor Alarich beschützten[681]. Der Krieger bei Paulus gleicht gewissermaßen Gott Mars und dem heiligen Petrus, der „in allen Notfällen dem Papst nahe war"[682]. Es ist ein hoffnungsloses Unterfangen, diese Geschichten auf ihren historischen Gehalt zu untersuchen.

Ein glücklicher Umstand hat einen Brief bewahrt, den die östlichen Bischöfe im Jahre 512 oder 513 an Papst Symmachus schickten[683]. Aus ihm erfahren wir, daß Leo mit Attila über die Freilassung von Gefangenen in der Hand der Hunnen verhandelte, nicht nur der Christen, sondern auch, „wenn man das glauben kann", der Juden und Heiden[684]. Wie erfolgreich Leo war, wissen wir nicht, aber es ist ohne weiteres glaubhaft, ja sogar wahrscheinlich, daß Attila die vornehmeren Gefangenen freiließ, natürlich für ein ansehnliches Lösegeld[685]. Die anderen, für die niemand zahlen wollte, wurden ins Land der Hunnen weggeschleppt. Kein Chronist war an ihrem Schicksal interessiert. Was mit ihnen geschah, werden wir in Kürze erfahren.

Attilas Feldzug war schlimmer als ein Fehlschlag. Er konnte die Römer nicht zwingen, mit ihm einen neuen Vertrag abzuschließen, ihm wiederum Tribut zu zahlen oder ihn neuerlich zum *magister militum* zu ernennen. Der verhaßte Aetius blieb der faktische Herrscher des Westreiches. Die Beute mag beträchtlich gewesen sein, aber sie war zu einem hohen Preis erkauft; zu viele hunnische Reiter lagen tot in den Städten und auf den Feldern Italiens. Ein Jahr später brach Attilas Königreich zusammen[686].

Nachwirkungen

Im März 458 bat Nicetas, der Bischof von Aquileia, Papst Leo um Hilfe und Rat. Sein Brief ist nicht erhalten, der Inhalt aber kann aus der Antwort Leos rekonstruiert werden[687]. Zu Beginn spricht der Papst von den Wunden, die der Feind geschlagen hatte. Durch die Katastrophen des Krieges und die furchtbaren Überfälle des Feindes wurden Familien zerrissen, die Männer in die Gefangenschaft geführt, und ihre Frauen blieben verlassen zurück. Nun haben sich mit Gottes Hilfe die Dinge zum Besseren gewendet. Einige der Totgeglaubten sind heimgekehrt. Leo entschied, daß die Frauen, die sich wieder verheiratet hatten, zu ihren früheren Ehemännern zurückkehren sollten. Er teilte dem Bischof mit, was mit denen geschehen sollte, die in der Gefangenschaft durch Hunger und Terror dazu gezwungen worden waren, Opferfleisch zu essen, und mit jenen, die von Häretikern getauft wurden. Leo beschloß den Brief mit der Forderung, daß dessen Inhalt den Mitbrüdern des Bischofs und den anderen Bischöfen der Provinz zur Kenntnis gebracht werden sollte.

Ein halbes Jahr später richtete Neon, der Bischof von Ravenna, weitere Fragen an den Papst. Einige der zurückgekehrten Gefangenen sehnten sich nach dem heilbringenden Wasser der Taufe; sie waren in Gefangenschaft geraten, als sie noch von nichts Wissen hatten und konnten sich in der Unwissenheit ihrer Kindheit nicht erinnern, ob sie schon getauft worden waren oder nicht. Solle man sie taufen, was aber bedeuten könnte, daß sie zweimal getauft würden[688]?

Die theologischen und moralischen Probleme sind für die vorliegende Studie ohne Interesse. Worauf es ankommt, ist die Tatsache, daß Männer und Kinder, die wenige Jahre vorher in die Gefangenschaft geschleppt worden waren, in die Diözesen von Aquileia und Ravenna zurückkehrten. Der einzige Feind, der dort gewesen war, waren die Hunnen. Die Umstände, unter denen die Hunnen ihre Gefangenen heimkehren ließen, werden in einem späteren Kapitel erörtert werden (s. Seite 122). Wenn man bedenkt, wie viele gestorben waren und wie viele noch immer zurückkamen, kann man sich vorstellen, wie groß die Zahl derer gewesen sein muß, für die niemand Lösegeld zahlte. Hervorzuheben ist, daß der Papst nichts über Frauen sagte, die heimkehrten. Sie blieben offensichtlich in den Harems der hunnischen Adligen und zogen mit ihnen nach dem Zusammenbruch des Königreichs in die nördlichen Balkanprovinzen. Die Häretiker, die die Kinder tauften, müssen arianische Goten und möglicherweise Gepiden gewesen sein[689].

ZUSAMMENBRUCH UND FOLGEN

Attila verbrachte die letzten Monate seines Lebens mit der Vorbereitung eines Feldzugs gegen den Osten. Im Frühherbst 452 drohten seine Gesandten dem Kaiser Marcian, daß ihr Herr „die Provinzen verwüsten werde, weil ihm das, was ihm von Theodosius versprochen worden war, nicht gezahlt wurde; das Schicksal seiner Feinde würde schlimmer sein als üblich“[690].

Der Priscustext, an den sich Jordanes hielt, ist teilweise im Fragment *EL* 9 erhalten[691]. Attila schickte die Gesandten nach seiner Rückkehr von Italien und vor den Ereignissen, auf die sich das Fragment *EL* 11 bezieht. Der Friede, den Maximus mit den Blemmyern und Nobaden schloß, sah vor, daß die Barbaren wiederum Zutritt zu den Isistempeln auf der Insel Philae haben sollten. Da ein Priester der Blemmyer (ein Stamm, der im heutigen Sudan lebt) dem Osiris und der Isis auf der Insel Philae am 19. Dezember 452 eine Inschrift widmete[692], kann der Friede nicht später als im Oktober oder November geschlossen worden sein[693]. Der Kaiser wies die Forderungen der Hunnen mit noch größerer Festigkeit zurück als im Jahre 450. Zu dieser Zeit hatte sich Attila auf dem Höhepunkt seiner Macht befunden. Seit damals war sein Ruhm verblaßt, der Mythos seiner Unbesiegbarkeit war dahin, seine Armeen geschlagen, seine Hilfsquellen stark eingeschränkt. Obwohl die Schlacht beim *locus Mauriacus* genaugenommen unentschieden ausging, war für die Hunnen eine Schlacht, die sie Tausende von Reitern kostete und in der sie weder Gefangene machen noch die Toten berauben konnten, eine verlorene Schlacht. Der Einfall in Italien endete mit einem Fehlschlag. Es waren nun Jahre vergangen, seit Attila von einer der beiden Reichshälften Tribut erhalten hatte. Obwohl wir keine Beweise für Unruhen unter seinen germanischen Untertanen oder unter der herrschenden Schichte der Hunnen haben, können wir getrost annehmen, daß die ersteren mehr denn je ausgebeutet wurden und die letzteren in zunehmendem Maße mit dem König unzufrieden waren, dem es nicht gelang, sie mit Beute und Gold zu versorgen. Dennoch blieb Attila ein furchteinflößender Gegner. Marcian war „beunruhigt über seinen wilden Feind“[694]. Glücklicherweise starb Attila zu Beginn des Jahres 453.

Sein Zeitgenosse Prosper, von dem Cassiodorus abschrieb, der Chronist Victor Tonnenensis aus dem 6. Jahrhundert und die gallische Chronik von 511[695] stimmen in dieser Jahresangabe überein. Nach Hypatius starb Attila kurz nach seinem Rückzug aus Italien[696]; die Angabe „454“ bei Marcellinus Comes[697] ist sicherlich falsch. Die Umstände von Attilas Tod wurden bald mit allen möglichen Erfindungen ausgeschmückt[698].

Mit Ausnahme eines nicht sehr aufschlußreichen Vermerkes bei Marcellinus Comes und ein paar unbedeutender Zeilen in der *Vita s. Severini*[699], ist Jordanes die einzige Quelle für die Ereignisse nach Attilas Tod. In den *Romana* erwähnt er ihn nebenbei. In den *Getica* hängt er von Cassiodorus und, entweder direkt oder durch Cassiodorus, von Priscus ab; gelegentlich warf er einen Blick auf eine Landkarte[700]; hauptsächlich verließ er sich auf mündliche Überlieferung. Die Resultate sind mager. Die Geschichte des

Barbarenlandes jenseits der Donau nach Attilas Tod kann nur in den gröbsten Umrissen rekonstruiert werden:

Die Söhne Attilas „forderten, daß die *gentes* [die hunnischen *gentes*] unter ihnen in gleicher Weise geteilt und die kriegerischen Könige mit ihren *populi* ihnen wie ein Familienbesitz *(instar familiae)* zugewiesen werden sollten". Eine Koalition von germanischen Stämmen unter der Führung des Gepidenkönigs Ardarich revoltierte[701]. Nach einer Reihe von Schlachten schlugen sie die Hunnen in Pannonien am Fluß Nedao. Unter den angeblich dreißigtausend erschlagenen Hunnen war auch Ellac, Attilas ältester Sohn.

Die Goten kämpften nicht am Nedao[702]. Manche Goten schlossen sich vielleicht den Rebellen an, andere standen wahrscheinlich loyal zu den Hunnen. Goten zogen noch 468 mit den Hunnen. Die große Masse des Volkes blieb neutral. Über diesen Punkt herrscht allgemein Einigkeit. Zwei Fragen bleiben aber offen: Wann fand die Schlacht am Nedao statt, und wo ist der Nedao?

Revocatio Pannoniarum

Nach der Angabe des Marcellinus Comes tobte der Kampf zwischen den Barbaren 453 noch immer. Vor dem Sommer 455 wurden die Hunnen geschlagen. Das folgt aus dem *Panegyricus auf den Kaiser Avitus* des Sidonius Apollinaris. Im Herbst 455 „gewann Avitus die verlorenen pannonischen Provinzen nach so vielen Generationen durch einen bloßen Marsch wieder zurück."[703] Diese beiden Verse verwirrten Historiker mehr als zweihundert Jahre lang. *Je ne sçai pas quelle verité il peut y avoir dans ce que dit Saint Sidoine, qu'Avite avoit réiun les Pannoniens*, schrieb Tillemont, und es scheint fast, daß wir nicht viel gescheiter sind.

Da ist erstens die Frage des Zeitpunktes. Avitus wurde am 9. Juli 455 in Arles zum Kaiser ausgerufen; am 21. September betrat er Italien[704]. Am 11. Januar 456 war er in Rom, wo Sidonius seinen Panegyricus hielt[705]. Wann war er in Pannonien? Nicht zwischen Juli und September, wie Stevens annahm[706]. Nicht einmal wenn Avitus Gallien, unmittelbar nachdem er auf den Thron gehoben worden war, verließ, was unwahrscheinlich ist, konnte er nicht nach Norden gereist sein, sich ostwärts gewandt haben, Rätien und Noricum durchquert haben, die Unterwerfung der Barbaren in Pannonien entgegengenommen haben und im September schon in Italien gewesen sein. Er kann auch nicht später losgezogen sein. Italien von der Westgrenze her — Avitus kam von Gallien — zu den Julischen Alpen zu durchqueren und nach Pannonien vorzurücken, sich dort — wenn auch nur wenige Tage — aufzuhalten und im Winter nach Italien zurückzukehren, um zu Jahresende in Rom zu sein, dazu brauchte man unvergleichlich mehr Zeit, als Avitus im letzten Vierteljahr von 455 hatte. Nicht Avitus, sondern einer seiner Offiziere war in Pannonien. Was dieser dort erreichte, wurde nach der Tradition des βασιλικὸς λόγος dem Kaiser zugeschrieben[707].

Sidonius schwelgte in den außergewöhnlichsten Lobpreisungen auf Avitus. Wie Claudian bei solchen Gelegenheiten vor ihm setzte er die gesamte göttliche Maschinerie in Bewegung, um den versammelten Senatoren den neuen Herrscher als den Retter der Welt vorzustellen. Jupiter erzählt den Göttern und Göttinnen, sogar den Faunen und Satyren die Taten des Helden. Wohl unterrichtet durch den Dichter, der zufällig auch des Herrschers Schwiegersohn war, beschreibt der „Donnerer" nicht nur genau alles, was Avitus für das geliebte Gallien getan hatte, er lädt auch die Zuhörer ein, mit ihm in die Jahre zurückzublicken, als der zukünftige Augustus noch als Knabe Herakles nachahmte und eine Wölfin mit einem Stein tötete. Er läßt nichts aus; er verschwendet vierzig Hexameter für die Schilderung eines Zweikampfes zwischen Avitus und einem Hunnen. Der Panegyricus umfaßt 603 Zeilen. Aber erst ganz zum Schluß spielt Sidonius in eineinhalb Versen auf das an, was, wie man glauben sollte, die glorreichste Tat des Avitus war — die Wiedergewinnung der pannonischen Provinzen, „dessen Marsch allein genügte, die pannonischen Provinzen wiederzugewinnen" *(cuius solum amissas post saecula multa / Pannonias revocavit iter)*. Die Diskrepanz zwischen den Worten des Sidonius und der Bedeutung des Ereignisses ist augenfällig. Das Westreich verlor eine Provinz nach der anderen an die Barbaren. Erst sieben Monate zuvor hatten die Vandalen Rom so gründlich geplündert, daß wir heute noch immer von Vandalismus sprechen. In einer solchen Zeit hätte die Wiedergewinnung der so lange verloren gewesenen beiden Pannonien von Sidonius als der Beginn einer neuen Ära gepriesen werden müssen. Er hätte Avitus mit Alexander, Scipio, dem göttlichen Julius und all den anderen großen Feldherren der Vergangenheit vergleichen müssen. Statt aber einen Päan zu singen, flüstert Sidonius, wie um bloß nicht zu vergessen, daß Pannonien wieder römisch war.

Seeck nahm an, daß Avitus nach Pannonien zog, um das Land von den Hunnen zurückzugewinnen und dort in größerer Nähe zu Konstantinopel auf die Anerkennung durch Marcian zu warten, bevor er sich den Senatoren vorstellte[708]; dagegen wandte Stein richtig ein, daß es für Avitus der ungeeignetste Weg gewesen wäre, die Gunst Marcians zu gewinnen, wenn er in den Donauprovinzen eingegriffen hätte; er nahm an, daß die Aktion des Avitus diesem in Wirklichkeit die Anerkennung durch die Regierung im Osten kostete[709].

Die *revocatio Pannoniarum* wird in den Chroniken nicht erwähnt. Sicherlich sind sie nicht sehr ausführlich, aber doch nicht so knapp, daß sie ein so bedeutsames Ereignis übergangen haben könnten. Weder westliche noch östliche Quellen enthalten auch nur eine Anspielung auf die angebliche Wiedereroberung der Provinzen. Allerdings haben die *Fasti Vindobonenses priores* unter 455 den seltsamen Vermerk: „und Sabaria wurde durch ein Erdbeben sieben Tage vor den Iden des September an einem Freitag zerstört" *(et eversa est Sabaria a terrae motu VII idus Septembr. die Veneris)*[710].

Solang Pannonia prima unter römischer Herrschaft stand, war Sabaria, das heutige Szombathely (Steinamanger), die bedeutendste Stadt der Provinz. Das letzte Mal wird auf sie in der *Notitia Dignitatum* des frühen 5. Jahrhunderts indirekt Bezug genommen, wo (*occ.* 7, 82) die *lanciarii Sabarienses* aufgezählt werden. Wie die anderen Römer in Pannonien muß die Bevölkerung von Sabaria in der ersten Hälfte des 5. Jahrhunderts ein elendes Leben geführt haben; aber irgendwie hielten sie aus, vielleicht weil sie mit germanischen Siedlern in ihrer Nachbarschaft, die wie die Hunnen die Handwerker der Stadt brauchten, zu einer Übereinkunft kamen. Als die Macht der Hunnen zusammenbrach, lebten noch immer Römer in Sabaria. Die Eintragung in der Chronik, die bis auf den Wochentag genau das Erdbeben angibt, setzt die Wiederaufnahme von Verbindungen mit den Weströmern voraus. Pannonien wurde nicht wieder römisch — Sidonius hätte sonst anders darüber gesprochen — es war aber wieder, wenn auch nur ganz locker, im Wirkungsbereich der römischen Macht.

Sidonius stellt *iter* den *bellis* gegenüber. Die Offiziere des Avitus kämpften nicht in oder für Pannonien, weder gegen die Hunnen noch gegen irgendwelche anderen Barbaren. Avitus brauchte alle Truppen, die er hatte, seine eigenen und die, welche — wie er hoffte — die Westgoten ihm für den Kampf gegen Geiserichs Vandalen schicken würden. Avitus wird Libyen für Rom zurückgewinnen, ruft Sidonius aus, unmittelbar, bevor er zur Wiedergewinnung von Pannonien kommt. Der einzig denkbare Grund für die Offiziere des Avitus, nach Pannonien zu gehen, muß derselbe gewesen sein, den Marcian zwei Jahre später hatte, als er seine Offiziere in die Donauländer schickte, um Soldaten für den Krieg gegen die Vandalen zu rekrutieren. Avitus konnte keinen Erfolg erwarten, solange Pannonien in der Hand der Hunnen war. Und dieser Umstand, gemeinsam mit dem Bericht über das Erdbeben in Sabaria, setzt voraus, daß zu dieser Zeit die Macht der Hunnen schon zusammengebrochen war. Die Schlacht am Nedao wurde spätestens im Sommer 455 ausgefochten.

Eine Passage bei Sidonius in seinem *Panegyricus auf Anthemius* weist auf einen noch früheren Zeitpunkt. Im Jahre 454 reiste der zukünftige Herrscher, damals ein *comes*, „die Ufer der Donau und die Grenze in ihrer ganzen Ausdehnung entlang, ermahnte, ordnete, prüfte und sorgte für die Ausrüstung“[711]. Diese Verse spiegeln die Situation nach der Schlacht am Nedao wider, als die geschlagenen Hunnen, einige ihrer alanischen Verbündeten und Splitter vor germanischen Stämmen, die auf der Seite der Hunnen gekämpft hatten, die Donau an etlichen Stellen überquerten und sich dort ansiedelten. Die Schlacht fand im Jahre 454 statt.

Der Fluß Nedao

Der Name Nedao scheint nur bei Jordanes auf. Das muß nicht unbedingt bedeuten, daß der Nedao ein unwichtiges Flüßchen war. Auch die Namen von drei weiteren Flüssen in Pannonien[712] und von zwei in Dacien[713] scheinen nur bei Jordanes auf; er ist der einzige Autor, der den Bug, sicherlich ein wichtiger Fluß, unter dem rätselhaften Namen Vagasola anführt[714]. Andererseits ist es denkbar, daß die Überlieferung den Namen eines Baches bewahrte, der etwa so klein war, wie die Katzbach, wo Blücher Macdonald im Herbst 1813 schlug.

Keiner der verschiedenen Versuche, den Nedao zu lokalisieren, hat Erfolg gehabt. Es kann sich nicht um die Neutra, einen linken Nebenfluß der Donau[715], handeln, weil die Neutra nicht in Pannonien fließt. Nato, einmal bei Marcellinus Comes erwähnt[716], klingt einigermaßen ähnlich wie Nedao, hat aber mit ihm nichts zu tun[717]; Nato war eine Festung in der Nähe von Horreum Margi, einer Stadt, die nicht in Pannonien, sondern in Moesia superior lag[718]. Netabio, nach der Angabe des Anonymus von Ravenna eine *civitas* in Pannonien[719], wurde möglicherweise nach dem Fluß benannt[720]; unglücklicherweise kann Netabio nicht lokalisiert werden. Nedao ist vielleicht der Ablativ von *Nedaus < *Nedavus[721], ein Name, der keltisch klingt. Wenn das stimmte, würde es auf das südliche Pannonien hinweisen, das alte Land der Skordisker und Tauriner; Neviodunum, Mursa, Sopiana, Taurunum, Cornacum und Singidunum, die alle im südlichen Pannonien liegen, waren ursprünglich keltische Ansiedlungen[722]. Nedao kann auch illyrisch sein[723]. Die Form des Namens hilft uns in keiner Weise bei der Lokalisierung der Schlacht.

Auch aus dem Singular *Pannonia* in den *Getica* 260 können keinerlei Schlüsse gezogen werden[724]. Jordanes benützt beide Formen, *Pannonia* und *Pannoniae*, wobei er die erstgenannte Form etwas vorzieht[725]. *Pannonia* kann der Name für das ganze Territorium zwischen Vindomina (Vindobona) und Sirmium sein[726]; oder von einer der beiden Provinzen, Pannonia prima und secunda[727]; oder von beiden. Es kann auch einfach das frühere römische Land östlich der Alpen und nördlich von Dalmatien bedeuten[728].

Linguistik und Philologie bringen uns also nicht weiter. Allerdings gibt es eine Passage in den *Romana* des Jordanes, die auf die Region hinweist, in der der Nedao zu suchen ist.

Am Ende der *Romana* fügte Jordanes eilig die letzten Neuigkeiten hinzu, den Sieg der Langobarden über die Gepiden im Jahre 552[729]. Mehr als 6000 Mann fielen auf beiden Seiten. Von einer solchen Schlacht, fügte er hinzu, hat man nicht gehört „an jenen Orten zu unseren Zeiten seit den Tagen Attilas, mit Ausnahme jener, die vor dieser Schlacht unter dem magister militum Calluc gleichfalls mit den Gepiden stattgefunden hatte, oder des Kampfes von Mundo mit den Goten“ *(in nostris temporibus a diebus Attilae in illis locis, praeter illa quae ante hanc contigerat sub Calluce mag. mil. idem cum Gepidis aut certe Mundonis cum Gothis)*.

Im Jahre 536 bekämpfte Justinians General Mundo die Ostgoten in „Dalmatia“[730], das „nicht weit von den Grenzen Pannoniens entfernt“ war[731]. Drei Jahre später, 539, drangen Gepiden in die römischen Provinzen südlich der Donau, vor allem in die Dacia ripensis, ein[732]. Sie zogen von ihrem erst vor kurzer Zeit erworbenen Territorium in Pannonia secunda los. Calluc schlug sie zurück, aber die Gepiden sammelten sich wieder, und die Römer erlitten eine vernichtende Niederlage[733]. Der Krieg im Jahre 551 begann mit einem Angriff der Langobarden auf die Gepiden mit Stoßrichtung auf Sirmium.

Die beiden Feldzüge wurden in „Dalmatia“ und zwischen der Morawa und der Save geführt. Jordanes vergleicht die großen Schlachten „in diesen Gebieten“ mit jenen, die dort in den Tagen Attilas ausgefochten wurden. Er muß dabei an die Schlacht am Nedao gedacht haben; es gab keine andere große Schlacht in Pannonien oder in der Nähe davon in der Mitte des 5. Jahrhunderts. Der Nedao war ein Fluß im *südlichen* Pannonien, wahrscheinlich ein Nebenfluß der Save[733].

Für die Ereignisse nach 454 ist Jordanes wiederum unsere hauptsächliche, doch glücklicherweise nicht unsere einzige Quelle. Es gibt reiches Material in zeitgenössischen Dokumenten: Gedichte, Briefe des Papstes, Kirchengeschichten, die Korrespondenz zwischen Kaiser Leo und den Bischöfen des Ostreiches und natürlich, wenn auch indirekt, die Priscusfragmente. Gemeinsam mit den *Getica* erlauben sie eine ziemlich genau Rekonstruktion der letzten Periode der hunnischen Geschichte.

Jordanes schreibt (als Ellac erschlagen worden war): „. . . wurden seine übrigen Brüder in die Nähe des Ufers des Schwarzen Meeres in die Flucht getrieben, wo, wie wir sagten, die Goten sich zuerst *(prius)* ansiedelten."[734] Die Gepiden besetzten Dacia, das Territorium der Hunnen; die anderen Nationen, die früher Untertanen Attilas gewesen waren, erhielten vom Kaiser Marcian die ihnen zur Besiedelung zugewiesenen Wohnsitze. Dann wendet sich Jordanes den Goten zu: „Als nun die Goten sahen, daß die Gepiden für sich selbst das Territorium der Hunnen verteidigten und daß das Volk der Hunnen wiederum an seinen alten Wohnsitzen siedelte *(suis antiquis sedibus)*, zogen sie es vor, vom Römischen Reich eher Land zu erbitten, statt die Gebiete der anderen unter Gefahr anzugreifen. So erhielten sie Pannonien."

Macartney[735], und nach ihm Thompson[736] dachten, „die alten Wohnsitze" wären jene der Hunnen und lokalisierten sie aus zwei Gründen im Donau-Theiß-Becken. Erstens, meinten sie, Dacia war Transsilvania; zweitens, die Goten waren in Pannonien. Dadurch entsteht eine geographische Lücke, weil Dacia sich nie westlich der Theiß erstreckte. Die Hunnen hatten dort vorher gelebt und kamen nun nach einer kurzen Flucht ostwärts dorthin zurück.

Indessen war die Dacia der Gepiden bei Jordanes *nicht* identisch mit dem römischen Dacia. In den *Getica* 33 stellt er ausdrücklich fest, daß die Theiß *durch* das Land der Gepiden floß, *discurrit*. Es ist richtig, daß eine Menge von dem, was Jordanes über die Ereignisse in den folgenden Jahren erzählt, keinen Sinn ergibt, wenn die Hunnen im pontischen Gebiet gelebt haben sollen. In diesem Sinn hat Macartney recht, aber das gibt ihm nicht das Recht, den Jordanestext zu entstellen. Was Jordanes behauptet, ist unmöglich, aber was er meint, ist klar; die Hunnen flohen an die Gestade des Pontus, den alten Wohnsitz der *Goten*. Wie wir gleich sehen werden, hielt sich eine große Zahl von Hunnen lange Zeit im nordwestlichen Balkan auf.

Alföldi[737] und Schmidt[738] lokalisierten die Goten in Südrußland, bevor sie Pannonien „erhielten". Wie aber reisten sie, nicht nur die Krieger, sondern das ganze Volk, mit ihren Wagen und Herden von dort nach Ungarn? Erbaten sie von den Gepiden ein Transitvisum durch Transsilvanien? Sie waren, meinte Alföldi, von den Hunnen *aufgescheucht*. Die Hunnen aber zogen dorthin, wo die Goten sich *zuerst* angesiedelt hatten, zu den *alten* Wohnsitzen des Volkes und nicht zu denen, die sie zur Zeit des Zusammenbruchs von Attilas Königreich besetzt hielten. Diese Mißverständnisse rühren davon, daß man die anderen, vorher erwähnten Quellen nicht beachtete. Bevor wir uns diesen zuwenden, müssen wir noch einmal Jordanes (*Get.* 265) Gehör schenken:

> Die Sauromaten, die wir Sarmaten nennen, und die Cemandri und einige von den Hunnen wohnten in Castra Martis, einer Stadt, die ihnen im Gebiet von Illyricum gegeben worden war.

Mit Sarmaten meint Jordanes offensichtlich jene sarmatischen Stämme, die, wie die Jazygen, vor den Hunnen in Ungarn waren. Über die *Cemandri* s. Seite 120. Jordanes setzt fort:

> Von diesem Stamme *(ex quo genere)* war Blivila, der Fürst von Pentapolis, und sein Bruder Froila und ebenso Bessa, ein Patrizier zu unserer Zeit.

Blivila und Froila sind germanische Namen[739], Bessa war „ein Gote von Geburt, einer von denen, die von alters her in Thrakien gewohnt hatten und Theoderich nicht gefolgt waren, als er die gotische Nation von dort nach Italien führte“[740].

> Überdies erhielten die Skiren und die Sadagarii und einige der Alanen mit ihrem Anführer Candac Scythia minor und Moesia inferior (Jord. *Get.* 265; 266).

Über die *Sadagarii* s. Seite 301. Braun verbesserte *certi Alanorum* zu **ceteri Alanorum*, was die *Sadagarii* zu Alanen machen würde; *certi Alanorum* hat aber eine enge Parallele im vorangehenden *quidam ex Hunnis*:

> Die Rugier aber und einige andere Stämme baten, sie Bizye und Arcadiopolis bewohnen zu lassen. (Jord. *Get.* 266.)

Bizye ist das heutige Vize, Arcadiopolis das heutige Lüleburgaz, 50 Meilen nordwestlich von Konstantinopel.

> Hernac, der jüngere Sohn Attilas, wählte mit seinen Gefolgsleuten einen Wohnplatz im entferntesten Teil von Scythia minor. Emnetzur und Ultzindur, seine Verwandten, bemächtigten sich *(potiti sunt)* der Plätze Oescus und Utus und Almus in Dacia am Ufer der Donau, und viele der Hunnen, die damals überall umherschwärmten, begaben sich in die Romania; ihre Nachkommen werden bis auf den heutigen Tag Sacromontisi und Fossatisii genannt. (Jord. *Get.* 266.)

In den *Getica* bedeutet *potiri* „mit Gewalt einnehmen“ (vgl. Jord. *Get.* 108, 138, 145, 250, 264, 288). Utus, an der Mündung des Flusses Utus (Vit)[742], Oescus, in der Nähe des heutigen Gigen, an der Mündung der Isker[743], und Almus, das heutige Lom[744], lagen in der Dacia ripensis.

Im 5. und 6. Jahrhundert bedeutete *fossatum*[745] „Militärlager“. Die *fossatisii* im Osten entsprechen den *castriciani* und *castellani* im Westen[746]. Procopius zählt vier *fossata* auf: eines in Mösien, das des Longinus im Lande der *Tzanni*, das *fossatum* des Germanus in Armenien und das Gesila-*fossatum* in Haemimontus[747]. Gesila[748] ist gotisch *Gaisila[749]. Die Garnison war offensichtlich von Goten besetzt. *Fossatisii*, ein lateinisches Wort mit griechischer Endung, weist auf Mösien hin, wo die beiden Sprachen einander begegneten[750]. Die hunnischen *Fossatisii* waren wahrscheinlich jene des Lagers in Mösien. Die *Sacromontisi* haben ihren Namen vielleicht vom „Heiligen Berg“ in Thrakien erhalten[751].

Obwohl der größere Teil der Hunnen ihre Stammesorganisation behielt, waren viele führerlos, gebrochene Männer, die keine andere Wahl hatten, als sich den Römern zu ergeben. Jordanes nennt im Gegensatz zu Ernach, Emnetzur und Ultzindur und deren Gefolgsleuten die Hunnen, die „überall umherschwärmten und in die Romania einbrachen". Er macht ebenso einen Unterschied zwischen den hunnischen Anführern und den alanischen und germanischen Flüchtlingen — die Hunnen *bemächtigten* sich des Landes, die anderen *erhielten* es. Im übrigen ist die Liste der germanischen Flüchtlinge, der Skiren, Rugier und der Goten, in Castra Martis ziemlich instruktiv; hätten sie gegen die Hunnen gekämpft, wären sie nicht über die Donau geflüchtet. Jordanes gibt so vage Angaben über die Herkunft des Blivila, Froila und Bessa, weil er, hätte er klar gesagt, daß sie Goten waren, zugegeben hätte, daß Goten unter Attilas Söhnen kämpften.

Nach 455 gab es zwei hunnische Siedlungsgebiete innerhalb des Reiches: eines unter Ernach in der Dobrudscha, das andere in Dacia ripensis. Vom erstgenannten hören wir nichts vor 465. Die westlichen Hunnen hingegen wurden bald, nachdem sie den ersten Schock überwunden hatten, wieder aktiv. Das erfahren wir von Jordanes und von der nordischen *Hervararsaga*.

DER ERSTE GOTISCH-HUNNISCHE KRIEG (ca. 455 n. Chr.)

Die Zeilen 119 bis 122 des altenglischen Gedichtes *Widsith*[752] spielt kurz auf einen Krieg zwischen Hunnen und Goten an:

> Wulfhere suchte ich und Wyrmhere: dort war der Krieg oft erbittert, als die Hræde mit scharfen Schwertern ihre alten Sitze vor dem Volk des Ætla beim Wistlawood verteidigen mußten[753].

Die *Hræde* sind die Ostgoten, *Ætla* ist Attila und Wistlawood ist Vistula Wood oder der Wald des Vistulavolkes.

Eine andere, viel spätere Version derselben Tradition ist im *Lied von Angantyr*, dem ältesten Teil der isländischen *Hervararsaga*, erhalten. Heusler und Ranisch stellten das „Lied" an die erste Stelle in ihrer Ausgabe der *Eddica minora*[754]. Einige seiner Stanzen haben einen so archaischen Klang, daß Heusler und Genzmer das Original (von dem das „Lied" abgeleitet ist und von dem es noch so viel enthält) in die Mitte des 1. Jahrtausends datierten. Nachdem es einmal in die *Hervararsaga* übernommen worden war[755], versuchten die isländischen Bearbeiter, das „Lied" in den Bezugsrahmen der Saga einzubauen; eine Anzahl von Versen wurde in Prosa aufgelöst. Aber sogar in seiner verdünnten Form steht das „Lied"[756] dem heroischen Epos der Völkerwanderungszeit näher als jedes andere germanische Gedicht.

Heithrek, König der Goten, hatte zwei Söhne, Angantyr und, von einer hunnischen Frau, Hloth. Hloth wurde von seinem Großvater mütterlicherseits, Humli, dem Hunnenkönig, aufgezogen. Nach Heithreks Tod forderte Hloth gleichen Anteil am Erbe:

Die Hälfte will ich haben / von Heidreks Erbe
von Pfriem und Pfeil / und jedem Pfennig
von Kuh und Kalb / und knirschender Mühle
von Dirne und Dienstknecht / und deren Kinder
Den mächtigen Wald, / den sie Myrkwid heißen,
das heilige Grabmal, / das in Gotland liegt,
den strahlenden Stein / am Gestade des Danpar,
die Hälfte der Heerburgen, / die Heidrek besaß,
Land und Leute / und lichte Ringe.

Angantyr war zu einem Kompromiß bereit, aber sein Ratgeber Gizur, der Anführer der Grytingen, wandte ein, daß dem Sohn einer Leibeigenen zuviel angeboten wurde. Wutentbrannt kehrte Hloth zu den Hunnen zurück. Als der Frühling kam, zogen König Humli und Hloth ein so großes Heer zusammen, daß an kampfbereiten Männern im Hunnenland Mangel herrschte. Sie ritten durch Myrkwith. Als sie aus dem Wald herauskamen, sahen sie ein Schloß. Dort regierte Hervor, die Schwester Angantyrs und Hloths, und mit ihr Ormar, ihr Pflegevater. In der nun folgenden Schlacht wurde Hervor getötet. Ormar entkam und berichtete Angantyr:

Vom Süden komm' ich / Kunde zu bringen:
verbrannt ist Myrkwid, / der mächtige Wald,
überströmt das Gotenland / von der Streiter Blute.

Angantyr schickte Gizur als Boten, um die Hunnen zur Schlacht herauszufordern. Der Platz sollte sein:

Entbiet sie zur Dylgia / auf die Dunheide /
jene Walstatt / bei den Jassarbergen /

wo die Goten so oft gesiegt hatten. Die Schlacht dauerte acht Tage. Zuletzt mußten die Hunnen weichen; Angantyr erschlug Hloth und Humli. Die Hunnen ergriffen die Flucht, und die Goten erschlugen so viele, daß die Flüsse aufgestaut wurden und ihre Ufer überfluteten und die Täler mit toten Kämpfern und Pferden angefüllt waren.

Das Gedicht *Widsith* und das *Lied von Angantyr* nehmen auf dieselbe Schlacht Bezug: (1) die Goten kämpfen mit den Hunnen: (2) sie verteidigen ihre alten Wohnsitze, „das heilige Grabmal, das in Gotland liegt"; (3) dort hatten sie oft Siege davongetragen; (4) die Goten schlagen die Hunnen; (5) Wyrmhere ist Ormar.

Man sollte meinen, daß diese Angaben in Verbindung mit dem Namen der Personen und der Plätze es vergleichsweise leichtmachen sollten, festzustellen, wann und wo diese Schlacht geschlagen wurde. Vorausgesetzt natürlich, daß das „Lied" nicht reine Erfindung ist. Die zahlreiche Literatur beweist aber das Gegenteil. Eine Zeitlang war Heinzels Interpretation weitgehend anerkannt — man nahm an, daß der Kern der Geschichte der Sieg der verbündeten Westgoten und Römer über die Hunnen in Gallien 451 war[757]. Nachdem diese Ansicht aufgegeben wurde, lokalisierte man das Schlachtfeld in der Nähe des Waldaigebirges in Rußland, in Südschlesien, irgendwo in der Ukraine und in der Nähe des Marchfeldes in Niederösterreich. Die vorgeschlagenen Daten reichen vom Anfang bis zur Mitte des 5. Jahrhunderts. Verständlicherweise erhob sich die Frage, ob das Problem überhaupt gelöst werden könnte. War es nicht eine Gleichung mit zu vielen Unbekannten? Die Mehrheit der Germanenforscher neigt nun anscheinend dazu, die Schlacht der Hunnen *nicht als die dichterische Formung eines geschichtlichen Ereignisses, sondern einer geschichtlichen Zuständigkeit*[758] zu betrachten, was immer das heißen soll. Es waren aber nicht so sehr die Kompliziertheit des Problems und die Unschärfe der Dichtersprache, die allen Versuchen, die Schlacht zu datieren und zu lokalisieren, zu trotzen schienen, als die wilden Vermutungen der Philologen. Wenn das Dun von Dunheide mit dem Don identifiziert wird, die Jassarberge mit Jasaníky (ein Hügelland, das zwischen den Sudeten und den Karpaten liegt), Gizur mit dem Vandalen Geiserich und Heithrek mit dem Gepiden Ardaric, so wird diese Hunnenschlacht zu einer geographischen und historischen Monströsität[759].

Johannson[760] bewies, daß die Namen Harwaða[761] und Grafá in der *Hervararsaga* nichts mit dem ursprünglichen „Lied" zu tun haben. Arnheimár, „Flußheim", ist kein richtiger Ortsname; er kann jedenfalls nicht lokalisiert werden. Dylgia, Vers 11, Dilgia und Dyngia bedeuten „Kampf, Feindschaft"[762]. Myrkwiðr, „finsterer Wald", kann auf einer Landkarte[763] ebensowenig gefunden werden wie *der schwarze Wald* in Stefan Georges „Waffengefährten": *er zog mich heut aus manchen fesseln. Im schwarzen wald wo unheil haust war ich verstrickt in tiefen nesseln.* Es bleiben Danpar, Dun und Iassar. Trotz der Zweifel, die Heinzel vorbrachte[764] und die teilweise von Schramm wiederholt wurden[765], ist Danpar sicherlich der Dnjepr. Duna ist die Donau[766]. Der Name Iassar wird später erörtert werden. Mit Ausnahme von Grytingaliði, „der Anführer der Grytingen = *Greutungi*", sind die Personennamen obskur.

Ganz offenbar besteht der einzig vernünftige Weg, sich dem Problem der Hunnenschlacht zu nähern, darin, sich nach einem historischen Ereignis umzusehen, das in den geographischen Rahmen des „Liedes" paßt. Wann und wo trugen die Ostgoten einen entscheidenden Sieg über die Hunnen davon? Nicht in Südrußland. Dort wurden sie im 4. Jahrhundert angegriffen, geschlagen und blieben mit Ausnahme derer, denen die Flucht gelang, ihren hunnischen Herren bis zum Ende treu. Dennoch ergehen sich Baesecke[767] und Altheim[768] in wilden Spekulationen über die Jassarberge, die sie mit den Osseten im Kaukasus verbinden. Baesecke, dem Altheim auch darin folgt, bringt Dylgia und Kosa dolgjana in der Nähe von Mariupol in der Ukraine zusammen. *Kosa dolgaja* — das ist die korrekte Form — ist gut Russisch und bedeutet „eine lange, enge Landzunge"[769]. Kosa dolgaja am südöstlichen Ufers des Asowschen Meeres[770] ist nirgends breiter als 500 Meter und eignet sich für eine Reiterschlacht etwa wie der Gipfel des Matterhorns. Schramms Annahme, daß irgendwann vor 375 die Goten mit Nomaden zusammenstießen, die die spätere Überlieferung zu Hunnen machte, ist reine Willkür[771]. Malone macht unter Mißachtung aller anderen geographischen Bezeichnungen Vistula im *Widsith* zur Basis einer seltsamen Hypothese[772] — die Hunnen sollen, nachdem sie den Süden von Ermanarichs ostgotischem Königreich überrannt hatten, versucht haben, die Ostgoten im Vistulatal zu besiegen; der immer wieder aufgenommene Kampf hat ein glückliches Ende. Unnötig zu sagen, daß die Vistulawälder für hunnische Reiter undurchdringlich waren.

Jungandreas meint, daß der Dichter die Schlacht an der Vistula lokalisierte, weil die Sitze der Goten in der altenglischen Dichtung gewöhnlich im Nordosten lag[773]. Schramm nimmt an, daß Vistula an Stelle von Dnjepr steht, weil niemand in England im 8. Jahrhundert je von dem Fluß in Südrußland gehört hatte[774]. Linderski gibt die meiner Meinung nach beste Erklärung für den vermutlichen Fehler[775]: König Alfreds Wislelond ist alten Landkarten entnommen, sowohl in der *Divisio orbis terrarum* als auch in der *Dimensuratio provinciarum* „*Dacia finitur ab occidente flumine Vistula*". *Wislelond* liegt östlich von Mähren und westlich von Dakien. Die Goten kämpften mit den Hunnen nicht in Schlesien, sondern irgendwo im Karpatenbecken. Es muß den Philologen überlassen bleiben, zu entscheiden, wie Vistula zu *Widsith* wurde oder was es bedeutete.

Die Hunnenschlacht spiegelt die Kriege wider, die die Goten gegen die Hunnen *nach* dem Zusammenbruch von Attilas Königreich führten[776]. Wir sind von Jordanes gut über sie informiert:

> Um nun zu dem Stamm zurückzukehren, mit dem wir begannen, nämlich den Ostgoten, die in Pannonien unter ihrem König Valamir und dessen Brüdern Thiudimer und Vidimer wohnten. Obwohl ihre Territorien voneinander getrennt waren, waren sie eines Sinnes *(consilia tamen unita)*. Denn Valamir siedelte zwischen den Flüssen Scarniunga und Aqua nigra, Thiudimer am Pelso-See und Vidimer zwischen ihnen beiden. Da geschah es, daß die Söhne Attilas, die die Goten als von ihren Herrschaft abgefallene Deserteure betrachteten, gegen sie zogen, wie um flüchtige Sklaven zu suchen *(velut fugacia mancipia requirentes)*, und griffen nur Valamir an, während seine Brüder nichts davon wußten. Der aber hielt ihnen mit wiewohl geringer Macht stand, hielt sie lange Zeit in Atem und überwältigte sie dann völlig, so daß kaum ein Teil des Feindes übrigblieb. Der Rest wandte sich zur Flucht und suchte die Teile Skythiens auf, die am Fluß Danaber liegen, den die Hunnen in ihrer Sprache Var nennen. Darauf sandte er die Freudenbotschaft seinem Bruder Thiudimer, und just an jenem Tag, an dem der Bote eintraf, fand Thudimer sogar noch größere Freude in seinem Hause vor. Denn an diesem Tag wurde ihm sein Sohn Theoderich geboren[777].

Diese Passage stellt eine Reihe schwieriger Probleme. Wo sind z. B. die beiden Ströme, zwischen denen Valamir wohnte? Weder Scarniunga noch Aqua nigra ist anderswo erwähnt. Alföldi identifiziert Aqua nigra mit Karasica, einem Nebenfluß der Drau (Drava) in der Annahme, Karasica gehe auf Karasu, türkisch „schwarzes Wasser", zurück[778]. Das wurde von Moór[779] bestritten. Es gibt so viele „Schwarze Wasser" zwischen Wien und Belgrad, daß Valamirs Territorium überall gewesen sein kann, wenn der Name des Flusses das einzige wäre, wonach man sich richten könnte. Es ist richtig, daß Aqua nigra nicht die Raab sein kann, wie so lange angenommen wurde und wie man auch jetzt wieder annimmt, aber allein im nordwestlichen Ungarn gibt es die Schwarza, den Schwarzbach, den Schirnitzbach und den Csörnöpatak, ein jetzt veralteter, ursprünglich slawischer Name des oberen Herpenyő, eines Nebenflusses der Raab[780]. Andere „Schwarze Wasser“ können überall in der Pannonia secunda gefunden werden. Der Pelso-See ist der Plattensee. Wenn Vidimer zwischen Thiudimer am Plattensee und Valamir, dessen Gebiet offensichtlich im Süden an diesen anschloß, siedelte, dann muß Valamir sich in der Nähe der Drau niedergelassen haben. Alföldis Grundannahme war richtig, wenn auch die Einzelheiten nicht stimmten[781].

Die Goten lebten in Pannonien, sie besetzten aber nicht die beiden pannonischen Provinzen von einer Grenze zur anderen. Das ergibt sich nicht nur aus der oben zitierten Quelle — die Hunnen griffen Valamir an, „als seine Brüder nichts davon wußten“, was eine durchgehende gotische Besiedlung ausschließt —, sondern ebenso aus dem Bericht über den zweiten hunnischen Angriff: ein Teil des inneren Pannonien war von den Sadages besetzt. Zwei Passagen in der *Vita S. Severini* zeigen, daß das östlichste Noricum mediterraneum gotisch war[782]. Die kleinen ostgotischen Fibeln, die in der Slowakei nördlich der Donau gefunden wurden[783], weisen auf Ostgoten hin, die den Amalerfürsten nicht folgten.

Wann und unter welchen Umständen sich die Goten in Pannonien niederließen, ist nicht bekannt. Daß sie nicht nach Attilas Tod hierherzogen, ist nun fast allgemein anerkannt. Wenn auch Jordanes behauptet haben mochte, daß die Goten Pannonien nur deswegen von Marcian „erhielten“, um die Bindung zwischen ihnen und den Oströmern zu betonen, hatte er möglicherweise recht. Avitus versuchte zu einer Übereinkunft mit ihnen zu gelangen, offensichtlich kam es aber zu nichts. Während es um seine Finanzen so schlecht bestellt war, daß er gezwungen war, die Bronzestatuen von Rom einzuschmelzen und das Metall zu verkaufen, um die Soldaten zu bezahlen, konnte es sich der reiche Osten leisten, den Goten Subsidien zu bezahlen; nicht so viel wie den Gepiden, aber genug, um sie einige Jahre lang ruhig zu halten.

Wann griffen die Hunnen die Goten an? Enßlin, der zuerst den Krieg auf den Winter 456/457 datierte[784], nahm später dieses übergenaue Datum zurück[785]. Es hat den Anschein, daß auch das Datum von Theoderichs Geburt den Zeitpunkt des gotischen Sieges bestimmen konnte. Unglücklicherweise können sich die Historiker nicht über das Jahr einigen. Es kann 454, 455 und sogar 456 sein[786]. Außerdem könnte die Verbindung zwischen dem gotischen Sieg und der Geburt Theoderichs sehr gut dem Wunsch entsprechen, das heroische Leben des großen Königs mit einem günstigen Ereignis, das seine spätere Größe ankündigt, beginnen zu lassen. Jedenfalls kann die Schlacht am Nedao nicht viele Jahre vor dem hunnischen Angriff auf die Goten stattgefunden haben. Der Krieg muß wahrscheinlich um 455 datiert werden.

Woher kamen die Hunnen, und wohin flohen sie? Die Einwände gegen den angeblichen Zug der Goten vom Schwarzen Meer nach Pannonien gelten ebenso für den Marsch einer hunnischen Armee vom Pontus nach Ungarn. Macartney stellt richtig die Frage[787], wie die Hunnen ungehindert durch die Gebiete all der dazwischenliegenden Nationen reiten konnten. Er verdirbt seine Sache damit, daß er den Text in den *Getica* ändert. Die Hunnen, behauptet er, kamen nicht nur von ihrem Zentrum zwischen Donau und Theiß, sie kehrten auch nach ihrer Niederlage durch die Goten dorthin an die Donau und nicht an den Dnjepr zurück.

Der Text bei Jordanes, der vorhin übersetzt wurde, lautet folgendermaßen: *pars ostium . . . in fuga versa eas partes Scythiae peteret, quas Danabri amnis fluente praetermeant, quam lingua sua Hunni Var apellant.*

Die *variae lectiones* des Flußnamens sind verwirrend. Für *danabri* in *H* haben *PVO danubri* und *XYZ danapri*; *danubii* scheint nur im *Codex Ambrosianus* auf, der von falschen Schreibweisen strotzt; *danubri* ist offensichtlich eine Mischung aus *danabri* und *danubii*. Die Schreiber waren sich nicht sicher, was sie schreiben sollten. Das ist nicht so überraschend. Die Namen der beiden Flüsse, Danubius und Danaper, klingen so ähnlich, daß sie leicht verwechselt werden können, und tatsächlich wurden sie das auch. Jordanes selbst schrieb in den *Getica* 54 Hister = Danubius, wo er Danaper hätte schreiben sollen. Tanais und Danubius werden auf ähnliche Weise durcheinandergebracht. In seinem Bericht vom Feldzug des Decius gegen die Goten schrieb Zosimus 1, 23 dreimal Tanais statt Donau = Hister. Die sieben Mündungen der Donau werden in der griechischen und lateinischen Literatur oft genannt, aber Horaz, *Troades* 8—9, hat die sieben Mündungen des Tanais. In seinem Horazkommentar stellt Pseudo-Acro (5. Jahrhundert ?) ausdrücklich fest, daß „ein Fluß Skythiens Tanais genannt wird, der derselbe wie die Donau ist“ *(Tanais flumen Scythiae dicitur, qui et Danubius est)*.

Jordanes muß jedoch *Danabri*, nicht *Danubii* geschrieben haben. Der Fluß liegt in Scythia, nicht in Pannonia. *Var* ist tatsächlich der Dnjepr. Der ganze Relativsatz von *quam* bis *appellant* kann auch kein späterer Zusatz sein.

Als die Hunnen die Goten in Pannonien ein zweites Mal angriffen, konnten sie nicht die ganze Strecke vom Danaber-Dnjepr in der südlichen Ukraine nach Ungarn reiten, und sie taten es auch nicht. Es gibt nur eine Erklärung für die Passage über die Flucht der Hunnen nach dem ersten Angriff: Jordanes lokalisierte das Siedlungsgebiet der Hunnen um 455 proleptisch dort, wo sie zu seiner Zeit lebten. Er zeigt dieselbe Sorglosigkeit bei geographischen Begriffen im Bericht vom zweiten gotischen Krieg mit den Hunnen. Doch bevor wir uns damit befassen, müssen wir die Hunnen im nordöstlichen Balkan näher betrachten. Von dort nämlich ritten sie gegen Valamir.

Gegen Ende des Jahres 457[788] schickte Kaiser Leo eine *sacra* an alle Metropoliten und viele andere Bischöfe, in der er sie über die Gültigkeit der Weihe des Timotheus Aelurus zum Bischof von Alexandria und betreffend die Unterstützung des Konzils von Chalcedon um ihre Meinung fragte[789]. Die Liste der Provinzen, in die der Brief geschickt wurde, erlaubt ebenso wie die Antworten darauf[790] einige Rückschlüsse auf die Situation auf der Balkanhalbinsel im ersten Jahr der Herrschaft Leos.

Alle Provinzen der thrakischen Diözese waren wieder fest in römischer Hand. Während keiner der Bischöfe von Moesia inferior bei der Räubersynode des Jahres 449 oder beim Konzil von Chalcedon 451 anwesend gewesen waren, konnten nun nicht nur Marcianopolis, Nicopolis und Odessus, sondern auch Novae, Abrittus, Appiaria und Durostorum an der Donau[791] ungehindert mit Konstantinopel verkehren. Sogar der Bischof von Tomis in der „skythischen Region" erhielt und beantwortete das Rundschreiben[792].

Anders war es im östlichen Illyricum. Die Bischöfe vom Dyrrhachium, Scampa, Lychnidus, Bullis, Apollonia und Aulona in Epirus nova versicherten den Kaiser ihrer unerschütterlichen orthodoxen Haltung[793]. Ein ähnlicher Brief kam aus Dardania[794]. Die Antwort von Zosimus, dem Metropoliten von Dacia mediterranea, ist uns nicht erhalten, aber die Tatsache, daß Leo ihm schrieb[795], zeigt, daß Serdica, das acht Jahre vorher in Trümmern lag, in gewissem Maße seine frühere Bedeutung wiedererlangt hatte[796]. Der Kaiser schickte aber keine Briefe an die Metropoliten in Dacia ripensis, Moesia superior und Praevalitana[797]. Offensichtlich gab es in diesen Provinzen keine Bischöfe, denen er hätte schreiben können.

Man könnte annehmen, daß die Verbindung mit Ratiaria und Viminacium oder einer so bedeutenden Platz wie Naissus unterbrochen waren, weil diese Bischofssitze im Kriegsgebiet lagen. Das Jahr 457 war aber für die Balkanprovinzen ein Friedensjahr gewesen. Die „kriegliebende Nation"[798], „Rebellen"[799], die schwer zu bekämpfende Banden, die „nun so völlig zerschmettert sind, daß nicht einmal ihr Name irgendwo noch gefunden werden kann"[800], waren wahrscheinlich lazische Plünderer[801]. Die Briefe der Bischöfe in Moesia inferior, Dardania, Epirus nova und im „skythischen Gebiet" erwähnen keine militärischen Operationen in ihren Bereichen[802]. Wenn irgend etwas Bedeutenderes als gelegentliche Zusammenstöße mit *latrunculi* vorgefallen wäre, hätten die Bischöfe wahrscheinlich einen Hinweis darauf gegeben.

Im Jahre 459, acht Jahre vorher, gab es noch christliche Herbergen in Naissus[803]. Kurz danach räumten die Hunnen den Streifen Landes südlich der Donau, den sie 447 besetzt hatten[804]. Man sollte daher erwarten, daß seit damals die römische Bevölkerung und mit ihr der Klerus zurückgekommen war. Wenn sie das aber taten, dann hatten sie wiederum die Flucht ergriffen. Sie flohen vor den Hunnen, die nach dem Zusammenbruch ihres Königreiches nicht nur die drei Plätze in der Dacia ripensis, die Jordanes nennt, erobert hatten, sondern, um seine Worte zu wiederholen, „überall umherschwärmten und in der Romania Zuflucht suchten"[805]. Es gibt keine andere Erklärung für den Zusammenbruch alles kirchlichen Lebens im nordwestlichen Balkan[806]. Wenn christliche Gemeinden weiterhin bestanden, was zwar unwahrscheinlich, doch nicht unmöglich ist, waren sie von den Kirchen weiter östlich abgeschnitten. Sie lagen nicht in der Romania, sondern in der Hunnia.

Das bedeutet nicht notwendigerweise, daß das ganze, ziemlich große Territorium von den Hunnen allein besetzt gehalten wurde. Zwischen dem Timok und dem Akčer lebten Sarmaten, *Cemandri* und einige Hunnen. Noch um 470 lebten Goten Seite an Seite mit den Hunnen (s. Seite 125 f.). Die politische Macht lag aber bei den Hunnen, denselben, die um 455 versuchten, Pannonien zurückzuerobern.

Spätestens 456 muß die Regierung in Konstantinopel erkannt haben, daß sie nicht die Macht hatte, die hunnischen Territorien südlich der Donau wiederzugewinnen. Sie hielt den Frieden, besser den unausgesprochenen Waffenstillstand, und die Hunnen taten desgleichen. Das Land der Hunnen war 457 für die Römer noch immer unbetretbar. Der Umschwung kam 458.

Tuldila

Die „sehr beachtliche" Armee, die der Westkaiser Maiorianus (451—461) im Frühjahr 458[807] in Vorbereitung des Feldzuges gegen die Vandalen sammelte, bestand fast ausschließlich aus Barbaren. In dem Panegyricus, den Sidonius Apollinaris zu Ende des Jahres 458 in Lyon an den Kaiser richtete[808], nannte er die Stämme, die den kaiserlichen Feldzeichen folgten:

> Du führtest weg in den Krieg die erstarrte Armee der Donau mit den sieben Mündungen. Die ganze Menge, die die träge Region des Nordens im sithonischen Gebiet unter dem parrhasischen Bären hervorbringt . . . Bastarna, Suebus, Pannonius, Neurus, Chunus, Geta, Dacus, Halanus, Bellonotus, Rugus, Burgundio, Vesus, Alites, Bisalta, Ostgoten, Procrustes, Sarmata, Moschus . . . der gesamte Kaukasus und der tanaitische Trinker skythischen Wassers[809].

Das ist nun wieder eine jener Namenlisten, in denen Sidonius gerne schwelgte. Die meisten Namen lieh er sich von früheren Dichtern aus[810], andere Namen waren veraltet[811] und nur angeführt, um den Zuhörer mit seiner Bildung zu beeindrucken. Zu den beibehaltenen Namen zählt *Chunus*, wie die folgenden Verse zeigen:

> Nun brachst du dein Lager ab, und um dich drängten sich Tausende unter verschiedenen Standarten. Nur ein Stamm verweigerte dir den Gehorsam, ein Stamm, der kürzlich in einer Laune, die noch wilder als ihre Gewohnheit war, sein ungezügeltes Heer von der Donau abgezogen hatte, weil sie ihre Herren im Krieg verloren hatten, und Tuldila schürte in dieser aufsässigen Menge eine wilde Kampfeslust, die sie teuer bezahlen mußte[812].

Diese Verse beziehen sich auf die Hunnen[813]. Sie hatten Ellac und andere *domini* verloren; die Schlacht am Nedao hatte erst wenige Jahre vorher stattgefunden, *nuper*; sie hatten sich von der Donau zurückgezogen, und ihre Wohnsitze waren von ihren früheren germanischen Untertanen besetzt worden.

Obwohl Sidonius nicht sagte, wo Tuldilas Hunnen lebten, ist klar, daß Maiorianus sie nicht im pontischen Küstengebiet rekrutiert haben konnte; Tuldila konnte nicht vom Dnjepr gekommen sein. Seine Hunnen müssen in der Nähe der Grenzen des Westreiches gelebt haben. In der Tat sagt Priscus, daß Maiorianus „die Völker *nahe seinen Herrschaftsbereichen* auf seine Seite brachte, einige mit Waffengewalt, einige mit Worten"[814]. Es gab keine Hunnen an den Grenzen von Noricum; Pannonien wurde von den Goten gehalten, der größere Teil der Gebiete östlich der Donau von den Gepiden. Wir werden also auf dieselben Gegenden verwiesen, von denen aus die Hunnen gegen die Ostgoten gezogen waren, das heißt Moesia superior und Dacia ripensis. Ob Maiorianus die Hunnen „mit Worten" oder „mit Waffengewalt" gewonnen hatte, wissen wir nicht.

Zwei Informationen, die bisher von den Hunnenforschern nicht benützt wurden, werfen mehr Licht auf die Situation im Jahre 458. Im Jahre vorher waren Moesia superior, Dacia ripensis und Dacia mediterranea für die Boten, die von Konstantinopel zu den Bischöfen in den Balkanprovinzen geschickt wurden, unerreichbar. Aber im Sommer des Jahres 458 wurde der Leichnam der heiligen Anastasia von Sirmium nach Konstantinopel gebracht und ἐν τοῖς Δομνίνου ἐμβόλοις bestattet[815]. Die Straßen von der Hauptstadt in die Pannonia secunda waren wieder offen. Das setzt die Befriedung der nordwestlichen Balkanprovinzen und die Herstellung eines Modus vivendi mit den dort lebenden Barbaren voraus. Der Osten gewann durch diesen Frieden den Leichnam einer Märtyrerin, der Westen Hilfstruppen und viele Frauen und junge Leute, die man schon verlorengegeben hatte. Im Frühling 458 kehrten die ersten Kriegsgefangenen, die von den Hunnen 452 verschleppt worden waren, nach Aquileia zurück. Sie wurden von den gleichen Hunnen freigelassen, die, wie wir nun wohl zuversichtlich behaupten können, sich der Armee des Kaisers Maiorianus anschlossen und die Oströmer durch ihr Land nach Sirmium ließen.

DER ZWEITE GOTISCH-HUNNISCHE KRIEG (463/464—466)

In den Jahren, die der Befriedung des nordwestlichen Balkans folgten (vor 458), lebten die Hunnen zwar mit den Oströmern in Frieden, sie griffen aber, wie wir von Jordanes — und nur von ihm — erfahren, erneut wie um 455 die Goten in Pannonien an.

> Nachdem nun ein dauerhafter Friede zwischen Goten und Römern geschlossen worden war, fanden die Goten, daß ihnen nicht genügte, was sie vom Kaiser erhielten. Außerdem wollten sie ihre gewohnte Tapferkeit zeigen und begannen also die Nachbarvölker um sie herum auszuplündern. Zuerst griffen sie die Sardagis an, die das Innere Pannoniens besetzt hielten. Als das Dintzic, der Hunnenkönig, ein Sohn Attilas, erfuhr, sammelte er die wenigen, die noch immer unter seiner Herrschaft geblieben zu sein schienen, nämlich die Ultzinzures, die Angisciri, die Bittugures und die Bardores. Er kam nach Bassiana, einer Stadt Pannoniens, belagerte sie und begann ihr Gebiet auszuplündern. Als die Goten dies erfuhren, gaben sie den Feldzug auf, den sie gegen die Sardagis geplant hatten, wandten sich gegen die Hunnen und trieben sie so ruhmlos aus deren Land, daß die dabei Übriggebliebenen vor den Waffen der Goten von dieser Zeit an bis auf den heutigen Tag mit Schrecken erfüllt sind[816].

Dann folgt die Beschreibung des Krieges zwischen den Goten und den Skiren.

Was die Quelle des Jordanes war, ist schwer zu entscheiden, wenn es überhaupt entschieden werden kann. Mommsen vermutet, daß Jordanes dem Priscus folgte[817]. Tatsächlich weisen die Endungen der hunnischen Stammesnamen auf einen griechischen Autor, warum aber sollte Jordanes Dengizich bei Priscus zu Dintzic verändert haben? Sicherlich hob Priscus auch nicht die „gewohnte Tapferkeit" der Hunnen hervor. Das klingt mehr nach Cassiodorus. Wenn Jordanes diesem folgte, dann wird der seltsame Satz am Ende seines Berichts verständlich. Im Jahre 551, dem Jahr, in dem er die *Getica* verfaßte, hielten sich die Goten schon mehr als siebzig Jahre in Italien auf und konnten daher von den Hunnen nicht „bis zum heutigen Tag" gefürchtet werden. Um die Mitte des 6. Jahrhunderts gab es keine Hunnen, die auch nur in der Nähe von Totilas Königreich lebten. Einen Augenblick lang könnte man an eine Passage in jenem Brief denken, den Sidonius Apollinaris 476 seinem Freund Lampridius schrieb; er ist voll des außergewöhnlichsten Lobes für Eurich, den König der Westgoten in Gallien[818]. Zu ihm als dem *arbiter mundi* kamen Gesandte von überall, sogar von Persien und von den Ostgoten, die mit Eurichs Hilfe die Hunnen hart bedrängten[819]. Von 475 an hatte Theoderich sein Hauptquartier in Novae in Moesia secunda[820]. Der Brief des Sidonius bestätigt unsere Annahme über den längeren Aufenthalt der Hunnen auf dem Balkan, aber weder Cassiodorus noch Jordanes konnte sich mit der Wendung „bis zum heutigen Tag" auf die siebziger Jahre des 5. Jahrhunderts beziehen. Sie ergibt erst einen Sinn, wenn die Hunnen die Bulgaren des Jahres 505 waren, als Pitzia und seine Goten die Armee Sabinians schlugen, die aus zehntausend bulgarischen Reitern bestand. Cassiodorus, der seine Gotengeschichte in den zwanziger oder frühen dreißiger Jahren des 6. Jahrhunderts schrieb, und Ennodius († 521) nennen die Bulgaren wiederholt „Hunnen". Es scheint, daß Jordanes Cassiodorus kopierte, ohne den Text selbst zu ändern; dieser Text beruht mit leichten Änderungen auf Priscus.

Wann griffen die Hunnen an? Die ersten beiden Sätze im Bericht des Jordanes geben die Antwort[821]. Im Jahre 459 nahmen die Goten unter der Führung von Valamir Dyrrhachium (heute Durrës, Albanien) ein[822]. Die Römer kämpften unter Anthemius, dem zukünftigen Kaiser[823]. 461 schloß Valamir ein *foedus* mit den Römern und erhielt eine jährliche Zahlung von 300 Pfund Gold[824]. Es ist unwahrscheinlich, daß die Goten den Vertrag bereits nach einem Jahr wieder brachen.

Der Krieg zwischen den Hunnen und den Goten ging jenem zwischen Goten und Skiren voraus. Mit seinen Anfängen befaßt sich Priscus in *EL* 17. Er schrieb über den Besuch des Lazenkönigs Gobazes. Im davorstehenden Exzerpt beschrieb er dessen Besuch Konstantinopels nach dem großen Brand. Kaiser Leo, der aus der brennenden Stadt geflüchtet war[825], traf ihn in Chalcedon. Der zweite gotisch-hunnische Krieg fällt daher zwischen 463—464 und 466.

Die Hunnen kamen vom Süden. Der erste befestigte Platz, der ihnen im Weg stand, war Bassiana, die *respublica coloniae Bassianorum* der lokalen

Inschriften, zwischen Sirmium (heute Sremska Mitrovica, Jugoslawien) und Singidunum (heute Belgrad). Auch die Stammesnamen verweisen uns auf das Gebiet südlich der Donau als die Region, aus der die Hunnen gegen die Goten loszogen. Die *Ultzinzures* lebten zwischen den Flüssen Utus (heute Vit, Bulgarien) und Almus (heute Lom, Bulgarien) — beide lagen in der Dacia ripensis —, und die Bittuguren schlossen sich den Ostgoten auf deren Zug von Moesia secunda nach Italien im Jahre 488 an (s. Seite 127). Der Schauplatz beider gotisch-hunnischen Kriege war die Pannonia secunda. Natürlich kümmerten sich die Hunnen nicht um die Grenzen der früheren römischen Provinzen; die Kämpfe griffen sicherlich auch auf die Provinz Savia, zwischen den Flüssen Drau und Save, über.

Und nun kommen wir zum *Lied von Angantyr* zurück. War das südliche Pannonien das alte Land der Goten (wie es im *Widsith* erwähnt wird), wo die einstigen Könige in ihrem „heiligen Grabmal" lagen? Gab es dort Berge, deren Name wie Jassar klang? Cassiodorus, Inschriften und antike Geographen geben uns die Antwort.

Theoderich, der im Jahre 504 Sirmium von den Gepiden erobert hatte, schickte Colossaeus, *vir illustris* und *comes*, dorthin. In dem Ernennungsbrief, den Cassiodorus schrieb und für so gut fand, daß er ihn in seine *Variae*[826] aufnahm, lesen wir:

> Du wirst mit der Würde des berühmten Gürtels nach Pannonia secunda, dem einstigen Wohnsitz der Goten *(quondam sedem Gothorum)*, geschickt. Beschütze die Provinz, die dir anvertraut wurde, mit Waffen, so daß sie froh ihre alten Verteidiger *(antiquos defensores)* empfangen kann, wie sie froh unseren Vätern zu gehorchen pflegte *(quae se nostris parentibus feliciter paruisse cognovit)*.

Sirmium, sagt Ennodius, war in alten Zeiten die Grenze Italiens, wo *seniores domini* Wache gegen die Barbaren hielten[827].

Der Name Ias ist im alten Land der Goten gut bezeugt[828]. Nördlich des gebirgigen Landes zwischen der Save und der Drau, das vielleicht das Myrkwiðr des „Liedes" ist, lebten die 'Ιάσιοι des Ptolemäus und die *Iasi* des Plinius. *Iasi* dienten in der römischen Armee. Aquae Iasae, das heutige Varaždinske Toplice, war noch im 4. Jahrhundert eine blühende Stadt. Konstantin ließ dort ein Bad, das durch Brand zerstört worden war, wieder aufbauen. Zu der Zeit, in der die Goten nach Pannonien zogen, muß der Name Ias noch durchaus lebendig gewesen sein. Man kann ihn von den Jassarbergen nicht trennen.

In der germanischen Überlieferung wurden die beiden Kriege miteinander verschmolzen. Daß so viel von den tatsächlichen Ereignissen und den Ortsnamen wie Donau-Heide und Jassarberge darin bewahrt wurde, ist wirklich bemerkenswert[829].

DAS ENDE

Im Jahre 465 oder wahrscheinlicher 466 schickten Dengizich und sein Bruder Ernach Gesandte nach Konstantinopel. Sie wollten unter der Bedingung Frieden schließen, daß ein Marktplatz an der Donau eingerichtet würde, wo „nach alter Sitte“ Römer und Hunnen austauschen konnten, „was sie brauchten“. Der Kaiser wies ihre Forderungen ab[830].

Nachdem sein letzter Versuch, wenigstens ein kleines Stück Land in Pannonien wiederzuerobern, gescheitert war, zog Dengizich in die Walachei. Die Bittuguren und offensichtlich auch andere Stämme hatten ihn verlassen und blieben südlich der Donau. Unter welchen Umständen Ernach die Dobrudscha aufgab, ist nicht bekannt. Jedenfalls waren die Reste von Attilas Hunnen nicht länger irgendwo in den Grenzprovinzen; andernfalls hätte ihre Forderung nach einem Marktplatz an der Donau keinen Sinn gehabt[831].

Als Ernach, der in Kämpfe in seinem eigenen Land — wahrscheinlich mit den Saraguren[832] — verwickelt war, es ablehnte, sich dem Bruder anzuschließen, rückte Dengizich mit seinen eigenen Horden näher an die Donau heran und drohte, wiederum in Thrakien einzufallen, wenn der Kaiser nicht ihm und seinem Volk Land und Subsidien garantiere. Dengizich verschmähte das Angebot des Anagastes, „dem die Verteidigung des Flusses anvertraut war“, mit ihm zu verhandeln, und schickte seine Gesandten direkt zum Kaiser. Leo „antwortete, daß er bereit wäre, all diese Dinge zu tun, wenn sie ihm gehorchen wollten, weil er sich über Männer freue, die von seinen Feinden kämen, um mit ihm ein Bündnis zu schließen“[833]. Hier bricht der Priscustext ab.

Gordon meint, daß die Verständigungsbereitschaft Konstantinopels, die der früheren Haltung widersprach, auf die Notwendigkeit zurückgeführt werden kann, die Nordgrenzen in Vorbereitung des kommenden Feldzuges gegen die Vandalen in Afrika zu schützen[834]. Er mag recht haben. Daß die Verhandlungen mit den Hunnen schließlich abgebrochen wurden, hatte, glaube ich, einen anderen Grund. Die Situation war eine Wiederholung von 376 in kleinerem Maßstab, jedoch mit dem wesentlichen Unterschied, daß die Hunnen anders als die Goten große Weideflächen für ihre Herden und nicht Land für den Pflug brauchten. Um sie ins Reich einzugliedern, hätte man aus einem weiten Gebiet Bauern vertreiben müssen, einschließlich vieler jener Goten in den thrakischen Diözesen, von deren Unterstützung Aspar, der viele Jahre lang der fast allmächtige Majordomus und Schwager des Gotenführers Theoderich Strabo war, abhing.

Dengizich überquerte die zugefrorene Donau. Er erwartete offensichtlich, daß die Hunnen, die noch südlich des Flusses lebten, sich ihm anschließen würden. Einige taten das wahrscheinlich auch. Aber große Gruppen von Barbaren handelten auf eigene Faust und nützten die Gelegenheit, ihre Forderungen mit Waffengewalt zu unterstreichen:

> Anagastes, Basiliscus, Ostryis und andere Generäle schlossen die Goten in einem Tal ein und blockierten sie. Die Skythen, durch Hunger und

den Mangel am Notwendigsten hart bedrängt, sandten zu den Römern eine Gesandtschaft. Sie sagten, sie wären bereit, sich zu ergeben, wenn man ihnen nur Land gäbe. Die Römer antworteten, sie würden ihre Forderungen an den Kaiser weiterleiten. Die Barbaren aber sagten, daß man sofort zu einer Übereinkunft kommen müsse; sie hungerten und könnten nicht länger warten. Die römischen Generäle berieten sich und versprachen, Nahrungsmittel zu liefern, bis die Entscheidung des Kaisers käme, vorausgesetzt, die Skythen würden sich in ebenso viele Gruppen aufteilen wie die römische Armee. Auf diese Weise könnten die römischen Generäle besser für sie sorgen. Die Skythen nahmen die Bedingungen, die von ihren Gesandten überbracht wurden, an und splitterten ihre Kräfte in so viele Gruppen wie die römische Armee auf. Chelchal, ein Mann hunnischer Abstammung, ein mit der Führung von Aspars Truppen beauftragter Generalleutnant, kam zu der Barbarenhorde, die diesen zugeteilt worden war. Er rief die vornehmen Goten *(logades)*, die zahlreicher als die anderen waren, zu sich und begann eine Rede folgenden Inhalts: Der Kaiser würde Land hergeben, jedoch nicht zu deren Genuß, sondern für die Hunnen unter ihnen. Denn diese Männer kümmerten sich nicht um die Bearbeitung des Bodens, und wie die Wölfe griffen sie die Vorräte der Goten an und plünderten sie. Sie selbst, die Goten, würden wie Sklaven behandelt und gezwungen, die Hunnen zu ernähren, obwohl zwischen den beiden Völkern nie ein Vertrag abgeschlossen worden sei und die Goten von ihren Ahnen verpflichtet worden wären, kein Bündnis mit den Hunnen einzugehen. Die Goten dächten also leichtfertig von den Eiden ihrer Ahnen und dem Verlust ihres Eigentums. Er, Chelchal, sei ein Hunne und stolz darauf, aber er sage diese Dinge den Goten aus Gerechtigkeitsempfinden, so daß sie wüßten, was zu tun wäre.

Die Goten wurden dadurch sehr verwirrt, und da sie dachten, daß Chelchal ihnen diese Dinge in guter Absicht gesagt habe, griffen sie die Hunnen in ihrer Mitte an und töteten sie. Da erhob sich wie auf ein Signal eine wilde Schlacht zwischen den beiden Stämmen. Als Aspar[835] dies erfuhr, zogen er und die Kommandanten der anderen Lager ihre Truppen heran und töteten die Barbaren, auf die sie stießen. Als die Skythen die Absicht der List und den Verrat erkannten, sammelten sie sich und wandten sich gegen die Römer. Die Männer Aspars kamen ihnen zuvor und machten die Barbarenhorde, die ihnen zugeteilt worden war, bis auf den letzten Mann nieder. Der Kampf war aber nicht ohne Gefahr für die anderen Generäle, da die Barbaren tapfer kämpften. Die Überlebenden durchbrachen die römischen Formationen und entkamen der Blockade[836].

Das Datum ist das Jahr 467. Basiliscus, der Bruder der Kaiserin Verina, war noch *magister militum per Thraciam*[837]; im Frühjahr 468 war er Oberkommandant des Feldzuges nach Afrika. Es wirft ein interessantes Licht auf die byzantinischen Armeen des späten 5. Jahrhunderts, daß Basiliscus der einzige Grieche unter den Kommandeuren war. Anagastes, *Anagasts, der Sohn des Arnigisclus, und Ostrys waren, wie ihre Namen zeigen, Goten[838]. Chelchal behielt seinen hunnischen Namen; offensichtlich war er noch nicht getauft. Wie sein hoher Rang zeigt, hatte er schon lange Zeit in der römischen Armee gedient. Chelchal war vielleicht einer jener Hunnen, die zu Attilas Zeiten zu den Römern überliefen oder sich nach 455 ihnen anschlossen.

Die Tatsache, daß Aspar ein großes Kontingent seiner *buccellarii* gegen die Barbaren schickte, zeigt ihre Stärke. Obwohl die Römer so manchen Erfolg verzeichnen konnten[839] zog sich der Krieg zwei weitere Jahre hin. 468 wurde der größere Teil der Armee nach Afrika geschickt.

Das Ende kam erst im Jahre 469. Marcellinus Comes hat den kurzen Vermerk: „Das Haupt des Dinzic, des Sohnes Attilas des Hunnenkönigs, wurde nach Konstantinopel gebracht“[840]. Das *Chronicon Paschale* gibt mehr Einzelheiten: „Dinzirichus, der Sohn Attilas, wurde von Anagastes, dem General in Thrakien, getötet. Sein Haupt wurde nach Konstantinopel gebracht, in einer Prozession durch die Hauptstraße geführt und im Holzzirkus auf einen Pfahl gesteckt. Die ganze Stadt kam, um es anzusehen“[841].

Die wenigen Hunnen südlich der Donau, die wie die Bittuguren den Ostgoten folgten, verloren nach und nach ihre ethnische Identität oder schlossen sich den bulgarischen Plünderern an.

III. WIRTSCHAFT

Die geschriebenen Quellen enthalten wenig über die Wirtschaft der Hunnen, bevor sie mit der römischen Welt in Berührung kamen. Sicherlich änderte sich diese in den acht oder neun Dekaden, in denen wir ihre Geschichte verfolgen können, jedoch wurde diese Veränderung übertrieben. Um die Mitte des 5. Jahrhunderts lebte die große Mehrheit des Volkes das gleiche Nomadenleben — mit Viehzucht als wirtschaftlichem Schwerpunkt und Jagen und Fischen als zusätzlicher Beschäftigung —, wie es ihre Ahnen gelebt hatten.

Ob wir es merken oder nicht, wir denken, wenn wir von Nomaden reden, oft an Vater Abraham, den Archetypus der Beduinenscheichs, der sein Zelt die eine Woche hier, die nächste Woche wo anders aufschlägt und immer von einem Weidegrund zum anderen zieht. So beschreibt auch Ammianus 31, 2, 17 die Alanen: „Wenn sie an einen grasreichen Platz kommen, weiden sie ihn ab wie wilde Tiere. Sobald das Futter aufgebraucht ist“, ziehen sie weiter. Es ist das chinesische Klischee: „Sie folgen Wasser und Gras.“ Die Beweglichkeit der Hirten kam den Ackerbauern — Griechen, Indern und Chinesen — immer unbegreiflich, unheimlich und unmenschlich vor. Die archäologische Zeugnisse widerlegen Ammianus.

In der Steppe und dem bewaldeten Grasland vom westlichen Kasachstan bis zu den Karpaten wurden viele Hunderte Kurgane ausgegraben und Tausende Gräber aus allen sarmatischen Perioden geöffnet. Bis jetzt wurden keine Spuren von Ansiedlungen gefunden. Man könnte denken, daß die Bauwerke, wofern die Sarmaten welche hatten, aus vergänglichem Material bestanden, aber dann hätten wenigstens Feuerplätze und Abfallgruben erhalten bleiben müssen. Das aber ist nicht der Fall. Und doch sind zwei Fakten mit der Vorstellung von den ruhelos wandernden Sarmaten unvereinbar. Erstens die weiten Gräberfelder. Sinicyn war von den zahlreichen Kurganen auf den sarmatischen Friedhöfen am Fluß Kolyšlej beeindruckt; in einigen gab es fünfzig und mehr Grabhügel[1]. Sie aber lagen in der bewaldeten Steppe, in der Nähe der Wälder, wo die normale Beweglichkeit der Schaf-, Pferde- und Rinderzüchter möglicherweise durch natürliche Hindernisse eingeschränkt war. Jedoch sind weite Kurgan-Gräberfelder ebenso aus der baumlosen Steppe bekannt. In Bereznovka II, am linken Ufer der Wolga, wurden an die zweihundert Kurgane gezählt, und über wie viele der Pflug geführt wurde, kann man nicht mehr feststellen. Sarmaten begruben ihre Toten dort vom 6. Jahrhundert v. Chr. bis zum 3. oder 4. Jahrhundert n. Chr. Von den erschlossenen Bestattungen waren 38 sauromatisch, 29 früh-, 18 mittel- und 17 spätsarmatisch[2]. Von den beiden Kurgangruppen bei Bykovo im selben Gebiet entstammten 20 Bestattungen der sauromatischen und 60 der früh- und mittelsarmatischen Periode[3]. In Kalinovka grub Šilov 62 Kurgane mit 253 Bestattungen aus, von denen 5 sauromatisch, 64 früh-, 60 mittel- und 31 spätsarmatisch waren[4]. Das waren keine Fürstengräber und keine geweihten Grabbezirke wie im Hochaltei. Viele Gräber enthielten nur sehr wenige Beigaben oder überhaupt keine. Im Westen war es genau dasselbe. Am Unterlauf der Moločnaja liegt ein Kurgan nach dem anderen. Von den 369 in den Jahren 1950 und 1951 erschlossenen Gräbern waren 54 sarmatisch[5]. Das weist, wie Vjaz'mitina richtig betont[6], auf ein halb seßhaftes Leben.

Außerdem gibt es sarmatische Töpferwaren. Wirkliche Nomaden wie die Beduinen oder Mongolen haben lederne oder hölzerne, aber keine irdenen Gefäße. Von der frühesten bis zur letzten Periode benützten die Sarmaten Töpfe, Schüsseln und Teller aus Ton. Das beweist, wie Arzjutov unterstreicht[7] (obwohl andere Archäologen das nicht erkannten), daß die Sarmaten Hirten waren. Selbst wenn alle auf der Töpferscheibe hergestellten Tongefäße, die man in den Gräbern fand, importiert worden wären — eine eher unwahrscheinliche Annahme —, gibt es da noch die zahlreichen handgemachten flachbödigen Töpfe. Ein Volk, das häufig von einem Ort zum anderen zieht, hat in der Regel rundbödige Gefäße, die auf weichen Boden gestellt oder an Schnüren oder in einem Netz transportiert werden können. Die Sarmaten hatten Gefäße beider Typen, die offensichtlich für verschiedene Zwecke benützt wurden. Doch daß sie Gefäße verfertigten, die für einen längeren Aufenthalt gedacht waren, spricht wie die großen Gräberfelder für ausgedehntere Aufenthalte an einem Ort.

Die Wanderungen der Nomaden des Altertums, Mittelalters und der Neuzeit in Zentral- und Ostasien mögen zu bestimmten Zeiten und je nach geographischen Faktoren sehr lange gedauert haben[8], in der Regel aber wiederholen sie sich immer: von denselben Winterquartieren zu denselben Sommerweiden und wieder zurück. Es gab einen gewissen Spielraum in der Wahl der Sommerweideplätze, die Winterquartiere aber blieben die gleichen. „Echter" Nomadismus vom Beduinentyp war eine seltene Ausnahme; in Zentralasien ziehen nur die Kasachen und Turkmenen der Aral-Kaspischen Steppen und Halbwüsten immerfort von Weideplatz zu Weideplatz — oder taten es bis vor kurzem[9].

Der Halbnomadismus eines hunnischen Stammes wird von Jordanes bezeugt: Die *Altziagiri* errichteten im Sommer ihre Lager in der Steppe in der Nähe von Cherson auf der Krim, wo ihre Rinder gute Weidegründe fanden, im Winter zogen sie oberhalb des Schwarzen Meeres[10]. wahrscheinlich nach Sivaš, dem *lacus putidus*, wo das wohlschmeckende Riedgras gutes Futter für die Tiere bot[11]. Die Angabe des Jordanes darf, so wertvoll sie ist, nicht wörtlich genommen werden. Es gab und gibt keine Nomaden, die ausschließlich von Hornvieh leben. Im Vergleich zu Pferden und Schafen spielten Rinder immer und überall eine zweitrangige Rolle.

Nach Ammianus hatten die Hunnen alle Arten von Haustieren[12]. Während wir über ihre Pferde verhältnismäßig gut informiert sind, hören wir von ihren Rindern sehr wenig. In der Version der Legende vom Heiligen Schwert, die Jordanes von Priscus übernahm, lesen wir von einem Hirten und der Jungkuh, die auf das Schwert trat[13], und Priscus erwähnt einen Ochsen, den Attila dem römischen Gesandten schickte[14]. In der Wirtschaft der eurasischen Nomaden nehmen Ziegen einen geringen Platz ein. Die Häute des *haedus*, mit denen die Hunnen „ihre haarigen Beine schützten“[15], waren vielleicht die Häute des Steinbocks, der als Motiv ziemlich häufig in der Kunst der Skythen und ihrer Verwandten vorkommt[16].

Kein griechischer oder römischer Autor erwähnt Schafe, ohne die die Hunnen nicht gelebt haben können. Das Fleisch, das sie in den großen Kesseln (s. Tafel XVII ff.) kochten, war Hammelfleisch. Die Schafe sorgten für Milch und Käse. Die Zelte waren aus Schafhäuten oder Filz[17], der aus Schafwolle hergestellt wurde. Wie die Schuhe der Sarmaten waren auch die der Hunnen aus Schafleder[18]. Die gewölbten Kappen der Hunnen[19] waren zweifellos aus Filz gefertigt. Hieronymus korrigierte den leicht vulgären Ausdruck *galerus* bei Ammianus[20]. Er nannte die Kopfbedeckung der Hunnen eine Tiara, die er „als eine runde Kappe“ beschreibt, „wie wir sie bei Odysseus abgebildet sehen; wie wenn ein Ball in der Mitte geteilt und einer der Teile auf den Kopf gesetzt wäre. Das nennen die Griechen und unser Volk τιάραν, einige nennen es galerus.“ *(Rotundum pilleoulum quale pictum in Ulixe conspicimus, quasi sphaera media sit divisa, et pars altera ponitur in capite. Hoc Graeci et nostri* τιάραν, *nonnulli galerum vocant.)* Aber der *galerus incurvus* Ammians war fast sicher keine runde, sondern eine geschwungene Kappe, zugespitzt wie die phrygische Mütze, ein Typus, der vom Schwarzen Meer bis zur Grenze Chinas bekannt ist.

Die Hunnen, behauptet Thompson, konnten nicht weben, weil sie keine Zeit dafür hatten. Wie seltsam! Die Sarmaten scheinen eine Menge Freizeit gehabt zu haben, denn in ihren Gräbern wurden viele hundert Spinnwirteln aus Stein, Alabaster und aus dem Boden von Tongefäßen geschnitten gefunden. Gräber am Torgun und am rechten Ufer der Ilovl'a bargen geköperte Wollstoffe. Die Hunnen spannen wie die Sarmaten die Wolle ihrer Schafe. Sie verfertigten auch Leinen. Ammianus spricht von ihrer linnenen Gewandung; die Baldachine, unter denen Reihen von Mädchen Attila begegneten, wenn er seine Residenz betrat, waren aus weißem Leinen, und im Hause der Königin Ereka wurde Leinenstoff bestickt. Importierten die Hunnen das Leinen? Das ist unwahrscheinlich, denn auch die Goten in Südrußland trugen Leinenstoffe, und Leinenstücke wurden in spätsarmatischen Gräbern im Gebiet der unteren Wolga gefunden.

KAMELE

In der Wirtschaft der Hunnen in der ungarischen Tiefebene spielten Kamele eine geringe oder gar keine Rolle. Hätte Priscus Kamele gesehen, er hätte es uns kaum verschwiegen. Auf ihrem Rückzug von Persien im Jahre 395 mögen die Hunnen einige Kamele mit sich getrieben haben[21]. Aber an der Donau konnte dieses Tier nicht mehr als eine exotische Kuriosität gewesen sein. Weiter im Osten, in Rumänien und besonders in der Ukraine, haben die Hunnen vielleicht auch — wie die Sarmaten vor ihnen — zweihöckrige baktrische Kamele gehalten[22]. In den letzten Jahrhunderten vor und den ersten Jahrhunderten nach unserer Zeitrechnung diente das schon lange domestizierte Kamel den Barbaren von der Großen Mauer bis zur Krim als Last- und Reittier.

In einem instruktiven Artikel stellte Schafer die literarischen Zeugnisse für die Existenz des Kamels bei den Hsiung-nu, T'u-yü-hun und T'o-pa in Shan-shan, Kuchā, Karashahr und K'ang-chü (Sogdiana) zusammen[23]. Die archäologischen Beweise sind nicht weniger beredt. Eine Scheibe, auf der zwei Kamele abgebildet sind, wurde auf einem Hsiung-nu-Friedhof bei Hsi-ch'a-kou in der Provinz Liao-ning gefunden[24]; Kamelknochen wurden in der Hsiung-nu-Ansiedlung an der Ivolga in der Nähe von Ulan-Ude gefunden[25]; eine Bronzeplakette mit einem Kamelreiter[26] und eine andere mit zwei stehenden Kamelen[27] kommen aus dem Minusinsk-Gebiet[28]. Unter den Felsenbildern am Pisannaja gora bei Sulek im alten Kirgisenland sind kämpfende Kamele[29]. Eine Goldplatte in der Sibirischen Sammlung Peters des Großen zeigt einen Tiger, der ein Kamel angreift[30].

Einige Objekte mit Darstellungen von Kamelen, die auf sarmatischem Gebiet gefunden wurden, sind westlicher Herkunft. Eine durchbrochene Platte vom Manyč-Fluß, die ein Kamel darstellt[31], kann in die erste Hälfte des 2. Jahrhunderts v. Chr. datiert werden; wie der griechische Kantharos im gleichen Grab wurde das Stück wahrscheinlich importiert. Dasselbe könnte auf einen Fingerring mit zwei knienden Kamelen zutreffen, der in einem Kurgan bei Bol'šaja Dmitrievka in der Provinz Saratov gefunden wurde[32]. In Form, Technik und Stil ist der Ring mit einem anderen aus Ust'-Labinsk verwandt, der einen menschlichen Kopf zeigt und in das 1. Jahrhundert n. Chr. datiert werden kann[33], und mit einem weiteren aus Stanica Tifliskaja aus ungefähr derselben Zeit, auf dem Ziegen abgebildet sind[34]. Es gibt aber ebenso Darstellungen von Kamelen sarmatischer Herkunft. Eine ist eine Bronzeplakette mit zwei kämpfenden Kamelen aus P'atimary am Ilek[35], und eine andere mit einem Kamel im Flachrelief, ein Streufund aus Akt'ubinsk, weiter im Osten[36]; beide stammen aus der sauromatischen Periode (7. bis 4. Jahrhundert v. Chr.). Eine Spange aus Vesëlyj, östlich von Rostov am Don, die ein liegendes Kamel zeigt[37], ist frühsarmatisch (4. bis 2. Jahrhundert v. Chr.).

Kamelknochen wurden in einer Siedlung am Fluß Jurgamiš in der Nähe von Čel'abinsk gefunden[38], in Zototaja Balka am unteren Dnjepr (nicht nach dem 2. Jahrhundert n. Chr.)[39] und in Gräbern der Nekropole in Panticapaeum im 4. Jahrhundert[40]. Außerdem gibt es den Baschlyk aus Kamelhaar in einem Grab in der Nähe von Phanagoria, der auf das 3. Jahrhundert n. Chr. datierbar ist[41]. Es ist unwahrscheinlich, daß eine so einfache Kappe importiert wurde; sie wurde dort hergestellt, wo man sie fand, nämlich im bosporanischen Königreich.

Wir können daher annehmen, daß die hunnischen Stämme im Schwarzmeergebiet, die Besieger und Nachfolger der Sarmaten, Kamele hatten. Diese Herden waren offensichtlich klein; kein byzantinischer Autor spricht von Kamelen der pontischen Hunnen[42].

HUNNISCHER ACKERBAU?

Unsere Quellen sprechen den Hunnen einmütig jegliche Kenntnis des Ackerbaus ab. „Keiner unter ihnen pflügt ein Feld oder berührt den Griff eines Pfluges", schrieb Ammianus. Claudian gibt an: „Die Jagd liefert ihnen die Nahrung; Brot essen sie nicht." Asterius von Amasea beschreibt die Schwarzmeerhunnen als ein Volk, „das es nicht gelernt hat, Weizen oder andere Getreidearten anzubauen"; sie haben keine Weinstöcke und bearbeiten den Boden nicht. Die Hunnen „verachteten" den Ackerbau, sagte Chelchal, der selbst Hunne war[43]. Dasselbe wurde von den Alanen behauptet. Auch sie „kümmerten sich nicht um die Benützung der Pflugschar"[44]. Wörtlich genommen, hat Ammianus recht. Weder die Hunnen noch die Alanen, noch irgendwelche andere Sarmaten pflügten ihre Felder. Nirgends zwischen der Wolga und der mittleren Donau wurde eine Pflugschar gefunden, die den Hunnen oder Alanen zugeschrieben werden könnte. Noch im Jahre 1925, als eine stattliche Anzahl von Kurganen bereits ausgegraben war, konnte Rykov sagen, daß es bei den sarmatischen Funden in der Wolgaregion weder Kornmühlen noch Sicheln gab[45]. Das stimmt nun nicht mehr.

Im Jahre 1936 fand Sinicyn im Hügel über einem spätsarmatischen Grab in Cagan-El'sin in der Nähe von Elista in den Kalmückensteppen die zwei Teile eines primitiven Geräts, das zum Zermahlen der Saat einer Getreidepflanze diente: einen langen, schmalen, flachkonkaven Unterstein und einen runden Stein zum Mahlen[46]. In mittelsarmatischen Gräbern war schon vorher Hirse gefunden worden und gelegentlich auch verkohlter Weizen in den Überresten des Leichenschmauses; solche Funde wurden aber bloß registriert, und dabei blieb es[47]. Die sarmatische Kornmühle paßte nicht in das Bild der Hirten, die angeblich nichts von Ackerbau verstanden. Wie P. D. Stepanov, der Verfasser einer Arbeit über die Geschichte des Ackerbaus in der unteren Wolgaregion[48], dachte auch Sinicyn, daß die Wolgasarmaten ihr Korn aus den Gebieten vom Kuban' und dem Asowschen Meer bekamen[49]; sie mahlten es — daran konnte man nicht länger zweifeln —, sie bauten es aber nicht an. Warum sie es einführten, war nicht klar. Offensichtlich konnten nur geringe Mengen über solche Distanzen transportiert werden. Daher gab es nur zwei mögliche Erklärungen: Entweder wurde Korn bei religiösen Zeremonien verwendet, oder aber die Anführer schätzten es als Delikatesse. Keine von beiden war wirklich überzeugend. Als später die Bruchstücke einer anderen Kornmühle in einem mittelsarmatischen Grab bei Berežnovka[50] gefunden wurden, wurden sie nicht einmal als solche erkannt.

Der Fund einer Eisensichel in einem spätsarmatischen Grab bei Kalinovka am linken Ufer der Wolga nördlich von Wolgograd[51] beweist definitiv, daß die Sarmaten in den ersten Jahrhunderten n. Chr. Korn anbauten.

Die 16 cm lange Sichel, deren Spitze gebrochen ist, liegt zu Füßen eines Mannes in der Nische einer engen rechtwinkeligen Vertiefung; andere Funde waren eine Drahtfibel, an der noch ein Stück Stoff hing; eine Eisenschnalle; Streifen aus Bein von einem Bogen und Pfeilspitzen aus Bein. Die Ausrichtung nach Südwesten weist auf die frühe Phase der spätsarmatischen Periode hin[52].
Ackerbaugeräte werden selten in Gräbern gefunden. Es ist eher überraschend, daß überhaupt welche in sarmatischen Gräbern gefunden wurden. Die vielen hundert Gräber der gepidischen Bauernbevölkerung in Ungarn bargen eine einzige Sichel[53].

Ob die Kornmühlen in einigen Kurganen bei Novo-Filippovka im Moločnaja-Tal zwischen den Dnjepr-Stromschnellen und dem Asowschen Meer mittel- oder spätsarmatisch sind, kann nicht festgestellt werden. Sie werden nur einmal nebenbei erwähnt[54]. Die Gräber auf dem Friedhof sind vorwiegend mittelsarmatisch, einige aber scheinen noch in das 3. Jahrhundert n. Chr. zu gehören[55].

In den zwanziger Jahren unseres Jahrhunderts fand Rau in einem mittelsarmatischen Grab am Fluß Torgun ein eisernes Gerät, das er eine Lappenaxt nannte[56]. Er gab keinen Kommentar dazu ab, und jahrelang gab es keinen weiteren Fund dieser Art, bis Šilov ein Grab im Kurgan 8 bei Kalinovka öffnete, das gleichfalls der mittelsarmatischen Periode angehörte. Dort lag, was im allgemeinen mit dem Ausdruck Kelt bezeichnet wird[57]. Es war eine Axt, die so gut erhalten war, daß man ihre Funktion bestimmen konnte: Die schwache Fassung, die nicht einmal rundherum ging, und im besonderen die stumpfe Schneide lassen keinen Zweifel daran, daß das Material, für welches das Beil verfertigt wurde, rauh und locker, also Erde war[58]. An den Wänden der Grabschächte sind die Spuren von schmalen Beilen, die drei, vier oder höchstens fünf Zentimeter breit sind, häufig sichtbar[59]. Solche Beile wurden schon im 5. Jahrhundert v. Chr. zum Ausheben von Gruben verwendet. Es scheint eher unwahrscheinlich, daß die Sarmaten die Beile nur für diesen Zweck verwendet hatten[60]. Diese Geräte können nicht einfach herumgelegen und erst dann zur Hand genommen worden sein, wenn jemand starb. Sie müssen sehr viel häufiger zum Graben verwendet worden sein. Mit anderen Worten, es waren Hauen, Geräte zur Bearbeitung des Bodens, in den die Saat von Getreidepflanzen kommen sollte. Die Reste weicher Nahrung, die in Töpfen gefunden wurden, waren in der Regel Brei aus Hirse, *Panicum miliaceum*[61], dem am schnellsten wachsenden Getreide, das für Hirten gerade das richtige war[62]. Tatsächlich war nach der Angabe von Plinius und Aelian[63] Hirse die Nahrung der Sarmaten.

Zukünftige Grabungen werden zweifellos beweisen, daß in weiten Gebieten Mittelasiens der Ackerbau eine größere Rolle in der Wirtschaft der Nomaden und Halbnomaden spielte, als wir zur Zeit zugeben wollen; sicherlich war er der Schaf- und Rinderzucht untergeordnet, jedoch von beträchtlicher Bedeutung. Kadyrbaev fand Kornmühlen in Nomadengräbern in Zentralkasachstan, von denen einige schon in das 5. Jahrhundert v. Chr. datiert werden müssen[64], Litvinskij in Kurganen in den Kara-Mazar-Bergen in Tadschikistan, die für das 2. und 3. Jahrhundert n. Chr. anzusetzen sind[65]. Die lange Bekanntschaft mit einer zwar primitiven und begrenzten Landwirtschaft machte es den Sarmaten doch verhältnismäßig leicht, ihre nomadische Lebensweise aufzugeben. Um einige Beispiele zu geben: In den kleinen, befestigten Ansiedlungen in der Nähe des heutigen Ivanovka und Tarsunov auf der Halbinsel Kertsch bebauten sarmatische Soldaten des bosporanischen Königreichs ihre Felder wie die *limitanei* im Westen[66]. Die Sarmaten der Siedlung Kob'akovo an der Mündung des Don waren Bauern geworden[67]. 442 wurde den Alanen des Königs Goar „vom Patrizier Aetius Land im entfernteren Gallien zugewiesen, das sie mit den Einwohnern teilen sollten. Die Alanen unterwarfen jene, die sich mit Waffengewalt widersetzten, vertrieben die Eigentümer und setzten sich gewaltsam in den Besitz des Landes"[68]. Das ist, soweit ich weiß, der einzige Fall, daß barbarischen *hospites* Widerstand geleistet wurde. Nach dem *hospitalis*-System erhielten die Barbaren ein Drittel des Landes[69]. Offensichtlich war das aber den Alanen nicht genug. Sie brauchten mehr Land; sie waren mit ihren Frauen und Kindern, Zelten und Wagen gekommen[70]. Obwohl sie keine großen Herden bei sich haben konnten, wollten sie wahrscheinlich so leben, wie ihre Väter in Ungarn und ihre Vorfahren in Südrußland. Sie wollten Weidegebiete, nicht bloß Felder. Aetius beging einen Fehler. Daß er aber denken konnte, die Alanen könnten mit dem, was er ihnen gab, zufrieden sein, zeigt, daß er erwartete, die Alanen würden das Land bebauen.

Wenn wir nun zu den Autoren zurückkehren, die den Hunnen jegliche Kenntnis des Ackerbaus absprechen, werden wir vielleicht weniger geneigt sein, ihre Angaben hinzunehmen. Claudians Charakterisierung der Hunnen als bloße Jäger ist nichts als Unsinn. Ammianus übertrug auf die Hunnen, was Trogus über die Skythen gesagt hatte. Dennoch hatte er wahrscheinlich recht, was seine Zeit betraf. In Kriegszeiten und auf den Wanderungen lebten die Hunnen von ihren Schafen und Rindern. Wenn sie sich einmal zu Herren einer Bauernbevölkerung gemacht hatten, wie etwa der seßhaften Sarmaten und der germanischen Stämme in Ungarn, fanden sie es einfacher und angenehmer, ihre Untertanen auszuplündern, als selbst zu arbeiten. Nur die ärmsten Hunnen waren vielleicht gezwungen, ihre Nahrung, die aus Fleisch, Milch und Käse bestand, mit selbst angebautem Korn zu ergänzen. Das war aber früher wahrscheinlich anders gewesen.

Funde in Kunja Uaz in Choresm und am Oberlauf des Ob zeigen, daß die Hunnen in früheren Zeiten den Boden bearbeiteten. Die rassisch gemischte Bevölkerung von Kunja Uaz, Europäide mit mongolischem Einschlag, Leute, die die Sitte der artifiziellen Schädeldeformation pflegten, kann von den Hunnen nicht getrennt werden. Sie hatten Sicheln[71]. Man könnte schließen, daß sich die hunnoide Bevölkerung in Kunja Uaz im 3. und 4. Jahrhundert an die frühere einheimische Bevölkerung assimiliert hatte; ihre Sicheln konnten von Bauern aus Choresm übernommen worden sein. Aber die Bevölkerung am Oberlauf des Ob (gleichfalls europäid mit mongolischem Einschlag, die ebenfalls Schädeldeformation praktizierte, und dies noch dazu vom selben zirkularen Typus wie in Kunja Uaz) traf dort Jäger und Fischer an, als sie im 2. oder 3. Jahrhundert hinzog. Und doch glichen, wie Nerazik bemerkte, ihre Sicheln jenen der Kunja-Uaz-Bevölkerung sehr[72]. Wenn die Hunnoiden am Ob und östlich des Aral-Sees ihr Korn mit eisernen Sicheln schnitten, scheint der Schluß unvermeidbar, daß Angehörige der großen hunnischen Horde — und nicht bloß die Alanen — in der Vergangenheit dasselbe taten.

WOHNEN

„Die Hunnen", sagt Ammianus, „werden nie von irgendwelchen Gebäuden geschützt, sondern sie meiden sie wie Gräber, die vom Alltag abgesondert sind. Denn nicht einmal eine strohgedeckte Hütte kann man bei ihnen finden. Vielmehr ziehen sie durch Berge und Wälder weit umher und lernen schon von Kindheit an[73], Frost, Hunger und Durst zu ertragen. Auch fern von daheim *(peregre)* betreten sie nie ein Haus, wofern nicht äußerste Not sie dazu zwingt, denn sie fühlen sich nicht sicher, wenn sie unter einem Dach verweilen."[74]

Es hat fast den Anschein, als hätten die Hunnen Seneca gelesen, der das glückliche Zeitalter pries, als die Menschen noch unter den Zweigen der Bäume lebten, in der Natur hausend, in der zu leben es eine Freude war, da man weder für das Wohnen selbst noch für seine Sicherheit fürchten mußte[75]. Tatsächlich übertrug Ammianus wiederum die primitiven Züge der „Skythen", der „edlen Wilden", die den stoischen Philosophen so lieb und teuer sind, auf die Hunnen, nur daß er sie als Beweis für das tierische Wesen der verhaßten Barbaren verwendet. Zu seiner Zeit war die Furcht der Nordvölker vor Häusern zum Topos geworden. Er spricht von den Alamannen, die die Städte mieden, „als ob sie Gräber wären, von Netzen umgeben"[76]. Von den Goten heißt es, sie dächten, daß ein in Städten lebendes Volk nicht wie Menschen, sondern wie Vögel in einem Käfig hause[77]. Gainas floh Konstantinopel, das auf ihn den Eindruck eines überfüllten und prächtigen Grabes machte[78].

In Südrußland hatten die Hunnen keine ständigen Behausungen, sie hatten aber sicher Unterkünfte, Zelte aus Filz und Schafhäuten[79], Materialien, die vermutlich die meisten von ihnen auch noch nach ihrer Ansiedelung in der ungarischen Tiefebene verwendeten. Priscus erwähnt einmal Attilas Zelt[80]. Es war wahrscheinlich dem großen Zelt des sarmatisierten Bosporaners ähnlich, das auf der Wand der Katakombe des Anthesterius abgebildet ist[81]. Auf dieser Malerei ist das Innere des Zeltes blau und stellt offensichtlich einen Wollteppich dar, wie er sich im Haus der Königin Ereka befand[82]. Übrigens sind die mongolischen Filzjurten, wie jeder, der in ihnen gelebt hat, weiß, sehr bequem, geräumig, gut durchlüftet und leicht reinzuhalten. Der Türkenkagan Hsieh-li lehnte es, als er als Gefangener in der chinesischen Hauptstadt lebte, ab, in ein Haus zu ziehen, und schlug sein Zelt auf[83]. Der Kronprinz Li Ch'eng-ch'ien zog ein türkisches Zelt dem Palast vor[84], aber er war ein bekannter und versessener Turkophile. Attila lag in einem Seidenzelt aufgebahrt[85]. Das Zelt, das er benützte, wenn er nicht in einer seiner Residenzen war, und einige Zelte hochgestellter Hunnen waren vielleicht aus demselben Material.

Um die Mitte des 5. Jahrhunderts hatten die hunnischen Vornehmen Häuser in den Dörfern, die ihnen gehörten[86]; sie waren besser gebaut als die bescheidenen Hütten der einheimischen Bevölkerung[87], wahrscheinlich den Gebäuden aus Holz in den Residenzen des Königs ähnlich, nur kleiner. Dort waren die Wände aus gut geglätteten Brettern und Täfelungen gezimmert. Attilas „Palast" bestand aus einem einfachen quadratischen oder rechtwinkeligen Raum, der mit Sitzen und einem Bett oder einem Diwan, κλίνη, ausgestattet und am einen Ende durch Teppiche abgeschlossen war. Thompson vermerkte richtig, daß der „Palast", die anderen einräumigen Häuser und die zwei Einfriedungen um das Lager nicht von Hunnen, sondern entweder von Römern oder von Goten errichtet wurden[88]. Clemmensen führte gute Argumente für die germanische, das heißt in unserem Fall gotische Technik der Holzkonstruktion an[89]. In der zweiten Hälfte des 4. Jahrhunderts gab es christliche Kirchen, Mönchs- und Nonnenklöster im Land der Goten[90], die offensichtlich aus Holz waren[91]. Seit der Entdeckung der gotischen Langhäuser in den Černʼakov-Siedlungen muß die Existenz gotischer Holzarchitektur nicht mehr bewiesen werden. Die sarmatischen Jazygen hatten in ihren alten Wohnsitzen in Südrußland keine Häuser, lebten aber nach zwei Jahrhunderten engen Kontakts mit den germanischen Quaden in strohgedeckten Hütten. Attila und seine Gefolgsleute hatten wahrscheinlich Häuser, die von gotischen Zimmerleuten auf gotische Art errichtet worden waren[92].

DIE EINKÜNFTE IN GOLD

In den vierziger Jahren des 5. Jahrhunderts zahlten die Oströmer den Hunnen ungefähr 13 000 Pfund Gold, mehr als 900 000 Solidi (vgl. die Abbildungen 19—23 auf Tafel IX). Das war, unter welchem Gesichtspunkt man es auch betrachtet, eine große Summe. Besonders die Zahlung der 6000 Pfund Gold im Jahre 447 muß ein schwerer Schlag für die kaiserliche Kasse gewesen sein. Aber bedeutete sie wirklich den völligen finanziellen Ruin des florierenden Ostens, wie Mommsen dachte[93]? Für die richtige Wertung der an die hunnischen „Föderaten" gezahlten „Subsidien" ist vielleicht ein kurzer Überblick über vergleichbare öffentliche und private Ausgaben im 5. und 6. Jahrhundert nützlich.

Im Jahre 408 erpreßte Alarich von den Weströmern eine Zahlung von 4000 Pfund Gold[94]. Im selben Jahr blockierte er Rom, und der Senat kaufte sich mit 5000 Pfund Gold, 30 000 Pfund Silber und anderen Geschenken in gleicher Weise los[95]. Diese Zahlen, die wir von Olympiodorus haben, sind vielleicht nicht völlig glaubwürdig. Es gibt aber keinen Grund, an der Feststellung des Malchus zu zweifeln, daß im Jahre 473 Theoderich Strabo, der Anführer der gotischen Föderaten, eine jährliche Zahlung von 2000 Pfund Gold erhielt[96]. Die Summen, die den Goten angeboten oder tatsächlich bezahlt wurden, variierten je nach den Umständen beträchtlich. Der Betrag, der Valamir bezahlt wurde, belief sich auf nur 300 Pfund Gold pro Jahr[97]. 479 wurden seinem Neffen Theoderich, dem späteren großen König, jährliche Subsidien von 10 000 Solidi, das sind ungefähr 140 Pfund Gold, aber eine sofortige Zahlung von 1000 Pfund Gold und 40 000 Pfund Silber angeboten[98]. Im Jahre 570 offerierte Kaiser Tiberius den Langobarden 3000 Pfund Gold, falls sie ihre Raubzüge in Italien einstellen würden[99]. Im gleichen Jahr wurden dem Awarenkagan Baian jährliche Subsidien in der Höhe von 80 000 Solidi, also mehr als 1000 Pfund Gold, bezahlt[100].

532 schloß Kaiser Justinian den „immerwährenden Frieden“ mit Xusraw I.; eine seiner Bedingungen war die Zahlung von zwanzig jährlichen Beiträgen zur Erhaltung der Befestigungsanlagen im Kaukasus, für die die Römer im Rückstand waren; er belief sich auf 11 000 Pfund Gold[101]. Im Jahr 540 bekamen die Perser erneut 5000 Pfund; 545 erhielten sie 2000 Pfund, 551 2600 Pfund und 561 3000 Pfund[102]. Von 484 bis 492 bezahlte Zeno den Räuberbanden im isaurischen Hochland jährliche Subsidien von 1400 Pfund Gold[103].

Will man den Tribut, der den Hunnen entrichtet wurde, in der richtigen Perspektive sehen, darf man ihn nicht nur mit den Zahlungen an die „Verbündeten“ vergleichen. Gemessen an den Ausgaben hochgestellter Persönlichkeiten für wichtige und manchmal weniger wichtige Dinge war er nicht so exorbitant. Um einige Beispiele zu geben: Die Kaiserin Eudocia spendete 200 Pfund Gold für die Wiederherstellung der öffentlichen Bäder in Antiochia[104]. Die gleiche Summe gab sie für die Errichtung einer Kirche in Gaza[105]. Als Paulus, der Exkonsul von 498, in finanziellen Schwierigkeiten war, half ihm Kaiser Anastasius mit 2000 Pfund Gold aus[106]. Im Jahre 514 kaufte Anastasius den Hypatius um 5000 Pfund Gold von Vitalian los[107]. 526 und 527 schickte Kaiser Justinus 4500 Pfund Gold nach Antiochia, das durch ein Erdbeben schwer beschädigt worden war[108]. Zu seiner Konsulatsfeier im Jahre 521 spendete Kaiser Justinian 4000 Pfund Gold für die Spiele und die Verteilung unter das Volk[109]; 532 spendete er 4000 Pfund Gold für den Bau der Sophienkirche[110]. Die Summen, die in den unheilvollen kirchlichen Auseinandersetzungen ausgegeben wurden, waren enorm. In den dreißiger Jahren des 5. Jahrhunderts bestach der Bischof Cyrillus von Alexandria Hofbeamte mit mehr als 2000 Pfund Gold[111]. Zwischen 444 und 450 preßte Nomus, *magister officiorum*, Konsul des Jahres 445 und *patricius*, Anastasius und Paulus, den Neffen des Cyrillus, 1400 Pfund Gold ab[112].

Die Einkünfte des Ostreiches im 5. Jahrhundert wurden auf durchschnittlich 270 000 Pfund Gold jährlich geschätzt, wovon etwa 45 000 für die Armee ausgegeben wurden[113]. Die 6000 Pfund Gold, die Attila im Jahre 447 bezahlt wurden, waren ein wenig mehr als 2,2% dessen, was der Kaiser pro Jahr erhielt, und der höchste jährliche Tribut betrug ungefähr 4,7% dessen, was die Armee brauchte. Wäre dies noch eine Reihe von Jahren weitergegangen, so wäre es zwar eine große, aber keineswegs untragbare Belastung gewesen. Attila bekam den Tribut aber nur 448, 449 und möglicherweise 450. In den folgenden drei Jahren führte er mit dem Osten und dem Westen Krieg und erhielt folglich nichts.

Eine Passage bei Johannes Lydus, die Mommsen entging, zeigt, wie weit der Osten vom angeblichen Bankrott entfernt war. Als Leo im Jahre 457 Marcian auf den Thron folgte, fand er im Staatsschatz mehr als 100 000 Pfund Gold, „die Attila, der Feind der Welt, hatte nehmen wollen“[114]. Von allen byzantinischen Kaisern nach Marcian hinterließ nur Anastasius bei seinem Tod eine größere Reserve[115].

Der Tribut war nicht die einzige sozusagen legitime Quelle der Goldeinkünfte der Hunnen. Bevor und manchmal auch während sie jährliche Subsidien erhielten, wurden die hunnischen Anführer für die Auxiliartruppen, die sie den Römern zur Verfügung stellten, in Gold bezahlt. Vor allem Aetius muß für die Reiterkontingente, die er in den dreißiger Jahren des 5. Jahrhunderts bekam, hohe Summen bezahlt haben (s. Seite 36f.). Ob Attila um 445 die Weströmer erpreßte, ihm Gold dafür zu schicken, daß er Frieden hielt, ist ungewiß, aber im Jahre 449 bezog er ein Gehalt als *magister militum*, das, wie Priscus sagte, ein Vorwand war, um den Tribut zu verschleiern[116].

Wahrscheinlich bestanden die Hunnen darauf, daß ihnen ein Teil des Tributs in Barren ausgehändigt wurde. Sie müssen so gut wie die Römer gewußt haben, daß viele beschnittene, schlechte und falsche Solidi in Umlauf waren, Im Jahre 366 wurde den Steuereintreibern befohlen, die Solidi „zu einer festen und soliden Masse Goldes“ einzuschmelzen[117]; ein Jahr später wiederholte man das Edikt: „Wenn Solidi für die kaiserliche Kasse bezahlt werden müssen, dann sollen nicht die im Umlauf befindlichen Solidi entrichtet werden, weil oft verfälschte Münzen an die Stelle solcher Solidi treten. Die Solidi sollen zu einer Masse eingeschmolzen werden ... Wann immer eine bestimmte Summe von Solidi für einen bestimmten Zweck fällig ist und eingeschmolzenes Gold überwiesen wird, dann soll ein Pfund Gold für 72 Solidi gerechnet werden.“[118] Wie die 16 Barren zeigen, die 1887 bei Krasna in Transsilvanien[119] gefunden wurden, waren auch die Westgoten vor solchen Betrugsversuchen auf der Hut. Die Hunnen setzten kaum mehr Vertrauen in die Ehrlichkeit der Römer. Außerdem hatten nicht alle Solidi dasselbe Gewicht, obwohl die Abweichung vom Standard in der Regel unbedeutend war. Daher ist es um so bemerkenswerter, daß gerade in einem Barbarenschatz (von Kirileny in der Moldauischen SSR), der um 400 n. Chr. versteckt wurde, sich ein Solidus befand, der statt des Standardgewichts von 4,54 g nur 3,90 g wog[120]. Man hatte die Barbaren übers Ohr gehauen. Da die Hunnen keine Münzstätten hatten[121], forderten sie offensichtlich nur jene Goldmenge in Barren, die sie für Schmuck verwenden wollten; für den Handel auf den Märkten und sonst brauchten sie Münzen.

Die persischen Könige hoben oft die Belagerung einer Stadt auf, sobald die Belagerten die von diesen geforderte Summe aufbrachten. Im Jahre 540 bezahlte z. B. Edessa Xusraw I. 200 Pfund Gold und vier Jahre später 500 Pfund[122]. Es gibt keinen Nachweis darüber, daß Attila — oder die

Könige vor ihm — einer Stadt das Angebot machte, sich um einen bestimmten Preis zu retten. Sie hielten es offenbar für einträglicher, eine Stadt auf Kosten von ein paar hundert Mann meist ersetzbarer Fußsoldaten zu stürmen, zu plündern und die Gefangenen wegzuschleppen, um sie dann zu verkaufen oder für Lösegeld freizulassen.

So boten die Goten nach ihrem Sieg bei Adrianopel viele Zehntausende Gefangene zum Verkauf an; die Hunnen, die zeitweise mit den Goten verbündet waren, hatten an dem lukrativen Geschäft sicherlich ihren Anteil. Der heilige Ambrosius tat, was er konnte, um christliche Gefangene freizukaufen. In *De officiis* schrieb er:

> Die edelste Art der Freigiebigkeit ist es, Gefangene loszukaufen, sie aus der Hand der Feinde zu retten, Menschen dem Tode zu entreißen, vor allem aber Kinder ihren Eltern, Eltern ihren Kindern und den Bürger seinem Lande zurückzugeben. Das wurde erkannt, als Thrakien und Illyricum so schrecklich verwüstet wurden. Wie viele Gefangene wurden damals in der ganzen Welt zum Verkauf angeboten? Könnte man sie alle zusammenzählen, so würde ihre Anzahl die einer ganzen Provinz übertroffen haben ... Dann ist es ein besonderer Grad von Großzügigkeit, wenn man Gefangene vor allem vom barbarischen Feind zurückkauft, der keinen Funken menschlichen Gefühls kennt, um Gnade zu zeigen, es sei denn, daß er aus Habgier nach Lösegeld es sich bewahrt hat ... Ich zog mir einst den Haß zu, weil ich die geweihten Gefäße zerbrach, um Gefangene zurückzukaufen, eine Tat, die den Arianern mißfallen konnte ... Wer kann so hart, so grausam und von einem Herz aus Eisen sein, daß es ihm mißfiele, wenn ein Mann vom Tod freigekauft wird, oder eine Frau von barbarischer Unzucht, von Dingen, die schlimmer als der Tod sind, oder Knaben, Mädchen und kleine Kinder von der Befleckung der Götterbilder, wo sie in ihrer Todesangst entehrt wurden[123]?

Im Jahre 395 machten die Hunnen in den asiatischen Provinzen und im Kaukasus Tausende von Gefangenen. Weit von ihrer Heimat entfernt, wurden diese Unglücklichen nicht losgekauft, sondern die meisten von ihnen auf den Sklavenmärkten an der Donau abgesetzt. Obwohl den Hunnenkönigen der Tribut bezahlt wurde, wurden die Gefangenen von den Männern verkauft, die sie erbeutet hatten, und die offensichtlich auch das Lösegeld für römische Soldaten bekamen, die ihnen in die Hände fielen; das waren 8 Solidi pro Kopf vor 435, und 12 danach. Es ist schwer zu sagen, wieviel Gold auf diesem Weg ins Hunnenland floß; es scheint jedoch eine beträchtliche Menge gewesen zu sein. Das Lösegeld für Zivilgefangene konnte sehr hoch sein. Als Attila einmal seine Großzügigkeit beweisen wollte, forderte er nur 500 Solidi für die Witwe eines wohlhabenden Bürgers[124]. Das Lösegeld für Bigilas betrug 50 Pfund Gold, das entspricht 3600 Solidi[125]; das war aber ein Sonderfall.

Wieviel ungemünztes Gold und wieviel in Münzen die Hunnen von ihren Überfällen und Beutezügen nach Hause brachten, läßt sich nicht einmal annähernd schätzen. Nach ihrem Sieg über die Ostgoten forcierten sie den Angriff auf die Westgoten nicht, „weil sie mit Beute überladen waren“[126], sicherlich nicht mit Kochtöpfen und Holzbänken, sondern mit Gold, Silber und kostbaren Waffen. Das gleiche geschah 452 in Oberitalien (s. Seite 90; 104).

Zusätzlich zu dem Tribut hatten die Römer den Hunnen „Geschenke“ geschickt. Das war an sich nichts Unübliches. Selbst wenn die Verträge zwischen den Römern und den Barbarenherrschern nur die Zahlung einer bestimmten Summe vorsahen, war es Gewohnheit, diesen Geschenke zu überreichen[127], darunter Gegenstände aus Edelmetall. Die Hunnen warteten nicht auf Geschenke, sie forderten sie. Als im Jahre 450 die römischen Gesandten, die Attila nicht einmal vorlassen wollte, sich weigerten, die mitgebrachten Geschenke zu übergeben, drohte der König, sie zu töten[128].

Bei ihrer Abreise aus Konstantinopel gab man fremden Gesandten Geschenke. Das war ein Akt der Höflichkeit für bedeutende Gäste. Die dafür aufgewendeten Summen konnten riesig sein. Procopius schätzte den Gesamtaufwand Justinians für einen persischen Gesandten auf 1000 Pfund Gold[129]. Attila machte aus dieser Sitte ein einträgliches Geschäft. Unter den nichtigsten Vorwänden schickte er Gesandtschaft um Gesandtschaft an den kaiserliche Hof. Um die Wilden bei guter Laune zu halten, gab man ihnen allen reiche Präsente, über die sie bei ihrer Rückkunft dem König Rechenschaft abzulegen hatten[130].

Eine andere wahrscheinlich beträchtliche Einnahmequelle für Gold floß aus dem Verkauf von Pferden an die Römer. Außer Sklaven und möglicherweise Pelzen gab es nicht viel anderes, was die Hunnen den römischen Kaufleuten anbieten konnten. Eine Passage in der *Mulomedicina* des Vegetius zeigt, daß der Export von Pferden aus dem Land der Hunnen zeitweise ein florierendes Geschäft war. Es ließ wahrscheinlich in den späten vierziger Jahren des 5. Jahrhunderts nach, nachdem die Hunnen in zwei blutigen Kriegen nicht nur viele Männer, sondern auch viele Pferde verloren hatten.

Eine Stelle bei Priscus, der man bisher wenig Augenmerk schenkte, zeigt, daß im Hunnenland Goldmünzen, wenn auch wahrscheinlich nur in bescheidenem Ausmaß, als Zahlungsmittel im Umlauf waren. Im Jahre 449 verbot Attila den römischen Gesandten, „irgendeinen römischen Gefangenen oder Barbarensklaven oder Pferde oder irgend etwas anderes außer den Dingen, die sie zum Unterhalt brauchten, zu kaufen, bis die Streitigkeiten zwischen den Römern und Hunnen beigelegt worden wären“[131]. Der König hatte einen guten Grund für dieses Verbot; er wollte Bigilas mit den 50 Pfund Gold ertappen, die Edecon für die Ermordung seines Herren bezahlt werden sollten. Als Bigilas später vor Attila geführt wurde und man ihn fragte, warum er so viel Gold brachte, war er nicht in der Lage, die 3600 Solidi, die er bei sich hatte, wegzuerklären[132]. Diese Stelle zeigt, daß nicht nur an der Grenze, sondern auch tief in der Hunnia Sklaven, Pferde und Nahrungsmittel für römische Goldmünzen gekauft und verkauft werden konnten. Ob die Hunnen zu Attilas Zeit Solidi nur im Kontakt mit den Römern oder auch untereinander als Zahlungsmittel verwendeten, wissen wir nicht. Die letztgenannte Möglichkeit ist nicht gänzlich auszuschließen.

HANDEL

Der lange, kostspielige und unentschiedene Krieg, den Kaiser Valens mit den Westgoten führte, endete im Jahre 369 mit einem Vertrag, der die vorher ziemlich engen Kontakte zwischen dem Reich und den Barbaren jenseits der Donau auf ein Minimum reduzierte. Die Römer stellten die Zahlung der jährlichen Subsidien ein, die den Goten zustanden, solange sie Föderaten gewesen waren. Der einseitige Austausch von „Geschenken" zwischen dem Kaiser und seinen „Freunden" hörte auf. Vor dem Krieg hatten Römer und Goten entlang des ganzen Flusses Tauschhandel betrieben, und viele Offiziere der Frontarmee waren mehr Kaufleute und Sklavenhändler als Soldaten[133]. Vom Jahr 369 an wurde der Handel zwischen der Romania und der Gothia, die nun so unabhängig wie Persien war, auf zwei Marktplätze am linken Donauufer eingeschränkt[134]. Sogar dort durften die Händler, nach Analogien zu schließen, nur zu bestimmten Zeiten im Jahr ihre Waren hinbringen und Geschäfte abwickeln.

Die kaiserliche Regierung sah strikte darauf, daß die Handelsbeziehungen zwischen ihren Untergebenen und den freien Barbaren sich in engsten Grenzen hielten. Es gab nur zwei Marktplätze für den Handel mit den Markomannen und Quaden[135]. Um den Handel mit den Jazygen zu kontrollieren, wurde ein *burgus* „Commercium" in der Nähe von Gran im Jahre 371 errichtet[136]; Die anderen *burgi* waren offensichtlich das ganze Jahr hindurch zu sehr damit beschäftigt, die ruhelosen Barbaren zu überwachen und „das heimliche Übersetzen von Banditen" *(clandestinos latrunculorum transitus)* zu verhindern. Ein Gesetz aus dem Jahr 368 verbot den Export von Wein und Öl in das Barbaricum[137]. Wenige Jahre später wurden Kaufleute, die für Sklaven oder andere Güter mit Gold bezahlten, mit der Todesstrafe bedroht[138]. Dieselbe Strafe drohte jenen, die Waffen[139] und Material für deren Herstellung an irgendwelche Barbaren jedweden Stammes verkauften[140]. Ob die Handelsverträge mit den Persern vorsahen, welche Güter exportiert werden konnten, ist nicht bekannt, aber wir können sicher sein, daß die Römer dem Großkönig keine Waffen verkauften. Auch an der persischen Grenze war der Handel auf wenige Plätze beschränkt. Im Jahre 409 gestatteten die Römer nur an drei Plätzen den Handel mit den Persern: Nisibis, Artaxata und Callinicum[141], „damit Fremde nicht in unzulässiger Weise Geheimnisse herausfinden könnten".

Was Priscus, unser einziger Gewährsmann für Handelsbeziehungen zwischen den Oströmern und den Hunnen, über dieses Thema zu sagen hat, paßt in das Bild. Die Märkte wurden zu bestimmten Zeitpunkten einmal im Jahr[142], wahrscheinlich im Spätfrühling oder im Frühsommer[143], abgehalten. Solange die Grenze entlang der Donau verlief, war der Markt dort, wahrscheinlich am Nordufer. Nach 447 wurde er nach Naissus (Niš) verlegt[144]. Als Dengizich und Ernach, die Söhne Attilas, um Frieden ersuchten, forderten sie unter anderem, daß der Markt an der Donau „wie in früheren Zeiten" wiedergeöffnet würde. Es gab offensichtlich nur einen Ort, wo Hunnen und Römer sich zum Tauschhandel trafen.

Daraus folgt nicht, daß der Handel mit den Hunnen unerheblich war. Zusätzlich zum legalen Handel wurden wahrscheinlich römische Waren ins Land der Hunnen und hunnische Pferde und Sklaven in das der Römer geschmuggelt. Indessen war der Umfang von gesetzlichem und illegalem Handel offensichtlich bescheiden. Die Behauptung Thompsons, daß die ganze Bourgeoisie des Ostreiches an der Beibehaltung und Ausdehnung seiner Handelsbeziehungen mit den Hunnen ein vitales Interesse hatte, findet weder in den literarischen noch in den archäologischen Zeugnissen irgendeine Stütze. Zweifellos machten manche Leute gute Geschäfte. Wenn auf Märkten innerhalb des Reiches Gewinne von 50 Prozent erzielt werden konnten[147], so war der Handel mit den Barbaren sicherlich noch einträglicher, vor allem deswegen, weil die Händler keine Bedenken hatten, die Hunnen zu betrügen. Der heilige Ambrosius hielt es für keine Sünde, Barbaren Geld zu Wucherzinsen zu leihen: „An dem, den du im Krieg nicht leicht besiegen kannst, kannst du schnell durch die Prozente Rache nehmen. Treibe von dem Wucherzinsen ein, den zu töten kein Verbrechen wäre. Wo daher das Recht des Krieges besteht, da besteht auch ein Recht auf Wucher.“[148]

SEIDE

Wie die Barbaren an der chinesischen Grenze, die Seide mehr als jedes andere Produkt ihres Nachbarn und Feindes schätzten[149], so schätzten die Barbaren im Westen römische Seide sehr hoch. Im Jahre 408 forderte Alarich von der Stadt Rom 4000 Seidentuniken und erhielt sie auch[150]. Sein Nachfolger, König Athaulf, gab Galla Placidia 50 junge, in Seide gekleidete Männer als Hochzeitsgeschenk[151]. Unter den Schiffsladungen von Stoffen, die die Oströmer durch viele Jahre den Westgoten schickten[152], waren zweifellos viele Seidentuniken.

Die Hunnen erhielten Seide auf verschiedene Weise. Erstens brachten sie welche von ihren Plünderzügen heim. Wie die Goten in Italien kauften die Hunnen, solange sie noch auf römischem Territorium waren, Seide von römischen Händlern. *Unde pellito serica vestimenta?* fragte Maximus von Turin[153]. Zweitens kauften die Hunnen Seide auf den Märkten; in den vorangegangenen Jahrhunderten erreichte die Seide die Barbaren in der Steppe über die Städte am Schwarzen Meer; Seide wurde in der Nähe von Kerč auf der Krim[154], in einem spätsarmatischen Grab in Marienthal (heute Sovetskoe) am Großen Karman in der früheren deutschen Wolgarepublik[155] und in einem Grab in Šipovo[156] gefunden. Schließlich schickte der Kaiser den hunnischen Vornehmen und Attila Seide als Geschenk, wie er später dem Awarenkagan Seidengewänder sandte[157]. Attila lag in einem Seidenzelt aufgebahrt[158]. Edecon und Orestes mögen in ihren römischen Seidengewändern seltsam ausgesehen haben, aber offensichtlich hatten sie eine Vorliebe dafür[159].

WEIN

Wenn man Asterius von Amasea glauben darf, tranken die Hunnen am Schwarzen Meer keinen Wein[160], kaum deshalb, weil sie ihn nicht mochten, sondern weil sie ihn nicht bekommen konnten. In Ungarn war das ganz anders. Von Priscus erfahren wir, daß an Attilas Hof Wein in großen Mengen getrunken wurde. Die Gemahlin des Onegesius bot Attila einen Kelch mit Wein an. Attila trank beim großen Gelage, bevor das Essen serviert wurde, allen vornehmen Gästen einschließlich der römischen Gesandten mit Wein zu, und diese tranken ihrerseits dem König zu. Nach dem ersten Gang wurde wieder Wein getrunken, ebenso nach dem zweiten, und als die Römer spät in der Nacht weggingen, tranken die Hunnen weiter. Beim Mahl im Hause des Adamis erhielt jeder Gast von den anderen einen Becher Wein, und er hatte sich in gleicher Weise erkenntlich zu zeigen. Da weder die Hunnen noch ihre Untertanen — möglicherweise mit Ausnahme der wenigen Römer — wußten, wie man Wein anbaute und das Getränk gewann, wurde Wein offensichtlich in großen Mengen ins Hunnenland importiert. Im 6. Jahrhundert waren die Massageten = Hunnen in der byzantinischen Armee die unmäßigsten Trinker[161], ärger noch als die Goten[162].

IV. GESELLSCHAFT

In keinem Zweig der Hunnenforschung fällt die Diskrepanz zwischen den wenigen Fakten und den Theorien, die darauf errichtet wurden, so auf, wie bei der Erforschung der hunnischen Gesellschaft. Die Versuchung, die Hunnen in die von dem Gelehrten bevorzugte sozioökonomische Kategorie hineinzuzwingen, scheint unwiderstehlich zu sein. Spätere byzantinische Autoren transkribieren oft die Titel der Barbaren; sie sprechen vom χαγάνος der Awaren, dem βοιλᾶς der Bulgaren und dem τουδοῦνος der Chazaren. Priscus verwendet für die Titel und Ränge der Hunnen nur griechische Wörter. Welches Wort er mit βασιλεύς wiedergibt, ist nicht bekannt. Aber einige moderne Autoren nennen Atilla „Kagan", wie wenn sie mit Priscus an seinem Hof gewesen wären und, des Hunnischen mächtig, verstanden hätten, wie der König von seinen Untertanen angeredet wurde. Andere werfen alle eurasischen Nomaden und Halbnomaden, von den Skythen bis zu den Kasachen des 19. Jahrhunderts, in einen Topf, konstruieren eine sogenannte nomadische Gesellschaft und werfen mit angeblichen Fachausdrücken wie *il* und *ordu* um sich. Der schlimmste Sünder in dieser Hinsicht war T. Peisker, der noch immer seine Jünger hat[1]. Thompson sieht die Hunnen als eine heulende Masse halbnackter Wilder. In seiner Absicht, nicht nur die Hunnen, sondern auch ihre Verbündeten die Leiter der Evolution hinunterzustoßen, übersetzt Thompson sogar die Texte falsch. Er beruft sich auf Sozomenos 9, 5: Der Kirchenhistoriker „sah viele von ihnen [Sciri] über die Vorberge und Ausläufer des Olympus in Bithynien verstreut, wahrscheinlich als Hirten auf den kaiserlichen Gütern."[2] In Wirklichkeit sah sie Sozomenos, wie sie den Boden bearbeiteten, γεωργοῦντας. Sowjetische Historiker finden für die Hunnen einen Platz in der geradlinigen Entwicklung der sozialen Funktionen, die Lewis Morgan ausarbeitete und dem Engels mehr oder weniger getreu darin folgte. Die Hunnen, sagt man, hätten sich im letzten Stadium der „Barbarei" befunden, in dem die „Gentilgesellschaft" sich zur „Militärdemokratie" entwickelte, die Engels folgendermaßen charakterisiert:

> Heerführer, Rat, Volksversammlung bilden die Organe der zu einer militärischen Demokratie fortentwickelten Gentilgesellschaft. Militärisch — denn der Krieg und die Organisation zum Krieg sind jetzt regelmäßige Funktionen des Volkslebens geworden. Die Reichtümer der

Nachbarn reizen die Habgier von Völkern, bei denen Reichtumserwerb schon als einer der ersten Lebenszwecke erscheint. Sie sind Barbaren: Rauben gilt ihnen für leichter und selbst für ehrenvoller als Erarbeiten. Der Krieg, früher nur geführt zur Rache für Übergriffe oder zur Ausdehnung des unzureichend gewordenen Gebiets, wird jetzt des bloßen Raubs wegen geführt, wird stehender Erwerbszweig ..., und hätte nicht die Ausdehnung der Sklaverei bereits angefangen, die Erarbeitung des Lebensunterhalts für nur sklavenwürdige Tätigkeit, für schimpflicher gelten zu lassen als den Raub[3].

Nach Engels waren die Griechen im heroischen Zeitalter typische Vertreter der Militärdemokratie. Die sowjetischen Historiker wiederholen zwar unermüdlich, daß die Hunnen dasselbe Stadium erreicht hatten[4], bemühen sich aber natürlich nicht einmal, es zu beweisen. Attila und Agamemnon haben den Anfangsbuchstaben ihrer Namen gemeinsam, aber das ist auch schon alles. Wenn alle Völker, die unter militärischen Anführern ihre Nachbarn ausraubten, in einer Militärdemokratie gelebt hätten, dann würden Assyrer, rinderzüchtende Zulus, ackerbautreibende Azteken und die Wikingerpiraten zusammengehören. Nach vielen Versuchen, die Militärdemokratie genauer zu definieren, ist sie zuletzt zu einer leeren Phrase geworden. Sie ist, erzählt man uns nun, der Typus einer politischen Superstruktur, welche die auf der ökonomischen Basis ablaufenden Prozesse *nicht* widerspiegelt[5].

Der einzige sowjetische Hunnenforscher, der Engels ernst nahm, war A. N. Bernštam. Da man von einer Gesellschaftsform, die einer anderen folgt, annimmt, daß sie eine höhere Stufe in der Entwicklung der Menschheit repräsentiert, muß die junge Militärdemokratie der Hunnen zu ihrer Zeit eine progressive Rolle gespielt haben. Bernštam gab der Auffassung vom Fortschritt eine originelle Note. Er behauptete nicht, daß die Hunnen selbst höher entwickelt waren als die Völker, die sie besiegten. Ihr Beitrag zum Fortschritt war eher indirekt: Sie halfen mit, die „sklavenhaltenden" Gesellschaften, darunter das Römische Reich, zu zerstören und machten damit den Weg für den fortschrittlicheren Feudalismus frei. Das war die These, die Bernštam in seiner *Očerki po istorii gunnov (Geschichte der Hunnen im Überblick)* vorlegte.

Er wurde heftig angegriffen[6]. In der Tat sind Bernštam einige böse Fehler unterlaufen[7]; statt auf die Quellen zurückzugehen, zitierte er oft aus hoffnungslos veralteten Kompilationen. Aber seine Hauptsünde war, die Hunnen auf das gleiche Niveau zu stellen wie die jungen barbarischen Völker, die slawischen und — doch das war nur leise nebenbei erwähnt — die germanischen Stämme. Wie ihre Nachfolger, die Awaren, Petschenegen und Mongolen, waren die Hunnen der Erzfeind der friedliebenden Nationen Osteuropas. Bernštams Buch wurde aus dem Umlauf gezogen.

Die Verpflichtung, innerhalb der marxistischen Konstruktion zu bleiben, führt zu seltsamen Ergebnissen. Der ungarische Historiker und Philologe Harmatta veröffentlichte eine Reihe interessanter Artikel über die hunnische Gesellschaft mit langen Zitaten aus den Originalquellen in Sanskrit, Akkadisch, Pehlevi und dem Sogdischen[8]. Nachdem er die verschiedenen Für und Wider sorgfältig abgewogen hatte, kam er zu dem Schluß, daß die hunnische Gesellschaft im Jahre 445 n. Chr., plus/minus ein oder zwei Jahre, ein Staat wurde. Indessen wehrten sich die widerspenstigen Hunnen dagegen, in eines der Entwicklungsstadien von Engels zu passen. Die hunnische Gesellschaft, gab Harmatta zu, „hatte keinen bestimmten Eigencharakter“[9].

Die Bedeutung der Ausdrücke für die sozialen Institutionen der Hunnen muß im Zusammenhang erfaßt werden. Λογάδες bedeutet nach Auskunft der Wörterbücher „auserlesene Männer“. Ist das die Bedeutung des Wortes bei Priscus? Da Hunnenforscher die frühbyzantinischen Texte lesen, als seien sie von Thukydides geschrieben, enthalten ihre Arbeiten eine Anzahl von Mißverständnissen. Im folgenden werde ich mich nur mit Thompsons und Harmattas Ansichten von der hunnischen Gesellschaft befassen. Sie sind die einzigen Autoren, die sich über diesen Gegenstand einigermaßen Gedanken gemacht haben.

Priscus, der einzige Autor, der über die *logades* der Hunnen spricht, nennt fünf von ihnen beim Namen:

1. Onegesius, „der nächst Attila der Mächtigste unter den Skythen war“ (*EL* 134, 2).
2. Scottas, der Bruder des Onegesius; er rühmte sich, daß er „vor Attila mit seinem Bruder von gleich zu gleich sprechen und handeln könnte“ (*EL* 127, 18, 23).
3. Edecon, ein berühmter Krieger hunnischer Abstammung (*EL* 124, 6—7).
4. Berichus, Herr über viele Dörfer (*EL* 147, 10—11).
5. Orestes, ein Römer aus Pannonien, Attilas Sekretär (*EL* 125, 22).

Das Wort kommt auch in acht weiteren Stellen vor:

6. Edecon, Orestes und Scottas „und die anderen *logades*“ (*EL* 125, 22).
7. „Die *logades* der Skythen nach Attila nahmen Gefangene aus den Wohlhabenden, weil sie für sie das meiste Geld bekamen“ (*EL* 135, 32 bis 136, 2).
8. Onegesius beriet sich „mit den *logades*“ (*EL* 145, 30).
9. Die römischen Gesandten gingen zum Haus des Adamis „mit einigen der *logades* des Volks“ (*EL* 146, 9—10).
10. Attila befahl „allen *logades* in seiner Umgebung“, dem Maximinus Freundschaft zu beweisen (*EL* 147, 26).
11. Chrysaphius fragte, ob es für Edecon leicht sei, zu Attila vorgelassen zu werden; dieser antwortete, er sei ein intimer Freund Attilas und „gemeinsam mit den dafür ausgewählten *logades*“ mit dem persönlichen Schutz des Königs betraut (*EL* 580, 20—25).
12. Chelchal ließ die *logades* der Goten zu sich kommen (*EL* 589, 20—21).
13. Kunchas, der König der Kidariten, der Peirozes (das ist der Sāsānidenkönig Pērōz, 459—484 n. Chr.) für seine Falschheit bestrafen wollte, „gab vor, sich mit seinen Nachbarn im Krieg zu befinden und Männer zu

brauchen, nicht Soldaten, die für die Schlacht geeignet wären, denn davon hätte er eine unbegrenzte Anzahl, sondern Männer, die den Krieg für ihn als Generäle führen würden". Peirozes schickte ihm 300 *logades* (*EL* 154, 20—21).

Nach Thompsons Meinung waren die *logades* der Angelpunkt der gesamten Verwaltung des hunnischen Reiches. Er identifizierte sie mit Attilas ἐπιτήδειοι und den οἰκεῖοι καὶ λοχαγοί des Uldin. Sie sollen über bestimmte Teile des Reiches geherrscht, unter den unterworfenen Stämmen Ordnung gehalten und Tribut und Nahrungsmittel von ihnen eingetrieben haben. Während eines Feldzuges kommandierten sie nicht bloß bestimmte Abteilungen ihnen zugeteilter Hunnen, sondern auch Kontingente von Kriegern der unterworfenen Stämme, die von den Bezirken, die die *logades* besaßen, gestellt worden waren. Thompson übersetzte das Wort nicht, als ob *logades* ein Fachausdruck wäre; er spricht sogar von der Zeit, in der die *logades* „eingesetzt" wurden.

Harmatta unterstrich zunächst die Tatsache, daß die bei Priscus erwähnten *logades* keine hunnischen, sondern germanische und griechische Namen hatten; Attila soll die alte Stammesorganisation liquidiert und mit Hilfe der *logades* regiert haben. Später lehnte Harmatta Thompsons Gleichsetzung der *logades* mit den ἐπιτήδειοι ab, das tatsächlich nicht mehr als „Freunde" bedeutet, und ebenso mit den οἰκεῖοι καὶ λοχαγοί des Uldin, seinen „Verwandten und Offizieren". Er gab die Abhängigkeit der *logades* von Attila auf. Nun hieß es, daß sie die herrschende Klasse waren, vergleichbar mit den *vazurgān u āzādān*, „den Großen und Vornehmen" des sāsānidischen Persien, oder den *bäglär* der türkischen Gesellschaftsordnung im 6. Jahrhundert. Im übrigen stimmte Harmatta mit Thompson überein. Auch seine *logades* regierten über ihre Territorien, trieben Steuern ein usw.

Altheim betrachtet die *logades* als „einen neuen geschlossenen Stand". Sie bekamen ihren Namen, behauptet er, weil sie buchstäblich von Attila ausgewählt wurden[10], der sie auf seinen Feldzügen, für diplomatische Missionen und als Steuereintreiber einsetzte.

Diese Gelehrten lesen zu viel in Priscus hinein. Er sagt nichts über das Eintreiben von Steuern. Er erwähnt, daß Berichus Herr über viele Dörfer war, daraus folgt aber nicht, daß alle *logades*, sogar Attilas Sekretär, Besitzer großer Güter waren. Die armseligen Goten, die nach 465 auf dem nördlichen Balkan umherzogen, hatten ihre *logades*. Da sie kein Land hatten — sie *baten* die Römer um Land —, konnten ihre *logades* keine großen Güter besitzen; sie hatten auch keinen König, der die *logades* hätte „auswählen" können. Fasziniert von dem Wort, das sie in den Schriften aus der Zeit des Priscus nicht finden können, machen Thompson, Harmatta und Altheim es zur Bezeichnung einer genau definierten sozialen Gruppe.

Tatsächlich bedeutet *logas* seit dem 3. Jahrhundert einfach „prominent, hervorragend, ausgezeichnet". In seiner Περὶ ἐπιδεικτικῶν (Kapitel III) spricht Menander Rhetor über die ἄνδρες λογάδες von Athen; sie waren von niemandem ausgewählt, besaßen weder Land noch Pferde, sondern waren voll von Weisheit und Tugend, σοφίας καὶ ἀρετῆς τροφίμους[11]. Basil, der ältere Bruder Gregors von Nyssa, war λογὰς ἀνὴρ καὶ ὀνομαστὸς κατὰ φιλοσοφίαν[12]. In seiner Widerlegung von Julians Abhandlung *Wider die Galiläer* preist der Zeitgenosse des Priscus, Cyrillus von Alexandria, die *logades* der Griechen; auch hier sind es weder Landeigentümer noch militärische Anführer: die *logades* sind Platon und Plutarch[13]. Im 8. Jahrhundert schrieb Theophanes, der dabei wahrscheinlich ein älteres Werk zitierte, von den *logades* in Antiochia, die sich der Lehre des Nestorius anschlossen[14]. Ich erfahre von Professor I. Ševčenko, daß in den russischen Chroniken *logades* durch *lučšie l'udi*, „die besten Leute", wiedergegeben wird. In seiner Übersetzung der *Alexiade* von Anna Comnena überträgt B. Leib *logades* mit „Elite"[15]. Das ist auch die Bedeutung im Neugriechischen: οἱ τοῦ ἔθνους λογάδες sind „die Elite der Nation"[16].

Es gibt keinen Nachweis dafür, daß diese hervorragenden Männer bei den Hunnen außer ihrer Prominenz irgend etwas miteinander gemeinsam hatten. Hätte Priscus lateinisch geschrieben, so hätte er sie wahrscheinlich *optimates* genannt. Im Gebrauch bei Ammianus Marcellinus kommt *optimates* sehr nahe an *logades* heran. Ammianus war über die Ränge bei den Alamannen, gegen die Julian kämpfte, gut informiert. Sie wurden von Chnodomarius und Serapio angeführt, *potestate excelsiores ante alios reges*; dann kamen fünf Könige, *potestate proximi*, dann *regales*, ein langer Zug von *optimates*, und erst dann kamen die gewöhnlichen Leute (16, 12, 25—26). Die Sarmaten in Ungarn hatten *regales*, *subreguli* und *optimates* (17, 12, 9, 12). Es hat fast den Anschein, daß die *optimates* bei Ammianus gerade eine Stufe über dem gemeinen Volk standen. Wenn er aber von den *optimates* der Armenier (27, 12, 2) und Goten (31, 4, 1) spricht, denkt er offensichtlich nicht nur an den niederen Adel, sondern an alle Leute, die etwas zu sagen hatten. Kaiser Valens weigerte sich, zu den Leuten zu sprechen, die Fritigern als Gesandte zu ihm schickte, weil sie niedrigen Ranges waren; er forderte, daß die Goten *optimates*, hervorragende Leute (31, 12, 13), zu ihm schickten. Hortarius, einer der beiden alamannischen Adeligen, die Valentinian mit Kommandostellen in seiner Armee betraute, hatte verräterische Kontakte zu König (der Alamannen. R. G.) Macrianus und den barbarischen *optimates* (29, 4, 7); auch hier bedeutet *optimates* einfach prominente Leute, oder, wie wir jetzt sagen würden, *logades*. Den hunnischen *logades* entsprechen die κορυφαῖοι der Goten[17].

Priscus war sich sehr wohl darüber im klaren, daß nicht alle Prominenten an Attilas Hof den gleichen Rang hatten. Er bemerkte, daß Onegesius zur Rechten des Königs, „auf der ehrenvolleren Seite", saß und andere, wie Berichus, zur Linken. Bigilas erzählte ihm, daß der Hunne Edecon weit über dem Römer Orestes stand. Aber Priscus war an den feineren Unterscheidungen innerhalb der Prominenz nicht sehr interessiert. Die römischen Gesandten hatten vor allem mit Attila zu tun, und außer ihm zählte in Wirklichkeit keiner. Bloß das, was Priscus über die Akatiren[18] sagt, informiert uns ein wenig über die Struktur der hunnischen Gesellschaft.

Die Akatiren, ein hunnisches Volk, ἔθνος, waren in Stämme und Sippen unter zahlreichen Anführern aufgeteilt, πολλῶν κατὰ φῦλα καὶ γένη ἀρχόντων.

Kuridachus war der mächtigste, πρεσβύτερος ἐν τῇ ἀρχῇ. Die anderen waren Mitregenten, συμβασιλεύοντες[19].

Das ist einer der seltenen Fälle in der frühen byzantinischen Literatur, in dem es der Zusammenhang erlaubt, die Bedeutung der Bezeichnungen für die Unterteilungen der barbarischen Völker und ihrer Anführer festzustellen. Das Volk, ἔθνος, besteht aus Stämmen, φῦλα, und Sippen, γένη. Kuridachus ist (1) ein βασιλεύς der Akatiren; (2) ein ἄρχων; (3) Anführer eines φῦλον, ein φύλαρχος.

Thompson behauptet, daß Olympiodorus sorgfältig zwischen dem militärischen Kommandeur einer Konföderation von Barbarenstämmen und dem militärischen Anführer eines einzelnen Stammes unterschied, wobei er den Erstgenannten φύλαρχος und den anderen ῥήξ nannte[20]. Er irrt sich. Ῥήξ ist natürlich das lateinische *rex*, was auch immer seine ursprüngliche Verwandtschaft zum keltischen *rigs* sein mag[21]. Die lateinischen Schriftsteller des 4. und 5. Jahrhunderts machen keinen Unterschied zwischen den *reges* jenseits der Grenzen. Ammianus Marcellinus nennt die Anführer der Burgunder (28, 5, 10, 13, 14), der Quaden (17, 12, 21) und der wilden maurischen Stämme (29, 5, 41) ebenso *reges* wie die sieben Herrscher der Alamannen (16, 12, 25) und den großen Šahpuhr (II.), den „Gefährten der Sterne, den Bruder der Sonne und des Monds“ (17, 5, 3). In der gleichen Bedeutung wurde das Wort von den Griechen übernommen. In einem Brief aus dem Jahr 404 spricht Johannes Chrysostomos vom ῥήξ der Goten auf der Krim[22]. Etwa zur selben Zeit erzählt Olympiodorus, der gerne lateinische Worte verwendete, von den ersten unter den ῥῆγες der Hunnen; sie waren auf ihre Art große Herren, und die Übersetzung „König“ schien durchaus am Platz. Aber Olympiodorus nennt auch den Condottiere Sarus, *dux* einer kleinen Gruppe von Goten[23], einen ῥήξ[24]. Bei Malalas ist Brennus *rhex* der Gallier, Odoacar jener der Barbaren; die vandalischen Anführer sind *rheges* von Afrika oder der Afrikaner, die der Ostgoten *rheges* von Italien; Styrax und Glones sind *rheges* der Hunnen, und Boa ist eine *rhegissa*[25]. Man kann, wenn man will, *rhex* mit „König“ übersetzen, es scheint aber besser, das Wort zu transkribieren. Auf jeden Fall ist *rhex* bei Olympiodorus um nichts mehr der militärische Anführer eines Stammes als der gotische Führer, der einen neuen Bischof für sein Volk erbat.

Βασιλεύς ist ein anderer Ausdruck mit zwei Bedeutungen. In offiziellen Dokumenten, z. B. in diplomatischen Noten, wurde er ausschließlich für den römischen Kaiser verwendet[26]. Die Weströmer befürchteten, daß Attila eines Tages darauf bestehen würde, mit *basileus* statt mit *magister militum*, seinem (nur nominellen) Titel, angeredet zu werden[27]. Es wäre interessant zu wissen, wie die Oströmer den König anredeten. Sie könnten so neutrale Bezeichnungen wie *hegemon* oder *hegoumenos* der Hunnen verwendet haben. Nach Bledas Tod wäre *monarchos* ein passender Titel gewesen; Priscus nannte den persischen König *monarchos*[28], und Menander schrieb ohne weiteres über den *monarchos* der Langobarden[29]. Ebenso konnte Attila als κατάρχων τῶν Οὔννων bezeichnet worden sein, wie Theoderich Strabo κατάρχων τῶν Γότθων war; Strabo war ebenso ἀρχηγός, sogar αὐτοκράτωρ[30], ein Titel, der üblicherweise dem Imperator vorbehalten war[31].

Harmatta dachte, daß Attila der erste Barbarenfürst war, dem die Oströmer den Titel *basileus* zugestanden, weil sein

> sozialer Rang, seine Macht und absolute Herrschaft der Stellung ähnlich war, die der römische Kaiser inne hatte; nur einmal wurde der Ausdruck basileus in Verbindung mit Attila, *i. e.* mit einem barbarischen Herrscher, geläufig, die frühere scharfe Trennung zwischen dem byzantinischen Monarchen und den Barbarenkönigen wurde im Sprachgebrauch verwischt. Das erklärt [nach Harmattas Meinung; O. M.], warum Priscus die Bezeichnung basileus einmal in Verbindung mit dem König der Franken, ein andermal mit den Anführern der Akatziri verwendet[32].

Das klingt recht plausibel, ist aber nicht wahr. Harmatta übersah die Art und Weise, in der Autoren über Barbarenkönige sprachen, wenn sie geschichtliche Werke verfaßten. Wäre Eunapius als Gesandter zu einem westgotischen Anführer geschickt worden, hätte er ihn sicherlich nicht mit *basileus* angeredet. Als er aber über Athanarich schrieb, zögerte er nicht, ihn *basileus* zu nennen[33]. Der Herrscher über die *Chamavi*, die Feinde Julians, war ein *basileus*[34]. Eunapius schrieb viele Jahre vor Attila. Und Priscus selbst war eher großzügig, wenn es darum ging, einem hunnischen oder anderen barbarischen Anführer den Titel *basileus* zu verleihen. Attila war nicht der erste König der Hunnen. Ruga war ebenso βασιλεύων[35]. Die βασιλεία[36] ging auf Attila *und* Bleda über[37]; sie sind die βασιλεῖς der Hunnen[38]. Priscus spricht nicht nur von den Königen der Franken und Akatiren, sondern ebenso vom Königtum, βασιλεία, der Lazen im Kaukasus[39]. In den Schriften des 6. Jahrhunderts lesen wir über die Könige der *Auxumitae*[40] und Iberer[41]. Auch diese Könige waren nicht von den Oströmern als solche anerkannt, aber darum kümmerten sich die Historiker nicht.

Ein dritter mehrdeutiger Ausdruck, dessen Sinn von Thompson und Harmatta zu eng definiert wurde, ist φύλαρχος. Nach Thompson bedeutet *phylarchos* bei Olympiodorus militärischer Anführer einer Stammeskonföderation. Das Wort kommt bei Olympiodorus fünfmal vor. Alarich und Vallia sind *phylarchoi* der Westgoten, Gunthiarius ist *phylarchos* der Burgunder, und die Blemmyer haben *phylarchoi* und *prophetae*, die Priester der Isis[42]. Es gibt keinen wie immer gearteten Grund zur Annahme, daß die Westgoten und Burgunder im 5. Jahrhundert Stammeskonföderationen waren[43]. Und die Blemmyer bestanden nicht aus Konföderationen, die ihrerseits aus soundso vielen Stämmen bestanden; ihre *phylarchoi* waren eindeutig Stammesanführer. Noch weiter von der Wahrheit ist Harmattas Definition entfernt. „Das Wort phylarchos", sagt er, „bezeichnet einen offiziellen Titel, der von den oströmischen oder byzantinischen Kaisern den Anführern der Verbündeten Barbarenvölker zumindest seit dem Ende des 4. Jahrhunderts verliehen wurde." Aber das ist noch nicht alles. Er fährt fort: „Diesen barbarischen Anführern wurden römische Auxilia, Geld, Verpflegung, römische Ratgeber und römische Würden gegeben — mit einem Wort, es wurde alles getan, um ihre Autorität und Macht gegenüber den anderen Mitgliedern ihres Stammes zu stärken."[44] Harmatta irrt sich; er stützt sich auf Olympiodorus. Es genügt aber, das erste Fragment über Alarich zu lesen. Harmatta zitiert nur „Alarich, der phylarchus der Goten". In den folgenden Zeilen aber erzählt Olympiodorus, wie dieser „Verbündete" der Römer Rom erobert, es rücksichtslos ausplündert und Galla Placidia, die Schwester der Kaisers, in Gefangenschaft schleppt.

ARISTOKRATIE

Über dem gemeinen Volk, *qara budun*, wie es in den Orchon-Inschriften genannt wird, standen die vornehmen Familien. Sowohl Attila als auch sein Vater waren „wohlgeboren"[45]. Im Jahre 449, als Priscus Attila traf, war der Bart des Königs grau meliert[46]; sein Geburtsdatum kann nicht viel nach 400 liegen, das seines Vaters nicht nach etwa 370, vielleicht ist es sogar früher anzusetzen; das beweist die Existenz einer Erbaristokratie, lange bevor die Hunnen in die Ukraine einbrachen[47]. Wie groß sie war, können wir nicht feststellen. Priscus erwähnt nur zweimal Adelige. Berich, ein vornehmer Mann, Herr über viele Dörfer, war „wohlgeboren"[48]. Etwas aufschlußreicher ist eine Stelle, die uns in der Suda erhalten blieb: Bleda gab Zerco „ein Weib von den wohlgeborenen Frauen, die eine der Dienerinnen der Königin gewesen war, wegen eines Vergehens aber nicht mehr in ihren Diensten stand"[49]. Die Töchter von Adligen waren also ebenso „wohlgeboren", konnten aber an Gemeine verheiratet werden, in diesem Fall an den schwachsinnigen Hofnarren, der nicht einmal ein Hunne war.

Vorausgesetzt, daß das, was Ennodius über die Bulgaren sagt, die er mit den Hunnen gleichsetzte, auf diese übertragen werden kann, war der Abstand zwischen Adeligen und Gemeinen offensichtlich nicht groß. In seinem *Panegyricus auf Theoderich* beschreibt Ennodius jene Bulgaren, mit denen die Ostgoten 486 in Pannonien kämpften, als eine Nation, in der jener Mann den höchsten Rang innehatte, der die meisten Feinde tötete; ihre Anführer wurden nicht adelig geboren, sie wurden es auf dem Schlachtfeld[50]. So sahen es natürlich die Goten. Theoderich war ein Sproß der halbgöttlichen Amaler, die Goten hatten ihre großen vornehmen Familien, und die relative soziale Mobilität der Bulgaren muß ihnen wie pure Barbarei vorgekommen sein.

SKLAVEN

Einige der Gefangenen, die die Hunnen aus den Balkanprovinzen und aus Italien wegführten, wurden von ihren Verwandten und Freunden losgekauft. Andere dienten unter ihren Herren in den hunnischen Armeen, bis sie in der Lage waren, sich mit ihrem Anteil an der Beute die Freiheit zu erkaufen[51]. Aber die meisten Gefangenen wurden an römische Sklavenhändler entweder auf den jährlichen Märkten oder vor deren regelmäßigen Abhaltung überall dort, wo die Hunnen mit den Römern engen Kontakt hatten, verkauft, sogar noch, während die Invasoren auf römischem Territorium waren. Im Jahre 408 kauften die Römer so viele Gefangene von den Westgoten Alarichs, daß ein Gesetz erlassen werden mußte, um die Bedingungen genau zu bestimmen, unter denen diese Unglücklichen ihre Freiheit wiedererlangen konnten[52]. Aus einer Predigt des Maximus von Turin geht hervor, daß die Barbaren an die Sklavenhändler Bauernburschen nicht aus entfernten Bezirken, sondern aus Dörfern in der Nähe von Turin verkauften[53]. Es ist anzunehmen, daß die gleichen schmutzigen Geschäfte auch während der hunnischen Raubzüge südlich der Donau stattfanden.

Die Hunnen verkauften die meisten ihrer Gefangenen nicht bloß, weil in ihnen „ein unauslöschlicher Durst nach Gold brannte“[54]. Sie hatten selbst wenig Verwendung für sie. In der Wirtschaft von Hirtennomaden kann nur eine geringe Anzahl von Sklaven sinnvoll beschäftigt werden; außerdem ist es schwierig, sie an der Flucht zu hindern. Das traf für die Mongolen zu den Zeiten Dschingis Khans ebenso zu wie für die Kasachen des 18. und 19. Jahrhunderts[55]; es galt auch für die Hunnen. Sie hatten Haussklaven. Priscus sah zwei Sklaven, die ihre Herren getötet hatten und gefangen wurden[56]; der Plural zeigt, daß sie die einzigen Sklaven ihrer Herren waren. An Attilas Hof erkannte Priscus die Gefangenen an ihren zerrissenen Gewändern und ihren schmutzigen Köpfen[57]. Wahrscheinlich hielt man sie, weil man sich für sie ein Lösegeld erwartete. Waren sie einmal Mitglieder eines hunnischen Haushaltes, wurden sie offensichtlich gut behandelt. Die Gefangenen aus Aquileia nahmen an religiösen Zeremonien teil; solche, die von christlichen Untertanen der Hunnen gehalten wurden, wurden getauft.

V. KRIEGFÜHRUNG

ALLGEMEINCHARAKTERISTIK

In den siebzig Jahren zwischen dem ersten Zusammenstoß der Plünderer mit römischen Grenztruppen und der Schlacht am *locus Mauriacus* blieb die Kriegführung der Hunnen im wesentlichen gleich. Attilas Reiter waren noch immer die gleichen berittenen Bogenschützen, die nach 380 das Vardartal herabgeritten und den Standarten des Theodosius gefolgt waren. Ihre Kampftaktik wurde durch ihre Waffen bestimmt, und da sich diese nicht änderten, fochten die Hunnen bei Metz und Orléans, wie sie bei Pollentia gekämpft hatten. Natürlich gab es in Attilas Armee Männer, die Belagerungsmaschinen bauen und bedienen konnten[1] und die klarerweise keine Hunnen, sondern römische Gefangene oder Deserteure waren. Anders als Alarich, der sich rühmte, daß Thrakien für ihn Speere, Schwerter und Helme schmiede[2], hatte Attila keine römischen *fabricae*, die für ihn arbeiteten. Aber zumindest einige Hunnen müssen wie die Goten im Jahre 376 „die Leichen geplündert und sich mit römischen Waffen ausgerüstet haben"[3], andere wiederum fochten vielleicht mit persischen Waffen. All das hat aber wenig Bedeutung. Hätte Priscus um 475 die Waffen und die Kampftaktiken der Hunnen beschrieben, so hätte er mehr oder weniger dasselbe gesagt wie Ammianus Marcellinus im Jahre 392:

> Bisweilen lassen sie sich zum Kampf reizen (sc. und kämpfen dann einzeln), aber in die Schlacht gehen sie in taktischer Formation *(cuneatim)*[4] und stimmen dazu ein gräßliches Geheul an. Und da sie leicht bewaffnet sind, um sich schnell und unvorhergesehen bewegen zu können, schwärmen sie plötzlich mit Absicht auseinander[5], greifen ohne feste Ordnung an und richten kreuz und quer ein schreckliches Gemetzel an; wegen ihrer außerordentlichen Schnelligkeit sind sie nicht (sc. rechtzeitig) zu erkennen, wenn sie durch einen Wall einbrechen oder das Lager des Feindes plündern. Man kann sie daher ohne weiteres als die schrecklichsten aller Krieger bezeichnen, weil sie aus der Entfernung mit Pfeilen kämpfen, deren Spitzen statt der üblichen aus scharfem und mit wunderbarer Geschicklichkeit an den Schaft gefügten Bein bestehen; dann legen sie die dazwischenliegende Strecke[6] im Galopp zurück und wüten mit dem Schwert im Nahkampf ohne Rücksicht auf ihr Leben; und während der Feind sich vor Verwundungen durch Schwerthiebe in

acht nimmt, werfen sie aus Stoffstreifen geflochtene Schlingen über ihre Gegner und berauben sie so durch die Fesselung ihrer Gliedmaßen der Fähigkeit zu reiten oder zu gehen.

Die Goten, von denen Ammianus seine Informationen hatte, waren noch nach so vielen Jahren von den wilden Schreien[7] der Hunnen betäubt und verwirrt durch die unglaubliche Schnelligkeit ihrer Angriffe. Über die soziale und politische Struktur wußten die Goten nahezu nichts. Sie konnten nicht umhin, zu bemerken, daß die Hunnen *cunei* bildeten, ob aber diese aus den Mitgliedern einer Sippe oder eines Stammes bestanden[8] oder ob sie *ad hoc* formiert wurden, konnten sie Ammianus nicht mitteilen. Aus einer Stelle bei Procopius geht hervor, daß bei den späteren Hunnen in der Anfangsphase einer Schlacht Erbprivilegien eine gewisse Rolle spielten[9]. Dasselbe mag auch für ihre Vorgänger gegolten haben; die *čur* gaben wahrscheinlich ihren Rang von Generation zu Generation weiter[10]. Merkwürdigerweise erwähnte Ammianus nicht die Scheinflucht, eine Kriegslist, die die Hunnen wie alle Steppenkrieger anwendeten[11]. Indessen zeigt seine Beschreibung trotz ihrer Unvollständigkeit dennoch, daß die Taktik der Hunnen sich nicht wesentlich von der anderer berittener Bogenschützen des nördlichen Eurasien unterschied. Auf den Pfeilhagel, mit dem der Feind überschüttet wurde, folgte der Kampf Mann gegen Mann.

Ich übergehe die „Kriegsverbrechen“, deren die Hunnen so oft beschuldigt wurden. In einer Apokalypse des 7. Jahrhunderts läßt ein syrischer Kleriker seiner Phantasie etwas zu ungehemmt die Zügel schießen: die Hunnen (wahrscheinlich meinte er die Hephthaliten) braten schwangere Frauen, schneiden den Fötus heraus, legen ihn auf einen Teller, gießen Wasser darüber und tauchen ihre Waffen in den Brei; sie essen das Fleisch von Kindern und trinken das Blut von Frauen[12]. Die meisten Germanen der Völkerwanderungszeit benahmen sich keineswegs menschlicher als die Hunnen. Im Jahre 406 ermordeten die germanischen Invasoren in Gallien die Mönche, verbrannten Priester bei lebendigem Leib, vergewaltigten Nonnen, verwüsteten die Weingärten und fällten die Ölbäume[13].

PFERDE

Die Hunnen „sind mit ihren Pferden, die zwar zäh, aber häßlich sind, fast verwachsen; manchmal sitzen sie in Frauenart auf ihnen und erledigen so ihre gewöhnlichen Aufgaben . . . Und wenn Beratungen über gewichtige Angelegenheiten einberufen werden, dann besprechen sie auf diese Weise das gemeinsame Problem“ (Amm. 31, 2, 6).

Tatsächlich führten die Hunnen Verhandlungen mit römischen Diplomaten auf dem Rücken ihrer Pferde[14]. Die Sarmaten in Südrußland und die *Lazi* im Kaukasus saßen auch oft seitlich im Sattel[15].

Die Charakterisierung der hunnischen Pferde als *deformes* ist zu vage, als daß man daraus Schlüsse ziehen könnte[16]. Einem Römer müssen die meisten Steppenpferde so ungestalt wie die Pferde der Skythen mit ihren kurzen Beinen und großen Köpfen[17] oder wie jene struppigen und stumpfnasigen Pferde der Sigynnen erschienen sein, die angeblich zu klein waren, um auf ihnen reiten zu können[18].

Der einzige Autor, der eine gute Beschreibung des hunnischen Pferdes liefert, ist Vegetius. Seit langem schon, klagt er im Vorwort des zweiten Buches seiner *Mulomedicina*, befindet sich die Veterinärmedizin in stetem Verfall. Pferdeärzte werden so schlecht bezahlt, daß niemand sich mehr einem richtigen Studium der Veterinärmedizin widmet. Seit neuestem haben die Leute nach dem Beispiel der Hunnen und anderer Barbaren überhaupt aufgehört, Veterinäre zu konsultieren. Diese lassen ihre Pferde das ganze Jahr auf der Weide und kümmern sich überhaupt nicht um sie, ohne zu bemerken, welch unermeßlichen Schaden sie sich dadurch selbst zufügen. Diese Leute übersehen, daß die Pferde der Barbaren sich von römischen Pferden völlig unterscheiden. Als zähe Lebewesen sind die Pferde der Barbaren an Kälte und Frost gewöhnt, brauchen weder Ställe noch ärztliche Fürsorge. Das römische Pferd ist von viel empfindlicherer Konstitution; wenn es weder eine gute Unterkunft noch einen warmen Stall hat, fällt es von einer Krankheit in die andere[19]. Obwohl Vegetius die Überlegenheit des römischen Pferdes, seine Intelligenz, Gelehrigkeit und seinen edlen Charakter hervorhebt, gibt er zu, daß das hunnische Pferd auch seine Qualitäten hat. Wie die persischen, epirotischen und sizilischen Pferde hat es eine lange Lebenserwartung[20]. In seiner Klassifikation der verschiedenen Rassen nach ihrer Kriegstauglichkeit räumt Vegetius dem hunnischen Pferd wegen seiner Geduld, Ausdauer und seiner Fähigkeit, Kälte und Hunger zu ertragen, den ersten Platz ein[21]. Wie seine Beschreibung zeigt, hatte Vegetius, der sich wahrscheinlich selbst einige hunnische Pferde hielt[22], oft Gelegenheit, sie zu beobachten. Sie haben, sagt er, große krumme Köpfe, hervortretende Augen, enge Nüstern, breite Kiefer, starke und feste Nacken, bis über die Knie hängende Mähnen, übergroße Rippen, gekrümmte Kruppen, buschige Schwänze, sehr kräftige Sprungbeine, schmale Fesseln, breite Hufe und eingefallene Lenden; ihre Körper sind eckig, ohne Fett am Rumpf oder an den Muskeln der Kruppe; ihre Statur ist eher lang als hoch, ihr Bauch tiefhängend, ihr Knochenbau stark. Die große Magerkeit dieser Pferde ist gefällig, und es liegt sogar in ihrer Häßlichkeit etwas Schönes. Vegetius fügt hinzu, daß sie ruhig und sensibel sind und Wunden tapfer ertragen[23].

Obwohl diese Beschreibung trotz ihrer Genauigkeit eine Bestimmung des Typus des hunnischen Pferdes nicht erlaubt, schließt sie deutlich das Przewalsky-Pferd aus, das eine aufrechte Mähne und einen rübenähnlichen, kurzhaarigen Schwanz hat, bei dem nur der letzte Teil langhaarig ist[24]. Eine Bronzeplatte aus dem Ordosgebiet (Tafel I/1) zeigt einen Krieger mit einer spitz zulaufenden Mütze und einem kleinen Bogen auf einem Pferd mit „krummem" Kopf und langem, buschigem Schwanz[25]. Dieser Mann ist vielleicht ein Hsiung-nu. Eine andere Bronze vom Fluß Jar im früheren Gouvernement Tomsk sieht dem Ordospferd sehr ähnlich[26]. Es scheint allerdings, daß die Hsiung-nu Pferde verschiedener Rassen hatten[27], darunter eine mit aufrechter Mähne[28], das Gegenstück zum hunnischen Pferd mit seiner „bis unter die Knie hängenden" Mähne. Das „typisch" hunnische

Pferd hat sich wohl wenig von einigen der Pferde der Hsiung-nu und der Skythen unterschieden.

Die Hunnen waren hervorragende Reiter. Sidonius verglich sie mit Kentauren. „Kaum hat ein Kind gelernt, ohne Hilfe seiner Mutter zu stehen, setzt man es auf einen Pferderücken. Man könnte meinen, daß Mann und Pferd gemeinsam geboren wurden, so fest ist der Reiter immer mit seinem Pferd verwachsen; jedes andere Volk wird vom Pferderücken getragen, dieses Volk lebt darauf."[29] Die Reitkunst der Hunnen und Alanen war unübertroffen[30].

Da die Hunnen keine Sporen trugen, mußten sie die Pferde mit Peitschen zu einer schnelleren Gangart antreiben; Griffe solcher Peitschen wurden in vielen Gräbern gefunden[31]. Bis jetzt wurden jedoch keine Steigbügel gefunden, die man den Hunnen hätte zuweisen können. Wenn die Hunnen welche hatten, müssen sie aus vergänglichem Material, aus Holz oder Leder, gewesen sein. Ein starkes Argument gegen die Annahme, daß die Hunnen Steigbügel hatten, ist die Tatsache, daß die germanischen Reiter noch Jahrhunderte nach dem Zusammenbruch des Attilareiches ohne sie ritten. Anders als der Kompositbogen waren Leder- oder Holzsteigbügel leicht nachzuahmen. Aber der spezifische Faktor, der den hunnischen Bogenschützen sogar gegenüber den besten Truppen in den römischen Heeren einen Vorteil verlieh, *mag* gerade der Steigbügel gewesen sein. László betont zu Recht die Stabilität, die Steigbügel den berittenen Bogenschützen geben[32].

„Die Soldaten Roms", schrieb Hieronymus im Sommer 396, „Sieger und Herren über die Welt, werden nun von jenen besiegt, sie zittern und schrekken beim Anblick jener zurück, die nicht zu Fuß gehen können und sich für so gut wie tot halten, wenn sie einmal den Boden berühren."[33] Die seltsame Beschreibung der Hunnen durch Hieronymus beruht nicht auf eigener Beobachtung; er hatte nie einen Hunnen gesehen. Wie Eunapius[34], der auch behauptete, daß die Hunnen nicht „fest auf dem Boden stehen" könnten, kopierte Hieronymus Ammianus, der schrieb: „Ihre Schuhe sind nicht auf Leisten geformt und hindern sie so am freien Schritt. Aus diesem Grund sind sie für den Kampf zu Fuß nicht geeignet."[35] Die Erklärung Ammians für den eigentümlichen Gang der hunnischen Reiter, wenn sie einmal absaßen, ist naiv. Alle Reiternomaden, die den Großteil ihres Lebens auf dem Pferd verbringen, gehen schwerfällig[36]. Und doch müssen die hunnischen Schuhe den gotischen Informanten des Ammianus seltsam und von ihren eigenen ganz verschieden vorgekommen sein. Offensichtlich waren diese Schuhe den besonderen Bedürfnissen der Reiter angepaßt. So waren auch die der Magyaren im 10. Jahrhundert. Ihre Sohlen waren weich und biegsam, so daß die Schuhe in die fast runden hölzernen und eisernen Steigbügel gesteckt werden konnten und in ihnen festen Halt fanden[37]. Auch die Steigbügel aus den koreanischen Gräbern des 5. und 6. Jahrhunderts waren rund. Einige von ihnen waren aus Eisen[38], aber die kostbarsten, die mit Gold überzogen waren, waren aus Holz. Die Goldschuhe in diesen Gräbern sind offensichtlich Repliken von Lederschuhen[39]. Hätte sie Ammianus gesehen, so hätte er sie wahrscheinlich *formulis nullis aptati* genannt.

Das Problem des Ursprungs des Metallsteigbügels ist noch ungelöst[40]. Wenn die Streufunde von Miniaturmetallsteigbügeln im Minussinsk-Gebiet tatsächlich auf die Syr- oder Uibat-Periode (die ersten drei Jahrhunderte n. Chr.) oder sogar auf die Syr-Periode (1. und 2. Jahrhundert n. Chr.) datiert werden könnten[41], wären sie die frühesten bis jetzt bekannten Steigbügel; ihre Datierung ist aber umstritten[42]. In den zahlreichen Darstellungen nördlicher Barbaren in der chinesischen Kunst der Han-Periode finden sich keine Reiter mit Steigbügeln; auch die Reiter auf den goldenen Platten in der Sammlung Peters I. haben sie nicht.

Sättel

Nach seiner Niederlage am *locus Mauriacus* „schloß Attila sich und seine Gefährten innerhalb der Barrieren des Lagers ein, das er mit Wagen befestigt hatte. Es hieß aber, daß der König selbst in dieser äußersten Notlage überaus tapfer blieb und einen Scheiterhaufen aus Pferdesätteln errichtet hatte *(equinis sellis construxisse pyram)* und daß er entschlossen war, sich selbst in die Flammen zu stürzen, wenn der Feind ihn angreifen sollte, auf daß weder jemand die Freude hätte, ihn zu verwunden, noch daß er als Herr über so viele Völker in die Hand des Feindes fiele.“[43]

Diese Stelle in den *Getica* wurde oft als Beweis dafür angeführt[44], daß die Hunnen hölzerne Sättel hatten. Aber Schabracken hätten genausogut gebrannt. Die Geschichte des Sattels bei den eurasischen Nomaden ist alles andere als klar. Im dritten und fünften Kurgan bei Pazyryk und Šibe im Hochaltai wurden eher primitive Sättel gefunden. Sie bestanden aus zwei großen Lederpölstern, die mit Rotwildhaar ausgestopft und mit Filz überzogen waren; kleine Pölster vor und hinter den großen waren durch schmale hölzerne Rippen, die Vorläufer der hölzernen Sattelbögen, versteift und verstärkt[45]. Nach ihren Darstellungen zu urteilen[46], sahen die skythischen Sättel wie die der Altaier aus. Dasselbe gilt für die Sättel von zwei Bronzereitern aus Westsibirien, die wahrscheinlich in die gleiche Zeit wie die Pazyryk-Kurgane zu datieren sind, und für eine oft abgebildete goldene Gürtelschnalle späterer Zeit im sibirischen Schatz Peters des Großen[47].

Auf der anderen Seite war das, was wie der vordere hölzerne Bogen eines Miniatursattels vom Uibat čaatas im Minussinskgebiet[48] aussieht und wahrscheinlich in die Zeit um Christi Geburt fällt, möglicherweise ein Teil eines wirklichen Holzsattels[49]. Die Fragmente eines Sattels aus etwa derselben Zeit vom Karakol, nicht weit von Šibe, kommen vielleicht ebenso von einem Sattel mit einem Stamm zwischen den beiden Bogen[50]. In Kenkol fand Bernštam ein gekrümmtes Stück Holz, das der Bogen eines Sattels sein könnte[51].

Die Chinesen der Han-Periode hatten Holzsättel. Obwohl auf Grund der meisten Darstellungen von Reitern nicht entschieden werden kann, ob sie auf Sätteln ritten, waren die reiterlosen Pferde auf einigen Reliefs aus Schantung zweifellos gesattelt; die vorderen und hinteren Bogen und das Mittelstück, der Stamm, sind deutlich wiedergegeben[52]. Es ist beinahe ein Dogma geworden, alles an der Ausrüstung der chinesischen Reiterei von ihren barbarischen Nachbarn abzuleiten. Man sollte daher erwarten, daß die Hsiung-nu und andere Nomaden an den chinesischen Grenzen nicht nur Sättel hatten, sondern sie sogar vor den Chinesen besaßen. Archäologische Zeugnisse bestätigen diese Annahme nicht. Die barbarischen Jäger auf den gestempelten Ziegeln von Lo-yang haben nur Sattelpölster[53]. In den Hsiung-nu-Gräbern bei Noin Ula wurde das hölzerne Gerüst von den vorderen und hinteren Pölstern gefunden; sie zeigen, daß die Hsiung-nu zu Beginn unserer Zeitrechnung Schabracken hatten wie die Leute in Pazyryk[54]. Ob die Hsiung-nu später auf hölzernen Sätteln ritten, wissen wir nicht. Die Koreaner des 5. Jahrhunderts taten es. Es existiert eine Anzahl vorderer und hinterer Sattelbrücken, die aus vergoldeter Bronze und sogar aus Eisen hergestellt wurden[55].

Das literarische Zeugnis, eine kurze Passage bei Jordanes, ist unklar, und das wenige, das wir von den früheren Funden in den östlichen Steppen wissen, gibt nur wenig Aufschluß über die Sättel der Hunnen. Die Gold-, Silber- und Bronzebeschläge von Sattelbogen in Nomadengräbern des 4. und 5. Jahrhunderts lassen jedoch keinen Zweifel daran, daß der hunnische Sattel aus einem hölzernen Stamm mit einem geraden, aufrecht stehenden Bogen vorne und einem etwas größeren, geneigten Bogen hinten bestand. Solche Beschläge wurden im hunnischen Kernland in Ungarn gefunden, wo sie vor dem Auftreten der Hunnen unbekannt waren, und in den Steppen gegen Osten bis zur Wolga; silberne Plattenbeschläge vom vorderen Bogen eines Holzsattels wurden im Grab eines germanischen Kriegers bei Blučina in der Nähe von Brno in Mähren gefunden; ein Fund wurde in Borovoje in Kasachstan gemacht[56]. Zehn der 13 Beschläge waren mit einem Schuppenmuster geschmückt und zeigen so eindringlich, daß sie zur selben Gruppe gehören. Die hunnischen Sättel ähnelten wahrscheinlich dem Holzsattel aus Borodajevka (früher Boaro)/Marx/Saratov, am rechten Ufer des Großen Karaman[57]. Er lag im Grab eines Mannes mit einem künstlich verformten Schädel. Der Bestattungsritus (ein Pferdeschädel und vier Füße, die oberhalb der Hufe abgeschnitten wurden) und die Ausstattung sind charakteristisch für nachhunnische Bestattungen in den Wolgasteppen, die viele Elemente der spätsarmatischen Zivilisation bewahrten und zwischen das 5. und das 7. Jahrhundert zu datieren sind[58]. Der Sattel von Borodajevka hat Ähnlichkeit mit manchen sāsānidischen Sätteln[59].

Pferdemarken

Überall, wo Pferde von mehreren Familien, Sippen oder Stämmen auf gemeinsamen Weideplätzen grasen, sind sie gezeichnet; entweder durch Einschnitte in die Ohren oder dadurch, daß man mit einem glühenden Eisen auf der Hinterhand oder den Schultern ein Zeichen einbrannte. Die erstgenannte, primitivere Methode wird schon für das 4. Jahrhundert v. Chr. bezeugt; alle Pferde im ersten und fünften Kurgan bei Pazyryk im Hochaltai waren an den Ohren markiert[60]. Bis vor kurzem pflegten die Kirgisen auf der Halbinsel Mangyšlak an der Ostseite des Kaspischen Meeres Dreiecke in die Ohren ihrer Schafe zu schneiden und die Ohren ihrer Pferde einzukerben[61].

Marco Polo schrieb über die Mongolen:

Das Land ist so sicher, daß jeder Herr und auch die anderen Männer, die Tiere in Fülle besitzen, sie mit ihrem Zeichen auf der Haardecke markieren, das heißt die Pferde und Stuten, Kamele, Ochsen und Kühe und andere große Tiere; dann lassen sie sie überall hin über die Ebenen und in den Bergen ohne einen Wächter auf die Weide gehen; und wenn sie bei ihrer Rückkehr untereinander vermischt sind, erkennt jedermann, der sie findet, das Zeichen des Eigentümers und nimmt sich sofort die Mühe, nach ihm zu forschen, und gibt sogleich dem, dessen Zeichen gefunden wurde, sein Eigentum zurück. Auf diese Weise kommt jeder zu seinen Tieren[62].

Zwei Pferde der K'i-tan auf einer Malerei von Hu Kuei haben Tamgas auf der Hinterhand[63]. Ich verwende dieses türkische Wort für „Siegel, Eigentumsmarke", weil es nicht nur von den Mongolen, sondern auch von den Tadschiken, den Persern und sogar den Russen entlehnt wurde[64], obwohl die Perser ihre Pferde mit Brandzeichen markierten, bevor sie irgendeinen Kontakt mit den Türken hatten, und die Russen ihr eigenes slawisches Wort für Brandzeichen *(pjatna)* hatten. Es war vielleicht die überlegene Technik oder Anwendung des Brandeisens der Türken, das die früheren Methoden der Brandmarkung und daher das ältere Wort verdrängt. Das *T'ang hui yao*, Kapitel 72, enthält eine Liste der Tamgas der 37 meistens türkischen Stämme[65]; die fremden, wieder überwiegend türkischen Pferde in den großen Weideinspektoraten im China der T'ang waren zusätzlich auf vielen Körperteilen gebrandmarkt, um Eigentümer, Alter, Typus, Qualität und Zustand zu zeigen[66].

Türkische Stämme zeichneten ihre Pferde vor[67] und nach[68] der T'ang-Zeit. In Persien können die Brandzeichen bis ins 3. Jahrhundert verfolgt werden. Ein Sgraffito in Dura-Europos zeigt ein frühes sāsānidisches Tamga[69]. Das Pferd des Pērōz am Taq-i-Bustan hat ein Brandzeichen auf der rechten Hinterhand[70], und die Rosse der sāsānidischen Könige auf einem Gewebe im Horyuii bei Nara sind auf ihren Flanken gebrandmarkt, aber die persische Tamgas wurden zu dem chinesischen Zeichen *chi* „glückverheißend" verändert[71].

Obwohl uns das sāsānidische Tamga zeitlich und räumlich näher an die Hunnen heranbringt, führt uns das Pferd eines Jägers auf einem oft abgebildeten Mosaik von Borj Djedid, Karthago, das sich nun im British Museum befindet[72], in eine Umgebung, die in ganz engem Zusammenhang mit den Hunnen steht. Der Mann könnte, nach seiner Kleidung zu schließen, ein Römer, Vandale oder Alane sein[73]. Man hat das merkwürdige kreuzförmige Tamga auf seinem Pferd für römisch gehalten[74]. Wie aber Jänichen bemerkte, hat es eine verblüffende Ähnlichkeit mit dem Tamga auf einem Felsbild am oberen Jenissej[75], das in die Mitte des 1. Jahrtausends n. Chr. zu datieren ist. Es handelt sich um ein asiatisches Tamga; der Jäger muß ein Alane sein.

Sarmatische Tamgas sind aus dem 2. und 3. Jahrhundert gut bezeugt. Da gibt es zunächst eine Grabstele aus Theodosia auf der Krim von einem

Typus, wie er von vielen Plätzen im bosporanischen Königreich bekannt ist. Die Stele war von der Religionsgemeinschaft errichtet worden, der der dahingeschiedenen Atta, Sohn des Tryphon, angehörte. Trotz seines griechischen Namens ist der Mann wie ein sarmatischer Reiter gekleidet; er trägt einen sarmatischen Dolch mit einem ringförmigen Griff, und sein Pferd ist mit einem jener sarmatischen Zeichen markiert, die auf Reliefs, Spiegeln, Kesseln, Spangen, Geschmeiden und Münzen aus dem bosporanischen Königreich und den benachbarten Gegenden in den ersten drei Jahrhunderten n. Chr. vorkommen (Tafel I/2)[76]. Zweitens gibt es das Fragment einer Stele, gefunden im *Chutor* Malaja Kozyrka, nördlich von Olbia, mit der Darstellung einer Jagdszene. Das Pferd ist an der Flanke markiert; ein anderes sarmatisches Tamga befindet sich zwischen den Vorder- und Hinterbeinen[77]. Drittens gibt es die Tonfigur eines Ochsen, ein Spielzeug aus Glinišče in der Nähe von Kerč-Panticapaeum, mit einem sarmatischen Brandzeichen auf der Schulter[78].

Die Mongolen, die K'i-tan, die Türken vor und nach der T'ang-Periode und die Kirgisen nördlich des Sajanischen Gebirges brandmarkten ihre Pferde wie die Sarmaten im 2. und 3., und die Alanen im 5. Jahrhundert. Die Hunnen hatten große Pferdebestände. Im Feldzug des Jahres 451 soll Attilas Armee 500 000 Mann gezählt haben[79], obwohl sie in Wirklichkeit aus nicht mehr als einem Fünftel dieser Zahl und wahrscheinlich sogar noch weniger bestanden haben kann. Ein großer Teil der Armee bestand aus Germanen, von denen viele Fußsoldaten waren. Rechnet man jedoch die Ersatzpferde und Zugpferde hinzu, so muß Attila 50 000 oder 60 000 Pferde gehabt haben, als er nach Gallien aufbrach. Die langen Grenzen des nur lose zusammengefügten Königreiches mußten bewacht werden, während die mobile Armee abwesend war, und eine beträchtliche Macht war daheim stationiert, um die besiegten Völker niederzuhalten. Zu diesen Kriegspferden muß man noch die Stuten und Fohlen zählen. Die Hunnen müssen *einige* Mittel gehabt haben, um die Eigentümer ihrer Pferde zu identifizieren. Es ist, glaube ich, praktisch sicher, daß sie ihre Pferde mit Tamgas, die denen der Sarmaten ähnlich waren, brandmarkten[80].

Wallache

Alle gefrorenen Pferde in den Kurganen in Pazyryk waren kastriert[81]: Die dort begrabenen Fürsten ritten nur Wallache. Dasselbe galt noch mehr als Zweitausend Jahre später: Kein wohlhabender Altaier ritt einen Hengst oder eine Stute[82]. In den sechziger Jahren des vorigen Jahrhunderts bestanden ihre Herden aus 20 bis 60 Pferden: Ein Hengst, 8 bis 25 Stuten, 5 bis 15 einjährige Fohlen, 4 bis 14 zwei- und dreijährige Fohlen und 5 bis 10 Wallache[83]; die männlichen Fohlen wurden in ihrem zweiten Jahr kastriert[84]. In den Herden der Kirgisen war das Verhältnis zwischen Hengsten und Stuten 1 : 9[85].

„Die Kenntnis der Kastration", sagt Lattimore, „ist wesentlich für die Technik des Steppenhirtentums. Andernfalls würde nämlich die unnötig große Zahl männlicher Tiere, die miteinander kämpften und versuchten,

Gruppen weiblicher Tiere wegzuführen, es unmöglich machen, sich auf unabgezäuntem Weideland einen Viehbestand in großen, lenkbaren Herden zu halten."[86] Die Skythen und Sarmaten in Südrußland kastrierten ihre Pferde, „um sie leicht lenkbar zu machen; denn obwohl die Pferde klein sind, sind sie außerordentlich schnell und schwierig zu leiten"[87].

Trotz des Fehlens jeglicher literarischer Evidenz kann kein Zweifel daran bestehen, daß auch die Hunnen zum Großteil Wallache ritten[88].

Transportwesen

Die literarischen Belege für die Wagen der Hunnen sind dürftig: Ein paar Zeilen bei Ammianus, ein Satz bei Priscus und ein Nebensatz in den *Getica*.

Nach Ammianus (31, 2, 10) „pflügt niemand bei ihnen je ein Feld oder rührt den Griff eines Pfluges an. Sie alle ziehen ohne feste Wohnsitze, ohne Herd und Gesetz, ohne seßhafte Lebensweise von Ort zu Ort wie Flüchtlinge, begleitet von den Wagen *(cum carpentis)*, in denen sie leben." Das ist eine Paraphrase der Beschreibung der Skythen bei Pompeius Trogus[89]. Ammianus (31, 2, 18) verwendet fast dieselben Wendungen, wenn er über das unablässige Umherziehen der Alanen spricht. In den Wagen leben die hunnischen Frauen gemeinsam mit ihren Gatten, gebären ihre Kinder und ziehen sie bis zur Pubertät auf; in den Wagen der Alanen verkehren die Männer mit ihren Frauen, werden ihre Kinder geboren und großgezogen. Wenn man Ammianus glauben müßte, dann webten die hunnischen Frauen sogar ihr Gewand in den Wagen. Man kann ihm aber nicht glauben. Er erzählte nämlich als üblichen Ablauf des Lebens der Hunnen das, was ihm seine Informanten über eine hunnische Horde auf der Wanderung berichteten. Außerdem folgte er den Griechen, die von den Wagen der Skythen so beeindruckt waren, daß sie die hauptsächlich für den Transport der Zelte benützten Fahrzeuge für die Wohnungen der Nomaden hielten. Für die Griechen waren und blieben die Skythen „Leute, die im Wagen lebten" (ἁμαξόβιοι) und „Leute, die ihre Häuser mit sich führten" (φερέοικοι)[90]; diese schmückenden Beiwörter werden endlos wiederholt und gelegentlich von lateinischen Autoren ausgeschmückt[91].

Priscus erwähnt die Wagen, ἅμαξαι, der Hunnen, auf denen Flöße oder Pontons, σχεδίαι, zum Gebrauch in sumpfigem Gelände transportiert wurden[92].

Die dritte Belegstelle für die hunnischen Wagen begegnet uns im Bericht des Jordanes (*Get.* 210) über die Schlacht am *locus Mauriacus*. Am Abend des ersten Tages zog sich Attila zurück und „schloß sich selbst und seine Gefährten innerhalb der Barrieren des Lagers ein, das er mit Wagen befestigt hatte *(plaustris vallatum)*".

Obwohl Priscus nichts über die Anzahl der Flöße, die auf einen Wagen geladen wurden, ihre Größe und das Herstellungsmaterial sagt — es könnte Holz, Flechtwerk oder Häute gewesen sein —, waren die Wagen wahrscheinlich schwere vierrädrige Fahrzeuge. Die Hunnen konnten ihre schnelle und bewegliche Reiterei nicht mit solchen Wagen belastet haben. In Attilas

Armee müssen diese leichte, wahrscheinlich zweirädrige Wagen gewesen sein. Im 4. und 5. Jahrhundert waren Lager mit einem Verteidigungswall aus Wagen nicht spezifisch hunnisch. „Alle Barbaren“, schrieb Vegetius, „ordnen ihre Wagen um sich herum kreisförmig an und verbringen dann die Nächte sicher von Überraschungen.“[93] Wie andere Germanen ihrer Zeit und davor[94] bildeten die Goten mit großer Geschicklichkeit *carragines*[95].

Obwohl es keine archäologische Evidenz für die Wagen der Hunnen gibt, können wir uns ein annäherndes Bild von ihnen aus den Funden in den Gräbern anderer nördlicher Barbaren machen, die den zerlegten oder zerbrochenen Leichenwagen — oder Teile davon — in die Gruben oder Katakomben legten. Fragmente solcher Wagen wurden in skythischen Kurganen vom 6. bis zum 3. Jahrhundert v. Chr. in den Kuban'-, Taman-, Dnjepr- und Poltava-Gruppen[96], in vier der fünf Grabhügel in Pazyryk im Hochaltai[97], in sarmatischen Gräbern vom 4. bis zum 1. Jahrhundert v. Chr.[98] und in den Hsiung-nu-Gräbern von Noin Ula[99] gefunden. Einige sarmatische Wagen waren leichte Fahrzeuge mit zwei oder vier Rädern. Die Räder im Kurgan 12, Grab 9 bei Politotdel'skoje an der unteren Wolga maßen 1,2 Meter im Durchmesser und hatten mindestens 20 Speichen[100]. Die Räder des eindrucksvollen vierrädrigen Wagens im fünften Pazyryk-Kurgan, jedes mit 34 Speichen, hatten einen Durchmesser von etwa 1,5 Meter; es gab einen erhöhten Sitz für den Lenker und einen Aufbau, der mit schwarzem Filz bedeckt und mit ausgestopften Filzschwänen geschmückt war[101]. Das Fehlen von Metallteilen zeigt, daß der große Wagen lokaler Herkunft war, obwohl er möglicherweise chinesischen Wagen nachgebildet war. Die Kao-chü-Stämme, die späteren Uiguren, hatten Wagen mit sehr hohen Rädern; die Chinesen benannten das Volk nach ihnen: *kao chü* bedeutet „hohe Wagen“. Die verschiedenen Namen, unter denen die Kao-Chü vorher bekannt waren, *ti-li*, *t'ê-lê*, *t'iê-lê* und *ting-ling*[102], sind möglicherweise Varianten eines türkischen Wortes für Rad[103].

Es gibt einige wenige Darstellungen von Wagen der östlichen Barbaren: einen zweirädrigen Wagen auf einer Bronzeplatte vom Wu-huan-Friedhof bei Hsi-ch'a-kou (Tafel II/4)[104], einen anderen auf einem chinesischen Weihrauchgefäß der späten Chou- oder frühen Han-Epoche in der Freer Gallery[105]. Eine Bronze aus Sui-yüan zeigt einen Mann in einem langen Mantel und weiten Hosen mit einem Schwert, das einen ringförmigen Griff hat, vor einem von drei Pferden gezogenen Wagen (Tafel II/5)[106]. Die beiden Köpfe auf dem Wagen sind nicht abgeschlagene Köpfe von Feinden[107], sondern sollen Menschen in einem kleinen Zelt darstellen. Die Miniaturen im Radziwill-Manuskript zeigen die Wagen der Kumanen mit den gleichen Köpfen in den auf die Wagen verladenen Zelten (Tafel III/6 und 7)[108].

Auch ohne die genauen Angaben an den zitierten Stellen müßte man annehmen, daß die Hunnen Wagen hatten. Sie brachen die Verfolgung der Goten ab, weil sie „mit Beute überladen waren“[109]. Die Hunnen müssen Wagen wie jene der Westgoten Alarichs in Italien gehabt haben, die mit kostbaren Dingen, z. B. mit Mischkrügen aus Argos und lebensechten Statuen aus Korinth, beladen waren[110]. Auf ihrer Wanderung zum Don und vom Don zur Donau beförderten die Hunnen wahrscheinlich ihre alten

Leute, Frauen und Kinder in Wagen[111]. Spielzeugwagen, die in Kerč gefunden wurden, zeigen, wie die Wagen der späteren Sarmaten aussahen. Einige von ihnen haben pyramidenähnliche Türme, sicherlich bewegliche Zelte[112]; andere sind schwere, vierrädrige Gefährte (Tafel II/3)[113]. Die Wagen der Hunnen müssen den Spielzeugwagen aus Panticapaeum geähnelt haben.

Pferde spielten in der Wirtschaft der Hunnen eine bedeutende Rolle. Obwohl unsere Gewährsmänner nicht erwähnen, daß die Hunnen Pferdefleisch aßen — wahrscheinlich, weil sich das von selbst verstand[114] —, taten sie es sicherlich, wie die Skythen[115], die Sarmaten[116] und alle anderen Steppenvölker. Das Fleisch wurde in großen Kesseln gekocht[117] und mit eisernen Haken herausgefischt. Die Skythen waren ἱππημολγοί und γαλακτοφάγοι; die Alanen „nähren sich von sehr viel Milch“[118]. Zweifellos tranken auch die Hunnen Stutenmilch und machten Kumyß und Käse[119].

Claudian und Sidonius nennen manchmal die Gelonen, wo wir die Hunnen erwarten würden. Zusätzlich der Gründe, die dafür in anderem Zusammenhang herangezogen wurden, mögen Claudian und Sidonius an einige Epitheta der Gelonen gedacht haben wie z. B. *sagittiferi*[120] oder *volucres*[121], die ebenso zu den neuen Barbaren paßten, deren verhaßter Name daher gegen einen durch die großen Dichter der Vergangenheit fast geheiligten austauschbar war. Vielleicht dachte Sidonius an einen Vers des Vergil[122], als er die *equimulgae Geloni* mit den Sygambrern und Alanen seiner Zeit in Verbindung brachte[123]. Wie von den Massageten hieß es von den Gelonen, daß sie Milch und Pferdeblut mischten[124]. Vielleicht deuteten die Dichter[125] durch die Angabe, daß auch die Hunnen das Blut ihrer Pferde tranken, darauf hin, daß sie den Namen der Gelonen statt dem der Hunnen einsetzten. Als Ennodius diese Sitte den Bulgaren zuschrieb[126], ist er vielleicht nur einem Topos gefolgt. Aber weder Marco Polo[127] noch Hans Schiltberger[128] dachten an Vergil, als sie beschrieben, wie die Mongolen und die Tataren der Goldenen Horde ihren Pferden Blut abzapften und es dann kochten und aßen, wenn sie sonst nichts anderes zu essen hatten.

BOGEN UND PFEILE

„Nun begab sich“, so schrieb Jordanes in Verbindung mit Attilas Tod, „das wundersame Ereignis, daß dem Ostkaiser Marcian im Traum ein Gott zur Seite trat, als er über seinen so grimmigen Feind beunruhigt war und ihm in derselben Nacht Attilas zerbrochenen Bogen zeigte, wie um anzudeuten, daß dieses Volk jener Waffe viel verdankte *(quasi quod gens ipsa eo telo multum praesumat)*.“[129]

Der Bogen war *die* Waffe der Hunnen. In Ammians Beschreibung ihrer Bewaffnung stehen Bogen und Pfeil an erster Stelle[130]. Olympiodorus pries die Geschicklichkeit der hunnischen Anführer im Bogenschießen[131]. Aetius, der seine militärische Erziehung bei den Hunnen erhielt, war „ein sehr versierter Reiter und geschickter Bogenschütze“[132]. Schön geformte Bogen und

Pfeile, sagte Sidonius Apollinaris, waren die Freude der Hunnen; sie waren die besten Bogenschützen[133]. Er fand für die Geschicklichkeit des Avitus im Bogenschießen kein höheres Lob, als zu sagen, daß er sogar die Hunnen überträfe[134]. In der Schlacht am Nedao kämpften die Hunnen mit Pfeil und Bogen[135].

Ein Jahrhundert später, nachdem die Oströmer so viel von den Waffen und den Kampftaktiken der Barbaren übernommen hatten, waren sie „erfahrene Reiter und in der Lage, ohne Schwierigkeit ihre Bogen, während sie im vollen Galopp ritten, nach jeder Seite zu richten und bei der Verfolgung oder auf der Flucht auf ihre Gegner zu schießen“[136]. Und doch waren Belisars Massageten[137], das heißt Hunnen, noch immer die besten Bogenschützen. Selbst von den Pferden abgesessen und im raschen Lauf „verstanden sie es, mit größter Genauigkeit zu schießen“[138].

Obwohl Ammianus höchsten Respekt vor dem hunnischen Bogen hatte, war er über ihn nicht gut informiert. Die Hunnen, sagte er, konnte man ohne weiteres als die grimmigsten aller Krieger bezeichnen, weil sie aus der Entfernung mit Geschoßen kämpften, die statt der üblichen Spitzen scharfe Spitzen aus Bein haben, die mit wunderbarer Geschicklichkeit an die Schäfte gefügt sind. Warum die Beinspitzen die Hunnen zu so überlegenen Bogenschützen gemacht haben sollen, ist keineswegs klar. Aus der Behauptung Ammians, daß die skythischen und parthischen Bogen die einzigen mit einem durchgehend gekrümmten Griffstück seien[139], wäre zu schließen, daß der hunnische Bogen kontinuierlich gekrümmt war; dagegen aber sprechen die archäologischen Zeugnisse. Wie so oft erzählt uns ein einziger Fund mehr als alle geschriebenen Quellen.

Schon im Jahre 1932, als erst wenige Funde bekannt waren, waren Alföldi und Werner in der Lage, den hunnischen Bogen zu rekonstruieren (Tafel VIII/18)[140]. Ihre Ergebnisse sind nun allgemein anerkannt, in den letzten dreißig Jahren ist aber das Material bedeutend angewachsen[141], und es stellten sich neue Probleme. Unerwartete Funde warfen Fragen neu auf, die man schon für endgültig beantwortet hielt. In gewisser Weise verläuft die Geschichte der Eurasia septentrionalis antiqua parallel zur Geschichte des hunnischen Bogens.

Es ist ein Komposit-Reflexbogen von 140 bis 160 Zentimeter Länge. Sein hölzerner Kern ist mit Sehnen verstärkt und mit Horn verdickt. Was ihn von anderen Kompositbogen unterscheidet, sind die sieben Beinplättchen, die die Ohren und den Griff versteifen; ein Paar an jedem Ohr und drei am Griff, davon zwei an den Seiten und eines oben. Die Sehne ist dauernd an dem Ende des Bogens befestigt, das für die größte Anspannung versteift ist; die Einkerbung ist viereckig oder fast viereckig; bei den Funden zeigt sie geringe Zeichen von Abscheuerung. Die Einkerbung im Ohr des kürzeren, biegsameren Armes ist rund; die Sehne ist hineingelegt, wenn der Bogen gespannt ist. Bei den Funden ist diese Einkerbung sehr abgewetzt. Diese Art des Bogens war von den Britischen Inseln bis Nordchina verbreitet. Die frühesten bekannten Beinstreifen kommen aus Gräbern des 4. oder 5. Jahrhunderts v. Chr. Die Russen verwendeten solche Bogen noch im 12. Jahrhundert[142].

Bevor wir die speziellen Probleme angehen, die der hunnische Bogen stellt, scheinen einige Vorbemerkungen und generelle Überlegungen angebracht zu sein. Das Fehlen einer allgemein anerkannten Terminologie bei der Analyse des Bogens führt bisweilen zu einer ärgerlichen Konfusion[143]. Ich werde die folgenden Termini verwenden:

Einfachbogen: der einfache Holzbogen aus einem Stück.

Reflexbogen: ein Bogen, der ungespannt verkehrt gekrümmt ist.

Mehrteiliger Bogen: ein Bogen, der aus zwei oder mehr Stäben aus ähnlichem Material gefertigt ist.

Verstärkter Bogen: ein Bogen mit einer Schicht von der Länge nach angebrachten Sehnen auf der Rückseite[144].

Kompositbogen: ein Bogen, dessen Körper aus einer Schichtenkonstruktion aus mehr als einem Material besteht, wie z. B. Holz, Sehne und Horn; in der Regel ist der hölzerne Kern vorne mit Sehnen verstärkt und hinten mit Horn verdickt[145].

Griff: der Platz, den die Hand zum Halten des Bogens braucht.

Arme: die Teile zwischen Griff und Spitze.

Einkerbungen: die Kerben oder Ausnehmungen am Ohr, die die Sehne am Herausgleiten hindern.

Ohr: der Teil des Armes mit der Einkerbung.

Rücken: die der Sehne abgewandte Seite des Bogens = bei gespanntem Bogen die Konkavseite.

Bauch: die der Sehne zugewandte Seite des Bogens = bei gespanntem Bogen die Konvexseite.

Spannen: die Sehne auf den Bogen ziehen.

Länge: die Entfernung von Spitze zu Spitze vor dem Spannen des Bogens.

Spannweite: die Entfernung von Spitze zu Spitze bei gespanntem Bogen.

Es gibt Bogen, die auf diese Definition nicht passen. Der englische Langbogen z. B. ist ein Einfachbogen, aber ebenso eine Variante des mehrteiligen Bogens. „Bei der Verfertigung eines Eibenholzbogens besteht das verwendete Holz aus jenem, das der Außenseite des Stammes am nächsten ist, das heißt praktisch aus dem ganzen lichten Splintholz unmittelbar unter der Rinde, und nur aus so viel vom dunkleren Kernholz, als nötig ist. Die Kombination von Splint- und Kernholz der Eibe ergibt die beiden erforderlichen Eigenschaften, denn das Splintholz ist gegen die Dehnung widerstandsfähig und daher für den Rücken geeignet, das Kernholz aber hält den Druck aus und eignet sich daher für den Bauch.“[146]

Darstellungen

Die Darstellungen von Bogen auf Malereien, Reliefs, Metallarbeiten und auf Münzen sind allgemein von begrenztem Wert, wenn es darum geht, ihre Bauart festzustellen. Doppelt gekrümmte Bogen sind nicht notwendigerweise Kompositbogen. Die Bogen in der attischen geometrischen Kunst beispielsweise, deren innere Krümmung beinahe bis zur Sehne geht, wenn sie gespannt sind, waren gänzlich aus Holz bestehende Einfachbogen[147].

Browns in mancher Hinsicht sehr wertvolle Studie[148] ist andererseits irreführend, weil sie sich fast ausschließlich mit Darstellungen befaßt. Nachdem er die Form eines durch Bein versteiften Bogens bei Yrzi in einer Nekropole am Euphrat etwa 40 km südöstlich von Dura-Europos rekonstruiert hatte, hielt Brown nach weiteren Bogen dieser Art Ausschau. Wie zu erwarten war, fand er sie nahezu überall. Die Bogen der königlichen Garde auf den Ziegelreliefs in Susa und auf chinesischen Vasen der Han-Periode machten auf ihn den Eindruck von „Yrzi"-Bogen, daher *waren* sie „Yrzi"-Bogen. Aber die achämenidischen Fundstellen, vor allem das Arsenal in Persepolis, wo sie zu Hunderten hätten gefunden werden müssen, ergaben nicht einen einzigen Streifen aus Bein[149], und das gleiche gilt auch für die Han-Gräber. Emeneau sammelte eine eindrucksvolle Zahl von Darstellungen in der frühindischen Kunst[150], desgleichen Auboyer[151]. Während aber Auboyer meiner Ansicht nach vernünftigerweise die Bogen bloß nach ihrer Krümmung klassifizierte[152], zog Emeneau aus den Darstellungen Schlüsse auf die Struktur der Bogen. In manchen Fällen mögen sie richtig sein, sie werden aber durch keine archäologischen Zeugnisse bestätigt.

Wäre der Bogen, den Stein in der tibetanischen T'ang-Festung bei Mazār-tāg[153] fand, auf einer Wandmalerei abgebildet gewesen, hätte man ihn leicht für einen beinversteiften Bogen halten können. Die leicht gekrümmten Ohren mit ihren Einkerbungen sehen aus wie jene von beinversteiften Bogen aus dem chinesischen Grenzland. Chazanov nahm ihn in seine Liste auf[154]. Offensichtlich las er den Text nicht. In der trockenen Wüste wären Streifen aus Bein hervorragend konserviert geblieben. Stein fand aber keine. Die Ohren, die aus Tamariskenholz hergestellt waren, wiesen keine Spuren von Klebstoff auf. Die Beinplatten an den Ohren waren manchmal bemalt oder mit farbigen Schnüren umwickelt[155]; in solchen Fällen ist es unmöglich, sie auf Malereien zu erkennen.

Dennoch gibt es Darstellungen von Bogen, die bei der Feststellung von Einzelheiten im Bau des Bogens behilflich sein können. Die stark gebogenen Enden des skythischen Bogens schließen die Anbringung von Streifen aus Bein an den Ohren aus. Weiters gibt es einen Typ des sāsānidischen Bogens mit sehr langen Ohren. Diese müssen mit Beinplatten versteift gewesen sein, weil sie andernfalls dem Zug nicht standgehalten hätten, wenn der Bogen gespannt wurde; Ohren aus einfachem Holz wären in Stücke gebrochen. Umgekehrt beweisen solche sehr langen Beinstreifen, daß der Bogen, an dem sie angebracht waren, diesem sāsānidischen Typus angehörte.

Nebeneinander verschiedener Typen

Der Bogen der Hunnen, von dem auf den folgenden Seiten die Rede ist, war ein Kriegsbogen wie wahrscheinlich die meisten Bogen in Bestattungen; sie lagen in den Gräbern von Kriegern. Über die Jagdbogen der Hunnen haben wir keine Nachricht, es ist aber praktisch sicher, daß sie sich vom Kriegsbogen unterschieden. Die Hunnen können nicht mit ihren kostbaren Kompositbogen auf Enten- oder Fuchsjagd gegangen sein. Kriegsbogen und Jagdbogen unterschieden sich oft wie Gewehre und Schrotflinten. Auf einer Stele in dem bereits stark sarmatisierten Panticapaeum spannt ein junger Mann einen langen C-Bogen[156]; hinter ihm stehen sein Reitknecht und sein Pferd, das weder gezäumt noch gesattelt ist; es ist eine friedliche Szene[157]. Der Bogen ist ein Jagdbogen. In den Schlachtszenen in der Stassov-Katakombe in Panticapaeum[158] und auf den Stelen mit der Darstellung des Toten als Krieger sind die Bogen kurz und doppelt gekrümmt, von skythischem Typus. Wenn man sich solche Unterschiede nicht vor Augen hält, kann man leicht aus einseitiger Evidenz falsche Schlüsse ziehen. Auf gestempelten Ziegeln aus Alt-Lo-yang, die wahrscheinlich mit Stempeln aus dem 3. Jahrhundert v. Chr. gezeichnet wurden[159], erscheinen Jäger, Hsiung-nu oder ein mit ihnen eng verwandtes Volk, auf der Rotwildjagd. Die Bogen auf diesen Bildern geben uns wenig Auskunft über die Kriegsbogen der Nomaden.

Die erforderliche Geschicklichkeit

Technisch so vollkommene Komposit-Kriegsbogen wie jene der Hunnen konnten nur von berufsmäßigen Bogenmachern hergestellt werden. Sie müssen Werkstätten wie jene im römischen Fort in Carleon[160] und im parthischen Merv[161] gehabt haben. Die Verfertigung sogar eines so einfachen Bogens wie des englischen Langbogens erforderte eine Menge handwerklichen Könnens. Man mußte ihn genau mit Geduld und Sorgfalt von der Mitte zu den beiden Enden verjüngen, damit er sich bei voller Spannung gleichmäßig bog; alle Knoten und Unregelmäßigkeiten in der Faserung mußten sorgfältig beachtet werden, man mußte ihnen ausweichen oder aber geschickt folgen, um schwache Stellen zu vermeiden[162]. Für eine detaillierte Beschreibung sollte man das Kapitel „Making the Bow" in Popes klassischem Werk *Hunting with Bow and Arrow* lesen[163]. „Während die tatsächliche Arbeit der Bogenherstellung", schrieb er, „ungefähr acht Tage in Anspruch nimmt, erfordert es Monate, um ihn so abzustimmen, daß er gut wird."[163a] Türkische Handbücher über das Bogenschießen enthalten die Namen hervorragender Bogenbauer, und es gibt lange Listen von japanischen Bogenbauern, die ihre Namen und das Datum auf ihre Bogen schrieben. Elmer, einer der größten Experten des Bogenschießens, schrieb: „Ich weiß nur von drei Männern unseres Volks, denen es gelang, einen oder mehrere Kompositbogen herzustellen, obwohl keiner von ihnen eine Waffe hervorbrachte, die sich an Qualität mit den besten Produkten des alten Orients messen könnte. Alle begannen nach der Devise ‚Ein Weißer kann alles, was ein Farbiger kann', aber keiner erlebte die Erfüllung seines Rühmens."[164] Luschan schätzte, daß die für die Verfertigung eines guten türkischen Bogens erforderliche Zeit einschließlich der Pausen für Trocknung und Lagerung zwischen den Arbeitsgängen fünf bis zehn Jahre betrug[165]. Das waren natürlich besonders gute Bogen, die meistens für die Vogeljagd verwendet wurden. Aber auch der gewöhnliche Bogen erforderte einen hohen Grad von Geschicklichkeit und gründliche Vertrautheit mit allen Einzelheiten. Im Jahre 1929 erzählten mir alte Männer in der Barlyq-Alash-Aksu-Region im westlichen Tuva, daß es in ihrer

Jugend, in den siebziger und achtziger Jahren des vorigen Jahrhunderts, nur zwei Männer in ihren *chošuns* gegeben habe, die Bogen bauen konnten. Das geeignete Material zu finden, Holz, Horn und Bein auf die richtige Form zuzuschneiden, die Sehnen für den Rücken zu formen, die besten Proportionen zwischen den biegsamen und den starren Teilen des Bogens zu bestimmen, all dies und vieles andere erfordert lange Übung. Die Vorstellung, daß jeder hunnische Bogenschütze seinen eigenen Bogen machen konnte, konnte nur bei Stubengelehrten entstehen, die nie einen Kompositbogen in der Hand gehalten hatten.

Solche Bogen waren nicht leicht zu ersetzen; waren sie einmal zerbrochen, so konnte man sie nicht mehr reparieren. Das erklärt den Charakter der Funde. Bloße Listen von Fundorten geben ein verzerrtes Bild. Man muß die Berichte genau durchgehen, um zu erkennen, was die Bogen für ihre Eigentümer bedeuteten. Immer wenn ein Bericht genügend detailliert ist, stellt sich unweigerlich heraus, daß die Zahl der Beinplatten unvollständig ist: Es gibt nur eine, zwei oder drei anstatt der vier von den Ohren oder nur eine statt der drei am Griff. Der einzige vollständige Satz, der mir bekannt ist, alle neun Platten des Bogens von den spätesten Sarmaten, der von Sinicyn auf Avilovs Landgut (nahe dem Nordende des Tsimljansker Beckens) gefunden wurde, stammt von einem beschädigten Bogen[166]. Murmeltiere hatten den Schädel des Toten von der ursprünglichen Stelle entfernt und den Köcher aus Birkenrinde beschädigt. Der Bogen hingegen lag *in situ*, und doch war keine einzige Beinplatte intakt. Noch interessanter sind die Fälle, bei denen diese Platten nicht zusammengehören.

Werner erwähnt die Platten in dem reichen Grab bei Blučina in Mähren, wo ein germanischer Adeliger kurz nach dem Zusammenbruch von Attilas Reich begraben wurde; Chazanov beruft sich auf Werner, und Tihelka widmet ihnen in seinem Bericht einige Zeilen[167]; glücklicherweise bringt er auch Zeichnungen, die ein genaueres Studium erlauben. Die Platten passen nicht zu einem Bogen. Zwei Fragmente von Endstücken sind von verschiedener Breite und haben die Einkerbungen auf der gleichen Seite; es kann sich bei ihnen nicht um ein Paar gehandelt haben. Auch zwei lange Streifen können nicht von einem Paar gekommen sein; der eine ist fast gerade, der andere deutlich gekrümmt. Das Grab war nicht zerstört. Die seltsame Zusammenstellung läßt nur eine Erklärung zu: Es handelt sich um die zerbrochenen Teile von zwei oder vielleicht drei Bogen.

Ein Fund aus Ak-Tobe in der Oase Taschkent gibt uns weiteren Aufschluß über die Abneigung, einen intakten Bogen in ein Grab zu legen. In einem Grab, das auf das Ende des 4. Jahrhunderts datiert wurde, fanden die Ausgräber etwas, was sie für einen Bogen *in situ* hielten. Doch kommen die zwei langen Streifen aus Bein von zwei Bogen. Der eine hat eine runde, der andere eine dreieckige Ausnehmung; ihre Krümmung ist verschieden[168]. Diese Leute begruben den toten Krieger mit einem Scheinbogen.

Die Schwierigkeit, einen Bogen wie den hunnischen herzustellen, wird indirekt durch die Unfähigkeit der germanischen Stämme bewiesen, einen solchen zu verfertigen[169]. Die Gepiden hatten jahrelang unter der Herrschaft der Hunnen und gemeinsam mit ihnen in Ungarn gelebt. Sie begruben ihre

Toten auch nach ihrer Bekehrung zum Christentum mit Waffen. Die Gräber beinhalten Schwerter, Dolche, Panzer, Helme, Schilde und Pfeilspitzen, aber keinen einzigen Beinstreifen[170]. Obwohl die Goten Bogenschützen hatten[171], lernten sie nie, vom Pferd aus zu schießen[172]. „Praktisch alle Römer und ihre Verbündeten, die Hunnen", schrieb Procopius, „waren gute berittene Bogenschützen, aber keiner unter den Goten war darin irgendwie geübt. Ihre Bogenschützen gingen zu Fuß und unter dem Schutz von Schwerbewaffneten in die Schlacht."[173] Die Goten in Italien waren hervorragende Reiter[174], aber nicht in der Lage, mit den Hunnen zu konkurrieren, da sie keine Bogen wie die Hunnen hatten[175].

Wie Alföldi als erster erkannte[176], hatte der hunnische Bogen Arme von ungleicher Länge. Man müßte es nicht erneut erwähnen, wenn nicht einige Gelehrte auf der Inferiorität eines solchen Bogens bestünden. Ich brauche die Völker nicht aufzuzählen, die Bogen von diesem Typus hatten. Es wird wohl genügen, auf die Japaner hinzuweisen. Es ist, gelinde gesprochen, unwahrscheinlich, daß diese, welche die besten Schwerter der Welt herstellten, unfähig gewesen sein sollten, Bogenarme gleicher Länge herzustellen.

Leistungsfähigkeit

Dank der sorgfältigen Analyse der griechischen und lateinischen Quellen durch McLeod ist die Reichweite der Kompositbogen des Altertums endgültig festgelegt: Bogenschützen konnten bis zu 50 oder 60 Meter ziemlich genau zielen, ihr Wirkungsbereich erstreckte sich über mindestens 160 bis 175 Meter, aber nicht auf 350 bis 450 Meter[177]. Nach der Angabe eines marokkanischen Bogenhandbuchs, das um etwa 1500 verfaßt wurde, „stimmen Bogenschützen in der ganzen Welt darin überein, daß die Grenzen, jenseits derer kein genauer Schuß mehr möglich ist, 300 cubits (= 162,2 Meter) beträgt"[177a]. Diese Distanzen beziehen sich auf das Bogenschießen zu Fuß. Wie weit berittene Bogenschützen wie die Hunnen schießen konnten, ist unbekannt. Aus der dürftigen literarischen Evidenz erhält man den Eindruck, daß eher der unablässig dichte Pfeilhagel als die Genauigkeit des Schusses den Erfolg herbeiführte, obwohl die große Kunst und Erfahrung der hunnischen Bogenschützen das besorgte, was man modern mit einem Bombenteppich vergleichen könnte[177b].

Die Beinstreifen, die in und in der Nähe von römischen Lagern von Schottland bis Vindonissa und Ägypten[178] gefunden wurden, zeigen, daß die orientalischen *sagittarii*[179] Bogen verwendeten, die genauso versteift und verstärkt waren wie die der Hunnen[180]. Wenn man bedenkt, wie stark der parthische Einfluß auf die Bewaffnung der Palmyrener[181] und anderer Syrer war und daß Beinlamellen erst Ende des 1. Jahrhunderts v. Chr. auftauchen[182], so scheint die parthische Herkunft der Bogen der östlichen Bogenschützen im hohen Grad wahrscheinlich. Möglicherweise waren einige Bogen, oder eher Fragmente von Beinstreifen, die entlang dem Limes[183] gefunden wurden, tatsächlich parthisch; unter den Bogenschützen, die Severus Alexander aus dem Orient nach Germanien schickte, waren parthische Deserteure[184]. Die Bogenschützen, die Beinstreifen in einem Gebäude aus der Spätzeit in Carnuntum[185] zurückließen, können unglücklicherweise nicht identifiziert werden. Das Stück eines Ohres war an den hölzernen Kern genagelt[186], wie im Lager von Bar Hill[187], wo eine Kohorte von Bogenschützen aus Emesa (Syria) stationiert war[188]; das könnte ein Beweis dafür sein, daß die Truppen in Carnuntum Orientalen waren, aber diese unübliche Weise, den Streifen zu befestigen, findet sich ebenso in Gräbern der Awaren und der Hsiung-nu[189]. Alföldi neigt dazu, die Bogenschützen in Carnuntum für Hunnen zu halten[190]. Das Fragment eines hunnischen Kessels in Aquincum (Budapest) scheint diese Vermutung zu stützen, aber neben dem Kesselfragment lagen orientalische Offiziershelme.

Sāsānidische Bogen

Sāsānidische Bogen sind nur von Abbildungen her bekannt. Beim häufigsten Typus, der auf zahlreichen Silberschalen zu sehen ist, sind die langen Ohren deutlich von den Armen abgesetzt, genau wie auf den Wandmalereien von Dura-Europos (Tafel IV/8 und 9). Die Sāsāniden übernahmen ihn von den Parthern. Nimmt man an, daß der Griff etwa 15 bis 16 Zentimeter mißt (eine Handbreite plus einem oder zwei Zentimeter auf jeder Seite), variiert die Länge des Jagdbogens, entlang der Krümmung gemessen, von 70 bis 110 oder 115 Zentimeter. Die letzte Zahl ist möglicherweise übertrieben: Die Größe des Bogens entspricht der übermenschlichen Größe des königlichen Jägers. Wenn der König nicht zu Pferd sitzt, sondern in einem Boot steht, wie auf den Reliefs in Taq-i-Bustan[191], ist sein Bogen ebenfalls extrem lang.

Auf manchen Schalen ist die Einkerbung im Ohr deutlich sichtbar; auf anderen berührt die Sehne gerade nur den Bogen; das zeigt die Flüchtigkeit des Künstlers. Wie bekannt sind nicht wenige Schalen Kopien älterer Originale, und zwar nicht sehr genaue. Gelegentlich machte der Silberschmied, der möglicherweise selbst nie einen Bogen in seiner Hand gehalten hatte, sogar noch seltsamere Fehler. Auf einer Schale aus Kulagyš[192] tragen die beiden Heroen[193] Bogen, bei denen die Sehnen an Ösen auf dem Bauch des Bogens befestigt sind. In den meisten Fällen kann man nicht entscheiden, ob die Einkerbung in das Holz oder in den Beinstreifen geschnitten war. Doch gibt es Silberschalen, auf denen der Bogen um das Ohr gewundene Sehnen hat (Tafel IV/8)[194]. Das wäre überflüssig, wenn man die Einkerbung in das Holz geschnitten hätte, und ist nur sinnvoll als Mittel, die Beinstreifen und das Holz zwischen ihnen fest zusammenzuhalten. Aus dem Umstand, daß einige Beinstreifen aus Carnuntum an der Oberfläche aufgerauht sind, schloß Werner, daß sie mit Sehnen umschlungen waren[195]. Wie in ähnlichen Fällen waren die Sehnen wahrscheinlich gefärbt. Übrigens zeigt dies, daß der Bogenschütze den Bogen mit dem längeren Ende, an dem die Bogensehne dauernd befestigt war, nach oben hielt.

Die langen Ohren sind ein zusätzlicher Beweis dafür, daß die Bogen mit Bein oder Horn versteift waren. Wenn die Ohren nicht mit Beinstreifen umhüllt waren, waren sie möglicherweise nicht steif genug[196]. Sidonius Apollinaris dachte an solche Bogen, als er im *Panegyricus auf den Kaiser*

Anthemius schrieb: „Als Knabe freute er sich daran, dem Feind abgenommene Pfeile zu verwenden und an erbeuteten Bogen die widerstrebenden Sehnen auf die sich krümmenden Hörner zu zwingen.“[197] Procopius, der Vater des Anthemius, focht im Jahre 422 gegen die Perser[198].

Wenn die Silberschalen genauer datiert werden könnten, müßte es möglich sein, die Entwicklung des sāsānidischen Bogens (oder besser der Bogen) zu verfolgen, denn es ist unwahrscheinlich, daß sie alle von Ägypten bis Afghanistan vom selben Typus waren. Die Schale von Kulagyš ist sogdischen Ursprungs[199]; ebenfalls wahrscheinlich die oft abgebildete Darstellung mit dem Löwenjäger, dessen Steigbügel auf nachsāsānidische Zeit hinweisen (Tafel IV/10)[200]. Die Sogder kämpften mit Waffen, die mit denen der sāsānidischen Perser identisch oder diesen sehr ähnlich waren. Den Kriegsbogen auf sogdischen Schalen nach können wir schließen, daß die sāsānidischen Kriegsbogen die gleichen waren wie die beinversteiften Jagdbogen, wenn auch möglicherweise die Größe leicht unterschiedlich war.

Es gab auch andere. Auf der Schale aus Akinovo tragen die Krieger, die die Festung verteidigten, M-Bogen[201], die aussehen wie der Bogen, der auf einer ins 5. Jahrhundert zu datierenden Vase aus Merv abgebildet ist[202]. In einer Schlachtszene auf einem Gewebe aus Antinoë in Ägypten (um etwa 600 n. Chr.) tragen sowohl Fußsoldaten als auch berittene Bogenschützen Bogen mit stark gekrümmten Enden[203], die den skythischen Bogen und den parthischen Bogen von skythischem Typus sehr ähnlich sind.

Die Bezeichnung „sāsānidischer“ Bogen ist genaugenommen eine Fehlbezeichnung, denn den gleichen Typus, den Bogen mit den langen, im Winkel abgesetzten Ohren, gab es auch außerhalb des sāsānidischen Persien und vor den Sāsāniden. Der Ausdruck ist aber so allgemein üblich und so bequem, daß ich ihn beibehalte, jedoch mit dem Vermerk, daß der „sāsānidische“ Bogen nicht ausschließlich sāsānidisch ist, sondern nur einen spezifischen Typus bezeichnet. Es würde uns zu weit von den Hunnen wegführen, wollten wir uns mit allen „sāsānidischen“ Bogen von Indien[204] nach Südsibirien[205] und bis Chinesisch-Turkestan[206] befassen. Warum z. B. Virudhaka auf einem Relief aus dem Silla-Königreich in Korea einen „sāsānidischen“ Bogen trägt[207], ist eine Frage, auf die Historiker der fernöstlichen Kunst antworten müssen.

SCHWERTER

(Von diesem Abschnitt fand sich im Manuskript nur der hier vorliegende Teil. — Hrsg.)

Das Schwert von Altlußheim[207a]

Das Querstück des Griffes vom vieldiskutierten Schwert aus Altlußheim in der Nähe von Mainz (Tafel V/13)[208] war, wie Werner bewies, ursprünglich ein fixierbares Schwert-Querstück, ähnlich den Stichblättern chinesischer Schwerter der Han-Zeit. Wegen seiner Form und seines Materials hält Werner es für sāsānidischer oder hephthalitischer Herkunft (Tafel VI/14)[209]. Er führt die Abbildung eines Schwertes auf einem Relief von Palmyra an (Tafel VII/15)[210]; die untere Kante von dessen Stichblatt hat den gleichen stumpfen Winkel wie beim Stück von Altlußheim. Man nimmt an, daß das Schwert — wie so vieles bei der Bewaffnung der Palmyrener — entweder aus Persien stammt oder einem persischen Schwert nachgebildet ist. Das Querstück, das der Form des Schwertes vom Rhein so widersinnig angepaßt ist, ist aus einem Stück Lapislazuli geschnitten. Dieser Halbedelstein soll nur in den Badakhšan-Bergen in Afghanistan gefördert worden sein, und dieses Gebiet war bis zur Mitte des 5. Jahrhunderts ein Teil des sāsānidischen Reiches und ging später an die Hephthaliten verloren.

Werners Argumentation ist geistreich, aber aus verschiedenen Gründen nicht schlüssig. Erstens würde das palmyrenische Schwert, sollte es persischen Ursprungs sein, nicht auf einen sāsānidischen, sondern auf einen parthischen Prototyp zurückgehen. Maqqai, auf dessen Triclinium das Schwert abgebildet ist, starb 229, nur ein Jahr nach dem Zusammenbruch des parthischen Königreiches. Zweitens ist die Existenz keines Querstückes dieser Art im sāsānidischen oder — für hier — im parthischen Persien bekannt. Drittens, wenn wir das Verhältnis zwischen dem Querstück und dem Hals oder dem Arm des Kriegers auf dem Relief aus Palmyra auf Lebensgröße übertragen, muß das Querstück mindestens 30 Zentimeter breit gewesen sein, das heißt dreimal so breit wie das aus Altlußheim. Es ist so gut wie sicher, daß ein Stichblatt von der Größe des palmyrenischen nicht abnehmbar gewesen sein kann, sondern einen Teil des Schwertes gebildet haben muß, also mit der Schneide und dem Griff gemeinsam gegossen oder geschmiedet war. Viertens gibt es keine Andeutung des Sattels zwischen den Schultern, den das Lapislazuli-Querstück, obgleich ziemlich beschädigt, ganz deutlich zeigt. Fünftens stimmt es zwar, daß der Herkunftsort für Lapislazuli lange Zeit das Kokcha-Tal in Badakhšan war, es war aber nicht immer der einzige. Darius I. bekam Lapislazuli für den Bau des Apadana in Susa aus der Sogdiana[211], wo dieser Halbedelstein noch in den Tagen Marco Polos gewonnen wurde[212]. Außerdem wurde Lapislazuli von Handwerkern von Ägypten bis China bearbeitet. Die Chinesen importierten ihn über Kāshgar und Khotān schon im 2. Jahrhundert v. Chr.[213]; sie bekamen das *sê-sê*[214] entweder direkt von Afghanistan oder von Persien, wo Lapislazuli bei den Parthern weithin im Gebrauch stand[215].

Während das Stück Lapislazuli, aus dem das Querstück geschnitten war, durchaus aus einer entlegenen Provinz des sāsānidischen Reiches gekommen sein mag, zeigt das Querstück selbst chinesische Handwerksarbeit. Solche Querstücke mit dem charakteristischen Sattel zwischen den Schultern, die aus Bronze geformt[216], aus Jade geschnitten, aus Glas verfertigt oder gemeinsam mit Schneide und Griff hergestellt wurden und oft mit Türkis eingelegt sind[217], zählen zu den häufigsten Gegenständen, die in den Gräbern der Han-Zeit gefunden wurden. Achat war ein anderes Material, das zum Schmuck der Schwerter verwendet wurde. Die Chinesen schnitten Schwertknäufe aus bläulichem und rötlichem Achat[218] sogar vor der Han-Periode[219]. Ein Querstück aus Achat, das genau die gleiche Form und Größe wie das vom Rhein hat, wurde in der Gruft 1013 in Chersones (Tafel V/12)[220] gefunden. Es gehört in die gleiche Zeit datiert wie der kleine Hase aus Bergkristall (Tafel V/11), der zusammen mit ihm gefunden wurde: in das 3. Jahrhundert n. Chr. Da chinesische Scheideneinfassungen aus Jade und Chalzedon von der Wolga bis Panticapaeum und sogar nach Norden bis Perm'[221] gefunden wurden, ist der Fund eines chinesischen Schwertquerstückes aus Achat in Chersones in keiner Weise überraschend. Das Stück von der Krim ist so chinesisch wie das Stichblatt von Altlußheim.

Ostgotische Schwerter

Obwohl ostgotische Schwerter weder erhalten noch abgebildet oder beschrieben sind, wissen wir, daß es schwere Hiebwaffen waren. In der Schlacht *ad salices* im Jahre 376 schlug die ostgotische Reiterei „mit großer Kraft auf die Köpfe und Rücken" der fliehenden Römer ein[222]. Noch aufschlußreicher ist eine Stelle bei Johannes von Antiochia, fr. 214a: Theoderich versetzte Odoacar „mit seinem Schwert einen Hieb auf das Schlüsselbein. Die Waffe durchschnitt seinen Körper bis zur Hüfte. Theoderich soll ausgerufen haben: ‚Wahrhaftig, der Kerl hat keine Knochen!'[223]".

Es gibt keinen unmittelbaren Beweis dafür, daß die Goten in Südrußland Schwerter wie jene von Altlußheim, Pouan und vom Grab des fränkischen Königs Childerich hatten. Diese kostbaren Waffen, die von Gold und Almandinen glitzerten, stammten aus pontischen Werkstätten[224]. Tatsächlich wurden zwei ähnliche Schwerter in Taman' und Dmitrijevka[225] gefunden. Bedenkt man, wieviel die gotischen Adeligen für kostbares Goldgeschmeide übrig hatten — es muß viele Horte wie den von Pietroassa gegeben haben, wenn auch vielleicht nicht alle so reich waren —, so ist es wahrscheinlich, daß wenigstens einige gotische Schwerter so reich geschmückt waren wie die eben erwähnten Waffen aus Südrußland. Es ist, glaube ich, die Annahme nicht allzu kühn, daß sie sich von diesen nicht wesentlich unterschieden haben.

LANZEN

Die langen und schweren Lanzen der südrussischen Sarmaten sind von Wandmalereien und Reliefs aus dem 1. und 2. Jahrhundert n. Chr. gut bekannt. Die Künstler übertrieben bisweilen ihre Länge; auf den Fresken des Anthesteriusgrabes in Kerč[226] sind sie 4,5 bis 6 Meter lang dargestellt[227]. Indessen muß die Lanze auf der Tryphon-Weihung aus Tanais[228] fast 3 Meter lang gewesen sein; der galoppierende Reiter hält sie mit beiden Händen. Die Roxolanen taten dasselbe, wie wir von Tacitus wissen, der allerdings von dieser Waffe nicht beeindruckt war, da er sie für schwerfällig hielt[229]. Andere Römer dachten anders. So lesen wir bei Valerius Flaccus[230]: „Der Nadelholzschaft, der über Kopf und Schultern des Pferdes hinausragt und fest auf den Knien der Reiter ruht, wirft einen langen Schatten über das Feld des Feindes und erzwingt mit der ganzen Kraft von

Pferd und Krieger seinen Weg." Im 2. Jahrhundert attackierten leicht oder schwer gepanzerte römische Reiter[231] mit langen Lanzen (κοντοί) „auf die Art der Alanen und Sauromaten"[232]. Die *hastae longiores* der transdanubischen Sarmaten[233] waren wahrscheinlich Wurfspieße, während die von Claudian[234] erwähnten *conti* der Alanen und Sarmaten noch immer dieselben Stoßlanzen waren, die die Stämme im Osten seit dem 6. Jahrhundert v. Chr. führten. Sie sind für die sauromatische[235], die früh-[236] und mittelsarmatische Periode, vor allem für die letztgenannte, bezeugt (Lanzenspitzen aus Stanica Kazanskaja und Stanica Ust'Labinskaja im Kuban'-Gebiet[237], Tarki in Dargestan[238], Kalinovka[239] und Ljapičev[240] in der Provinz Wolgograd). Die Lanzenspitze in einem Frauengrab in Tria Brata in der Nähe von Elista in der Kalmückensteppe[241] ist wahrscheinlich in das 1. Jahrhundert n. Chr. zu datieren, und die 22 Zentimeter lange vom Kurgan 28/2 in Kalinovka[242] kann nicht viel später sein. Die Lanzenspitze vom Flußgrab in Pokrovsk-Voschod[243] zeigt, daß die halbalanisierten Hunnen an der Wolga wie die Sarmaten in den vorangegangenen Jahrhunderten bewaffnet waren.

Es ist a priori fast sicher, daß die schwerbewaffnete hunnische Reiterei wie die alanischen und römischen Kataphrakten lange Stoßlanzen trug. Avitus und der Hunne trugen die gleiche Ausrüstung: den Panzer und die Lanze. Unter den Reitern des Narses waren Hunnen von jenseits der Donau; ihre Waffen waren σάρισσαι[244].

In einem der Gräber in Hobersdorf in Niederösterreich wurde eine 28 Zentimeter lange Lanzenspitze gefunden[245]. Werner und Mitscha-Märheim[246] datieren die Gräber in die erste Hälfte des 5. Jahrhunderts, was nach meiner Meinung zu früh ist: jedenfalls waren die dort begrabenen Leute Hunnen oder eng mit ihnen verwandt. Die unansehnliche Lanzenspitze von Pécs-Üszög[247] war wahrscheinlich die Waffe eines Hunnen, der in des Königs „Hofstaat" *(comitatus, druzina)* ritt.

DAS LASSO

„Während der Feind sich vor Verwundungen durch Schwerthiebe in acht nimmt, werfen die Hunnen aus Stoffstreifen geflochtene Schlingen über ihre Gegner und berauben sie so durch die Fesselung ihrer Gliedmaßen der Fähigkeit zu reiten oder zu gehen."[248] Die Angabe Ammians wird durch Sozomenos bestätigt[249]: Ein Hunne „erhob seine rechte Hand, um ein Seil (βρόχον) über Theotimus, den Bischof von Tomis, zu werfen, denn der Hunne wollte den Bischof in sein Land fortschleppen; aber bei diesem Versuch blieb die Hand des Hunnen ausgestreckt in der Luft stecken, und der Barbar wurde nicht eher von dieser schrecklichen Starre befreit, als bis seine Gefährten Theotimus anflehten, bei Gott für ihn Fürsprache einzulegen"[250].

Die Goten, die einzigen Germanen, die das Lasso gebrauchten[251], übernahmen es entweder von den Hunnen oder von den Alanen. Die Alanen fingen beinahe den König Tiridates mit ihren Wurfseilen[252]; im 4. Jahrhundert war das Lasso ihre typische Waffe[253]. Das Lasso wurde über so weite Gebiete hin verwendet[254], daß es keinem bestimmten Kulturkreis zugeordnet werden kann. Es war den Skythen[255] und Sarmaten[256], den Sargaten, einem Volk „persischer Herkunft und Sprache“[257], den *Thatae*, den *Sirachi*, *Phicores* und *Iaxamatae*, Völkern zwischen dem Bosporus und dem Don[258], den Parthern[259] und den Persern in der Sāsānidenzeit bekannt[260]. In Indien war die Kunst des Lassowerfens, *pāśa*, eine der kriegerischen Künste, die die Prinzen lernten[261]. Es ist auch die Waffe der Hindu-Götter[262]. Im 4. Jahrhundert verwendeten die Kuai Hu, westlich von Kuchā, Rohhautlassos, die sie nach Menschen warfen, während sie auf ihre Pferde einschlugen[263].

PANZER

Körperpanzer

Den Historikern, die den Hunnen die Fähigkeit absprechen, ihre eigenen Schwerter zu schmieden[264], muß die bloße Frage, ob sie ihre eigene Panzerung herstellten, kurios erscheinen. Außerdem erwähnt Ammianus Marcellinus in seiner Beschreibung der Hunnen nichts von einer Panzerung. Weder Eisen- noch Beinlamellen, keine Schuppen und keine Stücke eines Plattenpanzers[265] wurden in hunnischen Gräbern oder mit zweifelsfrei hunnischen Gegenständen vergesellschaftet gefunden. Für die Kettenhemden aus F'odorovka im früheren Distrikt Buzuluk, Provinz Cel'abinsk[266], und aus Pokrovsk-Voschod[267] hält man persische Herkunft für wahrscheinlich[268].

Gleichwohl war es überall und zu allen Zeiten das Vorrecht einiger weniger, eine Rüstung und speziell eine Metallrüstung zu tragen. *Wegen des mühsamen, zeitraubenden und große Fertigkeit voraussetzenden Arbeitsgangs sind Kettenhemden zu allen Zeiten große Kostbarkeiten gewesen*[269]. Medvedev führt eindrucksvolle Zeugnisse dafür an, wie hoch Kettenpanzer im spätmittelalterlichen Rußland geschätzt wurden[270]. Auch der viel einfachere Schuppenpanzer wurde offensichtlich eher vom Vater auf den Sohn und den Enkel weitergegeben, als mit dem Toten begraben. Ein aus den Funden rekonstruiertes Bild sarmatischer Zivilisation in Ungarn würde den Schuppenpanzer nicht zeigen. Und doch wissen wir von Ammianus, daß die Panzer der transdanubischen Sarmaten aus glatten, polierten Hornstücken bestanden, die wie Schuppen auf Leinen- oder Lederhemden geheftet waren[271].

Es gibt gute, wenn auch indirekte archäologische Beweise dafür, daß die hunnischen Noblen — und vielleicht nicht bloß sie allein — lange vor ihrer ersten Berührung mit gepanzerten römischen Truppen in der Schlacht einen Körperschutz trugen.

Neue Funde vermehren beträchtlich das Material, auf dem Thordeman und Arwidsson[272] ihre großartigen Studien über die Geschichte der Panzerung aufgebaut haben. Es ist mir klar, daß der nun folgende Überblick sehr lückenhaft ist und in wenigen Jahren überholt sein wird. Dennoch wird er für unserer Zwecke hoffentlich genügen.

Beinlamellen kennt man aus einem viel weiteren Gebiet und von viel älteren Fundstätten als früher angenommen. Man hat sie in Gräbern der Glazkovo-Zeit (19./18. Jahrhundert v. Chr.) in Ust'-Igla an der Lena in Zisbaikalien und in Perevoznaja in der Nähe von Krasnojarsk[273] gefunden. Weiter westlich, am Unterlauf des Ob, sind Beinlamellen und eine technisch wie künstlerisch bewundernswerte Brustplatte aus Walfischbein, in Ansiedlungen in Ust'-Poluj in der Nähe von Salechard gefunden, zwischen das 5. und das 3. Jahrhundert v. Chr. zu datieren[274]. Beinlamellen aus der späten Ananino-Periode (4./3. Jahrhundert v. Chr.) sind aus Bol'šoj Skorodum[275] und Konec-Gor[276] im Kama-Becken bekannt.

Bein- und Hornpanzer muß dem metallenen nicht notwendigerweise unterlegen sein und nicht immer aus früherer Zeit stammen. Nach den anderen Grabbeigaben zu schließen sind die Bronzeschuppen in dem Friedhof an der Morkvaška bei Kazan[277] etwa zwei Jahrhunderte älter als die frühesten dort gefundenen Beinschuppen. Pausanias bewunderte die sarmatischen Harnische sehr. Die Sarmaten, schrieb er[278],

> sammeln die Hufe ihrer Stuten, säubern sie, und zersplittern sie, bis sie den Schuppen eines Drachen gleichen. Jeder, der noch keinen Drachen gesehen hat, hat wenigstens einen grünen Tannenzapfen gesehen. Das Fabrikat also, das sie aus den Hufen herstellen, kann nicht unpassend mit den Schuppen auf einem Tannenzapfen verglichen werden. In die einzelnen Stücke bohren sie Löcher, und nachdem sie sie mit Pferde- oder Ochsensehnen zusammengeknüpft haben, verwenden sie sie als Harnische, die den griechischen Brustplatten weder an Eleganz noch an Stärke nachstehen, weil sie sowohl schwerter- als auch pfeilfest sind.

Die Kürasse der Reiter in den hellenistischen Heeren waren bisweilen aus Horn verfertigt[279], und wenn der Autor der *Sylloge Tacticorum* nicht frühere Autoren kopiert, sondern die Bewaffnung des byzantinischen Heeres seiner Zeit beschreibt, dann waren die *clibania* der Reiter noch im 10. Jahrhundert entweder aus Eisen oder aus Horn[280].

In den letzten Jahrhunderten vor und den ersten nach Christus wurden Panzer des einen oder anderen Typs weithin im nördlichen Eurasien verwendet. Ich übergehe die gut bekannten und oft behandelten Darstellungen gepanzerter Krieger in der parthischen[281] und der Gandhara-Kunst[282], möchte aber auf zwei Metallfiguren aus dem Altai-Gebiet und im westlichen Sibirien aufmerksam machen, von denen man wenig Notiz genommen hat.

Ein Bronzeanhänger (Tafel VIII/16)[283], angeblich in einem Grab in Barnaul im Altaigebiet gefunden, zeigt einen Mann mit Schuppenpanzer und konisch zulaufendem Helm; sein Köcher hat die Form eines Stundenglases, wie sie von China bis zum Kaspischen Meer vorkommt. Es wäre riskant, aus dem Stil des Anhängers irgendwelche Schlüsse zu ziehen — vorausgesetzt überhaupt, daß die Zeichnung zuverlässig ist. Der früheste Stundenglas-Köcher läßt sich in das 4. Jahrhundert n. Chr. datieren[284].

Dann gibt es die Reiter auf zwei goldenen Anhängern aus Westsibirien (Tafel VIII/17)[285]. Auch sie tragen Schuppenpanzer. Ihre Ähnlichkeit mit dem Reiter auf dem berühmten Wandbehang in Pazyryk (4. Jahrhundert v. Chr.)[286] weist auf ihr hohes Alter hin. Die kurze Jacke, die Stiefel und das Pferdegeschirr sind hier wie dort die gleichen. Das rechteckige Büschel in der Mähne, das auf der einen Darstellung deutlich erkennbar ist, entspricht dem Zackenschnitt der Mähne in Pazyryk[287].

Der gewöhnlichste und wahrscheinlich früheste Panzertyp in den Steppen war der Schuppenpanzer. Ungeachtet des starken Einflusses der Zivilisation von Urartu auf die skythische Metallbearbeitung übernahmen die Skythen den urartäischen Lamellenpanzer nicht[288]. All die Jahrhunderte lang, durch die wir ihre Geschichte verfolgen können, trugen sie Schuppenpanzer[289]. Die Schuppen, manchmal vergoldet[290], bestanden aus Bein, Bronze oder Eisen[291]; gelegentlich wurden die beiden Metalle kombiniert[292]. Wie die Funde aus Kobylovka in der Nähe von Atkarsk, westlich von Saratov, von Tonkušorovka (früher Mariental) und aus der Provinz Astrachan zeigen[293], hatten die Sarmaten der sauromatischen Periode ebenfalls bronzene Schuppen- und Lamellenpanzer. Bronzelamellen der frühsarmatischen Periode sind selten[294]. Bronze-, Eisen- und Beinschuppen wurden in mittelsarmatischen Gräbern in den Steppen jenseits des Ural[295], an der unteren Wolga (Kalinovka)[296], Pogromnoje[297], Usatovo am Jeruslan[298], im Kuban'-Tal[299] und in der südlichen Ukraine gefunden[300]. Schuppen in einem Grab in Vor'bi[301] sind ein Indiz für sarmatischen Einfluß auf die P'any-bor-Zivilisation. Sarmaten und sarmatisierte Bosporaner[302], bei denen Pferd und Reiter Harnische aus Schuppenpanzern tragen, sind auf den Wandmalereien von Panticapaeum-Kerč dargestellt[303].

Für die spätsarmatische Periode (2. bis 4. Jahrhundert n. Chr.) haben wir das oben zitierte Zeugnis des Pausanias (etwa 175 n. Chr.). Die Sarmaten in der Leibwache des Kaisers Galerius auf dem Triumphbogen von Thessalonike[304] tragen die gleiche Schuppenrüstung wie der galoppierende Reiter auf einem Relief aus Tanais[305], das in das 3. Jahrhundert zu datieren ist (siehe auch die Figur eines Angehörigen des Stammes der Roxolanen [Tafel IX/24]), oder die bosporanischen Könige Kotys II. und Sauromates II. auf ihren Münzen[306]. Schließlich gibt es ein Steinrelief aus Chester im Grosvenor-Museum[307]. Es zeigt einen sarmatischen Reiter mit Mantel und großem, konischem Helm, der mit beiden Händen eine Drachenstandarte oder einen Wimpel hält. Die Oberflächenzeichnung von Mann und Pferd ist stark korrodiert, aber die Reste legen die Vermutung nahe, daß beide in einer Schuppenpanzerung dargestellt waren.

Für die Stämme am östlichen Ende Eurasiens sind wir hauptsächlich auf chinesische Quellen angewiesen. Aus ihnen erfahren wir, daß die primitiven, vielleicht tungusischen, Su-shên in der Mandschurei lederne und beinerne Rüstungen trugen[308], und wir lesen über den Panzer der Fu-yü[309] und Jo-chiang[310]. In den Armeen der Hsiung-nu ritten „gepanzerte Reiter"[311]. Ihre Rüstung wird *chia* genannt, was nach Laufer[312] bei Ssu-ma Ch'ien „Lederpanzer" bedeutet. Aber im Jahre 1956 fand Doržsuren in einem der Hsiung-nu-Gräber in Noin Ula eine eiserne Schuppe noch an dem Geweberest, auf dem sie befestigt war[313]. Eisenschuppen kommen in Tuva in den Gräbern der Schurmak-Periode (2. Jahrhundert v. bis 1. Jahrhundert n. Chr.) vor[314]. Wie die Chinesen der Han-Zeit[315] hatten wahrscheinlich auch die Hsiung-nu bronzene und lederne Schuppenpanzer.

Funde von metallenen Lamellenpanzern in den Steppen sind rar. Die aus Kutr-Tas, Provinz Kustanaj[316], und Tomilovka am Fluß Tobol[317] sind wahrscheinlich persischer Herkunft. Grjaznov meint, daß eine längliche Eisenplatte mit Löchern entlang der Kanten, gefunden in Bližnie Elbany nördlich von Barnaul, eine Panzerlamelle ist[318].

Zu Beginn unserer Zeitrechnung, vielleicht sogar früher, begann sich bei den Sarmaten im Kuban-Becken neben dem Schuppenpanzer das Kettenhemd durchzusetzen[319]. Im 1. Jahrhundert n. Chr. beschrieb Valerius Flaccus[320] die sarmatischen *catafractarii:* „Ihr Panzer starrt von biegsamen Ketten, und ebenso sind ihre Pferde geschützt.“ *(Riget his molli lorica catena, id quoque tegimen equis.)* Das Kettenhemd in Karabudachkent in Dagestan ist sicher sarmatischer Herkunft[321]. Dasselbe gilt wahrscheinlich für das Kettenhemd, das im Becken der Kama und ihrer Zuflüsse gefunden wurde: Vichmar[322], Atamonovy kosti[323], Gajny[324] und Pystajn[325].

Eine Figur, die auf dem Sprungbein eines Schafes eingeritzt ist, der Fund wurde in Kobadjan in Tadschikistan (3. bis 2. Jahrhundert v. Chr.) gemacht[326], scheint einen Krieger in einem langen Mantel mit einer Art Helm auf dem Kopf darzustellen; D’jakonov meint, daß die kreuzweisen Linien auf dem Mantel ein Kettenhemd anzeigen, es können aber bloß Steppstiche sein. Dasselbe gilt vielleicht für eine andere Figur eines Kriegers aus dem Friedhof bei Kuju-Mazar in der Nähe von Taschkent (2. bis 1. Jahrhundert v. Chr.)[327], die in einen Knochen eingeritzt ist. Im 4. Jahrhundert n. Chr. war die Rüstung der Kuai Hu, westlich von Kuchā, wie „Kettenflechtwerk undurchdringlich für Pfeil und Bogen“[328].

Angesichts der archäologischen und literarischen Evidenz für die Verbreitung von Körperpanzern in den ersten Jahrhunderten n. Chr. von der Ukraine bis zur Mandschurei ist es a priori unwahrscheinlich, daß die kriegerischen hunnischen Stämme ohne den Schutz irgendeiner Art von Rüstung kämpften. Außerdem haben wir das Zeugnis griechischer und lateinischer Quellen.

Die Hunnen, Alanen und Goten in der Armee, die Theodosius 388 gegen Maximus führte, waren keine römischen Soldaten, sondern für einen Feldzug angeworbene freie Barbaren. Sie waren nicht mit Waffen ausgerüstet, die in den *armorum fabricae* hergestellt worden waren; sie brachten ihre eigene Ausrüstung mit. Dazu gehörten schwere Eisenpanzer[329].

Fünfzig Jahre später trugen einige Hunnen unter dem Kommando des Litorius in Gallien die gleiche Art von Rüstung. Auch sie waren nicht *milites*, sondern *auxiliatores* und *socii*[330]. Sidonius Apollinaris beschreibt einen Zweikampf zwischen Avitus und einem Hunnen aus dem Verband des Litorius, der sich liest, als stammte er aus einem mittelalterlichen Roman:

> Als der erste Waffengang, der zweite, der dritte ausgefochten worden war, siehe, da kommt der gezückte Speer und sticht den Mann blutig; seine Brust ward durchbohrt und seine Rüstung zweifach zersplittert,

auch dort, wo sie den Rücken bedeckte; und als das Blut aus den beiden klaffenden Wunden hervorschoß, da raubten die beiden Wunden das Leben, das jede von ihnen hätte fordern können.

(... Sed postquam prima, secunda
tertiaque acta rota est, venit ecce et celsa cruentum
perforat hasta virum, post et confinia dorsi
cedit transfosso ruptus bis pectore thorax,
et dum per duplicem sanguis singultat hiatum
dividua ancipitem carpserunt vulnera vitam)[331].

Der *thorax* war offensichtlich nicht eine einfache Brustplatte, sondern ein Panzer, der den Körper rundum deckte. nicht ein Lederwams, sondern ein Metallhemd. Möglicherweise war er vom selben Typus wie jener, den der Hunne Bochas, einer aus Belisars Leibgarde, trug:

Er wurde von zwölf seiner Feinde umringt, die Speere trugen. Und sie alle trafen ihn zugleich mit ihren Speeren. Sein thorax widerstand diesen Stößen, die ihm daher nicht viel ausmachten; aber einem der Goten gelang es, ihn von hinten zu treffen, an einer Stelle, wo sein Körper ungeschützt war, über der rechten Achselhöhle, nahe der Schulter; und er traf den jungen Mann, obgleich nicht tödlich[332].

Pacatus im 4., Sidonius im 5. und Procopius im 6. Jahrhundert bezeugen, daß die Hunnen „Männer mit eisernen Panzern" waren (ἄνδρες σιδέρῳ τεθωρακισμένοι)[333]. Außerdem gibt es drei weitere meines Wissens nicht benützte Quellen. Die erste ist eine Homilie auf den heiligen Phocas von Asterius von Amasea. Dieser Heilige wurde in der ganzen Welt verehrt. Sogar „die wildesten Skythen, die auf der anderen Seite des Schwarzmeeres in der Nähe der Maiotis und des Tanais und bis zum Fluß Phasis hin leben", waren ihm tief ergeben. Einer ihrer Herrscher „nahm seine Krone ab, die von Gold und Juwelen funkelte, nahm ab seinen Kriegspanzer aus edlem Metall (denn die Rüstung der Barbaren ist prunkvoll und aufwendig)" und schickte sie der Kirche des heiligen Phocas in Sinope[334]. Die Homilie[335] wurde um 400 verfaßt[336], zu einer Zeit, da der größere Teil des von Asterius beschriebenen Territoriums unter der Herrschaft der Hunnen stand. Der ἄρχων καὶ βασιλεύς[337] war höchstwahrscheinlich ein Hunne.

Die zweite Quelle ist der Panegyricus des Merobaudes auf den dritten Konsulat des Aetius. In den Versen 79—83[338] beschreibt der Dichter Ausrüstung und Waffen der Hunnen:

**fulgentes i]n tela ruunt: gravis ardeat auro*
**balteus[339], a]uratae circumdent tela pharetrae,*
**aurea cri]spatis insidat lamna lupatis:*
**incendant] gemmas chalybes ferroque micantes*
**cassidis[340] a]uratis facibus lux induat enses.*

Wehrgehenke, Köcher, Pferdegeschirr, Helme und die Rüstung, die mit kostbaren Steinen übersät war, waren vergoldet. Diese Hexameter können nicht als bloße Imitation dessen, was Merobaudes bei Claudian und Statius las, abgetan werden. Sie waren offenkundig einer Stelle aus *In Rufinum* 2, 352—377, und anderen Passagen, die sich mit der kostbaren Ausrüstung der römischen Elitereiterei befaßten, nachgebildet. Weiters hatten bekanntlich alle die goldenen oder vergoldeten Waffen der Hunnen ihre römischen Gegenstücke[341]. Einige mögen auch tatsächlich römischer Herkunft gewesen sein[342]; andere Hunnen trugen vielleicht auch vergoldete persische Panzer[343]. All das aber setzt den Wert der Beschreibung hunnischer Waffen durch Merobaudes nicht herab. Der Dichter konnte ein solches Bild nicht entworfen haben, hätte es der Wirklichkeit nicht entsprochen. Sein Publikum — und in erster Linie Aetius — kannte die Hunnen. Merobaudes hätte sich lächerlich gemacht, wenn er Filzmützen als Helme und Lederjacken als Panzer bezeichnet hätte. Einige Hunnen *trugen* kostbare Rüstungen.

Drittens gibt es eine kurze Passage bei Priscus, die in der Suda erhalten ist: Zerkon, der maurische Hofnarr, begleitete Bleda auf seinen Feldzügen in voller Rüstung[344].

Sechs Autoren sprechen unabhängig voneinander vom Körperpanzer der Hunnen. Das beweist keineswegs, daß alle Hunnen Rüstungen trugen. Die meisten von ihnen waren, wie Ammianus sagte, leicht bewaffnet und blieben es bis zum Ende des Attilareiches. Viele hunnische Adelige aber waren schwer gepanzert, und ihre Zahl wuchs offenkundig in dem Maße, als die Hunnen durch Beute und Tribut reich wurden.

Helme

Die Hunnen in der Armee des Theodosius müssen Metallhelme getragen haben. Wenn sie ihre Körper mit eisernen Rüstungen schützten, konnten sie nicht barhaupt oder mit weichen Leder- oder Filzkappen gekämpft haben. Wie wir von Merobaudes wissen, waren um 445 die Helme der hunnischen Noblen vergoldet. Wie solche *cassides* aussahen, kann man von Sidonius Apollinaris erfahren. Im *Panegyricus auf Anthemius* beschreibt er, wie man die Köpfe von hunnischen Knaben flach machte:

> Solange die Nasenlöcher noch weich sind, werden sie durch ein rundherumgehendes Band abgestumpft, um die beiden Durchgänge [das heißt die Nase] daran zu hindern, zwischen den beiden Jochbeinen herauszuwachsen, um auf diese Weise für die Helme Platz zu machen *(ut galeis cedant)*; denn diese Kinder sind für Schlachten geboren, und die Mutterliebe verunstaltet sie, weil die Wangengegend sich streckt und dehnt, wenn die Nase dazwischen nicht stört.
> *(Tum, ne per malas excrescat fistula duplex,*
> *obtundit teneras circumdata fascia nares,*
> *ut galeis cedant: sic propter proelia natos*
> *maternus deformat amor, quia tensa genarum*
> *non interiecto fit latior arca naso)*[344a].

Aus diesen Versen, die zwar gespreizt, aber ihrem Sinn nach eindeutig sind, schloß Arendt zu Recht, daß die hunnischen Helme Nasale hatten[345].

Es ist verständlich, daß in hunnischen Gräbern keine Helme begegnen. Wie der Panzer waren Helme so kostbar, daß sie von Generation zu Generation weitergegeben wurden. Der *Spangenhelm* von Gammertingen war mehr als hundert Jahre alt, als man ihn schließlich im Grab deponierte[346]. Vielleicht spielte auch der weitverbreitete Glaube, daß die Toten damit gegen Angriffe gefeit waren, eine Rolle.

Der hunnische Helm war möglicherweise ein Spangenhelm. Wenn, wie Post behauptet, die Spangenhelme mit einem Kupfergerüst von jenen mit einem eisernen strikt getrennt werden müssen[347], können die hunnischen Helme nicht zur erstgenannten Gruppe gehören, bei der Nasale entweder nur in rudimentärer Form oder überhaupt nicht vorkommen. Vielleicht glichen sie aber dem eisernen Spangenhelm aus Dêr-el-Medîneh in Ägypten[348], den Werner in das 5. Jahrhundert datiert; er hält ihn für den Helm eines römischen Offiziers[349]. Die sarmatischen Helme auf dem Galeriusbogen in Thessalonike sind zwar mit Nasalen versehen, es ist aber nicht auszumachen, ob es Spangenhelme sind[350].

Weiters gibt es einen merkwürdigen Helm aus Kerč — von Kulakovskij in einer Katakombe entdeckt[351] —, der aus Lederstreifen geflochten ist. Er wurde gemeinsam mit Lamellen von Panzerhemden, einer Lanzenspitze, zwanzig Pfeilspitzen, Stücken von goldbestickten Stoffen, goldenen Platten eines Gürtels und mit einer Münze Kaiser Leos (457—474) gefunden. Da die Münze durchbohrt war, wurde der Fund auf das 6. Jahrhundert datiert[352]. Das Grab wurde aber früh geplündert und die Münze vielleicht, wie Kulakovskij dachte, von den Grabräubern verloren. Grancsay datiert den Helm in das 5. Jahrhundert und hält ihn für awarisch[353], obwohl im 5. Jahrhundert die Awaren nicht einmal in der Nähe der Krim waren. Wenn der Mann in einer für ihn angelegten Katakombe bestattet wurde, kann er ein Hunne gewesen sein. Solche Katakomben wurden nicht nach dem 5. Jahrhundert angelegt. Aber das Grab war vielleicht eine Sekundärbestattung. *Non liquet.*

In letzter Zeit ist es Mode geworden, jeglichen Fortschritt in der Kriegstechnik der späten Kaiserzeit den Sāsāniden zuzuschreiben. Für das Nasale des römischen Helms nimmt man östliche Herkunft an, aber es ist zumindest zweifelhaft, ob es von den Sāsāniden kommt. Die wenigen erhaltenen sāsānidischen Helme haben keine Nasale. Das Gesicht des Reiters auf dem Felsrelief vom Taq-i-Bustan ist mit Ausnahme der Augen mit einem schützenden Kettenpanzer bedeckt, der vom Helmrand herabhängt[354]. Ein Sāsānidenhelm im Metropolitan Museum of Art in New York ist ringsum mit zahlreichen Löchern versehen, an denen ein ähnlicher Schutz angebracht gewesen sein muß[355].

Von der Art der erwähnten konisch zulaufenden Helme der Sarmaten auf dem Galeriusbogen gab es mehr im Osten. Zu diesen gehören die konischen Eisenhelme, die am Vangaj-Fluß zwischen Tobol'sk und Omsk in Westsibirien gefunden wurden. Der eine ist vergoldet, der andere hat vergoldete Einlegearbeiten eines Drachen und greifenähnlicher Figuren[356]. In dem Schatz befanden sich auch zwei chinesische Spiegel der Han-Zeit[357] und ein Silberteller mit der Darstellung der Artemis (?), der wahrscheinlich in der ersten Hälfte des 2. Jahrhunderts v. Chr. in Baktrien hergestellt wurde[358]. Es ist evident, daß die Helme nicht an ihrem Fundort verfertigt wurden, aber weder ihre Konstruktion noch ihre Dekoration geben einen Hinweis auf ihre Herkunft. Die auf gemeinsam mit den Helmen gefundenen Platten eingeritzten Reiterfiguren[359] zeigen, daß die Stämme am Unterlauf des Ob zu Beginn unserer Zeitrechnung konische Helme mit Nasalen trugen.

Es ist möglich, daß die hunnischen Noblen Helme verschiedener Formen und Konstruktionen trugen, Spangenhelme, Helme wie jene der Sarmaten auf dem Galeriusbogen, Helme vom Vangaj-Typus und noch andere[360].

Schilde

Wenn der hunnische Schild einen *umbo*, einen Buckel aus Eisen oder Bronze hatte, der das Mittelstück des römischen und des gebräuchlichen germanischen Schildes bedeckte, dann hätte man einen in einem hunnischen Grab finden sollen. Das Fehlen weist darauf hin, daß der Schild der Hunnen wie jener der Skythen[361], der persischen Infanterie[362] und einiger römischen Truppen[363] aus möglicherweise mit Leder bedecktem Flechtwerk bestand[364].

Über die Schilde der Sarmaten ist sehr wenig bekannt. Nach Strabo hatten die Roxolanen Schilde aus Flechtwerk[365]. Der Kupfer*umbo* im Kurgan 10 des maeotisch-sarmatischen Friedhofs in Stanica Jelizavetovskaja[366] scheint griechischer Herkunft zu sein. Zwei *umbones* im sarmatischen Gräberfeld Malaaješti in der Moldauischen SSR[367] kamen vielleicht aus dem bosporanischen Königreich[368]. Es bleibt noch der *umbo* von dem gepidischen Gräberfeld in Kiszombor in Ungarn; er hat die Form eines hohen Konus und unterscheidet sich vom üblichen niedrigen oder halbkugelförmigen *umbo*[369]. In Csongrád wurde ein ähnlicher *umbo* in einem Grab gemeinsam mit einer dreiflügeligen Pfeilspitze[370] gefunden, die hunnisch oder sarmatisch sein könnte; Párducz hält das Grab für vandalisch[371]. Ein anderer *umbo* dieses Typus lag neben einem Sitzskelett in einem Grab in Nyíregyháza[372], das sich möglicherweise einem Sarmaten zuweisen läßt. Es gibt also, wie wir sehen, nur sehr schwache Beweise dafür, daß die westlichen Sarmaten hölzerne Schilde mit *umbones* hatten, und keinen dafür, daß die Sarmaten im Osten solche besaßen.

Eine Stelle bei Sozomenos informiert uns ein wenig über die Schilde der Hunnen zu Ende des 4. Jahrhunderts. Ein Hunne lehnte sich im Gespräch mit Theotimus, dem Bischof von Tomis, auf seinen Schild, „wie es seine Sitte war, wenn er mit seinen Feinden unterhandelte“[373]. Da der Hunne stand, muß sein Schild zumindest so groß gewesen sein wie einige der länglichen skythischen Schilde auf der Kul-Oba-Vase[374] oder jene der sarmatisierten bosporanischen Fußsoldaten auf den Wandgemälden in Panticapaeum[375]. Wenn wir das Größenverhältnis von den Terrakottafiguren der Sarmaten aus Kerč mit ihren Langschilden[376] auf Lebensgröße übertragen, so trug der Hunne, angenommen er war rund 1,60 Meter groß, einen Schild von 75 Zentimeter bis möglicherweise 90 Zentimeter Höhe. Ein so großer Schild war für einen Reiter nicht geeignet. Die Reiterei des Narses, in der viele Hunnen gekämpft haben müssen, war mit Wurfspießen, Bogen, langen Lanzen und kleinen Schilden, *peltai*, ausgerüstet[377].

HUNNEN IN DER RÖMISCHEN ARMEE

Die *Notitia Dignitatum* zählt fränkische, alamannische, gotische, vandalische, herulische, markomannische, quadische und alanische *alae*, *vexillationes*, *cohortes*, *cunei* und *auxilia*[378], aber keine hunnischen Einheiten auf. Jene Hunnen, die zu den Römern überliefen, waren offensichtlich auf die *numeri barbari* oder die *equites*, *sagittarii* und *armigeri* des Theodosius, Arcadius und Honorius aufgeteilt. Nur unter außergewöhnlichen Umständen ließ man die Hunnen beisammen. Eine solche Formation waren, glaube ich, die *Unnigardae*.

Von den Einheiten, die in der ersten Dekade des 5. Jahrhunderts in der Libya Pentapolis dienten, waren nur die Balagriten Afrikaner; die Reiterei bestand zur Hauptsache aus Thrakern, die Infanterie aus Dalmatern und Markomannen[379]. Die besten Truppen waren die *Unnigardae*. Synesius, der Bischof von Ptolemais, pries sie als Retter seiner geliebten Stadt. Sicherlich, manchmal gerieten sie außer Rand und Band, „wie junge Jagdhunde", aber dann pflegte ihr Anführer „sie bei der Kehle zu nehmen und zurückzuholen, bevor sie sich noch am Angriff und wilden Gemetzel gesättigt hatten"[380]. Die *Unnigardae*[381] waren eine kleine Reitereinheit, hervorragend bei blitzschnellen Attacken und schlagartigen Razzien, am besten als Kundschafter und Vorhut. „Sie benötigen Rückendeckung und eine in Schlachtordnung aufgestellte Armee." Aus dem Brief des Synesius an seinen Freund Anysius in Konstantinopel[382] erfahren wir, daß die *Unnigardae* eine unabhängige Truppe bildeten, die ihren Nachschub an Pferden und Ausrüstung und die Bezahlung direkt vom Kaiser erhielt. Ihr Status, ihre Kampftaktik und ihre Wildheit sind mit der jener „Massageten" vergleichbar, die im 6. Jahrhundert unter Belisar in Afrika und Italien kämpften.

Unni ist zweifellos das Ethnikon[383]. Die Entscheidung, ob *gardae* die lateinische Aussprache des germanischen Wortes wiedergibt, das altitalienisch *guarda* und französisch *garde*[384] wurde, muß Germanisten überlassen bleiben.

Eine andere hunnische Formation war möglicherweise in Britannien stationiert. Einer der Kommandanten *per lineam valli* (Hadrianswall) war der *praefectus alae Sabinianae, Hunno*[385]. Konnte Hunnum „Hunnenlager" bedeuten? Die *ala Sabiniana*, seit dem 2. Jahrhundert in Britannien[386], war natürlich keine hunnische Einheit. Aber die *Notitia Dignitatum* ist in der uns überlieferten Form ein Stückwerk, das aus den Schemata (Redaktionen) verschiedener Zeiten zusammengesetzt ist. Vielleicht wurde der Name „Hunno" für einen älteren eingesetzt. Es wäre nicht der einzige Fall, bei dem die Kompilatoren ein veraltetes Schema (Redaktion) ganz oder teilweise up to date brachten.

Unter Stilicho waren die Verteidiger des Walles hauptsächlich einheimische Föderaten[387]; das eine oder andere der bedeutenderen Kastelle war möglicherweise von Auxiliartruppen besetzt. Es ist aber unwahrscheinlich, daß Stilicho, der bekanntlich hunnische Hilfstruppen in seinen Armeen verwendete, sie zur Verteidigung einer halb aufgegebenen Provinz einsetzte.

Wenn Hunnen tatsächlich in Hunnum stationiert waren, dann konnten sie in den letzten Jahren des Gratian dort gewesen sein, der Hunnen in seinen Diensten hatte.

Es gab eine Festung Οὔννων in der Nähe von Oescus am rechten Donauufer[388]. Dieser Platz war nach der hunnischen Garnison benannt wie Βαστέρνας[389] nach den Bastarnen und Σαρμαθῶν im Haemimons[390] nach den Sarmaten. Indessen könnte Hunnum auch ein keltisches Wort sein[391].

Die *Unnigardae* und die Hunnen in Britannien — vorausgesetzt, daß sie auch dort waren — dienten weit entfernt von ihren Wohnsitzen. Es gab aber auch Hunnen in den Garnisonen der römischen Lager entlang der Donau in Pannonien und in den Balkanprovinzen vor Attila und zu seiner Zeit. Ob die Beinstreifen von Kompositbogen, die in Carnuntum gefunden wurden[392], auf Hunnen oder Alanen hinweisen, läßt sich nicht entscheiden. Die Fragmente von Bronzekesseln in Intercisa[393] und Sucidava[394] lassen keinen Zweifel daran, daß Hunnen irgendwann einmal hier gelebt haben. Werner ist der Meinung, daß die zerbrochenen Kessel und Nomadenspiegel von den Hunnen und anderen Barbaren zurückgelassen wurden, die in den aufgegebenen Lagern siedelten, wo sie auch Metall finden konnten[395]. Die Fundumstände sind einer solchen Interpretation nicht günstig.

Das Fragment aus Intercisa wurde in einem niedergebrannten spätrömischen Gebäude gefunden; in einem anderen Raum lagen die Fragmente von fünfzehn bis zwanzig Eisenhelmen. Es ist a priori unwahrscheinlich, daß Hunnen, die eine so intensive Abneigung gegen das Wohnen in Häusern hatten, sich in den Ruinen eines römischen Lagers niedergelassen haben sollten. Und es ist noch unwahrscheinlicher, daß die Hunnen, die solchen Metallmangel hatten, die Helme im anderen Raum übersehen haben sollen. In Sucidava wurden vier Fragmente hunnischer Kessel in der Asche gefunden, die das gesamte Gebiet des Kastells bedeckte. Zwei der Fragmente lagen in der Nähe von Herden und sollten offensichtlich zur Herstellung von Bronzegegenständen eingeschmolzen werden. Die *milites riparenses* waren außerordentlich arm. Man fand weder Gold- noch Silbermünzen. Kein Wunder, daß jedes Stückchen Bronze benützt werden mußte. Die Kessel gehörten sicherlich nicht Hunnen, die sich in dem früheren Lager niederließen. Von dem blieb nichts übrig. Die Baracken waren niedergebrannt; von den Amphoren, in denen die Donauflotte selbst dann Öl brachte, wenn beide Ufer des Flusses in der Hand der Barbaren waren, wurden nur Bruchstücke gefunden. Nirgendwo in der Asche gab es menschliche Gebeine. Es ist praktisch sicher, daß das Lager in aller Eile geräumt wurde[396], und es ist sehr gut möglich, daß die Besatzung selbst die Festung in Brand steckte[397]. Wie kamen also die hunnischen Kessel hierher? Es kann sich dabei nicht um eine Beute gehandelt haben; weder im ersten noch im zweiten hunnischen Krieg in den vierziger Jahren des 5. Jahrhunderts schlugen die Römer die Hunnen auch nur in einem einzigen Treffen. Es ist schwer vorstellbar, daß sich ein Römer beim Jahrmarkt an der Donau einen hunnischen Kessel kaufte. Es gibt nur eine Erklärung für die Existenz hunnischer Gefäße in Sucidava: Sie müssen Hunnen gehört haben, die in der römischen Armee dienten[398].

Die archäologische Evidenz wird durch einige wenige Zeilen bei Priscus ergänzt. In den Verhandlungen mit den oströmischen Gesandten im Jahre 449 „wollte Attila seinen eigenen Dienern nicht gestatten, gegen ihn in den Krieg zu ziehen, auch wenn sie nicht in der Lage waren, denen zu helfen, die ihnen den Schutz ihrer Heimat übertragen hätten, denn, so sagte er, welche Stadt oder welche Festung, deren Eroberung er sich vorgenommen hätte, könnte durch diese Flüchtlinge gerettet werden?“[399] Sucidava war eine dieser Festungen, und sicherlich gab es mehr davon entlang der unteren Donau.

Wie die *Unnigardae* waren die hunnischen Auxiliartruppen des Aetius hervorragende Kämpfer, aber ihr Mangel an Disziplin machte sie oft eher zum Schrecken für die Provinzen, die sie verteidigen sollten, als für den Feind. Immer wieder brachen sie los und „zerstörten mit Raub, Feuer und Schwert, Wüten und Plünderung alles im Umkreis“[400]. In Gallien mußten die Römer in den Städten Garnisonen stationieren, um sie vor ihren eigenen Auxiliartruppen zu schützen[401]. Noch Jahre später waren die grauenvollen Taten der Hunnen in lebhafter Erinnerung. In seiner Biographie des heiligen Martin schrieb Paulinus von Périgueux: „Von plötzlicher Furcht gepackt nahm Gallien Hunnen als Hilfstruppen auf. Man kann als Verbündete schwerlich jene ertragen, die sich grausamer als der Feind benehmen und in ihrer Wildheit das foedus abschütteln.“[402]

VI. RELIGION

Die Hunnen, schrieb Ammianus Marcellinus, waren ein Volk ohne Religion. Wie unvernünftige Tiere konnten sie Recht von Unrecht nicht unterscheiden, sie waren hinterlistig und trügerisch in der Rede, treulos und unzuverlässig beim Waffenstillstand, *nullius religionis vel superstitionis reverentia aliquando districti* (Amm. 31, 2, 11).

Es gab schwerlich ein barbarisches Volk, dem nicht die Tugenden mangelten, in denen sich die Römer auszeichneten. Die Parther hielten ihre Versprechen nur so lange, als es ihnen nützte[1]. Die Heruler fühlten sich durch keinerlei Vertrag gebunden[2]. Die Mauren — wie die Hunnen — „kümmerten sich nicht um Eide", und aus demselben Grund: „gab es unter ihnen weder Gottesfurcht noch Achtung vor den Menschen"[3]. Die Awaren, die Nachfolger der Hunnen, waren „die treulosesten aller Nomaden"[4]. Die Liste könnte noch fortgesetzt werden.

Die Angabe Ammians über das Fehlen jeglicher Religiosität bei den Hunnen beruht nicht auf Wissen aus erster Hand; er zog diesen Schluß aus ihrem Benehmen oder genauer aus dem, was ihm Leute erzählten, die unerfreuliche Erfahrungen mit den Hunnen gemacht hatten. In Wirklichkeit wurde ihm von seinen Informanten über eine religiöse Sitte der Wilden erzählt, obwohl er sie nicht als solche erkannte.

> Wenn sie einmal ihren Nacken in ein abgetragenes Gewand gesteckt haben, dann wird es nicht mehr abgelegt oder gewechselt, bis es durch langes Tragen und Abnützung zu Lumpen wird und Stück für Stück von ihnen abfällt[5].

Man kann Ammianus nicht den Vorwurf machen, daß er die Abneigung der Hunnen, ihr Gewand zu waschen, nur für ein weiteres Zeichen ihrer tierischen Rohheit hielt. Ibn Fadlan, ein scharfer Beobachter, der immer bereit war zu fragen, bemerkte dieselbe unsaubere Kleidung unter den Oghusen, ohne zu vermuten, daß das eine religiöse Bedeutung haben könnte[6]. Die Absicht der türkischen und mongolischen[7] Sitte war es, eine Beleidigung der Wassergeister[8] zu vermeiden. Möglicherweise war es bei den Hunnen ebenso, und wahrscheinlich kam diese Sitte ihren natürlichen Neigungen sehr entgegen. Priscus vermerkt als besonders, daß Attilas Kleidung sauber war[9]. Die „Massageten"-Hunnen waren so schmutzig wie die *Sclaveni*[10].

DIE HUNNEN UND DAS CHRISTENTUM

Um die Mitte des 4. Jahrhunderts war die römische und romanisierte Bevölkerung Pannoniens überwiegend christlich. Der Arianismus war ziemlich stark verwurzelt; die Bischöfe von Mursa und Sirmium hielten an der häretischen Tradition energisch fest. In den achtziger und neunziger Jahren des 4. Jahrhunderts bedurfte es des ganzen Eifers des heiligen Ambrosius, der durch die weltliche Obrigkeit wirksam unterstützt wurde, die Donauprovinzen für den orthodoxen Glauben zurückzugewinnen[11]. Zu Attilas Zeit war Pannonien, sowohl der ihm abgetretene Teil als auch das unbestimmte Niemandsland östlich von Noricum, offensichtlich tief katholisch. In der Pannonia secunda überlebte die christliche Gemeinde von Sirmium die Hunnen[12], Ostgoten und Gepiden[13]. Sopianae in der Valeria, von wo das Christentum nach Norden und Westen verbreitet worden war[14], widerstand allen Stürmen der Völkerwanderungszeit[15]. In der Pannonia prima gab es fast kein städtisches Leben mehr, als die Hunnen kamen; aber auch hier scheinen christliche Gemeinden ausgehalten zu haben[16].

Da die Katholiken in Pannonien von den Kirchen im Reich abgeschnitten waren, stellten sie für die Hunnen kein politisches Problem dar. Die Großgrundbesitzer waren geflohen, und die kleinen Leute, die blieben, waren völlig außerstande, irgendeinen Widerstand gegen ihre Herren zu organisieren. Die Gefahr, daß die Katholiken als fünfte Kolonne für die Römer agieren konnten, in Persien zeitweise so akut und eine dauernde Bedrohung für die Vandalen in Afrika, existierte in der Hunnia nicht. Attila konnte es sich leisten, tolerant zu sein: Er erlaubte seinen katholischen Untertanen, zu beten und zu fasten, solange sie ohne aufzumucken für ihn arbeiteten.

Die meisten der christlichen Germanen unter hunnischer Herrschaft waren Arianer[17]. Man mag zweifeln, ob Attila den Unterschied zwischen der arianischen Häresie und dem orthodoxen Glauben kannte. Man kann sich den hunnischen König schwer vorstellen, wie er einer Diskussion über die Konsubstanzialität von Vater und Sohn zuhörte. Aber er muß bemerkt haben, daß seine germanischen Gefolgsleute und Untertanen nicht derselben Religion angehörten wie die Kaiser in Ravenna und Konstantinopel. Die bloße Tatsache, daß der arianische Klerus für seinen Glauben nicht so wie im Reich, und zwar sowohl im Westen als auch im Osten, verfolgt wurde, sicherte den hunnischen Königen dessen Loyalität.

Die Hunnen hatten christliche Sklaven. Was Prosper über die Wege sagt, auf denen das Evangelium die Heiden jenseits der Grenzen erreichte, mag in bescheidenem Ausmaß auch für die Hunnen gegolten haben:

> Einige Söhne der Kirche, die vom Feind gefangengenommen worden waren, machten ihre Herren zu Dienern des Evangeliums, und sie wurden dadurch, daß sie diese den Glauben lehrten, zu Oberen ihrer eigenen Herren aus der Kriegszeit. Andere fremde Heiden wiederum waren während ihrer Dienstzeit in den römischen Heeren in der Lage, den Glauben, den sie in ihrem eigenen Land nicht kennenlernen konnten, bei uns kennenzulernen; sie kehrten in der christlichen Religion unterwiesen in ihre Heimat zurück[18].

Vielleicht wurde der eine oder andere hunnische Söldner in der römischen Armee getauft. Vielleicht gelang es auch einem besonders glaubenseifrigen Sklaven, seinen Herren[19] oder, was wahrscheinlicher war, die Frau seines Herrn zu bekehren. Es ist aber unwahrscheinlich, daß Männer wie Onegesius, Attilas erster Minister, dem Glauben ihrer Väter abgeschworen haben sollen, weil ihnen ihre Badesklaven aus der Bibel vorlasen.

Wäre ihr Reich nicht so plötzlich zusammengebrochen, hätten die Hunnen früher oder später den arianischen Glauben angenommen. Die arianischen Goten standen ihnen viel näher als die Römer. Im Vergleich zu den armseligen Katholiken in den sterbenden Städten Pannoniens, von den Kriegsgefangenen gar nicht zu reden, waren die gotischen Anführer den hunnischen Noblen fast ebenbürtig. Aber zwei Generationen von langsam wachsender Symbiose der Oberschichten in der hunnischen und germanischen Gesellschaft waren zu kurz, um die Hunnen für die Religion der Goten zu gewinnen.

Salvian, der um 440 schrieb[20], reihte die Hunnen unter die heidnischen Nationen ein:

> Ich werde zuerst über die Heiden sprechen, da deren Verblendung die ältere ist: unter diesen ist die Nation der Sachsen wild, die Franken sind verräterisch, die Gepiden unbarmherzig, die Hunnen unkeusch — wir sehen also, daß das Leben aller Barbaren voll von Lastern ist . . . Kann man sagen, daß deren Laster dieselbe Schuld bedeuten wie unsere, daß die Unzucht der Hunnen so sündig ist wie unsere, die Verräterei der Franken so tadelnswert wie die der Christen, die Gier der Alanen so verdammenswert wie die eines Gläubigen? Wenn ein Hunne oder ein Gepide betrügerisch ist, wie darf man sich bei jemandem darüber wundern, der überhaupt nichts von der Schuld weiß, die Falschheit bedeutet? Kann von den Hunnen gesagt werden: Seht was für Menschen die sind, die sich Christen nennen?[21]

Die einzigen Hunnen, die Salvian kannte, waren die, die unter den Römern in Gallien dienten. Aber die hunnischen Könige kommandierten offensichtlich nicht nur Heiden zu den Hilfskontingenten ab, die sie ihren römischen „Freunden" zur Verfügung stellten. Die Hunnen waren als Volk in der Mitte des 5. Jahrhunderts so heidnisch, wie sie es gewesen waren, als sie den Don überquerten.

Salvians Angabe steht im Widerspruch zu dem, was Hieronymus und Orosius sagen. Weiters scheint ihr eine oft zitierte Stelle bei Theodoretus über die Erfolge der Priester, die Johannes Chrysostomos angeblich zu den Hunnen schickte, zu widersprechen. Auch Nicetas von Remesiana soll seine Missionarstätigkeit über die Donau ins Land der Hunnen ausgedehnt haben. Eine genauere Überprüfung der Evidenz läßt erkennen, daß sie entweder unglaubwürdig ist oder mißverstanden wurde.

Im Jahre 399 nannte Hieronymus die Hunnen „wilde Tiere"[22]. Als er aber kurz danach in seinem Brief an Laeta den Triumph Christi über die Dämonen beschrieb, sagte er: „Jede Stunde hießen wir Scharen von Mönchen aus Indien, Persien und Äthiopien willkommen. Die Armenier haben ihre Köcher beiseite gelegt, die Hunnen lernen den Psalter, der Frost von Skythien wird durch das Feuer des Glaubens erwärmt.“[23] Etwa zur selben Zeit erläuterte Hieronymus die Psalmen zwei Goten, Sunnia und Fretela[24]. Vielleicht warf er Hunnen und Goten, die beide skythische Völker waren, in einen Topf, aber es ist wahrscheinlicher, daß er die psalmodierenden Hunnen ebenso erfand wie die Scharen von Mönchen aus Indien[25].

„Die Hunnen“, schrieb Orosius im Jahre 418, „füllten die Kirchen im Westen und Osten.“[26] Das ist die Angabe eines Theologen. Der frühchristliche Glaube an das bevorstehende Ende der Welt hatte die Gewißheit zur Folge, daß das Evangelium allen Nationen gepredigt wurde[27]. Was Tertullian und die Apologetiker des 3. Jahrhunderts über die Verbreitung des Christentums bis zu den Skythen, Parthern und Indern sagten, waren bloß Schlußfolgerungen, die sie aus den Schriften zogen. Hätten sie die Hunnen gekannt, dann würden sie auch diese unter die Zahl der getauften Barbaren eingereiht haben. Wenn die Listen von bekehrten Völkern bei Tertullian und Arnobius Ergebnisse der Exegese waren, so waren die der nachnizänischen Väter bloße Rhetorik. Dichter und Theologen schwelgten in exotischen Namen. Die Skythen, Massageten, Sauromaten, Tibarenen, Hyrcanier, Caspier, Gelonen, Mauren, Inder, Äthiopier, Perser, Baktrer, Kimbern, ja sogar die Serer waren nun Christen[28]. Orosius war der Schüler des heiligen Augustinus, der sich über die Tatsache freute, daß das, „was bis jetzt denen verschlossen ist, die mit dem Eisen kämpfen, nicht dem verschlossen bleibt, der mit dem Holz [dem Kreuz] kämpft“[29]. In gewisser Weise hatte Orosius recht: Die Hunnen füllten tatsächlich die Kirchen[30], aber nur, um sie zu plündern. Im Osten, in Thrakien, töteten sie Mönche, vergewaltigten Nonnen und steckten Kirchen in Brand; zuerst natürlich schleppten sie die geweihten Gefäße weg. Das gleiche taten sie im Westen, in Gallien[31]. Über das Verhältnis zwischen den Hunnen und den christlichen Priestern in den Grenzprovinzen hat uns nur Sozomenos etwas zu berichten:

> Die Kirche von Tomis und in der Tat alle Kirchen von Scythia [das heißt Scythia minor] waren zu dieser Zeit unter der Obhut des Theotimus, eines Skythen. Er war in der Übung der Philosophie erzogen worden, und seine Tugenden hatten die Bewunderung der barbarischen Hunnen, die an den Ufern des Hister[32] wohnten, so sehr gewonnen, daß sie ihn den Gott der Römer nannten, weil sie erlebt hatten, wie er göttliche Taten vollbrachte. Es heißt, daß er eines Tages, als er gegen das Land der Barbaren reiste, einige von ihnen bemerkte, wie sie sich Tomis näherten. Seine Diener brachen in Klagen aus und hielten sich für verloren; er aber stieg nur von seinem Pferd herab und betete. Die Folge war, daß die Barbaren vorbeizogen, ohne ihn, seine Diener oder die Pferde zu sehen, von denen sie abgesessen waren[33].

Diese Stelle, die sich auf die letzten Jahre von Theodosius I. bezieht[34], wirft nicht nur helles Licht auf die Unwirksamkeit der Grenzverteidigung, sie zeigt auch, daß Theotimus nicht so großen Erfolge bei den Hunnen gehabt haben konnte, wie man behauptete[35]. Ein Missionar, der sich selbst unsichtbar machen muß, wenn er die trifft, die er bekehren soll, wird nicht viele taufen. Und wenn Theotimus oder seine Nachfolger oder irgendein anderer Bischof irgendwo im Ostreich mehr als nur ein paar Hunnen für den Glauben gewonnen hätte, so hätten die byzantinischen Kirchenschriftsteller unweigerlich über diese Erfolge berichtet[36].

Einige Gelehrte führten das schöne Gedicht, in dem Paulinus von Nola den Eifer seines Freundes Nicetas von Remesiana[37] bei der Verbreitung des Evangeliums unter den Skythen, Geten und Dakern[38] preist, als einen weiteren Beweis für die Bekehrung hunnischer Stämme nördlich der Donau an[39]. Aber Skythen, Geten und Daker sind nur archaische Namen für die *Bessi* und andere Stämme in den Bergtälern des Haemus und Rhodopegebirges[40].

Es bleibt Theodoretus. Johannes Chrysostomos, der Bischof von Konstantinopel, sagt Theodoretus in seiner *Kirchengeschichte*[41], wurde davon unterrichtet, daß es einigen skythischen Nomadenstämmen, die ihre Zelte entlang den Ufern des Hister aufgestellt hatten, nach dem Heile dürstete, sie aber niemanden hatten, der es ihnen bringen konnte. Johannes suchte Männer, die willens waren, den Mühen der Apostel nachzueifern, und schickte sie zu diesen Leuten. Theodoretus selber sah den Brief, den Johannes an Leontius, dem Bischof von Ancyra in Galatien, schrieb, worin er Leontius über die Bekehrung der Skythen informierte und ihn bat, ihm Männer zu schicken, welche zu deren Leitung geeignet wären.

„Die skythischen Nomadenstämme" sollen Hunnen sein[42]. Nun ist es zwar richtig, daß an einer anderen Stelle Theodoretus die Hunnen nomadische Skythen nennt[43], das heißt aber keineswegs, daß alle nomadischen Skythen Hunnen waren. Asterius von Amasea, Zeitgenosse des Goldmunds, weiß von nomadischen Skythen am Kimmerischen Bosporus, aber auch am Rhein[44]. Unter den Völkern, zu denen der Ruhm des Simeon Stylites drang, nennt Theodoretus neben Persern, Indern und Äthiopiern auch die nomadischen Skythen[45]; es handelt sich also hier offenbar um einen Sammelnamen ohne scharfe ethnische oder sprachliche Bestimmung. In der *Vita Athonitae* werden die Magyaren nomadische Skythen genannt[46]. In einer seiner Lobreden[47] auf Johannes Chrysostomos spricht Theodoretus noch einmal von den Skythen, die der heilige Bischof bekehrt hatte. Er nannte sie diesmal „Wagenbewohner", ein anderes der stereotypen Beiworte für die Skythen, die ein Autor vom anderen übernahm. In der *Kirchengeschichte* schrieb Theodoretus von der Leitung, deren sie noch nicht entraten konnten. In der Lobrede sind sie schon alle vorbildliche Christen: „Der Barbar steigt vom Pferd und hat gelernt, die Knie zu beugen. Den keine Tränen der Gefangenen rühren konnten, hat nun gelernt, über seine Sünden zu weinen." Theodoretus begnügt sich nicht mit einem Volk, das sein Held bekehrt hat; er läßt ihn das Evangelium auch den Persern verkünden, und auch diese verehren Christus.

Dennoch darf man Theodorets Bericht nicht in Bausch und Bogen als eitle Erfindung verwerfen. Er schmückte das Wenige, das er wußte, aus, hatte aber zumindest ein verläßliches Stück Information: den Brief des Johannes an Leontius. Theodoretus konnte ihn nicht erfunden haben. Sein Inhalt ist zu seltsam, sein Empfänger zu ungeeignet für eine solche Annahme. Johannes schrieb den Brief aus Konstantinopel, also zwischen Februar 398 und Juni 404, wohl näher dem letzten Datum zu, da er in den ersten Jahren seiner Tätigkeit mit Reformen in der Hauptstadt selbst vollauf beschäftigt war. Leontius spielte eine führende Rolle bei den Intrigen, die den Fall des Johannes zur Folge hatten. Der Haß des üblen Gesellen kostete Johannes auf seiner Reise nach Kukusus[48] beinahe das Leben. Es muß daher einen ganz besonderen Grund dafür gegeben haben, der den Bischof von Konstantinopel veranlaßte, den Bischof von Galatien zu bitten, Priester zu den Barbaren an der Donau zu entsenden. Warum waren Priester jener Provinz in Kleinasien für eine solche Aufgabe so viel besser gerüstet als die in Johannes' eigener Diözese?

Auf diese Frage gibt es, glaube ich, nur eine Antwort. Johannes muß gedacht haben, daß im ganzen Ostreich nur die Galater den „nomadischen Skythen" das Evangelium in deren eigenen Sprache predigen konnten. Die Missionare, die Johannes zu den Goten schickte, „sprachen dieselbe Sprache wie jene" (ὁμόγλωττοι ἐκείνοις)[49].

Außer Griechisch sprachen nicht wenige Galater noch zu Ende des 4. Jahrhunderts ihre keltische Sprache. Hieronymus erkannte die enge Verwandtschaft des galatischen mit dem keltischen Dialekt, den er um Trier hatte sprechen hören[50]. An der Donaugrenze gab es nur ein Volk, das „Galatisch" sprach, nämlich die Bastarnen. Abgesehen von Strabo, der hierin nicht sicher war, betrachteten alle griechischen Autoren sie als Kelten. Plutarch sprach von den „Galatern am Hister, die ebenso Bastarnen genannt werden"[51].

Nur wenige Jahre bevor Johannes an Leontius schrieb, hatten Bastarnen, Goten und Alanen die Donau überschritten und Thrakien verheert[52]. Nach 400 werden die Bastarnen nicht mehr genannt, aber Βαστέρνας, der Name einer Festung, die Justinian II. in Mösien an der Donau bauen ließ[53], bezeugt, daß sie im nördlichen Balkan zurückblieben und ihre ethnische Identität bis ins 6. Jahrhundert bewahrten[54].

Spätere Autoren waren verwirrt durch die „Kelten", die von Johannes Chrysostomos bekehrt wurden; sie identifizierten sie mit den arianischen Goten[55], obwohl natürlich kein Autor des 5. Jahrhunderts Goten und Kelten hätte verwechseln können. An den Grenzen des Ostreiches gab es keine anderen Kelten außer den „Galatisch" sprechenden „nomadischen Skythen" — die Bastarnen[56].

Der *Apocritus* des Macarius Magnes enthält eine Liste der Völker, denen das Evangelium noch nicht gepredigt worden war: die sieben Stämme der Inder, die in der Wüste im Südosten lebten, die Äthiopier, die man Macrobier nannte, die Maurusier „und jene, die jenseits des großen Flusses im Norden, des Ister, wohnen, der das Land der Skythen abschließt, wo zwölf Stämme nomadischer Barbaren leben, von deren Wildheit uns Herodot erzählt, und deren schlimme Sitten von ihren Vorfahren herrühren."[57]

SEHER UND SCHAMANEN

Litorius, einer der Generäle des Aetius, war vermutlich der letzte römische General, der die alten heidnischen Riten vor der Schlacht durchführte[58]. Im Jahre 439 wurde seine Armee unter den Mauern von Toulouse von den Westgoten vernichtet, er selbst wurde verwundet, gefangengenommen und starb an der Wunde. Die Römer, behauptete Prosper, wurden geschlagen, weil Litorius nicht auf den Rat seiner Offiziere hören wollte; statt dessen „vertraute er den Antworten der Haruspices und den Mahnungen der Dämonen“[59]. Kann man Prosper glauben?

Vielleicht ist es nicht besonders bedeutsam, daß Hydatius in seiner Chronik nichts über die Wahrsagerei erwähnt. Er redet nur kurz von dem Krieg im Jahre 439[60]. Nebenher mag er vielleicht gedacht haben, daß es auf Aetius, den er sehr hoch schätzte, ein schlechtes Licht würfe, wenn einer der vertrautesten Unterfeldherren des *ductor* ein Heide war. Bedeutungsvoller ist das Schweigen Salvians. Er lebte in Gallien und muß Litorius gekannt haben. Da er stets bereit war, seine Landsleute aller möglichen Sünden anzuklagen, hätte Salvian das „Verbrechen“ des Litorius nicht unerwähnt gelassen, hätte der unglückliche Kommandeur es begangen. Nach der Angabe Salvians verloren die Römer den Krieg, weil sie sich im Gegensatz zu den Goten nicht auf Gott, sondern auf ihre hunnischen Hilfstruppen verlassen hatten[61].

Es ist auch noch aus einem anderen Grund unwahrscheinlich, daß Litorius berufsmäßige römische Haruspices in seinem Heer hatte. In Zeiten der Bedrängnis sah sich die christliche Regierung gezwungen, das hartnäckige Heidentum eines außergewöhnlich fähigen Generals zu dulden, wie beispielsweise im Jahre 409, als ein antiheidnisches Gesetz zugunsten des Generidus zeitweise zurückgezogen wurde. Aber seit damals war ein Edikt nach dem anderen erlassen worden, das jene mit der Todesstrafe bedrohte, die es in ihrem „Wahnsinn“ wagten, Haruspices zu Rate zu ziehen. Es ist undenkbar, daß noch 438 ein römischer General eine Eingeweideschau der Opfertiere abhielt, bevor er den Feind angriff.

Und doch muß in Prospers Anklage ein Kern von Wahrheit stecken. Wenn wir bedenken, daß die Truppen unter dem Kommando des Litorius Hunnen waren[62], liegt die Erklärung schlagartig auf der Hand. Nicht Litorius, sondern seine Hunnen wollten den Ausgang der Schlacht wissen, die vor ihnen lag. Die *haruspicatio* wurde nicht von römischen, sondern von hunnischen Wahrsagern durchgeführt. Die Hunnen des Litorius taten vor Toulouse das, was zwölf Jahre später Attila, „ein Mann, der immer im Krieg den Rat von Vorzeichen suchte“, am Vorabend der Schlacht am *locus Mauriacus* tat: Er „beschloß, die Zukunft durch Haruspices zu erforschen“[63]. Im 9. Jahrhundert pflegten die Bulgaren vor einer Schlacht „verschiedene Zaubersprüche, Späße und Lieder und einige Weissagungen zu praktizieren“ *(exercere incantationes et ioca et carmina et nonnulla auguria)*[64].

Die hunnischen Wahrsager erwähnt auch Priscus. Beim Bankett an Attilas Hof bemerkte er, daß der König Ernach in die Wangen kniff und ihn heiteren Blickes ansah. Priscus war überrascht, daß Attila sich um seine anderen Söhne weniger kümmerte und seine Aufmerksamkeit diesem allein widmete. Er erfuhr von einem des Lateins mächtigen Hunnen, daß die Wahrsager (οἱ μάντεις) Attila prophezeit hatten, daß sein *genos* untergehen, in diesem Sohn sich aber neu erheben werde[65]. Wir können wohl annehmen, daß diese Wahrsager die Haruspices des Prosper und Jordanes waren.

Die hunnischen Wahrsager mögen gleichzeitig auch Schamanen gewesen sein. Die Schamanen der türkischen Stämme im Altai sagen gelegentlich, durch ihre Schutzgeister informiert, die Zukunft voraus[66]; sie sind auch erfahrener in der Auslegung natürlicher Omina, haben aber kein Monopol auf das, was Bawden „involuntary divination" nennt[67]. Dasselbe gilt für die burjatischen Schamanen[68]. Im Mittelalter unterschieden die Mongolen zwischen Sehern und Schamanen[69]. Aber wie so oft bei diesen Untersuchungen müssen wir der Versuchung widerstehen, aus den Sitten und Praktiken späterer Steppenvölker auf jene der Hunnen zu schließen. Daß die Hunnen Schamanen hatten, ist sicher. *Kam* in den Namen Atakam und Eskam ist *qam*, das gebräuchliche türkische Wort für Schamane[70]. Nach den beiden Namen hochgestellter Hunnen zu schließen, scheinen die Schamanen der gehobenen Schicht in der hunnischen Gesellschaftsordnung zugehört zu haben. Die ἱερεῖς bei Malalas waren möglicherweise Schamanen.

Die hunnische Methode der planmäßigen Erforschung der Zukunft war die Schulterblattschau[71]. Die Haruspices Attilas „prüften die Eingeweide von Rindern und gewisse Streifen auf den Knochen, die abgekratzt wurden"[72]. Nach Eisenbergers hervorragender Monographie[73] unterscheiden wir nun zwischen zwei Formen dieser Methode der Prophezeiung. In der „asiatischen" Form werden die Knochen, meist die Schulterknochen vom Schaf, dem Feuer ausgesetzt, nachdem sie sorgfältig blankgeputzt worden waren: Die durch die Hitze verursachten Risse „las" man dann. In der „europäischen", vermutlich primitiveren Form werden die Knochen ohne Vorbereitung „gelesen".

Da Jordanes nicht angibt, ob die Knochen gebrannt wurden oder nicht, wagt Eisenberger nicht zu entscheiden, ob die Hunnen die „asiatische" oder die „europäische" Form der Schulterblattschau praktizierten. Die letztgenannte verfolgte er zurück bis zur steinzeitlichen Jägerkultur. Vielleicht hat er recht. Jedenfalls ist die „europäische" Schulterblattschau erst viele Jahrhunderte nach Attila bezeugt[74]. Kein antiker Autor weiß von ihr. Den Alanen war sie unbekannt[75]. Nichts in den früheren sarmatischen Gräbern weist darauf hin, daß je Schulterblattschau praktiziert wurde. Nur in den sarmatoiden Gräberfeldern bei Vrevskij, südwestlich von Taschkent[76], und von Lavjandak bei Buchara[77], die beide in die letzten vorchristlichen Jahrhunderte zu datieren sind, fand man Schulterblätter von Schafen, von denen eines gebrannt war, Wenn sie, wie Voronec und Obel'čenko meinen, für Weissagungen verwendet wurden, würden sie auf ein östliches, nichtiranisches Element hinweisen.

Die Hunnen konnten die Schulterblattschau nicht von ihren Nachbarn und Untertanen in Ungarn und den westlichen Steppen übernommen haben. In China wurde sie seit der Prae-Shang-Zeit betrieben[78]. Das türkische Wort für Weissagung, *yrq* < *yryq*, bedeutet ursprünglich „Riß", „Spalte"; das mongolische *tülge*, „Vorzeichen", geht zurück auf *tüle, tüli*, „(ver)brennen"[79]. Es kann keinen vernünftigen Zweifel daran geben, daß die Schulterblattschau der Hunnen östlichen Ursprungs war.

GOTTKÖNIGTUM?

Bei dem Mahl, das der oströmische Gesandte für Edecon und sein Gefolge gab, lobten die Hunnen Attila und die Römer den Kaiser. Bigilas, der typische vorwitzige levantinische Dolmetsch, „warf ein, man dürfe doch Göttliches nicht mit Menschlichem vergleichen, Attila sei schließlich nur ein Mensch, Theodosius aber ein Gott. Das verstimmte die Hunnen, die bald empört auffuhren."

Diese Stelle im Bericht des Priscus[80] wurde als Beweis dafür genommen, daß die Hunnen Attila als Gott betrachteten. Aber eine solche Interpretation berücksichtigt nicht die Bedeutung der römischen Bezeichnung „Gott", wenn sie dem Kaiser galt. Als *dominus totius mundi* war er „Gott auf Erden" *(deus in terra)*, nicht wirklich Gott; *deus* wurde im 5. Jahrhundert als *quasi* oder *tamquam deus* verstanden, „denn sowie der Kaiser den Namen Augustus angenommen hat, muß ihm getreue Verehrung wie dem gegenwärtigen und fleischgewordenen Gott gezollt werden" *(nam imperator cum Augusti nomen accepit, tamquam praesenti et corporali Deo fidelis est praestanda devotio)*, schrieb Vegetius[81]. Oder, um Agapetus aus dem 6. Jahrhundert zu zitieren: „Obwohl ein Kaiser körperlich allen anderen gleicht, ist er in der Macht seines Amtes wie Gott"[82]. Pacatus konnte den guten christlichen Theodosius einen Gott nennen[83], und noch im 11. Jahrhundert war der byzantinische Kaiser „irdischer Gott", θεὸς ἐπίγειος[84]. Vom Anblick Konstantinopels überwältigt, gab Athanarich als Flüchtling zu, daß der Kaiser „wahrhaftig Gott auf Erden", *deus terrenus*, wäre[85]. Ihn als solchen anzuerkennen bedeutete die Annahme, seines Anspruchs, der Herr der Welt, *domitor omnium gentium barbararum*, zu sein. Diese Folgerung war es, die den Zorn der Hunnen über die Bemerkung des Bigilas hervorrief.

Die römischen Gesandten durften ihre Zelte nicht auf höherem Terrain als dem von Attilas Zelt errichten[86]. G. Stauntons Bericht über die erste englische Gesandtschaft an den Hof von Ch'ien Lung bietet eine interessante Parallele:

> Als ein prächtiger Wagen, der dem Kaiser geschenkt werden sollte, ausgepackt und zusammengesetzt wurde, wurde er überaus bewundert, es war aber notwendig, Anweisungen für die Demontage des Kutschbocks zu geben; denn als die Mandarine herausfanden, daß ein so erhabener Sitz für den Kutscher bestimmt war, der die Pferde lenkte, drückten sie ihr höchstes Erstaunen darüber aus, daß man irgendeinen Mann höher als den Kaiser setzen wolle. So leicht ist die Feinfühligkeit dieses Volkes

in Verbindung mit der Person ihres verherrlichten Herrschers zu verletzen[87].

Ch'ien Lung war „der Sohn des Himmels", er war aber kein Gott. Auch Attila war es nicht. Im Umgang mit den Hunnen benahm sich Attila keineswegs wie ein göttliches Wesen. Da gab es keine Spur jenes ausgeklügelten Zeremoniells, das die Distanz zwischen dem gottähnlichen *basileus* und seinen Untertanen betonte, nicht zu reden von dem Abgrund, der den sāsānidischen König der Könige von gewöhnlichen Sterblichen trennte[88]. Attila trug weder Diadem noch Krone; seine Kleidung war einfach; sein Schwert, die Schnallen seiner Schuhe und das Zaumzeug seines Pferdes waren nicht wie die der hunnischen Noblen mit Gold und Edelsteinen geschmückt. Er trank aus einem hölzernen Becher und aß von einem Holzteller[89]. Er hatte nur seine Leibwache bei sich, wenn er vor seinem Haus den Streitreden seiner Hunnen zuhörte und ihre Zwiste entschied[90]. Das Höchste, das Attila für sich beanspruchte, war, daß er „wohlgeboren" war[91]. In der Totenklage bei seinem Begräbnis wurde der verstorbene König als großer Eroberer gepriesen, aber nicht als Gott verehrt.

Anderseits lehnte es Kuridach, der König der hunnischen *Akatiri*, ab, an Attilas Hof zu kommen, weil es, wie er sagte, schwierig wäre, einem Gott von Angesicht zu Angesicht gegenüberzutreten. „Wenn es unmöglich ist, in die Sonne zu sehen, wie könnte man den Größten der Götter (μέγιστον τῶν θεῶν) betrachten, ohne Schaden zu nehmen?"[92] Gewiß sprach Kuridach nur deshalb in diesen Tönen, weil er eine Falle befürchtete und hoffte, er könne sich dadurch retten, daß er dem schrecklichen König schmeichelte. Doch scheint das den hyperbolischen Vergleich Attilas mit der Sonne nicht hinreichend zu erklären.

Im spätrömischen Reich wurde der Herrscher oft mit der Sonne verglichen, ja sogar gleichgesetzt. Die Inschrift auf einer Reiterstatue von Theodosius I. lautet:

> Du gingst auf vom Osten, o Theodosius, eine zweite lichtspendende Sonne für die Sterblichen inmitten des Himmels, o Gütiger, mit dem Ozean zu deinen Füßen und der grenzenlosen Erde[93].

Aber der Kaiser war eine milde und keine grimmige und blendende Sonne. Kuridachs Vergleich erinnert eher an indische Ausdrücke. Der große Bogenschütze Bhīṣma sah aus wie „die allverzehrende Sonne selbst, nicht anzusehen, wie die Sonne, wenn sie in ihrem Lauf den Meridian erreicht und alles darunter versengt"[94]. Abgesehen davon gibt es aber keinerlei mögliche Verbindung zwischen den *Akatiri* und Indien.

Auch die Titel und Epitheta der Hsiung-nu-Könige und der Beherrscher der Orchon-Türken bieten keine Parallelen zu den Worten Kuridachs. *Ch'eng-li Ku-t'u*, der Titel des Hsiung-nu-Königs, wie er im *Han shu*[95] angegeben wird, wurde als *täŋri qut*, „himmlische Majestät", erklärt. *Ch'eng-li — d'vng lji* ist zweifellos *täŋri*, „Himmel", „Gott". Pan Ku stellt ausdrücklich fest, daß das die Bedeutung des Wortes in der Sprache der Hsiung-nu ist. *Ku-t'u*, sagt er, bedeutet „Sohn"[96]. Shiratoris Etymologie von *ku-t'u*, das er für ein tungusisches Wort für „Sohn" hielt, mag vielleicht nicht überzeugen, verträgt sich aber mit dem Text. F. W. K. Müller[97] und nach ihm A. von Gabain[98] lehnten Pan Kus Übersetzung ab; überzeugt davon, daß die Hsiung-nu eine türkische Sprache sprachen, behauptete Müller, daß *ku t'u* nur türkisch *qut* sein könne. Damit hatte er sicher unrecht. Warum sollten die Chinesen *qut* mit zwei Schriftzeichen transkribiert haben und nicht, wie sie es in den T'ang-Zeiten taten, durch *ku* < *kuət*? Wenn jedoch die ältere Form von *qut* zweisilbig war, lautete sie wahrscheinlich **qawut*[99]. Dadurch, daß der Shan-yü den chinesischen Titel *t'ien-tzŭ* annahm, stellte er sich dem Kaiser gleich[100]. Es führt kein Weg vom „Sohn des Himmels" zu Kuridachs „Größtem der Götter".

In der Orchon-Inschrift wird dem Kagan seine Macht vom *Täŋri* übergeben; er erfüllt den Auftrag des *Täŋri*. Er ist aber nicht *Täŋri* selbst, und er wird nie mit der Sonne verglichen[101]. In den folgenden Jahrhunderten wurde das Epitheton *täŋri* ganz geläufig. Im 8. Jahrhundert nannte ein Anführer der östlichen Türken[102], im 9. Jahrhundert ein Uigurenkönig[103] sich *täŋri qaγan*. Die *χatun* ist *täŋri qunčuy*, „die göttliche Prinzessin"[104]; *täŋrim*, „mein Gott", bedeutet „Fürstin"[105]. Der Uigurenkönig ist *täŋri qan* oder *täŋri ilig*, „göttlicher König"[106], er kann sich aber auch *täŋri* ohne jeglichen Zusatz nennen[107]. In den Bekenntnissen der Laienschwester Ütrat sind *taiχan χan, kümsä, χatun täŋrim, mišan, χan, čaiši wang bäg* „und die anderen *täŋri*" genannt[108]. In all diesen Titeln schwankt die Bedeutung von *täŋri* zwischen „Gott" und „Majestät", genau wie bei baγān im Mittelpersischen[109]. Doch ist Buddha „der *täŋri* der *täŋri*"[110] und Mani „der größte *täŋri*"[111]; das entspricht genau dem μέγιστος τῶν θεῶν Kuridachs. Es scheint, daß die Uiguren und auch andere Türken das Konzept des Gottkönigtums, wenn auch in abgeschwächter Form, von den Persern übernahmen[112].

Kuridachs Worte haben einen entschieden persischen Klang. Die Vergöttlichung der persischen Monarchen begann unter dem ersten Darius und blieb während den parthischen und sāsānidischen Zeiten bestehen. Šābuhr I. war θεός und „von göttlicher Abstammung" (ἐκ γένους θεῶν)[113]. Wahrām II. war ein Gott[114]. Xusraw nannte sich „die Gottheit, die ihre Form von den Göttern hernimmt" (θεῖος ὃς ἐκ θεῶν χαρακτηρίζεται)[115]. Der Sāsānidenkönig mit der Strahlenkrone erscheint in Gestalt der Sonne, *radiato capite solis in figura*[116]. Wenn der Herrscher auf dem königlichen Thron Platz nahm, war sein Antlitz verhüllt. Nach dem neupersischen Hofzeremoniell mußte man, wenn man vor den Schah trat, sein Antlitz in den Händen verbergen und ausrufen: *misuzam*, „ich verbrenne!"[117]

Obwohl Attila für *seine* Hunnen mit größter Sicherheit kein göttliches Wesen war[118], sahen die *Akatiri*, vor allem nachdem sie gezwungen worden waren, ihn als ihren Oberherrn anzuerkennen, zu ihm auf, wie zur gleichen Zeit die Perser zu ihrem König aufblickten.

STRAVA

Als Attila starb, „schnitten sich die Hunnen, wie es bei diesem Volk Sitte ist, teilweise ihre Haare ab und entstellten ihre Gesichter schrecklich durch tiefe Wunden, damit der tapfere Krieger nicht nur durch Wehgeschrei und Tränen von Frauen, sondern auch durch das Blut von Männern betrauert werde“[119]. Sidonius dachte an die Hunnen, als er über die Völker schrieb, „für die Wehklagen gleichbedeutend damit ist, daß man sich selbst verwundet, die Wangen mit Eisen aufreißt und die roten Spuren von Narben in das furchteinflößende Gesicht gräbt“[120]. Eine Zeile in Kālidāsas *Raghuvamśa* spielt auf die gleiche Sitte unter den *Hūnas* am Oxus an: „Die Heldentaten des Raghu, dessen Tapferkeit sich selbst unter den Männern der Hūna-Frauen bekundete, wurden durch die Scharlachfarbe ihrer Wangen deutlich.“[121]

Sich das Gesicht aufzuschlitzen oder zu zerkratzen war ein so weit verbreiteter Ausdruck der Trauer[122], daß man bloß ein paar Parallelen für die hunnische Sitte anführen muß: Die Kutriguren zerschnitten ihre Wangen mit Dolchen[123]; die Türken schnitten sich die Haare ab und zerschlitzten sich Ohren und Wangen[124]; ebenso taten es die Magyaren[125] und Slawen[126]; auf einer Wandmalerei in Pendžikent, die Parinirvāna-Szenen nachgebildet ist[127], werden Trauernde gezeigt, wie sie ihre Wangen mit Messern zerschneiden[128]. Bis vor ganz kurzer Zeit wurde diese Sitte von den Serben und Albanern[129] und in einigen Gegenden Tadschikistans beibehalten[130]. Die Linien auf einer Goldmaske, die am Shami-Paß im Chu-Tal gefunden wurde und in das 4. oder 5. Jahrhundert zu datieren ist, stellen vielleicht Narben dar[131].

Im Bericht in den *Getica* von Attilas Leichenbegängnis — er geht auf Priscus zurück[132] — lesen wir:

> Nachdem sein Körper inmitten eines freien Feldes und in einem seidenen Zelt aufgebahrt war, bot sich ein bewundernswertes feierliches Schauspiel: Denn die auserlesensten Reiter aus dem gesamten Hunnenvolk umritten jenen Platz, wohin man ihn gebracht hatte, in Kreisen nach der bei Zirkusspielen üblichen Art, wobei sie in einer Totenklage seine Taten wie folgt besangen:
>
> Der Hunnen vornehmster König Attila,
> seines Vaters Mundzuc Sproß,
> der tapfersten Völker Herr,
> der mit vor ihm unerhörter Macht allein
> die skythischen und germanischen Königtümer besaß,
> des römischen Erdkreises beide Imperien
> durch Raub der Städte schreckte und
> durch Bitten, daß der Rest nicht zur Beute werde,
> besänftigt, Jahrgelder annahm;
> und als er all dies im Fortschreiten des Glückes
> vollbracht hatte,
> nicht durch Feindeshand, nicht durch Trug der Seinen,

sondern unversehrten Stammes
unter Freunden fröhlich
schmerzlos dahinging:
Wer also möchte dies einen Tod nennen,
wo niemand Rache heischen kann?
(Praecipuus Hunnorum rex Attila,
patre genitus Mundzuco,
fortissimarum gentium dominus,
qui inaudita ante se potentia
solus Scythica et Germanica regna possedit
nec non utraque Romani orbis imperia
captis civitatibus terruit, et
ne praedae reliqua subderentur,
placatus precibus annuum vectigal accepit:
cumque haec omnia proventu felicitatis egerit,
non vulnere hostium, non fraude suorum,
sed gente incolume
inter gaudia laetus
sine sensu doloris
occubuit.
Quis ergo hunc exitum putet,
quem nullus aestimat vindicandum?) [133]

Nachdem sie ihn mit solchen Klagen betrauert hatten, feierten sie über seinem Grabhügel eine *strava*, wie sie es nennen, mit fröhlichem Umzug und Schmausen. Sie verbanden die Gegensätze und zeigten sie, indem sie den Gram über den Toten mit Freude mischten[134]. Dann wurde in der Geborgenheit der Nacht der Leichnam der Erde übergeben in Särgen, deren erster mit Gold, der zweite mit Silber und der dritte mit der Kraft des Eisens eingefaßt war, um auf diese Weise zu zeigen, daß diese drei Dinge dem mächtigsten der Könige zukämen: Eisen, weil er die Völker unterwarf, Gold und Silber, weil er Ehren von beiden Reichen empfing. Sie fügten noch in der Schlacht gewonnene Waffen von Feinden hinzu, kostbaren Pferdeschmuck, der von mancherlei Edelsteinen funkelte, und Schmuckstücke aller Art, die fürstliche Pracht ziert. Und um so große Reichtümer vor der Neugierde der Menschen zu bewahren, töteten sie die, die zu dieser Arbeit bestimmt worden waren — ein schrecklicher Lohn für ihre Mühe; und so war ein plötzlicher Tod sowohl das Los derer, die ihn begruben, als auch dessen, der begraben wurde.

Die Quelle des Priscus ist unbekannt. Wenn *strava*, wie ich anzunehmen neige, ein slawisches Wort ist, war sein Informant vielleicht ein entflohener Kriegsgefangener oder einer jener „Hunnen", die nach 453 in die oströmische Armee eintraten. Priscus hörte vielleicht die Totenklage von einem Goten, für den sie aus dem Hunnischen übersetzt worden war und der sie ins Griechische übertrug. Das Lied wurde mindestens einmal, wahrscheinlich zweimal und möglicherweise dreimal übersetzt, bevor es Cassiodorus oder Jordanes in der gegenwärtigen Form niederschrieb. Die „Rekonstruktionen“ des vermuteten gotischen Textes[135] aus einer Übertragung, die sich vom Original so weit entfernt hat, sind ebenso phantasievoll wie die Versuche, darin die *Weltanschauung* der alten Türken zu entdecken.

Mommsen pries die Schönheit des Liedes[136]. Gewiß ist es eine Oase in der Wüste der Prosa des Jordanes, aber eine kleine. Die hunnische Prahlerei, daß ihr König den Römern so viel Geld abgepreßt hatte, mag im Original gestanden sein: Es klingt *mutatis mutandis* wie ein Epitaph für einen amerikanischen Gangster der Prohibitionsära. Der Rest sind Banalitäten. Nicht ein hunnischer Dichter, sondern Cassiodorus-Jordanes nannte Attila König der Könige, *rex omnium regum*[137]; man denkt natürlich an den Titel der persischen Könige, aber schon im 1. Jahrhundert v. Chr. nannte sich Pharnakes, der Herrscher des Bosporus, βασιλεὺς βασιλέων[138]. Attila war „der Herr aller Hunnen, und er war der einzige Herrscher in der Welt über die Völker von fast ganz Skythien“ *(Hunnorum omnium dominus et paene totius Scythiae gentium solus in mundo regnator)*[139]; aber auch Ermanarich war ein Jahrhundert vor ihm Herrscher „aller Stämme Skythiens und Germaniens“[140]. *Non fraude suorum* klingt, als sei es aus Ammianus 25, 3, 20 genommen, wo Kaiser Julian auf seinem Totenbett der Gottheit dankt, daß er nicht *clandestinis insidiis* sterbe. *Subdere* statt *subicere*[141] und die Schreibweise *Mundzuco* sind ein Hinweis dafür, daß Jordanes den Text bei Cassiodorus in einigen Punkten änderte. Alles in allem wirft das Lied nur ein sehr schwaches Licht auf die Dichtung der Hunnen.

Die Authentizität des Berichts von Priscus über die Bestattungsriten kann nicht bezweifelt werden, obwohl in der verkürzten Version der *Getica* offenbar verschiedene Punkte zusammengezogen worden sind. Man kann sich schwer vorstellen, wie die Reiter um das Zelt reiten und zur selben Zeit singen konnten. *In modum circensium cursibus* mag sich im Original auf Pferderennen bezogen haben, die so oft und bei den verschiedensten Völkern mit Bestattungen verbunden sind[142]. Da und dort scheint ein Grundzug mißverstanden oder falsch interpretiert worden zu sein. Es ist etwas seltsam, daß Attilas Sarg mit Gold, Silber und Eisen wie die Mauern des inneren Heiligtums des Serapaeums in Alexandria bedeckt worden sein soll[143]. Die Arbeiter, die den König begruben, zu töten war eine unwirksame Maßnahme, die Beraubung des Grabes zu verhindern, denn Tausende müssen davon gewußt haben. Außerdem, wer tötete die Töter? Das Gemetzel war wahrscheinlich ein Opfer, vergleichbar mit der Tötung der Gefangenen nach dem Tod des Silzibulos[144].

Die hunnischen Riten müssen Priscus an ähnliche erinnert haben, die er aus Homer kannte[145]. Die Thraker, berichtete Herodot (5, 8), „bahren die Toten drei Tage lang auf, dann aber, nachdem sie alle Arten von Opfern getötet und zunächst die Totenklage abgehalten haben, feiern sie; danach schaffen sie den Leichnam entweder durch Feuer oder durch Erdbestattung weg, und wenn sie einen Grabhügel errichtet haben, halten sie alle Arten von Wettkämpfen ab.“ Vielleicht hatte Priscus auch von den Trinkgelagen und den Pferderennen gehört, mit denen die Othrysen den Toten ehrten[146]. Die Verbindung von Bestattung und Spielen ist von Griechenland bis zu den Nikobaren und von den Beduinen auf der Halbinsel Sinai bis zu den Baschkiren an der Wolga bekannt[147].

Es gibt nichts in den hunnischen Riten, wofür sich nicht Analogien in ganz Eurasien fänden. Die Versicherung, daß die Hunnen ihre Toten wie die Goten begruben[148], ist ebenso haltlos wie die entgegengesetzte Behauptung, daß kein Teil der Riten bei Attilas Bestattung als germanisch angesehen werden kann. Die Vermengung von Trauer mit Freude ist sowohl für Germanen[149] als auch für Nichtgermanen bestens bezeugt. Die Jagd nach Parallelen ist sinnlos, und die Annahme, die Hunnen hätten ihre Könige nach gotischer, sarmatischer, slawischer oder irgendeiner anderen außer der hunnischen Art begraben, ist unhaltbar. Attilas Schatten, sagt Jordanes, wurde „von seinem Stamm" *(a sua gente)* verehrt, „wie es die Sitte jenes Stammes ist" *(ut gentis illius mos est)*. Die *strava*, die die Hunnen mit großer Schwelgerei über seinem Grab feierten, war eine hunnische Sitte.

DAS HEILIGE SCHWERT

Die Hunnen sollen ein heiliges Schwert verehrt haben. Den oströmischen Gesandten wurde folgende Geschichte an Attilas Hof erzählt:

> Als einmal ein Hirte sah, daß eine junge Kuh aus seiner Herde hinkte, und er keine Ursache finden konnte, folgte er beunruhigt der Blutspur und kam endlich zu einem Schwert, auf das das Tier beim Grasen ahnungslos getreten war. Er grub es aus und brachte es sogleich zu Attila. Der König freute sich über dieses Geschenk, und ehrgeizig, wie er war, dachte er, daß er zum Herrscher über die ganze Welt berufen worden sei und ihm durch das Schwert des Mars der Sieg in allen Kriegen zugesichert sei[150].

Jordanes las diese Geschichte bei Cassiodorus, der sie von Priscus hatte[151]. Cassiodorus kürzte diese Stelle, aber nicht so sehr, wie wir sie nun in den Konstantinischen Exzerpten haben. Dort ist sie auf die farblose Wendung „entdeckt mit Hilfe eines Ochsen" zusammengedrängt, das Schwert selbst ist aber genauer beschrieben als in den *Getica*. Es war „heilig und verehrt bei den skythischen Königen, dem obersten Lenker der Kriege gewidmet. Es verschwand in alten Zeiten"[152].

All das klingt wie eine Kombination einer auf Attila übertragenen Volkssage mit Herodot 4, 62: „Die Skythen verehren Ares in der Form eines *Akinakes* [Kurzschwert], das auf einer Grundlage aus Reisigbündeln aufgestellt wird."[153] Die Angabe Herodots wurde mit leichten Abänderungen oft wiederholt. Sie steht bei Eudoxius von Knidos[154], Apollodorus[155], Mela[156], Lukian[157], Solinus[158], und aus zweiter Hand zitiert in den Schriften christlicher Apologeten[159].

Gelegentlich treten neuere Stämme an die Stelle der Skythen. Hicesius schrieb die Verehrung des heiligen Schwertes den Sauromaten zu[160], Dionysius den Mäotiern[161] und Ammianus an einer Stelle, bei der er möglicherweise den *styli veteres* folgte, den Alanen (sie „stecken ein blankes Schwert in den Boden und verehren es ehrfürchtig als Mars, die herrschende Gottheit über jene Länder, über die sie sich ausbreiten")[162]. Wenn sich jedoch Ammianus tatsächlich auf die Alanen seiner Zeit bezogen haben soll, könnte man argumentieren, daß die Hunnen einen alten iranischen Kult übernommen hatten.

Andererseits verehrten die Hsiung-nu der Han-Periode in gleicher Weise ein Schwert[163]: Das *ching-lu* war sowohl ein Schwert, *tao*, als auch ein Gott, *shen*, dem Kriegsgefangene auf die gleiche Weise geopfert wurden wie dem skythischen Ares-*acinaces*[164]. Außerdem hielten zumindest drei weitere „Altai"-Völker das Schwert für so heilig, daß sie dabei schworen. Der Awarenkagan legte nach der Sitte seines Volkes bei seinem gezückten Schwert einen Eid ab[165], die Bulgaren schworen auf ihre Schwerter[166], und auch Suleiman der Große, der dabei zweifellos einer alten türkischen Sitte folgte, legte auf sein Schwert einen Eid ab[167].

Aber es gibt noch weitere Völker, nicht iranische noch altaische, für die die Verehrung des Schwertes bezeugt ist. Die Quaden „zogen ihre Schwerter, die sie als Götter verehren, und schworen, daß sie treu bleiben würden"[168]. Die Franken schworen bei ihren Schwertern[169]. Die Krieger im alten Indien verehrten ihre Schwerter[170].

Trotz des literarischen Untertons können wir Priscus glauben: Wie so viele Völker von der Mongolei bis Gallien verehrten die Hunnen den Gott des Krieges in der Form eines Schwerts. Der Ursprung dieses Kults ist nicht feststellbar.

MASKEN UND AMULETTE

Wie die Germanen und die Kelten im Westen[171] fanden die Nomaden der östlichen Steppen Gefallen an Frontaldarstellungen von Köpfen. Das ist ein altes und weitverbreitetes Motiv bei den höheren Zivilisationen im Süden, die mit den Barbaren direkten oder indirekten Kontakt hatten[172]. Maskenähnliche Köpfe begegnen auf Pferdeschmuck, gestanzten Silber- und Bronzeblechen, sowohl in hunnischen Gräbern als auch in solchen, die auf diese oder jene Weise hunnischen Einfluß erkennen lassen; in Szentes-Nagyhegy[173] und Pécs-Üszög[174] in Ungarn, Novogrigorjevka in der südlichen Ukraine[175], in Pokrovsk-Voschod (Tafel X/25)[176] und Pokrovsk, Kurgan 17 (Tafel X/26)[177] und 18[178], an der unteren Wolga.

Die Masken aus Holz und Leder in den Kurganen von Pazyryk im Hochaltai, die in das 4. Jahrhundert v. Chr. zu datieren sind, lassen noch ihre fremden Vorbilder erkennen; einige sind dem Kopf des Bes[179] nachgebildet, andere verraten durch ihre Palmette an der Spitze ihren Ursprung in der griechischen Kunst[180]. Die schrittweise Vereinfachung und fortschreitende Vergröberung der Köpfe, ob sie nun Silene, Neger, Gorgoneia oder die Köpfe von Herkules oder Dionysos sind[181], führte unabhängig voneinander im Osten wie im Westen zu ähnlichen Resultaten[182]. Auf frühkeltischen Masken wird das Haar durch vertikale Striche angegeben, die die Stirn bis zu den Augenbrauen bedecken[183], genau wie auf den Masken von Intercisa,

Szentes-Nagyhegy und Prokovsk-Voschod[184]. Die Masken waren vielleicht Träger apotropäischer Kräfte, und könnten (als *pars pro toto*) Götter oder Dämonen meinen, oder aber sie dienten bloß als Schmuck. Das Neben- und Übereinandersetzen der Masken hat wahrscheinlich keine Bedeutung und scheint nur aus der Preßtechnik dünner Metallbleche zu entstehen[185].

Einige der hunnischen oder wahrscheinlich hunnischen Masken sind iranischen Ursprungs. Die Hunnen, sagte Ammianus Marcellinus, sehen aus wie Eunuchen. Wie üblich übertrieb er. Aber ihre dünnen Bärte fielen auch dem aufmerksamen Priscus auf[186]. Die Masken aus Pécs-Üszög, Pokrovsk 17 (Tafel X/26) und Prokrovsk-Voschod (Tafel X/25) mit ihren üppigen Bärten können keine Hunnen oder deren Götter darstellen.

Obwohl die meisten Masken der Barbaren mechanische und zunehmend verschlechterte Repliken von Motiven sind, die ihren Herstellern nicht mehr verständlich waren, findet man in ihnen gelegentlich neue und unerwartete Züge, offensichtlich Versuche, sie jenem Volk ähnlich zu machen, das sie benützte. Die eben erwähnten Masken mit ihrer rasierten Oberlippe und dem fächerförmigen Bart geben eine Mode wieder, die zu einer bestimmten Zeit unter den eurasischen Nomaden üblich war. Der Kopf eines „Skythen“ im Historischen Museum in Moskau (Tafel XI/28), der in Transkaukasien gefunden wurde[187], macht es wahrscheinlich, daß es sich ursprünglich um eine Sitte iranischer Stämme handelte[188].

Auch die seltsamen Bronzebeschläge auf einem Holzkästchen von Intercisa an der Donau, südlich von Aquincum-Budapest (Tafel X/27)[189] weisen auf Iranier hin. Man behauptete bisweilen, sie wären hunnischer Herkunft. Andererseits hält sie Radnóti, der die Köpfe oder Masken der Figuren mit jenen auf germanischen Spangen verglich, wiederum für germanisch; er datiert sie versuchsweise in die Mitte des 5. Jahrhunderts[190]. Nun ist es zwar richtig, daß Germanen zeitweise in der Nähe von Intercisa siedelten; indessen sind die Masken auf den ostgotischen Spangen[191], die übrigens dem letzten Drittel des 5. Jahrhunderts zuzuordnen sind[192], ganz verschieden von jenen auf dem Kästchen von Intercisa. Abgesehen von dem höheren Relief sind die Beschläge technisch mit den vielen spätrömischen Stücken identisch, die man an der Donau und am Rhein gefunden hat.[193] Der Mann, der sie herstellte, muß ein Römer oder ein mit römischen Techniken vertrauter Barbar gewesen sein. Aber das ist von geringerer Bedeutung, denn die Figuren auf den Beschlägen sind so unrömisch wie möglich. Die Köpfe sind entfernt mit den Maskenköpfen aus hunnischen Bestattungen verwandt, auf keinem von diesen aber finden wir den eindrucksvollen Schnurrbart. Er hat eine gewisse Ähnlichkeit mit dem Schnurrbart auf türkischen Steinfiguren in Südsibirien und der Mongolei[194] oder auf sāsānidischen Silberphaleren[195]. Aber weder die türkischen noch die persischen Köpfe haben die üppigen Bärte der Intercisa-Figuren, ein Charakteristikum, das ebenso die Hunnen ausschließt. Es bleibt also nur eine Möglichkeit: Die Figuren müssen sarmatisch sein.

Ihre Bedeutung ist unklar. Dennoch wollen wir eine Vermutung wagen. Die beiden stehenden Figuren können nicht Abbildungen sterblicher Frauen sein. Die Funde in sarmatischen Gräbern, von den frühesten bis zu den spätesten, beweisen, daß die sarmatischen Frauen ihre Brüste nicht entblößten wie die Intercisa-Figuren; sie trugen Hemden, die nur den Nacken frei ließen. Außerdem betonen die Rauten auf den Figuren die Genitalregion auf die seltsamste Weise. Claudius Marius Victor von Marseille, der um 425 starb[196], sagt in seiner *Alethia*, daß die Alanen ihre Vorfahren verehrten[197]. Ich neige zu der Annahme, daß die Frauen auf dem Kästchen von Intercisa sarmatische *matres* darstellen.

Zu den Sarmaten führen ähnlich flache Bronzeamulette, eckige Figuren von Männern und Frauen, die Kruglikova für hunnisch hielt[198]. Die Frauen mit den betonten Brüsten und die ithyphallischen Männer (Tafel XII/33) sollten offensichtlich Unglück abwehren. Solche Amulette wurden auf der Krim (Chersones, Panticapaeum, Tyritace), am Kuban' (Stanica Paškovskaja, Gräberfeld 3) und im nördlichen Kaukasus (Kumul'ta, Kamunta, Ajbazovskoje)[199] gefunden. Das Grab eines Kindes beim Sjujurtaš am Asowschen Meer, in dem ein solches Amulett gefunden wurde, enthielt auch ein Gewebestück, auf dem ein Zitat aus dem Neuen Testament und auch das Datum stand: 602 der bosporanischen Zeitrechnung = 305 n. Chr.[200] Es ist daher vorhunnisch[201].

Obwohl man von den Masken wenig, wenn überhaupt etwas über die Religion der Hunnen erfahren kann, weisen einige von ihnen auf offenkundig frühe Kontakte zwischen Hunnen und iranischen Stämmen, wahrscheinlich Sarmaten, hin.

EIDOLA

Zwischen 452 und 458 wurden einige der römischen Kriegsgefangenen im Land der Hunnen „durch Hunger und Terror" gezwungen, vom Opfermahl zu essen. Wer zwang sie? Die Hunnen, die Alanen oder die Germanen? Sicherlich nicht die Goten. Es ist richtig, daß Athanarich, *iudex* der Westgoten, anordnete, daß die Leute, die im Verdacht standen, Christen zu sein, eine Holzfigur verehren[202] und ihr opfern sollten[203]. Aber das war in den siebziger Jahren des 4. Jahrhunderts. Um die Mitte des 5. Jahrhunderts waren die meisten West- und Ostgoten Christen, nicht immer sehr fromme, aber sie waren sicherlich keine fanatischen Heiden mehr. Das Datum der Bekehrung der Gepiden ist umstritten. Thompson hält es für unwahrscheinlich, daß sie getauft wurden, solange sie noch unter hunnischer Herrschaft standen; er vermutet sogar, daß ihre „überaus grausamen Riten", von denen Salvian um 440 schrieb, Menschenopfer waren[204]. Schmidts Annahme, daß die Gepiden unter König Ardarich[205] das Christentum annahmen, findet keine Textstütze. Ein gepidischer Adeliger, der um 480 starb, trug zwar einen Fingerring mit einem Kreuz, wurde aber nach heidnischem Ritual begraben. Noch im Jahre 580, als die Langobarden schon lange arianische Christen waren, konnte es geschehen, daß vierzig italische Bauern, die es ablehnten, vom Opferfleisch zu essen, von ihnen umgebracht wurden[206]. Unter den frisch getauften Gepiden — wofern sie getauft waren — mögen heidnische Praktiken sehr lebendig geblieben sein. Indessen lebten die Gepiden, Christen und Heiden und die Hunnen nach der Schlacht am Nedao nicht mehr zusammen.

Es bleiben also die Alanen und die Hunnen. Es scheint, daß wir aus einer kurzen Stelle in den *Getica*, die wahrscheinlich auf Priscus zurückgeht, etwas über die hunnischen Opfer erfahren können: Als die Hunnen zum erstenmal Skythien betraten, opferten sie alle ihre Gefangenen für den Sieg, *litavere victoriae*[207]. Das ist das einzige Mal, daß die Hunnen beschuldigt wurden, ihre Gefangenen geopfert zu haben. Zu Attilas Zeiten und auch vor ihm wurden die Gefangenen, die nicht verkauft werden konnten oder nicht ausgelöst wurden, als Haussklaven gehalten. Priscus übertrug offensichtlich eine germanische Sitte, die er aus der Literatur kannte, auf die Hunnen[208]. Hingegen kann es sein, daß die Hunnen ihren Göttern Tiere geopfert haben. Verehrten sie Götter in menschlicher oder in tierischer Gestalt?

Durch ganz Nordeurasien, von Lappland bis Korea, wurden die Gestalten des schamanistischen Pantheon, besonders die „Helfer" des Schamanen, auf mannigfache Weise dargestellt: auf Trommeln gemalt; aus Filz ausgeschnitten; in Bronze und Eisen gegossen und auf den Mantel des Schamanen geheftet; aus Holz geschnitzt und im Zelt aufgestellt oder auf die Trommel geklebt[209]. Auch die schamanistischen Hunnen mögen Eidola (ich vermeide den Missionarsausdruck „Idole") gehabt haben. Es gibt tatsächlich — wenn auch nur indirekte — literarische und archäologische Zeugnisse für ihre Existenz.

Nach der Angabe von Malalas wurde Gordas, der Fürst der Hunnen in der Nähe des Bosporus auf der Krim, im ersten Jahr der Regierung Justinians (527/528) in Konstantinopel getauft. Nach seiner Rückkehr in sein Land befahl er, die aus Gold und Elektron angefertigten ἀγάλματα einzuschmelzen; das Metall wurde am Bosporus für byzantinisches Geld eingetauscht. Über dieses Sakrileg empört, brachten die Priester (οἱ ἱερεῖς) mit Zustimmung von Muageris, des Bruders des Gordas, den Fürsten um[210].

Es gibt keinen Grund, den Bericht des Malalas anzuzweifeln. Außerdem spricht die Feststellung, daß die Figuren aus Gold und Elektron waren, während das Klischee Gold und Silber verlangen würde, für die Wahrheit der Geschichte. Sie beweist natürlich nicht, daß auch die attilanischen Hunnen Figuren ihrer Götter aus Edelmetall hatten. Die Möglichkeit kann aber nicht ausgeschlossen werden, und gewiß nicht wegen des geringen Niveaus der hunnischen Metallbearbeitung (s. Seite 219)[211]. Der eindrucksvolle Bronzereiter aus Issyk in Kasachstan, der ins 5. oder 4. Jahrhundert v. Chr. zu datieren ist[212], zeigt die Geschicklichkeit der Metallhandwerker in den frühen Nomadengesellschaften Eurasiens. Die Hsiung-nu hatten ihre „Metall-Leute"[213], und die Silberfiguren am Hof des Türken Silzibulos machten auf den byzantinischen Gesandten großen Eindruck[214]. Die gewöhnlichen hunnischen Eidola — vorausgesetzt, daß es sie gab — glichen wahrscheinlich weit mehr jenen der Sarmaten, über die wir recht gut unterrichtet sind.

Das früheste besteht aus Sandstein und ist eine etwa ein Meter hohe Säule mit rechteckigem Querschnitt, ausgenommen den oberen Teil, der für die Darstellung des Kopfes abgerundet ist (Tafel XII/34); er wurde im Hügel des Kurgans 16 in Tri Brata in der Nähe von Elista[215] in der Kalmückensteppe über dem Grab eines Kriegers gefunden[216]. Die Pfeilspitzen datieren das

Grab in das 5. Jahrhundert v. Chr.[217] Smirnov zählt eine ähnliche Steinfigur aus Berdinskaja Gora in der Nähe von Orenburg und zwei aus den Steppen jenseits der Wolga auf, die aber den gutbekannten *kamennye baby*, „Steinfrauen", näherstehen. Zwei weitere Eidola vom Unterlauf des Don, Steinplatten, die menschliche Figuren im Umriß zeigen, dürften aus etwas späterer Zeit stammen[218].

Smirnov nahm an, daß diese sarmatischen Figuren auf oder in der Nähe von Grabhügeln als Darstellungen lokaler Gottheiten oder vergöttlichter Ahnen aufgestellt wurden. Ihre Ähnlichkeit mit den Umrißsteinplatten aus dem bosporanischen Königreich, die von hellenistischen bis zu römischen Zeiten zu datieren sind, spricht für die letztgenannte Interpretation; die bosporanischen Figuren, auf denen zum Teil der Name des Toten geschrieben steht[219], sind zweifellos Grabsteine.

Aus der frühsarmatischen Periode sind zwei Eidola aus Kreide bekannt[220], beide etwa 13 Zentimeter hoch; sie sind zu klein, um auf einem Kurgan oder auf dem Boden aufgestellt zu werden. Das eine aus Bliznecy, westlich von Ak-Bulak in der Provinz Orenburg, ist eine dreidimensionale menschliche Figur, aber so primitiv, daß nicht einmal das Geschlecht bestimmbar ist; das andere von Zaplavnoje zwischen Wolgograd und Elista, ein oder zwei Jahrhunderte älter, ist eine Platte mit ganz geringer Andeutung eines Kopfes.

In der mittelsarmatischen Periode wurden Eidola über ein weites Gebiet hin hergestellt. Im Grab einer jungen Frau im Kurgan 5/3 auf dem Gräberfeld von Bykovo an der Wolga, Kreis Wolgograd, wurde eine grobe Kreidefigur gefunden, 8 Zentimeter hoch, mit nur angedeutetem Kopf, Schultern und Beinen[221]. Vier noch gröbere Eidola aus dem Kuban'-Gebiet sind wahrscheinlich in das frühe 1. Jahrhundert n. Chr. zu datieren. Eines wurde in Krasnodar, drei in der Jelizavetskaja stanica[222] gefunden.

In einer Opfergrube in Neapolis in der Nähe von Simferopol' auf der Krim lagen ungebrannte Tonfiguren: Hals und Kopf eines Widders, das Fragment eines menschlichen Torsos und zwei plump geformte Köpfe[223]; das Gebäude in der Nähe der Grube wurde um 200 n. Chr. zerstört, das ist der Beginn der spätsarmatischen Periode, als zahlreiche Elemente der sarmatischen Zivilisation in der spätskythischen Zivilisation von Neapolis aufzutauchen begannen. Aus etwa derselben Zeit stammt die Tonfigur einer sitzenden Frau mit hohl geformtem Kopf, 7 Zentimeter hoch, die im Stadtbereich von Zolotaja Balka am unteren Dnjepr gefunden wurde[224]. Tonfiguren aus der spätsarmatischen Zeit wurden in kleinen bäuerlichen Ansiedlungen an der Peripherie des bosporanischen Königreichs gefunden: Die Terrakottafiguren aus Sem'onovka stellen Frauen dar[225]; ein weiblicher Torso und ein Kopf wurden in Mysovka[226] und ein anderer Kopf in Tasunovo[227] ausgegraben. Eine Kalksteinfigur, die 9,5 Zentimeter hoch ist und 3,5 Zentimeter um die Schultern mißt, kommt aus einem Kurgan in Perezdnaja im *uezd* Bachmut, Gouvernement Jekaterinoslav. Sie stellt eine Frau dar, die etwas in der Hand trägt, was wie ein Gefäß aussieht, der Körper ist offensichtlich nackt, das Haupt bedeckt. Veselovsky hielt es für prämykenisch; Gorodcov datierte es richtig auf das 2. oder 3. Jahrhundert v. Chr.[228]

Zwei Kreideeidola kamen im alanischen Gräbern des 5. Jahrhunderts n. Chr. in Bajtal Čapkan im Tscherkessengebiet ans Licht[229]. Das eine hat einen runden Querschnitt und ist nur auf einer Seite modelliert, wobei die Schultern durch runde Ausbuchtungen angegeben werden (Tafel XII/29 bis 31); das andere Eidolon ist bloß ein Konus, dessen Oberteil etwas breiter ist.

Diese Liste ist unvollständig. Viele sarmatische Eidola, die in Grabungsberichten erwähnt werden, sind weder ausreichend beschrieben noch abgebildet. Noch einige Beispiele: ein Stück Holz mit einem menschlichen Kopf in einem Kurgan in Susly in der früheren Deutschen Wolgarepublik[230]; zwei steinerne „Stelen" in einem Gräberfeld in Zemetnoje in der Nähe von Bachčisarai auf der Krim[231]; hölzerne Figuren, 1,42 Meter hoch, in einem Grabhügel im früheren Bezirk Sal'sk, südöstlich von Rostov[232]; eine menschenähnliche Kupferfigur in einem Kurgan zwischen Kapustin und Pogromnoje an der Grenze der Kreise Astrachan und Wolgograd[233].

Einige der kleinen Terrakotta-, Blei- und Kupferfiguren aus sarmatischen Gräbern im Kuban'-Gebiet, die von Veselovsky ausgegraben, aber nie publiziert wurden[234], waren vielleicht Puppen. Auch eine kleine Bronzefigur in einem spätsarmatischen Grab in Ust'-Kamenka, Distrikt Apostolovo, Kreis Dnjepropetrovsk[235] war vielleicht eine Puppe; ihr Ledergürtel, mit einem Bogen auf dem Rücken, ist gut erhalten; das Fehlen einer Öse zeigt, daß die Statuette nicht als Amulett um den Hals getragen wurde. Die Silberfigur eines Mannes mit Schnurrbart in einem kurzen Mantel, in einem Grab im Gräberfeld von Novo-Turbasly in der Nähe von Ufa[236] gefunden und in das 4. oder 5. Jahrhundert zu datieren, hatte eine Öse am Rücken.

Minajeva verglich die alanischen Eidola aus dem Tscherkessengebiet mit den Stücken aus Kreide in spätsarmatischen Gräbern, die lange Zeit die Aufmerksamkeit der sowjetischen Archäologen auf sich zogen. Rykov[237] und Rau[238] schrieben ihnen rituelle Bedeutung zu, ohne jedoch den Versuch zu machen, diese zu definieren; Grakov[239] und K. F. Smirnov[240] dachten, daß die weiße Kreide Symbol für Reinheit sei: Die Kreidestücke sollten den Leichnam reinigen. Das ist eine ansprechende Vermutung, die auch für manche Fälle, aber nicht für alle, gelten mag. In den frühsarmatischen Gräberfeldern von Berežnovka und Molčanovka wurden keine Stücke aus Kreide, aber viele aus Realgar gefunden. Dasselbe gilt für das Dongebiet[241]. Der orange-rötliche Realgar kann nicht gut Reinheit symbolisieren. Nach den meisten Grabungsberichten hat man den Eindruck, daß die Stücke einfach in die Grube geworfen wurden. Doch gibt es Ausnahmen. In Susly, Kurgan 35, im Grab einer Frau mit deformiertem Schädel, lag das Kreidestück in einem kleinen runden Gefäß mit einem Loch auf der Seite[242]. In den spätsarmatischen Gräbern von Ust'-Labinskaja waren die Stücke sorgfältig neben Tongefäße gelegt; eines befand sich in einer Schüssel und fünf in Krügen, sie wurden also mit Absicht von den Leichnamen ferngehalten, die sie angeblich reinigen sollten[243]. Es scheint, daß es eher auf die Form als auf die Farbe dieser Stücke ankam. Viele scheinen bloß unregelmäßig geformte Kegel und Pyramiden zu sein, andere aber wurden bearbeitet. Das Stück im Kurgan 8/3 in Susly sieht aus wie der Kokon einer Seidenraupe[244]. In spätsarmatischen Grab einer Frau in Focșani in Rumänien lag ein recht bemerkenswertes „Kreidestück" (Tafel XII/35)[245]. Es ist fast 12 Zentimeter hoch und stellt ein menschliches Wesen dar: die runde Kinnlinie trennt den Kopf vom Körper; Augenbrauen, Pupillen, Nase und Mund sind grob, aber eindeutig wiedergegeben.

Bis jetzt wurden keine Eidola aus Sandstein oder Kreide in Ungarn gefunden. Angesichts der sehr kleinen Anzahl von alanischen Gräbern im Donaubecken ist das nicht überraschend. Ein merkwürdiger Fund beweist die Identität der Religion der Alanen im hunnischen Ungarn und im Tscherkessen-Gebiet. In Füzesabony enthielt eine kegelförmige Grube, die mit poliertem Ton ausgekleidet war, einen Pferdeschädel[246]. Es war kein Gräberfeld in der Nähe. Aus Ungarn ist sonst nichts Ähnliches bekannt, aber im Tscherkessengebiet in Bajtal Čapkan und Acijuch wurden drei solcher kleinen „Gräber", die nur den Schädel und die Vorder- und Hinterbeine eines Pferdes enthielten, gefunden; auch dort standen sie nicht in Verbindung mit anderen Gräbern[247]. Wenn die Alanen im Tscherkessen-Gebiet Eidola in ihre Gräber legten, dann taten jene in Ungarn so gut wie sicher dasselbe.

Die Alanen in Ungarn blieben bis zum Ende des hunnischen Königreiches so heidnisch wie jene, die zu Beginn des 5. Jahrhunderts nach Gallien zogen. Um 440 sprach Salvian von Marseilles über die habgierigen heidnischen Alanen[248]. Im 6. Jahrhundert waren einige wenige Alanen in Gallien Christen. Wir hören vom heiligen Goar von Aquitanien, dessen Eltern, Georgius und Valeria, schon getauft worden waren[249]; sie hatten offensichtlich ihre Landsleute verlassen und waren in die römische Umgebung gezogen, was sie jedoch nicht daran hinderte, ihrem Sohn den heidnischen alanischen Namen Goar zu geben. In der zweiten Hälfte des 6. Jahrhunderts führte Venantius Fortunatus die Alanen unter den Völkern an, die die Jungfrau verehrten; die Liste (Äthiopier, Thraker, Araber, Daker, Alanen, Perser und Britannier)[250] ist nach einem alten Klischee zusammengestellt und wertlos. Auf einer Inschrift in Spanien wird der heilige Martin für die Bekehrung der Alanen gepriesen[251]; auch hier figurieren sie unter denselben exotischen Völkern wie bei Venantius Fortunatus. Jedenfalls waren die Alanen in Gallien um die Mitte des 5. Jahrhunderts noch immer heidnisch. Ihr König Goachar (Goar), *rex ferocissimus*, war *idolorum minister*[252]. Wenn das nicht eine konventionelle Phrase ist, so sahen die Eidola Goachars wahrscheinlich so ähnlich aus wie jene in den sarmatischen Gräbern des Ostens, wenngleich sie möglicherweise größer waren.

In seiner bewundernswerten Arbeit über die sauromatischen Kultobjekte nimmt K. F. Smirnov an, daß die kleinen Kreideeidola in den Gräbern Repliken von großen Steinstatuen wie jener im Kurgan 16 in Tria Brata[253] waren. Er zählt mehrere dieser Art auf, die allerdings unglücklicherweise zum Großteil nicht datierbar sind. Doch muß man nur das Kreidestück von Focşani mit der Steinfigur aus Tria Brata vergleichen, um zu sehen, daß der hauptsächliche, wenn nicht einzige Unterschied zwischen ihnen ihre Größe ist. Dasselbe gilt für eine Steinfigur, die im *chutor* Karnauchova in der Nähe des alten Sarkel am unteren Don gefunden wurde[254], und für eine kleine Tonstatue, eine Pyramide mit einem runden Kopf aus Znamenka südlich von Nikopol' am Unterlauf des Dnjepr[255]. Beide sind sarmatisch. Wären die Eidola, die Gordas einschmelzen ließ, von geringer Größe gewesen, dann hätte er nicht mehr als ein paar Solidi erhalten, als er das Metall für byzantinisches Geld eintauschte. Das spricht für die Annahme, daß in Analogie zu der sarmatischen Sitte die Hunnen auf der Krim — und nicht nur dort — ebenfalls kleine Eidola hatten. Diese Annahme scheint durch zwei Eidola aus Altyn-Asar im alten Choresm bestätigt zu werden[256]. Sie sind aus ungebranntem Ton, das eine 8 Zentimeter, das andere 4 Zentimeter hoch. Die oberen Straten des unteren Horizonts im „Großen Haus" sind auf das 3. oder 4. Jahrhundert datierbar[257]. Die Eidola gehören derselben hunnoiden Zivilisation an wie die Beinlamellen und die Tonkessel aus Altyn-Asar (s. Seite 227). Die extrem grob modellierten Augen, die Nase und der Mund sind nur durch Punkte und Striche angegeben. Die kleinen Tonkessel aus Altyn-Asar sind, wie wir sahen, Repliken größerer Kupferkessel. Wir können daher vermuten, daß die Eidola aus Altyn-Asar in gleicher Weise die größeren vertreten, die von der hunnoiden Bevölkerung in Choresm im 3. oder 4. Jahrhundert verehrt wurden.

In ihrer Analyse der Töpferwaren aus Altyn-Asar fand Levina zahlreiche Parallelen zur spätsarmatischen Zivilisation an der unteren Wolga und westlich des Flusses, aber weder sie noch Tolstov bemerkten, daß ein Eidolon ein typisch sarmatisches Tamga in den Ton geschnitten hat. Genau das gleiche Tamga ist auf einer Steinplatte in Zadzrost' in der Nähe von Ternopol' im früheren Ostgalizien (Tafel XII/32)[258] an der Seite hineingeritzt. An der Vorderseite befinden sich mehrere Tamgas, die ebenfalls typisch sarmatisch sind. Die Steinplatte ist nicht weniger als 5,5 Meter hoch und unten 1,21 Meter, oben ein Meter breit. Wie sie in die nordwestliche Ukraine kam, wo niemals Sarmaten lebten, ist unklar. Einige polnische Archäologen halten sie für ein gotisches Monument, andere sahen in ihr türkische *kamennaja baba* mit einer Runeninschrift; Dračuk, der zuletzt darüber arbeitete, betrachtet sie als ein Symbol sarmatischer Macht. In Wirklichkeit ist es ein Eidolon, das größte bis jetzt bekannte: Der obere sorgfältig behauene und vom sorglos behauenen unteren Teil abgesetzte Oberteil stellt Kopf und Hals der Figur dar. Es ist in großem Maßstab das, was das Toneidolon von Bykovo im kleinen ist. Ähnliche Steinplatten, die ebenfalls Tamgas tragen, sind aus der Krim bekannt[259]. Ich wage nicht zu entscheiden, ob die Eidola von Altyn-Asar solche von Hunnen unter sarmatischem Einfluß oder von Sarmaten unter hunnischem Einfluß waren. Auf Grund des hunnischen Kessels und der Beinlamellen ist die erste Möglichkeit wahrscheinlicher.

Die Erforschung der anthropomorphen Metall-, Stein-, Ton- und Holzskulpturen im alten Nordeurasien muß jenen Gelehrten überlassen bleiben, die Zutritt zu allen Museen in der Sowjetunion haben, nicht nur zu jenen in Leningrad und Moskau. Ein erster und vielversprechender Versuch wurde von Davidovič und Litvinskij unternommen[260]. Das in diesem Abschnitt vorgelegte Material macht es wahrscheinlich, daß die attilanischen Hunnen und ihre alanischen Verbündeten außer dem heiligen Schwert auch anthropomorphe Eidola verehrten.

VII. KUNST

GOLDDIADEME

Um das Jahr 400 n. Chr. soll ein „Anführer und König jener überaus wilden Skythen, die die andere Seite des Schwarzen Meeres besetzt halten und an der Maeotis und am Tanais genau wie am Bosporus und bis zum Fluß Phasis leben, seine mit Gold bedeckte und mit Edelsteinen besetzte Krone“ der Kirche des heiligen Phocas in Sinope geschickt haben[1]. Die „Skythen“ waren hunnische Stämme, unter ihnen am Phasis die Onoguren[2], und wahrscheinlich ihre alanischen Verbündeten. Vielleicht hat Asterius tatsächlich die Krone gesehen. Jedenfalls ist bemerkenswert, daß er von einer mit Gold bedeckten, nicht aus Gold gemachten Krone spricht, στέφανον . . . χρυσῷ περιλαμπόμενον. Eine Anzahl solcher kostbaren Kopfbedeckungen, die gewöhnlich — wenn auch nicht ganz korrekt — Diademe[3] genannt werden, waren bereits geraume Zeit bekannt. In seinen *Beiträgen* analysierte sie Werner in einem speziellen Kapitel[4]. Vor kurzem wurden weitere drei und das Fragment eines vierten und möglicherweise eines fünften Diadems entdeckt, und ein Bericht über ein sechstes, nun verlorengegangenes wurde publiziert. Ihre Untersuchung stützt sich nun auf eine recht breite Basis. Außerdem sind die Umstände, unter denen die Diademe gefunden wurden, jetzt besser bekannt, was, wie wir sehen werden, von einiger Bedeutung für ihre Interpretation ist.

Bevor wir auf Einzelheiten eingehen, müssen die beiden Fragmente einer Goldplatte (Tafel XIII/36)[5] aus Kargaly im Distrikt Uzun-Agač, nicht weit von Alma-Ata in Kasachstan, die Bernštam veröffentlichte[6], von der Erörterung ausgenommen werden. Erstens, weil sie nicht Teil eines Diadems sind. Sie sind mehr als 35 Zentimeter lang, gerade, nicht gekrümmt, und konnten daher nicht um den Kopf getragen worden sein. Zweitens hat ihr Schmuck nichts mit hunnischen oder alanischen Diademen zu tun. Bernštam, dem Werner folgte, gestand starken chinesischen Einfluß bei dem durchbrochenen Relief zu, bestand aber darauf, daß es die schamanistischen Reliefs seiner barbarischen Eigentümer erkennen lasse. Er meinte in dem Diadem eine Renaissance der skythischen Kunst erkennen zu können, die in einem konservativen schamanistischen Milieu im Verborgenen existiert hatte und dann plötzlich zu Beginn unserer Zeitrechnung zum Vorschein kam. In Wirklichkeit ist der Dekor rein chinesisch. Das Pferd, das auf einer Säule steht, ist eine Variante des Vierbeiners, dessen vier Beine nebeneinander auf einem Stab stehen, ein Motiv, das nicht nur von skythischen Gräbern in Südrußland, sondern ebenso aus Perm', Kasachstan, dem Altai, Südsibirien und dem Ordosgebiet bekannt ist[7]. In China finden wir es bereits in der Chou-Periode[8]. Das Flügelpferd ist ebenso ein wohlbekanntes chinesisches Motiv, das die nördlichen Barbaren sehr ansprach; die Goldplatte von Noin Ula wurde oft abgebildet[9]; vergoldete Bronzeplatten mit geflügelten Pferden wurden vor kurzem in der Inneren Mongolei gefunden[10]. Die langhaarigen Genii, *hsien jen*, haben hunderte Parallelen auf Steinreliefs, Metallarbeiten, Ziegeln, Lackarbeiten, Vasen und Stoffen der Han-Zeit. Sie stellen die schamanistischen Götter der T'ien-shan-Nomaden nicht mehr dar als die Nereiden auf einer in Südrußland gefundenen griechischen Kylix die Göttinnen der Skythen[11].

Ich zähle zuerst die Diademe auf, die Werner bekannt waren:

1. CSORNA in Westungarn (Tafel XIV/37)[12]. Gefunden auf dem Schädel eines nach Norden ausgerichteten Skeletts; Goldblech, in mehrere Stücke zerbrochen, 26,5[13] (ursprünglich etwa 29) Zentimeter lang, 4 Zentimeter breit. Die Kanten waren um eine heute verschollene Bronzeplatte gebogen gewesen; Spuren von Kupferoxyd auf dem Schädel zeigen, daß das Diadem ohne Polsterung oder Lederfutter getragen wurde; Granaten und rotes Glas in Fassungen.

2. KERČ (Tafel XIV/38)[14]. Wurde angeblich am Mithridates-Berg in einem Grab in der Nähe des Skeletts eines Mannes mit artifiziell deformiertem Schädel gefunden[15]; Goldblech über Bronzeplatten. Mit Ausnahme der zwei großen runden Fassungen und der rautenförmigen im Ornament an der Spitze, die grüne Glasstücke enthalten, umschließen die 257 Fassungen flache Almandine[16].

3. ŠIPOVO. Westlich von Ural'sk, nordwestliches Kasachstan (Tafel XV/40)[17]. Gefunden auf der Stirn eines nach Norden orientierten Skeletts in einem breiten rechteckigen Schacht unter einem Kurgan; 25,2 Zentimeter lang, 3,6 Zentimeter breit[18]; dünnes Bronzeblech über Bronzeplatten, mit Glas in Cabochonform besetzt. Die Bronzeplatten waren ursprünglich mit Leder gefüttert, darüber war dünne Seide; auf dieser kleine Rauten aus vergoldetem Leder. Das Fehlen von Waffen und eine irdene Spinnwirtel zeigen, daß die Tote eine Frau war. Außer einem sichelförmigen goldenen Ohrring waren die anderen Metallgegenstände in dem Grab aus Bronze: Spangen, ein goldbedeckter Halsreif aus gedrehtem Draht und ein weiterer Ohrring; der Bronzespiegel mit langem Griff, von dem nur ein Fragment erhalten blieb, ist typisch für die mittelsarmatische Periode (1. Jh. v. Chr. bis 1. Jh. n. Chr.)[19].

4. DEHLER an der Berezovka in der Nähe von Pokrovsk, untere Wolgaregion (Tafel XV/41)[20]. Das Diadem saß auf dem Schädel des Skeletts; mit Goldblech bedeckte Bronzeplatten mit Almandincabochons besetzt. Von den anderen Grabbeigaben sind nur große Bernsteinperlen und ein Spiegel erhalten. Der Spiegel gehört zu einem Typ, der im Kaukasus vom 4. Jahrhundert n. Chr. an vorkommt[21]; im Westen taucht er etwa um dieselbe Zeit auf[22]. Das Diadem wurde wahrscheinlich um 400 n. Chr. oder etwas später angefertigt.

5. TILIGUL (Tafel XV/42)[23]. Früher in der Diergardt-Kollektion, jetzt im Römisch-Germanischen Zentralmuseum, Mainz. Ähnlich dem Diadem aus Dehler, technisch minderwertiger; die Bronzeplatten sind verloren; an der Stirnseite gewölbte Almandincabochons, flache dreieckige und viereckige Almandine auf den Seitenteilen. Angeblich fand man keine in dem gleichen Grab „bei Tiligul“[24], was indessen nicht der Name eines Ortes, sondern eines Flusses zwischen Pruth und Dnjestr und dem *liman* (Lagune) an dessen Mündung ist.

6. KARA-AGAČ, südlich von Akmolinsk in Zentralkasachstan (Tafel XV/39)[25]. In der Nähe des Schädels eines Skeletts in einer steinernen Zista unter einem Kurgan gefunden. Der bronzene Stirnreif, 4 Zentimeter breit, 49 Zentimeter im Umfang, ist mit einem Blech aus sehr blassem Gold bedeckt und mit eingepreßten Dreiecken in Nachahmung von Granulation geschmückt. 15 konische „Glöckchen“ (ohne Klöppel) hängen an bronzenen Haken. Unter den anderen Funden befanden sich zwei goldene Drachen (Tafel XVI/47)[26], die Enden eines Halsbandes, reich mit Granaten, Bernstein, Perlmutter in Fassungen und dazwischen mit Dreieckgranulation geschmückt. Skalon veröffentlichte einen ganz ähnlichen Drachen, der in einem Gräberfeld in Stavropol' gemeinsam mit vielen für die sarmato-alanischen Gräber des 4. und 5. Jahrhunderts im nördlichen Kaukasus typischen Ornamenten[27] gefunden wurde. Die Kombination von Granaten und Perlmutter begegnet in Conçesti[28] zu Beginn des 5. Jahrhunderts. Skalon, der die Ähnlichkeit der Drachen von Stavropol' und Kara-Agač unterstreicht, nimmt wohl richtig an, daß sie in denselben Werkstätten, wahrscheinlich am Bosporus, angefertigt wurde[29]. Das gilt gleichermaßen für einen bestimmten Typus von Ohrring, der in Kara-Agač vertreten ist (Tafel XVI/43 und 44)[30]. Solche Ohrringe wurden über ein sehr weites Gebiet hin getragen. Ihre einfachste, nicht unbedingt ursprüngliche Form ohne die Granulierungsringe rund um die eingelegten Steine kommt bereits im 2. oder 3. Jahrhundert vor; eines mit Glaseinlage fand sich in einem reichen Grab in Usatovo im unteren Wolgagebiet[31]. Bei dem Ohrring aus einem Grab in Kotovo (Možary), Distrikt Kamyšin, Provinz Wolgograd, aus derselben Zeit oder vielleicht ein wenig später, sind die Einfassungen mit Granulierung umgeben[32]. Eine gröbere Version in Silber kommt aus einem Kurgan in Pokrovsk (Tafel XVI/45)[33]. Zwei solcher goldenen Ohrringe mit einem kleinen Zylinder und Granulattrauben am Ende waren in einer Gefäßbestattung in Kalagya im kaukasischen Albanien (Tafel XVI/46)[34]. Ähnliche Ohrringe befinden sich in der Sibirischen Sammlung Peters des Großen; auf ihnen sind goldene Kugeln und Pyramiden aus Granulaten angebracht[35]. Mit Halbedelsteinen besetzte Spangen von annähernd gleicher Form wie die Ohrringe von Kara-Agač, die deutlich ein Gesicht darstellen, fanden sich in sarmatischen Gräbern in Čečeno-Ingušetija im nördlichen Kaukasus[36]. Alle diese Schmuckstücke sind durch Form und Technik so eng miteinander verwandt, daß sie von überaus kunstfertigen Goldschmieden hergestellt worden sein müssen, die an ein und demselben Ort ihre Handwerkskunst von Generation zu Generation weitergaben.

Die Leute, die ihre Toten in Kara-Agač in Kasachstan begruben, waren so wenig imstande, die Ohrringe und Drachen herzustellen, als sie imstande waren, den Glasbecher zu verfertigen, der das Inventar des Grabes von Kara-Agač vervollständigte (vgl. Werner 1956, 65 mit Taf. 31,7 und 68,1)[36a].

KESSEL

Die hunnischen Kessel haben lange Zeit die Aufmerksamkeit der Archäologen für sich beansprucht. Im Jahre 1896 trennte Reinecke eine kleine Gruppe zylindrischer oder glockenförmiger Bronzegefäße, die bis zu diesem Zeitpunkt als skythisch eingestuft worden waren, von den halbkugelförmigen Kesseln Südrußlands[37]. Seine von Posta[38] und Ebert[39] geteilte Annahme, daß sie auf westliche Vorbilder zurückgingen, erwies sich zwar als falsch, aber er datierte die Kessel richtig. Da der glockenförmige Kessel aus Jedrzychowice (früher Höckricht) gemeinsam mit Schmuckstücken aus der Völkerwanderungszeit gefunden wurde, datierte Reinecke ihn und folgerichtig alle ähnlichen Kessel in die ersten Jahrhunderte unserer Zeitrechnung. 1913 veröffentlichte Zoltán Takáts (Takács) den ersten einer langen Reihe von Artikeln[40], in denen er Beweise für die hunnische Herkunft der Kessel brachte. Obwohl Takáts sich manchmal in wilden Spekulationen erging, hatte er doch in der Hauptsache recht, und seine Ansichten setzten sich durch: Sowohl die Verbreitung der Gefäße als auch die Fundumstände lassen keinen Zweifel daran, daß sie von Hunnen für Hunnen gemacht worden waren.

Seit Werners Diskussion der Kessel im Jahre 1956[41] wurden so viele weitere gefunden und hat sich so viel neue Evidenz über die Kessel der Nomaden in Zentralasien und im Fernen Osten angehäuft, daß die durch die hunnischen Kessel aufgeworfenen Probleme eine Neuüberprüfung erfordern.

Fundorte

In der folgenden Liste wurden die zahlreichen falschen Schreibungen und Verdrehungen der Namen der Fundorte stillschweigend korrigiert. Auf bibliographische Vollständigkeit hatte ich es nicht abgesehen. Sich auf die oft dürftigen Illustrationen in alten ungarischen Publikationen zu beziehen wäre ein kaum nützliches Unterfangen. Die Illustrationen in japanischen Werken[42] sind westlichen Büchern und Artikeln entnommen.

TSCHECHOSLOWAKEI

1. BENEŠOV (Bennisch) in der Nähe von Opava (Troppau). Fragment eines Henkels, 29 Zentimeter hoch, 22 Zentimeter breit, bis zu einem Zentimeter dick. Angeblich in einem Torfmoor oder auf einer alten Straße in einem Wald gefunden. Das Fehlen von Patina, wie sie für in Mooren gefundene Bronzegegenstände typisch ist, spricht für die zweite Angabe. Auf der Außenseite war der Kessel dem Feuer stark ausgesetzt gewesen (Tafel XVII/48).

V. Karger, „Neues zu den Fund- und Erwerbsumständen des Bronzekessels von Bennisch-Raase, Bezirk Troppau“, *Altschlesien* 9, 1940, 112—114, Taf. 14 (unsere Tafel XVII/48); G. Raschke, „Zum Bronzekessel von Raase-Bennisch“, *ibid.* 9, 1940, 114—119; Fettich 1953, 144, n. 47, hielt das Gefäß für eine schlechte örtliche Imitation; er hatte sicher unrecht.

POLEN

2. JĘDRZYCHOWICE (Höckricht), Distrikt Oawa, Oberschlesien. Höhe 55 Zentimeter (Tafel XVIII/50).
E. Krause, „Der Fund von Höckricht, Kreis Ohlau“, *Schlesiens Vorzeit in Bild und Schrift*, N.F. 3, 1904, 47, Abb. 12; Alföldi 1932, Taf. 19, 9; Werner 1956, Taf. 27, 10 (unser Bild).

UNGARN

3. TÖRTEL, Komitat Pest. Höhe 89 Zentimeter, Durchmesser 50 Zentimeter. Am Fuß eines Grabhügels gefunden (Tafel XVIII/51).
Alföldi 1932, Taf. 18, 2; Fettich 1940, Taf. 10, und 1953, Taf. 36, 1; Thomas 1956, 293.

4. KURDCSIBRÁK, zwischen Högyesz und Regöly im Tal der Kapos, Komitat Tolna. Höhe 52 Zentimeter, Durchmesser 33 Zentimeter, Wanddicke 0,8 Zentimeter, Gewicht 16 Kilogramm; in einem Torfmoor gefunden (Tafel XVIII/52).
Fettich 1931, 523; Alföldi 1932, Taf. 18, 1; Fettich 1940, Taf. 11, und 1953, Taf. 36, 2.

5. BÁNTAPUSZTA, bei Várpalota, Bezirk Veszprém. Angeblich in einem Sumpf gefunden; Dimensionen nicht angegeben (Tafel XIX/54). Soweit ich sehe, ist der Kessel größer als der aus Kurdcsibrák.
Z. Takáts, „Neuentdeckte Denkmäler der Hunnen in Ungarn“, *Acta Orientalia* (Budapest), 9, 1959, 86, Abb. 1 (unser Bild).

6. DUNAÚJVÁROS[43], (Intercisa), Komitat Fehér. Fragment einer Wand, gefunden in einem spätrömischen Bauwerk; in einem anderen Raum wurden Fragmente von 15 bis 20 Eisenhelmen gefunden[44] (Tafel XVII/49).
Fettich 1931, 524; Alföldi 1932, 33, Abb. 6 (unser Bild).

RUMÄNIEN

7. DESA, Distrikt Calafat, Reg. Craiova, Oltenien. Höhe 54,1 Zentimeter, Durchmesser 29,6 Zentimeter, Maximalhöhe der Henkel 11,4 Zentimeter, Höhe des Fußes 9,8 Zentimeter; aus einem See zwischen Ciuperceni und Ghidiciu gefischt (Tafel XIX/53).
Nestor/Nicolăescu-Plopşor 1937, 178, Taf. 3a und b; Fettich 1953, Taf. 36, 3; Takáts 1955, Abb. 10; Werner 1956, 58, 10, Taf. 28, 3.

8. HOTĂRANI, Distrikt Vînju Mare (früher Meheninţi), Reg. Craiova, Oltenien. Fragment eines Griffes; 16,2 Zentimeter hoch, 19,7 Zentimeter breit; im Schlamm eines Sees gefunden (Tafel XXI/62).

Nestor/Nicolăescu-Plopsor 1937, 178 f., Taf. 39, 1 (unser Bild); Werner 1956, 58, 8, Taf. 28, 1.

9. Wahrscheinlich aus WEST-OLTENIEN. Fragment eines Griffes; 8,4 Zentimeter hoch (Tafel XXI/61).

Nestor/Nicolăescu-Plopşor 1937, 179 f., Taf. 39, 2 (unser Bild); Takáts 1955, Abb. 12; Werner 1956, 58, 11.

10. BOŞNEAGU, Gemeinde Dorobanţu, Distrikt Călărasi, Reg. Bucureşti, Muntenien. Zwei Henkelfragmente. Das größere ist 18 Zentimeter hoch, 12,7 Zentimeter breit, 1,3 Zentimeter dick; gefunden 1958 in 1,5 Meter Tiefe am Rand des Inundationsgebietes der Donau in der Nähe des Ostufers des Motiştea-Sees (Tafel XXI/60).

Nestor 1960, 703; B. Mitrea/N. Anghelescu, „Fragmente de Cazan Hunic descoperite în sud-estul Munteniei", *SCIV* 11, 1960; Mitrea 1961, 549—558, Abb. 1, 2 (unsere Tafel XXI/60), 3, 4.

11. CELEI (Sucidava), Distrikt Corabia, Reg. Bucureşti, Muntenien. Vier Fragmente von den Wänden und einem Henkel; gefunden in einer Aschenschicht des römischen Kastells (Tafel XXIII/69).

D. Tudor, *Dacia* 7—8, 1937—1940, 375, Abb. 10c; *ibid.* 11—12, 1945—1947, 189, Abb. 35, 1, 2, 7; Takáts 1955, 166, Abb. 13, a—d (unser Bild); Tudor 1948, 361 f.; Werner 1956, 58, 8, Taf. 64, 18—21.

SOWJETUNION

12. ŠESTAČI, Distrikt Rezina, Moldauische SSR (Tafel XIX/55).

L. L. Polevoj, *Istorija Moldavskoj SSR* 53 (unser Bild); G. A. Nudel'man, *SA* 4, 1967, 306 ff.

13. Distrikt SOLIKAMSK, *Oblast'* Perm'. Höhe etwa 60 Zentimeter (Tafel XXII/63).

Alföldi 1932, 32, Abb. 5 (nach einer Skizze von Fettich); Fettich 1940, Taf. 13, 3 (unser Bild), und 1953, Taf. 26, 11; Werner 1956, 58, 2. Eine schlechte Photographie in *SA* 10, 1948, 210, Abb. 15, 5.

14. OSOKA, Distrikt Sengilei, *Oblast'* Ul'janovsk (früher Simbirsk)[45]. Höhe 53,2 Zentimeter, Durchmesser 31,2 Zentimeter, Gewicht 17,7 Kilogramm; gefunden im Sand in der Nähe des Osoka-Baches (Tafel XX/58).

V. Polivanova, „Zametka o proischoždenii mednogo sosuda iz Sengileevskogo uezda, Simbirskoj gub.", *Trudy VII AS* (Jaroslavl) 1, 39, Taf. 1 (unser Bild); Werner 1956, Taf. 27, 11 (die meisten anderen Reproduktionen sind schlechte Zeichnungen).

15. VERCHNIJ KONEC, Reg. Syktyvkar, Komi ASSR (früher Ust'sysol'sk) (Tafel XXII/64).

J. Hampel, „Skythische Denkmäler aus Ungarn", *Ethnologische Mitteilungen aus Ungarn* 1897, 14, Abb. 1 (unser Bild), nach einer Zeichnung von Fürst Paul Putjatin, die von allen späteren Autoren verwendet wurde.

16. IVANOVKA, *gubernie* Jekaterinoslav[46] (Tafel XX/57).

Fettich 1940, Taf. 8, 10 (Photo von A. Salmony im Museum in Novočerkassk), und 1953, Taf. 36, 4; eine Zeichnung der Seitenansicht bei Takáts 1955, 166, Abb. 15.

17. Fund in der Nähe vom See TELECKOJE im Hochaltai. Höhe 27 Zentimeter, Durchmesser 25—27 Zentimeter. Aspelin, der den Kessel als erster publizierte, gab als seinen Fundort Teleckoje[47] an. Spätere Autoren änderten das zu Bijsk; jedoch war Bijsk, das 100 Meilen nordwestlich des Sees liegt, nur der Ort, an dem der Kessel dem Großherzog Vladimir Alexandrovič gegeben wurde, der ihn dem Historischen Museum in Moskau schenkte (Tafel XX/56)[48].

18. NARINDŽAN-BABA, Distrikt Turtkul, Kara-Kalpak ASSR. Fragment eines Henkels[49] (Tafel XXIII/67).
S. P. Tolstov, *Drevnyj Chorezm* 130, Abb. 74a.

19. Angeblich auf dem „katalaunischen Schlachtfeld" gefunden. Fragment eines Henkels, 12 Zentimeter hoch, 18 Zentimeter breit (Tafel XXI/59).
Takáts 1955, 143, Abb. 1a, b; E. Salin, *Académie des inscriptions et belles-lettres, Comptes rendues des séances de l'année* 1967, 389, Abb. 2[50].

Die Kessel, vom einfachsten bis zum verziertesten, haben vier Charakteristika gemeinsam: Ihre zylindrischen oder glockenförmigen Körper stehen auf einem Fuß, der die Form eines abgeschnittenen Konus hat und leicht nach innen gekrümmt ist; ihre rechteckigen Griffe stehen vom Rand senkrecht in die Höhe; sie sind gegossen; mit Ausnahme von einem oder zwei sind die Gefäße technisch minderwertig.

Material

Der Kessel aus Törtel wurde in vier[51], jene aus Jędrzychowice, Kurdcsibrák und Osoka in zwei Gußformen gegossen, was wahrscheinlich auch für die anderen Gefäße gilt. Körper und Fuß wurden getrennt gegossen, dann verklammert und zusammengelötet. Der Fuß, der leicht abbrach, fehlt oft.

Die Hunnen verstanden sich nicht sehr gut auf den Guß dieser vergleichsweise großen Gefäße. Die Spuren der Gußnähte wurden selten beseitigt, die horizontalen Rippen, die um den oberen Teil des Körpers laufen, treffen einander fast nie. Nicht einmal auf der armseligsten chinesischen Ritualbronze hätte man eine Unebenheit wie die im Dreieck des Kessels von Teleckoje (Tafel XX/56) belassen. Offensichtlich hatten die Arbeiter kein Werkzeug, um sie wegzufeilen.

Es ist bedauerlich, daß nur ein Fragment aus Boşneagu und ein anderes aus Sucidava analysiert wurden[52]. Die Ergebnisse wären für den Historiker vielleicht von Bedeutung. Wie die chemische und spektrographische Analyse von zwanzig Kesseln aus dem Semireč'e zeigt, entspricht das Kupfer dem örtlichen Kupfererz, womit praktisch sicher ist, daß die Kessel dort gegossen wurden, wo man sie fand[53]. Das Metall der eurasischen „Bronze"-Kessel ist in Wirklichkeit Kupfer mit verschiedenen Verunreinigungen. Das Metall des skythischen Kessels aus Karagodenachš ist fast reines Kupfer (99%)[54]. Die Legierung — wenn man hier von Legierung sprechen darf — der Stücke aus dem Semireč'e besteht aus 95,4 bis 99% Kupfer. Die zwei Fragmente aus Rumänien kommen nicht von Bronze-, sondern von Kupferkesseln. Das Material des einen besteht aus 75% Kupfer, 25% Rotkupferoxyd (rubinrot, eigentlich Kupferoxydul Cu_2O) und einer minimalen Menge Blei, das des anderen aus 71% Kupfer, 25% Rotkupferoxyd und 4% Blei. Das „Bronze“ des Kessels aus Desa wird als „rötlich“ beschrieben. Das Material des Kessels von Benešov ist „Bronze mit starkem Kupferanteil“. Nach der Angabe von Polivanova ist das Metall des Osokakessels reines Kupfer. Im Kessel von Jędrzychowice „sind die Bestandteile so ungleichmäßig vermengt, daß an einigen Stellen das Kupfer fast rein ist, an anderen Zinn überwiegt“. Die Verteilung der Metalle in der Legierung des Henkels von Sucidava ist „äußerst unregelmäßig“.

Wie die Hunnen zu dem Kupfer kamen, ist unbekannt[55]. Seine schlechte Qualität scheint Anzeichen dafür zu sein, daß die Schmiede selbst das Erz mit Holzkohle oder Holz und mit Hilfe eines Gebläses in einer Art Schmelzofen erhitzten und schmolzen. Gelegentlich plünderten sie vielleicht auch Gräber. Hätten sie römische Bronzegefäße eingeschmolzen und das Metall umgegossen, wären die Ergebnisse viel besser gewesen. Die Kessel sind in jeder Hinsicht barbarisch.

Dennoch widerlegen die hunnischen Kessel trotz all ihrer Fehler klar die Ansichten jener Historiker, die wie Thompson den Hunnen die Fähigkeit zur Metallbearbeitung absprechen. Die sarmatischen Kessel wurden von berufsmäßigen Handwerkern gegossen[56], jene der Hunnen auch.

Formen

Wie Alarichs Westgoten, die aus griechischen Mischbechern tranken[57], wenn sie nicht damit kochten, verwendeten die Hunnen wahrscheinlich alle Arten von Eisen-, Bronze-, Kupfer- und Silbergeräten. Völker auf der Wanderung und Nomaden können es sich nicht leisten, auf stilistischer Einheitlichkeit zu bestehen. Drei der vier Kessel in einem Schatz nordöstlich von Minussinsk gehören zum üblichen südsibirischen Typus, der vierte aber ist eng verwandt mit den Gefäßen, die am besten aus dem Semireč'e bekannt sind[58]. Im Schatz von Istjak in Kasachstan gibt es Kessel mit drei Beinen neben Kesseln auf konischen Füßen[59]. Auch die Hsiung-nu hatten Bronzegefäße verschiedener Formen[60]. Einige brachten sie von ihren Raubzügen nach China zurück oder tauschten sie für Pferde ein, aber auch jene, die sie für sich selbst gossen, unterschieden sich in Form und Größe. Der Kessel, der von der Kozlov-Expedition in Noin Ula gefunden wurde[61], und die hohen Bronzegefäße, die Doržsuren 1954 ausgrub[62], haben nur die Dekoration mit erhabenen Linien miteinander gemeinsam. Die germanischen und alanischen Anführer des 5. Jahrhunderts hatten ebenfalls Metallgefäße verschiedenen Ursprungs. Ich brauche nur die Silberkrüge aus Conçesti und Apahida zu erwähnen. In Jędrzychowice fand man einen hunnischen Kessel zusammen mit einer römischen Bronzeschale. Ein Gast, der sich bei einem Bankett in Attilas Palast umgesehen hätte, hätte geweihte christliche Gefäße gesehen, ähnlich jenen, die der Bischof von Margus den Hunnen auslieferte[63], profane, die von überall zwischen der Loire und den Dardanellen nach Ungarn gebracht wurden, und hunnische Kessel.

Werner hält eine Bronzeschüssel auf einem Fuß aus Münstermaifeld in der Eifel[64] für hunnisch. Seiner Meinung nach[65] ähnelt sie einem Bronzekessel aus

Brigetio-Ószőny in Ungarn[66] und einem anderen aus Borovoje im nördlichen Kasachstan (Tafel XXIII/68)[67]. Da die anderen Funde von Borovoje für ihn hunnisch sind, meint er, daß die Schüssel aus der Eifel auch hunnisch sein muß. Tatsächlich gehören die drei Stücke verschiedenen Typen an.

Das Gefäß aus Brigetio ist wahrscheinlich spätskythischen Ursprungs. Jedenfalls rücken es die Figuren an seiner Oberfläche[68] von den beiden anderen weit ab. Die Funde von Borovoje spielen eine wichtige Rolle in den Spekulationen über die Hunnen in Zentralasien. Werner glaubt, daß sie die Ausdehnung von Attilas Reich bis tief nach Kasachstan hinein anzeigen. Nur die andere angeblich hunnische Fundstelle in Kara-Agač liegt noch weiter östlich. Für Bernštam sind die Funde von noch größerer Bedeutung. Sie sollen beweisen, daß der polychrome Stil des Schmucks das Ergebnis des „kreativen“ Zusammentreffens einer lokalen zentralasiatischen Kultur mit dem politischen Aufstieg der Hunnen war. Was bürgerliche „Fälscher“ gotische Kunst nennen, ist in Wirklichkeit die Kunst der Hunnen, die von ihnen bis nach Ungarn gebracht wurde[69].

Borovoje[70] im Distrikt Sučinsk, *oblast'* Kokčetav, liegt in einem archäologisch wenig bekannten Gebiet. Das Grab beinhaltet einige einzigartige Stücke, z. B. eine Granitplatte an seiner Oberseite, die 4,5 Meter lang, 1,5 Meter breit, 0,7 Meter dick ist und 4000 Kilogramm wiegt. Darunter waren zwei weitere Platten, von denen beide 12 Zentimeter dick sind, und eine Schicht von Schotter und Kies, in welcher der Kessel gefunden wurde. Noch tiefer im Boden war die Grabgrube. Von dem Skelett ist nur der Schädel „mehr oder weniger“ erhalten. Es wäre interessant, die ursprüngliche Position des Skeletts zu wissen. War es ausgestreckt oder abgewinkelt, lag es in einer Nische oder in einer Katakombe am Ende eines Dromos? Die sehr schweren Steinplatten beweisen, daß das Grab nicht das eines Hunnen war. Weder bei den Gräbern, die Werner den Hunnen zuschreibt, noch bei jenen, die Bernštam als hunnisch betrachtet, gibt es irgend etwas, das der Konstruktion des Grabes in Borovoje ähnlich wäre.

Die Grabbeigaben waren ein seltsames Durcheinander. Es gab drei Typen von Bogenspitzen: dreiseitige, dreifach geflanschte und solche von rhombischem Querschnitt. Neben technisch hervorragend gearbeitetem Schmuck begegnen so primitive Dinge wie kleine blaugefärbte Beinperlen, eine Kupferschnalle und Ohrringe aus Bronzedraht. Wie Werner bemerkte, ist ein P-förmiger Schwertgriff einem Griff von der Halbinsel Taman' ähnlich[71]. In dieselbe Richtung, nämlich zu den bosporanischen Werkstätten, weisen auch die Goldgegenstände mit ihrer Kombination von dreieckigen Granulattrauben und mit roten Steinen gefüllten Fassungen. Es ist bei weitem wahrscheinlicher, daß die mit Granulierung umrahmte birnenförmige Fassung aus Borovoje[72] aus einer oströmischen Werkstatt kommt, als daß die fast identische aus Zypern[73] von einem Hunnen verfertigt wurde.

Einige der Gegenstände, die in Borovoje gefunden wurden, gibt es auch in hunnischen Funden. Aber dieser Umstand macht aus dem Kessel keine hunnische Arbeit. Ein fast gleicher wurde in der Nähe von Taschkent[74] gefunden.

Zwischen der Schüssel von Münstermaifeld und dem Kessel von Borovoje gibt es nur wenig Ähnlichkeiten. Das eine ist ein elegantes Gefäß mit zwei einfachen runden Griffen, das andere ein plumpes Stück mit vier muschelartig verzierten Griffen. Die Schüssel aus Münstermaifeld enthielt die verkohlten Gebeine eines sehr jungen Menschen[75], eine den Hunnen fremde Bestattungsart. Es dürfte kein Zufall sein, daß die Schüssel auf einem Feld gefunden wurde, in dessen Nähe es viele Spuren einer römischen Villa gab[76]. Im 4. Jahrhundert waren Sarmaten im Moselgebiet angesiedelt[77].

Funktion

Im Vergleich zu den großen skythischen Kesseln wie z. B. dem von Čertomlyk, der 90 Zentimeter hoch ist[78], oder sogar jenen aus Kasachstan und Kirgisien — einige von ihnen faßten 140 Liter[79] — waren die hunnischen Kessel in der Regel von bescheidener Größe. Es waren Kochgefäße. Der solide konische Fuß war für die optimale Auswertung des Brennmaterials, das in den Steppen immer Mangelware ist, nicht ganz so geeignet wie der Dreifuß oder der perforierte Fuß[80], aber er half. Wie die Skythen und Sarmaten verwendeten die Hunnen den Kessel, um Fleisch zu kochen. Es wurde mit einem Haken herausgeholt, ähnlich jenen, die in Verchne Kolyšlej und Char'kovka gefunden wurden. (Solche Haken werden von den Kasachen und den Abchasen im Kaukasus noch immer verwendet[81].)

Die übliche Annahme, daß beinahe alle eurasischen Kessel sakrale Gefäße waren, wurde von Werner und Spasskaja zu Recht bezweifelt. Sicherlich wurde in den größeren Essen für mehr als bloß eine Person zubereitet, das beweist aber nicht, daß es sich stets um ein Opfermahl handelte. Die Felsbilder von Pisannaja Gora im Minussinsk-Gebiet (Tafel XXIII/70)[82] wurden oft als eine Darstellung religiöser Zeremonien interpretiert. So große Kessel, dachte man, konnten nicht gewöhnliche Kochgefäße gewesen sein. In Wirklichkeit verrät ihre Größe nur die Ungeschicklichkeit des Künstlers. Der Schöpfer für die Brühe, den der Mann zur Linken hält, hat dieselben gigantischen Ausmaße wie der Haken in der Hand des Mannes auf der rechten Seite. Es gab Kessel, die größer waren als ein Mensch. An der Bol'šaja Bojarskaja Pisanica, in der gleichen Region, sind 21 Gebäude und 16 Kessel abgebildet. Es ist klar, daß eine so kleine Ansiedlung nicht so viele Opfergefäße haben konnte; sie sind außerdem von mäßiger Größe (Tafel XXIII/71)[83].

Ein anderes Argument zugunsten des sakralen Charakters der Kessel aus Südsibirien, Kasachstan und Kirgisien bieten die Umstände, unter denen sie gefunden wurden. Keiner der zahlreichen Kessel aus dem Minussinskgebiet — ich sah Dutzende von ihnen im Museum in Minussinsk — und nur zwei von den 33, die in Kasachstan und in Kirgisien gefunden wurden, kommen aus Gräbern[84]. Da sie nicht mit den Toten begraben wurden, gehörten sie vermutlich nicht einer Person, sondern einer größeren Gruppe und wurden daher klarerweise nicht verwendet, um darin die täglichen Mahlzeiten zuzubereiten. Bei den Fundorten handelt es sich wahrscheinlich um Opferstätten.

Hinsichtlich der hunnischen Kessel haben wir es mit einer ähnlichen Situation zu tun. Von den 18 Funden stammt allein der Kessel von Jędrzychowice angeblich aus einem Grab.

Alföldi und Werner stimmen überein, daß in Jędrzychowice ein hunnischer Edler begraben wurde. Man fand folgende Gegenstände: (1) den Kessel; (2) eine römische Bronzeschale; (3) zwei eiserne Spangen; (4) eine goldene Spange, deren rechteckige Platte mit roten Steinen in Fassungen verziert ist; (5) zwei goldene Riemenenden; (6) sechs Stücke von dünnem Goldblech mit rechteckigen und dreieckigen roten Steinen in Fassungen; (7) eine goldene Kette[85]. Götze erkannte, daß die Goldbleche ursprünglich zu einem Diadem gehörten, das zerschnitten wurde, um einen Lederriemen und eine Spange zu zieren. Riemen und Spangen sind von hunnischen Gräbern her bekannt, wenn sie auch nicht ausschließlich nur dort vorkommen. Der Kessel ist zweifellos hunnisch. Das Grab von Jędrzychowice gilt als hunnisch.

Das ist meiner Meinung nach zweifelhaft. In seinem Artikel über den Fund druckte E. Krause den ursprünglichen Fundbericht des Kataloges von 1838 wieder ab[86]: Ein Bauer, der ein flaches Kartoffelfeld pflügte, stieß mit seiner Pflugschar auf den Griff des Kessels; das Gefäß lag[86a] in feinem weißem Sand und war mit Sand und Erde angefüllt. Gleich tief, etwa 60 Zentimeter westlich davon, lag die Bronzeschale. Nördlich des Kessels war eine Schicht von weißem Sand, 30 bis 40 Zentimeter breit, 1,5 bis 1,8 Meter lang, darin eine dunkelbraune Schicht von etwa eine Handbreite und kaum 2,5 Zentimeter Höhe, in der die verstreuten Reste von Gebeinen, kleine Holzstücke unterschiedlicher Form, meistens mit Silberbeschlägen, das Goldblech und die Schuhschnalle lagen. Am Ende des Streifens befand sich ein Fleck, 7 Zentimeter im Quadrat und aus dunkler Erde, auf dem die Goldkette lag.

Soweit ich weiß, schenkte nur Takáts dieser Beschreibung Aufmerksamkeit[87]. Er meinte, der weiße Sand wäre das Bett eines kleinen Baches, zog aber keine weiteren Schlüsse aus dieser seltsamen Wahl einer Grabstätte. Er betonte nur, daß das *tiefernste* Opfergefäß mit dem dürftigen Goldblech aus einer oströmischen Werkstatt nichts zu tun hätte[88].

Doch gibt es noch einen seltsamen Umstand bei diesem vermeintlichen Grab. Ich befragte Professor Paul Leser von der Hartford Seminary Fundation, die führende Autorität über frühe Pflüge, welche Tiefe der Pflug eines schlesischen Bauern im Jahre 1830 erreicht haben konnte. Ich zitiere aus dem Brief, den er mir freundlicherweise am 28. August 1964 schrieb:

> Es ist meiner Ansicht nach völlig unmöglich, daß irgendein Pflug, der um 1830 in Oberschlesien verwendet wurde, eine Tiefe von 3 Fuß [= 90 Zentimeter] erreicht haben konnte. Der Durchschnittspflug, der hier zu dieser Zeit in Verwendung stand, reichte bis in eine Tiefe von 10 bis 25 Zentimeter. Der am tiefsten gehende Pflug, der in Zentraleuropa in der ersten Hälfte des 19. Jahrhunderts zu bekommen war, pflügte wohl kaum tiefer als 40 Zentimeter.

Das ist aber noch nicht alles, was dieses „Grab“ in ein merkwürdiges Licht rückt. Werner bemerkte, daß die goldenen Überzüge der Riemenenden und die Goldbleche mit dem Leder auf so nachlässige Art — nur mit einer oder zwei dünnen Nieten — befestigt waren, daß Gurt und Riemen nie wirklich verwendet worden sein konnten. Das Blech muß aus dem Diadem herausgeschnitten und auf dem Gurt des bereits *toten* Mannes befestigt worden sein. Die goldenen Überzüge waren eigens für Schuhe angefertigt worden, die man in ein Grab legen wollte. Werners Beobachtungen sind korrekt. Was folgt aus ihnen? Trug der Reiter die Goldüberzüge für seine Schuhe und die Riemen sowie das Diadem, als Ganzes oder bereits in Stücke geschnitten, für seinen Gürtel immer für den Fall bei sich, daß er fern der Heimat starb? War er von einem Goldschmied begleitet, der die goldenen Nieten an Ort und Stelle anbrachte? Oder schickten die Überlebenden einen Mann aus Schlesien nach Ungarn, um die goldenen Grabbeigaben zu holen? Eine Erklärung ist weiter hergeholt als die andere. Sie sind alle abzulehnen, denn das „Grab“ enthielt, wenn man sich nur irgendwie auf den Fundbericht verlassen kann, kein Skelett. Zumindest der Schädel hätte erhalten sein müssen. Die wenigen Knochen waren wahrscheinlich im Kessel und fielen heraus, als er umgedreht wurde.

Aus welchem Blickwinkel auch immer diese seltsame Ansammlung im Bett eines Baches, dieses „Grab“ ohne Grube, weniger als 30 Zentimeter unter der Erde, betrachtet, es bleibt immer rätselhaft. Man könnte vielleicht an einen Schatz denken, dessen Gegenstände verschiedener Herkunft waren, zum Teil aus einer Beute (der Kessel, die Schale, die goldene Kette), zum Teil aus einem geplünderten Grab stammten; aber die Bronzeschnallen waren schwerlich Gegenstände, die man hortete.

Andererseits ist die Parallele zum Fund von Osoka verblüffend. Auch hier wurde der Kessel im Sand in der Nähe eines Baches gefunden. Das könnte Zufall sein, wenn nicht ein dritter Fund noch weiter im Osten es wahrscheinlich erscheinen ließe, daß die zwei Kessel mit Absicht dort deponiert wurden, wo man sie fand. Ein Kessel mit runden Henkeln, dessen Oberfläche mit erhabenen Linien auf dieselbe Art verziert ist wie der aus Noin Ula und viele andere aus dem Ordosgebiet, wurde im Bett des Flusses Kiran in der nördlichen Mongolei gefunden[89]. Obwohl der Zusammenhang des Kessel von Jędrzychowice mit den anderen Fundgegenständen dunkel bleibt, lag er wie die anderen Kessel in oder in der Nähe von fließendem Wasser. Auf denselben, wenn auch nicht so engen Zusammenhang mit Wasser weisen, wie Nestor und Takáts bemerkten[90], unsere Nummern 4, (Moor), 5 (Sumpf), 7 (See) und 10 (in der Nähe eines Sees) hin; wir können jetzt auch noch Nummer 17 (in der Nähe eines Sees) hinzufügen.

Die Deponierung an einem solchen Ort war nicht auf die Hunnen und Hsiung-nu beschränkt. Die Hsiung-nu waren niemals in den Cisbaikalischen Wäldern, und dennoch fand sich ein großer Kessel am Ufer des Kutullaki im ehemaligen Distrikt Kiren, Gouvernement Irkutsk, und ein ähnlicher, der nur kleiner war, auf der Insel Ščukin im Angara-Fluß, etwa 13 Kilometer nördlich von Irkutsk[91]. Dreibeinige Kessel, die lange vor den Hunnen typisch für das Semireč'e waren, kamen an den Ufern des Issyk-kul[92] ans Tageslicht. Im Minussinskgebiet wurden Kessel am rechten und linken Ufer des Jenissej und am Ufer des Flusses Šuš gefunden[93].

In ihrer Arbeit über die Kessel aus Kasachstan und Kirgisien bietet Spasskaja eine ansprechende Erklärung für deren Deponierung[94]. Sie glaubt, daß die Nomaden im Frühjahr an Wasserläufen verschiedene Riten durchführten, die Kessel in der Nähe des Wassers aufbewahrten, wenn sie zu den höher gelegenen Sommerweiden zogen, und sie wiederum benützten, wenn sie im Herbst zurückkehrten. Diese Annahme scheint durch die Vergesellschaftung von Kesseln, manchmal von mehr als einem, mit anderen Bronzegegenständen bei Opferriten gestützt. Wenn dadurch der Kessel selbst den Charakter eines Weihegegenstandes bekommen haben sollte, würde man einen Fund wie den aus Boşneagu verstehen, wo ein Henkel 1,5 Meter unter der Erde vergraben war. Er durfte nicht profaniert werden. Man könnte vermuten, daß der besonders geweihte Teil der kostbareren hunnischen Kessel die Griffe mit den „Pilzen" waren. Werner kam auf andere Weise zu ähnlichen Schlüssen[95]. Obwohl es in den ungarischen und rumänischen Ebenen keine hochgelegenen Sommerweiden gab, könnten die Hunnen durch die Kesseldeposite in der Nähe von Bächen, Seen oder Sümpfen eine alte Sitte unter geänderten Umständen bewahrt haben. Jedenfalls weisen die Fundorte einer Anzahl von Kesseln in der Nähe von Wasser deutlich auf ihre Verwendung bei Zeremonien hin[96]. Andererseits gibt es keinen Grund anzunehmen, daß andere Kessel nicht einfach für den Alltag bestimmte Kochgefäße gewesen sein können, wie jene etwa, die man in spätsarmatischen Gräbern gefunden hat.

Entwicklung

Das eine oder andere Charakteristikum unserer Kessel taucht gelegentlich schon in vorhunnischer Zeit auf, was keineswegs überrascht. Durch die Art ihrer Verwendung sind alle Kessel miteinander verwandt: Sie müssen einen runden Körper und Griffe haben. Ein sauromatischer Kessel aus dem Gebiet um Orenburg beispielsweise hat einen fast zylindrischen Körper, seine Griffe sind aber rund und haben oben einen Knopf[97]. Im ganzen gesehen sind jedoch die Unterschiede zwischen den skythischen, sarmatischen den Kesseln aus dem Semireč'e und jenen aus dem Fernen Osten scharf abgegrenzt[98]. Werner leitete die „Pilze" der hunnischen Kessel von den drei Knöpfen auf den Griffen spätsarmatischer Kessel ab[99]. Für sich allein betrachtet, scheint die Erklärung recht plausibel. Aber die sarmatischen eiförmigen Kessel hatten keinen Fuß, und mit Beginn des 3. Jahrhunderts gab es sie nicht mehr[100]. Die runden, niedrigen, flachbödigen römischen Importkessel, wie man sie hauptsächlich aus dem Gebiet der unteren Wolga kennt[101], haben mit unseren nichts zu tun.

Die Hunnen haben ihre Kessel nicht aus dem Nichts heraus geschaffen. Ihre Verwandtschaft mit den aus den ersten nachchristlichen Jahrhunderten stammenden Kesseln Nordchinas, der Mongolei und des Ordosgebiets wurde schon vor langer Zeit von japanischen[102] und westlichen Gelehrten[103] erkannt. Es ist richtig, daß die fast halbkugelförmigen Körper der Kessel aus den Hsiung-nu-Gräbern von Noin Ula und dem Kiran-Fluß (Tafel XXII/66)[104] mit erhabenen Linien in großen wellenartigen Bögen verziert sind, wofür es bei den hunnischen Kesseln keine Parallelen gibt. Die Griffe, rund oder eckig mit einem Zackenbogenrand, gibt es bei unseren Kesseln nicht. Hingegen sind glatte, rechteckige Griffe, die mit jenen der Kessel von Jędrzychowice und Osoka vergleichbar sind, ebenso von Ordoskesseln bekannt[105]. Auf einem fußlosen Gefäß mit einem länglichen Körper, das 1950 in einem reichen Hsiung-nu-Grab der späteren Han-Zeit in der Inneren Mongolei nahe von Erh-lan-hu-kou gefunden wurde, war ein Henkel rund, der andere aber rechteckig[106]. Es scheint, daß der rechteckige Griff mit dem oberen Zackenbogenrand nur eine Variante des glatten, rechteckigen Griffes ist. Es gibt tatsächlich eine Anzahl von Griffen, bei denen die muschelförmigen Auszackungen so flach sind, daß der obere Rand fast wie gerade aussieht[107].

Meiner Ansicht nach hatte Takáts recht, als er den Zackenbogenrand von Noin Ula mit dem Rand des Kessels vom Teleckoje-See (Tafel XX/56) verglich[108]. Wenn man sich die abgerundeten Dreiecke des Kessels aus dem Altai auf Stiele gesetzt vorstellt, würden sie den „Pilzen" ziemlich nahekommen[109]. Es ist wahr, daß die Kessel aus den Grenzgebieten des nördlichen China etwas kleiner sind als die hunnischen Kessel; sie sind in der Regel gedrungener, die Griffe sind zumeist rund und die Füße fast immer durchbrochen. Es gibt allerdings auch Ordoskessel mit länglicheren Körpern und gediegenen Sockeln[110].

Die hunnischen Kessel sind nicht von den skythischen und sarmatischen ableitbar, ganz zu schweigen von den dreibeinigen Kesseln aus dem Semireč'e. Wenn sie nicht direkte Nachkommen der Ordoskessel sind, sind sie sicherlich ihre Vettern. Einige, wahrscheinlich sogar viele Ordoskessel wurden von und für Hsiung-nu gegossen[111]. Aber nicht alle — wie auch nicht alle kleinen Ordosbronzen (alle diese Messer, Dolche, Gürtelschnallen, Scheiben, Anhänger, Pferdestirnbänder usw.) — hatten ihren Ursprung bei den Hsiung-nu[112]. Zu den Ordoskesseln gehören kleine Ordosornamente[113]. Aber in der Inneren Mongolei wurden Ordoskessel in Gräbern gefunden, die die chinesischen Archäologen wahrscheinlich richtig in die Zeit der nördlichen Wei (424—534 n. Chr.) datieren[114].

Je weiter im Westen die Kessel gegossen wurden, desto mehr unterscheiden sie sich von ihren Prototypen. Es sieht aus, als seien sie unter den Einfluß grundsätzlich ähnlicher, aber reicher dekorierter Bronze- und Kupfergefäße geraten. Auf den Kesseln vom Teleckoje-See (Tafel XX/56) und Solikamsk (Tafel XXII/63) laufen zwei erhabene Leisten oder Bänder, unter den Griffen beginnend, den Körper hinunter und biegen sich an den unteren Enden scharf nach außen. Dieses Muster, das den Ordosbronzen fremd ist, begegnet auf skythischen Kesseln des Dongebietes schon im 4. Jahrhundert v. Chr.[115] und am Kuban' noch im 1. Jahrhundert n. Chr.[116] Dieselben beiden hunnischen Kessel haben entlang dem Rand einen Reliefstreifen aus Quadraten mit einer oder zwei Diagonallinien. Dieses Muster, das gleichfalls bei den Ordosgefäßen fehlt, scheint dem des Kessels von Čertomlyk[117] verwandt zu sein.

Der Ursprung der „Hänger" an den Kesseln von Törtel, Desa, Šestači, Osoka und Verchnij Konec ist dunkel. Takáts bemerkte, daß es ähnliche „Hänger" auf chinesischen Töpfen aus der Jungsteinzeit gäbe, und leitete die genannten von diesen ab[118]. Angesichts der zweitausend oder mehr Jahre, die die Ton- von den Kupfer-„Hängern" trennen, kommt ein solcher Zusammenhang nicht in Betracht. Vielleicht aber gibt diese Parallele einen Hinweis auf den Ursprung der hunnischen „Hänger": Sie sind vielleicht Repliken von Schnüren oder Fransen. In der frühen Kunst der Barbaren an Chinas Grenze ebenso wie in China selbst war die Wiedergabe von Schnüren auf Bronzen gang und gäbe. Die Seile dienten wahrscheinlich auch einem praktischen Zweck. Das koreanische Gefäß aus dem Goldglocken-Grab in Kyongju in Korea (Tafel XXIV/72)[119] zeigt, wie die Nomaden die Kessel über weite Entfernungen transportierten.

Es erscheint unmöglich, alle hunnischen Kessel in eine typologische Reihe zu bringen. Die Oberkante und die Seiten des Griffes auf dem Ivanovka-Kessel (Tafel XX/57) sind gekrümmt wie auf dem Fragment von Boşneagu (Tafel XXI/60), was ein Hinweis dafür zu sein scheint, daß die beiden Gefäße in annähernd derselben Zeit gegossen wurden. Fragment Nr. 19 (Tafel XXI/59) hat mit dem Kessel von Šestači (Tafel XIX/55) die Kreise auf den „Pilzen" gemeinsam. Die Annahme scheint naheliegend, daß die Kessel mit den einfachen Griffen vor jenen mit den „Pilzen" kamen. Aber die Hunnen können auch sehr gut einfache und kunstvoll verzierte Kessel, vielleicht für verschiedene Zwecke, zur gleichen Zeit gegossen haben. Wäre es eines Tages möglich, die Kessel genauer zu datieren, so würden sie auch dann für den Fundzusammenhang lediglich einen *terminus post quem* liefern, da sie durch Generationen verwendet wurden. Viele wurden repariert. „Ein Menschenleben hat fünfzig Jahre, einen Kessel kann man hundert Jahre lang verwenden", sagt ein Sprichwort der Kasachen[120].

In ihrer Streuung von den Grenzen Chinas bis nach Osteuropa können die Kessel natürlich nicht den Weg weisen, auf dem sie sich nach Westen ausbreiteten. Sie fehlen in Tuva und im Minussinskgebiet[121], sind bis jetzt in Kasachstan noch nicht aufgetaucht, hingegen aus Choresm bekannt.

Eine Anzahl von Tongefäßen (Tafel XXII/65)[122] von etwa 40 Zentimeter Höhe, gefunden im oberen Horizont des „Großen Hauses" von Altyn-Asar (Džeti-Asar 3), sind Kopien hunnischer Kesseln des Verchnij-Konec-Typs. Sie zeigen nicht nur die Spuren der Gußnähte, auch die Griffe mit den parallelen Linien sind hier wie dort gleich; die Ringe der „Hänger" in der oberen Zone des Körpers des Kupfergefäßes erscheinen als Tupfen auf der Tonkopie. Ein Fragment eines Henkels mit einem „Pilz" kommt aus annähernd demselben Gebiet. Tolstov datiert den oberen Horizont in das 3. bis 7.[123], Levina vom Beginn des 4. bis in das 7. oder 8. Jahrhundert[124].

In den oberen Straten des unteren Horizonts, also nicht viel früher als die irdenen Kessel, und in den Kurganen bei Džet-Asar lagen Beinstreifen von Kompositbogen. Einige der in den Kurganen Begrabenen waren Europäide mit mongoloidem Einschlag; einige hatten deformierte Schädel. Die hunnische (oder hunnoide) Bevölkerung im Delta des Syrdarja hatte Kessel vom Verchnij-Konec-Typ.

Die Nachahmungen hunnischer Metallkessel in Choresm sind mit anderen Elementen der hunnischen Zivilisation so eng verknüpft wie die Kessel mit den „Pilz“-Griffen in Ungarn und Rumänien, also in Gebieten, die von den Hunnen im 5. Jahrhundert beherrscht wurden. Hunnische Soldaten in Sucidava zerbrachen ihre Kessel in den vierziger Jahren des 5. Jahrhunderts. Wenn der Kessel „Pilz“-Griffe hatte, wie die Dekoration auf dem Fragment aus Intercisa anzeigt, muß der Typus Ende des 4. Jahrhunderts bestanden haben, als das Lager an der Donau noch römisch war. Es gibt noch drei Kessel mit solchen Griffen: Ivanovka, Benešov und Narindžan-baba. Das Gefäß von Ivanovka hat „keinen Paß“, wie die Russen sagen würden. Wie es in das Museum von Rostov kam, ist nicht bekannt. Das Fragment von Narindžan-baba ist möglicherweise mit den Funden von Altyn-Asar in Verbindung zu bringen. Was ist aber mit Benešov? Man hat angenommen, daß sowohl der letzte Besitzer des Kessels als auch der Mann, der einen Kessel nach Jędrzychowice in Schlesien brachte, Hunnen waren, Untertanen Attilas oder eines seiner Vorgänger. Alföldi, Werner und Sulimirski[125] sind davon überzeugt, daß Benešov und Jędrzychowice hunnische Lager waren. Nach der gleichen Argumentation müßten die Hunnen Garnisonen auch in Osoka, Solikamsk und Verchnij Konec gehabt haben. Werner spürt offenbar, daß dies das hunnische „Reich“ zu weit auszudehnen hieße, und spricht daher einigermaßen vage vom *Fundmilieu östlicher Reiterkrieger*[126].

Ein Blick auf die Landkarte genügt, um die Möglichkeit auszuschließen, daß die Hunnen oder irgendwelche andere „östliche Reiterkrieger“ auch nur in die Nähe von Solikamsk oder Verchnij Konec durch die Wälder und Sümpfe in das Land der Komi (Zyr'ans) vorstoßen konnten. Verchnij Konec liegt auf dem Breitengrad von Helsinki. Der Kessel von Solikamsk ist für die Präsenz von Hunnen im Norden des *oblast'* Perm' kein besserer Beweis als die römischen[127], sāsānidischen[128] und byzantinischen[129] Bronze- und Silbergefäße für die Existenz fremder Truppen in Nordostrußland; die primitiven Jäger am Vyšegd waren weder die Untertanen des *basileus* in Konstantinopel noch des Königs der Könige in Ktesiphon. Von Attila hatten sie nie etwas gehört. Wie die sāsānidischen und byzantinischen Luxusgefäße und Münzen[130] für den Pelzhandel über zahlreiche Mittelsmänner zwischen dem Gebiet von Perm' und den höheren Zivilisationen im Süden[131] zeugen, so weisen die hunnischen Kessel vermutlich auf ähnliche Beziehungen zwischen den Stämmen im Norden und den Vorfahren der Hunnen. Ich sage *Vorfahren*, weil ein beträchtlicher Zeitraum vergangen sein muß, bevor sich die Kessel vom Teleckoje-See, von Solikamsk, Osoka und Verchnij Konec zu den Kesseln des 4. und 5. Jahrhunderts wandelten.

Es ist anzunehmen, daß zukünftige Ausgrabungen die zahlreichen archäologischen Lücken zwischen dem Fluß Kerulen und der Donau schließen werden. Doch kann bereits jetzt kein Zweifel darüber bestehen, daß der Ursprung der hunnischen Kessel an Chinas nördlichen und nordwestlichen Grenzen liegt. Die groben, oft geradezu barbarischen Kupferkessel verbinden die Hunnen mit dem Gebiet der Hsiung-nu-Konföderation.

SPIEGEL

Objekte zentralasiatischer Herkunft wurden an verschiedenen Orten Osteuropas gefunden: baktrische Silberphaleren des 2. Jahrhunderts v. Chr. in Novouzensk im *oblast'* Kujbyšev[132]; eine baktrische Tetradrachme in Chersones[133]; Kuschanmünzen im Wolgagebiet[134] und in Kiew[135]. Es sind dies Kuriositäten, jedoch nicht ganz so seltsam wie die Shang-Bronze, die bei Anzio entdeckt wurde, die Spät-Chou-Bronzen, die man in Rom und Canterbury ausgrub, und die chinesischen Münzen des 3. Jahrhunderts v. Chr., die in Südfrankreich ans Licht kamen[136]. In Osteuropa gefundene Objekte aus China gehören zu einer anderen Kategorie. Sie wurden tatsächlich von den Barbaren verwendet. Die Scheideneinfassungen aus Jade in sarmatischen Gräbern kommen beispielsweise aus China; die Nomaden hatten keine Möglichkeit, diesen Edelstein zu gewinnen, und die Drachen auf einigen dieser Stücke sind eindeutig chinesisch. Die Sarmaten steckten sie auf die gleiche Art auf ihre Scheiden, wie sie ihre hölzernen Einfassungen verwendeten[137]. Reste chinesischer Seide von Gewändern wurden in einem spätsarmatischen Grab in Marienthal (heute Sovetskoje) am Großen Karman in der ehemaligen Deutschen Wolgarepublik[138] und in einem Grab in Šipovo[139] gefunden. Der Han-Spiegel im Kurgan E 26, Grab 19 am Torgun-Fluß im Gebiet der unteren Wolga (Tafel XXV/74)[140] wurde vielleicht wegen seiner magischen Kräfte geschätzt, war aber ebenso ein Toilettegegenstand.

Da es zwischen den Chinesen und den Sarmaten an der Wolga keine direkten Handelsbeziehungen gab, gelangten die chinesischen Gegenstände über Zentralasien in die osteuropäischen Steppen. Die verblüffende Ähnlichkeit von sarmatischen Gold- und Tongefäßen mit Tiergriffen mit einer chinesischen Ritualbronze mit Tigergriff im British Museum findet ihre Erklärung im Ursprung dieses Motivs in Zentralasien, möglicherweise Fergana, von wo es sich sowohl nach Osten als auch nach Westen ausbreitete[141]. Die Verbreitung chinesischer Spiegel über Zentralasien nach Westen und ihre schrittweise Umformung läßt sich recht gut verfolgen[142].

Die frühesten chinesischen Spiegel, die außerhalb Chinas gefunden wurden, sind zwei Huai-Spiegel in der Eremitage. Der aus Tomsk[143] ist formidentisch mit einem Spiegel in der Lagrelius-Kollektion, den Karlgren in das 5. Jahrhundert v. Chr. datiert[144]; der andere aus dem sechsten Kurgan in Pazyryk im Hochaltai[145] ist etwa ein Jahrhundert jünger[146]. In den letzten vierzig Jahren sind keine weiteren Huai-Spiegel in Süd- und Westsibirien aufgetaucht, und es ist unwahrscheinlich, daß man in Zukunft noch viele von ihnen finden wird. Han-Spiegel aber kamen aus Nordeurasien und werden dort — von der Äußeren Mongolei bis zum Ob und zur unteren Wolga — noch immer gefunden.

Einige von ihnen, die in Grenznähe gefunden wurden, wie z. B. jene in den Gräbern der Hsiung-nu-Fürsten in Noin Ula, waren wahrscheinlich Geschenke der Kaiser, andere bezeugen Handelsverbindungen mit China. Im Barbaricum wurden chinesische Spiegel von Stamm zu Stamm weitergetauscht. Sogar Fragmente waren hochgeschätzt. Die Kanten eines zerbrochenen Han-Spiegels in den Izych Čaatas im Minussinskgebiet[147] waren abgerundet und nicht so scharf, wie sie gewesen wären, wenn der Spiegel, wie es oft geschah, absichtlich zerbrochen worden wäre, bevor er ins Grab gelegt wurde. Das beweist, daß die Fragmente durch viele Hände gegangen waren.

Eine Liste der im Barbaricum gefundenen Han-Spiegel zusammenzustellen muß jenen Gelehrten überlassen bleiben, die zu den Museen in der Inneren und Äußeren Mongolei und in der Sowjetunion Zutritt haben. Bloß ein kleiner Teil von ihnen ist publiziert worden; viele andere werden bloß als „alte chinesische Spiegel" angeführt. Doch ist sogar das wenige, das bekannt ist, eindrucksvoll.

Wie zu erwarten war, fand man Han-Spiegel in den Gräbern von Barbaren jenseits der nördlichen und nordöstlichen Grenzen Chinas: in den Hsiung-nu-Gräbern von Noin Ula[148], Il'mova Pad'[149], Burdun[150] und in dem großen, vermutlich aus der Wu-huan-Zeit stammenden Gräberfeld in Lo-shan-hsiang in der Mandschurei[151]. Von den zahlreichen Streufunden im Minussinskgebiet wurden nur wenige veröffentlicht. Einer gehört zum *i-t'i-tzŭ* („zierliche Schrift")-Typus, fünf sind „TLV"-Spiegel (vgl. das Beispiel auf Tafel XXV/73)[152]. Im Kenkol-Gräberfeld im Talas-Tal wurde ein *chang-i-tzŭ-sun-*[153] und ein „Hundert-Nippel"-Spiegel[154] gefunden. Mit Ausnahme eines TLV-Spiegels in Kairagač[155] waren die Spiegel aus Fergana *chang-i-tzŭ-sun*-Spiegel: drei aus Tura-taš[156], einer aus Kara Bulak[157] und einer, dazu ein Fragment, aus den Kurganen im Isafara-Tal[158]. Zum selben Typ gehörte ein Fragment aus dem nordwestlichen Teil des *oblast'* Leninabad[159] und ein Spiegel von Vrevskij südwestlich von Taškent[160].

Wie die meisten Objekte aus dem Istjatsk-Schatz am Vangaj-Fluß zwischen Tobol'sk und Omsk in Westsibirien müssen die *chang-i-tzŭ-sun*-Spiegel[161] vom Süden dorthin gebracht worden sein. Das gleiche gilt für einen Han-Spiegel in einem Kurgan in der Nähe von Tobol'sk[162]. In einem Kurgan in Zarevščina im einstigen Gouvernement Astrachan' wurde ein „Vier-S-Spiralen"-Spiegel gemeinsam mit einem türkischen Steigbügel gefunden[163]. Wie die türkischen Nomaden den Spiegel bekamen, darüber lassen sich allenfalls Vermutungen anstellen. Sie waren gelegentlich dem Grabraub nicht abgeneigt. Ein sarmatischer Kurgan in Politotdel'skoje am Unterlauf der Wolga wurde z. B. in der Zeit der Goldenen Horde geplündert[164]. Die Spiegel wurden oft lange Zeit verwendet, bevor sie den Toten in die andere Welt begleiteten. Um nur ein Beispiel zu nennen: In einem Kurgan in Naindi sume am Tola-Fluß, etwa 120 Kilometer südwestlich von Ulan Bator, wurde ein Han-Spiegel gemeinsam mit einem Stück chinesischer Seide gefunden, das man wegen des sāsānidischen Musters in das 6. oder 7. Jahrhundert datieren kann[165].

Aus mittelsarmatischen Gräbern im Gebiet der unteren Wolga sind zwei Han-Spiegel bekannt: ein Fragment, das wie das eines „Vier-Nippel"-Spiegels aussieht, aus einer Diagonalbestattung von Berežnovka II, Kurgan 3[166], und der schon erwähnte Spiegel vom Torgun[167]. Der westlichste Han-Spiegel mit einer langen Inschrift[168], unglücklicherweise ohne Datum, kommt aus dem Kuban'-Gebiet im Kaukasus[169].

So unvollständig diese Liste auch ist, zeigt sie doch, wie beliebt Han-Spiegel bei den Völkern und Stämmen westlich der Großen Mauer waren. Das Fehlen von Spiegeln aus der Zeit der Sechs Dynastien findet seine Erklärung im Zusammenbruch der chinesischen Macht in den westlichen Gebieten. Chinesische Spiegel tauchten in Zentralasien erst wieder in der T'ang-Zeit auf.

Als der Nachschub von den großen staatlichen Werkstätten in der zweiten Hälfte des 2. Jahrhunderts ausblieb, gelegentlich sogar schon vorher, versuchten die Barbaren ihre eigenen Spiegel in der Form und mit dem Dekor der bewunderten chinesischen Bronzegeräte herzustellen. In vielen Fällen können die sogenannten Imitationsspiegel, die *hō sei kyō* der japanischen Archäologen[170], leicht erkannt werden, obwohl nicht alle vergröberten Versionen der Standardtypen notwendigerweise Imitationen sind. Es gibt eine große Anzahl kleiner Spiegel der späteren Han-Zeit[171] und der Zeit der Drei Königreiche von so schlechtem Guß und so grobem Dekor, daß sie selten gesammelt und außer in jüngsten Publikationen kaum je abgebildet wurden. Da sie sehr billig waren, müssen sie von den Barbaren sehr gesucht gewesen sein. Ich habe einen Spiegel aus Kenkol unter die *chang-i-tzŭ-sun*-Spiegel gereiht, obwohl er statt der vier Schriftzeichen *chang-i-tzŭ-sun* kleine Kreise zwischen den Blättern der Vierblättrigen Pflanze hat. Man könnte argumentieren, daß die Barbaren die Schriftzeichen, die für sie keine Bedeutung hatten, in Ornamente umwandelten. Es sind aber identische Spiegel aus eindeutig chinesischen Gräbern bekannt[172].

Die Imitationen von Han-Spiegeln variieren hinsichtlich ihrer Qualität sehr stark. In Japan sind sie in der Regel gut gegossen; ihr Dekor, der vom Original bald leicht, bald drastisch abweicht, kündigt oft den Durchbruch der heimischen Eigenart an. In Korea lassen sich die früheren Imitationen kaum von chinesischen Spiegeln unterscheiden, sie wurden aber bald gröber und dicker; ihr Dekor hat mit den Prototypen immer weniger gemeinsam. Die am wenigsten veränderten Imitationen kommen aus den Oasenstädten in Hsin-chiang; nur die Vereinfachung der Dekoration verrät sie. Während diese drei Gruppen, besonders die japanische, oft studiert wurden, ist sehr wenig über die weiter im Westen gefundenen Imitationsspiegel bekannt. Möglicherweise sehen einige der aufgezählten Spiegel nur in den unzureichenden Abbildungen original chinesisch aus. Manchmal hat der Ausgräber die Nachahmung nicht erkannt. Ein Spiegel aus dem Kurgangräberfeld Kok-el in Tuva[173] ist, wie der merkwürdige Dekor zeigt, höchstwahrscheinlich ein *hō sei kyō*.

Im 2. und 3. Jahrhundert wurden chinesische Spiegeldekorationen auf die sogenannten Spiegelanhänger der Sarmaten übertragen. Diese Anhänger sind in den Steppen zwischen der Wolga und der unteren Donau vom 1. Jahrhundert v. Chr. bis zum 4. Jahrhundert n. Chr. weit verbreitet. Die kleinen Bronzescheiben, die gelegentlich auf der glatten Seite versilbert sind und manchmal einen hohen Zinngehalt aufweisen, wurden an einer Schnur, die durch ein perforiertes Rechteck oder Quadrat an der Oberkante lief (Tafel XXVII/88)[174], um den Hals getragen. Manche Spiegel haben statt des Rechtecks einen kurzen flachen Zapfen (Tafel XXVI/59)[175], an dem ein Griff aus Holz, Bein oder Horn angebracht werden konnte. Bei beiden Varianten sind die Ornamente, die aus erhabenen Linien bestanden, gleich.

Der Ursprung des Spiegelanhängers ist umstritten. Rau war der Meinung, daß er vom Kaukasus her in die Steppen gelangte[176]; er tauchte aber in beiden Gebieten etwa zur selben Zeit auf[177]. Chazanov verfolgt die Spuren des Spiegelanhängers bis nach Sibirien; allerdings haben die Spiegel, auf die er sich bezieht[178], tierförmige Griffe[179]. Die frühesten unverzierten Spiegelanhänger haben sich in Wu-sun-Gräbern des 3. oder 2. Jahrhunderts v. Chr. gefunden[180]. Es interessiert uns aber weniger die Herkunft der Spiegelanhänger als ihr Dekor, vor allem aber eine Gruppe aus dem Gebiet der unteren Wolga und dem nordwestlichen Kaukasus.

Die Fundorte sind

- das Gräberfeld in Susly in der ehemaligen Deutschen Wolgarepublik (Tafel XXVII/86[181] und 87[182]).
- Alt-Weimar (heute Staraja Ivancovka), Kurgan D 12 (Tafel XXVII/89)[183].
- Kurgan 40 in Berežnovka am unteren Jeruslan, einem linken Nebenfluß der Wolga (Tafel XXVII/82)[184].
- Kurgan 23 im Gräberfeld der Tria Brata bei Elista in der autonomen Kalmückischen SSR (Tafel XXVII/83)[185].
- Das Gebiet der unteren Wolga (Tafel XXVII/84)[186].
- Ein Katakombengrab in Alkhaste in Čečeno-Ingušetija im nordöstlichen Kaukasus (Tafel XXVII/85)[187].

Was diese Gruppe von Spiegeln von den anderen trennt, ist zunächst der Randstreifen, ein Band, das mit radial verlaufenden Linien gefüllt ist. Rau leitete das Motiv aus dem Kaukasus her, wo es auf einem Antimon-Medaillon aus der frühen Eisenzeit begegnet, und verfolgte es bis in mykenische Zeiten zurück. Ein so einfaches Motiv kann überall und zu allen Zeiten entstehen, und es kann bloßer Zufall sein, daß es sich auf kleinen sarmatischen und auf kleinen chinesischen Bronzespiegeln aus etwa derselben Zeit findet. Solche Streifen, die das Feld in der Mitte kreisförmig umschließen, sind von chinesischen Spiegeln vor, in und nach der Han-Zeit bekannt. Es ist jedoch bemerkenswert, daß es Imitationsspiegel gibt, deren ganzer Dekor aus zwei Bändern besteht, einem mit radialen Linien und einem anderen mit Hundezahnornamenten[188]. Der Spiegel von Berežnovka hat *zwei* konzentrische Bänder. Auch das wäre nicht besonders bemerkenswert, wenn die Striche im äußeren Band nicht schräg wären, was allen anderen sarmatischen Spiegeln fremd ist. Weder die Herstellungstechnik eines Spiegels noch seine Form noch irgendein anderer denkbarer Grund gibt eine ausreichende Erklärung für die Kombination eines Vierecks in der Mitte mit einem gerillten Band rundherum, wie wir es auf diesen sarmatischen Spiegeln finden. Die Wahrscheinlichkeit, daß die Identität mit den Vierecken und den gleichen Randstreifen auf hunderten von chinesischen TLV-Spiegeln dennoch bloß zufällig ist, ist sehr gering. Sie wird gleich

Null, wenn wir sehen, daß der sarmatische Handwerker einen kleinen Knopf in die Mitte des Vierecks setzte. Dieser Knopf hat keinerlei Funktion, keinen ästhetischen Wert. Er ist die Nachahmung des perforierten Knopfes auf den Han-Spiegeln.

TLV-Spiegel wurden in Japan, in Korea und im Westen Chinas nachgeahmt. Auf einem Spiegel von Lou-lan (Tafel XXVI/76)[189] blieb nur der Querstrich des *T* übrig; *L* und *V* sind verschwunden. Auf einigen japanischen Imitationsspiegeln fehlt TLV überhaupt. Der japanische Handwerker, dem die Inschriften auf den chinesischen Spiegeln nichts bedeuteten, änderte sie zu Phantasiegebilden, behielt aber Hundezahn, Zickzack und die Radiallinien des Randstreifens bei. Die Sarmaten vergröberten die chinesischen Muster noch viel radikaler, ließen sie aber immer noch erkennen. Es wäre unfair, einen der sarmatischen Spiegel einem der feinen chinesischen TLV-Spiegel zur Seite zu stellen. Sie sollten eher mit den kleinen chinesischen Spiegeln verglichen werden, bei denen der Dekor ebenso radikal vereinfacht wurde wie z. B. bei zwei kürzlich in Lo-yang gefundenen Spiegeln: Beide verloren das Viereck in der Mitte und die *L* und *V* (Tafel XXV/75; XXVI/77)[190]. Auf einem von ihnen besteht das *T* nur aus Strichen, und die hundert und mehr Radiallinien im Randstreifen guter TLV-Spiegel sind so weiträumig gesetzt, daß sie jenen auf den sarmatischen Spiegeln nahekommen.

Die Sarmaten übertrugen nicht nur chinesische Muster auf die Spiegelanhänger, sie verfertigten auch Spiegel in direkter Nachahmung von Bronzespiegeln der Han-Zeit. Werner war der erste, der die Bedeutung der, wie er sagte, *östlichen Nomadenspiegel* für die Erforschung der Hunnen erkannte[191]. Es sind das Scheiben aus Weißbronze mit Öse oder durchlöchertem Knopf an der Rückseite zur Befestigung der Schnur, die zum Halten diente. Die Dekoration besteht aus verschiedenen Mustern in erhabenen Linien. Mit wenigen Ausnahmen und im Gegensatz zu den mannigfaltigen und oft anmutigen Ornamenten auf den Spiegelanhängern ist der Dekor monoton: zwei oder mehr konzentrische Kreise, durch Linien getrennt, die radial vom Mittelpunkt ausgehen, gelegentlich mit Punkten in den auf diese Weise gebildeten Feldern; auf späteren Spiegeln läuft eine Zickzacklinie zwischen den Kreisen. Rau nannte die Gruppe „Sibirio-chinesisch“[192], Chazanov ordnet sie als Gruppe X unter die sarmatischen Spiegel ein[193]. Ich werde sie kurz Ösenspiegel nennen.

Werner unterscheidet vier Arten der Dekoration. Die früheste wurde angeblich auf vier Spiegeln aus Možary, Susly, Atkarsk und Tanais[194] gefunden. In Wirklichkeit besteht die „Možary“-Gruppe nur aus zwei Spiegeln. Der eine von Atkarsk gehört zu einem anderen Typus, und den Spiegel von Susly gibt es nicht. Weder Rykov, der das Gräberfeld erforschte, noch Pater Beratz, der drei Kurgane darin ausgrub, wissen etwas von einem solchen Spiegel. Die Zeichnung im Artikel Merperts[195] ist vom Možary-Spiegel genommen; Merpert hat seine Aufzeichnungen durcheinandergebracht. Im Jahre 1963 veröffentlichte Chazanov weitere Spiegel vom Možary-Typus, aber der beste und bedeutendste der Gruppe bleibt der Spiegel aus Možary (Durchmesser 7,4 Zentimeter) selbst, der oft abgebildet[196] und zwischen das 1. und 4. Jahrhundert datiert wurde (Tafel XXVI/80)[197]. Er wurde von Bauern gefunden, die in einem Kurgan am Berg Možary in der Nähe der Ansiedlung Kotova im Distrikt Kamyšin, Gouvernement Saratov, später *oblast'* Stalingrad, heute Wolgograd, ein wenig Grabräuberei betrieben. Erst nachdem I. Berchin den ganzen Fund publiziert hatte[198] — er befindet sich jetzt in der Eremitage —, konnte er richtig gewertet werden. Man kann in geringfügigen Details anderer Meinung sein als Berchin, aber das Datum, das er nach gründlichem Studium festsetzte, ist nicht länger zweifelhaft: es ist der Beginn des 3. Jahrhunderts[199]. Da der Spiegel offensichtlich geraume Zeit in Gebrauch stand, kann er nicht viel später als etwa 200 n. Chr. hergestellt worden sein.

Werner lehnte die Möglichkeit ab, daß die Muster auf den Ösenspiegeln irgend etwas mit den „künstlerischen Ornamenten" der chinesischen Spiegel zu tun haben könnten; Chazanov möchte es nicht gänzlich ausschließen. Wie Rau vor ihnen meinen die beiden Archäologen, daß die Muster auf den Ösenspiegeln von den Spiegelanhängern übernommen wurden. In einigen Fällen mag das stimmen; im ganzen gesehen aber haben die beiden Gruppen miteinander sehr wenig gemeinsam. Kein Ösenspiegel hat ein Tamga oder eine Swastika oder irgendeine der geistreichen Musterkombinationen auf den Spiegelanhängern.

Berchin und Solomonik versuchten das Muster auf dem Možary-Spiegel zu deuten. Berchin hielt die „Bäume" auf dem Viereck für eine mögliche Reflexion des Kultes des Lebensbaumes, was nicht gerade überzeugend ist[200]. Solomonik sprach von „Vogelkrallen"[201], wobei sie durch die Anführungszeichen zu erkennen gab, daß dieser Ausdruck rein beschreibend gedacht war. Sie führte einen Spiegel von Krasnodar und einen anderen aus Kosino in der Slowakei an (Tafel XXVI/78)[202]. Im Krasnodar-Spiegel sah sie die Kombination einer Swastika mit „Vogelkrallen", dasselbe auf Spiegelanhängern vom Dnjepr und der Wolga (Tafel XXVII/90). Die Ähnlichkeit zwischen den „Vogelkrallen" am Spiegel aus Kosino und den „Bäumen" auf dem Možary-Spiegel ist nicht zu leugnen. Doch wiegen die Unterschiede zwischen den slowakischen und den Kuban'-Spiegeln auf der einen und dem Možary-Spiegel auf der anderen Seite bei weitem die Ähnlichkeiten auf. Die ersten beiden Spiegel haben weder einen Rand mit radialen Linien noch ein Viereck in der Mitte[203].

Die Zeichnung auf dem Možary-Spiegel bleibt für westliche Archäologen ein Rätsel. Japanische Archäologen haben dieses Rätsel bereits vor langer Zeit gelöst. Schon 1925 schrieb Umehara: „Jeder, der dieses Muster sieht, muß sicherlich zum Schluß kommen, daß es sich dabei um eine äußerst rohe Nachahmung der beliebten TLV-Spiegel handelt."[204] Mizuno und Egami reihten den Možary-Spiegel unter die westlichen Imitationsspiegel. Der sarmatische Handwerker formte vielleicht die Linien auf Spiegeln wie dem von Lo-yang (Tafel XXVI/77) zu „Vogelkrallen" um, im übrigen aber kopierte er das chinesische Muster so gut er konnte.

Noch stärker vereinfachte Imitationsspiegel dieses Typus, ohne den „Baum", wurden in Blumenfeld und Char'kovka im Gebiet der unteren Wolga gefunden[205]. Bei Spiegeln aus Norka (Tafel XXVI/81)[206] und Kalinovka[207] blieb vom ursprünglichen Dekor nur noch der Rand mit den Radiallinien.

Der Einfluß von chinesischem Spiegeldekor auf nichtchinesische Spiegel vor und nach dem uns interessierenden Zeitraum würde eine spezielle Studie verdienen. Die Einkerbungen auf einem Spiegel mit einem langen seitlichen Griff aus T'ukova in der Nähe von Tobol'sk[208] beispielsweise sind ohne Zweifel von westlichen Han-Spiegeln, Karlgrens Typus *k*[209], kopiert. Sogar die Muster auf anderen Metallgegenständen verraten gelegentlich ihre Herkunft von chinesischen Spiegeln. Eine gepreßte Bronzeplatte im Grab späterer Nomaden in Akkermen[210] sieht fast wie ein „Hundert-Nippel"-Spiegel aus.

Obwohl sich die vorliegende Untersuchung nicht mit dem Ursprung des skythischen und sarmatischen Ösenspiegels befaßt, möchte ich doch bemerken, daß diese letzten Endes auf chinesische Spiegel zurückgehen. Die frühesten chinesischen Ösenspiegel sind mindestens ein halbes Jahrtausend älter als jene der Skythen[211]. Es ist kaum Zufall, daß der früheste datierbare sarmatische Ösenspiegel, der Možary-Spiegel, ein Imitationsspiegel ist. Unverzierte Ösenspiegel, möglicherweise die Vorgänger der sarmatischen Ösenspiegel, wurden in Zentralasien ausgegraben. Werner weist auf einen hin, der im Tien Shan von A. N. Bernštam gefunden wurde, der das Grab zwischen das 4. und das 3. Jahrhundert v. Chr. datierte[212]. Andere wurden im oberen Irtyš-Tal[213], demČu-Tal in Kirgisien[214] und in Westsibirien[215] gefunden. Sie wurden in das 6. oder zwischen das 6. und das 4. Jahrhundert datiert, können aber sehr gut auch jünger sein, freilich nicht viel. Aber es gibt auch einfache chinesische Spiegel der Vor-Han-Zeit, sie sind aber wenig bekannt. Die Sammler, die an schönen Mustern und Inschriften interessiert sind, schenkten ihnen keine Aufmerksamkeit. In den letzten Jahren wurden solche Spiegel in Ch'ang-sha[216], Hsi-an[217] und Ch'eng-tu[218] ausgegraben. Jene aus Hu-nan wurden versuchsweise zwischen das 7. und das 4. Jahrhundert datiert. Ihre Verwandtschaft mit den einfachen Spiegeln der westlichen Barbaren bedarf weiterer Untersuchungen.

Dieser Überblick zeigt wieder einmal, wie stark der Einfluß der Zivilisationen Zentralasiens, ihrerseits im Kontakt mit China, auf die Sarmaten war. Spiegel des Možary-Typs waren an der unteren Wolga in der spätsarmatischen Periode ziemlich gebräuchlich. Sie stellen die früheste Phase in der Entwicklung der sarmatischen Ösenspiegel dar und sind Vorläufer des Typus, den Werner nach dem östlichsten und westlichsten Fundort, Čmi im Kaukasus und Brigetio an der Donau, den Čmi-Brigetio-Typus nennt. Sein Dekor besteht aus einem Kreis in der Mitte und radialen Linien zwischen diesen und dem Rand. Der Typ Berezovka-Carnuntum ist typologisch mehr entwickelt, gehört aber im ganzen gesehen in dieselbe Zeit wie Čmi-Brigetio. Später, aber wiederum nicht viel später, ist der Typus Karpovka-St. Sulpice einzuordnen.

Auf der Grundlage der reichen Evidenz, die er aus oft recht entlegenen Publikationen gesammelt hatte, zeigt Werner, daß sich die Ösenspiegel aller drei Typen vom Osten nach Westen verbreiteten, wie es auch die Hunnen taten. Keiner der Spiegel ist seiner Meinung nach in die Zeit vor

400 n. Chr. zu datieren. Ihre Träger waren vermutlich die Hunnen, von denen ihre germanischen Untertanen die Spiegel übernahmen.

Funde aus letzter Zeit sind mit Werners Annahme unvereinbar. Čmi-Brigetio-Spiegel finden sich bereits im 3. Jahrhundert in sarmatischen Gräbern. Einer wurde in einem Grab der *stanica* Voroženskaja im Kuban'-Gebiet gefunden, das nach seinen Beigaben zu schließen — unter anderem eine Amphora —, in das 3. Jahrhundert datiert werden muß[219]. Die Sarmaten in den Nekropolen von Phanagoria und Tanais wurden vor den siebziger Jahren des 4. Jahrhunderts gemeinsam mit ihren Čmi-Brigetio- und einfachen Ösenspiegeln[220] begraben. Die Hunnen haben die Černjachov-Zivilisation ausgelöscht, daher wurde der Čmi-Brigetio-Spiegel im Černjachov-Gräberfeld in Vorochtanskaja Ol'šanka südwestlich von Kiew[221] vor dem Hunnensturm gegossen. Ein „flacher", das heißt unverzierter Spiegel von 7,5 Zentimeter Durchmesser, der ursprünglich eine Öse auf der Rückseite hatte, wurde in einem Gebäude in Toprakkala in Choresm[222] gefunden; er ist spätestens in die Mitte des 3. Jahrhunderts zu datieren[223]. Werner hat recht: Die Ösenspiegel kamen mit den Hunnen nach Westen. Sie waren aber keine hunnischen Spiegel. Sie waren die Spiegel von Sarmaten, die sie lange vor den Hunnen hatten. Wir können sogar noch genauer sein: Sie waren die Spiegel der östlichen Sarmaten, die die Hunnen zwangen, sich ihnen östlich des Don anzuschließen, und jener, mit denen sie sich am Don verbündeten.

Diese kleinen Bronzespiegeln gestatten eine Antwort auf eine selten gestellte Frage. Wo haben die Hunnen die Karpaten auf ihrem Weg nach Ungarn überschritten? Einige Horden ritten vielleicht über die Pässe in den Südkarpaten nach Transsylvanien und von dort in die Ungarische Tiefebene. Aber dieser Weg wäre für Reiter, die höchstwahrscheinlich von ihren Wagen begleitet wurden, schwierig gewesen. Im Laufe seiner Geschichte wurde Ungarn wiederholt vom Nordosten her durch das Tal der oberen Theiß von Invasionen heimgesucht, nämlich über Kolomyja → Jablonica-(Tataren-)Paß → Sighet (Sziget) → Khust (Huszt). Die Hunnen und ihre alanischen Verbündeten wählten diese Route.

Ilona Kovrig, die die Verbreitung der Spiegel vom Typus Čmi-Brigetio und Berezovka-Carnuntum südlich und westlich der Karpaten untersuchte, bemerkte, daß sie beinahe mit der Verbreitung von künstlich deformierten Schädeln zusammenfiel[224]. Ösenspiegel wurden in einigen Gräbern gemeinsam mit deformierten Schädeln gefunden. Eine Gruppe von Spiegeln, die gemeinsam mit Silberfibeln gefunden wurde, ist im Tal der oberen Theiß ziemlich dicht vertreten, eine andere erstreckt sich nördlich des Donauknies bei Waitzen bis Wien. Im Vergleich zu diesen beiden Gruppen ist die Anzahl von Ösenspiegeln im Donautal und in der Großen Ungarischen Tiefebene unbedeutend. Aus dieser Verteilung zog Kovrig den Schluß, daß der größere Teil der Volksgruppen, die die Spiegel nach Ungarn brachten, wahrscheinlich in einigen Wellen über die Pässe der nordöstlichen Karpaten kamen. Diese Annahme wird durch das Fehlen von Spiegelanhängern in Ungarn gestützt. Andererseits sind diese Anhänger für die spätsarmatischen Gräber in Rumänien charakteristisch, in denen keine Ösenspiegel vorkommen. Wenn die Hunnen und ihre Verbündeten und Untertanen vom Südosten gekommen wären, hätten sich die Sarmaten in den rumänischen Ebenen unter Zwang oder freiwillig ihnen angeschlossen. Aber kein einziges Grab aus dem 5. Jahrhundert in Ungarn enthält einen Spiegelanhänger.

Nun können wir einen Schritt weiter gehen. Im 3. Jahrhundert waren die Ösenspiegel sarmatisch. In Ungarn fehlten sie noch immer fast völlig im hunnischen Kernland östlich der Donau. Mit anderen Worten: Die Hunnen übernahmen sogar zu einer Zeit, in der sie eng mit den Alanen zusammenlebten, die sarmatischen Spiegel nicht. Das bedeutet natürlich nicht, daß bloß Sarmaten sie besaßen. Es ist unwahrscheinlich, daß alle hunnischen Frauen es aus Nationalstolz ablehnten, in einen Ösenspiegel zu schauen. Der eine in Straže in der Slowakei[225] gefundene kommt aus einem Grab, in dem ein Mensch von gemischt europäid-mongoloider Rasse bestattet worden war. Viele Gräber aus dem 5. Jahrhundert mit Ösenspiegeln waren germanisch. Wenn Goten und Gepiden in Ungarn die sarmatische Sitte übernahmen, konnten sich die Hunnen nicht für immer davon ausschließen[226]. Dennoch fügt es sich, daß Gräber mit Ösenspiegeln nicht hunnisch sind. Wir haben ein anderes Kriterium gewonnen, um hunnische und nichthunnische Funde zu trennen.

Die Beobachtung, daß viele Ösenspiegel absichtlich zerbrochen wurden, als man sie ins Grab legte, gab Archäologen Anlaß zu allen möglichen Spekulationen[227]. Die Fülle ethnographischer Parallelen und das Fehlen einer wenigstens relativ konstanten Verbindung dieser Sitte mit anderen Charakteristika des archäologischen Materials sprechen für die Zwecklosigkeit dieser oft geistreichen und gelehrten Betrachtungen.

PERSÖNLICHER SCHMUCK

Goldplättchen auf Kleidungsstücken

Zu Attilas Zeit und lange vor ihm war im Barbaricum die Sitte weit verbreitet, kleine Goldplättchenpressungen an Kleidungsstücke zu nähen. Es ist weder unsere Aufgabe, diese Sitte bis an ihren Ursprung zurückzuverfolgen, noch zu erforschen, wer in jedem Fall der gebende und der übernehmende Teil war. Vielleicht übernahmen die Vandalen in der Slowakei[228] diese Mode von den Jazygen[229] und brachten sie nach Afrika[230], wenn auch einzelne Plättchen, die dort gefunden wurden, alanisch sein können. Die Kuschan, die sich Rosetten und kleine Ringe an ihre Mäntel nähten, imitierten möglicherweise die Parther[231]; die Plättchen auf den Mänteln der Adeligen in parthischer Kleidung in Hatra[232] sind ohne Zweifel aus Gold, und in Sirkap wurden kleine Goldrosetten in einer parthischen Schicht gefunden[233]. Doch können sowohl die Kuschan als auch die Parther unabhängig voneinander einer alten zentralasiatischen Sitte gefolgt sein. In einem Grab in Kyzyl-kyr in der Oase Buchara, das zwischen dem 3. und

2. Jahrhundert v. Chr. zu datieren ist, lagen neunzig kleine halbkugelförmige Goldplättchen auf der Brust einer Frau[234].

Die Sitte ist für die Sarmaten bereits in der sauromatischen Periode[235] gut bezeugt, auch für die Skythen (vgl. z. B. die Plättchen im Častyje-Kurgan)[236] und in Choresm[237]. In der mittelsarmatischen Periode hat man von der Wolga (Kalinovka[238], Berezovka[239]) bis zur Ukraine (Svatova Lučka und Selimovka)[240] Kleidungsstücke mit Goldplättchen verziert. Die Kleidung einer Frau in einem spätsarmatischen Grab in Wiesenmüller (Lugovoje) am Jeruslan war reich mit Gold- und Silberplättchen geschmückt[241]. Solche Plättchen kennt man ebenso von den möglicherweise hunnischen Gräbern in Šipovo[242] und Novogrigorjevka[243].

Zu dem zweifellos hunnischen Fund aus Szeged-Nagyszéksos gehören 26 Elektronplättchen und 17 Fragmente[244]. Sie sind rechteckig; eine mit Perlen verzierte Fassung umschließt vier dreieckige Flächen, die in der Mitte zusammenstoßen; die Ecken sind durchbohrt. Die hunnischen Plättchen gleichen jenen von Pusztabakod und von Karthago[245]. Wie die Ähnlichkeit, manchmal sogar völlige Gleichheit der Goldplättchen im 4. und 5. Jahrhundert von einem Ende des Barbaricums zum anderen beweist, handelt es sich dabei um Produkte aus römischen Werkstätten, die die gleiche Technik und dieselben Formen verwendeten. Unter den Plättchen auf dem Gewand der germanischen oder alanischen Dame aus Airan in der Normandie[246] gleichen einige genau den Plättchen von Novogrigorjevka[247]; andere haben Gegenstücke in Papkezsi in Ungarn[248] und in Panticapaeum[249]. Mit anderen Worten: die Hunnen folgten im 5. Jahrhundert einer „internationalen“ Mode[250].

Stickerei

„Im Haus der Königin Ereka saßen Dienerinnen auf dem Boden vor ihr und bestickten farbig feines weißes Leinen als Schmuck für die Kleider der Barbaren.“[251] Kugelförmige, zylindrische und flache Glasperlen zum Besticken sind aus den meisten mittel- und spätsarmatischen Frauengräbern, sogar den ärmsten, bekannt. Sie waren alle importiert. Sie wurden auf die Schuhe, den Unterteil der Hosen, die Ärmel und den Kragen des Rockes genäht[252]. Im Grab F 16 im *chutor* Schulz (heute *sovchoz* Krasnyj Oktjabr’) am Torgun lagen fast siebenhundert meist grüne und blaue Perlen zu Füßen einer Frau[253]; an der gleichen Stelle lagen sie auch im Grab 3 im Gräberfeld Bel’bek II auf der Krim aus dem 2. oder 3. Jahrhundert[254]. In einigen Fällen — wie in Pazyryk[255] — konnten auch die Schuhsohlen bestickt gewesen sein; die Frau saß im Türkensitz auf dem Boden.

Hunnen und Sarmaten teilten ihre Vorliebe für bunte Kleidungsstücke mit vielen nördlichen Barbaren. Auf die Seidengewänder in den Hsiung-nu-Gräbern von Derestui waren Perlen aus Karneol, Jaspis, vergoldetem Glas, Kalkstein und Glaspaste genäht[256]. In Noin Ula wurden sehr kleine durchbohrte Pyritkristalle gefunden, die ursprünglich auf Stoff oder Leder geheftet waren[257].

Perlen

Wie ihre sarmatischen Schwestern trugen die hunnischen Frauen Halsketten und Armbänder, vielleicht auch Fußspangen aus Perlen verschiedensten Materials: aus Koralle, Karneol, Perlmutter, Quarz, Pyrit, Lapislazuli, aus ägyptischer Glaspaste, Bernstein und Lignit, aber auch aus Stein und Ton[258]. Nur die beiden letzten waren Eigenprodukte; die anderen kamen aus allen Teilen des Römischen Reiches, aus Persien[259], Choresm[260], Indien[261], auch aus dem Barbaricum selbst. Um das 5. Jahrhundert kam ein Gutteil des Bernsteins, den man zu Perlen verarbeitete oder für Einlegearbeiten verwendete, von den Ufern des Dnjepr und anderen Orten in der Ukraine[262]. Lignit[263] scheint vom Kaukasus importiert worden zu sein, wo Lignitperlen sehr häufig vorkommen. Armbänder und Halsketten aus Bernstein, Glas und Halbedelsteinen wurden überall in den nördlichen Steppen getragen, im Osten bis nach Tuva und in die Äußere Mongolei[264].

VIII. RASSE

Die folgende Studie beruht zum Großteil auf paläoanthropologischem Material[1]. Für den Leser, dem man bis jetzt soviel zugemutet hat, was nur mehr oder weniger begründete Vermutung war, muß es eine Erleichterung bedeuten, nun von exakten Messungen zu hören. Das Datum einer Schlacht mag umstritten sein, aber der Nasomalarwinkel und die simotische Höhe eines Schädels stehen immer fest. Und doch sind die vielen hundert Seiten und die Abertausende von Zahlen, mit denen uns die Paläoanthropologen überschwemmen, für historische Studien von geringem Wert, wenn sie nicht durch literarische und archäologische Zeugnisse ergänzt werden. Selbst wenn beispielsweise die Zahl der Schädel aus den Gräbern des 13. Jahrhunderts zwischen den Flüssen Kerulen und Wolga zwanzigmal so groß wäre, als sie jetzt ist, würden sie uns nichts bei der Rekonstruktion der Feldzüge des Dschingis-Khan, Batu und Subotai nützen. Mongoloide Schädel des paläosibirischen Typus in den Awarengräbern in Ungarn beweisen, daß eine Gruppe der aus mehreren Rassen zusammengesetzten Horden aus Nordostasien kam, sie können uns aber nicht darüber Auskunft geben, wann diese mongoloiden Awaren ihre Weiden verließen und auf welchem Weg sie die mittlere Donau erreichten. Das sind nahezu selbstverständliche Einschränkungen, aber der Historiker steht anderen Schwierigkeiten gegenüber, die er erkennen muß, um nicht unrealistische Hoffnungen in paläoanthropologische Studien zu setzen.

Paläoanthropologie ist eine relativ junge Wissenschaft, und ihre Terminologie ist noch im Fluß. Das kann manchmal ziemlich verwirrend sein. Um Beispiele zu geben, die direkt mit unseren Problemen zu tun haben: Nemeskéri betrachtet den „ural-altaischen" oder „suburalischen" Typus als mongoloid[2]; andere Anthropologen weisen ihm eine Position zwischen mongoloid und europoid (oder europäid oder europid; es herrscht nicht einmal Übereinstimmung darüber, wie das Adjektiv lauten soll) zu. Debec' Trennung zwischen dem paläosibirischen und dem Baikal-Typ[3] wird von anderen nicht berücksichtigt. „Südsibirisch" und „turanisch" bedeutet dasselbe, es gibt aber in der sowjetischen Systematik kein Äquivalent für den „tungiden" Typ der ungarischen Anthropologen, obwohl ihr „kurzgesichtiger" mongoloider Typ dasselbe zu sein scheint. Debec' Vorschlag, ihn den Katanga-Typ zu nennen, wurde nicht allgemein angenommen[4].

In der vorliegenden Arbeit wird hauptsächlich paläoanthropologisches Material aus der Sowjetunion erörtert werden, daher halte ich mich an die Terminologie, die in *Osnovy Antropologii* von Roginskij und Levin, und in *Ethnic Origins of the Peoples of Northeastern Asia* von Levin verwendet wurde.

„Großrasse" bezeichnet die drei rassischen Grundeinteilungen der Menschheit: die Negroiden, Europäiden und Mongoloiden; „Rasse" meint die groben Unterteilungen innerhalb der Großrassen. So umfaßt die mongoloide Großrasse unter anderem die nordasiatische, die arktische und die fernöstliche (sinide) Rasse. Innerhalb der Rassen unterscheidet man „Typen", z. B. innerhalb der nordasiatischen Rasse den Baikal- und den zentralasiatischen Typ[5].

Die paläoanthropologischen Erkenntnisse erlauben nur eine teilweise Rekonstruktion der physischen Erscheinung der Menschen. Sie schweigen über vieles, was man gerne wissen möchte: die Farbe der Haut, der Augen und des Haares; die Form der Lippen und Augenlider; die Verteilung des Fettes unter der Haut, um nur einige der Charakteristika zu erwähnen, auf Grund derer wir ohne Schädelmessung eine Unterscheidung etwa zwischen einem Russen aus Vologda und einem Mann aus Madrid treffen können.

Aus mir nicht ganz verständlichen Gründen interessieren sich die sowjetischen Paläoanthropologen ausschließlich oder beinahe ausschließlich für die Schädel. Das ist um so bedauerlicher, als die Statur oft von beträchtlicher Bedeutung für eine rassische Diagnose ist. Um ein Beispiel zu nennen: Die Gräber im Kurgangräberfeld von Šipovo nehmen eine bedeutende Stellung in den Arbeiten über die Hunnen ein. Der Inhalt der Kurgane 2 und 3 wurde von Minajeva minuziös beschrieben[6]. Maslovski vermaß sorgfältig den Schädel aus dem Kurgan 3[7]. Aber nur Rykov gab die Länge der Skelette an. Die Frau im Kurgan 2 maß 1,76 Meter, der Mann im Kurgan 3 1,70 Meter; der Mann im Kurgan 2 hatte die imposante Größe von 1,85 Meter[8]. Diese Leute konnten keine Hunnen sein, die, wie Jordanes sagte[9], *exigui forma*, von kleinem Wuchs, waren.

Bei der Bewertung von paläoanthropologischem Material darf man weiters die Tatsache nicht aus den Augen verlieren, daß die Rekonstruktion der Rassengeschichte der eurasischen Steppen auf einer schmalen Grundlage ruht. Nach Angabe des *Han shu* betrug die Zahl der Wu-sun 630 000[10]; das ist natürlich zu genau; wer konnte sie gezählt haben? Doch lag die richtige Zahl wohl in der Nähe einer halben Million. In den fünf Jahrhunderten, durch die wir die Geschichte dieses Vokes verfolgen können, lebten etliche Millionen von Wu-sun. Aber bis heute wurden nicht einmal zweihundert ihrer Schädel gefunden. Im Jahre 71 v. Chr. nahmen die Wu-sun 39 000 Hsiung-nu gefangen[11]. Wo sind ihre Schädel? Um das Jahr 150 v. Chr. mußte die chinesische Prinzessin Hsi-chün aus politischen Gründen einen Wu-sun-König heiraten[12]. Sie kam mit etlichen hundert Dienern und Eunuchen zu seinen Zelten[13]. Es war pures Glück, daß in den Wu-sun-Gräbern wenigstens ein chinesischer Schädel gefunden wurde.

Man darf schließlich nicht übersehen, daß die Gräber nur sehr selten so genau datiert werden können, wie es dem Historiker lieb wäre. Der Schädel im Kurgan 12 in Kurgak im Alaj ist künstlich deformiert (vgl. die Musterbeispiele auf Tafel XXVIII/91—93)[14]. Bernštam datierte das Grab in das 3. Jahrhundert v. Chr. Damit brachte er Ginzburg in Verlegenheit, da man annahm, daß die Schädeldeformation gleichzeitig mit dem Kommen der Hunnen im 1. Jahrhundert v. Chr. auftrat. Also nannte er dieses vorzeitige Auftreten ein Echo *(otgolosok)* der Verbindungen des Kurgak-Volkes mit den Hunnen[15], obwohl ein Echo ja nicht dem Laut vorangehen kann. Später änderte Bernštam seine Ansicht und datierte den Kurgan an den Beginn unserer Zeitrechnung[16]. Vielleicht hatte er diesmal recht, vielleicht auch nicht. Ich möchte nicht mißverstanden werden. Die paläoanthropologischen Beiträge zur Hunnenforschung können nicht hoch genug eingeschätzt werden, man darf aber die ihnen anhaftenden Unsicherheiten nicht übersehen. Diese Unsicherheiten lassen sich etwas reduzieren, wenn uns schriftliche Quellen zu Hilfe kommen. Ihnen wenden wir uns nun zu.

Es gibt vier Beschreibungen vom Aussehen der Hunnen. Die erste und früheste, von Ammianus Marcellinus[17] im Winter 392/393 geschrieben, wurde von Hieronymus[18] und Claudian[19] paraphrasiert. Die zweite stammt vom gallischen Autor Sidonius Apollinaris. Obwohl einige seiner Ausdrücke von Claudian übernommen wurden, beruht seine Beschreibung der Hunnen auf Autopsie[20]. Das dritte Bild dieses Volkes zeichnete Jordanes[21], der Hunnen in der oströmischen Armee gesehen haben mußte. Sein Porträt Attilas[22] geht jedoch über Cassiodorus auf Priscus, unsere vierte Quelle, zurück. Da der König „Zeichen seiner Herkunft verriet", können wir das, was Priscus von ihm sagte, als die rassischen Charakteristika der Hunnen nehmen[23].

Die Beschreibung Ammians beginnt mit einem merkwürdigen Mißverständnis: „Da die Wangen der Kinder mit dem Eisen gleich nach ihrer Geburt tief durchfurcht werden, damit der Haarwuchs, wenn er auftritt, durch die runzeligen Narben gehemmt wird, altern sie ohne Bärte und ohne jede Schönheit wie Eunuchen." Das wurde von Claudian und Sidonius wiederholt und von Cassiodorus neu interpretiert. Ammians Erklärung für die dünnen Bärte der Hunnen ist falsch. Wie so viele andere Völker „fügten sich die Hunnen Wunden als Zeichen des Grames zu, wenn ihre Verwandten starben".

Ammianus interpretierte nicht bloß diese hunnische Sitte falsch; seine Beschreibung der Hunnen als bartlos steht im Widerspruch zu Priscus. Ammianus mag gelegentlich einen hunnischen Söldner gesehen haben; in der Hauptsache war er auf seine gotischen Informanten angewiesen. Priscus hingegen machte persönlich die Bekanntschaft Attilas, seiner Söhne, seiner Onkel und vieler hunnischer Würdenträger. Attila, schrieb Priscus, hatte einen schütteren Bart, *rarus barba*. Einem Römer des 5. Jahrhunderts, in einer Zeit also, da der Bart als Zeichen der Männlichkeit gewertet wurde, *indicium virilitatis*, wie Hieronymus sagte[24], mögen die Bärte der Hunnen spärlich erschienen sein. Aber Attila sah nicht wie ein Eunuch aus. Sein dünner Bart war nicht notwendigerweise ein rassisches Charakteristikum, ein Kennzeichen der mongoloiden Rasse, wie behauptet wurde, nicht mehr als der spärliche Bart von Mynheer Pepperkorn in Thomas Manns *Zauberberg*. Die bestimmt europäiden Skythen wurden oft mit dünnen Bärten abgebildet[25]. Außerdem spricht Ammianus von den haarigen Beinen, *hirsuta crura*, der Hunnen.

Daß in den Augen der Römer und Germanen die Hunnen ein häßliches Volk[26] waren, bedeutet nicht viel, und wenn Ammianus sie „mit den roh dargestellten Figuren auf den Pfosten, wie man sie bei Seitenteilen von Brücken verwendet", vergleicht, möchte er offensichtlich die groben Charakteristika der Hunnen betonen. Nur widerstrebend erwähnt er auch zwei Vorzüge der verhaßten Wilden: Sie haben feste, starke Gliedmaßen und, wie Ammians geliebter Kaiser Julian[27], starke Nacken.

Die breiten Schultern und die breite Brust, *scapulis latis, lato pectore* (Iord. *Get.* 182), *insignes umeri, pectora vasta* (Sidon. *carm.* 2 *(paneg. Anth.)* 258) sind für die rassische Diagnose so irrelevant wie die enge Taille, *succincta sub ilibus alvus* (Sidon. *carm.* 2 *(paneg. Anth.)* 259). Die Sitzgröße der Hunnen ist vielleicht von größerer Bedeutung: „Die Gestalt der Fußsoldaten ist von durchschnittlicher Größe, sie ist aber gestreckt, wenn man die Reiter betrachtet. Daher werden sie oft für groß gehalten, wenn sie sitzen." (*Forma quidem pediti media est, procera sed extat, si cernas equites; sic longi saepe putantur, si sedeant;* Sidon *carm.* 2 *(paneg. Anth.)* 260—262). Wie die Hunnen haben auch die Baschkiren mit ihrem beträchtlichen mongoloiden Einschlag einen langen Rumpf und eine starke Muskulatur, sie sind robust und breitschultrig[28]. Aber auch die belgischen Flamen und Wallonen werden als „von mäßig untersetztem Körperbau" beschrieben; „ihre Schultern sind breit, und ihre relative Sitzhöhe ist groß."[29]

Jordanes unterstrich den kleinen Wuchs der Hunnen, *exigui forma* (Iord. *Get.* 128), und ihre dunkle Hautfarbe, *species pavenda nigridinis* (Iord. *Get.* 127); er beschrieb Attila als dunkelhäutig, *teter colore*, und von kleiner Statur, *forma brevis* (Iord. *Get.* 182). Althias, der Kommandant der hunnischen Hilfstruppen in Belisars Armee, war „hager und von nicht großem Wuchs"[30]. Asterius von Amasea bezeichnete die Hunnen als flink und schlank[31]. Aber auch Kaiser Arcadius hatte eine kleine Statur und dunkle Gesichtsfarbe[32]. Ammianus nannte die Perser *subnigri*[33]; Kaiser Valens war *nigri coloris*[34]; desgleichen der ägyptische Philosoph Pamprepius[35], den Hodgkin[36] für einen Neger hielt[37]. Während sich die Hunnen in ihrer Größe und Hautfarbe nicht sehr deutlich von den Römern unterschieden, muß der Unterschied zwischen ihnen und ihren weißhäutigen und hochgewachsenen germanischen und alanischen Untertanen und Verbündeten augenfällig gewesen sein. Die Alanen waren ein hochgewachsenes, blondes Volk[38]. In mittel- und spätsarmatischen Gräbern im Wolgagebiet lagen Männer von 182, 185, 187 und 189 Zentimeter Größe[39].

Nur die Aussagen über die Köpfe und die Physiognomie der Hunnen sind wirklich aufschlußreich. Die Köpfe waren rund und formlos, *informis offa* (Iord. *Get.* 127), „eine runde Masse erhebt sich zu einem kleinen Kopf" (*consurgit in artum* [oder *arcum*] *massa rotunda caput*; Sidon. *carm.* 2 *(paneg. Anth.)* 246 f.); die Augen sind klein und tiefliegend: „kleine Augen, eher Punkte als Lichter" (*minutis oculis, habens magis puncta quam lumina;* Iord. *Get.* 127), „ihr Gesichtssinn liegt in zwei Höhlen unter der Stirn; da die Augen nicht sichtbar sind, kann das Licht, das das Gewölbe des Schädels betritt, kaum die zurücktretenden Augäpfel erreichen" (*geminis sub fronte cavernis visus adest, oculis absentibus acta cerebri in cameram vix ad refugos pervenit orbes;* Sidon. *carm.* 2 *(paneg. Anth.)* 246—249). Die Nase war flach; das geht aus der Beschreibung des Sidonius von der Art, wie die Schädel der Kinder verformt wurden, hervor, und Jordanes, der Priscus zitiert, sagt ausdrücklich, daß Attila eine flache Nase hatte, *semo nasu* (Iord. *Get.* 183).

Das schwach betonte Profil weist gemeinsam mit den kleinen Augen auf eine mongoloide Komponente bei den Hunnen hin. Wie stark sie war, läßt sich nach den wenigen Worten in unseren Quellen nicht bestimmen. Die ausgeprägteren rassischen Merkmale erregen bei einer Mischbevölkerung immer die größte Aufmerksamkeit. Movsēs Dasxuranc'i ignorierte die Europäiden unter den Khasaren und beschrieb das ganze Volk als „eine häßliche, breitgesichtige, wimpernlose Masse"[40]. Die Frauen in der Horde von Kiptschak, schrieb Wilhelm von Rubruck, waren übermäßig fett, „und je kleiner ihre Nasen waren, für um so schöner galten sie"[41]; er war von den flachen, mongolischen Gesichtern so beeindruckt, daß er kein Auge für die Nichtmongolen hatte, die die Mehrheit der Bevölkerung ausmachte[42]. Man darf auch nicht vergessen, daß Ammianus und Jordanes die Hunnen mit solcher Intensität haßten, daß die Wilden, wie immer sie auch ausgesehen haben mögen, als Untermenschen, als Monstren dargestellt werden mußten. Ein Vergleich zwischen den Beschreibungen der Hunnen bei Ammianus und Jordanes und dem, was westliche Chronisten über die Magyaren schrieben, ist aufschlußreich. Für die Deutschen und die Italiener waren die Magyaren „ein monströses Volk, ein schaudererregender Stamm, ein Stamm, grausamer als jegliches wilde Tier" *(monstrifera natio, horrenda gens, gens omni belua crudelior)*. Als Otto von Freising auf seiner Reise ins Heilige Land Ungarn durchquerte, bewunderte er die Geduld Gottes, daß er ein so schönes Land nicht menschlichen Wesen, sondern solchen Monstren gab[43]. Aber Gardīzī, ein unparteiischer Beobachter, nannte die Magyaren stattlich und von angenehmem Äußeren[44].

Ammianus und Jordanes kann man verzeihen, aber welche Entschuldigung haben moderne Autoren, die den Hunnen geschwollene Lippen, Knopfaugen und krumme Beine unterstellen[45]? Eickstedts Fehlübersetzung der lateinischen Texte ist phantastisch; Attila hatte *auseinanderstehende Zähne*, was die Übersetzung von *canis aspersus*, „graumeliert", von seinem Bart gesagt, sein soll[46].

Die Beschreibungen geben ein ziemlich verzerrtes Bild von den Hunnen. Was über andere Steppenvölker Nordeurasiens im 1. Jahrtausend n. Chr. bekannt ist, macht unwahrscheinlich, daß die Hunnen so mongoloid waren wie beispielsweise die Jakuten oder Tungusen unserer Zeit. Viele Hunnen waren Mischlinge. Balamber heiratete eine gotische Prinzessin[47], Attilas letzte Frau hatte den germanischen Namen Ildico[48], der Gepide Mundo war attilanischer Deszendenz[49]. Obwohl wir nichts von alanisch-hunnischen Ehen hören, zeigt der mongoloide Einschlag bei den Alanen der Sapaudia (Savoyen), daß solche Ehen durchaus üblich waren. Der Anführer von Stilichos alanischen Hilfstruppen war ein kleinwüchsiger Mann[50]; unter seinen Vorfahren waren wahrscheinlich Hunnen.

Die meisten großen Gräberfelder der nachhunnischen Jahrhunderte in den Steppen zeigen eine Mischung der Rassen. Das gepidische Gräberfeld in Kiszombor zeigt *ein Rassenkonglomerat, das sich aus den Elementen der nordischen, mediterranen, osteuropiden, turaniden, mongoloiden und paläoasiatischen Rasse zusammensetzt*[51]. Die Gepiden mögen in ihrer skandinavischen Heimat keine reinen Nordmänner gewesen sein, aber es waren keine Mongoloiden unter ihnen; in Ungarn vermischten sie sich mit den Hunnen. In den awarischen Gräberfeldern sind neben den europäiden wenigstens vier mongoloide Typen vertreten: der sinide, der baikalische, der tungide und der jenisseische[52]. Auf dem Gräberfeld von Kjukjal'dy im Tal des Kzyl-Alaj aus dem 6. und 7. Jahrhundert sind Mongoloide sowohl mit breiten als auch schmalen Gesichtern Seite an Seite mit Europäiden des Andronovo- und protomediterranen Typs mit variierendem mongoloidem Einschlag begraben. Sie bezeugen die komplexe Zusammensetzung einiger Gruppen im Westtürkischen Kaganat[53].

Die paläoanthropologische Evidenz zeigt, daß die Hunnen rassisch ähnlich gemischt waren. Als Bartucz 1939 seine fundamentale Arbeit über die Rassen in Ungarn veröffentlichte, kannte er „keinen einzigen Schädel, der völlig zweifelsfrei als hunnisch angesehen werden konnte"[54]. Das gilt noch immer. Die Chancen, daß eines Tages ein Grabstein mit der Inschrift *Hic iacet . . . genere Hunus* und ein guterhaltenes Skelett darunter gefunden werden, sind gering. Indessen ist die Situation nicht so schlimm, wie sie aussieht. Die folgende Liste nichteuropäider Schädel in Gräbern aus der Hunnenzeit ist wahrscheinlich nicht vollständig[55], doch genügt sie für unsere Zwecke:

WIEN-SIMMERING: Schädel eines erwachsenen Mannes. „*Alles deutet darauf hin, daß wir einen Mongolen oder Mongoliden vor uns haben.*"[56]

STRAŽE I in der Nähe von Piešt'any, Slowakei: Frau; E(uropäid) + M(ongoloid)[57].

BENEŠOV V, Bezirk Šurany, Slowakei: Mann; E + M[58].

ADONY, Ungarn: Ein artifiziell deformierter Schädel eines Kindes, der „dem europiden Typus anzugehören scheint". Von den 21 nicht deformierten Schädeln „sind zehn dolichozephal, sechs mesozephal und vier brachyzephal. In einem Fall war es unmöglich, den Index zu bestimmen. Was die Verteilung der Varianten betrifft, ist der europäide Typus durch die nordische, die mediterrane und die ost-europäide Variante vertreten. Im Falle von vier Schädeln haben wir es mit den sogenannten dolimorphen uralaltaischen oder sub-uralischen Varianten des mongoliden Typus zu tun. Die Schädel, die zu diesem Typ gehören, sind durch ein langes und mäßig breites cranium cerebrale (Mesozephalie), durch ein niedriges cranium viscerale, durch eine mäßig gewölbte Stirne sowie durch betonte Augenbrauenwülste charakterisiert."[59]

GYŐR, Széchenyi-Platz, Ungarn: 23 Schädel von einem Gräberfeld inner- und außerhalb eines römischen Lagers. Ein artifiziell deformierter Schädel eines Kindes. „Die Schädel gehören dem europiden und dem mongoliden Typus an, die jeweils durch sechs Schädel vertreten sind. In den restlichen Fällen war keine klare Zuweisung zu Typen möglich. Die mongoliden Varianten zeigen ein Vorherrschen tungider Charakteristika. Besondere Bedeutung kommt den Schädeln der Gräber Nr. 9 und 21 zu: Diese Schädel gehören zum dolichozephalen mongoliden Typus. Die engste Parallele dazu ist der klassische Typus, der in dem Awarengräberfeld von Mosonszentjános gefunden wurde."[60]

DULCEANCA, Bezirk Roşiori in Muntenien, Rumänien: Deformierter Schädel eines Mannes von etwa 50 Jahren. E + M[61].

Obwohl keiner dieser Funde genau datiert werden kann, können sie frühestens aus dem letzten Viertel des 4. Jahrhunderts sein. Vor der Ankunft der Hunnen lebten keine Mongoloiden zwischen Wien und Dulceanca. Andererseits schließen Fundorte und Grabbeigaben die Möglichkeit aus, die Schädel später als ins 5. Jahrhundert zu datieren. Es sind Schädel von Hunnen oder von Leuten, die mit den Hunnen kamen.

Die Beschreibungen und rassischen Diagnosen, die wörtlich zitiert wurden, bedürfen einiger Erläuterungen. Da sind zunächst einmal die Schädel, die sowohl europäide als auch mongoloide Charakteristika zeigen. Einige Anthropologen lehnen es ab, über die Feststellung hinauszugehen, daß bei einem bestimmten Schädel die Charakteristika der zwei Hauptrassen unterschieden werden können. Die artifizielle, besonders aber die zirkulare Deformation verändert fast alle Schädelindices in einem solchen Ausmaß, daß es oft unmöglich ist, auch nur die Hauptrassen zu bestimmen[62]. Wenn ein deformierter Schädel noch dazu Merkmale beider Hauptrassen zeigt oder zu zeigen scheint, wird die Diagnose der Typen eine außerst schwierige Aufgabe. Die meisten sowjetischen Anthropologen geben sich damit zufrieden, solche Schädel als europäid-mongoloid einzustufen.

In die Liste der Schädel aus der Hunnenzeit habe ich die deformierten Schädel aus Szekszárd, Mohács, Gyöngyösapáti und Szirmabesenyő nicht aufgenommen. Nemeskéri meinte an ihnen mongoloide Charakteristika entdecken zu können. Werner übernahm seine Diagnosen und zog aus ihnen weitreichende Schlüsse[63]. Aber die Diagnosen scheinen falsch zu sein. Lipták vermaß die Schädel neu und kam zu ganz anderen Ergebnissen als Nemeskéri. Nach Lipták zeigt keiner der Schädel irgendeinen mongoloiden Einschlag[64]. Von den Schädeln aus Straže und Benešov, die Vlček für mongoloid hielt[65], akzeptierte Lipták bloß zwei als E + M[66].

Der Historiker befindet sich in Verlegenheit. Wessen Urteil soll er glauben? Die sowjetischen Anthropologen, die ich fragte, waren geneigt, sich Liptáks Meinung anzuschließen. Glücklicherweise ist die Situation nicht hoffnungslos. Denn selbst nach der Eliminierung der umstrittenen Schädel bleibt eine Anzahl mongoloider und E + M-Schädel, die in die Hunnenzeit zu datieren sind. Sicherlich kann die Möglichkeit, daß der eine oder andere der angeblich mongoloiden Schädel sich als E + M oder sogar als europäid herausstellt, nicht ausgeschlossen werden. Doch ist es unwahrscheinlich, daß *alle* Diagnosen falsch waren. Nemeskéri konnte sich nicht geirrt haben, als er die engsten Parallelen zwischen zwei Schädeln aus Győr und den Awarenschädeln aus Mosonszentjános feststellte. Gegenwärtig nimmt man übereinstimmend an, daß die letztgenannten zum Baikal-Typus gehören[67].

Das Material aus Ungarn, der Slowakei und Rumänien ist bei weitem zu gering, als daß man das zahlenmäßige Verhältnis der verschiedenen Rassen in den hunnischen Horden feststellen könnte. Außerdem stammen die meisten Schädel aus den Gräbern armer Leute. Die vornehmen Hunnen oder, um vorsichtiger zu sein, manche von ihnen verbrannten ihre Toten. Einige E + M-Schädel können auch alanisch sein. Unter den Sarmaten in Kalinovka (s. Seite 130) gab es auch Leute vom südsibirischen Typus. Die Schädel in den Gräbern von Saint Prex, Kanton Vaud, mit ihrem beträchtlichen mongoloiden Einschlag waren höchstwahrscheinlich die Schädel von Alanen oder Nachkommen von Alanen. Ein solcher Mischling war auch jener Mann, in dessen Grab in Wien-Simmering Gegenstände gefunden wurden[68], die hunnisch sein könnten. Der Mann selbst war 1,80 Meter groß[69], daher klarerweise kein Hunne.

DIE HSIUNG-NU

Bis in die vierziger Jahre unseres Jahrhunderts wurde die Identität der europäischen Hunnen mit den Hsiung-nu an den Grenzen Chinas selten in Frage gestellt. Da niemand daran zweifelte, daß die Hsiung-nu mongoloid waren, mußten auch die Hunnen mongoloid gewesen sein. Gibt es paläoanthropologische Funde, die uns erlauben, die Routen zu rekonstruieren, auf denen sie nach Osteuropa wanderten?

Die Antwort, die A. N. Bernštam 1926 gab, wurde eine Zeitlang von den meisten akzeptiert: Die Hsiung-nu sollten im letzten Jahrhundert v. Chr. ins östliche Mittelasien gezogen sein und sich von dort nach dem Westen ausgebreitet haben. Bernštams These hatte ihren Angelpunkt in einer Katakombe im Gräberfeld am Kenkol-Fluß im oberen Talas-Tal. Bernštam grub Kurgan 10 aus. „In der Katakombe“, schrieb er, „lagen zwei mongoloide Skelette mit deformierten Schädeln; die Skelette im Dromos waren europäid, offensichtlich Sklaven aus der örtlichen Bevölkerung der Pamiro-Fergana-Rasse.“[70]

Bernštam war ein hervorragender und unermüdlicher Ausgräber, der selbst dann nicht zu arbeiten aufhörte, als er kaum noch gehen konnte. Er starb mit 46 Jahren an Krebs. Bernštam war auch ein mutiger Mann. Er verteidigte die Ansichten des bedeutenden, aber oft überspannten Linguisten N. Marr zu einer Zeit, da so viele sowjetische Gelehrte, die Marr in den Himmel gehoben hatten, nach dem toten Löwen traten, nachdem Stalin ihn als Antimarxisten gebrandmarkt hatte. Bernštam schrieb aber in zu großer Eile und rekonstruierte ganze Perioden der Weltgeschichte auf schmalsten Unterlagen. Seine Interpretation der Kenkol-Funde ist ein gutes Beispiel dafür. Die zwei Mongoloiden wurden im Handumdrehen zu türkisch sprechenden Hsiung-nu, und die Europäiden im Dromos Wu-sun-Sklaven. Da die Mongoloiden in Katakomben begraben waren, wurden alle Katakombenbestattungen in Mittelasien zu Hsiung-nu-Bestattungen erklärt. Die Hirten vom Kenkol waren *the missing link* zwischen den Hsiung-nu in der Mongolei und den Hunnen in Ungarn.

Žirov bezweifelte Bernštams Interpretation bereits 1940[71]. Sie fand aber, wie ich bereits erwähnte, sowohl in der Sowjetunion als auch im Westen weithin Anerkennung. Heute hat man sie praktisch aufgegeben. Ein genaueres Studium der chinesischen Annalen ließ S. S. Sorokin[72] und N. Negmatov[73] daran zweifeln, daß die Mongoloiden im Talas-Tal irgend etwas mit den Hsiung-nu von Chih-chihs kurzlebigem Räuberstaat zu tun hatten, wie Bernštam dachte. Die von Bernštam vorgeschlagene Datierung der Funde erschien nun fraglich. Grjaznov bewies, daß die „Sklaven" im Dromos zu einer Zweitbestattung gehörten[74]. Zuletzt stellte sich heraus, daß es den angeblichen Unterschied zwischen dem „Herren" und den „Sklaven" gar nicht gab. Debec maß die Horizontalprofile des Paares in der Katakombe und der beiden Männer im Dromos[75]. Die Ergebnisse waren wie folgt:

	Nasomalar-winkel	Zygomaxillar-winkel	Dakryal-höhe	Simotische Höhe
Katakombe, Mann	141	129	13,3	4,4
Katakombe, Frau	133	132	13,9	4,0
Dromos, Mann	140	139	12,3	2,8
Dromos, Mann	140	132	11,1	3,2

Der Winkel des Nasenvorsprungs der Schädel in den Katakomben ist 26, jener bei den Schädeln im Dromos 26 und 25. Mit anderen Worten: Es gibt keine wirklichen Unterschiede zwischen den „Herren" und den „Sklaven" hinsichtlich des Horizontalprofils. Die einen sind nicht mongoloider als die anderen. Alle vier Schädel sind europäid mit einem gewissen mongoloiden Einschlag.

Debec' beinahe entrüstete Zurückweisung der These Bernštams löst natürlich das Problem der Kenkol-Funde nicht. Woher kam der mongoloide Einschlag? Die übergeordnete Frage blieb bestehen, ob die Mongoloiden in den ungarischen Gräbern irgend etwas mit den mongoloiden Hsiung-nu zu tun hatten.

Die Zahl der Hsiung-nu-Schädel ist noch immer gering, aber immerhin groß genug, um daraus recht bedeutende Schlüsse ziehen zu können. Debec vermaß sechzehn aus den Kurganen im Selenga-Tal bei Ust'-K'achta, die zwischen 1897 und 1903 von dem polnischen Anthropologen Talko-Hryncevics (in russischer Transkription Tal'ko-Gryncevič) ausgegraben wurden, und einen weiblichen Schädel aus Noin Ula, den die Kozlov-Expedition im Jahre 1925 fand[76]. Der Schädel eines Mannes, der von der ungarisch-mongolischen Expedition 1961 in Noin Ula gefunden wurde, wurde von T. Tóth[77] vermessen und beschrieben. Er fand an ihm Kennzeichen des Baikal-(paläosibirischen)Typus: dolichozephal, niedriger Schädel, hohes und orthognates Gesicht, sehr schwaches Horizontalprofil, das heißt ein sehr flaches Gesicht und eine breite, flache Nase, fliehende Stirn und starke Augenbrauenwülste. Der andere Schädel aus Noin Ula gehört zum gleichen Typus, ebenso die Schädel aus dem Selenga-Tal, obwohl einer von ihnen etwas abgeschwächte mongoloide Charakteristika hat (wie möglicherweise die ganze Reihe)[78]. Auch der Schädel aus Ivolginskoje Gorodišče, den Gochman untersuchte, gehört zum Baikal-Typus[79].

Der früheste Baikalschädel wurde 1952 in der Nähe des Šilka-Flusses ausgegraben; Okladnikov datiert ihn in die Glazkovo-Periode (etwa 1700 bis 1300 v. Chr.), indessen kann er auch jünger sein[80]. Die Schädel aus den Plattengräbern in Transbaikalien vom Beginn der Eisenzeit (4. bis 2. Jahrhundert v. Chr.) sind für uns von größerer Bedeutung. Es sind die Schädel mit niedrigem Gesicht der Vor-Hsiung-nu-Bevölkerung dieses Gebietes[81]. Als die Hsiung-nu kamen, wichen diese Schädel den hochgesichtigen Schädeln der Hsiung-nu. In der früheren und zu Beginn der späteren Han-Zeit bestand ein Großteil der Hsiung-nu-Konföderation — vielleicht können wir sagen: ihr Kern — aus Mongoloiden des Baikal-Typus. Das macht nicht gleich alle Mongoloiden des Baikal-Typus zu Hsiung-nu. Ebensowenig beweist es, daß alle Mitglieder der Konföderation dem Baikal-Typus angehörten. Außerdem muß das, was für die beiden letzten vorchristlichen Jahrhunderte und den Beginn unserer Zeitrechnung galt, nicht notwendigerweise auch für das 3. und 4. Jahrhundert gegolten haben. Wir wenden uns nun den schriftlichen Quellen und dem archäologischen Material zu.

EUROPÄIDE IN OSTASIEN

Ein Steinpferd an einem Grab im Tal des Flusses Wei in Shensi tritt mit seinem Huf auf einen Barbaren[82]. Man hat das Grab als das des großen Generals Ho Ch'ü-ping identifiziert, der wegen seiner Siege über die Hsiung-nu berühmt war und im Jahre 117 v. Chr. starb. Obwohl die genaue Datierung der Skulptur nicht möglich ist[83], stammt sie doch zweifellos aus der Han-Zeit[84]. Der unter dem Erdhügel bestattete General war vielleicht nicht Ho Ch'ü-ping, er muß aber ein außergewöhnlicher Mann gewesen sein, und der Feind war bestimmt ein Hsiung-nu. Er hat ein flaches Gesicht und ausgeprägte Backenknochen, aber einen üppigen Bart, was gänzlich unmongoloid ist[85]. In diesem Punkt erinnert er sehr an den Reiter auf einer kleinen Bronzeapplik, die von P. S. Michno in der Nähe von Troickovavsk in Transbaikalien (s. Tafel XXVIII/94)[86] gefunden wurde. Eine Bronze im British Museum aus dem Ordosgebiet, das lange Zeit in der Hand der Hsiung-nu war, stellt einen Europäiden dar; zu beachten sind der dicke Schnurrbart und die weit offenen Augen (s. Tafel XXVIII/95).

Die mongoloiden Elemente unter den Hsiung-nu wurden durch die zahlreichen chinesischen Überläufer[87] und Kriegsgefangenen erheblich verstärkt. Von den Ch'iang-, Ta Hu- und Ting-ling-Sklaven der Hsiung-nu im 3. Jahrhundert[88] waren die Ch'iang fast sicher mongoloid. Aber von ihren Raubzügen in die Oasenstädte von Hsin-chiang[89] mußten die Hsiung-nu eine erhebliche Anzahl von Europäiden mitgenommen haben. Ein Doppelgrab in der Wüstenregion nördlich von Min-feng-hsien ist aufschlußreich. Die polychrome Seide, die Jacken, Hosen, Strümpfe und Schuhe sind die gleichen wie in Noin Ula. Aber auf einem Stoff ist ein Mann dargestellt, der deutlich europäides Aussehen hat. Auch das Paar in dem Grab war europäid[90].

Wir befassen uns hier nicht mit dem ersten Auftauchen von Europäiden an den Grenzen Chinas. Zwei Hinweise werden genügen, um das Problem anzudeuten. Karlgren hat dargelegt, daß die Bronzefigur eines knienden Mannes aus einem der Chin Ts'un-Gräber, die zwischen 450 und 230 v. Chr. zu datieren ist, keinen Mongoloiden darstellt[91]. Ich würde lieber sagen, daß das flache Gesicht mongoloid ist, die weit offenen Augen aber europäid sind. Der Jäger auf einer oft abgebildeten Goldplatte in der Sibirischen Sammlung Peters des Großen[92] ist zweifellos europäid. Man hat diese Platte zwischen das 3. und 1. Jahrhundert v. Chr. — wenn nicht früher — datiert[93].

Wie der Bericht von dem Massaker der Hsiung-nu Chieh in Chao im Jahre 349 n. Chr. zeigt, war die große Mehrheit dieses Volkes europäid. Als sich Jan Min zum Herrn von Chao im nördlichen Honan machte, das bis dahin von den Chieh beherrscht worden war, ordnete er die Ausrottung aller Chieh an. In und um Yeh wurden mehr als 200 000 erschlagen. Die Chieh-Soldaten wurden an ihren ausgeprägten Nasen und vollen Bärten erkannt[94].

Gimpū Uchida[95] und ich[96] führten unabhängig voneinander diese Charakterisierung der Chieh als Beweis für die Existenz einer europäiden Gruppe unter den Hsiung-nu im 4. Jahrhundert an[97]. Diese Annahme wurde von Bunei Tsunoda zurückgewiesen, der behauptete, daß die Chieh der Herkunft nach keine Hsiung-nu waren[98], und dann neuerlich von S. G. Kljaštornyj unter Hinweis auf Yao Wei-yüan, der zu beweisen suchte, die Chieh wären ursprünglich Yüeh-chih[99] gewesen. Pulleyblank ging einen Schritt weiter und erklärte die Chieh zu Tocharern[100].

Es ist durchaus möglich, daß sich die Chieh ethnisch von anderen Hsiung-nu unterschieden. Das ändert aber nichts an der Tatsache, daß sie einer der neunzehn Stämme der Hsiung-nu *waren*. Es ist nicht bekannt, wann sie sich der Hsiung-nu-Konföderation anschlossen. Jedenfalls *gab* es um die Mitte des 4. Jahrhunderts Europäide unter den Hsiung-nu.

Liu Yüan, der Hsiung-nu-Eroberer von Lo-yang im Jahre 311, war 1,84 Meter groß; in seinem langen Bart waren rote Strähnen[101]. Der Hsiung-nu Ho-lien Po-Po, der Begründer der kurzlebigen Hsia-Dynastie, ein Zeitgenosse Attilas, maß 1,95 Meter[102]. Auch einige T'u-yü-hun-Fürsten waren sehr groß[103]. Die Mu-jung T'u-yü-hun sind ein Zweig der Hsien-pei. Eine Anekdote im *Shih-shuo hsin-yü*, das von Liu I-ch'ing in der ersten Hälfte des 5. Jahrhunderts kompiliert wurde, zeigt, daß die Hsien-pei, von denen man annimmt, daß sie eine mongolische Sprache redeten, rassisch alles andere als mongoloid waren. Als im Jahre 324 Kaiser Ming, dessen Mutter, eine geborene Hsün, aus dem Hsien-pei-Königreich vom Yen kam, von der Rebellion des Wang Tun hörte, ritt er in das Lager der Rebellen, um ihre Stärke auszukundschaften. Er ritt in vollem Galopp durch das Lager. Seine verdutzten Feinde hielten ihn *wegen seines blonden Bartes*[104] für einen Hsin-pei. Es wäre interessant zu wissen, von welchem Stamm Sakanoke no Tamuramaros „chinesischer“ Vorfahre Achi no Omi kam; er hatte ein rötliches Gesicht und einen blonden Bart[105].

Die T'ang-Periode fällt außerhalb des Rahmens der vorliegenden Untersuchungen. Ich erwähne nur nebenher die europäiden „Tocharer", die mit ihren roten Haaren und grünen Augen auf den Wandmalereien im nördlichen Hsin-chiang dargestellt sind. K. I. Petrov meint, daß die Chinesen den ethnischen Namen falsch deuteten (der seiner Ansicht nach „die Roten" — nach der roten Farbe der Erde — bedeutet) und diesem Volk rote Haare zuschrieben[106]! Die barbarischen Reiter aus Yu-chou in einem Gedicht von Li Po, vermutlich Türken, hatten grüne Augen. Sogar später wußten die Chinesen von den mongolischen Huang t'ou Shih-wei, „den Shih-wei mit den blonden Köpfen", und Dschingis Khan und seine Nachkommen hatten blondes oder rötliches Haar und tiefblaue Augen[107].

Es wäre denkbar, daß die europäiden Hsiung-nu ursprünglich Angehörige unterworfener Stämme, Kriegsgefangene oder Sklaven waren. Einige waren das wahrscheinlich auch. Aber Chin-jih-ti, der 1,91 Meter groß war, Zeitgenosse von Ho Ch'ü-ping, war Kronprinz der Hsiu-t'u, einer königlichen Linie der Hsiung-nu[108]. Nach der Eroberung des heutigen Tuva durch die Hsiung-nu im 2. Jahrhundert v. Chr. wurde die Bevölkerung, die gemischtrassig mit überwiegend europäiden Merkmalen war[109], nicht weniger, sondern mehr europäid[110].

Yen Shih-kus oft zitierte Beschreibung der Wu-sun, der Nachbarn und Erbfeinde der Hsiung-nu, scheint zu beweisen, daß die Wu-sun zu einer bestimmten Zeit vorwiegend europäid waren: „Von allen Jung oder westlichen Länder sehen die Wu-sun am merkwürdigsten aus. Jene der heutigen Hu, die blaue Augen und rote Bärte haben und wie Mi-Affen[111] aussehen, sind ihre Nachkommen."[112] Yen Shih-ku (579—645) verließ sich offensichtlich auf eine frühere Quelle. Ist diese frühere Quelle aber verläßlich?

Schon zu einer Zeit, als bloß eine kleine Zahl von Schädeln aus dem von den Wu-sun besetzten Territorium bekannt war, wurden sie als europäid erkannt[113]. Debec gab einen leichten mongoloiden Einschlag zu. Die Wu-sun waren nicht so rein europäid wie die ihnen vorausgehenden Saken, die wie Afghanen oder Nordinder aussahen, doch „glichen die Wu-sun physiologisch den heutigen clanlosen Usbeken oder Fergana-Tadschiken, das heißt, die europäiden Merkmale waren immer noch entschieden auffällig[114]. Als das Material anwuchs, zeigten sich lokale Verschiedenheiten bedeutsamer, als man zuerst dachte. Die Entwicklung ging auch nicht in dieselbe Richtung. Noch im 3. Jahrhundert waren einige Wu-sun beinahe rein europäid, während andere zum südsibirischen Typus gehörten, das heißt deutlich mongoloiden Einschlag hatten[115]. Doch gab es im Material nichts, was Yen Shih-kus Angabe bestätigt hätte, bis der junge kasachische Anthropologe O. Ismagulov die Ergebnisse seiner Arbeiten veröffentlichte. Von 87 Schädeln aus Gräbern aus dem Semireč'e waren sechs, die an den Beginn unserer Zeitrechnung zu datieren sind, von nordeuropäidem Typ oder nahe mit diesem verwandt[116]. Diese Wu-sun glichen nicht Usbeken oder Tadschiken. Sie waren Leute mit „blauen Augen und roten Bärten".

Die paläoanthropologische Arbeit in Hsin-chiang hat eben erst begonnen. Um so bemerkenswerter ist es, daß einige der Schädel, die von der chinesisch-schwedischen Expedition in den Jahren 1928 und 1934 gesammelt und von C. H. Hjörtsjö und A. Walander untersucht wurden, auf Europäide des nördlichen Typs in der alten Bevölkerung hinweisen. Von den drei Schädeln aus Mirān, die zwischen das letzte vor- und das dritte nachchristliche Jahrhundert zu datieren sind, ist einer wahrscheinlich chinesisch, einer vermutlich tibetanisch mit stark nordischem Einschlag und einer überwiegend nordisch, möglicherweise mit einigen indoiden oder mongoloiden Merkmalen. Mirān war im 3. Jahrhundert eine tibetanische Festung; die Mongoloiden waren möglicherweise Soldaten der Garnison. Das Vorhandensein indoider Merkmale war zu erwarten; die Männer auf der Wandmalerei aus dem 3. Jahrhundert sind Inder, die Inschriften sind in Kharoṣṭī[117]. Aber die nordischen Charakteristika überraschten. Ein Schädel aus Charchan, der unglücklicherweise undatierbar ist, ist dominierend nordisch mit indoidem und mongoloidem Anteil. Einer der früheren Schädel aus der Lopnor-Region, der vermutlich in die ersten drei nachchristlichen Jahrhunderte zu datieren ist, ist mongoloid mit einigen nordischen Merkmalen. Aus dem Massengrab im selben Gebiet, das nur annähernd nach 200 n. Chr. datiert werden kann, kommen der Schädel eines Mongoloiden mit einigen nordischen Merkmalen und ein zweiter der indoid mit nordischem und schwachem mongoloiden Anteil ist[118]. Um den Beginn unserer Zeitrechnung lebten also Europäide des nordischen Typus sowohl im Semireč'e als auch in Hsin-chiang (Sinkiang).

IX. SPRACHE

VERMUTUNGEN ÜBER DIE SPRACHE DER HUNNEN

Die Germanen im Attilareich verwendeten offensichtlich nicht die Schrift, die Wulfila erfunden hatte, um die Bibel ins Gotische zu übersetzen; sie ritzten ihre Runen in Schwerter, Lanzenspitzen, Broschen und Schnallen, wie es ihre Ahnen getan hatten. Die Hunnen, „die selbst in den Augen der barbarischen Völker ihrer Umgebung Barbaren waren“[1], hatten keine Schrift. Attilas Schreiber waren keine Hunnen, sondern Römer: der Gallier Constantius[2], ein Italiker gleichen Namens[3], der Pannonier Orestes[4] und Rusticus aus Obermösien[5]. In der Mitte des 6. Jahrhunderts beschrieb Procopius die Hunnen westlich der Maeotis als „absolut unkundig des Schreibens und ohne Übung darin bis auf den heutigen Tag. Weder haben sie Schreiblehrer noch gar mühen sich ihre Kinder mit den Buchstaben ab, wenn sie heranwachsen“[6].

Alles, was wir von der Sprache der Hunnen wissen, sind Namen. Für keinen von ihnen geben unsere Quellen die Bedeutung an. Diese Namen wurden seit mehr als eineinhalb Jahrhunderten untersucht[7]. Manche wurden dieser, andere jener Sprachgruppe zugewiesen, vom Slawischen bis zum Proto-Tschuwaschischen und Alt-Kharthwelischen[8]. Die Aufgabe des Historikers mit einiger linguistischer Übung oder des Philologen mit historischen Kenntnissen kann nicht darin bestehen, diesen oder jenen Namen auszuwählen und ihn mit dem zu vergleichen, was er zufällig weiß. Sie sollte eher darin bestehen, das gesamte Material in seiner ganzen Komplexität zu studieren. Das ist nur ein einziges Mal geschehen. Vámbéry zählte nicht bloß die Namen auf, die er seiner Meinung nach erklären konnte, sondern alle, die er finden konnte[9]. Seine Liste ist unvollständig, und viele seiner Etymologien kommen uns phantastisch vor. Aber in methodischer Hinsicht war Vámbéry auf dem richtigen Weg.

Obwohl sich die vorliegenden Untersuchungen mit den attilanischen Hunnen befassen — um den vielleicht nicht sehr korrekten, aber bequemen Terminus zu verwenden, den B. von Arnim geprägt hat[10] —, enthalten die Listen auf den folgenden Seiten auch Namen anderer Hunnen. Es wurde oft behauptet, und auch ich habe es gesagt, daß die Byzantiner von den Hunnen so ungenau sprachen wie von den Skythen. Das gilt für spätere Autoren, aber im 5. und 6. Jahrhundert unterschieden die byzantinischen

Autoren genau zwischen den Hunnen und den anderen nördlichen Barbaren.

Priscus, der an fremden Sprachen interessiert war, trennte Hunnisch von anderen Sprachen, die an Attilas Hof gesprochen wurden. Während seines Aufenthaltes bei den Hunnen, vielleicht auch schon vorher, lernte er genug Hunnisch und Gotisch, um die beiden Sprachen zumindest an ihrem Klang unterscheiden zu können. Er beschrieb, wie Zerkon, der maurische Hofnarr, die Gäste beim Bankett des Königs „durch seine Erscheinung, seine Kleidung, seine Stimme und sein Mischmasch von Wörtern, Latein mit Hunnisch und Gotisch vermischt, in Lachkrämpfe versetzte“[11]. Wenn Priscus Edekon einen Hunnen nennt[12], impliziert er damit, daß die Sprache dieses Mannes Hunnisch war[13].

Obwohl Procopius' Definition einer ethnischen Gruppe modernen Anthropologen nicht genügen würde, ist sie nicht so vage, wie man es manchmal darstellt. Er schrieb:

> Wie heute gab es in früheren Zeiten viele gotische Völker, die größten und bedeutendsten von allen aber sind die Goten, Vandalen, Westgoten und Gepiden. Sie alle unterscheiden sich zwar durch ihre Namen voneinander, sonst aber in nichts. Denn sie alle haben weiße Körper und blondes Haar, sind groß und stattlich anzusehen, und sie haben die gleichen Gesetze und eine gemeinsame Religion. Denn sie gehören alle dem arianischen Glauben an und haben eine Sprache, das sogenannte Gotische. Wie mir scheint, kamen sie alle ursprünglich von einem Stamm und wurden später nach den Namen derjenigen, die die einzelnen Gruppen anführten, unterschieden[14].

Procopius wandte auf die Hunnen zwei der vier Kriterien an, durch die in seinen Augen ein Volk bestimmt wird. Wie die Goten wurden die Οὐννικὰ ἔθνη durch ihren rassischen Typus charakterisiert — sie waren häßlich, und ihre Hautfarbe war dunkel; und durch ihre Lebensweise —, sie waren Nomaden[15]. Daß Procopius nichts von ihrer Religion erwähnt, ist verständlich: Anders als der Antagonismus zwischen dem Arianismus und der Orthodoxie spielte sie keine Rolle in den Beziehungen mit den Römern. Procopius hatte auch keinerlei Ursache, sein Augenmerk auf die Sprache der Hunnen zu richten. Als Belisars *consiliarius* hatte er Gelegenheit, etwas Gotisch und möglicherweise Vandalisch aufzuschnappen; das waren die Sprachen der großen Könige und Krieger. Es war aber nicht der Mühe wert, das Kauderwelsch zu lernen, das die ungehobelten massagetischen Leibwächter sprachen. Für das Ohr des Procopius muß es, um ein chinesisches Gleichnis zu verwenden, wie „das Krächzen des Würgervogels“ geklungen haben. Dennoch sprach er von hunnischen Völkern, wie er von gotischen Völkern sprach. Wenn die einen eine Sprache hatten, dann muß dasselbe auch für die anderen gelten. In einem Fall werden wir ausdrücklich darüber informiert, daß die Kutriguren und Utiguren, die Procopius[16], Agathias[17] und Menander[18] Hunnen nennen, vom gleichen Stamm waren, auf gleiche Art gekleidet waren und die gleiche Sprache hatten[19]. „Gleich“ heißt hier nicht notwendigerweise „identisch“. Vandalisch war sicherlich mit

Gotisch eng verwandt, aber doch nicht dasselbe. Es gab vielleicht merkliche Dialektunterschiede in der Redeweise der verschiedenen hunnischen Völker und Stämme, doch verstanden sie einander offensichtlich[20].

Eine wenig beachtete Stelle bei Johannes von Antiochia wirft mehr Licht auf die frühbyzantinische Auffassung der ethnischen Bezeichnung „Hunne". Im Jahre 513 wurde Hypatius, der Neffe des Kaisers Anastasius, von Vitalians hunnischen Verbündeten gefangengenommen. Polychronius und Martyrius, „die beauftragt waren mit den Gesandten der Hunnen zu verhandeln" (τὰς τῶν Οὔννων πρεσβείας ἐπιτετραμμένοι), wurden mit 1100 Pfund Gold zu den Hunnen geschickt, um Hypatius loszukaufen[21]. Das zeigt, daß manche von den *interpretes diversarum gentium*[22] unter dem *magister officiorum* die Aufgabe hatten, mit den Gesandten der Hunnen zu verhandeln. Nicht mit dem einen oder anderen Stamm, sondern mit den Hunnen, die offensichtlich *eine* Sprache redeten.

Die vorliegende Untersuchung wäre ohne Gyula Moravcsiks unschätzbare *Byzantinoturcica* nicht möglich gewesen. Sie führen uns zu den Quellen. Nur durch sorgfältige Erforschung des literarischen Kontextes, in dem die Namen vorkommen, können wir hoffen, das Problem der hunnischen Sprache einer Lösung näherzubringen. Die angeblichen byzantinischen Transkriptionsregeln für fremde Namen zu kennen hilft uns wenig. Sie ändern sich von Autor zu Autor und von Jahrhundert zu Jahrhundert. Vor dem 12. Jahrhundert konnte β sowohl fremdes *b* als auch *v* wiedergeben. Sozomenos hat Βαρδησάνης[23] = Bar-Daisan und Βίκτωρ[24], Priscus 'Αρδαβούριος[25] = Ardabures in den lateinischen Quellen, und Βαλαμερος[26] = Valamer. Μπ für *b* zu Beginn eines Wortes erscheint zum erstenmal im 12. Jahrhundert[27]; die traditionelle Transkription Βούλγαροι wurde viel länger beibehalten. Nur wenn man alle Transkriptionen zusammenwirft, von der frühesten bis zur letzten, und auf die Sprache des Autors, die vom reinen klassischen Griechisch bis zum vulgären Umgangsgriechisch reichen kann, keine Rücksicht nimmt, kann man sagen, daß α für *a*, *o*, *u*, *e*, *ä*, *i* und *ï* in türkischen Namen steht[28]. Was zählt, ist das spezifische Idiom des Autors, seine Abhängigkeit von früheren Werken, die handschriftliche Überlieferung und eine Anzahl anderer gleich zu erörternder Faktoren, die für die Form eines Namens in einem Text verantwortlich sind.

TRANSKRIPTIONEN

> Es waren Tatos und Chales und Sesthlabos
> und Sastas (denn ich muß die Namen
> der Höchstgeborenen unter ihnen angeben, obwohl
> der elegante Eindruck meines Geschichtswerkes dadurch
> geschädigt wird)[29].

Es ist a priori sicher, daß das phonetische System der hunnischen Sprache, wie immer es ausgesehen haben mag, sich von dem des Griechischen und Lateinischen unterschied. Selbst wenn ein Autor einen hunnischen Namen getreulich wiedergeben wollte, zwang ihn allein die Tatsache, daß er Buchstaben seines eigenen Alphabets verwenden mußte, diesen zu entstellen. Einige wenige Namen mögen den Prozeß der Transkription relativ unbeschädigt überstanden haben, andere wiederum müssen durch ihn schwer gelitten haben. Welcher Name verbirgt sich hinter 'Αδαμις? Der Name des Verwalters der Königin Erekan kommt nur bei Priscus vor, und noch dazu im Dativ: 'Αδαμει[30]. -ις ist nicht die griechische Endung, die an den Namen angehängt wurde. Priscus war vielleicht kein guter Christ, doch muß er etwas vom ersten Menschen gehört haben. Wäre der Name des Hunnen Adam gewesen, hätte Priscus 'Αδάμ geschrieben. Da die Griechen keine Buchstaben für supradentales ṣ und palatales ś hatten, transkribierten sie diese Konsonanten mit Sigma. 'Αδαμις konnte Adamis oder Adamiš (ṣ, ś) sein. Da aber in der Transkription germanischer Namen die Endung *-iþ* manchmal durch -ις wiedergegeben wird, könnte 'Αδαμις auch Adamiþ heißen[31].

Fremde Namen wurden nicht nur der griechischen und lateinischen Phonetik angeglichen, sondern auch der Morphologie der Sprache des Autors. Die Byzantiner behandelten oft Namen mit der Endung *-an* oder *-in*, als ob sie im Akkusativ stünden. Wenn wir nur die Formen Οὔλδης und Οὔλδις[32] hätten, wäre es unmöglich festzustellen, ob der Name des Hunnenkönigs Uldis oder Uldin lautete. Glücklicherweise erwähnt Orosius ihn im Nominativ: Er hieß Uldin[33]. Bei manchen Transkriptionen kann man die griechischen und lateinischen Endungen relativ leicht erkennen, bei anderen aber läßt sich nicht entscheiden, wo der barbarische Name aufhört. Procopius bewunderte Belisar so sehr, daß er sogar das Pferd seines Helden beschreibt: „Sein Körper war dunkelgrau; nur von der Stirn bis zu den Nüstern war es von reinstem Weiß. So ein Pferd heißt auf Griechisch φαλιός, die Barbaren nennen es βάλαν.“[34] War es Balas oder Balan oder Bal? *Balas* ist ein germanisches Wort, althochdeutsch *balas*, *equus maculosus*, englisch *blaze*, deutsch *Blesse*[35]. Mann kann das Wort erkennen, weil es in einer Gruppe wohlbekannter Sprachen vorkommt. Wenn aber nun die Bedeutung eines Namens so unbekannt ist wie die Sprache? Die hunnischen Namen in den lateinischen und griechischen Quellen können innerhalb gewisser Grenzen rekonstruiert werden; diese Grenzen sind aber ziemlich weit gesteckt. Ἤσλας könnte die Transkription von Esl, Esla, Eslas, Ešl, Ešla, Ešlas, Eslaš, Ešlaš, Eslan und Ešlan sein. Lag die Betonung auf der ersten oder zweiten Silbe? War das š — wenn es ein š war — palatal oder supradental? Wir wissen es nicht.

Außer der Orthographie des Schreibers und der Möglichkeit morphologischer Veränderung müssen drei weitere Faktoren in Betracht gezogen werden, wenn wir versuchen, hunnische Namen zu „retranskribieren“. Erstens ist es nicht sicher, daß alle Namen in unseren Quellen jene sind, mit denen die Hunnen sich selbst riefen. Bevor die Oströmer mit den Hunnen Kontakt hatten, erfuhren sie von den Goten über sie. Sie müssen viele Namen so gehört haben, wie sie von Goten und anderen Nichthunnen ausgesprochen wurden. *Octar*, der Name von Attilas Onkel väterlicherseits, ist ein gutes Beispiel für die Veränderung, der ein hunnischer Name unterworfen war, wenn er aus dem Hunnischen über das Lateinische ins Griechische übertragen wurde. Jordanes hat Octar[36], Sokrates Οὔπταρος[37]. Diese Formen haben eine Parallele in Accila und Optila. Östliche Autoren nennen den Ostgoten, der Valentinian III. tötete, Accila oder Occila, Marcellinus Comes, Jordanes und Johannes von Antiochia aber Optila[38]. Der Übergang von *-ct-* auf *-pt-* ist charakteristisch für das Balkan-Latein[39]. Wahrscheinlich wurde Octar dort zu Optar — Uptar.

Der zweite Faktor, der zu bedenken ist, ist die Tendenz spätrömischer und byzantinischer Autoren, fremde Namen so lange zu verändern, bis sie wie griechische oder lateinische klangen. Auf diese Art wurde Bagrat zu Pankratios[40]. Der Name des Langobarden Droctulft erscheint in seinem lateinischen Epitaph als Drocton[41]. Manchmal wurden Namen übersetzt: Ammianus Marcellinus erwähnt einen iberischen Fürsten mit dem seltsamen Namen Ultra[42]; der Name des Fürsten war Pîrān; Ammianus veränderte ihn zu πέραν und übersetzte ihn dann ins Lateinische[43].

Der dritte Grund, transkribierte hunnische Namen mit äußerster Vorsicht zu behandeln, liegt in den Umständen, unter denen sie auf uns gekommen sind. Eigennamen sind in der handschriftlichen Überlieferung für Veränderungen besonders anfällig. Die Procopiushandschriften haben Οὐρβιβέντος für Urbs Vetus und Οὐρβισαλία für Urbs Salia[44]. Es ist wohl unwahrscheinlich, daß Procopius selbst für solche Formen verantwortlich ist[45]. Die meisten der Priscusfragmente finden sich in der Exzerptensammlung des Constantinus Porphyrogenitus aus dem 10. Jahrhundert. Alle existierenden Codices, von denen keiner aus der Zeit vor 1500 stammt, wurden von dem einen kopiert, der mit dem Großteil der Bibliothek des Escorial dem Brand von 1671 zum Opfer fiel. Sechs hunnische Namen bei Priscus sind *hapax legomena*: Adamis, Basich, Eskam, Mamas, Kursich und Oebarsius. Dieser erscheint in allen Handschriften als ὠηβάρσιον[46]. In einem Priscusfragment, das von der Belagerung von Naissus durch die Hunnen handelt und in einer einzigen Handschrift aus dem 10. Jahrhundert erhalten ist, heißt es, daß die Stadt ἐπὶ Δάνουβα lag[47]. Naissus war nicht irgendein unbedeutendes Dorf, sondern eine wichtige Stadt am Kreuzungspunkt mehrerer Straßen. Priscus konnte den Fluß nicht „Donau" genannt haben. Δάνουβα ist offensichtlich ein Irrtum des Schreibers. Aber wie *lautete* der Name des Flusses? In der Regel muß man einen Namen, der an einer einzigen Stelle in den Schriften eines einzigen Autors in einer einzigen Handschrift vorkommt, so nehmen wie er ist. Aber auch wenn die gleichen Formen in allen Codices aufscheinen, müssen sie nicht notwendigerweise korrekt sein. Wenn Persisch so unbekannt wäre wie Hunnisch, dann hätte 'Αρταβίδης bei Theophylactus Simocatta III, 18, 9 nie als ein buchstäblicher *lapsus calami* für *'Αργαβίδης = Argabadh erkannt werden können[48].

Unterschiedliche Transkriptionen desselben Namens helfen manchmal, wenn auch nicht immer. Der Name des Kommandanten der Truppen in Thrakien im Jahre 447 erscheint bei Priscus als 'Ορνιγίσκλος[49], bei Theophanes als 'Αγάρσκισλος[50] und im *Chronicon Paschale* als 'Ανάργισκος[51]. Welche dieser Formen ist die richtige? Keine, denn sie alle sind eine Entstellung des Namens Arnigisclus[52], Arnegisclus[53] und 'Αρνήγισκλος[54], germanisch *Arnegisl[55].

ETYMOLOGIEN

Im Attilareich wurden viele Sprachen gesprochen. Seine „skythischen" Untertanen waren „aus vielen Nationen zusammengewürfelt"[56]. Sie sprachen, schrieb Priscus, „neben ihren eigenen barbarischen Sprachen entweder Hunnisch oder Gotisch, oder aber Latein, da viele mit den Weströmern zu tun hatten; aber keiner von ihnen spricht fließend Griechisch, außer den Gefangenen aus den thrakischen oder illyrischen Grenzgebieten."[57] Wir müssen darauf gefaßt sein, unter den von Hunnen getragenen Namen auch germanische, lateinische und (als Ergebnis des langen und engen Kontakts mit den Alanen) auch iranische zu finden. Versuche, alle hunnischen Namen in eine linguistische Gruppe zu zwingen, sind a priori zum Scheitern verurteilt.

„Keiner, der nichts davon versteht", warnte Jordanes, „soll die Tatsache bekritteln, daß die Stämme der Menschen viele Namen verwenden, ... die Sarmaten solche der Germanen und die Goten häufig die der Hunnen."[58] Tutizar war ein Gote[59] und Ragnaris ein Hunne[60], aber Tutizar ist kein gotischer Name, und Ragnaris ist germanisch[61]. Die byzantinischen Generäle, die 493 gegen die Isaurier kämpften, waren Apsikal, ein Gote, und Sigizan und Zolban, die Kommandanten der hunnischen Hilfstruppen[62]. Apsikal ist kein gotischer, sondern ein hunnischer Name; Sigizan ist vielleicht germanisch[63]. Mundo, ein Mann von attilanischer Deszendenz[64], hatte einen Sohn namens Mauricius[65]; sein Enkel Theudimundus trug einen germanischen Namen[66]. Patricius, Ardabur und Herminiricus waren nicht ein Römer, ein Alane und ein Germane, wie die Namen besagen würden, sondern Brüder, die Söhne des Aspar und seiner gotischen Frau[67]. Im 5. und 6. Jahrhundert gibt es viele solcher Fälle. Manchmal ist ein Mann unter zwei Namen bekannt, die zu zwei verschiedenen Sprachen gehören[68]. Oder aber er hat einen Namen, der aus Elementen zweier Sprachen zusammengesetzt ist[69]. Es gibt Fälle mit scheinbaren Doppelnamen, in Wirklichkeit ist der eine der Eigenname, der andere ein Titel[70]. Unter den hunnischen Namen können einige sehr gut Rangbezeichnungen sein[71]. Man stimmt, glaube ich, allgemein darin überein, daß Titel bei Steppenvölkern nicht die Nationalität ihrer Träger widerspiegeln[72]. Ein Khan, Kagan oder Bagatur kann ein Mongole, ein Türke, ein Bulgare, er kann praktisch alles mögliche sein.

Die Namen der Donaubulgaren bieten einen Anschauungsunterricht dafür, in welche Fallgruben Gelehrte mit großer Wahrscheinlichkeit stürzen, wenn sie beim Versuch, sich den komplexen Problemen der Wanderungszeit zu nähern, den Blick starr auf Etymologien richten. Trotz aller Mühe, die seit den dreißiger Jahren des vorigen Jahrhunderts auf die Erklärung bulgarischer Namen verwendet wurde, gibt es kaum einen, dessen Etymologie endgültig anerkannt ist. Der Name *bulgar* selbst gibt dafür ein Beispiel[73]. Was bedeutet er? Sind die Bulgaren „die Vermischten" oder „die Rebellen"? Pelliot neigte der zweiten Interpretation zu, hielt es aber für möglich, daß *bulgar les trouveurs* bedeute[74]. Die türkische Etymologie wurde von Detschev bestritten. Er nahm an, daß *bulgar* der Name war, der den Nachkommen der attilanischen Hunnen von den Gepiden und Ostgoten gegeben wurde, und hielt ihn für germanisch, mit der Bedeutung *homo pugnax*[75]. Eine weitere nichttürkische Etymologie wurde von Keramopoulos vorgeschlagen[76]. Er hält *Bulgarii* für *burgaroi*, römische Söldner, die in den *burgi* entlang dem Limes stationiert waren. Ohne diese Etymologie zu akzeptieren, möchte ich doch darauf hinweisen, daß in der zweiten Hälfte des 6. Jahrhunderts eine Gruppe von Hunnen, die im Reich Zuflucht gefunden hatten, als *fossatisii* bekannt waren[77]. *Fossatum* ist das Militärlager.

Zu den objektiven Schwierigkeiten gesellen sich noch subjektive, die manchen Gelehrten zu schaffen machen. Turkologen neigen dazu, überall Türken zu finden; Germanenforscher entdecken an den unwahrscheinlichsten Plätzen Germanen. Davon überzeugt, daß alle Protobulgaren türkisch sprachen, bot Németh eine ansprechende türkische Etymologie des Namens Asparuch; andere Turkologen erklärten den Namen auf eine abweichende, vielleicht weniger überzeugende Art[78]. Nun stellte sich heraus, daß Asparuch ein iranischer Name ist[79]. Validi Togan, ein Mann von gründlicher Gelehrsamkeit, manchmal jedoch dem Pantürkismus verfallen, leitete *shogun*, chinesisch-japanisch für *chiang chün*, „General", vom Qarlukentitel *sagun* ab[80]. Seine progermanische Einstellung verleitete Schönfeld ohne Rücksicht auf jede Chronologie zur Behauptung, daß die Mauren vandalische Namen übernommen hätten[81].

Angesichts der Schwierigkeiten bei der Untersuchung hunnischer Namen — der bei den Transkriptionen zwangsläufigen Ungenauigkeit, der morphologischen Veränderungen, die viele Namen durchgemacht haben müssen, der stets gegebenen Möglichkeit, daß die Namen gotisiert wurden, und der beträchtlichen Irrtumsspanne in der Handschriftenüberlieferung — kann man nur über die Kühnheit staunen, mit der man das Problem der hunnischen Sprache angefaßt hat und noch immer angeht[82].

GERMANISIERTE UND GERMANISCHE NAMEN

Attila

Der Name[83] scheint weder phonetische noch semantische Schwierigkeiten zu machen. Attila ist mit dem Diminutivsuffix *-ila* aus dem Gotischen oder Gepidischen *atta*, „Vater", gebildet. Er wurde oft mit *batjuška*, dem Diminutiv von *batja*, „Vater", verglichen, wie die russischen Bauern den Zaren zu nennen pflegten. Im Jahre 1962 nannte der usbekische Dichter Kāmil Nughman Yāsin Nikita Chruščev „den lieben Vater des Usbekenvolkes"[84].

Attila ist kein seltener Name. Venantius Fortunatus erwähnt einen *regulus aulae domesticus* dieses Namens[85]. Ætla, Bischof von Dorchester[86], wurde sicherlich nicht nach dem Hunnenkönig benannt[87]. Ætla scheint auch in manchen englischen Ortsnamen zu stecken (Attleford, Attlefield, Attlebourough, Attlebridge)[88]. Noch im 12. Jahrhundert kam Attila als Mönchsname in der Schweiz vor[89].

Einige Gelehrte, die von der Ähnlichkeit des Namens Attila mit Ätil, dem türkischen Namen der Wolga, beeindruckt waren, setzten die beiden Namen gleich, ohne sich um ihre phonetische und semantische Verwandtschaft zu kümmern[90]. Rásonyi störte die Endung *-a* bei Attila etwas, dachte sie aber loswerden zu können, wenn er auf das zurückging, was er für die früheste Form hielt. Er betrachtete -ας bei Priscus' Ἀττήλας als die griechische Endung und *-a* bei Kẹ́zais *Ethela* als das alte magyarische Diminutiv. Auf diese Weise gelangte er zu Atil = Ätil, Wolga oder vielleicht einfach „großes Wasser“[91]. Die Ansicht, daß bei Kẹ́zai, der seine *Gesta Hungarorum* Ladislaus IV. (1272—1290) widmete, wahres magyarisches Überlieferungsgut über die Hunnen erhalten ist, wurde jedenfalls schon vor langem widerlegt. Vor achtzig Jahren schrieb Hodgkin: „Die ungarischen Überlieferungen illustrieren die Geschichte Attilas nicht besser als das *Buch Mormon* die Geschichte der Juden.“[92] Rásonyis Erklärung des Namens bei Priscus ist nicht überzeugend. Wie das lateinische *Attila* zeigt, endet der Name auf *-a*, nicht auf *-l*; zu vergleichen sind Ἀνσίλας = Ansila, Οὐνίλας = Hunila, Τωτίλας = Totila, Οὐλφίλας = Wulfila usw.

Pritsak[93] bot eine Etymologie sowohl für den Namen des Königs als auch für den des Flusses an. Seiner Meinung nach *bedeuteten Atil, Adil* usw. dasselbe wie Attila. Er argumentiert wie folgt:

1. In den byzantinischen Quellen erscheint der Name der Wolga als Ἀττίλαν (Akk.)[93a], Τίλ, Ἀστήλ und Ἀτήλ[93b].

2. Diese Formen zeigen, daß der altaiische Name der Wolga aus zwei Wörtern zusammengesetzt ist: aus ας und τιλ, τηλ, τελ. Das zweite Wort konnte die erweiterte Form τιλ + α haben.

3. Es gibt zwei Flüsse mit dem Namen *Tal*; einer fließt in den Balchaschsee, der andere ist in der Gegend des Syrdarja[93c].

4. Gewöhnliches türkisches *a/ä* wurde im Tschuwaschischen in sehr früher Zeit zu *i/ï*.

5. Tschuwaschisch **as*, das nur in Suffixformen erhalten blieb, bedeutet „groß“.

6. Im Hunnischen, das sich zum Bulgarisch-Tschuwaschischen entwickelte, muß **äs-tïl*, **äs-tïl-a* bedeutet haben: *große Wassermenge, großer Fluß, großes Meer.*

7. In Analogie zu *Čingis qa'an* und *dalai-in qa'an*, „ozeanischer = universaler Herrscher“[93d], mit dem Uigurentitel *köl bilgä qan*, was angeblich heißt „der Khan, dessen Geist wie ein See ist“[93e], und zu *Dalai lama*, „ozeanischer = universaler religiöser Herr“, bedeutet Attila **ättïla* < **äs-tïla* „ozeanischer > allumfassender > universaler (Herrscher)“.

Das ist eine geistreiche, aber aus vielen Gründen unannehmbare Etymologie. Um mit den Argumenten zu beginnen, die auf tschuwaschischen Wörtern und Formen beruhen: Nach der Angabe von Benzing (der führenden Autorität für das Tschuwaschische) veränderte sich türkisches *a/ä* nicht vor dem 11. oder 12. Jahrhundert zu tschuwaschischem *i/ï*[94]. Selbst wenn es ein tschuwaschisches Wort **as*, „groß, ausgedehnt", gab, wie können wir wissen, daß es in der Sprache der Hunnen im 5. Jahrhundert dasselbe Wort mit der gleichen Bedeutung gab[94a]?

Bleda

Attilas älterer Bruder. Die griechischen Quellen haben Βλήδας und Βλίδας, die lateinischen *Bleda*[95]. Der arianische Bischof, den Marcian als seinen Gesandten zu Geiserich schickte[96], und einer von Totilas Generälen[97] trugen denselben Namen. Man ist allgemein der Ansicht, daß Bleda germanisch ist, die Kurzform eines Namens wie althochdeutsch *Bladardus*, *Blatgildus*, *Blatgisus*[98]. Der Bleda bei Marcellinus Comes (*sub anno* 442) erscheint in Bedas *Chronik* in der merkwürdigen Form Blædla[99]. Die englischen Schreiber „korrigierten" den Namen; sie kannten ihn als Bleædla aus der mündlichen Überlieferung, in welcher der Name an Ætla angepaßt wurde[100].

'Εδέκων

Einer von Attilas Ratgebern[101], ein gebürtiger Hunne[102]. Edekon ist gräzisiertes **Edika*[103], die Koseform für jemanden, dessen richtiger Name mit *Ed-* begann, z. B. Edivulf[104].

Laudaricus

Gefallen in der Schlacht am *locus Mauriacus*. Die gallische Chronik von 511 nennt ihn *cognatus Attilae*[105]. Laudaricus ist germanisch **Laudareiks*[106].

'Ονηγήσιος

Attilas erster Minister[107]. Onegesius ist offenkundig nicht griechisch[108], sondern die gräzisierte Form eines barbarischen Namens. Hodgkin[109] rekonstruierte kühn die hunnische Form Onegesh. **Oneges* scheint Hunigis[110] zu sein, wie ein *spatharius* Theoderichs des Großen hieß[111]. *-gis* erscheint in griechischen Transkriptionen als -γις und -γης[112], *huni-* wird durch οὐνι- und ὀνω-[113] wiedergegeben. *Hun-* in ostgermanischen Namen ist mit größter Wahrscheinlichkeit dasselbe wie *hun* in althochdeutschen, altenglischen und altnordischen Namen, nämlich entweder altnorwegisch *húnn*, „Bärenjunges, junger Mann", oder protogermanisch *hun*, „hoch"[114]. Hunila, ein gotischer Bischof um 400[115], wurde geboren und getauft, bevor die Hunnen den Don überquerten.

Ich glaube, daß Thompson recht hat, der Onegesius mit Hunigasius, Attilas Dolmetscher und Sprecher in der *Vita s. Lupi*[116] identifiziert. Rásonyi, der *-sios* als griechische Endung ansieht, schlägt eine türkische Etymologie vor: *oneki*, „zwölf"[117]. Doch gibt es unter den Hunderten von Transkriptionen fremder Namen, die bei Moravcsik aufgezählt sind, keine einzige mit der Endung *-esios*. Oneki wäre **Onekios* transkribiert worden. Onegesius wird geschrieben wie 'Ονήσιμος, 'Ονησικράτης usw.

῾Ράγναρις

Anführer der Ostgoten im letzten Feldzug gegen die Oströmer 552 bis 554[118]. Er war nicht ὁμόφυλος (stammverwandt) mit ihnen, sondern ein Hunne von den Βίττορες[119]. Ragnaris ist ein germanischer Name[120].

Ruga

Die östlichen Quellen nennen Attilas Onkel ῾Ρούγας, ῾Ροῦνας und ῾Ρωίλας[121], die westlichen Ruga[122], Roas[123] und Rugila[124]. Diese Formen führen zu Ruga > Rua und, mit dem Suffix *-ila*, zu Rugila > Ruila. Zu vergleichen sind Rugemirus, Rugolf und ähnliche Namen[125]. Die Verbindung mit türkischem Wort *uruq*, die Marquart vorzieht[126], ist phonetisch nicht stichhaltig.

Mit der möglichen Ausnahme von Laudaricus und Ragnaris sind diese Namen nicht die wahren Namen hunnischer Fürsten und Herren. Vielmehr haben wir hunnische Namen in germanischem Gewand vor uns, die modifiziert und der gotischen Sprache angepaßt wurden, oder gotische Volksetymologien oder beides. Mikkola meinte, daß Attila auf türkisches *atlïγ*, „berühmt", zurückgehen könnte[127]; Poucha findet in dem Namen tocharisches *atär*, „Held"[128]. Die erste Etymologie ist zu weit hergeholt, als daß man sie ernst nehmen könnte, die zweite ist Unsinn.

IRANISCHE NAMEN

Αἰσχμάνος

„Massagete", Doryphoros in der byzantinischen Armee um 540[129]. *-manos* ist iranisches *-mani-* oder *-manah-*, das auch *manus*, *manes* und *menes* transkribiert wird[130]. Für das erste Element gibt es noch keine zufriedenstellende Etymologie.

᾿Αμβαζούκης

Ein hunnischer Häuptling im Kaukasus um 500[131]. „Einer, der mächtige Waffen besitzt", altiranisch **ama-bāzuka*[132].

Βάλας

Gemeinsam mit Sinnion, dem Befehlshaber eines Hilfskontingents von sechshundert Massageten, sämtlich berittenen Bogenschützen, in der Armee Belisars im Jahre 533[133]. Balas, transkribiert Βάλας, Οὐαλᾶς, Βλάσης und Βλάσος ist ein gebräuchlicher persischer Name[134].

Hormidac

Anführer der überwiegend hunnischen Horden, die im Winter 465/466 Dacia ripensis und Dacia mediterranea verwüsteten. Zieht man in Betracht, daß Dichter fremde Namen oft leicht veränderten, um sie ins Metrum zu bringen — Valerius Flaccus, *Argonautica* VI, 96, hat *Batarna* an Stelle von *Bastarna*; bei Dionysius, *Periegesis* 302, wurde Σαρμάται zu Σαμάται —, scheint es recht wahrscheinlich, daß *Hormidac* gleich *Hormizdac* ist, ein gebräuchlicher mittelpersischer Name in sāsānidischer Zeit.

Χορσομάνος

„Massagete", Leibwächter Belisars[135]. Nach Abajev ossetisch *xorz-aman*, „gute Absichten (habend)"[136].

Χορσομάντις

„Massagete", Leibwächter Belisars[137]. Abajev leitet den Namen von ossetisch *xors-amond*, „Glück (habend)"[138], her.

Στύραξ und *Γλώνης*

Die einzige Quelle für den Krieg zwischen den Sabiren und den kaukasischen Hunnen, die von Styrax und Glones angeführt wurde, ist die *Chronographie* des Malalas, die in einer einzigen Handschrift, dem *Codex Baroccianus*[139] erhalten ist, die von korrupten Lesarten nur so strotzt[140]. Einige davon können mit Hilfe von Zitaten in späteren Werken verbessert werden. Besonders Theophanes hat oft die richtigen Formen, die durch die slawische Übersetzung des Malalas und, wenn auch nur in sehr geringem Maße, von Johannes von Nikiu bestätigt werden. Im *Codex Baroccianus* lauten die Namen der beiden Hunnen Τύραγξ und Γλώμ. Theophanes hat Στύραξ und Γλώνης, die slawische Übersetzung *Sturaks* und *Eglon*, Johannes von Nikiu aber *Astêrâ* und *'Aglânôs*[141]. Diese Formen zeigen, daß der ursprüngliche Malalastext *Styrax* und *Glones* hatte.

Glones ist die gräzisierte Form eines persischen Namens. Der General Γλώνης, Kommandant der Garnison von Amida im Jahre 503, war „ein Perser"[142]. Γλωνάζης war der *mowbadān mowbad*, der die Mazdakiten in der großen religiösen Diskussion, die den Anfang vom Ende der Häresie bedeutete, „widerlegte"[143]. Obwohl *les formes iraniennes des noms de Glonazes et Boazanes* [Bischof der persischen Christen] *ne se distinguent pas avec certitude*[144], kann kein Zweifel daran bestehen, daß der Name des höchsten zoroastrischen Priesters persisch war.

Wie mir Professor W. B. Henning mitteilte, kann Glones mit Gołon-Mihran, einem persischen Kommandanten in Armenien, der von Sebeos erwähnt wird, verglichen werden; eine Variante dieses Namens kommt in anderen armenischen Quellen vor: Włon-Mihran. Henning hielt Włon-Gołon-Γλών für eine späte Form von *Vrthraghna* (*Wahrām*, *Bahrām* usw.).

Styrax ist ein gebräuchlicher griechischer Name[145]. Malalas veränderte den barbarischen Namen des Hunnen zu einem, der ihm geläufig war und in seinen Ohren besser klang. Styrax ist, glaube ich, dasselbe wie Στύρακος in einer Inschrift aus Gorgippia, eine Transkription von **sturak*, die V. Miller mit uigurisch *stur-*, „groß"[146], in Zusammenhang brachte.

Ζαβέργαν

Anführer der kutrigurischen Hunnen um 550 bis 560[147]. Justi verglich den Namen mit Ζάβαργος auf zwei Inschriften aus Tanais, wobei er annimmt, daß *-an* das Patronymikon *-ana*, *-an*[148] ist. Zabergan ist ein persischer Name. In der Inschrift von Šābuhr I., 261 n. Chr., erscheint es als Pehlevi *zplk'n*, parthisch *zbrkn* und griechisch Ζαβρίγαν[149]. Obgleich Ζαβέργαν, der General, der 586 die Festung Chlomaron gegen die Römer verteidigte[150], der Kommandant barbarischer Hilfstruppen und daher selbst ein Barbar gewesen sein mag, war Ζαβεργάνης, ein Minister von Xusraw I.[151], sicherlich ein Perser[152].

Ζαρτήρ

„Massagete" in der byzantinischen Armee um 549[153]. Die Etymologie wurde von Professor Henning gefunden[154]. Die zweite Hälfte des Namens ist die persische Gottheit Tīr[155]. *Zar-tīr* ist ein Zwillingsbruder von *Zar-mihr*, eines Namens der gleichen Zeit. Ζαρτής verhält sich zu *Zarmihr* wie Τηριδάτης zu Μιθριδάτης.

TÜRKISCHE NAMEN

In den türkischen „Runen"-Inschriften gibt es viele Namen mit der Apposition *čur* (oder *čor*)[156], z. B. Alči čur kuč bars[157]; Qan čur[158]; Tadiqin čur[159]; Köl čur der Tarduš[160]; Unagan čur[161]; Yigän čur[162]; Isbara tamγan čur[163]; Sabra tamγan čur[164]; . . . t čur[165]; Bäg čur[166].

Bereits vor langer Zeit hat man erkannt, daß *čur* ein Titel oder Rang ist[167], seine Bedeutung ließ sich allerdings bis heute nicht klären. Obwohl alle Männer mit der Bezeichnung *čur* Mitglieder der Aristokratie waren, war ihr Status nicht gleich. Der *čur*, der den Kirgisenkagan beim Begräbnis Köl Tegins vertrat[168], und Ïšbara bilgä köl (i) čur vom Monument in Ikhe-khushotu[169] waren hohe Würdenträger; Bögü čur hatte, nach der einfachen Platte zu schließen, die für sein Epitaph verwendet wurde[170], eine bescheidene Position. Die verschiedenen in arabischen Quellen genannten *čur*[171] — sämtlich anscheinend Türken — waren große Herren, ob aber *čur* einen Rang in der militärischen oder administrativen Organisation bezeichnete, ob er erblich war oder nicht, höher oder niedriger als *bäg* oder *tarqan*, ist alles andere als klar. Dasselbe gilt für *chari̱* und *chara* = *čur* in den khotanesischen Dokumenten[172]. *Čor (ẖjor)* in den tibetanischen Namen Drugu čor, 'Bug čhor und Khri-skugs-hjor im alten Shan-shan-

Königreich und im westlichen Kansu[173] sind türkisch *čur*[174]; was es aber bedeutet, weiß man nicht.

Auch die chinesischen Quellen helfen nicht weiter. In den dynastischen Annalen wird eine beträchtliche Anzahl von *čur* unter den türkischsprechenden Gruppen genannt. Wie in den Inschriften wird *ch'o*[175] = *čur* oft einem anderen Titel beigefügt, z. B. bei A-ch'o[176], Mo-ch'o[177], P'ei-lo-ch'o[178] oder Shih-chien-ch'o[179]. Oft kommt es bei den Namen von Kaganen und anderen hochgestellten Persönlichkeiten vor[180], manchmal stehen mehrere Titel davor *und* danach, wie bei dem monströsen Hsieh to teng-li ku ch'o mi-shih ho chü-lu ying i chien-li pi-ch'ieh k'o-han = El töbär täŋri qut čur toγmiš alp chü-lu ying i chien-li bilgä qaγan[181]. Aber kein Chronist gibt genau an, was *čur* bedeutet[182].

Je tiefer man die Titel bei den Steppenvölkern in den chinesischen Annalen studiert, um so verwirrender sind die dauernden Widersprüche. Sie gehen nur teilweise auf Mißverständnisse seitens der Chronisten zurück, obwohl die Chinesen — durch die komplexen Strukturen von sozialen und politischen Systemen, die ihren eigenen so wenig glichen, in Verlegenheit gebracht — oft in Versuchung geführt worden sein mußten, die Titel und Ränge so lange zu verändern, bis sie irgendwie zu ihren Vorstellungen von einem Staatswesen paßten, sei es auch noch so barbarisch! Die Nomadengesellschaften, vor allem jene, die sich mehr in der Nähe Chinas befanden und daher seinem Einfluß stärker ausgesetzt waren, waren keine unveränderten Einheiten. Wie durch die zahlreichen chinesischen Titel auf türkischen Inschriften bezeugt ist, sahen sich die Barbaren selbst gezwungen, eine Anzahl von Einrichtungen von dem verhaßten und zugleich bewunderten Reich zu übernehmen. Das bedeutete mehr als die Übernahme nur einer Anzahl chinesischer Titel; es bedeutete einen markanten Wechsel in der politischen Struktur. Die alten Titel waren, soweit man sie zurückverfolgen kann, keineswegs einheitlich. Einige von ihnen scheinen in der schamanistischen Oligarchie einer frühen Periode verwurzelt zu sein und wurden in dem Maße im Gebrauch schwankend, als die mit ihnen verbundenen Funktionen verfielen. Andere wieder standen in engem Zusammenhang mit dem Aufstieg des Kaganates. Wenn die Darstellungen, die die Chinesen von einer bestimmten Nomadengesellschaft entwarfen, sich von einander unterscheiden, manchmal im selben Kapitel der Annalen, muß der Grund dafür in erster Linie im dauernden, manchmal langsamen, manchmal schnelleren Wechsel des Ansehens und der Macht von einer Gruppe zur anderen gesucht werden. Die Chronisten sahen angesichts von Berichten, die einander widersprachen, weil sie sich auf verschiedene Perioden bezogen, die zeitlich gar nicht weit voneinander getrennt sein mußten, oft keine andere Möglichkeit, als das zusammenzuziehen, was sie in ihrem Material fanden, und es dem Leser zu überlassen, einen Sinn herauszufinden. Einer der Titel, der die Chinesen verwirrt haben muß, war *čur*.

Um 635 teilte Sha-po-lo tieh-li-shih qaγan die Westtürken in zehn Stämme auf. Die fünf Tu-lu-Stämme, die die linke Abteilung bilden, standen unter den fünf „großen *čur*", die Nu-shih-pi-Stämme des rechten Teiles unter den fünf „großen *ch'i-chin*"[183]. Die Titel der Anführer waren:

Tu-lu	Nu-chih-pi
Lü čur[184] (Stamm Ch'u-mu-k'un)	Ch'üeh ch'i-chin[186] (A-hsi-chieh)
Ch'üeh[185] čur (Hu-lu-wu)	Ch'üeh ch'i-chin (Ko-chu)
T'un[187] čur (She-she-t'i)	T'un cha-po[189] (Pa-sai-kan)
Ho-lo-shih čur (Tu-ch'i-shih)	Ni-shu ch'i-chin (A-hsi-chieh)
Ch'u-pan čur[188] (Shu-ni-chih)	Ch'u-pan ch'i-chin (Ku-shu)

Die „großen *čur*" haben offensichtlich den gleichen Rang wie die „großen *ch'i-chin*". Wir haben aber Listen von hohen Würdenträger der Westtürken, in denen die Ränge ganz anders geordnet sind: *i-chin*, *ch'ü-li čur*, *yen-hung-ta*, *hsieh-li-fa*, *t'u-t'un*, *ch'i-chin*[190]. Ebenfalls an zweiter Stelle steht *ch'u-lu čur* in einer Liste hoher Würdenträgern der Türken in *T'ang-shu*[191], doch führt er die Liste der Beamten der nördlichen Türken an[192]. Beide Listen enden mit *ch'i-chin*.

Es scheint, daß Sha-po-lo die *ch'i-chin* von einem niedrigeren Rang in den des *čur* erhob. Das ganze System war eine Neuerung, sie hielt sich aber nicht. Danach dürfte es keinen *čur* in der rechten Abteilung geben. Aber die beiden *ch'üeh čur*, die Mi-she, der Anführer der Tu-lü im Jahre 659 tötete, waren Nu-shih-pi-Hauptleute[193]. Die Kirgisen scheinen nicht in eine linke und rechte Abteilung getrennt worden zu sein. Und doch hatten sie ihre *külüg čur*, z. B. Külüg čur Baina Saŋun, der in der Nähe des Flusses Barluk in Tuva begraben wurde[194].

Man bekommt den Eindruck, daß *čur* ein eher allgemeiner Begriff war, dessen spezifische Bedeutung durch das vorangehende Adjektiv bestimmt wurde: der große *čur*, der kleinere *čur*, der weise *čur*, der getreue *čur* usw. Doch waren alle *čur* der West- und Nordtürken Männer von beträchtlicher Bedeutung[195]. Bei den Uiguren im 8. Jahrhundert war das nicht der Fall.

Das *Mahrnāmag*[196] zählt elf manichäische *auditores* auf, deren Namen mit *čur* endeten. Keiner von ihnen war ein hoher Beamter. Die Fürsten werden *tegin* genannt. Die „Herrscher" haben entweder chinesische Titel[197] oder werden als *tiräk* und *il ügäsi* angesprochen. Dann folgen Beamte mit dem Titel *ügä*. Von den nun folgenden „Herren" von Städten sind bloß zwei *čur*. Die anderen *čur* sind ein Arzt, ein Schreiber und verschiedene niedrigere Beamte. Der letzte in der langen Liste ist *kül čur*. Die Namen der Uiguren-*čur* lauten wie folgt[198]:

kwrtl' čur = *körtlä*, „schöner", *čur*
bgr'k čwr = *bägräk*, „fürstlicher", *čur*
yδδwγ čwr = *yduq*, „heiliger", *čur*
lywl'ng xwm'r čwr . *Liu-lang* ist offensichtlich chinesisch.

Benveniste hält *xwm'r* für buddhistisch-sogdisch *wm'r*, **humār*, „Trost, Ermutigung"[199].

xr'kwl l'' čwr. Es ist nicht klar, ob es sich hier um einen oder um zwei Namen handelt. *xr'kwl* = *qara qul*[200]. *l''* ist vielleicht chinesisch.

'wn čwr. Vielleicht *on*, „zehn"[201]
by'mnwrz čwr. Ein sogdischer Name
twnk whmn čwr. Ein anderer sogdischer Name

sp'r xr' čwr = *išbara qara čur*
'lp čwr = *alp*, „Held“, *čur*
qwyl čwr = *köl čur*

Im *Mahrnāmag* ist *čur* nicht die Bezeichnung einer Funktion. Wenn es ein ererbter Titel war, bedeutete er bestenfalls eine ehrende Beifügung zum Namen. Wir wissen zu wenig über die Struktur der Gesellschaft bei den Uiguren, um die Gründe dieser Abwertung von *čur* feststellen zu können. Das Leben am Hof des manichäischen Kagans glich nicht dem in der Steppe. Die Änderungen, die Auflösung der alten Ordnung, durch die *čur* zu einem leeren Titel wurde, waren möglicherweise das Resultat starker Einflüsse der sogdischen Zivilisation. Gemeinsam mit der neuen Religion, den neuen Künsten und Handwerkszweigen, den neuen Techniken kam es zu einer neuen Arbeitsteilung im Leben der Hirten. Das *Mahrnāmag* spiegelt eine städtische Zivilisation wider. Jene Uiguren, die nach dem Zusammenbruch ihres Königreichs zu ihrem primitiveren Leben zurückkehrten, behielten *čur* als Titel bei; z. B. Na-hsie-ch'o-t'e-le = Nahid = Anāhīt („Venus“) čur tägin[202]. Der letzte datierbare Uigurenname vom Typus x-*čur* ist Ïnal čur[203]; er kommt in einer Inschrift des 10. Jahrhunderts vor[204].

Wie die Bedeutung jedes anderen Titels mußte sich auch die von *čur* mit der Zeit verändern. Ein genaueres Studium der Titel der Türken und Nichttürken in der Nach-T'ang-Periode wird vielleicht mehr Beispiele für den eingeengten oder modifizierten Gebrauch von *čur* an den Tag bringen. Es ist aber zweifelhaft, ob man aus den chinesischen Quellen mehr erfahren kann. Sie können uns sicherlich nicht mitteilen, was die ursprüngliche Bedeutung von *čur* war.

Pelliot neigte der Annahme zu, *čur* wäre ein awarisches Wort; er meinte sogar, es könnte indoeuropäischen Ursprungs sein[205]. Aber es gibt kein solches Awarenwort. Ich kenne kein Wort im Vokabular der Hsiung-nu, T'o-pa oder irgendeines anderen vermutlich altaischen Volkes, das als eine ältere Form von *čur* oder als mit *čur* verwandt angesehen werden könnte[206]. Wir wissen praktisch nichts über die indoeuropäischen Sprachen, die in früher Zeit an den Grenzen Chinas gesprochen wurden. Doch gibt es einige Dokumente, die uns weiter zurückführen und aufschlußreicher als jene sind, von denen bis jetzt die Rede war.

Das Datum der türkischen Inschriften vom Talas-Tal und vom Gestade des Issyk-kul ist das 6. und 7. Jahrhundert[207]. Es handelt sich um die Epitaphe von Kriegern, die kulturell bedeutend tiefer als die Türken im Orchongebiet standen, gar nicht zu reden von den Uiguren. Die Buchstaben haben nicht die mehr oder weniger standardisierten Formen wie am Orchon, und die Zeilen sind so unregelmäßig angeordnet, daß es oft schwierig ist, sie zu lesen. Die Hoffnung scheint berechtigt, aus den Talasinschriften wenn schon nicht die ursprüngliche, so doch wenigstens die ältere Bedeutung von *čur* erfahren zu können.

Zunächst gibt es eine von Kallaur gefundene Inschrift im Distrikt Aulie Ata. Sie wurde dreimal übersetzt[208], und, obwohl einige Worte noch immer unklar sind, ist der Inhalt verständlich: Ein Mann mit Namen *čur* nimmt

Abschied von seinen dreißig *oγlan*, seinen Getreuen, und den Freunden und Segnungen der Welt; er hinterläßt seine Witwe und *oγlan čur*.

Es gibt zweitens eine bedeutend längere Inschrift aus demselben Gebiet mit ähnlichem Inhalt; sie ist seit nach 1890 bekannt, wurde aber erst 1926 von Németh übersetzt. Ihm lag ein von Heikel veröffentlichter Abklatsch vor, derselbe Text, den Malov einige Jahre später übersetzte[209]. Im Herbst 1961 wurde der Stein mit der Inschrift *in situ* wiederentdeckt und von Džumagulov photographiert und publiziert[210]. Es zeigte sich, daß der Abklatsch Heikels fehlerhaft war; daher ist sowohl die Übersetzung von Németh als auch die Malovs überholt. Auch Džumagulovs neue Übersetzung ist wahrscheinlich nicht endgültig. Die Abfolge der Zeilen ist noch immer nicht ganz sicher, und manche Buchstaben sind unleserlich. Nichtsdestoweniger wird sich das, worauf es uns ankommt, auch nach weiteren Untersuchungen nicht ändern: Ein Mann mit dem „heroischen" Namen *Qara Čur* hinterläßt seine treuen (oder engen) Freunde, die dreißig *oγlan*, und seinen Sohn *Qara Čur*.

Dreißig *oγlan* kommen auch in einer dritten, vor kurzem gefundenen Inschrift vor. Wiederum wird ein Mann von ihnen getrennt. Sein Name ist Aguš, er ist *sü čur*[211]. Der Ausdruck *otuz oγlan* erscheint noch einmal in einer vierten, jüngst gefundenen, sehr verstümmelten Inschrift[212].

In den Jenissej-Inschriften bedeutet *oγlan* „Knabe", „Sohn", „Krieger"; in jenen am Orchon „jemandes Sohn", „Hidalgo", „Fürst"[213]. Malov meint, daß die dreißig *oγlan* die Söhne des Verstorbenen und deren Kameraden waren[214]; das kann aber offensichtlich nicht auf alle vier Inschriften zutreffen. Aber warum dann die immer wiederkehrende Zahl Dreißig? Wenn man bedenkt, daß die Armeen fast aller türkischen Völker in Einheiten von Zehn und Vielfachen von Zehn eingeteilt waren, ist es viel wahrscheinlicher, daß die dreißig *oγlan* eine militärische Einheit waren. Es könnte Zufall sein, daß ein in Runen geschriebenes Dokument aus Tun-huang dreißig „Männer von Rang und Namen" unter dem Kommando eines höheren Offiziers erwähnt[215]. Aber auch die Zahl der Männer, die unter der Führung eines Adeligen neunmal um das Grab ihres Herrn ritten, war dreißig[216].

In den Inschriften stehen die dreißig *oγlan* unter einem *čur*, dessen Sohn ebenfalls ein *čur* ist. Bei den Westtürken unter Ïšbara qaγan gingen Titel und Rang „hervorragender *čur*" vom Vater auf den Sohn über. Dasselbe muß auch bei den primitiveren Stämmen im Semireč'e der Fall gewesen sein.

Meiner Meinung nach erlauben die Talasinschriften nur *eine* Interpretation von *čur*: Es muß „Befehlshaber", „Anführer", „Hauptmann" bedeuten. Im Vergleich zum großen *Tarduš köl čur* waren die čur und Qara čur auf unseren Inschriften untergeordnete Personen. Sie hatten dreißig Mann unter ihrem Kommando; der Tardušoffizier muß an der Spitze Tausender gestanden sein. Doch waren alle „Kommandanten", „Anführer". Unsere Interpretation wird weiters durch den Rang des Aguš in der dritten Talasinschrift bestätigt. Er war *sü čur*, „*čur* der Truppen". Das entspricht *sü baši*, „Kommandant der Truppen", in der Tonyuquq-Inschrift und im Wiener Manuskript des Qutαdγu Bilig[217].

Κουαρτζιτζούρ (abgekürzt Τζούρ), einer der acht Stämme, γενεαί, oder Einheiten der Militärverwaltung, θέματα, der Petschenegen im 10. Jahrhundert[218], waren **küärči čur*, „die *čur* mit der taubenblauen Pferdeschwanzflagge“[219]. Die Petschenegen-*čur* hatten mit dem Herdfeuer oder der Trommel nichts zu tun, sie waren weder Schamanen noch Richter, sondern Reiter und Anführer von Reitern. In der Sprache der Petschenegen muß *čur* „Kommandant“, „Anführer“ bedeutet haben. Unter den Kirgisen hat das Wort bis auf den heutigen Tag seine militärische Bedeutung beibehalten. Damit ist sicherlich nicht allzuviel anzufangen, doch teilt dieser Begriff sein Schicksal mit vielen feudal-militärischen Ausdrücken. Wie John Smith, Esq. (Hochwohlgeboren) < *scutarius* keinen Schild mehr trägt, so reitet der kirgisische *čoro* nicht mehr an der Spitze seiner *oylan* in die Schlacht. In der Alltagssprache bedeutet *čoro* „Knabe“, „Junge“ im Haushalt eines Adeligen[220]. Im Epos aber ist *čoro* noch immer „der Krieger“, „der bewaffnete Gefährte“, „einer aus der Truppe“ *(druzennik)*[221]. Nun können wir uns den Hunnen zuwenden.

In seinem Bericht vom Krieg in Lazica im Jahre 556[222] erwähnt Agathias[223] unter den byzantinischen Offizieren barbarischer Herkunft einen Hunnen namens Ἐλμίγγειρος; er war *lochagos*, Kommandant eines *lochos*, eines Regiments. Agathias nennt auch den Namen und die Nationalität von Elmingeiros' Vorgesetzten: Es war der *taxiarchos* Dabragezas vom Volk der Anten. Um die Schwierigkeiten der Befehlsübermittlung zu bewältigen, eine äußerst schwierige Aufgabe bei Söldnerarmeen so vieler verschiedener Nationalitäten wie den Armeen Justinians und seiner Nachfolger, wurden Barbaren gleicher Gegenden in gleichen Einheiten zusammengezogen. Dabragezas[224] muß von jenen Anten gekommen sein, die nach der Angabe des Procopius gemeinsam mit Hunnen und Sclavenen „jenseits der Donau oder nicht weit von ihr wohnten“[225]. Elmingeiros stammte wahrscheinlich aus derselben Gegend. Die Schlacht, in der er sich auszeichnete, fand im Frühjahr 556 statt.

Im Sommer desselben Jahres entsandte Justinus, der Kommandant der Armee in Phasis, einen der *taxiarchoi*, einen Hunnen namens Ἐλμινζούρ, mit zweitausend Reitern, die Festung Rhodopolis zu besetzen[226]. Im Index seiner Ausgabe des Agathias führte Niebuhr Elminzur mit der Anmerkung an: „*fortasse idem cum praecedente*, i. e. *Elmingeiro*“[227]. Stein identifizierte Elmingeir mit Elminzur[228]. Es wäre tatsächlich ein seltsamer Zufall, wenn es in derselben Armee und in denselben Monaten zwei hunnische Offiziere gegeben hätte, die einander so ähnliche Namen wie Elmingeir und Elminzur trugen.

Man braucht weder die fremden Laute genau zu kennen, die durch die griechischen Buchstaben wiedergegeben wurden[229], noch zu wissen, was die Namen bedeuten, um zu erkennen, daß der erste aus *elmin* und *geir*, der zweite aus *elmin* und *zur* zusammengesetzt ist. Wenn Elmingeir und Elminzur tatsächlich zwei Namen ein und desselben Mannes sind, dann könnte der Wechsel von *-geir* zu *-zur* seiner Beförderung vom *lochagos* zum *taxiarchos* oder, um die lateinischen Bezeichnungen zu verwenden, vom *tribunus* zum *dux* entsprechen[230]. Das würde unsere Annahme stützen, daß *čur* „Hauptmann“, „Anführer“ bedeutet.

Es gibt drei weitere hunnische Namen, die auf _-zur_ enden:

1. Nach dem Zusammenbruch des Attilareiches besetzten seine Verwandten Emnetzur und Ultzindur Oescus, Utum und Almus am rechten Ufer der Donau[231]. In Analogie zu Elminzur muß Emnetzur aus Emne- und -tzur zusammengesetzt sein.

2. Ein weiterer Name dieses Typs ist _Ultzinzures_, Οὐλτίνζουροι[232]. Gemeinsam mit anderen hunnischen Stämmen folgten sie Dengizich im zweiten Krieg mit den Goten.

3. Die 'Αμίλζουροι, 'Ιτίμαροι, Τούνσουρες und Βοΐσκοι bei Priscus erscheinen bei Jordanes als _Alpidzuri_, _Alcildzuri_, _Itimari_, _Tuncarsi_ und _Boisci_[233]. Die Erklärung für den Unterschied zwischen Priscus und Jordanes wurde von Kraševinnikov[234] gefunden: Der Archetypus der Jordaneshandschriften hatte _alpidzuros_ mit der darübergeschriebenen Verbesserung _alcildzuros_, also *alcildzuros, / *alpidzuros was zu _*alpildzuros_ führte. Nur diese Form ist mit dem Namen bei Priscus vereinbar; man muß ihn daher wie folgt verbessern: *ΑΛΠΙΛΖΟΥΡΟΙ > ΑΜΙΛΖΟΥΡΟΙ.

In den chinesischen Annalen werden die Titel der Stammesführer manchmal für die Stämme selbst verwendet. Zu Zeiten der Han sprachen die Chinesen von den Sai wang, den „Saka-Königen“, unter den T'ang von den Hu-lu-wu chüeh, den She-she-t'i tun und den Shu-ni-shi ch'u-pan[235]. Das war kein Mißverständnis seitens der Chinesen, wie manche Gelehrte dachten[236]. Den Tibetanern war das Königreich der zweiten Dynastie der nördlichen Türken als Bug-čor = Mo ch'o[237] bekannt. Machten sie denselben Fehler wie die Chinesen? Sollen wir annehmen, daß Constantinus Porphyrogenitus ebenso fehlinformiert war, als er von den _*küärčičur_ sprach? Und vor ihm Priscus über die _*alpildzuri_ oder, wie wir nun sagen können, die _*alpilčur_? Das ist höchst unwahrscheinlich. Auch heute noch gibt es Kirgisenstämme, Teile von Stämmen und Sippen, die sich selbst _čoro_ und x-_čoro_ nennen: Qara-čoro (Stamm), Čoro, Zol-čoro (Unterteilungen von Stämmen), Boro-čoro, Ono-čoro (Clans, Sippen). Die Kasachen haben die Sippen Zhan-čura, Bai-čura und Qara-čura[238].

Auf einem Epitaph aus Uibat in Tuva rühmt sich der Verstorbene, daß er sich für das Volk _il čur_ abgemüht habe[239]. Was immer der Ursprung von _čur_ sein mag, in der Inschrift von Uibat ist _il čur_ so türkisch wie _il qan_ und _il baši_. Hunnisches _*Alpilčur_ kann nichts anderes sein als _alp-il-čur_, „Heldenvolk-_čur_“[240].

Die These, daß die Hunnen eine türkische Sprache sprachen, hat bereits eine lange Geschichte. Ihre frühere Phase ist nicht weiter interessant. In der späteren befinden wir uns noch immer. Einige Gelehrte nehmen die Identität der Hunnen und der Hsiung-nu für gegeben an, zweifeln nicht daran und brauchen auch gar keinen Beweis dafür, daß die Hunnen dieselbe Sprache hatten wie die „östlichen“ Hunnen, die sie für Türkisch halten. Nach der gleichen Überlegung müßten die normannischen Eroberer Englands altnorwegisch gesprochen haben.

Daß unter den Hunnen türkisch sprechende Stämme waren, kann man erst dann als gesichert betrachten, wenn eine Anzahl von Personen- und

Stammesnamen der Hunnen zweifelsfrei so türkisch sind, wie *orfèvre* französisch, *goldsmith* englisch und *Goldschmied* deutsch ist. Ein solcher Name ist **alp-il-čur*.

Die formale Analyse von türkisch klingenden hunnischen Namen erfordert äußerste Vorsicht. Wenn Englisch so unbekannt wäre wie die Sprache der Hunnen, könnte man vermuten, daß *fe-* in *female* ein Präfix und *-dict* in *maledict* ein Suffix zur Wurzel *male* ist.

-Gir begegnet wie *čur* sowohl in einem hunnischen Personennamen (Elmingir) und dem Namen eines Stammes der pontischen Hunnen, der zweimal bei Jordanes, *Getica* 37, genannt ist. An erster Stelle (Seite 63, Zeile 11) haben alle Codices außer den codices inferiores des *secundus ordo altziagiri* oder *altziagri*. In der nächsten Zeile (Seite 63, Zeile 12) sind die Formen

primus ordo: *altziagiri (H), ultziagiri, uultziagiri, autziagiri;*
secundus ordo: *aulgiagiri, aulziagiri;*
tertius ordo: *ultziagri, altziagri (Y).*

Mommsen nahm an beiden Stellen *Altziagiri* in den Text. Closs bevorzugte in seiner Ausgabe der *Getica* (Seite 29) *Ultziagiri*. Meiner Meinung nach hatte er recht. An der zweiten Stelle begann der Name mit *u*. Drei Codices haben es noch; *au* war offensichtlich *u* mit einem darübergeschriebenen *a*; die Formen in *H* und *Y* wurden an *altziagiri* an der ersten Stelle angepaßt. Wir haben also *altziagiri* und *ultziagiri*. *Altziagiri* hat zwar keine Parallele in hunnischen Stammesnamen, *Ultziagiri* kann aber mit *Ultzinzures*, Οὐλτίνζουροι, verglichen werden. Wenn man an den Personennamen *Uldin* und besonders an *Elming(e)ir* und *Elminzur* denkt, scheint der Schluß unausweichlich, daß *ΟΥΛΤΙΑΓΙΡ nur ein leicht verderbtes *ΟΥΛΤΙΓΓΙΡ, **Ultingir* ist. Wie *čur* muß *gir* ein Rang oder Titel sein. Es scheint in κυριγήρ, einem bulgarischen *genos*[241], und in Yazghyr und Ürägir, zwei Oghusenstämmen, vorzukommen, die von Kāšğarī genannt werden[242].

Fünf hunnische Namen haben die Endung -ιχ: 'Αψίχ, Βασίχ, Βεριχος, Δεγγιζίχ und Κουρσίχ. Die Standardaussprache behandelte χ im byzantinischen Griechisch bis zum 9. Jahrhundert als Aspirata[243]. In der griechischen Transkription germanischer Namen entspricht χ dem *c* in lateinischen Formen. Dasselbe gilt für hunnische Namen. Δεγγιζίχ und Δινζίχ erscheinen in lateinischen Quellen als *Denzic* und *Dintzic*. Priscus schrieb 'Ηρνάχ, Jordanes *Hernac*. Es gibt keinen Beweis dafür, daß im 5. Jahrhundert das χ in der griechischen Transkription fremder Namen *g* oder γ wiedergeben kann[244]. Daher sind Etymologien, die auf der Gleichung -ιχ = *-ig*, -ιγ oder -αχ = *-ag*, -αγ beruhen, unzulässig.

Der Name eines Utigurenfürsten um 550/560 erscheint in zwei Formen. Agathias und Menander nennen ihn Σάνδιλχος; bei Procopius ist sein Name Σανδίλ[245]. Sandilchos ist Sandilk, Sandil-k.

Κουρσίχ ist[246] der Name eines hunnischen Anführers im Jahre 395. Es könnte Kurs-ik oder Kur-sik sein. Κούρς, der Name eines barbarischen Offiziers in der byzantinischen Armee um 578[247], scheint darauf hinzuweisen, daß Kursik Kurs-ik ist.

Τουλδίχ war der Kagan der Westtürken um 580[248], Tuldila ein hunnischer Anführer in Maiorians Armee im Jahre 458[249]. *-ila* ist offensichtlich dasselbe wie *-ila* bei Attila und Rugila, nämlich das germanische Deminutivsuffix. Es entspricht dem türkischen Deminutivsuffix +°q, +°k[250]. **Tuldiq* wäre im Türkischen, was Tuldila im Germanischen ist: „kleiner Tuld". Dieses **tuld* kann mit *Ult*inzur, *Uld*in und *Uld*ach verglichen werden, also mit Namen, die aus *uld* oder *ult* und *in/ach* = **in/aq* zusammengesetzt sind.

Es wäre vermutlich falsch, zu behaupten, daß alle hunnischen und türkischen Namen, die auf -ιχ enden, Deminutive sind; einige sind es aber offensichtlich. Nehmen wir z. B. Βασίχ[251]. Basich und Kursich werden zusammen genannt. Wenn Kursich Kurs-ich ist, *Kurs-iq, dann ist Basich wahrscheinlich Bas-ich, *Bas-iq, was wiederum kaum etwas anderes bedeuten kann als *bašiq*, „kleiner Anführer".

Man ist sich fast durchwegs darüber einig, daß Δεγγιζίχ das türkische *däŋiz* enthält. Dengizich kann nicht Dengir-siq[252] sein, denn wäre dem so, hätte Priscus Δεγγιρσίχ[253] geschrieben; es kann auch nicht Dengis-siγ sein (s. oben). Δεγγιζίχ ist eine ganz normale Transkription von **däŋiz-iq*, „kleiner See".

Ein anderes Formans bei hunnischen Namen ist +l. 'Αψικάλ, der Name eines barbarischen Exarchen[254], steht zu 'Αψιχ[255] in der gleichen Beziehung wie Σάνδιλχος zu Σανδίλ. Es ist offensichtlich *Apsik-al*.

Die Zahl hunnischer Namen, die sicher oder sehr wahrscheinlich türkisch sind, ist gering. Es scheint aber angesichts der wilden Spekulationen und unverantwortlichen Etymologien, die noch immer vorgebracht werden, besser, eine schmale, aber sichere Basis für die Erforschung aller Namen zu legen, als träumerisch die Wörterbücher zu durchwandeln. Die Etymologien einiger Namen in der nun folgenden Liste wurden bereits früher erstellt. Statt die bereits vorgebrachten Argumente und vor allem die vielen Parallelen zu wiederholen, verweise ich auf Moravcsik, *BT* 2, wo die Literatur sorgfältig zusammengestellt ist.

'Αλθίας

Anführer der hunnischen Hilfstruppen in der byzantinischen Armee um 530[256]. *Altï* = „sechs". In seiner Untersuchung der mit Zahlen gebildeten Namen führte Rásonyi 1961, 55—58 das kasachische Patronymikon Altyev und eine große Anzahl von Personen- und Sippennamen an, die als erstes Element *altï* haben: Altybai, Altyortak, Altyate usw.; vgl. auch Alty bars (Sauvaget 1950, 38).

'Ατακάμ

Eine Hunne vornehmer Abstammung, um 433[257]. Der Name könnte mit dem iranischen 'Αρτακάμας verglichen werden[258]. In einem in Südrußland gesprochenen iranischen Dialekt läßt sich der Wechsel von *-rt-* zu *-t-* in den Inschriften verfolgen: 'Αταχαῖος[259] kann von 'Αρταχαίης[260] nicht getrennt werden. Einige mit *ata* beginnende Namen sind iranisch, z. B. 'Αταμάζες und 'Ατταμάζας[261] (*maza, „Größe“)[262] oder 'Αταχούας[263]. Es gibt Dutzende iranischer Namen mit der Endung *-kam*, „Wunsch“, von Μασκάμης[264] bis Xudkām und Šadkām[265]. Allerdings hat Eskam, ein anderer Name, der auf *-kam* endet, keine Ähnlichkeit mit irgendeinem iranischen Namen und eine sehr plausible türkische Etymologie. Ich akzeptiere daher Vámbérys Etymologie: *ata* („Vater“) und *qam* („Schamane“)[266]. Ähnliche türkische Namen, z. B. Atabag, sind[267] ziemlich gewöhnlich[268].

Βασίχ

Hunnischer Anführer um 395. Basich ist wahrscheinlich Bašïq (s. Seite 38; 274).

Βέριχος

Herr vieler Dörfer[269], *Berik*, „stark“[270]. Der König, unter dessen Führung die Goten Skandinavien verlassen haben sollen, hatte einen ähnlichen Namen: *Berig, Berg, Berigh, Berich, Berice, Berige* (s. *Getica* 25, 94). Obwohl die Goten hunnische Namen übernahmen, haben sie sicherlich nicht einen ihrer halbmythischen Herrscher umbenannt. *Berig* ist wahrscheinlich **Bairika*, die Koseform eines Namens, der mit *Bere-* beginnt, wie *Beremod*[271].

Δεγγιζίχ

Ein Sohn Attilas. **Däŋziq*, „kleiner See“[272] (s. oben Seite 274). Dengizich, wie Priscus den Namen an Attilas Hof ausgesprochen hörte[273], ist die einzige authentische Form. Denzic[274], Dintzic[275] gibt offensichtlich die germanische Aussprache **Denitsik* wieder, bei der — wie so oft — das *g* ausfiel. Διvζίριχος ist Namen wie Γενζέριχος[276] angeglichen.

Die Tatsache, daß *täŋiz, däŋiz* nicht vor dem 11. Jahrhundert bezeugt ist, hat wenig zu bedeuten[277]. Es begegnet in allen türkischen Sprachen. Außerdem gibt es keine bekannte Sprache, aus der die Türken dieses Wort übernommen haben könnten. Mongolisch *Tängiz* ist ein türkisches Lehnwort.

Ellac

Attilas ältester Sohn[278]. Die Schreiber, die aus Priscus exzerpierten, ließen den Namen aus. Er sollte in *EL* 130, 36 und 183, 28 stehen. Ellac bei Jordanes setzt *Ηλλαχ bei Priscus voraus, vgl. *Ηρναχ = Hernac. Ellac scheint *älik (ilik)* — „Herrscher“, „König“ — zu bedeuten[279]. Zwar gibt in den Transkriptionen des Priscus bei germanischen Personen- und lateinischen Ortsnamen α immer *a*, niemals aber *i* wieder[280], doch kommt *a* in der zweiten Silbe und im armenischen *alphilaq* > *alp ilig* vor[281]. Offensichtlich war Ellac nicht der Name, sondern der Titel des Fürsten, der über die *Akatziri* herrschte. Lateinische und griechische Autoren faßten oft fälschlich Titel als Namen auf[282].

Ἐλμίγγειρος

**Elmingir*. Tungusisch *elmin*, „junges Pferd“, ebenso der Name eines Mandschustammes[283], ist wahrscheinlich ein zufälliges Homonym. Es wäre sonst das einzige tungusische Wort in der Sprache der Hunnen. *El-* scheint *el*, *al*, *il*[284], „Reich“, zu bedeuten; *-min-* kann mit *-min* in Bumin, chinesisch T'u-men und Ch'i-men[285], verglichen werden. (S. Seite 273.)

Ἐλμινζούρ

**Elminčur*, s. Seite 271.

Emnetzur

*Emnečur, s. Seite 272.

Ηρέκαν

Priscus erwähnt Attilas Frau, Ellacs Mutter, an zwei Stellen. An der ersten, *EL* 139, 22, haben alle Codices κρέκα; an der zweiten, *EL* 146, 7, haben *M* und *P* ἡρέκα, *B* und *E* ἡρέκαν, *C* hat ἡρέκαν. Die Kopisten ließen ν am Ende von Personennamen zwar wiederholt weg, fügten es aber nie hinzu, wenn es nicht hingehörte[286]. Der Name endete auf -αν. Es wäre unmöglich, die Wahl zwischen κρεκαν und ηρεκαν zu treffen, gäbe es nicht die germanischen Namen von Attilas Frau: Herche, Helche, Hrekja und Erka[287]. Sie beweisen, daß Priscus ηρεκαν schrieb. Bangs Etymologie ist überzeugend: ηρεκαν ist **ari(γ)-qan*, „die reine Fürstin“[288]. *Aruvkhan* (*aruv*, „rein“) ist der Name eines Karakalpakenmädchens[289, 290].

Ἐσκάμ

Eskams Tochter war eine von Attilas zahlreichen Frauen[291]. Eskam ist höchstwahrscheinlich **as qam*, *as* — „Freund“, „Gefährte“ — und *qam*, „Schamane“[292]. Der nichttocharische Name *Yarkam* in einem tocharischen Dokument[293] ist vielleicht ein hybrider Name von gleicher Bedeutung (persisch *yar*, „Freund“).

Ἰλιγερ

Ein Sabire um 555[294]. Wahrscheinlich **Ilig-är*[295].

Κούτιλζις

Ein Sabire um 555[296]. Wenn man an die vielen türkischen Namen mit *qut*, „Majestät“, denkt, ist es sehr wahrscheinlich, daß der Name **qut-il-či* oder **qut-elči* lautete.

Mundzuc

Der Name von Attilas Vater kommt bei Priscus als Μουνδίουχος vor, als *Mundzuco* (Ablativ) bei Jordanes und als Μουνδίου (Genetiv) bei Theophanes[297]. Die letzte Form ist so korrupt, daß man sie außer acht lassen kann[298]. Zweifellos schrieb Cassiodorus **Mundiucus*, das von Jordanes zu *Mundzucus* verändert wurde, wie er auch Scandia zu Scandza[299] und Burgundiones zu Burgundzones[300] veränderte. Im Vulgärlatein wurde *d* vor *i* und *e* zu *dz*, wenn ein Vokal folgte[301]. Jordanes sprach *Mundiucus* als *Mundzucus* aus und schrieb folglich auch *Mundzucus*. Das beweist aber nicht unbedingt, daß der hunnische Name **Mundiuk* war. Wenn Priscus einen pannonischen Römer oder Latein sprechenden Goten „Mundzuk" sagen gehört haben sollte, könnte er doch Μουνδίουχος geschrieben haben, in der Annahme, daß sein Informant den Namen auf dieselbe Art falsch aussprach, wie er *dzaconus* statt *diaconus* sagte[302].

Németh und Rásonyi[303] nehmen an, daß Μουνδιουχος, Mundzucus, die Transkription von türkisch *munǰuq*[303a], *bunčuq* ist: *Perle, Glasperle, Kügelchen oder Perlen, die man am Hals des Pferdes befestigt* (Radlov). „Perle" wäre tatsächlich ein passender Name für einen Fürsten[304]. Ich ziehe aber Vámbérys Etymologie vor, nach der der Name *Fahne* bedeutet, *eigentlich Fahnenknauf, Koralle, die apfelartige Rundung, in welcher der Roßschweif, die primitive Fahne des Türkenvolkes, befestigt wurde, und nach welcher das ganze militärische Abzeichen später den Namen erhielt*[305].

In seiner Rezension von Moravcsiks *Byzantinoturcica* bezweifelte Ligeti die Richtigkeit von Némeths Etymologie[306]. Auf meine Bitte, seine Gründe dafür anzugeben, war er so freundlich, mir zu schreiben: *L'exposé des raisons de ma reserve vis-à-vis de cette étymologie depasserait les cadres de cette lettre. Je me contenterai de vous indiquer qu'il m'est impossible de concilier cette etymologie avec ce que nous savons de l'histoire des langues turques. Ainsi, le ǰ est caractéristique des langues oghouz, en face du č offert par les autres langues turques. En même temps l'initiale m caractérise les langues offrant un č en face de l'initiale b qu'on attend dans les langues oghouz*[307].

Diesen Einwänden des hervorragenden ungarischen Gelehrten könnte man vielleicht entgegenhalten, daß für einen Griechen, in dessen Sprache *ǰ* und *č* nicht vorkommen, die beiden Laute sehr ähnlich geklungen haben mußten. Bedeutender ist die bekannte Tatsache, daß bei einer Anzahl von türkischen Sprachen *b* mit *m* wechselt: *bän* im Osmanli auf der östlichen und *man* auf der westlichen Krim[308], *mindi* und *bindi* im Nogaischen, *börü* in der südlichen und *mörü* in der nördlichen Gruppe des Altai-Türkischen[309]. Man kann nicht einmal sagen, daß die Oghusensprachen das Anfangs-*b* haben, denn obwohl das Osmanli, seine rumelischen Dialekte und das Aserbeidschan-Türkische es haben, haben die ostanatolischen Dialekte *m*[310]. Mit Ausnahme des *Auslauts* hat unser Wort im Osmanlidialekt von Kars die angeblich unmögliche Form munğuχ[311].

„Flagge" als Titel oder Rang des Flaggenträgers begegnet in vielen Sprachen. *Ensign* z. B. ist beides, sowohl das Zeichen als auch sein Träger: „hee is call'd aunchient Pistoll" in Shakespeares *Heinrich V.* (*aunchient:*

korrupt für ensign). Dasselbe ist im Osten der Fall. *Tuγ*[312], „Standarte mit einem Pferde- oder Yakschwanz“, kommt unverändert oder mit einem Suffix in frühen türkischen und uigurischen Namen vor: *Tuγ Ašuq*, *Tuγluγ*, „er, der der *tuγ* war“, *Tuγič*, „*Tuγ*-Träger“[313]. Wahrscheinlich bedeutet *Munǰuq* dasselbe. Qizil Končuq, der Name eines mongolischen Befehlshabers in Afghanistan um 1223[314] bedeutet eher „Rote Flagge“ als „Rote Perle“.

Im 8. Jahrhundert trugen die Anführer der zehn Pfeile (Stämme) der Türgäš die Standarten[315]. Die *cauda equi* (Pferdeschwanz) war das *signum militare* der Protobulgaren[316]. Sie mag sehr wohl auch das der Hunnen gewesen sein.

Die germanische Etymologie von Mundzucus[317] ist abzulehnen. Sie ist nicht nur phonetisch unbegründet. Um 370, als Mundzucus geboren wurde, konnte kein Hunne einen germanischen Namen bekommen haben[318].

Σάνδιλ, Σάνδιλχος

Herrscher der Utiguren um 555[319]. *Sandil* ist von dem Mameluckennamen *Sandal*, „Boot“[320], nicht zu trennen.

Ζόλβων

Befehlshaber der hunnischen Hilfstruppen in der byzantinischen Armee 491 n. Chr.[321] *Zolbon* ist „der Stern des Schafhirten“, der Planet Venus, *colban*, *colbon*, *solbon* usw.[322]. *Colpan* ist ein Mameluckenname[323].

NAMEN UNBESTIMMTER HERKUNFT

Die folgenden Namen können — für sich selbst betrachtet — germanisch, iranisch, türkisch oder sogar lateinisch sein, oder aber sie vereiteln jeden Versuch, sie mit irgendeiner bekannten Sprachgruppe in Verbindung zu bringen.

᾿Αδαμις

Verwalter in Königin Erekans Haushalt (s. Seite 258).

᾿Αϊγάν

„Massagete“, Reiterkommandeur in Belisars Armee zuerst im persischen, dann im afrikanischen Feldzug[324]. Justi führte den Namen ohne Angabe von Gründen als iranisch an, ließ ihn aber bei der Aufzählung der Namen, die auf *-an* oder *-gan* enden, aus[325]. Αιγάν ist vielleicht türkisch *ai-χan*, „Fürst-Mond“, wie einer der sechs Söhne des Oγuz-χan genannt wurde[326]. Zu vergleichen sind Ai-bak[327], Ai-tekin[328], Ai-taš und Ai-kün[329]. Übrigens haben die manichäischen Ausdrücke *ai täŋri* und *kün ai täŋri* im *Chuastanift*[330] und in anderen manichäischen Schriften nichts mit diesen türkischen Namen zu tun. Mas'ūdis Aiγan in Gilgit waren wahrscheinlich Tibetaner (vgl. Marquart 1938, 101, 110).

'Ακούμ

Magister militum per Illyricum im Jahre 538[331]. Malalas nennt ihn „der Hunne". Da nicht einmal die richtige Form des Namens rekonstruiert werden kann[332], sind Spekulationen über seine Etymologie hinfällig[333].

'Ανάγαιος

Herrscher der Utiguren um 576[334]. Anagai wurde mit Ana-kuai[335], dem Namen des Juan-juan-Herrschers, den die Türken 552 schlugen[336], gleichgesetzt. Könnte Anagai der türkische Name eines Vogels sein? Nach der Angabe von E. Frankle 1948, 54 „beinhaltet das Suffix *-qaj*, *-kaj*, *-γaj*, *-gaj* die Funktion, Bezeichnungen für Vögel und ähnliche Tiere zu bilden". Als Beispiel führt sie osm. *darayai*, „schwarzer Vogel", *duryaj*, „Lerche", und ähnliche Vogelnamen an. Durγaj, Turγaj, und Torγaj sind sowohl türkische als auch mongolische Namen[337]. Man wird auch an mongolische Namen erinnert, etwa an Piano Carpinis Eldegai oder Taqai ∼ Taγai[338].

'Αργήκ

Hunnischer Doryphoros, der sich bei der Verteidigung Edessas im Jahre 544 auszeichnete[339].

'Ασκάν

Die „Massageten" Simmas und Askan waren Kommandeure eines Korps von 600 Reitern in Belisars Armee im Perserkrieg um 530[340]. Justi betrachtete Askan als iranischen Namen[341]. Er ist vielleicht türkisch **as-qan*, „der qan der As (Az)", obwohl der Anführer einer so kleinen Truppe schwerlich *qan* genannt wurde. Außerdem ist alles andere als klar, wer die As oder Az waren[342].

Balamber

Rex Hunnorum um 370[343]. *Nomen nemo nisi imperitus pro germanico vendet* sagte Müllenhoff vor mehr als achtzig Jahren[344]. Der Name des Königs, der angeblich eine gotische Prinzessin[345] geheiratet hat, wurde offensichtlich dem gotischen Valamer angeglichen. Er lautete Balamber (s. Seite 257).

Βαλάχ

Anführer der Sabiren, Gatte der Boarex, um 520[346]. *Balaq* ist möglicherweise *malaq*, „Kalb“[347].

Βωαρήξ

Königin der Sabiren. Die verwirrende Variation von Lesarten[348] macht jeden Versuch, die Etymologie dieses Namens zu bestimmen, zu einem hoffnungslosen Unterfangen. Sinor sieht in -ρηξ germanisch *reiks*[349]; das ist aber aus historischen und geographischen Gründen unannehmbar.

Βώχας

„Massagete“, einer von Belisars Doryphoroi im gotischen Krieg um 536[350]. Ich weiß nicht, warum Justi 1895, 72 den Namen als iranisch anführte; vielleicht dachte er an Beuca, der in *Getica* 277 als König der Sarmaten im südlichen Pannonien um 470 erwähnt wird. Bochas könnte **Bochan*, Βώχανος, sein[351]. Entweder allein oder mit einem Zusatz erscheint *buqa (buγa)*, „Stier“, als Name bereits seit frühester Zeit bei fast allen Türken[352].

'Ηρνάχ

Attilas Lieblingssohn[353]. Man nimmt an, daß Ernach-Ernak türkisch *er, är, ir*, „Mann“, mit dem Suffix *-näk* ∼ *-nik* ist. Professor O. Pritsak teilt mir mit, daß *-näk* ∼ *-nik* als Deminutivsuffix nur in den Altai-Dialekten und in Tuva vorkommt. Er hält *-nik* für eine Kombination von *-n* und *-k*, Suffixe, die manchmal verwendet werden, nicht um eine Verminderung, sondern eine Verstärkung auszudrücken: *är-än* bedeutet „Kraftmensch“, „Held“. Seiner Meinung nach könnte Ernak **är-än-äk* > **är-näk*, „großer Held“, bedeuten. Ernak wurde oft mit ИРНИКЪ in der bulgarischen Fürstenliste identifiziert.

Andererseits ist bemerkenswert, daß der Armenier Arnak zur selben Zeit wie Ernach lebte (vgl. Justi 1895, 27). Zu vergleichen ist auch 'Αρνάκης auf einer Inschrift des 2. Jahrhunderts aus Tanais (Vasmer 1923, 33; Zgusta 1955, § 543).

*Ησλας

Ein Hunne von hohem Rang, zuerst im Dienste Rugilas, dann bei Attila[354]. Harmatta 1951, 145 schlug eine germanische Etymologie vor; er meinte, daß der Name **aisila* > **esla* sein könnte und brachte ihn mit **ais*, „respektvoll sein“, „verehren“, in Zusammenhang. Der Name ist aber vielleicht türkisch: *aš, eš*, „Kamerad“, + *-la*[355].

Γορδᾶς

Hunnischer Herrscher in der Nähe der Maeotis[356]. Γρώδ bei Malalas ist so gut wie sicher falsch geschrieben. Die von Moravcsik angeführten türkischen Etymologien sind nicht gerade überzeugend.

Γουβουλγουδοῦ

Doryphoros Valerians im Jahre 538[357]. Obwohl die besten Codices γουβουλγουδοῦ haben, geben Comparetti und Moravcsik der Lesart βουλγουδοῦ den Vorzug. Es kann kaum daran gezweifelt werden, daß die längere Form die richtige ist. Für manche Schreiber war die Anhäufung der barbarischen Silben mit ihrem *u-u-u-u*, vor der noch dazu ein anderes Wort stand, das auf *u* endete, nämlich Βαλεριανοῦ, zu viel. Sie köpften das Monstrum. *Gubul* erscheint als Jazygenname in einem ungarischen Dokument des 14. Jahrhunderts[358].

Χαλαζάρ

Doryphoros in der byzantinischen Armee um 545[359]. Chalazar erinnert an Tutizar (s. Seite 260).

Χαράτων

„Der erste der Könige der Hunnen", um 412[360]. Olympiododorus, der einzige Autor, der den Namen erwähnt, nahm sich bei fremden Namen große Freiheiten heraus. Sein Βελλερίδος[361], möglicherweise einer lateinischen Quelle entnommen, scheint eine etwas eigenwillige Wiedergabe von *Valariþ zu sein. Statt Ἀλάβιχος[362] schrieb Olympiodorus Ἀλλόβιχος[363], wie um anzuzeigen, daß der Mann ἀλλογενής (von einem anderen Volke oder Geschlecht) war. *-on* in Charaton ist vielleicht die griechische Endung. Wenn wir bloß Μορτάγων, Μουρτάγων und Μουτράγων[364] hätten, wäre es unmöglich zu entscheiden, ob *-on* zu dem Namen des bulgarischen Herrschers gehört. Wie die Inschriften mit Ομουρταγ[365] zeigen, ist das nicht der Fall. *-on* kann ebenso für *-a* stehen. Zu beachten ist, daß Olympiodorus — wie alle griechischen Autoren — Στελίχων statt Stilika[366] schrieb. Wie so oft bei den Endungen fremder Namen könnte *-on* gleich *-o* sein. Schließlich könnte *-ton* auch für *-tom* stehen. Fast alle griechischen Autoren haben eine deutliche Abneigung gegen *-m* am Ende eines Wortes. Procopius schrieb κέντον (1, 22, 4), πόντην (*aed.* 6, 6, 16), πάκεν (*aed.* 6, 3, 11) und σέπτον (3, 1, 6). Mit anderen Worten: Der Name, der als Χαράτων transkribiert wurde, kann auf *-tom*, *-ton*, *-to*, *-ta* und *-t* geendet haben.

Vámbéry 1882, 45 hielt Charaton für türkisch *qara ton*, „schwarzer Mantel". Das ist phonetisch möglich. Können wir aber sicher sein, daß *ton* schon im 5. Jahrhundert ein türkisches Wort war? Uigurisch *ton* ist ein Lehnwort aus dem Khotanesischen oder einem verwandten Dialekt: *thauna*, später *thauṃ*, *thau*, „ein Stück Stoff, Seide"[367]. Wäre *-ton* in Charaton das iranische Wort, so könnte *chara-* identisch sein mit dem ersten Teil des parthischen Namens Χαράσπης[368], „ein dunkles *(hara, xara)* Pferd *(aspa)* habend“[369]. Weiters erinnert Charaton an Sardonius, *Sardon, den Namen eines Skythen, das heißt roxolanischen Anführers, den Trajan besiegte[370], und an den ossetischen Nart-namen Syrdon[371].

Würde Charaton wirklich „schwarzer Mantel“, μελάγχλαινος, bedeuten, könnte es der Name des Clans oder des Stammes sein, dem der Mann angehörte. Es gibt den Kirgisenstamm *Bozton* „Graue Mäntel“, und die Kirgisensippen „Weiße Mäntel“, „Gelbe Kappen“ und „Hohe Kappen“ haben analoge Namen[372]. Doch muß betont werden, daß sowohl die türkische als auch die iranische Etymologie voraussetzen, daß der Name auf *-ton* endete.

Χελχάλ

Hunnischer General in der oströmischen Armee um 467[373]. Wäre Chelchal Chel-chal, könnte man an Chalazar denken. Wenn *-al* das Formans *-al* wäre, könnte man an Chelch ~ Κολχ, einen Ogurenstamm, denken[374]. **Kolk* könnte *kölül, kölök,* „(Last-)Tier“, kirgisisch *külük,* „Rennpferd“, sein[375]. Aber das droht bereits in das wohlbekannte Spiel mit Assonanzen abzusinken.

Χινιαλών

Anführer der Kutriguren um 550[376].

Κουρίδαχος

Siehe Seite 298.

Μάμας

Ein „Königlicher Skythe“, der zu den Römern floh[377]. Hammer-Purgstall und Vámbéry verglichen den Namen mit Mamai, einem Emir der Goldenen Horde[378]. Doch waren Mamas, der Bischof von Anaea[379], der Presbyter Mamas, Koadjutor des Eusebius beim Konzil von Konstantinopel im Jahre 448[380], und Mamas, der *cubicularius*, später *praepositus* unter Anastasius[381], weder Türken noch Mongolen, sondern nach dem heiligen Mamas benannt, dem großen Märtyrer von Kappadokien[382]. Vielleicht wurde der Hunne nach seiner Flucht getauft. Die Arria Mama aus *CIL* 3, 7830[383] lebte lange vor Attila. Mama ist aller Wahrscheinlichkeit nach einer jener Lallnamen, wie sie in jeder Sprache vorkommen.

Μουάγερις

Hunnischer Fürst in der Nähe des Asowschen Meeres um 527[384]. Dieser Name wurde von ungarischen Philologen jahrzehntelang erörtert[385].

'Οδολγάν

Hunnischer Kommandant der römischen Garnison in Perugia im Jahre 547[386]. Die Lesarten ὀλδογάνδων und ὀλδογάδων führen möglicherweise zu *oldogan*, das an den gebräuchlichen türkischen Namen *toγan*, *doγan* — „Falke" — erinnert; vgl. Äl toγan tutuq[387].

'Ωηβάρσιος

Attilas Onkel väterlicherseits[388]. Die Ähnlichkeit von Oebarsios mit Oebasus bei Valerius Flaccus ist schlagend. Wir lesen in den *Argonautica* 6, 245 ff. *Oebasus . . . Phalcen / evasisse ratus laevum per luminis orbem / transfigitur* (Oebasus . . . glaubt dem Phalces entkommen zu sein, als er am linken Auge getroffen wird). Konnte Valerius das *-r-* in Oebarsius ebenso ausgelassen haben, wie er das *-s-* in Bastarna ausließ, und aus den gleichen Gründen? Könnte Oebasus der Name eines Hunnen sein? Die Frage scheint absurd. Valerius schrieb die *Argonautica* während der Belagerung Jerusalems oder kurz nach dem Fall der Stadt im Jahre 70 n. Chr. Doch berichtet Agathias, daß der Ort in Kolchis, wo zu seiner Zeit (die zweite Hälfte des 6. Jahrhunderts) die Festung Hagios Stephanos stand, früher 'Ονόγουρις genannt wurde[389]. In alten Zeiten hatten die hunnischen Onoguren mit den Kolchern gekämpft und waren besiegt worden. Zur Erinnerung an ihren Sieg und als Mahnmal nannten die Kolcher den Platz Onoguris. Der Anonymus Ravennas gibt um 700 n. Chr. an, daß die *patria quae dicitur Onogoria* nahe dem Asowschen Meer und dem unteren Kuban' liegt[390]. Daß Oebasus in dem Gedicht ein Kolcher und kein Onogure ist, mag auf ein Mißverständnis zurückzuführen sein. *Onogur*, „zehn Ogur", ist türkisch, was allerdings die Möglichkeit nicht ausschließt, daß einer ihrer Anführer einen iranischen Namen hatte.

Mein Freund Henning[391] meinte, daß Oebarsius, wenn der Name iranischen Ursprungs wäre, mittelpersisches **Weh-barz*, „von gutem Wuchs", wiedergeben könnte; es ist zusammengesetzt aus *weh*, „gut", „besser", und *barz* (*borz*; Anm. R. G.), „Größe", „Gestalt". Es wäre dann eng mit dem früheren Namen *Wahub(a)rz*, Ὄβορζος, verwandt, den ein König der Persis trug[392]. Henning glaubte aber diese Namen nicht mit Oebasus bei Valerius Flaccus' in Verbindung bringen zu dürfen, das wahrscheinlich mit dem persischen Namen Οἰόβαζος aus achämenidischer Zeit identisch ist. Herodot erwähnt drei Träger dieses Namens[393].

Es ist tatsächlich unwahrscheinlich, daß Oebasus aus den *Argonautica* *Oebarsus ist. Es gibt weder literarische noch archäologische Beweise für eine hunnische Präsenz am Kuban' im 1. Jahrhundert. Die Angabe „alte Zeiten" bei Agathias kann sich sehr gut auf die Mitte oder die zweite Hälfte des 4. Jahrhunderts beziehen, als hunnische Stämme auf ihrem Weg nach Osten am oder in der Nähe des Kuban' waren.

Hennings Etymologie von Oebarsius ist philologisch fundiert. Dasselbe gilt aber auch für die übliche türkische Erklärung des Namens[394]. *Bars*, „Tiger", „Leopard", „Luchs"[395], ist eines der häufigsten Wörter in türkischen Namen. ωη ist wahrscheinlich nicht *oi*, wie Vámbéry, Bang und Melich dachten; *oi* wird nur für die Farbe eines Pferdes verwendet[396]. Gombocz und Németh schlugen *aï*, „Mond", vor. Tatsächlich gibt es eine beträchtliche Anzahl türkischer Namen, die mit *ai* beginnen.

Sanoeces

Einer der drei *duces* der gotischen und hunnischen Truppen, die im Jahre 424 nach Afrika geschickt wurden (s. Seite 56). Möglicherweise muß Sanoeces zu *Sandeces verbessert werden; vgl. *Sondoke* in einer Liste von Bulgaren im Evangeliar von Cividale (8. oder 9. Jahrhundert), *Sundice* (Dativ) in einem Brief Papst Johannes VIII. an einen bulgarischen Adeligen aus dem Jahre 879 und *Nesundicus (*Sundicus) uagatur* (baγatur; Anm. R. G.), der Name eines Bulgaren, der am achten ökomenischen Konzil in Konstantinopel (869/870) teilnahm[397].

Σιγίζαν

Hunnischer Offizier in der byzantinischen Armee um 491[398]. Wenn der Name nicht falsch geschrieben ist[399], ist er vielleicht germanisch (s. Seite 260).

Σίμμας

„Massagete" in der byzantinischen Armee um 530[400].

Σιννίων

Er hatte im Jahre 530 gemeinsam mit Balas das Kommando über sechshundert „Massageten" in Belisars Armee; später wurde er Herrscher der Kutriguren[401]. Theophanes' Beschreibung der byzantinischen Streitkräfte in Afrika, Anno Mundi 6026, ist aus Procopius 3, 11 genommen. Aus den 21 Namen seiner Quelle suchte sich Theophanes die zwölf wichtigsten heraus. Die biblischen, griechischen, lateinischen und zwei barbarische Namen — Pharas und Balas — sind bei Theophanes und bei Procopius gleich, aber an Stelle von 'Αλθίας und Σιννίων bei Procopius hat Theophanes 'Αλφίας und Σισίννιος. Zweifellos ist 'Αλθίας die richtige Lesart; sie kommt viermal ohne irgendeine *varia lectio* vor. Σιννίων wurde an Σισίννιος, einen byzantinischen Namen wahrscheinlich persischer Herkunft (vgl. Justi 1895, 303/4) angeglichen.

Σκόττας

Bruder des Onegesius[402]. Der Doppelkonsonant am Beginn scheint eine türkische Herkunft auszuschließen. Harmatta 1951, 148 dachte, daß Skottas germanisch **Skutta* sein könnte. Er verglich den Namen mit althochdeutsch *scuzzo*, altenglisch *scytta*, altnordisch *skyti*, „Schütze". Sollte Szemerényis Analyse von *Skolotoi* (Herodot 4, 6)[403] richtig sein, dann gab es ein iranisches Wort **skuda*, „Schütze". Dies jedoch bezweifelte W. Brandenstein[404]. Ich halte für durchaus möglich, daß Priscus selbst den hunnischen Namen an *Skythes* anglich, indem er einen Vokal entweder am Beginn oder aber zwischen *s* und *k* (**S-kota*?) ausließ (**Es-kota*?). Vielleicht endete der Name auf *-an*.

Σουνίκας

Ein „Massagete" von Geburt, später getauft[405]. Tomaschek schlug eine türkische[406], Justi eine iranische Etymologie vor[407]. *Sunika könnte die Koseform von Suniericus, Sunhivadus und ähnlichen germanischen Namen[408] sein. Es könnte auch für *Sunikan stehen.

Ταρράχ

Nach dem Fehlschlag von Vitalians zweitem Aufstand im Herbst des Jahres 515 wurde Tarrach, „der grimmigste der Hunnen" im Dienste des „Tyrannen", gefangengenommen, gemartert und auf dem Scheiterhaufen in Chalcedon verbrannt[409]. In Vitalians Armee gab es Söldner aus „verschiedenen Stämmen"[410] — Bulgaren, Goten und „Skythen"[411] —, die Hunnen aber bildeten offensichtlich die zahlenmäßig stärkste Gruppe[412]. Wie Vitalian selbst, der manchmal als Gote, dann wieder als Skythe, aber auch als Thraker bezeichnet wurde[413], könnte auch Tarrach gemischter Abstammung gewesen sein. Wenn er getauft wurde, was möglich wäre, glich man sein heidnischen Namen wahrscheinlich an Tarachus, einen der drei berühmten Märtyrer aus Kappadokien, an. Tarachus und Probus hatten vor dem Ende des 6. Jahrhunderts Kirchen in Konstantinopel[414]. Wie mir Professor A. Tietze mitteilt[415], ist Tarrach kein türkischer Name[416].

Τουργοῦν

Ein Hunne in Vitalians Armee[417]. Ránsonyi hält den Namen für türkisch[418]. Vielleicht handelt es sich um einen „iranischen" Titel[419].

Uldin

Hunnischer König um 400. (S. Seite 258.)

Οὐλδάχ

Hunnischer General in der byzantinischen Armee um 550[420].

Ultzindur

Consanguineus Attilae[421]. In Analogie zu Tuldich und Tuldila muß das erste Element auch in diesen drei Namen *uld-*, *ult-* sein.

Ζιλγίβις

Hunnischer Fürst im Kaukasus um 520[422].

HYBRIDE NAMEN

Ἀψίχ

Hunnischer Offizier in der byzantinischen Armee um 580[423]. Apsich könnte *Apsïq, alanisch **apsa*, „Pferd“[424], und türkisch -°*k*, -°*q*, „kleines Pferd“, sein.

Ἀψικάλ

Byzantinischer General gotischer Herkunft[425]; wenn er tatsächlich ein Gote war, muß er zu jenen gezählt werden, die „ihre Namen von den Hunnen entliehen“ (Iord. *Get.* 58). Apsikal ist *Aps-ik-al* (s. Seite 274).

Κουρσίχ

Hunnischer Anführer um 395 (s. Seite 38). Wenn Kursich, wie ich glaube, *Kurs-ik* ist (s. Seite 273 f.), kann Kurs- mit Churs, Fürst von Gardman im nordöstlichen Armenien[426], und dem Ias-Personennamen Hurz[427], ossetisch *xorz*[428], verglichen werden.

Tuldila

Siehe oben auf Seite 274. *Tuld-* hat nichts mit τοῦλδος, „Zug“, „Troß“, in der byzantinischen Militärsprache zu tun. Das Wort ist lateinischen Ursprungs[429].

VERMUTLICH HUNNISCHE NAMEN UND WÖRTER

Es bleiben nur wenige vermutlich hunnische Namen und Wörter, die in die bisherigen Zusammenstellungen nicht aufgenommen wurden. Die Verbindung der Träger dieser Namen mit den Hunnen war lose, wofern sie überhaupt existierte. Einige dieser Namen und Wörter waren — vorausgesetzt, daß sie hunnisch waren — möglicherweise aus anderen Sprachen entlehnt.

Ἄλαθαρ

Byzantinischer Hauptmann um 515. Bury 1923, 449 und Stein 1949¹/1959², 2, 180 bezeichneten ihn als Hunne. Johannes von Antiochia (*EI* 144, 31), der einzige griechische Autor, der den Mann erwähnt, sagt, daß er skythischer Herkunft war. In *Romana* 46, 22 erscheint er als *mag. mil. Alathor* oder *Alathort*, was möglicherweise germanisch ist (vgl. Schönfeld 1911, 11).

Δονάτος

Altheim (*Geschichte* 1, 363) weist zu Recht die oft wiederholte Behauptung[430] zurück, Donatus sei ein Hunnenkönig gewesen. Donatus war vielleicht nicht einmal ein Hunne, sondern ein Römer, der zu den Hunnen floh, wie später der Arzt Eudoxius[431]. Der lateinische Name Donatus war im 4. und 5. Jahrhundert überaus häufig[432].

Μοδάρης

General in der oströmischen Armee im Jahre 378, „von königlich-skythischem Stamm" (ἐκ τοῦ βασιλείου τῶν Σκυθῶν γένους; Zos. 4, 25, 2). Modares war kein Hunne, wie einige Autoren annahmen. Kein Hunne konnte im Jahre 378 eine so hohe Stellung bekleidet haben. Modares war möglicherweise ein Westgote. Zosimus (4, 3, 4, 3) nennt Athanarich den Anführer τοῦ βασιλείου τῶν Σκυδῶν γένους. Der Name scheint die Kurzform eines germanischen Namens zu sein, der mit *Moda-* begann (vgl. Schönfeld 1911, 18).

Σηγγιλάχος

Prisc. *EL* 121, 16. Moravcsik (*BT* 2, 274) nennt ihn irrtümlich einen Gesandten Rugas. Er war ein Klient des oströmischen Beamten Plintha.

Οὐάλιψ

Anführer der meuternden Rugier in der nördlichen Dobrudscha, die zwischen 434 und 441 Noviodunum einnahmen und es eine Zeitlang hielten[433]. *Val* könnte germanisch sein, die Endung ist ungeklärt. Das ist aber kein Grund, in Valips einen Hunnen zu sehen[434].

Ζέρκων

Der Name des schwachsinnigen Hofnarren[435], in lateinischer Transkription *zerco* oder *zergo*, hat mit protobulgarisch *ičirgü* nichts zu tun. Der *ičirgü boila* hatte einen hohen Rang. Er war vielleicht Außenminister[436]. Zwischen ihm und der widerwärtigen Kreatur, auf die Attila nicht einmal achtete, lag eine Welt. Zerkon ist wahrscheinlich ein „maurusischer" Name.

Var

Var, der hunnische Name des Dnjepr[437], ist gleich *bor-* in Borysthenes, dem iranischen Namen des Flusses und bedeutet „breit", „weit", awestisch *varu-*, ossetisch *uäräx, urux*[438]. Οὐαρδάνης[439] bei Ptolemäus, der Kuban' oder einer seiner Nebenflüsse, ist **var-dan*, „der breite Strom", Urux, ein linker Nebenfluß des Terek, „der Breite". Die Hunnen und nach ihnen die Petschenegen übernahmen den alten iranischen Namen[440].

Es ist schwer verständlich, warum Pritsak[441] diese Flußnamen nicht berücksichtigte. Die komplizierte tschuwaschische Etymologie[442], die er anbot, wurde von B. A. Serebrennikov[443] zu Recht abgelehnt.

Κάμος und μέδος

„In den Dörfern", schrieb Priscus (*EL* 131, 11—15), „wurden wir mit Nahrung versorgt — mit Hirse an Stelle von Korn — und *medos*, wie es bei den Einheimischen heißt. Die Diener, die uns folgten, erhielten Hirse und einen Trunk Gerste, die die Barbaren κάμον nennen."

Wie aus den κεστοί des Julius Africanus und aus Diokletians *Edictum de pretiis rerum Venalium*[444] bekannt ist, tranken die Pannonier lange vor Attila *kamos (kamum)*. Das Wort ist indoeuropäisch[445]. Vámbérys türkische Etymologie *kamos* = *qymyz*, die Dieterich[446], Parker[447] und eine Zeitlang Altheim[448] akzeptierten, ist abzulehnen. *-os* ist die griechische Endung, *kam-* ist nicht *qymyz*, und *qymyz* ist ein Getränk, das aus Milch und nicht aus Gerste hergestellt wird. Auch *medos* ist indoeuropäisch — entweder germanisch[449] oder illyrisch[450].

Strava

„Nachdem die Hunnen ihn [Attila] mit solchen Klagen betrauert hatten, feierten sie über seinem Grabhügel eine strava, wie sie es nennen, mit fröhlichem Umzug und Schmausen." (Iord., *Get.* 258.)

Jakob Grimm[451] wies auf das Scholion des Lactantius Placidus zu Statius hin: „Haufen von feindlichen Beutestücken: Aus den Beutestücken der Feinde wurde der Scheiterhaufen für die toten Könige aufgerichtet. Dieser Bestattungsritus soll auch heute noch von den Barbaren befolgt werden, die die Haufen in ihrer Sprache strabae nennen." *(exuviarum hostilium moles: Exuviis enim hostium exstruebatur regibus mortuis pyra, quem ritum sepulturae hodieque barbari servare dicuntur, quae strabas dicunt lingua sua.)* [Thebais 12, 64.] Diese Stelle wäre von großer Bedeutung, wäre sie tatsächlich im 4. Jahrhundert, dem Datum des Scholions, geschrieben worden. *Quae strabas dicunt lingua sua* ist jedoch eine Marginalie, die in den Text hineinrutschte, verfaßt von einem Mann, der seinen Jordanes kannte[452].

Das Konsonantenbündel am Wortanfang schließt die türkische Etymologie aus, die B. von Arnim[453] angeboten hatte. Grimm rekonstruierte aus gotisch *straujan*, „(be)streuen", **stravida, das auf dem Hügel errichtete, aufgestellte gerüste, eine streu, wenn man will ein bette (lectisternium)*. Seit damals wurde diese Etymologie so oft vorgebracht[454], daß an ihr zu zweifeln beinahe ein Sakrileg war. Wie eigentlich „streuen" zu „festlicher Leichenschmaus" wurde — denn das ist die Bedeutung von *strava*, nicht „Streu" oder „Bett" — blieb unklar. Manche Autoren, die mit „streuen" begannen, gelangten über anhäufen > Scheiterhaufen zu > „ein Lager für den Toten bereiten" und damit zu „Leichenfest"; andere assoziierten „streuen" mit dem Ausstreuen von Opfergeschenken für den Toten > Totenehrung > Bestattung. Sie hätten auch einen Weg gefunden, *straujan* mit *strava* in Verbindung zu bringen, selbst wenn es Sarg, Grabstein oder streitende Erben bedeutet hätte. Tatsache ist und bleibt, daß es keine germanische Sprache gibt, in der ein von „streuen“ abgeleitetes Wort *cena funeraria* bedeutet.

Somit bleibt die slawische Etymologie. *Le festin qui suivait la tryzna*[455] *s'appellait pirŭ ou strava. Strava est slave; le mot est employé de nos jours encore au sens de „nourriture“, et on le trouve dans les documents vieux-tchèques et vieux-polonais de XVIe et XVe siecles avec la signification spécial de „banquet funèbre“*[456]. Vasmer und Schwarz[457] wandten gegen diese Etymologie ein, daß zu Jordanes' Zeiten das Wort für „Nahrung“ *s^utrava* gewesen sein muß und daher nicht als *strava* wiedergegeben werden konnte. Das ist nicht ernst zu nehmen. Hätte Priscus σ^ο τραβα schreiben sollen? Außerdem wies Popović[458] für mich überzeugend nach, daß die Formen *strava* und *s^utrava* nebeneinander existiert haben konnten[459]. Gelegentlich und unter besonderen Umständen wurden zwar Fremdwörter für eine alte eigene Bestattungssitte entlehnt[460]. Es ist aber äußerst unwahrscheinlich, daß sich die Hunnen von den Slawen einen Ausdruck holten, um damit etwas zu bezeichnen, was zweifellos eine hunnische Sitte war. Einer der Informanten von Priscus oder Jordanes scheint ein Slawe gewesen zu sein. Da Priscus und Jordanes weder Hunnisch noch Slawisch konnten, könnten sie *strava* für ein hunnisches Wort gehalten haben[461].

Cucurun

Hubschmid hält mittelgriechisches κούκουρον, mittellateinisches *cucurum* und altenglisches *cocer*, „Köcher“, für ein Lehnwort aus dem Hunnischen[462]. Er weist auf zahlreiche ähnlich klingende mongolische und türkische Wörter für Lederflasche, Büchse und Behälter hin, von denen jedoch keines „Köcher“ bedeutet. Hubschmid findet das keineswegs überraschend, da, wie er versichert, Köcher nach dem Anfang des 19. Jahrhunderts nicht mehr in Gebrauch standen. Er irrt. Nicht nur, daß *sadaq* noch immer das gebräuchliche türkische Wort für Köcher ist, wie es das jahrhundertelang gewesen war, auch die Kirgisen schossen noch bis in die siebziger Jahre des 19. Jahrhunderts mit Pfeil und Bogen, und im Altai ersetzte erst um 1890 die Flinte den Bogen, in manchen abgelegenen Tälern sogar noch später. Im Jahre 1929 sah ich Bewohner von Tuva mit Bogen und Köchern voll Pfeilen bei zeremoniellen Bogenschießbewerben. Wenn *cocer* usw. altaischen Ursprungs sein sollte, wäre es eher awarisch als hunnisch.

STAMMESNAMEN

Akatir

Die Literatur über den Namen des hunnischen Volkes, das bei Priscus als 'Ακάτιροι und 'Ακάτζιροι, bei Jordanes als *Acatziri* vorkommt ist abundant. Tomaschek war der erste, der eine türkische Etymologie vorschlug, die weithin Anerkennung fand. Er dachte, *Akatziri* seien *ayač-äri*, „Waldmänner“[463]. Diese Etymologie scheint durch *Ayaǰ-eri* im türkisch-arabischen Wörterbuch von 1245[464] und bei Rašīd ad-Dīn, der auf das mongolische Synonym *hoi-in-irgän*[465] hinweist, gestützt zu sein. Sinor[466] wies auf *yïš-kiši* hin, wie einige Türken im Altai genannt werden; das bedeutet auch „die Waldleute". Oft wurden die Namen der russischen Drevlyanen und der gotischen Tervingen in der Ukraine als Parallelen zu *ayač-äri* angeführt. Es heißt, daß die Drevlyanen ihren Namen erhielten, „weil sie in den Wäldern lebten"[467], und auch *Tervingi* soll die gleiche Bedeutung haben: „Waldmänner"[468].

Die türkische Etymologie wurde von F. W. K. Müller, Henning und Hamilton abgelehnt. Müller[469] behauptete, daß *ayač* nicht „Wald", „Forst", sondern „Baum" bedeutet. Henning[470] hält die übliche Ableitung des Namens für „kaum besser als eine Volksetymologie". Hamilton[471] findet *Aγaǰ-eri* als Namen so seltsam wie *Qum-eri*, „Sandmann", *Turuk-eri*, „Türke", oder *Rum-eri*, „Mann aus Rum", die ebenso im türkisch-arabischen Wörterbuch angeführt sind. Er behauptet, daß solche Namen nirgends außer beim zeitgenössischen Rašīd ad-Dīn existieren. Pelliot[472] akzeptierte zwar zuletzt die übliche Etymologie, bekannte sich aber zu einigen Zweifeln. Er wies darauf hin, daß *ayač* nur im Altai und in einigen westlichen Dialekten vorkommt; die Turfantexte haben *ïγač*, Kāšγarī hat *yiγač* und *yïγač*, und Turki *yaγač*: *Ainsi, au cas où* Ἀκάτζιροι *serait bien Aγač-eri, nous devons admettre que, dès le milieu du Ve siècle, les principales caractéristiques qui séparent les divers dialects turcs s'étaient déjà partiellement établies.*

Wofern man nicht überzeugt ist, daß im 5. Jahrhundert alle Türken oder sogar, wie manche Gelehrte glauben, alle „Altaier" die gleiche Sprache sprachen, haben Pelliots Zweifel wenig Gewicht. Auch Hamiltons Vermutung, daß *Aγaǰ-eri* der Mongolenzeit bloß ein literarischer Ausdruck war, ist nicht gerechtfertigt. *Aγač-eri* kommen in gemeinsamer Nennung mit den fünf Uiguren in der Čagatai-Version des *Oγaz-name* vor[473]: Es gab Aγač-eri in Anatolien[474], und es gibt noch immer Aγač-eri in H̱ūzistān[475].

Diese Namen haben unleugbar einige Ähnlichkeit mit *Acatziri*. Aber ob daraus weitere Schlüsse gezogen werden können, ob die *Acatziri* tatsächlich in Wäldern lebten, wie ihr Name angeblich andeutet, ist eine Frage, die weder Wörterbücher noch Analogien, sondern nur die Texte beantworten können. Nebenbei möchte ich bemerken, daß die Deutung von *Drevlyane* und *Tervingi* alles andere als sicher ist. Tretjakov meint, daß *Drevlyane* die entstellte Form eines unbekannten Namens ist, ein Versuch, ihm einen Sinn zu geben[476]. Nach der Angabe Hermanns bedeutet *ter-* in *Tervingi* nicht „Baum", sondern „Harz", „harziges Holz" und möglicherweise eine Art Nadelholz[477]. Die Greutungen, jene Goten, die angeblich nach den „sandigen" Steppen in der Ukraine benannt wurden, trugen diesen Namen bereits, als sie noch in Skandinavien lebten[478]. Es ist seltsam, wie Gelehrte auf der Jagd nach Etymologien von *Wörtern* dazu neigen, die *Sachen* zu vergessen. Ammianus Marcellinus nannte das „sandige" Land der Greutungen Ermanarichs „fruchtbares Land", *uberes pagos*[479]. Und nun zu den Texten:

Jordanes spricht von den Wohnsitzen der Akatziri und ihrer Lebensweise im vieldiskutierten Kapitel V der *Getica*. Es liegt nicht im Rahmen meiner Aufgabe, das komplexe Problem der Komposition dieses Kapitels aufzurollen[480]. Es ist offenkundig, daß Jordanes nicht einfach Cassiodors *Gotengeschichte* kopierte. Er verdankte Cassiodorus einen Gutteil der Beschreibung Skythiens[481], doch paßte er seine Quelle dem eigenen Werk an. Er schrieb, wie Cassiodorus nicht geschrieben haben könnte: *In cuius Scythiae medium est locus . . .; . . . indomiti nationes* usw. Eine Anzahl von Passagen stammt zweifellos von ihm. Er spricht von den Bulgaren *supra mare Ponticum, quos notissimos peccatorum nostrorum mala fecerunt. Peccata*, ἁμαρτήματα, ist ein spezifisch oströmisches Wort mit der Bedeutung „Nachlässigkeit", „Vergehen" (seitens des Kaisers, der Generäle usw.)[482]. Nicht Italien, sondern die Balkanprovinzen wurden von den Bulgaren, die fast jedes Jahr über die Donau kamen, heimgesucht und verheert. Es ist unwahrscheinlich, daß Cassiodorus in Ravenna von der Existenz von Noviodunum (dem heutigen Isaccea) in Scythia minor überhaupt etwas wußte, ganz zu schweigen vom See Mursianus[483], der Lagune von Razelm, die der Mösier Jordanes sehr gut gekannt haben mußte.

Obwohl es unmöglich ist, in jedem Fall zwischen dem Text des Jordanes und den längeren oder kürzeren Anleihen bei Cassiodorus zu unterscheiden, können die für uns interessanten Passagen ihren Autoren mit einem hohen Grad von Wahrscheinlichkeit zugewiesen werden:

Introrsus illis [sc. fluminibus] Dacia est, ad coronae speciem arduis Alpibus emunita, iuxta quorum sinistrum latus, qui in aquilone vergit, ab ortu Vistulae fluminis per immensa spatia Venetharum natio populosa consedit. (Iord., *Get.* 34.)
(Zwischen diesen [Flüssen] liegt Dakien, befestigt durch hochragende Alpen in der Form einer Krone; an deren linken Flanke, die nach Norden gewandt ist, ist vom Ursprung der Vistula über weite Gebiete hin der volkreiche Stamm der Venether angesiedelt.)

Diese Stelle klingt sehr nach Cassiodorus[484], wie auch die folgende auf die *Gotengeschichte* zurückgehen dürfte:

Quorum nomina licet nunc per varias familias et loca mutentur, principaliter tamen Sclaveni et Antes nominantur.

(Deren Namen sind zwar vielleicht jetzt hinsichtlich verschiedener Familien und Orte verändert, doch werden sie hauptsächlich Sclaveni und Antes genannt.)

Nun aber ändert sich der Ton:

Sclaveni a civitate Novietunense *et laco qui appellatur* Mursiano *usque ad Danastrum et in boream* Viscla *tenus commorantur.*

(Die Sclavenen siedeln von der Stadt Novietunum und dem See, der den Namen Mursianus trägt, bis zum Dnjestr und nach Norden bis zur Viscla.)

Sowohl die Wörter in nicht kursiver Schrift als auch der Inhalt weisen diese Stelle dem Jordanes zu. Zu vermerken ist besonders der Wechsel von Vistula zu Viscla.

Der Autor wendet sich nun ostwärts und beschreibt die Siedlungsgebiete der anderen Gruppe der Venether:

Antes vero, qui sunt eorum fortissimi, qua Ponticum mare curvatur, a Danastro extenduntur usque ad Danaprum, quae flumina multis mansionibus ab invicem *absunt.*

(Aber die Anten, die die Stärksten von ihnen sind, dehnen sich bei der Krümmung des Schwarzen Meeres vom Dnjestr bis zum Dnjepr aus. Diese Flüsse liegen viele Tagereisen voneinander entfernt.)

Die nicht kursiv gesetzten Wörter weisen entschieden auf Jordanes. Plötzlich aber hören wir wieder Cassiodorus, der offensichtlich sorgfältig kopiert wurde:

Ad litus autem Oceani, ubi tribus faucibus fluenta Vistulae fluminis ebibuntur, Vidivarii resident, ex diversis nationibus adgregati; post quos ripam Oceani item Aesti tenent, pacatum hominum genus omnino.

(Doch am Gestade des Ozeans, wo die Wasserströme des Flusses Vistula in drei Mündungen aufgenommen werden, wohnen die Vidivarii, die aus verschiedenen Völkern zusammengesetzt sind; nach ihnen besiedeln desgleichen die Aesti das Ufer des Meeres, ein Stamm gänzlich befriedeter Menschen.)

Die Anspielung auf Tacitus (*Germania* 45, 3)[485] und der Wechsel von Viscla zurück zu Vistula weist auf Cassiodorus hin. Und nun die entscheidende Stelle:

quibus in austrum adsidet gens Acatzirorum fortissima, frugum ignara, quae pecoribus et venationibus victitat.

(Südlich von ihnen *(quibus)* wohnt der überaus mächtige Stamm der Acatziri, der nichts vom Ackerbau weiß und von seinen Herden und der Jagd lebt.)

Mommsen führte *victitare* als für Jordanes typisch an[486]. Worauf bezieht sich das Relativpronomen? Auf die *Antes* oder die *Aesti*? *Getica* 23—24 ist in dieser Hinsicht ziemlich aufschlußreich:

Die Suetidi gehören zu diesem Stamm und sind dafür bekannt, daß sie die übrigen an Körpergröße überragen. Die Dani allerdings, die ihre Herkunft auf dieselbe Rasse zurückführen, trieben die Heruler, die den Vorrang unter allen Nationen von Scandza [Scandia HPV; Anm. R. G.] wegen ihrer Körpergröße beanspruchen, aus ihren Wohnsitzen.

Sunt quamquam et horum positura Grannii, Augandzi, Eunixi, Taetel, Rugi, Arochi, Ranii. quibus non ante annos Roduulf rex fuit, qui contempto proprio regno ad Theodorici Gothorum regis gremio convolavit, et, ut desiderabat, invenit.
(Es sind jedoch auch von ihrer Stellung die Granii, Augandzi, Eunixi, Taetel, Rugi, Arochi und Ranii. Über diese herrschte vor nicht vielen

Jahren Rodwulf als König, der sein eigenes Königreich geringschätzte und sich in den Schutz Theoderichs, des Gotenkönigs, begab, wo er die gewünschte Zuflucht fand.)

So wie der Text dasteht, bezieht sich *quibus* auf die sieben vorgenannten Völker. Rodwulf war jedoch nicht deren König, sondern König der Heruler[487]. Nach dieser kurzen Abschweifung kehrt Jordanes zu der Nation zurück, von der er zuvor gesprochen hatte. Er kann sich also ohne weiteres mit *quibus* nicht auf die *Aesti* im Zitat des Cassiodorus, sondern auf seine eigenen *Antes* bezogen haben. Daß *quibus* tatsächlich auf diese Weise verstanden werden muß, zeigt der folgende Abschnitt des *catalogus gentium (Get.* 37):

Ultra quos [Acatziros] distendunt supra mare Ponticum Bulgarum sedes, quos notissimos peccatorum nostrorum mala fecerunt. hinc iam Hunni quasi fortissimorum gentium cespes bifariam populorum rabiem pullularunt. nam alii Altziagiri, alii Saviri nuncupantur, qui tamen sedes habent divisas: iuxta Chersonam Altziagiri, quo Asiae bona avidus mercator importat, qui aestate campos pervagant effusas sedes, prout armentorum invitaverint pabula, hieme supra mare Ponticum se referentes. Hunuguri autem hinc sunt noti, quia ab ipsis bellium murinarum venit commercium: quos tantorum virorum formidavit audacia.

(Jenseits von ihnen [den Acatziri] erstrecken sich oberhalb des Schwarzen Meeres die Wohnsitze der Bulgaren, die die Bestrafung unserer Sünden offenkundig gemacht haben. Nach diesen haben die Hunnen wie eine Brutstätte der tapfersten Stämme zwei rasende Völker hervorgebracht. Das eine Volk heißt Altziagiri, das andere Saviri, die indessen getrennte Wohnsitze haben: die Altziagiri in der Nähe von Cherson, von wo der gewinnsüchtige Kaufmann die Güter Asiens importiert. Diese durchziehen im Sommer die Ebenen, verstreute Gebiete, soweit sie die Nahrung für die Herden einlädt. Im Winter ziehen sie sich wieder an die Küste des Schwarzen Meeres zurück. Nach diesen sind aber die Hunuguri bekannt, weil von ihnen der Handel mit Hermelinen kommt: Vor diesen schreckte der Mut vieler wackerer Männer zurück.)

Selbst wenn die eine oder andere Wendung auf Cassiodorus zurückgehen sollte[488], so muß doch die Passage als Ganzes Jordanes zugewiesen werden. Die Bulgaren haben ihre Wohnsitze *ultra*, das heißt östlich von den Akatziren und *supra*, das heißt nördlich[489] des Schwarzen Meeres. Von dort „wuchsen sich die Hunnen zu zwei wilden Horden aus". Wie Schirren vor mehr als einem Jahrhundert erkannte, sind die Bulgaren und Hunnen in diesem Kapitel der *Getica* nur zwei Namen für ein und dasselbe Volk[490]. Schirren dachte, Jordanes wäre einfach Cassiodorus gefolgt, der in den *Varia* 8, 10, 4 gleichfalls die Bulgaren mit den Hunnen identifizierte. Aber im 6. Jahrhundert war diese Gleichsetzung allgemein üblich. So nennt z. B. Ennodius ein von den Bulgaren erbeutetes Pferd *equum Huniscum*[491]. Den Bulgaren, *Antes* und *Sclavini* (*Romana* 388) bei Jordanes entsprechen bei Procopius Οὖννοί τε καὶ Ἄνται καὶ Σκλαβηνοί (*hist.* 7, 14, 2) und Οὖννοί τε καὶ Σκλαβηνοὶ καὶ Ἄνται (*anecd.* 18, ed. Comparetti 1895/1898, 122).

Auch *Saviri* und *Hunuguri* bezeichnen bei Jordanes ein einziges Volk. Nach der Beschreibung der Wohnsitze und der Wirtschaft der *Altziagiri* wendet er sich dem anderen Teil der *bifaria rabies* zu. Man würde erwarten, daß er sich nun mit den *Saviri* befaßt. Statt dessen spricht er vom Pelzhandel der *Hunuguri*[492]. Die Identifizierung der beiden Völker bei Jordanes ist ohne weiteres verständlich. Obwohl Priscus, Agathias, Menander und Theophylactus Simocatta deutlich zwischen ihnen unterscheiden, zeigen ihre Berichte, daß die Onoguren *(Hunuguri)* von den sechziger Jahren des 5. Jahrhunderts an bis zum Ende des 7. Jahrhunderts die engsten Nachbarn der Sabiren waren. Sie lebten nördlich des Kaukasus, an der Ostküste des Schwarzen Meeres im Gebiet des Kuban'[493]. In der Liste der Völker im Appendix zu der um 555 verfaßten und Zacharias von Mytilene zugeschriebenen Chronik[494] sind die Onoguren an erster, die Sabiren an dritter Stelle genannt.

Die Bulgaren — sie waren Nomaden, berittene Bogenschützen und von ihren Pferden völlig abhängig — lebten natürlich in der Steppe. Obwohl nie jemand daran zweifelte, scheint doch niemand aus diesem Sachverhalt die notwendigen Schlüsse auf die Wohnsitze der Akatziren gezogen zu haben. Die Diskussion über sie kreiste fast ausschließlich um ihre angebliche Nachbarschaft zu den *Ästi*[495]. Da die Altziagiren, der westliche Zweig der Bulgaren, „bei Cherson" im Westen der Krim lebten und „sich im Winter nördlich *(supra)* des Schwarzen Meeres aufhielten", müssen sie in der Ebene östlich des Dnjepr umhergezogen sein. Auf ein Gebiet nicht weit von der römischen Grenze weisen auch die häufigen Überfälle der Bulgaren hin, in deren Verlauf sie die Donau überquerten. Das wiederum gestattet eine annähernde Lokalisierung der Akatziren. Westlich der Bulgaren, südlich der Anten — das deutet auf den Unterlauf des Bug und Dnjestr, vielleicht nach Westen bis zum Pruth.

Die südliche Grenze der Waldsteppe in der Ukraine verläuft vom nördlichen Rand der Steppe von Bel'cy in Bessarabien über Ananjev, den Oberlauf des Ingul, Kremenčug am Dnjepr, Poltava, Valujki und Borisoglebsk bis zur Wolga nördlich von Saratov[496]. „Man glaubte", schrieb der hervorragende sowjetische Geograph Berg, „daß die Steppe einmal mit Wäldern bedeckt war, die von den Nomaden vernichtet wurden. Diese Ansicht ist unrichtig"[497]. Was Herodots Hylala betrifft, bemerkte Minns richtig, daß es kaum vieler Bäume bedurfte, um in dem kahlen Steppenland aufzufallen[498].

Die Wohnsitze der Akatziren lagen *südlich* der oben angegebenen Linie in der ebenen, waldlosen Steppe. Priscus stimmt mit Jordanes überein. Auch er lokalisiert die Akatziren „in Scythia *am* Schwarzen Meer"[499]. Die Akatziren waren ein Steppenvolk, keine „Waldleute", keine *ayač-eri*.

Im Bewußtsein der Risken, wie sie die Analyse eines so zusammengestückelten Textes wie der *Getica* mit sich bringt, gebe ich mich über die Anfechtbarkeit einiger meiner Vermutungen keinen Illusionen hin. Aber in der Hauptsache, nämlich in der Lokalisierung der Akatziren in der Steppe, glaube ich doch nicht fehlzugehen.

Nun können wir zum Namen selbst zurückkehren. Ich übergehe die Frage, ob *ayač*, „Baum" oder „Wald" bedeutet; im 5. Jahrhundert traf vielleicht beides zu. Es ist denkbar, wenn auch unwahrscheinlich, daß die Akatziren zu jener Zeit, da wir von ihnen hören, aus den Wäldern im Norden in die Steppe gezogen waren und ihre Nachbarn sie „Waldleute" nannten, weil sie von dort kamen. Ihr Name allein würde sie noch nicht zu Türken machen. Weder haben die *Nez Percés* in Idaho Französisch noch die *Black foot* in Montana Englisch gesprochen. Doch all das geht am Wesentlichen vorbei. Wären die Akatziren Aγač-eri gewesen, so hätte Priscus *'Αγάτζιροι geschrieben. Er gab nie ein fremdes *g* durch ein Kappa wieder. Er schrieb κ, nicht γ; sein 'Ρεκìμερ ist Recimer, Ricimer, Ricimerius, aber nicht Regimer; 'Εδέκων ist Edecon, Edica, 'Ορνίγισκλος ist Arnegisclus (s. Seite 259). Er schrieb Βιμινάκιον für Viminacium und Σερδική für Serdica, aber Μάργος für Margus.

Nach der Beseitigung der geographisch unhaltbaren und auch phonetisch nicht vertretbaren Gleichung *Acat(z)iri* = *Aγač-eri*[500] bleiben noch zwei weitere Versuche einer Interpretation des Namens. Was L. N. Gumilev vorschlug, braucht uns nicht aufzuhalten: er hält *Acatziri* für türkisch *aka*, „älter" und *čärig*, „Armee"[501], was Unsinn ist. Die andere Erklärung wurde von mehreren Gelehrten angeboten, darunter zuletzt von Henning und Hamilton. Sie nehmen an, daß die Akatziren die „weißen Khazaren", *aq-xazar*, sind. Bevor wir uns Henning zuwenden, müssen wir uns kurz mit Hamiltons Ausflug ins Chinesische befassen. Er glaubt den Namen *Xazïr* in einer Liste der T'ie-le-Stämme im Norden gefunden zu haben, die im *Sui-shu*, Kap. 84, erhalten blieb: „Nördlich des Königreichs von K'ang am Fluß A-tê sind *ho-tie ho-chieh po hu pi ch'ien chu hai ho pi hsi ho yang su pa yeh wei k'o ta* und andere mit mehr als 30 000 Soldaten."[502] In Hamiltons Ohren klingt A-tê, altes *a-tək*, ähnlich wie Ätil, der türkische Name der Wolga. *Ho-tieh*, altes *xâ-d'iet*, ist seiner Meinung nach eine Transkription von *Adil*, wieder die Wolga, und *ho-chieh*, altes *ât-dziet*, scheint Xazïr zu transkribieren[503]. Auf diese Weise gelangt Hamilton zu „am Atil sind die Adil Xazïr". Xazïr und Xazar sind seiner Meinung nach das gleiche: *L'altérance a/ï dans le suffix* aoriste-$^{\circ}$r *était en turc ancien des plus banales.* Er verweist auf armenisch Xazirkʻ. Der chinesische und der armenische Name in stützen seinen Augen die Gleichung Akatzir = **Aq-Qazïr* oder **Aq-Xazïr*.

Hamiltons Gleichungen sind nicht überzeugend. *Ho-tieh* ist ganz klar der Name eines Stammes, nicht der eines Flusses. *Atil* kann innerhalb einer kurzen Passage nicht auf zwei verschiedene Arten transkribiert werden, und die Wolga fließt nicht nördlich von K'ang = Samarkand.

Bei der Identifizierung der Akatziren mit den Khazaren läßt sich Henning von einer anderen Überlegung leiten. Wie Hamilton bezieht er sich auf armenisch *Xazir* = *Khazar*, das er allerdings hicht für eine Variante des Namens, sondern für seine ursprüngliche Form hält. Er betont, daß kein Volk den Khazaren so nahe war wie die Armenier. Das ist sicherlich richtig, aber nichtsdestoweniger nannte Pelliot *Xazir* „peu concluant"[504] für die Rekonstruktion eines Originals mit *i* an Stelle von *a* wie in allen anderen Schreibarten des Namens. Nach Henning wird *Xazir* durch Χότζιροι gestützt, ein Name, den er bei Moravcsik fand. Χότζιροι steht zweifellos für *Khazar*. Aber die Schriften, in denen dieser Name vorkommt (die *Notitia*

Episcopatum und die Glossen eines unbekannten Scholiasten), strotzen vor Fehlern (z. B. 'Αστήλ für *Atil*; vgl. Seite 262). Bei der Diskussion der Namen *Acatziri* und *Khazar* kann χότζιροι unberücksichtigt bleiben.

Das Bindeglied zwischen *Acatziri* und *Khazar* ist nach Hennings Meinung *KSR* in der erwähnten Liste der Völker nördlich des Kaukasus[505]. *KSR* kann *Xasar* und *Xasir* sein; im Khazarischen wurde *Κατζιρ = *X*acir* (mit c = Ц) vielleicht zu *Xazir* und später *Xazar*. Ob eine solche Entwicklung in der praktisch unbekannten Sprache der Khazaren möglich war, ist für uns von geringem Interesse, da 'Ακάτιροι, 'Ακάτζίροι, *Acatziri* sicherlich nicht **Aq-Xacir* war.

Der ethnische Name kommt bei Priscus sechsmal vor: (1) *EL* 130, 8: ἀκατζίρων (Cantabrigiensis, Bruxellensis, Escorialensis) und ἀκατζόρων (Monacensis, Palatinus); (2) *EL* 130, 26: κατζίρων (alle Codices); (3) *EL* 136, 3: ἀκατήρων (alle Codices); (4) *EL* 139, 23: ἀκατήρων (ebenso); (5) *EL* 586, 12: ἀκατίροις (ebenso); (6) *EL* 588, 10: 'Ακατίροις (ebenso).

Von allen Gelehrten, die mit dem Problem der *Acatziri* gerungen haben, hat bloß Marquart die Bedeutung der Textüberlieferung erkannt. Er behandelte sie in einer Arbeit, in der man sie nicht erwarten würde, in der postum veröffentlichten *Entstehung der armenischen Bistümer*[506]. Marquart zeigte, daß Priscus aller Wahrscheinlichkeit nach 'Ακάτιροι schrieb, was spätere Schreiber zu 'Ακάτζιροι „verbesserten". Das taten sie jedoch nur die ersten beiden Male. Später ließen sie den Namen stehen, wie er war, vielleicht in der Erwartung, der Leser würde ihn nun selbst korrigieren. Die Suda, die Priscus zitiert, hat 'Ακατίροις[507].

Es ist unwahrscheinlich, daß -τ- bei Priscus -ts- oder -č- wiedergeben sollte, wie Marquart dachte. Da er 'Αμιλζούροις (*EL* 121, 4) schrieb, was hätte ihn daran hindern sollen, 'Ακάτζιροι für *Akačir* oder *Akatsir* zu schreiben? Soweit ich sehe, gibt es drei Möglichkeiten, die Differenz zwischen 'Ακάτιροι und den *Acatziri* bei Jordanes zu erklären. Die erste könnte der Wechsel von *ti* zu *tsi* im Vulgärlatein sein. Zum zweiten könnte es zu einem ebensolchen Wandel in der Sprache der *Acatiri* während der achtzig Jahre gekommen sein, die Priscus von Jordanes trennen. Und drittens wäre denkbar, daß Priscus den Namen „rekonstruierte"; er hörte vielleicht *Akatsir* und schrieb doch 'Ακάτιροι.

Die letztgenannte Möglichkeit scheint etwas weit hergeholt. Gegen die zweite, die an sich nicht gerade wahrscheinlich ist, spricht die Schreibung Οὐλτίνζουροι bei Agathias gegenüber *Ultzinzures* bei Jordanes; Agathias schrieb seine Geschichte *nach* den *Getica*. Es bleibt also nur die erste Möglichkeit: Jordanes änderte 'Ακάτιροι zu *Acatziri*, wie er *Scandia* zu *Scandza* oder *Burgundiones* zu *Burgundzones* veränderte. Meiner Ansicht nach gehen die „verbesserten" Formen bei Priscus auf die Schreibweise bei Jordanes zurück. Alle Handschriften der *Excerpta de legationibus* sind von einem Codex abgeschrieben. Die Abschriften stammen von Andreas Damarius und anderen Gelehrten in der zweiten Hälfte des 16. Jahrhunderts, aus einer Zeit also, in der es bereits drei gedruckte Ausgaben der *Getica* gab[508]. Ich halte es für wahrscheinlicher, daß die Gelehrten aus dem 16. Jahrhundert Jordanes folgten und den Priscustext „korrigierten", als daß griechische Schreiber des 6. Jahrhunderts für die Korrektur verantwortlich waren, wie Marquart dachte.

Hennings historische Argumente für die Identifizierung der *Acatiri* mit den *KSR* beruhen auf den Priscusfragmenten 30 und 37. Um 463 unterwarfen die Saraguren die Akatiren nach vielen Schlachten. Sie selbst waren von den Sabiren aus ihrem Land vertrieben worden, diese von den Awaren, die ihrerseits wieder von Völkern bedrängt wurden, die vor vom Ozean kommenden menschenfressenden Greifen flohen (Fragment 30). Im Jahre 466 zogen die Saraguren nach ihrem Angriff auf die Akatiren und andere Völker, Ἀκατίροις καὶ ἄλλοις ἔθνεσιν ἐπιθέμενοι, gegen die Perser, überquerten den Kaukasus, verheerten Iberien und überrannten Armenien (Fragment 37). In Verbindung mit der Aussage des Priscus über die Wohnsitze der *Acatiri* in der Scythia am Schwarzen Meer sollen die beiden Fragmente angeblich beweisen, daß das Volk in den Steppen zwischen Kuban', Don und Wolga lebte, also etwa im selben Gebiet wie die *KSR* = *Xasir* oder *Xasar*.

Ich kann Hennings Schlüsse nicht akzeptieren. Es muß betont werden, daß die beiden Fragmente von den Schreibern gekürzt wurden, die sie für das Sammelwerk des Constantinus Porphyrogenitus zusammenstellten. Für Fragment 30 wurde dies von Moravcsik bewiesen[509]. Ein Vergleich von Fragment 30 mit dem Beginn von Fragment 37 zeigt deutlich, daß auch das zweite gekürzt wurde. Es bezieht sich auf die Schlachten in Fragment 30, denn es wäre absurd, anzunehmen, die Saraguren hätten im Jahre 463 die Akatiren unterworfen und sie drei Jahre später, bevor sie gegen die Perser marschierten, wieder angegriffen. Das Fragment 30, wie es ist, erwähnt nichts von dem Krieg zwischen den Saraguren und anderen Völkern außer den Akatiren, worauf im Fragment 37 kurz angespielt wird. Mit anderen Worten, der ursprüngliche Priscustext enthielt wesentlich mehr über die zahlreichen Kämpfe der Saraguren gegen die Akatiren und andere Völker. Vielleicht machte er auch genauere Angaben über das Gebiet, in dem diese Kämpfe stattfanden, obwohl Priscus offensichtlich über die Ereignisse in den Weiten der europäischen Sarmatia nicht gut informiert war. Oder sollen wir wirklich glauben, daß die Greife Herodots von dem Fluß herkamen, der die Erde umschloß? Wie dem auch sei, es gibt keinen Grund zur Annahme, die Akatiren hätten 463 ihre Wohnsitze verlassen, die sie in den letzten Jahren unter Attilas Herrschaft (s. Seite 78) „in Skythien am Schwarzen Meer" besaßen, und nach wenigen Jahren unter Attilas Joch ihre Freiheit wiedererlangt hätten.

Für zwei oder drei Jahre waren sie die Untertanen der Saraguren, doch in der Mitte des 6. Jahrhunderts kennt Jordanes sie als *fortissima gens,* die niemandem unterworfen war. Moravcsik hielt es für selbstverständlich, daß sie zu dieser Zeit noch immer dort verweilten, wo sie in den sechziger Jahren des 5. Jahrhunderts gewesen waren, nämlich — wie ich zu beweisen versuchte — westlich des Asowschen Meeres.

Nur wenn man die Passage im Fragment 37, die ich aus dem griechischen Priscustext zitierte, falsch übersetzt, könnte man behaupten, daß die Akatiren den Saraguren auf deren Zug gegen die Perser folgten. Die

Herausgeber der Bonner Ausgabe und C. Müller in den *Fragmenta Historicorum Graecorum* 4, 107 übersetzten die Stelle mit *cum Acatiris aliisque gentibus coniuncti*. Doblhofer hat *im Bunde mit den Akatziren*[510] und Altheim *zusammen mit den Akatziren*[511], obwohl Moravcsik schon vor Jahren[512] darauf hingewiesen hat, daß diese Übersetzungen falsch sind. Gordon übersetzt richtig *having attacked the Acatiri and other races*[513]. Ich möchte betonen, daß Hennings Ansichten nicht auf dieser Fehlübersetzung beruhen.

Die Oströmer versuchten mit den Akatiren um 445 ein Bündnis zu schließen und schlossen tatsächlich eines mit den Saraguren, nachdem die Neuankömmlinge aus dem Osten die Akatiren besiegt hatten. Es ist höchst unwahrscheinlich, daß die Römer zu Barbaren zwischen Kuban', Don und Wolga, also weit jenseits des Gesichtskreises der Regierung in Konstantinopel, Kontakt hatten. In den wilden Kämpfen der frühen sechziger Jahre des 5. Jahrhunderts stießen die Saraguren offensichtlich für eine kurze Zeit über Don und Dnjepr vor. All dies spricht gegen die Identifizierung der *Acatiri* mit den *KSR* nördlich des Kaukasus.

Für den Namen *Akatir* habe ich keine Etymologie anzubieten. Κουρίδαχος, der Name eines ihrer Anführer um 445[514], könnte türkisch sein. Justi führt ihn unter den iranischen an, weil er an Κουρίδατος — angeblich in einer Inschrift des 3. Jahrhunderts aus der Krim — dachte[515]. Aber die Inschrift sagt bloß ουριδατου; Latyšev stellte in Analogie zu Kuridachus den Namen wieder her[516]. *Ce nom*, sagt Sinor, *a une consonance turque, mais je n'ai pas réussi à l'identifier*[517]. Kuridachus ist vielleicht **qurtaq*, *qurt*, „Wolf“, und das Deminutivsuffix *-°q*; zu vergleichen ist gotisch *Wulfila*. Németh behauptete, daß *qurt*, „Wurm“, die Bedeutung „Wolf“ erst in jüngster Zeit erhielt[518]. Wie jüngst ist „jüngst“? In Qazwinis *Nuzhat al-qulūb*, verfaßt im Jahre 1339, bedeutet *qurt* bereits Wolf[519]. *Qurt* war offensichtlich eine generelle Bezeichnung für Lebewesen und wurde für den Wolf verwendet, als sein wirklicher Name tabuisiert war[520].

So umfangreich die Erörterung des Namens *Akatir* sein mußte, so kurz kann man die anderen Stammesnamen der Hunnen behandeln.

Ultinčur

Ultzinzures, Οὐλτίνζουροι, ist zusammengesetzt aus *Ultin* und *čur*. Was immer auch die Bedeutung von *Ultin* ist, es ist wahrscheinlich so türkisch wie *il* in *ilčur*.

Namen auf -gur

Vier Namen enden sicher, einer fast sicher und ein weiterer möglicherweise auf *-gur*:

1. Κουτρίγουροι. Obwohl die genaue Form sich hinter den verschiedensten Lesarten[521] verbirgt und nicht ermittelt werden kann, endet der Name sogar bei den abweichendsten Varianten auf *-gur*.

2. *Hunuguri*[522], 'Ονόγουροι, ist türkisch *On-Ogur*, „zehn Oguren". Hamilton versuchte zu beweisen, daß Onogur eine schlechte Transkription von On-Uyghur ist. Die Byzantiner waren angeblich nicht in der Lage, den Diphthong *uy* in ihrer Schrift wiederzugeben[523]. Da sie aber 'Ωηβάρσιος und 'Ωήχ[524] schrieben, hätte sie nichts daran hindern können, *'Ονωήγουροι zu schreiben.

3. Οὐτίγουροι. Außer in zwei Codices inferiores enden die Lesarten, die so vielfältig sind wie jene der Kutriguren[525], alle auf *-gur*.

4. Die Bittuguren, einer der Stämme, die Dengizich als ihren Anführer anerkannten (s. Seite 122), schlossen sich den Ostgoten auf deren Zug nach Italien an. Ragnaris (s. Seite 260) war einer von ihnen. Βίττορες bei Agathias ist *ΒΙΤΓΟΡΡΕΣ[526].

5. Τούνσουρες. Priscus (*EL* 121, 5) hat Τούνσουρσι (Dativ), Jordanes (*Get.* 90, 12) Tuncarsos (Akkusativ), *Tuncursos. Marquart emendierte ΤούνΣουρες zu ΤούνΓουρες[527].

Im Koibalischen bedeutet *ton* „Leute"; vgl. Pritsak 1952, 56 mit Hinweis auf Castren. Die Tongur, Dongur, Tongul waren „Knochen" der Altaitürken (Grum-Gržimajlo 1930, 19). Wenn ich mich recht erinnere, wurde von Tongur am Fluß Džakul in der Chošun Kemčik in Tannu-Tuva als „Knochen" gesprochen.

6. Σόροσγοι. Nach Unterzeichnung des Friedensvertrages von Margus zogen Bleda und Attila gegen die *Sorosgi*, ein Volk in Skythien[528], in den Krieg. Kulakovskij hielt das Wort, ein *hapax legomenon*, für falsch geschriebenes Saragur[529]; das war keine glückliche Vermutung. Wenn man an τὸ τῶν Σογὸρ ἔθνος bei Nicephorus Callistus denkt[530], das auf τοὺς 'Ογώρ bei Theophylactus zurückgeht, ist man versucht, das Sigma am Beginn des Namens als eine Doppelschreibung aufzufassen: προσσοροσγους < *προσορόσγους. *ΟΡΟΣΓΟΙ ist möglicherweise ein entstelltes ΟΡΟΥΓΟΙ. Die Οὔρωγαι bei Priscus sind falsch geschriebene Οὔγωροι[531]. Die Möglichkeit, daß (Σ)οροσγοι statt 'Ογουροι steht, kann nicht gänzlich ausgeschlossen werden.

Angisciri

Der Name kommt nur in den *Getica* 128, 3 vor: *angisciros* (Akkusativ), *angiscires*. Die *Angisciri* waren einer der vier Stämme, die Dengizich treu blieben. Vasmer nahm an, daß *angi-* dasselbe wie altenglisch *eng*, „Grasland"[532], bedeute; die *Angisciri* wären dann also die „Grasland-*Sciri*". Da aber die anderen drei Stämme — die Ultzinzuren, Bittuguren und Bardoren — türkische Namen haben, ist es wahrscheinlicher, daß auch *Angisciri* türkisch ist. Vielleicht glichen die Schreiber einen ihnen ungeläufigen Namen dem der *Sciri* (Skiren) an, die in den *Romana* zweimal und in den *Getica* fünfmal genannt werden. *Angis-* erinnert an *äŋiz*, „Feld"[533]. *Angisciri* ist vielleicht *Angisgiri*.

Bardores

Der Name[534] ist offensichtlich zusammengesetzt aus *var* — wie in Οὐαρχωνῖται — und *-dor*. Dieses *dor-dur* ist nicht nur in Ultzindur das zweite Element, es kommt ebenso in *Bayundur*, dem Namen eines Ogusenstammes, und in den Stammesnamen vor, die bei Pritsak, 1952, 77[535] aufgezählt sind. *Cegitur* ist eine kirgisische Sippe[536].

Βαρσήλτ

Dieses Volk wird gemeinsam mit den Unuguren und den Sabiren genannt[537]. Marquart 1923, 324 hielt Barselt für einen ossetischen Plural: *Barsel-t*. Er identifizierte die *Barsel mit Menanders (*Βαρ)ζάλοι; Basil-k' bei Ps. Moses Chorenac'i; B'GRSYK[538] in der Liste von 555; Βερζίλια, die alte Heimat der Khazaren; und Barčula, einer der drei Stämme der Wolgabulgaren. All dies ist höchst hypothetisch. Zu weiteren Spekulationen über diese Namen vgl. Minorsky 1958, 94 und *Oriens* 2, 1958, 125—126; Artamanov, Index 498, *s. v.* Barsily. K. F. Smirnov [*KS* 45 (1952) 95] meint, daß die Gräber von Agačkalinsk in der Nähe von Bujnaksk am nordwestlichen Ufer des Kaspischen Meeres den Barsil zugeordnet werden können. *Barsel* findet sich in einer Münzlegende der Wolgabulgaren des 10. Jahrhunderts [vgl. S. A. Janina, *MIA* 111 (1962) 187, n. 41].

Καδισηνοί

Johannes von Antiochia (*EL* 139, 6) ist der einzige Autor, der die *Cadiseni* als hunnisches Volk bezeichnet. Vor siebzig Jahren bewies Nöldeke, daß die wiederholt von byzantinischen, syrischen und armenischen Autoren genannten *Cadiseni* nichts mit den Hunnen zu tun haben[539].

Ζάλοι

Sie werden nur bei Menander (*EL* 443, 9) als hunnischer Stamm erwähnt. Es ist schwer, nicht an Σάλοι in der europäischen Sarmatia bei Ptolemäus[540] und an die *Salae* in Kolchis bei Plinius[541] zu denken, aber siehe Βαρσήλτ.

Σάβιροι

Für die verschiedenen Formen vgl. Moravcsik, *BT* 2, 262. Jahre hindurch waren die Sabiren das Lieblingsobjekt von Namenjägern. Pelliot war geneigt, die türkische Etymologie Némeths zu akzeptieren[542]; die Sabiren waren „die Wanderer“[543]. Henning (1952, 502, n. 5) meinte, die Sabiren im sogdischen Nafnāmak gefunden zu haben, was sie lange nach dem 5. Jahrhundert in die Nachbarschaft von Turfan bringen würde. Moór bietet eine iranische Etymologie von besonders geringer Überzeugungskraft an[544].

Sadagarii

Nach dem Zusammenbruch des Attilareiches, „erhielten die Skiren und Sadagarier und einige von den Alanen . . . Scythia minor und Moesia inferior“[545]. Die *Sadagarii* sind von jenen *Sadages* nicht zu trennen, die gleichzeitig und Dengizich noch immer treu ergeben „das Innere Pannoniens hielten“[546]. Zeuss hat darauf bereits 1837[547] hingewiesen, was aber weder seriöse Gelehrte noch eine Schar von Dilettanten daran hinderte, die phantasievollsten iranischen und türkischen Etymologien vorzuschlagen. Sie teilten *Sadagarii* entweder in *Sada-garii*[548] oder *Sadag-arii*[549]. Abajev gab der Lesart *Sadagarii* den Vorzug, weil er dadurch die Möglichkeit hatte, eine ossetische Etymologie anzubieten[550]. Es ist jedoch einleuchtend, oder sollte es wenigstens sein, daß *-es* die griechische und *-arii* die lateinische Endung ist[551]. Die Bedeutung des Namens ist unklar. Man weiß nicht einmal, ob der Stamm der hunnischen Konföderation im engeren Sinn angehörte oder nur lose mit ihr verbunden war.

SCHLUSSFOLGERUNGEN

Den Stammesnamen nach zu schließen, muß ein großer Teil der Hunnen eine türkische Sprache gesprochen haben. Ultinčur und Alpilčur sind ebenso türkisch wie Bug-čor, die auf -τζουρ endenden Stammesnamen der Petschenegen und die Stammes- und Sippennamen der Kirgisen, die auf -čoro enden. Eine andere häufige Endung türkischer Stammesnamen, *-gur*, begegnet in Kutrigur, Utigur, Onogur, Bittugur, *Tongur und *Ugur. In Analogie zu Ultinčur muß auch Ultingir, das wie andere sicher türkische ethnische Namen auf *-gir* endet, türkisch sein. Dasselbe gilt für Bardor = Var-dor und Ultindur. Die Personennamen bieten jedoch ein anderes Bild:

ATTILANISCHE HUNNEN

Türkisch oder wahrscheinlich türkisch: Basich, Berichos, Dengizich, Ellac, Emnetzur, Erekan, Eskam, Mundzuc, Oebarsios, Uldin, Ultzindur

Germanisch oder germanisiert: Attila, Bleda, Edekon, Laudaricus, Onegesius, Ruga

Persisch: Hormidac

Hybrid: Kursich, Tuldila

Unbekannten Ursprungs: Adamis, Charaton, Ernach, Esla, Mama, Octar, Skotta

AKATIREN

Möglicherweise türkisch: Kuridachos

BITTUGUREN

Germanisch: Ragnaris

UTIGUREN UND KUTRIGUREN

Türkisch: Sandil ~ Sandilchos
Iranisch: Zabergan
Unbekannten Ursprungs: Anagaios, Chinialon

BOSPORANISCHE HUNNEN

Unbekannten Ursprungs: Gordas, Muageris

KAUKASISCHE HUNNEN

Iranisch: Amazukes, Glones, Styrax
Unbekannten Ursprungs: Zilgibis

SABIREN

Wahrscheinlich türkisch: Balach, Iliger, Kutilzis
Unbekannten Ursprungs: Boarex

HUNNEN IN DER OSTRÖMISCHEN ARMEE

Türkisch: Althias, Elminčur, Elmingeir, Zolbon
Iranisch: Aischmanos, Balas, Chorsomanos, Chorsomantis, Zartir
Hybrid: Apsich ~ Apsikal
Unbekannten Ursprungs: Aigan, Akum, Argek, Askan, Bochas, Chalazar, Chelchal, Gubulgudu, Odolgan, Sigizan, Simmas, Sinnion, Sunikas, Tarrach, Turgun, Uldach

Die Verteilung der iranischen und germanischen bzw. germanisierten Namen ist sehr aufschlußreich. Bei den nichtattilanischen Hunnen begegnen keine germanischen Namen. Wenn Germanen im Osten außerhalb der Krim den Hunnensturm überlebten, dann waren sie entweder zahlenmäßig zu gering oder befanden sich in einer zu niedrigen sozialen Stellung, als daß ihre Namen bei den Mitgliedern der herrschenden Gruppen oder auch nur bei jenen freien Kriegern Aufnahme gefunden hätten, die in die byzantinische Armee eintraten. Andererseits sind nicht weniger als sechs Namen attilanischer Hunnen germanisch oder pseudogermanisch. Die Formen bei Priscus und Jordanes sind so germanisch wie Alarich und Theoderich, und zwar nicht bloß weil die wirklichen hunnischen Namen durch die gotische Aussprache umgeformt wurden. Sie bestätigen, was Jordanes über Attilas Freundschaft mit den germanischen Anführern berichtet. Die Betonung liegt auf *Anführer*. Thompson betonte zu Recht die Einseitigkeit der sogenannten hunnisch-gotischen Symbiose. Der großzügige und hochherzige Attila der germanischen Heldendichtung teilte mit den gotischen und gepidischen Häuptlingen die Beute, die er von seinen Feldzügen mitbrachte. Hätten aber jene unglücklichen Goten, die in den sechziger Jahren des 5. Jahrhunderts gezwungen wurden, mit den Hunnen zu ziehen, Lieder gedichtet, würden sie ganz anders geklungen haben als jene an den Sitzen der germanischen „Könige".

Für sich selbst betrachtet, könnten Charaton und Ernach entweder türkisch oder iranisch sein. Doch angesichts des Fehlens von unbestreitbar iranischen und des Überwiegens von sicher türkischen Namen unter den attilanischen Hunnen müssen sie von der Gruppe der Namen unbekannten Ursprungs in die Rubrik der türkischen Namen transferiert werden.

In einem früheren Kapitel habe ich die Vermutung geäußert, daß der größere Teil der Alanen um 400 n. Chr. sein Bündnis mit den Hunnen brach und westwärts zog. Das wird nun durch die Analyse der attilanischen Hunnennamen bestätigt. Im 5. Jahrhundert spielten die Alanen keine politische Rolle im Leben der Hunnen. Keiner ihrer Adeligen wurde als ebenbürtig akzeptiert, keiner wurde irgendwie prominent.

Das Fehlen iranischer Namen vor dem 6. Jahrhundert spricht gegen enge Beziehungen zwischen vorattilanischen Hunnen und Parthern, sāsānidischen Persern und mittelasiatischen Iraniern. Die iranischen Namen der kaukasischen Hunnen waren zweifellos entweder von den Persern oder von stark persisch beeinflußten Armeniern oder Georgiern übernommen worden. Von größerem Interesse sind die iranischen Namen von Hunnen in der byzantinischen Armee, sie betreffen aber in erster Linie Gelehrte, die sich mit den Protobulgaren beschäftigen. Asparuch-Isperikh, Bezmer in der Fürstenliste und Rasata in der Liste von Cividale sind ebenfalls iranischer Herkunft. Es muß den Forschern, deren Spezialgebiet die Iranier sind, überlassen bleiben, die iranischen Hunnennamen zu analysieren. Einige dieser Namen, z. B. B(V)alas, sind ziemlich sicher persisch; andere mögen sarmatisch sein. Während es für persische Einflüsse auf die Nomaden zwischen Wolga und Krim sehr wenig archäologische Beweise gibt, ist die Existenz sarmatischer Elemente in der Kultur der Protobulgaren gut bezeugt. Die artifiziell deformierten Schädel in protobulgarischen Gräbern lassen sich nicht von jenem trennen, die in den Gräbern der sarmatisierten Türken oder turkisierten Sarmaten der nachattilanischen Gräber in den südrussischen Steppen gefunden wurden.

X. FRÜHE HUNNEN IN OSTEUROPA

Literarische, epigraphische, archäologische und paläoanthropologische Zeugnisse deuten daraufhin, daß Hunnen in der Nähe des Schwarzen Meeres lebten, lange bevor ihr attilanischer Zweig in den siebziger Jahren des 4. Jahrhunderts in die Ukraine einfiel.

Kein Grieche oder Römer wußte, woher die attilanischen Hunnen kamen. Ammianus Marcellinus (31, 3, 1) lokalisierte ihre Heimat jenseits der Maeotis, dem Asowschen Meer, „in der Nähe des eisbedeckten Ozeans"; das wirft zwar einiges Licht auf seine geographischen Vorstellungen, nicht aber auf die Hunnen. Achtzig Jahre später hatte Priscus nichts besseres anzubieten als die Legende von der Hindin, die den Hunnen den Weg über die Straße von Kerč zur Halbinsel Krim zeigte[1]. Ob er das bei Eunapius las oder an Attilas Hof hörte, läßt sich nicht feststellen. Jedenfalls ist die Legende eine Variante der weitverbreiteten eurasischen Geschichte vom wegweisenden Tier[2]. Eine Anzahl angeblich früher Hunnen verdankt ihre Existenz Textmanipulationen.

1. Bei Plinius (*nat.* 6, 55) steht: „Nach den Attacori gibt es die Stämme der Thuni und Focari und — bereits zu den Indern gehörig — die der Casiri, die im Innern gegen die Skythen zu wohnen und Kannibalen sind." *(Ab Attacoris gentes Thuni et Focari et, iam Indorum, Casiri introrsus ad Scythas versi humanis corporibus vescuntur.)* Das ist die Lesart im *Codex Leidensis Vossianus* aus dem späten 9. Jahrhundert, die nach Ansicht aller Herausgeber die beste Handschrift ist, desgleichen jene der in den Codices *Vat. Lat.* 3861 und *Parisinus Lat.* 6795 (beide aus dem 11. Jahrhundert), *Vindobonensis* 234 (12. oder 13. Jahrhundert) und *Parisinus Lat.* 6797 (13. Jahrhundert). Der Codex *Florentinus Ricciardianus*, voll fehlerhafter Lesarten, hat *Chuni* an Stelle von *Thuni*.

2. Bereits vor langem wurde erkannt, daß Orosius (*hist.* 1, 2, 45) *inter Funos Scythas et Gandaridas mons Caucasus* schrieb[3]. Auch der Codex *Vat. Pal.* 829 hat *Funos*, eine spätere Hand fügte aber *Hunos* hinzu. Im *Codex Bobiensis Ambrosianus* lesen wir bereits *Chunos* wie in allen späteren Codices (*Chunos* oder *Hunos*).

3. Ein anderer Name, der dem der Hunnen so ähnlich war, daß lateinische, armenische und koptische Schreiber ihn unabhängig voneinander zu

„Hunnen“ veränderten, war *Uenni*. Οὐεννοί in der vor dem Jahr 235 n. Chr. verfaßten *Chronik*[4] des Hippolytus ist selbst eine Korruptel von Οὐενετοί[5]. Im *Liber generationis mundi*, das auf Hippolytus basiert, erscheinen die Οὐεννοί als *Uieni* oder *Uenni*[6]. Der *Barbarus Scaligeri* hat statt dessen *Hunni*[7]. Wie die Schreiber im Westen hielt es auch der armenische Übersetzer des Hippolytus für seine Pflicht, den „Irrtum“ früherer Kopisten zu korrigieren: Er gab Οὐεννοί durch *Honk'* wieder[8].

4. Das griechische Original vom *Traktat über die zwölf Steine* des Epiphanius, um 394 verfaßt, ist verlorengegangen, der größere Teil einer frühen lateinischen Übersetzung jedoch in der *Collectio Avellana* erhalten. In der „nördlichen Region, die die Alten Skythien zu nennen pflegten“ leben *Gothi et Dauni, Uenni quoque et Arii usque ad Germanorum Amazonarumque regionem*[9]. Francesco Foggini, der erste Herausgeber der Schrift *De Gemmis* (1743), hielt diese Stelle für verderbt und empfahl die Lesart *Hunni* für *Uenni*. Er beließ aber den Text, wie er ihn vorfand. Der Mann, der das griechische Original ins Koptische übersetzte, war verwegener — er wandelte einfach den Namen, der für ihn keinen Sinn ergab, in „Hunnen“ um[10].

5. Eine Passage bei Jordanes (*Get.* 30) scheint einige Kenntnisse über die Hunnen an ihren alten Wohnsitzen im Osten zu verraten. Jordanes schreibt: „Skythien hat die Form eines Pilzes, es ist zuerst eng, hat dann aber eine breite und runde Form und dehnt sich bis zu den Hunnen, Albanern und Serern aus.“ Wie Mommsen bemerkte[11], weist der Vergleich auf Cassiodorus[12], die Hauptquelle des Jordanes, hin. Wo las Cassiodorus, daß sie Nachbarn der Serer, der mutmaßlichen Chinesen, waren? Es ist kaum daran zu zweifeln, daß seine Quelle eines der beliebten Kompendien war, das direkt oder indirekt auf die *Periegesis* des Dionysius zurückging. Cassiodorus empfahl „die Karte des Dionysius“ seinen Mönchen[13]. Daß sowohl in den *Getica* als auch in der *Periegesis* das Kaspische Meer ein Golf des Ozeans ist, ist nicht weiter bedeutsam. Diese Annahme wurde seit den Zeiten der ionischen Geographen verfochten und bestritten. Auffallend ist aber, daß in einigen Handschriften der *Periegesis* wie in den *Getica* die Hunnen und Albaner gemeinsam genannt werden (728—732): „Entlang den Ufern des Kaspischen Meeres leben die Skythen im Norden, dann Οὖννοι und nach ihnen die Kaspier und die kriegerischen Albaner.“ Das sind die Namen in der Müllerschen Textausgabe[14], die noch immer weithin zitiert wird.

In Wirklichkeit hat keine der von Müller verwendeten Handschriften Οὖννοι[15]. Sie haben θοῦννοι, θοῦνοι, ὦνοι und ὦννοι; Codex *a*, mit Abstand der beste, hat θυνοι. Schon in der zweiten Hälfte des 4. Jahrhunderts muß es verschiedene Lesarten gegeben haben. Avienus, der um 370 die populäre Fibel ins Lateinische übertrug, ließ den Namen aus, weil er nicht wußte, welchen er wählen sollte. Er schrieb: „Hier, nahe dem Kaspischen Meer, lebt der kriegerische Skythe, und hier siedeln die wilden Albaner.“ *(Hic vada propter | Caspia versatur Scytha belliger, hicque feroces | degunt Albani*[16]*.)*

Priscianus im frühen 6. Jahrhundert hat *Thynus:* „Dann folgen die Thyner, nach ihnen die tapferen kaspischen Stämme. Nach ihnen kommen die kriegerisch-wilden Albaner." *(Hinc Thynus sequitur, Post fortis Caspia proles. / Hinc sunt Albani bellaces Marte feroci*[17]*.)* In seinem Scholion zur *Periegesis*, verfaßt vor 1175, kannte Eustathius von Thessalonike noch zwei Lesarten: Οὖννοι und Θοῦννοι[18]. Wie bei den anderen oben erwähnten „Verbesserungen" setzte sich der wohlbekannte ethnische Name durch[19].

Dionysius beschloß seinen Katalog der Völker im Osten mit den Serern, ἔθνεα βάρβαρα Σηρῶν (Vers 752), einem Namen, den er zusammen mit den voranstehenden *Phruni* von Strabo (*geogr.* 11, 516) übernahm, der ihn seinerseits von Apollodorus hatte[20].

Die drei Völker in den *Getica* — Hunnen, Albaner und Serer — sind jene, mit denen die Liste in der „korrigierten" *Periegesis* beginnt — wobei die Hunnen die Stelle der Thyni einnehmen — und auch endet. Bei der radikalen Kürzung der Liste unter Auslassung aller Namen zwischen dem zweiten, vierten und letzten machte Cassiodorus oder seine Quelle, gefolgt von Jordanes, die Hunnen und Albaner zu Nachbarn der Chinesen. Die Stelle in den *Getica* geht nicht auf eine verlorene alte Quelle zurück. Sie ist das Produkt der Kürzung eines Schulbuches, in das die Hunnen hineingeschmuggelt worden waren. Die Passage ist für die Textgeschichte der *Periegesis* des Dionysius von einigem Interesse. In der Hunnenforschung hat sie keinen Platz[21].

Es ist erleichternd, sich von diesen fiktiven Hunnen den Χοῦνοι des Ptolemäus zuzuwenden. Im dritten Buch seiner *Geographie* zählt er sie unter den Völkern der europäischen Sarmatia auf: Sie leben zwischen den Basternern und den Roxolanen[22]. Da diese Völker gut bekannt sind, sollte es leicht sein, die *Chuni* auf der Karte Osteuropas zu lokalisieren. Wir haben es jedoch mit Ptolemäus und nicht mit Strabo oder einem anderen großen griechischen Geographen zu tun.

Von Westen nach Osten vorwärts schreitend, lokalisiert Ptolemäus die Peukiner und Basterner „oberhalb von Dacia" (*geogr.* 3, 57). Da er von einem Berg namens Peuke (*geogr.* 3, 5, 5) weiß, aber kein *Basternon oros* erwähnt, saßen seine Basterner daher in den Ebenen östlich der Dakien umgebenden Gebirgskette. Ferner gibt er die Krümmung des Tyras (Dnjestr) als Grenzlinie zwischen der Dacia und der Sarmatia an (*geogr.* 3, 5, 6). Die Basterner des Ptolemäus lebten also in der rumänischen Moldavia und möglicherweise auch östlich des Prut.

„Entlang der gesamten Küste der Maeotis sind die Jazygen und Roxolanen" (*geogr.* 3, 5, 7), die einen im Westen, die anderen im Osten bis zum Tanais (Don), der die europäische von der asiatischen Sarmatia trennt.

Die Mitte einer von den Basternern zu den Roxolanen gezogenen Linie läge irgendwo nördlich der Krim. Genauer kann man, so scheint es, die *Chuni* nicht lokalisieren.

Allerdings geht die Passage über die Völker entlang der Maeotis auf eine Zeit zurück, lange bevor Ptolemäus seine *Geographie* verfaßte. Wie so oft kopierte er gedankenlos frühere Autoren. Um die Mitte des 2. Jahrhunderts lebten sowohl die Jazygen als auch die Roxolanen hunderte Meilen vom Asowschen Meer entfernt.

Auf ihrem Zug westwärts hatten die Jazygen im zweiten Jahrzehnt des 1. Jahrhunderts die Donau erreicht[23]; in den ersten Jahren der Regierungszeit des Claudius zogen sie durch Dakien nach Ungarn, wo sie die nordwestlichen Teile des Alfölds besetzten, über das sie sich nach und nach ganz ausbreiteten und das sie mehr als dreihundert Jahre lang hielten. Einige Jazygen blieben vielleicht an den alten Wohnsitzen; sie waren aber nicht „die" Jazygen. Ptolemäus spricht zwar von den „auswandernden" *(metanastai)* Jazygen, er gibt sogar den Namen von acht ihrer Städte an (*geogr.* 3, 7, 1—2), und doch lokalisiert er die Jazygen, seinen Gewährsmännern sklavisch folgend, östlich des unteren Dnjepr.

Auch die Roxolanen oder — vorsichtiger gesagt — die meisten von ihnen hatten schon lange ihre alten Wohnsitze aufgegeben. Unter Nero kamen sie mit den Römern nicht am Don, sondern an der Donau in Berührung. Im Winter 67/68 und erneut 69 suchten roxolanische Reiter Mösien heim. Im Bündnis mit Diurpaneus, dem König der Daker, schlugen Basterner und Roxolanen ein römisches Heer in der südlichen Dobrudscha[24]. Im Jahre 101 kämpften Roxolanen gegen Traian an der unteren Donau. Wenige Jahre später schloß der Kaiser ein Bündnis mit ihnen, und man zahlte ihnen Subsidien; als Gegenleistung verpflichteten sie sich, die römischen Provinzen vor den Einfällen anderer sarmatischer Stämme zu beschützen[25].

Hier erhebt sich die Frage: Welche Roxolanen waren die Nachbarn der *Chuni*? Die vom *Text* des Ptolemäus oder die aus der *Zeit* des Ptolemäus[26]? Die Frage klingt vielleicht absurd, aber man muß sich vor Augen halten, wie willkürlich Ptolemäus mit seinem Material umging und wie wahllos er alte und neue Quellen heranzog.

Erst unter Traian und Hadrian wurden die im Osten an Dakien und nördlich an Moesia inferior grenzenden Gebiete besser bekannt. Nach der Eroberung Dakiens war die alte Handelsroute von den griechischen Städten am Schwarzen Meer nach Transsylvanien stark frequentiert. Die Straße von Apulum in Dakien nach Piroboridava am Seret und dessen linkem Ufer entlang bis zur Donau[27] führte durch das Land der Basterner. Obwohl die Steppe nördlich der Krim im 2. Jahrhundert den Römern so wenig bekannt war wie vordem, war die südliche Moldavia nicht mehr *terra incognita*. Hätten die *Chuni* nördlich der Krim irgendwo zwischen Kachovka und Melitopol' gelebt, hätte Ptolemäus kaum von ihnen Kenntnis gehabt. Er konnte aber sehr gut von einem früher unbekannten Volk in der Moldavia erfahren haben. Vielleicht sah er den Namen auf einer Karte oder hörte ihn von Reisenden; die *Chuni* konnten auch in Militärberichten erwähnt worden sein[28]. Was auch immer die Quelle des Ptolemäus gewesen sein mag, die Roxolanen, in deren Nähe er die *Chuni* lokalisierte, waren so gut wie sicher jene, die mit den Römern verbündet waren.

Auf seiner Karte der europäischen Sarmatia bei Ptolemäus placierte Kulakovskij die *Chuni* östlich der amadokischen Berge, östlich des Borysthenes[29]. Auf der Karte Latyševs[30] liegen ihre Wohngebiete ungefähr im selben Gebiet. Die russischen Gelehrten kannten noch nicht den *Codex Ebnerianus*. Hier sind die *Chuni* auf der Karte der europäischen Sarmatia zwischen Ariaxes (Tiligul) und Borysthenes (Dnjepr), nördlich von Odessus[31] eingetragen; diese Lokalisierung kommt jener nahe, die wir auf der Grundlage des Textes annahmen. Ob wir nun der Karte folgen oder aber die *Chuni* zwischen den Basternern und Roxolanen zur Zeit des Ptolemäus ansiedeln, sie lebten jedenfalls entweder am rechten oder am linken Ufer des Dnjestr in der Nähe der Nordwestküste des Schwarzen Meeres[32].

Ammianus Marcellinus (31, 2, 1) dachte höchstwahrscheinlich an Ptolemäus, als er sagte, daß die Hunnen von alten Berichten her wenig bekannt waren. So ungenau der Ausdruck *monumenta vetera* auch sein mag, Ammianus konnte damit nicht Arbeiten gemeint haben, die nur eine oder zwei Generationen vor seiner Zeit geschrieben wurden. Man hat vermutet, daß er sich auf eine alte Karte bezog[33] (die eine der Karten des Ptolemäus gewesen sein könnte). Vielleicht stieß er auf den Namen in einer Chorographie von der Art, wie sie um die Mitte des 2. Jahrhunderts beliebt wurden[34]; vielleicht fand er sie auch in den ungekürzten *Collectanea rerum memorabilium* des Solinus[35]; auch andere Quellen sind denkbar[36]. Es ist aber nutzlos, über verlorene Literatur Spekulationen anzustellen. Die *Geographie* des Ptolemäus ist das einzige erhaltene Werk, in dem ein ethnischer Name vorkommt, der dem der Hunnen so ähnlich ist, daß Ammianus, der seinen Ptolemäus kannte[37], die *Chuni* mit den Hunnen gleichsetzen konnte.

Marcian von Heraklea tat dasselbe. Sein Περίπλους τῆς ἔξω θαλάσσης[38], der vor 550 verfaßt wurde[39], ist im wesentlichen ein Exzerpt aus Ptolemäus[40]. Da er einen Periplus schrieb, ließ Marcian fast alle ethnischen Namen in seiner Quelle weg. Er nannte keinen der 26 Stämme in der Lugdunensis, keinen der 24 in der Belgica Gallia und nur einen von den 68 in Germania magna (*peripl.* 2, 24—26, 27—29, 31—36). Er führt drei Völker in der Sarmatia an: die *Agathyrsi* und „im Gebiet des Borysthenes jenseits der Alanen οἱ καλούμενοι Χουνοὶ οἱ ἐν τῇ Εὐρώπῃ“ (*peripl.* 2, 39), „die sogenannten Hunnen in Europa“.

Das ist eine merkwürdige Auswahl. Ptolemäus nannte als die „großen Völker“ der europäischen Sarmatia die Venether, Peukiner, Jazygen, Roxolanen, Hamaxobier und Alanen (*geogr.* 3, 3, 7). Marcian suchte sich davon nur die Alanen aus. Ptolemäus gab die Namen von 49 „kleineren“ Völkern an, unter denen die *Agathyrsi* den 27. Rang und die *Chuni*, die in keiner Weise gegenüber den anderen hervorgehoben wurden, den 47. Platz (*geogr.* 3, 5, 8—10) einnahmen. Dennoch hebt Marcian sie heraus. Der Grund für eine so willkürlich scheinende Auswahl war offensichtlich die Bedeutung, die diese Völker für die Oströmer zu Marcians Zeiten hatten. Die Qualifizierung der *Chuni* als „die sogenannten Hunnen in Europa“ ist nur dann sinnvoll, wenn Marcian Kenntnis auch von *Chuni* hatte, die anderswo lebten.

Marcian überging die Peukiner und Hamaxobier und all die anderen seltsamen Namen, die ihm nichts sagten, doch die Alanen, wenn auch nicht jene in der Sarmatia, gab es bis 534 sehr wohl noch. Ihre Brüder waren die Verbündeten der Vandalen in Afrika. Dieser Umstand ermöglicht uns übrigens die Datierung von Marcians *Periplus*: Nachdem Belisar Karthago erobert und Justinian sich selbst *Alanicus* genannt hatte, gab es keinerlei Grund mehr, von den Alanen als einem bedeutenden Volk zu sprechen.

Warum Marcian die Agathyrsen aus der Liste des Ptolemäus übernahm, ist auf den ersten Blick verwirrend. Aristoteles ist der letzte Autor, der sie als existentes Volk erwähnt[41]; danach führten sie ein rein literarisches Dasein. Kaspar Zeuss identifizierte sie versuchsweise mit den hunnischen Akatiren[42]. Validi Togan glaubte noch 1939 Zeuss recht geben zu müssen[43]. Bedenkt man, daß die Akatiren um die Mitte des 6. Jahrhunderts noch immer eine *gens fortissima*[44] waren, wird es verständlich, weshalb Marcian sie zusammen mit den *Chuni* in Europa erwähnte: Auch er hielt *Agathyrsi* für einen anderen, älteren Namen der Akatiren[45].

Ob man diese Interpretation von Marcians Auswahl der Alanen und Agathyrsen annimmt oder nicht, ist für die Hauptsache irrelevant, daß nämlich Marcian die *Chuni* des Ptolemäus mit den Hunnen seiner Zeit identifizierte. Offensichtlich lokalisierte er sie weiter östlich als Ptolemäus, vermutlich weil er an jene Hunnen dachte, die in der ersten Hälfte des 6. Jahrhunderts wiederholt die östlichen Balkanprovinzen bedrohten: die Hunnen in Europa, die auch Euagrius von den „anderen hunnischen Völkern" in Asien trennte[46].

Die Gleichung *Chuni* = Hunnen bei Ammianus und Marcian ist nicht besser und nicht schlechter als die zahlreichen modernen Versuche dieser Art: es handelt sich um eine Gleichsetzung zweier Namen. Welcher Zusammenhang besteht aber wirklich zwischen den *Chuni* und den Hunnen? Die Antwort Thompsons lautet: keiner. Er hält die Ähnlichkeit der Namen für rein zufällig[47]. Bussagli vermutet, daß *Chuni* ein Einschub im Text des Ptolemäus ist[48], was ich aber für äußerst unwahrscheinlich halte. Der Schreiber, der den ethnischen Namen angeblich in die Liste des Ptolemäus hineinschmuggelte, hätte erstens die übliche Form Οὖννοι verwendet und sie zweitens unter den großen barbarischen Völkern der Sarmatia aufgeführt und nicht zwischen die 49 kleineren Stämme hineingezwängt.

Die *Chuni* sind nicht „die" Hunnen, die — und in dieser Hinsicht hat Thompson recht — ja nicht zweihundert Jahre im pontischen Gebiet überdauert haben konnten, ohne daß die Römer von ihnen wußten. Sie waren auch nicht die „Vorfahren" der Hunnen. Ganz sicher waren sie nicht die Nachkommen der Hsiung-nu des Chih-chih, wie Hirth[49] und Kiessling[50] dachten. Teggart[51] hat mit dem Mythos vom „mächtigen Hsiung-nu-Reich in K'ang-chü" des Chih-chih aufgeräumt. Die Chinesen haben seine Horden bis auf den letzten Mann niedergemacht.

Hätten die *Chuni* des Ptolemäus in Afrika oder auf den Britischen Inseln gelebt, könnten wir sie ignorieren. Aber ihre Wohnsitze lagen in einem Gebiet, in dem zweieinhalb Jahrhunderte später die Hunnen lebten. Das könnte noch Zufall sein, wenn auch ein merkwürdiger. Um aber zu beweisen, daß die *Chuni* mehr mit den Hunnen gemeinsam haben als die Ähnlichkeit des Namens, würde man gerne mehr Anhaltspunkte haben. Ich glaube, daß es sie gibt. In den fünfziger Jahren des 3. Jahrhunderts brachen die Goten, Boraner, Karpen und Οὐρουγοῦνδοι — jenseits des

Unterlaufs der Donau lebende Völkerschaften — in die Balkanprovinzen ein und unternahmen eine Expedition über das Meer nach Kleinasien[52]. Die Karpen waren Daker, die Boraner möglicherweise Sarmaten[53]. Wer aber waren die *Urugundi*? Seit mehr als einem Jahrhundert diskutieren Historiker und Philologen über deren Nationalität. Manche betrachten sie als Germanen und glauben, Οὐρουγοῦνδοι sei eine Variante von *Burgundi*[54], andere sehen in ihnen Strabos Οὖργοι[55], wieder andere halten sie für ein hunnisches Volk. Der letztgenannten Ansicht war Kaspar Zeuss[56]; sie ist meiner Meinung nach auch richtig.

Zwei Argumente sprechen dafür. Erstens finden wir den Namen *Burgundi* im *Panegyricus auf Kaiser Maximian* von Mamertinus. Der Rhetor preist das Glück des Kaisers. Die Barbaren töten einander. „Die Goten vernichten fast völlig die Burgunder, und die Alamannen und ebenso die Tervingen greifen ihrerseits für die Besiegten zu den Waffen." *(Gothi Burgundos penitus excidunt rursumque pro victis armantur Alamanni itemque Tervingi*[57]*.)* Schon seit langem hat man erkannt, daß *Alamanni* als **Alani* zu lesen ist; die Goten in Südrußland konnten nicht mit den Alamannen am Rhein gekämpft haben. Aus denselben Gründen können die *Burgundi* nicht die Burgunder am römischen Limes im Westen sein. Sie „Ost"-Burgunder zu nennen, als ob sie eine Splittergruppe der „West"-Burgunder wären, die sich irgendwann, irgendwie und irgendwo vom Muttervolk abspalteten, ist reine Willkür. Mamertinus selbst unterscheidet deutlich zwischen den *Burgundi* und den westlichen *Burgundiones*. Den gleichen Unterschied macht auch Zosimus zwischen Οὐρουγοῦνδοι und Βούργουνδοι. Bei den *Burgundi* des Mamertinus und den Οὐρουγοῦνδοι des Zosimus handelt es sich offensichtlich um dasselbe Volk. Bedenkt man, daß in lateinischen Transkriptionen das Anfangs-*v-* bei fremden Namen oft durch *b-* wiedergegeben wurde, z. B. bei Bandali oder Bitheridus[58], und daß bei griechischen Transkriptionen das *v-* oft weggelassen wurde (das bekannteste Beispiel ist Οὔλφιλας = Wulfila), so muß der ethnische Name **Vur(u)gund* gelautet haben.

Er kommt bei Agathias in einer Liste hunnischer Stammesnamen vor: Κοτρίγουροι, Οὐτίγουροι, Οὐλτίζουροι und Βουρούγουνδοι[59]. Bis in die Zeit Kaiser Leos († 474), fügt Agathias hinzu, wären die Βουρούγουνδοι und die *Ultizuri* gut bekannt gewesen und als tapfere Völker betrachtet worden; nun aber wären sie verschwunden, weil sie entweder vernichtet wurden oder weggezogen sind[60].

Vur(u)gund bei Zosimus und Mamertinus kann von *Vurugund* bei Agathias nicht getrennt werden. Ihr Name ist offensichtlich verwandt mit Ὀνογούνδουροι oder Οὐνογούνδουροι bei Theophanes und Constantinus Porphyrogenitus[61].

Die *Alpilčur lebten an der Maeotis, bevor die attilanischen Hunnen den Don überquerten. Wie der Name beweist und auch der Zusammenhang, in dem er vorkommt, zeigt, waren sie ein hunnischer Stamm. Wie lange sie vor den siebziger Jahren des 4. Jahrhunderts in Südrußland gelebt haben, kann nicht festgestellt werden, aber ihre enge und konstante Verbindung zu den **Tungur*, *Itimari* und *Boisci* weist darauf hin, daß sie alles andere als Neuankömmlinge waren.

**Tungur* ist vielleicht ein weiterer türkischer Name (vgl. Seite 299; 301); die Nationalität der *Itimari* ist unbekannt[62]; von den *Boisci* vermutet man, daß sie ein Teil jenes Volkes sind, das Ptolemäus Ῥόβοισκοι und Orosius *Rhobasci* nennt: die *Boisci* an der Wolga (Pᾶ = Raha)[63]. Der Personenname Βοισκος kommt dreimal auf Inschriften in den griechischen Städten an der Nordküste des Schwarzen Meeres vor[64]: zweimal auf der Chersones im 2. Jahrhundert[65] und auf einer Inschrift des 1. oder 2. Jahrhunderts von Mangalia (Callatis) in der Dobrudscha[66]. Wenn man die zahlreichen Namen auf Inschriften aus dem pontischen Gebiet in Betracht zieht, die die ethnische Herkunft anzeigen, wie Daus, Callipides, Conapsus, Lazenus, Cholus, Reusinalus, Saius, Sauromates, Sindus, Sirachus und Scythas, dann ist nicht daran zu zweifeln, daß Boiscus der Name eines Mannes aus dem Volk oder Stamm der *Boisci* ist. Die Boier, die der Dakerkönig Burebista besiegte, waren wie die Taurisker Kelten. *Boisci* bedeutet „die kleinen Boier"; es ist ein Name, der mit dem im Griechischen, Keltischen und Germanischen üblichen Deminutivsuffix gebildet wurde, vgl. Basiliscus = regulus, Heracliscus = „kleiner Herakles"[67]. Mit anderen Worten, es gab in Südrußland eine Stammesföderation hunnischer, keltischer und anderer Stämme, *bevor* die attilanischen Hunnen kamen.

Wenn es türkisch sprechende Gruppen in Osteuropa vor dem 4. Jahrhundert n. Chr. gab, können es Hunnen gewesen sein. Versuche, ihre Spuren zu finden, sind fehlgeschlagen. Von den drei nicht gänzlich dilettantischen Versuchen in dieser Richtung hat einen der hervorragende Altaist W. Bang unternommen. Er war geneigt, *sagitta* von einem türkischen Wort für Gefäß abzuleiten, das in der Form *sagit* im Kumanischen „Waffe" bedeutet. Obwohl der Ursprung des Wortes *sagitta* ungeklärt ist, ist es doch zumindest äußerst unwahrscheinlich, daß die Römer es von einem obskuren Barbarenstamm im Osten übernommen haben sollen. Auch die Identifizierung von Θέγρι, einem Engel im frühchristlichen apokryphen Werk *Der Hirte des Hermas*[69], mit türkisch *täŋri* ist unhaltbar. Drittens bleibt Yayïq, der Name des Uralflusses, bevor er von der Zarin Elisabeth den gegenwärtigen bekam. Yayïq ist angeblich türkisch, eine spätere Form von Δάϊξ, wie Ptolemäus[70] den Fluß nannte. Turkologen und Altaisten können sich nicht über das Wort einigen, das in Δάϊξ steckt. Marquart[71] nahm an, daß das Delta palatalisiertes *d* wiedergibt; Pritsak[72] ist der Meinung, daß es für einen frikativen stimmhaften Dental steht; Menges[73] hält es für einen dentalen stimmhaften Reibelaut und Poppe[74] für den Sibilant *ž*; man hat sogar die Möglichkeit in Betracht gezogen, daß mit Delta *y* transkribiert wurde. Menges[75] leitet Yayïq von *yay-*, „ausdehnen" ab; *Yayïq* soll „ausgedehnt" bedeuten. Ligeti[76] weist darauf hin, daß das Verbum zwei Varianten hat; *yad* > *yaδ-*, *yas-*, *yai-* usw. und *yań-* > *yai-*, *yan-*; er bringt den Namen des Flusses mit der zweiten Variante in Verbindung, bestreitet aber, daß er je **dayïq* lautete. Seiner Meinung nach wurde das Anfangs-*y*, in der Aussprache dieses Wortes durch die Iranier, die es an die Griechen weitergaben, zu *d-*. Serebrennikov, der Räsänen folgt, postuliert ursprüngliches *yayïq*, aber die

Leute, in deren Sprache *y-* zu *d-* wurde, waren seiner Meinung nach die Donaubulgaren. *Quot capita tot sensus.* Clauson[77] verwirft die türkische Etymologie überhaupt. „Das Äußerste, das man behaupten kann", schreibt er, „ist, daß, wenn der Uralfluß *yayik* statt *ḏayik* genannt wurde, als die örtliche Bevölkerung türkisch wurde, dies deswegen geschah, weil die Türken nicht mehr Anfangs-ḏ aussprechen konnten und es sogar bei Fremdwörtern zu *y-* veränderten." Clauson[78], einer der wenigen Philologen, der seinen Blick auch auf die Gebiete jenseits der „reinen Linguistik" richtet, weist darauf hin, daß im 2. Jahrhundert n. Chr. die Leute am Ural Sarmaten waren. Die archäologischen und anthropologischen Zeugnisse sind tatsächlich unzweideutig. Vom 7. Jahrhundert v. Chr. bis zum 3. und 4. Jahrhundert n. Chr. enthalten die Gräber in den zis- und transuralischen Steppen Gegenstände von berittenen sarmatischen Hirten; rassisch gesehen waren es Europäide.

XI. APPENDICES

DIE CHRONIK VON 452

Die gallische Chronik von 452 n. Chr. ist in der uns erhaltenen Form sowohl gekürzt als auch erweitert. Mommsen, der zeigte, daß der Kompilator der Chronik von 511 auf einen Text zurückgriff, der eine Anzahl von Vermerken enthielt, die in der vorliegenden Version der früheren Chronik fehlen, hat nicht bemerkt, daß ein späterer Schreiber einiges Material aus östlichen Quellen hinzufügte. Der Verfasser der Chronik von 452 läßt ein Wissen von und ein Interesse an den Ereignissen im Osten erkennen, das man von einem Autor aus dem südlichen Gallien nicht erwarten würde. Unter 438 erwähnt er die erste Veröffentlichung des *Codex Theodosianus*. Er ist der einzige westliche Autor, der von einem hunnischen Einfall in Thrakien im Jahre 455 weiß. Der Vermerk *s. a.* 447 kommt besonders unerwartet: „Ein neues Verderben erhob sich wiederum gegen den Osten, durch das nicht weniger als siebzig Städte in einem Beutezug der Hunnen verheert wurden, da von den Menschen im Westen keine Hilfe gebracht wurde.“ *(Nova iterum Orienti consurgit ruina, qua septuaginta non minus civitates Chunorum depraedatione vastatae, cum nulla ab occidentalibus ferrentur auxilia.)* Es ist zumindest denkbar, daß der Chronist die Zahl der von den Hunnen zerstörten Städte irgendwie in Erfahrung brachte, obwohl die Genauigkeit seiner Information durchaus unüblich ist; aber man kann sich schwer vorstellen, warum er von sich aus die Inaktivität seiner eigenen Regierung kritisiert haben sollte. Wir hören hier die Stimme eines Oströmers, nicht die eines Mannes aus Gallien. Thompson (1948, 93, 210) hat diese Stelle mißverstanden.

Der vorvorletzte Vermerk ist besonders seltsam: „Attila dringt in Gallien ein und fordert eine Gemahlin, als ob sie ihm rechtmäßig zustünde. Dort fügt er eine Niederlage zu, erleidet selbst eine und zieht sich wiederum in sein Land zurück.“ *(Attila Galliae ingressus quasi iure debitam poscit uxorem: ubi clade inflicta et accepta ad propria concedit.)* Das ist alles, was der Chronist von Marseilles über einen Krieg gesagt haben soll, der nicht Pisidien oder der Thebais, sondern seinem eigenen Land unermeßliches Leid brachte — und das nicht irgendwann in der Vergangenheit, sondern just in dem Jahr, in dem er sein Werk beendete. Wenn schon diese Kürze in seltsamem Mißverhältnis zur Bedeutung der Ereignisse steht, so ist auch der

Inhalt der Eintragung in der vorliegenden Form unverständlich. Wer ist die Frau, die Attila forderte, als ob sie rechtmäßig ihm gehörte? In welchem Zusammenhang stehen seine Forderung und der Einfall in Gallien? Kein westlicher Autor weiß irgend etwas von der angeblichen Affäre zwischen Honoria und Attila, auf die der Chronist anspielt, von dieser Geschichte, die Priscus und alle seine Abschreiber mit solchem Gusto erzählte. Diese Eintragung weist deutlich auf eine östliche Quelle hin.

ARMENISCHE QUELLEN

In diesem Buch blieb armenische Literatur weitgehend unberücksichtigt. Ich möchte daher rechtfertigen, was in den Augen einiger Leser vielleicht ein Versäumnis ist.

Man ist sich nun allgemein darüber einig, daß das Werk, das lange Zeit unter dem Namen des Moses von Khorene (Movsēs Xorenacʿi) lief, im 7., wenn nicht im 8. oder 9. Jahrhundert[1] kompiliert wurde. Das *Leben des heiligen Nerses*, das man früher ins 5. Jahrhundert datierte[2], stellte sich als spätes Flickwerk heraus[3]. Der Wert des Koriun (Koriwn) als einer historischen Quelle ist eher zweifelhaft geworden[4]. Solange das komplizierte Problem der Beziehung zwischen den verschiedenen Versionen des Agathangelos nicht einer Lösung näher gebracht worden ist, scheint es klüger, diese *fiction épique où le merveilleux le plus ahurissant alterne avec des prédictions apocalyptiques*[5] beiseite zu lassen. Elisaeus Vardapet (Ełišē vardapet) gibt einen detaillierten Bericht über den Krieg von 450/451, in dem die Honkʿ eine wichtige Rolle spielten. So zumindest schien es, bis Akinian bewies, daß das Buch in das 7. Jahrhundert zu datieren ist und der Krieg nicht jener zwischen Yazdagird II. und Vardan dem Großen war, sondern der armenische Aufstand von 572[6]. Akinian meinte, daß das Original umgeformt wurde, damit es auf den früheren Krieg paßte; Peeters[7] hielt das, was wir haben, für das Original und glaubte, der Autor hätte den aktuellen Kampf um die Freiheit in die Vergangenheit transferiert, um der persischen Zensur zu entgehen. Jedenfalls muß Elisaeus Vardapet — wenn überhaupt — mit großer Vorsicht benützt werden.

Somit bleiben Faustus von Byzanz (Pʿawstos Biwzandacʿi) und Lazarus von Pharb (Łazar Pʿarpecʿi). Die Quellen des Faustus sind Viten von Heiligen, Leidensgeschichten von Märtyrern, Fragmente von Volkssagen und halb religiöse, halb weltliche Klagelieder[8]. Wie alle armenischen Geschichtsdarstellungen strotzt das Buch von wilden Übertreibungen armenischer Siege über die abscheulichen Feueranbeter. Der Bericht des Faustus vom Leben des Grigoris[9], „Catholicus" der Iberer und Albaner, ist zwar mit frommen Erfindungen reich ausgeschmückt, in seinem Kern aber wahr[10]. Grigoris erlitt sein Martyrium im Land des Sanesan, des Königs der Mazʿkutʿkʿ oder Mazʿkitʿkʿ, des Kommandeurs einer Armee von Honkʿ. Faustus beschreibt ihre Sitten und spricht von ihren Einfällen in Armenien.

In der späteren armenischen Literatur bedeutet Honkʿ[11] zweifellos Hunnen. Hat das Wort aber auch in den Werken des 5. und 6. Jahrhunderts die gleiche Bedeutung? Das ist zumindest zweifelhaft. Marquart hielt die Maz'kut'k' für die Massageten, die er wiederum mit den Alanen gleichsetzte[12]. Peeters nahm an, daß die Maz'kut'k' eher die Μόσχοι waren, im Georgischen die *Meshketi* des Samtzkhe[13]. Orbeli[14] identifizierte die Honk' mit den Ἡνιόχοι, den wilden Heniochi Arrians, „einem gefährlichen Volk, wenn sie ihre Zügel schießen lassen"[15]. Man sollte festhalten, daß außer den Honk' keines der elf Völker[16], über die Sanesan herrschte, einen Namen trug, der auch nur entfernt einem hunnischen Stammesnamen ähnelt, den wir von westlichen Gewährsmännern kennen[17]. Hinsichtlich des Gebrauches von Honk' bei Agathangelos muß man auch die Möglichkeit in Betracht ziehen, die in einem Beispiel fast zur Gewißheit wird[18], daß der Autor den Namen „Hunnen" für frühere Barbaren verwendete[19].

Für den Zeitraum, um den es hier geht, können die Honk' in der *Geschichte von Aluank* (Patmut'iwn Ałuanic')[20] nicht berücksichtigt werden: Der letzte, der an ihr arbeitete, schrieb frühestens an Ende des 11. oder zu Beginn des 12. Jahrhunderts[21].

ZAHLENANGABEN BEI OLYMPIODORUS

Thompson (1949, 8) lobt Olympiodorus wegen seiner Leidenschaft für Statistik. In Wirklichkeit sind die meisten Zahlenangaben bei Olympiodorus zweifelhaft, einige sogar völlig phantastisch. Die folgenden Beispiele sollten genügen:

Athaulf mobilisierte 10 000 Goten gegen die 28 Mann des Sarus (Olymp. 17).

300 Hunnen töteten 1100 Goten und verloren selbst nur 17 Mann (Zos. 5, 45, 6).

Im Jahre 408 zahlte die Stadt Rom an Alarich 5000 Pfund Gold, 30 000 Pfund Silber und lieferte ihm 4000 Seidengewänder, 3000 scharlachrotgefärbte Häute und 3000 Pfund Pfeffer, eine Menge, mit der die Westgoten zehn Jahre ausgekommen wären (Zos. 5, 41, 4).

Nach dem verräterischen Massaker an ihren Frauen und Kindern im Sommer des Jahres 408 schlossen sich die barbarischen Soldaten in Italien Alarich an. Sie zählten mehr als 30 000 (eine Lieblingszahl Olympiodors). In der wirren Situation nach dem Tod Stilichos hätten sich sechs- oder siebentausend Soldaten zu Herren Italiens machen können. Die Regierung in Ravenna war aber keineswegs über diese Stärkung der Kräfte Alarichs beunruhigt (Zos. 5, 35, 6).

Der Senator Maximianus wurde von den Westgoten um 30 000 Solidi losgekauft; das ist mehr, als die Oströmer jährlich den Hunnen in den dreißiger Jahren des 5. Jahrhunderts bezahlten (Zos. 5, 45, 4).

„Nach der Einnahme Roms berichtete der Stadtpräfekt Albinus, als die normale Lage wiederhergestellt war, [dem Kaiser] daß die Menge des an das Volk ausgeteilten Getreides unzureichend war, da die Bevölkerungszahl anwuchs. Er berichtete, daß 14 000 Kinder an einem Tag geboren wurden." (Olymp. 25.) Seeck (*Geschichte* 6, 60) und Sirago (1961, 130) akzeptierten diese Zahl. Stein (1928[1]/1959[2], 1, 394, 4) schlug die Verbesserung von τετέχθαι zu δεδέχθαι vor, J. H. Freese (*Die Bibliothek des Photius* I, 141, 4) zu τετάχθαι. Die zuletzt genannte ist die Lesart im *Codex Marcianus*. R. Henry (*Photius* 1959, 1, 175) hielt sich an sie und übersetzt daher τετάχθαι ἀριθμὸν χιλιάδων δεκατεσσάρων mit *on avait recensé quartorze mille personnes*. Keiner dieser Gelehrten stellte aber die Zahl in Frage, die unmöglich ist, was immer das Verbum auch sein mag.

Man könnte zunächst denken, daß Photius Olympiodorus falsch las, aber Zosimus hat die gleichen monströsen Zahlenangaben. Alle Wirtschaftsgeschichten des Römischen Reiches wiederholen den Bericht Olympiodors über das Einkommen der reichen Familien (Fragment 44). Ich fürchte, sein Wert ist sehr fraglich.

DER ANGEBLICHE VERLUST DER PANNONIA PRIMA IM JAHRE 395

Die von einem Buch in das nächste übernommene Angabe[1], daß im Jahre 395 germanische Stämme, vor allem die Markomannen, sich zu Herren der Pannonia prima gemacht hätten, beruht *einzig und allein* auf dem Brief, den Hieronymus im Jahre 396 seinem Freund Heliodorus sandte. Er schrieb:

> Ich komme nun zu den unsicheren Schicksalsfügungen des menschlichen Lebens, und meine Seele schaudert davor, den Niedergang unseres Zeitalters zu berichten. Durch zwanzig Jahre und länger wurde das Blut von Römern jeden Tag zwischen Konstantinopel und den Julischen Alpen vergossen. Skythien, Thrakien, Makedonien, Thessalien, Dardanien, Dakien, Epirus, Dalmatien und alle Provinzen Pannoniens wurden von den Goten und Sarmaten, Quaden und Alanen, Hunnen, Vandalen und Markomannen heimgesucht, ausgeraubt und geplündert[2].

Diese Aufzählung von Provinzen und Völkern ist rein rhetorisch. Der selbstgefällige Literat konnte nicht einmal in einem Trostbrief das Bedürfnis unterdrücken, seine Bildung unter Beweis zu stellen. Aber selbst wenn man den Brief wörtlich nimmt, bezieht er sich nicht auf das Jahr 395. Seit zwanzig Jahre und länger, nicht erst in den letzten zwölf Monaten, waren Matronen, Nonnen und Damen vornehmer Herkunft ,,zum Vergnügen dieser Bestien" geworden. Es ist übrigens bemerkenswert, wie Hieronymus, wann immer er die Möglichkeit hatte, sich über die Vergewaltigung von Nonnen und vornehmen Damen verbreitete.

In der Liste der von den Barbaren im Jahre 395 überrannten Provinzen nannte Claudian *plaga Pannoniae*[3]. Er meinte die Pannonia secunda. Wenig später trieb Stilicho den Feind über die Donau zurück[4]; *potor Savi* bezeichnet genau das befreite Gebiet.

Der Tod des Theodosius am 17. Jänner 395 soll für die Barbaren das Zeichen zum Einfall in die Grenzprovinzen gewesen sein. Aber einige Zeilen in Claudians Panegyricus auf den dritten Konsulat des Honorius spiegeln eine gewisse Unruhe in den nördlichen Balkanprovinzen in den letzten Monaten des Jahres 394 wider.

Als Theodosius im Herbst 394 erkrankte, forderte er seinen Sohn Honorius auf, so bald wie möglich nach Mailand zu kommen[5]. Die beste und kürzeste Verbindung zwischen Konstantinopel und Norditalien war die Straße, die über Adrianopel, Philippopolis, Serdica und Naissus nach Singidunum und von da über Emona nach Aquileia führte. Die Nichte des Theodosius mit dem jungen Prinzen und der kleinen Galla Placidia[6] wählte die längste Route. Bei der Beschreibung ihrer Reise[7] schwelgt Claudian in archaischen Namen: Rhodope, Oeta, Pelion, Enipeus, Dodona und Chaonia. In die Sprache seiner Zeit übertragen heißt das, daß Serena nach Thessalonike eilte und die Via Egnatia einschlug, aber nicht nach Dyrrachium, sondern um auf der schlechten Straße entlang der Küste durch Lissus, Narona und Brunum nach Aquileia und Mailand zu reisen. Sie kam dort kurz vor dem Tod des Kaisers an, der so sorgenvoll auf seine Kinder gewartet hatte[8]. Die von Serena gewählte Route läßt sich nur dann erklären, wenn die nördliche Straße von Barbaren bedroht war. Tatsächlich spielt Claudian bei einer späteren Gelegenheit darauf an: „Serena selbst verließ den Osten und geleitete ihn [Honorius] auf der Reise durch Illyrien *furchtlos angesichts der Gefahr*.“[9]

Für die Pannonia prima war das Jahr 395 nicht „schicksalhafter“ als irgendein anderes Jahr. Es liegt kein Beweis dafür vor, daß Carnuntum oder sonst eine römische Ansiedlung zwischen Vindobona und Brigetio in diesem Jahr geräumt wurde[10].

RELIGIÖSE MOTIVE IN DER HUNNISCHEN KUNST?

In den Gräbern der Nomaden aus dem 4. und 5. Jahrhundert kommen Köpfe von Raubvögeln auf verschiedenen Gegenständen vor. Werner hält sie für Adlerköpfe[1]. Im Anschluß an Minns[2] möchte ich lieber den unverbindlichen Ausdruck „Schnabelköpfe“ verwenden; bei den Vögeln kann es sich um Falken, Habichte, Gabelweihen, Geier oder Adler handeln. Vielleicht hat Werner recht, doch ist seine Interpretation der „Adlerköpfe“ als Darstellungen der höchsten Gottheit der Hunnen nicht überzeugend. Erstens gibt es keine literarischen Zeugnisse dafür, daß die Hunnen den Glauben mancher ugrischer und türkischer Stämme an den Adlergott, den Schöpfer des Universums, teilten. Zweitens ist es unwahrscheinlich, daß so gewöhnliche Gegenstände wie Riemenenden und Pferdegeschirre mit dem Bild des höchsten Gottes verziert wurden. Drittens sind Schnabelköpfe in der skythischen und sarmatischen Kunst schon lange vor den Hunnen bekannt. Viertens kann die Tendenz, scharfe Ecken, Vorsprünge, die Enden von Geweihsprossen und sogar Wolkenbänder zu Schnabelköpfen umzuformen, durch das ganze nördliche Eurasien von Shantung[3] bis zum Ordos[4], dem Altai[5], Südrußland[6] und dem Balkan[7] verfolgt werden. Daß der Schnabelkopf außer den Masken das einzige Bildmotiv auf Metallgegenständen der attilanischen Zeit ist, ist allein für die allgemeine Verarmung der hunnischen Kunst bezeichnend.

Das Schuppenmotiv, das angeblich die Federn des Adlergottes wiedergibt, ist rein dekorativ. Auf Satteldecken kommt es zusammen mit Reihen von Dreiecken, schraffierten Quadraten und schrägen Punktlinien vor[8]. Außerdem findet es sich in der Kunst von Kulturen, in denen eine Adlergottheit weder verehrt noch abgebildet wurde. Ich gebe nur einige Beispiele: Bronzegefäße der mittleren Chou-Zeit in China; der skythische Rhyton aus Karagodeuakhsh[9]; parthische Beschläge aus Nisa[10]; ein thrakisches Pektorale aus Gold[11]; eine silberne Flasche aus Boroczyce[12]; Schmuck aus Taxila[13]; ein nubisches Goldarmband[14]; ein germanischer Griff aus Bein aus dem 4. Jahrhundert[15]; keltische Metallarbeiten[16]; westgotische Gegenstände[17]; das Elfenbeindiptychon aus Monza[18]; Goldplättchen von den Königsgräbern in Byblos[19]; sāsānidische Köcher[20]; ein skythischer Bogenbehälter[21]. Diese Beispiele habe ich absichtlich weder geographisch noch chronologisch gereiht, um die Allgegenwart dieses Motivs zu unterstreichen. Ob die Schuppen Fischschuppen oder Federn sind, kann nur in wenigen Fällen festgestellt werden. Auf einem fischförmigen vergoldeten Bronzeanhänger aus einem prähistorischen Grab in Chiba, Japan[22], handelt es sich um Fischschuppen; aber auf einem gepidischen Helm haben ein Fisch, ein Vogel und Vierbeiner die gleichen Schuppen[23]. Werner wies auf das Schuppenmuster eines sāsānidischen Spangenhelms und auf die Bänder, Segmente und Wangenplatten der meisten Spangenhelme vom Baldenheimtypus hin. Eine unerwartete Parallele dazu begegnet auf den Gemmen aus einem Grab in I-nan in Shantung. Die Helme der Barbaren sind mit Schuppen verziert. Daß das gleiche Motiv auf den gleichen Gegenständen in China und Deutschland erscheint, ist höchstwahrscheinlich Zufall.

Schließlich gibt es noch den von Steinböcken und Rehen flankierten Baum, auf dessen Spitze ein Vogel sitzt, auf einem goldenen Schläfengehänge aus Verchne Jabločno im Don-Gebiet[24]. Werner hält es für hunnisch; ich würde es eher in eine etwas spätere Zeit datieren. Jedenfalls ist das Motiv alten nahöstlichen Ursprungs[25] und hat mit der Religion oder Mythologie der Hunnen nichts zu tun. Ich möchte nebenher darauf verweisen, daß das Motiv des von Pferden flankierten Baumes, an dessen Seite manchmal ein Vogel fliegt, häufig auf halbrunden chinesischen Dachrinnenziegeln der späten Chou- und der Han-Zeit vorkommt[26]; auf einem Ziegel aus Lin Tsu, der alten Hauptstadt von Ch'i in Shantung, stehen neben dem Baum Reiter, die hohe, spitze, nach vorn geneigte Kappen tragen und eindeutig Barbaren sind[27].

XII. HISTORISCHER HINTERGRUND: DAS RÖMISCHE REICH ZUR ZEIT DER HUNNENEINFÄLLE

Von Paul Alexander

Im späten 4. und frühen 5. Jahrhunderts n. Chr. überrannten die Hunnen, ein Volk asiatischen Ursprungs, eine Anzahl von Stämmen, die damals in Ost- und Zentraleuropa lebten. Ihr Angriff zerstörte das Gleichgewicht, das jahrhundertelang zwischen den Einwohnern des Römischen Reiches mit seiner griechisch-römischen Zivilisation und den nomadischen und halbnomadischen Völkern jenseits der Grenzen geherrscht hatte. Die Hunnen leiteten die Phase der Barbareninvasionen ein. Sie hinterließen keine schriftlichen Zeugnisse. Die Erforschung der Hunnen muß daher weitgehend auf historischen Quellen beruhen, die von Angehörigen des Römischen Reiches stammen.

Somit ist jegliche Nachricht über die Hunnen und ihre Untertanen und Verbündeten in Material eingebettet, das von und für Männer geschrieben wurde, die die Bewegungen und Aktionen der Barbarenvölker jenseits der Reichsgrenzen vom Standpunkt der griechisch-römischen politischen Institutionen, Verwaltungsgeographie, sozioökonomischen Organisation und intellektuellen Beschäftigung aus betrachteten. Die Aktionen der Hunnen und die Struktur ihrer Gesellschaft sind daher in literarischen Formen beschrieben, die von der griechisch-römischen Historiographie für die vielen Barbarenvölker entwickelt worden war, mit denen die klassische Welt seit den Tagen des Herodot im 5. Jahrhundert v. Chr. in Berührung gekommen war. Militärische Operationen der Hunnen sind auf das System der römischen Grenzbefestigungen und der römischen Armeeorganisation bezogen, auf das die Hunnen und ihre Verbündeten bei ihren Vorstößen nach Westen und Süden trafen. Ihre Einfälle in römisches Gebiet erscheinen in den Quellen mit anderen Problemen verknüpft, die das Römische Reich mit beschäftigt hatte: mit dem Konflikt zwischen Heidentum und Christentum, den dogmatischen Streitigkeiten innerhalb der christlichen Kirche, der Germanisierung von Armee, Regierung und Gesellschaft usw.

Die Quellen bieten uns so alle Nachrichten über die Hunnen in tausendfältiger Weise mit den Biographien römischer Staatsmänner, mit römischen Einrichtungen, Äußerungen und Wertungsgrößen des spätrömischen Reiches verknüpft. Der Autor dieses Buches sah sich daher wie alle anderen Hunnenforscher gezwungen, seine Quellen und die durch sie aufgeworfenen Probleme vor dem vielfältigen und komplexen Hintergrund spätrömischer Entwicklungen zu diskutieren. Um den Zugang zu seinem Buch zu erleichtern, bat mich der Herausgeber (der amerikan. Ausgabe. R.G.) nach dem unerwarteten Hinscheiden des Verfassers, den griechisch-römischen Hintergrund, dessen Kenntnis Voraussetzung für das Verständnis der Quellen über die Hunnen ist, wie auch die Situation und Entwicklung des spätrömischen Reiches und seiner Zivilisation zu beschreiben, die durch die Wanderungen und Einbrüche der Hunnen und ihrer Herrscher so tief in Mitleidenschaft gezogen wurden. Es war mir eine Freude, dieser Bitte zu entsprechen und auf diese Weise einen kleinen Beitrag zur Herausgabe von Professor Maenchens nachgelassenem Werk zu leisten. In diesem Essay über den historischen Hintergrund werde ich wenig über die Hunnen selbst sagen, da dieses Kapitel in umfassender und meisterhafter Art im Hauptteil des Buches dargelegt ist. Es bedarf weiters keiner besonderen Betonung, daß meine Arbeit keinen Anspruch auf Originalität erhebt, sondern auf den Standardwerken über spätrömische Geschichte beruht[1].

Wie Professor Maenchen in den ersten Abschnitten seiner Arbeit darlegt, waren die klassischen Autoren in der Lage, die Bewegungen der Hunnen von den frühen siebziger Jahren des 4. Jahrhunderts bis zum Jahr 469 zu verfolgen, dem Jahr, nach welchem die Hunnen aufhörten, als organisierte Einheiten zu operieren. Es scheint daher ratsam, diese Darstellung mit einem Überblick über das Römische Reich ab dem Jahre 375 während der Samtherrschaft dreier Kaiser zu beginnen: des oströmischen Kaisers Valens (364—378), seines Neffen, des weströmischen Kaisers Gratian (367—383), und — zumindest nominell — eines anderen Neffen, Valentinians II., der zum Zeitpunkt seiner Proklamation (375) vier Jahre alt war († 392). Das Reich war zwar eine Einheit, aber auf mehrere Kaiser aufgeteilt. Tatsächlich war es in der vorangegangenen Dekade während mehrerer Jahre noch von einem einzigen Herrscher regiert worden, zuerst von Julianus „Apostata“ (361—363) und dann kurz von Jovianus (363/364). Nach diesem hatte die römische Armee allerdings auf der Ernennung zweier Herrscher bestanden, die gemeinsam die römische Welt regieren sollten, nämlich Valentinians I. (364—375, des Vaters von Gratian und Valentinian II.) und seines Bruders Valens. Aber auch in Zeiten, da der Thron von mehr als einem Herrscher besetzt war, blieb der Begriff des einen Reiches bestehen. Später wurde das Reich lange Jahre hindurch wieder von nur einem Herrscher gelenkt, z. B. von Theodosius dem Großen (379—395) und Justinian I. (527—565).

Geographisch gesehen erstreckte sich das Reich vom Atlantik im Westen bis zum Rhein und entlang der Donau bis zum Ostufer des Schwarzen Meeres, vom Hadrianswall in England und von der Donau bis zu den afrikanischen Wüsten, den nördlichen Grenzen Nubiens, und zur Syrischen Wüste. Jenseits dieser Grenzen lag das, was man in spätrömischer Zeit das Barbaricum nannte, Gebiete also, die von Völkern bewohnt waren, die weder Griechisch noch Latein sprachen („die Barbaren“). Östlich des Rheins und nördlich der Donau lebten vor allem viele germanische Stämme: Franken und Alamannen einschließlich des alamannischen Zweiges der Jutungen am rechten Rheinufer, Langobarden an der Elbe, Vandalen am Oberlauf von Oder und Weichsel (Vistula), noch weiter östlich beiderseits des Dnjestr die Westgoten (Tervingen) und Ostgoten (Greutungen). Die Ostgoten hatten ein enges Stammesgefüge, das vom König Ermanarich regiert wurde. Die Westgoten waren weniger fest organisiert und hatten seit 332 ein Bündnis mit Rom. Viele Goten waren durch einen häretischen (arianischen) Missionar, Ulfilas (Wulfila), für das Christentum gewonnen worden. Von den Westgoten breitete sich das Christentum in seiner häretischen Form über viele andere germanische Völker aus, und so überlebte der Arianismus im Barbaricum noch lange, nachdem er im Reich bereits verurteilt worden war (381). Das ostgotische Königreich erstreckte sich nach Osten bis an den Don, der es von den iranischen Alanen trennte. Seit dem Ende des 2. Jahrhunderts hatten die germanischen Stämme Tausende von Siedlern und Soldaten für das Römische Reich geliefert, und während der Regierung Konstantins des Großen (306—337) hatte die Barbarisierung der Armee beträchtlich zugenommen. Die Barbarenstämme mußten somit von den hunnischen Einfällen in das Reich in weitem Umfang betroffen sein.

Verwaltungstechnisch war das Reich normalerweise in drei Prätorianerpräfekturen aufgeteilt[2]: Britannien, Gallien, Spanien und das nördliche Marokko bildeten eine dieser Präfekturen; die zweite bestand aus dem Rest des römischen Nordafrika, aus Italien und der Balkanhalbinsel nach Osten bis zur Struma; der gesamte Rest des Reiches — Europa von der Struma bis zum Bosporus, Kleinasien, Syrien, Palästina, Ägypten und Libyen — formte die gewaltige Prätorianerpräfektur des Ostens. Gegen Ende des 4. Jahrhunderts kommandierten die Prätorianerpräfekten keine Truppen mehr, doch räumten ihnen ihre umfassenden zivilen und fiskalischen Befugnisse den Status eines Vizekaisers ein. In zahlreichen Rechtsangelegenheiten gab es gegen ihre Entscheidungen keine Berufungsmöglichkeit. Sie verwalteten den größten Teil der öffentlichen Einnahmen und bezahlten Sold und Gehälter des Militärpersonals und der seit Beginn des 4. Jahrhunderts gewaltig angewachsenen Bürokratie.

Die Prätorianerpräfekturen waren in „Diözesen" (wörtlich: Verwaltungsbezirke) aufgeteilt. Die meisten von ihnen verwaltete jeweils ein *vicarius*, praktisch ein Untergebener des Prätorianerpräfekten. Die Diözesen wiederum waren in Provinzen unterteilt, deren Gouverneure verschiedene Titel hatten. Die von den Hunneneinfällen am unmittelbarsten in Mitleidenschaft gezogenen und folglich in diesem Buch am häufigsten erwähnten Diözesen und Provinzen waren (von West nach Ost) folgende: die pannonische Diözese, die in groben Umrissen etwa Niederösterreich, Westungarn und Jugoslawien umfaßte, das heißt die beiden römischen Provinzen Noricums (Noricum ripense und Noricum mediterraneum), die zwei pannonischen Provinzen (Pannonia prima und Pannonia secunda) und die Provinzen Valeria, Savia und Dalmatia (vor Diocletian, 284—305, hatten die späteren Provinzen Pannonia prima und Valeria eine einzige Provinz — Pannonia superior — gebildet, und die späteren Provinzen Pannonia secunda und Savia die Provinz Pannonia inferior); die dakische Diözese, die etwa dem heutigen Ostjugoslawien und Westbulgarien entspricht, mit der Provinz Moesia superior oder Moesia prima, die zwei dakischen Provinzen (Dacia ripensis und Dacia mediterranea) und die Provinzen Praevalitana und Dardania; die makedonische Diözese, die sich annähernd mit dem heutigen Griechenland deckt; schließlich die thrakische Diözese — das östliche Bulgarien und der europäische Teil der Türkei, die Provinzen Moesia inferior, Scythia, Thracia und andere umfassend.

An der Spitze der Beamtenhierarchie stand der Kaiser bzw. die Kaiser. Keiner von ihnen residierte mehr in Rom. Die alte Hauptstadt war noch der Sitz des römischen Senats, doch hatte diese Körperschaft gegen Ende des 4. Jahrhunderts seine früheren Funktionen verloren, obwohl einzelne Senatoren oft beträchtliche politische und wirtschaftliche Macht besaßen. Wenn die Kaiser nicht im Feld weilten, dann waren die kaiserlichen Residenzen im Westen Trier an der Mosel oder Mailand, im Osten Konstantinopel, das unter Konstantin dem Großen wiedererbaut, mit einer Mauer umgeben und im Jahre 330 eingeweiht wurde. Die Bevölkerung der neuen Hauptstadt im Osten wuchs im 4. und 5. Jahrhundert ständig, und Konstantinopel wurde auch der Sitz eines zweiten Senats, der mit dem Roms vergleichbar war.

In den sechziger- und siebziger Jahren des 4. Jahrhunderts wandten die Kaiser viel Zeit und Mühe auf, äußere Feinde zu bekämpfen, eine Reihe gefährlicher Revolten niederzuschlagen und die Versöhnung der Arianer und ihrer Gegnerschaft innerhalb der Kirche zu betreiben. Valentinian I. führte jahrelang Krieg gegen die Alamannen am Oberrhein und gegen die Quaden und Sarmaten in Pannonien und Dakien. Von 367 bis 369 kämpfte Valens mit den Westgoten. Sie hatten Procopius, einen Aufrührer, der nach mehreren Monaten Bürgerkrieg gefangengenommen und hingerichtet wurde (366), militärisch unterstützt. Zuletzt mußte Valens die Unabhängigkeit der Westgoten anerkennen, handelte aber dafür deren Versprechen ein, die Donau nicht zu überqueren. Der mächtigste und gefährlichste Feind Roms war jedoch das persische Königreich unter der Sāsānidendynastie. Von 369 bis 377 führte Valens gegen König Šābuhr II. († 379) Krieg und sah sich zuletzt durch die gotische Invasion in Dakien gezwungen, ihm die kaukasischen Gebiete von Armenien und Iberien (Georgien) zu überlassen. In der nächsten Dekade erhob sich Firmus, ein Maurenhäuptling in Nordafrika, gegen die Regierung Valentinians I.; sein Aufstand konnte nur mit größter Schwierigkeit und nach zahlreichen Massakern niedergeworfen werden (373). Dazu kam noch, daß während vieler Jahre des 4. und 5. Jahrhunderts Gallien und Spanien von Banden aufrührerischer Bauern, den *bacaudae*, beunruhigt wurden und die Kaiser oft gezwungen waren, Strafexpeditionen gegen die Rebellen zu schicken.

Die Kaiser des 4. Jahrhunderts konnten bei der Verteidigung des Reiches gegen äußere Feinde auf einen mächtigen Militärapparat zurückgreifen. Es ist schwierig, die Gesamtzahl der Männer zu schätzen, die unter Waffen standen, doch eine Quelle aus dem 6. Jahrhundert spricht von 435 266 Soldaten und Matrosen unter Diocletian (284—305), und wir haben Grund anzunehmen, daß diese Zahlenangabe, auch wenn sie etwas übertrieben ist, der Wahrheit ziemlich nahekommt. Die Landstreitkräfte bestanden aus zwei Gattungen. Die besten Einheiten bildeten mobile Feldarmeen, die sogenannten *comitatenses*, die teils einem der Kaiserhöfe, teils einer der gefährdeteren Provinzen zugewiesen waren. Weniger wirksam, jedoch keineswegs unbedeutend waren die an den Grenzen stationierten *limitanei* oder *ripenses*. Die *limitanei* hatten ihren Namen vom Limes, einem komplexen System von Grenzbefestigungen, das auf das 1. Jahrhundert unserer Zeitrechnung zurückging. Es bestand aus einer langen Kette größerer und kleinerer Festungen oder Bollwerke, die in regelmäßigen Abständen entlang den weiten Grenzen des Reiches errichtet waren. Die Befestigungen des römischen Limes wurden von allen Kaisern bis zur Zeit Valentinians und Valens' erhalten und ausgebaut. Die Hauptaufgabe der Frontarmeen war es, über verdächtige Gruppenkonzentrationen im Barbaricum zu berichten und Invasoren so lange aufzuhalten, bis Verstärkung aus den Reihen der *comitatenses* an die Gefahrenstelle geworfen werden konnte.

Den Großteil der Soldaten in der römischen Armee stellte noch immer die Infanterie. Indessen war seit der Mitte des 3. Jahrhunderts durch die verschiedenen Kriege gegen die zahlreichen Barbarenstämme und gegen das säsänidische Persien eine möglichst große Mobilität der Heere immer wichtiger geworden. Die Kaiser hatten daher neue Kavallerieeinheiten geschaffen oder bereits bestehende verstärkt. Diesen kam im 4. Jahrhundert wachsende Bedeutung zu, und im 5. Jahrhundert wurden sie zum entscheidenden Truppenkörper der Armee. Weiters umfaßten die römischen Armeen des 4. und 5. Jahrhunderts auch *Föderaten*, Einheiten, die sich aus Barbarenstämmen rekrutierten und unter ihren eigenen Anführern kämpften. In den Armeen dienten überdies zahlreiche Barbaren, vor allem Germanen, die individuell rekrutiert wurden. Die römischen Streitkräfte wurden seit den Tagen Konstantins des Großen von einem Korps von Berufsgenerälen, den *magistri militum* (Soldatenmeister), befehligt. Da das Mittelmeer im 5. Jahrhundert von feindlichen Angriffen verschont blieb, schenkten die Kaiser der Marine nicht die gleiche Aufmerksamkeit wie den Landstreitkräften. Die wichtigsten Flottenstützpunkte waren Ravenna an der italischen Adriaküste, Misenum an der tyrrhenischen Küste und Gesoriacum (Boulogne). Außerdem gab es Verbände kleinerer Schiffe auf Rhein und Donau. Vor allem die Donauflottille spielte eine bedeutende Rolle in der Verteidigung des Reiches gegen Germanen und Hunnen.

Ferner hatten die Kaiser mit den mannigfaltigen Problemen der Religionspolitik zu kämpfen. Seit den Tagen Konstantins des Großen und seiner Bekehrung zum Christentum hatte die neue Religion festen Boden unter den Füßen gewonnen und sich zunehmend ausgebreitet. Dieser Konflikt der Religionen war einer der wichtigsten Aspekte in der kulturellen Entwicklung des 4. Jahrhunderts. Allerdings war in den sechziger- und siebziger Jahren dieses Jahrhunderts die Kraft der verschiedenen heidnischen Kulte noch lange nicht gebrochen, wie das Wiederaufleben des Heidentums unter der Herrschaft von Konstantins Neffen Julian zeigt. Die Nachfolger Julians auf dem Kaiserthron waren alle fromme Christen, aber die Nachwirkungen seiner Religionspolitik waren so stark, daß noch eine ganze Generation nach ihm das Heidentum geduldet wurde.

Vielschichtiger war die Haltung der Nachfolger Julians gegenüber den Anhängern des Arius. Dieser Priester aus Alexandria († 336) behauptete, Jesus Christus sei — anders als Gott Vater — ein geschaffenes Lebewesen, womit er zumindest andeutete, daß Jesus Gott untergeordnet sei. Obwohl die arianische Lehre Gegenstand hitziger Kontroversen, von Konzilsbeschlüssen und Kompromissen während des ganzen 4. Jahrhunderts war, hatte der Arianismus mit seinen verschiedenen Schattierungen und Gruppen noch große Anhängerschaft sowohl beim Klerus als auch unter den Laien in den Ostprovinzen. Der erbittertste Gegner des Arianismus war der alexandrinische Bischof Athanasius, der fast ein halbes Jahrhundert lang (328—373) die arianische Lehre mit allen ihm zu Gebote stehenden Mitteln, darunter einer großen Zahl theologischer Traktate und Pamphlete, bekämpfte. Im Westen war der Arianismus nur schwach vertreten, aber auch hier traf er auf den entschlossenen Widerstand eines außergewöhnlichen Schriftstellers, des Hilarius von Poitiers († 367). Wegen der unterschiedlichen politisch-theologischen Einstellung des Westens und des Ostens war die westliche Regierung gegen den Arianismus, während Kaiser Valens ihm zuneigte und dem arianischen Klerus wichtige Bischofssitze in der östlichen Reichshälfte zuwies.

Ein Großteil der weltlichen und religiösen Literatur im Reich wurde in den beiden dominierenden Sprachen, Latein und Griechisch, verfaßt. Die Sprachgrenze trennte die latinisierte Provinz Tripolitana in Nordafrika vom griechisch sprechenden Libyen und Ägypten im Süden sowie die romanisierten Diözesen Pannoniens und Dakiens vom hellenisierten Griechenland auf der Balkanhalbinsel. In den Gebieten westlich dieser Linie wurde Latein gesprochen und geschrieben, im Osten Griechisch. Gute Kenntnisse der griechischen Sprache wurden im Westen des Reiches selten. Im Osten aber war Vertrautheit mit dem Lateinischen auf den Gebieten der Administration, des Rechts- und des Militärwesens weiterhin unerläßlich. Darüber hinaus schrieben Autoren, die sich an die senatorische Nobilität in Rom wenden wollten, manchmal Latein. Das traf z. B. auf einen Historiker und Dichter zu, der in diesem Buch häufig erwähnt wird, auf Ammianus Marcellinus aus Antiochia, dessen in lateinischer Sprache verfaßtes historisches Werk bis 378 reicht und wahrscheinlich kurz nach 390 vollendet wurde; das gilt auch für Claudian aus Alexandria († 404), dessen lateinische Gedichte die Taten von Kaisern und Staatsmännern wie Honorius und Stilicho verherrlichen oder aber ihre Gegner schmähen, insbesondere den Prätorianerpräfekten des Ostens, Rufinus, oder den kaiserlichen Kämmerer, den Eunuchen Eutropius.

In einigen Provinzen des Reiches wurden literarische Werke in anderen Sprachen als Latein und Griechisch abgefaßt. So wurden östlich des Euphrat in Osrhoene und Mesopotamien und später in Syrien, die Bibel und theologische Werke ins Syrische übersetzt, und es entstand eine umfangreiche und selbständige Literatur in dieser Sprache. Die syrischen Quellen bewahrten, wie man sehen wird, eine Menge historischer Nachrichten über die

Hunnen. Eine ähnliche Entwicklung fand in Armenien ebenso wie in Ägypten statt, wo eine Populärliteratur in koptischer Sprache entstand.

Die zwei Jahrzehnte, die mit der Thronbesteigung der pannonischen Kaiser Valentinian und Valens eingeleitet wurden, endeten mit einer Katastrophe größten Ausmaßes, die direkt mit der hunnischen Geschichte in Zusammenhang steht. Den Krieg des Kaisers Valens gegen die Westgoten (367—369) beendete ein Friedensvertrag, in dem sich der westgotische „Richter" Athanarich verpflichtete, die Donau nicht zu überschreiten. Kurz danach lieh die kaiserliche Regierung Fritigern, einem rivalisierenden westgotischen Anführer, ihre Unterstützung. Zu Beginn der siebziger Jahre griffen die Hunnen die Ostgoten an, unterwarfen den Großteil dieses Volkes und zwangen den Rest, unter ihren Anführern Alatheus und Saphrax über den Dnjestr zu gehen. Dann trieben die Hunnen die Westgoten Athanarichs in die pannonischen Provinzen, während die Hauptmasse des Volkes unter Fritigern an der unteren Donau erschien und im Jahre 376 Kaiser Valens bat, in die dakische Diözese übersetzen zu dürfen. Man gab ihrer Bitte statt, aber die von der kaiserlichen Regierung mit der Versorgung der Flüchtlinge beauftragten Offiziere unterschlugen einen Teil der Mittel. Die Hungersnot trieb die Westgoten im Jahre 377 zu Gewalttaten, und die Folge war Krieg. Das war um so ernster für die Regierung, als sich den westgotischen Kontingenten nun auch Ostgoten unter Alatheus und Saphrax anschlossen, ebenso mehrere Gruppen von Föderaten, Sklaven, unzufriedene Elemente aus dem ganzen Reich und später Banden von Hunnen und Alanen. Von den beiden Kaisern war Gratian bis Mitte des Jahres 378 durch seinen Feldzug gegen die Alamannen am Rhein nicht in der Lage, seinem Onkel Valens zu Hilfe zu eilen. Mehrere mehr oder weniger große römische Armeen erlitten schwere Verluste in den Kämpfen mit den barbarischen Eindringlingen, z. B. bei Marcianopel und an einem Ort in der Dobrudscha, der *ad salices* („bei den Weiden") hieß. Zuletzt erschien Valens mit seiner Hauptarmee selbst am Balkan und beschloß, nicht länger auf seinen Neffen und die Streitkräfte des Westens zu warten. Am 9. August 378 bot er bei Adrianopel die Schlacht an. Seine große Armee wurde geschlagen und zu zwei Drittel vernichtet, der Kaiser selbst ging während oder nach der Schlacht zugrunde. Die Sieger versuchten sich der Städte Thrakiens zu bemächtigen, was ihnen aber nicht gelang. Plündernde Banden von Goten und anderen Barbaren zogen durch Dakien nach Pannonien.

Die Niederlage von Adrianopel bedeutete für die militärische Kraft der Osthälfte des Reiches einen schweren Schlag und öffnete den germanischen Eindringlingen die Balkanprovinzen. In dieser verzweifelten Situation ernannte der überlebende Kaiser, Gratian, den Spanier Theodosius I. (379 bis 395), einen General außer Dienst, zum Mitregenten und wies ihm den Osten des Reiches zu. Die erste Aufgabe der beiden Kaiser war es nun, den gotischen Raubzügen auf der Balkanhalbinsel ein Ende zu machen. In den folgenden Jahren nach der Schlacht von Adrianopel führten sie gegen die Goten mit wechselndem Erfolg Krieg. Zuletzt schlossen sie Separatfriedensverträge mit einzelnen gotischen Gruppen (380—382). Manche dieser Goten traten in die kaiserliche Armee ein, andere Gruppen wurden auf römischem Boden angesiedelt, man sicherte ihnen Autonomie und Steuerfreiheit zu und gestattete ihnen, unter ihren eigenen Anführern als Föderaten in der Armee zu dienen. Diese Übereinkommen ermöglichten zwar den Wiederaufbau der römischen Armee, intensivierten aber gleichzeitig ihre Germanisierung; die Forderungen des Fiskus an die römischen Steuerzahler stiegen bedeutend, da die germanischen Truppen ja bezahlt werden mußten. Mit Persien konnte Theodosius einen Friedens- und Freundschaftsvertrag abschließen (387 ?). Auf Grund seiner Bestimmungen wurde Armenien so geteilt, daß vier Fünftel des Landes an Persien fielen und der Rest zum Römischen Reich kam.

Doch auch Aufstände im Innern, besonders im Westteil des Reiches, machten den beiden Kaisern Gratian und Theodosius zu schaffen. 383 erhob sich ein entfernter Verwandter des Theodosius, Magnus Maximus, gegen Gratian und überredete die Armee des Kaisers, zu ihm überzulaufen. Gratian wurde ermordet, und der Westen wurde nun gemeinsam von Maximus und (nominell, da damals noch ein Kind) von Valentinian II., dem Stiefbruder Gratians, regiert. Tatsächlich führte aber seine Mutter Justina, unterstützt von Bauto, einem heidnischen General fränkischer Herkunft, das Regiment. Obwohl Valentinian II. *senior Augustus* war, trat Theodosius als sein Beschützer auf und hinderte Maximus eine Zeitlang daran, sich Italiens zu bemächtigen. Im Jahre 387 jedoch ersuchte die Regierung Valentinians II. Maximus um militärische Hilfe gegen in die pannonische Diözese eindringende Barbaren. Maximus nahm diese Bitte zum Vorwand für einen Einmarsch in Italien und zwang Valentinian und seine Mutter, im Osten Zuflucht zu suchen. Im Jahr darauf zog Theodosius an der Spitze einer überwiegend aus Barbaren bestehenden Armee nach Westen und schlug den Usurpator Maximus in zwei entscheidenden Schlachten. Maximus wurde getötet und Valentinian wiederum in sein Amt im Westen eingesetzt. Der heidnische General Arbogast, wie Bauto ein Germane, wurde nun Valentinians erster Minister.

Religiöse Fragen hatten bei der Rebellion des Maximus eine bedeutende Rolle gespielt; sie sollten bei einer späteren Revolte unter der Herrschaft des Theodosius entscheidend sein. Der Kaiser war frommer Christ und daher entschlossen, Heidentum und Häresie mit rücksichtsloser Grausamkeit zu bekämpfen. In diesem Vorhaben wurde er am Beginn seiner Herrschaft von Gratian unterstützt. Gratian war der erste römische Kaiser gewesen, der auf das Amt des Pontifex Maximus (Oberpriesters der heidnischen Kulte) verzichtet hatte und daher auf den Widerstand mächtiger heidnischer Senatoren, z. B. des Historikers Virius Nicomachus Flavianus und des Redners Q. Aurelius Symmachus, gestoßen war. Die heidnische Partei behauptete ihren Einfluß auch unter Valentinian II. und stellte eine Anzahl bedeutender Beamter. So erhielt im Jahre 384 Symmachus das wichtige Amt des Stadtpräfekten von Rom. 389 stattete Theodosius Rom einen kurzen Besuch ab und traf in den nächsten beiden Jahren mehrere Maßnahmen zugunsten des Heidentums und seiner prominentesten Vertreter. In der Zwischenzeit kam es zu einem Konflikt zwischen Valentinian II. und seinem ersten Minister Arbogast, der mit dem Tod des jungen Kaisers entweder durch Mord oder durch Selbstmord endete. Da Arbogast barbarischer Herkunft war, konnte er nicht selbst als Thronanwärter auftreten und ließ daher im Jahre 392 Flavius Eugenius, einen früheren Professor der Rhetorik, der nur nominell Christ war und stark mit der heidnischen Partei in Rom sympathisierte, zum Kaiser ausrufen. Theodosius gab nun seine gemäßigte Politik gegenüber dem Heidentum auf und bereitete sich zum Krieg gegen den Usurpator Eugenius und dessen Anhänger unter der senatorischen Aristokratie vor. Nun verbündete sich Eugenius offen mit dieser heidnischen Gruppe, und vor allem die Stadt Rom wurde Zeuge eines kräftigen Wiederauflebens des Heidentums. Theodosius warb in Ostem eine gewaltige Armee an. Wiederum waren die meisten der Soldaten Barbaren, darunter etwa 20 000 Westgoten unter der Führung Alarichs. Im September des Jahres 394 errang Theodosius einen entscheidenden Sieg über Eugenius und dessen heidnischen Anhänger am Fluß Frigidus nahe der nordöstlichen Grenze Italiens. Da der Krieg auf beiden Seiten als ein Kräftemessen zwischen dem Christengott und dem heidnischen Pantheon angesehen wurde, versetze der Sieg des Theodosius am Frigidus der unterlegenen Religion den Todesstoß. Von nun an verschwand das Heidentum als politisch bedeutsame Kraft aus der Alten Welt.

Im Ostreich war die arianische Häresie von Theodosius bereits bedeutend früher beseitigt worden. Gratian hatte die Sache der nizänischen Orthodoxie vom Augenblick seiner Thronbesteigung an begünstigt, und im Osten hatten Niederlage und Tod des proarianischen Kaisers Valens bei Adrianopel die arianische Sache gänzlich in Mißkredit gebracht. Beide Kaiser, Gratian und später Theodosius, waren außerdem von der Persönlichkeit des heiligen Ambrosius, des Bischofs von Mailand (374—397) und leidenschaftlichen Gegners des Arianismus, stark beeindruckt und beeinflußt. Theodosius verpflichtete seine Untertanen zum nizänischen Glauben. Im Jahre 381 berief er das zweite ökumenische Konzil nach Konstantinopel, das den nizänischen Glauben aufs neue bekräftigte. Das Ergebnis war, daß der Arianismus aufhörte, innerhalb des Reiches politisch oder religiös noch eine bedeutende Rolle zu spielen. Allerdings war, wie wir oben erwähnten, der arianische Klerus auf dem Gebiet der Mission — und hier besonders bei den germanischen Stämmen — sehr aktiv gewesen. Die meisten dieser Stämme waren daher zum arianischen Christentum bekehrt worden. Der Konflikt zwischen dem Reich und den germanischen Barbaren, der die Geschichte des 5. Jahrhunderts dominierend bestimmte, wurde daher durch die religiöse Feindschaft zwischen den nizänischen Römern und den arianischen Germanen vertieft.

Unter der Herrschaft des Theodosius und seiner Amtskollegen erlebte die Literatur eine Renaissance beachtlicher Größenordnung, und etliche Werke, die in dieser Zeit verfaßt wurden, werden im vorliegenden Buch als Quellen für die Geschichte der Hunnen benützt. Unter den heidnischen Schriftstellern im lateinischen Westen verdient der bereits erwähnte Historiker Ammianus Marcellinus einen besonderen Platz. Ausonius († 395), der aus Burdigala (Bordeaux) stammte und auch viele Jahre in dieser Stadt verbrachte, Lehrer des Kaisers Gratian und ein lauer Christ, verfaßte viele Gedichte, von denen das berühmteste eine Beschreibung der Mosel ist. Einer seiner Freunde war der römische Redner Symmachus, der bereits als einer der entschlossensten Wortführer der heidnischen Aristokratie Roms erwähnt wurde. Im Jahre 384 richtete er an die Regierung Valentinians II. seine leidenschaftliche *Relatio*, in der er die Rückkehr der Statue der Victoria in das römische Senatsgebäude forderte. Symmachus war auch der Autor eines bedeutenden historischen Werkes; es ist zwar verlorengegangen, diente aber etlichen späteren Berichten, die Informationen über die Hunnen enthalten, als Quelle. Der Rede des Symmachus über das Standbild der Victoria trat der größte lateinische Prediger und Schriftsteller dieser Zeit, der heilige Ambrosius, erfolgreich entgegen, dessen Briefe und anderen Werke auch wichtige zeitgenössische Hinweise auf die Hunnen enthalten.

Theodosius starb in Mailand nur wenige Monate nach seinem Sieg über Eugenius und Arbogast. Ihm folgten seine beiden Söhne, der achtzehnjährige Arcadius und der elfjährige Honorius, auf den Thron. Arcadius sollte mit Unterstützung seines Präfekten Rufinus die Prätorianerpräfektur des Ostens beherrschen, während Stilicho, der Sohn eines Offiziers germanischer Abstammung und Gatte einer Nichte des Theodosius, den Rest des Reiches für das Kind Honorius verwalten sollte. Theodosius hatte den Großteil der Streitkräfte des Ostens für seinen Feldzug gegen Eugenius mobilisiert; als er starb, stand die Mehrheit dieser Truppen noch immer im Westen. Alarich und seine westgotischen Föderaten waren jedoch auf den Balkan zurückgekehrt, hatten sich gegen die Regierung erhoben und plünderten das Land bis vor die Mauern von Konstantinopel. Im Frühjahr 395 zog Stilicho mit einer großen Armee, die überwiegend aus Kontingenten des Ostreiches bestand, die im Vorjahr für Theodosius am Frigidus gekämpft hatten, ostwärts gegen die Goten. Er traf im nördlichen Thessalien auf Alarich, es kam aber zu keiner Schlacht, weil die Ostregierung Stilicho befahl, die Truppen des Ostens nach Konstantinopel zurückzuschicken. Stilicho kam diesem Verlangen nach, und die Soldaten ermordeten unmittelbar nach ihrer Rückkehr den Prätorianerpräfekten Rufinus. Die tatsächliche Macht lag nun im Osten bei dem Eunuchen und kaiserlichen Kämmerer Eutropius. Die Westgoten unter Alarich setzten über ein Jahr lang ihre Plünderzüge in Griechenland fort. Schließlich zogen sie nach Epirus und erneuerten ihr Bündnis mit der Ostregierung; Alarich wurde zum *magister militum* für Illyricum ernannt.

Die Kriegführung sowohl der Ost- als auch der Westregierung gegen die Goten war von einem sich ständig zuspitzenden Konflikt zwischen Stilicho und der Regierung im Osten begleitet. Stilicho betrachtete sich mit einigem Recht als der Vollstrecker von Theodosius' letztem Willen und dessen Politik und wollte seine Regentschaft auf Kaiser Arcadius und den Osten ausdehnen. Gleichfalls mit diesem Konflikt verknüpft war die Frage der Kontrolle über die Diözesen von Dakien und Makedonien, das „östliche Illyricum“: Nach 380 hatte dieses Gebiet zeitweise zum Westen gehört, aber nun beanspruchte es Arcadius unter Hinweis auf seine Stellung als *senior Augustus*. Stilicho hatte bei der Ermordung des Rufinus seine Hand im Spiel gehabt, und der Nachfolger des Rufinus, Eutropius, der erkannte, daß Stilicho Einfluß auf den Hof im Osten gewinnen wollte, blickte mit

Argwohn auf seinen Rivalen im Westen. Im Jahre 397 ließ Eutropius Stilicho vom Senat in Konstantinopel zum Staatsfeind erklären. Während der nächsten zehn Jahre befanden sich die beiden Reichshälften in latentem Kriegszustand, der bisweilen in offene Feindseligkeiten überging, obwohl Stilicho schon 395 der Abtretung Illyricums an den Osten zugestimmt hatte.

Die Innenpolitik des Eutropius führte allerdings zu einer starken Opposition gegen den Eunuchen, die schließlich in seiner Absetzung und Hinrichtung (399) gipfelte. Ein Teil dieser Opposition nahm seinen Ausgang von den rebellischen Ostgoten, die in Phrygien angesiedelt waren, und deren barbarischen Verbündeten. Im Jahre 400 hielten die Goten unter dem früheren General Gainas Konstantinopel besetzt. Diese Krise brachte eine antigermanische Bewegung ins Rollen, die seit dem Zeitpunkt, da Theodosius Friedensverträge mit den Goten abgeschlossen hatte, und der darauffolgenden intensiven Durchsetzung von Regierung und Armee mit barbarischen Elementen ständig an Bedeutung gewonnen hatte. Nun wurde die Masse der gotischen Rebellen liquidiert, teils durch den Mob in der Hauptstadt, teils durch ein kaiserliches Heer. Die Ostarmee war zumindest für eine gewisse Zeit von einigen ihrer barbarischen Elemente gesäubert, aber schon nach dem Tod des Arcadius (408) wurden germanische Soldaten wiederum als Föderaten in die römische Armee aufgenommen. Diese neuen Föderaten kamen aber mehr als Einzelpersonen denn als Stammesverbände in die römische Armee, wurden nach der römischen Disziplin gedrillt, dienten unter römischen Offizieren und bedeuteten daher nur eine geringe politische Gefahr. Im Westreich kam es zu keiner solchen Reorganisation, und Föderatentruppen dienten weiterhin als Stammeseinheiten unter ihren eigenen Anführern. Ferner warben von dieser Zeit an in beiden Reichshälften mächtige und reiche Männer, vor allem Generäle, oft beträchtliche Kontingente privater Kavalleriesoldaten, die *buccellarii*, an, die sich oft aus Hunnen, Germanen und anderen Barbaren rekrutierten. In der Regel waren das hervorragende Soldaten, gelegentlich aber stellten sie eine politische Gefahr für die Westregierung dar, da sie ihren Geldgebern in größerer Loyalität verbunden waren als dem Kaiser. Im Osten war die reguläre Armee stark genug, die Föderaten zu absorbieren und die *buccellarii* daran zu hindern, die politische Stabilität zu gefährden.

Die antigermanische Politik der Ostregierung belastete natürlich die Beziehungen zu dem von Stilicho verwalteten Westreich, der — selbst germanischer Abstammung — der germanophilen Politik des Theodosius treu blieb. Im Jahre 401 verließen Alarich und seine Westgoten Illyricum und fielen in Italien ein, das seit den Tagen des Kaisers Aurelianus (270—275) keinen auswärtigen Feind mehr gesehen hatte. Um die Verteidigung zu organisieren, zog Stilicho Truppen aus Britannien und von der Rheingrenze ab. Außerdem nahm er Vandalen- und Alanenkontingente in die Westarmee auf. Mit diesen Kräften schlug Stilicho die Westgoten in zwei Schlachten bei Pollentia und Verona (402), schloß mit Alarich einen Bündnisvertrag und wies seinem Volk ein Siedlungsgebiet an der Save zu. Während dieses ersten Einfalls von Alarich in Italien flüchtete Honorius mit seinem Hof nach Ravenna, und diese Stadt blieb dann die normale Residenz der Westkaiser im 5. Jahrhundert.

Die Verteidigung Italiens gegen Alarich und seine Westgoten hatte die Westprovinzen erheblich geschwächt. 405 überquerte eine gewaltige Armee von Goten und anderen Barbaren unter dem Kommando des Radagaisus die Donau und die Alpen nach Italien. Stilicho konnte sie zurückschlagen, aber im nächsten Jahr (406) setzten Alanen, Vandalen und Sueben über den Rhein nach Gallien über und bald nach ihnen Alamannen und Burgunder; die gallischen Provinzen litten schwer unter diesem Ansturm der Barbaren. Während dieser Wirren fielen Gallien und Spanien in die Hand eines Usurpators namens Constantinus (III., 407—411) und waren für Honorius eine Zeitlang verloren. Die Krise wurde durch die Gefahr einer zweiten westgotischen Invasion Italiens noch verstärkt. Stilicho trat weiterhin für eine Zusammenarbeit mit Alarich ein, doch wie acht Jahre vorher in Konstantinopel behielten auch in Ravenna die Vertreter der antigermanischen Politik die Oberhand. Stilicho wurde hingerichtet, seine Familie und seine Anhänger wurden verjagt oder getötet (408). So öffneten die inneren Schwierigkeiten des Reiches — der Konflikt zwischen der West- und der Ostregierung und die unterschiedliche Politik gegenüber den Barbaren innerhalb und außerhalb des Staatsgebietes — den Barbaren sowohl im Osten als auch im Westen den Weg ins Reich. Sie erleichterten weiters die Raubzüge hunnischer Scharen und diesen unterworfener Völker auf Reichsgebiet wie auch die Rekrutierung von Hunnen für die römischen Bürgerkriege.

Zwei hervorragende Schriftsteller lebten zur Zeit der ersten hunnischen Konflikte mit dem Ostreich, der bereits erwähnte heilige Ambrosius aus Mailand im Westen und Johannes Chrysostomos im Osten. Chrysostomos war Priester in Antiochia gewesen und wurde später für sechs stürmische Jahre (397—403) Patriarch von Konstantinopel. Er geriet mit vielen bedeutenden Persönlichkeiten in Konflikt, so mit dem Patriarchen Theophilus von Alexandria (397—403) und der Kaiserin Eudoxia; er verfaßte und hielt eine große Anzahl von Predigten und schrieb zahlreiche Briefe, von denen einige auf Beziehungen des Kaisers zu den Hunnen anspielen. Auch die Gedichte Claudians von Alexandria auf Stilicho und andere historische Gestalten werden häufig in diesem Buch zitiert. Während Claudian ein Bewunderer Stilichos und seiner Politik war, erklärte sein Zeitgenosse Claudius Rutilius Namatianus in seinem Gedicht über seine Rückkehr aus Rom in das heimatliche Gallien Stilicho zum Verräter; und als fanatischer Heide verurteilte Namatianus Stilichos germanenfreundliche und antiheidnische Politik.

Wie bereits festgestellt, wurden im Osten unter der Regierung des Arcadius energische Maßnahmen getroffen, um die gefährlichen Folgen der Germanisierung von Regierung und Heer auszuschalten. Im Westen war die Ermordung Stilichos teilweise das Ergebnis einer ähnlichen antigermanischen Politik. Tatsächlich hatten in den weiteren Jahren der Herrschaft des Honorius häufig germanenfeindliche Beamte die Kontrolle der Agenden inne, sie konnten aber selten ohne die militärische Hilfe germanischer oder hunnischer Gruppen innerhalb wie außerhalb des Reiches auskommen. In

Wirklichkeit spielten die germanenfeindlichen Häupter der westlichen Regierung nach der Ermordung Stilichos Alarich und seinen Westgoten in die Hände, die damals die Provinz Noricum besetzten. Die Westgoten verlangten nämlich die Bezahlung ihrer militärischen Dienste, die sie der Regierung Stilichos geleistet hatten und die vom römischen Senat formell anerkannt worden waren. Da diese Forderung aber von der neuen Regierung zurückgewiesen wurde, drang Alarich im Jahre 408 erneut in Italien ein. Zweimal belagerten seine Westgoten die Stadt Rom, 408 und 410. Beim zweiten Mal wurde die Ewige Stadt, die acht Jahrhunderte lang keinen Feind innerhalb ihrer Mauern gesehen hatte, von den Westgoten geplündert. Bei mehreren Gelegenheiten kämpften dabei hunnische Soldaten auf der Seite der Regierung gegen Alarichs Westgoten. Alarich starb Ende des Jahres 410, und sein Schwager Athaulf wurde zum König der Westgoten gewählt. 411 fuhren sie fort, den Süden und Westen Italiens zu plündern, und zogen schließlich im folgenden Jahr nach Gallien.

Zu dieser Zeit erlebten die gallischen und spanischen Provinzen des Reiches sowohl Usurpationen als auch Einfälle von Barbaren. Vandalen, Alanen und Sueben waren von Gallien nach Spanien gezogen (409). Andere alanische Scharen sowie die Burgunder unterstützten einen Gegenkaiser und drohten in Gallien einzufallen. Unter dem Eindruck dieser Gefahr gestattete die Regierung in Ravenna den Westgoten, sich in Gallien anzusiedeln. Aber schon 413 kam es wieder zu Feindseligkeiten zwischen den Westgoten und Regierungstruppen, wobei die Barbaren eine Anzahl bedeutender Städte in Südfrankreich eroberten. Schließlich aber zwangen Versorgungsschwierigkeiten Athaulf, Gallien zu verlassen und die Pyrenäen nach Spanien zu überschreiten (414/415). Dort schlossen die Westgoten einen weiteren Vertrag mit Ravenna, in dem ihnen als Gegenleistung für ihren Eintritt als Föderaten in den Dienst der Regierung jährliche Kornlieferungen versprochen wurden (416). Im Jahre 418 verließen sie schließlich Spanien und siedelten sich für immer als autonomes Volk im südwestlichen Gallien, in den Provinzen Aquitania secunda, Novempopulana und Narbonensis prima, an. Eine Generation später sollten die Westgoten eine entscheidende Rolle in der großen Schlacht gegen die Hunnen am *locus Mauriacus* spielen. (In der Nähe von Troyes, allgemein „die Katalaunischen Felder“ genannt.) [Zur Fehlbezeichnung s. Seite 98; Fn. 620. R.G.] Nach der Ansiedelung der Westgoten in Gallien waren die Alanen und Vandalen in Spanien auf die südwestliche Provinz Baetica beschränkt.

Diese letzte Konsolidierung und Befriedung des Westreiches, namentlich Galliens und Spaniens, in den zehn Jahren nach der Plünderung Roms durch die Westgoten war das Verdienst des Generals Flavius Constantius, des ersten Ministers des Kaisers Honorius. Er hatte die Schwester des Kaisers, Prinzessin Galla Placidia, die Witwe des westgotischen Anführers Athaulf, geheiratet. Im Jahre 421 wurde er in den Rang eines Mitregenten erhoben (Constantius III.), starb aber Ende dieses Jahres. Galla Placidia wurde angeklagt, gegen ihren Bruder zu intrigieren, und floh gemeinsam mit ihrem vierjährigen Sohn Valentinian nach Konstantinopel (423). Noch in diesem Jahr starb ihr Bruder Honorius, und sein Neffe Theodosius II. (408—450), der Regent des Ostens, wurde so formell Alleinherrscher über das gesamte Reich.

Während der letzten Regierungsjahre des Arcadius und der ersten seines Sohnes Theodosius II. wurde das Ostreich durch den Prätorianerpräfekten Anthemius (404—414) verwaltet, unter dem die neue Hauptstadt Konstantinopel gewaltige Landbefestigungen, die „Theodosianische Mauer", erhielt. Sie umschloß ein bei weitem größeres Areal als die von Konstantin dem Großen, dem Begründer Konstantinopels, errichtete Stadt, und ihre Ruinen umgeben sie noch heute im Westen und Norden. Nach dem Ende des Regimes des Anthemius im Jahre 414 ging die Regentschaft für das kaiserliche Kind auf seine damals sechzehnjährige Schwester Pulcheria über, die Theodosius bewog, zu heiraten (421). Die neue Kaiserin Eudocia verstärkte nach und nach ihren Einfluß auf ihren schwachen Gatten auf Kosten ihrer Schwägerin. Wenige Monate nach der Hochzeit griff die Ostarmee das persische Armenien an, schloß aber mit dem Perserkönig Frieden, als die Hunnen 422 in Thrakien einfielen.

Als Galla Placidia und ihr Sohn Valentinian 423 nach Konstantinopel kamen, war man am Hof zunächst wenig geneigt, den Anspruch des Theodosius auf den Westen dadurch fallenzulassen, daß man Valentinian als den Erben des Honorius anerkannte. Galla Placidia hatte jedoch mächtige Verbündete im Westen, vor allem den Kommandanten im römischen Nordafrika, Bonifatius, der die Getreidezufuhr nach Italien zu blockieren drohte, wofern man Valentinian nicht zum Kaiser erheben sollte. Überdies ernannte der Hof von Ravenna, ängstlich darauf bedacht, seine Unabhängigkeit von Konstantinopel zu wahren, einen hohen Beamten, Johannes, zum Kaiser des Westens. Angesichts dieser doppelten Bedrohung entschloß sich die Regierung des Theodosius II., den Anspruch Valentinians auf den Thron des Westens zu unterstützen und Italien mit Waffengewalt vom Usurpator Johannes zurückzugewinnen. Die Armeen des Ostens standen unter dem Kommando des Alanen Ardabur und seines Sohnes Aspar, der in den nächsten dreißig Jahren eine bedeutende Rolle in der Politik des Ostens spielen sollte. Die Festung von Ravenna fiel durch Verrat, Johannes wurde hingerichtet und Galla Placidias Sohn als Valentinian III. in Rom durch einen Beamten des Ostens zum Augustus ausgerufen (425). Während des Bürgerkrieges in Italien hatte Johannes die Ankunft hunnischer Föderaten aus Pannonien erwartet, die von Flavius Aetius, einem Palastbeamten, angeworben worden waren. Aetius und seine 60 000 (zur Zahl s. aber Seite 77, Fn. 319. R.G.) Hunnen kamen aber erst einige Tage nach der Hinrichtung des Usurpators in Italien an und wurden zurückgeschickt. Aetius wurde nach Gallien entsandt und war von dieser Zeit an für die Verteidigung dieses Gebiets gegen germanische und später hunnische Eindringlinge verantwortlich.

Wichtige Zeugnisse für die hunnischen Raubzüge und Invasionen Ende des 4. und Anfang des 5. Jahrhunderts enthalten die Werke zweier westlicher Kirchenväter. Der erste ist der heilige Hieronymus (etwa 348—420), der Übersetzer der Bibel ins Lateinische. Er unternahm weite Reisen vor allem in den östlichen Teil des Reiches und ließ sich im Jahre 389 zu Bethlehem in Palästina nieder. Einige seiner Briefe zeigen, welchen Schrecken die Eindringlinge aus dem Osten der Reichsbevölkerung einflößten. Literarisch noch bedeutsamer war der Kirchenvater Augustinus (354—430), von 395 bis zu seinem Tod Bischof von Hippo Regius in Nordafrika. Er schrieb sein einflußreichstes Werk, *De civitate Dei* (Über den Gottesstaat), während der Jahre 413 bis 426 unter dem unmittelbaren Eindruck der Plünderung Roms durch die Westgoten. Dieses Werk und andere aus seiner Feder sind im vorliegenden Buch als Quellen für die Geschichte der Hunnen herangezogen. Als Quelle diente auch das historisch-theologische Werk des Spaniers Orosius, eines Schülers des heiligen Augustinus, das (vollendet wahrscheinlich 418) wie *De civitate Dei* den Fall Roms durch die Westgoten erklären sollte.

In die Zeit der Herrschaft Valentinians III. im Westen und in die letzten Jahre der Regierung des Theodosius II. im Osten fiel der Höhepunkt der hunnischen Macht. Das Hunnenreich umfaßte viele Barbarenstämme, germanische Völker wie auch andere, z. B. die Akatiren an der Nordküste des Schwarzen Meeres. Theodosius II. war weiterhin bloß das Werkzeug seiner Umgebung, bis 443 das seiner Frau Eudocia, nach deren Ausscheiden aus der Politik des Obereunuchen Chrysaphius und danach wieder seiner Schwester Pulcheria. In dieser Zeit erweiterte man die theodosischen Befestigungsanlagen der Hauptstadt durch neue Wälle am Meer. Diese erstreckten sich entlang dem Goldenen Horn und dem Marmarameer, um die Stadt vor Angriffen der Vandalen zu schützen. Das Ostreich führte noch einen zweiten unentschiedenen Krieg gegen seinen großen Nachbarn im Osten, Persien (441/442).

Unter Theodosius II. schrieb der Ägypter Olympiodorus eine Geschichte der Jahre 407 bis 425. Wichtiger für die Geschichte der Hunnen ist der Sophist und Historiker Priscus aus Panion in Thrakien; er ist für dieses Buch von erheblicher Bedeutung. Er gehörte einer Gesandtschaft an, die 448 an den Hof Attilas ging, und nahm lange Zeit danach seinen Bericht über diese Reise und seine Beobachtungen am Hunnenhof in ein die Jahre 411 bis 472 erfassendes Geschichtswerk auf. Gleichermaßen bedeutsam für die Geschichte der Hunnen sind die Kirchengeschichten des Socrates, seines Zeitgenossen Sozomenos und des Theodoret von Cyrrhus, die sämtlich die *Kirchengeschichte* des Eusebius von Caesarea bis zur Regierungszeit Theodosius' II. fortsetzten. Die Biographie des heiligen Hypatius († 446), eines ägyptischen Mönchs, der Abt des Klosters von Rufinianae bei Chalcedon wurde, schrieb dessen Schüler Callinicus; sie enthält ebenfalls so manche zeitgenössische Information über die Hunnen. In der zweiten Hälfte der langen Regierungszeit von Theodosius II. rief die Regierung das erste offizielle Sammelwerk der kaiserlichen Gesetzgebung, den *Codex Theodosianus*, ins Leben, der in beiden Reichshälften verbreitet wurde (438). Er enthielt alle kaiserlichen Gesetze, die seit dem Jahre 312 erlassen worden waren, und wird von Maenchen-Helfen häufig als wichtige Quelle für die Geschichte der Hunnen und mit ihr zusammenhängende Probleme zitiert. Ein anderes offizielles Dokument des späten 4. und frühen 5. Jahrhunderts war die *Notitia dignitatum*, ein Verzeichnis von Zivil- und Militärbeamten, ihren Stäben und ihren militärischen Einheiten.

Abgesehen von den hunnischen Invasionen und Raubzügen in das Balkangebiet war ein Hauptproblem des frühen 5. Jahrhunderts die Frage, wie der göttliche und der menschliche Aspekt in der Person Jesu Christi verbunden waren. In der ersten Hälfte des 5. Jahrhunderts spaltete diese Frage die Bevölkerung des Ostreiches, wo die Lösung dieses theologischen Problems oft durch Machtkämpfe innerhalb der Kirche, vor allem zwischen den Bischofssitzen von Alexandria und Konstantinopel, noch erschwert wurde. Die eine extreme Position verfochten die Nestorianer, die Anhänger des Patriarchen Nestorius von Konstantinopel (428—431); sie folgten der antiochenischen Theologenschule und bestanden auf einer strikten Trennung der göttlichen und menschlichen Natur in Christus. Ihre Erzgegner, die Patriarchen Cyrillus (412—444) und Dioscorus (444—451) von Alexandrien, vertraten die Ansicht, daß im Mensch gewordenen Christus die beiden Naturen sich zu einer einzigen göttlich-menschlichen Wesenheit vereinigt hatten. Diese Lehre einer einzigen Natur Christi, der Monophysitismus, triumphierte über den Nestorianismus auf dem dritten ökumenischen Konzil von Ephesus im Jahre 431 und ein zweites Mal 449 auf der „Räubersynode" von Ephesus. Nicht lange nach dem ersten dieser beiden Konzile ging Nestorius ins Exil, in dem er sein Leben und seine Lehre im *liber Heraclidis* verteidigte, das uns in einer syrischen Übersetzung erhalten ist. Nach dem Tod Theodosius' II., unter seinem Nachfolger Marcian (450—458), dem Gemahl der Pulcheria, wendete sich jedoch das Blatt. Nach Rücksprache mit Papst Leo I. (440—461) wurde im Jahre 451 ein viertes ökumenisches Konzil nach Chalcedon (gegenüber von Konstantinopel jenseits der Meerengen) einberufen. Es bestätigte die Verurteilung der nestorianischen Lehre, die nur mehr außerhalb des Reiches weiterlebte, und dekretierte, daß Christus auch nach der Menschwerdung eine Person in zwei Naturen war. Diese Kompromißformel trug wenig zur Lösung des Problems bei, und das Ringen um die Annahme des Chalcedonense und um den Monophysitismus blieb noch zwei Jahrhunderte lang ein brennendes religiöses und politisches Problem für den Osten und die Ostwestbeziehungen.

Mittlerweile hatte der Osten — vor allem aber die Balkanhalbinsel — schwer unter den Einfällen der Hunnen und unter den großen Tributzahlungen gelitten, die diesen auf Grund verschiedener Friedensverträge geleistet werden mußten. Immerhin war die Ostregierung stark genug, die Hunnen und ihre germanischen und anderen Verbündeten daran zu hindern, auf Reichsboden eigene Königreiche zu errichten. Anders war die Situation im Westen während der Herrschaft Valentinians III. Hier war die Regierung militärisch zu schwach, um sich ohne germanische oder hunnische Hilfstruppen gegen die zahllosen feindlichen Barbaren zu verteidigen. Die tatsächliche Macht lag hier nicht beim Herrscher, sondern beim Oberkommandierenden der Streitkräfte, dem *magister utriusque militiae*, der sich normalerweise von den anderen Generälen durch den Rang eines *patricius* unterschied. Zu Beginn der Herrschaft Valentinians war Felix der Generalissimus des Westens. Er wurde jedoch 430 ermordet und von Aetius abgelöst, der unter Honorius als Geisel an den hunnischen Hof kam. Nach seiner Freilassung konnte Aetius über hunnische Truppen verfügen, wann immer er sie brauchte, sogar gegen die Regierung in Ravenna. So konnte er die Regentin Galla Placidia, als sie ihn im Jahre 432 seines Amtes enthob, mit Hilfe eines hunnischen Kontingents zwingen, ihn wieder in seine Stellung einzusetzen. Bei anderer Gelegenheit war es Aetius möglich, auf hunnische Hilfe gegen die germanischen Feinde des Reiches zurückgreifen: gegen die Burgunder im Jahre 436 und gegen die Westgoten im darauffolgenden Jahr. Die Taten des Aetius wurden in etlichen Gedichten von seinem Zeitgenossen Merobaudes gefeiert.

Die Hunnen waren aber nicht das einzige Barbarenvolk, das in die inneren Angelegenheiten des Westreiches eingriff. 427 wurde Bonifatius, der Befehlshaber in Nordafrika und Parteigänger Galla Placidias und Valentinians, durch Palastintrigen in Ravenna zur Rebellion getrieben und fühlte sich durch die Ankunft einer überlegenen kaiserlichen Armee in Afrika bedroht. In dieser kritischen Situation rief er die Vandalen zu Hilfe, die damals in den spanischen Provinzen Baetica und Carthaginiensis siedelten. Diese überquerten 429 unter ihrem König Geiserich († 477) die Straße von Gibraltar und gründeten nach einer Reihe von Siegen einen mächtigen und unabhängigen Staat in Proconsularis und Byzacena, den reichsten afrikanischen Provinzen. Verhängnisvoll für Westeuropa und insbesondere für Italien war die Schaffung einer mächtigen vandalischen Flotte nach der Eroberung Karthagos durch Geiserich im Jahre 439. Gleichzeitig wurden die Provinzen Britanniens von den Angeln, Sachsen und Jüten besetzt. Burgunder und Alanen ließen sich in der gallischen Provinz Viennensis nieder, und die Aremorica (Bretagne) löste sich vom Reich.

Doch im folgenden Jahrzehnt bedrohten noch gefährlichere Entwicklungen die Regierung in Ravenna. Der Vandalenkönig Geiserich fühlte sich durch ein Bündnis zwischen den westgotischen und suebischen Besatzern Galliens und Spaniens gefährdet. Er entschloß sich daher, den Hunnenkönig Attila zu einem Angriff auf seine Gegner in Westeuropa zu überreden. Zur gleichen Zeit bot Prinzessin Honoria, die ihr Bruder, Kaiser Valentinian, mit einem Senator verheiraten wollte, Attila ihre Hand an. Der Hunne forderte Ravenna auf, ihm seine Verlobte zu schicken und ihr als Mitgift die Hälfte des Reiches zu geben (vgl. dazu aber Seite 98! R.G.). Die Regierung wies dieses Verlangen zurück. Im Jahre 451 zog Attila in Richtung Gallien und rekrutierte auf seinem Weg aus den unterworfenen Stämmen große militärische Kontingente. Aetius war für diesen Angriff schlecht vorbereitet und verfügte nur über schwache reguläre Einheiten und Föderaten. Zum Glück für das Reich erkannte aber der Westgotenkönig Theoderich, daß Attilas Angriff seinem Königreich so gut wie dem Römischen Reich galt. So kamen die Westgoten den römischen Streitkräften in Gallien zu Hilfe. Das römische Bündnis mit den Westgoten zwang die Hunnen, die begonnene Belagerung von Aurelianis (Orléans) abzubrechen und sich in Richtung Nordosten in die Provinz Belgica zurückzuziehen. Dort wurde am *locus Mauriacus* eine große Schlacht geschlagen, in der die Römer mit ihren Föderaten und westgotischen Verbündeten siegreich blieben (451). Der Blutzoll auf beiden Seiten war enorm hoch, aber man ließ die Hunnen abziehen. 452 fiel Attila in Italien ein, Hungersnot und Epidemien zwangen ihn jedoch zum Rückzug, nachdem er die Städte in der Po-Ebene geplündert hatte. Er starb plötzlich im Jahre 453, und das von ihm gegründete Reich zerfiel rasch. Die germanischen Stämme, die er unter seine Herrschaft gebracht hatte, rebellierten gegen ihre hunnischen Herren oder traten in den Dienst des römischen Heeres. Dies war z. B. bei einem Teil der Ostgoten der Fall, die unter der Führung von Theoderich Strabo („der Schieler") Föderaten im östlichen Militärsystem wurden und sich zu einer der Hauptstützen der Macht des Ostgenerals Aspar entwickelten. Die vom spanischen Bischof Hydatius verfaßte Chronik (siehe unten) enthält einige nützliche Informationen über Attilas letzten Feldzug.

Im Jahre 454 wurde der *patricius* Aetius, den man für die mangelnde militärische Vorbereitung während des Hunneneinfalls in Italien verantwortlich machte und gegen den sich eine entschlossene Opposition der Eunuchen aus der Umgebung des Kaisers gebildet hatte, von Valentinian III. und seinen Höflingen ermordet. Sechs Monate später wurde der Kaiser selbst das Opfer einer Palastverschwörung (455). Das war das Ende der letzten Kaiserdynastie im Westen, die von Valentinian I. im Jahre 364 begründet worden war. Die Zerstörung gallischer Städte durch eindringende Barbaren, die Armut des weströmischen Staates unter Valentinian III. und Leid und Elend der Landbevölkerung werden im Werk des Salvianus, eines Priesters aus Marseilles, dramatisch beschrieben, der 440 sein tiefpessimistisches Buch *De Gubernatione Dei* verfaßte. Vielleicht ebenfalls in die Zeit Valentinians III. fällt die Abfassung der beiden Handbücher des Vegetius — das eine behandelt militärische Probleme, das andere die Veterinärmedizin —, die Licht auf die hunnische Geschichte werfen. Etwas später schrieb Prosper von Aquitanien (etwa 390 bis nach 455) in Rom unter Papst Leo dem Großen eine Chronik, die von Adam bis zur Plünderung Roms durch die Vandalen reicht. Ihr wertvollster Teil beginnt mit dem Jahr 412 und beruht weitgehend auf eigenen Beobachtungen. Im Jahre 468 schloß der bereits erwähnte spanische Bischof Hydatius eine andere Chronik ab, die den Zeitraum von 379—468 bedeckte.

Während der letzten Jahre Valentinians III. fand eine Annäherung zwischen dem Kaiser und dem Vandalenkönig Geiserich statt. Geiserichs Sohn war mit der ältesten Tochter des Kaisers verlobt worden. 455 nahm Geiserich die Ermordung Valentinians III. zum Vorwand für einen überraschenden Angriff auf Rom. Zwei Wochen lang plünderten vandalische Soldaten die Stadt. Der Ostkaiser Marcian vermied es sorgfältig, sich in die Angelegenheiten des Westens einzumischen, und schickte keine militärische Hilfe. Im Gegenteil, er wies seinen ostgotischen Föderaten Gebiete in Pannonien zu, wo erst wenige Monate vorher die Autorität des Kaisers durch eine westliche Armee wiederhergestellt worden war. Marcians Politik war weitgehend von Aspar beeinflußt, der im Jahre 423 seinem Vater Ardabur geholfen hatte, Valentinian III. auf den Thron des Westreiches zu heben. Als „Barbar" konnte Aspar selbst nicht Kaiser werden, aber auf seinen Einfluß war es zurückzuführen, daß der Senat und die Garnisonen in Konstantinopel nach Marcians Tod mit Leo I. (457—474) einen Militärtribunen zum Kaiser ausriefen. Wie sein Vorgänger war auch der neue Herrscher ein Gegner des Monophysitismus und unterstützte daher die Beschlüsse des Konzils von Chalcedon, wenn auch etwas weniger energisch als Marcian. Die Folge war, daß sich der Monophysitismus von dem Schlag erholte, der ihm im Jahre 451 versetzt worden war, und vor allem in Ägypten und Syrien beträchtlich an Boden gewann. Der Kaiser und der Kaisermacher hatten in politischen Belangen nicht immer die gleichen Ansichten. War Leo geneigt, dem Westkaiser gegen die Vandalen zu helfen, so trat Aspar für ein Bündnis mit Geiserich, dem mächtigen Herrscher Nordafrikas, ein. Gegen Aspars Rat lehnte es Leo auch ab, jene Zahlungen zu leisten, die von seinem Vorgänger den Ostgoten in Pannonien versprochen worden waren. Die Ostgoten antworteten mit einem Einmarsch in die Präfektur Illyricum (459), und Leo sah sich gezwungen, die Tributzahlungen wiederaufzunehmen. Im Zuge der Friedensverhandlungen schickte der Ostgotenkönig Theodemer seinen jungen Sohn Theoderich als Geisel nach Konstantinopel. Fast dreißig Jahre später, im Jahre 488, sollte dieser Prinz als Alleinherrscher über sein Volk die Goten gegen Italien führen, wo er eines der blühendsten und glänzendsten barbarischen Königreiche gründete. Auch der letzte Einfall der Hunnen unter Attilas Sohn Dengizich in die thrakische Diözese (469) fällt in die Regierungszeit Leos. Die Hunnen wurden geschlagen; es war dies ihre letzte militärische Aktion als geschlossenes Volk.

Im Westen bedeutete die Plünderung Roms durch die Vandalen (455) das Ende der nur drei Monate währenden Regierungszeit des Petronius Maximus. Wenige Monate später bewogen gallische Mitglieder des Senates im Verein mit dem Westgotenkönig Theoderich II. den früheren Prätorianerpräfekten Galliens, Avitus, zur Annahme des Purpurs (9. Juli 455). Während der letzten Monate der Regierung Valentinians III. oder kurz nach seiner Ermordung hatten fränkische Stämme Gebiete vom Rhein bis zur Samara (Somme) in Nordostfrankreich annektiert, und die Alamannen hatten sich auf Dauer im Elsaß und in der nördlichen Schweiz niedergelassen. Sowohl diese Stämme als auch die Burgunder in der Provinz Viennensis (Savoyen) und die Westgoten in Südwestgallien richteten nun die von ihnen besetzten Gebiete als Königreiche ein und anerkannten bestenfalls nominell die Herrschaft des Westkaisers.

Das Hauptproblem für Kaiser Avitus und seine gallischen Hintermänner war aber die Vandalengefahr. Die kaiserlichen Truppen errangen unter dem Kommando Ricimers, eines Generals germanischer Herkunft, eine Reihe von Siegen über Geiserichs Streitkräfte auf Sizilien und vor Korsika. Dann machte sich Ricimer die allgemeine Unzufriedenheit in Italien über das gallische Regime des Avitus zunutze und brach einen Bürgerkrieg vom Zaun. Er siegte (456), und Avitus beendete seine Tage als Bischof von Piacenza. Ein ähnliches Schicksal erwartete dessen Schwiegersohn, den Dichter Apollinaris Sidonius (etwa 430—479 ?). Er gehörte der höchsten gallischen Aristokratie an und verfaßte Panegyrici auf Avitus und später auf die Kaiser Maiorianus und Anthemius. 469 erhielt er einen Bischofssitz. Außer seinen panegyrischen Gedichten hinterließ er eine umfangreiche Briefsammlung, die eine wichtige Quelle für die Geschichte Westeuropas im 5. Jahrhundert darstellt und wegen der darin enthaltenen Informationen über die Hunnen wiederholt in diesem Buch zitiert wird.

Nach der Absetzung des Avitus erhob der Ostkaiser Leo I. Ricimer in den Rang eines *patricius* und machte einen seiner Parteigänger, Maiorianus, zum General. Da Ricimer das Amt des Kaisers wegen seiner germanischen Herkunft verschlossen war, wurde Maiorianus von seinen Soldaten zum Kaiser (457—461) ausgerufen; es gelang ihm aber nicht, die Anerkennung des Ostens zu gewinnen. Der neue Westherrscher handelte aber mit überraschender Energie. Es war ihm klar, daß eine wirksame Verteidigung gegen Geiserichs Raubzüge und Einfälle in Italien so lange unmöglich war, als das Westreich nicht über eine ausreichend starke Flotte verfügte. Er ließ sie bauen und hob eine Armee aus, die größtenteils aus hunnischen und ostgotischen Söldnern bestand. In Zusammenarbeit mit dem General Aegidius stellte Maiorianus damals auch das kaiserliche Ansehen in Gallien wieder her.

Um 460 waren die Vorbereitungen Maiorians für einen Angriff auf das vandalische Afrika abgeschlossen, und er hatte sich der militärischen Unterstützung des De-facto-Herrschers Dalmatiens, des *comes* Marcellinus, versichert, der auf diesem Feldzug von einer Armee begleitet wurde, die sich weitgehend aus hunnischen Söldnern rekrutierte. Die Flotte Maiorians wurde aber verraten und in einer Schlacht vor der Südwestküste Spaniens vernichtet. Kurze Zeit später wurde Frieden geschlossen, und der *Patricius* Ricimer befahl die Festnahme und Enthauptung des letzten tatkräftigen Westkaisers (461). Nun lag die Macht in Händen des *patricius*, von dem der Marionettenkaiser Libius Severus (461—465), den Ricimer auf den Thron hob, in jeder Hinsicht abhängig war. Ricimer traf jedoch auf die offene Feindschaft des in Gallien kommandierenden Generals Aegidius, der mit Geiserich konspirierte und einen Angriff auf Italien plante. Es gelang Ricimer, diesen Plan dadurch zu vereiteln, daß er Burgunder und Westgoten zum Angriff auf Aegidius veranlaßte. Das hatte bloß den Verlust weiteren gallischen und spanischen Territoriums zur Folge; vor allem der Großteil der Provinz Narbonensis prima ging an die Westgoten verloren. Aegidius starb (ermordet?) im Jahre 464, Libius Severus ein Jahr darauf. Die Ostregierung Leos I. erklärte sich nun bereit, bei der Verteidigung Italiens und Siziliens gegen die Vandalen Hilfe zu leisten. Mit Zustimmung Ricimers schickte er einen neuen Kaiser in den Westen, Anthemius (467 bis 472), den Schwiegersohn des einstigen Ostkaisers Marcian; dieser hatte im Winter zuvor Verbände des Ostreiches in einem erfolgreichen Feldzug gegen hunnische Invasionstruppen befehligt. Anthemius wurde von einer bedeutenden Ostarmee begleitet, und eine Flotte stand unter dem Kommando des Marcellinus, des Herrschers über Dalmatien. Die enormen Kosten des gemeinsamen Feldzuges gegen Geiserich trug weitgehend der Osten. Im Jahre 468 wurde eine Armee von 100 000 Mann und eine Flotte von 1100 Schiffen gegen die Vandalen aufgeboten. Die Hauptmacht stand unter dem Kommando des Schwagers Leos I., Basiliscus, der durch seine Unfähigkeit das anfänglich erfolgreiche Unternehmen verdarb. Infolge dieses Debakels breiteten sich die Westgoten in Gallien, vor allem in der Provinz Aquitania prima, weiter aus, wo die bedeutendsten Städte wie Turones (Tours) und Avaricum (Bourges) in ihre Hände fielen. Nur noch das Territorium zwischen der Samara (Somme) an der fränkischen Grenze und dem Liger (Loire), der Nordgrenze des westgotischen Gebietes, wurde weiterhin von einem römischen Beamten, Syagrius, dem Sohn des Aegidius, verwaltet (470).

Zu dieser Zeit operierten die Hunnen nicht mehr in organisierten militärischen oder politischen Einheiten. Sechs Jahre später setzte der Skire Odoacar den letzten Westkaiser, Romulus Augustus (475/476), ab. Im Verlauf der nächsten beiden Jahrzehnte wurde auch der Rest des römischen Westreiches — das südliche Gallien, Dalmatien, einige Festungen an der Donau, Italien — in germanische Königreiche inkorporiert.

Zuletzt sei noch kurz einiger historischer Quellen gedacht, auf die in diesem Buch häufig hingewiesen wird, die aber erst nach dem Fall des Hunnenreiches entstanden. Eine Anzahl späterer Chronisten liefern wichtige Informationen für die Geschichte der Hunnen. Unter Justinian I. schrieb der Illyrer Marcellinus Comes in lateinischer Sprache eine trockene, die Jahre 379 bis 534 umfassende Chronik. Eine populäre Chronik, die mit biblischen Zeiten beginnt und bis in die zweite Hälfte des 6. Jahrhunderts reicht, wurde von dem Syrer Johannes Malalas aus Antiochia verfaßt; es handelt sich dabei um eine äußerst unkritische Kompilation aus den verschiedensten Quellen. Die Chronik des Malalas diente ihrerseits als Grundlage einer anderen ähnlichen Kompilation, des sogenannten *Chronicon Paschale*, das kurz nach 628 verfaßt wurde.

Höheres Niveau haben die historischen Arbeiten des Procopius von Caesarea, eines Zeitgenossen Justinians, nämlich die *Geschichte der Kriege*, die *Geheimgeschichte* und die Abhandlung *über die Bauten* (Justinians). Procopius schrieb in erster Linie über die Regierungszeit Justinians I. (527 bis 565), fand aber in Exkursen und anderen Teilen seiner Schriften oft Gelegenheit, auf Ereignisse des 4. und 5. Jahrhunderts einzugehen, vor allem auf die Hunnen und deren germanische Untertanen. Ein paar Jahrzehnte vorher verfaßte Cassiodorus (487—583), ein hoher westlicher Beamter im ostgotischen Italien, eine Geschichte der Goten in lateinischer Sprache, in der er versuchte, für dieses germanische Volk eine Vergangenheit zu konstruieren, die so vornehm wie jene Roms war. Dieses Werk ging verloren, aber Jordanes, ein Gote aus Italien, machte im Jahre 551 Exzerpte aus dem Werk Cassiodors, die sogenannten *Getica*; diese sind uns erhalten. Jordanes war auch der Autor einer Weltchronik, der *Romana*, die für das 5. und 6. Jahrhundert weitgehend auf Marcellinus Comes basiert. In den späteren Kapiteln des vorliegenden Buches wird auch auf die *Historia Langobardorum* hingewiesen, die von Paulus Diaconus (etwa 720—797) am Hof Karls des Großen geschrieben wurde. Schließlich bewahrt uns eine Chronik, die im 9. Jahrhundert vom Abt Theophanes in Konstantinopel kompiliert wurde, einige aus verlorengegangenen Quellen stammende Informationen über die Hunnen und ihre Verbündeten. Die literarischen Zeugnisse, aus denen die Geschichte der Hunnen rekonstruiert werden muß, reichen also über ein halbes Jahrtausend, sie beginnen mit dem historischen Werk des Ammianus Marcellinus und enden mit den Mönchschroniken der mittelbyzantinischen Epoche.

ZEITTABELLEN

1. Die Herrscher

Westrom		Ostrom		Hunnen	
Valentinian I. 364—375	*Gratianus* 367—383	*Valens* 364—378		um 378	Balamber
Valentinian II. 375—392	*(Maximus)* 383—388	*Theodosius I.* 379—395	*Arcadius* 383—408		
	(Eugenius) 392—394				
Honorius 393—423	*Constantius III.* 421		*Theodosius II.* 402—450	um 400—ca. 408	Uldin
				ca. 412—?	Charaton
	(Iohannes) 423—425			von ?—430	Octar (im Westen)
				vor 432—nach 435	Ruga (im Osten)
Valentinian III. 424—455				nach 435—ca. 445	Bleda (im Westen)
				nach 435—453	Attila (zuerst nur im Osten)
Avitus 455—456	*Marcianus* 450—457				
Maiorianus 457—461	*Leo I.* 457—474			453—454	Ellac
				nach 454—?	Tuldila
Libius Severus 461—465				453—nach 466	Ernach
				453—469	Dengizich
Anthemius 467—472					
Romulus Augustus 475—476					

2. Die Ereignisse

376 Westgoten unter Fritigern bitten um Aufnahme in die thrakische Diözese.
377 Ostgoten unter Alatheus und Saphrax schließen sich den Westgoten unter Fritigern an. Schlacht *ad salices* gegen die Römer.
378 9. August: Schlacht bei Adrianopel: die Westgoten vernichten das römische Heer zu zwei Drittel. Valens kommt dabei um.
379 Theodosius I. von Gratianus zum Ostkaiser erhoben.
380/382 Theodosius schließt Teilfrieden mit einzelnen gotischen Gruppen.
381 2. Ökumenisches Konzil in Konstantinopel: Bestätigung des nizänischen Glaubens.
383 Usurpation des Magnus Maximus (Westen); Ermordung Gratians.
387 Einfall des Maximus in Italien.
388 Entscheidungsschlacht des Theodosius I. gegen Maximus (dieser von seinen Soldaten getötet).
389 Besuch des Theodosius I. in Rom.
392 Mysteriöser Tod (Mord oder Selbstmord) des Valentinianus II. Arbogast erhebt Eugenius auf den Thron des Westreiches.
394 Theodosius I. besiegt Arbogast und Eugenius in der Schlacht am Frigidus. (Letzte Entscheidung zwischen Heidentum und Christentum.) Eugenius getötet.
395 Theodosius I. stirbt. Stilicho wendet sich gegen die Westgoten Alarichs.
400 Goten unter Gainas besetzen Konstantinopel; Gotenvesper in der Stadt; Gainas durch Uldin exekutiert.
401 Erste Invasion Italiens durch die Westgoten unter Alarich.
402 Stilicho schlägt Alarich bei Pollentia und Verona. Übersiedlung des Hofes nach Ravenna.
405 Radagais mit Ostgoten und anderen Germanen fällt in Italien ein, von Stilicho geschlagen (406 hingerichtet).
406 Alanen, Vandalen und Sueben überschreiten den Rhein und fallen in Gallien ein.
408 Stilicho hingerichtet; zweite Invasion Italiens durch Alarich, erste Belagerung Roms. Hunneneinfall (Uldin) in Illyricum und Thrakien.
409 Alanen, Vandalen und Sueben ziehen von Gallien nach Spanien.
410 Zweite Belagerung Roms (Einnahme; Plünderung). Alarich stirbt.
412 Westgoten unter Athaulf ziehen nach Gallien, und
414—415 nach Spanien, werden aber
418 definitiv in Südwestgallien angesiedelt.
422 Hunnen verwüsten Thrakien.
434 Vertrag von Margus: Erhöhung des Tributes von 350 auf 700 Pfund Gold (50.400 Solidi).
441/442 Hunnenkrieg im Balkan.
447 Neuer Hunnenkrieg im Balkan: Tribut auf 2.100 Pfund Gold gesetzt (151.200 Solidi).
451 Attila zieht nach Gallien und verliert die Schlacht bei *locus Mauriacus* (fälschlich sog. katalaunische Felder); Konzil von Chalzedon.

452 Attilas Einfall in Italien; Seuchen; Rückzug.
453 Tod Attilas.
454 Schlacht am Nedao; Germanen unter Führung des Gepidenkönigs Ardarich lösen sich von den Hunnen; Ellac fällt.
455 Erster gotisch-hunnischer Krieg. Geburt des späteren Ostgotenkönigs Theoderich (d. Gr.); Einnahme und Plünderung Roms durch die Vandalen.
459 Ostgoteneinfall in Illyricum.
463/4—466 Zweiter gotisch-hunnischer Krieg.
469 Dengizich fällt in die Thrakische Diözese ein und wird getötet.
488 Die Ostgoten ziehen unter Theoderich d. Gr. nach Italien.

ANMERKUNGEN

VORWORT DES AUTORS

1 Unter den Papieren des Autors fanden sich einige Fragmente, teils mit Bleistift geschrieben, mit der Aufschrift „Für das Vorwort", die offensichtlich zu einem endgültigen Konzept ausgearbeitet werden sollten. Vielleicht wollte er mehr sagen; alles, was wir fanden, ist an dieser Stelle gedruckt. (Hrsg.)

I. LITERARISCHE ZEUGNISSE

1 Stein 1928, 331.

2 Amm. 31, 2, 1.

3 Oros. *hist.* 7, 33, 9—10.

4 Amm. 31, 13, 19.

5 Christ 1938, 68—71.

6 Verg. *Aen.* 1, 278.

7 Rufin. *hist.* 11, 13.

8 Hil. *c. Aux.* 5; Migne *PL* 10, 611.

9 Lact. *inst.* 7, 25, 6.

10 Ambr. *exc. Sat.* 1, 1, 31. Das Datum, Februar 378, wurde endgültig von O. Faller, *CSEL* 73, *81—*89 gesichert.

11 Lact. *inst.* 7, 16; *epit.* 66.

12 Ambr. *in Luc.* 10, 10—14; *CSEL* 32, 458. Verfaßt Ende 378 (Rauschen 1897, 494; Palanque 1935, 534, 535; Dudden 1925, 693).

13 „Es besteht kein Zweifel, daß der Antichrist, vom bösen Geist empfangen, schon geboren wurde und, gefestigt schon in seinen Kindheitsjahren, wenn er zur Reife kommt, höchste Macht erlangen wird." *(Non est dubium, quin antichristus malo spiritu conceptus iam natus esset, et iam in annis puerilibus constitutus, aetate legitima sumpturus imperium.)* St. Martin in: Sulp. Sev. *dial.* 1, 14, 4; *CSEL* 1, 197.

14 Hilarian. *curs. temp.;* Migne *PL* 13, 1097—1106; Paul. Nol. *epist.* 38, 7; *CSEL* 29, 330, verfaßt 397 (Reinelt 1903, 59). Im Osten wurden solche Ängste (und Hoffnungen) selten ausgedrückt. Vgl. Ioh. Chrys. *hom. in Ioh.* 34, Migne *PG* 59, 197—198, um 390 n. Chr., in Antiochia gehalten.

15 Aug. *civ.* 22, 11. „Freilich darf man jene Völker, die er Gog und Magog nennt, nicht für irgendwo auf der Erde angesiedelte Barbaren oder etwa für die Geten und Massageten halten, wie einige wegen der Anfangsbuchstaben ihrer Namen vermuten ..." *(Gentes quippe istae, quas appellat Gog et Magog, non sic sunt accipiendae, tamquam sint aliqui in aliqua parte terrarum barbari constituti, sive quos quidam suspicantur Getas et Massagetas propter litteras horum nominum primas ...)*

16 Ambr. *fid.* 2, 16.

17 Quodv. (?) *prom.;* Migne *PL* 51, 848.

18 Vgl. Fn. 40, 51 und 52.

19 L. Ginzburg 1899, 58, 468.

20 O. Klima, *Archiv Orientální* 24 (1956) 596—597.

21 *CSEL* 49, 138—153. Ohne Ambrosius zu nennen — er spricht von ihm nur als „hervorragenden Zeitgenossen“ *(vir nostrae aetatis haud ignobilis)* — verwarf Hieronymus dessen Identifizierung von Gog und Magog (Hier. *quaest. hebr. in gen.* 10, 21).

22 *Romanus orbis ruit* (Hier. *epist.* 60, 6).

23 „Am Ende der Welt, wenn die Herrschaft der Römer zerstört werden muß.“ *(In consummatione mundi, quando regnum destruendum est Romanorum.)* Hier. *in Dan.* 7, 8; Migne *PL* 25, 531.

24 Hier. *epist.* 77, 8; für syrische Versionen der Legende vgl. F. Pfister, Abh. Berlin 3 (1956) 30—31, 36—39; N. V. Pigulevskaja, *Orbeli Anniversary Volume*, 423—426.

25 Ioseph. *bell. Iud.* 7, 4.

26 Ioseph. *ant.* 1, 6, 123.

27 Hier. *quaest. hebr. in gen.* 10, 21, verfaßt 391. Vgl. Cavallera 1922, 1, 146—147; 2, 28.

28 Hier. *epist.* 77, 8—9. Beim Zitieren von Herodot 1, 104—106 macht Hieronymus zwei Fehler: Cyaxares statt Darius, und 20 statt 28 Jahre. Seine Kenntnis der ethnographischen Literatur war dürftig. Vgl. Luebeck 1872, 21. Isidorus (Isid. *orig.* 9, 2, 66) kopierte Hieronymus.

29 *Comm. in apocal.* 63, Migne *PG* 106, 416c.

30 Die Tendenz, die Feinde der Christen mit Gog oder Magog gleichzusetzen, führte manchmal zu merkwürdigen Ergebnissen. Vincent von Beauvais machte aus Qaghan Gog Chan, s. Rockhill 1900, 21, 1 und 108, 1.

31 E. Ch. Bahut, *Rev. Hist. Litt. Rel.* N. S. 1 (1920) 532.

32 Iord. *Get.* 121—122.

33 Maenchen-Helfen 1945c, 244—248.

34 „Ogre“ < Hongre, Ungar.

35 Ioh. Ant. *frg.* 151; *EI* 145.

36 Greg. Tur. *Franc.* 4, 29.

37 Auson. *Praecat. cos.* 31—35; *Epigr.* 26, 8—10; *Eph.* 7 (8), 18.

38 Ambr. *in Luc.* 10, 10.

39 *Paneg.* 12, 4.

40 Them. 15 (Hardouin 1684) 207c: „Die Hartnäckigkeit der Skythen, die Rücksichtslosigkeit der Alanen, die Tollheit der Massageten.“ Außer Them. 9, 121b und Them. 14, 181b, wo „Skythen“ alle Barbaren jenseits der Donau bedeutet, sind die Skythen die Goten: Them. 8, 114c; 10; 16, 210d, 211b; Them. 18, 219b; 19, 229b, c.

In Them. 9, 146b wird Athanarich Σκύθης ἢ Γέτης genannt. Die Alanen sind in Them. 34, 8 mit ihrem eigenen Namen genannt. Die Massageten, das dritte der Völker, die um 380 den nördlichen Balkan verwüsteten, müssen daher die Hunnen sein. Themistius unterscheidet in 34, 24 scharf zwischen Skythen und Massageten.

41 Z. B. Basil. Caes. *epist.* 268.

42 Siehe Agath. 3, 5, HGM 2, 147 über seine Gründe, die Festung Hagios Stephanos bei ihrem früheren Namen Onoguris zu nennen.

43 Synes *reg.* 11; Fitzgerald 1930, 1, 27.

44 Philostorg. 11, 17; Bidez 1960, 123.

45 Herodot. 4, 107.

46 Der „Wolf“ in den *Ägyptischen Erzählungen* ist „der Hunne“. Vgl. Grützmacher 1913, 59; Ch. Lacombrade, *REA* 48 (1946) 260—266.

47 Hier. *epist.* 40, 16.

48 Nach Müllenhoff 1900, 3, 24, die Quelle des Damastes, zitiert von Steph. Byz. 630, 6; bezweifelt von Rostovcev 1913, 24, 2.

49 Procop. *hist.* 8, 5, 1.

50 Procop. *hist.* 3, 22, 2.

51 Die Massageten bei Claud. *carm.* 3 (*in Rufin.* 1) 310 entsprechen den *Chuni* bei Claud. *carm.* 21 (*cons. Stil.* 1) 1, 3.

52 Die Passagen sind bei Moravcsik 1958/2, 183 zusammengefaßt; dazu ist Euagr. *hist.* 3, 2, ed. Bidez 100, 9—11 zu stellen.

53 Eun. *hist.* 84—85, übersetzt von Vasiliev 1936, 24—25.

54 Moravcsik 1958/1, 577.

55 Maenchen-Helfen 1955b, 392. A. F. Norman *CQ* 7 (1957) 133, 1 hat mich nicht davon überzeugt, daß Eunapius und Ammianus die gleichen Quellen verwendeten.

56 Zos. 4, 20, 3.

57 Das ist schon vor langer Zeit von Satterer 1798, 4 erkannt worden. Thompson 1948, 17, 2 bezieht sich irrtümlich auf Herodot 4, 23.

58 Rostovcev 1931, 103.

59 Maenchen-Helfen 1955a, 399.

60 Oros. *hist.* 7, 35, 2.

61 Enßlin 1923, 9.

62 Wie von Gibbon 3, 165 angenommen wurde, dem Seeck 1913, 213—221 folgte.

63 *Paneg.* 12, 39, 5.

64 *Non cursus est, sed volatus* (*Paneg.* 12, 39).

65 *Paneg.* 12, 39, 2. Nur Stubengelehrte weisen die „Übertreibungen" des Redners zurück, vgl. Galletier 1949, 57, 6.

66 Ioh. Ant. *frg.* 187; *EI* 119.

67 Enßlin 1923, 31—32.

68 Amm. 19, 6, 4.

69 Claud. *carm.* 3, *in Rufin.* 1, 324—325.

70 Iord. *Get.* 12.

71 Amm. 31, 2, 21.

72 In *Tob.* 1, 39, *CSEL* 32, 2, 540 (verfaßt um 389: Palanque 1935, 528; Dudden 1925, 696 vermutet wahrscheinlich später als 385; vgl. auch Rauschen 1897, 432, 2) erwähnt Ambrosius einen Hunnen, der „dem römischen Kaiser bekannt war".

73 Amm. 31, 3, 5.

74 Amm. 31, 3, 1.

75 Amm. 31, 3, 3.

76 Ermanarich, Vithimir, Viderich, Alatheus, Saphrax, Athanarich, Munderich, Lagarimanus, Alaviv, Fritigern und Farnobius.

77 Thompson 1948, 41—43.

78 Vgl. z. B. Pletneva, *SA* 3 (1964) 343.

79 Amm. 31, 2, 7.

80 Iord. *Get.* 130, 248, 249.

81 Altheim/Stiehl 1954, 259.

82 Es ist nicht ganz unmöglich, daß Ammianus aus dem Ungestüm der hunnischen Kriegführung darauf *schloß*, daß die Wilden *aguntur nulla severitate regali.* Vielleicht hat er daran gedacht, was Hippokrates über den Mut der Europäer sagte, die kriegerischer als die Asiaten waren, weil sie keine Könige hatten, οὐ βασιλεύονται. „Wo es Könige gibt, muß es die größten Feiglinge geben. Denn die Seelen der Männer werden versklavt, und sie lehnen es ab, bereitwillig und rücksichtslos Gefahren auf sich zu nehmen, um die Macht eines anderen zu vergrößern. Aber unabhängige Leute, die für sich und nicht für andere Risken auf sich nehmen, sind bereit und begierig, sich in Gefahr zu begeben, weil sie sich selbst des Siegeslohnes erfreuen." (Ps. Hippocr. *de aër.* 23.)

83 Harmatta 1952, 289.

84 Amm. 31, 2, 3.

85 Amm. 31, 2, 9.

86 Amm. 31, 2, 10 (bis *similes*); 2, 4 (bis *silvas*); 2, 5 (Rest). Vgl. 14, 4, 3 über die Sarazenen, und 22, 8, 42 über die Alanen und Kostoboken.

87 Iust. *epit.* 2, 11; vgl. Rostovcev 1931, 95.

88 Amm. 31, 2, 6.

89 Iust. *epit.* 41, 3, 4.

90 Amm. 31, 2, 3.

91 Solymossy 1937, 134—140. Ich ziehe meine Billigung der Ansicht Solymossys (Maenchen-Helfen 1945b, 233) zurück.

92 Langmantel 1885, 62.

93 Mela 3, 3, 2. Wie alles, was Hieronymus über die Hunnen sagt, geht auch seine Feststellung, daß die Hunnen, *Hunorum nova feritas*, von halbrohem Fleisch lebten (Hier. *adv. Iovin.* 2, 7; Migne *PL* 23, 295), auf Ammianus zurück. Er schrieb die Invektive im Jahr 393; vgl. Cavallera 1922, 2, 157.

94 Vgl. Norden 1921, 13—14.

95 Spuler 1947, 440.

96 Wie selbst ein so sorgfältiger Beobachter wie Procopius zum Opfer des Topos wurde, wird durch zwei Passagen über die Mauren veranschaulicht. Sie haben, sagt er in 4, 6, 13, „weder Brot noch Wein, noch irgendwelche guten Dinge (bei Ammianus: *saporati cibi*), sondern sie nehmen entweder Weizen oder Gerstenkorn und essen es, ohne es zu kochen oder zu mahlen, in einer Weise, die sich nicht von jener der Tiere unterscheidet". Ein paar Seiten später (4, 7, 3) erzählt Procopius von einer Maurin, die „ein wenig Korn zerstampfte, einen sehr dünnen Kuchen machte und ihn in die heiße Erdasche warf. Denn so pflegen die Mauren ihre Brotlaibe zu backen".

97 Iord *Get.* 181, 212, 259.

98 Amm. 31, 2, 2.

99 Iord. *Get.* 127.

100 Iord. *Get.* 78.

101 Giunta 1952. Momigliano 1955, 207—245 versuchte zu beweisen, daß Cassiodorus seine Gotengeschichte 551 in Konstantinopel beendete; er nimmt an, daß Jordanes, ein gotischer Bischof in Italien, sie in Übereinstimmung mit Cassiodorus zusammenfaßte, um ein breiteres Publikum zu erreichen, das für eine Versöhnungspolitik zwischen Goten und Römern gewonnen werden sollte. Die Argumente Momiglianos sind nicht überzeugend. Es ist unvorstellbar, daß irgend jemand in Konstantinopel mehr als eine Seite eines Buches gelesen hätte, das in so gräßlichem Latein wie die *Getica* geschrieben war.

II. GESCHICHTE

1 Amm. 31, 2, 12.

2 Amm. 22, 8, 38.

3 Vgl. z. B. die Artikel bei Rosenfeld 1956 und 1957a, und Altheim 1956a und 1956b.

4 Amm. 31, 2, 13.

5 Amm. 31, 2, 17.

6 Amm. 22, 8, 27.

7 Über die Greutungen-Ostgoten, s. Rosenfeld 1957b, 245—258.

8 Amm. 31, 2, 13.

9 Amm. 21, 8, 29.

10 Thompson 1948, 352.

11 Amm. 31, 2, 13—16.

12 Malotet 1898, 15.

13 Ptol. *geogr.* 3, 5, 10. Über die Tanaiten s. Kotsevalov 1959, 1524—1530; Boltunova 1962, 92—93.

14 Amm. 31, 3, 1.

15 Der Krieg zwischen den Hunnen und den Ostgoten, der üblicherweise auf 375 datiert wird, ist in Wirklichkeit undatierbar; vgl. O. Seeck, *Hermes* 41 (1906) 526.

16 Amm. 31, 3, 3.

17 Hauptmann 1935, 18.

18 Über die proalanischen Vorurteile des Jordanes s. Mommsen 1882, x.

19 Rauschen 1897, 484; Dudden 1925, 681; Palanque 1935, 57—58, 499—500.

20 Ambr. *in Luc.* 10, 10; *CSEL* 34, 4, 458.

21 Iord. *Get.* 129—130.

22 Brady 1949, 18—19.

23 Die germanischen Etymologien der Rosomonen sind bei Schönfeld 1911, 194—195 und Vetter 1938, 98—99 aufgezählt. Brady meinte, daß in der mündlichen Überlieferung *Roxolani* zu *Rosomoni* entstellt werden konnte, aber Müllenhoff (bei Mommsen 1882, Index 164) wies eine solche Erklärung wahrscheinlich mit Recht zurück: *De Rhoxolanis in mythis fabulisque Gothorum cogitare absurdum est.* Aus dem gleichen Grund ist es unwahrscheinlich, daß, wie ich eine Weile dachte, *Rosomoni v. l. Rosomani*, **ΡΟΣΟΜΑΝΟΙ* auf falsch gelesenes *ΡΟΞΟΛΑΝΟΙ* zurückgehen könnte. Tretjakovs Gleichsetzung *Rosomoni* = Rus (Tretjakov 1953, 24) ist so wild wie die von Vernadsky (1959, 68) vorgeschlagene, der annimmt, daß *-moni* ossetisch *mojnae* „Mann“, „Ehemann“ bedeutet; die *Rosomoni* sind „die Ros-Männer“.

Vernadsky findet überall präossetische „Ruxs-Alanen“ und Anten. Die Acaraganten (*recte* Argaraganten) in Ungarn zum Beispiel sind angeblich die „stimmlosen Anten“, ossetisch *æqæræg*, ihre Feinde, die Limiganten, die „schwachen Anten“, ossetisch *læmæg* (Vernadsky 1959, 70). Vernadsky übersah die Giganten, Korybanten, Garamanten und die Anten in Christian Morgensterns „Ant-ologie“. Seine Arbeiten sind voll von solchen Absurditäten, die auf „willkürlicher Interpretation teilweise unbrauchbarer Quellen und haltlosen Namenetymologien“ basieren [F. Dölger, *BZ* 42 (1950) 133]; vgl. auch W. B. Henning, *BSOAS* 21, 2 (1958) 315—318, D. M. Lang, *BSOAS* 22, 2 (1959) 317 und A. V. Solovjev, *BZ* 54 (1961) 135—138. Im folgenden werde ich auf die Etymologien Vernadskys nicht mehr eingehen.

24 Olymp. 57a, 11—12 sein Bruder Singericus (60a, 13) hat einen germanischen Namen.

25 Men. prot. *EL* 4423, 453, 23, 30; Theoph. frg. 4, *HGM* 4, 448, 22 = *FHG* 4, 271.

26 Zgusta 1955, § 199; vgl. Abaev 1949, 180.

27 Vgl. Maenchen-Helfen 1957b, 281.

28 Amm. 31, 3, 8.

29 Iord. *Get.* 126.

30 Obwohl weder Priscus noch Jordanes irgend etwas über ihre Lebensweise sagt, müssen sie Nomaden gewesen sein. Es gab keine türkischen Bauern in Südrußland, bevor sich — fast tausend Jahre später — die Tataren auf der Halbinsel Krim ansiedelten, um ihre Felder zu pflügen und Obstgärten anzulegen.

31 Prisc. *EL* 212, 4—5. Im Gegensatz zum Text, προσοικοῦσι τὸν Ἴστρον, lokalisierte sie Thompson 1948, 71 in der Nähe des Asowschen Meeres.

32 Die Landkarte in der *Vorgeschichte der deutschen Stämme* 3, 1185, die vom „Reichsamt für Vorgeschichte in der Nationalsozialistischen Deutschen Arbeiterpartei kurz vor Hitlers Einmarsch in die Sowjetunion veröffentlicht wurde, machte Osteuropa

bis zum Ural zu Ermanarichs „Hoheitsgebiet". Altheim 1951, 73 beanspruchte sogar Dagestan im östlichen Kaukasus für die Goten.

33 Iord. *Get.* 116—120.

34 *SB Wien* 117 (1889) 39.

35 Iord. *Get.* (ed. Mommsen) Index 160.

36 Marquart 1903, 378, 3.

37 *Zf.DA* 39 (1895) 158.

38 Μορ δία bei Const. Porph. *adm.;* Jenkins 1949, 168, 46.

39 Matthews 1951, 29—30. Zu der dort angeführten Literatur füge hinzu B. Munkacsi, *KCsA* 1 (1921) 62; A. Pogodin, *MSFOU* 67 (1933) 326—330; E. Lewy, *Transactions of the Philological Society* 1946, 133—136; J. v. Farkas, *Saeculum* 5 (1954) 331; Collinder 1962, 23—24.

40 Werner 1956, Index, *s. v.* Bernstein, Bernsteinperle.

41 Cassiod. *Var.* 5, 2.

42 Rappaport 1899, 48.

43 Seine Identifizierung mit Buz im Igorlied (vgl. Šachmatov 1919, 10; Perec 1926, 24) wurde von A. Mazon, *Revue des études slaves* § 19 (1939) 259—260 in Frage gestellt und von N. Zupanič, *Situla* 4 (1961) 121—122 überzeugend abgelehnt. Zur slawischen Etymologie s. S. Rospond, *Voprosy jazykoznanija* 14, 3 (1965) 8. Boz mag ein iranischer Name sein, vgl. *Bwzmyhr*, Frye 1952, 52; W. B. Henning, *BSOAS* 21, 2 (1958) 38, n. 41; *Burzmihrpuhr* in JA 246 (1958) 353; D'jakonov und Lifšic 1960, 23. Bulgarisch *Bezmer* ist nach der Meinung von I. Dujčev *Archiv orientální* 21 (1953) 356 *Boz-mihr.*

44 Entweder der Tiligul, N. Zupanič, *Etnograf* 14 (1930) 113-12, oder der untere Dnjepr, E. Ch. Skržinskaja, *VV* 12 (1957) 25. Dieser Erac hat natürlich nichts mit dem Erax in der Lazica zu tun (Const. Porph. *adm.* 45).

45 Patsch 1928, 2, 59—63.

46 Patsch 1928, 64—65.

47 C. C. Giurescu, Revista istorică română 5—6 (1935/36) 564; K. K. Klein, *PBB* 79 (1957) 302—307; I. Nestor *Ist. Rom.* 1 (1960) 697—699; R. Vulpe, *Dacia* 5 (1961) 387, 110.

48 Der berühmte Schatz von Pietroassa im Distrikt Buzau hat daher nichts mit Athanarich zu tun.

49 Unter der Führung von Vithericus, Alatheus und Saphrax (Amm. 31, 4, 12; 5, 3).

50 Ammianus spricht nur einmal von ihnen; im Spätherbst 377, *autumno vergente in hiemem*, vernichteten die Römer eine Horde von Taifalen beinahe völlig, die kurz vorher *(nuper)* die Donau überquert hatten (Amm. 31, 9, 3—4). Aber Zos. 4, 25, 1 nennt sie gleich nach den Goten, und bei Ps. Aur. Vict. *epit.* 47, 3 nehmen sie den zweiten Platz unter den Eindringlingen ein. Die Taifalen waren offensichtlich ein zahlreiches Volk. Vor 370 hielten sie Oltenien und den Westteil von Muntenien besetzt (Patsch 1925, 189, 2). Wie weit sich ihr Territorium östlich des Aluta-Flusses ausdehnte, ließe sich nur feststellen, wenn die genaue Lokalisierung von Athanarichs Verteidigungslinie, die „sich am Rande des Landes der Taifalen dahinzog" (Amm. 21, 3, 7) bekannt wäre; zu jüngsten Versuchen, sie zu lokalisieren, s. R. Vulpe, *Dacia* 4 (1960) 322. Es gibt keinen Beweis für die ständig wiederholte Versicherung, daß die Taifalen Germanen waren. Man sollte anmerken, daß in Gallien Taifalen und Sarmaten gemeinsam siedelten (*Praefectus Sarmatarum et Taifalorum gentilium*, *Not. Dign.* [*occ.*] 42, 65); vgl. Barkóczi 1959, 452.

51 *Multarum gentium bellicus furor* (Ambr. *epist.* 15, 5); „andere Stämme, die früher mit den Goten und Taifalen siedelten" (Zos. 4, 25, 1).

52 „Das größte und hervorragendste von allen skythischen Völkern" (Philostorg. 11, 8).

53 Thompson (1948) widmet den fast zwanzig Jahren zwischen der Schlacht von Adrianopel und der Invasion in Asien im Jahre 395 eine halbe Seite.

54 Amm. 31, 8, 4 (bis „worden“) und 1 (Rest).

55 Seeck 1913, 109, 468—469.

56 Thompson 1948, 25 ist vorsichtiger („nicht unmöglich“).

57 Amm. 31, 12, 17.

58 Amm. 31, 16, 3.

59 Them. 15; ed. Dindorf 1832, 252, 35—235, 1; *paneg.* 12, 14, 4; *CM* 1, 243; 2, 60, 3792.

60 Ps. Aur. Vict. *epit.* 47, 3.

61 Oros. *hist.* 7, 34, 5.

62 Zur Chronologie der Feldzüge des Theodosius gegen die Goten im Jahre 380 s. Enßlin 1948, 12—14. Gregor von Nazianz (*vita* in: Migne *PG* 37, 1098) hat einige zusätzliche Informationen über das Hauptquartier des Theodosius.

63 Gratian war „bereits auf dem Weg zu den Gebieten des Ostens“, als er erfuhr, daß die alamannischen Lentienses bei Argentaria in der Nähe von Colmar eine vernichtende Niederlage erlitten hatten (Amm. 31, 10, 11). Der Kaiser verließ Trier nach dem 20. April (Cod. Theod. 8, 5, 35), daher muß die Schlacht Ende April oder Anfang Mai ausgefochten worden sein. „Wegen dieses glücklichen Erfolgs mit Zuversicht erfüllt . . . wandte sich Gratian auf seinem Marsch nach links und überquerte heimlich den Rhein“, wahrscheinlich in der Nähe von Basel. Obwohl der Feldzug im Schwarzwald „mit unglaublicher Energie und offenkundiger Schnelligkeit“ durchgeführt wurde (Amm. 31, 10, 18, der vielleicht einem Panegyricus folgt; vgl. Seeck, *Hermes* 41 [1906] 484), konnte Gratian seinen Marsch in den Osten frühestens nicht vor Anfang Juni wiederaufgenommen haben.

64 *Itin. Anton. Aug.* 235, 1—237, 5.

65 Wie die große Zahl von in Trier zwischen 364 und 378 geprägten Siliquen und Halbsiliquen zeigt, die bei Lorch gefunden wurden; Elmer, Der römische Geldverkehr in Lauriacum und Ovilava, *NZ* 67/27 N. F. (1934) 31—32.

66 Das heutige Kula in Bulgarien. Patsch, *RE* 3, 1769 s. v. castra 32.

67 Amm. 31, 11, 6.

68 Patsch 1929, 31.

69 J. W. E. Pearce, *NC* 1939, 128—142; N. H. Baynes, *BZ* 38 (1939) 582.

70 Amm. 31, 7, 3.

71 Zos. 3, 10, 2—3; Amm. 21, 9, 2.

72 Amm. 31, 12, 4.

73 Ἐπὶ Μυσοὺς καὶ Παίονας ἀναδραμὼν αὐτόθι διατρίβοντι τῷ Γρατιανῷ τὸ συμβὰν ἀπαγγέλλει (Zos. 4, 24, 3).

74 Zosimus verwendete ohne Unterschied Paionia, Paioniai und Paiones: Τὰ Μυσῶν τάγματα καὶ Παιόνων (1, 20, 2) = τὰ ἐν Μυσίᾳ καὶ Παιονίᾳ τάγματα (1, 21, 2); Παιονία = Παίονες (2, 46, 1). Er wußte, daß Pannonien aus einer Anzahl von Provinzen bestand, τὰ Παιόνων ἔθνη (1, 48), aber er legte keinen Wert auf die Feststellung, in welcher von ihnen ein Ereignis stattfand. Cibalis, Sirmium und Mursa waren einfach „Städte in Pannonien“ (2, 18, 2, 5; 45, 3). In der Kombination „Paionia und Mysia“ oder „Mysia und Paionia“ (1, 13, 1; 20, 2; 2, 48, 3; 3, 2, 2; 4, 16, 3, 4; 29, 3, 4) bedeutet Paionia immer Pannonia secunda und Mysia bedeutet Moesia superior. E. Polascheks Interpretation von Paionia in 4, 24, 3 als das makedonische Paionia (*WPZ* 18 [1931] 243, n. 19) ist unannehmbar.

75 Aber die Erweiterung des Eunapius durch Zosimus (*frg.* 42; *EL* 597, 4—5) zeigt, daß er zu einigen Quellen Zugang hatte, die jetzt verloren sind. Nach Eunapius wurden Thrakien, Makedonien und Thessalien vor der Schlacht von Adrianopel von

den Goten verwüstet. Zos. 4, 20, 7 schreibt Eunapius ab, fügt aber „und Paionia" hinzu.

76 Weder das Toleranzreskript, das Gratian unmittelbar, nachdem er vom Tod seines Onkels gehört hatte, herausgab, noch das Edikt vom 25. September 378, *Cod. Theod.* 10, 2, 1, gibt hinsichtlich des Zeitpunktes, zu dem die Neuigkeit den Kaiser erreichte, irgendeinen Hinweis. Das Edikt erging unter dem Namen des Valens, Gratian und Valentinian, das bedeutet aber nicht unbedingt, daß man glaubte, Valens wäre noch am Leben, vgl. Seeck 1919, 111—112. Auf der Basis des Duldungsreskripts traten die Makedonier zur Synode in Antiochia in Karien vor dem Ende des Jahres 378 zusammen (Duchesne 1924, 2, 343, 1). Es ist unmöglich festzustellen, wann genau sie von dem Reskript erfuhren. Seeck, der es zwischen dem 18. August und dem 25. September datiert (1919, 250), gibt keine Gründe dafür an. Soweit ich sehen kann, gibt es auch keine.

77 Ambr. *fid.* 3, 1. Das Konzil von Sirmium konnte nicht während der vier Tage abgehalten werden, die Gratian in der Stadt im Juli verbrachte. Damals war ziemlich sicher keine Zeit, Kirchenangelegenheiten zu diskutieren. Wenn das Konzil überhaupt abgehalten wurde, was im Augenblick sehr wahrscheinlich ist (Dudden 1925, 189; Palanque 1933, 496—498; N. H. Baynes, *English Historical Review* 51 [1936] 303, 304), muß es in den August datiert werden.

78 Ambr. *fid.* 2, 129.

79 Dudden 1925, 189, 8.

80 Ambr. *fid.* 1, 3; 2, 136—142.

81 Ambr. *fid.* 2, 16.

82 Ambr. *in Luc.* 10, 10.

83 Amm. 31, 4, 13. Siehe auch oben S. 19 mit Fn. 20.

84 Amm. 31, 4, 2.

85 Amm. 29, 6, 14.

86 Theodor. *hist.* 5, 5; Them. 14, 182c; 15, 188c, 198a. *Paneg.* 12, 10, 2—4 erwähnt kaum die militärischen Aktivitäten des Theodosius vor seiner Thronerhebung. Synes. *reg.* 3; Migne *PG* 1061 scheint sich auf die Siege des Theodosius im Jahre 374 und nicht auf jene des Jahres 378 zu beziehen. Der Bericht Theodorets wurde lange bezweifelt. Tillemont 1738, 5, 715—716 (kopiert von G. Kaufmann, *Philologus* 31 [1872] 473—480) mußte ihn gegen Baronius verteidigen; Wietersheim 1880[2], 2, 62—63 nannte ihn ein *albernes Märchen;* andere Historiker, die ihn ablehnten, sind bei Rauschen 1897, 39 zitiert. Die Authentizität des Berichts wird nun allgemein anerkannt; Seeck 1913, 124—125; Stein 1928[1], 1959[2], 1, 295; Dudden 1925, 173. Theodoretus lokalisiert die Schlacht irrtümlich in Thrakien. Sie wurde in ziemlicher Entfernung von Sirmium ausgetragen. Die Sarmaten hätten es nicht gewagt, die Streitkräfte Gratians in der Pannonia secunda anzugreifen. Die Freundschaft des Theodosius mit Maiorian, den er als *magister utriusque militiae* mit sich nahm, als er das Kommando im Osten übernahm (Sidon. *carm.* 5, 107—115), geht auf das Jahr 378 zurück, als der General Kommandant von Aquincum war. All das weist auf die Valeria hin.

87 Amm. 17, 13, 1; 19, 11, 1.

88 Greg. Naz. *orat.* 22, 2. Migne *PG* 35, 1140. Zum Datum s. Gallay 1943, 252.

89 Die vieldiskutierte Verwaltungsgeschichte von Illyricum betrifft uns nur insoweit, als sie die militärische Geschichte der Jahre 379 bis 395 berührt. Die meisten früheren Arbeiten sind mittlerweile durch Mazzarino 1942, 1—59 überholt. Vgl. auch Greenslade 1945; Demougeot 1947; Palanque 1951, 5—14; Grumel 1952, 5—46. Mit der Beseitigung der gotischen Gefahr wurde eine eigene illyrische Präfektur über-

flüssig. Im Herbst 380 fielen Makedonien und Dakien an den Westen zurück und blieben anscheinend bis 387 westlich, in welchem Jahr Maximus Valentinian II. aus Italien vertrieb. Von diesem Zeitpunkt an gehörte das östliche Illyricum weder dem Osten noch dem Westen, sondern Theodosius. Es gibt gute Gründe für die Annahme, daß schon 383 die tatsächliche Kontrolle auf Theodosius überging, vgl. Pearce 1938, 235—237. Im Jahre 384 gab er die Präfektur Valentinian II. zurück, Lot 1936, 334. Das war nur eine höfliche Geste. Was auch immer der administrative und kirchliche Status von Illyricum von 383 bis 395 gewesen sein mag: in allen praktischen Belangen und vor allem militärisch gehörte es zum Osten. Von der Drina bis zum Schwarzen Meer standen die Hunnen den Armeen des Theodosius gegenüber.

90 Socr. 5, 6, 572; Soz. 7, 4.

91 Symm. *epist.* 1, 95.

92 *Paneg.* 12, 11, 4.

93 Auson. *precat. cos.* 31—35. Ich folge dem Text und der Übersetzung von H. E. White, *Loeb*, 1, 51—52. Für eine andere Übersetzung vgl. Jasinski 1935, 1, 35—37. Die Lesart von Vers 33 ist nicht ganz sicher. Toll 1671, 345, 14 schlug vor: *Sauromatae . . . Chunus;* Schenkl, *MG AA* 5, 2, 18, Anm.: *sua iunxerat agmina Chunis.* Die Bedeutung ist jedenfalls klar.

94 Seeck 1919, 109 verbesserte überzeugend *Triv.* in der Unterschrift des *Cod. Theod.* 11, 36, 26, zu *Tricc.*, d. i., *Tricciana.*

95 Graf 1936, 122—123.

96 Jouai 1938, 235—238, gegen Rauschen 1897, 27, 44—45, der das Gedicht weniger wahrscheinlich in den September datierte.

97 Auson. *grat. act.* 2, 7—8.

98 Die Alanen, die Gratian „zu einem enormen Preis" auf seine Seite zog (Ps. Aur. Vict. *epit.* 47, 6; Zos. 4, 35, 2), zählten wahrscheinlich zu diesen, denen er „vergab". Gratian schätzte die Alanen so sehr, daß er manchmal ihre Kleidung trug. Als er von Paris nach Lyon floh, hatte er kaum dreihundert Reiter bei sich; die Armee war fast bis zum letzten Mann zu Maximus übergelaufen. Die treuen Reiter waren offensichtlich die geliebten Alanen des Kaisers.

99 Auson. *epigr.* 26, 8—10, verfaßt 379 (Jouai 1938, 241).

100 Auson. *eph.* 7 (8), 17—18. Zum Datum, Ende 379 oder 380, s. Pichon 1906, 309—312.

101 Anfang Juli war Gratian in Aquileia (Seeck 1919, 250).

102 Zos. 4, 34, 6. Das Datum ist nicht ganz sicher. Zosimus stellt den Feldzug zwischen die Unterwerfung des Athanarich und seiner Gefolgsleute (Athanarich starb kurz danach am 25. Jänner 381) und den Sieg des Promotus über die Greutungen im Jahre 386. Üblicherweise wählten die Barbaren jenseits der Donau den Zeitpunkt für ihre Plünderzüge so, daß sie den Fluß überquerten, sobald er zugefroren war, damit sie mit ihrer Beute wieder zurückkehren konnten, bevor das Tauwetter einsetzte. In der zweiten Dezemberhälfte und im Jänner der Jahre 383, 384 und 385 war Theodosius in Konstantinopel. Er erließ aber zwischen dem 13. Jänner und dem 20. Februar 382 keine Gesetze, was Zeit genug war, an die Front zu eilen und die Räuber zurückzutreiben, vorausgesetzt daß er tatsächlich an der Aktion teilnahm. Im Jahre 381 verhielten sich die Hunnen an der unteren Donau offensichtlich ruhig. Terentius, Bischof von Tomis in Scythia minor, verließ seine Gemeinde, um an dem Konzil in Konstantinopel teilzunehmen, vgl. N. Q. King, *TU* 63 (1937) 635—541; das zeigt, daß zu dieser Zeit Scythia minor verhältnismäßig sicher war.

Die Skiren, wahrscheinlich die Nachkommen der in der berühmten Protagenes-Inschrift Genannten, können nicht lokalisiert werden. *Carpodaci* bedeutet „Daker im Land der Karpen", vgl. U. Kahrstedt, *PZ* 4 (1912) 83—87.

103 „Die Goten waren nicht durch grundlose Furcht oder durch überflüssigen Argwohn verwirrt und erschreckt, sondern durch eine wütende Seuche und durch das außergewöhnlich heiße und ungesunde Klima. Schließlich flohen sie dann, um zu entkommen; hernach aber kehrten sie zurück und baten um Frieden, um leben zu können." *(Non enim inani metu, nec superflua suspicione, sed saeviente lue et ardenti pestilentia perturbati Gothi ac territi sunt. Denique tunc fugerunt, ut vaderent; regressi postea pacem rogaverunt, ut viverent.)* Ambr. *epist.* 15; Migne *PL* 16, 989, im Frühjahr 383 verfaßt, s. Palanque 1933, 508—509.

104 L. Schmidt 1934, 185.

105 Them. 14, 121c, d.

106 Them. 14, 212a.

107 Zos. 4, 34, 5.

108 Eun. *hist.* 43; *FHG* 4, 33. Das Fragment bezieht sich nicht, wie oft angenommen wurde, auf das Jahr 376, sondern auf 382. 376 gab man den Goten nicht Land und Vieh. Erst 382 gingen sie — zumindest für einige Zeit — in Thrakien hinter dem Pflug her, Them. 17, 212a, b.

109 Philostorg., *hist.* 10, 6, S. 127 f. Zum Zeitpunkt des Überfalls war Eunomius in Halmyris, wo er nach dem Tod des Gratian im Exil lebte (10, 5), spätestens zu Beginn des Jahres 385. Er wurde vor dem Tod der Flacilla (10, 7) nach Caesarea in Kappadokien geschickt. Flacilla starb vor dem Winter 386, s. Seeck 1913, 521. Dieser Überfall wurde bemerkenswert fehldatiert und falsch lokalisiert. Güldenpenning/Iffland 1878, 133 f. datierten ihn auf den Winter 382; Rauschen 1897, 198 verwechselte ihn mit der Invasion der Greutungen im Jahre 386; Seeck 1913, 519 glaubte, daß die Barbaren jene Sarmaten waren, gegen die Bauto kämpfte; das war in Ungarn, Halmyris aber lag in der Dobrudscha.

110 Callin. *Hyp.* p. 61, 11 ff.; Thompson 1948, 36 datierte den Überfall fälschlich auf 395; er übersah, daß er im zwanzigsten Jahr des Hypatius stattfand, d. h. 385 oder 386.

111 Zu den Minen auf der Balkanhalbinsel vgl. Cantacuzène 1928, 75 ff.

112 *Cod. Theod.* 1, 32, 5 = *Cod. Iust.* 11, 7, 4.

113 Claud. *carm.* 8 *(cons. IV. Hon.)* 623—635; Zos. 4, 35 und 38—39. Die Chronisten (*CM* 1, 386; 2, 62) bieten nur wenige Zeilen.

114 Aus den Versen 22—28 Claud. *carm.* 7 *(cons. III. Hon.)* kann man über die Verbündeten der Greutungen nichts erfahren. Honorius, der am 9. September 384 geboren wurde, konnte noch nicht gehen, als sein Vater „siegreich von seinem Erfolg über die Stämme an der Donau zurückkam" und ihm „skythische Bogen, von den Gelonen erbeutete Gürtel, einen dakischen Speer oder suebisches Zaumzeug" mitbrachte. Die Skythen sind offensichtlich die Greutungen; vgl. Claud. *carm.* 20 *(in Eutrop. II)* 176—180, wo der (Greutunge?) Tarbigilus als Skythe bezeichnet wird. Zu den Gelonen s. hier die Anm. 165. Die Daker werden genannt, weil sie nördlich des Flusses lebten. Der langhaarige Suebe ist wie bei Claud. *carm.* 8 *(cons. IV. Hon.)* 655 das Symbol für die unbesiegten Germanen. Claudian verlegt die Sueben vom Westen in den Osten, wie er dies auch Claud. *carm.* 15 *(bell. Gild.)* 37 tat. Zu den Spangen und mit Edelsteinen verzierten Gürtelplatten vgl. Claud. *carm.* 22 *(cons. Stil. II)* 88; *carm. min.* 29, 12; *rapt. Pros.* 2, 94 *(Parthica quae tantis variantur cingula gemmis)*; sie waren nicht für irgendein bestimmtes barbarisches Volk charakteristisch.

115 Odotheus = *Audatius (Schönfeld 1911, 174).

116 „Schon vorher hatte das römische Volk der Bestattung der gefallenen Sarmaten ausdrücklich zugestimmt" *(Dudum fanda acceperat Romanus populus caesorum funera Sarmatarum)*, Symm. *rel.* 2, 47; *MG AA* 6, 1, 315 f. Zum Datum, Sommer 384, s. Seeck 1913, 195, 512; vgl. auch McGeachy 1942, 102. Bei Symmachus bedeutet *dudum* gewöhnlich „schon Jahre vorher", vgl. Hartke 1940, 89—90.

117 Seeck 1913, 208, vermutete, daß sie unter dem Befehl Bautos standen. Das ist unwahrscheinlich. Solange die Spannung zwischen Maximus und dem Hof in Mailand andauerte, war der Platz des Generalissimus in Italien, nicht an der Donau.

118 „Wir sahen das Heer des besiegten Stammes in Ketten gelegt und jene so trotzigen Gesichter in elender Blässe verändert" *(Vidimus catenatum agmen victae gentis induci illosque tam truces vultus misero pallore mutatos)*, Symm. *rel.* 2, 47, *MG AA* 6, 1, 315—316. Das Edikt vom 30. Jänner 400, *Cod. Theod.* 7, 20, 12, bestimmt die Aushebung der Läten, Alamannen, Sarmaten, Vagabunden, Söhne von Veteranen und Personen, die „gemustert werden müssen und die in unsere hervorragendsten Legionen eingereiht werden sollen". Die Sarmaten waren ganz offenbar jene in Italien und Gallien unter dem Kommando von besonderen *praefecti*, s. *Not. Dign. (occ.)* 42, 46—70. Es ist unwahrscheinlich, daß fast alle diese Sarmatensiedlungen lange vor Gratian angelegt wurden, wie Barkóczi 1959, 7, 4, 444—446, 452—453 annimmt; eine beachtliche Anzahl von ihnen müssen jene Sarmaten beheimatet haben, die mit den Römern noch in den achtziger Jahren des 4. Jahrhunderts kämpften.

119 Ambr. *epist.* 25, 8; Migne *PL* 16, 1081—1082.

120 Palanque 1933, 510.

121 Ambr. *epist.* 25, 8; Migne *PL* 16, 1081—1082.

122 *Cod. Theod.* 9, 16, 15 vom 9. Dezember 382.

123 Palanque 1931, 346—356.

124 Ambr. *epist.* 18, 23; Migne *PL* 16.

125 Nach Sokrates 5, 11, 2, dem Sozomenos (7, 13, 1) und Johannes von Antiochia (*frg.* 78; *EL* 116) folgten, „rebellierte Maximus gegen das Römische Reich und griff Gratian an, der in einen mühevollen Krieg mit den Alamannen verwickelt war". Das kann nicht wahr sein. Am 16. Juni war Gratian noch in Verona. Er wurde am 25. August in Lyon ermordet. Gratian muß spätestens in der ersten Augustwoche im nördlichen Gallien angelangt sein. So würden ungefähr fünfzig Tage für den Marsch von Verona über den Brenner nach Rätien, den Krieg mit den Jutungen und den Marsch von der Donau nach Paris bleiben; das ist eine Unmöglichkeit, vgl. Rauschen 1897, 142.

126 Ambr. *epist.* 30 (24) 7, 95: *Chuni adque Alani . . . Adversus Iuthungum Hunnus accitus est.* Die Ausgabe der Benediktiner von St. Maurice, die von Migne abgedruckt wurde, hat *Hunni* und *Hunnus*. Das einzige in einer kritischen Edition erhältliche Werk des Ambrosius, in dem ethnische Namen vorkommen, ist *De Tobia.* Dort wird *Chunus* geschrieben. Das war mit größter Wahrscheinlichkeit auch die Schreibweise im Brief.

127 *Tu* [*sc.* Maxime] *fecisti incursari Retia, Valentinianus suo tibi auro pacem redemit*, Ambr. *epist.* 30 (24) 8, Migne *PL* 16, 1081. Ambrosius wußte natürlich, daß Valentinian für sich selbst, nicht für den Mörder seines Bruders, den Frieden erkaufte.

128 Das Eingreifen der Hunnen fand nach der ersten Gesandtschaft des Ambrosius nach Trier im letzten Monat des Jahres 383 und vor der zweiten Gesandtschaft statt, von der er in *epist.* 24 einen Bericht gibt. Der Brief wurde auf den Winter 384/385 datiert (Rauschen 1897, 487), auf 386 (Richter, Ihm, Förster, zitiert bei Rauschen 1897, 487; Palanque 1933, 516—518; Dudden 1925, 345) und auf 387 (Tillemont 1738, 5, 497). Stein 1928, 312, 4 hielt es für unmöglich festzustellen, ob Ambrosius vor Mitte des Jahres 384 oder gegen Ende des Jahres oder im Frühjahr 385 auf seine zweite Gesandtschaft ging. Aber am Ende von *epist.* 24, die Ambrosius nach Mailand schickte, während er sich noch auf der Rückreise befand, beschwor er Valentinian „gegen den Mann, der den Krieg unter einem Mantel des Friedens verbarg, auf der Hut zu sein". Mit dem Abschluß eines *foedus* zwischen Theodosius und Maximus (*paneg.* 12, 30) im August 384 (Seeck 1913, 197; 514, 23) war die Gefahr einer Invasion

Italiens für den Augenblick beseitigt. Daraus folgt, daß Ambrosius im Frühling oder Frühsommer 384 in Trier war, vgl. Seeck 1913, 515, 31; J. H. van Haeringen, *Mnemosyne* 1937, 233—239. Mit anderen Worten, die Hunnen waren in den ersten Monaten des Jahres 384 in Rätien.

129 Seeck 1913, 219; 519, 28; Stein 1928[1], 1959[2], 1, 316.

130 Zos. 4, 42, 5. Die *Paiones* waren Pannonier (s. oben Fn. 74), nicht die Bewohner von Paionia in Makedonien, wie Mazzarino 1942, 43—44 versichert.

131 Ambr. *apol. Dav. I.*, 27; Migne *PL* 14, 903; für das Datum s. Palanque 1933, 178—181 und 520—521; Dudden 1925, 1, 688; 713.

132 Im Jahre 387 oder 388 (Güldenpenning/Iffland 1878, 154; Rauschen 1897, 258—259).

133 *Paneg.* 12, 32, 2; Baehrens 1874, 117; vgl. Galletier 1949, 98, 3.

134 *Uti limiti manus suspecta decederet*, *Paneg.* 12, 32, 2. Diese Phrase allein beweist, daß die Barbaren, *omnes Scythicae nationes*, nicht Föderaten in Pannonien waren; sie kamen von jenseits der Grenzen (Alföldi 1926, 68; L. Schmidt 1934, 261).

135 Ambr. *epist.* 40, 22; Migne *PL* 16, 1109.

136 *Paneg.* 12, 32, 4—5.

137 Taurus und Kaukasus bilden eine große Gebirgskette (Plin. *nat.* 6, 37; Sol. 38, 10—13; Iord. *Get.* 7). Der Kaukasus ist ein Teil des Taurus (Oros. *hist.* 1, 42, 36—37). Die Quellen des Tanais liegen im Kaukasus, der der nördlichste Teil des Taurus ist (Dionys. Perieg. 66).

138 Zos. 4, 48—50; vgl. auch Eun. *hist.* 58 und 60.

139 *Cod. Theod.* 9, 14, 2.

140 In den Standardgeschichtswerken ist der Krieg von 391/392 kaum erwähnt. Der Anführer der Westgoten war wahrscheinlich Alarich, s. Mazzarino 1942, 256; Demougeot 1947, 115.

141 *Scio quendam Gog et Magog tam de praesenti quam de Ezechiel ad Gothorum nuper in terra nostra vagantium historiam retulisse; quod utrum verum sit, proelii ipsius fine monstrabitur* (Hier. *quaest. hebr. in gen.* 10, 21; *CCL* 62, 11). *Monstrabitur*, die Lesart im Codex Monacensis 6299, früher als Frisingensis 99 (8.—9. Jahrhundert) bekannt, ist *monstratur* in späteren Codices vorzuziehen. Der Krieg hatte eben erst begonnen.

142 Ioh. Chrys. *or. ad vid. iun.* 4; Migne *PG* 48, 605. Das Datum, zwischen Mai und Juni 392, wurde endgültig festgelegt von G. Brunner in *Zeitschrift für katholische Theologie* 65 (1941) 32—35. Brunners Artikel entging der Aufmerksamkeit von G. H. Ettlinger, der die Schrift auf 380/381 datiert: *Traditio* 16 (1960) 374. Die Inschrift auf der Reiterstatue des Theodosius, die nach dem Krieg errichtet wurde, geht über die gewöhnliche Auxesis der Taten des Helden hinaus; der Kaiser „vernichtete die Skythen in Thrakien". É. Legrand, Description des œuvres d'art et de l'église des Saints apotres de Constantinople. Poême en verses iambiques par Constantine le Rhodien, *Revue des études grecques* 9 (1896) 43.

143 Zos. 4, 50, 1.

144 Claud. *carm.* 5 *(in Rufin. II.)* 305—313.

145 Claud. *carm.* 21 *(Cons. Stil. I.)* 94—96.

146 Claud. *carm.* 5 *(in Rufin. II.)* 317; Zos. 4, 51.

147 Claud. *carm.* 21 *(cons. Stil. I.)* 112—115.

148 Claud. *carm.* 26 *(bell. Goth.)* 96—98.

149 Claud. *carm.* 5 *(in Rufin. II.)* 320—322 ist eine schwierige Passage: *Rufinus distulit instantes ... pugnas/Hunorum laturus opem, quos adfore bello/norat et invisis mox se coniungere castris.* Platnauer, *Loeb* 1, 49 übersetzt *Hunorum laturus opem* mit „meaning to ally himself with the Huns" (in der Absicht, sich mit den Hunnen zu verbünden),

was unmöglich ist. Axelson 1944, 23—24 nimmt an, daß *Hunorum laturus opem* spätlateinisch für *Hunis laturus opem* ist; das entbehrt jeder Begründung. Auf meine Bitte analysierte Prof. Harry L. Levy die Passage in ihrem Zusammenhang und gab sie folgendermaßen wieder: „Verschob die bevorstehende Schlacht in der Absicht, [den Goten] die Hilfe der Hunnen zu geben, die, wie er erfahren hatte, an dem Kriege teilnehmen und sich bald mit dem [von den Römern] gehaßten Lager [der Goten] verbünden würden." Ungefähr dieselbe Interpretation wurde von Gesner in seiner Claudianausgabe (1749) vorgeschlagen. Es scheint, daß die Goten und die Hunnen ihre eigenen Kriege austrugen.

150 Die Fußnote fehlt im Manuskript. Wie mir H. Hommel gütigerweise (brieflich 25. 3. 1976) auf meine Bitte um Rat mitteilte, geht die (hier gewiß einem modernen Werk entnommene) Formel bereits auf Homer, Ilias 10, 173 (ἐπὶ ξυροῦ ἀκμῆς) zurück und wurde zuerst von Herodot. 6, 11, 2 in die Historie eingeführt, später mehrfach und auch abgewandelt verwendet (R. G.).

151 Theodor. *hist.* 5, 24, 4, 17.

152 Aug. *civ.* 5, 26.

153 Soz. 7, 22.

154 Rufin. *hist.* 11, 33; Migne *PL* 21, 539; Soz. 7, 22.

155 Rufin. *hist.* 11, 33; Migne *PL* 21, 539.

156 Ambr. *epist.* 72, 4; Migne *PL* 16, 1239.

157 Philostorg. *hist.* 11, 2.

158 Iord. *Get.* 145.

159 Nach Oros. *hist.* 7 wurden in der Schlacht am Frigidus mehr als zehntausend Goten getötet; die Zahl ist stark übertrieben.

160 Zos 4, 37; Ioh. Ant. 187; *EI* 119.

161 Ioh. Ant. 187; *EI* 119.

162 „Barbarische Hilfstruppen", Theodor. *hist.* 5, 24, 3; „Viele barbarische Hilfstruppen von jenseits des Ister", Socr. 5, 25; „Von den Ufern des Ister", Soz. 7, 24.

163 Claud. *carm.* 15 *(bell. Gild)* 243—245; 7 *(cons. III. Hon.)* 68—72; 21 *(cons. Stil. I.)* 145—148.

164 Claud. *carm.* 15 *(bell. Gild.)* 245.

165 Es ist nicht sicher, daß hinter Claudians Gelonen ein wirkliches Volk steckt. Vegetius faßte sie offensichtlich als einen poetischen Namen der Hunnen und Alanen auf. Er veränderte Claudians *Parthis sagittas tendere doctior, / eques Gelonis imperiosior* (Claud. *carm.* 11 *[Fesc. Hon. I.]* 2—3) zu Prosa: *Ad peritiam sagittandi, quam in serenitate tua Persa miratur, ad equitandi scientiam vel decorem, quae Hunorum Alanorumque natio vellit imitari* (Veg. *mil.* 3, 26). Das ist übrigens ein weiterer Beweis dafür, daß der Kaiser, an den sich Vegetius wandte, Valentinian III. war, s. Claud. *carm.* 21 *(cons. Stil. I.)* 109—110; die Gelonen werden *gemeinsam* mit den Alanen, Hunnen und Sarmaten genannt. Claudius immitierte Statius (Stat. *Ach.* 2, 419), verändert aber die Waffen, um den Hexameter zu treffen: aus dem *falcemque Getes arcumque Gelones* des Statius wurde *falce Gelonus ... arcu Getae*. Die Gelonen Claudians tätowieren noch immer ihre Körper (Claud. *carm.* 3 *[in. Ruf. I.]* 313), weil Vergil (Verg. *georg.* 2, 115) die *pictos Gelonos* erwähnt hatte. Das Epitheton „Pelzbekleidet" (Claud. *carm.* 8 *[cons. IV. Hon.]* 486) paßte zu allen nördlichen Barbaren. Tatsächlich sind die Gelonen eben eines der verschiedenen wilden Völker irgendwo im Norden; vgl. Claud. *carm.* 1 *(paneg. Prob. Olybr.)* 119; *carm. min.* 52, 76—77 *(Gelonos sive Getas)*; 20 *(in Eutrop II.)* 103. In Claud. *carm.* 10 *(nupt. Hon.)* 221 werden die Gelonen mit den Armeniern verbunden, wiederum weit im Norden, und Meroe, weit im Süden, gegenübergestellt. Mit anderen Worten sind sie das, was sie seit den Zeiten des Augustus waren, *ultimi Geloni* (Hor. *carm.* 2, 20—19). Die Gelonen im carm. 7, *paneg. in Avitum*

237 des Sidonius — dort tragen sie noch immer das Sichelschwert — sind eine bloße literarische Reminiszenz.

166 Claud. *carm.* 5 *(in Rufin. II.)* 270—271.

167 Die Löwen in den *Ägyptischen Erzählungen* des Synesius sind die Goten, die Wölfe sind die Hunnen; vgl. Ch. Lacombrade, *REA* 48 (1946) 260—266.

168 *CM* 1, 650, 34.

169 Vgl. Peeters 1932, 58. Nach der Biographie des hl. Ephraem, die Šem'on von Samosata zugewiesen wird, wurde Edessa zu Lebzeiten des Heiligen von den Hunnen belagert; er starb im Jahre 373. Ein solch bedeutendes Ereignis hätte in dem detaillierten Bericht, den Ammianus Marcellinus von den Begebenheiten in jenen Jahren gibt, eine hervorragende Stellung einnehmen müssen. Er erwähnt wiederholt Edessa, sagt aber nichts über eine Belagerung durch die Hunnen. Die legendäre Biographie datierte offensichtlich die Invasion von 394 um mehr als zwei Jahrzehnte voraus. Für die armenischen Quellen s. Kap. XI, 2.

170 Claud *carm.* 5 *(in Rufin. II.)* 26—35; Hier. *epist.* 60 und 77; Socr. 6, 1; Philostorg. 11, 8.

171 Dobschütz 1911, 150—199 (griech.); Burkitt 1913 (syr.). Es ist wahrscheinlich, aber nicht sicher, daß die syrische Version die ursprüngliche ist, vgl. Peeters 1914, 69—70.

172 Zu Cyrillonas (Qurilona) s. Altaner 1960, 405.

173 Nau 1897, 60, übersetzt und kommentiert von Marquart 1930, 97—99. Nach Marquart wurde die Passage über die Hunneninvasion des Jahres 395 aus dem zweiten Buch des Johannes von Amida oder Ephesus genommen.

174 *CSCO* 3, 4, 106. Eine Kompilation aus dem 8. Jahrhundert, die auf zwei Chroniken aus dem 6. Jahrhundert basiert.

175 Philostorg. 11, 8.

176 Seeck 1913, 274; Stein 1928[1]/1959[2], 1, 228; Thompson 1948, 26.

177 Claud. *carm.* 5 *(in Rufin. II.)* 36—38.

178 Soz. 8, 25, 1, von Seeck, dem Thompson folgt, zitiert, als bezöge sie sich auf das Jahr 395, befaßt sich in Wirklichkeit mit Ereignissen in den Jahren 404—405.

179 Caesar. (Ps. Caesar.) *dial.* 1, 68 spricht von den häufigen Donauüberquerungen durch ungenannte Barbaren im Jahre 395, nicht durch die Hunnen, wie Seeck behauptete, dem wiederum Thompson folgte.

180 Eine Lücke in den Codices B, M, P; „einige" in E, V, R. Die „Flamme, welche sich vom Stein unter dem See erhebt" (Priscus), weist auf das Ölland von Baku hin; vgl. Marquart 1901, 97.

181 Bury 1923, 1, 115, 1.

182 Demougeot 1951, 190, 384.

183 Thompson 1948, 31.

184 Gordon 1960, 202. Sich mit Altheims Ansichten auseinanderzusetzen wäre Zeitverschwendung. Da er die Priscusstelle diagonal las, datiert er den Besuch von Basich und Kursich in Rom *vor* statt *nach* der Invasion, die seiner Meinung nach im 3. *(sic!)* Jahrhundert stattfand (Altheim 1962, 1, 15; 4, 319).

185 Seeck 1919, 313.

186 *TU* 89, 1 (1892) 104.

187 Derselbe Monat, ohne das Jahr, bei Mich. Syr. (Chabot 1904, 2, 3) und Bar Hebraeus (Wallis Budge 1932, 65), aber im Jahr 708.

188 Joshua Stylit., Wright 1882, 7—8; Pigulevskaja 1940, 131.

189 Marquart 1930, 99.

190 Burkitt 1913, 130—131 (syr.); Dobschütz 1911, 150 (griech.).

191 *Cod. Theod.* 4, 24, 6; Seeck 1919, 287.

192 Burkitt 1913, 146 (syr.); Dobschütz 1911, 186 (griech.).

193 Claud. *carm.* 20 *(in Eutrop. II.)* 476—477.

194 Landersdorfer 1912, 15—16.

195 Claud. *carm.* 18 *(in Eutrop. I.)* 245—251; 20, 2, 114—115, 569—570.

196 Claud. *carm.* 19 *(in Eutrop. II. praef.)* 55; 20 *(in Eutrop. II.)* 367. Fargues 1933, 44, 89 überschätzte die Siege des Eutropius bedeutend.

197 Claud. *carm.* 5 *(in Rufin. II.)* 28.

198 Vgl. Claud. *carm.* 8 *(cons. IV. Hon.)* 102: *Inopinus* [Theodosius] *utrumque* [Maximus und Eugenius] *perculit et clausos montes, ut plana reliquit.*

199 Lyd. *mag.*, Wünsch 1898, 140. Die Hunnen kehrten über diesen zurück.

200 Migne *PG* 81, 1204.

201 Vgl. M. Richard, *Revue des sciences philosophiques et théologiques* 84 (1935) 106.

202 Hier. *in Ezech.* 11; Migne *PL* 25, 356.

203 Philostorg. 11, 8.

204 Claud. *carm.* 5 *(in Rufin. II.)* 30—35; 18 *(in Eutrop. I.)* 245—251; Hier. *epist.* 60, 16.

205 Claud. *carm.* 20 *(in Eutrop. II.)* 30—35; Hier. *epist.* 9, 16 *(obsessa Antiochia);* 77, 8; Burkitt 1913, s. Fn. 190.

206 Arzōn ist Arzanene, Mīpherqēt = Martyropolis, Arsəmīsāt = Arsamosata.

207 Claud. *carm.* 18 *(in Eutrop. I.)* 250.

208 Geboren um 393 (H. Opitz, *RE* 5a, 1791).

209 Iord. *Get.* 248.

210 Zos. 5, 22, 1—3.

211 Seeck 1913, 325; 570, 25.

212 Vgl. Beševliev 1960.

213 Die Gesandtschaft des Maximus brauchte dreizehn Tage, um die etwas längere Entfernung von Konstantinopel nach Serdica zurückzulegen (*EL* 123).

214 Zos. 5, 21, 9.

215 Bezugnehmend auf Zos. 5, 22, 3 behauptet Vetters 1950, 39, daß im Jahre 400 Fravittas eine römische Armee gegen Uldin in Thrakien führte. Er mißverstand den Text. Fravittas kämpfte mit flüchtigen Sklaven und Deserteuren, die *vorgaben*, Hunnen zu sein.

216 Seeck 1913, 375; Stein 1928[1], 380; Mazzarino 1942, 75; Demougeot 1951, 354. Die von Baynes 1922, 218 f. für die Datierung der Invasion in das Jahr 404 gebrachten Argumente sind nicht überzeugend.

217 Aus der Angabe des Zosimus (5, 26, 3), daß Rhodogaisus, „nachdem er 400000 Menschen aus den keltischen und germanischen Stämmen, die jenseits des Ister und des Rhein wohnen, gesammelt hatte, Vorbereitungen traf, nach Italien zu ziehen“, schloß Seeck 1913, 588, daß Radagaisus über den Brenner marschierte. Er identifizierte die „keltischen Stämme“ mit den Alamannen. Aber der Bericht des Zosimus von der gotischen Invasion ist eine Mischung aus guten Informationen und Unsinn. Für die Jahre 405/406 war er auf sich selbst angewiesen. Eunapius, einer der Autoren, von denen er abschrieb, beendete seine Geschichte mit dem Jahr 404, und Olympiodorus, der andere, begann seine mit 407. Zosimus fand offensichtlich beim Letztgenannten einen kurzen Rückblick auf die Ereignisse, die den Feldzug Alarichs im Jahre 408 vorangingen, für ausreichend, um einen anderen Unsinn zu produzieren. Er behauptete zum Beispiel, daß Stilicho Radagaisus jenseits der Donau schlug.

Demougeot 1951, 356—357 bezieht sich nicht auf Zosimus, aber auch sie nimmt an, daß Radagaisus über den Brenner kam. Ihrer Meinung nach war die Straße über die Julischen Alpen durch Alarich und die Festung Ravenna geschützt. Aber Ravenna wurde von mehr als nur einem Eindringling umgangen, und Alarich stand zu dieser Zeit in Epirus.

Flavia Solvia, in der Nähe von Leibnitz an der Mur, wurde wahrscheinlich durch die Goten des Radagaisus zerstört, s. W. Schmidt, *ÖJH* 19—20, 191, Beibl. 140.

218 *Exercitum tertiae partis hostium circumactis Chunorum auxiliaribus Stilicho usque ad internecionem delevit; Chron. Gall., CM* 1, 652, 51.

219 Oros. *hist.* 7, 37, 16. Nach Angabe des Marcellinus Comes (*CM* 2, 69) wurden die Gefangenen von Uldin und Sarus verkauft.

220 Olympiodor. *frg.* 9 hat in der abgekürzten Form, in der wir die Passage bei Photius lesen, gelitten: „Die Hauptleute (κεφαλαιῶται) der Goten mit Rhodogaisus, ungefähr 12000 an der Zahl, die *optimati* genannt werden, werden von Stilicho, der ein Bündnis mit Rhodogaisus eingeht, geschlagen." Im Original war das Objekt von προσηταιρίσατο natürlich nicht Rhodogaisus, sondern die *optimati*, vgl. Baynes 1955, 333, 11 und Mazzarino 1942, 302. Mazzarino 1942, 377, 4 versucht vergeblich, aus diesen 12000 *optimati* einen Sinn herauszubekommen. Es handelt sich hier wieder einmal um eine der phantastischen Zahlenangaben bei Olympiodorus, s. Kap. 11, 3.

221 *CIL* 6, 1196 = Dessau 798.

222 Gibbon 3, 261 verknüpfte den Marsch des Radagaisus auf Rom beinahe direkt mit dem Aufstieg der Macht der Hsien-pei „im äußersten Osten des asiatischen Kontinents".

223 Mehr als 200000 Goten (Oros. *hist.* 7, 37, 4).

224 *Agmen ingens* (Aug. *civ.* 5, 23); *cum ingenti exercitu* (Aug. *serm.* 105, 10, 12; Migne *PL* 38, 264).

225 Orosius (*hist.* 7, 37, 5) versichert, daß Radagaisus „das Blut der gesamten römischen Rasse als ein Opfer für seine Götter gelobt hatte", aber die in Italien eindringenden Barbaren, von den Kimbern an, wollten Land zur Besiedlung und daß die Besiegten für sie arbeiteten; sie wollten keinen Friedhof. Augustinus „wußte" sogar den Namen der obersten Gottheit des Radagaisus; es war Jupiter (Aug. *serm.* 105, 10, 13); das ist keine *interpretatio Romana*, sondern pure Erfindung.

226 Zos. 5, 20, 1; Philostorg. 9, 8, Bidez 1960, 139; Suda, s. v. Φράβιθας, Adler 1928/1938, 3, 758—759.

227 *Ex hoc Arriani, qui Romano procul fuerant orbi fugati, barbarorum nationum, ad quas se contulere, praesidio erigi coepere* (*Chron. Gall., CM* 1, 652, 51).

228 Patsch 1925, 67.

229 Baynes 1955, 337.

230 Soz. 8, 25, 1.

231 Kap. 20: Herbst und Winter 403; Kap. 21: Ostern 404; Kap. 23: Zweites Exil des Johannes Chrysostomos, Hagia Sophia am 9. Juni 404 durch Feuer zerstört; Kap. 23: Verfolgung der Johanniten; Kap. 24: Tod Flavians, Bischof von Antiochia, am 26. September 404; Edikt: „Rectores provinciarum", *Cod. Theod.* 16, 4, 6 vom 18. November 404.

232 Im Spätherbst des Jahres 404, s. Baur 1930, 2, 289.

233 Am 11. November 405 nach der Angabe des Socr. *hist.* 6, 20; Das Datum ist nicht sicher, s. Baur 1930, 2, 305.

234 Baur 1930, 2, 291.

235 In der Regel kamen die Isaurier nicht vor Pfingstsonntag aus ihren Bergen, vgl. Ioh. Chrys. *epist.* 14, 4, Migne *PG* 52, 617. Im Jahre 404 fiel der Pfingstsonntag auf den 5. Juni.

236 Arbazacius schlug sie noch zu Lebzeiten der Kaiserin Eudoxia, Zos. 5, 25, 2—4).

237 Baur 1930, 2, 312—313.

238 Zos. 5, 24, 2—4.

239 Soz. 13, 35; Migne *PG* 146, 1040.

240 Moravcsik 1958, 1, 459.

241 Güldenpenning 1885, 202—204; Seeck 1913, 408—409; Bury 1923, 1, 212 bis 213; Stein 1928, 247.

242 Soz. 9, 4, 1. Wie das Edikt vom 23. März 409, *Cod. Iust.* 4, 63, 4 zeigt, endete die Spannung mit dem Abschluß eines neuen Handelsvertrages.

243 *Cod. Theod.* 11, 17, 4, datiert auf *III Id. April. Constantinop. Basso et Philippo conss.* (d. i. 11. April 408), ist faktisch mit dem Edikt vom 9. April 412 identisch (*Cod. Theod.* 15, 1, 49). Seeck 1919, 28—29 nahm an, daß beide Edikte auf den 9. April 407 zu datieren seien, als Alarich mit dem Einmarsch in das östliche Illyricum drohte; vorher (1913, 68) gestand er zu, daß beide Edikte Bestimmungen für die Städte trafen, die hunnischen Attacken ausgesetzt waren. Mit einigem Zögern bezog Stein 1928, 376, 4 *Cod. Theod.* 11, 17, 4 auf das Jahr 412. Thompson 1948, 29 datiert beide Edikte auf 412, Mazzarino 1942, 75, 2 auf 407. Es kann jedoch nur geringer Zweifel daran bestehen, daß die Datierungen der Edikte, wie sie im Codex angegeben werden, richtig sind, vgl. Güldenpenning 1885, 209, 74. Das erste bezieht sich auf die kritischen Monate im Frühjahr 408; das zweite ist eine Wiederholung, die ein Jahr später von *Cod. Theod.* 12, 1, 177 etwas abgeschwächt wurde, und — wie die anderen — gegenüber dem *vastatum Illyricum* beachtet werden sollte.

244 Soz. 9, 5, 2.

245 Hier. *in Is.*, Migne *PL* 24, 113.

246 Im Vorwort zu Buch 11 spielte Hieronymus auf die Hinrichtung Stilichos im August 408 an, vgl. Cavallera 1922, 1, 312. Wann genau er die Neuigkeit erfuhr, läßt sich nicht feststellen. Er wußte, daß seine Feinde, besonders „der Skorpion" Rufinus, seine Arbeit über den Propheten Daniel angegriffen hatten, in der er das Römische Reich mit dem letzten der vier Königreiche gleichgesetzt hatte; er befürchtete zu Recht, daß sie ihn bei den Behörden — und das hieß hauptsächlich beim allgewaltigen Stilicho — anzeigen würden, weil er die Schriften subversiv interpretiere, vgl. Demougeot 1952. Zweifellos informierten ihn die Brieffreunde in Rom vom Tod des Generalissimus, sowie sie konnten. Hieronymus hatte hervorragende Verbindungen zu seinen Freunden im Westen, vgl. Levy 1948, 62—68. Wir können annehmen, daß Hieronymus von Stilichos Tod im September oder spätestens im Oktober erfuhr.

Die *breves praefatiunculae* zum Kommentar zeigen, mit welch unglaublicher Eile sie Hieronymus schrieb. Er diktierte das erste Buch *celeri sermone. Dictamus haec,* sagt er im Vorwort zu Buch 2, *non scribimus: currente notariorum manu currit oratio.* Buch 2, in dem er vom Krieg mit den „grausamen Völkern" spricht, muß im Juni oder Juli diktiert worden sein.

247 Maenchen-Helfen 1955a, 396—397.

248 Soz. 9, 5, 2—7.

249 „Wir verordnen: Wenn ein Bewohner unserer Provinzen irgendeine Beute aus der Plünderung der Barbaren und dem, was sie geraubt haben, erworben hat, soll er es zu sich nach Hause nehmen, etc." (*Cod. Theod.* 5, 6, 2.)

250 Vgl. die Worte des Tourxanthos für das gleiche Ergebnis (Men. prot., *EL* 206, 13—14).

251 Callin. *Hyp.* 61, 12; 64, 38; 65, 1.

252 *Cod. Theod.* 5, 6, 3.

253 Procop. *hist.* 7, 36, 16.

254 Olymp. 26.

255 Tac. *Germ.* 7.

256 Z. B. von Kiessling, *RE* 8, 2601, s. v. *Hunni.*

257 Thompson 1948, 60.

258 Das Datum wurde von K. A. Müller 1938, 17—22 endgültig fixiert.

259 Soz. 8, 25, 1581; 9, 4, 1603.

260 Spät im Jahre 403 oder früh in 404, s. den Brief des Honorius an Arcadius, der kurz nach dem 20. Juni 404 verfaßt wurde *(Collectio Avellana* in *CSEL* 35, 95), vgl. Mazzarino 1942, 70—71.

261 Mazzarino 1942, 73.

262 Bevor die Neuigkeit vom Tod des Arcadius (er starb am 1. Mai 408) Rom erreichte.

263 Jung 1887, 190, 1.

264 Bury 1923, 1, 170 nahm an, daß Alarich der Straße von Sirmium nach Emona folgte.

265 Alföldi 1926, 87.

266 Man nimmt üblicherweise an, daß der junge Aetius zu dieser Zeit als Geisel zu den Hunnen ging. Das Datum ist nicht sicher. „Aetius war drei Jahre lang als Geisel bei Alarich, dann bei den Hunnen" *([*Aetius*] tribus annis Alarici obsessus, deinde Chunorum)*, ein offensichtlich verkürztes Zitat aus dem verlorenen Werk des Renatus Frigeridus bei Greg. Tur. *Franc.* 2, 8 klingt genauer, als es ist. Bury 1923, 1, 180, 3 vermutete, daß Aetius eine der Geiseln war, die (im Jahre 409) Attalus dem Gotenkönig gab; aber Alarich starb im folgenden Jahr. Konnte Aetius im Jahre 405 zu Alarich geschickt worden sein? Das ist die These von Seeck 1920, 104—105; Stein 1928[1], 380; L. Schmidt 1934, 441; Mazzarino 1942, 157, 2 und Demougeot 1951, 306. Sie ist sehr unwahrscheinlich. Man muß Merobaudes (*poet.* 123—130 und *carm.* 4, 45 f. *MG AA* 14, 1, 6) lesen, um sich davon zu überzeugen, daß sich die Verse nicht auf die Jahre nach dem Abschluß des *foedus* im Jahre 405 beziehen können. Aetius, sagt Merobaudes, *intentas Latio faces removit ac mundi praetium fuit paventis.* Selbst mit all den Übertreibungen, die man einem Panegyriker zugestand und von ihm erwartete, konnte Merobaudes nicht behaupten, daß Aetius „die Wut des Feindes brach", daß, bevor er zu den Goten ging, „die Welt nahe daran war ‚den skythischen Schwertern zu unterliegen, und die Geschoße des Nordens die tarpeische Macht angriffen", zu einem Zeitpunkt, da Stilicho ein Bündnis mit Alarich schloß, der am Balkan stand. Die Verse beschreiben richtig die Situation unmittelbar nach dem Krieg im Jahr 402. Daher akzeptiere ich Alföldis Datierung (1926, 78, 5): Aetius war als Geisel bei Alarich von 402 bis 404 oder 405. Aus *deinde Chunorum* folgt nicht, daß Aetius, kaum von den Goten zurückgekehrt, sofort zu den Hunnen geschickt wurde. Das mag 406, wie Alföldi meint, oder später gewesen sein.

267 Alföldi 1926, 87, 3.

268 Zos. 5, 45, 6.

269 Zos. 5, 50, 1; *EL* 77, 14.

270 Wietersheim, Hodgkin, Seeck, Stein, Thompson 1948, 34, Demougeot 1951, 446. Nur Schmidt 1934, 444 hat einige Zweifel. Ein Codex der *Excerpta de legationibus* scheint εὔνους zu haben (*EL* 77, 14).

271 Vgl. Kap. XI, 3.

272 Zos. 5, 37, 1.

273 Nachdem Olympius aus seiner Stellung im Frühjahr oder Frühsommer des Jahres 409 entfernt worden war und vor Alarichs zweitem Marsch auf Rom zu Ende des Jahres 409. J. B. Bury, *JRS* 10 (1920) 144 datierte die Ernennung des Generidus auf 408, aber der heidnische General akzeptierte sie erst, nachdem das Gesetz vom 14. November 408 zurückgezogen worden war, das „allen Feinden des katholischen Glaubens" verbot, im kaiserlichen Palast zu *militare (Cod. Theod.* 16, 5, 42).

274 Zos. 5, 46, 2.

275 Swoboda 1958, 225—227. Die Leute, die ihre Häuser um die Jahrhundertwende in Carnuntum bauten, waren wahrscheinlich germanische und möglicherweise auch alanische Hilfstruppen, vgl. Vetters 1963, 157—163.

276 Alföldi 1926, 86.

277 Lot 1936, 314.

278 J. B. Bury, *JRS* 10 (1920) 144; vgl. E. Stein, *RGK* 18. Ber. (1928) 96.

279 Jahrbuch d. oberösterreichischen Musealvereins 95 (1950) 144.

280 Zos. 5, 46, 5.

281 Der Name ist nicht biblisch, sondern iranisch, vgl. Σαύλιος (Herodot. 4, 86).

282 Claud. *carm.* 8 *(cons. IV. Hon.)* 486—487.

283 Claud. *carm.* 26 *(bell. Goth.)* 580—587; 28 *(cons. VI. Hon.)* 218—225; Oros. *hist.* 6, 37, 2.

284 Zos. 5, 34, 1.

285 Zos. 5, 45, 6.

286 Zu einer rein rhetorischen Passage bei Jordanes — Cassiodorus vgl. Alföldi 1926, 97.

287 Iord. *Get.* 265: *certi Alanorum cum duce suo nomine Candac.*

288 Sarmaten, Gepiden und römische Colonen (Hier. *epist.* 123; Migne *PL* 122, 1057) schlossen sich ihnen in Ungarn an, dazu Splittergruppen germanischer Stämme während ihres Zuges nach Westen. Die Chronisten nennen nur die Vandalen und Alanen; die Zahl der anderen Barbaren, die sich ihnen anschlossen, war daher offensichtlich gering. Auf Gepiden in Gallien weist vielleicht eine merkwürdige Eintragung in *Addit. Prosp. Havn.* zum Jahr 455, *CM* 1, 304: *at Gippidos Burgundiones intra Galliam diffusi*, vgl. Coville 1930, 120; Stevens 1933, 26, 8. Die Sarmaten werden bei Paulinus von Périgueux genannt, Paul. Petric, *carm.* 18, *CSEL* 11, 504. Zu den *hostes Pannonii* des Hieronymus s. Alföldi 1926, 70; Mazzarino 1942, 77, 1; L. Schmidt 1942, 15.

289 Oros. *hist.* 7, 37, 3.

290 Z. B. Thompson 1948, 28.

291 Kulakovskij 1899a, 34 kommt der richtigen Interpretation ziemlich nahe.

292 Procop. *hist.* 3, 3, 1.

293 Die Vermutung von Courtois 1955, 40—41, daß die Vandalen von den Roxolanen vertrieben wurden, wird weder durch literarische noch durch archäologische Zeugnisse gestützt.

294 Thompson 1948, 8.

295 Er selbst nannte die *Geschichte* einen „Wald“.

296 Photius am Beginn von frg. 13.

297 Siehe Kap. XI, 3.

298 Olymp. 18.

299 Altheim 1951, 98.

300 Altheim 1962, 1, 363. Pritsak 1954b, 213 macht Donatus zum „Ersten der Könige“ und bietet eine türkische Etymologie: *donat*, „Pferd“. Eine ähnliche wurde von W. Bang, *SB Berlin* 37, 924—925 vorgeschlagen. Beide sind unannehmbar, s. D. Sinor, *CAJ* 10 (1965) 311.

301 Thompson 1948, 34.

302 *ClQ.* 38 (1944) 46.

303 Hädicke, *RE* 18, 201 *s. v.* Olympiodorus von Theben.

304 E. Ch. Skržinskaja *VV* 8 (1956) 253 ist meines Wissens die einzige, die eine solche Möglichkeit in Betracht zieht. Es ist anzumerken, daß Aetius im Jahre 432 auf seinem Weg zu den Hunnen die Adria überquerte.

305 *Cod. Theod.* 7, 17, 1, vgl. Güldenpenning 1885, 206 und Thompson 1948, 30.

306 Seeck 1920, 68, 401 zu 27. Nic. Call. 14, 1, Migne *PG* 146, 1057 warf die Arbeit an den Befestigungen durch Anthemius, Cyrus und Constantinus zusammen.

307 *Cod. Theod.* 7, 16, 3.

308 Alföldi 1939b, 146—150.

309 Procop. *hist.* 8, 23, 29—39.

310 N. H. Baynes, *Antiquarian Journal* 4 (1924) 218.

311 *Cod. Theod.* 9, 40, 24, gerichtet an den Prätorianerpräfekten Monaxius.

312 *Cod. Theod.* 7, 8, 13.

313 *Cod. Theod.* 15, 1, 51 vom 4. April 413.

314 Siehe die Edikte *De metatis* (*Cod. Theod.* 7, 8).

315 A. M. 5914, De Boor 1883, 84.

316 *Non militem timebis, non Gothum, non Hunnum* (Pseudo-Augustinus, gerichtet an Bonifatius, *epist.* 4, Migne *PL* 33, 1095). Der Gote ist Sigisvult (*CM* 1, 658, 961; 470, 1268), vgl. De Lepper 1941, 43.

317 Stein 1928, 427; W. Enßlin, *Klio* 24 (1931) 474—475.

318 *CM* 1, 471—472. Zum Datum s. De Lepper 1941, 57—58. Vgl. auch R. Gentile, *Il mondo classico* 5 (1935) 363—372.

319 Nach Philostorg. 12, 14 zählte sie 60000 Mann; wahrscheinlich war sie nicht stärker als ein Zehntel dieser Zahl, vgl. Lot 1923, 53 und Thompson 1948, 49. Socr. 7, 23, 789 hat „mehrere Myriaden".

320 Renatus Frigeridus bei Greg. Franc. 2, 8.

321 Philostorg. 12, 14.

322 Vgl. den Überblick Alföldi 1928, 94, 2; danach Stein 1928, 473—474; Lot 1936, 302—304; Solari 1938, 302. In *AA* 15 (1967) 159—186 befaßt sich T. Nagy mit der Verwandtschaft der Quellen; über die Ereignisse selbst hat er nichts zu sagen.

323 Mazzarino 1942, 141, 1.

324 Alföldi 1926, 94, 2.

325 Marcell. *chron.* unter den folgenden Jahren: 398: 2, 4; 406: 2, 3; 408: 1; 410; 411: 2, 3; 412: 1; 413; 414: 2; 423: 5; 425: 2.

326 *Romani* sind (a) Bewohner der Stadt Rom; (b) das Volk unter der Herrschaft des römischen Kaisers; (c) die Menschen, die Latein sprechen, vgl. „Münzen, die die Römer Terentiani und die Griechen phollerales nennen" *(nummi, quos Romani Terentianos* [coni. *teruncianos*, vgl. *NC* 1927, 224] *Graeci phollerales vocant)*, Marcell. *chron.* unterm Jahr 498.

327 Marcell. *chron.* unter den Jahren 382, 389, 476.

328 Aus Theophanes (A. M. 5931, De Boor 94) kann nicht geschlossen werden, daß die Goten mit den Hunnen kämpften. Wie Alföldi 1926, 95 zeigte, ist die Passage eine Kombination von Marcellinus und Procop. *hist.* 3, 2, 39—40.

329 Enßlin 1948.

330 Enßlin 1948, 72.

331 Ein Vergleich zwischen Jordanes und Marcellinus zeigt, daß Marcellinus in der Regel nicht an den exakten Daten bei Symmachus interessiert war. In der folgenden Aufzählung sind die kursiv gedruckten Worte jene Daten bei Jordanes, die in den entsprechenden Passagen bei Marcellinus ausgelassen sind: *Gildo tunc Africae comis a Theodosio dudum ordinatus* (*Iord. Rom.* 320; Marcell. *chron.* 398, 4); Constantinus *mox* (Iord. *Rom.* 324) *non diu tenens regno praesumpto mox* (Iord. *Get.* 164; Marcell. *chron.* 411, 2); cuius nutu *mox* Maiorianus (Iord. *Rom.* 335; Marcell. *chron.* 357, 1); qui [sc. Maiorianus] *tertio necdum anno expleto* (Iord. *Rom.* 335; Marcell. *chron.* 461, 2); *anno vix expleto* (Iord. *Get.* 239; Marcell. *chron.* 472, 2); *mox initio regni sui* (Iord. *Get.* 243; Marcell. *chron.* 474); *sed non post multum* (Iord. *Rom.* 349; Marcell. *chron.* 482, 1).

332 Orosius verwendete die beiden Formen (Pannonia: Oros. *hist.* 1, 2, 44, 60; 6, 19, 2; 7, 15, 12; 28, 19; Pannoniae: 7, 22, 7; 32, 14) so ohne Unterschied wie Ammianus vor ihm (Pannonia: Amm. 28, 1, 5; 3, 4; 30, 7, 2; Pannoniae: 30, 5, 3; 31, 10, 6) oder Sidonius Appolinaris nach ihm (Pannonia: Sidon. *carm.* 5, 107; Pannoniae: *carm.* 7 590).

333 Theoderich *pro tempore tenuit* Ufer-Dacia (Dacia ripensis) und Moesia inferior (*CM* 2, 92).

334 Lizerand 1910, 24, Fn.

335 Güldenpenning 1885, 263 ff.

336 Der große Tillemont (1738, 6, 95, 606) postulierte sogar die Existenz von zwei Königen, Rugas und Ruas.

337 Iord *Get.* 180.

338 *Roas* weist auf eine griechische Quelle hin, möglicherweise Priscus.

339 Bury 1923, 272, 1; Thompson 1948, 63, 119, 162, 208.

340 *EL* 146, 18—19.

341 Lüttich 1910; Fasoli 1945. D'Eszlary 1962, 63—78 erkennt „höhere politische Motive" in den Raubzügen der angeblich liebenswürdigen und kultivierten Magyaren.

342 κατὰ τῶν τυράννων muß möglicherweise zu κατὰ τῶν οὔννων verbessert werden; aber die *Historia tripertita* (Cassiod. *hist.* 4, 14. *CSEL* 72, 655, 47) hat auch *contra tyrannos*.

343 Socr. 7, 30.

344 Das Kapitel schließt: „Um ungefähr dieselbe Zeit starb Barbas, der Bischof der Arianer, am 24. Juni im 13. Konsulat des Theodosius und dem dritten des Valentinian"; das war im Jahr 430. Eine falsch placierte Randbemerkung zu *Marcianus regnavit annos VI* in einer Handschrift von Isidors *Chronica maiora* (*CM* 2, 491) aus dem 11. Jahrhundert bezieht sich auf den burgundisch-hunnischen Krieg: *Burgundiones in Gallia baptisati revincunt fortiter Hunnos et occident X milia ex eis.* Das ist nur ein Auszug aus der *Historia tripertita.*

345 Wietersheim 1880/1881, 2, 383; Schubert 1911, 13—18. Weder Bury noch Seeck erwähnen die Geschichte. Thompson 1949, 66 hält sie für authentisch.

346 Hier. *epist.* 123; Oros. *hist.* 7, 38; Olymp. 17; *CM* 1, 467, 1250.

347 *CM* 1, 475, 1322; 660, 118; 2, 22,110. Vgl. Coville 1930, 105—108.

348 *Pugnacem Rugum comitante Gelono / Gepida trux sequitur; Scirum Burgundio cogit; / Chunus, Bellonotus, Neurus, Bastarna, Toringus, / Bructerus, ulvosa vel quem Nicer alluit unda / prorumpit Francus* (Sidon. *carm.* 7, 321—325).

349 Loyen 1942, 52.

350 Sidonius verdankte einige der Namen Valerius Flaccus und Claudian. Die Gelonen kommen in Claud. *carm.* 3 *(in Rufin. I.)* 310—322 und Claud *carm.* 21 *(cons. Stil. I.)* 110 gemeinsam mit den Hunnen vor; dort werden auch die Bastarnen genannt. Bei Claud. *carm.* 14 *(Fesc. Hon. IV.)* 446—453 werden die Bructerer gemeinsam mit den Bastarnen und Franken wie in der Liste des Sidonius genannt. Die *Bellonoti* sind die *Ballonoti* des Val. Fl. 6, 161; Sidonius verknüpfte den Namen mit Bellona. Von den *Neuri* hatte man seit Herodot außer in der Dichtung nichts gehört; s. S. 10. Vgl. für die ganze Passage auch Thompson 1948, 136.

351 Er hielt ihn am 1. Jänner 456.

352 Sidon. *carm.* 5, 234—235.

353 *CM* 1, 660, 128.

354 *Lex. Burg.* 17, 1; *MG* legum 1, 2, 1, 55.

355 Priscus Valerianus, vgl. Stevens 1933, 35 und Sundwall 1915, 23.

356 Sie kommen bei Veg. *mulom.* 3, 6, 3 vor.

357 Oros. *hist.* 7, 32.

358 Schubert 1911, 3—8; K. D. Schmidt 1939, 404.

359 Coville 1930, 139—152.

360 Vgl. auch Neuss 1933, 75—76; F. Lot, *Le Moyen Age* 3 (1937) 224—225.

361 Werner 1956, 17.

362 Seeck 1920, 282.

363 Iord. *Get.* 181; *CM* 1, 480, 1353.

364 Iord. *Get.* 112.

365 Amm. 16, 12, 23. Zum angeblichen Doppelkönigtum der Vandalen vgl. N. Wagner, *Zf. DPh* 79 (1960) 239—241.

366 *CM* 1, 116.

367 *CM* 1, 661, 589; in der Ausgabe von Mommsen ist der Vermerk fälschlich kursiv gedruckt, so als wäre er aus der Chronik von 452 genommen.

368 Siehe Kap. XI, 1.

369 Iord. *Get.* 259. Für Analogien bei den Germanen s. Wenskus 1961, 321—322.

370 Ein geographischer, kein administrativer Begriff.

371 Prosp. *chron. I.* zum Jahr 432; *CM* 1, 660, 122 datiert die Rückkehr des Aetius auf 433.

372 Chronik von 452; die Chronik von 511 hat *Rugila.*

373 Vgl. z. B. Mommsen 1906, 1, 537; Seeck 1920, 117; Stein 1928, 479.

374 Wurm 1844, 67.

375 Im Jahre 452 *Attila Italiam ingredi per Pannonias intendit* (Prosp. *chron. I.*, *CM* 1, 482, 1367); auch hier ist Pannoniae ein rein geographischer Begriff.

376 Ennod. *paneg. Theodoric.* 60; Procop. *hist.* 3, 2, 6.

377 Vgl. Stein 1925, 263, und 1949, 156; L. Schmidt 1934, 350; Enßlin 1947, 155.

378 Vgl. Stein 1949, 305.

379 Isid. *Vand.* 74; *CM* 2, 297. Siehe die Karte bei Courtois 1955, 172.

380 Vgl. K. Sz. Póczy, Budapest *régiségei* 16 (1955) 41—87, mir durch das Resumé in *Bibliotheca classica orientalis* 2 (1957) 106—107 bekannt; T. Nagy, zitiert von A. Mócsy, *Eirene* 4 (1963) 138.

381 Vgl. L. Barkóczy, *AAH* 36 (1957) 543.

382 Vgl. T. Pekáry, *Arch. Ert.* 82 (1955) 19—29.

383 Vgl. Egger 1955, 76—81.

384 Prisc. *EL* 579, 21—23.

385 Prisc. *EL* 130, 3.

386 Prisc. *EL* 133, 24.

387 Prisc. *EL* 143, 4.

388 H. Vetters, *MIÖG* 60, 4 (1952) 422 versichert, daß auch die Valeria damals geräumt wurde.

389 Gibbon 1897/1900, 417.

390 Seeck 1920, 115.

391 Alföldi 1926, 90; Stein 1928, 479 (Pannonia secunda und wahrscheinlich auch Valeria); Thompson 1948, 64 (Pannonia prima). Alföldis Vermutung, daß Priscus die Drau mit der Save verwechselte, basiert auf seiner Annahme, daß das Territorium im Jahre 433 abgetreten wurde. R. Egger, *Jahrbuch des oberösterreichischen Musealvereins* 95 (1950) 144 versichert, daß „die kaiserliche Regierung das Wiener Becken und das Burgenland an die Hunnen abtrat"; man muß nicht erst betonen, daß er keinen Grund dafür angibt, warum er die genaue Angabe des Priscus „entlang der Save" in „östlich von Wien" ändert und sie auf 433 bezieht. Demougeot 1951, 381, 153 geht sogar noch weiter. Sie nimmt an, daß Aetius dem Ruga nicht nur Pannonia prima, sondern auch Noricum ripense abtrat.

392 Prisc. *EL* 140, 24—25.

393 Prisc. *EL* 140, 121—122.

394 Das heutige Harşova, vgl. Patsch 1928, 49—50 und J. Bromberg, *Byzantion* 12 (1937) 459, 2.

395 Prisc. *EL* 135, 32—136, 2.

396 *CM* 1, 660, 116.

397 Um ein Beispiel zu geben: Stilichos Sieg über Radagais (406) und der Tod des Arcadius (408) sind unter dem Jahr 405 angeführt.

398 Seeck 1920, 460, gefolgt von Stein 1928, 434 und Thompson 1948, 72.

399 Socr. 6, 42—43; Migne *PG* 67, 832—833; Johannes von Nikiu (Charles 1916, 100) kopierte ihn.

400 Socr. 38, 2 und 22.

401 Ἡ ἐπιγενομένη μετὰ ταῦτα τῶν βαρβάρων ἀπώλεια.

402 Μετὰ γὰρ τὴν τοῦ τυράννου ἀναίρεσιν, deutlich unmittelbar oder sehr bald nach seinem Tod.

403 Theodor. *hist.* 5, 37, 4; *GCS* 19, 340.

404 Migne *PG* 80, 977.

405 *Cod. Theod.* 16, 10, 25, erlassen in Konstantinopel.

406 Theodor. *hist.* 5, 37, 5; Migne *PG* 80, 977.

407 Der zweite persische Krieg unter der Herrschaft des Theodosius; vgl. M. Brock, *RHE* 44 (1949) 552—556.

408 Theodor. *hist.* 5, 37, 4.

409 Stein 1928, 435 datierte ihn auf „ungefähr 430"; das ist nur geraten, und das nicht einmal glücklich.

410 Zuletzt von Thompson 1948, 64.

411 Siehe Kap. XI, 1.

412 Vgl. Enßlin 1927, 3; *RE* Suppl. 5, 665 s. v. Maximinus 17.

413 *ACO* 1, 4, 2, 88.

414 Driver-Hodgson 1925, 366.

415 Driver-Hodgson 1925, 368.

416 Merob. *poet.* 11—18.

417 Hermes 36 (1901) 516, 5.

418 Seeck 1920, 418 zu 115, 2. Aber *ibid.* 471 zu 318, 2 datiert Seeck den Panegyricus auf 446.

419 Levison 1903, 139, 6.

420 *MGAA* 14, 1, 4 und 10.

421 *MGAA* 14, 1, 251 und 3.

422 Stein 1928, 481, 4; 492, 3; 493, 1.

423 *JRS* 46 (1956) 71, 34; *Analecta Bollandiana* 75 (1957) 137.

424 Vgl. Verg. *georg.* 4, 518.

425 Claud. *carm.* 8 *(cons. IV. Hon.)* 15—16.

426 *Scythici axe subacto cardinis* (Merob. *poet.* 33—34).

427 *Hanc tot bella tibi requiem, Romane, dederunt* (Merob. *poet.* 42).

428 *MGAA* 14, 1, 11.

429 *Hermes* 46 (1901) 535, 4. Er führte Prosp. *chron. I*, 472 zum Jahr 428 an: *Pars Galliarum propinqua Rheno, quem Franci possidendam occupaverant, Aetii armis recepta.* Ich kann nicht verstehen, wie Loyen 1942, 65, 1 Mommsens Interpretation akzeptieren und noch immer den Panegyricus auf 446 datieren kann (ibid. 66, 3).

430 Hyd. *chron.*, *CM* 2, 22, 98.

431 Iord *Get.* 176.

432 Stein 1928, 492 mit Hinweisen auf Salvian, Sidonius, Greg. Tur. *Franc.* und andere Quellen, aus denen die Ereignisse mit relativ hoher Wahrscheinlichkeit rekon-

struiert werden können. Ch. Verlindens Artikel über Aetius und die Franken, *Bijdragen voor de Geschiedenis der Nederlanden* 1 (1946) 10 ff. enthält wenig, was nicht kürzer und besser von Stein gesagt wurde.

433 Quint. *inst.* 3, 7, 6.

434 Oros. *hist.* 7, 25, 2. Vgl. den Querolus und Rut. Nam. 1, 213 ff.

435 Vgl. Aur Vict. *Caes.* 39, 19 zum kurzen Feldzug des Herulius.

436 *Chron. Gall.* zum Jahr 452 *CM* 1 660, 117.

437 „Um in den Wäldern den durch grausame Verbrechen gesammelten Raub zu verbergen" *(Saevo crimine quaesitas silvis celare rapinas)*, Merob. *poet.* 9—10.

438 *Chron. Gall.* zum Jahr 452 *CM* 1, 660, 119.

439 Loyen 1942, 45.

440 Coville 1930, 107.

441 Merob. *poet.* 19—23. *Belliger ultor* ist eine Anspielung auf die Schlacht bei Toulouse im Jahre 439, in der die Römer geschlagen und Litorius tödlich verwundet wurde.

442 Sidon *carm.* 7, 308; Iord. *Get.* 177.

443 Schmidt 1942, 76; Gitti 1953, 15.

444 Zum Datum vgl. Seeck 1920, 121; Stein 1928, 1, 484; W. Enßlin *BZ* 43 (1950) 43. Es mag seltsam erscheinen, daß Merobaudes stillschweigend über den Krieg mit den Burgundern 436/437 hinweggeht. Der Senat hatte dem Aetius eine Statue errichtet (ihre Basis wurde 1937 ausgegraben) *ob Italiae securitatem quam procul domitis gentibus peremtisque Burgundionibus et Gotis oppressis vincendo praestitit;* s. Bartoli 1948, 267—273 und, mit besserer Interpretation, Degrassi 1949, 33—44. Daß die Burgunder in der Inschrift, nicht aber im Panegyricus genannt sind, kann vielleicht den verschiedenen Zeitpunkten der beiden Dokumente zuzuschreiben sein. Nachdem die Burgunder in Sapaudia (heute Savoie) angesiedelt worden waren, verhielten sie sich ruhig. Als die Statue aufgestellt wurde, war die Erinnerung an den Krieg mit ihnen noch lebendig. Aber im Jahre 446 waren die Burgunder treue Verbündete, die tatsächlich wenige Jahre später an der Seite der Römer gegen die Hunnen kämpften. Die Goten dagegen bewahrten ihre Feindseligkeit gegen Aetius sogar nach dem Vertrag von 439, s. Thompson 1948, 126. Aber Merobaudes hatte wahrscheinlich einen zusätzlichen Grund, die Hunnen auszulassen. Die „römischen" Truppen, die das burgundische Königreich zerstörten, waren Hunnen unter dem Kommando des Litorius im Dienste des Aetius. Mit der Verschlechterung der Beziehungen zwischen Aetius und den Hunnen und im besonderen so kurze Zeit nach der echten Gefahr eines Krieges mit Bleda und Attila hielt es Merobaudes vielleicht für klüger, den Sieg über die Burgunder, der nur dem Namen nach ein Sieg des Aetius war, nicht zu erwähnen. N. H. Baynes, *JRS* 12 (1922) 221 wies zu Recht darauf hin, daß die Umstände, unter denen das burgundische Königreich unterging, dunkel sind.

445 Mommsen 1901, 518, 4.

446 Merob. *poet.* 11, Anm.

447 Bugiani 1905, 43, 2.

448 Thompson 1948, 34.

449 Men. rhet., ed. Spengel (Teubner) 1853/1856, 3, 368.

450 Vgl. Claud. *carm.* 3 *(in Rufin. I.)* 25 ff.; den wörtlichen Übernahmen, auf die von Vollmer hingewiesen wurde, könnte noch mehr hinzugefügt werden, z. B. Merob. *poet.* 57—59 = Claud. *carm.* 5 *(in Rufin. II.)* 17—18.

451 L. Schmidt 1942, 66.

452 Bury 1923, 257.

453 Im Jahre 445 fielen die Vandalen in Galicia ein (Hyd. *chron.*, *CM* 2, 24, 131). Aber Galicia unter den Sueben war nicht mehr römisches Territorium.

454 „Der Don, an unbekannten Gestaden durchschweift, hatte die skythischen Köcher vertrieben“ *(Scythicasque pharetras egerat ignotis Tanais bacchatus in oris)*, Merob. *poet.* 75—76.

455 Hor. *carm.* 4, 15, 24; Tib. *(paneg. in Mess.)* 7, 2; Sen. *Herc. fur.* 1323; *Herc. Oet.* 86; Claud. *carm.* 7 *(cons. III. Hon.)* 44; 26 *(bell. Goth)* 57; *rapt. Pros.* 2, 66. Tanais und die Maiotis sind das Ende der Welt 2 (Flor. *epit.* 2, 39, 6).

456 Claud. *carm.* 26 *(bell. Goth.)* 603; Sidon. *carm.* 7 75 *(Tanais Getarum*, d. h., *Gothorum)*.

457 Sidon. *carm.* 23, 257; vgl. 479 *(Scythicae potor Tanaiticus undae)*.

458 *Paneg.* 12, 33, 10.

459 Hier. *epist.* 40, 16.

460 „Die Mütter der Kappadokier werden hinter den Phasis getrieben“ (*Trans Phasin aguntur Cappadocum matres* [von den Hunnen]), Claud. *carm.* 18 *(in Eutrop. I.)* 245; „Weder der Kaukasus noch der eisige Phasis schickt noch länger Feinde gegen mich“ (*nec iam mihi mittit Caucasus hostes nec mittit gelidus Phasis* [wie im Jahre 395]), Claud. *carm.* 20 (*in Eutrop.* 2) 574—575.

461 Claud. *carm.* 3 *(in Rufin. I.)* 323—324.

462 De Rossi 1888, 1, 265 und 2, 284, 1; Fiebinger/Schmidt 1917, 34, 29—30.

462a Die letzten beiden Verse fehlen in der amerikanischen Ausgabe versehentlich und sind hier ergänzt. Ihre Interpretation durch Mommsen teile ich nicht. Für die metrische Übersetzung des Gedichtes ins Deutsche bin ich allein verantwortlich, war aber hinsichtlich möglicher besserer Ausfeilung an den Beweiszweck für das Anliegen des Autors gebunden. (R. G.)

463 Mommsen, *Hermes* 28 (1893) 33.

464 Vgl. Fiebinger/Schmidt 1917, 34, 29—30.

465 *RE* 4, 1102 (Seeck) s. v. Constantius 9.

466 Sundwall 1915, 66, 110.

467 Fiebinger/Schmidt 1917, 34, 29—30.

468 *Novell. Valent.* 6, 3; vgl. Stein 1928, 508.

469 „Statt der Rekruten Geld bezahlen“ *(tirones in adaeratione persolvere)*, *Cod. Theod.* 11, 18.

470 *Novell. Valent.* 15, erlassen zwischen dem 11. September 444 und dem 18. Jänner 445.

471 *Novell. Valent.* 15, 1.

472 Prosp. *chron. I. CM* 1, 480, 1358.

473 Marcell. *chron. CM* 2, 81, 445.

474 Marcell. *chron.* 1, 660, 131.

475 Prisc. *EL* 135—136.

476 Prisc. *EL* 130.

477 Iord. *Get.* 36.

478 Im Juli 445 war Aetius in Gallien (*novell. Valent.* 17).

479 Besselaar 1945, 9 f.

480 Cassiod. *var.* 1, 4, 11—13, *MG AA* 12, 15. Ich folge der Übersetzung von Hodgkin 1886, 146.

481 Seeck 1920, 293 identifizierte fälschlich den älteren Cassiodorus mit dem oströmischen Exkonsul und Senator des Prisc. *EL* 122. Caspar 1933, 2, 556, 4, der die Gesandtschaft auf 452 datierte, mißverstand Cassiodorus, der nichts über einen Rückzug einer hunnischen Armee aus Italien sagte. Aus der Tatsache, daß Carpilio Cassiodorus begleitete, kann kein Schluß hinsichtlich des Zeitpunkts gezogen werden. Wir wissen aus Prisc. *EL* 128, 22—23, daß Carpilio als Geisel vor 449 bei den Hunnen war. Besselaar 1945, 9 f. meinte, daß er sich Cassiodorus anschloß, weil er die Hunnen aus

der Zeit kannte, als er an Attilas Hof lebte. Man kann aber ebenso annehmen, wie es Seeck 1920, 293 tat, daß Carpilio zu den Hunnen ging, um die Einhaltung des Vertrages zu kontrollieren, den Cassiodorus mit ihnen abschloß. Die Datierung von Bury 1923, 1, 241 für den Beginn des Aufenthalts Carpilios als Geisel auf 425 ist zu früh.

482 *Orestes Pannonius, qui eo tempore, quando Attila ad Italiam venit, se illi iunxit et eius notarius fuit* (*Anon. Vales.* 37, ed. Cessi 1913, 13).

483 Prisc. *EL* 579, 20.

484 Prisc. *EL* 133, 10—12.

485 Prisc. *EL* 579, 35—580.

486 Prisc. *EL* 142, 8—10.

487 E. Barker, *CMH* 1, 414, Thompson 1948, 128, und andere.

488 *Chron. Gall.* zum Jahr 452, *CM* 1, 662, 448.

489 Im Jahre 467 „wurde eine Nachricht [in Konstantinopel] verbreitet, daß der Vandalenkönig Genseric die Stadt Alexandria anzugreifen beabsichtige" (vgl. die *vita S. Danielis Stylitae*, cap. 56, bei Baynes/Dawes 1948, 39—40). Es handelte sich dabei sicherlich nicht um die erste Nachricht dieser Art.

490 *Satis incertum est, ad quam oram terrae possint naves hostium pervenire* (*novell. Valent.* 9 vom 24. Juni 440).

491 *Novell. Valent.* 5, 3. Zu den Befestigungen von Neapel vgl. *CIL* 10, 1485, zitiert bei Seeck 1920, 119; 420.

492 *Chron. pasch.* zum Jahr 439, *CM* 2, 80.

493 *Novell. Valent.* 9.

494 Prosp. *CM* 1, 478, 1342; 2, 23, 120. Theoph. A. M. 5941; Cassiod. *var.* 1, 4, 14.

495 Die Vandalen blieben ziemlich lange in Sizilien; vgl. den Brief des Paschasinus, des Bischofs von Lilybaeum, an Papst Leo I. (Migne *PL* 54, 606, 1270—1271). Wie alle vandalischen Überfälle hatte auch dieser nur ein Ziel, nämlich so viel Beute wie möglich zu machen; vgl. Giunta 1958 *passim.*

496 Das Edikt *novell. Theod.* 7, 4 vom 6. März 441 ist an Areobindus gerichtet, der das Expeditionscorps leiten sollte. Zu dieser Zeit war er also noch in Konstantinopel.

497 Vier der fünf Generäle hatten germanische Namen: Areobindus, Ansila, Inobindus und Arintheus, Theoph. A. M. 5941; Prosp. *CM* 1, 478, 1344; vgl. Schönfeld 1911, 27, 23, 26.

498 Prosp. *CM* 1, 478, 1344.

499 *Cod. Iust.* 12, 8, 2; 50, 21 zeigt, wie sorgfältig die Expedition vorbereitet wurde.

500 Simeon Stylites sah zwei Stäbe am Himmel; der eine wies nach Osten, der andere nach Westen. Sie kündigten Angriffe der Perser und Skythen an. Siehe den Epilog seiner Vita bei Theodor. *hist.* cap. 27; Lietzmann 1908, 13—14. Lietzmanns Vermutung, daß der Epilog von Theodoret selbst verfaßt wurde, hat Peeters 1950, 102—103 überzeugend zurückgewiesen.

501 Nach Ełišē Vardapet, Langlois 1869, 2, 184, begann er im zweiten Jahr der Herrschaft von Yazdagird I. Marcellinus Comes (*CM* 2, 180) datiert den Krieg auf 441. Procop. *hist.* 1, 2, 11—15 ist mehr ein Roman als ein historischer Bericht.

502 *Novell. Theod.* 5, 1. Theodosiopolis ist das heutige Erzerum. Zur strategischen Bedeutung von Satala, dem heutigen Sadagh, s. F. und E. Cumont, *Studia Pontica* 2 (Brüssel, 1902) 343—344.

503 Theodor. *hist.* 5, 37, 5.

504 Theodor. *hist.* 5, 37, 5.

505 *Novell. Theod.* 5, 3,1 vom 26. Juni 441: „Der Distrikt von Armenien, der zum gegenwärtigen Zeitpunkt den Überfällen der Perser ausgesetzt war *[expositum fuisse]* . . ."

506 Prisc. *EL* 575—576.

507 θῆκαι bedeutet höchstwahrscheinlich „Gräber", nicht „Schatzhäuser", wie Hodgkin 1898, 2, 69, Seeck 1920, 291 und Vetters 1950, 40, 37 denken.

508 Warum sollte der Bischof Bedenken gehabt haben, heidnische Gräber auszurauben, wenn nicht nur Laien, sondern sogar Kleriker christliche Gräber plünderten? Die *novella* vom 27. März 447 richtet sich in erster Linie gegen die klerikalen *sepulcri violatores*. „Unter all den Personen, die dieses gottlosen Verbrechens angeklagt sind, trifft die heftigste Klage den Klerus ... Mit eisernen Geräten ausgerüstet, stören sie die Begrabenen, und ohne an die Gottheit zu denken, die über die Himmel und die Sterne herrscht, kommen sie zu den geweihten Altären der Kirche mit Händen, die durch die Berührung mit der Asche der Toten befleckt sind" (*novell. Valent.* 23, 1). Sie trugen Marmor und Steine weg, *praetiosa montium metalla;* die Laiengrabräuber waren auf Juwelen und kostbare Kleidungsstücke aus. Die Predigten des Johannes Chrysostomos zeigen, wie verbreitet diese Verbrechen waren; er verurteilte wiederholt die Grabräuber. Zu den Stellen s. Vance 1907, 59.

509 Marcell. *chron. CM* 2, 80, 441, 1.

510 *Novell. Theod.* 4 vom 25. Februar 438.

511 *Chron. Edess.* zum Jahr 753; *CSCO* 3, 4, 7.

512 Seeck 1919, 373. Das Jahr, in dem Anatolius die Stoa in Edessa baute (Euagr. *hist.* 1, 18; Bidez/Parmentier 1898/1964 R, 27—28), ist unbestimmbar. Der Brief, den ihm Theodoret schrieb, als er Oberkommandant im Osten war (Migne *PG* 83, 1221), ist gleichfalls undatierbar.

513 Da Aspar an der sizilischen Expedition nicht teilnahm, konnte er nicht „an der Spitze der Flotte" von Sizilien gekommen sein, wie Thompson 1948, 81 behauptet.

514 Siehe die Passagen, die bei Seeck 1920, 417 zu S. 113 bis 114 zitiert sind.

515 Marcell. *chron. CM* 2, 80, 441, 2; Ioh. Ant. frg. 206, *FHG* 4, 616—617; *chron. pasch.*, *CM* 2, 80.

516 *CM* 2, 81, 442, 2; *chron. pasch.* hat zum Jahr 442 nur Illyricum (*CM* 2, 81).

517 Prosp., *CM* 1, 479, 1346 = Cassiod. *chron.* zum Jahr 442.

518 Vgl. Seeck 1920, 121; Stein 1928[1]/1959[2], 1, 484; W. Enßlin, *BZ* 43 (1950) 43; Courtois 1955, 173, 395.

519 Weder Thompson 1948, 84 noch Vetters 1950, 40—42, um nur die beiden Autoren zu nennen, die ihren Bericht vom Krieg 441/442 hauptsächlich auf Theophanes stellten, haben seine Quellen analysiert.

520 Vgl. Goubert 1951, 303—321. E. Honigmann, *Dumbarton Oaks Papers* 5 (1950) 239, 18 übersah, daß Nicephorus Callistus, dem er diese Passage zuschrieb, sie von Theophanes hatte.

521 Bury 1923, 230, 5.

522 Schwartz 1939, 2, 363, 2.

523 Marcell. *chron. CM* 2, 81, 444.

524 N. K. Chadwick, The *Journal of Theological Studies* 6 (1955) 31, 4.

525 Janin 1953, 1, 3, 246.

526 Theoph. A. M. 5942, De Boor 1883, 1, 102.

527 Prisc. *EL* 576—577.

528 Tillemont 1738, 6, 97—99, 108—111.

529 Kulakovskij 1913, 1, 276—281.

530 Seeck 1920, 291—295.

531 Prisc. *EL* 577, 9—22.

532 *Novell. Theod.* 26, 1.

533 *Novell. Theod.* 23, 1, subscriptio.

534 Ioh. Mal., Migne *PG* 97, 365.

535 22. Mai, *novell. Theod.* 23, subscriptio.

536 Marcell. *chron.* zum Jahr 443, 2, *CM* 2, 81; *chron. pasch.* zum Jahr 443, *CM* 2, 81.

537 *Vita s. Danielis Stylitae*, in: *Analecta Bollandiana* 32, 1913, 169.

538 Soz. *Oratio* 13 bei Bidez 1960, 3.

539 Siehe Fn. 536.

540 Callin. *Hyp.* 104; *AA SS*, Juni, 4, 281.

541 Euagr. 1, 17.

542 Prisc. *EL* 578, 28.

543 Prisc. *EL* 578, 8.

544 Τῶν ἀμφὶ βασιλέα ἄρχοντα τελῶν (Prisc. *EL* 149, 19 f.).

545 Suda, s. v. Ζέρκων.

546 Ob sich Priscus (frg. 1b, *HGM* 1, 278—280) auf 442 oder 447 bezieht, läßt sich nicht entscheiden. Sein Bericht ist unzuverlässig, vgl. Thompson 1945b, 92—94.

547 Alföldi 1926, 96.

548 *Cod. Iust.* 2, 7, 9.

549 Edikt vom 12. September 443 (*novell. Theod.* 24), vgl. Güldenpenning 1885, 349.

550 Prisc. *EL* 576, 27—28.

551 Prisc. *EL* 516, 28—29.

552 Moravcsik 1958, 1, 483.

553 W. Enßlin, *BZ* 43 (1950) 73.

554 Prisc. *EL* 576, 10—24.

555 Das heutige Arčar. Die Stadt wurde nicht gänzlich zerstört, wie Thompson 1948, 83 meint. Theophylactus Simocatta (*hist.* 1, 8, 10), der unter Heraclius schrieb, kennt die Stadt als Ῥατηρία.

556 Prisc. *EL*, De Boor 1903, 138; *FHG*, 4, 72; Seeck 1920, 293; Bury 1923, 171; Stein 1928, 437; Thompson 1948, 83.

557 Thompson 1948, 83. Homeyer 1951, 73 übersetzt es: *doch wolle er die skythischen Schwärme nicht länger zurückhalten;* Gordon 1960, 65: "he would not willingly hold back his Scythian hord."

558 Doblhofer 1955, 18 übersetzt korrekt: *so werde nicht einmal er selbst skythische Heerscharen zurückhalten können;* vgl. auch Seeck 1920, 293.

559 Wie Thompson 1948, 89 behauptet.

560 1948, 187.

561 Iord. *Rom.* 331. T. Nagys Behauptung *AA* 4 (1956) 251—256, daß der knappe Bericht des Jordanes vom Krieg im Jahre 447 nur eine Paraphrase von Marcellinus Comes sei — versehen mit einigen Mißverständnissen —, ist nicht überzeugend. Diese Art von „Quellenkritik" geht auf Kosten des Gesamtbildes.

562 *Chron. pasch. CB* 1832, 586.

563 *Chron. pasch. CB* 1832, 583; Ioh. Mal., Migne *PG* 97, 361; Theoph. A. M. 5937 (sollte 5931 sein). Bei Zon. *epit.* 13, 22 und *Patria* 3, 3; Preger 1907, 252, ist Cyrus mit Flavius Constantinus verwechselt, vgl. Delehaye 1896, 219—221.

564 Marcell. zum Jahr 447, *CM* 2, 82; Ioh. Mal., Migne *PG* 97, 336; *Synaxarium Eccles. Const.* 425.

565 Vgl. A. M. Schneider in: Meyer-Plath/Schneider 1943, 2, 132.

566 *Patria* 2, 58; Preger 1907, 182.

567 ἐδείματο τείχει τεῖχος, in der Inschrift vom Mevlevihane kapi, dem alten Myriandros. Vgl. Van Millingen 1899, 47, 96; zur Interpretation s. A. M. Schneider bei Meyer-Plath/Schneider 1943, 2, 132.

568 Eine andere Inschrift, Meyer-Plath/Schneider 1943, 2, 133.

569 Driver/Hodgson 1925, 363—368.
570 Isaac von Antiochia, Moss 1929/1930.
571 Theoph. A. M. 6209, De Boor 1883, 397, 27—28.
572 Callin. *Hyp.* 104.
573 Vgl. das *Synaxarium Eccles. Const.* Jireček 1897.
574 Prisc. *EL* 576, 27—29.
575 Prisc. *EL* 579, 27—29.
576 Prisc. *EL* 123, 15. Zur Bedeutung von καταλύματα vgl. Thompson 1947b, 63. Vgl. Procop. *aed.* 5, 3, 20.
577 Prisc. *EL* 579, 26—27.
578 Prisc. *EL* 125, 5—6.
579 Die Landwege von Konstantinopel nach Italien waren wieder offen. Am 1. Oktober 447 schickte Theodosius Valentinian die Gesetze, die er nach dem Erscheinen des Gesetzbuches im Jahre 438 erlassen hatte. Im Edikt vom 3. Juni 448 (*novell. Valent.* 26) schrieb Valentinian, daß die Gesetze ihm erst „kürzlich" geschickt worden waren.
580 Prisc. *EL* 140, 18—19.
581 Vgl. z. B. das Attilagedicht des Nicola da Casola (14. Jahrhundert), hrsg. von G. Bertoni (1907).
582 De Boor 1932, passim, besonders 43 f.
583 Mommsen 1913, 4, 539, 5.
584 Thompson 1948, 75—76. Er bezieht sich auf die Goldmünzen aus dem 5. Jahrhundert auf den baltischen Inseln. Sie haben nichts mit den Hunnen zu tun, sondern sind Zahlungen und Schenkungen, die von germanischen Söldnern zurückgebracht wurden, vgl. P. Grierson, *Transactions of the Royal Historical Society* 1959, 135.
585 Werner 1956, 87.
586 Malchus frg. 2, *FHG* 4, 114.
587 Prisc. *EL* 128, 7.
588 Prisc. *EL* 132, 20—21.
589 „Es ist ein hoffnungsloses Unterfangen, irgendein mögliches Schema der langobardischen Chronologie aus den frühen Kapiteln des Paulus herauszuholen", Hodgkin 1898, 5, 99.
590 Paul. Diac. *Lang.* 1, 16—17. Ich folge der Übersetzung bei Foulke 1906 und lasse nur einige Ausschmückungen aus.
591 Paul. Diac. *Lang.* 1, 19.
592 Malone 1959, 86—107.
593 Zuletzt Mitscha-Märheim 1963, 112.
594 Klebel 1957, 28.
595 Klebel 1957, 79.
596 Paul. Diac. *Lang.* 2, 26.
597 Paul. Diac. *Lang.* 5, 29. Zu der bei Moravcsik 1958, 2, 357 zitierten Literatur ist Pochettino 1930, 118 hinzuzufügen.
598 Paul. Diac. *Lang.* 6, 31, 49 *(gens, quae super Danubium)*.
599 Ihre Identifikationen mit mittelalterlichen oder modernen Ortsnamen sind ausnahmslos völlig willkürlich. Der „Bardengau" in der Lüneburger Heide, von dem es heißt, daß er den ethnischen Namen bewahrt hat, ist in Wirklichkeit nach einem Herzog Bardo benannt, der im 9. Jahrhundert dort Güter besaß, s. R. Dorgereit, *Deutsches Archiv für Erforschung des Mittelalters* 10 (1960) 601.
600 Die genauen Zeitpunkte, die Agelmund und Lamissio in der Prosper-Ausgabe von 1483 (*CM* 1, 489—490) zugeschrieben werden, sind wertlos. Die interpolierten

Passagen, die sich auf die Langobarden beziehen, sind aus Paulus genommen und in das chronologische Gerüst Prospers eingefügt.

601 Paul. Diac. *Lang.* 1, 27.

602 Moravcsik 1958, 2, 234.

603 Werner 1962, 144—147.

604 Da die Alamannen nicht unter Attilas germanischen Verbündeten sind, nimmt Wais 1940, 116—117 an, daß die Hunnen ihr Territorium im Norden umgingen und durch die Täler von Tauber und Main zum Rhein marschierten, vgl. auch K. Weller, *Zf. DA* 70 (1933) 59—60. Demougeot 1958, 7 ff. enthält nichts Neues.

605 Leo M. *epist.* 39, *ACO*, 2, 4, 41.

606 „Die gegenwärtige Notlage erlaubt keineswegs, daß sich der Klerus aller Provinzen versammelt, weil gerade jene Provinzen, aus denen sie vordringlich berufen werden müssen, ihnen wegen der Kriegsunruhen nicht gestatten, ihre Kirchen zu verlassen" *(Sacerdotes provinciarum omnium congregari praesentis temporis necessitas nulla ratione permittit, quoniam illae provinciae de quibus maxime sunt evocandi, inquietate bello ab ecclesiis suis eos non patiuntur abscedere)*, (Leo M. *epist.* 41, *ACO* 2, 4, 43). „Die Furcht vor Feindseligkeiten hält die Bischöfe zurück" *(Hostilitatis metus detinet episcopos)*, (Leo M. *epist.* 47, *ACO* 2, 4, 48).

607 Leo M. *epist.* 46 und 50, *ACO* 2, 4, 47, 49.

608 Iord. *Get.* 184—185.

609 Ioh. Mal. 14; *CB* 1831, 358.

610 Thompson 1948, 138.

611 Weber 1936, 162—166.

612 Leos Brief vom 27. Jänner 452, *ACO* 2, 4, 55; vgl. auch M. Goemans in: *Das Konzil von Chalzedon* (Würzburg 1951) 1, 256.

613 *ACO* 2, 1, 1, 28; 2, 2, 2, 3, 20.

614 *ACO* 2, 1, 1, 28; 2, 2, 2, 4, 4.

615 Theod. frg. 4, Migne *PG* 86, 1, 168; *ACO* 2, 3, 1, 22 f.

616 Siehe die Liste der Bischöfe bei Honigmann 1944, 50—62.

617 Laurent 1945. Valerius von Bassiana, der in Chalcedon war, war nicht Bischof von Bassiana in Pannonien, wie E. Schwartz (*ACO* 2, 4, 51 und 66) dachte, sondern von Bassiana in Afrika, vgl. Honigmann 1944, 58, 408.

618 E. Ewig, *Trierer Zeitschrift* 21 (1948) 22, 48.

619 Takáts 1955, 143—173.

620 Über die Fehlbenennung „Katalaunische Felder" und ihren Ursprung s. Alföldi 1928, 108—111. *In Campo Beluider* in der Ungarischen Chronik des Simon von Kéza (nach 1282) bewahrte möglicherweise eine lokale Tradition. Beluider ist Beauvoir im Aubetal, östlich von Troyes. A. Eckhardt, *Revue des études hongroises* 6 (1928) 105—107 meint, daß Kéza den Namen in Frankreich oder von einem Franzosen oder von einem deutschen Ritter, der nach Ungarn kam, gehört haben könnte. Im 13. Jahrhundert war Beauvoir ein bedeutender Ort, der Hauptsitz der deutschen Ritter in Frankreich.

621 Nur Freeman 1964 und Rubin 1960, 1 stimmen mit der allgemeinen Ansicht nicht überein.

622 Das ist das Hauptthema von Homeyer 1951.

623 *Chron. Gall.* 141; *CM* 2, 662.

624 *Hunni cum rege Attila relictis Galliis post certamen Italiam petunt*, Hyd. *chron.* 153: *CM* 2, 26.

625 *Regrediens Attila Aquileiam frangit*, *chron. Gall.* 617; *CM* 2, 663.

626 Priscus, zitiert von Iord. *Get.* 220—221; Paul. Diac. *Rom.* 14, 9; Procop. *hist.* 3.

627 Plin. *nat.* 18, 314.

628 Die Angabe des Paulus Diaconus „drei Jahre“ muß offensichtlich auf „drei Monate“ verbessert werden, vgl. Graevius 1722, 6, 4, 133; Sigonoa 1732, 498, 100.

629 Procop. *hist.* 8, 20, 14.

630 Vgl. Helm 1937, 2, 1, 161.

631 Lucian. *philops.* 13—14.

632 Cyprianus 2, 65—71; Ludwig 1897, 37.

633 Procop. *hist.* 3, 2, 2—6.

634 Mather 1959, 33.

635 Wie mich Professor Archer Taylor informiert.

636 Leo M. *epist.* 54—57, *ACO* 2, 4, 55—62.

637 Das heutige Fréjus in Gallia Narbonnensis secunda, nicht Friuli, wie von Bugiani 1905, 184 angenommen wurde; ihm folgte Solari 1938, 1, 329; vgl. Caspar 1933, 1, 451 f.

638 Leo M. *epist.* 105, *ACO* 2, 4, 137—138.

639 Seeck 1920, 311 dachte, daß Attila, dem Beispiel Alarichs folgend, möglicherweise Mitte des Winters in Italien einbrach, als die Pässe nicht verteidigt waren. Die meisten anderen Historiker datieren die Invasion in den Frühling; keiner macht sich die Mühe, seine Gründe anzugeben.

640 Prosp. *CM* 1, 482—483, 1367.

641 Thompson 1948, 145.

642 Paul. Diac. *Lang.* 2, 9.

643 *Not. Dign. [occ.]* 24.

644 Vgl. Saria 1939, 308—316; Stuchi 1945, 355—356; J. Szilagy, *AA* 2 (1952) 216, 296. Das Kastell *ad pirum* hatte eine sehr kleine Garnison, vgl. Brusin 1959, 39—45.

645 Dabei sind die Piratenexpeditionen der Vandalen nicht mitgezählt.

646 Oros. *hist.* 7, 35, 3; vgl. auch Zos. 4, 46, 2.

647 Claud. *carm.* 7 *(cons. III. Hon.)* 89—90; vgl. auch Soz. 7, 22—24.

648 Die Versicherung von Cessi 1957, 1, 329, daß Aquileia eine ebenso kleine Garnison wie in Friedenszeiten hatte, ist nicht fundiert. Wie immer in unruhigen Zeiten flohen Menschen von den umliegenden Gegenden in die Stadt; vgl. Panciera 1957, 8.

649 Iord. *Get.* 222.

650 Von Paul. Diac. *Rom.* 14, 8—9 romantisch ausgeschmückt.

651 Vgl. Papst Leos Brief vom 21. März 458, Migne *PL* 54, 1136; Calderini 1930, 87.

652 Brusin 1947, 11.

653 Brusin 1948, 74—78.

654 Enßlin 1947, 119.

655 Iord. *Get.* 222.

656 Crivelluci (in seiner Ausgabe von Paul. Diac. *Rom.*) 1914, 196; Mommsen (1882, lviii) dachte, daß Paulus einem unbekannten Autor folgte.

657 Paul. Diac. *Rom.* 14, 9—13.

658 Vgl. Bierbach 1906, 48.

659 Valentinian floh nicht aus Ravenna nach Rom, wie so oft behauptet wurde, vgl. Gibbon 3, 472; Lizerand 1910, 109; Hutton 1926, 55; Romano/Salmi 1940, 102. Er war während der Jahre 451 und 452 in Rom. Sämtliche Gesetze dieser beiden Jahre wurden in Rom erlassen. Marcians Porträt wurde nach Rom, nicht nach Ravenna geschickt (addit. Prosp. chron. I., *CM* 1, 490, 2).

660 Hyd. *chron.*, *CM* 2, 27, 154.

661 Seeck 1920, 312; Stein 1928, 499; Thompson 1948, 148.

662 Vgl. Di San Lazzaro 1938, 336—339.

663 Migne *PL* 47, 469—472, abgedruckt bei Paredi 1937, 169—170. In Brunis Ausgabe der Predigten des Maximus von Turin, die Migne in der *Patrologia latina* abdruckte, hat sie die Nummer 94. In Wirklichkeit ist der Autor unbekannt; Almut Mutzenbecher nahm sie in die neue Edition der Predigten des Maximus (*CCL* 23) nicht auf. Zum Datum der Predigten, von denen man annimmt, daß sie sich auf die Hunneninvasion des Jahres 452 beziehen, s. Maenchen-Helfen 1964, 114—115.

664 „Der allmächtige Gott hat die Wohnsitze der Bürgerschaft in die Hände unserer Feinde gegeben ... was unser Eigentum zu sein schien, plünderten entweder Räuber, oder es ging, von Feuer und Schwert vernichtet, zugrunde ... und klagen wir nicht, daß die Häuser eingestürzt sind" *(Deus omnipotens hostium manibus habitacula tradidit civitatis ... ea quae nostra videbantur aut praedo diripuit, aut igno ferroque consumpta perierunt ... nec suspiremus collapsas esse domos)*.

665 Es war die Basilica nova intramurana, vgl. De Capitani d'Arzagno 1952.

666 „Gott ließ nicht seine Kirche, die in Wahrheit die Kirche ist, vom Feuer verzehren, sondern er ließ wegen unserer Schwächen zu, daß die Versammlungsräume der Kirche ausgebrannt würden ... Die barbarische Wut hat dieses heilige Haus dem Erdboden gleichgemacht" *(Deus ... nec ecclesiam suam, quae vere est ecclesia, consumi iussit incendio, sed pro nostra correptione receptacula ecclesiae permisit exuri ... furor barbarus sanctam hanc domum complanavit)*. Vgl. auch die Inschrift in der neuerrichteten Kirche, die in einer Abschrift erhalten ist: „Wieder erhebt sich das einstige Dach auf erneuertem Tempel. / Was die Flamme verzehrt, kehrt zurück in die einstigen Formen. / So erfüllt' das Gebet, der den Tempel Christi erneuert', / und die zehrende Glut löscht' des Eusebius Verdienst." (Metr. Übertragung R. G.)

(Prisca redivivis consurgunt culmina templis / In formam rediere suam quae flamma cremarat, / Reddidit haec votis Christi qui templa novavit / Eusebii meritis noxia flamma perit.) De Rossi 1888, 2, 161; Forcella/Selotti 1897, 249; vgl. Courcelle 1953, 23—37. Zum Autor der Inschrift vgl. De Capitani d'Arzagno 1952, 31—32.

667 „Einigen aus dem Klerus und aus dem Volke fehlte entweder die Möglichkeit oder der Wille zu entkommen" *(nonnnullis de clero aut plebe evadendi aut possibilitas defuit aut voluntas)*.

668 Paredi 1937, 169—170 verstand diese Passage falsch, vgl. Courcelle 1953, 33.

669 Ein Gemälde, das Skythen zu den Füßen der römischen Kaiser, wahrscheinlich des Theodosius und Valentinian, die auf goldenen Thronen sitzen, hingestreckt zeigte, erregte Attilas Ärgernis. Er befahl einem Maler, ein Bild des Hunnenkönigs zu malen, und vor ihm die Kaiser, wie sie zu seinen Füßen Gold aus Taschen ausleeren, vgl. Suda *s. v.* Κόρυκος, Μεδιόλανον, Adler 1938, 3, 161, 346. Barbaren, die Körbe mit Goldmünzen bringen, war ein gebräuchliches Motiv; sie sind auf der Arcadius-Säule, dem Obelisk in Konstantinopel (Kollwitz 1941, Beilage 6, 35; Bruns 1935, Abb. 37, 42, 43), dem Barberini-Diptychon und auch sonst dargestellt.

670 Die Bevölkerung von Mailand begann mit dem Wiederaufbau der Basilika, bevor die Hunnen Italien verließen (Pseudo-Maximus, Migne *PL* 47, 471, zu diesem vgl. hier Fn. 663).

671 *Divinitus partim famae, partim morbo quodam plagis caelestibus feriuntur* (Hyd. *chron.*, *CM* 2, 26, 154).

672 Claud. *carm.* 28 *(cons. VI. Hon.)* 274.

673 Claud *carm.* 28 *(cons. VI. Hon.)* 241—242.

674 Procop. *hist.* 6, 25, 17—18.

675 Agath. 2, 3, 69—71.

676 Ambr. *epist.* 15, 7, Migne *PL* 16, 998; Claud. 8 *(cons. IV. Hon.)* 466—467.

677 Prosp. *CM* 1, 482, 1367.

678 Iord. *Get.* 223 („im ambuleischen Distrikt der Veneter an der vielbegangenen Furt des Flusses Mincius").

679 Isidor von Sevilla, der allgemein als der erste angesehen wird, der Isaiah 14, 5 auf die Hunnen und Avaren bezog (*virga furoris dei sunt* [Isid. *Goth.*, *CM* 2, 279, zwischen 624 und 636 geschrieben.]), wiederholte wahrscheinlich, was er irgendwo gelesen hatte. Die *flagella* in Papst Leos Brief vom 15. März 453, *ACO* 2, 4, 65 bezieht sich zweifellos auf die Hunneninvasion von 452.

680 Paul. Diac. *Rom.* 14, 12.

681 Zos. 5, 6. Darauf wurde von Caspar 1933, 1, 564, 2 hingewiesen, der sich aber fälschlicherweise auf die *Historia Miscella* als die früheste Quelle für diese Legende beruft.

682 Leos Predigt 84, im Jahre 455 gehalten, Leo M., Migne *PL* 54, 433—434.

683 Caspar 1933, 2, 121—122.

684 Migne *PL* 52, 59—60.

685 Leos Mission zu Attila hat eine enge Parallele in jener des Epiphanius, Bischof von Ticinum (heute Pavia) zum Burgunderkönig Gundobad im Jahre 495. Der König war von dem heiligen Mann so beeindruckt, daß er 6000 der italienischen Gefangenen freiließ, jedoch erst, nachdem er eine große Summe für die anderen erhalten hatte; s. Cook 1942, 100—101. Paul. Diac. *Rom.* 15, 18 spricht von einer „zahllosen Menge".

686 Nach der Angabe von Altheim 1951, 146, wiederholt 1962, 4, 333, plünderten die Hunnen, die sich durch Noricum zurückzogen, Augsburg. Die Existenz einer römischen Stadt in der Raetia prima (Augusta Vindelicorum lag nicht in Noricum) in der Mitte des 5. Jahrhunderts kommt überraschend. Altheim bezieht sich auf Ulrich-Bansa 1949, 226, 16, der seinerseits einen mittelalterlichen ungarischen Chronisten als seine Quelle nennt.

687 Leo M. *epist.* 159, datiert 21. März 458, Migne *PL* 54, 1135—1140. Vgl. Jalland 1941, 101—103.

688 Leo M. *epist.* 166, datiert 24. Oktober 458, Migne *PL* 54, 1191—1196.

689 Zwei Jahre später unterbreitete Rusticus, Bischof von Narbonne, Leo eine Liste von Fragen, ähnlich jenen, die Nicetas und Neon beunruhigten, s. Leos Brief, Migne *PL* 54, 1199—1209; vgl. Caspar 1933, 2, 451, 6 und Jalland 1941, 149—151. Die Gefangenen kamen aus Afrika und Mauretania, wo sie offensichtlich von den Vandalen freigelassen worden waren, vgl. Courtois 1955, 199—200.

690 Iord. *Get.* 225. In der Übersetzung von *inhumanior solito suis hostibus appareret* folge ich Kalén 1934, 124.

691 Prisc. *EL* 583, 11—14.

692 Seeck 1919, 397; vgl. auch Monneret de Villard 1938, 50.

693 Maximus starb gegen Ende des Jahres 452 oder im Frühjahr 453, vgl. Enßlin 1927, 7.

694 Iord. *Get.* 255.

695 Prosp. *CM* 1, 482—483, 1370; 2, 157, 1258; Vict· Tonn. *chron.*, *CM* 2, 185, 453, 2; *Chron. Gall.* 1, 663, 622.

696 Hyd. *chron.*, *CM* 2, 27, 154.

697 Marcell. *chron.*, *CM* 2, 86, 454, 1.

698 Vgl. Moravcsik 1932.

699 „Zu der Zeit, da Attila, der Hunnenkönig, starb, waren die beiden Pannonien und andere Bezirke, die an die Donau grenzten, in einem Zustand äußerster Verwirrung" Eugipp. *Sev.* 1, 1.

700 Mommsen 1882, xxxi.

701 In seinem Haß gegen die Gepiden verdrehte Paul. Diac. *Rom.* 15—16, was er bei Jordanes, seiner einzigen Quelle für diese Periode, las.

702 Alföldi 1926, 97—99; L. Schmidt 1927, 459; Enßlin 1947, 11; Thompson 1948, 153. Altheims Argumente dafür, daß die Goten an der Schlacht am Nedao teilnahmen (1959/1962, 4, 340—346), sind nicht überzeugend.

703 Sidon. *carm.* 7, 589—590.

704 Seeck 1920, 476 zu S. 328.

705 Seeck 1919, 402.

706 Stevens 1933, 30.

707 Siehe W. B. Anderson in seiner Ausgabe des Sidonius (1965) 1, 168, 3.

708 Seeck 1920, 328.

709 Stein 1928, 369. Sowohl er als auch Seeck dachten, daß Avitus selbst nach Pannonien ging.

710 Fast. Vind. 1 *CM* 1, 304, 577.

711 Sidon. *carm.* 2, 200—201.

712 Bolia, Scarniunga, Aqua nigra (Iord. *Get.* 277, 268).

713 Gilpil, Miliare (Iord. *Get.* 113).

714 Iord. *Get.* 30; Mommsen 1882, Index 166.

715 Vorgeschlagen von Wietersheim 1880/1881, 2, 271—272 und R. Huss, *Deutsch-ungarische Heimatblätter* 7 (1935) 41, zitiert von Rosenfeld 1957, 252, 23.

716 Marcell. *chron. CM* 2, 96.

717 Wie P. Vácsy bei Nemeth (ed.) 1940, 307 vermutete.

718 Sabianus, der von Mundo in der Nähe von Horreum Margi geschlagen wurde, floh nach Nato (Marcell. *chron. CM* 2, 96, 505).

719 *Itin. Anton. Aug.* 57.

720 Diculescu 1922, 66.

721 Vgl. Saus < Savus, Iord. *Rom.* 209, 243, 216; Iord. *Get.* 285.

722 Graf 1936, 19, 47, 66, 113, 3, 117.

723 N. Jokl, *Zf. Ort.* 3 (1927) 240; Krahe 1942, 208—218.

724 „In Pannonien in der Nähe des Flusses mit Namen Nedao" *(In Pannonia, iuxta flumen, cui nomen est Nedao)*.

725 Er änderte z. B. *Pannoniae* bei Marcellinus zu *Pannonia* (Iord. *Get.* 166).

726 Iord. *Get.* 264. Die Quelle ist Cassiodorus, vgl. Müllenhoff 3, 264.

727 Die Vandalen erhalten Pannonien (Iord. *Get.* 115); sie leben in *Pannonia utraque* (Iord. *Get.* 161). Die Valeria kommt bei Jordanes nur in Zitaten aus Rufus vor (Iord. *Rom.* 217, 218).

728 Iord. *Get.* 140, 226.

729 Iord. *Rom.* 386—387. Zum Datum der Schlacht s. Stein 1949, 821; vgl. auch Wagner 1967, 21—25.

730 Procop. *hist.* 5, 7.

731 *A Pannonios fines* (Iord. *Get.* 273). Jordanes verwendet die Form *Pannonii* nur noch einmal, als er Florus 2, 24 in den *Romana* 243 zitiert.

732 Procop. *hist.* 7, 33, 8; vgl. Diculescu 1923, 129.

733 Marcell. *auct. CM* 2, 106 zum Jahr 539.

733a Die von Mitscha-Märheim 1963, 61 akzeptierte Identifizierung des Nedao durch W. Steinhauser (Der Name der Leitha und die Hunnenschlacht am Nedao, Jahrb. f. Landeskde. von Niederösterreich 36 [1964], 844 ff.) mit der Leitha (über Annahme einer Verschreibung Ledao-Nedao), die O. M. bekannt war, lehnt dieser damit stillschweigend ab, wie auch eine von O. M. selbst im Manuskript herausgekürzte Bemerkung bestätigt wird (R.G.).

734 Iord. *Get.* 263.

735 Macartney 1934, 106—114. Ich möchte betonen, daß ich Macartneys Ansichten, obwohl ich sie nicht teile, anregend und nützlich finde.

736 Thompson 1948, 153.

737 Alföldi 1926, 100.

738 L. Schmidt 1927, 459.

739 Schönfeld 1911, 275—276; Holthausen 1934, 16 und 32.

740 Procop. *hist.* 5, 16, 2.

741 Braun 1899, 1, 124.

742 *Not. Dign. [or.]* 42, 8 und 21 (statt *Lito* ist *Vto* zu lesen); *Itin. Anton. Aug.* 221; Cuntz 1929, 32.

743 Οἶσκος, Ἴσκος; vgl. Honigmann 1939, 20; Danoff in *RE* 17, 2, 2037 f. (s. v. Oescus).

744 Ein *Castellum, Not. Dign. [or.]* 42, 10 und 19; vgl. Tomaschek in *RE* 1, 2, 1590 s. v. Almus 1.

745 φόσσατον, φοσάτον, φουσάτον, V. Beševliev, *Byzantion* 28 (1959) 267—268.

746 Grosse 1920, 66.

747 Procop. *aed.* 4, 11; 3, 4, 11.

748 Der Name eines Ostgoten; Cassiod. *var.* 4, 14.

749 Schönfeld 1911, 107.

750 A. Alföldi, *AAH* 5 (1934) 106, 12.

751 *Schol. Apoll. Rhod.* 2, 1015, *FHG* 4, 453.

752 In der zweiten Hälfte des 7. Jahrhunderts verfaßt.

753 In der Übersetzung von Chambers 1912.

754 Heusler/Ranisch 1903, 1 f.

755 Malone 1925, 772—773 und Schneider 1934, 96—99 geben eine Zusammenfassung der *Hervararsaga.*

756 Siehe Fn. 754 und Jonsson 1915, 2, 252—255. Die Übersetzung stammt von Hollander 1936; zu einer deutschen Übersetzung s. F. Genzmer, *Edda* 1 (Jena 1912) 24—32. (Sie ist hier übernommen außer Strophe 10, Vers 3, wo ich Gotland aus der Version von Hollander belassen habe. Die Namensformen bei Genzmer sind ebenso wie jene von O. M. gebrauchten unverändert übernommen. Anm. R. G.)

757 Heinzel 1887, 465 f.

758 Schneider 1934, 114.

759 Diese Gleichsetzungen sind keineswegs die am weitesten hergeholten: N. Luckman, *Aarbøger* (1946) 103—120 identifizierte die Hunnen mit den Greutungen, die Odotheus 386 über die Donau führte, und die Goten mit den Römern, die mit den Greutungen kämpften. Die Beziehungen zwischen der *Hervararsaga* und dem Krieg von 386 sind gleich Null. Die Interpretation von Settegast 1904 übergeht man am besten mit Stillschweigen.

760 *APS* 7 (1932/1933) 100—101.

761 Wofern das die richtige Form ist; die Handschriften haben ebenso *Handa* und *Hanada.* Die Identifizierung mit den Karpaten ist zweifelhaft, vgl. J. Mikkola, *Archiv für slavische Philologie* 42, (1928) 87—88; G. Schütte, *APS* 8 (1933) 256; Mohr 1938, 56.

762 R. Much, *Zf. DA* 33 (1889); R. C. Boer, *Aarbøger* (1911) 59; H. Rosenfeld, *PBB* 77 (1955) 235.

763 Heinzel 1887, 512 erkannte in ihm den hercynischen Wald.

764 Heinzel 1887, 473.

765 Schramm 1965, 4—5.

766 H. Rosenfeld, *PBB* 77 (1955), 236; Schramm 1965, 15.

767 Baesecke 1940, 1, 177.

768 Altheim 1951, 65.

769 H. Rosenfeld, *PBB* 77 (1955) 236.

770 *Bol'šaja Sovetskaja Enciklopedija* 1, Karte gegenüber S. 532; 15, 12.

771 Schramm 1965, 4.

772 Malone 1962, 103.

773 Jungandreas 1934, 236.

774 Schramm 1965, 12.

775 "Alfred the Great and the Tradition of Ancient Geography", *Speculum* 39 (1964) 434—439.

776 Das wurde schon vor langer Zeit von G. Schütte erkannt, *Arkiv f. nord. filol.* 21 (1904) 30—44; Schück 1918, 17—18; H. De Boor, *Zf. DPh* 50 (1924) 192; A. Johannson, *APS* 7 (1932—1933) 111—112.

777 Iord. *Get.* 268—269. Bis auf kleine Abänderungen folgte ich der Übersetzung von Mierow. 1915.

778 Alföldi 1926, 103—104.

779 *UAJ* 6 (1927) 167.

780 E. Moór, *Acta Universitatis Szeged* 10 (1936) 23.

781 Vgl. Egger 1962, 1, 117.

782 Egger 1962, 1, 118.

783 Werner 1959, 428—429.

784 Enßlin 1947, 12.

785 Brief an mich vom 17. Februar 1956.

786 Siehe A. Nagl, *RE* 5 A, 1746 s. v. Theoderich 2; und Skržinskaja 1960, 338, 679.

787 Macartney 1934, 108.

788 Leo M. *epist. ACO* 2, 5, 95, 34: *maximam propter hiemis vehementiam*, vgl. G. Krüger, *Realencyclopädie für protestantische Theologie und Kirche* 13, 377—378.

789 Leo M. *epist. ACO* 2, 5, 24—98. Vgl. R. Haake in: *Das Konzil von Chalzedon* 2, 109 f.

790 *ACO* 2, 5, *praef.* 15 (Schwartz).

791 Leo M. *epist. ACO* 2, 5, 32.

792 Leo M. *epist. ACO* 2, 5, 31. In der Liste S. 24, die, wie E. Schwartz, *praef.* 13 anmerkte, *accurate secundum imperii dioceses dispositus est*, ist Tomi nicht unter den Metropolitensitzen von Thrakien. Das und die Bezeichnung *Scythiae regio* zeigen, daß die frühere Scythia minor keine Provinz mehr war; wahrscheinlich war sie an Moesia inferior angegliedert.

793 *ACO* 2, 5, 95—96.

794 Unterzeichnet von den Bischöfen von Scupi, Ulpiana (?) und Diocletiana (*ACO* 2, 5, 88).

795 Leo M. *epist. ACO* 2, 5, 24, 62.

796 Prisc. *EL* 123, 15.

797 C. Moeller in: *Das Konzil von Chalzedon* 2, 668 Fn.

798 *ACO* 2, 5, 29.

799 *ACO* 2, 5, 71.

800 *ACO* 2, 5, 81; vgl. auch S. 64 (zu Beginn von Leos Herrschaft).

801 *Propterea siquidem alienigenarum quidam populus, qui pridem nostram provinciam veluti suam invaserat, non magno labore subiectus est* (Brief des Metropoliten von Pontus Polemoniacus, *ACO* 2, 5, 79). Die Lazen wurden 456 geschlagen (Hydat. *chron. CM* 2, 29, 177): *orientalium naves Hispalim venientes per Marciani exercitum caesos Lazas nuntiant;* s. auch Prisc. *EL* 152, 9—10.

802 *Virtute tua cunctas regno vostro [deus] subdidit barbaras nationes* (*ACO* 2, 5, 88) im Brief des Bischofs von Dardania ist eine leere Phrase.

803 Prisc. *EL* 124, 13.

804 Prisc. *EL* 150, 8.

805 Iord. *Get.* 266.

806 *Ces provinces étaient probablement désorganisées par les invasions barbares;* Bardy 1952, 282, 2.

807 Seeck 1920, 342; Stein 1928[1], 1959[2], 1, 558.

808 Zum Datum s. Coville 1930, 61, 2; Loyen 1942, 59, 1.

809 Sidon. *carm.* 5, 471—479.

810 Bastarna, Neurus, Halanus, Bellonitus, Bisalta, Sarmata von Valerius Flaccus (*Argonautica* 6, 42, 48, 96, 122, 161, 232, 507); Moschus von Lucan 3, 270. *Scythicae potor Tanaiticus undae* ist gebildet nach Claudians *Alanus bibens Maeotim* (*carm.* 3; *in Rufin. I.*, 312), das wiederum auf *Rhodani potor* bei Horaz (*carm.* 2, 20) zurückgeht.

811 Dacus, Pannonius; *Suebus* wird von Claudian als vage Bezeichnung für nördliche Barbaren verwendet. Procrustes scheint des Sidonius eigene Erfindung zu sein.

812 Sidon. *carm.* 5, 484—488.

813 Loyens Einwände sind nicht überzeugend. Stevens 1933, 45 macht die Meuterei der Hunnen zu einer Invasion der Hunnen.

814 Prisc. *EL* 585, 2—4.

815 Theod. 2, 65, Migne *PG* 86, 1, 216 (= Theoph. A. M. 5951; De Boor 1883, 111). Nach der Angabe von Theodorus Lector geschah dies unter dem Patriarchen Gennadius (458—471), also frühestens in der zweiten Hälfte von 458, vgl. Diekamp 1938, 55. Cedrenus, Migne *PG* 121, 661 gibt das erste Jahr des Kaisers Leo, Februar 457—458, als das Datum der Übersetzung an. Diekamp 1938, 63—64 entscheidet sich für Sommer 458.

816 Iord. *Get.* 272—273.

817 Mommsen 1882, xxxv, Nr. 65.

818 *Istis Ostrogothus viget patronis / vicinosque premens subinde Chunos / his quod subditur, hinc superbit illis* (Sidon. *epist.* 8, 91). Mommsen 1905, 136 hielt es für ohne weiteres glaubhaft, daß die Ostgoten die Hilfe ihres verwandten Stammes im Westen suchten, auch Stevens 1933, 165—166, aber Dalton 1915, xlvi, 1) ist, wie ich glaube, zu Recht skeptisch.

819 Die Hunnen, die im Jahre 474 die Donau überquerten und Thrakien verwüsteten (Euagr. *hist.* 3, 2; Theoph. A. M. 5966), können sehr gut mit den Goten zusammengestoßen sein.

820 Enßlin 1947, 135 mit Quellenangaben.

821 Iord. *Get.* 270—271.

822 Prosp. *CM* 1, 492.

823 Sidon. *carm.* 2, 223—234.

824 Prisc. *EL* 9. Im folgenden Exzerpt spricht er von den Überfällen Geiserichs in Sizilien nach dem Tod des Kaisers Maiorian am 7. August 461.

825 Seeck 1919, 413; Malalas 372; *vita S. Danielis Stylitae, Analecta Bollandiana* 32 (1913) 169—170.

826 Cassiod. *var.* 3, 23; *MG AA* 12, 91.

827 Ennod. *paneg. Theodoric.* 12, *MG AA* 7 (1885) 210.

828 Zum folgenden s. Graf 1936, 16.

829 Das beste zum Danparufer wurde von Johannsen, *APS* 7 (1932—1933) 104 gesagt: *Die Danparstadir fallen völlig aus dem Rahmen des Bildes, und ich kann mir*

das Auftauchen dieses Namens hier nur durch die Annahme erklären, daß bei der dichterischen Behandlung des gotischen Sagenstoffes durch einen Nordmann, dem auch dunkle Kunde von den Schwarzmeer-Goten zugekommen war, dem aber schwerlich eine klare Vorstellung über Ort und Zeit vorgeschwebt hat, dieser in seiner Herzenseinfalt geographische und historische Verhältnisse verschiedener Jahrhunderte zu einem Bild gestaltet hat.

830 Prisc. *EL* 587, 29 ff.—588, 1—9.

831 „Nach der alten Sitte" ist nicht das gleiche wie „am selben Ort wie vorher", wie von Macartney 1935, 109 vermutet wurde, der auf dieser Interpretation seine merkwürdige Theorie über die Wohnsitze der nachattilanischen Hunnen in Ungarn aufbaute.

832 Thompson 1948, 157 machte ihn zum *magister militum* in Thrakien, eine Stellung, die zu dieser Zeit Basiliscus innehatte.

833 Prisc. *EL* 588, 33—36.

834 Gordon 1960, 135.

835 Lies: Anagastes.

836 Prisc. *EL*, p. 162, l. 18 bis p. 164, l. 19.

837 Nach Theophanes wurde Basiliscus zum *magister militum per Thraciam* im A. M. 5956, d. h. zwischen 29. August 463 und 28. August 464, ernannt. Das Datum mag richtig sein, obwohl Theophanes die Ernennung des Zeno zum *magister militum per orientem* in dasselbe Jahr setzt, was falsch ist. Zeno wurde, als er Ariadne, Leos ältere Tochter, heiratete, befördert (Candidus, Frg. 2, *FHG* 4, 136), wahrscheinlich im Jahr 467/68 (Baynes/Dawes 1948, 81). Er war zur gleichen Zeit *strategos* wie Basiliscus (Zach. 5, 1; Ahrens-Krüger 59; Brooks, *CMH* 1, 145), also vor dem Herbst 468, als Basiliscus in Ungnade fiel; s. auch E. Schwartz, 1934, 181. Glücklicherweise ist es nicht unsere Aufgabe, die verworrene Chronologie jener Jahre in Ordnung zu bringen.

838 Ὀστρύς (Theoph. A. M. 5964, De Boor 1883, 117, 26; Ioh. Mal. *EI* 161, 5) ist die Kurzform eines Namens, der mit *Ostro-* begann. Seine Treue zu Aspar wurde sprichwörtlich.

839 Theoph. A. M. 5961.

840 Marcell. *chron. CM* 2, 90.

841 *Chron. pasch. CB* 598; *CM* 2, 90, 469.

III. WIRTSCHAFT

1 Sinicyn 1932, 68.

2 Sinicyn 1960, 11, 155, 157, 159, 163.

3 Smirnov 1960, 248—249, 253—257.

4 Šilov 1959, 324.

5 *APU* 8 (1960) 5.

6 Vjaz'mitina 1954, 243.

7 Arzjutov 1936, 88.

8 Vgl. etwa Hambly 1966, 21. (Fehlende Fn. ersetzt. R. G.)

9 So endete z. B. der Nomadismus der Kasachen, praktisch schon 1916 mit der Verpflichtung zum Arbeitsdienst beginnend, erst mit der brutalen Politik der Seßhaftmachung ab 1928, s. Hambly 1966, 211. (Fehlende Fn. ersetzt. R. G.)

10 Iord. *Get.* 5, 37.

11 *Fußnote fehlt. Hrsg.*

12 Amm. 31, 2, 3 *(semicruda cuiusvis pecoris carne vescantur).*

13 Iord. *Get.* 35, 183.

14 Prisc. *EL* 126, 31—32.

15 Amm. 31, 2, 6.

16 Minns 1913, 193; Abb. 85; 209, Abb. 108; 211, Abb. 110.

17 *Fußnote fehlt. — Hrsg.*

18 Amm. 31, 2, 6 meint mit dem Anschluß *eorumque calcei* offensichtlich den mit den Hosen (wie etwa auch bei den Kušān) direkt in einem verarbeiteten Schuhteil, weshalb das Material das gleiche sein muß. (Fehlende Fn. ersetzt. R. G.)

19 Amm. 31, 2, 6.

20 Hier. *epist.* 64, 13; vgl. Iord. *Get.* 11, 71—72.

21 Eine kleine Zahl von Kamelen aus den Gebieten südlich und südöstlich des Urmia-Sees kommt in der Liste der Beute vor, die für die Chaldäerkönige im 8. und 7. Jahrhundert aufgestellt wurde; vgl. F. W. König, *Archiv für Völkerkunde* 9 (1954) 53—55 und 62.

22 Die Kamele, die in Westeuropa verwendet wurden, waren einhöckrige Dromedare. Für Italien s. Ennod. *epist.* 5, 13; für das merowingische Gallien s. Greg. Tur. *Franc.* 7, 35.

23 Schafer 1950, 177—181.

24 Sun 1960. Garutt/Jur'ev 1959, 81—83. *[Das Manuskript hat für diese Fn. zwei Quellenangaben, die hier kombiniert sind. — Hrsg.]*

25 Petri 1928, 54, Abb. 41.

26 Teplouchov 1929, Abb. 1, 101.

27 Martin 1893, Abb. 29, 15.

28 Für eine ähnliche Ordos-Bronze s. Kiselev 1951, 235, Abb. 21, 14.

29 Appelgren/Kivalo 1931, Abb. 88.

30 Rudenko 1962b, Abb. 5, 2 (drei gleiche Platten). Eine sehr realistische Goldfigur eines Kamels ist nur von einer Abbildung bei Witsen 1962, 9, Abb. 1, 16 bekannt.

31 M. I. Artamonov, *SA* 9 (1949) 321, Abb. 18.

32 Posta 1905, Abb. 287, 6—7; Spicyn 1915, Abb. 20; Werner 1956, Abb. 65, 3; E. K. Maksimov, *SA* 4 (1957) 159, Abb. 3, 2; 160, Abb. 4. Die Grabfunde beinhalten auch ein römisches Sieb eines wohlbekannten Typus, vgl. z. B. Curle 1923, 75—76. Ein ähnliches Sieb kommt aus dem Kuban'-Gebiet, *OAK ANSSR* 1902 (1904), 83, Abb. 182.

33 I. I. Veselovskij, TAS 11, 1 (1905) 361, Abb. 53.

34 *OAK ANSSR* 1902 (1904) 8, Abb. 176. Das wurde von E. K. Maksimov hervorgehoben, *SA* 4 (1957) 160. Übrigens sprechen diese Analogien gegen die Annahme, daß der Ring von Bol'šaja Dmitrijevka zentralasiatischer Herkunft ist, wie Werner 1956, 68 meint.

35 Smirnov/Petrenko 1963, Abb. 21, 6.

36 Grjaznov, *KSIIMK* 61 (1956) 14, Abb. 14, 4; Smirnov/Petrenko 1963, Abb. 21, 8.

37 Moškova 1963, Abb. 26, 16.

38 Sal'nikov 1948, 42.

39 Vjaz'mitina 1962, 117.

40 Blavatskij 1960, 184. Für andere Funde von Kamelknochen s. Calkin 1960, 101—104, 107.

41 Kobylina 1956, 88.

42 Die spätere Geschichte des Kamels in Südrußland ist dunkel. Die Tataren der Goldenen Horde hatten Kamele, s. Spuler 1943, 423. Für die Kamele in Bessarabien und auf der Krim s. Schafer 1950, 166.

43 Amm. 31, 2, 10; Claud. *carm.* 3 *(in Rufin. I.)* 327; Ast. *hom.* 15, Migne *PG* 40, 381; Prisc. *EL* 589, 24—25. Daß die Hunnen bloße Jäger waren, bevor die Hindin

sie über die Maeotis (Iord. *Get.* 123) führte — die Quelle ist Priscus — ist eine pseudogelehrte Rekonstruktion.

44 Amm. 31, 2, 18.

45 Rykov 1925, 48.

46 Sinicyn 1956b, 42, Abb. 20.

47 Nur Smirnov 1950b, 111 erkannte ihre Bedeutung für die Wirtschaft der Sarmaten.

48 *Trudy Saratovskogo oblast'nogo muzeja kraevedenija* 1 (1956) 105.

49 Sinicyn 1956b, 30.

50 Sinicyn 1960, 54, Abb. 19, 10.

51 Šilov 1959, 492, Abb. 60, 11.

52 Šilov 1959, 343.

53 Csallány, 1961, 285.

54 M. I. Vjaz'mitina, *Voprosyskifo-sarmatskoj archeologii AN SSRS* 1954, 243.

55 M. I. Vjaz'mitina, *APU* 8 (1960) 20.

56 Rau 1926, 37, Abb. 52; vgl. Sal'nikov 1940, 137.

57 Šilov 1959, 344, 488, Abb. 59, 10.

58 Vgl. Flinders-Petrie 1917, 18.

59 Z. B. Sinicyn 1960, 26, Abb. 7, 11.

60 Das war angeblich die Funktion eines Beiles, das in einem Kurgan in Akčij-Karasu am rechten Ufer des Naryn-Flusses gefunden wurde und zwischen dem 4. und 2. Jahrhundert v. Chr. datiert werden kann; Kožomberdiev 1960a, 119, Abb. 5.

61 Vgl. z. B. Sinicyn 1947, 23.

62 Daher nehmen K. F. Smirnov, *SA* 4 (1958) 271 und Šilov 1959, 488 an, daß die Sarmaten hauptsächlich Hirse anbauten.

63 Plin. *nat.* 18, 100; Ael. *var. hist.* 3, 39. In den griechischen Städten Panticapaeum, Myrmecium und Tyritace wurden nur Weizen, Roggen und Gerste gefunden. I. I. Nikišin, *KSIIMK* 23 (1948) 84; I. B. Zeest, *KSIIMK* 33 (1950) 96—103.

64 „Pamjatniki rannych kočevnikov central'nogo Kazachstana," *T Kaz* 7 (1959) 192—193.

65 „Ob izučenii v 1955 g. pogreben'nych pamjatnikov kočevnikov v Kara-Mazarskich gorach", *T Tadz* 63 (1956) 39.

66 V. D. Blavatskij in: *Problemy istorii severnogo Pričernomor'ja*, 36—37. (Zitat unvollständig und unklar. — R. G.)

67 Kapošina 1962, 95—112.

68 *Chron. Gall. CM* 1, 660, 442.

69 Vgl. F. Lot, *Revue belge de philologie et d'histoire* 8 (1928) 975—1011.

70 S. Paulinus von Pella in seinem *Eucharisticos* über die Alanen bei der Belagerung von Vasatae.

71 Nerazik 1958, 387, Abb. 10, 3.

72 Nerazik 1958, 390.

73 *Per* — Lücke von sieben oder acht Buchstaben — *ab incunabilis*. Ich halte Clarks *perferre* für besser als Pighis *perperti iam* oder *perferre ipsis*, das von Brackmann 1909, 20 vorgeschlagen wurde.

74 Amm. 31, 2, 4.

75 Sen. *epist.* 40, 41—43.

76 *Ipsa oppida ut circumdata retiis busta declinant* (Amm. 16, 2, 12). Langen 1867, 19 schlug *lustra* statt *busta* vor, was vielleicht besser ist.

77 Petrus Patricius, s. De Boor/Boissevain 1910 (*Cass. Dio* 3, 745).

78 Eun. *hist.* 79, *FHG* 4, 49; Suda (Teubner) 4, 162.

79 Ast. *hom.* 15, Migne *PG* 40, 381.

80 Prisc. *EL* 125, 20—21.

81 *OAK ANSSR* 1878—1879, Taf. 1, Abb. 1 und Frontispiz; Minns 1913, 313, Abb. 223; Rostovcev 1914, 182, Atlas, Abb. 51, 2, Gajdukevič 1948, 400, Abb. 71; Ivanova 1953, 152, Abb. 54. Rostovcev und Gajdukevič datieren die Malerei an den Beginn des 1. Jahrhunderts n. Chr. Das von Ebert 1921, 332 vorgeschlagene Datum (2.—1. Jahrhundert v. Chr.) ist zu früh, jenes von Minns zu spät.

82 Prisc. *EL* 140, 3—4.

83 Liu 1958, 187.

84 Maenchen-Helfen 1957a, 120.

85 Iord. *Get.* 256.

86 Die römischen Gesandten trafen eine Hunnenprinzessin in einem Dorf, Prisc. *EL* 131—132. Es war im Sommer, also einer Jahreszeit, in der selbst jene Nomaden und Halbnomaden, die wie die Wolgabulgaren im Winter in Holzhäusern wohnten, in Zelten auf den Weiden lebten, vgl. Marquart 1927, 267. Es ist daher anzunehmen, daß die Prinzessin in einem Haus lebte.

87 Párducz 1949, 90.

88 S. Thompson 1945a, 112—115.

89 Clemmensen 1937, 1, 297. Die Argumente von Varmos 1932, 131—148 für den iranischen Ursprung der hunnischen Gebäude sind nicht überzeugend.

90 Thompson 1956, 1—11.

91 Sie wurden niedergebrannt, Soz. 4, 37, 13—14.

92 Gotisch *timrja*, „Zimmermann", ist ein germanisches Wort.

93 Mommsen 1906, 1, 539, 4.

94 Zos. 4, 29; Olymp. 4, Henry 1959, 168.

95 Zos. 5, 41.

96 Malchus, frg. 2, *EL* 570, 21—22.

97 Prisc. *EL* 152, 24.

98 Malchus, frg. 16, *EL* 574, 11—12.

99 Men. *prot.*, frg. 49, *EL* 469, 7.

100 Men. prot., frg. 63, *EL* 471, 29—30.

101 Stein 1949, 295.

102 Stein 1949, 490, 502, 510, 519.

103 Ioh. Ant. *EI* 142, 9. Euagr. *hist.* 2, 35 gibt die Zahl 5000 an.

104 Euagr. *hist.* 1, 20.

105 Marc. Diac., Grégoire/Kugener 1930, 44; die *vita Porphyri* ist eine Bearbeitung des Originals, die aus dem 6. Jahrhundert stammt. Ich übergehe die unglaublichen Summen, die Olympias den Kirchen in Konstantinopel gegeben haben soll, *vita Olymp.* Kap. 7, *Analecta Bollandiana* 15 (1896) 415.

106 Lyd. 3, 48.

107 S. für die Zahlen Stein 1949, 181.

108 Vasiliev 1950, 348—349.

109 Marcell. zum Jahr 521, *CM* 2, 101—102.

110 Lyd. 3, 76.

111 *ACO* 1, 4, 2, 222—225; Nestorius (ed. Driver/Hodgson 1925) 350; Barhadbesabba Abbaia, *Hist. eccles.* 25, *PO* 9, 5, 555, vgl. Battifol 1919, 154—179.

112 Mansi 6, 1025—1028.

113 A. Segré, *Byzantion* 16 (1944) 437.

114 Μετὰ γοῦν Θεοδόσιον καὶ Μαρκιανὸν τὸ μέτριον ἐλθὼν ὁ Λέων καὶ τὸν πλοῦτον εὑρών, ὃν 'Αττίλας ὁ τῆς οἰκουμένης πολέμιος λαμβάνειν ἤμελλεν (ἦν δὲ ὑπὲρ τὰς χιλίας ἑκατοντάδας τοῦ χρυσίου λιτρῶν), Lyd. 3, 43. Moravcsik 1958, 1, 328 und L. Várady, *AAH* 14 (1962) 437 mißverstanden diese Passage; Leo fand nicht „Attilas Schatz".

115 320 000 Pfund Gold Procop. *anecd.* 19, 7. Bury 1923, 446 und Stein 1928[1]/1959[2], 2, 193 akzeptierten diese Zahlangabe als authentisch.

116 Prisc. *EL* 142, 3—12.

117 *Cod. Theod.* 9, 22; 12, 7, 2.

118 *Cod. Theod.* 12, 6, 12, 13.

119 Babelon 1901, 1, 882—884; F. A. Marshall 1911, 376; Trau 1935, Nr. 4467; Horedt 1958, 31. Die Goldbarren sind mit den Büsten dreier Kaiser und *DDD NNN*, wahrscheinlich Valentinian I., Valens und Gratian, gestempelt. Es scheint, daß die Zahlungen an die Westgoten im Jahre 369 nicht gänzlich eingestellt wurden, wie man aus Them. 10, 135, c—t schließen könnte; einigen römerfreundlichen Anführern wurden auch später noch Subsidien bezahlt. Zum Datum s. A. Alföldi *NK* 28/29 (1930) 10, 5.

120 Kropotkin 1961, 95.

121 Nachahmungen von römischen Goldmünzen des 4. und 5. Jahrhunderts, wie sie in Zentralasien (Kropotkin 1961, Nr. 1675—1678) gefunden wurden, sind aus Ungarn nicht bekannt.

122 Zur Steuer, die Xusraw von syrischen Städten eintrieb, s. Procop. *hist.* 2 (pers. 2) 6, 24; 7, 5—8; 8, 4; 11, 3; 11, 24; 12, 2; 12, 34, 27, 46.

123 Ambr. *off.* 2, 15, 70—71; 28, 136.

124 Prisc. *EL* 146, 7. Hätte er sie einem Sklavenhändler verkauft, würde er höchstens 25 Solidi bekommen haben.

125 Prisc. *EL* 149, 12, 150, 11.

126 Amm. 31, 3, 8.

127 Die Awaren erhielten zum Beispiel mit Gold geschmückte Ketten, Seidengewänder und Diwane, Men. prot. 5, 14, *EL* 442, 445.

128 Prisc. *EL* 151, 11—15.

129 Procop. *hist.* 2, 28, 44.

130 Prisc. *EL* 579, 1—10.

131 Prisc. *EL* 129, 9, 130, 2.

132 Prisc. *EL* 148, 18, 149, 1.

133 Them. 10, 136b, vgl. Thompson 1961, 18.

134 Them. 10, 135c.

135 Vgl. A. Alföldi, *Arch. Ert.* (1941) 41.

136 Patsch 1929, 8.

137 *Cod. Iust.* 4, 41, 1; zum Datum s. Seeck 1921/1923, 124, 23.

138 *Pro mancipiis vel quibuscumque speciebus* (*Cod. Iust.* 4, 63, 2). Zum Datum s. Seeck 1921/1923, 126, 4. Luschin 1910, 9 datierte das Edikt fälschlich auf die Jahre 379 bis 383; Werner 1935, 5 folgte ihm darin.

139 „Panzer, Schilde, Bogen, Pfeile, Langschwerter *(spathae)*, Kurzschwerter *(gladii)* oder sonst welche andere Waffen.“

140 *Alienigenis barbaris cuiuscumque gentis* (*Cod. Iust.* 4, 41, 2, erlassen nach dem 1. August 455, vgl. Seeck 1921/1923, 124, 27). Das Verbot galt für das ganze Reich, aber in erster Linie für Konstantinopel, wohin die Barbaren als Gesandte oder „unter allen möglichen anderen Vorwänd n“ kamen.

141 *Cod. Iust.* 4, 63, 4, vgl. Vasiliev 1950, 359.

142 Κατὰ τὸν τῆς πανηγύρεως καιρόν (Prisc. *EL* 575, 10). Beachte den bestimmten Artikel. Vgl. ἡ κατ' ἔτος ἐγχωρίως γενομένη πανήγυρις. *Synaxarium eccles. Const.* 721 bis 722.

143 Der Feldzug im Jahre 441, der nach dem hunnischen Angriff auf die Römer während des Marktes begann, dauerte einige Monate, bevor ihm der Winter ein vorläufiges Ende setzte.

144 Attila forderte, daß der Markt in Illyrien nicht an der Donau, wie vorher, sondern in Naissus abgehalten werden sollte, Prisc. *EL* 579, 29—31. Thompson 1948, 176 mißverstand den Text. Der Marktplatz konnte nicht „von Illyrien nach Naissus" verlegt werden, weil Naissus in Illyria *lag*.

145 Prisc. *EL* 587, 29 ff. — 588, 1—9.

146 Thompson 1948, 174.

147 [Fußnoten fehlen im Manuskript. Die Belege waren auch mit Hilfe einiger

148 Wiener Fachkollegen nicht verifizierbar. R. Göbl.]

149 Siehe die hervorragende Arbeit über die Seidenfunde in den Hsiung-nu-Gräbern in Noin Ula von Lubo-Lesničenko 1961.

150 Zos. 5, 41, 4.

151 Olymp. 24; Henry 1959, 175, 21—22.

152 Them. 10, 135b.

153 Max. Tur. 18, 3, Migne *PL* 57, 478; *CCL* 23, 69. Zum Datum Ende 408 s. Maenchen-Helfen 1964, 114—115.

154 Toll 1927, 85—92; Lubo-Lesničenko 1961, 29, Taf. 9.

155 Rau 1927, 68.

156 Minaeva 1929, 199.

157 Men. prot. 5, *EL* 442, 31 = *FHG* 4, 203.

158 Iord. *Get.* 256. Altheim 1962, 2, 83 übersetzt *intra tenturia serica* mit *unter chinesischer Seide* und zieht daher den Schluß, daß Attila die Seide von den Hephthaliten, dem angeblichen „Muttervolk" der Hunnen, bekam. Aber *sericum*, was auch immer seine Etymologie sein mag, bedeutet einfach „Seide". Die Seide kam höchstwahrscheinlich aus Konstantinopel, wo die Seidenfabriken unter der Aufsicht des *comes sacrarum largitonum* (*Cod. Theod.* 10, 20, 12, 406 n. Chr.) standen.

159 Prisc. *EL* 123, 30.

160 Ast. *hom.* 9, Migne *PG* 40, 381.

161 Procop. *hist.* 3, 12, 8.

162 *Bibunt ut Gothi*, Greg. M. *dial.* 1, 9, zitiert von Momigliano 1955, 207.

IV. GESELLSCHAFT

1 Einige von deren Schriften über die Hunnen sind bei Rafikov in *Voprosy istorii* 5 (1952) 126—131 zitiert.

2 Thompson 1948, 199.

3 Engels 1896, 170 ff. (Text wortgleich mit der 1. Aufl. Zürich 1884. — R. G.)

4 Z. B. N. Ya. Merperth in *Očerki istorii* SSR 2, 153 und Pletneva, *SA* 3 (1964) 343.

5 *VDI* 1 (1952) 101—109; *Voprosy istorii* 8 (1952) 5; *Bol'ševik* 11 (1952) 68—72.

6 Harmatta 1951, 139—142.

7 Zum Beispiel hielt er Aetius und den Westgotenkönig Theoderich für einen und denselben Mann.

8 Harmatta 1951 und 1952.

9 Harmatta 1952, 304.

10 Altheim 1962, 4, 281—286. Wie so oft mißverstand er den griechischen Text.

11 Spengel 1853/1856, 3, 394.

12 Gregor von Nyssa (gest. 394) in seiner Predigt gegen den Wucher, Migne *PG* 46, 433.

13 Cyrillus, Migne *PG* 76, 908.

14 Theoph. A. M. 5925, Migne *PG* 108, 241a.

15 Leib 1945 *passim*.
16 Pervonaoglu 1904, 465.
17 Prisc. *EL* 130, 7—20.
18 Prisc. *EL*, 130, 7—10.
19 Prisc. *EL* 130, 10—20.
20 Thompson 1948, 58.
21 Gegen Harmatta 1952, 291.
22 Ioh. Chrys. *PG* 52, 618.
23 Er hatte zwischen 200 und 300 Mann.
24 μοίρας Γοτθικῆς ῥήξ.
25 Ioh. Mal. 184, 372, 373, 383, 414, 459, 450, 460.
26 Helm 1932, 383, 2.
27 Prisc. *EL* 142, 12—15.
28 Prisc. *EL* 152, 13, 586, 21, 587, 6.
29 Prisc. *EL* 454, 23.
30 Malchus, frg. 2, *FHG* 4, 114.
31 Plut. *Galba* 1; Olymp. 12.
32 Harmatta 1952, 296—297.
33 Eun. *hist. EL* 594, 14.
34 Eun. *hist. EL* 591, 9.
35 Eun. *hist. EL* 121, 4.
36 Eun. *hist. EL* 121, 18.
37 Suda (ed. Adler 1938), *s. v.* Ζέρκων.
38 Prisc. *EL* 576, 2.
39 Prisc. *EL* 584, 17, 19, 26.
40 Nonnos. *FHG* 4, 179.
41 Petrus Patricius *EL* 390, 10—16.
42 Olymp. 3, 17, 18, 31, 37.
43 Thompson 1961, 20 ff. macht willkürlich den Rat, zu dem nach der Angabe Claud. *carm.* 26 *(bell. Goth.)* 479—480 Alarich *primos suorum* einberuft, zu einem Rat der Verbündeten.
44 Harmatta 1952, 292—293.
45 Εὖ δὲ καὶ αὐτὸν φύντα καὶ τὸν πατέρα Μουνδίουχον (Prisc. *EL* 581, 23—24).
46 *Raris barba, canis aspersus* (Iord. *Get.* 182).
47 Gegen Thompson 1948, 162—163.
48 Prisc. *EL* 143, 25.
49 Suda (ed. Adler 1938) *s. v.* Ζέρκων.
50 *Haec est natio, cuius ante te* [i. e. Theodericum] *fuit omne quod voluit, in qua titulos obtinuit qui emit adversariorum sanguine dignitatem, apud quam campus est vulgator* [ein Wortspiel] *natalium-nam cuius plus rubuerunt tela luctamine, ille putatus est sine ambage sublimior* (Ennod., *MG AA* 7 [Vogel] 205, 20).
51 Wie der Renegat, der Priscus erzählte, wie glücklich er bei den Hunnen war (Prisc. *EL* 135, 10, 138, 15).
52 *Const. Sirmond.* 16, ein Fragment in *Cod. Theod.* 5, 7, 2. Sie mußten dem Käufer den Kaufpreis zurückerstatten oder „sich für die Hilfe durch ihre Arbeit, Nützlichkeit oder Dienste während eines Zeitraums von fünf Jahren erkenntlich zeigen".
53 Vgl. Maenchen-Helfen 1964, 114—115.
54 Amm. 31, 2, 11.
55 Siehe den hervorragenden Artikel von Semeniuk 1958.
56 Prisc. *EL* 147, 17—20.
57 Prisc. *EL* 135, 18—20.

V. KRIEGFÜHRUNG

1 Belagerung von Naissus, Prisc. *HGM* 1, 279; Belagerung von Aquileia, Iord. *Get.* 221.

2 Claud. *carm.* 26 *(bell. Goth.)* 536—537.

3 Amm. 31, 6, 3 über die aufrührerischen Goten im Jahre 376; nach der Schlacht bei Marcianopel „legten die Westgoten römische Waffen an“ (Amm. 31, 5, 9). In Conçesti wurde ein römischer Offiziershelm gefunden, Maculevič 1929, 125, Taf. 49; in einem sarmatischen Grab in der Stanica Vozdviženskaja, Kuban', ein römisches Pilum, *OAK ANSSR* 1899, 45.

4 Amm. 31, 2, 8. *Et pugnant non numquam lacessiti, sed ineuntes proelia cuneatim* in der Edition von Pighi gibt keinen Sinn. Rolfe läßt *sed* aus und übersetzt: „Sie kämpfen auch manchmal, wenn sie gereizt werden, und dann gehen sie in keilförmigen Gruppen aufgestellt in die Schlacht.“ Aber das MS mit der Lesung *lacessitis dineuntis* läßt keinen Zweifel daran, daß der Bibliothekar, dem wir den Vatikanischen *Cod. Lat.* 2969 verdanken, zu Recht *lacessiti sed ineuntes* schrieb. Wenn die Hunnen in die Schlacht gingen, fochten sie *cuneatim*, das heißt in taktischen Einheiten. Das erfordert im ersten Teil des Satzes ein Wort, das die hunnische Kampfesart charakterisiert, wenn sie „gereizt“ waren. Es muß das Gegenteil von *cuneatim* sein. Ich vermute **singulatim*.

(Der Verfasser hat meist die auch sonst nicht immer glückliche engl. Übersetzung von Rolfe übernommen. Ich habe hier daher eine direkte Übersetzung aus Ammian unter sorgfältiger Beachtung dessen, was dem Verfasser wichtig erschien, vorgezogen. — R. G.)

5 Im Anschluß an Clark verbesserte Rolfe *iugescunt* zu *incessunt*, was besser als Pighis *vigescunt* ist.

6 Die Lücke von 13 Buchstaben im *Cod. Lat.* 2965 zwischen *distint* und *comminus* ist unangenehm, die Bedeutung ist aber klar. Brackmans *distantiis decursis* scheint besser als Pighis *distinctis, corpora figunt.*

7 Zum Heulen der Avaren vgl. die *Suda s. v.* ἐπιδουπῆσαι, λυκηθμός. Die Magyaren heulten „wie die Wölfe“, vgl. I. Dujčev, *BZ* 52 (1959) 91.

8 Die Langobarden kämpften κατὰ φυλᾶς, Maur. *tact.* 9, 14.

9 „Es gab einen bestimmten Mann unter den Massageten, der sehr mutig und kräftig war, der Anführer einiger Männer. Dieser Mann hatte von seinem Vater und seinen Vorfahren das Vorrecht ererbt, in allen hunnischen Armeen als erster den Feind anzugreifen. Denn es war für einen Massageten gegen das Gesetz, zuerst in der Schlacht loszuschlagen und einen seiner Feinde zu fangen, bevor einer aus seinem Haus die Schlacht mit dem Feind begann“ Procop. *hist.* 3, 18, 13. Vgl. Amm. 19, 2, 5 über die Eröffnung der Schlacht durch den Chionitenkönig Grumbates.

10 Man kann vielleicht annehmen, daß die Standartenträger — vorausgesetzt daß die Hunnen tatsächlich welche hatten — gleichfalls von vornehmer Abstammung waren.

11 Zos. 5, 20; Agath. 1, 22. Vgl. Darkó 1935, 443—469; T. Sulimirski, *Revue internationale d'histoire militaire* 3 (1952) 447—461.

12 Ephraem Syrus (ed. Lamy 1889) 3, 194—200.

13 Ps. Prosp. *carm. de prov.* 29, 38, 43—56, *PL* 51, 617—618, verfaßt um 415; vgl. Courcelle 1948, 75—76. S. auch den Brief des Bischof Maximus von Avranches an Theophilus, den Patriarchen von Alexandrien, S. Morin, *Revue Charlemagne* 2 (1912) 36.

14 Prisc. *EL* 122, 1.

15 Siehe die Wandmalerei in einer Katakombe in Kerč, Minns 1913, 314, Abb. 244, datierbar an das Ende des 1. oder den Beginn des 2. Jahrhunderts. Gobazes, König der Lazen, saß im „Damensitz“ auf seinem Pferd, Agath. 3, 4, *CB* 1828, 114.

16 Hieronymus, der die hunnischen *caballi* den römischen *equi* gegenüberstellte (Hier. *in Is.*, Migne, *PL* 24, 113), paraphrasierte bloß Ammianus, vgl. Maenchen-Helfen 1955a, 393.

17 Siehe die realistische Darstellung auf der Basis von Čertomlyk, die am besten in *IRAIMK* 2 (1922) Taf. 8 reproduziert ist.

18 Strabo *geogr.* 11, 11, 8; Marquart 1932b, 2.

19 Veg. *mil.* Teubner 1903 (Lommatzsch) 95—96.

20 Veg. *mil.* 3, 7, 1.

21 Veg. *mil.* 3, 6, 2. Vgl. das Lob des Ennodius über den *equus Hunniscus: cana pruinosis mandentem gramina lustris* (Ennod. *carm.* 2, 90, *MG AA* 7, 169).

22 Veg. *mil.* 4, 6, Teubner 1903 (Lommatzsch).

23 Veg. *mil.* 3, 6, 5. Ich folge der Übersetzung J. K. Andersons aus dem Jahre 1961, 24. Thomas Blundervilles Übersetzung aus 1580 wird von Ridgeway 1906, 319 zitiert; deutsche Übersetzungen finden sich bei Hauger 1921, 39—40 und Hörnschemeyer 1929, 46.

Die Passage über das hunnische Pferd liefert einen zusätzlichen Beweis für Seecks Identifizierung des *imperator invictus* in der *epitoma rei militaris* des Vegetius mit Valentinian III. (*Hermes* 2 [1876] 61—83). Wären die *Epitome* und die *mulomedicina* unter Theodosius I. geschrieben worden, wie erst kürzlich wieder Mazzarino annahm (s. Gianelli/Mazzarino 1956, 542—543), so konnte das schlechte Beispiel der Hunnen nicht so viele Römer in kaum fünfzehn Jahren beeinflußt haben, es sei denn, die Römer nahmen mit den Hunnen zwei Jahre nach Adrianopel Handelsbeziehungen auf, was sehr unwahrscheinlich ist.

24 Mein Freund Professor Franz Hančar machte mich liebenswürdigerweise auf diesen Umstand aufmerksam.

25 Egami 1948, Taf. 4.

26 *OAK ANSSR* 1892 (1894) 72, Abb. 39. Das Pferd auf einer Sakralbronze aus Issyk (*KSIIMK* 59, 154, f. 6612) hat auch einen großen Kopf und einen starken Nacken.

27 Die Pferde, die in der Hsiung-nu-Ansiedlung an der Ivolga gehalten wurden, waren von der gleichen Größe wie jene der Burjaten und nördlichen Jakuten, Garutt/Jur'ev 1959, 81—82.

28 Maenchen-Helfen 1957a, 95—97.

29 Sidon. *carm.* 2, 262—266.

30 Veg. *mil.* 3, 26: Die Hunnen und Alanen versuchen vergeblich, des Kaisers Geschicklichkeit in der Reitkunst nachzuahmen. Vegetius war vielleicht von Claudian inspiriert, der in *carm.* 11 *(Fesc. Hon. I.)* 1, 3 Honorius pries, der kühner als die Gelonen ritt, und in *carm.* 8 *(cons. IV. Hon.)* 542—453 die Reiterkünste des Honorius als der der Massageten, Thessalier und Kentauren überlegen hervorhob.

31 Werner 1956, 53—54. Zu skythischen Peitschen s. Rostovcev 1931, 335, 454, 472.

32 *AAH* 27 (1943) 158; Gegen die Interpretation von White 1962, 139, 4. Alföldi 1967, 17 behauptet wieder, daß die Skythen und Parther Ledersteigbügel verwendeten; als Beweis führt er die Vase aus Čertomlyk und die Gold- und Silbermünzen des Q. Labienus an, Alföldi 1967, Taf. 9, 9, 10.

33 Hier. *epist.* 40, 17.

34 Die Quelle des Zos. 4, 20, 4, vgl. Maenchen-Helfen 1955a, 392–393. Die Suda, ed. Adler 1938, 1, 93, *s. v.* ἀκροσφαλεῖς, ist vielleicht ein Zitat aus Eunapius: „Er befahl, gegen die Hunnen zu marschieren, die unsicher und schwankend gehen. Denn ohne ihre Pferde können sich die Hunnen nicht leicht auf dem Boden bewegen." (Ὁ δὲ ἐκέλευσε χωρεῖν ἐπὶ τοὺς ἄποδας καὶ ἀκροσφαλεῖς Οὕννους· ἄνευ γὰρ ἵππων οὐ ῥαδίως ἂν Οὕννους τὴν γῆν πατήσειεν.)

35 Amm. 31, 2, 6.

36 Vgl. Radlov 1893, 412 über die Kirgisen. Morrison 1965, 757: „Der Cowboy war ein hervorragender Reiter, doch ein krummbeiniger Geher."

37 Zichy bei László, *AAH* 27 (1943) 123, 4. Zu den hölzernen Steigbügeln der Magyaren s. Diénes 1958, 125—142; zu mongolischen Holzsteigbügeln Köhalmi 1958, 143—147.

38 Kim 1948, Taf. 39.

39 Werner 1956, Taf. 67, 1.

40 White 1962, 14—26.

41 Kyzlasov 1960, 140.

42 S. I. Vajnštejn, *SE* 1963, 64—65.

43 Iord. *Get.* 213.

44 Zuletzt von Werner 1956, 51.

45 Rudenko 1953, Abb. 101—103 und 1960, 226—229.

46 Eine Zeichnung auf Elfenbein von Kul-Oba, Minns 1913, Abb. 103; Čertomlyk-Vase, *ibid*, 160, Abb. 47.

47 Rudenko 1962b, Taf. 7, 1, 7.

48 Kiselev 1951, 434, Taf. 36, 1.

49 Das ist die Meinung von Kyzlasov 1960, 130.

50 Kiselev 1951, 346—347, Taf. 32, 12.

51 Bernštam 1940, Taf. 26; Werner 1956, Taf. 35, 1. Das parthische Pferd auf einem Aureus des Q. Labienus trägt eine Satteldecke, das auf einem Denar einen wirklichen Sattel, vgl. Alföldi 1967, Taf. 9, 9, 10.

52 *Corpus des pierres sculptées Han* 1 (Peking 1950), 276—279. Es gibt jedoch auch Relieftafeln mit der Darstellung von Pferden mit Schabracken, z. B. Hsiao t'ang shan, *Corpus* 1, 10. Die Pferde der Hsiung-nu auf derselben Tafel haben sicherlich nur Sattelpölster.

53 White 1939, 33, 37, Taf. 49, 72.

54 Umehara 1960, 86, Abb. 58; Rudenko 1962b, Taf. 14, 3. Rudenko op. cit. 49—50 ist der Meinung, daß die hölzernen Bögen von einem Packsattel stammen.

55 Vorob'ev 1961, Taf. 34, 2. In Potčevaš am Unterlauf des Ob, wurden Tonfiguren von Reitern gefunden, deren Sättel hohe Vorder- und Hinterbogen hatten, *MIA* 35 (1953) 210, Taf. 12; leider können sie nicht einmal annähernd datiert werden.

56 Werner 1956, 51—52. Für die Silberblechbeschläge auf dem hölzernen Sattel in einem germanischen Grab der zweiten Hälfte des 5. Jahrhunderts in Blučina in der Nähe von Brünn in Mähren s. Tihelka 1963, 496, Abb. 11, 1—4. Der Krieger wurde mit Plättchen aus Bein, die von einem Kompositbogen stammen, begraben.

57 Sinicyn 1947, 130—131, Taf. 9. Maksimov 1956b, 74 (mit Parallelen) Abb. 45.

58 Maksimov 1956b, 84.

59 Der Sattel eines Sāsānidenkönigs auf einer Silberplatte in der Slg. Fouroughi hat einen hohen Vorderbogen; vgl. R. Ghirshman, *Artibus Asiae* 22 (1959) 52, Abb. 1. Die These von Vajnštejn 1966, 68—74, daß der Holzsattel von den Altaitürken erfunden wurde, berücksichtigt die frühen chinesischen und hunnischen Sättel nicht.

60 Rudenko 1953, 147, Abb. 86.

61 Karutz 1911, 50. Paudler 1933, 267—277 hat reiches Material über die Ohrmarkierungen.

62 Polo (ed. Moule/Pelliot 1938) 175.

63 *Three Hundred Masterpieces of Chinese Painting in the Palace Museum* 1 (Peking 1950), 30; vgl. Wittfogel/Fêng 1949, 118, 130.

64 K. H. Menges, *Zf. sl. Phil.* 31, 1 (1963) 22—42.

65 Übersetzung und guter Kommentar von Zuev 1960b, 93—140.

66 Schafer 1963, 66.

67 Die Kao-chü, *Pei shih* 98, die Ku-li-kan, und andere Stämme. Die Chinesen machten einen Unterschied zwischen 記 *chi*, „Zeichen, Marke", und 印 *yin*, „Siegel". Die Kao-chü „chi"-ten ihre Haustiere.

68 Ein Tamga auf einem gallopierenden Pferd auf einer Wandmalerei in Khocho: Le Coq 1924, Taf. 20. Alle späteren türkischen Nomaden brandmarkten ihre Pferde, vgl. z. B. für die Altaistämme und die Kirgisen Radlov 1893, 1, 279, 455; für die Tuwaner Jakovlev 1900, 11, 87.

69 Du Buisson 1939, 163, Abb. 112. Zu säsänidischen Pferdemarken s. J. G. Shepherd, *Bulletin of the Cleveland Museum of Arts*, April 1964, 77.

70 Girshman 1962, 192, Abb. 235.

71 Simmons 1948, 12—14.

72 Hinks 1933, Taf. 57.

73 Courtois 1955, 22, 4.

74 Dölger 1932, 258.

75 Jänichen 1956, Taf. 30, 1, 2.

76 Solomonik 1957, 210, Abb. 1.

77 Solomonik 1957, 212, Abb. 3.

78 Solomonik 1957, 211, Abb. 2; die gleichen Illustrationen bei Solomonik 1959, Abb. 35, 36, 143.

79 Iord. *Get.* 182.

80 Das Einhorn auf einem Hirschgeweih, das in Pliska, Bulgarien, ausgegraben wurde, hat ein Tamga auf der Schulter; S. Michajlov, *BANIAI* 20 (1955) 68, Abb. 20. Da der Physiologus im 10. Jahrhundert ins Altslawische übersetzt wurde und die auf dem Geweih eingravierten Buchstaben cyrillisch zu sein scheinen, könnte das Tamga entweder protobulgarisch oder slawisch sein.

81 Rudenko 1953, 148; Vitt 1952, 163—205; Hancar 1955, 365.

82 Radlov 1893, 1, 282.

83 Radlov 1893, 273.

84 Radlov 1893, 281.

85 Radlov 1893, 442.

86 Lattimore 1940, 16.

87 Strabo *geogr.* 7, 4, 8. Zu den Sarmaten in Ungarn s. Amm. 17, 12, 2.

88 Das taten auch die Mongolen des 12. Jahrhunderts, Vladimircov 1934, 39. Es ist daher unwahrscheinlich, daß das mongolische *axta* „Wallach" ein persisches Lehnwort ist, wie Clauson 1962, 234; *CAJ* 10 (1965) 162—163 behauptet; vgl. auch Doerfer 1963, 1, 114—117. Wenn Clauson doch recht haben sollte, würde der persische Ausdruck darauf hinweisen, daß die Mongolen eine neue und wahrscheinlich bessere Technik der Kastration von den Persern übernahmen.

89 Iust. *epit.* 2, 2, 3—4. Ammianus wurde von Eunapius kopiert, dem wiederum Zos. 4, 20, 4 folgte.

90 Die wichtigsten Stellen sind bei Minns 1913, 50 zitiert.

91 Z. B. Hor. *carm.* 3, 24, 10.

92 Prisc. *EL* 131, 10—11. Die Hunnen überquerten Flüsse in Einbäumen (Prisc. *EL* 125, 1—2; 131, 8—9). Die barbarischen Fährmänner, die im Sommer 449 die römischen Gesandten in Einbäumen über die Donau ruderten, waren wahrscheinlich Hunnen. Obwohl die Grenze in ziemlicher Entfernung weiter südlich verlief, war es noch immer der breite Strom, der das Land der Hunnen von dem der Römer trennte. Wenn Deserteure einmal das Südufer der Donau erreicht hatten, waren sie sicher. Es ist daher wahrscheinlich, daß die Wacht am Strom und ebenso die Bootsverbindung Attilas eigenen Hunnen anvertraut waren. Fischer und Piraten verwendeten lange

vor den Hunnen Einbäume auf der Donau; vgl. Arr. *an.* 1, 3, 6. Im Jahre 376 ruderten die Westgoten und 386 die Greutungen in Einbäumen über die Donau (Amm. 31, 4, 5; Zos. 4, 38). Die Einbäume der Germanen (s. Tac. *ann.* 2, 6) und der Batavcr am oberen Rhein waren manchmal von beachtlicher Größe (Plin. *nat.* 16, 203).

93 Veg. *mil.* 3, 10.

94 Sadée 1938, 169—174; Rubin 1960, 1, 516, 1115.

95 *Quas ita ipsi appellant* (Amm. 31, 7, 7); καραγός in den byzantinischen Militärschriften. Vgl. auch Amm. 31, 12, 11.

96 Ebert 1921, 154—156; Rostovcev 1931, Index, *s. v.* Leichenwagen.

97 Rudenko 1953, 230—235.

98 Frühsarmatisch: Sinicyn 1947, 76—77, 91, 95 Abb. 49—50, 63, 67—68; Sinicyn 1948, 81; K. F. Smirnov 1959, 268, 285—286, Abb. 24, 1a, 27, b; K. F. Smirnov 1960, 260. Mittelsarmatisch: Rykov 1925, 54 (eine detaillierte Beschreibung von P. Stepanov auf S. 76—77); Rykov 1926, 99.

99 Umehara 1960, 87—90, Abb. 59, 60, Taf. 78; Rudenko 1962a, 50—51, Abb. 44, 45, Taf. 24. Die Achsenkappen sind chinesisch.

100 K. F. Smirnov 1959, 268, Abb. 24, 1a.

101 Grjaznov 1958, Taf. 28.

102 Maenchen-Helfen 1939, 83; Liu 1958, 2, 491—492.

103 Hamilton 1962, 26.

104 Sun Shou-tao 1960, Abb. 17. Wie Tseng Fung, Kaogu 1961, 6, 332—334 bewies, waren die Leute, die ihre Toten auf diesem großen Gräberfeld bestatteten, nicht, wie Sun vermutete, Hsiung-nu, sondern Wu-huan. Auf den 1962 entdeckten Felsbildern von Tebchi in der Nähe von Khobdo in der äußeren Mongolei ist ein vierrädriger Wagen, der von vier Pferden gezogen wird und wahrscheinlich aus der Tagar-Periode stammt, abgebildet, s. *Archeologija i etnografija dal'nego vostoka* 161.

105 Wenley 1949, 5, Abb. 1.

106 Rostovcev 1929, Tf. 11, 56.

107 Wie Rostovcev 1929, 44, vermutete. In diesem Fall hätte der Mann die Köpfe an das Geschirr des Pferdes gebunden, wie die Krieger auf einer Goldplatte in der Sammlung von Peter d. Gr. (Rudenko 1962b, Abb. 29, Taf. 22, 18), oder der Reiter auf der Flasche aus Nagyszentmiklós (Sînicolaul Mare), A. Alföldi, *Cahiers archéologiques* 5 (1951) 123—134.

108 Pletneva 1958, 200—204, Abb. 25.

109 Amm. 31, 3, 8.

110 Claud. *carm.* 26 *(bell. Goth.)* 611—612.

111 Wie die Ostgoten auf ihrem Zug nach Italien (*sumpta sunt plaustra vice tectorum*, Ennod. *paneg. Theodoric. CSEL* 6, 268).

112 Minns, 1913, 51, Abb. 6; eine andere Ansicht: Očerki 1, 511.

113 *Narysy* 237.

114 „Jede Art von Tier" (Amm. 31, 2, 3).

115 Minns 1913, 49.

116 Hier. *adv. Iovin.* 2, 7. In sarmatischen Gräbern aller Perioden wurden Pferdeknochen gefunden: Rykov 1925, 69; Rau 1927, 31; Sinicyn 1956b, 43, 46; 1959, 44, 59; Šilov 1959, 338, 359, 406; K. F. Smirnov 1959, 300. Aus unbekannten Gründen enthalten die sarmatischen Gräber westlich der Wolga nur selten Pferdeknochen; zu einer Diagonalbestattung in Ust'-Kamenka s. *APU* 9 (1960) 30.

117 In dem mittelsarmatischen Grab Kalinovka 55/8, Šilov 1959, 404, waren die Knochen in einem Bronzekessel, wie in dem skythischen Kurgan von Čertomlyk (Minns 1913, 162).

118 Amm. 31, 2, 18.

119 Die ὀξύγαλα und ἱππάκη der Skythen, Minns 1913, 49.

120 Verg. *Aen.* 8, 725.

121 Lucan. 3, 283.

122 Verg. *georg.* 3, 463.

123 Sidon *epist.* 4, 1, 4.

124 Sen. *Oed.* 470; Dionys. *Perieg.* 144—175, Avien. 921—922, Priscianus 721. Diese Sitte wird auch noch anderen Völkern zugeschrieben, z. B. den *Concani* (Hor. *carm.* 3, 4, 34).

125 Thompson 1948, 39, 2, führt auch Prudentius als Beispiel an.

126 Ennod. *paneg. Theodoric. CSEL* 6, 267, 12—14.

127 Moule/Pelliot 1938, 173.

128 Langmantel 1885, 62.

129 Iord. *Get.* 255; die Quelle ist Priscus.

130 Amm. 31, 2, 9.

131 Olymp. 18, *FHG* 4, 61.

132 Greg. Tur. *Franc.* 2, 8.

133 Sidon. *carm.* 2, 266.

134 Sidon. *carm.* 7, 235—236, nach dem Vorbild von Claud. *carm.* 21 *(cons. Stil. I.)* 109—111. Die *iacula* sind wie jene der Parther bei Claud. *rapt. Pros.* 2, 200 Pfeile und nicht Wurfspieße, vgl. Müller 1894, 143.

135 Iord. *Get.* 261.

136 Procop. *hist.* 1, 1, 14.

137 Procop. *hist.* 3, 18, 17; 6, 11, 11.

138 Procop. *hist.* 6, 1, 9—10.

139 Amm. 22, 8, 37 mit den Anmerkungen Rolfes in der Loeb-Ausgabe. Anders als spätere Autoren nennt Ammianus die Hunnen nie Skythen. Die Skythen an dieser Stelle sind das alte Volk.

140 Alföldi 1932; Werner 1932.

141 Siehe die lange Liste von Fundorten bei Chazanov 1966. Sie ist alles andere als vollständig. Chazanov weiß so gut wie nichts über das fernöstliche Material.

142 Vgl. O. I. Davidan über die Funde in Nižnij Novgorod und Staraja Ladoga, *ASb. Erm.* 8 (1966) 110.

143 Emeneau 1953, 78, 8 tadelt Brown 1937 zu Recht dafür, daß er die Bezeichnung „compound" verwendet, wo die meisten anderen Fachleute „composite" nehmen.

144 Dieser Ausdruck ist möglicherweise eine Fehlbezeichnung. Der angenommene Zweck der Sehnen auf dem Rücken des Bogens ist, die Schußweite zu erhöhen, aber Popes Experimente scheinen einen Hinweis darauf zu geben, daß die Sehnen eher dazu da waren, daß man den Holzkörper ganz spannen konnte, ohne daß er brach, vgl. R. F. Heizer im Vorwort zu Pope 1962.

145 Sowjetische Archäologen unterscheiden oft zwischen dem zusammengesetzten Bogen, *sostavnoj luk*, und dem, den sie *složnyj luk* nennen, dessen hölzerner Kern aus verschiedenen miteinander verbundenen Holzteilen besteht. In archäologischen Arbeiten ist diese Unterscheidung unnötig. Der hölzerne Kern ist so gut wie nie erhalten, und daher ist es unmöglich festzustellen, woraus er bestand. Das gilt natürlich auch für die Darstellungen.

146 Edwards/Heath 1962, 53—54.

147 Snodgrass 1964, 143.

148 Brown 1937.

149 Das wurde zu Recht von Litvinskij 1966, 65 betont

150 Emeneau 1953.

151 Auboyer 1956, 173—185.

152 Typ *a* = Einfachbogen; Typ *b* = *arc réflexe, dont les extrémités se retroussent plus ou moins, mais dont le corps présente une seule courbure; c = arc réflexe, dont le corps présente une double courbure, même quand il n'est pas bandé.*

153 Sir A. Stein, *Serindia* 3 (1921) 1292; 4, Taf. 51; Sir A. Stein 1928, 94; 3, Taf. 6.

154 Chazanov 1966, 38.

155 Vgl. Kibirov 1959b, 117.

156 Ich verwende diesen bequemen Ausdruck für den einfach gekrümmten und *M* für den doppelt gekrümmten Bogen.

157 Kiesěitzky/Watzinger 1909, 88, Nr. 501, Taf. 35. Zur Inschrift s *CIRB* Nr. 279.

158 *CAH*, Tafelband 5, 24a.

159 White 1939, Tafeln 4, 54, 63; für das Datum s. Maenchen-Helfen 1957a, 95. (Fn. ergänzt von R. G.)

160 Nash-Williams 1932, 51 f. (Fn. ergänzt von R. G.)

161 Uzmanova 1963, 179, Fig. 10. (Fn. ergänzt von R. G.)

162 Edwards/Heath 1960, 53. (Fn. ergänzt von R. G.)

163 Pope 1923. (Fn. ergänzt von R. G.)

163a Pope 1962, 67. (Fn. ergänzt von R. G.)

164 Elmer 1946, 442. (Fn. ergänzt von R. G.)

165 Luschan, F. v., *Zeitschrift für Ethnologie* 31 (1899) 233. (Fn. ergänzt von R. G.)

166 Sinicyn 1954b, 230. (Fn. ergänzt von R. G.)

167 Tihelka 1963, 495—498. (Fn. ergänzt von R. G.)

168 Chazanov 1966, 36. (Fn. ergänzt von R. G.)

169 Werner 1956, 48. (Fn. ergänzt von R. G.)

170 Csallány 1961, 261. (Fn. ergänzt von R. G.)

171—175 Procop. *hist.* 5, 27, 27, (Fn. ergänzt von R. G.)

176 Alföldi 1932, 18 (sub 1). (Fn. ergänzt von R. G.)

177 McLeod 1965, 13 f.

177a Faris/Elmer 1941, 77.

177b Der in der amerikanischen Ausgabe fehlende Satzteil und der folgende Absatz sind aus den Arbeitsunterlagen von Maenchen-Helfen ergänzt. (R. G.)

178 Balfour, *Journal of the Royal Anthropological Institut* 51 (1921) Abb. 14. Gefunden in Belmesa, jetzt im Pitt Rivers Museum.

179 Vgl. Weerd/Lambrechts 1938.

180 Werner 1932, 33—58; Alföldi 1932, 14—24, 90; Stade 1933, 110—114; Eckinger 1933, 289 f.; Werner 1956, 47 f.

181 Vgl. Seyrig 1937.

182 Im Augusteischen Lager von Oberaden: Stade 1933, Abb. 3. Datum: 12—9 v. Chr., vgl. K. Kraft, *BJb* 155/156 (1955/56) 108.

183 Walke 1965, 55, Taf. 105, 25—31.

184 Herodian. 6, 8, zitiert von Weerd/Lambrechts 1938, 236.

185 Werner 1932, 33—35, Abb. 1.

186 *RLIÖ* 2 (1901) 132, Taf. 24, 25.

187 Siehe Stade 1933, Abb. 2.

188 *Proceedings of the Society of Antiquaries of Scotland* 40 (1905/1906) 523 ff.

189 K. Cs. von Sebestyén, *Dolgozatok* 6 (Szeged 1930) 179—220.

190 Alföldi 1932, 21—22. Werner 1932, 52 dachte an Alanen; später hielt er die Bogenschützen für orientalische *sagittarii* (aus dem Manuskript ergänzt von R. G.).

191 Ghirshman 1962, Abb. 236, 237.

192 Im Uralgebiet, dem früheren *uezd* Kungur; Smirnov 1909, Taf. 23; Orbeli/Trever 1935, Taf. 21; Pugačenkova 1965, Taf. 122.

193 Grjaznov 1961, 9 f.

194 Detail der Schale bei Ghirshman 1962, Abb. 314.

195 Werner 1932, 38.

196 Das Ohr des Bogens von dem königlichen Jäger auf einer Schale aus Sari, Ghirshman 1962, Abb. 248 (unsere Tafel IV/9) ist so lang wie sein Arm von der Schulter bis zum Handgelenk, etwa 35 cm.

197 *Captosque per arcus/flexa reluctantes in cornua trudere nervos*, Sidon *carm.* 2, 138—140.

198 S. Socr. 7, 20; Loyen 1942, 87.

199 Pugačenkova 1965, 149.

200 *SPA* 217; Orbeli/Trever 1935, Taf. 3; s. die gründliche Analyse durch Zabelina/Rempel' 1948 und Pugačenkova 1965, 149—150. Der Schriftstil der Pehlevi-Inschrift, die von Herzfeld falsch gelesen wurde, gehört einem Typus an, den W. B. Henning, der die Lesart verbesserte, nicht vor das 7. Jahrhundert datierte; vgl. Alföldi, *DOP* 11 (1957) 239, 19. Zu der von V. A. Lifšic vorgeschlagenen Lesart s. V. G. Lukonin, *Persia* II (Genf-Paris 1967) 14.

201 *SPA* 233 B; Orbeli/Trever 1935, Taf. 20; s. die Bibliographie bei Pugačenkova 1965, 404, 85.

202 *VDI* 1, 1966, Taf. nach S. 92.

203 Ghirshman 1962, Abb. 289.

204 Zu den Bogen auf den Gupta-Münzen s. Emeneau 1953, 86.

205 Zu den Felsenbildern bei Sulyek, Pisannaja Gora, s. Appelgren-Kivola 1931, Abb. 78—79.

206 In Băzălik (10. Jahrhundert), s. Andrews 1948, Taf. 26.

207 *Museum of Goverment General of Tyōsen* 1937, Museum Exhibits 4.

207a *Dieses Schwert wurde zufällig im Dezember 1932 von Arbeitern gemeinsam mit anderen Gegenständen als Teil eines Fürstengrabes gefunden. Teile der Klinge, die mit Almandinen geschmückte Parierstange und Teile der gold- und silbergeschmückten Scheide sind noch vorhanden.* Siehe F. Garscha in: *Germania.* Anzeiger der römisch-germanischen Kommission des Deutschen Archäologischen Instituts, Bd. 20 Berlin 1936.

208 Werner 1956, Taf. 3, 58, 4.

209 Werner 1956, 39.

210 Ghirshman 1962, 79, Abb. 91. Werner 1956, Taf. 58, 10 gibt eine korrigierte Version der Zeichnung bei Seyrig 1937, 27, Abb. 81.

211 R. G. Kent, *JAOS* 53 (1933) 7.

212 Polo 1, 29, ed. Moule/Pelliot 1938, mit der Anmerkung Yules, 3. Aufl., 102.

213 Fr. Hirty, zitiert bei Laufer 1913, 44, 1; s. die Anm.

214 *Sê-sê* bedeutet in der Regel Lapislazuli. Schafer 1963, 230—234.

215 Siehe die Funde von Nisa, *Trudy južno-turkmenistanskoj kompleksnoj ekspedicii* 8 (Aščhabad 1958) 385 ff.

216 Loehr 1956, 206, Taf. 39, 103; Takeshi 1927, 4, 1, 361—363; 4, 2, 226, 228, 229, 236; Chou Wei, Taf. 58/15 (ein Langschwert, gefunden in Hsin-hsiang, Honan, jetzt in der Bibliothek in Chi-nan).

217 Loehr 1956, Taf. 38, 98 und 99.

218 *Yamanaka Catalogue* (New York 1943) Nr. 157.

219 Chang 1921, 30—36, über *ma-nao.*

220 *Chersonesskij sbornik* 2, 138, Abb. 21. Herr E. Lubo-Lesničenko hatte die Freundlichkeit, es für mich im Laboratorium der Eremitage zu prüfen.

221 Maenchen-Helfen 1957a, 93.

222 Amm. 31, 7, 13.

223 Ioh. Ant. *FHG* 5, 29.

224 Ihre Herkunft stand nie ernsthaft im Zweifel.

225 *Germania* 20 (1936) Taf. 41, 2, 3.

226 Beginn des 1. Jahrhunderts n. Chr.

227 *OAK ANSSR* 1878/1879, Taf. 1, Abb. 1 und Frontispiz; Minns 1913, 313, Abb. 233; Rostovcev 1914, 182, Atlas, Taf. 51, 2.

228 Minns 1913, 304, Abb. 218. Eine Lanze, die in einem sauromatischen Grab in Okt'abr'skoje am rechten Ufer des Aksaj im Gebiet des unteren Don gefunden wurde, ist 3,4 Meter lang. *Archeologičeskie otkrytija 1965 goda* (Moskau 1966) 87.

229 Tac. *hist.* 1, 79. Vgl. Walser 1951, 75—77.

230 Val. Fl. 6, 132 f.

231 Arr. *tact.* 4, 9.

232 Arr. *tact.* 4, 2.

233 Amm. 17, 12, 2.

234 Claud. *carm.* 21 *(cons. Stil. I.)*, 111; *carm.* 26 *(bell. Goth.)* 586.

235 K. F. Smirnov 1961, 7—74; Smirnov/Petrenko 1963, Taf. 74.

236 Moškova 1963, 35.

237 *OAK ANSSR* 1901, 77; Anfimov 1951, 182, Abb. 12, 1—6.

238 K. F. Smirnov 1950a, 114; 1951b, 258—259.

239 Šilov 1958, 462, Abb. 50, 1, 19.

240 Arch. *issled.* 1934/1936, 186 (die Lanze scheint 2,5 Meter lang gewesen zu sein).

241 Rykov 1936c, 119.

242 Šilov 1959, 386, Abb. 60, 9.

243 Sinicyn 1936, 75, Abb. 3.

244 Agath. 2, 8, *CB* (Niebuhr) 80.

245 Werner 1956, Taf. 11, 1.

246 Werner 1956, 110; Mitscha-Märheim 1963, 34—36. Es ist bedauerlich, daß die offensichtlich wichtigen Funde nicht entsprechend veröffentlicht wurden. Einer der Schädel ist angeblich leicht artifiziell deformiert; er sollte gemessen werden.

247 Alföldi 1932, Taf. 2, 3.

248 Amm. 31, 2, 9.

249 Soz. 7, 26, 8; Bidez 1960, 342.

250 Ein bekanntes Wundermotiv. Der Schuldige ist oft ein Barbar: ein Hunne (Ioh. Eph. *PO* 17, 20—21), ein Hephthalite (Procop. *hist.* 1, 17, 8—9), ein Franke (Greg. Tur. *Franc.* 2, 27).

251 Olymp. 17; Ioh. Mal. 364 (Areobindus wirft das Lasso, σωκάρην, „auf gotische Weise").

252 Ioseph. *bell. Iud.* 7, 249—250.

253 *Laqueos iacere atque hostem innectere, ars Alanis bellandique mos est* (Hegesipp. 5, 50).

254 Gy. Moravcsik, *KCsA* 1 (1921—1925) 276—280; Alföldi 1939a, 177—179.

255 Vgl. den Skythen auf einer Silbervase aus Solocha (*Arch. Anz.* 1914, 270, Abb. 19).

256 Pausan. *descr. Graec.* 1, 21, 5; vgl. Val. Fl. 6, 132.

257 Herodot. 7, 85.

258 Mela 1, 19, 17.

259 Suda, *s. v.* σειραῖς, wahrscheinlich aus Arrian. Nach Herzfeld 1947, 2, 787) bedeutet *akavo* in Yašt 1, 18 „Lasso".

260 Auf einer Silberschale fängt ein König, möglicherweise Šābuhr III., einen Wildesel mit dem Lasso, *Jahrb. der Preußischen Kunstsammlungen* 57 (1936) Abb. 6; *SPA* 1, 725; auf einer anderen, die von Adler 1942 in Krasnaja Poljana, *rajon* Krasnodarskij kraj, gefunden wurden, jagt der König einen Bären mit dem Lasso, *Ars Orientalis* 2 (1957) Taf. 5 nach S. 62 und *Pamjatniki kul'tury sasanidskogo Irana*, Taf. 3.

261 Edgerton 1933, 344a.

262 Zimmer 1947, 212 und 1956, 140.

263 *Chin-shu* 122, Mather 1959, 33.

264 Thompson 1948, 5, 52.

265 Zur Terminologie s. E. H. Minns, *Antiquity* 72 (1944) 197—200. Es ist oft schwierig, zwischen Schuppen und Lamellen zu unterscheiden. Krieger desselben Stammes oder von verbündeten Stämmen haben manchmal sowohl Schuppen- als auch Lamellenrüstungen, vgl. z. B. die oft abgebildete Holzskulptur aus Ägypten aus dem 5. Jahrhundert n. Chr., *Die Kunst der Spätantike im Mittelmeerraum* 176, 63.

266 Gol'msten 1928, 134. Es ist bedauerlich, daß dieser wichtige Fund so unzureichend publiziert wurde. Die Illustrationen im Artikel von Gol'msten und dem kurzen Bericht von Tallgren 1929, 35 sind dürftig. Sal'nikov 1952, 135 erwähnt nicht einmal das Kettenhemd. Es ist nirgendwo abgebildet.

267 Sinicyn 1936, 75.

268 Werner 1956, 56.

269 P. Post, *Zeitschr. f. hist. Waffen- und Kostümkunde* N. F. 7 (1943) 251.

270 Medvedev (1959) 120.

271 Amm. 17, 12, 2.

272 Siehe die Bibliographie bei Arwidsson 1954, 141—144.

273 Ochladnikov 1955, 238, Abb. 118—120.

274 Mošinskaja 1953, 99—101, Taf. 11, 18—19 und 15, ferner 1965, 34 f., 14, wo sie die Beinlamellen in den Kurganen von Šadrinsk und in der Nähe von Omsk erwähnt.

275 O. N. Bader, *KSIIMK* 70 (1957) 51, Abb. 15, 11—15.

276 Zbrueva 1952, 243, Taf. 14, 12.

277 Zbrueva 1952, 310—319, Abb. 56, a, 58, a, b, 62, b.

278 Frazer 1965, 1, 4.

279 Arr. *tact.* 4, 1, Roos 1928, 132. Arrian folgt offensichtlich früheren Gewährsmännern.

280 *Sylloge tacticorum* 31, 1, Dain 1938, 132.

281 Zu einer Goldplatte, die einen Parther im Schuppenpanzer darstellt, s. *Hesperia Art* 7 (1958), 222. Die Parther auf dem Relief in Tang-i-Sarvak, A. Stein, *Geographical Journal* 92 (1928) 323, Abb. 8, scheinen Lamellenrüstungen zu tragen. In Nisa wurden eiserne Platten von Rüstungen verschiedener Typen gefunden, M. Masson, *VDI* 1 (1953) 154.

282 Die Oberarmschienen aus Taxila, Marshall 1951, Taf. 170, p, q — die Han-Chinesen würden sie *han Shuowen, s. v.* genannt haben — sind ohne Parallele in Gandhara, aber sie sind ähnlich den Stücken von Plattenrüstungen aus Čirikrabat im alten Delta des Syrdarja, die in das 4. Jahrhundert v. Chr. zu datieren sind, vgl. S. P. Tolstov, *SE* 4 (1961) 137; *Iranica antiqua* 1 (1961) 79; Tolstov 1962, 141. Da die Herstellung dieser Art von Rüstung eine Geschicklichkeit erforderte, die offenkundig weit über die der hunnischen Handwerker hinausging, braucht sie nicht weiter erörtert zu werden.

283 Aspelin 1877, 1, 71, Nr. 327.

284 Ein Reiter, der auf einer Steinsäule bei Taševa in der Nähe von Minussinsk abgebildet ist, trägt diesen merkwürdigen Köcher, Appelgren-Kivola 1931, 44, fig. 312. Die Säule ist Teil einer steinernen Umzäunung rund um einen niedrigen Grabhügel eines Typus, der für das 5. Jahrhundert n. Chr. charakteristisch ist, Teplouchov 1929, 54. Die Abbildung auf der Säule ist auf den Kopf gestellt, sie muß daher auf dem Stein gewesen sein, als dieser für die Einzäunung verwendet wurde.

285 Radlov 1893, 123; Kondakov/Tolstoj 1889, 3, 47, Abb. 49; Rudenko 1962b, 49, Taf. 22, 89. Miller erwarb die Platten im nordwestlichen Altai.

286 Rudenko 1953, Taf. 95.

287 Maenchen-Helfen 1957a, 125—126, 135—136.

288 Piotrovskij 1955, 3, 20—22, 30—35, Abb. 21, 23, 24, Taf. 14, und 1959, 166.

289 Minns 1913, 73—74, 187, 224, Abb. 45, 80, 134; Rostovcev 1931, 283, 286, 298, 311—312, 316, 363, 472; Medvedev 1959, 120—122. Die maeotischen Stämme hatten schon im 4. Jahrhundert v. Chr. Schuppenpanzer, *MIA* 64 (1958) 305. (S. auch hier Fn. 319. R. G.)

290 Minns 1913, 4; Rostovcev 1931, 316.

291 Popovka: Bobrinskoj 1901, 3, 75, Taf. 8, 15—21; Losovaja: Rostovcev 1931, 193; Volkovcy: *RV* 8, 90. Vgl. Blavatskij 1954, 114. Zu ledernen Schuppenpanzern s. Černenko 1964, 17, 144—152.

292 Minns 1913, 206, 224, 229; Maculevič 1947, 7, Abb. 3.

293 K. F. Smirnov 1961, 75; Smirnov/Petrenko 1963, Taf. 14/31, 32.

294 Moškova 1963, 35.

295 Samarevskoje in der Nähe von Šadrinsk, Provinz Kurgan (beinerne Schuppen), Posta 1905, 361, Abb. 214: 7—9. Das Datum ist nicht ganz sicher.

296 Kurgan 55, Grab 14 (mehr als 200 eiserne Schuppen), Šilov 1959, 406, 462, Abb. 50, 1, 8.

297 Medvedev 1959, 122, 23.

298 Sinicyn 1947, 86.

299 Rostovcev 1931, 559 zitiert Veselovskij. Der Hauberk von Zubovs Gut bei Minns, 1913, 122, Abb. 134, ein Kettenhemd bei Blavatskij 1954, 116, Abb. 59.

300 Dolina im Moločnaja-Tal, Furmans'ka 1960, 136; M. I. Vjaz'mitina, *APU* 8 (1960) 20 datiert den Fund an den Beginn unserer Zeitrechnung.

301 Rajon Uržum, *oblast'* Kriov, *MIA* 27 (1952) 21, Nr. 63; A. P. Smirnov 1952, 106; Oberin/Bader 1958, 133.

302 Es gibt ausführliche Literatur über den Einfluß der sarmatischen Kriegführung auf die Bosporaner. Für eine Bibliographie bis 1934 s. M. I. Rostovcev, *Yale Classical Studies* 5 (1935) 268; zu neueren Publikationen s. Blavatskij 1954, 113—123, 138—150.

303 Ašik-Katakombe, Minns 1913, 314, Abb. 224; Stasov-Katakombe, beste Abbildung bei Gajdukevič 1949, 419.

304 *CAH*, Tafelband 5, 150b.

305 Minns 1913, 304, Abb. 218 (Zeichnung); Blavatskij 1954, 143, Abb. 66 (Photographie).

306 Minns 1913, Taf. 8, 4, 10.

307 *The Roman Inscribed and Sculptured Stones in the Grosvenor Museum*, Chester 1955, 51, Nr. 137; Taf. 34, 1; eine gute Abbildung bei Bacon 1963, 281. S. A. Richmond, *JRS* 35, 1—2 (1945) 15—29 meint, daß die Reiter vielleicht zu dem *numerus*, später *cuneus Sarmatarum* gehörten, der im 3. und 4. Jahrhundert in der Festung von Chichester als Garnison lag.

308 Ikeuchi 1930 zitiert eine Anzahl von Stellen, die sich mit dem Tribut befassen, der von den Su-shên an den chinesischen Hof geschickt wurde. Hier wird keine Rüstung aus Leder oder Bein erwähnt, außer in dem Bericht über den Tribut von 262 (Ikeuchi 1930, 136), wo „Leder-, Bein- und Eisenrüstungen" genannt werden. Entgegen der Annahme von Laufer 1914, 266, daß die Su-shên gelegentlich eiserne Rüstungen herstellten, ist diese Eintragung in den Annalen ziemlich sicher unrichtig.

309 Ikeuchi 1932, 38.

310 *Ch'ien Han-shu*, Kap. 95; Bičurin 1950, 2, 172; de Groot 1926, 53.

311 Shih-chi 110, 1b.

312 Laufer 1914, 223, 3.

313 Doržsuren 1962, 38. Zu den eisernen Schuppen in Sui-yüan s. Egami 1951, Taf. 10, 2.

314 Kyzlasov 1958, 93.

315 In den Wachttürmen in der Edsin-Gol-Region in der inneren Mongolei, Sommerström 1956, 1, 41, 94, 96; 2, 237, 245. Da die Schuppen lackiert sind, müssen sie in China hergestellt worden sein. Egami 1951, 70—71 zitiert eine Stelle im *Lü-shih ch'un-ch'iu*, Kap. 8 und eine andere im *Chan-kuo-ts'e*, die seiner Meinung nach beweisen, daß die Chinesen in der Zeit der „Kriegführenden Staaten“ Metallrüstungen hatten, die angeblich von den Hsiung-nu übernommen worden waren. Aber weder *chia* 甲 noch *chia-cha* 甲札 bezeichnet spezifisch eine Metallrüstung, vgl. Laufer 1914, 210, 8. Außerdem waren die Barbaren, die den Chinesen im 4. Jahrhundert v. Chr. neue Waffen und eine neue Technik der Kriegführung vermittelten, wahrscheinlich die Yüeh-chih, vgl. Maenchen-Helfen 1945a, 25q.

316 *Trudy Orenburgskoj učenoj archivnoj komissii* 23, 191, 135. Medvedev 1959, 125 datiert sie nicht später als in das 3. oder 4. Jahrhundert n. Chr.

317 Heikel 1894, 90, 92, 94. Talitskaja 1952, 282—283 datiert sie an den Beginn unserer Zeitrechnung.

318 Grjaznov 1956, 104, Taf. 41, 11.

319 Rostovcev 1931, 558. Die maeotischen Stämme hatten schon im 4. Jahrhundert v. Chr. Kettenhemden. (S. auch hier Fn. 289. R. G.)

320 Val. Fl. 6, 233—234.

321 Gräberfeld 3, Ja. A. Fedorov 1963, 3, 24, 42 (zusammen mit Schwertern mit ringförmigen Griffen gefunden).

322 A. P. Smirnov 1952, 106; Talitskaja 1952, 22, Nr. 60.

323 A. P. Smirnov 1952, 106; Talitskaja, 1952, 19, Nr. 49.

324 A. V. Schmidt 1927.

325 Talitskaja 1952, 192, Nr. 1416 (datiert 6.—9. Jahrhundert).

326 I. M. D'jakonov, *MIA* 37 (1953) 268, Abb. 21.

327 Obel'čenko 1956, 223, Abb. 20. Ich weiß nicht, was die Darstellung auf der Hornplatte von Ak-Tam in der Nähe der Stadt Ferghana, 4.—3. Jahrhundert v. Chr., N. G. Gorbunova, *KSIIMK* 80 (1960) 93, Abb. 22 darstellen soll. Daß das Fragment einer ovalen Eisenplatte im selben Gräberfeld, Gamburg/Gorbunova 1957a, Abb. 29, 1, von einer Rüstung kommt, scheint mir zweifelhaft.

328 *Chin-su* 122, 1b, Mather 1959, 33. Mather (n. 74) bezieht sich auf Wandmalereien in Kyzyl, Ming-öi, auf denen Reiter von Kucha und ihre Rüstung dargestellt sind. Laufer 1914, 247 versichert, daß der Ausdruck *lien-so-chia* 連鎖甲 zum ersten Mal in der Sung-Periode vorkommt; er übersah die Stelle im *Chin-shu*.

329 *Loricis onustos inclusosque ferro* (*paneg.* 12, 33, 4). Nebenbei möchte ich anmerken, daß es sich dort, wo die Texte ohne nähere Bestimmung von Rüstung sprechen, fast ausnahmslos um eiserne Rüstungen handelt. Das mandschu-tungusische Wort für Rüstung ist vom Wort für Eisen abgeleitet, L. Ligeti, *AOH* 9 (1959) 261.

330 Paul. Petric. *Mart.* 6, 219 f. *CSEL* 16, 147.

331 Sidon *carm.* 7, 289—292. Die einzige Art für einen gewappneten Reiter, ohne Steigbügel seine Lanze als Stoßwaffe zu verwenden, ist bei Heliod. *Aeth.* 9, 15 beschrieben: Die große Lanze des Reiters „ist gerade nach vorne gelegt, und ihr vorderer Teil ist an den Hals des Pferdes gebunden; ihr Schaft ist mit einer Schlinge an der Kruppe befestigt“, zitiert von Brown 1936, 445.

332 Procop. *hist.* 7, 2, 22.

333 Grosse 1920, 325.

334 Ast. *hom.* 10 (Phoc.), Migne *PG* 40, 313.

335 Eines der authentischen Werke des Asterius, vgl. Skard 1940.

336 Bretz 1914, 3.

337 In seinem frommen Eifer war Asterius durchaus imstande, einen einfachen Anführer zum König zu befördern.

338 Ich folge Vollmers Wiederherstellung der Hexameter. Wegen des folgenden *ardeat*, *auratae*, *auratis*, *micantes* und *lux* ist sein **fulgentes* der Konjektur *una omnes*, die Niebuhr vorschlug, vorzuziehen. Das Verbum im Vers 82 muß **incendant* sein; Niebuhrs **includant* ist zu blaß.

339 Der schwere Gegenstand, der von Gold glänzt, könnte die Lanzenspitze sein; aber keines der Wörter, an die man denken könnte, würde ins Versmaß passen. Vollmers **balteus* ist fast sicher richtig. Vgl. Werner 1956, 83—84, über die kostbaren Gürtelschnallen der Hunnen.

340 Das Licht, das die blitzenden eisernen Schwerter umhüllt, muß von einem Stück der Rüstung reflektiert werden. Der Panzer wurde bereits genannt, also muß es der Helm sein.

341 Wehrgehenk: *gladium bonum dices non cui auratus est balteus*, Sen. *epist.* 76, 4; *aurato religans ilia balto*, Sen. *Herc. fur.* 553; ein goldener Gurt, Stat. *Theb.* 8, 566—567. Köcher: *aurata pharetra*, Claud. *carm.* 10 *(nupt. Hon.)* 134; Panzer: *loricam induitur; ferro squama rudi permixtoque asperat auro*, Sil. 5, 140—141; *virides smaragdo loricas*, Claud. *carm.* 22 *(cons. Stil. II.)* 789—790; Mars trägt *micantem loricam*, Claud. *carm.* 8 *(cons. IV. Hon.)*. Helm: *Fulget nobilis galea et corusca luce gemmarum divinam verticem monstrat*, *paneg.* 10, 29, 5. Die Zahl der Zitate ließe sich beliebig vermehren.

342 Alarich trug eine römische Lorica, Claud. *carm.* 26 *(bell. Goth.)* 82. Im 13. Jahrhundert rüsteten sich die Mongolen oft mit Beutewaffen, Kantorowicz 1927, 2, 506.

343 Zu den mit goldenen Schuppen versehenen Brustplatten der Achämeniden s. Herodot. 9, 22. Die Schuppen der parthischen Rüstung spiegelten funkelnden Glanz wider, Amm. 24, 6, 8.

344 'Αναλαμβάνων ἐν ταῖς ἐξόδοις πανοπλίαν, Suda, *s. v.* Ζέρκων.

344a Sidon. *carm.* 2, 253—255.

345 Arendt 1932b, 3.

346 Werner 1950, 182.

347 Post 1953, 131—132.

348 K. H. Dittmann, Germania 1940, 40, Taf. 15.

349 Werner 1950, 182.

350 Für einen früheren sarmatischen Helm mit Nasale s. E. E. Lenc, *IAK* 4 (1902) 120 ff.

351 *IAK* 1891, 59—61; Arendt 1932a, 49—55.

352 Werner 1935, 66.

353 Granscay 1949, 275.

354 Beste Photographie bei Porada 1963, 208.

355 *Bulletin of the Metropolitan Museum of Art*, April 1963, 260, Abb. 13.

356 Černecov 1953, 162—171, Abb. 1, 2; eine farbige Abbildung des Helms mit Einlegearbeit bei Bernštam 1954 zwischen den S. 176 und 177.

357 Černecov 1953, Taf. 19. Es handelt sich um vergröberte Versionen der *Ch'ing-pai*-Spiegel. 1956 wurde ein ähnlicher Spiegel in der Nähe von Hsi-an gefunden, vgl. *Chan-hsi cheng ch'u t'u t'ung ching* (Peking 1958), 50, Nr. 40.

358 Trever 1940, 61—64, Taf. 12.

359 Černecov 1953, Taf. 20, 2, 3.

360 Zum Beispiel römische Helme wie der in Conçesti gefundene, Maculevič 1929, Taf. 49.

361 Zu den Schilden in Pazyryk s. Rudenko 1953, 262—263, Taf. 87.

362 E. F. Schmidt 1953, Taf. 100—101; Xen. *An* 1, 8; Amm. 24, 6, 8; Suda, *s. v.* οἰσυΐανας. Ein Bronze-Umbo mit einer Gorgo aus Nisa, M. Masson, *VDI* 1 (1953) 154, ist griechisch.

363 Veg. *mil.* 1, 11.

364 Ael. *nat. an.* 2, 16, zitiert bei Minns 1913, 73.

365 Strabo *geogr.* 7, 3, 7.

366 *IAK* 35, 104, Abb. 9g.

367 G. B. Fedorov 1960b, 115; 326, Taf. 19, 5, 6.

368 Über die bosporanischen Umbones s. Sokol'skij 1955, 14—25.

369 Csallány 1961, 263, Taf. 230, 12.

370 M. Párducz, *Dolgozatok* 12 (1936) 54, Taf. 41, 7; Csallány 1961, Taf. 207, 5.

371 Párducz 1959, 371.

372 Párducz 1959, 326; Csallány 1961, 341.

373 Soz. 7, 6, 8, Bidez 1960, 342.

374 Minns 1913, 200, Abb. 93.

375 Minns 1913, 317, Abb. 227; vgl. den großen ovalen Schild auf der Gazurius-Stele, Chersones, *OAK ANSSR* 1892, 26, Abb. 23.

376 Minns 1913, 56, Abb. 10; Blavatskij 1954, 147, Abb. 70. Für einen außergewöhnlich langen Schild s. Sokol'skij 1955, 10, Abb. 2, 2; der Mann lehnt auf ihm wie der Hunne.

377 Agath. 2, 8; ἡ γὰρ πέλτη σμικρότερον τῆς ἀσπίδος καὶ ἐλαφρότερον Arr. *tact.* 3, 4).

378 Lot 1936, 319 f.

379 Pando 1940, 129 f.

380 Synes. *catast.* Migne *PG* 66, 1568.

381 Οὐννίγαρδαι. Die Suda hat Ὀϊνγάρδαι· ὄνομα ἔθνους; das Lexikon des Zonaras Οὐνίγαρδαι· ἐθνικόν. Vgl. Moravcsik 1958, 2, 236.

382 Synes. *epist.* 78, Migne *PG* 66, 1443.

383 Ch. Lacombrade, *REA* 48 (1946) 22—266 hält *Unnigardae* für eine andere Form von *Hunnuguri*, was mit größter Sicherheit falsch ist.

384 Rattisti 1956, 633.

385 *Not. Dign. [occ.]* 40, 37.

386 Birley 1939, 213.

387 Mazzarino 1942, 162; Stevens 1940, 148.

388 Procop. *aed.* 3, 2, 130, 35.

389 Procop. *aed.* 148, 13.

390 Procop. *aed.* 147, 18.

391 Holder 1896, 1, 2049. Der Anonymus von Ravenna, Ausg. Teubner 1929 (Cuntz) 2, 107, hat *Onno.* K. Jackson, *JRS* 38 (1946) 47 hält es für möglich, daß *Onno* die bessere Form ist (das Anfangs-h kann nicht keltisch sein); in diesem Fall könnte der Name vom keltischen **onno* „Esche", gallisch *onno*, walisisch *onn* abgeleitet werden. S. A. Richmond/O. G. S. Crawford, *Archaeologica* 43 (1949) 143 bieten eine andere keltische Etymologie: *onno* soll „Felsen", irisch *ond*, bedeuten.

392 Werner 1932. Zu den Beinstreifen, die in Carleon gefunden wurden, s. Alföldi 1932, 23, 90.

393 P. Marton, *PZ* 4 (1912) 185; Fettich 1931, 524; Alföldi 1932, 34 f.; Werner 1956, 59.

394 Werner 1956, 58.

395 Werner 1956, 92 f.

396 In der Asche lagen zwei Behälter mit 1018 Kupfermünzen von Constantin I. bis Theodosius II. (Tudor 1948, 198—200).

397 D. Tudor in: *Istoria Romîniei* 1 (1960) 660 f. und in: *Materiale* 6 (1961) 493.

398 Das ist auch die Meinung von I. Nestor. In: *Istoria Romîniei* 1 (1960) 703.

399 Prisc. *EL* 128, 24—28.

400 Sidon *carm.* 7, 248—250.

401 Sidon *carm.* 7, 255—256.

402 Paul. Petric. *Mart.* 6, 218—228, *CSEL* 16, 147. Die Geschichte, die Paulinus über die gotteslästerlichen Hunnen erzählt, kommt auch bei Greg. Tur. *Mart.* 1, 2, vor.

VI. RELIGION

1 Iust. *epit.* 41, 3, 10.

2 Procop. *hist.* 6, 14, 35, 41.

3 Procop. *hist.* 4, 8, 10.

4 Theophyl. Sim. 1, 3, 1.

5 Amm. 31, 2, 5.

6 Ibn Fadlan, Togan 1939, 29—30; Kowalewskii 1956, 126; Canard 1958, 68.

7 Iohannes (Giovanni) de Piano Carpini, Dawson 1957, 17; Rockhill 1900, 75; Togan 1939, 131—132, 142—143; Spuler 1943, 461.

8 Waley 1931, 115, 3.

9 Prisc. *EL* 144, 8.

10 Procop. *hist.* 7, 14, 28.

11 Dudden 1925, Kap. 8.

12 Wenige Jahre nach der Schlacht am Nedao wurden die sterblichen Überreste der hl. Anastasia nach Konstantinopel gebracht [s. S. 122 mit Fn. 815 (Nachweise). R. G.].

13 Alföldi 1938, 6 f.

14 T. Nagy, *Arch. Ert.* (1949) 84.

15 Alföldi 1938, 9 f.; Gy. Gosztonyi, *Arch. Ert.* (1940) 56—61. Zu Tricciana s. A. Radnóti, *Arch. Ert.* (1939) 268—276. Zu den Kirchen in Pécs s. Gerke 1952, 115—122.

16 Alföldi 1938, 12; Egger 1948, 58; Swoboda 1958, 177.

17 Eine kleine Anzahl von Goten gehörte zu der audianischen Sekte: einige waren Katholiken. Die Behauptung des Sokrates (1, 8), daß die Sarmaten östlich der Donau nach ihrer Niederlage im Jahre 322 Christen wurden, ist sicher falsch; das archäologische Material enthält nichts, was auf Christen hinweist.

18 Ps. Prosp. *vocat. gent.* 2, 33, *PL* 51, 717 f. Ich folge der Übersetzung von De Letter 1952, 146.

19 Der bulgarische Fürst Enravota wurde von seinem griechischen Sklaven bekehrt, Obolensky 1948, 65, 3. Zwei Gräber auf einem Friedhof in der Nähe der Kirche in Sopianae, versuchsweise um 400 datiert, sind angeblich ein Hinweis auf die frühe Verbreitung des Christentums unter den Hunnen in Pannonien, T. Nagy, *Nouvelle Revue d'Hongrie* 69 (1943) 503. Aber Christen wurden nicht mit ihren Pferden gemeinsam begraben wie die Leute in Sopianae.

20 Stein 1928, 511, 1; nach 439 und vor 451: Chadwick 1955, 165.

21 Salv. *gub.* 4, 14; ich zitiere nach der Übersetzung von Sanford 1930, 123, 127.

22 *Avertat Iesus ab orbe Romano tales ultra bestias* (Hier. *epist.* 77, 8).

23 Hier *epist.* 107, 2. Zum Datum s. Cavallera 1922, 2, 47. Die gleiche Wendung kommt bei Prud. *apoth.* 426—427 vor: *laxavit Scythias penetrante pruinas vox evangelica.*

24 Hier. *epist.* 106. B. Altaner, *Vigiliae Christianae 4 (1950) 126—128* datiert den Brief auf die Jahre 404—410.

25 Die zwei Goten sind vielleicht erfunden, vgl. D. de Bruyne, *Zeitschrift für neutestamentliche Wissenschaft* 28 (1929) 1—13; D. B. Botte, *Bulletin de théologie ancienne et moderne* 9 (1950) 29. J. Zeiller 1935, 238—250 plädiert für ihre Existenz.

26 Oros. *hist.* 7, 41, 8.

27 Marcus 13, 10 und Matthäus 24, 14. *In omnem terram exivit sonus eorum et in fines orbis terrae verba eorum* aus Psalm 18 wurde in frühen Zeiten auf die Apostel bezogen.

28 *Il faut bien convenir que ces premiers catalogues des nations chrétiennes ont un tour un peu trop oratoire pour inspirer plaine confiance*, P. Peeters, *Analecta Bollandiana* 50 (1932) 12. Prud. *apoth.* 420—424 und Theodor. *Graec. aff. cur.*, *Kap.* 9, Teubner 1904 (Raeder) 223, 230 bieten aufschlußreiche Beispiele.

29 Aug. *in psalm.* 95; vgl. auch *epist.* 93, 7, 22.

30 Callin. *Hyp.* 108. Die „Massageten" in Belisars Heer töteten in Italien sogar jene, die in den Kirchen Zuflucht suchten, Procop. *hist.* 5, 10, 29.

31 Paul. Petric. *Mart.* 6, 218—226, *CSEL* 16, 147; Greg. Tur. *Mart.* 1, 2, *PL* 71, 915.

32 Nic. Call. 12, 45, *PG* 147, 908 hat Πάλαι οἰκοῦντες.

33 Soz. 7, 26, 6—8.

34 Nicht genau auf 394, wie Rauschen 1897, 429 vermutete. Es ist nicht bekannt, wann Theotimus Bischof von Tomis wurde. Er war es im Jahre 392, Hieronymus in *vir. ill.* 131, Herding 1879, 65, erwähnt ihn. Im Jahre 400 und dann wieder im Jahr 403 war er in Konstantinopel und verteidigte energisch die orthodoxe Haltung des Origenes gegen Epiphanius von Salamis. Theotimus starb vor 431, Zeiller 1918, 353.

35 Warum die Hunnen Theotimus „den Gott der Römer" nannten, ist alles andere als klar. Er war Skythe, was wahrscheinlich Gote heißt. Vielleicht wurde er nicht der Gott, gotisch *guþ*, sondern der Priester, *gudja*, der Römer genannt. Auf dem Friedhof von Piata Frecătei in der Dobrudscha, der in das 4. und frühe 5. Jahrhundert zu datieren ist, wurden Goten begraben; vgl. P. Aurelian in: *Materiale* 8 (1962) 568—579.

36 Vgl. Thompson 1948, 38.

37 Geboren um 330, noch aktiv im Jahre 414, s. Opitz, *RE* 17, 179 f., s. v. Nicetas.

38 Paul. Nol. *carm.* 18, 245—264, *CSEL* 30, 92—93.

39 Zeiller 1918, 558; Alföldi 1938, 14; Amann 1931, 2, 477.

40 Burn 1915, 24; D. M. Pipidi, *Revue historique du Sud-Est Europe* 25 (1946) 99—117 und Pipidi 1958, 248—264.

41 Theodor. *hist.* 5, 31, *GCS* 19, 33—331.

42 Zeiller 1918, 548; Alföldi 1918, 14; Thompson 1948; 1946, 74. Ohne ihre Gründe anzugeben behauptet Demougeot 1951, 302, 400, daß sie Goten waren. Allwater 1959, 92 ist unverbindlich.

43 Theodor. *hist.* 5, 37, Thompson 1946, 75, wies darauf hin.

44 Ast. *hom.* 14, Migne *PG* 40, 381.

45 Theodor. *hist.* 26, Lietzmann 1908, 4, 1. Zum Datum 442—444 s. Peeters 1950, 101.

46 „Žitie propodobnogo Athanasija Athonskogo", *Zapiski istoričeskogo filologičeskogo fakulteta S. Petersburgskogo Universiteta* 25 (1895) 23, 30.

47 Theodor. *hist.* Migne *PG* 84, 47.

48 Baur 1930, 2, 239, 346.

49 Theodor. *hist.* 5, 30.

50 *Galatas, excepto sermone graeco, quo omnis oriens loquitur, propriam linguam eandem paene habere quam Treviros* Hier. *in Gal.* 2, praef., Migne *PL* 26, 357; vgl. Sofer 1937, 148—158. Die Behauptung von Schneider 1954, 1, 581, daß in Galatien Predigten nicht auf Keltisch gehalten wurden, wird durch keinerlei Textzeugnis gestützt.

51 Plut. *Aem.* 9, 4.

52 Claud. *carm.* 3 *(in Rufin. I.)* 305—313, 317, und *carm.* 22 *(cons. Stil. II.)* 2, 95; Zos. 4, 51.

53 Procop. *aed.* 4, 11, 20.

54 W. Tomaschek, *RE* 3, 313 (Basternai).

55 Zum Beispiel Georgius Alexandrinus in den Exzerpten seiner Biographie des Johannes Chrysostomos bei Photius, Henry 1959, 2, 53. Die Originalbiographie, die von Henry Savile 1612 veröffentlicht wurde, war mir nicht zugänglich.

56 Ich möchte nicht mißverstanden werden: Der Brief des Leontius beweist nicht, daß die Bastarnen Kelten waren, aber er beweist, daß Johannes Chrysostomos sie für Kelten hielt.

57 Macar. Magnes 4, 13, Crafer 1919, 125. Das könnte eine wertvolle Information sein, wenn das Datum des *Apocritus* bekannt wäre. Altaner 1960, 388 meint, daß das Buch um 400 verfaßt wurde, aber Crafer 1919, XIX neigt dazu, es ein Jahrhundert früher zu datieren. Außerdem läßt es die Erwähnung Herodots und die seltsame Anzahl von Stämmen zweifelhaft erscheinen, ob Macarius, der wahrscheinlich in Syrien lebte, irgendwelche wirklichen Kenntnisse von den transdanubischen Völkern hatte. Zu späteren Versuchen, die Hunnen im Kaukasus zu bekehren, s. Moravcsik 1946, 35, 38 f.; Thompson 1946, 77—79.

58 Stein 1928, 481.

59 Hyd. *chron.*, *CM* 2, 23, 116.

60 Hyd. *chron.*, *CM* 2, 23, 116.

61 Salv. *gub.* 7, 9, 39.

62 Prosp. *CM* 2, 476, 1335 und Hydat. *chron.*, *CM* 2, 23, 116; Sidon. *carm.* 7, 246—254.

63 Iord. *Get.* 196.

64 *Nicolai responsa*, cap. 35, *MGEP* 6, 4, 581, vgl. Beševliev 1939, 44—49. Zon. 3, *HGM* 3, 263, spricht über die bulgarischen γοητεῖαι, vgl. I. Duičev (J. Dujčev), *BZ* 41 (1941) 2.

65 Prisc. *EL* 145, 22 f.

66 Bawder 1958, 4.

67 Wie z. B. die Deutung der Vogelschreie.

68 Namerajev, ein moderner burjatischer Schriftsteller (zitiert von Bawden 1958, 2) spricht über „die schreckliche Masse von Sehern, Weisen, Quacksalbern und Leuten wie Lamas und Schamanen".

69 Vladimircov 1934, 184, 6.

70 Die chinesische Transkription *kan* 甘, altchines. *kam*, wird mit chinesisch *wu* 巫 (*T'ang-shu* 217b, 10b) gleichgesetzt; vgl. P. Pelliot/B. Laufer, *TP* 1916, 295; L. Ligeti, *AOH* 1 (1950) 150.

71 Vielleicht wäre „Knochenschau" ein besserer Ausdruck. Außer Schulterblättern oder anderen Knochen wurden auch die Brustbeine von Gänsen und Huhn, E. Schneeweiss, *Revue internationale des études balkaniques* 1, 2 (1935) 521, oder Schildkrötenpanzer wie im China der Shang- und Chou-Zeit benützt.

72 *Nunc fibras, nunc quasdam venas in abrasis ossibus intuentes* (Iord. *Get.* 196).

73 Eisenberger 1938.

74 Eisenberger 1938, 57 f.

75 „Sie haben eine bemerkenswerte Weise, die Zukunft vorherzusagen, denn sie sammeln gerade gewachsene Zweige der Korbweide, sortieren sie zu einer bestimmten Zeit und unter Anwendung bestimmter Zaubersprüche aus und erfahren so eindeutig, was bevorsteht" (Amm. 31, 2, 24).

76 Voronec 1951, 48, 57.

77 Obel'čenko 1961, 115, 161.

78 Chêng Tê-k'un 1960, 2, 241.

79 Bang/Gabain 1929/1931, 4—5. Zur mongolischen Schulterblattschau s. Montell 1944, 380—381, und Bawden 1958 (mit vielen Parallelen bei anderen Völkern in Ostasien); vgl. auch Wittfogel/Fêng 1949, 216; 268, 139. Zur sogdischen Schulterblattschau s. W. B. Henning, *BSOAS* 11 (1946) 729.

80 Prisc. *EL* 123, 22—26. (Ich habe die deutsche Übersetzung von Doblhofer 1955, 27 zugrunde gelegt. R. G.)

81 Veg. *mil.* 2, 5.

82 Zitiert von I. Ševčenko, *Harvard Slavic Studies* 2 (1954) 147.

83 *Deum dedit Hispania, quem vidimus, paneg.* 12, 4, 5. F. Taeger, *Charisma* 2 (1960) 654—655, nennt diese und ähnliche Phrasen im Panegyricus *unverbindliche Formeln, bloße Allegorien.*

84 *Byzantion* 3 (1927) 97.

85 Iord. *Get.* 143.

86 Prisc. *EL* 123, 19—21.

87 Staunton 1797, 2, 164—165.

88 Christensen 1944, 401 f.

89 Prisc. *EL* 144, 13—21.

90 Prisc. *EL* 140, 11—19.

91 Prisc. *EL* 581, 23—24.

92 Prisc. *EL* 130, 20—23.

93 *Anthologia Palatina* (ed. Dubner) 16, 65, 2, 539; Ich folge der Übersetzung bei King 1960, 15.

94 *Mahābhārata*, Bhīṣma Parva 66, 107; Droṇa Parva 33, 18, Roy 1887, 4, 387; 5, 111. Einer der fünf Pāndava hüllt sich in sein Gewand, um die Welt durch seinen Blick nicht in Brand zu stecken, Dumézil 1948, 4, 56.

95 Groot 1921, 53 f.

96 *JA* 202, 1 (1923) 71—82.

97 Müller 1919/1920, 316.

98 Gabain 1955, 22.

99 Bang/Gabain 1929/1931, 1, 97.

100 Anders als der Shan-yü der Hsiung-nu nannte kein türkischer oder uigurischer Herrscher sich selbst *täŋri ury*, wie *t'ien* tzŭ wiedergegeben wurde, Schaeffer 1938/1968, 2, 27, 49; vgl. auch P. Pelliot, *TP* 26 (1928) 152.

101 Roux 1959, 231—241.

102 Liu 1958, 179, 180, 621—631.

103 Hamilton 1955, 139.

104 Hamilton 1955, 91.

105 Schaeffer 1939/1968, 1, 47, 49; 2, 13.

106 Schaeffer 1939/1968, 1, 47; Bang/Gabain 1929/1931, 1, 14, 27.

107 Bang/Gabain 1929/1931, 2, 6, 10.

108 Schaeffer 1939/1968, 2, 80.

109 W. B. Henning, *BSOAS* 21 (1958) 70. Mit Hinweis auf die sogdischen Schriften vom Berg Mugh vermutet Altheim 1959/1962, 1, 214—215, daß μέγιστος τῶν θεῶν für *bäglar bäg* steht. Aber sogdisch βγυ bedeutet nur „Herr", vgl. W. B. Henning, *BSOAS* 23 (1960) 52, 5; V. A. Lifšic, *SE* 2 (1960) 99, und Lifšic 1962, 2, 41; Smirnova 1962, 396.

110 Schaeffer 1939/1968, 1, 27, 28, 29; Bang/Gabain 1929/1931, 4, 10, 12.

111 Bang/Gabain 1929/1931, 3, 20, 166.

112 W. Eilers, *ZDMG* 90 (1936) 166, Anm.

113 *Res gestae divi Saporis*, Honigmann-Maricq 1953, 11.

114 *Rex ille Persarum, numquam se ante dignatus hominem confiteri, fratri tuo [sc. Diocletioano] supplicat, paneg.* 2, 10, 6, Baehrens 1874, 271.

115 Men. prot. *EL* 176, 13, 16.

116 Petrus Chrysologus Sermo 120, Migne *PL* 52, 527, zitiert von L'Orange 1953, 41. (Da der einzige Sāsānidenkönig mit Strahlenkrone Wahrām I. [273—276 n. Chr.] ist, sollte Petrus diese meinen. R. G.)

117 Widengren 1959, 247.

118 In seinem Artikel von 1966 berücksichtigt Czeglédy Attila zu Recht nicht.

119 Iord. *Get.* 255, Amm. 31, 2, 2, mißverstand die Sitte.

120 Sidon. *carm.* 7, 238—240.

121 Buddhaprakash 1957, 91, 118 f.

122 Egami 1951, 144—157; er bezieht sich auch auf Claudian.

123 Agath. 5, 20, 2.

124 Men. prot., *EL* 207; die Gedenkfeier für Bilgä qagan: Malov 1959, 23; *Sui-shu* 84, Liu 1958, 42.

125 Liutprand, *antapod.* 2, 3, Wright 1930, 70.

126 Gaihānī, zitiert von Marquart 1903, 112.

127 Maenchen-Helfen 1957d, 306.

128 D'jakonov/Jakubovskij 1954, Taf. 20. Die Sitte ist für die Sogder von Al-Bīrūnī bezeugt, vgl. *Izbrannye proizvedenija* 1 (Taschkent 1957) 355.

129 E. Schneeweiss, *Revue internationale des études balkanique* 1 (1934) 176; M. S. Fillipović, *ibid.* (1936) 157—166.

130 Rachimov 1959, 118—119.

131 Jamgerčinov 1963, 11, Abb. 3a.

132 Jordanes (Iord. *Get.* 256) gibt nur ein Exzerpt: *pauca de multis dicere non omittamus.*

133 In der Reihung der Verse folge ich Thompson 1948, 148—150. (Übersetzung ins Deutsche in vorwiegender Übernahme der bei Altheim 1951 gebrachten vom Hrsg. Im Original war keine engl. Übersetzung vorgesehen; die dort gegebene stammt n i c h t vom Verfasser. R. G.)

134 In der Übersetzung von *contraria invicem sibi copulantes luctu funereo mixto gaudio explicabant* folge ich Kalén 1934, 36. Für eine andere Interpretation s. D. Norberg, *Eranos* 41 (1943) 39—40.

135 Kluge 1911, 451—455, und 1921, 157—159. Kluges „Rekonstruktion" geht weit über die Annahme früherer Autoren, daß es ein germanisches Original als Grundlage des Textes bei Jordanes gegeben hat (Müllenhoff 1847, Kogel 1884, 1, 147), hinaus. Gegen Kluge s. Fr. Riedl, *Egyetemes Philologiai Közlöny* 25 (1911) 370 f.; Schröder 1922, 240—244.

136 Mommsen 1882, xxxv.

137 Iord. *Get.* 201.

138 Gajdukevič 1949a, 586; *KSIIMK* 37 (1951) 226. Antonius nannte Kleopatra „Königin der Königinnen" und ihren Mitregenten Caesarion „König der Könige", Cass. Dio. 49, 41, 1.

139 Iord. *Get.* 178.

140 Iord. *Get.* 120.

141 Mommsen 1882, Index 198.

142 Die Kao-chü, P. Demiéville, *AOH* 15 (1962) 80, und die T'u-chüeh, Liu 1958, 9 hielten Pferderennen ab; das taten auch die Hunnen im Kaukasus nach Mos. Das., Dowsett 1961, 156. Reiches Material für die Völker im Kaukasus bei Bleichsteiner 1946. Für indoeuropäische Parallelen s. Focke 1941, 47—53, für türkische Parallelen Harva 1938, 33.

143 Rufin. 2, 23.

144 Für die Hsiung-nu vgl. De Groot 1921, für die Jenissejkirgisen und Donaubulgaren Togan 1939, 237, für die Mongolen Minns 1913, 88—89.

145 Frazer 1911/1915, 3, 93. Die Annahme von A. S. Cook, *Transactions of the Connecticut Academie of Arts and Sciences* 25, 339 ff. kann nicht ernstgenommen werden, vgl. auch Thompson 1948, 150.

146 Xen. *Hell.* 3, 25.

147 Frazer 1911/1915, 4, 96—112; L. Malten, *Mitteilungen des Deutschen Archäologischen Instituts, Röm. Abt.* 38—39 (1923/1924) 333—337. Für Parallelen bei den frühen Türken in Zentralasien s. P. Demiéville, *AOH* 15 (1962) 80 f.

148 Helm 1937, 15.

149 Grønbech 1931, 2, 184—185; Stumpfl 1936, 153—155.

150 Iord. *Get.* 183.

151 *Priscus istoricus refert* (Iord. *Get.* 254).

152 Prisc. *EL* 142, 19—22. Jordanes (*Get.* 183) hat *sacer apud Scytharum reges semper habitus.* Der Vergleich zwischen den *Getica* und den Konstantinischen Exzerpten beweist wieder, daß bei den Exzerpten der Priscustext zeitweise radikal gekürzt wurde.

153 Thompson 1948, 89 bezweifelt nicht die Wahrheit der Geschichte, obwohl er zugibt, daß Priscus an die Stelle bei Herodot gedacht hat.

154 Zitiert von Clem. Al. *protr.* 5, 64, 5, *GCS* 12, 49. Eudocius stand um 365 v. Chr. in der Blüte seiner Jahre, Rostovcev 1930, 24, 26.

155 *Quis ei [sc. Marti] a Scythis asinos immolari [dixit]? Non principaliter cum ceteris Apollodorus?* Arnob. *nat.* 4, 25, *CSEL* 4, 161.

156 Mela 2, 1, 11.

157 Lucian. *Iup. Trag.* 42; *Tox.* 38 (Skythen schworen bei den Göttern Wind und Acinaces).

158 Sol. 5, 1, 3, Mommsen 1895^2, 82 (wiederholt Mela).

159 Z. B. Arnob. *nat.* 6, 11, *GCS* 4, 222.

160 Zitiert von Clem. Al. *protr.* 5, 64, 5, *GCS* 12, 49.

161 Dionys. Perieg. 652—654.

162 Amm. 31, 2, 23.

163 Die meisten der früheren Arbeiten über die Ching-lu-Schreine der Hsiung-nu sind nun durch Kao Chü-hsün's ausgezeichneten Artikel von 1960 überholt.

164 *Ching-lu*, 徑路 archaisch *kieng-glâk*, ist mehr als eine Transkription; es ist auch eine Interpretation. *Ching-lo*, 剄駱 archaisch *kieng-glâk*, bedeutet „die Kehle durchschneiden", *ching* von einem „weißen Pferd mit einer schwarzen Mähne", *lo.* Vgl. *Han-shu* 94b: „[Han] Ch'ang und [Chang] Meng bestiegen gemeinsam mit dem Shan-yü und seinen hohen Beamten den Berg östlich des Flusses No im Land der Hsiung-nu. Sie töteten ein weißes Pferd. Der Shan-yü rührte den Wein mit einem *ching-lu*-Messer." Das macht die verschiedenen Versuche, *ching-lu* mit ähnlich klingenden türkischen und iranischen Wörtern für „Messer, Schwert" (vgl. Pulleyblank, 1963, 222—223) gleichzusetzen, einigermaßen zweifelhaft.

165 Men. prot., *EL* 473, 18.

166 *Per spatham iuramentum agebatur: Nicolai responsa, MGEP* 6, 7; vgl. auch die von Runciman 1930, 74 angeführten Stellen.

167 *Orientalia periodica christiana* 15, 3—4 (1949) 234.

168 Amm. 17, 12, 21.

169 *Sacramentum, ut eorum mos erat, super arma placata*, Fredeg. *chron.*, Migne *PL* 71, 651—652. Mehr über die germanischen Völker bei Grundtvig 1870; Vordemfelder 1923, 41—44. Über kirchliche Verbote der Sitte, beim Schwert zu schwören, von

denen einige noch aus dem 9. Jahrhundert stammen, s. Amira/Schwerin 1943, 1, 75, 106.

170 M. Scheftelowitz, *Archiv für Religionswissenschaft* 25 (1937) 357—358.

171 A. Alföldi, *NK* 28—29 (1930—1931) 20—24 und 40 (1932) 64, 142; H. Vetters, *ÖJH* 38 (1948), Beibl. 40—55.

172 Um einige Beispiele zu nennen: Marshall 1911, Nrn. 1103, 1108, 2097—2098; Reichel 1942, Taf. 18, 65, 22, 79b; Sivieo 1954, Taf. 34—37; Becatti 1954, Taf. 33, 193, 38, 215a—c, 70—71, 75, 92. In der griechischen Kunst im Dienste der Skythen und anderer Barbaren im südöstlichen Europa sind Rundfriese von Köpfen durchaus üblich, vgl. Bobrinskoj 1897/1901, 1, 136, Abb. 20, Taf. 11, 12; Minns 1913, Index *s. v.* Mask, decorative; Svoboda/Concev 1956, 144. Vgl. auch die Masken auf dem parthischen Palast von Hatra, Sarre 1922, Taf. 60.

173 Fettich 1953, Taf. 58, 2, *AAH* 7 (1956) Taf. 17, 13—15.

174 Fettich 1953, 181, Taf. 58, 9.

175 Samokvasov 1908, Taf. 9, 15; Alföldi 1932, Taf. 22, 5.

176 Sinicyn 1936, 76, Taf. 4; Werner 1956, Taf. 40, 12.

177 Minaeva 1927, Taf. 1, 6; Alföldi 1932, Taf. 6; Werner 1956, Taf. 60, 3.

178 Minaeva 1927, Taf. 2, 11; Alföldi 1932, Taf. 24, 7; Werner 1956, Taf. 60, 3.

179 Rudenko 1953, Taf. 44. Eine Statue des Bes wurde im Altai gefunden: A. Zacharov, *TSARANION* 4, 227—229.

180 Rudenko 1953, Taf. 80, 6. Vgl. Azarpay 1959, 314—315; vgl. auch den Kopf des Dionysos auf einer weißen Kotyle in der Ny-Carlsberg-Glyptothek, *American Journal of Archaeology* 39 (1935) 479, Abb. 4a.

181 Fettich 1953, 180—181.

182 Die verblüffende Ähnlichkeit keltischer Masken mit einem karolingischen Steinrelief, *De l'art des Gaules à l'art français*, Toulouse 1956, Taf. 13, beweist natürlich nicht das Überleben von keltischen Traditionen.

183 Jacobsthal 1944, 14, Taf. 21, 20, 185, 382.

184 Die Veröffentlichung aller sarmatischen Objekte mit Masken wäre äußerst wünschenswert. Tichanova 1956, 310, 1 erwähnt eine Maske aus Kobeljak, Provinz Poltava, und einen Maskenanhänger aus Inkerman auf der Krim; beide sind unveröffentlicht. Die Gesichter auf sarmatischen Goldspangen von einem Katakombengräberfeld in Bratskoje im Tal des Terek in Čečeno-Ingušetija, *KSIIMK* 100 (1965) 48, Abb. 17, 2, haben wenig mit den Masken zu tun; die Augen sind durch eingelegte blaue Steine, der Mund durch einen roten Stein wiedergegeben.

185 Das gleiche gilt für Gewebe. Die Wiederholung von Masken oder Köpfen ist charakteristisch für koptische Tapisserien des 4. und 5. Jahrhunderts n. Chr., Weibel 1952, 76, 5.

186 Die Quelle von Iord. *Get.* 182.

187 Das Stück, ein Streufund, ist undatierbar. Das Gesicht einer Tonfigur von einem Kurgan in Stanica Čarvlennaja in Čečeno-Ingušetija, in das 6. oder 5. Jahrhundert zu datieren, ist ganz ähnlich. Vgl. Vinogradov 1966a, 300.

188 S. die Steinfigur vom Terek, datierbar um 500 v. Chr., bei Vinogradov 1966, 43.

189 J. Paulovics, *Arch. Ert.* 3, 1 (1940) 67—77. Unsere Abbildung ist eine Reproduktion einer Tafel 17 im Artikel von Paulovics; die Beschläge gingen im letzten Krieg verloren.

190 *AAH* 26 (1957) 279—280.

191 *Vorgeschichte*, Taf. 502, 1, 3; 503, 2, 521, 2.

192 Zu den „Maskenschnallen" vgl. Werner 1959, 424.

193 Der Stil der Maske auf der spätrömischen Fibel von Fenekpuszta, *Arch. Ert.* 82 (1955) Taf. 5, 17 unterscheidet sich sehr von dem der Masken auf den Intercisa-Beschlägen.

194 Evtuchova, *MIA* 24 (1952) Abb. 2, 3, 14, 16, 18, 21, 24—26, 45, 57; Maenchen-Helfen 1931, 131.

195 A. Alföldi, *DOP* 11 (1957) 238, Abb. 1.

196 Courcelle 1948, 221.

197 Mar. Victor *aleth.* 3, 192.

198 Kruglikova 1957, 253—257.

199 Zu den bei Kruglikova aufgezählten Fundorten ist hinzuzufügen: Giljač am Oberlauf des Kuban', Minaeva 1951, 296 f., Abb. 14, 4; Kys-Aul, jetzt Svetlački, in der östlichen Krim, Gajdukevič 1959, 203—204; Čufut-Kale, *KS* 100 (1965) 111, Abb. 44, 6; Kamunta, V. A. Kuznecov 1962, Abb. 13, 1—3; Chantre 1887, 3, Taf. 17, 5.

200 Kruglikova 1957, 255.

201 Gajdukevič 1958, 173 meint, daß Alano-Sarmaten solche Amulette nach Tyritake brachten.

202 Die heiligen Kultobjekte (Eun. *hist.* 25), die die Westgoten mit sich führten, als sie 376 die Donau überquerten, waren wahrscheinlich auch aus Holz.

203 Zu den Verfolgungen s. Thompson 1961, 94—102.

204 Thompson 1957a, 18.

205 Schmidt 1934, 533.

206 Greg. M. *dial.* 3, 27, Moricca 1924, 539. Die Dialoge wurden 593/594 n. Chr. verfaßt; die Bauern wurden „fast 15 Jahre vorher" getötet.

207 Iord. *Get.* 125.

208 Vor ihrer Bekehrung verehrten die Goten Mars „mit grausamen Riten, und Gefangene wurden als seine Opfer getötet", Iord. *Get.* 41; nach dem Sieg bei Arausio opferten die Cimbern die Pferde durch Ertränken und die Gefangenen durch Aufhängen, Oros. *hist.* 5, 6, 5—6; die Cherusker, Sueben und Sugambrer opferten 20 Centurionen, Flor. *epit.* 3, 19.

209 Für die Kultobjekte der schamanistischen Stämme im Altai s. die hervorragende Monographie von Ivanov 1955, 165—264.

210 Malalas 432, vgl. Moravcsik 1946, 5, 38—39.

211 Die Kupferstatue ohne Kopf aus Bántapuszta in Westungarn, die Takáts 1959, 85—86 veröffentlichte, ist seiner Meinung nach hunnisch; andere ungarische Archäologen halten sie für einen Teil eines mittelalterlichen Aquamanile.

212 Martynov 1958, 150—156; *BMFEA* 30 (1958) Taf. 7, 10.

213 Vgl. Kao Chü-hsün 1960, 221 f. über die *Chin jen.*

214 Men. Prot. *EL* 194, 16—18.

215 In der Provinz Wolgograd, östlich der Wolga, Hauptstadt der neuerdings rekonstituierten Kalmücken ASSR.

216 Sinicyn 1956b, 32—34, Abb. 11; K. F. Smirnov 1964, Abb. 75, 2.

217 K. F. Smirnov 1961, 117.

218 K. F. Smirnov 1964, 172 f.

219 Ivanova 1954, 242—244, Abb. 4—7.

220 Moškova 1963, 46, Abb. 15, 1, 2.

221 K. F. Smirnov 1960, 181, Abb. 6, 10.

222 V. A. Gorodcov in *Archeologičeskie issledovanija v RSFSR 1934—1936*, 213, Abb. 57, 8, 9.

223 Malikov 1961, 65—68, Abb. 2—4, 6.

224 Vjaz'mitina 1962, 213, Abb. 86, 11, 13. Eine ähnliche Steinfigur befindet sich im Museum von Dnjepropetrovsk, Vjaz'mitina 1962, 213, 19.

225 Kruglikova 1961, 76, Abb. 30, 2b.

226 Kruglikova 1956, 254, Abb. 11, 6, 7.

227 Blavatskij/Šelov 1955, 111, Abb. 45, 4.

228 Gorodcov 1905, 252—255, Abb. 59 und *IAK* 37 (1910) 90 f.; N. I. Veselovskij, *IAK* 7 (1910) 9—11 und *IAK* 37 (1910) 98—102.

229 Minaeva 1956, 251 f., Abb. 12.

230 Rau 1926, 10.

231 K. F. Smirnov 1950, 262.

232 Gorodcov 1905, 253.

233 S. den einleitenden Bericht über die Astrachan-Expedition, *SA* 2 (1959) 285.

234 Gorodcov 1905, 345, 360, 367.

235 Mažitov 1959, 130, Abb. 4.

236 Rykov 1925, 31.

237 Rykov 1925, 31.

238 Rau 1926, 67.

239 Grakov 1947, 109.

240 K. F. Smirnov 1964, 94 f.

241 Moškova 1963, 24.

242 Rykov 1925, 66.

243 Anfimov 1951, 201 f.

244 Rykov 1926, 103.

245 Morintz 1959, 459, Abb. 7.

246 I. Meri, *FHG* 3—5 (1941) 149, Abb. 2.

247 Minaeva 1956, 259, Abb. 14.

248 Salv. *gub.* 4, 14.

249 *MG Scr. rer. Merov.* 4, 411.

250 Ven. Fort. *laud. Mar.* 289, 291, *MG AA* 4, 1, 378. Ihre Authentizität ist unbestritten, vgl. Blomgren 1934, 2.

251 Vives 1922, 120.

252 Ven Fort. *vita. Germ.* 28, *MG Scr. rer. Merov.* 7, 272.

253 K. F. Smirnov 1964, 172.

254 Ljapuškin, *MIA* 62 (1958) 318, Abb. 3.

255 Progrebova 1958, 140, Abb. 14, 1.

256 Tolstov 1954, 260, Abb. 16, 8; die Zeichnungen bei Tolstov 1958, 6, 239, Abb. 114, 9, 10 sind ungenau; Levina 1966, 54.

257 Levina 1966, 54.

258 Solomonik 1959, 70 (mit Bibliographie); V. S. Drachuk, *SA* 2 (1967) 243 bis 244, Abb. 1.

259 Solomonik 1959, 68—70.

260 Davidovič/Litvinskij 1955, 53.

VII. KUNST

1 Ast. *hom.* 10, Migne *PG*, 40, 313. Der König war der gleiche, der den Panzer nach Sinope schickte.

2 Agath. 243, 18, s. auch oben, S. 74.

3 Ein Diadem ist ein Stirnband aus weißem Stoff, das oft mit Steinen besetzt ist.

4 Werner 1956, 61—68.

5 Mit freundlicher Genehmigung der Akademija nauk Kazachskoj SSR; Nurmuchammedov 1970, Abb. 30—35.

6 Bernštam 1952, 130—132, Abb. 65; ders. 1954, Taf. zwischen SS. 280 und 281. Den Artikel Bernštam 1950 habe ich nicht gesehen.

7 Vgl. Členova 1962, Taf. 4, 11, 12, 14, 15; Pazyryk: Grjaznov 1958, Taf. 29; Minussinsk: Kiselev 1951, Taf. 20, 3; Martin 1893, 33; Borovka 1927, Taf. 44, B; Perm: Aspelin 1877, Abb. 306; Kasachstan: Margulan (u. a.) 1966, Abb. 66, 77—79; Ordos: Salmony 1933, Taf. 5, 3, 6, 1, 7, 1. Die engste Parallele zu dem Pferd auf dem Streifen von Kargaly ist ein goldenes Pferd auf einem Stab aus Westsibirien, *SA* 2 (1965) 229.

8 Karlgren 1952, 176, Taf. 91.

9 Z. B. Rudenko 1962b, Taf. 35, 4.

10 Li I-yu 1963, Nr. 59, 61.

11 Die anderen Funde von Kargaly werden von L. K. Nifontova in *IANKSIAE* 1 (1948) 116—117 beschrieben. Für Zeichnungen eines Fingerringes mit einem Kamel und eines Ohrrings mit einer Maus oder einer Ratte und einem knienden Mann s. Rudenko 1962b, 38, Abb. 43, 44; Rudenko datiert die Stücke in das 4. Jahrhundert v. Chr., weit vor das „Diadem".

12 Hampel 1905, 1, 345, Abb. 893 = 2, 13. Photographien bei Alföldi 1932, Taf. 8 und Thomas 1956, 291.

13 Nach der Angabe bei Thomas 1956, 298; Hampel 1905, 2, 13 spricht von Karneolen, weißer Glaspaste, grünem Glas, Bernstein und Granaten und Werner 1956, 62 von „Ziernägeln und flachen Almandinen". Da ich das Diadem nicht gesehen habe, weiß ich nicht, welche Beschreibung korrekt ist. Photos und Zeichnungen zeigen ein flaches Band; offensichtlich wurden die Stücke geglättet, denn ein flaches Band von 29 cm Länge konnte kein Diadem gewesen sein.

14 Mit freundlicher Genehmigung des Rheinischen Museums, Bildarchiv.

15 Zur Beschreibung des Schädels s. Werner 1956, 104. Der *marchand amateur* Mavrogordato, der Baron Diergardt das Diadem und andere Schmuckgegenstände verkaufte, die angeblich im selben Grab gefunden wurden (aufgezählt in *L'Art mérovingien* 1954, 31—32), hatte nicht den besten Ruf.

16 Für eine detaillierte Beschreibung s. G. Schramm 1965, 129.

17 Werner 1956, Taf. 6, 8 nach Minaeva 1929, 196, Abb. 2.

18 Minaeva 1929, 196—198.

19 Chazanov 1960, Gruppe 4.

20 Minaeva 1929, 206, Abb. 32 = M. Ebert, *RV* 13, „Südrußland", Taf. 41a.

21 Alekseeva 1955, 77.

22 Werner 1956, 22.

23 Werner 1956, Taf. 29, 8.

24 *L'Art mérovingien* 32.

25 Werner 1956, Taf. 31, 2.

26 Werner 1956, Taf. 31, 5.

27 Skalon 1962, 40—44.

28 Maculevič 1934, 101. Darauf wurde von Werner 1956, 78, hingewiesen.

29 Sie datiert den Drachen aus Stavropol' in das 4., den von Kara-Agach in das 5. Jahrhundert, weil er „derber" ist. Sie scheint anzunehmen, daß die zwei Stücke durch ein Jahrhundert getrennt sind. (Fn. im Manuskript unvollendet. R. G.)

30 *IAK* 16 (1905) Abb. 3, a—b.

31 *Ibid.*, und Spicyn 1905.

32 *Ibid.*

33 Sinicyn 1936, Abb. 10.

34 Trever 1959, 167, Abb. 18.

35 Artamonov 1969, Nr. 98.

36 M. Ebert, *RV*, *s. v.* Čečeno-Ingušetija, nördlicher Kaukasus.

36a Ergänzung des letzten Nebensatzes und des Lit.-Hinweises durch den Hrsg.

37 *Zeitschrift für Ethnologie* 28 (1896) 12 f.

38 Posta 1905, 523 f.

39 *PZ* 4, 1912, 454.

40 Hinweise auf seine früheren Publikationen bei Takáts 1955 und 1960.

41 Werner 1956, 57—61.

42 Umehara 1938, 69—110; *Inner Mongolia*, 173—191; Egami 1948, 386 f.

43 Früher Sztalinváros, ursprünglich Dunapentele.

44 P. Marton, *PZ* 4, 1912, 185 meinte, daß die Helme orientalischen Truppen gehörten.

45 Osoka, meist fälschlich Otoka oder Otaka geschrieben, liegt weder im Distrikt Syrzan, falsch als Jizrani angegeben, wie einige Autoren behaupten, noch in der Nähe der Wolga; es liegt etwa 80 km westlich vom nächstgelegenen rechten Ufer des Flusses.

46 Aspelin 1877, 70, Abb. 318.

47 Ich verdanke diese Information Frau G. M. Levedeva, wissenschaftliche Sekretärin des Staatlichen Historischen Museums in Moskau.

48 Mit freundlicher Genehmigung des Staatlichen Historischen Museums in Moskau.

49 Ich vermute wie J. Werner, daß das Fragment irgendwo in Rußland oder Bessarabien gefunden und nach Frankreich gebracht wurde.

50 Ich berücksichtige die Kessel, die Werner 1956, 58, Nr. 5 und 6 anführt, nicht. Sie sind in den Publikationen, auf die er hinweist, nicht abgebildet, und die Beschreibung paßt nicht auf hunnische Kessel.

51 Fettich 1913, 512.

52 E. Stoicovici bei Mitrea 1961, 556—558.

53 Spasskaja 1956, 160.

54 *MAR* 13, 16, 21, 45.

55 Die Sarmaten an der unteren Wolga verwendeten Kupfer aus dem südlichen Ural und Kasachstan und Blei aus dem westlichen Altai, vgl. I. Ja. Chanin, *Trudy Saratovskogo oblastnogo muzeja kraevedenija* 3 (1960) 182.

56 Maksimov 1966a.

57 Claud. *carm.* 26 (*bell. Goth.*) 611.

58 Levaševa/Rygdylon 1952, 132, Abb. 44.

59 *KSIIMK* 59 (1955) Abb. 63.

60 Fragmente von zwei *hu*, Umehara 1960, 35, Abb. 3—7; Rudenko 1962b, Taf. 34, 1, 2; ein anderer *hu*, Doržsuren 1962, 38, Abb. 8, 1.

61 Rudenko 1962b, 36, Abb. 29b.

62 Doržsuren 1962, 39, Abb. 8, 3; ein anderer Kessel „mit zwei senkrechten Henkeln am Rand, und einem eisernen, konischen Fuß“ (*ibid.*, 43) ist leider nicht abgebildet.

63 Prisc. *EL* 133, 2—3.

64 Werner 1962a, Taf. 134.

65 Werner, 1956, 57 f.

66 Alföldi 1932, Taf. 17, 3.

67 Bernštam 1951a, 224, Abb. 12; Werner 1956, Taf. 51, 5.

68 Fettich 1931, 533.

69 Bernštam 1951a, 224, 228 f.

70 Spasskaja 1956, 165 nennt den Fundort Barmašino.

71 Werner 1956, 45, Taf. 14, 9, 22, 1.

72 Bernštam 1951a, Abb. 3; Werner 1956, Taf. 14, 11.

73 Marshall 1911, Nr. 3134; vgl. auch Nr. 2679.

74 Spasskaja 1956, 164.

75 *BJb* 55—56 (1875) 226.

76 *BJb* 53—54 (1873) 309—310.

77 *Arvaque Sauromatum nuper metata colonis*, Auson. *Mos.* 9.

78 Minns 1913, 165.

79 Spasskaja 1956, 163.

80 Minns 1913, 80.

81 Sinicyn 1932, 63; B. N. Grakov, *MIA* 130 (1965) 219.

82 Appelgren-Kivalo, Abb. 85; vgl. auch die Zeichnung von Kisil Kaja, Appelgren-Kivalo, Abb. 279 f.

83 M. A. Dévlet, *SA* 3 (1965) 128, Abb. 3.

84 Spasskaja 1956, 165.

85 Photographien bei Werner, 1956, Taf. 27, 1—10; eine Zeichnung der Kette bei Krause 1904, 50, 1.

86 Krause 1904.

86a Die in der amerikanischen Originalausgabe (l. c. p. 328) zu lesenden „3 feet" beruhen nachweislich auf einem Mißverständnis von O. M. beim Lesen des Fundberichtes: dort ist nur davon die Rede, daß *nach* dem Anpflügen des Fundes (also kaum tiefer als 1 Fuß = 30 cm) das Gelände in unmittelbarer Nähe bis zu 3 Fuß = 90 cm Tiefe umgegraben wurde.

87 Takáts 1960, 121.

88 Takáts 1955, 153.

89 Sosnovskij 1947, 39, Abb. 28.

90 Nestor/Nicolăescu-Plopşor 1937, 182; Takáts 1959, 86—89.

91 Rygdylon/Chorošich 1959, 255.

92 Bernštam 1926, 40—42.

93 Levaševa/Rygdylon 1952, 134.

94 Spasskaja 1956, 166 f.

95 Werner 1956, 59.

96 Das Opferfleisch, das die römischen Gefangenen zu essen gezwungen waren, wurde wahrscheinlich in Kupferkesseln gekocht.

97 K. F. Smirnov 1963, 129, Abb. 70a, 3; für einen ähnlichen Kessel aus dem nördlichen Kasachstan s. Spasskaja 1956, 158, 2, Taf. 1, 25.

98 Zu den Hauptcharakteristika der eurasischen Kessel s. Levaševa/Rygdylon 1952, 134 f., Abb. 45. Unter „hunnisch" verstehen die Autoren nicht unsere Kessel, sondern jene von den nördlichen Grenzen Chinas.

99 Werner 1956, 59.

100 Maksimov 1966a.

101 Vgl. Berchin 1961, 150. Dazu noch Sinicyn/Erdniev 1963, 24, Abb. 25, 8.

102 S. *Inner Mongolia* (Zitat der engl. Ausgabe ist unvollständige Arbeitsnotiz und hier durch das vom Verf. offenbar beabsichtigte ersetzt. R. G.).

103 Zuerst von Takáts, der lange Zeit damit allein stand.

104 Umehara 1960, 37, Abb. 21; Rudenko 1962a, 36, Abb. 29.

105 *Inner Mongolia*, Taf. 26 = Abb. 113, 6.

106 Li I-yu 1963, Nr. 52, Taf. 33.

107 *Inner Mongolia* Taf. 34 = Abb. 113, 3; S. 180, Abb. 106, 1 (in Ching-yang im nordöstlichen Kansu ausgegraben) = Umehara 1960, 37, Abb. 22.

108 Takáts 1955, 150; 1960, 122. Wie so oft verdarb Takáts seine Argumente mit dem Hinweis auf Dinge, die mit den Kesseln nichts zu tun haben, wie z. B. die Verzierungen aus Halbkreisleisten (Zackenbogen) auf Han-Spiegeln.

109 Das ist natürlich bloße Vermutung, nach meiner Meinung aber besser als andere Annahmen. László meint, daß die „Pilze“ Schamanenkronen darstellen, *AAH* 34 (1955) 89, 249—252. Karger, *Altschlesien* 9 (1940) 113, dachte an stilisierte Pferde; Fettich 1953, 142 leitete sie von den halbrunden Kopfplatten der *fibulae* ab.

110 I. H. Anderson, *BMFEA* 4 (1932) Taf. 19; *Inner Mongolia*, Taf. 23, 24, etc.

111 Die Legierung des Kessels von Noin Ula, 90% Kupfer, 7%Zinn und 2% Blei, ähnelt der Legierung des im gleichen Kurgan gefundenen chinesischen Spiegels. Der Kessel wurde wahrscheinlich von einem Chinesen im Dienst der Hsiung-nu gegossen.

112 In einem großen Gräberfeld bei Lo-shan hsiang, Hsi-feng hsien, Provinz Liao-ning, wurden zahlreiche Ordosbronzen gefunden. Einige von ihnen gleichen völlig jenen aus der Burjaten-Republik, Innere und Äußere Mongolei, s. *WWTK* 1 (1957) 53—56; *WW*, August-September 1960, 125—132. Der Fundort liegt mehr als 1100km östlich von Sui-yüan.

113 *KGTH* 1956, 2, Taf. 15; Li I-yu 1963, Nr. 53—58, Taf. 34—36.

114 Li I-yu 1963, Nr. 103, Taf. 65.

115 Liberov 1965, Taf. 27.

116 P. D. Liberov, *SA* 9 (1942) 19, Abb. 8. S. auch den sarmatischen Kessel von Zubovs Gut, Minns 1913, 230, Abb. 133.

117 Minns 1913, 162, Abb. 50.

118 Takáts 1955, 147.

119 *Government General Museum of Chosen 1933, Museum Exhibits Illustrated*, Bd. V.

120 Spasskaja 1956, 163, 3.

121 Ein Kessel aus der Barabinsk-Steppe (Kyzlasov 1960, 70, Abb. 26, 1) und einer vom Gräberfeld Kokel in Tuva (Vajnštejn/D'jakonova 1966, 194, Abb. 9) haben den glockenförmigen Körper und den soliden Fuß der hunnischen Kessel, aber ihre Griffe sind halbrund. Ein Kessel mit rechteckigen Griffen und einem langgestreckten Körper im Museum von Minussinsk kommt von einem lokalen Fundort, Levaševa/Rygdylon 1952, 135; es scheint, daß er vom Osten hierher gebracht wurde, denn keiner der zahlreichen Miniaturbronzekessel und der Imitationen in Keramik hat solche Griffe; bei diesen sind sie halbrund, mit oder ohne Knöpfe, s. die von Levina 1966, 57, 47 herangezogene Literatur.

122 Levina 1966, 56, Abb. 37—39. Tolstov 1952, 21 und 1962, 191 erwähnt nur einen Tonkessel, es waren aber Fragmente von mehreren. Die Illustration bei Tolstov 1952, Abb. 11, b ist etwas irreführend; sie zeigt den rekonstruierten Kessel. Zu einer Abbildung der Fragmente s. *TKaz* 7 (1959) 231, Taf. 4, 6.

123 Tolstov 1962, 190.

124 Levina 1966, 69.

125 Alföldi 1932, 35—36; Werner 1956, 88; Sulimirski 1964, 49, und die Karte auf S. 43 mit den „Gräbern hunnischer Herrscher“.

126 Werner 1956, 60.

127 A. P. Smirnov 1952, 51—52, 108; *Očerki* 1, 533.

128 Eines hat eine choresmische Inschrift, Henning 1958, 58.

129 L. A. Maculevič, *MIA* 1 (1940) 139.

130 Die sāsānidischen Münzen sind unter den Fundorten bei Talitskaja, *MIA* 27 (1952) aufgezählt. Im Jahr 1950 wurden bei Bartym 264 byzantinische Münzen gefunden, vgl. Bader/Smirnov 1952, 6.

131 Drei der vermutlich griechisch-baktrischen Silberschalen in der Eremitage kommen aus dem *oblast'* Perm', vgl. Trever 1940, Taf. 22—27.

132 Trever 1940, 49, Taf. 3—5.

133 *Materialy z archeologii pivničnogo pričernomor'ja* 3 (Odessa 1960) 250—252.

134 *Numismatika i epigrafika* 3 (1962) 145.

135 *APU* 1 (1955) 180, Abb. 3; *SAI* 7 (1952) 157. Im Dnjepr wurde in der Nähe der Stromschnellen eine barbarische Nachahmung einer Münze des Euthydemos gefunden, s. Kropotkin 1961, 58, Nr. 437. Aus dem gleichen Gebiet kommen zwei typisch zentralasiatische Fläschchen, eines aus Žuravka (Symonovič 1964a, 25, Abb. 2, 14), das andere aus Volosskoje (Brajčev'skaja 1960, 189, Taf. 4, 2).

136 Bussagli 1959, 151, 152, 22.

137 Maenchen-Helfen 1957a, 85—94.

138 Rau 1927, 68.

139 Minaeva 1929, 199. Die Sarmaten führten wahrscheinlich Seide auch aus dem bosporanischen Königreich ein, Toll 1927, 88—92.

140 *RV* 13, Südrußland, Taf. 40c, b, Sinicyn 1946, 92, Abb. 26.

141 Maenchen-Helfen 1941, 43, C16, Taf. 11.

142 Die Karte bei Egami 1948, 288 ist bereits überholt.

143 Umehara 1931, Abb. 7, 1, und *Shina kodo seikwa* 4 (Osaka 1935) Taf. 14a; *ibid.* 4 (1938) Taf. 17.

144 *BMFEA* 13 (1941) 43, C16, Taf. 11.

145 Rudenko 1953, 144, Abb. 85.

146 Azarpay 1959, 339.

147 Kyzlasov 1950, 85, Abb. 30, 1.

148 (1) Trever 1932, Taf. 26, 3; Umehara 1960, Taf. 71; Rudenko 1962a, Abb. 65, 6; (2) Doržsuren 1966, 39, Abb. 7, 7.

149 (1) Rudenko 1962a, Abb. 65, v; (2) Sosnovskij 1946, 62, Abb. 12.

150 Talko-Hryncewicz, *Trudy Troicko-Kjachtinskogo otdelenija Russkogo geografičeskogo obščestva* 4, 2 (1902) 50, Taf. 2.

151 Sun 1960, Abb. 19, 21.

152 Umehara 1938, Taf. 15, 2; Kyzlasov 1960, 85, Abb. 20, 1, 86, Nr. 2. Für den Typus vgl. die Abb. 73 auf Taf. 25. (R. G.)

153 Kožomberdiev 1960b, 72, Abb. 14.

154 Kožomberdiev 1963, 40, Abb. 6, 2.

155 Zadneprovskij 1960, 100—101, Abb. 59, 1.

156 Baruzdin/Brykina 1962, 15, 23, 28, Abb. 15, 4—6.

157 Baruzdin 1957, 27, Abb. 5, 1—3 und 1961, 65, Abb. 14.

158 Davidovič/Litvinskij 1955, 64—65, Abb. 31. Litvinskij 1961, 76, Abb. 12.

159 Litvinskij 1959, 116, Abb. 4.

160 Voronec 1951, 52—54, Abb. 5.

161 Černecov 1953, 166, Taf. 19, 1.

162 Mošinskaja 1953a, 218.

163 Posta 1905, 237, Abb. 148, 4.

164 K. F. Smirnov 1959, 301.

165 Borovka 1927, 2, 74, Taf. 4, 1, Taf. 5.

166 Sinicyn 1960, 46, Abb. 17, 7.

167 Die Inschrift ist ein Wunsch, sehr häufig auf solchen Spiegeln: „Mögest du die Sonne sehen, die Welt ist strahlend hell."

168 Ähnlich der bei Karlgren 1934, 23, Nr. 72.

169 Umehara 1931, Taf. 21, und 1938, Taf. 17.

170 Sie wurden von Umehara, Egami und anderen behandelt.

171 Siehe z. B. Liang Shang-ch'un 1942, 3, 47; *Lo-yang-ching* 1959, 82; *Shen-hsi-ching* 1959, 30.

172 Siehe z. B. *Hu-han-ching* 1960, 70; *Shen-hsi-ching* 1953, 39; *Szŭ-ch'uan-ching* 1960, 34.

173 Vajnštejn 1964, 53.
174 Sinicyn 1960, 49, Abb. 18, 1.
175 Guščina 1962, 208, Abb. 2, 5.
176 Rau 1926, 90—95.
177 Chazanov 1963, 65.
178 Kiselev 1951, 281.
179 Chazanov weist ebenso auf den Ordosspiegel bei Salmony 1935, Taf. 14, 4 hin. Seine Hsi-Hsia-Inschrift datiert ihn um tausend Jahre später als die sarmatischen Spiegel.
180 Akišev/Kušaev 1963, Taf. 1, 13, 14, Taf. 11, 23, 37. *Očerki* 1, 257, Abb. 6.
181 Rau 1926, 9, Abb. 1a.
182 Rykov 1925, 63; Chazanov 1963, 66, Abb. 4, 7.
183 Rau 1927, 30, Abb. 22b.
184 Chazanov 1963, 66, Abb. 4, 9. Die Zeichnung bei Sinicyn ist zu schematisch.
185 Rykov 1936a, 152; Chazanov 1963, 66, Abb. 4, 8.
186 Chazanov 1963, Abb. 4—6. Nach der Angabe Chazanovs wurde der Spiegel in Blumenfeld (jetzt Cevnoe), k. B 6, gefunden. Rau, der den Kurgan ausgrub und die Grabbeigaben auf seine übliche genaue Art beschrieb (Rau 1926, 37 f.), erwähnt nichts von einem solchen Spiegel. Wahrscheinlich war er im Museum von Saratov falsch gekennzeichnet; es besteht aber kein Zweifel daran, daß er wie die anderen zuerst aufgezählten Spiegel aus dem gleichen Gebiet kommt.
187 Vinogradov 1963, Abb. 27.
188 Umehara 1938, Taf. 18, 2.
189 Umehara 1931, 39, Abb. 7.
190 *Lo-yang-ching* 1959, 80, 82.
191 Werner 1956, 19—24; 80 Fundorte auf der Liste 114—119. Ihre Zahl wächst ständig. Kovrig 1959, 221 verzeichnet neun Spiegel des Čmi-Brigetio-Typus aus dem mittleren Donauraum, die Werner noch nicht bekannt waren. Drei aus der Kamaregion wurden von Sadykova 1962b, 259—260 veröffentlicht. Einer wurde im Elsaß 1964 gefunden, Hatt 1966, 263, Abb. 7.
192 Rau 1926, 90, 94 f.
193 Chazanov 1963, 67 f.
194 Werner 1956, 114.
195 Merpert 1951, 24, Abb. 2, 13.
196 *OAK* 1898 (1901), 78, Abb. 142; Rau 1926, Abb. 90b; Mizuno/Egami 1935, 169, Abb. 99, 3; Egami 1948, 382, Taf. 31, 5; Werner 1956, Taf. 44, 8; Berchin 1961, 146, Abb. 2, 1; Chazanov 1963, 68, Abb. 5, 6.
197 Rostovcev 1931, 602 („Machary" ist ein Druckfehler) datierte ihn auf das 1. Jahrhundert, Borovka (mündliche Mitteilung an Umehara 1938, 55) auf das 3., Werner auf das 4. Jahrhundert.
198 Berchin 1961, 141—148.
199 Die Datierung wurde von Ambroz 1966, 42 akzeptiert.
200 Berchin 1961.
201 Solomonik 1959, 145.
202 Hampel 1897, 3, Taf. 44, 4; Eisner 1933, 237, Abb. 21, 7.
203 Das Muster auf einem Spiegelanhänger aus Mitoc in Rumänien (Rikman 1967, Abb. 8, 14) ist dem auf dem Možary-Ösenspiegel so ähnlich, daß das eine vom anderen abgeleitet werden muß. Ich vermute, daß der Ösenspiegel als Vorbild für den Spiegelanhänger diente, auf dem der Randstreifen mit den Radiallinien fehlt.
204 Umehara 1938, 55; Kap. 3 aus 1938 ist der Neudruck eines Artikels, der 1925 publiziert wurde.

205 Chazanov 1963, 68, Abb. 5, 3, 4. Punkte statt Radiallinien wie auf dem Spiegel aus Blumenfeld gibt es auch in China, s. Liang Shang-ch'un 1942, 2, 95, 103.

206 Berchin 1961, 145, Abb. 2, 2.

207 Šhilov 1959, 495, Abb. 62, 16. Kurgan 15 ist ein typisches spätsarmatisches Grab: enge Grube, Orientierung NNW.

208 Mošinskaja 1953a, 219, Taf. 17, 1. Ein Ösenspiegel mit Zackenrand aus dem nördlichen Kasachstan, Kadyrbaev 1962, 75, Taf. 1, 4, scheint ein früher Imitationsspiegel zu sein.

209 Maenchen-Helfen 1941, 111—113. S. Bulling 1960, Taf. 13—16, 26—27.

210 *APU* 8 (1960) 94, Abb. 74, 3.

211 Das wurde zu Recht von Watson 1962, 81—82 betont.

212 Bernštam 1952, 40.

213 Žol-Kuduk, *oblast'* Pavlodar, Ageeva/Maksimova 1958, 41.

214 *Oblast'* Frunze, Kibirov/Kožemjako 1956, 39 f., Abb. 5.

215 Ein altes Gräberfeld in Tomsk, Komarova 1952, 31, 37, 43, Abb. 17, 4, 17, 21; Abb. 21, 15; Abb. 25, 1—7.

216 *Hu-nan ching* 1960, 25, Nr. 2, 27, Nr. 1.

217 *Shen-hsi-ching* 1959, 14, Nr. 4.

218 *Szu-ch'uan-ching* 1960, 8 f., Nr. 4.

219 Anfimov 1952, 213, Abb. 3.

220 (1) Marčenko 1956, 126, Abb. 5, 12; (2) Šelov 1966, 94, Abb. 34, 5; Zu einem Čmi-Brigetio-Spiegel aus Inkerman auf der südwestlichen Krim s. Guščina 1967, 49, Abb. 4, 3.

221 *SA* 10 (1948) 61, Abb. 6, 23.

222 S. A. Trudnovskaja, *Tchor* 1 (1952) 120.

223 W. B. Henning, *Asia Major*, N. S. 11 (1965) 169 f.

224 Kovrig 1959, 222 f.

225 Werner 1956, 116.

226 Bis jetzt wurde noch kein Ösenspiegel im ostgotischen Italien gefunden; im gepidischen Ungarn sind sie ziemlich häufig, Csallány 1961, 394.

227 Siehe z. B. Werner 1956, 22; Chazanov 1964, 3, Litvinskij 1964, 3, 97—104.

228 Beninger 1931a, Taf. 7.

229 Alföldi 1932, 59, Taf. 35.

230 Rostovcev 1922, Abb. 23, 24.

231 L. Bachhofer, *JAOS* 61 (1941) 249.

232 Ghirshman 1962, Abb. 100, 105, 110.

233 Wheeler 1951, 2, 637, Nrn. 179—198; 3, Taf. 191r.

234 Nil'sen 1959, 76 f.

235 K. F. Smirnov 1964, 139 f.

236 S. N. Zamjatin, *SA* 8 (1946) Abb. 10, 23, 32, 33.

237 Chor. eksp. mat. 4 (1960) 27, Abb. 18, 5—7.

238 Hunderte von Plättchen in einem Frauengrab (Šilov 1959, 402—404, 462).

239 Sinicyn 1960, 57, Abb. 21, 3.

240 Auf den Ärmeln, Rostovcev 1931, 581—582.

241 Rykov 1926, 113.

242 Minaeva 1929, 199, Abb. 13, 15.

243 Alföldi 1932, Taf. 22, 11, 18.

244 Alföldi 1932, 59, Taf. 15, Fettich 1953, Taf. 3, 21—63.

245 Alföldi 1932, 59, Taf. 15.

246 Salin/France-Lanord 1949, 119—135. Unglücklicherweise ist nichts über das Grab bekannt, in dem die Frau mit den prächtigen Gold- und Silberstücken bestattet

wurde. Keines von ihnen war lokaler Herkunft. Die Annahme, daß die Tote die Frau eines westgotischen Anführers war, ist nicht gerechtfertigt. Die Westgoten kamen nie auch nur in die Nähe der Normandie. Die Frau war vielleicht mit einem jener Alanen verheiratet, die im Jahr 406 in Gallien einfielen, vgl. Courtois 1955, 47, 1.

247 Alföldi 1932, Taf. 22, 11.

248 Alföldi 1932, 59, Abb. 18.

249 Michon, *Bulletin de la Société des antiquaires de France* (1920) 257—253; Rostovcev 1922, 115, Abb. 10.

250 Für einen guten Überblick über die Goldplättchen in Südrußland s. Pjatyševa 1956, 20—23. Die Zahl der Goldplättchen in sarmatischen und hunnischen Gräbern ist gering im Vergleich zu der in manchen Gräbern im Kaukasus. Im Grab einer Frau in Mzcheta (2.—3. Jahrhundert n. Chr.) wurden 5130 kleine, flache und halbkugelförmige Plättchen gefunden: *Mzcheta* 1 (Tiflis 1958) 107, Abb. 52, 2, 3.

251 Prisc. *EL* 140, 6 f.

252 Die Säume einer geknüpften Tasche in einem spätsarmatischen Grab in Alt-Weimar waren mit kleinen Perlen bestickt, Rau 1926, 28.

253 Sinicyn 1947, 53, Abb. 28, 11—13.

254 Mosberg 1946, 116.

255 Rudenko 1953, Taf. 25.

256 Sosnovskij 1931, 1—2, 170.

257 Rudenko 1962b, 47.

258 Für spätsarmatische Perlen s. Šilov 1950, 499 f.

259 E. Schmidt, *Persepolis* 1 (Chicago 1953) 76 f.

260 I. V. Ptašnikova, *Tchor* (1952) 1, 5, 11.

261 Wheeler 1951, 2, 729—750.

262 Fersman 1922, 2, 362—367.

263 Auf Russisch *gešir*, in den meisten Wörterbüchern fehlend.

264 Rudenko 1962b, Taf. 71, 1, 2; Umehara 1960, 42, Abb. 254.

VIII. RASSE

1 Ich halte mich an die Terminologie der Russen, auf deren Werke ich mich so oft beziehe, und verstehe unter Anthropologie das, was in englischsprechenden Ländern *physical anthropology* genannt wird. (Für die deutsche Ausgabe wurde lediglich „europoid" gegen „europäid" ausgetauscht, im übrigen konnte die Terminologie nicht verändert werden, obwohl sie den Auskünften deutschsprachiger Lexika oft widerspricht. R. G.)

2 Nemeskéri 1952, 225.

3 Debec 1948, 311 f.

4 M. G. Levin verwendete diesen Ausdruck, vgl. *TDPMKV* 3 (1963) 396.

5 Die Russen unterscheiden zwischen Mittelasien und Zentralasien, Haute Asie der Franzosen, d. i. die Mongolei und Tibet.

6 Minaeva 1929.

7 *ESA* 4 (1929) 209 f.

8 Rykov 1926, 98—104.

9 Iord. *Get.* 127 f.

10 De Groot 1926, 122.

11 De Groot 1921, 197.

12 Für die beste Übersetzung des berühmten Gedichtes, in dem sie ihr Los beklagt, s. Waley 1946, 43.

13 De Groot 1926, 185.

14 Ginzburg 1954, 364.

15 Ginzburg 1954, 359.

16 Ginzburg 1954, 373, 2.

17 Amm. 31, 2, 2, Pighi 1948, 68—71.

18 Vgl. Maenchen-Helfen 1955a, 386—399.

19 Claud. *carm.* 3 *(in Rufin. I.)* 323—331; *carm.* 5 *(in Rufin. II.)* 270.

20 Sidon. *carm.* 2, 2, 43—269. Ich bin nicht überzeugt, daß Jordanes Sidonius folgte, wie Dalton 1915, 1, 143, 5 und M. Schuster, *Wiener Studien* 57 (1940) 119—130 behaupten.

21 Iord. *Get.* 127—128.

22 Iord. *Get.* 182.

23 Siehe S. 244.

24 Hier. *in Is.* 7, Migne *PL* 24, 112. Vgl. *Barba significat fortes*, Aug. *in psalm.* 132, 7, Migne *PL* 37, 1733.

25 Schoppa 1933, 21 f.

26 Die Codices von Ammianus haben *formes & pandi*. Clarks Verbesserung *deformes et pandi*, die von Pighi übernommen wurde, ist dem Vorschlag von Gardthausen 1869, 43, *formae et pavendae* vorzuziehen.

27 Amm. 25, 4, 22.

28 Coon 1930, 578.

29 Coon 1930, 527.

30 Procop. *hist.* 4, 4, 22.

31 Ast. *hom.* Migne *PG* 40, 381.

32 Philostorg. 12, 3, Bidez 1960, 134.

33 Amm. 23, 5, 75. Constantius II. war gleichfalls *subniger*, Amm. 21, 16, 19.

34 Amm. 31, 4, 7.

35 Suda *s. v.* Pamprepius.

36 Hodgkin 1898, 3, 53.

37 Zu μέλας, *niger*, s. Tarn 1952, 267, 5; 452.

38 Amm. 31, 2, 21.

39 Rykov 1925, 66 und 1926, 117, 123.

40 Mos. Das., Dowsett 1961, 83. Nach der Angabe von Iṣṭaḫrī, von Minorsky 1937, 45 zitiert, gab es zwei Typen von Chazaren, einen sehr dunklen und einen hellhaarigen und stattlichen.

41 *Sinica Franciscana* 1 (1929) 183, 190.

42 Spuler 1943, 281.

43 Dümmler 1888, 3, 448; Fasoli 1945, 164.

44 Zitiert von Marquart 1903, 144.

45 Dudden 1925, 1; Coon 1930, 229.

46 *Historia Mundi* 1 (Bern 1952) 150.

47 Iord. *Get.* 249.

48 Iord. *Get.* 254.

49 Iord. *Get.* 301. Vgl. Theophanes, A. M. 6031, Ioh. Mal. Migne, *PG* 97, 450. Die von Diculescu 1922 vorgeschlagene Genealogie ist nicht überzeugend.

50 *Cui natura breves animis ingentibus artus finxerat*, Claud. *carm.* 26 *(bell. Goth.)* 584 f.

51 Bartucz 1940, 289.

52 Lipták 1959, 251—279. Andererseits sind von den 111 Schädeln aus der Avarennekropole in Alattyán, Bezirk Szolnok, nur zwei aus der früheren Gruppe mongoloid vom Baikal-Typus, und sogar sie zeigen europäiden Einschlag, vgl. P. Lipták, *AAH* 40, 1963, 246.

53 Ginzburg 1954, 374—378.
54 Bartucz 1940, 303.
55 Einige Publikationen von Provinzmuseen waren mit nicht zugänglich.
56 Geyer 1932. „Mongolisch“ bedeutet bei Geyer das, was üblicherweise mongoloid, zum mongoloiden Teil der Menschheit gehörig, bezeichnet wird; bei ihm bedeutet „mongoloid“ das Vorhandensein einiger mongoloider Merkmale.
57 Vlček 1957, 403, 405, 424—432.
58 Vlček 1957, 410 f.
59 Nemeskéri 1952, 225 f.
60 Nemeskéri 1952, 226 f.
61 Nicolăescu-Plopşor 1961, 543—547.
62 Debec 1936 schloß alle deformierten Schädel von der rassischen Diagnose aus; K. F. Sokolova 1958a berücksichtigte die künstlich verformten Schädel aus Čufut-Kale nicht.
63 Werner 1956, 108—109.
64 Lipták 1961, 231—146.
65 Vlček 1957, 403, 406, 410—414.
66 Brief an mich, Juni 1959.
67 Lipták 1959, 255—259; T. A. Tóth, *Voprosy antropologii* 12 (1962) 137. Debec 1948, 132 schloß aus der Gleichheit der Schädel von Mosonszentjános, die er irrtümlich für hunnische Schädel hielt, mit den Hsiung-nu-Schädeln, daß die Hunnen Hsiung-nu waren; ebenso L. M. Gumilev, *VD* 4 (1964) 124, 23.
68 Beninger 1931, 72—76.
69 Geyer 1932, 260.
70 Bernštam 1940, 30 f.
71 Žirov 1940, 85.
72 Sorokin 1956a, 7, 1.
73 Negmatov 1957, 56.
74 Grjaznov, *KSIIMK* 11, 1945, 148.
75 Debec 1962, 135 f.
76 Debec 1948, 120—122; Anhang 2.
77 Tóth 1963.
78 Debec 1948, 350 f.
79 Gochman 1960, zitiert von Tóth 1963, 251—253.
80 Levin 1962, 148, 188 f.
81 Gochman 1958, 18, 441—443.
82 Erste Veröffentlichung bei Segalen/De Voisins/Lartigue 1923/1924, 33 f. S. auch Bishop 1929, 1, Abb. 1.
83 Ferguson 1929, 228—232.
84 Sickman bei Sickman/Soper 1956, 291.
85 Bishop 1929, 37; Sickman/Soper 1956, 25. Z. Takáts veröffentlichte in den *Dissertationes in honorem Dr. Eduard Mahler* (Budapest 1937) nach dem Original angefertigte Zeichnungen des Kopfes, auf welchem der Bart ziemlich spärlich ist. Takáts scheint aber die verwitterte Skulptur mit einigen Vorurteilen betrachtet zu haben.
86 Petri 1928, 52, Abb. 39.
87 Die Han-Quellen sind voll von Berichten über Soldaten und „Volkshaufen“ an den Grenzen, die zu den Hsiung-nu überliefen.
88 *San-kuo-chih*, Kap. 30.
89 Kuchā, Kao-ch'ang und andere Städte im nördlichen Tarim-Becken.
90 Li Yü-chun, *WW*, Juni 1960, 9—12; die Abbildung dieses Gewebes ist zu schlecht, als daß man sie neuerlich reproduzieren könnte.

91 Karlgren 1952, 211.

92 Zuletzt abgebildet von Rudenko 1962b, Taf. 4.

93 Grjaznov 1961, 21.

94 *Chin-shu* 107, 8a.

95 Uchida Gimpu, *Gakugei* 36 (1948) 28—32, und *Yuboku minzoku no shakai to bunka* (Kyoto 1952), wieder abgedruckt in: *Kyōdo shi kenkyū* (Tokyo 1953), 177—194.

96 Maenchen-Helfen 1945b, 235 f.

97 A. Soper, *Artibus Asiae* 23 (1960) 78 erhebt den Einwand, daß im Text *Hu-jen* und nicht Hsiung-nu steht. Aber in diesem Kontext bedeutet *Hu-jen:* Hsiung-nu.

98 Tsunoda 1954, 197—200.

99 Kljaštornyj 1964, 107, 74.

100 Pulleyblank 1963, 247—248. Seine Begründung ist etwas verworren. Seiner Meinung nach sprachen die Hsiung-nu eine Sprache, die dem Jenissejischen verwandt war. Er vergleicht *chieh* 羯, altchinesisch **kat*, mit jenissejisch *khes*, *kit*, „Stein". *Chieh* wäre also dann der Hsiung-nu-Name für das „Stein"-Volk gewesen. Shih Lo, der Begründer der späteren Chao, war ein Chieh; seine Vorfahren kamen von dem abgesonderten Hsiung-nu-Stamm Ch'iang-ch'ü. Chinesisch 石 *shih* bedeutet „Stein"; 羌渠 *ch'iang-ch'ü*, mittelchinesisch khi̯aŋ-gi̯o könnte im tocharischen A-Dialekt *kāṇka-*, „Stein", sein. Dieses tocharische Wort wurde einmal transkribiert und zweimal übersetzt, zuerst ins Hsiung-nu-Jenissejische, dann ins Chinesische.

Es ist etwas kühn, die altchinesische Transkription eines ethnischen Namens von unbekannter Bedeutung mit einem Wort aus der Sprache zu vergleichen, die von kleinen Stämmen von Fischern in Sibirien im 18. Jahrhundert gesprochen wurde. Wie klang *kit* — oder war es *khes*? — zu der Zeit, als *chieh *kat* war? Da chinesische Transkriptionen so oft die Bedeutung des Fremdwortes andeuten, sollte man ein ähnlich klingendes Wort mit der Bedeutung „Stein" erwarten, zum Beispiel das Homonym 碣 *chieh*, „Felsen, Steinsäule", statt *chieh* „Hammel". Doch der Haupteinwand gegen Pulleyblanks These ist, daß *chieh* eine Kurzform von *li* 力*-chieh* ist, vgl. Yao Wei-yüan 1958, 356.

101 *Wei shu* 45.

102 *Wei shu*, 95.

103 Eberhard 1949, 78—83 zählt 78 Personen von überdurchschnittlicher Größe aus der San-kuo-, Chin- und Wei-Periode auf und findet keinen Unterschied zwischen den verschiedenen ethnischen Elementen der Bevölkerung. Leider sind solche Statistiken, sosehr man auch die für sie aufgewendete Anstrengung bewundern muß, von begrenztem Wert. Um ihnen einen Sinn zu geben, hätte der Autor nicht nur alle Personen aufzählen müssen, deren Größe die Annalisten angeben, sondern auch alle, die von diesen nicht angegeben werden. Wahrscheinlich weil ihre Größe durchschnittlich war. (Hätten die Annalisten ihre Größe nicht angegeben, weil sie sie nicht kannten, so würde die Statistik natürlich jeden Wert verlieren.) Eberhard betont die Tatsache, daß die 17 großen Hsien-pi, Hsiung-nu und Tibetaner in der Liste der 32 großen Personen aus der Chin-Periode Herrscher oder Anführer waren, die seiner Meinung nach so groß wurden, weil sie unter besseren Lebensbedingungen aufwuchsen. Indessen waren die meisten prominenten Chinesen Mitglieder des Adels, die in ihrer Kindheit und Jugend nicht darben mußten. Die unverhältnismäßig große Zahl hochgewachsener Barbaren zeigt eine rassische Verschiedenheit zwischen ihnen und den Chinesen.

104 Zitiert von G. Schreiber, *Monumenta Serica* 14 (1944/1955) 389.

105 Wedemeyer 1930, 114, 244.

106 Petrov 1963, 38.

107 *Yüeh-fu shih-chi*, Kap. 25.

108 De Groot 1921, 132.

109 V. A. Alekseev, *T Tuv* (1960) 148, 295.

110 V. A. Alekseev 1956.

111 Nach der Angabe mancher Wörterbücher ein Affe mit einem langen Schwanz; nach anderen der kurzschwänzige Makak.

112 De Groot 1926, 123. Die Annahme der Chinesen, daß die Russen die Nachkommen der Wu-sun seien, zum erstenmal für die Yüan-Periode bezeugt, gründete auf der Aussage von Yen Shih-ku, vgl. Kjuner 1961, 68.

113 Ošanin 1954, 21.

114 Debec 1962, 141.

115 Gräberfeld in Baty, Černikov 1951a, 76—77. Vgl. auch über die Wu-sun im Ili-Tal: Akišev/Kušaev 1963, 188: E-M im letzten Jahrhundert v. Chr.; Europäide im 3. Jahrhundert n. Chr.: *ibid.* 153, 155, 211, 212.

116 Ismagulov 1962, 72, 73, 76, 86.

117 Bussagli 1963, 18—25; Andrews 1948, 21.

118 Hjörtsjö/Walander 1947, 75, 76, 77, 86.

IX. SPRACHE

1 Sidon. *carm.* 2, 240.

2 Prisc. *EL* 132, 12.

3 Prisc. *EL* 127, 9.

4 *Anon. Vales.* 37, Cessi 1913, 13.

5 Prisc. *EL* 145, 32—34.

6 Procop. *hist.* 8, 19, 8.

7 Bergmann 1804 war der erste, der die Etymologien hunnischer Namen untersuchte; er hielt sie für mongolisch.

8 Für einen Überblick bis 1926 s. Inostrancev 1926. Vor kurzem äußerte E. Moór, *Beiträge zur Namenskunde* 14 (1963) 63—104 die Vermutung, daß die Hunnen eine nordkaukasische Sprache hatten. Seine Argumente beruhen auf einem Mißverständnis der griechischen und lateinischen Transkriptionen der hunnischen Namen; vgl. O. Maenchen-Helfen, *Beiträge zur Namenskunde* 14 (1963) 273—278.

9 Vámbéry 1882, 40—50.

10 Arnim 1936, 100.

11 Τῇ γὰρ 'Αυσονίων τὴν τῶν Οὔννων καὶ τὴν τῶν Γότϑων παρμίγνυ γλῶτταν (zur Lesart παρεμίγυ statt De Boors παραμιγνύς s. Papabasileios 1896, 74), Prisc. *EL* 145, 12—13.

12 Prisc. *EL* 122, 6—7.

13 Vgl. Thompson 1948, 10 f.

14 Procop. *hist.* 3, 2, 2—5. Ein Teil der Passage geht vielleicht auf Priscus zurück.

15 Procop. *hist.* 1, 3, 4—5.

16 Procop. *hist.* 8, 4, 13; 5, 23; 18, 18.

17 Agath. 5, 11, Keydell 1967, 177.

18 Men. prot. *EL* 196, 458.

19 Men. prot. *EL* 170, 27.

20 Die Hephthaliten scheinen die einzige Ausnahme zu sein. Die Byzantiner hatten keinen direkten Kontakt mit ihnen, und es scheint zweifelhaft, daß sie irgend etwas über deren Sprache wußten. Es war möglicherweise die Ähnlichkeit ihres ethnischen Namens mit dem der Hunnen, der ihnen den Namen „Weiße Hunnen" (Maenchen-Helfen 1959, 227—228) eintrug. In jeder anderen Hinsicht waren die Hephthaliten, wie Procop. *hist.* 1, 3, 25 unterstreicht, völlig verschieden von den Hunnen.

21 Joh. Ant. *EL* 145, 34—35. Mommsen, *Hermes* 6 (1872) 355, 2, machte auf die Stelle aufmerksam, aber kein Hunnenforscher erkannte ihre Bedeutung. Sie ist bei Moravcsik nicht angeführt.

22 *Not. dign. [or.]* 11, 52.

23 Soz. 3, 16, 5, Bidez 1960, 128.

24 Soz. 7, 19, 1, Bidez 1960, 330.

25 Prisc. *EL* 583, 15.

26 Prisc. *EL* 152, 21.

27 In der *Epitome* des Ioannes Kinnamos (Ioh. Cinn.).

28 Moravcsik 1958/2, 31.

29 Anna Com. 6, 14.

30 Prisc. *EL* 146, 8; Moravcsik 1958/2, 56.

31 Schönfeld 1911, 69.

32 Zosimus und Sozomenos, Moravcsik 1958/2, 230.

33 Oros. *hist.* 5, 37—2 > Huldin, Marcell. *CM* 2, 69 > Jord. *Rom.* 321.

34 Procop. *hist.* 6, 18, 61.

35 Ph. Thielmann, *Archiv f. latein. Lexicographie* 4 (1887) 601; Schröder, *Zf.DA* 35 (1891) 237; Schwyzer 1914, auch bei Schwyzer, *Zf.DA* 66 (1929), 94—100.

36 Iord. *Get.* 105.

37 Socr. 7, 30, Migne *PG* 67, 805c; Moravcsik 1958/2, 237.

38 Schönfeld 1911, 178; dazu ist *Occila*, Greg. Tur. *Franc.* 2, 7 (8) zu stellen.

39 Der Wechsel von Octar zu Uptar wurde vielleicht durch das Vorhandensein des gotischen Namens Ὄπταρις (Schönfeld 1911, 173) erleichtert.

40 Justi 1895, 67.

41 Paul. Diac. *Lang.* 3, 19.

42 Amm. 28, 12, 26.

43 Peeters 1932, 39, 3.

44 Procop. *hist.* 7, 11, 11; 16, 24.

45 Zu anderen entstellten Namen s. Schwyzer 1914, 312 f.

46 Moravcsik 1958/2, 350.

47 Thompson 1947b, 62.

48 Christensen 1944, 107; eine korrekte iranistische Schreibweise ist gegenwärtig nicht möglich, da das Wort nur in griech. Umschrift erhalten ist. Für ältere Etymologien s. Christensen 2. c. 107, 1. (R. G.)

49 Prisc. *EL* 588, 26.

50 C. De Boor, 120, 20.

51 *chron. pasch.*, *CM* 2, 82, 30; CB 586b.

52 Marcell. *CM* 2, 80, 28, 82, 30.

53 Iord. *Rom.* 42, 25.

54 Joh. Ant. *EI* 130, 2.

55 Schönfeld 1911, 30.

56 ξύγκλυδες γὰρ ὄντες Prisc. *EL*, 135, 14. Zur herabsetzenden Bedeutung dieses Ausdrucks s. Wais 1942, 16 ff.

57 πάραλυς ist *ripa*, nicht „Meeresküste", wie Bury 1923, 283 übersetzte.

58 Iord. *Get.* 58.

59 Cassiod. *var.* 7, 27, Theoderichs Brief *saioni Tutizar*.

60 Agath. 2, 13, 3, Keydell 1967, 57, 19.

61 Joh. Ant. *EI*, 142, 21—22.

62 Schönfeld 1911, 184, 244.

63 Vgl. Σίγιτζας (Σίγητζας), ein gotischer Märtyrer, Loewe 1923, 416.

64 Iord. *Get.* 301.

65 Procop. *hist.* 7, 1, 36.

66 Schönfeld 1911, 234. Lal Bahadur (Mongol) Shastri, der indische Premierminister, nannte seinen Sohn Kennedy, was nach der Ermordung des Präsidenten zu Kenny geändert wurde.

67 O. Seeck, *RE* 2, 606—610, s. v. Ardabur 2.

68 Der Ostgote Gundulf wurde auch Indulf genannt (Procop. *hist.* 8, 23, 1). In welcher Sprache konnte germanisches Gundulf zu Indulf werden?

69 Asperulfus ist zusammengesetzt aus alanisch *Aspar* und germanisch *wulf*, R. Loewe, *Indogermanische Forschungen* 14 (1903) 18, 1.

70 'Ενραβωτᾶς, ὃς καὶ Βοΐνος ἐπωνομάζετο, Theophyl. Achr., Migne *PG* 126, 193c. *Enravota* ist slawisch, *Boinos* ist Baian, Moravcsik 1958/2, 125.

71 Siehe S. 275 zu Ellac.

72 Tarqan, später so häufig bei türkischen Stämmen, kommt im 1. Jahrhundert n. Chr. in gänzlich nichttürkischer Umgebung vor. T'a-kan-ch'eng in der Nähe von Kuchā, Pan Ch'aos Residenz im Jahre 191 n. Chr. (Chavannes 1906, 233—234), ist unzweifelhaft „die Tarqan-Stadt".

73 „Türk" ist vielleicht sogar ein noch besseres. 1949 zählte Kononov zwölf Etymologien auf und fügte noch eine eigene hinzu, „Opyt analiza termina Türk", *SE* 1 (1949) 40—47. Clauson 1962, 87 leugnet jede Verbindung zwischen dem ethnischen Namen, der seiner Meinung nach *Türkü* ist, und *türk*, das die Bedeutung „Reife" hat.

74 Pelliot 1950, 224—230.

75 „Der germanische Ursprung des bulgarischen Volksnamens", *Zf. Ort.* 2 (1927) 199—216.

76 Βλάχοι bei Keramopolos 1953, 334—336.

77 Iord. *Get.* 266.

78 Moravcsik 1958/2, 75 f.

79 'Ασπαυρουκις war *pitiaxš* in Iberien im 2. Jahrhundert n. Chr. S. den Intaglio bei *Mzcheta* 1 (Tiflis 1958), 29, Abb. 4; Abaev 1949, 157, 177; Dujčev 1953, 353—356, und *BANIA* 19 (1955) 335; V. Beševliev, *ibid.*, 24 (1961) 5.

80 Ibn Fadlan, Togan 1939, 293.

81 Der Maure Gildo, dessen Namen Schönfeld 1911, 276 mit germanisch Alalgildus verglich, starb 397, fast 30 Jahre bevor die Vandalen in Afrika landeten. Numidisch *gildo* bedeutet „König", Friedrich 1954, 101.

82 Die bis 1957 vorgeschlagenen Etymologien sind bei Moravcsik 1958/2 angeführt. Sich mit ihnen allen zu befassen, wäre kein sinnvolles Unterfangen.

Obwohl Historikern, die mit den Arbeiten von Franz Altheim vertraut sind, die folgenden Zeilen überflüssig erscheinen mögen, möchte ich doch erklären, warum ich die Etymologien von hunnischen Namen nicht berücksichtige, die er in Dutzenden von Büchern und Artikeln angeboten hat.

Altheim war der Meinung, er habe auf parthischen und Pehlevi-Ostraka aus Dura-Europos fünf türkische, *a potiori* hunnische, Namen gefunden. 1953 veröffentlichte er seine Entdeckung in einem eigenen Buch (Altheim/Stiehl 1953), dann als ein Kapitel in einem anderen Buch, und in ungarischen und argentinischen Zeitschriften. W. B. Henning, *Gnomon* 26 (1954) 476—480 zeigte, daß diese hunnischen Namen ihre Existenz allein Altheims Unkenntnis der Schrift und der Sprachen verdanken, die er zu entziffern versuchte. Die wunderschönen hunnischen Namen *Ärk Qapxan*, *Quwratyl* oder *Kirtül*, *Silil*, *Tarqānbäg* und *Topčak* sind in Wirklichkeit *Wrwd msynk* = „Orodes der Ältere", *kpškly* = „Schuster", *swlkly* = „Stiefelmacher", *tlkčyny* = „Fallensteller" und *sgp'n* = „Hundeführer".

In seiner *Geschichte der Hunnen* (Altheim 1959/1962) 1, Abb. 16, bildete Altheim einen Stein mit einer angeblich im Kuban-Gebiet gefundenen Inschrift ab und widmete ihm ein ganzes Kapitel. Da er in dieser Inschrift einen griechischen Satz, ein alanisches Adjektiv und ein türkisches Wort unterscheiden konnte, zog er daraus weitreichende Schlüsse über die Geschichte des Alphabets im Königreich der Kidariten und die frühe Verbreitung des Christentums unter den Hunnen. In Wirklichkeit ist die „Inschrift“ ein Galimathias wie andere „Inschriften“ auf den Fälschungen, die ein Mann aus Sebastopol zu Anfang dieses Jahrhunderts herstellte. Da er die Sprache nicht kannte, kopierte er — immer mit etlichen Verdrehungen — griechische Sätze oder homerische Verse aus einigen Elementartextbüchern, vgl. Kurz 1962, 553 f. Während die griechischen Quellen und die slawische Übersetzung des Malalas (Ioh. Mal.) den Namen eines Hunnen im Kaukasus als Στύραξ, *Sturaks*, Moravcsik 1958/2, 292 f., wiedergeben, hat die Chronik des Johannes von Nikiŭ (Ioh. Nikiŭ). *ěstērā*. Man weiß genau, wie im Zuge wiederholter Übertragungen von einer Sprache in eine andere die Namen in der Chronik grausam entstellt wurden, s. die Literatur, auf die von Graf 1944, 1, 471 f. hingewiesen wurde. Altheim 1959/1962, 5, 253 wählte die entstellte Form und etymologisierte *ěstērā* als türkisch **öz-tura*, *der selbst ein Setzschild ist*. Man sollte meinen, daß er Styrax ablehnen würde, er behält es aber bei und erklärt es als türkisch **öz-turač*. Wegen Kappa als einer möglichen Transkription für *č* bezieht er sich auf Moravcsik 1958/2, 3, der κελεπῆς für *čelebi* und κιαοῦσης für *čauš* in Chroniken des 15. und 16. Jahrhunderts anführt. Das hält er für ausreichend, die Transkription von *č* durch Kappa in einem Namen zu rechtfertigen, der für das 6. Jahrhundert bezeugt ist. Für das Suffix *č* verweist Altheim auf Gabain 1950a, 59, § 22 (lies 44) hin, ohne aber anzugeben, daß dieses *č* ein deminutives und affektives Suffix ist. Frau von Gabain gibt zwei Beispiele: *ögücüm*, *mein Mütterchen*, und *atačim*, *mein Väterchen*. Στύραζ, **öz-turač*, *der selbst ein Setzschildchen ist*, ist nicht gerade ein passender Name für einen Hunnen. Ich hoffe, daß diese Beispiele genügen.

83 Zu den bei Moravcsik 1958/2, 79—80 angeführten Formen sind nordisch *Alti* und altenglisch *Ætla*, *Etla* hinzuzufügen, s. F. Kluge, *Englische Studien* 21 (1895); A. Heusler, *Zf.DA* 52 (1910) 104; Malone 1962, 128.

84 *CAJ* 7, 2 (1962) 148.

85 Ven. Fort. *vita Germ. MG AA* 4, 2, 23, 25.

86 Beda, *Hist. eccles.* 4, 23.

87 Für andere Beispiele s. Radin 1919, 147.

88 Ström 1939, 62, 1.

89 *Das Necrologium des Cistercienser Priorates Münchenweiler*, *Collectanea Friburgensia*, N. F. 10 (1909) 60, 61.

90 Moravcsik 1958/2, 80. Der erste war Bergmann 1804, zitiert von Inostrancev 1926, 20.

91 Rásonyi 1953, 349.

92 Hodgkin 1898, 20. Für eine meisterhafte Analyse der *Gesta Hungarorum* s. Macartney 1951, und ders. 1953, 89—109.

93 Pritsak 1956, 404—419. Sein Artikel erlaubt sich einige Freiheiten mit dem Priscustext. Um die These vom gotischen Ursprung des Namens Attila zu entkräften, behauptet Pritsak, daß Priscus durch den Römer Rusticius mit dem König verhandelte. Aber nicht Priscus, sondern Maximianus verhandelte mit Attila, und der Dolmetsch war nicht Rusticius, sondern Bigilas, der, wie der Name zeigt, höchstwahrscheinlich ein Gote war.

93a Men. prot. *EL* 453, 10. Die Schreibweise macht es wahrscheinlich, daß Menander den Flußnamen dem Königsnamen anglich. Aus dem Manuskript O. M. restituiert. (R. G.)

93b Moravcsik 1958/2, 78 f. Aus dem Manuskript O. M. restituiert. (R. G.)

93c Die Fußnoten für Punkt 4—6 kann ich nicht verifizieren, Punkt 3 ist in großen Atlanten belegt. (R. G.)

93d Pelliot 1959, 302. Es gibt nicht weniger als elf Etymologien von *chingiz*, s. Doerfer 1963, 312—315, der eine zwölfte anbietet: die ursprüngliche mongolische Bedeutung ist möglicherweise im jakutischen čïŋïz ~ čïgïz, „streng", „brutal", bewahrt. Aus dem Manuskript O. M. ergänzt. (R. G.)

93e Vgl. dazu Pelliot 1959, 225. Aus dem Manuskript O. M. ergänzt. (R. G.)

94 Deny 1959 I, 705; *ZDMG* 98 (1944) 24—27.

94a Nach Kontrolle der Arbeitsweise von O. M. bin ich — im Gegensatz zur Bemerkung des amerikanischen Herausgebers an dieser Stelle, und obwohl der Beginn dieses Absatzes mehr zu versprechen scheint und O. M. gewiß noch weitere Argumente hatte — nicht der Meinung, daß hier noch ein Teil fehlt. (R. G.)

95 Moravcsik, *BT* 2, 91; Schönfeld 1911, 51.

96 Prisc. *EL* 151, 26, 152, 1 (Βλήδας).

97 Procop. *hist.* 7, 5, 1 (Βλέδας).

98 Schönfeld 1911, 51.

99 Beda *CM* 3, 303.

100 E. Schröder, *Zf.DA* 41 (1898) 28.

101 Moravcsik 1958/2, 121.

102 Prisc. *EL* 124, 7.

103 Vgl. Stilika ~ Stilikon.

104 Eine Identifizierung des Hunnen Edekon mit Idikon oder Edico, Odovacars Vater, vgl. Maenchen-Helfen 1947, 836—841, ist um nichts mehr begründet als eine mit Edica, dem Ersten der Sciren (Iord. *Get.* 277). Der Letztgenannte hat nichts mit Odovacars Vater zu tun, wie O. Vajnštejn, *Istorik marksist* 6, 143—146 überzeugend bewies. Nach Klebel 1957, 70, 118 ist der für das 10. Jahrhundert bezeugte bayerische Name Etich eine spätere Form von Edica.

105 *Chron. gall. CM* 1, 66, 615.

106 Schönfeld 1911, 277.

107 Moravcsik 1958/2, 218.

108 B. Krusch, *MG Scr. rer. Mer.* 7, 286 hält den Namen für griechisch und gleichbedeutend mit *asinarius* und bringt ihn mit Hunigasius, zusammengesetzt aus *Huni* und *gasius*, zusammen. (Fn. mit Korrektur ergänzt. R. G.)

109 1898, 2, 74, 1.

110 Das erstemal vorgeschlagen von K. V. Müllenhoff, *Zf.DA* 10 (1855) 159.

111 Cassiod. *var.* 3, 42.

112 Schönfeld 1911, 145, 183, 269.

113 Honoriopolis, Hunuricopolis, Unuricopolis, das frühere Hadrimetum, war nach Hunerich benannt, vgl. L. Schmidt 1942, 41, 2; Courtois 1955, 243, 6.

114 S. Maenchen-Helfen 1955b, 106.

115 Ioh. Chrys. *epist.* 14, Migne *PG* 72, 618.

116 Thompson 1948, 223. Das ist auch die Meinung von Malone 1959, 106, der jedoch bestreitet, daß der Name germanisch ist.

117 Rásonyi 1961, 64.

118 Procop. *hist.* 8, 25, 4; Agath. 2, 13—14. Über die Bittores s. S. 299.

119 Nach der Angabe des Agath. 2, 13, 3; Procopius nennt ihn einen Goten.

120 Schönfeld 1911, 184; der Name ist bei Moravcsik nicht angeführt.

121 Moravcsik 1958/2, 260.

122 *Chron. Gall. CM* 1, 659, 587; 661, 589.

123 Iord. *Get.* 180 *(roac* in *YZ)*. Die Endung weist auf eine griechische Quelle hin, möglicherweise Priscus.

124 *Chron. Gall. CM* 1, 658, 112; 660, 116.

125 Schönfeld 1911, 279.

126 *TP* 11 (1910) 664.

127 *JSFOU* 30 (1933) 24.

128 *CAJ* 1 (1955) 291.

129 Moravcsik 1958/2, 58.

130 Justi 1895, 345—346. Lagarimanus, ein westgotischer *Optimas*, Amm. 31, 3, 5, hat einen iranischen Namen mit dem gleichen Element.

131 Moravcsik 1958/2, 65.

132 Ich verdanke diese Etymologie meinem verstorbenen Freund Prof. W. B. Henning.

133 Procop. *hist.* 5, 16, 1.

134 Justi 1895, 345—346; ders., *Abh. Göttingen*, N. F. 15, 1 (1917) 27, Balas, 449 n. Chr. Der wohl bekannteste Namensträger ist der sāsānidische König Walāxš. (Zusatz R. G.)

135 Procop. *hist.* 5, 16, 1.

136 Abaev 1949, 169, 172. Herzfeld 1924, 186 verglich den Namen mit *Khvarasman*, dem Herrn von Mokan, auf der Paikuli-Inschrift.

137 Procop. *hist.* 6, 1, 21, 32—34.

138 Abaev 1949, 172.

139 Moravcsik 1958/1, 329 f.

140 Zur besten Bewertung des Malalas, s. Stein 1949, 702—704 *(vulgaire au plus degré et sous tous les rapports)*.

141 Moravcsik 1958/2, 114, 292.

142 Procop. *hist.* 1, 7, 33; 9, 4—19, 21, 23.

143 Theoph. A. M. 6016, De Boor 1883, 170, 12.

144 Christensen 1944, 360, 4.

145 Moravcsik 1958/2, 293; Preisigke 1922, 397.

146 V. Miller, *IAK* 47 (1913) 89. Zgusta 1955, § 1148 zieht unter Hinweis auf den griechischen Namen Στύραξ eine griechische Etymologie vor. Er kennt die beiden hunnischen Namen nicht.

147 Moravcsik 1958/2, 128. Menander hat τὸν Ζαβέρταν (Men. Prot. *EL* 170, 14, 20 und τῷ Ζαβέργᾳ (Men. Prot. *EL* 170, 24); er hätte also Ζαβέργας geschrieben.

148 Justi 1895, 377, 523; Zgusta 1955, 109.

149 Honigmann/Maricq 1953, 59.

150 Theophyl. Sim. *hist.* 2, 8, 7. Statt Ζαβέρτας lies Ζαβέργας; vgl. M. de Saint Martin bei Lebeau 1820, 10, 242.

151 Procop. *hist.* 1, 23, 25—26; *hist.* 2, 8, 30; 26, 16—19; *anecd.* 2, 32.

152 Mutafčiev 1932, 67 behauptet, daß Zabergan ein Hephthalite war. Seine Gründe gibt er nicht an; es gibt auch keine.

153 Moravcsik 1958/2, 129.

154 Ich ziehe die Etymologie zurück, die ich früher (Maenchen-Helfen 1957 b, 281) vorschlug.

155 Altes Tīrī, vgl. W. B. Henning in einer Bemerkung zu A. D. H. Bivar „A Rosette Phialë Inscribed in Aramaic", *BSOAS* 24 (1961) 191.

156 In der Runenschrift kann das Wort *čur* oder *čor* gelesen werden. Die Schreibweise in tocharischen und tibetanischen Texten deutet auf *čor* hin. Die Byzantiner transkribieren das Wort mit τζουρ oder ζουρ.

157 Radlov 1893, 319 f.; Malov 1952, 37, Orkun 1936/1941, 1, 117 (er liest *elic*). *Alči*, „Gesandter", kommt auch als Personenname vor. (Malov 1951, 21.)

158 Auf einer schlecht erhaltenen Inschrift aus Tuva, Kiselev, *VDI* 3 (8) (1939) 133.

159 Thomsen 1924, 151; Malov 1951, 24, 31, 40.

160 Radlov 1893, 261; Malov 1959, 47; Giraud 1960, 80.

161 Thomsen 1912, 186, 188.

162 Samojlovitch bei Kotwicz/Samojlovitch 1926, 21; Malov 1959, 28.

163 Radlov 1893, 322; Malov 1952, 40.

164 Malov 1959, 10.

165 Radlov 1893, 322; Malov 1952, 40.

166 Malov 1959, 61—62.

167 Radlov 1893, 372; Müller 1915, 34; Thomsen 1924, 172; Németh 1939, 27; ders. in: *JA* 1951, 70.

168 Malov 1951, 27, 33, 42. Ïnanču kommt sowohl als Titel als auch Personenname vor, Orkun 1936/1941, 4, 157.

169 Samojlovitch bei Kotwicz/Samojlovitch 1926, 2—24.

170 Arančyn, *Epigrafika vostoka* 5 (1951) 77.

171 Zwei Gouverneure von Damaskus, Zambaur 1927, 28, 29; Eroberer von Damaskus, Zambaur 1927, 29; Gouverneur von Aserbaidschan, Zambaur 1927, 177; Spuler 1952, 66; Gouverneur von Kairo, Zambaur 1927, 27; Gesandter des Fürsten von Fergana, Barthold in: *Encyclopedia of Islam* 1, 201; Beherrscher von Wakhsh und Halaward, Barthold in: *Encyclopedia of Islam* 1, 74, 6; Zambaur 1927, 204; Herr von Üzgänd, Barthold in: *Encyclopedia of Islam* 1, 157; Stammherr einer Familie von Gouverneuren von Xorāsān, Justi 1895, 301; Barthold, *Encyclopedia of Islam* 1, 77; Zambaur 1927, 29. Die Liste ließe sich leicht erweitern.

172 *ttrūki chāri*, Bailey 1939, 9; *Maṃgali chārä ttättānä* = *Mängli čur tutuq*, Bailey 1949, 48; *Saikarä ttrūkä chārä* = *Syqyr turk čur, ibid.*, 50; *Yaṃgai chārä* = *Yangy čur*, Bailey 1955, 202.

173 Bacot 1940, 45; Thomas 1951, 2, 175, 203, 230, 236, 276. Für *Bug-čor* vgl. J. Bacot, *JA* 244 (1956) 145; G. Clauson, *JA* 244 (1956) 245 und *JA* 255 (1957) 12; MacDonald, *JA* 250 (1962) 541; in einer Anmerkung zu Bacots Artikel identifizierte Pelliot *Bug-čhor* als *Mo-cho*, s. Anm. 177.

174 Dies wäre nicht der einzige türkische Rang oder Titel, den die Tibetaner kannten und übernahmen. Eine tibetanische Fürstin hatte den Titel *ko-t'un, qatun, Chiu T'ang-shu* 196a, 6a.

175 Altes *tś'i̯wät* vgl. *T'ang-shu-shih-yin* 22, 3b = *č'war*, vgl. Chavannes und Pelliot 1913, 249, 1.

176 Zu *A-po-ch'o*, *Apa čur*, Kirgisenherrscher 790—795, s. Hamilton 1955, 140.

177 Gestorben im Jahre 716, Chavannes 1903, 346. P. Pelliot, *TP* 26 (1929) 151; R. N. Frye, *HJAS* 1951, 120; Hamilton 1955, 147. Im Jahr 698 änderten die Chinesen seinen Titel zu *chan-ch'o*, „den zu köpfenden *ch'o*", Liu 1958, 163, 217, 652.

178 Türkisch *Boila čur*, Hirth 1899, 105.

179 Ein hoher Rang bei den Tongra, *T'ang-shu* 217b, 7a; vgl. Chavannes 1903, 321.

180 Zum Beispiel:

A-shih-na chu-po-ch'o, um 682, Chavannes 1903, 315, 339. *Chu-po* scheint ein Titel zu sein. *A-shih-na ch'ü-ch'o chung-chieh*, ein Westtürke um 700 Chavannes, 1903, 315. *Chü-pi-shih-ch'o su-lu*, ein Westtürke um 777, Chavannes 1903, Errata supplémentaires zu S. 81. *Mo-yen-ch'o*, *Bayan čur*, Uigurenherrscher 747—759, Hamilton 1955, 189. *Ni-shu-ch'o*, ein Westtürke um 640, Chavannes 1903, 349; vgl. die Namen Ni-shu,

Ni-shu baγa šad, Ni-shu ärkän, *ibid. Pi-ch'ia ye-hu tun a-po i-chien-ch'o*, *Bilgä yabγu toŋa apa irkän čur*, Herrscher der drei Qarluq-Stämme im Jahr 746, Chavannes, *TP* 5 (1904) 76. *Tun* ist der türkische Titel *toŋa*, Malov 1951, 432, *ttāṃga* im Khotanesischen, Bailey 1939, 87, *tuṅā* im Tocharischen, W. Krause, *ZDMG* (1955) S. *69*. Er kommt oft in chinesischen Transkriptionen vor, z. B. Tun a-po, Chavannes 1903, 369; Tun pi-ch'ia, *ibid.*; Tun baγa tarqan (Hamilton 1955, 140). Tun chien ch'eng, Chavannes 1903, 10 ist „die Stadt der Tun (i) chien", vgl. *Tunkāth*, Hauptstadt von Ilāq, Barthold, *Encyclopedia of Islam* 1, 172. *T'u-huo-hsien-ku-ch'o*, Anführer der Tűrgäš um 740, Chavannes 1903, 371; *Wu-li-ch'o* Westtürke um 640, Chavannes 1903, 350; *Wu-mo-ch'o*, um 626, Liu 1958, 139, 198; *Ch'u-mu-k'un-chih-mi-ch'o* der Pa-hsi-mi um 716, Liu 1958, 225; *Mei-lu-ch'o*, um 730, Liu 1958, 793.

181 Uigurenherrscher *T'ang-shu* 217A, 5b. *Mi-shi* könnte man auch *yarutmïš* transkribieren, Hamilton 1955, 160.

182 In einer Glosse zum *T'ung-chien-kang-mu*, Hirth 1899, 6, 1, ist *čur* als *ta-ch'en*, „Minister" definiert, offenbar eine Vermutung, und gar keine gute.

183 *Chiu T'ang-shu* 194A, 3b—4a; *T'ang-shu* 225B, 6a.

184 *Lü* = *ch'ü-lü*. In der Transkription von Namen und Titeln werden *ch'ü-lü*, *ch'ü-li* und *ch'üeh-lü* oft miteinander vertauscht. Ob sie in einem gegebenen Fall *köl*, *küli* oder *külüg* wiedergeben, Pelliot 1926, 210, Anm.; Hamilton 1955, 96, 8; Clauson 1962, 89, kann man nicht feststellen, wofern nicht der so benannte Mann auch in arabischen Texten erwähnt wird. Wie Marquart 1898b, 181—182 erkannte, ist Baγa tarqan, ch'üeh-lü der Ch'u-mu, der 738 den Türgäš Su-lu tötete, Tabarī's *kūrṣul*, verschrieben für *kūlsur* = *köl čur;* zu arabisch *ṣ* = türkisch *č* vgl. Pelliot 1950, 72. Zu *kol* „See", vgl. L. Bazin, *Revue de l'histoire des religions* 149, 1956; Hamilton 1962, 52, 10.

185 Siehe die vorangegangene Fußnote. Zur schwachen Aussprache des Schluß-*t* bei *ch'iuet* s. Boodberg 1951, 2 f.

186 Zu *ch'i-chin*, s. Hamilton 1955, 98, 1.

187 *T'un* steht für *t'u-t'un*, türkisch *Tudun*; vgl. *T'u-t'un-ch'o*, ein Osttürke, *Chiu T'ang-shu* 194A, 9a. *T'un-ch'o* war auch der Titel eines uigurischen Würdenträgers, *T'ang-shu* 217A, 3a).

188 Türkisch *čopan*, ein iranisches Lehnwort, Marquart 1929, 85.

189 *Sha-po* oder *sha-po-lo* ist türkisch *išbara*, Pelliot 1926, 211; Mehmed Fuad Köprülü, *KCsA* 1, Ergänzungsband 4 (1938) 341—343.

190 *Chiu T'ang-shu* 194B, 1a; Chavannes 1903, 21.

191 *T'ang shu* 215a, 36.

192 *Ch'ü-lü-ch'o*, *a-po*, *hsie-li-fa*, *t'u-t'un*, *ch'i-chin*, *Chiu T'ang-shu* 194A, 1a; *Wu-tai-shih-chi* 74, 6a; Hamilton 1955, 96 f.

193 Chavannes 1903, 72, vgl. dort auch 35. Die fünf *čur* der Tu-lu und die fünf *chi'-chin* der Nu-shih-pi werden 715 noch immer erwähnt, Liu 1958, 170, 258.

194 Radlov 1893, 309; Malov 1952, 22—23.

195 Im Epitaph des Bilgä qaγan aus dem Jahr 735 sind die *Köl čur* die Anführer unter den Tarduš bäg, Orkun 1936/1941, 1, 70; Gabain 1950a, 136; N. Poppe, *HJAS* 1951, 648.

196 F. W. K. Müller 1912.

197 *Tutuq*, čigši.

198 Mit Professor W. B. Hennings Hilfe habe ich die Namen auf die übliche Weise transkribiert.

199 *Ḫumār-tegin* und *Ḫumār-bäg*, Pelliot 1950, 211; Zambaur 1927, 102.

200 *Qul* in *qaraqul* hat nicht notwendigerweise immer die Bedeutung „Sklave". Ursprünglich war *qul* „der Außenseiter, Fremde", der innerhalb des Stammes, aber

außerhalb des Connubiums lebte, Bernštam 1946, 125. Der Mann, den Kűlűg Togan, Malov 1952, Nr. 44, als seinen „weißen *qul*" anspricht, war sicherlich nicht sein Sklave, noch war der hochgestellte Offizier Qul Apa Uruyu (auf einem Militärdokument von Miran, Thomsen 1912, 189) ein Sklave; vgl. auch Qul Bort in einer Talas-Inschrift, Orkun 1936/1941, 2, 137. Bis vor kurzem gaben die Kirgisen im T'ien shan einem Kind, das nach dem Tod aller Kinder in der Familie geboren wurde, einen auf *qul* endenden Namen, in diesem Falle bedeutete *qul* tatsächlich „Sklave", S. M. Abramzon, *SMAE* 12 (1949) 107.

201 Rásonyi 1961, 63.

202 Chavannes und Pelliot 1913, 249.

203 F. W. K. Müller 1915, 23—34; Pelliot 1950, 182, n. 3.

204 Hamilton (1955, 143) datiert sie auf 947. Der türkische Name čk'yn čωr bylk' = čk'yn čur bilgä kommt auch in den sogdischen Dokumenten vom Berg Mug (Mugh), vor, Lifšic 1962, 47, 51.

205 *TP* 28, 1931, 449. Russisch *čur* „geh weg", von unbekanntem Ursprung, hat natürlich mit unserem *čur* nichts zu tun.

206 Seit Gabain 1950a im Nachtrag zum Glossar darauf hingewiesen hat, daß unser Titel in tocharischen Texten *cor* geschrieben wird, halten manche Historiker, z. B. Altheim 1959/1963, 1, 8, und Philologen, z. B. J. Németh, *Voprosy jazykoznanija* 12, 6 (1963) 128 das Wort für tocharisch; es sei von den Türken entlehnt worden; Németh nennt es sogar ein iranisches (sic!) Lehnwort. Hätten diese Gelehrten die Quelle Gabains zu Rate gezogen (Sieg/Siegling/Schultze 1931, 50 und 63), hätten sie gesehen, daß die Autoren selbst *čor* als türkischen Titel betrachteten. Poucha 1955, 101 hat „appellatio Turcica?". Auf meine Bitte prüfte Professor W. Winter die Stelle. Er schrieb mir: „Das Wort ist insgesamt zweimal belegt: einmal auf einem winzigen Fetzen der Avadānasammlung A 399—404 in der Form des Akk. Sg.; einmal in A 382a3 auf dem Rest eines isolierten Blattes, der eine metrische Widmung enthält, in dem sich eine Reihe nichttocharischer Wörter findet, die wohl die Stifter des in a2 erwähnten Buddhabildes sind. Unglücklicherweise ist an dieser Stifterliste beinahe alles unklar. //Wir haben alle Brüder; bhek uri helkis āpruts lpik kokuntāṃ hkhonāñc kārā cor lpi ·o//. In *bhek* und *kārā* möchte man natürlich türkisch *bäg* und *qara* sehen, aber wie steht es dann um den Rest? . . . Das Einzige, was sich wirklich vertreten läßt, ist die Behauptung, *cor* im A-Text sei aller Wahrscheinlichkeit nach ein fremdes Wort, und zwar entweder ein Titel oder ein Name eines Mannes. Da sehr viel dafür spricht, daß die Stifter der A-Inschriften Türken waren, kann man wohl einen Schritt weitergehen und vermuten, daß der Träger dieses Namens oder Titels ein Türke war. Das macht aber natürlich *cor* noch nicht zu einem türkischen Wort oder besser einem echttürkischen Wort. Entlehnung aus dem Tocharischen ins Türkische ist grundsätzlich als möglich anzusehen, es gibt aber nichts, was die Möglichkeit zur Wahrscheinlichkeit macht: eine tocharische Etymologie kann ich nicht angeben. Zum Vokalismus ist lediglich zu bemerken, daß eine wirkliche Sicherheit über die Vorform von *cor* kaum zu erzielen ist; allerdings deutet das erhaltene *-u-* in *hkhatuṃ* (wenn = *quatun*) und in *hkuttem* (wenn = *qutïn*) wohl darauf hin, daß eher mit *-o*-Vokalismus außerhalb von tocharisch A zu rechnen ist."

Ramstedt 1951, 77 leitete *čur* vom awestischen *śura* „stark", „heroisch" ab. Das ist eine von jenen Etymologien, die nichts außer ungefährer Gleichklang und eine ungehemmte Phantasie empfehlen.

In seinem Brief vom 10. April 1967 an mich behauptete Prof. O. Pritsak, daß *čor* „nicht türkischer Herkunft sein kann, weil *č* niemals in echt türkischen Wörtern vorkommt". Aber im *Handbuch der Orientalistik, Altaistik, Turkologie*, das im Jahre 1963 veröffentlicht wurde, bezog Pritsak auf S. 33 *č-* bei den „alttürkischen" Anfangskonsonanten mit ein. G. Doerfer, *UAJ* 59, 1—2, 1967 bezieht *č* in die Liste der allen altaischen Sprachen gemeinsamen Anfangskonsonanten mit ein.

207 A. v. Gabain, *Anthropos* 48, 3—4 (1953) 539; Kljaštornyj 1964, 53.

208 (1) Melioranskij 1899, 27 f. nach einer unvollständigen Reinigung; (2) Németh 1926, 140 f. mit der Abbildung von Taf. 12 bei Heikel 1918; (3) Malov 1929, 799—802 mit einem Kommentar, der bei Malov 1951, 74 f. nicht wiederholt wurde. Orkun 1936/1941, 2, 134 folgt Malov 1929.

209 Németh 1926, 137—138; Orkun 1936/1941, 3, 134 f.; Malov 1959, 60—61.

210 *Nachodki v Kirgizii* 1962, 23—27, 39, s. auch 7—10; *Epigrafika Kirgizii* 1 (1963) 18—21.

211 *Nachodki v Kirgizii* 1962, 18 f.; *Epigrafika Kirgizii* 1 (1963) 28—29.

212 *Nachodki v Kirgizii* 1962, 15 f.; *Epigrafika Kirgizii* 1 (1963) 24—25.

213 *Oγlan* und *oγul* waren offensichtlich nicht so gegeneinander austauschbar wie im späteren Gebrauch. Wo es der Zusammenhang erlaubt, zwischen „Kind(er)" und „Knabe(n), Sohn (Söhne)" zu unterscheiden, hat *oγlan* die zweite Bedeutung. *Oγlan toγdïm*, Orkun 1941, 3, 105; Malov 1952, 57, kann nur bedeuten „ich wurde als Knabe geboren". Ein Mann hinterläßt sein Weib, seine einzige Tochter und zwei *oγlan*, Radlov 1895, 320; Orkun 1941, 3, 134; Malov 1952, 38. „70.000 *oγlan*", Radlov 1895, 330; Orkun 1941, 3, 134; Malov 1952, 49, sind offensichtlich „70.000 Krieger". Vgl. Pokrovskaja 1961, 15—17; Hamilton 1962, 32.

214 Malov 1951, 403.

215 Thomsen 1912, 219.

216 Malov 1952, 63.

217 Malov 1952, 369, 423.

218 Const. Porph. *adm.* Moravcsik, 1949, 166, 17, 21; 168, 35.

219 G. Györfy, *AOH* 18 (1965) 77, J. Németh, Zur Kenntnis der Petschenegen, *KCsA* 1 (1921—1925) 220—221, und 1930, 3, ferner Menges 1945, 267 nehmen an, daß die Farbe der Pferde gemeint war. Für *čur* als einem Familiennamen unter den in Ungarn siedelnden Petschenegen s. G. Györffy, *KCsA*, Ergänzungsband 6 (1939) 440.

220 K. K. Judachin, *Kirgizsko-russkij slovar'* (Moskau 1940) 133; in der türkischen Ausgabe *Kirgiz sözlüğü* 1 (Ankara 1945) 281.

221 *Manas* (Moskau 1946) 368. Die druzhina des Manas besteht aus 40 *čoro*, Abramzon 1946, 125, 127. Vgl. Judachin, *Kirgizsko-russkij slovar'*, 868. Ein Krieger in der Legende vom Ursprung der Sayaken trägt den Namen Qara čoro, Vinnikov 1956, 148.

222 Zur Datierung s. Stein 1949, 813.

223 Agath. 3, 21, CB (Niebuhr) 186.

224 Der Name enthält vielleicht slawisch *dobry*, „gut".

225 Procop. *hist.* 5, 27, 2.

226 Agath. 55, 15, *CB* (Niebuhr) 236.

227 Agath. *CB* (Niebuhr) 403.

228 Stein 1949, 815.

229 Agathias bemühte sich, sehr fremde Namen so getreu zu transkribieren, wie es das griechische Alphabet zuließ. Sein Ναχοργάν (Agath. 3, 2, 17) kommt dem persischen Wort (Christensen 1944, 21, 3) näher als Menanders (Men. prot.) Ναχόεργαν, sein Χλωθάριος ist Procops Κλοαθάριος vorzuziehen, vgl. Schönfeld 1911, 40.

230 Für ταξίαρχος = *dux* s. Stein 1949, 814—815.

231 Iord. *Get.* 266.

232 Iord. *Get.* 128, 22; Agath. 5, 11, *CB* (Niebuhr) 300; Moravcsik 1958/2, 230.

233 Iord. *Get.* 90, 10 f.; zu 11 ist *Alpizuros*, *Lizuros* hinzuzufügen, das Jiménez de Rada in seiner Abschrift der *Getica* las, vgl. Alarcos 1935, 18.

234 Kraševinnikov 1915, 42, 1.

235 *T'ang-shu* 225 B, 8 b.

236 Das gleichzeitige Bestehen von *Sai* und *Sai-wang* versetzte G. Haloun, *ZDMG* (1927) 252, in Verlegenheit.

237 Siehe Fn. 173.

238 Abramzon 1946, 125, 127, 128, und 1960, 5, 31, 42, 45, 108, 111, 115, 126; Vinnikov 1956, 148, Abb. 3, 6.

239 Radlov 340, Orkun 1936/1941, 3, 144, Malov 1952, 62—63.

240 In einem Artikel über den skythischen Namen der Maeotis wurde diese Etymologie bereits von J. Marquart 1910 in: *Keleti Szemle* 11 (1910) 13 und *ibid* 1932, 108 vorgeschlagen.

241 Beševliev 1959, 289.

242 Brockelmann 1928, 224, 251; statt Üräki lies: Ürägir, Pelliot 1950, 190. Der Ursprung und die Bedeutung von *-gir* in tungusischen Stammesnamen ist ungeklärt, vgl. Kotwicz 1939, 185; Pelliot 1950, 229; Menges 1951 a, 87; N. Poppe, *UAJ* 24 (1952) 75. Ob es irgend etwas mit *-gir* in den angeführten Namen zu tun hat, ist zweifelhaft.

243 Sturtevant 1940, 85.

244 Von den fünf von Moravcsik 1958/2, 36 angeführten Fällen gehören vier ins 10. Jahrhundert und später. Die Schreibweise τζαχατάϊδες für Čagatai bei Laonicus Chalcocondyles (floruit ca. 1485 n. Chr.) hat keine Beweiskraft für den phonetischen Wert von γ in den Schriften von Autoren, die 1000 Jahre vor ihm lebten.

245 Moravcsik 1958/2, 266.

246 Prisc. *EL* 141, 13; Moravcsik 1958/2, 169.

247 Moravcsik, 1958/2, 169; Euagrius nennt ihn einen Skythen.

248 Theophyl. Sim. 259, 23; Moravcsik 1958/2, 318.

249 Sidon. *carm.* 5, 488.

250 Gabain 1950 a, § 57.

251 Prisc. *EL* 141, 13; Moravcsik 1958/2, 87.

252 Wie Pritsak 1956, 418 annimmt.

253 Er schrieb 'Ωηβάρσιος.

254 Moravcsik 1958/2, 82. Malalas (Ioh. Mal.) hat 'Αψικάλ.

255 Theophyl. Sim. 67, 2, 73, 13; Moravcsik 1958/2, 83.

256 Moravcsik 1958/2, 62 (statt 430 lies 530).

257 Prisc. *EL* 122, 18; Moravcsik 1958/2, 76.

258 Xen. *Cyr.* 8, 6, 7; An. 7, 8, 25.

259 *IOSPE* 4, 423, 2; nicht später als 4. Jahrhundert v. Chr.

260 Herodot. 7, 22, 117; 63, 8.

261 Hauptsächlich aus Gorgippia, Vasmer 1923, 34; Zgusta 1955, § 596. Hinzuzufügen ist 'Αταμάζας, *Numismatika i epigrafika* 1 (1960) 200.

262 Miller 1886, 257; er verglich diese Namen mit Atakam.

263 Zgusta 1955, § 596; vgl. Φαρνακύας, Ctes. *Pers.* 45, Justi 1895, 93.

264 Herodot. 7, 105; Justi 1895, 199, 498.

265 Justi 1895, 177, 271, 377, 498.

266 Vámbéry 1882, 40.

267 Moravcsik 1958/2, 77.

268 D. Pais, *MNy* 28 (1932) 275.

269 Prisc. *EL* 143, 25; 147, 10, 21, 28; 148, 1, 8; Moravcsik 1958/2, 89 f.

270 L. Rásonyi, *MNy* 23 (1927) 280 und in: *Archivum Europae Centro-Orientalis* 1 (1935) 228. Zu *bärk* < *bärig* vgl. W. Bang, *UAJ* 4 (1924) 17.

271 Müllenhoff bei Mommsen 1882, Index 147; Schönfeld 1911, 50. Man würde Berica erwarten, aber auch Berichus ist möglich.

272 Zu den Namen, die von Rásonyi 1932, 102, angeführt wurden, ist Sauvaget 1950, 45, Nr. 78 und 79 hinzuzufügen. Marquart 1929, 83 erkannte das Deminutivsuffix; er dachte, daß *dengi-* die ältere Form von *yaŋi* sein könnte.

273 Prisc. *EL* 588, 6, 24, 28; Moravcsik 1958/2, 117.

274 Marcell. *CM* 2, 90, 7.

275 Iord. *Get.* 120, 21.

276 *Chron. pasch.* (außer δινζίχ und δινζίχος).

277 Es wäre interessant zu wissen, zu welcher Zeit die Osseten *dengiz* (Abaev 1958, 362) von den Türken übernahmen. Übrigens heißt Tängiz, der jüngste von den sechs Söhnen des Oγuz Qaγan, nicht „ozeanischer" Prinz, sondern „Fürst Ozean"; seine Brüder sind Sonne, Mond, Stern, Himmel und Berg, W. Bang/G. Rachmati, *SB Berlin* 1932, 689, 691, 703; Abul Ghazi, *Rodoslavnaja Turkmen*, übersetzt von Kononov 1958, 48, 50—52).

278 Iord. *Get.* 125, 26.

279 Zur Etymologie s. W. Bang, *UAJ* 10 (1936) 23.

280 'Αναγάστου, 'Αρδαβούριος, 'Αρεοβίνδος, Βιμινάκιον, Παταβίωνος und viele andere.

281 Pritsak 1953, 19, 10; er zitiert Mehmed Fuad Koprülü (*KCsA* 1, Ergänzungsband 4 [1938]. R. G.).

282 Vgl. z. B. Christensen 1944, 21, 3, über Ammians Nohodares.

283 Pritsak 1955, 68.

284 Rásonyi 1953, 333—336, stellte zahlreiche türkische Namen und Titel zusammen, die *el* in der ersten Silbe haben. Für die chinesische Transkription von *el* s. P. Pelliot, *TP* 1929, 226—228, und Pelliot 1950, 182 f.; Hamilton 1955, 151. Vgl. auch S. V. Kiselev 1948.

285 Chavannes 1903, 336. Vgl. auch *Mo-yo-men*, den Namen zweier Gesandter aus Maimargh und Samarkand, *ibid.* 135, 6; 145, 1.

286 Statt αττηλαν haben alle Codices αττηλα in Prisc. *EL* 142, 7; *C* hat dreimal den Akkusativ αττηλα, Prisc. *EL* 125, 34, 142, 7, 149, 18. βιγιλαν erscheint dreimal als βιγιλα, Prisc. *EL* 124, 4, 129, 30, 130, 3.

287 Marquart 1929, 9, 1.

288 Bang 1916, 112, 2, akzeptiert von Armin 1936, 100 und Németh 1940, 223. Zu *qan* und *ariγ* in Frauennamen s. L. Rásonyi, *UAJ* 34, 3—4 (1962) 233.

289 Bašakov 1951, 176, 403.

290 W. Tomaschek, *SB Wien* 117 (1889) 65 vermutete in Kreka den ethnischen Namen *Qyrqyz;* er mußte mit der Bonner Ausgabe arbeiten, die nur *Kreka* hatte. Warum Haussig 1954, 361 Kreka noch immer für die richtige Form hält, ist schwer zu verstehen; er behauptet, daß der Name gotisch ist und „die Griechin" bedeutet. P. Poucha, *CAJ* 1 (1955) 291 hält *Kreka* oder Hreka *(sic!)* für mongolisch *gargai*, „Frau"; er wiederholt diese Etymologie: Poucha 1956, 37, 39.

291 Prisc. *EL* 131, 2; Moravcsik 1958/2, 126.

292 Vámbéry 1882, 43.

293 Krause 1954, 327.

294 Agath. 3, 17, *CB* (Niebuhr) 177, 5.

295 Moravscik 1958/2, 138, Németh und Rásonyi folgend.

296 Agath. 3, 17, *CB* (Niebuhr) 177; Moravcsik 1958/2, 170.

297 Moravcsik 1958/2, 194.

298 Codex B hat 'Αττίλα ὁ τοῦ Μουνδίου παῖς. Obwohl er besser ist als die Codices, die μνουδίου und μνοδίου, De Boor 1903/1906 *(EL)* 2, 516, haben, ist er doch nicht gut. Der Name wurde bereits zu einem frühen Zeitpunkt verdreht; Anastasius ließ ihn in seiner lateinischen Version aus, De Boor 1903/1906 *(EL)* 2, 107, 24; Nic. Call.

Migne *PG* 146, 1296c hat das monströse Νουμιδίου. Es ist zu vermerken, daß in der gleichen Passage und in allen Codices Βδέλλας, korrupt für Βλέδας, begegnet.

Mundo, Moravcsik 1958/2, 194, der Name eines Gepiden attilanischer Deszendenz (Iord. *Get.* 311), könnte eine Variante von *Mundios* bei Theophanes sein, vorausgesetzt, daß ein solcher Name existierte. Er wurde auch mit *Mundzucus* in Zusammenhang gebracht; zu den Belegstellen bei Moravcsik 1958/2, 194 ist Pritsak 1955, 66 hinzuzufügen. Aber Mundos Vater Τιέσμος (Theoph. 218, 22) hat einen Namen mit germanischem Klang, Diculescu 1922, 58, und Mundo selbst ist vielleicht germanisch, vgl. Munderichus und Mundilla, Schönfeld 1911, 169; für *-o* s. Schönfeld 1911, 52. *Non liquet.*

299 Iord. *Get.* 55, 19; 58, 2, 6, 14.

300 Mommsen 1882, Index 158. Cassiodorus hat natürlich Burgundiones (Cassiod. *var.* 503).

301 Kent 1940, 46.

302 *Zaconus* auf einer Inschrift von 358 aus Salona, Dessau 8254; *zie* statt *die:* Detschev 1952, 1, 23.

303 Moravcsik 1958/2, 194.

303a Vgl. Brockelmann 1928, 122 s. v. (Glasperlen).

304 „Perle" war der Titel des höchsten Beamten der Tibetaner in der T'ang-Periode, Demiéville 1952, 285.

305 Vámbéry 1882, 46. Im Russischen, Ukrainischen und Polnischen von den Tataren auf der Krim übernommen, Vasmer 1955, 1, 145.

306 *AOH* 10 (1960) 303.

307 Brief vom 10. September 1962.

308 G. Doerfer, *Fundamenta* I (1959) 379.

309 O. Pritsak, *Fundamenta* I (1959) 579.

310 L. Bazin, *Fundamenta* I (1959) 311.

311 A. Caferoğlu, *Fundamenta* I (1959) 251.

312 Gabain 1955, 23 neigt dazu, chinesisch 纛 *tu* < *duok*, „Standarte mit einem Yakschwanz oder Fasanfedern", das im *Erh ya* angeführt ist, vom türkischen *tuγ* abzuleiten. Mir scheint, daß *tuγ* eher ein chinesisches Lehnwort ist. *Tu* < *duok* < *d'ok* oder *tao* < *d'âu* < *d'og*, Karlgren 1957, 1016, ist zweifellos dasselbe wie 翿 *tao* < *d'âu* < *d'og*, „Stab mit Federn", Karlgren 1957, 1090z, und 斿 *yu* < *iâu* < *diôg*, „Gehänge eines Banners", Karlgren 1957, 1080a, *yu* 游; altes *diôg* „Fähnlein, Wimpel", Karlgren 1957, 1080 f.), Worte, die im Buch der Oden und im *Tso-chuan* Jahrhunderte vor dem ersten Auftauchen der Hsiung-nu vorkommen, von deren angeblich türkischer Sprache die Chinesen *duok* entliehen haben sollen.

313 Pelliot 1950, 69; Hamilton 1955, 157 f. Proto-Bulgarisch Τουκος bedeutet wahrscheinlich „der Flaggenträger", vgl. Menges 1951a, 113.

314 J. A. Boyle, *Islamic Studies* 2, 2 (Karachi 1963) 241. Die Mongolen glaubten, daß Dschingis Khans Seele in seine Flagge überging, *tuġ-sülde*, die zum Schutzheiligen seiner Sippe und des ganzen mongolischen Volkes wurde. Vgl. Banzarov 1891, 24; Vladimircov 1934, 145.

315 Marquart 1920, 290 f.

316 *Nicolai responsa, carm.* 33, *MGEp* 6, 4, 580. Zu den Kirgisen am Oberlauf des Jenissej s. Appelgren-Kivalo 1931, Fn. 93 (ihre Flaggen sind im T'ang-shu, Kap. 217b erwähnt); für die Kurdykanen s. Okladnikov/Zaporožskaja 1959, 121, 57; zum Krug aus Nagyszentmiklos s. A. Alföldi, *Cahiers archéologiques* 1950, 132 f. Zur Flagge der Seldschuken s. V. A. Gordlevskij, *Izbrannye sočinennija* 1 Moskau (1960) 179; für Yakschwanz-Banner der Mongolen in der Zeit des Dschingis Khan s. Poucha 1956, 137—139.

317 Schönfeld 1911, 278.

318 Das wurde zu Recht von G. Schramm 1960 betont. Als ganz versuchsweise Annahme möchte Gundioc den Namen eines Burgunderkönigs von Mundiuch, wie er den Namen dieses Fürsten rekonstruiert, ableiten. Die linguistische Seite dieser Ableitung zu beurteilen muß Germanisten überlassen bleiben. Was wir über die Beziehungen der Burgunder mit den Hunnen in den zwanziger und dreißiger Jahren des 5. Jahrhunderts wissen, begünstigt diese Ableitung nicht.

Ob Τζειουκ auf einem undatierbaren Epitaph aus der nördlichen Dobrudscha, Moravcsik 1958/2, 311 irgend etwas mit Mundzuc zu tun hat, ist zweifelhaft. 'Αταλα, Tzeiuks Sohn, diente in der Truppe der *Sagittarii*, vgl. Diculescu 1923, 52; V. Parvan, *Rendiconti della Pontifica Accademia Romana di archeologia* 2 (1924) 131 und Fiebiger 1939, 31—32 hielten Tzeiuk und Atala für germanische, V. Beševliev, *Godišnik na Bulgarskija Narodnija Muzej* 7 ([1942] 1943) 232—234, und I. Stoian, *Tomitana* (Bukarest 1962) 54, für proto-bulgarische Namen.

319 Moravcsik 1958, 2, 266.

320 Sauvaget 1950, 49, Nr. 120.

321 Joh. Ant. *EI* 142, 22; Moravcsik 1958, 2, 131.

322 Menges 1944, 264; vgl. Joki 1952, 294.

323 Sauvaget 1950, 47, Nr. 91. K. H. Menges, *CAJ* 8, 1 (1963) 56, vermutet, daß *Č'orpan* im chasarischen Namen *Č'orpan T'arxan colpan* ist.

324 Gemeinsam mit Sunikas genannt, Procop. *hist.* 1, 14, 44; Moravcsik 1958/2, 57.

325 Justi 1895, 11, 522 f.

326 Bei Rašīd ad-Dīn, s. *Sbornik letopisej* 1 (Moskau-Leningrad 1952), 76, 86; Pelliot 1950, 27, n. 1.

327 Bei Rashīd ad-Dīn, s. *Sbornik letopisej* 1 (Moskau-Leningrad 1952) 195; 2, 140; Mayer 1933, 148; Zambaur 1927, 30 f., 97, 103; Sauvaget 1950, 39.

328 Zambaur 1927, 222, 285; Sauvaget 1950, 40.

329 Sauvaget 1950, 39.

330 Malov 1951, 117, 119.

331 Moravcsik 1958/2, 59. Zum Feldzug s. Stein, 1949, 306 f.

332 Malalas (Ioh. Mal.) hat 'Ασκούμ, Theophanes 'Ακούμ.

333 Vámbéry 1882, 40, vermutete *aq-qum* „weißer Sand" oder *aqyn* „Streifzug, Raubzug".

334 Men. prot. *EL* 204, 18, 208, 2.

335 Zuerst von Hirth 1899, 110, 1.

336 Chavannes 1903, 221, 240.

337 Sauvaget 1950, 50; Hambis 1955, 90, 1.

338 Pelliot 1950, 91, Fn.

339 Moravcsik 1958/2, 71.

340 Procop. *hist.* 1, 13, 21; 14, 44; 18, 38, 41; Moravcsik 1958/2, 75.

341 Vgl. Aškan, der legendäre Ahnherr der parthischen Könige bei Firdausi, Wolff 1935, 63, und Justi 1895, 43.

342 S. die Erörterung bei Giraud 1960, 193—196. Man hat oft angenommen, daß die Assan (Assantsy, Asantsy, Azantsy, vgl. Dolgich 1934, 26), ein kleiner Stamm, auf den russische Reisende im 18. Jahrhundert in der Nähe von Krasnojarsk stießen, die Nachkommen der Az waren, die auf den Orchon-Inschriften genannt sind. Zu Beginn des 19. Jahrhunderts waren die Assan bereits „turkisiert", aber die wenigen Worte ihrer früheren Sprache — von Fischer 1803, 213 festgehalten — zeigen, daß sie mit dem Ketischen eng verwandt war. Es ist vielleicht kein Zufall, daß *az* und *qïrqïz* miteinander auf den Inschriften genannt werden. Eine Sippe Jas lebte Seite an Seite mit den Kirgisensippen Adžu-khurman, Džup-par und Khudai-bery unter den Choton

in der nordwestlichen Mongolei, vgl. Grum-Grzhimailo 1930/3, 1, 276. Für Asan-Kot s. Alekseenko 1967, 30, 19.

343 Iord. *Get.* 91, 19; 121, 23; 122, 5.

344 Mommsen 1882, Index 147. Das hielt einige Gelehrte nicht davon ab, den Namen für gotisch zu halten, s. Schönfeld 1911, 275.

345 Iord. *Get.* 249.

346 Moravcsik 1958/2, 85 f.

347 Németh/Rásonyi, zitiert von Sinor 1948, 25. Βαλμάχ bei Agath. 3, 17, 5, Keydell 1967, 106, 12, ein anderer Sabire um ca. 555, ist möglicherweise ein Schreibfehler für Βαλάχ.

348 Moravcsik 1958/2, 107 f.

349 Sinor 1948, 25—29. Altheim, und jüngst Werner 1967, 491, 18 „etymologisierten" Wārāks in der *Chronik* des Johannes von Nikiu, obwohl Wārāks nur eine Verdrehung von Βωαρήξ ist.

350 Moravcsik 1958/2, 108, v. l. Βούχας.

351 Ein Türke um 576 n. Chr. (Men. prot. *EL* 208, 1).

352 *Buγa* in einer Jenissej-Inschrift, Malov 1952, 98; *Solda Buqa* und *Qara Buqa* in uigurischen Dokumenten von Turfan, Malov 1951, 210, 213. Von den 209 Mamelukennamen, die Sauvaget 1950 aufzählt, enthalten nicht weniger als sechzehn *boγa.*

353 Prisc. *EL* 588, 8 (145, 17: Ἠρνᾶς). Iord. *Get.* 127, 1: Hernac.

354 Moravcsik 1958/2, 133.

355 Zum türkischen Adjektivsuffix *-la* s. Gabain 1950a, §76; Clauson 1962, 145.

356 Moravcsik 1958/2, 114.

357 Moravcsik 1958/2, 106.

358 Gombocz 1924, 110; J. Németh, *Abh. Berlin*, Kl. f. Sprachen, Lit. u. Kunst 4 (1958) 26. Das Weglassen der Anfangssilbe *gu-* findet eine amüsante Parallele bei dem Namen Bulawayo in Rhodesien, der ursprünglich Gubulawayo, „Hinrichtungsstätte" hieß, s. P. J. Nienaber in: *Proceedings of the Eighth International Congress of Onomastic Sciences*, Den Haag 1966, 345.

359 Moravcsik 1958/2, 337.

360 Moracvsik 1958/2, 341.

361 Henry 1959, 58a, 32.

362 Soz. 9, 12.

363 Henry 1959, 58a, 11, 17.

364 Moravcsik 1958/2, 217 f.

365 Beševliev 1963, 337.

366 Schönfeld 1911, 209 f.

367 H. W. Bailey, *Transactions of the Philological Society* 1945, 26 und Bailey 1961, 53. G. Doerfer, *UAJ* 39, 1—2 (1967) 65 postuliert „Urtürkisch" **tom*, weil türkisch *tön*, tschuwaschisch *tum*, für die Existenz von $n > m$ sprechen würde, was seinen Ansichten zuwiderläuft.

368 Justi 1895, 170, 486.

369 Vgl. Bailey 1954 zu *xara* „dunkel"; zu *xara* „Esel", s. E. Schwentner in *Zeitschrift für vergleichende Sprachforschung* 72 (1955) 197.

370 Aur. Vict. *Caes.* 13, 3.

371 V. I. Abaev in: *Jazyk i myšlenie* 5 (1935) 71.

372 Abramzon 1946, 128.

373 Moravcsik 1958/2, 344.

374 Theophyl. Sim. 259, 12. Zur Interpretation der Passage s. Moravcsik 1958/2, 162 f. Ich frage mich, ob der Stammesname Külüg, „berühmt", sein könnte, vgl. Malov 1952, 44 f. und L. P. Kyzlasov, *SE* 1965, 105.

375 Malov 1951, 395; Ščerbak 1959, 123. Der Name des römischen Generals Calluc, der gegen die Gepiden kämpfte (Iord. *Rom.* 387) ist möglicherweise der gleiche.

376 Moravcsik 1958, 2, 344.

377 Prisc. *EL* 122, 8.

378 Zitiert bei Moravcsik 1859/2, 180.

379 *ACO* 2, 6, 43.

380 E. Schwartz, *SB München* 1929, 15, 17, 19.

381 *Vita Theod. TU* 49, 2, 240.

382 *AA SS* August 3, 423—446; Delehaye 1933, 174 f. Im Jahre 383 hielt Gregor von Nazianz, der Landsmann des Mamas, ihm zu Ehren eine Rede, Gallay 1943, 255.

383 Alföldi 1944b, 15.

384 Moravcsik 1958/2, 192 f.

385 Die übliche Ansicht, daß Moagaris Mod'eri, „Magyare", ist, wurde von D. Sinor, *Cahiers d'histoire mondiale* 4, 3, 1958, 527 abgelehnt; Boodberg 1939, 238 hält **Mog'er* für ein altaisches Wort für „Horn".

386 Moravcsik 1958/2, 214.

387 Auf einer Inschrift von Uyuk-Tarlak, einem Nebenfluß des Ulug-kem in Tuva, Malov 1952, 11.

388 Prisc. *EL* 146, 18.

389 Agath. 3, 4, 6, Keydell 1967, 89, 9—13.

390 Ravenn., Pinder-Parthey 1848, 170, 15, 171, 2.

391 Mündliche Mitteilung.

392 Justi 1895, 231, 341.

393 Justi 1895, 232.

394 Moravcsik 1958/2, 350.

395 Magyarisch *borz*, „Dachs", ist ein Lehnwort aus dem Tschuwaschischen, vgl. Z. Gombocz, *MSFOU* 30 (1912) 52.

396 Laute-Cirtautas 1961, 107, 110.

397 Siehe Moravcsik 1933, 8—23; Moravcsik 1958/2, 355—357.

398 Joh. Ant. *EI* 142, 22; Moravcsik 1958/2, 274.

399 Vgl. den Kumanennamen Συτζιγάν, Moravcsik 1958/2, 294.

400 Moravcsik 1958/2, 276. Justi 1895, 301 zählt zwei Türken mit Namen Sīmā auf.

401 Moravcsik 1958/2, 276—277.

402 Prisc. *EL* 125, 22, 127, 11, 2, 34; Moravcsik 1958/2, 279.

403 *ZDMG* 1951, 216.

404 *WZKM* 1953, 199.

405 Moravcsik 1958/2, 289. Vgl. Zach. *CSCO* 2, 64 (Brooks).

406 *Zf. f. d. Österr. Gymn.* 1877, 685, zitiert von Moravcsik 1958/2, 289.

407 Er wies auf awarisch *suni*, armenisch *sun*, „Hund", hin.

408 Schönfeld 1911, 218.

409 Joh. Ant. *EI* 147, 9: Moravcsik 1958/2, 300.

410 „Viele wilde Menschen", Zach. *CSCO* 2, 185 (Brooks); *cum valida manu barbarorum*, Vict. Tonn. *CM* 2, 195.

411 Ioh. Mal. 404 f.

412 *Hypatius ab Hunnis auxiliaribus capitur*, Iord. *Rom.* 358.

413 Siehe Stein 1949, 179 zu den gegensätzlichen Behauptungen.

414 Delehaye 1902, 165, 241.

415 Brief vom 13. Dezember 1962.

416 In der vorliegenden Arbeit wurden die zahlreichen Etymologien hunnischer Namen, die von Haussieg 1954, 275—462 vorgeschlagen wurden, nicht berücksichtigt. Ein Beispiel wird genügen: Er schreibt: (S. 354) *Die* (sic) *Tarraq* (Ταρράχ) *werden in dem Werk des Johannes von Antiochia als zu den Hun (Qun [sic]) gehörig erwähnt.*

417 Joh. Ant. *EL* 147, 10.

418 Zitiert von Moravcsik 1958/2, 319.

419 *Twryn, trywn, try'n,* (A. A. Freiman, *Trudy instituta vostokovedenija* 17 (1936) 164, *Zapiski instituta vostokovedenija* 7 (1939) 30; *Sovetskoe vostokovedenie* 3, 1958, 130 f.

420 Agath. 181, 6, 182, 7. Οὐλδάχ scheint Moravcsiks Οὔλδαχ vorzuziehen.

421 Iord. *Get.* 127, 2.

422 Moravcsik 1958/2, 131 mit vielen verschiedenen Lesarten.

423 Theophyl. Sim. 67, 2; 73, 17. Ein Awarengeneral hatte den gleichen Namen, Moravcsik 1958/2, 82.

424 Vgl. Ἄψαγος, Ἀψώγας, Βωράψαζος, Zgusta 1955, §§73, 281, 90. Ossetisch *digor æfsæ,* „Stute".

425 Joh. Ant. *EL* 142, 22.

426 Koriun Mesr., Weber 1927, 219; *Gardmanorum princeps nomine Chors,* P. Peeters, *Analecta Bollandiana* 51 (1933) 28.

427 Gombocz, *MSFOU* 30 (1912) 109.

428 Zu türkisch *k, q* < iranisch, vgl. *qormusta* < *xwrmzd.*

429 A. Dain, *Annuaire de l'institut de philologie et d'histoire orientales et slaves* 10 (1950) 161—169.

430 Z. B. Thompson 1948, 58; Moravcsik 1958/2, 119.

431 Eudox. *CM* 1, 662, 448.

432 Die türkische Etymologie von Pritsak 1955, 43 f. ist geistreich, aber nicht überzeugend.

433 Prisc. *HGM* 1, 278, 4. Noviodunum ist das heutige Isaccea, nicht Neviodunum/Dernovo nahe Gurkfeld in Krain, wie H. Mitscha-Märheim, *Mitteil. d. anthropolog. Ges. in Wien* 80 (1950) 224 und E. Schwartz, *Forschungen und Fortschritte* 28 (1944) 369 behaupten. Valips rebellierte gegen die *Ost*römer.

434 Wie es Polaschek, *RE* 17, 1194 s. v. Noviodunum 7 und Moravcsik 1958/2, 223 tun. Vgl. Thompson 1948, 217 f.

435 Prisc. *EL* 145, 4; *HGM* 324, 22; 325, 20.

436 Beševliev 1963, 169—170.

437 *Danabri amnis fluenta .. . quam lingua sua Hunni Var appellant,* Iord. *Get.* 127, 19—20. Die Versicherung von Pritsak 1954b, 124—136, daß alle Gelehrten darin übereinstimmen, daß die Stelle auf Priscus zurückgeht, ist falsch. Weder Moravcsik noch Marquart, auf die er hinweist, sagen irgend etwas dieser Art. Der Zusammenhang deutet auf Jordanes als Autor hin.

438 Vasmer 1923, 65 f., und 1955, 1, 355; Abaev 1949, 183.

439 Ptol. *geogr.* 5, 8, 5; *Waldanis* im Armenischen, Marquart 1895, 88.

440 Marquart 1903, 33; vgl. E. Dickmann, *Beiträge zur Namenskunde* 6 (1955) 273.

441 Pritsak 1954b, 124—136.

442 Sie beruht auf der Annahme, daß die tschuwaschische *v*-Prothesis aus sehr früher Zeit stammt. Magyarisch *ökör,* „Ochse", türkisch *öküz,* tschuwaschisch *vəGər* und *or, uru,* „Dieb", tschuwaschisch *vərə̆,* wurden zu einer Zeit übernommen, als im Tschuwaschischen die *v*-Prothesis noch nicht entwickelt war, vgl. M. K. Palló, *AOH* 12 (1961) 42 f.

443 *AOH* 19 (1966) 59.

444 Thesaurus Linguae Latinae s. v. camum; *Bulletin Du Cange* 11 (1937) 39.

445 Holder 1896, 1, 728; E. Schwartz, *MIÖG* 43 (1929) 210; J. Harmatta, *AAH* 2 (1952) 343.

446 *Byzantinische Quellen zur Länder- und Völkerkunde* (Leipzig 1912) 139.

447 Parker 1924, 136.

448 Altheim 1951, 209, 20 und Altheim/Stiehl 1953, 85 f. wiesen mit Nachdruck meine Einwände gegen diese Etymologie zurück. In Altheim 1959/1963, 4, 59 ließ Altheim sie fallen.

449 M. Vasmer, *Zf. sl. Phil.* 2 (1925) 540.

450 Vgl. B. Zástěrová in: *Vznik počatku slovanů* 5 (Prag 1966) 40. Das türkische Wort für *liquor ex milio et aqua* war *boza*, J. Németh, *Abh. Berlin*, Kl. für Sprachen, Lit. und Kunst 1958, 4; ibid 1959, 17.

451 *Kleine Schriften* 3, 135.

452 Vgl. R. Landi, „Strava", *Bulletin Du Cange* 5 (1950) 50 f.; Woestijne 1950, 149—169.

453 Arnim 1936, 100—109. H. Jacobson, *Anz. f. DA* 42 (1923) 88 war der Meinung, daß *strava* skythisch sein könnte.

454 Z. B. Leicher 1927, 10—19; E. Roth, „Gotisch Strawa, Gerüst, Paradebett", *ASF*, Serie B, 84 (1954) 37—52; W. Pfeifer, „Germanisch Straujan", *PBB* 82 (1960) 132—145.

455 *La tryzna n'était pas un simple festin, mais une fête de caractère dramatique, dont un combat formait l'episode principale*, Niederle 1926, 53.

456 Niederle 1926, 53.

457 M. Vasmer, *Zf. sl. Phil.* 2 (1925) 540; E. Schwartz 1929, 210.

458 *Sbornik Radova vizantološkogo instituta* 7 (1961) 197—226.

459 Die slawische Etymologie, zuerst von Kotlijarevskij, 1863, 37—42 vorgeschlagen, haben Nehring 1917, 17 und Trautmann 1944, 23 akzeptiert. Spätere Gelehrte machten aus der Vermutung von Mommsen 1882, Index 198, daß die Slawen *strava* von den Goten entlehnten, eine bewiesene Tatsache. S. z. B. Walde/Hoffmann, *Lateinisches etymologisches Wörterbuch* (Heidelberg 1952) *s. v.* strava.

460 Ossetisch *duğ*, *doğ*, Marquart 1929, 81; Abaev 1958, 373 ist türkisch *doγ* („in ihrer [d. h. der türkischen] Sprache werden die Bestattungssitten δόχια genannt", Men. prot. *EL* 207).

461 Im Gegensatz zur nachdrücklichen Behauptung von Altheim/Stiehl 1953, 48 hat *strava* nichts mit dem bulgarischen στράβιτζα in einer byzantinischen Kompilation des 10. Jahrhunderts zu tun, *BNJb* 5 (1926) 15, 370. Zu slawisch *zdravica* in der Bedeutung „auf deine Gesundheit" s. I. Dujčev, *Byzantinoslavica* 12 (1951) 92, 76. Bei Marco Polo, Kap. 218, kommt es als *stravitsa* vor.

462 *Essais de philologie moderne*, (Paris 1951) 189—199; ders. *Schläuche und Fässer* (Bern 1955), 113—125. Niederländisch *koker* wurde russisch *kokor*, *Slovar' sovremmennogo russkogo literaturnogo jazyka* 5 (Moskau-Leningrad 1956) 1132.

463 *Zf. d. österr. Gymn.* 23 (1872) 142.

464 Houtsma 1894, 23, 49.

465 Zitiert von Pelliot 1950, 210.

466 Sinor 1948, 3.

467 „Zane sedoša v lesech", *Povest' vremennych let* 1 (Moskau-Leningrad 1950).

468 Schönfeld 1911, 222.

469 F. W. K. Müller 1915, 3, 34.

470 1952, 14/3, 506.

471 1962, 58.

472 1950, 213.

473 Togan 1939, 147 f.

474 Pelliot 1950, 212, 1.

475 Barthold, *Encyclopaedia of Islam* 2, 838; Henning 1952, 506, 8.

476 Tretjakov 1948[1]/1953[2], 249.

477 *Abh. Göttingen* 1914, N. F. , Fachgruppe 4, Bd. 3, 8, 271—281. Vgl. auch die Kontroverse zwischen H. Rosenfeld und F. Altheim in: *Beiträge zur Namenkunde* 7 (1956) 81—83, 195—206, 241—246; 8 (1957) 36—42.

478 Vgl. Krause 1955, 12; Rosenfeld 1957b, 246. Vgl. auch E. Schwartz 1951, 34.

479 Amm. 31, 3, 1.

480 Zu Iord. *Get.* 30—35 s. L. Hauptmann, *Byzantion* 4 (1927/1928) 138 f.

481 Vgl. Cipolla 1892, 23.

482 Vgl. J. Friedrich, „Über einige kontroverse Fragen des gotischen Geschichtsschreibers Jordanes", *SB München* 1907, 405—407.

483 Zu diesem Namen s. F. J. Mikkola, *Symbolae grammaticae in honorem Ioannis Rozwadowski* 2 (Krakau 1928) 533; G. Nandris *The Slavonic und East European Review* 18 (1939) 144; H. Łowniański, *Opusculum C. Tymienicki* (Poznan 1959) 211 bis 224. Ein anderer Name der Lagune ist Ἄλισκος, *Analecta Bollandiana* 31 (1926) 216.

484 Cipolla 1892, 23.

485 Wie bei Cassiod. *var.* 5, 2, worauf Schirren 1846, 49 f. als erster hinwies.

486 In seiner Ausgabe des *Jordanes*, Mommsen 1882, Index 199.

487 Mommsen 1882, 154.

488 Zu *pullullare* wies Mommsen 1882, 63, 2 auf Cassiod. *var.* 3, 6 hin. Aber wie Cipolla 1892, 23 richtig bemerkte, *la fraseologia non può dare sufficente guarentigia di sicura attribuzione, perchè tra scrittori più o meno contemporanei è cosa agevole trovare riscontri di sifatte specie.*

489 Zu *ultra* und *supra* bei geographischen Angaben s. Sturenberg 1932, 199 ff.

490 Schirren 1846, 50.

491 Ennod *MG AA* 7, 169.

492 *Pellium murinarum commercium. Mus* kann jedes Tier aus der großen Species der kleinen Nager bedeuten, von Hermelin und Marder bis zu Eichhörnchen und Maulwurf, vgl. *RE* (Steiner) 2398 s. v. Maus. Die „Mäuse" der *Hunuguri* waren offensichtlich die „wilden Mäuse", aus deren Häuten die Parther nach Angabe des Hesych ihre Mäntel zu machen pflegten; in der parthischen Sprache wurden sie σίμωρ, *i. e.* samōr, „Zobel", genannt, vgl. E. Schwentner, „Ai. samura-ṣ, samuru-ṣ und die pontischen Mäuse", *Zeitschrift für vergleichende Sprachforschung* 71 (1953) 90—94. Türkisch *samur*, „Zobel", ist ein iranisches Lehnwort.

493 Moravcsik 1930 und 1958/1, 68.

494 Zu den bei Moravcsik 1958/2, 219 angeführten Übersetzungen sind F. W. K. Müller, *OZ* 8 (1919/1920) 312 und Pigulevskaja 1939 hinzuzufügen. Die Geschichte über die hunnischen Honaguren bei Mos. Das., Dowsett 1961, 63—65 ist so wirr wie ihre Chronologie; ihr historischer Wert ist gleich Null.

495 Henning 1952, 503 zieht zumindest die Möglichkeit in Betracht, die *Acatziri* mit Hilfe der Angaben über die Bulgaren zu lokalisieren, aber seiner Meinung nach ist es „keineswegs klar, wo man sich genau ihre Wohnsitze vorzustellen hat".

496 Berg 1950, 68.

497 Berg 1950, 108.

498 Minns 1913, 15.

499 τὴν πρὸς τῷ Πόντῳ Σκυθικήν, Prisc. *FHG* 4, 89.

500 Die Schreibweise Agazari *(Chazaros ... Iordanis Agaziros vocat)* bei dem anonymen Geographen von Ravenna (Ravenn. 4, 1), Teubner 1940 (Cuntz) 2, 44 braucht nicht weiter berücksichtigt zu werden; vgl. J. Schnetz *SB München* 6 (1942) 34.

501 Bei M. I. Artamonov, *SA* 9 (1949) 56.

502 Hamilton 1962, 26—27. Dieselbe Liste in *Pei Shih*, Kap. 99, bietet einige abweichende Schreibarten. In den meisten Fällen ist es unmöglich, zu entscheiden, ob die Namen zwei- oder dreiteilig sind.

503 Hamilton 1962, 53, 14; 57, 47.

504 1950, 207, 3.

505 Für eine neue Ansicht bezüglich der Liste s. K. Czeglédy *AOH* 13 (1961) 240—251.

506 *Orientalia christiana* 27 (1932) 208—209.

507 Suda, Teubner 1928/1938 (Adler) 1, 4, 13; 77, 13, 14.

508 Mommsen 1882 im Vorwort zu seiner Jordanes-Ausgabe, lxx.

509 Moravcsik 1930, 55—65.

510 Doblhofer 1955, 74.

511 Altheim 1959/1963, 4, 277.

512 Moravcsik 1930, 60, 1.

513 Gordon 1960, 12.

514 Prisc. *EL* 130, 15, 19, 23.

515 Justi 1895, 167. Vgl. auch Zgusta 1955, 111, §133.

516 *IOSPE* 1, 218.

517 Sinor 1948, 2, 1.

518 *KCsA* 2, 44.

519 *BSOAS* 6 (1931) 565.

520 A. M. Ščerbak in: *Istoričeskoe rezvitie leksiki tureckich jazykov* (Moskau 1961) 132—133.

521 Moravcsik 1958/2, 171—172.

522 Iord. *Get.* 63, *Hunuguri* ist nicht *Hun-uguri* — in diesem Fall hätte Jordanes *Hunnuguri* geschrieben —, sondern *Un-Uguri*.

523 Hamilton 1962, 38.

524 Men. prot. *EL* 452, 29.

525 Moravcsik 1958/2, 239.

526 Zeuss 1837, 709.

527 Marquart 1911, 11, Anm. Später, 1932, 208, änderte er seine Ansicht und hielt den Namen für *Tunčur. Sigma konnte aber kein *č* wiedergeben.

528 Prisc., *EL* 122, 22.

529 Kulakovskij 1913, 1, 265.

530 Nic. Call. Migne *PG* 147, 358c.

531 Moravcsik 1958/2, 227, 238.

532 *Arkiv for Nordisk Filologi* 58 (1944) 87—88.

533 Brockelmann 22; Malov 1951, 206, 8, 15.

534 Iord. *Get.* 128, 23 v. l. *bardares.*

535 Offensichtlich gehört keiner von ihnen zu der Gruppe von Namen mit dem Imperativsuffix *-dur*, über das L. Rásonyi, *AOH* 15 (1962) 233—243, schrieb.

536 Vinnikov 1956, Abb. 16.

537 Moravcsik 1958, 2, 87.

538 Von Marquart als *B'RSYLQ* rekonstruiert; Henning 1952, 504, 4 vermutet *B'RSYGQ*, armenisch *Barsilk'*.

539 Th. Nöldeke, Zwei Völker Vorderasiens, *ZDMG* 33 (1897) 157—163.

540 Ptol. *geogr.* 3, 5, 22.

541 Plin. *nat.* 6, 14.

542 Pelliot 1950, 232.

543 Németh 1929.

544 *UAJ* 31 (1959) 205 f.
545 Iord. *Get.* 265.
546 Iord. *Get.* 272—273.
547 Zeuss 1837, 709 (dort auch die Formen *Satages, Satagarii*).
548 Vasmer 1923, 49; Arnim 1936, 348—351; Harmatta 1947, 7—28.
549 Marquart 1903, 44 und in: *IRAIK* 15 (1911) 13, Fn.
550 Abaev 1949, 179 f.
551 Zgusta 1955, 263, §533.

X. FRÜHE HUNNEN IN OSTEUROPA

1 Vgl. Vasiliev 1936, 25—26.

2 P. Pschmadt, *Die Sage von der verfolgten Hinde* (Greifswald, 1911); Gy. Moravcsik, *Egyetemes Philologiai Közlöny* 1914, 280—293, 333—338 (französisches Resumé in: *BZ* 23 [1923] 430); G. Hüsing, *Mitra* 1914, 42—45; J. Berze Nagy, *Ethnographia* 1927, 65—80, 146—164; W. Bang/G. R. Rachmati, *SB Berlin* 25, 6 (1932) 693—695, 697, 701; J. Wiesner, *Pisciculi* (Münster 1939), 18—19; K. Kerényi, *Anales de Historia Antigua y Medieval* (Buenos Aires 1953) 76—89. Ich ziehe meine Zustimmung (Maenchen-Helfen 1945c, 244) zu Vasilievs These über den griechischen Ursprung der Legende zurück.

3 Gutschmid bei Orosius, Teubner 1889 (Zangemeister), vii.

4 Hippol. *GCS* 4 (1929) 57, 28.

5 Marquart 1903, 462, 2.

6 *CM* 1, 97, Nr. 58, 31.

7 *CM* 1, 97, Nr. 58.

8 Marquart 1903, 463, 28.

9 *CSEL* 35, 735.

10 Epiphan. *de gemm.*, Blake/De Vis 1934, 257.

11 Mommsen 1882, 61, 2.

12 Cassiod. *var.* 3, 48.

13 Cassiod. *inst. div.*, Kap. 25.

14 Dionys. Perieg., *GGM* 2, 149.

15 Vgl. A. Ludwich, *Aristarchs homerische Textkritik* 2 (Leipzig 1885), 594; E. Anhut, *In Dionysium periegetam quaestiones criticae* (Regiomonti 1888); U. Bernays, *Studien zu Dionysius Periegetes* (Heidelberg 1905) 66.

16 Avien. *orb. terr.* 905—908.

17 Woestijne 1953, 77.

18 Dionys. perieg. *GGM* 2, 149.

19 Kiesslings Verbesserung Οὐίττιοι anstelle von Οὖννοι (*RE* 8, 2593 f. s. v. *Hunni* ist mit den Lesarten in den Handschriften unvereinbar.

20 Tarn 1951², 89.

21 Die Übersetzung der Verse 1, 1, 186 in der *Periegesis Scythica et Caucasica* von Latyšev 1, die auf der Müllerschen Ausgabe basiert, wurde in *VDI* 1948, 1, 23, 241 ohne jede Veränderung und mit dem gleichen Kommentar wieder abgedruckt. Die sowjetischen Historiker machen in Unkenntnis der seit Latyševs Zeit geleisteten philologischen Arbeit diesen veralteten Text noch immer zum Eckpfeiler ihrer Rekonstruktion der Geschichte der Hunnen, s. z. B. Bernštam 1951, 135; Trever 1959, 192; Artamonov 1962, 42; A. P. Smirnov in *Istorija SSSR* 1 (Moskau 1966) 323. Bisweilen sind ihre Vorstellungen über die *Periegesis* ein wenig seltsam: Smirnov nennt Dionysius, den Zeitgenossen des Ptolemaeus, einen byzantinischen Autor; G. B. Fedorov, *MIA* 83

(1960) 15, verwechselt ihn mit Dionysius von Halicarnass. L. N. Gumilev, *VDI* 1960, 4, 123—125, zog die weitestreichenden Schlüsse aus der Übersetzung Latyševs. Im Jahre 155 flohen die Hsiung-nu unter dem Druck der Hsien-pi vom Tarbagataj nach Westen. Im Jahre 160 waren sie an der Wolga. Unter anderen Umständen zogen die Hsiung-nu in ihren Wagen mit bequemer Geschwindigkeit. Diesmal aber legten sie 2600 km in zwei oder drei Jahren zurück. In ständige Kämpfe mit den sie verfolgenden Hsien-pi verwickelt, konnten sie ihre Kinder und alten Leute nicht mitnehmen; sie ritten ununterbrochen tagaus, tagein weiter, bis der Feind zuletzt umkehrte. Nur die kräftigsten Krieger überlebten die verzweifelte Flucht. Die Leichen der hunnischen Frauen blieben verstreut über Mittelasien zurück. In diesen tausend Tagen brachen alle Formen höherer sozialer Ordnung zusammen, all die glänzenden kulturellen Errungenschaften der Vergangenheit gingen verloren. An der Wolga mußten die Hsiung-nu-Krieger Frauen unter einer fremden Rasse finden. Die Hsiung-nu wurden zu den Hunnen. Das ist eine wahrlich köstliche Geschichte, das Köstlichste daran aber ist Gumilevs elementarer Rechenfehler: 2600 km dividiert durch 1000 ergibt nicht 26, sondern nur 2,6 km pro Tag also eine Distanz, die auch für die beleibtesten hunnischen Frauen nicht zuviel gewesen sein sollte.

22 Μεταξὺ δὲ Βαστερνῶν καὶ Ῥοξολάνων Χοῦνοι Ptol. geogr. 3, 5, 10.

23 Vgl. Daicoviciu 1960, 121.

24 Ob das berühmte Tropaeum in Adamclissi auf dem Schlachtfeld aufgestellt wurde, ist nicht so sicher, wie man annahm, s. A. Richmond, *SCIV* 19, 1 (1968) 3—29.

25 Dessau 986; Tac. *hist.* 1, 79; Mommsen 1909, 1, 217 f.; Patsch 1932, 164—166, 172 f.; L. Halkin, *L'antiquité classique* 3 (1934) 121—161; M. Rostovcev, *Gnomon* 10 (1934) 9; Patsch 1940, 152—163.

26 Er schrieb seine *Geographie* zwischen 135 und 143 n. Chr., E. Šimek, *Historia Slovaca* 5 (1948) 111—121, 233.

27 S. die Karte bei E. Panaitescu, *Le grande strade romane in Romania* (Rom 1938) 15.

28 Rostovcev 1931, 66—71.

29 Kulakovskij 1899b.

30 Minns, 1913, Karte 2.

31 Stevenson 1932, Karte 8.

32 Obwohl die *Chuni* des Ptolemaeus in der europäischen Sarmatia lebten, westlich des Tanais-Don, des Flusses, der die europäische von der asiatischen Sarmatia trennt, lokalisiert Altheim 1959/1963, 419 das Volk östlich von ihm zwischen dem Manyč und dem Oberlauf des Kuban'; er stützt diese Annahme durch eine angeblich griechisch-alanische Inschrift auf einem Stein aus Apšeronsk, die, wie O. Kurz, *JAOS* 82 (1962) 553—554 nachwies, die plumpe Fälschung eines Mannes aus Sevastopol' um 1900 ist. S. auch oben auf S. 427 f. die Fn. 82. Altheims Schüler, R. Werner (1967, 487 f.), placierte ebenfalls die cis-tanaitischen *Chuni* jenseits des Flusses in Asien. O. Pritsak, *Der Islam* 15 (1960) 194 verlegt das Volk an die Wolga und an den Uralfluß. Ich übergehe stillschweigend L. Bagrovs phantastische Ideen in: *Geografiska Annaler* 17 (1945) 380.

33 Kiessling, *RE* 8, 2591 f., s. v. Hunni.

34 Müllenhoff 1900, 3, 86.

35 Eine der Quellen Ammians, vgl. Th. Mommsen, *Hermes*, 16 (1891).

36 A. Romano, *Rivista di storia antica*, N. S. 8 (1904) 1—14.

37 Malotet 1898, 9—12; Fischer 1932, 482—487.

38 Marcian. *peripl.*, *GGM* 1, 515—562; Schoff 1927.

39 Diller 1952, 34. Der *misellus alienorum librorum breviator* (C. Müller, *GGM* 1, CXXIX) ist natürlich nicht jener Marcian, den Synes. *epist.* 100, Migne *PG* 66, 1472,

einen Philosophen und „dem Hermes mehr als ähnlich" nannte, vgl. auch Fischer 1932, 447—452.

40 Bunbury 1883, 660.

41 Patsch 1925, 66—67; später noch Patsch 1937, 3, 3). Patsch war der Ansicht, daß einige *Agathyrsi* noch im 2. Jahrhundert n. Chr. in Dacia gelebt haben könnten.

42 Zeuss 1837, 714.

43 Ibn Fadlan, Togan 1939, XXX.

44 Iord. *Get.* 36.

45 Zu den Akatir. s. Maenchen-Helfen 1966.

46 Euagr. *hist.* 6, 41, Bidez Parmentier 1898/1964B, 145. Im Jahre 515 überfielen sie Kappadokien, Marcell. *chron.* zum Jahr 515, *CM* 2, 99, 15—16.

47 Thompson 1948, 21.

48 Bussagli 1950, 212, 1.

49 *Keleti Szemle* 1901, 85.

50 *RE* 8, 2591, s. v. Hunni.

51 Teggart 1939, 153. Vgl. auch S. S. Sorokin, *KSIIMK* 64 (1956) 7, 1 und L. N. Gumilev, *Issledovanija po istorii i kul'ture narodov vostoka* (Moskau/Leningrad 1960) 161—166.

52 Zos. 1, 27, 1 und 31, 1, Mendelssohn 1887, 19, 14; 22, 13. Vgl. A. Alföldi, *CAH* 11, 146.

53 Manche Slawomanen wie z. B. Remennikov 1954, 10 halten die Boranen für Slawen. V. V. Kropotkin, *Očerki* 2, 128 hat diese Phantastereien mit Nachdruck zurückgewiesen.

54 Zur älteren Literatur s. B. Rappaport 1899, 36, 4. Vgl. L. Schmidt 1934, 130.

55 A. D. Udal'cov, *SE* 2 (1946) 41.

56 Zeuss 1837, 280, 466, 694.

57 *Paneg.* 2, 18, 1; Galletier 1955, 65.

58 Schönfeld 1911, xxiii.

59 Agath. 5, 11, 2, Keydell 1967, 177.

60 Agath. 5, 11, 4, Keydell 1967, 177.

61 Moravcsik 1958/2. Pritsaks Analyse des Namens V(B)urugund, *UAJ* 1952, 56, 75, 77 enthält nichts als falsche Zitate. Er trennt Βουρούγουνδοι in Buru+gun+d; *-gun* ist angeblich dasselbe Kollektivsuffix wie in Οὐννουγοῦνοι, dafür weist Pritsak auf Moravcsik 1958/2, 189 (219 der zweiten Ausgabe) hin. Doch ist hier der zweite Name als eine *irrige* Form von 'Ονόγουροι angeführt, die als solche bereits 1774 erkannt wurde. Außerdem soll dieses *-gun* in *Burgundiones*, „dem Namen einer protobulgarischen Stammesgruppe", vorkommen, wobei *-dion* das türkische Suffix -d^{o}n sein soll. Pritsak bezieht sich auf Moravcsik 1958/2, 102, bei dem nichts über diese inexistenten Protobulgaren steht. Die *Burgundiones* sind natürlich die germanischen Burgunder.

62 Tomaschek 1888, 17 war der Ansicht, daß der Name aus *Itil*, der Wolga, und dem iranischen *mar*, „Männer", zusammengesetzt war. Marquart 1903, 356 setzte ihn mit *Dirmar* in der syrischen Liste von 555 gleich.

63 Marquart 1924, 269—270.

64 Er ist bei Zgusta 1955 nicht angeführt.

65 V. Latyšev, *IAK* 65 (1918) 10; A. K. Tachtaj, *KSIIMK* 15 (1947) 59; *VDI* 3 (1960) 15.

66 A. Radulescu, *SCIV* 14 (1963) 84.

67 Egger 1943, 1, 309.

68 *Bang*, Zitat nicht verifiziert. R. G.

69 Hermas, *Sim.* 9, 12, 7 f.

70 Ptol. *geogr.*, 6, 14, 2. 4. 5.

71 Marquart 1903, 9.

72 Pritsak, Zitat nicht verifiziert. R. G.

73 Menges, Zitat nicht verifiziert. R. G.

74 Vgl. Poppe, *UAJ* 6, 95.

75 Menges, Zitat nicht verifiziert. R. G.

76 Ligei 1961, 34 f., 13.

77 Clauson 1962, 124 f.

78 Clauson 1962, 124.

* Die Fußnoten 67—78 sind zum Teil aus den Unterlagen von O. M. verifiziert. R. G.

XI. APPENDICES

Armenische Quellen

1 M. Tarchnišvili, *Le Muséon* 60 (1947) 44; N. Akinian, *WZKW* 37 (1930) 204 bis 217. C. Tumanov (Toumanoff), *Le Muséon* 73 (1960) 101, Anm. und in: *Handes Amsorya* 1961, 467 datiert die literarische Tätigkeit des Moses von Chorene zwischen 750 und 800; vgl. M. van Esbroeck, *Analecta Bollandiana* 80, 3—4 (1962) 428.

2 J. R. Emine bei Langlois 1869, 2, 18.

3 Marquart 1932a, 153.

4 Peeters, *Revue des études armeniennes* 9 (1929) 204—205.

5 Peeters 1950, 79; vgl. auch M. Tarchnišvili, *Le Muséon* 60 (1947) 44.

6 N. Akinian, *Elisaeus Vardapet und seine Geschichte des armenischen Krieges* 1 (Wien 1932) Deutsche Zusammenfassung auf SS. 371—393; s. auch W. Hengstenberg, *BZ* 38 (1938) 169—172.

7 *Revues des études armeniennes* 9 (1929) 204 f.; vgl. Tarchnišvili *Le Muséon* 60 (1947) 45.

8 P. Peeters, *Royal Académie Belgique, Bull. Classe de Lettres* 5, 17 (1931) Nr. 1, 35.

9 Der für uns interessante Teil ist am besten von Marquart 1932a, 211—212 übersetzt.

10 Peeters 1932, 25.

11 *-k‘* ist das Pluralsuffix.

12 Vgl. Marquart 1932a, 228; vgl. auch Marquart 1929, 78.

13 *Analecta Bollandiana* 50 (1932) 21.

14 I. A. Orbeli, *Gorod bliznecov* ΔΙΟΣΚΟΥΡΙΑΣ *i plemja vosnica* ΗΝΙΟΧΟΙ, in: *Žurnal ministerstva narodnogo prosveščenija*, N. S. 33 (Mai 1911) 195—215.

15 Arr. *perip. m. Eux.* 11, 2; Lucan. 3, 269 f.

16 Orbeli op. cit. (s. Fn. 14), 214. Vgl. E. Honigmann, *BZ* 34 (1934) 145.

17 Vor kurzem plädierte L. M. Melikset-Bek, *DANA* 1957, Nr. 6, 712 wiederum für die Identifizierung der frühen Honk‘ mit den Hunnen; Trever 1959, 191—194 und V. V. Struve, *VDI* 1960, 2, 182 halten sie für ein kaukasisches Volk.

18 A. Gutschmid 1894, 4, 382, 408.

19 Vgl. Artamonov 1962, 51—53.

20 Mos. Das., Dowsett 1961.

21 Mos. Das., Dowsett 1961, xx.

Der angebliche Verlust der Pannonia Prima im Jahre 395

1 Stein 1928/2, 350; L. Schmidt 1934, 478; Swoboda 1958, 70, 224.

2 Hier. *epist.* 60, 16.

3 Claud. *carm.* 5 *(in Rufin. II.)* 45.

4 Claud. *carm.* 22 *(cons. Stil. II.)* 13, 191—201.

5 Socr. 5, 26.

6 Seeck 1913, 258, 544.

7 Claud. *carm.* 7 *(cons. III. Hon.)* 111—120.

8 Ambr. *obit. Theod.* 34. Theodosius enthielt sich so lange der Sakramente, *donec Domini circa se gratiam filiorum experiretur adventu.*

9 Claud. *carm.* 28 *(cons. VI. Hon.)* 92.

10 Die in der englischen Ausgabe nach Vetters 1963, 4 gegebene Zahl von 67 Fundmünzen, die nach 395 geprägt worden sein sollen, ist jetzt wie folgt zu berichtigen:

Wie mir Dr. W. Hahn, der Bearbeiter der Carnuntiner Fundmünzen, (*Die Fundmünzen der römischen Zeit in Österreich; FMRÖ* III/1: *Carnuntum*, Wien 1976) mitteilt, ist die Lage insofern völlig anders, als das Jahr 395 numismatisch deswegen nicht faßbar ist, weil die Gepräge des SALVS REI PVBLICAE-Typs die noch nicht spezifizierte Prägespanne von 388—408 n. Chr. umfassen. Von diesen Münzen fällt gewiß ein Teil in die Prägezeit nach 395, sie werden hier zwar angegeben, aber nicht einkalkuliert. Bis einschließlich des 7. Jahrhunderts sind folgende Zahlen nachweisbar: SALVS REI PVBLICAE: Arcadius 26; Honorius 8; dazu zwei weitere Münzen dieser Zeitspanne 393—408; zusammen 36; 5. Jahrhundert 7, 6. Jahrhundert 14, 7. Jahrhundert 7.

Diese Zahlen beweisen für das Jahr 395 trotz ihrer Berichtigung das gleiche. (Notwendige Korrektur der Fn. R. G.)

Religiöse Motive in der hunnischen Kunst?

1 Werner 1956, 69—81.

2 Minns 1942, 5.

3 Grabsteine aus Wu Liang Tz'u.

4 Salmony 1933, Taf. 26, 4.

5 Rudenko 1953, Taf. 84.

6 Borovka 1928, Taf. 3b.

7 *WBKKA* 9 (1935) Tafeln vor den SS. 49 und 53.

8 Fettich, Taf. 120.

9 Oft abgebildet: *MAR* 13, 150, Abb. 23; Minns 1945, 219, Abb. 121; Ebert, *RV* 13, Taf. 2b; Rostovcev 1929, Taf. 12c.

10 *Trudy južno-turkmenistanskoj archeologičeskoj kompleksnoj ekspedicii* 8 (1956) 385, Abb. 4, 5.

11 Jacobsthal 1944, Taf. 240c.

12 Grünhagen 1954.

13 Marshall 1951, 2, 636; 3, Taf. 191, x, y.

14 *Amtlicher Bericht aus Berliner Museen* 51 (1930) 129, Abb. 7.

15 *WPZ* 19 (1922) 214, Taf. 2, 2.

16 Jacobsthal 1944, Taf. 267, Muster 163—170.

17 Schmuck aus der Nekropole de la Meseta Castellana im Museo arqueologico Barcelona.

18 Delbrueck 1929, 245, Nr. 63.

19 Im Museum in Beirut, wo ich sie gesehen habe. Ob sie publiziert sind, weiß ich nicht.

20 Sarre 1922, Taf. 104.
21 Voss 1963, Taf. 9a.
22 Im Nationalmuseum Tokyo.
23 *Germania* 32 (1954) 177, Abb. 1, 1—2; D. Csallány 1961, Taf. 278.
24 Werner 1956, Taf. 69, 30, 5.
25 Maenchen-Helfen, *Speculum* 33 (1958) 164.
26 Takeshi 1956, Tafeln 5, 25, 26, Abb. 110, 112.
27 Takeshi 1956, Taf. 25.

HISTORISCHER HINTERGRUND: DAS RÖMISCHE REICH ZUR ZEIT DER HUNNENEINFÄLLE

1 Bury 1923; Stein 1959; Jones 1964.

2 Nur bis 395 n. Chr. Hernach wurden sie in vier Präfekturen geteilt, wobei die *praefectura praetorio Illyrici* die Diözesen VI (Macedonia) und VII (Dacia) umfaßte. (R. G.)

PRIMÄRLITERATUR
(ANTIKE AUTOREN)

A

Ael. = Claudius Aelianus (ca. 170—240 n. Chr.); *gr.*
nat. an. = de natura animalium
var. hist. = varia historia
T: Teubner 1864/1866 (Hercher)

Agath. = Agathias, Scholasticus; aus Myrina (6. Jh. n. Chr.); *gr.*
περὶ τῆς Ἰουστινιανοῦ βασιλείας [Anschluß an Procopius; von Menander (s. d.) fortgesetzt]. T: Migne *PG* 88, 1248—1596; *HGM* 2, 132—392; TÜ (engl.): Keydell 1967/1972

Ambr. = Ambrosius; Bischof von Mediolanum [Mailand] (4. Jh. n. Chr.); *lat.*
off. = de officiis ministrorum; T: Migne *PL* 16, 23—184
exc. Sat. = de excessu fratris Satyri; T: Migne *PL* 16, 1289—1354
fid. = de fide ad Gratianum Augustum; T: Migne *PL* 16, 527—698
obit. Theod. = de obitu Theodosii oratio; T: Migne *PL* 16, 1385—1406 *
Tob. = de Tobia; T: *CSEL* 32, 2, 519—573
in Luc. = expositio evangelii secundum Lucam; T: *CSEL* 32, 4, 3—528
* T: *CSEL* 73
apol. Dav. I. = de apologia prophetae David ad Theodosium Augustum; T: *CSEL* 32, 2, 299—355
epist. = epistulae; T: Migne *PL* 16, 875—1286

Amm. = Ammianus Marcellinus (4. Jh. n. Chr.) *lat.*
res gestae [31 Bücher; erhalten 14—31; Anschluß an Tacitus bis zum Jahr 378; fortgesetzt im sog. Anon. Vales (s. d.)]
TÜ (engl.): Loeb 1935/1940 (Rolfe); (deutsch): Seyfarth 1970/1971.

Andr. Caes. = Andreas von Caesarea, Bischof von Caesarea Cappadociae (563—614); *gr.*
commentarius in apocalypsin
T: Migne *PG* 106, 216—457

Chron.Gall.chron.I = chronica Gallica (anonym; nach 511 n. Chr.); *lat.*
T: *MGAA* 9 (*CM* 1) 629—666

Anna Com. = Anna Comnena (12. Jh.) *gr.*
Ἀλεξιάς; T: Migne *PG* 131, 80—1212; TÜ (franz.): Leib 1937/1945; Ü (engl.): Dawes 1928

Anonymus von Ravenna s. Ravenn.

Anon. Vales. = anonymi Valesiani pars posterier; *lat.*
T: *MGAA* 9 (*CM* 1) 306—328; Cessi 1913; Teubner 1929 (Cuntz)

Apollonius v. Rhodos, s. Schol. Apoll. Rhod.

Arnob. = Arnobius (d. Ältere; um 300 n. Chr.); *lat.*
nat. = adversus nationes; T: *CSEL* 4

Arr. = Flavius Arrianus (ca. 95—175 n. Chr.); *gr.*
an. = anabasis *
peripl. m. Eux. = periplus maris Euxini *
tact. = tactica *
* T: Teubner 1907/1928 (Roos)

Ast. = Asterius von Amasea (um 400 n. Chr.); *gr.*
hom. = homiliae; T: Migne *PG* 40, 163—390

Aug. = Augustinus; Bischof von Hippo (354—430 n. Chr.); *lat.*
civ. = de civitate dei; T: Migne *PL* 41; *CSEL* 40
in psalm. = enarrationes in psalmos; T: Migne *PL* 36/37
epist. = epistulae; T: Migne *PL* 33

Aur. Vict. = Sex. Aurelius Victor Afer (4. Jh. n. Chr.); *lat.*
Caes. = historiae abbreviatae (de Caesaribus liber); T: Teubner 1911 (Pichlmayr)

Ps. Aur. Vict. = dem Sex. Aurelius Victor Afer fälschlich zugeschrieben:
epit. = libellus de vita et moribus imperatorum „breviatus ex libris Sex. Aurelii Victoris" (= sog. „Epitome de Caesaribus"; eine Ergänzung des Aur. Vict. bis 395); T: Teubner 1911 (Pichlmayr)

Auson. = D. Magnus Ausonius von Burdigala (Bordeaux; 4. Jh. n. Chr.); *lat.*
eph. = ephemeris *
epist. = epistulae *
epigr. = epigrammata *
grat. act. = gratiarum actio ad Gratianum Imperatorem pro consulatu *
Mos. = Mosella *
precat. cos. = precatio consulis designati pridie Kal. Ian. fascibus sumptis *
* T: Teubner 1886 (Peiper); TÜ (engl.): Loeb 1919/1921 (Evelyn-White); Ü (franz.): Jasinski 1934/1935

Avien. = Rufius Festus Avienus (4. Jh. n. Chr.); *lat.*
orb. terr. = orbis terrae; T: Holder 1887, 83—143

B

Barhebr. = Bar Hebraeus = Grīgōr (Gregorius) bar‘Eḇrāyā (arab.: Grīgōr abū 'l Farağ ibn al- ‘Ibrī) (1226—1286 n. Chr.); *syr.*
T: *CSCO* 317; Ü (engl.): Budge 1932

Barh. Abb. = Barhadbeshabba Abbaya (Barhadbeshabba Abbaia); Bischof von Holwan (7. Jh. n. Chr.); *syr.*
TÜ: PO 9,5 (Nau)

Basil. Caes. = Basilius d. Gr. von Caesarea (4. Jh. n. Chr.); *gr.*
epist. = epistulae; T: Migne *PG* 29—32

Beda = Beda venerabilis (672/3—735 n. Chr.); *lat.*
chron. = chronicon; T: *MGAA* (*CM* 3) 247—327
hist. eccles. = historia ecclesiastica gentis Anglorum
T: Plummer 1896, 1—360

Bīrūnī (Al-Bīrūnī 973—1050); *arab.*
Chronologie; TÜ: Sachau 1878.

C

Pseudo Caesarius = Caesarius von Nazianz (6. Jh.); *gr.*
Erotapokriseis
T: *MG* 38, 851—1190.

Call. = Callimachus von Cyrene (ca. 300—240 v. Chr.); *gr.*
aet. = aetia; TÜ (engl.): Loeb 1958 (Trypanis)
epigr. = epigrammata; TÜ (engl.): Loeb 1921 (Mair)

Callin. = Callinicus (5. Jh. n. Chr.); *lat.*
Hyp. = de vita S. Hypatii liber; T: Leipzig 1895 (edd. seminarii philologorum Bonnensis sodales); *AASS* Junii 4, 247—282

Candidus (5. Jh. n. Chr.); *gr.*
fragmenta; T: *FHG* 4, 135 ff.

Cassiod. = Flavius Magnus Aurelius Cassiodorus Senator (ca. 490—583 n. Chr.); *lat.*
chron. = chronica; T: *MGAA* 11 (*CM* 2) 120—161
(epist.) = epistulae (s. var.); Ü: (engl.) Hodkin 1886
hist. = historia tripertita [historia ecclesiastica tripertita; zusammengestellt aus Socrates (s. d.), Sozomenos, (s. d.) und Theodoret (s. d.); reicht 306—439 n. Chr.]; T: Migne *PL* 69, 879—1214; *CSEL* 71.
inst. div. = de institutione divinarum (et saecularium) litterarum; T: Migne *PL* 70 1105—1150,
var. = variae (auch die epistula enthaltend); T: *MGAA* 12, 3—385

Cass. Dio. = C. Cassius Dio Cocceianus (ca. 150—235 n. Chr.); *gr.*
hist. Rom. = historia Romana; T: Boissevain 1895/1931

Cedr. = Georgius Cedrenus (11./12. Jh.); *gr.*
σύνοψις ἱστοριῶν (Von der Erschaffung der Welt bis 1057 n. Chr.)
T: *CB* 1838/39; Migne *PG* 121/122

chron. Edess. = Chronik von Edessa (nach 520 n. Chr.); *syr.*
reicht von 132 v.—540 n. Chr.
T: *CSCO* 3, 4, 1

Chron. Gall. chron. I = chronica Gallica (anonym; nach 511 n. Chr.); *lat.*
T: *MGAA* 9 (*CM* 1), 629—666

chron. pasch. = chronicon paschale (ἐπιτομὴ χρόνων) (auch als chronicon Alexandrinum bzw. Constantinopolitanum bekannt) (anonym; 631—641 n. Chr. verfaßt); *gr.*

T: Migne *PG* 92, 69—1023; *MGAA* 9 (*CM* 1), 91—129; *CB* 1832; *MGAA* 11 *(CM 2)*, 60—104 (synoptische Eintragungen zu Marcell. chron. [s. d.])

Chrysostomus s. Ioh. Chrys.

Claud. = Claudius Claudianus (um 400 n. Chr.); *lat.*
Herangezogen sind folgende carmina:

carm. 1 = *paneg. Prob. Olybr.* = panegyricus dictus Probino et Olybrio
carm. 2 = *in Rufin. I. praef.* = in Rufinum libri I praefatio
carm. 3 = *in Rufin. I.* = in Rufinum liber I
carm. 4 = *in Rufin. II. praef.* = in Rufinum libri II praefatio
carm. 5 = *in Rufin. II.* = in Rufinum liber II
carm. 6 = *cons. III. Hon. praef.* = panegyricus de III consulatu Honorii praefatio
carm. 7 = *cons. III. Hon.* = panegyricus de III consulatu Honorii
carm. 8 = *cons. IV. Hon.* = panegyricus de IV consulatu Honorii
T: Fargues 1933
carm. 9 = *nupt. Hon. praef.* = epithalamium de nuptiis Honorii praefatio
carm. 10 = *nupt. Hon.* = epithalamium de nuptiis Honorii
carm. 11 = *Fesc. Hon. I.* = Fescennina de nuptiis Honorii I
carm. 12 = *Fesc. Hon. II.* = Fescennina de nuptiis Honorii II
carm. 13 = *Fesc. Hon. III.* = Fescennina de nuptiis Honorii III
carm. 14 = *Fesc. Hon. IV.* = Fescennina de nuptiis Honorii IV *
carm. 15 = *bell. Gild.* = de bello Gildonico liber I
carm. 18 = *in Eutrop. I.* = in Eutropium liber I
carm. 19 = *in Eutrop. II. praef.* = in Eutropium libri II praefatio
carm. 20 = *in Eutrop. II.* = in Eutropium liber II
carm. 21 = *cons. Stil. I.* = de consulatu Stilichonis liber I
carm. 22 = *cons. Stil. II.* = de consulatu Stilichonis liber II
carm. 23 = *cons. Stil. III. praef.* = de consulatu Stilichonis libri III praefatio
carm. 24 = *cons. Stil. IV.* = de consulatu Stilichonis liber III
carm. 26 = *bell. Goth.* = de bello Pollentino sive Gothico
carm. 27 = *cons. IV. Hon. praef.* = panegyricus de VI consulatu Honorii praefatio
carm. 28 = *cons. VI. Hon.* = panegyricus de VI consulatu Honorii
carm. min. = carmina minora
rapt. Pros. = de raptu Proserpinae

* T: Teubner 1749 (Gesner); *MGAA* 10
TÜ (engl.); Loeb 1922; 1963^2 (Platnauer)

Clem. Al. = Titus Flavius Clemens Alexandrinus (2. Jh. n. Chr.); *gr.*
protr. = protrepticus; T: *GCS* 12

Cod. Theod. = codex Theodosianus (5. Jh.); *lat.*
T: Mommsen/Meyer 1905

Cod. Iust. = codex Iustinianus (6. Jh.); *lat.*
T: Krüger 1873/1877

Comnena, s. Anna C.

Const. Porph. = Constantinus VII. Porphyrogenitus (905—959 n. Chr.); *gr.*
adm. = de administrando imperio; T: Moravcsik 1949; Ü (engl.): Jenkins 1949
EL = excerptio de legationibus }
ES = excerpta de sententiis } *
EI = excerpta de insidiis }
* De Boor/Boissevain 1903/1910

Const. Sirmond. = Constitutiones Sirmondianae (spätere Sammlung von Constitutiones der Zeit 331—425 n. Chr.); *lat.*
T: Hänel 1844; Ü: (engl.) Pharr 1952

Ctesias (um 400 n. Chr.); *gr.*
Pers. = Persica; T: *FHG* 688

Cyprianus Thascius Caecilius; Bischof von Karthago (ca. 200 bis 258 n. Chr.); *lat.*
T: *CSEL* 23

Cyrillonas = Cyrillonas (ca. 400 n. Chr.); *syr.*
Madrasche über die Heuschrecke und die Züchtigung und der Hunnenkrieg (eigentlich ein Mimra; die Form der Madrasche nur am Anfang)
T: *ZDMG* 27 (1873) 583—591 (Bickell); Ü: Bibl. d. Kirchenväter 6 (1912; Landersdorfer) 9—21

Cyrillus Alexandrinus; Bischof von Alexandria 412—444 n. Chr.; *gr.*
T: Migne *PG* 68—77

D

Dio Cassius s. Cassius Dio

Dionys. Perieg. = Dionysius Periegeta (Anfang 2. Jh. n. Chr.); *gr.*
T: *GGM* 2, 104—176; Ü (russ.): Latyšev 1904/1906

E

Ennod. = Magnus Felix Ennodius; Bischof von Ticinum (bei Pavia; 473—521 n. Chr.); *lat.*
carm. = carmina }
epist. = epistulae } *
paneg. Theodoric = panegyricus Theodorico regi dictus }
* T: *CSEL* 6, 507—608; *MGAA* 7 (1885)

Ephraem Syrus (306—373 n. Chr.); *syr.*
TÜ (franz.): Lamy 1889

Epiphan. = Epiphanius Constantiensis; Bischof von Salamis (Zypern) (315 bis 404 n. Chr.); *gr.*
de gemm. = de gemmis; T: Blake/De Vis 1934 (georg.; armen.; kopt. Fragmente); T: Migne *PG* 41—43
de XII gemm. = de XII gemmis; T: coll. Avell (lat.)

Euagr. = Euagrius Scholasticus (ca. 563—593); *gr.*
hist. = historia ecclesiastica (für 431—593 n. Chr.)
T: Migne *PG* 86, 2, 2405—2906; Bidez/Parmentier 1898/1964 R
Ü (engl.): Walford 1854.

Eudocia (Gemahlin des Theodosius II., gest. 460 n. Chr.); *gr.*
T: Teubner 1897 (Ludwich)

Eugipp. = Eugippius Africanus (um 500 n. Chr.); *lat.*
Sev. = vita S. Severini; T: Mommsen 1898 b; Noll 1963²

Eun. = Eunapius von Sardes (ca. 345—420 n. Chr.); *gr.*
hist. = fragmenta historica (von 270—404 n. Chr.)
T: *FHG* 4, 7—56; *HGM* 1, 205—274; ferner in *EL* (De Boor 1903, 591—599) und in *ES* (Boissevain 1906) 71—103

Euseb. Caes. = Eusebius Caesariensis; Bischof von Caesarea (ca. 260—339 n. Chr.); *gr.*
hist. = historia ecclesiastica
T: Migne *PG* 19—24; Mommsen/Schwartz 1907/1956; Kraft 1967

Eustathius (1175 Metropolit von Thessalonica); *gr.*
T: Migne *PG* 135/136

Faḍlān (Ibn Fadlan; 1. Hälfte 10. Jh. n. Chr.); *arab.*
Reisebericht (921 n. Chr.); TÜ: Togan 1939

F

Fast. Vind. 1 = Fasti Vindobonenses priores } *lat.*
Fast. Vind. 2 = Fasti Vindobonenses posteriores } *lat.*
T: *MGAA* 9 (*CM* 1); 1 = 274—320; 2 = 274—334

Flor. = Lucius (oder Publius) Annius (oder Annaeus) Florus (Anfang 2. Jh. n. Chr.); *lat.*
epit. = epitome de Tito Livio; TÜ (engl.): Loeb 1929 (Forster/Rolfe)

Fredeg. = Fredegar (hypothet. Verfasser; steht für mehrere Autoren des 7. Jh. n. Chr.); *lat.*
chron. = chronicon; T: Migne *PL* 71

Georgius Alexandrinus (Patriarch von Alexandria ca. 620—630 n. Chr.); *gr.*
T: Migne *PG* 114, 1045—1209

G

Greg. M. = Gregorius Magnus; (Papst 590—604 n. Chr.) ca. 540—604; *lat.*
dial. = dialogi de vita et miraculis patrum Italicorum; T: Migne *PL* 77, 149—430; Moricca 1924

Greg. Naz. = Gregorius von Nazianz (ca. 329—390); *gr.*
vita = de vita sua; T: Migne *PG* 37
orat. = orationes; T: Migne *PG* 38

Greg. Nyss. = Gregorius von Nyssa (4. Jh. n. Chr.); *gr.*
T: Migne *PG* 44—46

Greg. Tur. = Georgius Florentius Gregorius (Bischof von Tours 572—594 n. Chr.) ca. 540—594; *lat.*
Franc. = historia Francorum; T: *MG script. Merov.* 1, 31—450
Mart. = de virtutibus S. Martini; T: *MG script. Merov.* 1, 584 bis 661

H

Hegesippus (4. Jh. n. Chr.); *lat.*
Dem Hegesippus (2. Jh.) fälschlich zugeschriebene lat. Übersetzung des bellum Judaicum des Fl. Iosephus
T: *CSEL* 66

Heliod. = Heliodorus (3. Jh. n. Chr.); *gr.*
Aeth. = Aethiopica; T: Teubner 1855 (Bekker); Colonna 1938

Herodian. = Herodianus (3. Jh. n. Chr.); *gr.*
τῆς μετὰ Μάκρον βασιλίας ἱστορίαι
T: Lentz 1867/1870

Herodot. = Herodotus (ca. 485—425 v. Chr.); *gr.*
TÜ (engl.): Loeb 1920/1924 (Godley); Ü (deutsch): Kröner 1963³ (Horneffer/Haussig)

Hierocles (6. Jh. n. Chr.); *gr.*
συνέκδημος (Provinzverzeichnis des röm. Reiches)
T: Honigmann 1939

Hier. = Sophronius Eusebius Hieronymus; Abt in Betlhehem (ca. 348 bis 420 n. Chr.); *lat.*
adv. Iovin. = adversus Iovinianum; T: Migne *PL* 23, 211—338
in Dan. = commentarius in prophetam Daniel; T: Migne *PL* 25, 491—584
in Ezech. = in Ezechielem prophetam commentarius; T: Migne *PL* 25, 15—490
in Gal. = commentarius in epistulam Pauli ad Galatas; T: Migne *PL* 26, 307—438
in Is. = commentarius in Isaiam prophetam; T: Migne *PL* 24, 17—678
vir. ill. = liber de viris illustribus; T: Herding 1879; *TU* 14, 1 a
epist. = epistulae; T: Migne *PL* 22, 326—1224; *CSEL* 54—56; TÜ (engl.): Loeb 1933 (Wright); (franz.): Labourt 1949/1954
quaest. hebr. in gen. = liber quaestionum hebraicarum in genesim; T: Teubner 1868 (De Lagarde)

Hilarian. = Q. Iulius Hilarianus (ca. 350—400 n. Chr.); *lat.*
curs. temp. = de cursu temporum; T: *MGAA* 9 (*CM* 1) 153/174

Hil. = Hilarius von Poitiers; Bischof von Pictavium (Poitiers; 4. Jh. n. Chr.); *lat.*
c. Aux. = liber contra Arrianos vel Auxentium Mediolanensem; T: Migne *PL* 10, 609—618

Ps. Hippocr. = fälschlich dem Hippocrates von Cos (5. Jh. n. Chr.) zugeschrieben; *gr.*
de aër. = de aëribus; TÜ (engl.): Loeb 1923 (Jones/Withington)

Hippol. = Hippolytus (1. Hälfte 3. Jh. n. Chr.); *gr.*
T: Migne *PG* 10 und 16, 3; *GCS* 1; 26; 46

Honorius = Honorius Augustodunensis (von Augsburg? ca. 1080—1137); *lat.*
T: Migne *PL* 172, 39—1270

Hor. = Q. Horatius Flaccus (65—8 v. Chr.); *lat.*
carm. = carmina; T: Teubner 1959³ (Klingner)

Hyd. = Hydatius (5. Jh. n. Chr.); *lat.*
chron. = Hydati Lemici continuatio chronicorum Hieronymianorum
T: *MGAA* 11 (*CM* 2), 13—36

I

Ioh. Ant. = Johannes von Antiochia (7. Jh. n. Chr.); *gr.*
(Trennung originaler und Pseudo-Schriften noch offen)
T: *FHG* 4, 535—622; in *EL* (De Boor 1903) und *EI* (De Boor 1905), 58—150

Ioh. Chrys. = Johannes Chrysostomus; Bischof von Constantinopel (2. Hälfte 4. Jh. n. Chr.); *gr.*
epist. = epistulae
hom. in Ioh. = homiliae in Iohannem } T: Migne *PG* 47—64
or. ad vid. iun. = oratio ad viduam iuniorem; T: Migne *PG* 48

Ioh. Cinn. = Johannes Cinnamus (12. Jh. n. Chr.); *gr.*
epit. = epitome rerum ab Ioanne et Alexia Comnenis gestarum
T: Migne *PG* 133, 309—677

Ioh. Eph. = Johannes von Ephesus (6. Jh. n. Chr.); *syr.*
T: *PO* 17

Ioh. Mal. = Johannes Malalas (ca. 491—578); *gr.*
chronographia
T: Migne *PG* 97, 61—790; *CB* 1831 (Dindorf); Bruchstücke auch in *EI* (De Boor 1905) 151—176

Ioh. Nikiŭ = Johannes von Nikiu (um 700 n. Chr.); *kopt.*
chron. = chronicon (nur in äthiop. Übersetzung [aus einer arabischen Übersetzung] erhalten)
T: Zotenberg 1883; Ü (engl.): Charles 1916

Iohannes de Plano Carpini (ca. 1180—1252); *lat.*
T: Wyngaert 1929; Ü (deutsch): Risch 1930

Iord. = Jordanes (Iordanes Geta; 6. Jh. n. Chr.); *lat.*
Get. = de origine actibusque Getarum; T: *MGAA* 5, 1, 53—138
Rom. = de summa temporum vel origine actibusque gentis Romanorum
T: *MGAA* 5, 1, 3—52; Closs 1866; Ü (engl.): Mierov 1915

Ioseph. = (Flavius) Josephus (37 bis ca. 95 n. Chr.); *aram.* (in lat. Übers. d. Hegesippus; diesem fälschlich zugeschrieben und in gr. Handschriften d. 10. Jh. erhalten)
ant. = antiquitates Iudaicae } *
bell. Iud. = bellum Iudaicum } *
* T: Teubner 1888/1896 (Naber); TÜ (engl.): Loeb 1926/1965 (Thackerey/Marcus/Wikgren)

Ioshua Stylit. = Joshua Stylites (6. Jh. n. Chr.); *syr.*
chron. = chronicon; Ü: Wright 1882

Isaac Ant. = Isaak von Antiochia (5. Jh. n. Chr.); *syr.*
hom. = Homilie auf die königliche Stadt;
Ü (engl.): Zeitschr. f. Semitistik 7 (1929) 295—306, 8 (1930) 61—72 (Moss)

Isid. = Isidorus Hispalensis; Bischof von Sevilla (ca. 570—636); *lat.*
chron. = chronica; T: *MGAA* 11 (*CM* 2) 424—481
orig. = origines s. etymologiae; T: Migne *PL* 82
Goth. = historia Gothorum; T: *MGAA* 11 (*CM* 2), 267—295
Sueb. = historia Sueborum; T: *MGAA* 11 (*CM* 2), 300—303
Vand. = historia Vandalorum; T: *MGAA* 11 (*CM* 2), 295—300

Itin. Anton. Aug. = Itinerarium Antonini Augusti (itinerarium provinciarum et maritimum) (3. Jh. n. Chr.); *lat.*
T: Teubner (Itineraria Romana I) 1929 (Cuntz)

Iust. = M. Iunianus Iustinus (3. Jh. n. Chr.); *lat.*
epit. = epitoma historiarum Philippicarum Pompei Trogi
T: Teubner 1935 (Seel)

K

Kézai s. Simon de Kéza.

Kinnamos s. Ioh. Cinn.

Koriun = Koriwn, 5. Jh. n. Chr. (Bischof 425—460); *armen.*
Leben Mesrops; T: Akinian 1952. Ü (deutsch): *BKV* 1927 (Weber)

L

Lact. = L. Caelius Firmianus Lactantius (ca. 240—320 n. Chr.); *lat.*
inst. = divinae institutiones; T: *CSEL* 19, 1—672
epit. = epitome divinarum institutionum; T: *CSEL* 19, 675—761

Laonicus Chalcocondyles (15. Jh. n. Chr.); *gr.*
Historiarum de origine atque rebus gestis
Turcorum et imperii Graecorum interitu libri 10 (1298—1462)
T: Migne *PG* 159, 13—556

Liber generationis (mundi) 1 } *lat.*
Liber generationis (mundi) 2 } *lat.*
T: *MGAA* 9 (*CM* 1); 1 = 89—138; 2 = 89—137.

Leo M. = Leo Magnus (Papst 440—461 n. Chr.); *lat.*
epist. = epistulae; T: Migne *PL* 54, 593—1211

lex. Burg. = leges Burgundionum; T: *MG legum* 1, 2, 1 (1893)

Liutprand = Liutprand; Bischof von Cremona (ca. 920—972); *lat.*
antapod. = antapodosis; Ü (engl.): Wright 1930

Lucan. = M. Annaeus Lucanus (39—65 n. Chr.); *lat.*
de bello civili, TÜ (engl.): Loeb 1928. (Duff)

Lucian. = Lucianus von Samosata (ca. 120—180 n. Chr.); *gr.*
Iup. Trag. = Iuppiter Tragoedus *
philops. = philopseudes *
Tox. = Toxaris *
* T: Teubner 1871/1874 (Jacobitz)

Lyd. = Johannes Laurentius Lydus (1. Hälfte 6. Jh. n. Chr.); *gr.*
de magistratibus populi Romani
T: Teubner 1903 (Wünsch)

M

Macar. Magnes = Macarius Magnes (um 400 n. Chr.); *gr.*
apocritus; Ü (engl.): Crafer 1919

Malchus = Malchus von Philadelphia (5./6. Jh. n. Chr.); Fortsetzer des Priscus; *gr.*
(Byz.) = Byzantinica
T: *FHG* 4, 111—132; Migne *PG* 113, 756—792; *HGM* 1, 283—424; nur für die Fragmente aus den Konstantin. Exzerpten: *EL* (De Boor 1903) 155—169; 568—575

Mamertinus s. paneg. 2

Marc. Diac. = Marcus Diaconus (um 420 n. Chr.)
Porph. = vita Porphyri; TÜ (franz.): Gregoire/Kugener 1930.

Marcell. = Marcellinus comes (6. Jh. n. Chr.); *lat.*
chron. = chronicon; T: *MGAA* 11 (*CM* 2), 60—104.
auct. = auctarium huius chronici; T: *MGAA* 11 (*CM* 2) 104 bis 108

Marcian = Marcianus von Heraclea (nach 400?); *gr.*
peripl. = periplus
T: *GGM* 1, 515—562, Ü (engl.): Schoff 1927

Marco Polo s. Polo

Mar. Victor = Cl. Marius Victor. (aus Massalia; 5. Jh. n. Chr.); *lat.*
aleth. = alethia
T: *CSEL* 16, 359 ff.

Maur. = Mauricius Tiberius (ca. 538—602, bzy. Kaiser 582—602 n. Chr.); *gr.*
tact. = tactica; Mauricius nur zugeschrieben (Verfasserschaft ungeklärt); TÜ (lat.): Scheffer 1664

Max. Taur. = Maximus (Bischof von Turin; gest. zw. 408 und 423 n. Chr.); *lat.*
homiliae; T: Migne *PL* 57, 221—530

Ps. Max. Taur. = dem obigen irrig zugeschriebene, bei Migne *PL* noch nicht herausgelöste Schriften

Mela = Pomponius Mela (1. Jh. n. Chr.); *lat.*
de chorographia;
T: Teubner 1880/1935 R (Frick); Ü (engl.): Golding 1585; (deutsch): Philipp 1918

Men. prot. = Menander Protector (2. Hälfte 6. Jh. n. Chr.); *gr.*
Ἱστορία (nur Fragmente); alle Zitate aus *EL* (De Boor 1903), 170—221; 442—447; auch in *FHG* 4, 200—269; *CB* 19, 281 bis 424; 438—444; Migne *PG* 113, 792—928

Men. rhet. = Menander Rhetor (3. Jh. n. Chr.); *gr.*
T: Teubner (Rhetores graeci) 1853/1856 (Spengel), dort Bd. 3 (1856), 329 ff.

Merob. = Flavius Merobaudes (5. Jh. n. Chr.); *lat.*
poet. = panegyricus 2 (auf Aetius)
T: *MGAA* 14, 1 (1904; Vollmer) 11—18

Mich. Syr. = Michael Syrus (1126—1199 n. Chr.); *syr.*
chron. = chronicon
TÜ (franz.): Chabot 1899/1904

Mos. Chor. = Moses von Chorene (Movsēs Xorenac‘i; 9. Jh. n. Chr. ?); *armen.*
hist. = (Geschichte Armeniens)
T: Vaillant 1841[1]/1865; Abelian und Haruthiunian 1913

Mos. Das. = Movsēs Dasxuranc‘i (ca. 10. Jh. n. Chr.); *armen.*
(Geschichte der kaukasischen Albaner)
Ü (engl.): Dowsett 1961

N

Nazarius s. paneg. 10

Nestorius = Nestorius, Patriarch von Konstantinopel; 428—431 (381—451 n. Chr.); *gr.*
liber Heraclidis; T: Loofs 1905
Ü (engl.): Driver/Hodgson 1925; (franz.): Nau 1910

Nic. Call. = Nicephorus Callistus (1256—1311 n. Chr.); *gr.*
historia ecclesiastica
T: Migne *PG* 146/147

Nicolaus I. (Papst 858—867); *lat.*
Nicolai responsa
T: *MGEp.* 6, 4, 568—600

Nonnos. = Nonnosus; byzantin. Diplomat; (6. Jh. n. Chr.); *gr.*
(Fragmente)
T: *HGM* 1, 473—478; TÜ (lat.): *FHG* 4, 178—180; Ü (deutsch): Dieterich 1912, 74—76; 80, 86

Not. dig. = Notitia dignitatum (omnium tam civilium quam militarium; um 430);
T: Seeck 1876

novell. Theod. = novellae Theodosii II.
T: Hänel 1844, 1—120

novell. Valent. = novellae Valentiniani III.
T: Hänel 1844, 121—264

O

Olymp. = Olympiodorus (Historicus; 5. Jh. n. Chr.); *gr.*
historiae (Fragmente)
T: *HGM* 1, 450 ff.; ferner TÜ (franz.) in: Photius (Henry 1959 bis 1967; noch unvollendet)

Oros. = Paulus Orosius (frühes 5. Jh. n. Chr.); *lat.*
hist. = historiae adversus paganos

P

Pacatus Drepanius s. paneg. 12

paneg. 2 = Mamertini panegyricus Maximiano Augusto dictus; T: Bährens 1874; Bährens 1911 (dort *paneg.* 10)

paneg. 10 = Nazarii panegyricus Constantino Augusto dictus
T: Bährens 1874; Bährens 1911 (dort *paneg.* 4)

paneg. 12 = Latini Pacati Drepanii panegyricus Theodosio Augusto dictus
T: Bährens 1874; Bährens 1911 (dort *paneg.* 2)
für alle drei TÜ (franz.): Galletier 1949/1955

Patria = Patria Constantinopolis (anonyme Kompilation, hauptsächlich des 10. Jh. n. Chr.); *gr.*
T: Leipzig 1907 (Preger)

Paul. Diac. = Paulus Diaconus (8. Jh. n. Chr.); *lat.*
Lang. = historia Langobardorum; T: *MG script. rer. Lang.* 1878 (Waitz), 45—187.
Ü (engl.): Foulke 1906
Rom. = historia Romana; T: *MGAA* 2, 4—376; Crivelucci 1914

Paul. Nol. = Pontius Meropius Anicius Paulinus; Bischof von Nola (353 bis 431 n. Chr.); *lat.*
epist. = epistulae; T: *CSEL* 29, 1—425
carm. = carmina; T: *CSEL* 30, 1—343

Paul. Pell. = Paulinus von Pella (376—459 n. Chr.); *lat.*
Euch. = Eucharisticos deo sub ephemeridis meae textu
T: *CSEL* 16, 291—314

Paul. Petric. = Paulinus, Bischof von Petricordium (Périgueux; 5. Jh. n. Chr.); *lat.*
Mart. = de vita S. Martini episcopi; T: *CSEL* 16, 19—159
carm. = carmina; T: *CSEL* 16, 161—165

Pausan. = Pausanias (2. Hälfte 2. Jh. n. Chr.); *gr.*
descr. Graec. = descriptio Graeciae
T: Teubner 1903 (Spiro); Ü (engl.): Frazer 1898

Petr. Chrys. = Petrus Chrysologus (Bischof von Ravenna 431—450); *lat.*
T: Migne *PL* 52, 183—678

Petrus Patricius (ca. 500—564); *gr.*
T: *EL* 390 ff.

Philostorg. = Philostorgius (ca. 368 bis nach 433 n. Chr.); *gr.*
T: Migne *PG* 65, 459—638; *GCS* 21 (Bidez)

Phot. = Photius (9. Jh. n. Chr.); *gr.*
bibl. = bibliotheca
T: Migne *PG* 103/104; TÜ (franz.): Henry 1959—1967; noch unvollendet

Plin. = C. Plinius Secundus (d. Ä.; 23—79 n. Chr.); *lat.*
nat. = naturalis historia
TÜ (engl.): Loeb 1938/1952 (Rackham/Jones)
T: Teubner 1892/1933 (Mayhoff)

Plut. = Plutarch (ca. 46—120 n. Chr.); *gr.*
Aem. = Aimilios kai Timdion
Galba = Galbas kai Othon
T: Teubner 1935 ff. (Ziegler/Lindskog)

Polo = Marco Polo (1254—1324); *lat.*?
(Descriptio mundi)
TÜ (engl.): Moule/Pelliot 1938; Ü (franz.): Hambis 1955

Priscianus (5./6. Jh. n. Chr.); *lat.*
perihegesis
T: Woestijne 1953

Prisc. = Priscus (5. Jh. n. Chr.); *gr.*
Von seinen Schriften ist erhalten in:
EL = excerpta de legationibus Romanorum ad gentes (d. i. der Name des Teiles jener vom Kaiser Constantinus Porphyrogenitus 905/945/959 n. Chr. verfaßten Exzerptensammlung, die Fragmente des verlorenen Geschichtswerkes des Priscus 'Ιστορία Βυζαντιακὴ καὶ κατ' 'Αττήλαν enthält, daher nach dieser Sammlung zitiert)
T: De Boor 1903; *HGM* 1, 275—352; frg.: *FHG* 4, 69 ff.; 5, 24 ff.

Procop. = Procopius von Caesarea (um 500 bis nach 562 n. Chr.); *gr.*
aed. = de aedificiis
hist. = historiae
Für die unterschiedlichen Zitierweisen in der Literatur gilt folgende Gleichung:
1 = Perserkrieg 1 (pers. 1)
2 = Perserkrieg 2 (pers. 2)
3 = Vandalenkrieg 1 (vand. 1)
4 = Vandalenkrieg 2 (vand. 2)
5 = Gotenkrieg 1 (goth. 1)

6 = Gotenkrieg 2 (goth. 2)
7 = Gotenkrieg 3 (goth. 3)
8 = Vermischtes (ποικίλη) (Suppl.)
anecd. = historia arcana (ἀνέκδοτα)
T: Teubner 1905/1913 (Haury); TÜ (engl.): Loeb 1914/1940 (Dewing); (deutsch): Tusculum 1961/1971 (Veh); Sund 6 (ital.): Fonti per la storia d'Italia 23—25, Rom 1895/1898, (D. Comparetti).

Prosp. = Prosper Tiro von Aquitanien (1. Hälfte 5. Jh. n. Chr.); *lat.*
chron. I. = epitoma chronicorum; T: *MGAA* 9 (*CM* 1), 385 bis 485

addit. Prosp. chron. I. = additamenta ad chronica Prosperi
T: *MGAA* 9 (*CM* 1), 487—497

addit. Prosp. Havn. chron. I. = auctarium Havniense chronicorum Prosperi
T: *MGAA* 9 (*CM* 1), 298—339

Ps. Prosp. = dem Prosper fälschlich zugeschrieben
carm. de prov. = carmen de providentia divina
T: Migne *PL* 51, 617—638
vocat. gent. = de vocatione omnium gentium
T: Migne *PL* 51, 647—722; Ü (engl.): De Letter 1952

Prud. = Aurelius Prudentius Clemens (348 bis ca. 405 n. Chr.); *lat.*
apoth. = apotheosis
T: *CSEL* 61, 84—127

Ptol. = Claudius Ptolemaeus (2. Jh. n. Chr.); *gr.*
geogr. = Geographia; T: Teubner 1843/1845 (Nobbe); Ü (engl.): Stevenson 1932

Q

Querolus (Anonym; 4./5. Jh.); *lat.*
T: Ranstrand 1951; TÜ: Emrich 1965

Quintilianus, M. Fabius (1. Jh. n. Chr.); *lat.*
institutio oratoria; TÜ (deutsch): Rahn 1972/1975

Quodv.(?) = Quodvultdeus; Bischof in Nordafrika (5. Jh. n. Chr.); *lat.*
prom. = liber de promissionibus et praedicationibus dei Quodvultdeo vindicatus
T: Migne *PL* 51, 733—858

R

Ravenn. = Ravennas anonymus (7. Jh. n. Chr.); *lat.*
cosmographia; T: Pinder/Parthey 1848; Teubner (Itineraria Romana 2) 1929 (Cuntz)

Rubruck = Wilhelm von Rubruck (ca. 1215/1220 bis ca. 1270); *lat.*
T: Wyngaert 1929; Ü (deutsch): Herbst 1925; Risch 1934

Rufin. = Tyrannius Rufinus aus Aquileia (ca. 345—410 n. Chr.); *lat.*
(hist.) = historia ecclesiastica (Fortsetzung des Eusebius bis zum J. 395 n. Chr.)
T: *PL* 21

Rut. Nam. = Rutilius Claudius Namatianus (1. Hälfte 5. Jh. n. Chr.); *lat.*
carmen de reditu suo; T: Helm 1933

S

Salv. = Salvianus; Presbyter in Massalia (5. Jh. n. Chr.) *lat.*
gub. = de gubernatione dei; T: *CSEL* 8, 1—200; *MGAA* 1, 1—108; Ü (deutsch): Helf 1877; (engl.): Sanford 1930

Sen. = L. Annaeus Seneca (d. J.) (ca. 4—65 n. Chr.); *lat.*
epist. = epistulae ad Lucilium; T: Beltrami 1931^2; Ü (deutsch): Apelt 1924.
Herc. fur. = Hercules furens
Herc. Oet. = Hercules Oetaeus (unecht ?) } T: Leo 1879/79
Oed. = Oedipus

Schiltberger = Hans Schiltberger (16. Jh.); *deutsch*
Reisebuch; T: Langmantel 1885

Schol. Apoll. Rhod. = Scholia in Apollonii Rhodii Argonautica (3. Jh. n. Chr.)
T: Wendel 1935; *FHG* 4

Sidon. = C. Sollius Modestus Apollinaris Sidonius; später Bischof von Clermont (2. Hälfte 5. Jh.); *lat.*
epist. = epistulae; T: Teubner 1895 (Mohr); Ü (engl.): Dalton 1915
carm. = carmina
2 = panegyricus Anthemio Augusto dictus (paneg. Anth.)
5 = panegyricus Maioriano Augusto dictus (paneg. Mai.)
7 = panegyricus Avito Augusto dictus (paneg. Avit.)
T: Teubner 1895 (Mohr); TÜ: Loeb 1936 (Anderson)

Sil. = Tiberius Catius Asconius Silius Italicus (26—101 n. Chr.); *lat.*
Punica
T: Teubner 1890/1892 (Bauer); TÜ (engl.): Loeb 1934 (Duff)

Simon von Keza. (13. Jh.); *lat.*
Chronicon Hungaricum
T: Horanyi 1782; Florianus 1883, 52—99

Socr. = Socrates Scholasticus aus Konstantinopel (ca. 380—450 n. Chr.); *gr.*
historia ecclesiastica (305—439 n. Chr.)
T: Migne *PG* 67; 128—842; Ü (engl.): in: Nicene Fathers and Greek Ecclesiastical Historians 3

Sol. = C. Iulius Solinus (3. Jh. n. Chr.); *lat.*
collectanea rerum memorabilium
T: Mommsen 1895^2

Soz. = Sozomenos (1. Hälfte 5. Jh. n. Chr.); *gr.*
historia ecclesiastica (324—425; von 425—439 verloren; Ergänzung des Socrates)
T: Migne *PG* 67, 843—1630; *GCS* 50

Stat. = P. Papinius Statius (ca. 45—96 n. Chr.); *lat.*
Ach. = Achilleis; T: Teubner 1908 (Klotz)
Theb. = Thebais; T: Teubner 1902 (Klotz); Ü (deutsch): Imhof 1885/1889

Steph. Byz. = Stephanus von Byzanz (6. Jh. n. Chr.); *gr.*
ethnica; nur in Epitome erhalten
T: Meineke 1849

Strabo = Strabo (Strabon) aus Amaseia; (ca. 63—19 v. Chr.); *gr.*
geogr. = geographia
T: Teubner 1851/1852 (Meineke); TÜ (engl.): Loeb 1917/1932 (Jones)

Suda = Suda (die); (2. Hälfte 10. Jh. n. Chr.); *gr.*; irrigerweise auch unter dem vermeintlichen Verfassernamen Suidas laufend; Wörter- und Sachlexikon
T: Teubner 1928/1938 (Adler)

Sulp. Sev. = Sulpicius Severus (ca. 363—425 n. Chr.); *lat.*
chron. = chronica (bis 400 n. Chr.); T: *CSEL* 1, 3—105
dial. = dialogi de vita Martini; T: *CSEL* 1, 152—216

Sylloge tacticorum (anonym; 10. Jh. n. Chr.); *gr.*
T: Dain 1938

Symm. = Q. Aurelius Symmachus (2. Hälfte 4. Jh.); *lat.*
epist. = epistulae; T: *MGAA* 6, 1, 1—278
rel. = relationes ad principes; T: *MGAA* 6, 1, 279—317

Synaxarium eccles(iae) Constant(inopolitanae) (anonym); *lat.*
T: Delehaye 1902

Synes. = Synesius von Cyrene (ca. 370 bis ca. 412 n. Chr.); *gr.*
catast. = catastasis; T: Migne *PG* 66
reg. = de regno; T: Migne *PG* 66; TÜ (franz.) Lacombrade 1951; Ü: (deutsch): Wolters 1923, 57—106
Aeg. = Aegyptii
Für alle: Ü (engl.): Fitzgerald 1930

T

Tac. = Cornelius Tacitus (ca. 55—116/120 n. Chr.); *lat.*
ann. = annales (ab excessu divi Augusti) (14—68, lückenhaft)
germ. = germania
hist. = historiae (69—96)
T: Teubner 1957/1961[8] (Halm/Andresen/Köstermann)

Them. = Themistius (ca. 317—388 n. Chr.); *gr.*
Orationes
T: Hardouin 1684; Dindorf 1832

Theod.	= Theodorus Lector (Anagnostos; 6. Jh. n. Chr.); *gr.* historia ecclesiastica T: Migne *PG* 86, 1, 165—228
Theodor.	= Theodoretus (geb. um 393 n. Chr.); *gr.* *Graec. aff. cur.* = Graecorum affectionum curatio T: Teubner 1904 (Raeder) *hist.* = historia ecclesiastica (von Constantinus I. d. Gr. bis 428 n. Chr.) T: Migne *PG* 82; GCS 19
Theoph.	= Theophanes homologetes = confessor; ca. 752—818 n. Chr.); *gr.* chronographia (284—813 n. Chr.) T: Migne *PG* 108, 56—1009; Teubner 1883 (De Boor) frg. in *FHG* 4 und *HGM* 4
Theophyl. Achr.	= Theophylaktos von Achrida (11. Jh. n. Chr.); *gr.* *or.* = Rede an den Kaiser Alexius I. Comnenus; T: Migne *PG* 126, 288—305 *mar.* = Passion der 15 Märtyrer (unter Kaiser Iulianus); T: Migne *PG* 126, 152—221
Theophyl. Sim.	= Theophylactus Simocatta (7. Jh. n. Chr.); *gr.* *hist.* = historia (Weltgeschichte) T: Teubner 1887 (De Boor); Ü (russ.): Pigulevskaja 1957
Tib.	= Albius Tibullus (ca. 55—19 v. Chr.); *lat.* elegiae 3, 7 = panegyricus in Messalam T: Lenz 1959
Trogus s. Iustinus	
Tycon.	= Tyconius; donatistischer Bischof (4. Jh. n. Chr.); *lat.* fragmenta commentarii in apocalypsin (fragmenta) T: Migne *PL Suppl.* 1, 621—652

V

Val. Fl.	= C. Valerius Flaccus (2. Hälfte 1. Jh. n. Chr.); *lat.* Argonautica; T: Teubner 1913 (Kramer)
Veg.	= Flavius Vegetius Renatus (um 400 n. Chr.); *lat.* *mil.* = epitoma rei militaris; T: Teubner 1885[2] (Lang) *mulom.* = ars veterinaria sive mulomedicina; T: Teubner 1903 (Lommatzsch)
Ven. Fort.	= Venantius Honorius Clementianus Fortunatus (2. Hälfte 6. Jh. n. Chr.); *lat.* *carm.* = carmina *vita Germ.* = vita S. Germani; T: *MGAA* 4, 1/2 (1881/1884 Leo/Krusch)
Verg.	= P. Vergilius Maro (70—19 v. Chr.) *Aen.* = Aeneis; T: Teubner 1931[2] (Janell) *georg.* = georgica; T: Teubner 1931[2] (Janell)

Victorin. Poetov. = Victorinus; Bischof von Poetovio (Pettau) (gest. 304 n. Chr.); *lat.*
in apoc. = commentarius in apocalypsin; T: *CSEL* 49 (Hauszleitner)

Vict. Tonn. = Victor Tonnenensis; Bischof in Nordafrika (6. Jh. n. Chr.); *lat.*
chron. = chronicon; T: *MGAA* 11 (*CM* 2); 163—206

vita Olymp. = vita Olympiadis (2. Hälfte 5. Jh. n. Chr.); *lat.*
T: *Anal. Boll.* 15 (1896)

vita S. Danielis Stylitae († ca. 494 n. Chr.; anonym; Wende 6./7. Jh. n. Chr.); *lat.* Ü (engl.): Baynes/Dawn 1948

vita Theodori Stratelatae (3. Jh. n. Chr.; die vita selbst: 10. Jh. n. Chr.); *gr.*
T: *AASS* Nov. IV (Brüssel 1925), 49—55

X

Xen. = Xenophon (ca. 430—355 v. Chr.); *gr.*
An. = Anabasis; T. Teubner 1931 (Hude)
Cyr. = Cyropaedia; T: Teubner 1910/1912 (Thalheim)
Hell. = Hellenica; T: Teubner 1934 (Hude)

Z

Zach. = Zacharias Rhetor (6. Jh. n. Chr.); *syr.*
historia ecclesiastica; T: Teubner 1899 (Ahrens/Krüger)
CSCO 83/84 (syr.); 87/88 (lat.)

Zacharias Scholasticus (geb. ca. 470; Bischof von Mytilene 536 bis vor 553); *gr.*
historia ecclesiastica
T: *CSCO* 83/84; Ü (engl.): F. W. K. Müller 1919/1920

Zon. = Iohannes Zonaras (1. Hälfte 12. Jh. n. Chr.); *gr.*
epit. = epitome historiarum
T: Teubner 1868/1875 (Dindorf)

Zos. = Zosimus (2. Hälfte 5. Jh. n. Chr.); *gr.*
historia nova (von Augustus bis 410 n. Chr.)
T: Teubner 1887 (Mendelssohn)

PERIODIKA

AA *Acta Antiqua Academiae Scientiarum Hungaricae*. Budapest 1951/1952 ff.
AAH *Acta Archaeologica Academiae Scientiarum Hungaricae*. Budapest 1951 ff.
AA SS *Acta Sanctorum*, hgg. von Carnandet, J. Paris/Rom 1867.
Aarbøger for nordisk Oldkyndighed og Historie. Kopenhagen 2. Serie 1 (1886)—25 (1910); 3. Serie 1 (1911)—23 (1933); 1934 ff.
Abh. Berlin *Abhandlungen der Deutschen Akademie der Wissenschaften zu Berlin. Schriften der Sektion für Altertumswissenschaft*. Berlin 1804 ff.
Abh. Göttingen *Abhandlungen der Akademie der Wissenschaften in Göttingen. Philologisch-historische Klasse*. Göttingen 3. Folge 27 ff. (1942 ff.).
Abh. München *Abhandlungen der Bayerischen Akademie der Wissenschaften. Philosophisch-philologisch und historische Klasse*. München 1 (1835)—34 (1928); N. F. 1929 ff.
ACO *Acta conciliorum oecumenicorum*, hgg. von Schwartz, E. Berlin/Leipzig 1914 ff.
Aevum. Mailand 1927 ff.
Altschlesien. Mitteilungen des schlesischen Altertumsvereins, 1 (1922/1926) bis 10 (1941).
Amtliche Berichte aus den preußischen Kunstsammlungen, 1—63/64 (1942/1943); N. F. 1951 ff.
Analecta Bollandiana, Suppl. zu *AA SS*, hgg. von Delehaye, H. Paris/Brüssel 1882 ff.
Annuaire de l'institut de philologie et d'histoire orientales et slaves. Brüssel 1932/1933 ff.
ANSSSR *Akademija nauk Sojuza Sovetskich Socialističeskich Respublik*.
Anthologica Palatina (Anthologica Graeca Palatina) hgg. von Dubner, Fr. 1871 ff.
Anthropologie, časopis věnovaný fysickó anthropologii. Prag 1923 ff.
Antičnye goroda severnogo Pričernomor'ja, Maksimova, M. I. Moskau 1955.
Antiquity. Gloucester 1927 ff.
Anz. f. DA *Anzeiger für deutsches Altertum* (in *Z. f. DA*).
AOH *Acta Orientalia Academiae Scientiarum Hungaricae*. Budapest 1950 ff.
Aph. Wien *Anzeiger der Akademie der Wissenschaften in Wien. Philosophisch-historische Klasse*. Wien 1864 ff.
APS *Acta Philologica Scandinavica Tidsskrift for Nordisk Sprogforskning*. Kopenhagen.
APU *Archeologični pamjatki URSR*.
Archäologische Zeitung. Berlin 1 (1843)—4 (1846); N. F. 1 (1847)—25 (1867); 26 = N. F. 1 (1868)—43 (1885).
Arch. Anz. *Archäologischer Anzeiger*. Berlin 1 (1849)—228 (1867) (in: *Archäologische Zeitung*), 1889—1961 als Beiblatt des *Jahrbuches des deutschen Archäologischen Instituts* 1962 ff. (unabhängig erscheinend).
Archäologische Funde in Ungarn, hgg. von Thomas, B. Budapest 1956.
Arch. Ert. *Archaeologiai Ertesítö*. Budapest 1 (1868)—14 (1880); N. F. 1 (1881) bis 52 (1939); Serie III 1 (1940)—7/9 (1946/1948); 76 ff. (1949 ff.).
Deutsches Archiv für Erforschung des Mittelalters. Marburg 1937 ff.

Arch. issled. *Archeologičeskie issledovanija v RSFSR 1934—1936 gg.* Moskau/Leningrad 1941.

Archiv f. latein. Lexicographie *Archiv für lateinische Lexicographie und Grammatik*, hgg. von Theilmann, Ph. Leipzig 1884—1908.

Archiv f. neuere Sprachen *Archiv für das Studium der neueren Sprachen und Literaturen.*

Archiv orientálni. Prag 1929 ff.

Archiv für Religionswissenschaft. Leipzig 1 (1898)—37 (1941/1942).

Archiv für slavische Philologie. Berlin 1875—1928.

Archiv für Völkerkunde. Wien 1946 ff.

Ars Orientalis: The Arts of Islam and the East. Baltimore 1954 ff.

Arch. s ezd *Archeologičeskij s ezd.*

Archeologija (Ukrainskoj SSR). Kiew 1947 ff.

Archeologija i etnografija Baškirii. Ufa 1962 ff.

Archeologija i etnografija dal'nego vostoka. Nowosibirsk 1964.

Archeologičeskie otkrytija 1965 goda. Moskau 1966.

Archeologičeskie otkrytija 1967 goda. Moskau 1968.

Artibus Asiae. Ascona 1925 ff.

Arkiv f. nord. filol. *Arkiv för nordisk filologei.* Lund 1883 ff.

ASb Erm. *Archeologičeskij sbornik gosudarstvennogo Ermitaža AN SSSR. Sibirskoe otdelenie.* Leningrad 1959 ff.

ASF *Annales Academiae Scientiarum Fennicae.* Helsinki.

BANIAI *Bŭlgarska akademija na naukite. Izvestija na archeologičeski institut.* Sofia.

BEFEO *Bulletin de l'École française d'Extrême Orient.* Hanoi 1901 ff.

Bijdragen voor de Geschiedenis der Nederlanden. Den Haag 1946 ff.

BJb *Bonner Jahrbücher.* Bonn 1842 ff.

BKV *Bibliothek der Kirchenväter*, 2. Aufl. hgg. von O. Bardenhewer u. a. Kempten 1911—1930.

BMFEA *Bulletin of the Museum of Far Eastern Antiquities.* Stockholm.

BNJb *Byzantinisch-Neugriechische Jahrbücher.* 1920 ff.

BSOAS *Bulletin of the School of Oriental and African Studies.* London 1917 ff.

BT *Byzantinoturcica* (s. Moravczik 1958).

Budapest régiségei; régészeti es törteneti evkönyv. Budapest 1889 ff.

BZ *Byzantinische Zeitschrift.* München 1892 ff. (mit Unterbrechung 1914—1919).

CAH *The Cambridge Ancient History*, hgg. von Bury, J. B., Cook, S. A., u. a. Cambridge 1923—1939; teilweise korrigierter Nachdruck (1926—1956 = 1960—1966.

CAJ *Central Asiatic Journal.* Den Haag/Wiesbaden 1955 ff.

Caucasica. Zeitschrift für die Erforschung der Sprachen und Kulturen der Kaukasusvölker. Leipzig 1924 ff.

Chorezm (Archeologičeskie i etnografičeskie raboty chorezmskoj ekspedicii 1945—1948). S. auch *Tchor.*

Chersonesskii sbornik (Bulletin du Musée d'état de Chersonèse taurique) 2. Sevastopol' 1927.

CB *Corpus Scriptorum Byzantinae*, hgg. von Niebuhr, B. G. Bonn 1829 ff.

CCl *Corpus Christianorum. Seria Latina.* Turnhout.

Chronica Minora, MGH AA 9, 11, 13, hgg. von Mommsen, Th. Berlin 1892 bis 1898.

CIL *Corpus Inscriptionum Latinarum.* Leipzig/Berlin 1862—1943.

CIRB *Corpus Inscriptionum Regni Bosporani (Korpus bosporskich nadpisej).* Moskau/Leningrad 1965.

CIQ. *Classical Quaterly.* Oxford 1907 ff.

CMH *The Cambridge Medieval History*, hgg. von Bury, J. P. und Gwatkin, H. M. Cambridge.

Codex Theodosianus (s. Mommsen/Meyer 1954).

Collectanea Friburgensia. Freiburg N. S. 1893—1962.

Coll. Avell. *Collectio Avellana*, hgg. von Günther, O., in *CSEL.* Wien/Leipzig 1895 bis 1898.

Comment. hist. et. philol. *Commentationes historicae et philologicae.*

CSCO *Corpus Scriptorum Christianorum Orientalium*, hgg. von Chabot, I. B. u. a. Paris/Leipzig/Louvain (u. a. O.) 1903 ff.

CSEL *Corpus Scriptorum Ecclesiasticorum Latinorum.* Wien 1866 ff.

DANA *Doklady akademii nauk Azerbajdžanskoj SSR.*

DOP *Dumbarton Oaks Papers.* Cambridge/Mass. 1941 ff.

Dacia. Revue d'archéologie et d'histoire ancienne. 1 (1924)—11/12 (1945/1947); N. S. 1957 ff.

DOPMKV *Doklady dvadcat' pjatogo meždunarodnogo kongressa vostokovedov.*

EI² *Encyclopedia of Islam.* Leiden 1954 ff.

Epigrafičeskie nachodki (Novye epigrafičeskie nachodki v Kirgizii 1961 g. Frunze 1962.

Epigrafika Kirgizii 1. Frunze 1963.

Ethnographia, A Magyar néprajzi társaság értesítöje. Budapest 1890 ff.

ESA *Eurasia Septentrionalis Antiqua.* Helsinki 1 (1927)—12 (1938).

Folia archaeologica, in *AAH.* Budapest 1939 ff.

FHG *Fragmenta Historicorum Graecorum*, hgg. von Müller, C. Paris 1841—1870.

Fundamenta (Philologiae Turcicae Fundamenta 1), hgg. von Deny, J. Wiesbaden 1959.

GAIMK *Gosudarstvennaja Akademija Istorii Material'noj Kul'tury.*

GCS *Die griechischen christlichen Schriftsteller der ersten* (früher: *drei*) *Jahrhunderte* Ak. Wiss. Leipzig 1897 ff.

Geographical Journal. London 1862 ff.

Germanen-Erbe. Monatsschrift für deutsche Vorgeschichte. Leipzig 1 (1936) bis 8 (1943).

Germania (Anzeiger der röm.-germ. Kommission des deutschen archäologischen Instituts Berlin). Berlin 1917 ff.

Germanoslavica. Brünn 1931/1932 ff.

GGA *Göttingischer Gelehrte Anzeigen* u. ä.

GGM *Geographi graeci minores*, hgg. von Müller, C. Paris 1855—1861.

Grammata Serica Recensa, hgg. von Karlgren, B. Stockholm 1957.

The Greek Ecclesiastical Historians of the First Six Centuries of the Christian Era. London 1843—1846.

Hermes. Wiesbaden 1866 ff.

HGM *Historici graeci minores*, hgg. von Dindorf, L. A. Leipzig 1870—1877.

HJAS *Harvard Journal of Asiatic Studies.* Cambridge 1936 ff.

IAK *Izvestija archeologičeskoj komissii AN SSSR* (manchmal auch: *Izvestija archeografičeskoj komissii*).

IAN KSIAE *Izvestija akademii nauk Kazachskoj SSR. Serija istorii, archeologii i etnografii.*

IAN KSON *Izvestija akademii nauk Kirgizskoj SSR. Serija obščestvennych nauk.*

IAN OGN *Izvestija akadmii nauk SSR. Otdelenie gumanitarnych nauk.*

IAN SIF *Izvestija akademii nauk SSR. Serija istorii i filosofii.*
IAN SON *Izvestija akademii nauk SSR. Serija obščestvennych nauk.*
IGAIMK *Izvestija gosudarstvennoj akademii istorii material'noj kul'tury.*
IMKU *Istorija material'noj kult'ury Uzbekistan.* Taschkent.
IOSPE *Inscriptiones Antiquae Orae Septentrionalis Ponti Euxini.*
IRAIK *Izvestija russkogo archeologičeskogo instituta v Konstantinopole.*
IRAIMK *Izvestija rossijskoj akademii istorii* (bezieht sich auf die ersten vier Bände *IGAIMK*).
ISNIK *Izvestija saratovskogo nižnevolžskogo instituta kraevedenija imeni M. Gor'kogo.*
Istoria Romîniei. Bukarest 1960.
Istoričeskoe razvitie leksiki tureckich jazykov. Moskau 1961.
Istorija drevnego Kryma (Istorija i archeologija drevenego Kryma). Kiew 1957.
Istorija Sibiri 1. Leningrad 1968.
Istorija srednej Azii (Istorija, archeologija i etnografija srednej Azii). Moskau 1968.
Istorija srednevekovogo Kryma (Istorija i archeologija srednevekovogo Kryma). Moskau 1958.
IUFAN *Izvestija Uzbekskogo filiala AN SSSR.*
JA *Journal Asiatique.* Paris 1822 ff. (in verschiedene Serien geteilt).
Jahrbuch der Preußischen Kunstsammlungen. Berlin 1880.
Jahrbuch für fränkische Landesforschung. Kallmünz 1935.
Jahrbücher für Geschichte Osteuropas. Breslau 1936 ff.
JAOS *Journal of the American Oriental Society.* New York (jetzt Baltimore) 1843 ff.
JHS *Journal of Hellenic Studies.* London 1880 ff.
JRAS *Journal of the Royal Asiatic Society of Great Britain and Ireland.* London 1834 ff.
JRS *Journal of Roman Studies.* London 1911 ff.
JSFOU *Journal de la société finno-ougrienne (Suomalais-ugrilainen seuranaikakauskirja).*
Ka *K'ao-Gu.*
KCsA *Körösi Csoma Archivum.* Budapest 1921—1941.
KGHP *K'ao-Gu Hsüeh-Pao.*
KGTH *K'ao-Gu T'ung-Hsün.*
Klio *Klio: Beiträge zur alten Geschichte.* Berlin 1 (1901—36 (1944); 37 ff. (1959 ff.).
KSIIMK *Kratkie soobščenija o dokladach i polevych issledovanijach instituta istorii material'noj kul'tury AN SSSR.*
KSI AAN URSR *Kratkie soobščenija instituta archeologii AN URSR.*
KSIE AA NSSR *Kratkie soobščenija instituta etnografii AN SSSR.*
Lo-yang ching (Lo-yang ch'u t'u ku ching); Wen-wu kuan li wei yüan hui. 1959.
Loeb Classical Library. Cambridge/Mass.
MAGW *Mitteilungen der anthropologischen Gesellschaft in Wien.* Wien 1 (1871) bis 10 (1880); N. F. 1 = 11 (1881)—N. F. 20 = 30 (1900); 3. Serie 1 = 31 (1901) bis 3. Serie 20 = 50 (1920); 51 ff. (1921 ff.).
Manas. Kirgizskij epos Velikij pochod. Moskau 1946.
Mannus-Bibliothek. Leipzig 1910.
Mannus. Zeitschrift für Vorgeschichte. Leipzig 1 (1909)—34 (1942).
MAR *Materialy po archeologii Rossii.* Moskau 1866—1918.
Materiale *Materiale si cercetari arheologice istoria veche* 4. Bukarest 1953 ff.
MG AA *Monumenta Germaniae Historica. Auctores Antiquissimi.* Berlin 1 (1877) bis 15 (1919). (Nachdruck: Berlin 1961.)

MG Srip. rer. Mer. *Monumenta Germaniae Historica. Scriptores rerum Merovingicarum.* Berlin 1885—1919. (Revidierte Ausgabe 1951.)

MGEP *Monumenta Germaniae Historica. Epistulae.* Berlin 1 (1887)—8 (1939).

MIA *Materialy i issledovanija po archeologii SSSR.* Moskau 1918 ff.

Migne PL *Patrologiae Cursus completus. Series Latina*, hgg. von Migne, J. P. Paris 1844—1864; Suppl. Bde. ebd. 1958 ff.

Migne PG *Patrologiae Cursus completus. Series Graeca*, hgg. von Migne, J. P. Paris 1857—1866.

MIÖG *Mitteilungen des Instituts für österreichische Geschichtsforschung.* Wien 1880 ff.

MKE *Materialy chorezmskoj ekspedicii* 1—4. Moskau.

MNy *Magyar Nyelv.* Budapest 1905 ff.

Mnemosyne. Leiden 1 (1852)—11 (1962); N. S. 1 (1873)—60 (1933); Ser. 3 1 (1934)—13 (1947); Serie 4 1948 ff.

Monatsschrift für die Geschichte und Wissenschaft des Judentums. Breslau 1 (1852)—36 (1887); N. S. 37 (1893)—46 (1938).

Il Mondo Classico. Revista bimestrale bibliografica-scientifica-umanistica. Turin 1931 ff.

Monumenta Serica. Journal of Oriental Studies of the Catholic University of Peking. Peking 1935/1936 ff.

MSFOU *Mémoires de la société finno-ougrienne (Suomalais-ugrilainen seura toimituksia).* Helsingfors 1890 ff.

Nachr. Göttingen *Nachrichten von der Akademie der Wissenschaften in Göttingen. Philologisch-historische Klasse.* Göttingen 1941 ff.

Nachodki v Kirgizii (Novye epigrafičeskie nachodki v Kirgizii — 1962 g.), hgg. von Batmanov, I. A. Frunze 1962.

Narysy (Narysy starodavnej istorij Ukrainskoj RSR). Kiew 1957.

NC *Numismatic Chronicle and Journal of the Royal Numismatic Society* 1 (1838/1839)—20 (1859); N. S. 1 (1861)—20 (1880); 6. Serie 1941 ff.

Nicene Fathers (A Select Library of Nicene and Post-Nicene Fathers of the Christian Church). New York 2. Serie 2 (1890).

Norsk Tidsskrift for Sprogvidenskap. Oslo 1928 ff.

Notitia dignitatum in partibus Occidentis Orientis. 1839—1853; 1876.

Nouvelle Revue d'Hongrie. Budapest 1908 ff.

Novye epigrafičeskie nachodki v Kirgizii (1961 g.). Frunze 1962.

NK *Numismatikai Közlöny.* Budapest 1902 ff.

Nuovo Didaskaleion. Catania 1947 ff.

Numen. Leiden 1954 ff.

NZ *Numismatische Zeitschrift.* Wien 1870—1939; 1949 ff.

OAK ANSSR *Otčet archeologičeskoj Komissii AN SSSR.*

Očerki *Očerki istorii SSR. Krizis rabovladel'českoj sistemy i zaroždenie feodalizma na territorii SSR III—IX vv.* Moskau 1958.

Österreichische Zeitschrift für Kunst und Denkmalpflege. Wien 1947 ff.

ÖJH *Jahreshefte des Österreichischen Archäologischen Instituts.* Wien 1877 ff.

OZ *Ostasiatische Zeitschrift.* Berlin 1 (1912/1913)—10 (1923); 11 = N. F. 1 (1924) bis 28 = N. F. 18 (1942/1943).

Pamjatniki kul'tury sasanidskogo Irana. Leningrad 1960.

PBA *Proceedings of the British Academy.*

PBB *Beiträge zur Geschichte der deutschen Sprache und Literatur.*

PMLAA *Publications of the Modern Language Association of America.*

PO *Patrologia Orientalis*, hgg. von Graffin, R. Paris 1903 ff.

Po sledam *Po sledam drevnich kul'tur. Ot Volgi do tichogo okeana*, hgg. von Bernštam, A. N. Moskau 1954.

Povest vemennych let. Moskau/Leningrad.

Prob. ist. sev. Pričernomor'ja *Problemy istorii severnogo Pričernomor'ja v antičnuju epochu*. Moskau 1959.

PZ *Prähistorische Zeitschrift*. Berlin 1909 ff.

RA *Revue Archéologique*. Paris 1844 ff. (in verschiedene Serien geteilt).

RANION *Rossijskaja associacija naučnoissledovatel'skich institutov obščestvennych nauk*.

RBPh *Revue Belge de Philologie et d'Histoire*. Brüssel 1922 ff.

RE *Realencyclopädie der klassischen Altertumswissenschaft*, bearb. von Wissowa, G. u. a. Stuttgart 1893 ff.

Realencyklopädie für protestantische Theologie und Kirche. Leipzig 1896—1913.

REA *Revue des Études Anciennes*. Bordeaux 1899 ff.

REByz *Revue des Études Byzantines*. Paris 1943 ff.

REG *Revue des Études Grecques*. Paris 1888 ff.

Revista istorică română. Bukarest 1931 ff.

Revue des études hongroises (Revue d'histoire comparée). Paris 1923 ff.

Revue des études slaves. Paris 1921 ff.

Revue des sciences philosophiques et théoretiques. Paris 1907 ff.

Revue historique. Paris 1876 ff.

Revue historique du sud-est européen. Bukarest 1 (1924)—23 (1946).

Revue internationale d'histoire militaire. Paris 1939 ff.

Revue internationale des études balkaniques. Belgrad 1934 ff.

Revue Charlemagne; consacrée à l'archéologie et à l'histoire du haut moyer âge. Paris 1911/1912.

Rev. Hist. Litt. Rel. oder *RHL* *Revue d'Histoire et de Littérature Religieuses*. Paris 1 (1896)—12 (1907); N. S. 1 (1910)—8 (1922).

RGK *Römisch-germanische Kommission des Deutschen Archäologischen Instituts*.

RHE *Revue d'Histoire Ecclésiastique*. Louvain 1900 ff.

RhGr *Rhetores Graeci*, hgg. von Sprengel, L. Leipzig 1853—1856.

Rheinische Forschungen zur Vorgeschichte 2, hgg. von Kühn, H. 1937.

RLIÖ *Der Römische Limes in Österreich*. Ak. Wiss.

RV *Reallexikon der Vorgeschichte*, hgg. von Ebert, M. Berlin 1924—1935.

SA *Sovetskaja archeologija*

SAI *Archeologija SSSR. Svod archeologičeskich istočnikov.*

SB *Sitzungsberichte der Akademie der Wissenschaften in*

Berlin

Heidelberg

München

Wien

SCIV *Studii si cercetari de istorie veche.*

SE *Sovetskaja etnografija.*

SErm *Soobščenija gosudarstvennogo Ermitaža.*

SPA *A Survey of Persian Art*, hgg. von Pope, S. A. (s. dort).

SMAE *Sbornik muzeja antropologii i etnografii.*

Trau *Sammlung Trau*. Wien 1935.

Seminarium Kondakovianum, Institut Kondakov 1—11. Prag 1927—1940.

Sinica. Zeitschrift für Chinakunde und Chinaforschung. Heidelberg 1925 ff.

Sinica Franciscana. Florenz 1929 ff.

Sinologica. Zeitschrift für chinesische Kultur und Wissenschaft. Basel 1948 ff.

Slovenská archeologia. Bratislava 1953 ff.
Sovetskaja antropologija. Moskau 1957—1959; abgelöst von *Voprosy antropologii*.
Speculum. A Journal of Medieval Studies. Cambridge/Mass. 1926 ff.

TAS *Trudy archeologičeskogo s ezda*.

Tchor *Trudy chorezmskoj archeologo-etnografičeskoj ekspedicii* 1—2. Moskau 1956 bis 1958;
2: *Archeologičeskie i etnografičeskie raboty chorezmskoj ekspedicii 1949—1953 gg*. Moskau 1958.

TDPMKV *Trudy dvadcat' pjatogo meždunarodnogo kongressa vostokovedov*.

TGE *Trudy gosudarstvennogo Ermitaža*.

TIE *Trudy instituta etnografii imeni N. N.*

T Kaz *Trudy instituta istorii, archeologii i etnografii Kazachskoj SSR*. Alma-Ata.

Tkirg. *Trudy kirgizskoj archeologo-etnografičeskoj ekspedicii* 1—2. Moskau 1956 bis 1959.

TP *T'oung Pao (Archives concernant l'histoire, des langues, la géographie et l'ethnographie de l'Asie orientale)*. Leiden.
Transactions of the Royal Historical Society. London 1872 ff.
Trudy južno-turkmenistanskoj archeologičeskoj kompleksnoj ekspedicii. Aščhabad 1949 ff.

TSARANION *Trudy sekcii archeologii rossijskoj associacii naučno-issledovatel'skich institutov obščestvennych nauk*.

T Tadž *Trudy instituta istorii, archeologii i etnografii akademii nauk Tadžikskoj SSR*.

T Tuv *Trudy tuvinskoj kompleksnoj archeologo-etnografičeskoj ekspedicii*.

TU *Texte und Untersuchungen zur Geschichte der altchristlichen Literatur*. Berlin 1883 ff.
Uigurica (Ugurica) 1—5 (s. Schaeffer 1968).

UAJ *Ungarische Jahrbücher (Ural-Altaische Jahrbücher)*. Berlin/Leipzig/Wiesbaden 1921 ff.

UUÅ *Uppsala universitets Årsskrift*.

UZSU *Učenye zapiski saratovskogo gosuniversiteta*.
Vigiliae Christianiae. Amsterdam 1947 ff.

VDI *Vestnik drevnej istorii*. Moskau 1937 ff.

VO *Vizantijskoe obozrenie*.
Voprosy antropologii. Moskau 1960 ff.
Voprosy jazykoznanija. Institut jazykoznanija AN SSSR. Moskau 1952 ff.
Voprosy istorii. Moskau 1945 ff.
Voprosy skifo-sarmatskoj archeologii AN SSRS. Moskau 1954.

VV *Vizantijskij vremennik*. Moskau 1947 ff.

WBKKA *Wiener Beiträge zur Kunst- und Kulturgeschichte Asiens*. Wien 1 (1926) bis 11 (1937).
Wiener Beiträge zur Kulturgeschichte und Linguistik. Wien.
Wiener Studien. Zeitschrift für Klassische Philologie und Patristik. Wien 1879 ff.

WPZ *Wiener Prähistorische Zeitschrift*. Wien 1 (1914)—30 (1943).

WW *Wên-Wu*.

WWTK *Wên-Wu Ts an-K ao Tzu-Liao*.

WZKM *Wiener Zeitschrift für Kunde des Morgenlandes*. Wien 1887 ff.
Zeitschrift für Semitistik und verwandte Gebiete im Auftrage der deutschen morgenländischen Gesellschaft. Leipzig 1922 ff.
Zeitschrift für vergleichende Sprachforschung, hgg. von Dümmler, F. Berlin.

Zeitschr. f. hist. Waffen- und Kostümkunde *Zeitschrift für historische Waffen- und Kostümkunde.* Dresden/Berlin 1894 ff.

ZDMG *Zeitschrift der deutschen morgenländischen Gesellschaft.* Wiesbaden 1847 ff. (76 ff. 1922 ff. = N. F. 1 ff.)

Zf. sl. Phil. *Zeitschrift für slavische Philologie.*

Zf. DPh *Zeitschrift für deutsche Philologie.* Halle 1869 ff.

Zf. DA *Zeitschrift für deutsches Altertum und deutsche Literatur.* Leipzig 1841 ff.

Zf. kl. Phil. *Zeitschrift für klassische Philologie* (s. *Wiener Studien*).

Zf. N *Zeitschrift für Numismatik.* Berlin 1 (1874)—42 (1935).

Zf. Ort. *Zeitschrift für Ortsnamenforschung.* München/Berlin 1925 ff.

Zf. f. d. österr. Gymn. *Zeitschrift für die österreichischen Gymnasien.* Wien 1850 bis 1920.

Zeitschrift für Ethnologie (und Urgeschichte). Berliner Gesellschaft für Anthropologie. Berlin 1869 ff.

ZIV *Zapiski instituta vostokovedenija.*

ZVOIRAO *Zapiski vostočnye. Otdelenie russkogo archeologičeskogo obščestva.*

SEKUNDÄRLITERATUR

Die hier angeführten Zitate aus der russischen Literatur konnten nur in den seltensten Fällen auf ihre Richtigkeit überprüft werden, da der Herausgeber in das umfangreiche russische Schrifttum nicht Einsicht nehmen konnte. Die Transkription der russischen Autorennamen, Werktitel und Zeitschriften mußte daher nach den Angaben der amerikanischen Originalausgabe vorgenommen werden, so daß Fehler nicht auszuschließen sind.

Abaev, V. I.

1949 Osetinskij jazyk i folk'lor 1. Moskau/Leningrad 1949.

Åberg, N.

1919 Ostpreußen in der Völkerwanderungszeit. Uppsala 1919.

1922a Die Franken und Westgoten in der Völkerwanderungszeit. Leipzig 1922.

1922b Arbeten utg. m. understöd af Wilhelm Ekmans Universitetsfond. Uppsala 1922.

1936a Till belysande avdet gotiska kulturinslaget i Mellaneuropa och Skandinavien, *Fornvännen* 31 (1936) 264—277.

1936b Vorgeschichtliche Kulturkreise in Europa. Kopenhagen 1936.

Abetekov, A. K.

1967 Archeologičeskie pamjatniki kočevych plemen v zapadnoj časti Čujskoj doliny, *Drevnjaja i rannesrednevekovaja kul'tura Kirgizistana* (Frunze 1967).

Abetekov, A. K. / Baruzdin, Ju. D.

1963 Sako-usun'skie pamjatniki Talasskoj doliny, *Archeologičeskie pamjatniki Talasskoj doliny* (Frunze 1963) 17—31.

Abramova, M. P.

1959 Sarmatskaja kul'tura II v. do n.e.-I v. n. e., *SA* 1 (Moskau 1959) 52—71.

1961 Sarmatskaja pogrebenija Dona i Ukrainy, *SA* 1 (1961) 91—110.

Abramzon, S. M.

1946 K semantike kirgizskich etnonimov, *SE* 3 (Moskau 1946) 123—132.

1960 Etničeskij sostav kirgizskogo naselinija severnoj Kirgizii, *Tkirg. 4* (Moskau 1960) 3—137.

Achmerov, R. B.

1949 Drevnie pogrebenija v. g. Ufe, *KSIIMK* 25 (1949) 113—117.

1955 Mogil'nik bliz g. Sterlitamaka, *SA* 22 (1955) 153—176.

Acker, W. R. B.

1965 Japanese Archery. Rutland, Vt. / Tokyo 1965.

Adler, A. (Hrsg.)

1928/1938 Suidae Lexikon. Leipzig 1928/1938.

Ageeva, E. I. / Maksimova, A. G.

1958 Otčet Pavlodarskoj ekspedizii, *TKaz* 7 (Alma-Ata 1958) 32—50.

Ahrens, K. / Krüger, G.

1899 Die sogenannte Kirchengeschichte des Zacharias Rhetor, *Scriptores sacri et profani* (Leipzig 1899).

Akimova, M. S.

1961 Antropologičeskie dannye po proichoždeniju narodov Volgo-Kam'ja, *Voprosy antropologii* 7 (1961) 29—40.

1964 Materialy k antropologii rannich Bolgar, in: Gening/Chalikov 1964, 177 bis 196.

Akišev, K. A. / Kušaev, G. A.
1963 Drevnjaja kul'tura sakov i usunej doliny r. Ili. Alma-Ata 1963.
Alarcos, E.
1935 El Toledano, Jordanes y San Isidro. Santander 1935.
Alekseenko, E. A.
1967 Kety. Leningrad 1967.
Alekseev, V. P.
1954 Paleoantropologija lesnych plemen severnogo Altaja, *KSIE AA NSSR* 21 (1954) 63—69.
1956 Očerki paleoantropologii Tuvinskoj avtonomnoj oblasti, *TIE* 23 (1956) 374—383.
1958 Paleoantropologija Altaja epochi železa, *SA* 1 (1958) 45—49.
1960 Engl. Übersetzung von Alekseev 1954, in: *Contribution to the Physical Anthropology of the Soviet Union* (Cambridge/Mass. 1960) 238 ff.
1963a Zaselenie territorii južnoj Sibiri čelovekom v svete dannych paleoantropologii, *Materialy i issledovanija po archeologii, etnografii i istorii Krasnojarskogo kraja* (Krasnojarsk 1963) 5—10.
1963b Proischoždenie chakasskogo naroda v svete dannych antropologii, *Materialy i issledovanija po archeologii, etnografii i istori Krasnojarskogo kraja* (1963) 135—164.
Alekseeva, E. P.
1955 Archeologičeskie raskopki v aula Žako v Čerkessi, *KSIIMK* 60 (1955) 73—79.
Alföldi, A.
1924/1926 Der Untergang der Römerherrschaft in Pannonien 1—2. (Ungarische Bibliothek 1, 10 und 1, 12.) Berlin 1924/1926.
1928 Les Champs catalauniques, *Revue des études hongroises* 6 (Budapest 1928) 108—111.
1932 Funde aus der Hunnenzeit und ihre ethnische Sonderung, *AAH* 9 (Budapest 1932).
1938 Traccie del cristianesimo nell'epoca delle grandi migrazioni in Ungheria. (Quaderni dell'Imperio. Roma e le province. Ist. di Studi Romani 2.) Rom 1938.
1939 The Invasions of Peoples from the Rhine to the Black Sea, *CAH* 12 (London 1939) 138—164.
1941 Antike Darstellungen zur Kenntnis der Kultur der eurasischen Reiterhirten, *Folia Archaeologica* 3—4 (Budapest 1941) 166—181.
1944a Materialien zur Klassifizierung der gleichzeitigen Nachahmungen von römischen Münzen aus Ungarn und den Nachbarländern, *NK* 25 (1926) 37 ff., 26—27 (1927/1928) 59 ff., 28—29 (1929/1930) 10 ff.
1944b Zu den Schicksalen Siebenbürgens im Altertum. Budapest 1944.
1949 Der iranische Weltriese auf archäologischen Denkmälern, *Jahrbuch der schweizerischen Gesellschaft für Urgeschichte* (Basel 1949/1950) 19—34.
1967 Die Herrschaft der Reiterei in Griechenland und Rom, *Gestalt und Geschichte. Festschrift für Karl Schefold* (Antike Kunst, Beiheft 4) (Bern 1967) 13—47.
Alfs, J.
1944 Der bewegliche Metallpanzer im römischen Heer, *Zeitschr. f. hist. Waffen- und Kostümkunde*, N. F. 7 (Berlin 1940/1942) 69—126.
Allwater, D. (Übers.)
1959 Saint John Chrysostomos. London 1959.
Altaner, B. / Stuiber, A.
1966 Patrologie. Freiburg/Basel/Wien 1966[7].

Altheim, F.
1951 Attila und die Hunnen. Baden-Baden 1951.
1956a Greutungen, *Beiträge zur Namenforschung* 7 (1956) 81—93.
1956b Zum letzten Mal: Greutungen, *Beiträge zur Namenforschung* 7 (1956) 241—246.
1959/1962 Geschichte der Hunnen 1—4. Berlin 1959/1962.
Altheim, F. / Stiehl, R.
1953 Das erste Auftreten der Hunnen. Baden-Baden 1953.
1954 Ein asiatischer Staat 1. Wiesbaden 1954.
Ambroz, A. K.
1966 Fibuly juga evropejskoj časti SSSR, *SAI* 1, 30 (1966).
Amira, K. / v. Schwerin, Cl.
1943 Rechtsarchäologie; Gegenstände, Formen und Symbole germanischen Rechts. (Deutsches Ahnenerbe, Reihe B, Abt.: Arbeiten zur indogermanisch-deutschen Rechtsgeschichte, Bd. 2.) Berlin 1943.
Amiranašvili, Š. Ja.
1950a Dve serebrjanye čaši iz raskopok v Armazi, *VDI* 31 (Moskau 1950) 91—101.
1950b Istorija gruzinskogo iskusstva, *VDI* 1 (1950).
Anderson, J. K.
1961 Ancient Greek Horsemanship. Berkeley/Los Angeles 1961.
Anderson, W. B. (Hrsg./Übers.)
1936 Sidonius. Poems and Letters. Cambridge/Mass. 1936.
Andrews, F. H.
1948 Wall-Paintings from Ancient Shrines in Central Asia (recovered by Sir Aurel Stein). London 1948.
Anfimov, N. V.
1951 Meoto-sarmatskij mogil'nik u stanicy Ust'-Labinskoj, *MIA* 23 (1951) 155—207.
1952 Pozdnesarmatskoe pogrebenie iz Prikuban'ja, *Archeologija i istorija Bosporoi* (Simferopol' 1952).
Annibaldi, G. / Werner, J.
1963 Ostgotische Grabfunde aus Acquasanta, Prov. Ascoli Piceno (Marche), *Germania* 41 (1963) 356—373.
Anučin, D. N.
1886 O drevnich iskusstvenno-deformirovannych čerepach, najdennych v predelach Rossii, *Izvestija obščestva Ljubitelej estestvoznanija, antropologii i etnografii* 44, 3 (Moskau 1886) 367—414.
Apelt, O. (Übers.)
1923/1924 L. Annaeus Seneca. Philosophische Schriften 1—4. Leipzig 1923/1924.
Appelgren-Kivalo, Hj. (Hrsg.)
1931 Alt-Altaische Kunstdenkmäler; Briefe und Bildmaterial von J. R. Aspelins Reisen in Sibirien und der Mongolei 1887—1889. Helsingfors 1931.
Arbman, H.
1937 Schweden und das Karolingische Reich. Studien zu den Handelsverbindungen des 9. Jahrhunderts. Stockholm 1937.
Arnim, B. V.
1933 Turkotatarische Beiträge 2; *Zeitschr. f. slav. Philologie* 10 (1933) 349—351.
1936 Bemerkungen zum Hunnischen, *Zeitschr. f. slav. Philologie* 13 (1936) 100 ff.
Arendt, W.
1932 Ein alttürkischer Waffenfund aus Kertsch, *Zeitschr. f. hist. Waffen- und Kostümkunde*, N. F. 4 (Berlin 1932) 49—55.

L'Art mérovingien Exposition Musées Royaux d'art et d'histoire. Brüssel 1954.

Artamonov, M. I.

1962 Istorija Chazar. Leningrad 1962.

Als Hrsg.:

1969 Treasures from Scythian Tombs in the Hermitage Museum, Leningrad. London 1969.

Arwidsson, G.

1954 Valsgärde 8. Die Gräberfunde von Valsgärde 2. (Acta Musei antiquitatum septentrionalium R. Universitatis Upsaliensis 4.) Uppsala 1954.

Arzjutov, N. K.

1936 Atkarskij kurgannyj mogil'nik (raskopki 1928—1930 gg.), *ISNIK* 7 (1936) 86—94.

Aspelin, J. R.

1877 Antiquités du nord finno-ougrien. Helsinki 1877.

Auboyer, J.

1956 L'arc et la flèche dans l'iconographie ancienne de l'Inde, *Artibus Asiae* 19 (1956) 173—185.

Avaličvili, Z.

1928 Géographie et légende dans un écrit apocryphique de Saint Basile, *Revue de l'orient chrétien* (1927/1928) 279—354.

Axelson, St.

1944 Studia Claudianea. Uppsala 1944.

Azarpay, G.

1959 Some Classical and Near Eastern Motifs in the Art of Pazyryk, *Artibus Asiae* 22 (1959) 314—315.

Babelon, E. B.

1901 Traité des monnaies grecques et romaines. Paris 1901 ff.

Babenčikov, B. P.

1947 Nekropol' Neapolja skifskogo, *Istorija i archeologija drevnego Kryma* (Kiew 1947) 94—141.

Bacon, E.

1963 Vanished Civilizations. Forgotten Peoples of the Ancient World. London/New York 1963.

Bacot, J.

1940 Documents de Touen-Houang relatifs à l'histoire du Tibet. Paris 1940.

Bader, O. N. / Smirnov, A. P.

1952 Serebro zakamskoe pervych vekov n. e. Moskau 1952.

Baehrens, A. (Hrsg.)

1874 XII Panegyrici Latini. Leipzig 1874.

Baehrens, W. (Hrsg.)

1911 XII Panegyrici Latini. Leipzig 1911. (Neuere Ausgabe von A. Baehrens 1874.)

Baesecke, G.

1940 Vor- und Frühgeschichte des deutschen Schrifttums. Halle 1940.

Bailey, H. W.

1939 Turks in Khotanese Texts, *JRAS* 1939, 85—91.

1949 A Khotanese Text concerning the Turks in Kanṭṣou, *Asia Major*, N. S. 1 (1949) 28—52.

1954 Hārahūna, *Asiatica. Festschrift für Friedrich Weller* (Leipzig 1954) 12—21.

1955 Turkish Proper Names in Khotanese, *Togan Anniversary Volume* (1955) 200—203.

1958 Languages of the Saka, *Handbuch der Orientalistik* 1/4/1 (Leiden/Köln 1958) 131—154.
1961 Indo-Scythian Studies being Khotanese Texts 4. Cambridge 1961.

Bang, W.
1916 Über die türkischen Namen einiger Großkatzen, *Keleti Szemle* 17 (1916—17) 112—146.

Bang, W. / v. Gabain, A.
1929/1931 *Türkische Turfantexte* 1—5.
(*SB Berlin* 1929, 241—268; 411—430; 1930, 183—211; 432—450; 1931, 323—356.)

Banzarov, P.
1891 Černa vera ili šamanstvo mongolov kirgiz. St. Petersburg 1891.

Bardy, G. (Hrsg./Übers.)
1952 Histoire de l'église. Paris 1952.

Barkóczi, L.
1959 Transplantations of Samartians and Roxolans in the Danube Basin, *AA* 7 (1959) 443—453.

Barrière-Flavy, C.
1892 L'Etudes sur les sépultures barbares du Midi et de l'ouest de la France. Paris 1892.
1901 Les arts industriels des peuples barbares de la Gaule du 5e au 8e siècle. Toulouse 1901.

Bartoli, A.
1948 Il senato romano in onore di Ezio, *Rendiconti della Pontifice Accademia Romana di Archeologia* 22 (Rom 1948) 267—273.

Bartucz, L. B.
1936 Die Gepidenschädel des Gräberfeldes von Kiszombor, *Dolgozatok* 12 (1936) 204 ff.
1938 A Szekszárdi húnkori sircsontvázának antropológiai vizsgá lata, *Dissertationes Pannonicae*, ser. 2/10 (1938) 8—19.
1939 Die Geschichte der Rassen Ungarns und das Werden des heutigen ungarischen Volkskörpers, *UAJ* 19 (1939) 281—303.
1941 Geschichte der Rassen in Ungarn und das Werden des heutigen ungarischen Volkskörpers, *Ungarische Rassenkunde*, hrsg. von Balogh, B., und Bartucz, L. (Berlin 1940) 281—320.
1961 Anthropologische Beiträge zur I. und II. Periode der Sarmatenzeit in Ungarn, *AAH* 13 (1961) 157—229.

Baruzdin, Ju. D.
1956 Kara-Bulakskij mogil'nik (raskopki 1954 g.), *Tkirg.* 1 (Moskau 1956) 57 bis 69.
1957 Kara-Bulakskij mogil'nik (raskopki 1955 g.), *Tkirg.* 3 (Moskau 1957) 17—31.
1961 Kara-Bulakskij mogil'nik, *IAN KSON* 3, 3 (1961) 43—81.

Baruzdin, Ju. D. / Brykina, G. A.
1962 Archeologičeskie pamjatniki Batkena Ljajljaka (AN Kirgizskoj SSR). Frunze 1962.

Bašakov, N. A.
1951 Karakalpakskij jazyk 1. Moskau 1951.

Battifol, L.
1919 Etude de liturgie et d'archéologie chrétienne. Paris 1919.

Bauer, L. (Hrsg.)
1890/1892 Tiberii Catii Asconii Silii Italici Punicorum libri . . . Leipzig 1890/1892.

Baur, C. P.
1930 Der heilige Johannes Chrysostomus und seine Zeit. 2: Konstantinopel. München 1930.
Bawden, C. R. On the Practice of Scapulimancy among the Mongols, *CAJ* 4 (1954) 1—44.
Baye, J. de
1890 La Bijouterie des Goths en Russie, *Mémoires de la Societé des Antiquaires de la France* 51 (1890) 358—373.
Baynes, N. H.
1922 A note on Professor Bury's History of the Later Roman Empire, *JRS* 12 (1922) 207—229.
1955 Stilicho and the Barbarian Invasions. From a note on Professor Bury's History of the Later Roman Empire, *Byzantine Studies, and other essays* (London 1955) 326—342; gekürzte Fassung von Baynes 1922.
Baynes, N. H. / **Dawes**, E. (Hrsg./Übers.)
1948 Three Byzantine Saints; contemporary biographies (of St. Daniel the Stylik, St. Theodore of Sykeon and St. John the Alms giver). Oxford 1948.
Bazin, L.
1950 Recherches sur les parlers T'o-pa, *TP* 39 (1950) 228—329.
Becatti, G.
1955 Oreficerie antiche dalle minoiche alle barbariche. Rom 1955.
Behmer, E.
1939 Das zweischneidige Schwert der germanischen Völkerwanderungszeit. Stockholm 1939.
Bekker, I. (Hrsg.)
1855 Heliodori Aethiopicorum libri X. Leipzig 1855.
Belov, G. D.
1961 Iz istorii ekonomičeskoj žizni Chersonesa po II—IV w. n. e., *SA* 3 (1961) 322.
Beninger, E.
1929 Germanengräber von Laa an der Thaya (N.Ö.), *Eiszeit und Urgeschichte* 6 (1929) 143—155.
1931a Der Wandalenfund von Czéke-Cejkov, *Annalen des Naturhistorischen Museums in Wien* 45 (1931) 183—224.
1931b Der westgotisch-alanische Zug nach Mitteleuropa, *Mannus-Bibliothek* 51 (Leipzig 1931).
1936 Germanenfunde des 5. Jahrhunderts von Wien XXI - Leopoldau, *Mannus* 28 (Leipzig 1936) 252—266.
1937 Die germanischen Bodenfunde in der Slowakei. Reichenburg 1937.
1939 Germanischer Grenzkampf in der Ostmark. Wien 1939.
1944 Die Kunstdenkmäler der Völkerwanderungszeit vom Wiener Boden, *Geschichte der bildenden Kunst in Wien* I (Wien 1944).
Berchin, I.
1959 Sarmatskoe pogrebenie u s. Salomatina, *SErm* 15 (Leningrad 1959) 37—41.
1961 O trech nachodkach pozdnesarmatskogo vremeni v nižnem Povolž'e, *ASb Erm.* 2 (Leningrad 1961) 141—153.
Berezovec, D. T. / **Petrov**, V. P.
1960 Lochvickij mogil'nik, *MIA* 22 (1960) 84—99.
Berezovec, D. T. / **Pokrovskaja**, E. F. / **Furmanskaja**, A. I.
1960 Kurgany epochy bronzy poblyzu s. Mar'jans'kogo, *APU* 9 (Kiew 1960) 102—126.

Berg, L. S.
1950 Natural Regions of the U.S.S.R. New York 1950.
Bergman, F.
1939 Archaeological Researches in Sinkiang. Stockholm 1939.
Bergmann, B.
1804/1805 Nomadische Streifereien unter den Kalmüken in den Jahren 1802 und 1803. Teil 1—3: Riga 1804; Teil 4: Riga 1805 / New York 1969 R.
Bernštam, A. N.
1935 K voprosu o social'nom stroe vostočnych gunnov, *Problemy istorii do kapitalističeskich obščesty* 5 (1935) 226—234.
1940 Kenkol'skij mogil'nik. Leningrad 1940.
1946 Social'no-ekonomičeskij stroj orchono-jenissejskich tjurok VI—VIII vekov. Moskau/Leningrad 1946.
1949 Osnovnye etapy istorii kul'tury Semireč'ja i Tjan'-šanja, *SA* 11 (1949) 337—384.
1950 Zolotaja diadema iz šamanskogo pogrebenija na r. Kargalinka, *KSIIMK* 5 (1950).
1951a Nachodki u ozera Borovogo v Kazachstane, *SMAE* 13 (1951) 216—229.
1951b Očerki po istorii gunnov. Leningrad 1951.
1952 Istoriko-archeologičeskie očerki central'nogo Tjan'-šanja i Pamiro-Altaja, *MIA* 26 (1952).
1953 Očerki po istorii gunnov, *SA* 17 (1953) 320—326.
1954 Po sledam drevnich kul'tur. Moskau 1954.
1956 Saki Pamira, *VDI* 1 (1956) 121—134.
Bertoni, G.
1907 Attila. Poema Franco-Italiano di Nicola da Casala. (Collectanea Friburgensia N. S. 9.) Freiburg 1907.
Beševliev, V.
1939 *Annuaire de l'Université de Sofia, Faculté Hist.-phil.* 35, 1 (1939) 44—49.
1960 Ein byzantinischer Brauch bei den Protobulgaren, *AA* 8 (1960) 7—12.
1963 Die protobulgarischen Inschriften. (Berliner Byzantinische Arbeiten 23.) Berlin 1963.
Besselaar, J. J. van den
1945 Cassiodorus Senator en zijn Variae. Utrecht 1945.
Bichur, Gh.
1961 Unele obsersţii cu privire la necropolele de tip Poienești din Moldova și relațiile acestor necropole cu lumea Sarmată, *SCIV* 12 (1961) 253—289.
Bidez, J. (Hrsg.)
1935 Oratio. Paris 1935.
Bidez, J. / Parmentier, L. (Hrsg.)
1898/1964 The ecclesiastical History of Euagrius with the Scholia. London 1898 / Amsterdam 1964 R.
Bierbach, C.
1906 Die letzten Jahre Attilas. Berlin 1906.
Binyon, L.
1908 Painting in the Far East. London 1908.
Birely, E.
1939 Transactions of the Cumberland and Westmoreland Antiquarian and Archaeological Association. 1939.
Bishop, C. W.
1928 Notes on the Tomb of Ho Ch'ü-ping, *Artibus Asiae* 1928 34 ff.

Blake, R. P. / De Vis, H. (Hrsg.)
1934 Epiphanius de Gemmis, the Old Georgian version and fra ments of the Armenian version by R. P. Blake, and the Coptic-Sahidic fragments by H. de Vis. London 1934.
Blavatskij, V. D.
1951 Razvedki v Anape, *KSIIMK* 37 (1951) 245—248.
1954 Očerki voennogo dela v antičnych gosudarstvach severnogo Pričernomor'ja. Moskau 1954.
1960 Raskopki Pantikapeja v 1954—1958 gg., *SA* 2 (1960) 168—192.
Blavatskij, V. D. / Šelov, D. B.
1955 Razvedki na Kerčenskom poluostrove, *KSIIMK* 58 (1955).
Bleichsteiner, R.
1946 Roßweihe und Pferderennen im Totenkult der kaukasischen Völker, *Wiener Beiträge zur Kulturgeschichte und Linguistik* 4 (1946) 419—455.
Blomgren, S.
1934 Studia Fortunatiana, *Uppsala Universitets Arsskrift* 1933 Filos., sprakvetenskap och hist. Vetenskaper 1 (Uppsala 1934).
Bobrinskoj (Bobrinskij), A. A.
1901 Kurgany i slučajnye archeologičeskie nachodki bliz' mes. Smely 1—3. St. Petersburg 1887/1901.
Bogdanova, I. A. / Guščina, I. I.
1967 Novye mogil'niki II—III vv. n.e. u s. Skalistoe v Krymu, *KSIIMK* 112 (1967) 132—139.
Boissevain, U. Ph. (Hrsg.)
1895/1931 Dio Cassius. Historia Romana. Berlin. 1895/1931.
1905 Excerpta historica iussu Imperii Constantini Porphyrogeniti confecta (Berlin 1903/1910) 4: Excerpta de insidiis. Berlin 1905.
Boodberg, P. A.
1936 Two notes on the History of the Chinese Frontier, *HJAS* 1 (1936) 283 bis 307.
1939 Marginalia to the Histories of the Northern Dynasties 3. The Altaic word "Horn" in the political nomenclature of the steppe, *HJAS* 4 (1939) 230—239.
1951 Three notes on the T'u-chüeh Turks, University of California Publications in: *Semitic Philology 9 = Semitic and Oriental Studies*. A volume presented to William Popper on the occasion of his 75th birthday. Ed. w. J. Fischel (1951) 1—11.
De Boor, C. (Hrsg.)
1883/1885 Theophanis Chronographia. Leipzig 1883/1885.
1887 Theophylacti Simocottae Historiae. Leipzig 1887.
1903 Excerpta historica iussu imperii Constantini Porphyrogeniti confecta (Berlin 1903/1910) 1: Excerpta de legationibus. Berlin 1903.
1905 3: Excerpta de insidiis. Berlin 1905.
4: s. Boissevain 1905.
de Boor, H.
1932 Das Attilabild in Geschichte, Legende und heroischer Dichtung, *Neujahrsblatt der Literarischen Gesellschaft*, N. F. 9 (Bern 1932).
Borovka, G. J.
1927 Severnaja Mongolija 2. Leningrad 1927.
1928 Scythian Art. London 1928.
Brackman, C., Jr.
1909 Ammianea et Anneana. Leiden 1909.

Brady, C.
1949 The Legend of Ermanaric. Berkeley 1949.
Brajčev'skaja, A. T.
1959 Pyvdenna meža černjachov'skoj kul'turi na Dnypru. *Archeologija* 11 (Kiew 1959) 3—13.
1960 Černjachovskie pamjatniki Nadporož'ja, *MIA* 82 (1960).
Brajčevskij, M. Ju.
1956 O nekotorych spornych voprosach rannej istorii vostočnich slavjan, *KSI AAN URSR* (1956) 6.
1957 K istorii lesostepnoj polosy vostočnoj Evropy v I tysjačeletii n.e., *SA* 1 (1957) 114—129.
1960 Romaški, *MIA* 82 (1960) 100—147.
Braun, F. A.
1899 Razyskanija v oblasti goto-slavjanskich otnošenij. St. Petersburg 1899.
Brede, K. A.
1960 Rozhopky Gavrylivs'kogo gorodyšča rubežu našoj ery, *APU* (Kiew 1960) 191—203.
Brenner, E.
1912 Der Stand der Forschung über die Kultur der Merowingerzeit, *VII. Bericht der Röm.-germ. Kommission* (1912) 253—351.
Bretz, A.
1914 Studien und Texte zu Asterios von Amasea, *TU* 40 (Leipzig 1914).
Brockelmann, C. (Hrsg.)
1928 Mitteltürkischer Wortschatz nach Mahmud Al-Kāšyarīs Dịvān Luyāt At-Turk. Budapest/Leipzig 1928.
Brooks, E.
1893 The Emperor Zenon and the Isaurians, *The English Historical Review* 8 (1893) 209—238.
Brown, F. E.
1936 The Excavations at Dura-Europos; Sixth Season 1932—1933. New Haven 1936.
1937 A recently discovered compound Bow, *Seminarium Kondakovianum* 9 (1937) 1—10.
Bruns, G.
1935 Der Obelisk und seine Basis auf dem Hippodrom zu Konstantinopel. (Istanbuler Forschungen 7.) Istanbul 1935.
Brusin, G.
1947 Aquileia e Grado. Udine 1947.
1948 La Basilica del Fondo Tullio alla Beligna de Aquileia. Aquileia 1948.
1959 Limes-Studien. Basel 1959.
Buddhaprakash, D.
1957 Kāl-idāsa and the Hūnas, *Journal of Indian History* 35 (1957) 91—135.
Budge, E. A. (Übers.)
1932 The Chronography of Gregory Abû'l Faraj (Bar Hebraeus). London 1932.
Bugge, S.
1910 Der Runenstein von Rök in Östergötland, Schweden. Stockholm 1910.
Bugiani, C.
1905 Storia di Ezio, generale dell'Imperio sotto Valentiniano III. Florenz 1905.
Du Mesnil Du Buisson, Cte.
1939 Les peintures de la synagogue de Doura-Europos 245—256 après J. C., *Scripta Pont. Inst. biblici* 86 (Rom 1939).

Bulling, A.
1960 The Decoration of Mirrors in the Han Period, *Artibus Asiae* Suppl. 20 (Ascona 1960).
Bunbury, E. H.
1883 A History of Ancient Geography. New York 1883/1959².
Burkitt, F. C. (Hrsg.)
1913 Euphemia and the Goth, with the Acts of Martyrdom of the confessors of Edessa. London 1915.
Burn, A. E.
1915 Niceta of Remesiana. Cambridge 1915.
Bury, J. B.
1923 History of the Later Roman Empire. London 1923.
Bussagli, M.
1950 Osservazione sul problema degli Unni, *Accademia Nazionale dei Lincei, Rendiconti*, Ser. VIII 5; 3/4 (1950) 212—232.
1959 Profili dell'India antica i moderna. Turin 1959.
1963 Die Malerei in Zentralasien. Genf 1963.

Calderini, A.
1930 Aquileia Romana, *Pubblicazioni della Università Cattolica del Sacro Cuore*, 5. ser., Bd. 10 (Mailand 1930).
Calkin, K. V.
1960 Istorija skotovodstva v severnom Pričernomor'e, *MIA* 53 (1960).
Canard, M.
1958 La relation du voyage d'Ibn Fadlan chez les Barbare de la Volga, *Annales de l'institut des études orientales* 16 (Algier 1958) 41—145.
Cantacuzène, G.
1928 Un papyrus relatif à la défense du Bas-Danube, *Aegyptus* 9 (Mailand 1928).
Capelle, W.
1940 Die Germanen der Völkerwanderung. Stuttgart 1940.
Caroll, T. D.
1953 Account of the T'u-yü-hūn in the history of the Chīn Dynasty. (Chinese Dynastic Histories Translations 4.) Berleley 1953.
Caspar, E.
1930/1933 Geschichte des Papsttums 1—2. Tübingen 1930/1933.
Cavallera, F.
1922 Saint Jerôme, sa vie et son œuvre. Louvain/Paris 1922.
Černecov, V. N.
1953 Bronza Ust'-Polujskago vremeni, *MIA* 35 (1953) 120—178.
1957 Nižnee Priob'e v I tysjačeletii našej ery, *MIA* 58 (1957) 136—245.
Černenko, E. V.
1964 Škirjani panciri skifskogo času, *Archeologija* 27 (1964) 144—152.
Černikov, S. S.
1951a Otčet o rabotach vostočno-kazachstanskoj ekspedicii 1948 g., *IAN KSIAE*, serija antropologij 3 (1951) 64—80.
1951b Vostočno-kazachstanskaja ekspedicija, *KSIIMK* 37 (1951) 144—150.
1965 Zagadka zolotogo kurgana. Moskau 1965.
Červinka, I. L.
1936 Germáni na Morave, *Anthropologie* 14 (1936).

Cessi, R.
1913 Anonymi Valesiani pars posterior; fragmenta historica ab Henrico et Hadriano Valesio. (Rerum Italiarum Scriptores 24, 4.) Città di Castello 1913.
1957 Storia di Venezia. Venedig 1957.
Chabot, J.-B. (Übers.)
1899/1904 Chronique de Michel le Syrien. Paris 1899/1904.
Chadwick, N. K.
1955 Poetry and Letters in Early Christian Gaul. London 1955.
Chambers, R. W. (Übers.)
1912 Widsith; a study in old english heroic legend. Cambridge 1912.
Chantre, E.
1887 Recherches anthropologiques dans le Caucase. Paris/Lyon 1887.
Chapouthier, F.
1935 Les Dioscures au service d'une déesse; Etude d'iconographie religieuse. (Bibliothéque des Ecoles françaises d'Athènes et de Rome 137.) Paris 1935.
Chard, C. C. / Workman, W. B.
1965 Soviet Archaeological Radio Carbon Date II, *Arctic Anthropology* 3, 1 (1965).
Charles, R. H. (Übers.)
1916 The Chronicle of John, Bishop of Nikiu. London 1916.
Charko, L. P.
1949 Tiritakskij monetnyj klad 1946 g., *VDI* 2 (1949) 73—86.
Chavannes, E. (Hrsg.)
1903 Documents sur les Tou-kiue (Turcs) occidentaux. St. Petersburg 1903.
1906 Le cycle turc des douze animaux, *TP* (1906) 270—295.
Chavannes, E. / Pelliot, P.
1913 Un traité manichéen retrouvé en Chine, *JA* (1913) I, 99—392.
Chazanov, A. M.
1963 Genezis sarmatskich bronzovych zerkal, *SA* 4 (1964) 58—71.
1964 Religiozno-magičeskoe ponimanie zerkal u sarmatov, *SE* 3 (1964).
1966 Složnye luki evrazijskich stepej i Irana v skifo-sarmatskuju epochu, *Material'naja kul'tura narodov srednej Azii i Kazachstana* (Moskau 1966) 29—44.
Chewon, K.
1948 Two Old Silla Tombs: Ho-U Tomb and Silver Bell Tomb. Seoul 1948.
Chi, Li
1957 The Beginnings of Chinese Civilization. Seattle 1957.
Chodžajov, T. K.
1966 O prednamerennoj deformacii golovy u narodov srednej Azii v drevnosti, *Vestnik Karakalpakskogo filiala AN SSSR* 4 (1966) 60—67.
Christ, F.
1938 Die römische Weltherrschaft in der antiken Dichtung. (Tübinger Beiträge zur Altertumswissenschaft 31.) Berlin 1938.
Christensen, A.
1944 L'Iran sous les Sassanides. Kopenhagen 1944[2] / Osnabrück 1971 R.
Cipolla, C.
1892 Considerazioni sulle „Getica" di Jordanes. Turin 1892.
Clauson, G.
1962 Turkish and Mongolian Studies. London 1962.
1964 A Postscript to Professor Sinor's Observations on a New Comparative Altaic Philology, *BSOAS* 27 (London 1964) 154—156.

Clemen, C.
1926 Einige religionsgeschichtlich wichtige skythische Denkmäler, *Festschrift für Paul Clemen* (Bonn 1926) 64—71.
Clemmensen, M.
1937 Bulhuse. Kopenhagen 1937.
Členova, N. L.
1962 Skifskij den', *MIA* 115 (1962).
Closs, C. A. (Hrsg.)
1866 De origine Actibusque Getarum (Jordanis De Getarum sive Gothorum origine et rebus gestis). Stuttgart 1866.
Colledge, M. A. R.
1967 The Parthians. London 1967.
Collinder, B.
1962 Introduktion till de uraliska språkener. Stockholm 1962.
Colonna, A. (Hrsg.)
1938 Heliodori Aethiopica. Rom 1938.
Cook, G. M. (Hrsg.)
1942 The Life of Epiphanius. Washington 1942.
Coon, C. S.
1930 The Races of Europe. New York 1930.
Courcelle, P.
1948 Histoire littéraire des grandes invasions germaniques. Paris 1948.
1953 Sur quelques textes littéraires relatifs aux grandes invasions, *RBPh* 31 (Brüssel 1953).
Courtois, C.
1955 Les Vandales et l'Afrique. Paris 1955.
Coville, A.
1930 Recherches sur l'histoire de Lyon de Ve siècle au IXe siècle (Paris 1930).
Crafer, T. W. (Übers.)
1919 Apocritus (Macarius Magnes), London/New York 1919.
Critescu, M.
1964 Studiul antropological scheletelor din secolul al III-lea e.n. descoperite la Pugorăşti, *Arheologia Moldovei* 2—3 (Bukarest 1964) 329—339.
Crivelluci, A. (Hrsg.)
1914 Historia Romana Pauli Diaconi. (Fonti per la storia d'Italia 51.) Rom 1914.
Csallány, D.
1958 Die hunnenzeitlichen Brand- und Skelettgräber in den Gebieten am oberen Lauf der Theiß (mit deutschem Resümee), *Annales Musei Miskolciensis de Hermann Otto Nominati 2*, 1958, 454—568.
1961 Archäologische Denkmäler der Gepiden im Mitteldonaubecken 454—568 u. Z. *AAH* 38 (Budapest 1961).
Cuntz, O. (Hrsg.)
1929 Itineraria Romana I: Itineraria Antonini Augusti et Burdigalense. II: Ravennatis Anonymi Cosmographia et Guidonis Geographica. Leipzig 1929.
Curle, A. D.
1923 The Treasure of Traprain. Glasgow 1923.
Czeglédy, K.
1966 Das sakrale Königtum bei den Steppenvölkern, *Numen* 13 (1966) 14 bis 26.

Daffinà, P.
1967 L'immigrazione dei Sakā nella Drangiana. (Istituto Italiano per il Medio ed Estremo Oriénte, Reports and Memoirs 9.) Rom 1967.
Daicoviciu, C. / Nestor, I.
1960 Die menschliche Gesellschaft an der unteren Donau in vor- und nachrömischer Zeit, *XIe Congrés international de sciences historiques, Rapports 2, Antiquité* (Göteborg/Stockholm/Uppsala 1960) 117—142.
Dain, A. (Hrsg.)
1938 Sylloge Tacticorum quae dim Inedita Leonis Tactica dicebatur. Paris 1938.
Dalton, D. M.
1964 The Treasure of the Oxus. London 1964.
Darkó, E.
1935 Influences touraniennes sur l'evolution de l'art militaire des grecs, des romains et des byzantins, *Byzantion* 10 (Paris 1935) 443—469.
Daševskaja, O. D.
1961 Dva sbornika po istorii i archeologii Kryma, *SA* 2 (1961) 282—288.
Davidovič, E. A. / Litvinskij, B. A.
1955 Archeologičeskij očerk Isfarinskogo rajona, *T Tadž* 35 (1955).
Davydova, A. V.
1956 Ivolginskoe gorodišče, *SA* 25 (1956) 261—300.
Dawes, E. A. S. (Übers.)
1928 The Alexiad of Princess Anna Comnena. London 1928.
Dawson, C. H.
1955 The Mongol Mission. London 1955.
Debec (Debets), G. F.
1936 Materialy po paleoantropologii SSSR (N. Povolž'e), *Antropologičeskij žurnal* 1 (1936) 65—80.
1962 On the Origin of the Kirgiz People in the Light of Anthropological Findings. (Studies in Siberian Ethnogenesis.) Toronto 1962.
De Capitani, A.
1952 La „Chiesa Maggiore" di Milano, Santa Tecla. Mailand 1952.
Degani, M.
1959 Il tesoro romano barbarico di Reggio Emilia. Florenz 1959.
Degrassi, A.
1949 L'iscrizione in onore di Aezio e l'Atrium Libertatis, *Bolletino della commissione archeologica communale di Roma* 72 (1949) 33—44.
Delbrueck, R.
1929 Die Consulardiptychen und verwandte Denkmäler. (Studien zur spätantiken Kunstgeschichte 2.) Berlin 1929.
Delehaye, H.
1896 Une épigramme de l'anthologie grecque, *REG* 9 (Paris 1896) 219—221.
Als Hrsg.:
1902 Synaxarium ecclesiae Constantinopolitanae. Brüssel 1902.
1933 Les origines du culte des martyrs. (Subsidia hagiographica 20.) Brüssel 1933².
De Letter, P. (Übers.)
1952 The Call of All Nations. Westminster 1952.
De Lepper, J. L. M.
1941 De rebus gestis Bonifati, comitis Africae et magistri militum. Tilburg 1941.
Demiéville, P.
1952 Le concile de Ghasa. Paris 1952.

Demougeot, E.
1947 Les partages de l'Illyricum à la fin du VIe siècle, *Revue historique* 198 (1947) 16—31.
1951 De l'unité à la division de l'Empire romain 395—410. Paris 1951.
1952 Saint Jérôme, les oracles sibyllins et Stilicon, *REA* 54 (1952) 83—92.
1958 Attila et les Gaules, *Mémoires de la société d'agriculture du département de la Marne* 73 (Paris 1958) 7—42.

De Rossi, J. B. (Hrsg.)
1861/1888 Inscriptiones christianae urbis Romae septimo saeculo antiquiores 1—2. Rom 1861/1888.

Dessau, H.
1892/1916 Inscriptiones Latinae Selectae 1—3. Berlin 1892/1916 = 1962³.
1926/1930 Geschichte der römischen Kaiserzeit. Berlin 1926/1930.

D'Eszlary, Th.
1962 Les invasions hongroises en France à l'époque carolingienne, *Schweizerische Zeitschrift für Geschichte* 12 (1962) 63—78.

Detschev, D.
1927 Der germanische Ursprung des bulgarischen Volksnamens, *Zf. Ort.* 2 (1927) 199—216.
1952 Antike Denkmäler aus Bulgarien, *Festschrift für Rudolf Egger* 1 (Klagenfurt 1952).

Dewall, M. von
1964 Pferd und Wagen im frühen China. (Saarbrücker Beiträge zur Altertumskunde 1.) Bonn 1964.

Dewing, B. H. (Hrsg./Übers.)
1914/1940 Procopius. Cambridge/Mass. 1914/1940.

Diaconu, Gh.
1961 Probleme ale culturii Sîntanacerneahov pe teritoriul R. P. R. in lumina cercetărilor din necropola de la Tirgșor (mit russischer und französischer Zusammenfassung), *SCIV* 12, 2 (1961) 273—288; russische Übersetzung in: *Dacia*, N. S. 5 (1961) 415—428.

Diculescu, C. C.
1922 Die Gepiden. Forschungen zur Geschichte Daziens im frühen Mittelalter und zur Vorgeschichte des rumänischen Volkes. Halle 1922.
1923 Die Wandalen und Goten in Ungarn und Rumänien. Leipzig 1923.

Diekamp, Fr.
1938 Analecta Patristica. (Orientalia Christiana Analecta 117.) Rom 1938.

Diénes, I.
1958 A honfoglaló Magyarok fakengyele, *Folia archaeologica* 10 (Budapest 1958) 125—142.

Dieterich, K.
1912 Byzantinische Quellen zur Länder- und Völkerkunde (5.—15. Jh.). Teil 1. (Quellen und Forschungen zur Erd- und Kulturkunde 5.) Leipzig 1912.

Diller, A.
1952 The Tradition of the Minor Greek Geographers. Lancaster 1952.

Dindorf, L. A. (Hrsg.)
1859 Cyropaedia (Xenophon). Oxford 1859.
1868/1875 Epitome historiarum (Zonaras). Leipzig 1868/1875.
1870/1871 Historici graeci minores. Bonn 1870/1877.

Dindorf, W. (Hrsg.)
1932 Themistii orationes. Leipzig 1932.

Dingwall, E. J.
1931 Artificial Cranial Deformation. London 1931.
Di San Lazzaro, Cl.
1938 Missis etiam per Marcianum principem Aetio duce caeduntur auxiliis, *Convivium* 10 (1938) 338—389.
D'jakonov, I. M. / Jakubovskij, A. Ju. (Hrsg.)
1954 Živopis' drevnego Pjandžikenta. Moskau 1954.
D'jakonov, I. M. / Lifšic, V. A.
1960 Dokumenty iz Nisy. Moskau 1960.
Doblhofer, E.
1955 Byzantinische Diplomaten und östliche Barbaren (Byzantinische Geschichtsschreiber, Bd. IV). Graz/Wien/Köln 1955.
Dobrovol'skij, A. V.
1960 Rozkopkydiljanok A i G na mogyl'nyka Zolotobalkivs'kogo poselennja na rubežu našoj eri v 1951 i 1952 rokach, *APU* 9 (1960) 141—165.
Dobschütz, E. (Hrsg.)
1911 Die Akten der Edessinischen Bekkener Gurjas, Samonas und Abidos, *TU* 32, 2 (griechisch) (Leipzig 1911) 150—199.
Doerfer, G.
1963 Türkische und mongolische Elemente im Neupersischen. (Akad. d. Wiss. u. d. Lit. Veröffentlichungen d. Orientalischen Komm. 16.) Wiesbaden 1963.
Dölger, F.
1932 Der Sinn der sakralen Tätowierung und Brandmarkung in der antiken Kultur, *Aus Antike und Christentum* 3 (1932) 257—259.
Dolgich, B.
1934 Kety. Moskau 1934.
Doržsuren, C.
1962 Raskopki mogil chunnu v gorach Noin-ula na r. Chuni-gol (1954—1957 gg.), *Mongol'skij archeologičeskij sbornik* (Moskau 1962) 36—44.
Dowsett, C. J. F. (Übers.)
1961 The History of the Caucasian Albanians. London 1961.
Dremov, B. A.
1967 Drevnee naselenie lesostepnogo Priobja v epochu bronzy i železa po dannym paleoantropologii, *SE* 6 (1967) 53—66.
Driver, G. R. / Hodgson, L. (Übers.)
1925 The Bazaar of Heracleides. Oxford 1925.
Duchesne, L.
1924 Early History of the Church. New York 1924.
Dudden, H.
1925 Saint Ambrose. Oxford 1925.
Duff, J. D. (Hrsg./Übers.)
1934 Silius Italicus. Punica. Cambridge/Mass. 1934.
1928 Lucan. The Civil War (Pharsalia). Cambridge/Mass. 1928.
Dujčev, J.
1938 Protobulgares et Slaves, *Seminarium Kondakovianum* 10 (1938) 145—154.
1950 Slavjano-bolgarskie drevnosti IX-go veka, *Byzantinoslavica* 11 (1950) 6 bis 31.
1953 Imja Asparuka v novootkrytych nadpisjach Gruzii, *Archiv orientální* 21 (Prag 1953) 353—356.
Dumézil, G.
1948 Jupiter Mars Quirinus. Paris 1948.

Dümmler, E.
1888 Geschichte des ostfränkischen Reiches. Leipzig 1888.
Dunlop, D. M.
1954 The History of the Jewish Khazars. Princeton 1954.

Eberhard, W.
1949 Das Toba-Reich Nordchinas. Leiden 1949.
Ebert, M.
1909a Die frühmittelalterlichen Helme vom Baldenheimer Typus, *PZ* 1 (1909) 65—77.
1909b Ein Spangenhelm aus Ägypten, *PZ* 1 (1909) 163—170.
1912 Ein skythischer Kessel aus Südrußland, *PZ* 4 (1912) 451—454.
1921 Südrußland im Altertum. (Bonn/Leipzig 1921.
Eckinger, R.
1933 Bogenversteifungen aus römischen Lagern, *Germania* 17 (1933) 289 bis 290.
Edgerton, F.
1933 Buddhist. Hybrid Sanskrit Dictionary. New Haven 1933.
Edwards, C. B. / Heath, E. G.
1962 In Pursuit of Archery. London 1962.
Egami, N.
1948 Yurashia kodai hoppō bunka (Ancient Northern Cultures of Eurasia). Tokyo 1948.
1951 Yurashia hoppō bunka no kenkyū (A Study on the Culture of Northern Eurasia). Tokyo 1951.
Egger, R.
1926 Ein altchristlicher Kultbau, *RLIÖ* 16 (1926) 105—112.
1929 Civitas Noricum, *Wiener Studien* 47 (1929) 146—154. = Bd. 1 (1962) 116 bis 122.
1942 Die Ostalpen in der Spätantike, *Das neue Bild der Antike* 2 (Leipzig 1942) 395—411. = 1 (1962) 257—271.
1948 Der heilige Hermagoras. Klagenfurt 1948.
1955 Von den letzten Romanen Vindobonas, *Aph. Wien* 92 (1955) 76—81. = 1962, 1, 226—230.
1962, 1/2 Römische Antike und frühes Christentum. 2 Bde. Klagenfurt 1962.
Eichstedt, E. von
1952 Rassentypen und Typendynamik von Asien, *Historia mundi* 1, 147 ff. (hg. von Kern, F. und Valjavec, F.; Bern 1952).
Eisenberger, E. J.
1938 Das Wahrsagen aus dem Schulterblatt, *Internationales Archiv für Ethnographie* 35 (1938) 49—116.
Eisner, J.
1933 Slovensko v pravěku. (Práce Učené Společnosti Šafaříkovy v Bratislavě 13.) 1933.
Elbern, H. V. (Hrsg.)
1962 Das erste Jahrtausend. Kultur und Kunst im westlichen Abendland an Rhein und Ruhr (Tafelband). Düsseldorf 1962.
Elmer, R. P.
1926 Archery. Philadelphia 1926.
1946 Target Archery. New York 1946.

Emeneau, M. B.
1953 The Composite Bow in India, *Proceedings of the American Philosophical Society* 97 (1953) 77—87.
Engel, C.
1942 Die ostgermanischen Stämme in Ostdeutschland, die gotische Ostseeherrschaft und das Gotenreich in Osteuropa. Deutschland und die osteuropäischen Quellen und Forschungen zur Geschichte ihrer Beziehungen. Leipzig 1942.
Engels, Fr.
1896 Vom Ursprung der Familie, des Privateigentums und des Staates. Stuttgart 1896[7].
Enßlin, W.
1923 Zur Geschichtsschreibung und Weltanschauung des Ammianus Marcellinus, *Klio*, Beiheft 16 (Leipzig 1923).
1927 Maximinus und sein Begleiter, der Historiker Priskos, *BNJb* 5 (1926) 1—9.
1947 Theoderich der Große. München 1947/1959[2].
1948 Des Symmachus Historia Romana als Geschichtsquelle für Jordanes, *SB München* 3 (1948).
Erdély, I.
1962 Raskopki v Noin-Ule, *AAH* 14 (1962) 231—247.
Erdély, I. / Dorjsüren, C. / Navan, D.
1967 Results of the Mongolian-Hungarian Archaeological Expeditions 1961—1964, *AAH* 19 (1967) 335—370.
Evelein, M. A.
1911 Ein römischer Helm des Leidener Museums, *PZ* 3 (1911) 144—156.
Evelyn-White, H. G. (Hrsg./Übers.)
1919/1921 Ausonius. Cambridge/Mass. 1919/1921.
Evtjuchova, L. A.
1948 Archeologičeskie pamjatniki jenissejskich kyrgyzov. Abakan 1948.

Fargues, P.
1933 Claudien, Etudes sur sa poésie et son temps. Paris 1933.
Faris, N. A. / Elmer, R. P. (Hrsg./Übers.)
1941 A book on the Excellence of the Bow and Arrow (Arab Archery, an Arabic Manuscript of about 1500 A. D.). Princeton 1941.
Fasoli, G.
1945 Le incursioni Ungare in Europa nel secolo 10. Florenz 1945.
Fedorov, G. B.
1954 Itogi trechletnich rabot v Moldavii v oblasti slavjano-russkoj archeologii, *KSIIMK* 56 (1954) 8—23.
1960a Malaeštskij mogil'nik, *MIA* 82 (1960) 253—302.
1960b Naselenie Prutsko-Dnestrovskogo meždureč'ja, *MIA* 89 (1960).
1960c Rimskie i rannevizantijskie monety na territorii Moldavskoj SSR, *Omagiu lui Constantin Daicoviciu* (Bukarest 1960) 179—191.
Fedorov, Ja. A.
1960 Nekotorye voprosy etnogeneza narodov Dagestana v svete dannych archeologii, *SA* 3 (1960) 17—28.
Ferguson, J. C.
1928/1929 The Tomb of Ho Ch'ü-ping, *Artibus Asiae* 4 (1928/1929).
Fersman, A. E.
1922 Dragocennye i cvetnye kamni Rossii. Petrograd 1922.

Fettich, N.
1930 Der Schildbuckel von Herpály, *AAH* 1 (1930).
1931 Bestand der skythischen Altertümer Ungarns (Rostovcev 1931) 454 bis 527.
1940 A hunok régészeti emlékei, *Attila és Hunjai* (1940) 227—264.
1941 Antikes Gut in der Hinterlassenschaft der alten südrussischen Steppenvölker, *Folia archaeologica* 3/4 (1941) 154—158.
1953 La trouvaille de tombe princière hunnique à Szeged-Nagyszéksoś. (Archaeologia Hungarica 32.) Budapest 1953.
Fiebiger, O.
1939 Inschriftensammlung zur Geschichte der Ostgermanen, *Denkschriften Wien*, N. F. 70/3 (1939).
Fiebiger, O. / Schmidt, L.
1917 Inschriftensammlung zur Geschichte der Ostgermanen, *Denkschriften Wien* 60/3 (1917).
Fischer, J. (Hrsg.)
1932 Claudii Ptolemai Geographiae, Codex urbinas graecus 82 (Codices e Vaticanis selecti quam simillime expressi. Series major 19). Leiden und Leipzig 1932.
Fischer, J. E.
Recherches historiques sur les principales nations établies en Sibérie. Paris o. J.
Fitzgerald, A. (Übers.)
1930 The essays and hymns of Synesius of Cyrene. Oxford 1930.
Flinders-Petrie, W. M., Sir
1917 Tools and Weapons, illustrated by the Egyptian Collection in University College. London 1917.
Florescu, A. K.
1960 Diadema iz zolotoj plastinki epochi pereselenija narodov, najdennaja v Bucheni, *Dacia*, N. S. 4 (1960) 561—567.
Florianus, M.
1883 Historiae Hungaricae fontes domestici 2 (1883) 52—99.
Focke, F.
1941 Ritte und Reigen. Volkskundliches aus schwäbischer Gegenwart und nordischer Vergangenheit. (Tübinger Beiträge zur Altertumswissenschaft 34.) Stuttgart 1941.
Forcella, V. / Selotti, E.
1897 Iscrizione cristiane in Milano anteriore al IX secolo. Codogno 1897.
Forrer, R.
1935 L'Alsace romaine. Paris 1935.
Forster, E. S. / Rolfe, J. C. (Hrsg./Übers.)
1929 Florus. Cornelius Nepos. Cambridge/Mass. 1929.
Foulke, W. (Übers.)
1906 History of the Langobards by Paul the Deacon. New York 1906.
Frankle, E.
1948 Word Formation in the Turkic Languages. New York 1948.
Frazer, J. G.
1911/1915 The Golden Bough. A study in magic and religion. London 1911/1915.
Freeman, E. A.
1904 Western Europe in the Fifth Century. London 1904.
Freese, J. H. (Übers.)
1920 The Library of Photius. London 1920.

Freiman, A. A.
1951 Chorezmijskij jazyk, *SIV* (Moskau 1951).
Frick, C. (Hrsg.)
1880 Pomponii Melae de Chorographia libri tres. Leipzig 1880.
Friedrich, J.
1954 Entzifferung verschollener Schriften und Sprachen. (Verständliche Wissenschaft 51.) Göttingen/Heidelberg 1954.
Friesen, O. von
1912 Rökstenen. Stockholm 1912.
Frye, R. N.
1952 Pahlevi Heterography in ancient Georgia, *Archaeologica orientalia in memoriam Ernst Herzfeld* (New York 1952) 89—101, hgg. von Miles, C. G.
1962 The Heritage of Persia. London 1962; deutsch: Zürich 1963.
Fuchs, S.
1944 Die Kunst der Ostgotenzeit. Berlin 1944.
Furmanskaja (Furman'ska) A. I.
1953 Fibuli z rozkopok Ol'bij, *Archeologija* 8 (1953) 76—94.
1960a Doslidžennja na diljanci V Zolotobalkivs'kogo poselennija v roci, *APU* 9 (1960) 180—190.
1960b Kurhan bilia s. Dolyny, *APU* 8 (1960).

Gabain, A. von
1950a Alttürkische Grammatik. Leipzig 1941[1]/1950[2].
1950b Über Ortsbezeichnungen im Alttürkischen. Helsinki 1950.
1950/1955 Zeki Velidi Togan'a Armağan. Istanbul 1950/1955.
Gajdukevič, V. F.
1940 Pamjatniki rannego srednevekov'ja v Tiritake, *SA* 69 (1940) 190—204.
1947 Nekotorye itogi raskopok Tiritaki i Mirmekija, *VDI* 3 (1947) 187—204.
1949 Bosporskoe carstvo. Moskau/Leningrad 1949. (Deutsche Ausgabe 1971 Berlin/Wien/Köln/Graz.)
1955 Istorija antičnych gorodov severnogo Pričernomor'ja, *Antičnye goroda severnogo Pričernomor'ja* (Moskau 1955) 23—147.
1958 Raskopki Tiritaki i Mirmekija v 1946—1952 gg., *MIA* 85 (1958) 149—218.
1959 Nekropoli nekotorych vosporskich gorodov, *MIA* 69 (1959) 154—238.
Gallay, R.
1943 La vie de Saint Grégoire de Nazianze. Lyon/Paris 1943.
Galletier, I. (Hrsg./Übers.)
1949/1955 Panégyricques latines 1—3. Paris 1949/1955.
Gamburg, B. Z. / Gorbunova, N. G.
1956 Mogil'nik epochi bronzy v Ferganskoj doline, *KSIIMK* 63 (1956) 85—93.
1957a Ak-tamskij mogil'nik, *KSIIMK* 69 (1957) 78—90.
1957b Mogil'nik Changiz, *Izv. Tadž.* 14 (1957) 33—44.
1959 Archeologičeskie raboty Ferganskogo oblastnogo kraevedčeskogo muzeja v 1953—1954 gg., *IMKU* 1 (Taschkent 1959).
Gamillscheg, E.
1934/1936 Romania Germanica 1—3. Berlin 1934/1936.
Gardthausen, V.
1869 Coniectanea Ammianea Vaticane Codice adhibito. Kiel 1869.
Garscha, F.
1936 Das völkerwanderungszeitliche Fürstengrab von Altlußheim, *Germania* 20 (1936) 191—198.

1960 Zum Grabfund von Altlußheim, *Jahrbuch des römisch-germanischen Zentralmuseums* 7 (Mainz 1960) 315—318.

Garutt, V. E. / Jur'ev, K. B.
1959 Paleofauna Ivolginskogo gorodisča po dannym archeologičeskich raskopok 1949—1956 gg., *ASb Erm.* 1 (Leningrad 1959).

Gening, V. F.
1955 Pamjatki charinskogo vremeny v Prikam'e, *KSIIMK* 57 (1955) 115—123.

Gening, V. F. / Chalikov, A. Ch.
1964 Rannie bolgary na Volge; Bol'še-Tarchanskij mogil'nik. Moskau 1964.

Genzmer, F.
1912 Edda 1: Thule. (Altnordische Dichtung und Prosa, Band 1.) Jena 1912.

Gerasimov, M. M.
1949 Osnovy vosstanovlenija lica po cherepu. Moskau 1949.

Gerke, F.
1952 Die Wandmalereien in der neugefundenen Grabkammer in Pécs (Fünfkirchen), *Forschungen zur Kunstgeschichte und christlichen Archäologie* 1, 1 (1952) 115—122.

Gesner, J. M. (Hrsg.)
1759 Claudius Claudianus. Leipzig 1759.

Geyer, E.
1932 Wiener Grabfunde aus der Zeit des untergehenden römischen Limes II, *WPZ* 19 (1932) 259—266.

Ghirhsman, R.
1946 Begram. (Mémoires de la Délégation Archéologique Française en Afghanistan 12.) Kairo 1946.

Giannelli, G. / Mazzarino, S.
1956 Trattato di storia romana 2: L'imperio romano. Rom 1956.

Gibbon, E.
1896/1900 The History of the Decline and Fall of the Roman Empire, hgg. von Bury, J. B. London 1896/1900.

Ginters, W.
1928 Das Schwert der Skythen und Sarmaten in Südrußland. (Vorgeschichtl. Forschungen II, 1.) Berlin 1928.

Ginzburg, L.
1899 Die Haggada bei den Kirchenvätern und in der apokryphen Literatur, *Monatsschrift für die Geschichte und Wissenschaft des Judentums*, 1899, 17 ff., 61 ff., 117 ff., 149 ff., 217 ff., 293 ff., 409 ff., 461 ff., 481 ff., 529 ff.

Ginzburg, V. V.
1946a Materialy k antropologii gunnov i sakov, *SE* 4 (1946) 207—210.
1946b Antropologičeskie materialy iz kurganov u goroda Jangi-jul' bliz Taškenta, *SE* 4 (1946).
1949 Čerepa iz zoroastrijskogo kladbišča XIII v. v. Frinkente, *SMAE* 9 (1949).
1950a Materialy k paleoantropologii vostočnych rajonov srednej Azii, *KSIE AA NSSR* 11 (1950) 83—96.
1950b Pervye antropologičeskie materialy k probleme etnogeneza Baktrii, *MIA* 15 (1950) 241—250.
1954 Drevnee naselenie central'nogo Tjan-šanja i Alaja po antropologičeskim dannym, *Sredneazjatskij etnografičeskij sbornik* 1 (Moskau 1954) 354—412. Auch in *TIE* 31 (1954).
1956a Drevnee naselenie vostočnych i zentral'nych rajonov Kazachskoj SSR po antropologičeskim dannym, *Antropologičeskij sbornik* 1 (Moskau 1956) 238—298.

1956b Materialy k antropologii drevnego naselenija Ferganskoj doliny, *Tkirg.* 1 (Moskau 1956) 85—102.

1957 Antropologičeskie materialy iz Vuadil'skogo i Ak-tamskogo mogil'nikov, *KSIIMK* 69 (1957) 91—93.

1959a Etnogenetičeskie svjazi drevnego naselenija Stalingradskogo Zavolž'ja, *MIA* 60 (1959) 524—594.

1959b Materialy k antropologii drevnego naselenija jugo-vostočnogo Kazachstana, *TKaz* 7 (1959) 266—269.

1959c Osnovye voprosy paleoantropologii srednej Azii v svjazi s izučeniem etnogeneza ee narodov, *KSIE AA NSSR* 31 (1959) 27—35.

1960a Materialy k antropologii drevnego naselenija južnoj Kirgizii, *IAN KSON* 2, 3 (1960) 151—162.

1960b Antropologičeskie dannye k istorii srednej Azii, *DOPMKV* (Moskau 1960).

1962a K antropologii naselenija Ferganskoj doliny v epochu bronzy, *MIA* 118 (1962) 201—218.

1962b Kranidogičeskie materialy iz severnogo Kazachstana i vopros o proizchoždenii rannich tjurskich kočenikov, *KSIE AA NSSR* 36 (1962) 95—99.

1963a Antropologičeskie dannye k istorii narodov srednej Azii, *TDPMKV* 3 (1963) 40—46.

1963b Antropologičeskij sostav naselenija Sarkela-Beloj. Veži i ego proizchozdenie, *MIA* 109 (1963) 260—281.

1963c Materialy k antropologii drevnogo naselenija severnogo Kazachstana, *SMAE* 10 (1949) 213—265.

Ginzburg, V. V. / Firstejn, B. V.

1958 Materialy k antropologii drevnego naselenija Zapadnogo Kazachstana, *SMAE* 18 (1958) 390—427.

Ginzburg, V. V. / Žirov, E. V.

1949 Antropologičeskie materialy iz kenkol'skogo katakombnogo mogil'nika v doline r. Talas Kirgizskoj SSR, *SMAE* 10 (1949) 213—265.

Giraud, R.

1960 L'empire des Turcs Célestes; les règnes d'Elterich Qapghan et Bilgä (680 bis 734). Paris 1960.

Gitti, A.

1953 Ricerche sui rapporti tra i Vandali e l'imperio romano. Bari 1953.

Giunta, F.

1952 Jordanes e la cultura del alto medio evo. Palermo 1952.

1958 Genserico e la Sicilia. Palermo 1958.

Glazkova, V. M. / Čtencov

1960 Paleoantropologičeskie materialy Nižnevolžkogo otrjada Stalingradskoj ekspedicii, *MIA* 78 (1960) 285—292.

Gochman, I. I.

1958 Antropologičeskie materialy iz plitočnych mogil Zabajkal'ja, *SMAE* 18 (1958) 428—443.

1960 Antropologičeskaja charakteristika čerepov iz Izvolginskogo gorodišča. Ulan-Ude 1960.

Godley, A. D. (Hrsg./Übers.)

1920/1924 Herodotus. Cambridge/Mass. 1920/1924.

Götze, A.

1909 Ostgotische Helme und symbolische Zeichen. (Mannus I.) Würzburg 1909.

Golenko, K. V.
1957 Klad monet najdennyi v 1951 g. v Patree, *SA* 2 (1957) 197—204.
1960 Vtoroj patrejskij klad monet, *Numismatika i epigrafika* 1 (1960).
Golenko, K. V. / Sokol'skij, N. I.
1968 Klad 1962 g. iz Kepi, *Numismatika i epigrafika* 7 (1968) 72—126.
Gol'msten, V. V.
1928 Archeologičeskie pamjatniki Samarskoj gubernii, *TSARANION* 4 (1928) 125—137.
Golding, A. (Übers.)
1585 The Work of Pomponius Mela (The Cosmographer). London 1585.
Golubeva, L. A.
1957 Soveščanie, posvjaščennoe problemam černjachovskoj kul'tury i ee roli v rannej istorij slavjan, *SA* 4 (1957).
Gombocz, Z.
1924 Ossetenspuren in Ungarn, *Streitberg-Festgabe* (Leipzig 1924) 105—110.
Gordon, C. D.
1960 The Age of Attila; fifth-century Byzantium and the Barbarian. Ann Arbor 1960.
Gorjunova, E. I.
1961 Etničeskaja istorija Volgo-Okskogo meždureč'ja, *MIA* 94 (1961).
Gorodcov, V. A.
1905 Resul'taty archeologičeskich issledovanij v Izjumskom uezde., char'kovskoj gubernii 1901 g., *TAS* XII, 1 (Moskau 1905).
1907 Resul'taty archeologičeskich issledovanij v Bachmutskom uezde, Ekaterinoslavskoj gubernii 1903 g., *TAS* XIII, 1 (Moskau 1907).
Goubertin, P.
1951 Le rôle de Sainte Pulchérie et de l'eunuque Chrysaphios, *Das Konzil von Chalcedon* 1 (Würzburg 1951) 303—321.
Graevius, J. G.
1704/1722 Thesaurus antiquitatum et historiae Italiae 1—9. Lugduni Batavorum 1704/1722.
Graf, A.
1936 Übersicht der antiken Geographie von Pannonien. (Dissertationes Pannonicae 1, 5.) Budapest 1936.
Graf, G.
1944/1953 Geschichte der christlichen arabischen Literatur 1—5. Rom 1944/1953.
Grakov, B. N.
1929 Deux tombeaux de l'époque scythique aux environs de la ville d'Orenbourg, *ESA* 4 (1929).
1947 Γυναικοκρατουμενοι, Perežitki matriarchata u sarmatov, *VDI* 3 (1947) 100—121.
1950 Skifskij Gerakl, *KSIIMK* 34 (1950) 7—18.
Grancsay, S. V.
1949 A Barbarian Chieftain's Helmet, *Bulletin of the Metropolitan Museum of Art* (June 1949) 272—281.
Grebnev, A. V.
1966 Tuvinskij geroičeskij epos. Moskau 1966.
Greenslade, S. L.
1945 The Illyrian Churches and the Vicariate of Thessalonica 378—395, *Journal of Theolocigal Studies* 44 (1945) 17—30.
Grégoire, H. / Kugener, M. A. (Hrsg./Übers.)
1930 Vie de Porphyre, évêque de Gaza. Paris 1930.

Grigor'ev, G. V.
1940 Kaunči-Tepa (raskopki 1934 g.). Taschkent 1940.
1948 Kelesskaja step' v archeologičeskom otnošenii, *IAN KSIAE* 1 (1948).
Grillmeier, A. / Bacht, H. (Hrsg.)
1951/52 Das Konzil von Chalkedon. Geschichte und Gegenwart. 1—3. Würzburg 1951/1954.
Grjaznov, M. P.
1951 Archeologičeskoe issledovanie territorii odnogo drevnego poselka. (Raskopki severoaltajskoj ekspedicii 1949 g.), *KSIIMK* 40 (1951).
1956 Istorija drevnich plemen verchnej Ob'i po raskopkam bliz s. Bol'šaja Rečka, *MIA* 48 (1956).
1958 Drevnee iskusstvo Altaja. Leningrad 1958.
1961 Drevnejšie pamjatniki geroičeskogo eposa narodov južnoj Sibiri, *ASb Erm.* 3 (1961) 7—31.
Gröbbels, J. W.
1905 Der Reihengräberfund von Gammertingen. München 1905.
Grønbech, V.
1931 The Culture of the Teutons. London/Kopenhagen 1931.
Groot, J. J. M. de
1921 Die Hunnen der vorchristlichen Zeit. (Chinesische Urkunden zur Geschichte Asiens 1.) Berlin/Leipzig 1921.
1926 Die Westlande Chinas in vorchristlicher Zeit. (Chinesische Urkunden zur Geschichte Asiens 2.) Berlin/Leipzig 1926.
Grosse, R.
1920 Römische Militärgeschichte von Gallienus bis zum Beginn der byzantinischen Themenverfassung. Berlin 1920.
Grum-Gržimajlo, G. E.
1930 Zapadnaja Mongolija i Urjanchajskij kraj 1—3. St. Petersburg 1914/1930.
Grumel, V.
1952 L'Illyricum de la mort de Valentien Ier 375 à la mort de Stilichon 408, *REByz* 9 (1952) 5—46.
Grundtvig, S.
1870 Om de gotiske folks vabenéd, *Oversigt over det Kongelike Danske Videnskabernes Selskabs Forhandlinger* (1870).
Grünhagen, W.
1954 Der Schatzfund von Groß-Bodungen. Berlin 1954.
Grützmacher, G.
1913 Synesios von Kyrene. Leipzig 1913.
Güldenpenning, A.
1885 Geschichte des oströmischen Reiches unter den Kaisern Arcadius und Theodosius II. Halle 1885.
Güldenpenning, A. / Ifland, J.
1878 Der Kaiser Theodosius der Große. Halle 1878.
Guščina, I. I.
1962 Nachodki iz Krasnodarskogo kraja, *SA* 2 (1962).
1967 O Sarmatach v jugo-zapadnom Krymu, *SA* 1 (1967) 40—51.
Gutschmid, A. von
1888 Geschichte Irans und seiner Nachbarländer von Alexander dem Großen bis zum Untergang der Arsaciden. Tübingen 1888.
1889 Orosius, hgg. von Zangenmeister, C. Leipzig 1889.
1889/1894 Kleine Schriften (Rühl, Hrsg.). Leipzig 1889/1894.

Hambis, L. (Übers.)
1955 La description du monde (Marco Polo). Paris 1955 (in franz. Übersetzung).
Hambly, G. (Hrsg.)
1966 Zentralasien (Fischer Weltgeschichte, Bd. 16). Frankfurt 1966.
Hamilton, J.
1955 Les Oiughours à l'époque des cinq dynasties. D'après les documents chinois. Paris 1955.
1962 Toquz-Oyuz et On-Uyγur, *JA* 250 (1962) 23—63.
Hampel, J.
1897 Skythische Denkmäler aus Ungarn, *Ethnologische Mitteilungen aus Ungarn* 4 (1895) 1—26.
1905 Alterthümer des frühen Mittelalters in Ungarn 1—3. Braunschweig 1905.
Hančar, F.
1956 Das Pferd in prähistorischer und früher historischer Zeit. (Wiener Beiträge zur Kulturgeschichte und Linguistik, Bd. XI.) Wien/München 1956.
Harduin, J. (Hrsg.)
1684 Themistii Orationes. Leipzig 1684.
Harmatta, J.
1942/1947 Das Volk der Sadagaren, *Analecta orientalia memoriae Alexandri Csoma de Körös dicata* (Budapest 1942/1947) 17—28.
1950 Studies on the History of the Samartians. Budapest 1950.
1951 The Golden Bow of the Huns, *AAH* 1 (1951) 107—151.
1952 The Dissolution of the Hun Empire 1, *AAH* 2 (1952) 277—304.
1955 Problème de la détermination et l'appréciation historique du matériel archéologique hunnique, Conférence archéologique de l'Académie hongroise de science. Budapest 1955.
1958 La societé des Huns à l'époque d'Attila, *Recherches internationales à la lumière du marxisme* 2 (1958) 179—238.
1962 Byzantinoturcica, *AAH* 10 (1962) 131—150.
Hartke, W.
1940 Geschichte und Politik im spätantiken Rom, *Klio-Beiheft* 45, N. F. 32 (Leipzig 1940).
1951 Römische Kinderkaiser. Berlin 1951.
Harva, U.
1938 Die religiösen Vorstellungen der altaischen Völker. Helsinki 1938.
Hatt, J. J.
1966 Découverte à Hochfelden d'une tombe barbare du Ve siècle, *Académie des Inscriptions et Belles-Lettres*, comptes rendus 1965, Janvier-Juin (1966) 254 bis 264.
Hauger, A.
1921 Zur römischen Landwirtschaft und Haustierzucht. Hannover 1921.
Hauptmann, L.
1935 Kroaten, Goten und Sarmaten, *Germanoslavica* 3 (1935) 95—127; 315 bis 353.
Haury, J. (Hrsg.)
1905/1913 Procopii opera. Leipzig 1905/1913.
Haussig, H. W.
1954 Theophylakts Exkurs über die skythischen Völker, *Byzantion* 23 (1953 bis 1954) 275—462.
1958 Die protobulgarischen Fürstenliste, Altheim, F. / Haussig, H. W., *Die Hunnen in Osteuropa* (Baden-Baden 1958) 9—29.

Heikel, A.
1894 Antiquités de la Sibérie occidentale, *MSFOU* 6 (1894).
1918 Altertümer aus dem Tale des Talas in Turkestan, *Société Finno-ougrienne, Travaux ethnographiques* VII (Helsingfors 1918).
Heinzel, W.
1887 Über die Hervararsaga, *SB Wien* 114 (1887) 417—519.
Helm, K.
1937 Altgermanische Religionsgeschichte. Heidelberg 1937.
Helm, R.
1932 Untersuchungen über den auswärtigen diplomatischen Verkehr des römischen Reiches im Zeitalter der Spätantike, *Archiv für Urkundenforschung* 12 (Berlin/Leipzig 1932) 375—436.
Als Hrsg.:
1933 Rutilius Claudius Namatianus. De reditu suo. (Kommentierte griechische und lateinische Texte 7.) Heidelberg 1933.
Henning, R.
1907 Der Helm von Baldenheim und die verwandten Helme des frühen Mittelalters. Straßburg 1907.
Henning, W. B.
1952 A Farewell to the Khagan of the Aq-Aquatärān, *BSOAS* 14 (1952) 501 bis 522.
Henry, R. (Hrsg./Übers.)
1959 Bibliothèque de Photius. Paris 1959 ff.
Hercher, R. (Hrsg.)
1864/1866 Ailianos Klaudios. Leipzig 1864/1866.
Herding, W. (Hrsg.)
1879 Hieronymi de viris illustribus liber. 1879.
Herzfeld, E.
1924 Paikuli. Berlin 1924.
1930 Kushano-Sassanian Coins. (Memoirs of the Archaeological Survey of India 38.) Calcutta 1930.
1947 Zoroaster and his World. Princeton 1947.
Heukemes, B. / Hoepke, H. / Kindler, W.
1956 Künstliche Schädelmißbildung ungewöhnlicher Art aus einem fränkischen Grabfund des 7. Jahrhunderts aus Heidelberg, *Ruperto-Carola*, Sonderband (Juni 1956) 94—101.
Heusler, A. / Ranisch, W. (Hrsg.)
1903 Eddica minora; Dichtungen eddischer Art aus den „Fornaldarsögur" und andere Prosawerke. Dortmund 1903.
Hinks, R. P.
1933 Catalogue of the Greek, Etrusc and Roman Paintings and Mosaics in the British Museum. London 1933.
Hirth, Fr.
1899a Nachworte zur Inschrift des Tonyuquq, in: Radlov. St. Petersburg, 1899.
1899b Über Wolga-Hunnen und Hsiung-nu, *SB München* 2 (1899) 245—278.
1901 Hunnenforschungen, *Keleti Szemle* (1901) 81—91.
1909 Mr. Kingsmill and the Hsiung-nu, *JAOS* 30 (1909) 32—45.
Hjörtsjö, C. H. / Walander, A.
1947 Das Schädel- und Skelettgut der archäologischen Untersuchungen in Ost-Turkistan. Stockholm 1947.

Hodgkin, Th. (Übers.)
1886 The Letters of Cassiodorus. London 1886.
1889 The Dynasty of Theodosius. Oxford 1889.
1892/1896 Italy and Her Invaders. Oxford 1892/1896.
Hoffiller, V.
1911 Oprema rimskogo vojnika u prvo doba carstva, *Vjesnik hrvatskoga arheoloskoga društva*, N. S. 11 (Zagreb 1911) 240 ff.
Holder, A.
1896/1904 Alt-celtischer Sprachschatz. Leipzig 1896/1904.
1887 Avienus Carmina. Innsbruck 1887.
Hollander, L. M. (Übers.)
1936 Old Norse Poems. New York 1936.
Holmqvist, W.
1939 Kunstprobleme der Merowingerzeit, *Kgl. Vitterhets historie och antikvitets Akademiens Handlingar* 47 (Stockholm 1939).
1951 Tauschierte Metallarbeiten des Nordens, *Kgl. Vitterhets historie och antikvitets Akademiens Handlingar* 70 (Stockholm 1951).
Holthausen, F.
1934 Gotisches etymologisches Wörterbuch. Heidelberg 1934.
Homeyer, H.
1951 Attila der Hunnenkönig von seinen Zeitgenossen dargestellt. Ein Beitrag zur Wertung geschichtlicher Größe. Berlin 1951.
Honigmann, E.
1944 The Original Lists of the Members of the Council of Nicaea, the Robber-Synod and the Council of Chalcedon, *Byzantion* 16, 1942/43 (1944) 20—80.
Honigmann, E. (Übers.)
1939 Le Synekdemos d'Hierokles. Brüssel 1939.
Honigmann, E. / Maricq, A. (Hrsg./Übers.)
1953 Recherches sur les Res gestae divi Saporis. (Mémoires de l'Académie royale de Belgique [lettres] XLVII, fasc. IV.) Brüssel 1953.
Horedt, K.
1958 Contribuţi la istoria Transilvaniei în secolele IV—XIII. Bukarest 1958.
1960 Gepizii, *Istoria Rominîei* (1960) 702—714.
Horneffer, A. (Übers.) / Haussig, H. W. (Hrsg.)
1971 Herdot Historia. Stuttgart 1971[4].
Hörnschenmeyer, R.
1929 Die Pferdezucht im klassischen Altertum. Gießen 1929.
Houtsma, M. Th.
1894 Ein türkisch-arabisches Glossar. Leiden 1894.
Hude, C. (Hrsg.)
1930 Xenophoni Hellenica. Leipzig 1930.
1931 Xenophoni Anabasis. Leipzig 1931.
Hung-shao, Chang
1921 Shih-ya. Peking 1921.
Hutton, E.
1915 Attila and the Huns. London 1915.
1926 The Story of Ravenna. London 1926.

Ikeuchi, Hiroshi
1930 A Study of the Su-shên, *Memoirs of the Toyo Bunko* 5 (Tokio 1930) 97—163.
1932 A Study of the Fu-yü, *Memoirs of the Toyo Bunko* 6 (Tokio 1932) 23—62.

Il'inskaja, V. A.
1957 Pamjatniki skifskogo vremeni v bassejne r. Psel, *SA* 27 (1957) 232—249.
Il'inskaja, V. A. / Kovpanenko, G. T. / Petrovs'ka, E. O.
1960 Rozkopky kurganiv epochy bronzy poblyzu s. Pervomajs'ky, *APU* 9 (1960) 127—140.
Imhof, A. (Übers.)
1885/1889 Statius. Lied von Theben. Leipzig 1885/1889.
Inostrancev, K.
1926 Chunnu i gunny. Leningrad 1926.
Ionită, I.
1964 Noi descoperire sarmatice pe terituriul Moldovei, *Arheologia Moldovei* 2/3 (Bukarest 1964) 311—325.
Isčerikov, P. F.
1959 Gorodišče Ufa-II, *Baškirskij archeologičeskij sbornik* (Ufa 1959) 97—99.
Ismagulov, O.
1962 Antropologičeskaja charakteristika usunej Semireč'ja, *TKaz* 16 (1962) 311 bis 325.
Ivanov, S. V.
1955 K voprosu o značenii izobraženij na starinnych predmetach kul'ta u narodov Sajano-altajskogo nagor'ja, *SMAE* 16 (1955).
Ivanova, A. P.
1951 Kerčenskaja stela s izobraženiem vsadnika i sidjaščej ženščiny, *KSIIMK* 39 (1951) 27—34.
1953 Iskusstvo antičnych gorodov severnogo Pričernomor'ja. Leningrad 1953.
1954 Bosporskie antropomorfnye nadgrobija, *SA* 13 (1954) 242 ff.
I-yu, Li
1963 Nei Mêng-ku ch'u-t'u wên-wu hsüan-chi. Peking 1963. (Text in chinesischer und mongolischer Sprache. Der Titel des Werkes lautet ungefähr so: Excavated cultural relics of Inner Mongolia; selected works).

Jacobsthal, P.
1944 Early Celtic Art. Oxford 1944.
Jacobik (Hrsg.)
1836/1841 Luciani opera. Leipzig 1836/1841.
Jakobson, A. L.
1959 Rannesrednevekovyj Chersones, *MIA* 63 (1959). Rannesrednevekovye poselenija vostočnija Kryma, *MIA* 85.
Jakovlev, E. K.
1900 Etnografičeskij obzor inorodčeskogo naselenija doliny južnago Jenisseja. Minussinsk 1900.
Jalland, T.
1941 The Life and Times of St. Leo the Great. London 1941.
Jamgerčinov, B. D. u. a.
1963 The History of Cultural Relations of Kirgizstan with some Countries of Asia in Connection with the Latest Archaeological Data, *TDPMKV* 3 (Moskau 1963) 5—15.
Jänichen, H.
1956 Bildzeichen der königlichen Hoheit bei den iranischen Völkern, *Antiquitas* I, 3 (Bonn 1956).
Janin, R.
1953 La géographie ecclésiastique de l'empire byzantin. Paris 1953.

Jasinski, M. (Übers.)
1934/35 Ausone, Traduction nouvelle de Max Jasinski. Paris 1934/35.
Jazdzewski, K.
1959 Das gegenseitige Verhältnis slawischer und germanischer Elemente in Mitteleuropa seit dem Hunneneinfall bis zur awarischen Landnahme an der mittleren Donau, *Archaeologia Polona* 2 (1959) 51—70.
Jenkins, R. J. H. (Übers.)
1949 De administrando imperio. Budapest 1949.
Jettmar, K.
1953 Hunnen und Hsiung-nu: ein archäologisches Problem, *Archiv für Völkerkunde* 6/7 (1953) 166—180.
Jireček, J. K.
1897 Das christliche Element in der topographischen Nomenklatur der Balkanländer, *SB Wien* 136/11 (1897) 1—98.
Joki, A. J.
1952 Die Lehnwörter des Sajansamojedischen, *MSFOU* 103 (Helsinki 1952).
Jones, A. H. M.
1964 The Later Roman Empire 284—602, 1—3. Oxford 1964.
Jones, H. L. (Hrsg./Übers.)
1917/1931 Strabo. Geography (Cambridge/Mass. 1917/1931[5]—1932/1935[5]).
Jones, W. H. S. / Whitington, E. T. (Hrsg./Übers.)
1923/1931 Hippocrates. Cambridge/Mass. 1923/1931.
Jonsson, Finnur (Hrsg.)
1915 Den norsk-islandske skjaledigtning. Kopenhagen 1915.
Jouai, L. A. A.
1938 De magistraat Ausonius. Nijmegen 1938.
Judachin, K. K.
1948 Kirgiz sözlüğü. Ankara 1945/1948.
1965 Kirgizsko-russkij slovar'. Moskau 1965.
Ju-lin, Han
1941 T'u-chüe Kuan-hao yen-chiu. (Studia Serica 1.) 1940—1941.
Jung, J.
1877 Römer und Romanen in den Alpenländern. Innsbruck 1877.
Jungandreas, W.
1934 Umlokalisierung in der Heldendichtung, Zf. DPh 59 (1934).
Justi, F.
1895 Iranisches Namenbuch. Marburg 1895/Hildesheim 1963 R.

Kadyrbaev, M. K.
1959 Pamjatniki rannich kočevnikov central'nogo Kazachstana, *TKaz* 7 (1959) 162—202.
1962 Novye materialy po istorii rannich kočevnikov Kazachstana, *TKaz* 18 (1962).
Kalén, H.
1934 Studia in Iordanem philologica. Uppsala 1934.
Kameneckij, I. S. / Kropotkin, V. V.
1962 Progrebenie gunnskogo vremeni bliz Tanaisa, *SA* 3 (1962) 235—240.
Kantorowicz, E.
1927/1931 Kaiser Friedrich der Zweite 1—2. Berlin 1927/1931.
Kao, Ch'ü hsün
1960 The Ching Lu Shen Shrines of Han Sword Worship in Hsiung-Nu Religion, *CAJ* 5 (1960) 221—232.

Kapošina, S. I.
1950 Pamjatniki zverinogo žilja iz Ol'vii, *KSIIMK* 34 (1950) 42—52.
1962 Raskopki Kobjakova gorodišča i ego nekropolja, *Archeologičeskie raskopki na Donu* (1962) 95—112.
Karlgren, B.
1934 Early Chinese Mirror Inscriptions, *BMFEA* 6 (Stockholm 1934) 9—79.
1950 The Book of Odes. Stockholm 1950.
1952 A Catalogue of the Chinese Bronzes in the Alfred F. Pilsbury Collection. Minneapolis 1952.
1957 Grammata Serica Recensa. Stockholm 1957.
Karutz, R.
1911 Unter Kirgisen und Turkmenen; aus dem Leben der Steppe. Leipzig 1911.
Kazamanova, L. N.
1958 Klad rimskich denariev I—III vv. n. e. iz Turja, Zlatopol'skogo rajona, Čerkasskoj oblasti, *SA* 1 (1958) 182—186.
Kent, R. G.
1932 The Sounds of Latin. (Language Monographs 12.) Baltimore 1932.
Keydell, R. (Hrsg./Übers.)
1967/1972 Agathiae Myrinaei Historiarum libri quinque (Agathia the Histories) 1, 2 (Berlin 1967/1972) = Corpus fontium Historiae Byzantinae II und II A.
Kibirov, A. K.
1959a Archeologičeskie pamjatniki Čatkala, *Tkirg.* 2 (1959) 3—62.
1959b Archeologičeskie raboty v central'nom Tjau'-šane, *Tkirg.* 2 (1959) 63—138.
Kieseritzky, G / Watzinger, C.
1909 Griechische Grabreliefs aus Südrußland. Berlin 1909.
King, N. Q.
1960 There's such Divinity doth hedge a King. Edinburgh 1960.
Kinžalov, R. V. / Lukonin, V. G.
1960 Pamjatniki kul'tury sasanidskogo Irana. Leningrad 1960.
Kiselev, S. V.
1948 Drevne-chakasskij el, *Chakasskij naučno-issledovatel'skij institut jazyka, literatury i istorii* 1 (1948) 31—34.
1951 Drevnaja istorija južnoj Sibiri. Moskau/Leningrad 1951.
Kjuner, N. V.
1961 Kitajskie izu estija o narodach južnoj Sibiri central'noj Azii i dal'nego vostoka. Moskau 1961.
Klebel, E.
1939 Langobarden, Bajuwaren, Slawen, *Mitteilungen der anthropologischen Gesellschaft in Wien* 69 (1939) 41—116.
1957 Probleme der bayerischen Verfassungsgeschichte. München 1957.
Klingner, F. (Hrsg.)
1939 Q. Horatius Flaccus. Leipzig 1939/1959[3].
Kljastornyj, S. G.
1964 Drevnetjurkskie runičeskie pamjatniki. Moskau 1964.
Klopsteg, P. E.
1947 Turkish Archery and the Composite Bow. Evanston, III., 1947[2].
Klotz, A. (Hrsg.)
1902 P. Papinii Statii Thebais. Leipzig 1902.
1908 P. Papinii Statii Achilleis. Leipzig 1908.

Kluge, F.
1911 Der Tod des Attila. Eine altgermanische Dichtung, *Deutsche Rundschau* 146 (1911) 451—455.
1912 Zur Totenklage auf Attila bei Jordanes, Get. 257, *PBB* 37 (1912) 157 bis 159.

Knipovič, J. N.
1949 Tanaís. Moskau/Leningrad 1949.

Kobylina, M. M.
1956 Phanagoria, *MIA* 57 (1956) 5—101.
1963 Issledovanija Fanagorii v 1959—1960 i 1962 gg., *SA* (1963) 129—138.

Koestermann (Hrsg.)
1965/1970 Cornelii Taciti libri qui supersunt. Leipzig 1965/1970.

Köhalmi, Katalin U.
1958 Fakengyel és egyéb Fat árgyak egy nyugat-mongóliai múzeumban, *Folia archaeologica* 10 (1958) 143—147.

Kögel, R.
1894/1897 Geschichte der deutschen Literatur bis zum Ausgang des Mittelalters. Straßburg 1894/1897 (unvollendet).

Kollwitz, J.
1941 Oströmische Plastik der Theodosianischen Zeit, *Studien zur spätantiken Kunstgeschichte* 12 Berlin (1941).

Komarova, M. N.
1952 Tomskij mogil'nik, *MIA* 21 (1952).

Kondakov, N.
1896 Russkie klady. St. Petersburg 1896.

Kondakov, N. / Tolstoj, I.
1889 Russkie drevnosti v pamjatnikach iskusstva 1—3. St. Petersburg 1889/1899.

Konduktorova, T. S.
1956 Materialy po paleoantropologii Ukrainy, *TIE* 33 (1956) 166—203.
1958 Paleoantropologičeskij material iz mogil'nika polej pogrebal'nych urn Chersonskoj oblasti, *Sovetskaja Antropologija* 2 (1958) 69—79.

Kononov, A. N.
1949 Opyt analiza termina Türk, *SE* 1 (1949) 40—47.
1958 Rodoslovnaja Turkmen. Moskau/Leningrad 1958.

Korzuchina, G. F.
1955 K istorii srednego Podneprov'ja v seredine I tysjačeletija n. e., *SA* 22 (1955) 61—82.

Kotliarevskij, A. A.
1863 O pogrebal'nych obyčajach jazyčeskich slavian. Moskau 1863.

Kotsevalov, A.
1959 Borysthenes-Borysthenites and Tanais-Tanaites, *Annals of the Ukrainian Academy of Arts and Sciences in the U. S. A.* 7 (1959).

Kotwicz, Wl.
1945 Contributions à l'histoire de l'Asie centrale, *Rocznik orientalistyczny* 15 (1939/1945) 159—195.

Kotwicz, Wl. / Samojlovitch, A.
1926 Le monument turc d'Ikhe-khuchotu en Mongolie centrale, *Rocznik orientalistyczny* 4 (1926) 60—107.

Kovacs, J.
1913 Les fouillages de Mezäband, *Dolgozatok* 4 (1913) 390—429.

Kovalevskij, A. P.
1956 Kniga Achmeda Ibn-Fadlana o ego putešestvii na Volgu v 921—922 gg. Charkov 1956.
Kovrig, I.
1959 Nouvelles trouvailles du Ve siècle découvertes en Hongrie, *AAH* 10 (1957/1959) 209—225.
1963 Das awarenzeitliche Gräberfeld von Alattyan, *AAH* 40 (1963).
Kožomberdiev, I.
1960a Mogil'nik Akčij-Karasu v doline Ketmen'-Tjube, *IAN KSON* 1, 3 (1960) 109—123.
1960b Novye dannye o Kenkol'skom mogil'nike, *KSIIMK* 80 (1960) 70—75.
1963 Katakombnye pamjatniki Talasskoj doliny, *Archeologičeskie pamjatniki Talasskoj doliny* (1963) 33—77.
Kraft, H. (Hrsg.)
1967 Eusebius von Caesareia. Kirchengeschichte. München 1967.
Krahe, H.
1942 Beiträge zur illyrischen Wort- und Namenforschung 17; Der Flußname Nedao und Verwandtes, *Indogermanische Forschungen* 58, 3 (1942) 209 bis 218.
Kramer, O. (Hrsg.)
1914 Valerius Flaccus. Leipzig 1914.
Krašeninnikov, M.
1915 Novaja rukopis' izvlečenii περὶ πρέσβεων 'Ρωμαίων, *Vizantijskoe obozrenie* 1 (1915) 1—152.
Krause, E.
1904 Der Fund von Höckricht, Kreis Ohlau, *Schlesiens Vorzeit in Bild und Schrift*, N. S. 3 (Breslau 1904) 46—50.
Krause, W.
1954 Tocharische Eigennamen, *Quatrième congrès internationale des sciences onomastiques* 2 (Uppsala 1954) 214 f.
1953 Handbuch des Gotischen. München 1953.
Kravčenko, N. M.
1967 Kosanovskij mogil'nik, *MIA* 139 (1967) 77—135.
Kropotkin, V. V.
1956 Rezension zu Materialy po archeologii jugo-zapadnogo Kryma, *SA* 25 (1956) 345—348.
1957 Rezension zu A. L. Mongaît, Archeologija v SSSR, *SA* 3 (1957) 297—298.
1958 Iz istorii denežnogo obraščenija v vostočnoj Evrope v I tysjačeletii n. e., *SA* 2 (1958) 279—285.
1959 Mogil'nik Suuk-su i ego istoriko-archeologičeskoe značenie, *SA* 1 (1959) 181 bis 194.
1961 Klady rimskich monet na teritorii SSSR. Moskau 1961.
Krüger, P. (Hrsg.)
1873/1877 Corpus iuris 2, Codex Iustinianeum. Berlin 1873/1877.
Kruglikova, I. T.
1956 Pozdneantičnye poselenija Bospora na beregu Azovskogo morja, *SA* 25 (1956).
1957 Pogrebenie IV—V vv. der. Ajbazovskoe, *SA* (1957) 253—257.
1961 Poselenie derevni Semenovski, *KSIIMK* 83 (1961).
1962 Issledovanija Sel'skich poselenij antičnych gosudarstv na juge SSSR, *AA* 14, 3/4 (1962) 217—230.

1965 Bospor III—IV vv. n. e. v svete novych archeologičeskich issledovanij, *KSIIMK* 103 (1965) 3—10.
1966 Bospor v pozdneantičnoe vremja. Moskau 1966.
Krupnov, E. I.
1948 Archeologičeskie pamjatniki verchov'ev Tereka i bassejna r. Sunži, *Trudy gosudarstvennogo istoričeskogo muzeja* 17 (Moskau 1948).
1949 Archeologičeskie raboty na severnom Kavkaze, *KSIIMK* 27 (1949) 11—20.
1957 Pervye itogi izučennija vostočnogo Predkavkaz'ja, *SA* 2 (1957) 154—173.
Kuchraneko, Ju. V.
1954 K voprosu o slavjano-skifskich i slavjano-sarmatskich otnošenijach, *SA* 19 (1954) 111—120.
1955 Poselenie i mogil'nik polej pogrebenij v sele Privol'nom, *SA* 22 (1955) 125 bis 152.
1958 Ekonomičeskij stroj i byt vostočnych slavjan v pervoj polovine I tysjačeletija, *Očerki* (Moskau 1958) 52—89.
Kulakovskij, Ju. A.
1891 Kerčenskaja christianskaja katakomba 491 g., *MAR* 6 (1891).
1899a Alany po svedenijam klassičeskich i vizantijskich pisatelej. Kiew 1899.
1899b Karta evropejskoj Sarmatii po Ptolemeju. Kiew. 1899.
1913 Istoria Vizantii. Kiew 1913.
Kunst der Spätantike im Mittelmeerraum. Spätantike und byzantinische Kleinkunst aus Berliner Besitz. Ausstellung (Berlin 22. Aug.—30. Sept. 1939) aus Anlaß des 6. Internat. Kongresses f. Archäologie. Kaiser-Friedrich-Museum (Berlin 1939).
Kurz, O.
1962 The Pebble from Apsheronsk and Its Alleged Greco-Alanic Inscription, *JAOS* 82 (1962) 553 f.
Kuznecov, V. A.
1962 Alanskie plemena severnogo Kavkaza, *MIA* 106 (1962).
Kuznecov, V. A. / Pudovin, V. K.
1961 Alany v zapadnoj Evrope v epochu velikogo pereselenija narodov', *SA* 2 (1969) 79—95.
Kyzlasov, L. P.
1951a Pamjatniki pozdnich kočevnikov central'nogo Kazachstana, *IAN KSIAE* 3 (1951) 53—63.
1951b Roznaja kostjanaja rukojatka pleti iz mogily Ak-Kjuna (Altaj), *KSIIMK* 36 (1951) 50—55.
1958 Etapy drevnej istorii Tuvy, *Vestnik Moskovskogo universiteta* 4 (1958) 71—99.
1960 Taštykskaja epocha. Moskau 1960.

Labourt, J. (Hrsg./Übers.)
1954 Lettres 1—4. Paris 1949/1954.
Lacombarde, Ch. (Hrsg./Übers.)
1956 Synesios de Cyrène. Paris 1951.
Lagarde, A. de (Hrsg.)
1868 Hieronymi quaestiones hebraicae in libro genesos. Leipzig 1868.
Lamy, Th. J. (Übers.)
1889 S. Ephraem Syri Hymni et Sermones. Malines 1889.
Lang (Hrsg.)
1885 Epitome rei militaris. Leipzig 1885.
Langen, P.
1867 Emendationes Ammianeae, *Programm Gymnasium Düren* (Düren 1867).

Langlois, V. (Hrsg.)
1867/1869 Collection des historiens anciens et modernes de l'Arménie. Paris 1867/1869.
Langmantel, V. (Hrsg.)
1885 Hans Schiltbergers Reisebuch. (Bibliothek des litterarischen Vereins zu Stuttgart 172.) Tübingen 1885.
Latouche, R.
1946 Les grands invasions et la crise de l'occident au 5e siècle. Paris 1946.
Lattimore, O.
1940 Inner Asian Frontiers of China. (American Geographical Society: Research Series No. 21.) New York 1940.
Latynin, B. A. / Oboldueva, T. G.
1959 Isfarinskie kurgany, *KSIIMK* 76 (1959) 17—27.
Latyšev, V. V. (Hrsg./Übers.)
1906 Scythica et Caucasica e veteribus scriptoribus graecis et latinis (Dionysius). St. Petersburg 1904/1906 (in russ. Übersetzung).
Laude-Cirtautas, I.
1961 Der Gebrauch der Farbbezeichnungen in den Türkdialekten. Wiesbaden 1961.
Laufer, B.
1913 Notes on the Turquois in the East. Chicago 1913.
1914 Chinese Clay Figures 1. Chicago 1914.
Laurent, V.
1945 „Note d'histoire ecclesiastique", La Scythie mineure fut-elle representee au concile de Chalcedoine? *REByz* 3 (1945) 115—123.
Lebeau, Ch.
1819/1820 Histoire du Bas Empire. Paris 1819/1820.
Lebzelter, V. / Müller, G.
1935 Über die Rassengliederung der Langobarden, *Forschungen und Fortschritte* 11 (Berlin 1935) 318 ff.
Le Coq, A. von
1924 Die Buddhistische Spätantike in Mittelasien 3. Berlin 1924.
1925 Bilderatlas zur Kunst- und Kulturgeschichte Mittel-Asiens. Berlin 1925.
Ledevev, Ph.
1931 Die Staterprägungen der Stadt Nagidos, *Zf. N* 41 (1931) 153—276.
Leib, B. (Hrsg./Übers.)
1937/1945 Anna Comnène Alexiade; règne de l'empereur Alexis I Comnène. Paris 1937/1945.
Leicher, R.
1927 Die Totenklage in der deutschen Epik von der ältesten Zeit bis zur Nibelungenklage. Breslau 1927.
Lentz, A. (Hrsg.)
1867/1870 Herodiani technici reliquiae. Leipzig 1867/1870.
Lenz, F. W. (Hrsg.)
1959 Albius Tibullus. Leipzig 1959.
Levin, M. G.
1962 Ethnic Origins of the Peoples of Northeastern Asia. Toronto 1963.
1963 Physical Anthropology and Ethnographic Problems of the People of the Far East. Toronto 1963.
Levaševa, V. P. / Rygdylon, E. R.
1952 Šalabolinskij klad bronzovych kotlov, chranjaščijsja v Minussinskom muzee, *KSIIMK* 43 (1952) 132—137.

Levina, L. M.
1966 Keramika i voprosy chronologii pamjatnikov Džety-Asarskoj kul'tury, *Material'naja kul'tura narodov srednej Azii i Kazachstana* (Moskau 1966) 45—90.
Levison, W.
1903 Bischof Germanus von Auxerre und die Quellen zu seiner Geschichte, *Neues Archiv für ältere deutsche Geschichtskunde* 29 (1903) 97—175.
Levy, H. L.
1948 Claudian's In Rufinum and an Epistle of Saint Jerome, *American Journal of Philology* 69 (Baltimore 1948) 62—68.
Liberov, P. D.
1949 Skifskie kurgany Kievščiny, *KSIIMK* 30 (1949) 93—104.
1951 Kurgany u sela Konstantinovki, *KSIIMK* 37 (1951) 137—143.
1965 Pamjatniki skifskogo vremeni na srednem Donu. Moskau 1965.
Lietzmann, H. von (Hrsg.)
1908 Das Leben des heiligen Symeon Stylites, *TU* 32/4 Leipzig 1908.
Lifšic, V. A.
1962 Sogdijskie dokumenty s gory Mug. Moskau 1962.
Ligeti, L.
1961 A propos des éléments «Altaiques» de la langue hongroise, *Acta Linguistica Hungarica* 11 (Budapest 1961) 15—41.
Lindqvist, S.
1926 Vendelkulturens alder och ursprung, *Kgl. Vitterhets historie och antikvitets Akademiens Handlingar* 36, 1 (Stockholm 1926).
Lipták, E.
1957 Awaren und Magyaren im Donau-Theiß-Zwischenstromgebiet, *AAH* 8 (1957) 199—268.
1959 The "Avar Period" Mongoloids in Hungary, *AAH* 10 (1959) 251—279.
1961 Germanische Skelettreste von Hács-Béndekpuszta, *AAH* 13 (1961) 231—246.
Litvinskij, B. A.
1956 Ob izučenii v 1955 g. pogrebal'nych pamjatnikov kočevnikov v Kara-Mazarskich gorach, *T Tadž* 63 (1956) 37—46.
1959 Izučenie kuramov v severo-vostočnoj časti Leninabadskoj oblasti v 1957 g., *T Tadž* 103 (1959) 109—129.
1961 Issledovanie mogil'nikov Isfarinskogo rajona, *T Tadž* 27 (1961) 59—80.
1964 Zerkalo v verovanijach drevnich fergancev, *SE* 3 (1964) 97—104.
1966 Složnostavnoj luk v drevnej srednej Azii, *SA* 4 (1966) 51—69.
1967 Dzunskij mogil'nik i nekotorye aspekty kangjujskoj problemy, *SA* 2 (1967) 29—37.
Litvinskij, B. A. / Davidovič, E. A.
1956 Predvaritel'nyj otčet o raskopkach kurganov v Voruche (Isfarinskij rajon) v 1954 g., *T Tadž* 37 (1956) 61—68.
Liu, Mau-Tsai
1958 Die chinesischen Nachrichten zur Geschichte der Ost-Türken (T'u-küe). (Göttinger asiatische Forschungen 10.) Wiesbaden 1958.
Lizerand, G.
1910 Aetius. Paris 1910.
Ljapuškin, I. I.
1947 Poselenija epochi železa v bassejne r. Vorskly, *KSIIMK* 21 (1974).
1950a Pamjatniki kul'tury polej pogrebenij levoberež'ja Dnepra, *KSIIMK* 33 (1950) 29—38.

1950b Pamjatniki kul'tury polej pogrebenij pervoj poloviny I tysjačeletija n. e. dneprovskogo lesistepnogo levoberež'ja, *SA* 13 (1950) 7—32.
1961 Dneprovskoe lesostepnoe levoberež'e v epochu železa, *MIA* 104 (1961).

Loehr, M.
1955 The Stag Image in Scythia and the Far East, *Archives of the Chinese Art Society* 9 (1955) 63—71.
1956 Early Chinese Bronze Weapons. Ann Arbor 1956.

Loewe, R.
1923 Gothische Namen in hagiographischen Texten, *PBB* 47 (Halle 1923) 407 bis 433.

Lommatsch, H. P. (Hrsg.)
1903 Digestorum artis mulomedicinae libri quatuor (Vegetius), Leipzig 1903.

Loofs, F. (Hrsg.)
1905 Nestoriana. Halle 1905.

Lot, F.
1935 Les invasions germaniques; La pénétration mutuelle du monde barbare et du monde romain. Paris 1935.
1936 La „Notitia dignitatum utriusque imperii"; ses tares, sa date de composition, sa valeur, *REA* 38 (1936) 285—338.

Lot, F. / Pfister, Chr. / Ganshof, F. L.
1928 Histoire du moyen âge 1. Paris 1928.

Loyen, A.
1942 Recherches historiques sur les panégyriques de Sidone Apollinaire. Paris 1942.

Lubo-Lesničenko, E.
1961 Drevnie kitajskie šelkovye tkani i vyšivki v sobranii gosudarstvennogo Ermitaža. Leningrad 1961.

Luckevič, I. N.
1948 Materialy do karty pošyrennja pam'jatok kul'tury poliv pochovan' na territorij Char'kiv'skoj oblasti, *Archeologija* 2 (1948) 164—178.
1952 Sarmatski kurgany u s. Nešerotove Vorošilovogradskoj oblasti, *Archeologija* 7 (1952) 136—141.

Ludwich, A. (Hrsg.)
1897 Eudociae Augustae, Procli Lycii, Claudiani carminum Graecorum reliquiae accedunt Blemyomachiae fragmenta. Leipzig 1897.

Luebeck, Aem. (Hrsg.)
1872 Hieronymus quos noverit scriptores et ex quibus hauserit. Leipzig 1872.

Luschin-Ebengreuth, A. von
1909 Der Denar der Lex Salica, *SB Wien* 163/4 (1909) 1—89.

Lüttich, R.
1910 Ungarnzüge in Europa im 10. Jahrhundert. Berlin 1910.

Macartney, C. A.
1934 The End of the Huns, *BNJb* 10 (1934) 106—114.
1951 The Origin of the Hun Chronicle and Hungarian Historical Sources. (Studies on the earliest Hungarian historical sources 6/7.) Oxford 1951.
1953 The Medieval Hungarian Historians. Cambridge 1953.

Macrea, M.
1958 Une nouvelle inscription latine de Dacie du IVe siècle, *Dacia*, N. S. 2 (Bukarest 1958) 467—472.

Maculevič, L. A.
1929 Byzantinische Spätantike. 1929.
1933 K voprosu o stadial'nosti v gotskich nadstroečnich javlenijach, *IGAIMK* 100 (1933).
1934 Pogrebenie varvarskogo knjazja v vostočnoj Evrope, *IGAIMK* 112 (1934).
1947 Bljachi-oberegi sarmatskogo pancyria, *SErm* 4 (1947).

Maenchen-Helfen, O. J.
1931 Reise ins asiatische Tuwa. Berlin 1931.
1939 The Ting-Ling, *HJAS* 4 (1939) 77—86.
1941 A Chinese Bronze with Centralasiatic Motives, *BMFEA* 13 (Stockholm 1941).
1945a Are Chinese hsi-p'i and kuo-lo IE Loan Words?, *Language* 21 (1945) 256 bis 260.
1945b Huns and Hsiung-nu, *Byzantion* 17 (1944/45) 222—243.
1945c The Legend of the Origin of the Huns, *Byzantion* 17 (1944/1945) 244—251.
1945d The Yueh-chi problem re-examined, *JAOS* 65 (1945) 71—81.
1947 Odoacer, *American Historical Review* 52 (New York 1947) 836—841.
1951 Manichaeans in Siberia, *Semitic and Oriental Studies*. A volume presented to William Popper on the occasion of his 75th birthday. *Univ. of Calif. Publications in Semitic Philology* 9 (1951) 311—326.
1955a The Date of Ammianus Marcellinus Last Books, *American Journal of Philology* 76 (Baltimore 1955) 384—399.
1955b Pseudo-Huns, *CAJ* 1 (1955) 101—106.
1957a Crenelated Mane and Scabbard Slide, *CAJ* 3 (1957) 85—138.
1957b Germanic and Hunnic Names of Iranien Origin, *Oriens* 10 (1957) 280—283.
1957c Rezension über D. Carter's The Symbol of the Beast, *JAOS* 77/4 (1957).
1957d Rezension über Two Russian Works on the Archaeology of Central Asia, *CAJ* 2 (1957) 305—306.
1958 A Chinese Bronze with Central Asiatic Motives, *BMFEA* 30 (Stockholm 1958) 165—175.
1959 The Ethnic Name Hun, *Studia Serica Bernhard Karlgren dedicata* (Kopenhagen 1959) 223—238.
1964 The Date of Maximus of Turin's Sermo XVIII, *Vigiliae Christianae* 18/2 (1964).
1966 Akatir, *CAJ* 11 (1966) 275—286.

Mair, R. (Hrsg./Übers.)
1921 Callimachus, Hymns and Epigrams. Cambridge/Mass. 1921/1955².

Maksimov, E. V.
1956a Obsuždenie voprosov rannej istorii vostočnych slavjan v Institute archeologii AN SSSR, *KSI AAN URSR* 6 (1956) 72—78.
1956b Pozdnejščie sarmato-alanskie pogrebenija V—VIII vv. na territorii Nižnego Povolž'ja, *Trudy Saratovskogo oblastnogo muzeja kraevedenija* 1 (1956) 65—85.
1966a Sarmatskie bronzovye kotly i ich izgotovlenie, *SA* 1 (1966) 51—60.
1966b Sarmatskie diagonal'nye pogrebenija vostočnoj Evropy, *ASb. Erm* (1966) 98—115.

Malikov, K. M.
1961 Žertvennik iz pregorodnogo zdanija Neapolja skifskogo, *KSI AAN URSR* 11 (1961) 65—68.

Malone, K.
1925 Widsith and the Hervararsaga. (Publications of the Modern Language Association of America 40.) 1925.
1959 Studies in Heroic Legend and in Current Speech. Kopenhagen 1959.
1962 Widsith. (Anglistica 13.) Kopenhagen 1962.

Malotet, A.
1898 De Ammiani Marcellini disgressionibus quae ad externas gentes pertineant. Paris 1898.
Malov, S. E.
1929 Drevnetureckie nadgrobija s nadpisjami bassejna r. Talas, *IAN OGN* (1929) 799—802.
1951 Pamjatniki drevnetjurskoj pis'mennosti. Moskau/Leningrad 1951.
1952 Jenissejskaja pis'mennost' tjurkov. Moskau/Leningrad 1952.
1959 Pamjatniki drevnetjurskoj pis'mennosti Mongolii i Kirgizii. Moskau/Leningrad 1959.
Mamonova, N. N. / Tugutov, R. F.
1959 Raskopki gunnskogo mogil'nika v čeremuchovnoj padi, *ASb Erm.* 1 (1959) 74—79.
Mandelštam, A. M.
1959 Mogil'nik Aruk-tau v Biškendskoj doline (južnyj Tadžikistan), *KSIIMK* 76 (1959) 73—82.
1963 Nekotorye novye dannye o pamjatnikach kočevogo naselenija južnogo Turkmenistana v antičnuju epochu, *IAN SON* 2 (1963) 27—33.
Mansi, Joannes Dominius
1757/1798 Sacrorum Conciliorum nova et amplissima collectio VI. Florenz/Venedig 1757/1798.
Marčenko, I. D.
1956 Raskopki vostočnogo nekropolja Fanagorii, *MIA* 57 (1956) 102—127.
Margulan, A. Ch. / Akišev, K. I. / Kadyrbaev, M. K. / Orazbaev, A. M.
1966 Drevnjaja kul'tura central'nogo Kazachstana. Alma-Ata 1966.
Marquart (Markwart), J.
1898a Die Chronologie der alttürkischen Inschriften. Leipzig 1898.
1898b Historische Glossen zu den alttürkischen Inschriften, *WZKM* 12 (1898) 157—200.
1901 Eranšahr nach der Geographie des Ps. Moses Xorenac'i, *Abh. Göttingen*, N. F. 3, 2 (1901).
1903 Osteuropäische und ostasiatische Streifzüge. Leipzig 1903.
1914 Über das Volkstum der Komanen, *Abh. Göttingen*, N. F. 13, 1 (1914) 25—238.
1915 Das Reich Zābul und der Gott Žūn, vom 6.—9. Jahrhundert, *Festschrift für Ed. Sachau* (Berlin 1915) 248—292.
1919/1920 Skizzen zur geschichtlichen Völkerkunde von Mittelasien und Siberien, *OZ* 8 = *Festschrift für Friedrich Hirth* (Berlin 1919/1920) 289—299.
1924 Ein arabischer Bericht über die arktischen (uralischen Länder) aus dem 10. Jahrhundert, *UAJ* 4 (1924) 267—334.
1929 Kultur- und sprachgeschichtliche Analekten, *UAJ* 9 (1929) 68—103.
1930 Südarmenien und die Tigrisquellen nach griechischen und armenischen Geographen. Wien 1930.
1931 A Catalogue of the Provincial Capitals of Eranšahr. (Analecta Orientalia 3.) Rom 1931.
1932a Die Entstehung der armenischen Bistümer, *Orientalia Christiana* 27, 2 (80) (Rom 1932) 141—236.
1932b Die Sigynnen, *Caucasia* 10 (Leipzig 1932) 1—42.
1938 Wehrot und Arang. Leiden 1938.
Marshall, F.
1911 Catalogue ot fhe Greek, Etruscan and Roman Jewellery in the British Museum. London 1911.

Marshall, J.
1951 Taxila. Cambridge 1951.
Martin, F.-R.
1893 L'âge du bronze au Musée de Minoussinsk. Stockholm 1893.
Martin, K.
1888 Theodorich der Große bis zur Eroberung Italiens. Freiburg 1888.
Martynov, G. I.
1958 Issykskaja nachodka, *KSIIMK* 59 (1958) 150—156.
Mather, R. B. (Übers.)
1959 Biography of Lü Kuang. Berkeley/Los Angeles 1959.
Matthews, W. K.
1951 Languages of the U.S.S.R. Cambridge 1951.
Mayer, L. A.
1933 Saracenic Heraldry. Oxford 1933.
Mayhoff (Hrsg.)
1892/1933 C. Plinii Secundi naturalis historia. Leipzig 1892/1933.
Mažitov, N. A.
1959 Kurgannyi mogil'nik v derevne Novo-Turbasly, *Baškirskij archeologičeskij sbornik* (Ufa 1959) 114—142.
Mazzarino, S.
1942 Stilicone. La crisi imperiale dopo Teodosio. Rom 1942.
1956 siehe Gianelli, S.
McGeachy, J. A.
1942 Quintus Aurelius Symmachus and the Senatorial Aristocracy of the West. Chicago 1942.
McLeod, W.
1965 The Range of the Ancient Bow, *Phoenix* 19 (Toronto 1965) 1—14.
Mec, N. D.
1953 Klady monet, *KSIIMK* 52 (1953) 113—120.
Medinger, P.
1933 L'arc turquois et les archers parthes à la bataille de Carrhes, *RA*, 6. Ser. 2 (1933) 227—234.
Medvedev, A. F.
1959 K istorii plastinčatogo dospecha na Rusi, *SA* 2 (1959) 119—134.
Meineke, A. (Hrsg.)
1849 Stephani ethnika. Berlin 1849.
1851/1852 Strabonis Geographica. Leipzig 1851/1852.
Meljoranskij, P.
1899 Po povodu novoj archeologičeskoj nachodki v Aulieatinskom uezde, *ZVOIRAO* (1899) 271—272.
Meljukova, A. I.
1962 Sarmatskoe pogrebenie iz kurgana u sela Olonešty, *SA* 1 (1962) 195 bis 208.
1964 Vooruženie skifov, *SAI* 1—4 (Moskau 1964).
Mendelssohn, L. (Hrsg.)
1887 Zosimi comitis et exadvocati fisci historia nova. Leipzig 1887.
Menges, K. H.
1945 Etymological Notes on some Päčänäg Names, *Byzantion* 17 (1944/1945) 256—280.
1951a Altaic Elements in the Proto-Bulgarian Inscriptions, *Byzantion* 21 (1951) 85—118.

1951b The Oriental Elements in the Vocabulary of the Oldest Russian Epos, the Igor Tale. (Supplement to "Word" Monograph 1.) (New York 1951).
1954 Glossar zu den volkskundlichen Texten aus Ost-Türkistan II. Wiesbaden 1954.

Merpert, N. I.
1951 O genezise saltovskoj kul'tury, *KSIIMK* 36 (1951) 14—30.
1953 Voprosy proischoždenija bulgar v knige A. P. Smirnova "Volžkie bulgary", *SA* 27 (1953) 274—284.

Meyer-Plath, B. / Schneider, A. M.
1943 Die Landmauer von Konstantinopel 2. Aufnahme, Beschreibung und Geschichte. Berlin 1943.

Mierow, C. C. (Übers.)
1915 The Gothic History of Jordanes. Princeton 1915.

Milaševskaja, N. N.
1957 Novye paleoantropologičeskie materialy iz Kenkol'skogo mogil'nika, *Sovetskaja antropologija* 2 (1957) 211—214.
1959 Rezul'taty paleoantropologičeskich issledovanii v Kirgizii, *T Kaz* 2 (1959) 295—331.
1964 Istorija rasprostranenija mongoloidnogo tipa na territorii Kirgizii, *Taškentskij Universitet, Naučnye trudy* 235 (Taschkent 1964) 67—85.

Miller, Vs.
1886 Epigrafičeskie sledy iranstva na juge Rossii, *Žurnal ministerstva narodnogo prosveščenija* (Oktober 1886).

Millingen, A. van
1899 Byzantine Constantinople. London 1899.

Minaeva, T. M.
1927 Pogrebenija s sožženiem bliz g. Pokrovska, *UZSU* 6 (Saratov 1927) 91—123.
1929 Zwei Kurgane aus der Völkerwanderungszeit bei der Station Šipovo, *ESA* 4 (1929) 194—209.
1951 Archeologičeskie pamjatniki na r. Giljač v verchovjach Kubani, *MIA* 23 (1951) 273—301.
1956 Mogil'nik Bajtal-Čapkan v Čerkessii, *SA* 26 (1956) 236—261.
1960 Poselenie v ust'e r. Uzun-kol, *SA* 2 (1960) 193—207.

Minns, E. H.
1913 Scythians and Greeks, a survey of ancient history and archaeology on the north coast of the Euxine from the Danube to the Caucasus. Cambridge 1913.
1945 The Art of the Northern Nomads, *PBA* 28 (1942) 47—99.

Minorsky, V.
1937 Ḫudūd al Alam "The regions of the World". A Persian Geography. London 1937.
1958 A History of Sharvān and Darband in the 10th — 11th centuries. Cambridge 1958.

Mitrea, B.
1961 Beiträge zum Studium der hunnischen Altertümer. Zwei neue hunnische Kesselgriffe aus dem südlichen Muntenien, *Dacia*, N. S. 5 (Bukarest 1961) 549—558.

Mitrea, B. / Anghelescu, N.
1960 Fragmente de Cazan Hunic descoperite în sud-estul Munténiei, *SCIV* 11 (1960).

Mitrea, B. / Preda, C.
1966 Necropole din secolul al 4 lea e. n. en Munténie. (Biblioteca de arheologie 10.) Bukarest 1966.

Mitscha-Märheim, H.
1953 Neue Bodenfunde zur Geschichte der Langobarden und Slawen im österreichischen Donauraum, *Festschrift für Rudolf Egger* 2 (Klagenfurt 1953) 355—376.
1962 Knochenbeschlag eines Reflexbogens, *Akten zum VII. Internationalen Kongreß für Frühmittelalterforschung* (Graz/Köln 1962) 350 ff.
1963 Dunkler Jahrhunderte goldene Spuren. Wien 1963.
Mizuni, Seiichi / Egami, Namio
1935 Sui-yüan Bronzes (japanisch), *Inner Mongolia* (Tokio/Kyoto 1935), engl. Zusammenfassung S. 6—13.
Mogil'nikov, G. M.
1968 Lesnye plemena Priirtyš'ja i nižnego Priob'ja v I k načale II tysjačeletii n. e., *Istorija Sibiri* (1968) 303—306.
Mohr, P. (Hrsg.)
1895 Sidonii Apollinaris epistulae. Leipzig 1895.
Mohr, W.
1938 Altgermanische Altertumskunde. München 1938.
Momigliano, A.
1955 Cassiodorus and Italian Culture of His Time, *PBA* 49 (1955) 207—245.
Mommsen, Th.
1892 Jordanis Romana et Getica. Berlin 1892.
1894 Cassiodori variae. Berlin 1894.
1895 Collectanea Rerum Memorabilium. Berlin 1895.
1898 Eugippii vita Severini denuo recognovit. Berlin 1898.
1901 Aetius, *Hermes* 46 (1901) 516—547.
1905 Reden und Aufsätze. Berlin 1905.
1906 Historische Schriften 1. Berlin 1906.
1909 The Provinces of the Roman Empire. London 1909.
1905/1913 Gesammelte Schriften 1—8. Berlin 1905/1913.
Mommsen, Th. / Meyer, P. (Hrsg.)
1954 Codex Theodosianus libri XVI cum Constitutionibus Sirmondianis et Novellae ad Theodosianum pertinentes. Berlin 1954.
Mendelssohn, L. (Hrsg.)
1887 Zosimi historia. Leipzig 1887.
Mongajt, A. L.
1955 Archeologija v SSSR. Moskau 1955.
Monneret de Villard, U.
1938 Storia della Nubia christiana, *Orientalia Christiana Analecta* 118 (Rom 1938).
Montell, G.
1945 History of the Sino-Swedish Expedition in Asia 1927—1937. Stockholm 1945.
Moravcsik, J.
1930 Zur Geschichte der Onoguren, *UAJ* 10 (1930) 53—90.
1932 Attilas Tod in Geschichte und Sage, *KCsA* 2 (1926/1932) 83—116.
1933 Die Namenliste der Gesandten am Konzil vom Jahre 869/70, *Izvestija na istoričeskotom družestvo v Sofija* 13 (1933) 8—23.
1946 Byzantine Christianity and the Magyars in the period of their Migration, *The American Slavic and East European Review (Slavic Review)* 5 (1946) 29—45.
Als Hrsg.:
1949 De administrando imperio (Constantine Porphyrogenitus). Budapest 1949.
1958 Byzantinoturcica 1: Die byzantinischen Quellen der Geschichte der Türkvölker; 2 Sprachreste der Türkvölker in den byzantinischen Quellen. Berlin 1958.

Moricca, V. (Hrsg.)
1924 Gregorii Magni Dialogi libri IV. (Fonti per la storia d'Italia 57.) Rom 1924.
Morintz, S.
1959 Nekotorye voprosy sarmatskogo naselenija v Moldove i Muntenii v svjazi s Fokšanskim pogrebeniem, *Dacia*, N. S. 3 (1959) 451—470.
1960 Ein sarmatisches Grab aus Câscioarele, *Dacia*, N. S. 4 (1960) 553—560.
Morrison, S. E.
1965 The Oxford History of the American People. Oxford 1965.
Mosberg, G. I.
1946 K izučeniju mogil'nikov rimskogo vremeni jugo-zapadnogo Kryma, *SA* 8 (1946) 113—119.
Mošinskaja, V. I.
1953a Gorodišče i kurgany Potčevaš, *MIA* 35 (1953) 189—220.
1953b Material'naja kul'tura chozjajstvo Ust'-Poluja, *MIA* 35 (1953) 72—106.
1965 Archeologičeskie pamjatniki severo-zapadnoj Sibiri. Moskau 1965.
Moškova, M. G.
1960 Rannesarmatskie bronzovye prjažki, *MIA* 78 (1960) 293—307.
1963 Pamjatniki prochorovskoj kul'tury, *SAI* 1—10 (Moskau 1963).
Moule, A. / Pelliot, P. (Hrsg./Übers.)
1938 The Description of the World (Marco Polo). London 1938.
Müllenhoff, C.
1847 De antiquissima Germanorum poesi chorica. Kiel 1847.
1870/1900 Deutsche Altertumskunde. Berlin 1870/1900.
Müller, C. (Hrsg.)
1882 Geographi graeci minores 2. Paris 1882.
1885 Fragmenta Historicorum Graecorum 4. Paris 1885.
Müller, F. W. K.
1912 Doppelblatt aus einem manichäischen Hymnenbuch (Mahrnăag), *Abh. Berlin* 5 (1912).
1915 Zwei Pfahlinschriften aus den Turfanfunden, *Abh. Berlin* 3 (1915).
Als Übers.:
1920 The Chronicle of Zacharias of Mytilene, *OZ* 8 (1919/1920).
Müller, G.
1935 Die gotische Fibel von Gátér in Ungarn, *Mannus* 27 (1935) 114—130.
Müller, K. A. (Hrsg.)
1938 Claudian. De consulatii Honorii in libro sexto. (Neue deutsche Forschungen, Klassische Philologie 7.) 1938.
Müllner, G.
1894 De imaginibus similitudinibusque quae in Claudiani carminibus inveniuntur, *Dissertationes philologiae Vindobonenses* 4 (1894) 99—192.
Murphy, F. X.
1945 Rufinus of Aquileia. Washington D. C. 1945.
Mutafčiev, P.
1932 Bulgares et Roumains dans l'histoire des pays danubiens. Sofia 1932.

Naber, S. A. (Hrsg.)
1888/1896 Josephius Flavius. Leipzig 1888/1896.
Nah-Williams, V. E.
1932 The Roman Legionary Fortress at Carleon in Monmouthshire, *Archaeologia Cambrensis* 87 (1932) 48—104.

Nau, F.
1897 Étude sur les parties inédites de la chronique ecclésiastique attribuée à Denys de Tellmahré, *Revue de l'orient chrétien* 2 (1897). Auch bei Marquart 1930.
1910 Le Livre d'Héraclide de Damas. Paris, 1910.
Als Hrsg./Übers.:
1913 Histoire de l'église nestorienne (Barhadbeshabba Abbaia), *Hist. eccl.* 25, in: *PO* 9/5 (Paris 1913).
Negmatov, N.
1957 Usrušana v drevnosti i rannem srednevekov'e. Dušanbe 1957.
Nehring, A.
1917 Seele und Seelenkult bei den Griechen, Italikern und Germanen. Breslau 1917.
Nemeskéri, J.
1945 Anthropological Examination of the deformed Skull from Gyöngyospáti, *Arch. Ért.* (1945) 308—311.
1952 An Anthropological Examination of Recent Macrocephalic Finds, *AAH* 2 (1952) 223—232.
Németh, G.
1926 Die Köktürkischen Grabinschriften aus dem Tale des Tala in Turkestan, *KCsA* 2 (1926) 134—143.
1929 Szabirok és magyarok, *MNy* 25 (1929) 81—88.
1930 Die Petschenegischen Stammesnamen, *UAJ* 10 (1930) 27—34.
Als Hrsg.:
1940 Attila és Hunjai. Budapest 1940.
Nerazik, E. E.
1958 Archeologičeskoe obsledovanie gorodišča Kunja-Uaz 1952 g., *Tchor* 3 (1958) 367—396.
1959 Keramika Chorezma arfigidskogo perioda, *Tchor* 4 (1959) 221—260.
1963 Raskopki Jakke-Parsana, *MKE* 7 (1963) 3—40.
Nerman, B.
1940 Ännu en konisk prakthjäm ifrån ett svenski fynd, *Fornvännen* 35 (1940) 312—315.
Nestor, I. / Nicolăescu-Plopşor, C. S.
1937 Hunnische Kessel aus der kleinen Walachei, *Germania* 21 (1937) 178—182.
Neuss, W.
1933 Die Anfänge des Christentums im Rheinlande. Bonn 1933.
Nicolăescu-Plopşor, D.
1961 Anthropologische Befunde über die Skelettreste aus dem Hunnengrab von Dulceanca (Rayon Roșiori), *Dacia*, N. S. 5 (1961) 543—547.
Niederle, L.
1923 Manuel de l'antiquité slave. Paris 1923.
Nikitina, G. F.
1964 Poselenija černjachovskoj kul'tury na srednem Dnestre, *SA* 2 (1964) 140 bis 150.
Nil'sen, V. A.
1959 Kyzyl-Kyr, *IMKU* 1 (1959) 60—78.
Nischer-Falkenhof, E.
1947 Stilicho. Wien 1947.
Nobbe, C. F. Aug. (Hrsg.)
1843/1845 Claudii Ptolemaei Geographia. Leipzig 1843/1845.
Noll, R. (Hrsg./Übers.)
1963 Eugippius, Das Leben des hl. Severin. Linz 1947/1963².

Nöldeke, Th. (Übers.)
1879 Geschichte der Perser und Araber zur Zeit der Sasaniden; aus der arabischen Chronik des Tabari. Leiden 1879; Graz 1973 R.
Norden, E.
1920 Die germanische Urgeschichte in Tacitus' Germania. Berlin 1920.
1934 Alt-Germanien. Leipzig 1934; Darmstadt 1962 R.
Nurmuchammedov, Nagim-Bek
1970 Iskusstvo Kazachstana, hgg. von Vejmarn, B. V. Moskau 1970.

Obel'čenko, O. V.
1956 Luju-Mazarskij mogil'nik, *Trudy instituta istorii i archeologii AN Uzbekskoj SSR* 8 (1956) 205—227.
1957 Kurgannye pogrebenija pervych vekov n. e. i kenotafy kujumazarskogo mogil'nika v Bucharskoj oblasti, *Trudy sredneazjatiskogo gosudarstvennogo universiteta,* N. S. 111, *Istorija nauki* 25 (1957).
1961 Ljavandakskij mogil'nik *IMKU* 2 (1961) 97—174.
Oboldueva, T. G.
1948 Kurgany kaučinskoj i džunskoj kul'tury v Taškentskoj obl., *KSIIMK* 23 (1948).
Obolensky, D.
1948 The Bogomils. A study in Balkan neo-manichaeism. Cambridge 1948.
Oborin, V. A. / Bader, O. N.
1958 Na zare istorii Prikam'ja. Perm' 1958.
Odobescu, A.
1906 Le Trésor de Petrossa. Paris 1889/1906.
Okladnikov, A. P.
1940 Pogrebenie bronzovogo veka v angarskoj tajge, *KSIIMK* 8 (1940) 106—112.
1950 Neolit i bronzovyj vek Pribajkal'ja I—III, *MIA* 18 (1950) 421 ff.
1954 Olenij kamen' s r. Ivolgi, *SA* 19 (1954) 207—220.
1955a Jakutijka do prisoedinenija k russkam u gosudarstv (Moskau/Leningrad 1955 = *Istorija jakutskoj ASSR* 1).
1955b Neolit i bronzovyj vek Pribajkal'ja III, *MIA* 43 (1955).
Okladnikov, A. P. / Zaporožskaja, V. D.
1959 Lenskie pisanicy. Moskau/Leningrad 1959.
l'Orange, H. P.
1953 Studies on the Iconography of Cosmic Kingship in the Ancient World. *(Instituttet for Sammenlignende Kulturforskning,* Serie A: *Forelesninger* 23.*)* Oslo 1953.
Orbeli, I. A. / Trever, K. V.
1935 Sasanidskij metall. Leningrad/Moskau 1935.
Orkun, H. N.
1936/1941 Eski türk yazitlari 1—4. Istanbul 1936/1941.
Ošanin, L. V.
1954 Etnogenez tadžikov po dannym sravitel'noj antropologii tjurkskich i iranskich narodov srednej Azii, *T Tadž* 27 (1954) 13—24.
1959 Antropologičeskij sostav naselenija srednej Azii i etnogenez ee narodov 1—3. Jerewan 1957/1959.

Palanque, J. R.
1931 Famines à Rome à la fin du IVe siècle, *REA* 33 (1931) 346—356.
1933 Saint Ambroise et l'empire romain. Paris 1933.

1951 La préfecture du Prétoire d'Illyricum au VIe siècle, *Byzantion* 21 (1951) 5—14.

Panciera, S.

1957 Vita economica di Aquileia in età Romana. Aquileia 1957.

Pando, J. C.

1940 The Life and Time of Synesios of Cyrene as Revealed in his Works. Washington D. C. 1940.

Papabasileos, G. A.

1896 Κριτί καὶ παρατηρήσεις εἰς ἱστορικῶν ἀποσπάσματα, 'Αθηνᾶ 8 (1896) 69—80.

Párducz, M.

1940 Les trouvailles jazygues d'Ernöhaza (Ernöhazai Jazig Leletek), *Arch. Ert.*, Ser. 3. 1 (1940) 261 ff.

1941/1944/1950 Denkmäler der Sarmatenzeit Ungarns I—III, *AAH* 25 (1941); *AAH* 28 (1944); *AAH* 30 (1950).

1949 Népvándorláskori haz mohácson (une maison datant de la période de la migration des peuples à Mohács), *Arch. Ert.* 76 (1949) 85—90.

1959 Archäologische Beiträge zur Geschichte der Hunnenzeit in Ungarn, *AAH* 11 (1959) 309—398.

1963 Die ethnischen Probleme der Hunnenzeit in Ungarn. Budapest 1963.

Párducz, M. / Korek, J.

1948 Elements germaniques dans la civilisation sarmatique récente de la région limitée par les fleuves Maros, Tisza et Körös, *Arch. Ert.* 7—9 (1946/1948) 229—312.

Paredi, A.

1937 I prefazi Ambrosiani. Mailand 1937.

Parker

1924 A thousand years of the Tartars. London 1924.

Patsch, C.

1925 Beiträge zur Völkerkunde von Südosteuropa 2. Banater Sarmaten, *Aph. Wien* 66 (1925) 181—216.

1928 Beiträge zur Völkerkunde von Südosteuropa 3. Die Völkerbewegung an der unteren Donau in der Zeit von Diokletian bis Heraklius. I: Bis zur Abwanderung der Goten und Taifalen aus Transdanuvien, *SB Wien* 208, 2 (1928) 1—68.

1929 Beiträge zur Völkerkunde von Südosteuropa 4. Die quadisch-jazygische Kriegsgemeinschaft im Jahre 374/5, *SB Wien* 209, 5 (1929) 1—36.

1932 Beiträge zur Völkerkunde von Südosteuropa 5, 1. Aus 500 Jahren vorrömischer und römischer Geschichte Südosteuropas. I: Bis zur Festsetzung der Römer in Transdanuvien, *SB Wien* 214, 1 (1932) 1—206.

1937 Beiträge zur Völkerkunde Südosteuropas 5, 2. Der Kampf um den Donauraum unter Domitian und Trajan, *SB Wien* 217, 1 (1937) 1—252.

Paudler, F.

1933 Dātrākarna, *Festschrift für M. Winternitz* (Leipzig 1933).

Pearce, J. W. E.

1938 The Reign of Theodosius: History and Coinage, *Transactions of the International Numismatic Congress* 1936 (London 1938) 229—237.

Peeters, P.

1914 La canonisation des Saints dans l'Église russe, *Analecta Bollandiana* 33 (1914) 380—420.

1932 Les débuts du christianisme en Géorgie d'après les sources hagiographiques, *Analecta Bollandiana* 50 (1932) 5—58.

1950 Le tréfonds oriental de l'hagiographie byzantine. Brüssel 1950.
1951 Recherches d'histoire et de philologie orientales 1. Brüssel 1951.
Peiper, R. (Hrsg.)
1886 Ausonii Burdigalensis Decimo Magni opuscula. Leipzig 1886.
Pelliot, P.
1950 Notes sur l'histoire de la Horde d'Or. Paris 1950.
Pelliot, P. / Hambis, L.
1951 Histoire des campagnes de Gengiz-Khan I. Leiden 1951.
Perec, V. N.
1926 Slovo o polku Igorevi. Kiew 1926.
Pervonaoglu, J.
1904 Greek-English Lexicon. Athen 1904.
Pešanov, V. F.
1961 Metropol'skaja diadema, *KSI AAN URSR* 11 (1961) 70—74.
Petersen, E.
1939 Der ostelbische Raum als germanisches Kraftfeld im Lichte der Bodenfunde des 6.—8. Jahrhunderts. Leipzig 1939.
Petri, B. E.
1928 Dalekoe prošloe Pribajkal'ja. Irkutsk 1928.
Petrov, K. I.
1963 In: Očerk proischoždenija kirgizskogo naroda. Frunze 1963.
Petrov, V. P.
1964a Černjakovskij mogil'nik, *MIA* 116 (1964) 53—117.
1964b Maslovskij mogil'nik na r. Tovmač, *MIA* 116 (1964) 118—167.
Petrov, V. P. / Kalščuk, A. P.
1964 Skarb skribnich rečej z s. Kačyn, Volynskoj oblasti, *Materialy i doslidžennja z archeologii Prykarpattja i Volyni* 5 (1964) 88—93.
Pharr, C.
1969 The Theodosian Code and novels and the sirmondian constitutions. New York 1969.
Philipp, H. (Hrsg.)
1911/1912 Geographie des Erdkreises von Pomponius Mela 1/2. (Voigtländers Quellenbücher 11 und 31.) Leipzig 1911/1912.
Pichlmayr, F. (Hrsg.)
1911 Sexti Aurelii Victoris de caesaribus liber. Leipzig 1911.
Pichon, R.
1906 Les derniers écrivains profanes. Paris 1906.
Pick, B. / Regling, G.
1898/1910 Die antiken Münzen Nord-Griechenlands. Berlin 1898/1910.
Pighi, J. B. (Hrsg.)
1948 Ammiani Marcellini rerum gestarum capita selecta. Neuchâtel 1948.
Pigulevskaja, N.
1939 Sirijskij istočnik VI v. o narodach Kavkaza, *VDI* 1, 6 (1939) 107—115.
1940 Mesopotamija na rubeže V—VI vv. n. e. Moskau/Leningrad 1940.
Als Übers.:
1957 Feofilakt Simokatta. Moskau 1957.
Pinder, M. / Parthey, G. (Hrsg.)
1848 Itinerarium Antonini Augusti et Hierosolymitanum. Berlin 1848.
Piotrovskij, B. B.
1949 Raskopki urartskoj kreposti na cholme Kamir-Blur, *KSIIMK* 27 (1949) 3—10.

1955 Kamir-Blur. Jerewan 1955.
1959 Vanskoe carstvo. Moskau 1959.

Pipidi, D. M.
1959 Contribuţii la istoria veche a Romîniei. Bukarest 1958.

Pjatyševa, N. V.
1956 Juvelirnye izdelija Chersonesa. Moskau 1956.

Platnauer, M. (Hrsg./Übers.)
1922 Claudian. Cambridge/Mass. 1922.

Pleidell, A.
1934 Das erste Kapitel der ungarischen Städtegeschichte, *Századok* 58 (1934) 1—9.

Pletneva, S. A.
1958 Pečenegi, torki i polovcy v južnorusskich stepjach, *MIA* 62 (1958) 200—204.
1960 Srednevekovye poselenija verchov'ev Severskogo Dona, *KSIIMK* 3 (?) (1960).

Pochettino, G.
1930 I Langobardi nell'Italia meridionale (570—1080). Caserta 1930.

Pogrebova, N. N.
1958 Pozdneskifskie gorodišča na nižnem Dnepre, *MIA* 64 (1958) 103—247.

Pokošev, N. A.
1948 Iz materialov po izučeniju ananinskoj epochi, *SA* 10 (1948) 183—202.

Pokrovskaja, L. A.
1961 Terminy rodstva v tjureckich jazykach, *Iistoričeskoe razvitie leksiki tjureckich jazykov* (Moskau 1961).

Polevoj, L. L.
1965 In: Istorija Moldavskoj SSR. Kišinev 1965.

Polivanova, V.
1890 Zametka o proischoždenii mednago sosuda iz Sengileevskago uezda, Simbirskoj gubernii, *TAS* 7, 1 (Jaroslavl'); 39 (Moskau 1890).

Pope, A. U. (Hrsg.)
1938/1939 A Survey of Persian Art 1—6. London/New York 1938/1939.

Pope, S. T.
1923 Hunting with Bows and Arrows. San Francisco 1923.
1962 Bows and Arrows. Berkeley/Los Angeles 1962³.
(1. Auflage: A Study of Bows and Arrows, *Univ. of California Publications* in *American Archaeology and Ethnology*, vol. 13, nr. 9 (1923); (1930²).

Popovic, I.
1961 Quel était le peuple pannonien qui parlait μέδος et strava?, *Sbornik radova Vizantološkog instituta* (1961) 197—226.

Porada, E.
1963 Iran ancien. Paris 1963.

Post, P.
1953 Der kupferne Spangenhelm, *34. Bericht der römisch-germanischen Kommission* 1951—1953 (Berlin 1951/1953) 115—150.

Pósta, B.
1905 Archäologische Studien auf russischem Boden. Budapest 1905.

Potapov, A. P.
1949 Osobennosti material'noj kul'tury kazachov, obuslovlennye kočevym obrazom žizni, *SMAE* 12 (1949) 43—70.

Poucha, P.
1955 Institutiones linguae Tocharicae
1. Thesaurus linguae tochariae dialecti. Prag 1955.

1956 Die geheime Geschichte der Mongolen als Geschichtsquelle und Literaturdenkmal. Prag 1956.

Poulik, J.

1950 Jižní Murava — zemé davnych Slovanů. Brünn 1950.

Preda, C.

1961 Săpăturile de salvare de la Olteni, *Materiale* 7 (1961) 510—511 (franz. Zusammenfassung).

Preger, Th. (Hrsg.)

1907 Patria Constantinopolis. (Scriptores originum Constantinopolitarum.) Leipzig 1907.

Preisigke, C. F.

1922 Namenbuch, enthaltend alle griechischen, lateinischen, ägyptischen, hebräischen, arabischen und sonstigen semitischen und nichtsemitischen Menschennamen, soweit sie in griechischen Urkunden Ägyptens sich vorfinden. Heidelberg 1922.

Pridik, E.

1914 Novye kavkazskie klady, *MAR* 34 (1914).

Pritsak, O.

1952 Stammesnamen und Titulaturen der altaischen Völker, *UAJ* 24 (1952) 49 bis 104.

1954a Kultur und Sprache der Hunnen, *Festschrift für Dmytro Čyževs'kij zum 60. Geburtstag* (Berlin 1954) 238—249.

1954b Ein hunnisches Wort, *ZDMG* 104 (1954) 124—135.

1955 Die bulgarische Fürstenliste und die Sprache der Protobulgaren. Wiesbaden 1955.

1956 Der Titel Attila, *Festschrift für Max Vasmer* (Veröffentlichungen der Abteilung für slavische Sprachen und Literaturen des Osteuropa-Instituts an der freien Universität Berlin) (Berlin 1956) 404—419.

Protase, D.

1960 Ein Grab aus dem V. Jahrhundert aus Cepari (Transsilvanien), *Dacia*, N. S. 4 (1960) 569—575.

Przyluski, J.

1950 La grande Déesse. Paris 1950.

Pugačenkova, G. A. / Rempel', L. I.

1965 Istorija iskusstv Uzbekistana. Moskau 1965.

Pulleyblank, E. G.

1962 The Consonantal System of Old Chinese, *Asia Mayor* (1962) 57—144.

1963 The Consonantal System of Old Chinese, *Asia Mayor* (1963) 205—265.

1966 Chinese and Indoeuropeans, *JRAS* (1966) 9—39.

Rachimov, M.

1959 Materialy vtorogo soobščenija archeologov i etnografov sredne Azii. Moskau/Leningrad 1959.

Rackham, H. / Jones, H. S. / Eichholz, D. E. (Hrsg./Übers.)

1938/1962 Pliny. Natural History. Cambridge/Mass. 1938/1949²—1962.

Radin, M.

1919 Studies on Uncomposed Names in Old English. Uppsala 1919.

Radlov, W.

1884/1893 Aus Sibirien. Lose Blätter aus dem Tagebuch eines reisenden Linguisten. Leipzig 1884/1893.

1894 Sibiriskie drevnosti, *MAR* 15 (1894).

1894/1899 Die alttürkischen Inschriften der Mongolei. Bd. 1—3, N. F. und 2. F. St. Petersburg 1894/1899.

Raeder, J. (Hrsg.)
1904 Theodoreti Graecorum affectionum curatio. Leipzig 1904.

Raevskij, K. A.
1955 Nazemnye sooruženija zemledel'cev meždureč'ja Dnepra-Dnestra v I tysjačeletii n. e., *SA* 23 (1955) 250—276.

Rahn, H. (Hrsg./Übers.)
1972/1975 M. Fabii Quintiliani institutiones oratoriae libri XII. Berlin 1972/1975.

Ramstedt, G. I.
1951 Alte türkische und mongolische Titel, *JSFOU* 55 (1951).

Ranstrand, G. (Hrsg.)
1951 Querolus. (Acta Universitatis Gotoburgensis 57.) Göteborg 1951.

Rapoport, Ju. A.
1958 Raskopki gorodišča Šach-Senem, *Tchor* 2 (1958) 397—420.

Rapoport, Ju. A. / Trudnovskaja, S. A.
1958 Gorodišče Gjaur-Kala, *Tchor* 2 (1958).

Rappaport, B.
1899 Die Einfälle der Goten in das römische Reich. Leipzig 1899.

Räsänen, M.
1949 Materialien zur Lautgeschichte der türkischen Sprachen. (Studia Orientalia 15.) Helsinki 1949.

Raschke, G.
1940 Zum Bronzekessel von Raase-Bennisch, *Altschlesien* 9 (1940) 114—119.

Rásonyi, L.
1932 A honfoglaló magyarsággal Kapcsolators török tulajdonnevekherz, *MNy* 28 (1932) 100—105.
1953 Sur quelques catégories des noms de personnes en turc, *Acta Linguistica* 3 (1953) 323—350.
1961 Les noms de nombre dans l'anthroponymie turque, *AOH* 12 (1961) 45 bis 71.

Rattisti, C.
1956 I Goti in Occidente. Spoleto 1956.

Rau, P. D.
1926 Die Hügelgräber römischer Zeit an der unteren Wolga. (Mitteilungen des Zentralmuseums der Autonomen Sozialistischen Räterepublik der Wolgadeutschen 1.) Pokrovsk 1926.
1927 Prähistorische Ausgrabungen auf der Steppenseite des deutschen Wolgagebiets im Jahre 1926. (Mitteilungen des Zentralmuseums der Autonomen Sozialistischen Räterepublik der Wolgadeutschen.) Pokrovsk 1927.
1928 Kurgany s kostriščami i kostrišča v kurganach nižnego Povolž'ja, *TSARANION* 4 (1928) 431 ff.

Rauschen, G.
1897 Jahrbücher der christlichen Kirche unter dem Kaiser Theodosius dem Großen. Versuch einer Erneuerung der annales ecclesiastici des Baronius für die Jahre 378—395. Freiburg 1897.

Regling, K.
1932 Dynastenmünzen von Tyana, Morima und Anisa in Kappadokien, *Zf.N* 42 (1932) 1—23.

Reichel, W.
1942 Griechisches Goldrelief. (Schriften zur Kunst des Altertums 5.) Berlin 1942.

Reinelt, P.
1903 Studien über die Briefe des hl. Paulinus von Nola. Breslau 1903.
Reinerth, H.
1940 Vorgeschichte der deutschen Stämme. Leipzig/Berlin 1940.
Remmenikov, A. M.
1954 Bor'ba plemen severnogo Pričernomor'ja v III veke n. e. Moskau 1954.
Ridgeway, W.
1905 The Origin and Influence of the Thoroughbred Horse. Cambridge 1905.
Rikman, E. A.
1957 Raskopki seliščej pervych vekov našej ery v Podnestrov'e, *KSIIMK* 68 (1957) 75—83.
1958 Mogil'nik pervych stoletij novoj ery u s. Budešty v Moldavii, *SA* (1958) 187—200.
1960 Žilišča budeštskogo selišča, *MIA* 82 (1960) 303—327.
1967 Pamjatnik epochi velikogo pereselenija narodov. Kišinev 1967.
Risch, F.
1930 Dal Piano Carpini Giovanni. Geschichte der Mongolen. Reisebericht 1245 bis 1247 übersetzt und erläutert . . .
(Veröffentlichungen des Forschungsinstitutes für vergleichende Religionsgeschichte 2, 11.) Leipzig 1930.
1934 Guilielmus de Ruysbroek. Reise zu den Mongolen 1253—1255. Leipzig 1934.
Robert, L.
1962 Villes d'Asie Mineure. Paris 1962².
Rockhill, W. W.
1900 William of Rubruk. London 1900.
Roginskij, Ja. Ja. / Levin, M. G.
1955 Osnovy antropologii. Moskau/Leningrad 1955.
Rolfe, J. C. (Hrsg./Übers.)
1935/1940 Ammianus Marcellinus. Cambridge/Mass. 1935/1940.
Romano, G. / Salmi, A.
1939 Le dominazioni barbariche in Italia 395—888. Milano 1939.
Roos, A. G. (Hrsg.)
1907/1928 Flavii Arriani quae exstant omnia. Leipzig 1907/1928.
Rosenfeld, H.
1956 Goten und Greutungen, *Beiträge zur Namenforschung* 7 (1956) 195—206.
1957a Goten und Greutungen, *Beiträge zur Namenforschung* 8 (1957) 36—43.
1957b Ost- und Westgoten, *Die Welt als Geschichte* (1957) 245—258.
Rostovcev, M. I.
1914 Antičnaja dekorativnaja živopis' na juge Rossii. St. Petersburg 1913/1914.
1921 Le culte de la grande déesse dans la Russie méridionale, *REG* 32 (1921) 462—481.
1922 Iranians and Greeks in South Russia. Oxford 1922.
1923 Une trouvaille de l'époque greco-sarmate de Kertch, *Fondation E. Piot. Monuments et mémoires* 26 (Paris 1923) 99—163.
1929 Le centre de l'Asie, la Russie, la Chine et le style animal. (Scythia I.) Prag 1929.
1930 History of the Bosporus. Oxford 1930².
1931 Skythien und der Bosporus. Berlin 1931. (Übersetzt von E. Pridik.)
Roux, J. P.
1959 L'origine céleste de la souveraintè dans les inscriptions paléoturques de Mongolie et de Sibérie, *La regalità sacra. The Sacral Kingship* (Leiden 1959).

Roy, P. Ch. (Übers.)
1887 Mahābhārata. Calcutta 1887.
Rubin, B.
1954 Prokopios von Kaisareia. Sonderausgabe aus *RE* 23, 1 Sp. 273—599 (s. v. Prokopios 21), Stuttgart 1954.
1960 Das Zeitalter Justinians. Berlin 1960.
Rudenko, S. I.
1953 Kul'tura naselenija gornogo altaja v skifskoe vremja. Moskau/Leningrad 1953.
1960 Kul'tura naselenija central'nogo altaja v skifskoe vremja. Moskau/Leningrad 1960.
1962a Kul'tura chunnov i noinulskie kurgany. Moskau/Leningrad 1962.
1962b Sibirskaja kollekcija Petra I. Moskau/Leningrad 1962.
Rudinskij, M. Ja.
1930 Kantemyrivs'ky mohyly ryms'koj doby, *Zapiski vseukrajns'kogo archeologičnogo komitetu* 1 (1930) 127—126; (franz. Zusammenfassung) 156—158.
Rudolph, R. C.
1951 Han Tomb Art of West China. Berkeley/Los Angeles 1951.
Runciman, S.
1930 A History of the First Bulgarian Empire. London 1930.
Rupp, H.
1937 Die Herkunft der Zelleneinlage und die Almandinscheibenfibeln im Rheinland. (Rheinische Forschungen zur Vorgeschichte 2.) 1937.
Rybakov, B. A.
1957 Mesto slavjano-russkoj archeologii v sovetskoj istoričeskoj nauke, *SA* 4 (1957) 55—65.
1958 Slavjane v Evrope v epochu rabovladel'českogo stroja, *Očerki* (1958) 30—52.
Rygdylon, E. R. / Chorošich, P. P.
1959 Kollekcija bronzovych kotlov Irkutskogo muzeja, *SA* 1 (1959) 253—258.
Rykov, P. S.
1925 Suslovskij kurgannyi mogil'nik, *UZSU* 4 (1925) 28—81.
1926 Archeologičeskie raskopki i razvedki v Nižnem Povolž'e i uralskom krae letom 1925 g., *Izvestija kraevedčeskogo instituta izučenija Južno-Volžskoj oblasti pri Saratovskom gosudarstvennom universitete* 1 (1926) 89—134.
1929 Izvestija razvedki i raskopki v Nižnevolžskom krae, proizvedennye v 1928 g., *ISNIK* 3 (1929) 131—155.
1931 Otčet ob archeologičeskich rabotach, proizvedennych v Nižnem Povolž'e letom 1929 g., *ISNIK* 4 (1931) 49—79.
1936a Archeologičeskie raskopki kurganov v uročišče Tri Brata v Kalm. oblasti, proizvedennye v 1933 i 1934 gg., *SA* 1 (1936) 115—157.
1936b Očerki po istorii Nižnego Povolž'ja po archeologičeskim materialam. Saratov 1936.
1936c Raskopki kurgannogo mogil'nika v rajone g. Elisty, *ISNIK* 7 (1936) 57—70.

Sachau, E. (Übers.)
1878 al-Bīrūnī. Die Chronologie orientalischer Völker. Leipzig 1878/1923 R.
Šachmatov, A. A.
1919 Drevnejšie sud'by russkago plemeni. Petrograd 1919.
Sadée, E.
1938 Frühgermanische Wagenzüge und Wagenburgen, *Festschrift für August Oxé* (Darmstadt 1938) 169—174.

Sadykova, M. Ch.
1962a Novye pamjatniki železnogo veka Baškirii, *Archeologija i etnografija Baškirii* (Ufa 1962) 88—122.
1962b Sarmatskie pamjatniki Baškirii, *MIA* 115 (1962) 242—273.
1962c Sarmatskij mogil'nik v der. Starye Kiiški, *Archeologija i Etnografija Baškirii* (1962) 88—122.

Salin, E.
1950 La civilisation mérovingienne d'après les sepultures, les textes et le laboratoire 1/1: Les idées et les faits. Paris 1950.
1967 Quelques objets rares du haut moyen âge, *Académie des inscriptions et belles-lettres. Comptes rendus des séances de l'année* (Paris 1967) 387—402.

Salin, E. / **France-Lanord**, A.
1949 Le trésor d'Arian en Calvados, *Fondation E. Piot, Monuments et mémoires* 42 (Paris 1949) 119—135.

Salmony, A.
1933 Sino-Siberian Art in the Collection of T. Loo. Paris 1933.
1935 Sino-Siberian Art. Paris 1935.

Sal'nikov, K. V.
1940 Sarmatskie kurgany bliz g. Orska, *MIA* 1 (1940) 121—238.
1948 Drevnejšie naselenie Čeljabinskoj oblasti. Čeljabinsk 1948.
1950 Sarmatskie pogrebenija v rajone Magnitogorska, *KSIIMK* 34 (1950) 115—121.
1951 Archeologičeskie issledovanija v kurganskoj Čeljabinskoj oblastjach, *KSIIMK* 37 (1951) 88—96.
1952 Drevnejšie pamjatniki istorii Urala. Sverdlovsk 1952.

Samokvasov, D. Ja.
1908 Mogily russkoj zemli. Moskau 1908.

Sanford, E. M. (Übers.)
1930 On the Government of God. New York 1930.

Saria, B.
1939 Der spätantike Limes im westlichen Jugoslavien, *Studi Bizantini e Neollenici* 5 = *Atti del V. Congresso internazionale di Studi Bizantini*, Rom 1936 (Rom 1939) 308—316.

Sarre, F.
1922 Die Kunst des alten Persien. (= Die Kunst des Ostens 5.) Berlin 1922.

Satterer, J. Ch.
1797/1798 Commentationes historica et philologica. Göttingen 1797/1798.

Sauter, M. R.
1961 Quelques contributions de l'antropologie à la connaissance du haut moyen' âge, *Mémoires et documents publiés par la societé d'histoire et d'archéologie de Genève* 40 (Genf 1961) 1—18.

Sauvaget, J.
1950 Noms et surnoms de Mamelouks, *JA* 128 (1950) 31—58.

Ščerbak, A. M.
1959 Oguz-nāme. Moskau 1959.

Schafer, E. H.
1950 The camel in China down to the Mongol Dynasty, *Sinologica* 2 (1950) 165 bis 194; 263—290.
1963 Golden Peaches of Samarkand. Berkeley/Los Angeles 1963.

Schaeffer, C. F.
1939/1968 Ugaritica 1—5. (Bibliothèque archéologique et historique 31, 47, 64, 74, 80; Mission de Ras Shamra 3, 5, 8, 15, 16.) Paris 1939/1968.

Scheffer, J. (Hrsg./Übers.)
1664 Arriani Tactica et Mauricii artis militaris libri duodecim. Uppsala 1664.
Schirren, C.
1846 De ratione quae inter Iordanem et Cassiodorum intercedat commentatio. Dorpat 1846.
Schmidt, A. V.
1927 „Kačka". Beiträge zur Erforschung der Kulturen Ostrußlands in der Zeit der Völkerwanderung, *ESA* 1 (1927) 18—50.
Schmidt, B.
1961 Die späte Völkerwanderungszeit in Mitteldeutschland. Halle 1961.
Schmidt, E. F.
1953 Persepolis 1. Chicago 1953.
Schmidt, K. D.
1939 Die Bekehrung der Ostgermanen zum Christentum. Göttingen 1935/1939.
Schmidt, L.
1909 Allgemeine Geschichte der germanischen Völker bis zur Mitte des sechsten Jahrhunderts. München/Berlin 1909.
1927 Die Ostgoten in Pannonien, *UAJ* 6 (1927) 459—460.
1934 Geschichte der deutschen Stämme bis zum Ausgang der Völkerwanderung 1. Die Ostgermanen. München 1934; 1941².
1942 Geschichte der Wandalen. München 1942².
Schneider, H.
1934 Germanische Heldensage 2. Berlin 1934.
1954 Geistesgeschichte des antiken Christentums. München 1954.
Schoff, W. H. (Übers.)
1927 Periplus of the Outer Sea. Philadelphia 1927.
Schönemann, K.
o. J. Die Entstehung des Städtewesens in Südosteuropa. Breslau o. J.
1925 Hunnen und Ungarn, *UAJ* 5 (1925) 293—303.
Schönfeld, M.
1911 Wörterbuch der altgermanischen Personen- und Völkernamen. Heidelberg 1911.
Schoppa, H.
1933 Die Darstellung der Perser in der griechischen Kunst bis zum Beginn des Hellenismus. Coburg 1933.
Schott, L.
1961 Der deformierte Schädel aus der Merowingerzeit Mitteldeutschlands in anthropologischer Sicht, in: B. Schmidt (1961) 211—226.
Schramm, G.
1960 Eine hunnisch-germanische Namenbeziehung?, *Jahrbuch für fränkische Landesforschung* 20, 1 (1960) 129—155.
1965 Horizonte geschichtlichen Wissens von Osteuropa im Spiegel der Namenüberlieferung, *Jahrbücher für Geschichte Osteuropas*, N. F. 13 (1965) 1—18.
Schramm, P. E.
1954/1955 Herrschaftszeichen und Staatssymbolik 1—2. Stuttgart 1954/1955.
Schröder, E.
1922 Die Leichenfelder für Attila, *Zf.DA* 59 (1922) 240—244.
Schubert, H. von
1911 Die Anfänge des Christentums bei den Burgundern, *SB Heidelberg* 2 (1911).
Schück, H.
1918 Studien i Hervararsagen, *Uppsala Universitets Arsskrift* 3, 2 (Uppsala 1918).

Schulz, W.
1939 Vor- und Frühgeschichte Mitteldeutschlands. Halle 1939.
1940 Die Thüringer, in: H. Reinerth (1940) 401 ff.
1942 Funde der spätgermanischen Zeit (7. Jahrhundert) von Stossen, Kreis Weissenfeld, *Nachrichtenblatt für deutsche Vorzeit* (1942) 21 ff.
Schwarz, E.
1929 Die Frage der slavischen Landnahme in Ostgermanien, *MIÖG* 43 (1929) 187 ff.
1934 Publizistische Sammlungen zum Acacianischen Schisma, *Abh. München* 10 (1934).
1939 Kyrillos von Scythopolis, *TU* 49/2 (1939).
1951 Goten, Nordgermanen, Angelsachsen. Bern 1951.
1954 Das Problem der Herkunft der Baiern, *Forschungen und Fortschritte* 28 (1954) 9 f.
1956 Germanische Stammeskunde. (Germanische Bibliothek 5.) Heidelberg 1956.
Schwidetzky, I.
1963 Europide und Mongolide in Russisch-Asien seit dem Jungpaläolithikum, *Homo* 14, 3 (1963) 151—167.
Schwyzer, E.
1914 Die sprachlichen Interessen des Prokops von Cäsarea, *Festgabe für Hugo Blümner* (Zürich 1914) 303—327; auch in *Zf.DA* 66 (1929) 94—100.
Seeck, O.
1919 Regesten der Kaiser und Päpste für die Jahre 311 bis 476 n. Chr. Stuttgart 1919.
1920/1923 Geschichte des Untergangs der antiken Welt. Stuttgart 1921/1923.
Seel, O. (Hrsg.)
1935 M. Juniani Justini epitoma historiarum. Leipzig 1935.
Segalen, V. / de Voisins, G. / Lartigue, J.
1923/1924 Mission archéologique en Chine. Paris 1923/1924.
Sekino, Tadashi u. a.
1925/1927 Rakuro-gun jidai no iseki (Archaeological Researches on the Ancient Lolang District 4: Koseki chōsa tokubetsu hōko [Archaeological Survey; special report]). Seoul? 1925/1927.
Sekino, Takeshi
1956 Chūgoku kōkogaku kenkyū (A Study of Chinese Archaeology). Tokyo 1956.
Šelov, D. B.
1950 K voprosu o vzaimodejstvii grečeskich i mestnych kul'tov v severnom Pričernomor'e, *KSIIMK* 34 (1950) 62—69.
1961 Nekropol' Tanaisa, *MIA* 98 (1961).
1962 Novye dannye o Tanaise, *Archeologičeskie raskopki na Donu* (1962) 70—77.
1965 Raskopki severo-vostočnogo učastka Tanais, *MIA* 127 (1965) 56—129.
1966 Nižne-Donskaja ekspedicija v 1962—1963 gg., *KSIIMK* 107 (1966).
1967 Tanais. Moskau 1967.
Semenjuk, G. I.
1958 K probleme rabstva u kočevych narodov, *IAN KSIAN* 1, 6 (1958) 55 bis 82.
Senigova, T. N.
1956 Otčet o rabote zapadno-kazachstanskoj archeologičeskoj ekspedicii 1953 g., *T Kaz* 1 (1956) 140—156.
1959 K izučeniju techničeskich osobennostej keramiki nizov'ja Syr-Dar'i, *T Kaz* 7 (1959) 215—231.

Serebrennikov, B. A.
1960 O nekotorych spornych voprosach sravnitel'no-istoričeskoj fonetiki tjurskich jazykov, *Voprosy russkogo jazykoznanija* 4 (1960) 62—72.
Settegast, F.
1904 Quellenstudien zur gallo-romanischen Epik. Leipzig 1904.
Seyfarth, W. (Hrsg./Übers.)
1970/1971 Ammianus Marcellinus: Römische Geschichte. Berlin 1970/1971.
Seyrig, H.
1937 Armes et costumes iraniens de Palmyre, *Syria* 18 (1937).
Shang-ch'un, L.
1942 Yen ku ts'ang-ching. Peking 1942.
Sickman, L. / Soper, E.
1956 The Art and Architecture of China. Baltimore 1956.
Sieg, E. / Siegling, W. / Schulze, W.
1931 Tocharische Grammatik. Göttingen 1931.
Sigonoa, C.
1732 De occidentali imperio. Mailand 1732.
Šilov, V. P.
1950 Pogrebenija sarmatskoj znati (1950?).
1959 Kalinovskij kurgannyj mogil'nik, *MIA* 60 (1959) 323—523.
Šimek, E.
1935 Velká Germanie Klaudia Ptolemaia II. Brünn 1935.
Simmons, P.
1948 Chinese Patterned Silk. New York 1948.
Simonyi, D.
1955 Das Kontinuitätsproblem und das Erscheinen der Slawen in Pannonien, *Studia Slavica* 1 (1955) 333—361.
1959 Die Bulgaren des 5. Jahrhunderts im Karpatenbecken, *AAH* 10 (1959) 227—250.
Sinicyn, I. V.
1932 Sarmatskie kurgannye pogrebenija v severnych rajonach Nižnego Povolž'ja, *Sbornik Nižnevolžskogo kraevogo muzeja* (Saratov 1932) 56—75.
1936 Pozdne-sarmatskie pogrebenija Nižnego Povolž'ja, *ISNIK* 7 (1936) 71—84.
1946 K materialam po sarmatskoj kul'ture na territorii Nižnego Povolž'ja, *SA* 8 (1946) 73—95.
1947 Archeologičeskie raskopki na territorii Nižnego Povolž'ja (Saratov 1947).
1950 Archeologičeskie pamjatniki po reke Malyj Uzen, *KSIIMK* 32 (1950) 101 bis 112.
1952 Archeologičeskie issledovanija v Saratovskoj oblasti i zapadnom Kazachstane, *KSIIMK* 45 (1952) 62—73.
1954a Archeologičeskie issledovanija zavolžskogo otrjada Stalingradskoj ekspedicii, *KSIIMK* (1954) 77—94.
1954b Archeologičeskie pamjatniki v nizov'jach r. Ilovli, *UZSU* 39 (1954) 218 bis 253.
1956a Archeologičeskie issledovanija v zapadnom Kazachstane, *Archeologija Kazachstana* 1 (1956) 87—139.
1956b Pamjatniki Nižnego Povolž'ja skifo-sarmatskogo vremeni, *Trudy Saratovskogo oblastnogo muzeja kraevedenija* 1 (1956) 22—63.
1959 Archeologičeskie issledovanija Zavolžskogo otrjada, *MIA* 60 (1959) 39 bis 205.
1960 Drevnie pamjatniki v nizov'jach Eruslana, *MIA* 78 (1960) 10—167.

Sinicyn, I. V. / Erdniev, U. E.
1963 Archeologičeskie raskopki v Kalmyksoj ASSR v 1961 godu, *Trudy kalmykskogo respublikanskogo kraevedčeskogo muzeja* 1 (Elista 1963).
1966 Novye archeologičeskie pamjatniki na territorii Kalmykskoj ASSR, *Trudy kalmykskogo respublikanskogo kraevedčeskogo muzeja* 2 (1966).
Sinor, D.
1948 Autour d'une migration de peuples au Ve siècle, *JA* (1946/1947) (Paris 1948) 1—77.
Sirago, V. A.
1961 Galla Placidia e la trasformazione politica dell'Occidente. Louvain 1961.
Siviero, R.
1954 Gli ori e le ambre del Museo Nazionale de Napoli. Florenz 1954.
Skalon, K.
1962 Izobraženie drakona v iskusstve IV—V vekov, *SErm* 22 (1962) 40—43.
Skard, E.
1940 Asterius von Amasea und Asterius der Sophist, *Symbolae Osloensis* 20 (1940) 86—132.
Skržinskaja, E. Ch. (Übers.)
1960 Iordan, O proischoždenii i dejanijach getov, vstupitel'naja stat'ja perevod, kommentarii E. Ch. Skržinskoj. Moskau 1960.
Šleev, V. V.
1950 K voprosu o skifskich naveršijach, *KSIIMK* 34 (1950) 53—61.
Smirnov, A. P.
1952 Očerki drevnej i srednevekovoj istorii narodov srednego Povolž'ja i Prikam'ja, *MIA* 28 (1952).
1957 Železnyj vek Baškirii, *MIA* 58 (1957) 5—113.
1958 Istorija archeologija srednevekovogo Kryma. Moskau 1958.
1967 O proischoždenii čuvašskogo naroda. Čeboksary 1967.
Smirnov, Ja. I.
1909 Vostočnoe serebro. St. Petersburg 1909.
Smirnov, K. F.
1947 Sarmatskie kurgannye pogrebenija v stepjach Povolž'ja i južnogo Priural'ja, *Doklady i soobščenija istoričeskogo fakulteta Moskovskogo gosudarstvennogo universiteta* 5 (1947).
1948a O pogrebenijach Roksolanov, *VDI* (1948) 213 ff.
1948b Sarmatskie pogrebenija južnogo Priural'ja, *KSIIMK* 22 (1948) 80—86.
1950a Novye dannye po sarmatskoj kul'ture severnogo Kavkaza, *KSIIMK* 32 (1950) 113—125.
1950b Sarmatskie plemena severnogo Prikaspija, *KSIIMK* 34 (1950) 97—114.
1951a Archeologičeskie issledovanija v rajone dagestanskogo selenja Tarki v 1948 —1949 gg., *MIA* 23 (1951) 226—272.
1951b O nekotorych itogach issledovanija mogil'nikov meotskoj i sarmatskoj kul'tury Prikuban'ja i Dagestana, *KSIIMK* 37 (1951).
1952a Osnovnye puti razvitija meoto-sarmatskoj kul'tury srednego Prikuban'ja, *KSIIMK* 46 (1952) 3—18.
1952b Archeologičeskie issledovanija v Dagestane v 1948—1950 godach, *KSIIMK* (1952) 83—96.
1953 Itogi i očerednye zadači izučenija sarmatskich plemen i kul'tury, *SA* 17 (1953) 133—148.
1954a Rabota pervogo nižnevolžkogo otrjada Stalingradskoj ekspedicii, *KSIIMK* 55 (1954) 64—76.

1954b Voprosy izučenija sarmatskich plemen i ich kul'tury v sovetskoj archeologii, *Voprosy* (1954) 195—219.
1958 Meotskij mogil'nik u Stanicy Paškovskoj, *MIA* 64 (1958) 272—312.
1959 Kurgany u sel Ilovatka i Politodel'skoe Stalingradskoj oblasti, *MIA* 60 (1959) 206—322.
1960 Kurgany bjlja m. Velykogo Tomaka, *APU* 8 (1960) 164—189.
1961 Vooruženie savromatov, *MIA* 101 (1961).
1964 Savromaty. Moskau 1964.
1966 Sarmatskie pogrebenija v bassejne r. Kindelja Orenburgskoj oblasti, *KSIIMK* 107 (1966) 33—43.

Smirnov, K. F. / Petrenko, B. G.
1963 Savromaty Povolž'ja i južnogo Priural'ja, *Archeologija* 19 (1963).

Smirnov, K. F. / Popov, S. A.
1968 Raboty v Orenburgskoj oblasti, *Archeologičeskie otkrytii* 1967 *goda* (Moskau 1968) 113—114.

Smirnova, O.
1962 Drevnij mir. Moskau 1962.

Snodgrass, A. M.
1964 Early Greek Armour and Weapons from the End of the Bronze Age to 600 B. C. Edinburgh 1964.

Sofer, J.
1937 Das Hieronymuszeugnis für die Sprachen der Galater und Trevener, *Wiener Studien* 55 (1937) 148—158.

Sokolova, K. F.
1958a Antropologičeskie materialy iz rannesrednevekovych mogil'nikov Kryma, in: A. P. Smirnov 1958, 63—87.
1958b Antropologičeskij material iz Aluštinskogo mogil'nika, *Sovetskaja antropologija* 2 (1958) 55—67.

Sokol'skij, N. I.
1955 O bosporskich ščitach, *KSIIMK* 58 (1955) 14—25.

Solari, A.
1938/1943 Il rinnovamento dell'imperio romano 1. Mailand 1938/1943.

Solomonik, E. I.
1957 O tavrenii skota v severnom Pričernomor'e, *Istorija i archeologija drevnego Kryma* (Kiew 1957) 210—218.
1959 Sarmatskie znaki severnogo Pričernomor'ja. Kiew 1959.

Solymossy, A.
1937 La légende de la viande amortie sous la selle, *Nouvelle Revue de Hongrie* (August 1937) 134—140.

Sommerström, B.
1956/1958 Archaeological Researches in the Edsen-Gol Region 1—2. Stockholm 1956/1958.

Sorokin, S. S.
1956a O datirovke i tolkovanii kenkol'skogo mogil'nika, *KSIIMK* 64 (1956) 8 bis 14.
1956b Sredneaziatskie podbojnye i katakombnye zachoronenija, *SA* 20 (1956) 97—117.
1958 Archeologičeskie pamjatniki severo-zapadnoj časti Aktjubinskoj oblasti, *KSIIMK* 71 (1958) 78—85.
1961a Borkorbazskij mogil'nik, *TGE* 5 (1961) 117—161.
1961b Zeleznye izdelija iz kenkol'skoj kollekcii, *SErm.* 20 (1961) 51 ff.

Sosnovskij, G. P.
1935 Deretujskij mogil'nik, *Problemy istorii dokapitalističeskich obščestv* 1—2 (1935) 168—176.
1946 Raskopki Il'movoj padi, *SA* 8 (1946) 51—66.
1947 O poselenii gunnskoj epochi v doline r. Čikoja (Zabajkal'e), *KSIIMK* 14 (1947).
Šovkoplyas, I. G.
1957 Archeologični doslidžennja na Ukraini (1917—1957). Kiew 1957.
Spasskaja, E. Ju.
1956 Mednye kotly rannich kočevnikov Kazachstana i Kirgizii, *Učenie zapiski Alma-atinskogo gosudarstvennogo pedagogičeskogo instituta* 11 (1956) 155 bis 169.
Spengel, L. (Hrsg.)
1853/1856 Rhetores Graeci. Leipzig 1853/1856.
Spicyn, A.
1902 Drevnosti kamskoj čudi po kollekcii Teplouchovych, *MAR* 26 (1902).
1905 Vešči s inkrustaciej iz kerčenskich katakomb 1904 g., *IAK* (1905) 115—126.
1915 Archeologičeskij al'bom, *ZVOIRAO* 11 (1915).
1948 Polja pogrebal'nych urn, *SA* 10 (1948) 53—72.
Spiro, F. (Hrsg.)
1903 Pausaniae Graeciae descriptio. Leipzig 1903.
Spuler, B.
1943 Die goldene Horde. Leipzig 1943.
1952 Iran in frühislamischer Zeit. Wiesbaden 1952.
Stade, K.
1933 Beinplatten zur Bogenversteifung aus römischen Waffenplätzen, *Germania* 17 (1933) 110—114.
Stein, Aur.
1921 Serindia. Detailed report of explorations in Central Asia and Westernmost China. Oxford 1921.
1928 Innermost Asia. Oxford 1928.
Stein, E.
1925 Untersuchungen zur spätrömischen Verwaltungsgeschichte, *Rheinisches Museum* 74 (1925) 347—394.
1928 Geschichte des spätrömischen Reiches I. Wien 1928 (Dt. = die vom Autor benützte Ausgabe); 1959² (franz.; übers. von Palanque).
1959 Histoire du bas-Empire II. (Franz. Fortsetzung von Stein 1928). Paris/Brüssel/Amsterdam 1949 (hgg. von Palanque).
Stevens, C. E.
1933 Sidonius Apollinaris and His Age. Oxford 1933.
1940 The British Sections of the Notitia Dignitatum, *Archaeological Journal* (1940) 125 ff.
Stevenson, E. L. (Übers.)
1932 Geography of Claudius Ptolemy. New York 1932.
Stoljar, A. D.
1958 Raskopki kurganov u chutorjanina Popova v 1950—1951 gg., *MIA* 62 (1958) 348—416.
Stounton, G.
1797 Gesandtschaften nach China 271/87.
Straub, J.
1952 Studien zur Historia Augusta. Bern 1952.

Stroheker, K. F.
1965 Germanentum und Spätantike. Zürich/Stuttgart 1965.
Ström, H.
1939 Old English Personal Names in Bede's History. (Lund Studies in English 8.) Lund 1939.
Stuchi, S.
1954 Le difese romane alla porta orientale d'Italia e il vallo delle Alpe Giule, *Aevum* 19 (Mailand 1945).
Stumpfl, R.
1936 Kultspiele der Germanen als Ursprung des mittelalterlichen Dramas. Berlin 1936.
Sturenberg, N.
1932 Relative Ortsbezeichnungen. Leipzig 1932.
Sturtevant, E. H.
1940 The Pronunciation of Greek and Latin. Philadelphia 1940.
Šul'c, P. N.
1953 Mavzolej Neapolja skifskogo. Moskau 1953.
1957 Issledovanija Neapolja skifskogo (1945—1950 gg.), *Istorija i archeologija drevnego Kryma* (Kiew 1957) 61—93.
Sulimirski, T.
1964 Sarmatians in the Polish Past, *Polish Review* 9, 1 (1964) 13—66.
Sullivan, M.
1962 The Birth of Landscape Painting in China. Berkeley 1962.
Sun, Shou-tao
1957 Hsi-ch'a-kou ku-mu-chün pei chüeh shih-chien ti chiao-hsün (Report on the excavations of ancient tombs at Hsi-ch'a-kou), *WWTK* 1 (1957) 53 bis 56.
Sundwall, J.
1915 Weströmische Studien. Berlin 1915.
Svoboda, B.
1966 Zum Problem antiker Traditionen in der ältesten slawischen Kultur, *Origine et débuts des Slaves* 5 (Prag 1966) 87—114.
Svoboda, B. / Končev, D.
1956 Neue Denkmäler antiker Toreutik. (Ceskoslovenská Akad. věd. Archeologicky Ustav ČSAV Monumenta archaeologica 4.) Prag 1956.
Swoboda, E.
1958 Carnuntum. Graz/Köln 1958[3].
Symanovič, E. A.
1955 Pamjatniki černjachovskoj kul'tury stepnogo Podneprov'ja, *SA* 24 (1955) 282—316.
1956 O nekotorych tipach poselenij pervych vekov n. e. v severnom Pričernomor'e, *KSIIMK* 65 (1956) 131—135.
1957a Lepnaja posuda pamjatnikov černjachovskoi kul'tury nižnego Dnepra, *KSIIMK* 68 (1957) 14—19.
1957b Stekljannaja posuda serediny I tysjačeletija n. e. s nižnego Dnepra, *KSIIMK* 69 (1957) 22—30.
1958 K voprosu o rannečernjachovskich poselenijach kul'tury polej pogrebenij, *SA* 1 (1958) 248—252.
1964a Ornamentacija černjachovskoj keramiki, *MIA* 116 (1964) 270—361.
1964b Severnaja granica pamjatnikov černjachovskoj kul'tury, *MIA* 116 (1964) 7—43.

Széleky, Gy.
1961 Le sort des agglomérations pannoniens au début du Moyen Age et les origines de l'urbanisme en Hongrie, *Annales Universitatis Scientiarum Budapestiensis, sectio historica* 3 (Budapest 1961) 59—96.

Takáts, Z.
1925 Chinesisch-hunnische Kunstformen, *Bulletin de l'institut archéologique bulgare* 3 (1925).
1927 Kinai-Hunn Kapcsolatok, *Arch. Ert.* (1927) 146 ff.
1955 Catalaunischer Hunnenfund und seine ostasiatischen Verbindungen, *AOH* 5 (1955) 143—173.
1959 Neuentdeckte Denkmäler der Hunnen in Ungarn, *AOH* 9 (1959) 85—96.
1960 Some Chinese Elements in the Art of the Early Middle Ages of the Carpathian Basin, *East and West* (1960) 121—134.

Talitskaja, I. A.
1952 Materialy k archeologičeskoj karte bassejna r. Kamy, *MIA* 27 (1952).

Tallgren, A. M.
1929 Zur osteuropäischen Archäologie, *Finnisch-Ugrische Forschungen* 20 (Helsingfors 1929).
1937 The South Siberian Cemetery of Oglakty from the Han Period, *ESA* 11 (1937).

Tarn, W. W.
1948 Alexander the Great. Cambridge 1948; 1950/1951 R; (dt.) Darmstadt 1968.
1951 The Greeks in Bactria and India. Cambridge 1938/1951²; 1966 R.

Tê-k'un, Chêng
1960 Shang China. (Archaeology of China 2.) Cambridge 1960.
1963 Chou China. (Archaeology of China 3.) Cambridge 1963.

Teggart, Fr. J.
1939 Rome and China. Berkeley 1939; 1969 R.

Teplouchov, S. A.
1929 Opyt klassifikacii drevnich metalličeskich kul'tur Minussinskogo kraja, *Materialy po etnografii* 4 (1929) 41—62.

Terenožkin, A. I.
1940 Pamjatniki material'noj kul'tury na Taškentskom kanale, *IUFAN* 9 (1940).
1950 Sogd i čaš, *KSIIMK* 33 (1950) 152—169.

Thackerey, H. St. J. / Marcus, R. / Wikgren, A. (Hrsg./Übers.)
1926/1965 Josephus. Cambridge/Mass. 1926/1965.

Thalheim, Th. / Ruehl, F. (Hrsg.)
1910/1912 Xenophontis scripta minora. Leipzig 1910/1912.

Thierry, A.
1856 Histoire d'Attila et de ses successeurs. Paris 1856.

Thiersch, H.
1935 Artemis Ephesia I, *Abh. Göttingen*, dritte Folge 12 (1935).

Thomas, E.
1958 Archäologische Funde aus Ungarn. Budapest 1958.

Thomas, F. W.
1935/1955 Tibetan Literary Texts and Documents Concering Chinese Turkestan. (Oriental Translation Fund. N. S. 32, 37 und 40.) London 1935/1955.

Thompson, E. A.
1944 Olympiodorus of Thebes, *ClQ.* 38 (1944) 43—52.
1945a The Camp of Attila, *JHS* 65 (1945) 112—115.

1945b Priscus of Panium, Fragment 1b, *ClQ.* 39 (1945).

1946 Christian Missionaries among the Huns, *Hermathema* 67 (1946) 73—79.

1947a The Historical Work of Ammianus Marcellinus. Cambridge 1947.

1947b Notes on Priscus Panites, *ClQ.* 41 (1947) 61—65.

1948 A History of Attila and the Huns. Oxford 1948.

1956 Zosimus on the End of Roman Britain, *Antiquity* 119 (September 1956) 163—167.

1957a Christianity and the Northern Barbarians, *Nottingham Medieval Studies* 1 (1957).

1957b A Chronological Note on St. Germanus of Auxerre, *Analecta Bollandiana* 75 (1957) 135—139.

1961 The Visgoths in the Time of Ulfila, *Nottingham Medieval Studies* 5 (1961) 3—32.

Thomsen, V.

1912 Dr. M. A. Stein's Manuscripts in Turkish "Runic" Script from Miran and Tun-Huang, *JRAS* (1912) 181—227.

1924 Alttürkische Inschriften aus der Mongolei, *ZDMG* 78 (1924) 121—175.

Thomson, J. O.

1948 History of Ancient Geography. Cambridge 1948; New York 1965 R.

Thordeman, B.

1932 Beiträge zur Entstehung des Spangenharnisches, *Zeitschr. f. hist. Waffen- und Kostümkunde*, N. F. 4 (Berlin 1932) 56—59.

1939/1940 Armour from the Battle of Wisby 1361. Stockholm 1939/1940.

Tichanova, M. A.

1941 Kul'tura zapadnych oblastej ukrainy v pervye veka n. e., *MIA* 6 (1941) 276 ff.

1956 Boročitskij klad, *SA* 25 (1956) 301—317.

1957 O lokal'nych variantach černjachovskoj kul'tury, *SA* 4 (1957) 168 bis 194.

1960 Laskovskij klad, *SA* 1 (1960) 196—204.

1963 Raskopki na poselenii III—IV vv. u s. Lepesovka v 1957—1959 gg., *SA* 2 (1963) 178—191.

Tihelka, K.

1963 Das Fürstengrab bei Blučina, Bez. Brno-Land, aus der Zeit der Völkerwanderung, *Památky archeologické* 54 (1963) 467—498.

Tillemont, L. S. / Le Nain de

1670/1738 Histoire des empereurs. Paris 1670/1738.

Tiratsian, G. A.

1960 Utočnenie nekotorych detalej sasanidskogo vooruženija, *Orbeli Anniversary Volume* (1960) 474—486.

Togan, Zeki Validi, A. (Übers.)

1939 Ibn Fadlan's Reisebericht. Leipzig 1939.

Toll, J. (Hrsg.)

1671 Ausonii Opera. Amsterdam 1671.

Toll, N.

1927 Zametki o kitajskom šelke na juge Rossii, *Seminarium Kondakovianum* 1 (1927).

Tolstov, S. P.

1948 Po sledam drevnechorezmskoj civilizacii. Moskau 1948.

1949 Chorezmskaja archeologo-etnografičeskaja ekspedicija AN SSSR v 1948 g., *IAN SIF* 6, 3 (1949) 236—262.

1952 Chorezmskaja archeologo-etnografičeskaja ekspedicija AN SSSR (1945—1948 gg.), *Tchor* 1 (1952) 7—46.
1954 Archeologičeskie raboty chorezmskoj archeologo-etnografičeskoj ekspedicii AN SSSR v 1951 g., *SA* 19 (1954) 239—262.
1957 Itogi dvadcati let raboty chorezmskoj archeologo-etnografičeskoj ekspedicii (1937—1956 gg.), *SE* 4 (1957) 31—59.
1958a Chorezmskaja archeologo-etnografičeskaja ekspedicija 1955—1956 gg., *SA* 1 (1958) 106—133.
1958b Raboty chorezmskoj archeologo-etnografičeskoj ekspedicii AN SSSR v 1949—1953 gg., *Tchor* 2 (1958) 7—258.
1962 Po drevnim del'tam Oksa i Jaksarta. Moskau 1962.

Tolstov, S. P. / Ždanko, T. A. / Itina, M. A.
1963 Raboty chorezmskoj archeologo-etnografičeskoj ekspedicii AN SSSA v 1958—1961 gg., *MKE* 6 (1963) 3—90.

Tončeva, G.
1952 Contribution à l'iconographie du grand dieu d'Odessus, *Bulletin de l'Institut archéologique* 28 (1952) 83—90.

Tóth, T.
1962 Palaeoanthropological Finds from the Valley of Hudjirte (Noin-Ula, Mongolia), *AAH* 14 (1962) 249—253.
1967 Some Problems in the Palaeoanthropology of Northern Mongolia, *AAH* 19 (1967) 377—389.

Trau Sammlung Trau, Auktionskatalog, Wien (Mai) 1935.

Trautmann, R.
1947 Die slavischen Völker und Sprachen. Eine Einführung in die Slavistik. Göttingen 1947.

Tretjakov, P. N.
1948 Vostočnoslavjanskie plemena. Moskau 1948; 1953².
1953 Po sledam drevnich kul'tur. Drevnjaja Rus'. Moskau 1953.
1954 Ranneslavjanskaja kul'tura v verchnem Podneprov'e, *KSIIMK* 55 (1954) 11—16.

Trever, K. V.
1935 Vgl. Orbeli/Trever 1935.
1940 Pamjatniki greko-baktrijskogo iskusstva. Moskau/Leningrad 1940.
1959 Očerki po istorii i kul'ture kavkazskoj Albanii. Moskau/Leningrad 1959.

Trofima, T. A.
1957 Palaeoanthropological Remains Coming from the Territory of Ancient Khorezm, *East and West* 8, 3 (1957).
1958a Kraniologičeskie materialy iz antičnych krepostej Kalaly-Gir 1 i 2, *Tchor* 2 (1958) 543—630.
1958b Materialy po paleoantropologii Chorezma i sopredel'nych oblastej, *Tchor* 2 (1958) 639—701.
1959 Drevnee naselenie Chorezma po dannym antropologii, *MKE* 2 (1959).
1960 Osnovnye itogi i zadači paleoantropologičeskogo izučenija srednej Azii, *SE* 2 (1960) 110—122.
1963 Priaral'skie Saki (Kraniologičeskij očerk), *MKE* 6 (1963) 221—247.

Troplong, E.
1908 La diplomatie d'Attila, *Revue d'histoire diplomatique* 22 (1908).

Trypanis, C. A. (Übers.)
1958 Callimachus, Aetia, Iambi, Hecala. Cambridge/Mass. 1958.

Tsunoda, Bunei
1954 Kodai hoppō bunka no kenkyū (A study on ancient northern cultures). Kyoto 1954.
Tudor, D.
1948 Sucidava III, *Dacia* 11—12 (1945/1947) 141—208.
1958 Oltenia romana. Bukarest 1958.
1965 Sucidava; une cité daco-romaine et byzantine en Dacie. Brüssel 1965.

Uchida, Gimpū
1953 *Gakugei* 36 (1948) 28—32 und Yūboku minzoku no shakai to bunka (1952) 49—66; Neudruck in: *Kyōdo shi Kenkyū* (Tokio 1953) 177—194.
Ulrich, H.
1957 Trois cranes artificiellement déformées du Bas. Rhin, *Bulletin et mémoires de la société d'anthropologie de Paris* 5—6 (Paris 1957) 276—283.
Ulrich-Bansa, O.
1949 Moneta Mediolanensis. Venedig 1949.
Umehara, S.
1931 Ō bei ni okeru shina kokyo. Kyoto 1931.
1935 Shina kodō seikwa 4. Osaka 1935.
1938 Kodai hoppō kei bumbutsu no kenkyū. Kyoto 1938. (Enthält *Tōhō gakuhō* 1 [Kyoto 1931] 49—90.)
1960 Mōko Noin Ura hakken no ibutsu. Tokio 1960.
Untaru, G.
1962 Mormînt sarmatic desoperit în orasul Focşani, *SCIV* 13, 1 (1962) 157—162.
Uspenskij, K. N.
1950 Theophanes und seine Chronographie, *VV* 3 (1950) 396—438.
Uzmanova, Z. I.
1963 Raskopki masterskoj remeslennika parfjanskogo vremeni na gorodišče Gjaur-Kala, *Trudy južno-turkmenskoj archeologičeskoj kompleksnoj ekspedicii* 12 (1963).

Vacant, A. / Manginot, E. / Amann, E. (Hrsg.)
1902/1913 Dictionnaire théologie catholique. Paris 1902/1913.
Vaillant
1841/1865 Moses v. Chorene, Venedig 1841/1865.
Vajnštejn, S. I.
1964 Tuva v period razloženija pervobytnoobščinnogo stroja i voznyknovenija klassovogo obščestva, *Istorija Tuvy* (Moskau 1964) 35—54.
1966 Nekotorye voprosy istorii drevnetjurskoj kul'tury, *SE* 3 (1966) 60—81; engl. Übersetzung in: *Soviet Anthropology and Archaeology* 6, 4 (1968) 3—24.
Vajnštejn, S. I. / D'jakonova, V. P.
1966 Pamjatnik v mogil'nike kokel' konca I tysjačeletija do našej ery-pervych vekov našej ery, *T Tuv* 2 (1966) 185—291.
Vámbéry, A.
1882 A magyarok eredete (Über die Herkunft der Magyaren). Budapest 1882.
Vamos, F.
1932 Attilas Hauptlager und Holzpaläste, *Seminarium Kondakovianum* 5 (1932) 131—148.
Vance, M.
1907 Beiträge zur byzantinischen Kulturgeschichte am Ausgang des 4. Jahrhunderts aus den Schriften des Johannes Chrysostomos. Jena 1907.

Vasiliev, A. A.
1936 The Goths in the Crimea. (Monographs of the Mediaeval Academy of America 11.) Cambridge/Mass. 1936.
1950 Justin the First. (Dumbarton Oaks Studies 1.) Cambridge/Mass. 1950.
Vasjutkin, S. M.
1968 Nekotorye voprosy archeologii Baškirii I tysjačeletija našej ery, *SA* 1 (1968) 56—72.
Vasmer, M.
1923 Untersuchungen über die ältesten Wohnsitze der Slaven I. Die Iraner in Südrußland. Leipzig 1923.
1950/1958 Russisches etymologisches Wörterbuch. Heidelberg 1950/1958.
Veeck, W.
1931 Die Alemannen in Württemberg. Berlin/Leipzig 1931.
Veh, O. (Hrsg./Übers.)
1961/1971 Prokops Werke. München 1961/1971.
Vejmarn, B. V.
1957 Raskopki Inkermanskogo mogil'nika v 1948 g., *Istorija i archeologija drevnego Kryma* (Kiew 1957) 219—237.
1958 Peščernye goroda Kryma v svete archeologičeskich issledovanij 1954—1955 g., *SA* 1 (1958) 71—79.
Velichanova, M. S.
1965 K etnografičeskoj antropologii Prutsko-Dnestrovskogo meždureč'ja v I tysjačeletii n. e., *KSIIMK* 105 (1965) 59—67.
Velkov, V. I.
1959 Gradŭt v Trakija i Dakija prez kŭsnata antičnost (Die thrakische und dakische Stadt in der Spätantike). Sofia 1959.
Vernadsky, G.
1943 Ancient Russia. New Haven 1943; 1946³.
1959 The Origins of Russia. Oxford 1959.
Vetter, G.
1938 Die Ostgoten und Theoderich. Stuttgart 1938.
Vetters, H.
1950 Dacia ripensis. (Österreichische Akademie der Wissenschaften, Schriften der Balkankommission, Antiquarische Abteilung 11.) 1950.
1963 Zur Spätzeit des Lagers Carnuntum, *Österreichische Zeitschrift für Kunst und Denkmalpflege* 17 (1963).
Vinnikov, Ja. R.
1956 Rodo-plemennoj sostav i rasselenie kirgizov na territorii južnoj Kirgizii, *Tkirg.* 1 (1956) 136—181.
Vinogradov, V. B.
1963 Sarmaty severo-vostočnogo Kavkaza. Groznyj 1963.
1966a Figurki „Skifov" iz Čečenoingušetii, *SA* 2 (1966).
1966b Tajny minavskich vremen. Moskau 1966.
Vitt, V. O.
1952 Lošadi pazyrykskich kurganov, *SA* 16 (1952) 163—205.
Vives, J.
1942 Inscripciones cristianas de la Espana romana y visigoda. Barcelona 1942.
Vjaz'mitina, M. J.
1953 Izučenie sarmatov na territorii Ukrainskoj RSR, *Archeologija* 8 (1953) 56 bis 75.

1959 Sarmatskie plemena, *Narysy starodavn'oj istorij Ukrains'koj RSR* (Kiew 1959) 215—242.
1962 Zolota Balka. Kiew 1962.
Vladimircov, B. Ja.
1934 Obščestvennyj stroj Mongolov. Leningrad 1934.
Vlček, E.
1957 Antropologicky material z obdobi štěhováui národu na Slavensku, *Slovenská Archaeologia* 5, 2 (1957) 402—423; (deutsche Zusammenfassung) 423 bis 424.
Voedvodskij, M. V. / Grjaznov, M. P.
1930 Usunskie mogil'niki na territorii Kirgizskoj SSR, *VDI* 3 (1930) 19 bis 38.
Volkov, V.
1962 Bronzovye nakonečniki strel iz muzeev MNR, *Mongol'skij archeologičeskij sbornik* (1962) 18—26.
Vordemfelde, H.
1923 Die germanische Religion in den deutschen Volksrechten. Gießen 1923.
Vorob'ev, M. V.
1961 Drevnjaja Koreja. Moskau 1961.
Vorob'eva, M. G.
1959 Keramika Chorezma antičnogo perioda, *Tchor* 4 (1959) 63—220.
Voronec, M. E.
1940 Archeologičeskie issledovanija 1937—1939 gg. v Uzbekistanskoj SSR, *VDI* 3—4 (12—13) (1940) 324—339.
1951 Otčet archeologičeskoj ekspedicii Muzeja istorii AN Uzbekistanskoj SSR o raskopkach pogrebal'nych kurganov vozle st. Vrevskaja, *Trudy muzeja istorii Uzbekistana* (Taschkent 1951).
Vos, M. F.
1963 Scythian Archers in Archaic Attic Vase-Painting. (Archaeologica Traiectina 6.) Groningen 1963.
Vostrov, V. V.
1961 Rodoplemennoj sostav i rasselenie kazachov na territorii Semirečenskoj oblasti, *T Kaz* 12 (1961) 119—135.
Vulpe, R.
1961 La Valachie et la Basse-Moldavie sous les Romains, *Dacia*, N. S. 5 (1961) 365—393.
Vysotskaja, T. N. / Čerepanova, E. N.
1966 Nachodki iz pogrebenij IV—V vv. v Krymu, *SA* 3 (1966) 187—196.

Wagner, N.
1967 Getica. Untersuchungen zum Leben des Jordanes und zur frühen Geschichte der Goten. (Quellen und Forschungen zur Sprach- und Kulturgeschichte der germanischen Völker 146 = N. S. 22.) Berlin 1967.
Wais, G. J.
1940 Die Alemannen in ihrer Auseinandersetzung mit der römischen Welt. Berlin 1940.
Waitz, G. (Hrsg.)
1878 Historia Langobardorum. Hannover 1878.
Waley, A.
1931 The Travels of an Alchemist. London 1931.
1946 Chinese Poems. London 1946.

Walford, E. (Hrsg./Übers.)
1846 Ecclesiastical History (containing fragments from Philostorgius). London 1846.
1854 History of the Church from A. D. 322 to the Death of Theodore of Mopsuestia, A. D. 427, by Theodoret, bp. of Cyrus and from A. D. 431 to A. D. 594 by Evagrius. London 1854.

Walke, N.
1965 Das römische Donaukastell Straubing-Sorviodūrūm. (Limesforschungen 3.) Berlin 1965.

Walser, G.
1951 Rom, das Reich und die fremden Völker in der Geschichtsschreibung der frühen Kaiserzeit. Studien zur Glaubwürdigkeit des Tacitus. Basel 1951.

Watson, W.
1962 Early Chinese Bronzes. Rutland, Vt. 1962.

Weber, S. (Hrsg./Übers.)
1927 Beschreibung des Lebens und Sterbens des hl. Lehrers Mesrop. (Ausgewählte Schriften der armenischen Kirchenväter. Bibliothek der Kirchenväter 57.) München 1927.
Schriften der armenischen Kirchenväter.) München 1927.

Weber, L.
1936 Die katalaunische Geisterschlacht, *Archiv für Religionswissenschaft* 33 (1936) 162—166.

Wedemeyer, A.
1930 Japanische Frühgeschichte. Tokio 1930.

Weerd, H. van de / Lambrechts, P.
1938 Note sur les corps d'archers au Haut Empire = *Laureae Aquincences* I, 229—242.

Weibel, A. C.
1952 Two Thousand Years of Textiles. New York 1952.

Wei-yüan, Yao
1958 Pei-chao hu-hsing-k'ao. Peking 1958.

Wendel, C. (Hrsg.)
1935 Scholia in Apollonium Rhodium vetera. Berlin 1935.

Wenley, A. G.
1949 The Questions of the Po-Shan-Hsiang-Lu, *Archives of the Chinese Art Society of America* 3 (1946/1949).

Wenskus, R.
1961 Stammesbildung und Verfassung; das Werden der frühmittelalterlichen gentes. Köln/Graz 1961.

Werner, J.
1932 Bogenfragmente aus Carnuntum und von der unteren Wolga, *ESA* 7 (1932) 33—58.
1935 Münzdatierte austrasische Grabfunde. (Germanische Denkmäler der Völkerwanderungszeit 3.) Berlin 1935.
1950 Zur Herkunft der frühmittelalterlichen Spangenhelme, *PZ* 34/35 (1949/1950) 178—193.
1956 Beiträge zur Archäologie des Attila-Reiches, *Abh. München*, N. F. 38 (München 1956).
1958 Neue Daten zur Verbreitung der artifiziellen Schädeldeformation im 1. Jahrtausend n. Chr., *Germania* 36 (1958) 162—164.

1959 Studien zu Grabfunden des 5. Jahrhunderts aus der Slowakei und der Karpatenukraine, *Slovenská Archaeologia* 7 (1959) 422—438.

1960 Die frühgeschichtlichen Grabfunde vom Spielberg bei Erlbach, Ldkr. Nördlingen, und von Fürst, Ldkr. Laufen a. d. Salzach, *Bayerische Vorgeschichtsblätter* 25 (1960) 164—179.

1962b Die Langobarden in Pannonien, *Abh. München*, N. F. 55 A—B (München 1962).

Werner, J. / Annibaldi, G.

1963 Ostgotische Grabfunde aus Acquasanta, Prov. Ascoli Piceno (Marche), *Germania* 41 (1963) 356—373; (Annibaldi 356—365; Werner 365—373).

Werner, R.

1967 Das früheste Auftreten des Hunnennamens Yüe-ĉi und die Hephthaliten, *Jahrbücher für Geschichte Osteuropas* 15, 4 (1967) 487—558.

Wheeler, J.

1951 Taxila 1—3. Cambridge 1951.

White, L.

1962 Medieval Technology and Social Change. Oxford 1962.

White, W. C.

1939 Tomb Tile Pictures of Ancient China. Toronto 1939.

Widengren, G.

1959 La regalità sacra. Leiden 1959.

Wietersheim, E. K. von

1880/1881 Geschichte der Völkerwanderung 1—2. Leipzig 1880/1881². 2. Aufl. besorgt von Dahn, F.

Wikander, St.

1946 Feuerpriester in Kleinasien und Iran. Lund 1946.

Windischmann, Fr.

1858 Die persische Anahita oder Anaitis, *Abh. München* 8 (1858) 86—128.

Witsen, N. C.

1962 Noord en Oost Tartarye, hgg. von Rudenko, S. I. 1962.

Wittfogel, K. A. / Fêng, Chia-shêng

1949 History of Chinese Society. Liao. New York 1949.

Woestyne, P. van de

1950 Les scolies à la Thébaide de Stace, *L'antiquité classique* 19 (1950) 149 bis 169.

1953 La Périégèse de Priscien. Brügge 1953.

Wolff, F.

1935 Glossar zu Firdosis Schahname. Berlin 1935.

Wright, F. A. (Übers.)

1930 The Works of Liudprand of Cremona. London/New York 1930.

1933 St. Jerome. Select Letters. Cambridge/Mass. 1933.

Wright, W. (Übers.)

1882 The Chronicle of Joshua Stylites. Cambridge 1882.

Wünsch, R. (Hrsg.)

1903 Joannis Laurentii Lydi Liber de magistratibus populi Romani. Leipzig 1903.

Wurm, G. (Hrsg.)

1844 De rebus gestis Aetii dissertatio. Bonn 1844.

Yetts, W. P.

The George Eumorfopoulos Collection Catalogue of the Chinese and Corean Bronzes. London 1929/1932.

Zahn, R.
1911 Amtliche Berichte aus den Preussischen Kunstsammlungen. 1911.
Zabelina, N. N. / Rempel', L. N.
1948 Sogdijskij vsadnik. Taschkent 1948.
Zadneprovskij, Ju. A.
1956 Ob etničeskom sostave naselenija drevnej Fergany, *KSIIMK* 61 (1961) 39 bis 44.
1958 Gorodišče Šuraššabat, *KSIIMK* 71 (1958) 99—108.
1960 Archeologičeskie raboty v juznoj Kirgizii v 1957 godu, *KSIIMK* 78 (1960) 43—52.
1962 Drevnezemledel'českaja kul'tura Fergany, *MIA* 118 (1962).
Zalkind, N. G.
1952 Kraniologičeskie materialy s territorii drevnego Chorezma, *Tchor* 1 (1952) 197—204.
Zambaur, E. von
1927 Manuel de généalogie et chronologie pour l'histoire de l'Islam. Hannover 1927.
Zasetskaja, I. P.
1968 O chronologii pogrebenij epochi pereselenija narodov Nižnego Povolž'ja, *SA* 2 (1968) 52—62.
Zbrueva, A. V.
1952 Istorija naselenija Prikam'ja v anan'skuju epochu, *MIA* 30 (1952).
Zeest, I. B.
1951 Žilye doma drevnego Kimmerika, *KSIIMK* 37 (1951) 191—195.
1958 Raskopki Germonassy, *KSIIMK* 58 (1955) 114—121.
Zeiller, J.
1918 Des origines chrétiennes dans les provinces danubiennes de l'empire romain. Paris 1918.
1935 La lettre de Saint Jerôme aux Goths sunnia et Fretella, Comptes rendus de l'académie des inscriptions (1935) 238—250.
Zeiß, H.
1933 Ein hunnischer Fund aus dem Elsaß, *Germania* 17 (1933) 127 f.
1934 Die Grabfunde aus dem spanischen Westgotenreich. (Germanische Denkmäler der Völkerwanderungszeit, Bd. II.) Berlin/Leipzig 1934.
1938 Studien zu den Grabfunden aus dem Burgundenreich an der Rhone, *SB München* 7 (1938).
Zeuss, K.
1837 Die Deutschen und die Nachbarstämme. München 1837.
Zezenkova, V. Ja.
1961 Čerep iz Kyzyl-Kyra, *IMKU* 2 (1961) 302—306.
1963 Kraniologičeskij material iz mogil'nikov Bucharskoj oblasti, *IMKU* 4 (1963) 66—72.
Zgusta, L.
1955 Die Personennamen griechischer Städte der nördlichen Schwarzmeerküste. Prag 1955.
Ziegel, K.
1939 Die Thüringer der späten Völkerwanderungszeit im Gebiet östlich der Saale, *Jahresschrift für die Vorgeschichte der sächsisch-thüringischen Länder* 31 (Halle 1939).
Zimmer, E.
1947 Myth and Symbol in Indian Art and Civilization. New York 1947.
1956 The Philosophies of India. Berkeley/Los Angeles 1956.

Žirov, E. V.
1940 Ob iskusstvennoj deformacii golovy, *KSIIMK* 8 (1940) 81—88.
1949 Čerepa iz zoroastrijskich pogrebenij v srednej Azii, *SMAE* 10 (1949).
Zolotarev, I. M.
1957 Čerepa iz perejminskogo i kozlovskogo mogil'nikov (srednjaja Ob'), *MIA* 58 (1957) 246—250.
Zuev, Ju. A.
1960a K etničeskoj istorii usunej, *T Kaz* 8 (1960) 5—23.
1960b Tamgi lošadej iz vassal'nych knjažestv, *T Kaz* 8 (1960) 93—140.

STICHWORTVERZEICHNIS

Im Gegensatz zum Stichwortverzeichnis der amerikanischen Auflage habe ich das vorliegende nach folgenden Gruppen geteilt, wobei nur der Text, nicht aber die Fußnoteninhalte indiziert sind:

1. Personennamen
2. Völkernamen (Ethnika, Stämme, Sippen, Clans)
3. Geographische und topographische Namen
4. Sachen
5. Sprachliches

Die Abfassung des Index stand aus verschiedenen Gründen vor ungewöhnlichen Schwierigkeiten, die sich im einzelnen schwer erklären lassen; für Unzulänglichkeiten muß ich mich daher entschuldigen. So mußten bei Personennamen in jenen zahlreichen Fällen, wo Namen sich aus Titeln entwickeln, praktisch auch Titel hereingenommen werden. Sonstige finden sich in der Abteilung Sprachliches. Es war ferner nicht möglich, eine gänzliche Abgleichung aller Schreibweisen zu erreichen, weil dies einen Eingriff in das Manuskript bedeutet hätte, der nicht unter die Bearbeitungsaufgabe gefallen wäre, wie sie mir gestellt war. Etymologisches habe ich grundsätzlich, soweit identisch, zu den entsprechenden Rubriken gegeben. Die Abteilung Sprachliches habe ich, um eine zu große Aufsplitterung zu vermeiden, in große Gruppen gefaßt, z. B. alles Iranische oder alles Germanische jeweils zusammen. In Fällen, wo ein Begriff mehrsprachlich zusammengesetzt ist, findet es sich unter jener Sprache, die den ersten Teil der Zusammensetzung bildet. In vielleicht auch fachlich differierende Schreibweisen des Verfassers selbst konnte ich aus den oben genannten Gründen nicht eingreifen. Wie selbstverständlich ist unter C Vermißtes unter K zu suchen und umgekehrt. Griechisches ist nach dem lateinischen Lautwert inseriert. Im Griechischen fallweise fehlende Akzente und Spiritus sind im Urtext begründet.

Robert Göbl

PERSONEN

VÖLKER

GEOGRAPHISCHE UND TOPOGRAPHISCHE NAMEN

SACHEN

SPRACHLICHES

TAFELN

HERKUNFTSNACHWEIS UND WEITERE ANGABEN ZU DEN ABBILDUNGEN

(Die Beschreibung der Abbildungen wird nicht wiederholt. Bisweilen steht Ausführlicheres im Text, so z. B. die Maße.)

1 Nach Egami 1948, Tf. 4
2 Nach Solomonik 1957, Abb. 1
3 Nach *Narysy starodav'noj istorii Ukrains'koj RSR* 1957, 237
4 Nach Sun 1960, Abb. 17
5 Nach Rostovcev 1929, Tf. 11, 56
6 Biblioteca Marciana, Venedig. Nach Pletneva 1958, Abb. 25
7 Biblioteca Marciana, Venedig. Nach Pletneva 1958, Abb. 26
8 Privatsammlung, New York. Nach Ghirshman 1962, Abb. 314
9 Reichsmuseum Iran Bastan, Teheran. Nach Ghirshman 1962, Abb. 248
10 Eremitage, Leningrad. Nach *Survey*, Tf. 217
11 Nach *Chersonesskij sbornik* 1927, Abb. 21, 1a und 1b (Umzeichnung: R. G.)
12 Nach *Chersonesskij sbornik* 1927, Abb. 21, 7a und 7b (Umzeichnung: R. G.)
13 Nach Werner 1956, Tf. 58, 4
14 Nach Werner 1956, Tf. 1
15 Louvre, Paris. Nach Ghirshman 1962, Tf. 91
16 Nach Aspelin 1877, Nr. 327
17 Nach Kondakov/Tolstoj 1889, 3, Abb. 49
18 Nach Alföldi 1932, Abb. 2 (Umzeichnung: R. G.)
19 Nach Aukt. Kat. XIV Münzen Medaillen / H. H. Kricheldorf / Stuttgart (1964), Nr. 383. Münzstätte Constantinopolis
20 Nach Aukt. Kat. XIV Münzen Medaillen / H. H. Kricheldorf / Stuttgart (1964), Nr. 385. Münzstätte Treveri
21 Nach Liste 334 Münzen und Medaillen A. G. / Basel (1972), Nr. 41. Münzstätte Constantinopolis
22 Nach Aukt. Kat. XIV Münzen Medaillen / H. H. Kricheldorf / Stuttgart (1964), Nr. 392. Münzstätte Constantinopolis
23 Nach Aukt. Kat. Slg. Apostolo Zeno / Dorotheum / Wien (1956), Nr. 2416. Münzstätte Ravenna
24 Aufnahme (nach Abguß) mit freundlicher Genehmigung des Deutschen Archäologischen Instituts in Rom
25 Nach Sinicyn 1936, Abb. 4
26 Nach Minaeva 1927, Tf. 2, 11
27 Nach Paulovics 1940, Tf. 17
28 Aufnahme mit freundlicher Genehmigung des Staatlichen Historischen Museums, Moskau
29—31 Nach Minaeva 1956, Abb. 12
32 Nach Dračuk 1967, Abb. 1
33 Herkunft und Quelle fehlen im Manuskript. (Hrsg.)
34 Nach Sinicyn 1956b, Abb. 11
35 Nach Morintz 1959, Abb. 7
36 Aufnahme (nach Druck) mit freundlicher Genehmigung der Akademija Nauk Kazachskoj SSR
37 Nach Thomas 1956, 291
38 Aufnahme mit freundlicher Genehmigung des Rheinischen Museums (Bildarchiv), Köln

39 Nach Werner 1956, Tf. 31, 2
40 Nach Werner 1956, Tf. 6, 8
41 Nach Ebert 1921, Tf. 41a
42 Nach Werner 1956, Tf. 29, 8 (Originalfoto mit freundlicher Genehmigung von J. Werner)
43/44 Nach *IAK* 16 (1905), Abb. 3, a und b
45 Nach Sinicyn 1936, Abb. 10
46 Nach Trever 1959, 167, Abb. 18
47 Nach *IAK* 16 (1905), Abb. 2
48 Nach *Altschlesien* 9 (1940), Tf. 14
49 Nach Alföldi 1932, Abb. 6
50 Nach Werner 1956, Tf. 27, 10
51 Nach Thomas 1956, 293
52 Nach Fettich 1940, Tf. 11
53 Nach Nestor/Nicolăescu-Plopşor 1937, Tf .3, a und b
54 Nach Takáts 1959, Abb. 1
55 Nach Polevoj 1965, Tf. 53
56 Aufnahme mit freundlicher Genehmigung des Staatlichen Historischen Museums, Moskau
57 Nach Fettich 1953, Tf. 36, 4
58 Nach Polivanova 1890, Tf. 1
59 Nach Takáts 1955, Abb. 1, a und b
60 Nach Mitrea 1961, Abb. 1 und 2
61 Nach Nestor/Nicolăescu-Plopşor 1937, Tf. 39, 2
62 Nach Nestor/Nicolăescu-Plopşor 1937, Tf. 39, 1
63 Nach Alföldi 1932, Abb. 5
64 Nach Hampel 1897, Abb. 1
65 Nach Levina 1966, Abb. 7, 37 und 38
66 Nach Umehara 1960, 37
67 Nach Tolstov 1948, Abb. 74a
68 Nach Bernštam 1951a, Abb. 12
69 Nach Takáts 1955, Abb. 13, a bis d
70 Nach Appelgren-Kivalo 1931, Abb. 85
71 Nach Dévlet 1965, Abb. 6
72 Nach Government General Museum of Chosen 1933, *Museum Exhibits Illustrated V*
73 Nach L. Vandermeersch, *Les miroirs de bronze du musée de Hanoi*, Publications de l'École Française d'Extrême-Orient 46 (Paris 1960), 15, Nr. 1400, Tf. 10 unten (Abreibung)
74 Nach Ebert 1921, Tf. 40
75 Nach Lo-yang ching 1959, 80
76 Nach Umehara 1931, Abb. 7
77 Nach Lo-yang ching 1959, 82
78 Nach Eisner 1933, Abb. 2, 7
79 Nach Guščina 1962, Abb. 2, 5
80 Eremitage, Leningrad. Nach Umehara 1938, 55
81 Nach Berchin 1961, Abb. 2, 2
82 Nach Chazanov 1963, Abb. 4, 9
83 Nach Chazanov 1963, Abb. 4, 8
84 Nach Chazanov 1963, Abb. 4, 6
85 Nach Vinogradov 1963, Abb. 27
86 Nach Rau 1926, Abb. 1a

87 Nach Rykov 1925, 68
88 Nach Sinicyn 1960, Abb. 18, 1 (Umzeichnung: R. G.)
89 Nach Rau 1927, Abb. 22b
90 Nach Solomonik 1959, Abb. 6
91 Nach Werner 1956, Tf. 33, 2
92 Nach Werner 1956, Tf. 33, 1
93 Nach Werner 1956, Tf. 33, 4
94 Nach Petri 1928, Abb. 39
95 British Museum, London. Aufnahme G. Azarpay

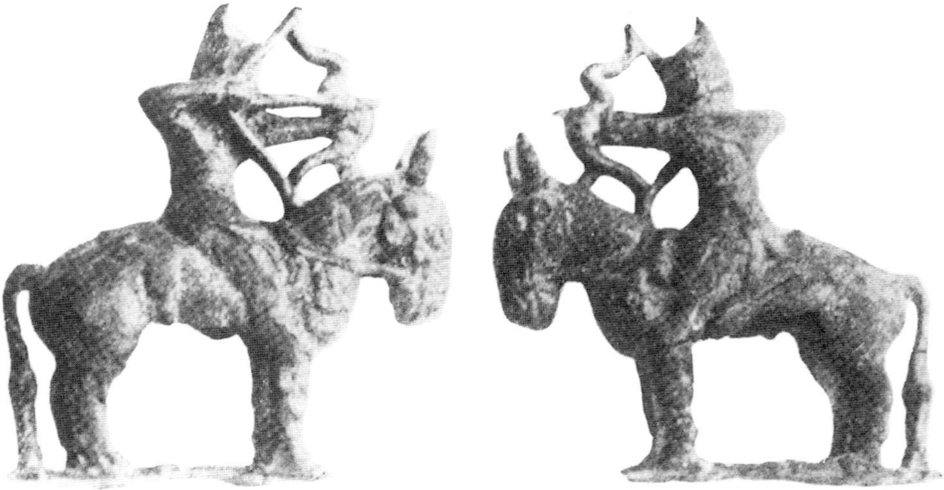

1 Reiter auf „krummköpfigem“ Pferd (Seitenansichten). Ordosbronze

2 Grabstele aus Theodosia (Krim): Der Verstorbene auf Pferd mit sarmatischem Tamga (1.—3. Jh. n. Chr.)

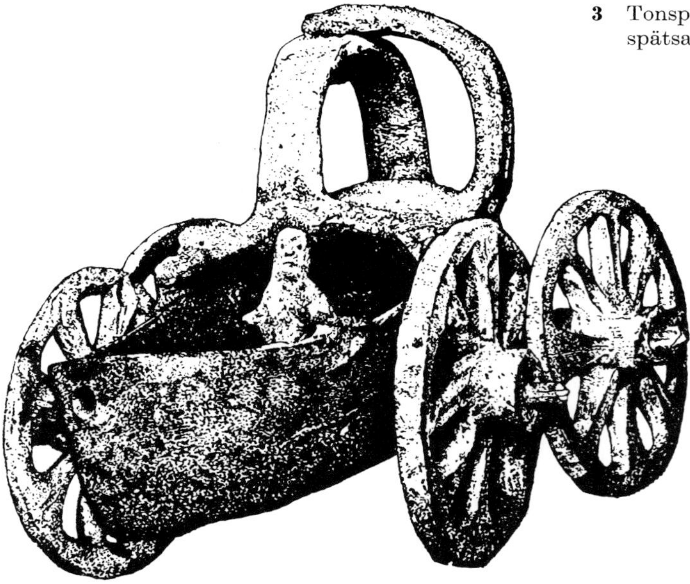

3 Tonspielzeug aus Kerč: Wagen spätsarmatischen Typs

4 Bronzeplatte vom Wu-huan-Gräberfeld in Hsin-ch'a-kou: Zweirädriger Wagen

5 Bronzeplatte aus Sui-yüan: Mann mit Ringgriffschwert vor Wagen mit drei Pferden

6 Miniaturmalerei aus dem Radziwill-Manuskript: Zelte auf Kumanenwagen

7 Miniaturmalerei aus dem Radziwill-Manuskript: Zelte auf Kumanenwagen, darin Menschen

8 Sāsānidische Silberschale (Detail)

9 Sāsānidische Silberschale aus Sari (Detail), Iran

10 Sogdische Silberschale (nachsāsānidisch) aus Kulagyš (UdSSR)

11 Hase aus Bergkristall (3. Jh. n. Chr.), Chersones

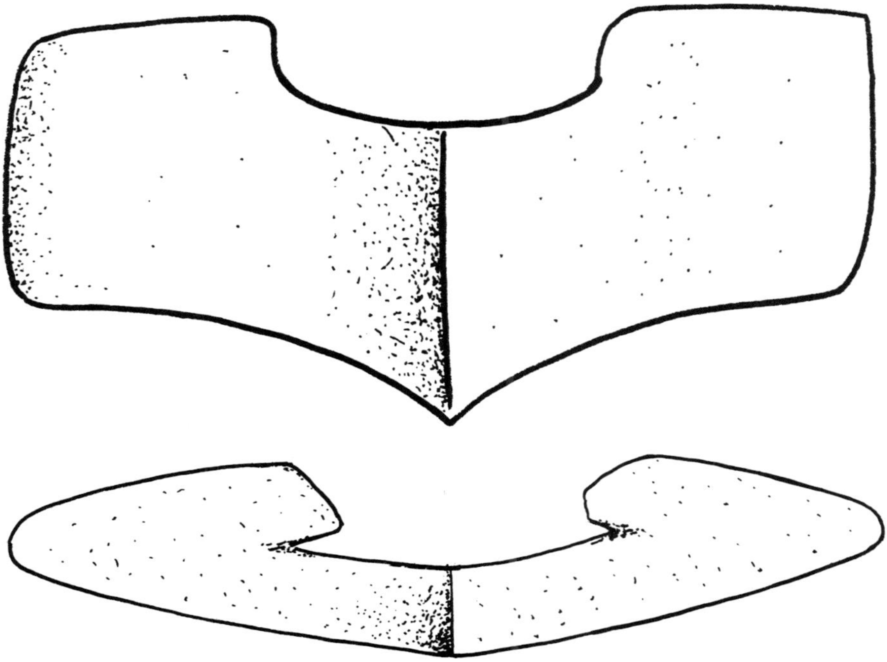

12 Querstück (Achat) eines Schwertgriffs (Seiten- und Draufsicht), 3. Jh. n. Chr., Chersones

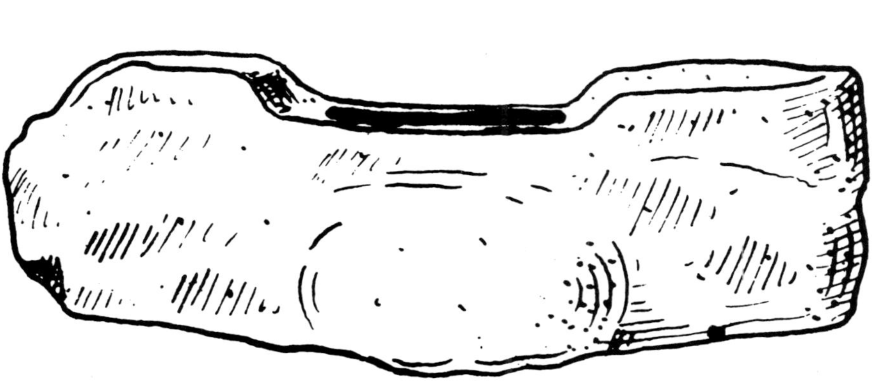

13 Querstück (Lapislazuli) vom Griff des Schwertes von Altlußheim b. Mainz

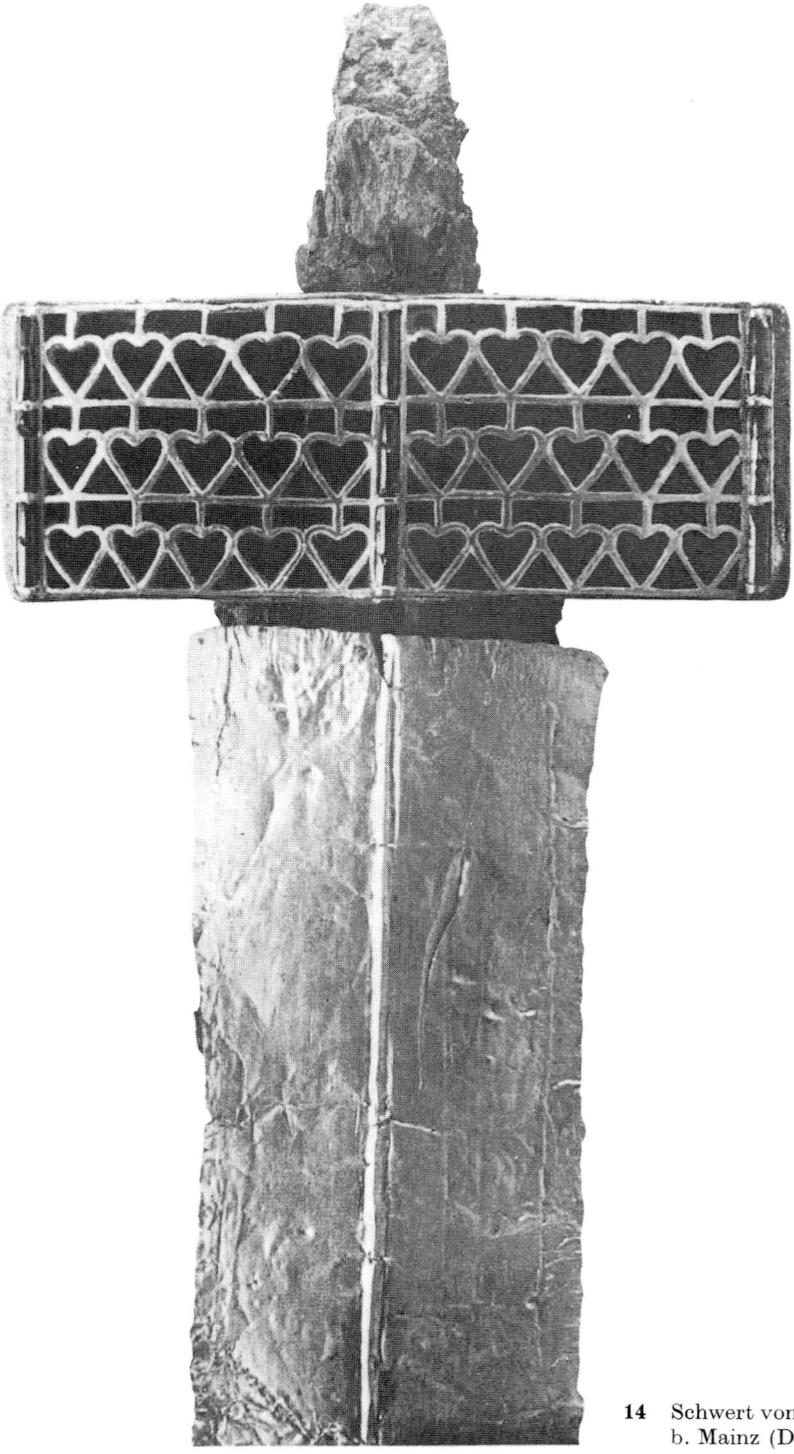

14 Schwert von Altlußheim b. Mainz (Detail)

15 Steinrelief aus Palmyra (3. Jh. n. Chr.)

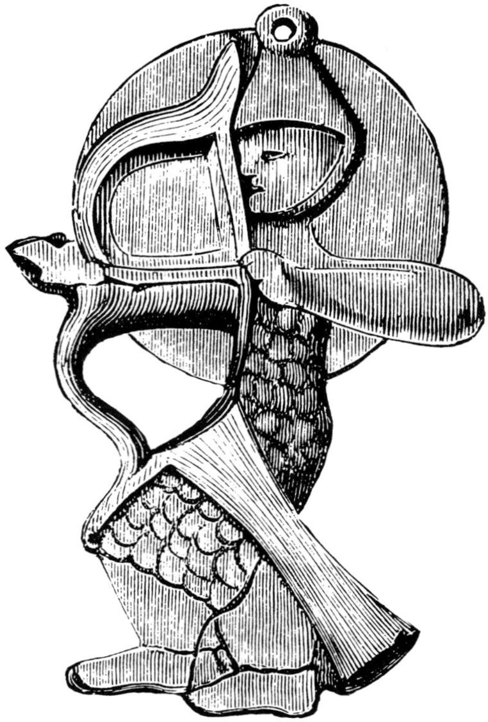

16 Bronzeanhänger von Barnaul (Altai): Bogenschütze im Schuppenpanzer, mit konischem Helm und stundenglasförmigem Köcher (4. Jh. n. Chr.)

17 Goldanhänger aus Westsibirien: Zwei berittene Bogenschützen im Schuppenpanzer

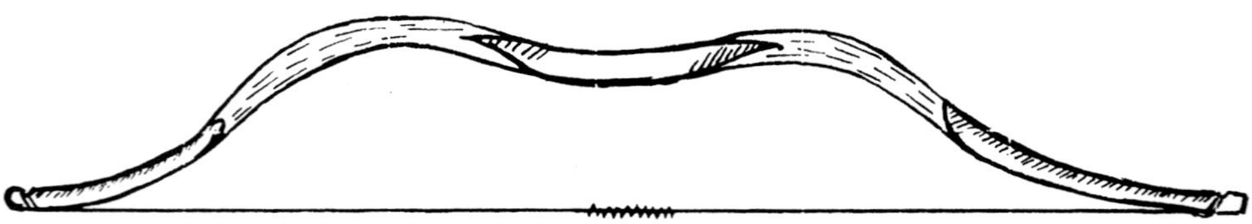

18 Rekonstruktion eines hunnischen Kompositbogens

19 20 21 22 23

19—23 Solidi (Gold) römischer Kaiser: Valens (364—378); Gratianus (367—383); Theodosius I. (379—395); Theodosius II. (402—450); Valentinianus III. (424—455)

24 Traianssäule in Rom (Detail): Sarmate aus dem Roxolanenstamm im Schuppenpanzer (2. Jh. n. Chr.)

25 Goldblech von Pokrovsk-Voschod: Menschliche Maskenköpfe

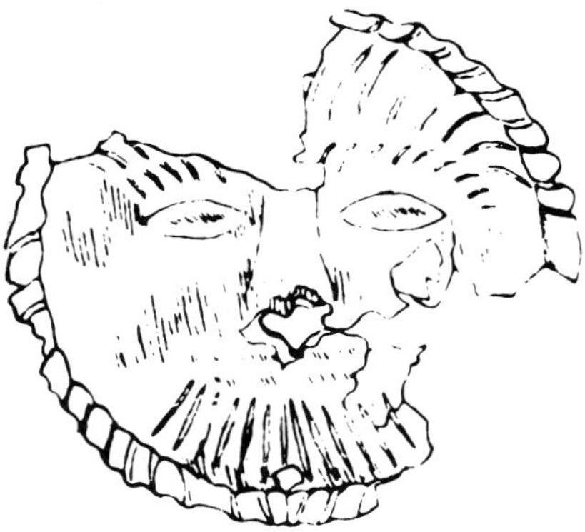

26 Bronzephalera von Pokrovsk: Menschlicher Maskenkopf (Silberblechpressung)

27 Bronzebeschläge eines Holzbehälters aus Intercisa (Dunaújváros, Ungarn) mit menschlichen Maskenköpfen

28 Tonkopf aus Transkaukasien: Skythe

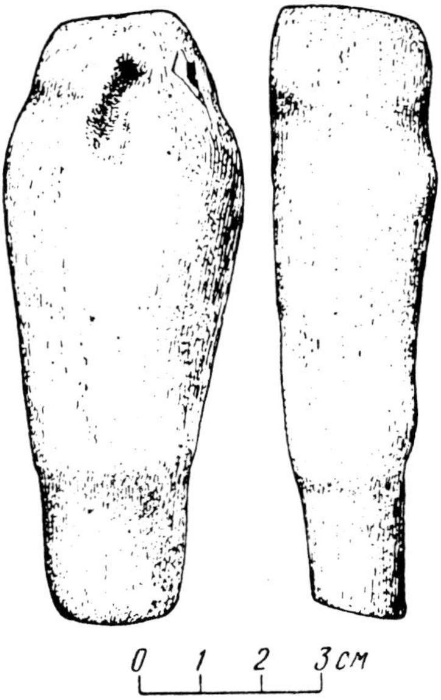

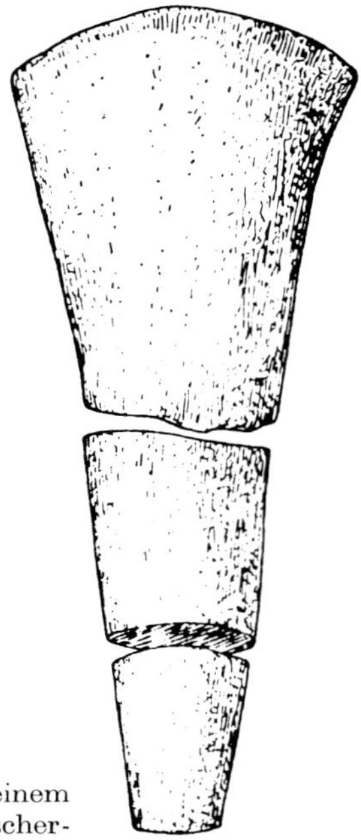

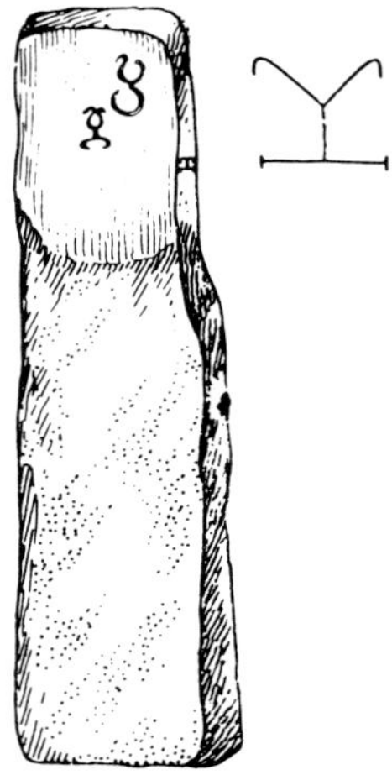

32 Steinstele von Zadzrost' (ehem. Ostgalizien) mit sarmatischen Tamgas (zwei vorne; eines seitlich)

29—31 Zwei Eidola (Kreide) aus einem Alanengrab in Bajtal Čapkan (Tscherkessien), 5. Jh. n. Chr., wobei Abb. 30 Seitenansicht von Abb. 29

33 Flaches Bronzeamulett sarmatischen Typs: Ithyphallischer Mann

34 Stele (Sandstein) von Tria Brata (Kalmückensteppe); oberes Drittel: Menschlicher Kopf

35 Eidolon (Kreide) aus einem spätsarmatischen Grab in Focşani (Rumänien); oberer Teil: Menschlicher Kopf

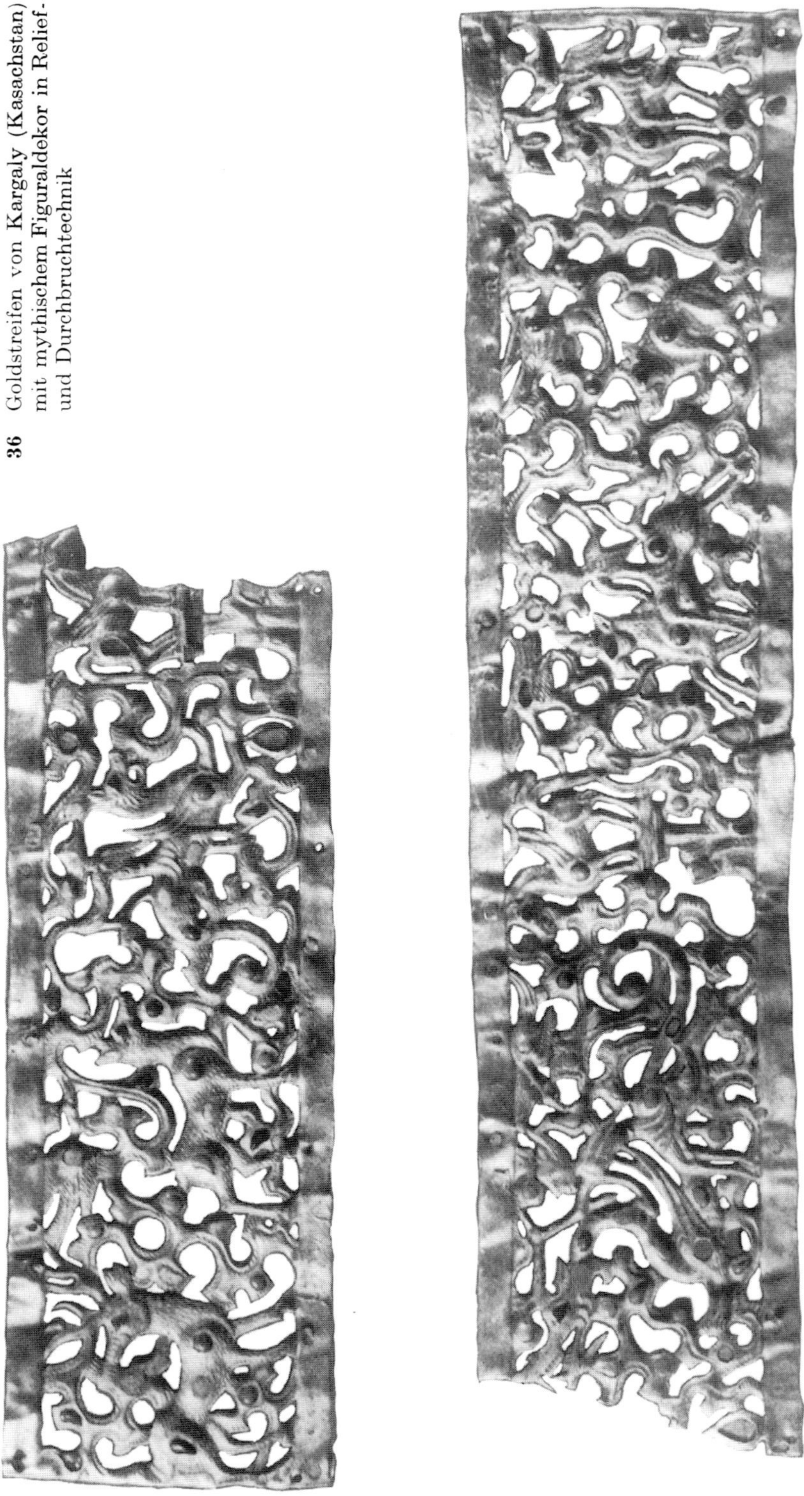

36 Goldstreifen von Kargaly (Kasachstan) mit mythischem Figuraldekor in Relief- und Durchbruchtechnik

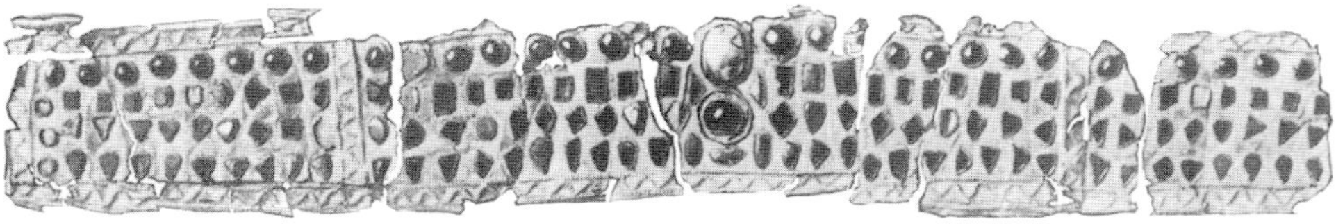

37 Hunnisches Diadem von Csorna (Westungarn): Goldblech mit Dekor aus Almandin und rotem Glas, ursprünglich über Bronzereifen montiert

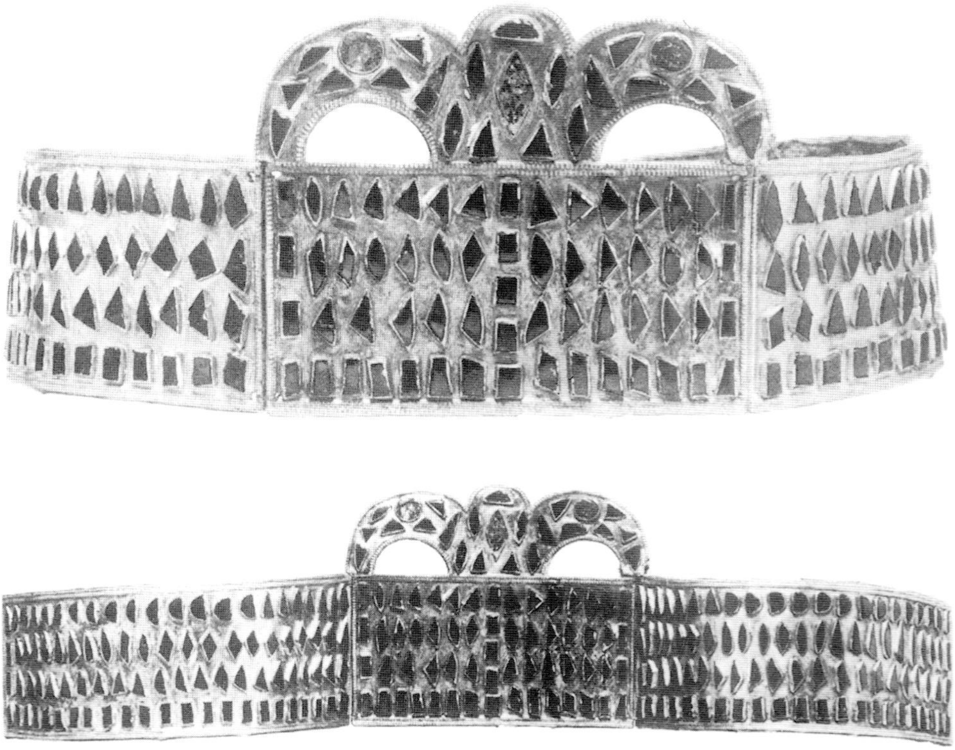

38 Hunnisches Diadem von Kerč: Goldblech mit Dekor aus grünem Glas und Almandinen auf Bronzeblech montiert (in drei Ansichten)

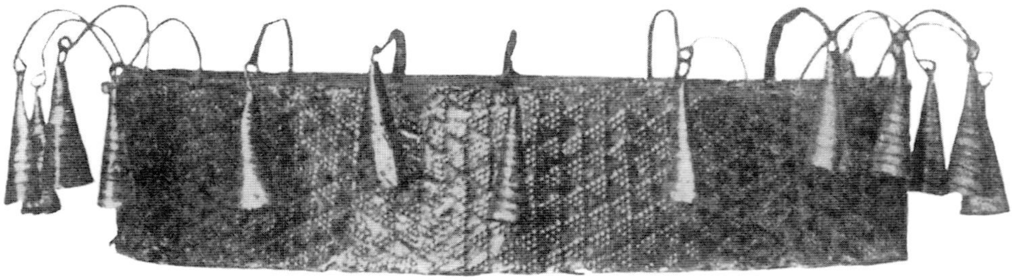

39 Stirnreif von Kara-Agač (Zentralkasachstan): Goldblech mit konischen Glöckchen an Bronzehaken, auf Bronzeblech montiert

40 Hunnisches Diadem von Šipovo (NW-Kasachstan): Dünnes Bronzeblech, auf Bronzeplatten montiert, mit konvexen Glaseinsätzen

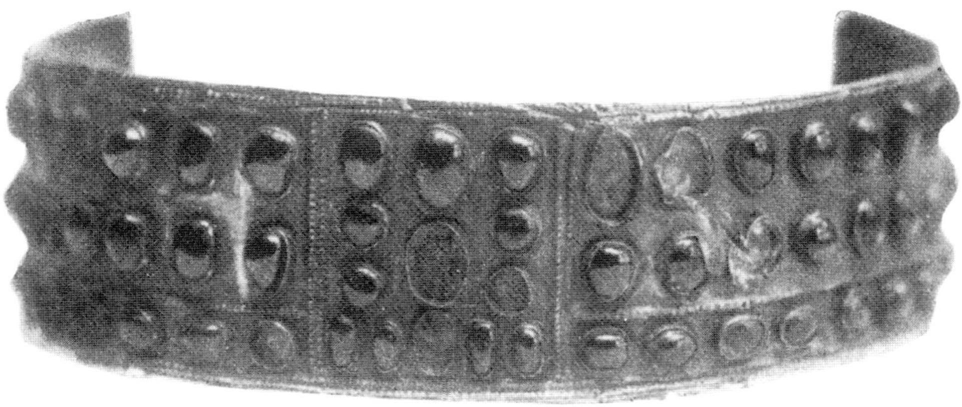

41 Hunnisches Diadem von Dehler an der Berezovka (unteres Wolgagebiet): Goldblech mit konvexen Almandinen, auf Bronzeplatten montiert

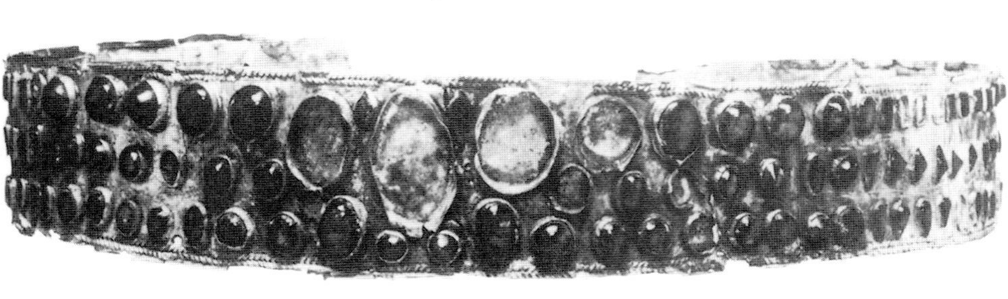

42 Hunnisches Diadem von Tiligul' (Südrußland)

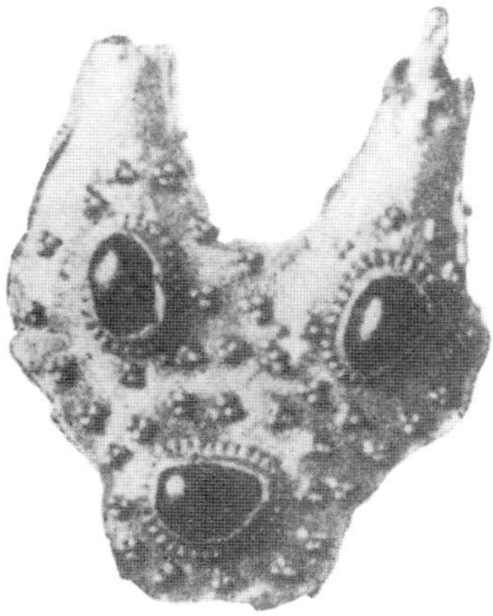

43/44 Goldene Ohrringe von Kara-Agač (Zentralkasachstan)

45 Silberner Ohrring von Pokrovsk mit Almandinen und Granaten

46 Goldener Ohrring aus Kalagya (kaukasisches Albanien)

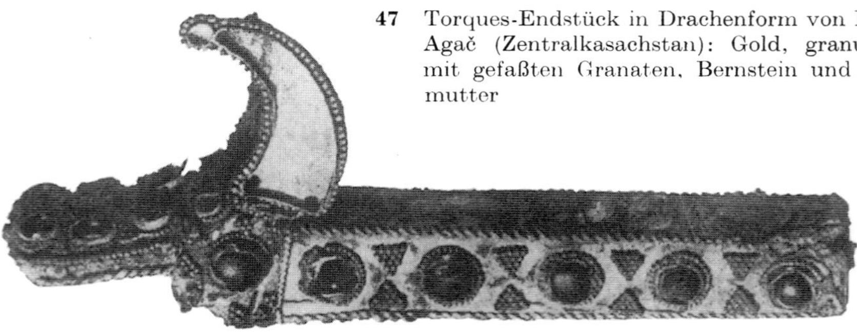

47 Torques-Endstück in Drachenform von Kara-Agač (Zentralkasachstan): Gold, granuliert, mit gefaßten Granaten, Bernstein und Perlmutter

48 Griff-Fragment eines hunnischen Bronzekessels von Benešov (Tschechoslowakei)

49 Wandfragment eines hunnischen Bronzekessels von Intercisa (Dunaújváros, Ungarn)

50 Hunnischer Bronzekessel von Jędrzychowice (Höckricht, Oberschlesien, Polen)

51 Hunnischer Bronzekessel von Törtel (Ungarn)

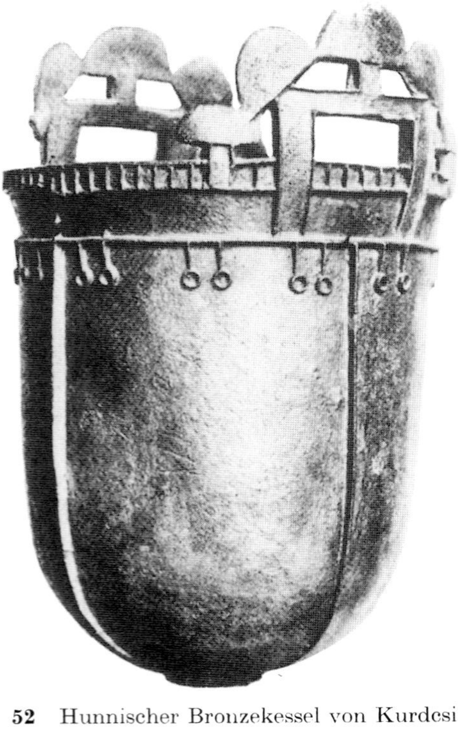

52 Hunnischer Bronzekessel von Kurdcsibrák (Ungarn), zwei Ansichten

53 Hunnischer Bronzekessel vom Desa-See (Rumänien), zwei Ansichten

54 Hunnischer Bronzekessel von Bánta-puszta (Ungarn)

55 Hunnischer Bronzekessel von Šestači (Moldauische SSR)

56 Bronzekessel vom See Teleckoje (Hochaltai, UdSSR)

57 Bronzekessel von Ivanovka (UdSSR)

58 Bronzekessel vom Osoka-Bach (Uljanovsk-Gebiet, UdSSR)

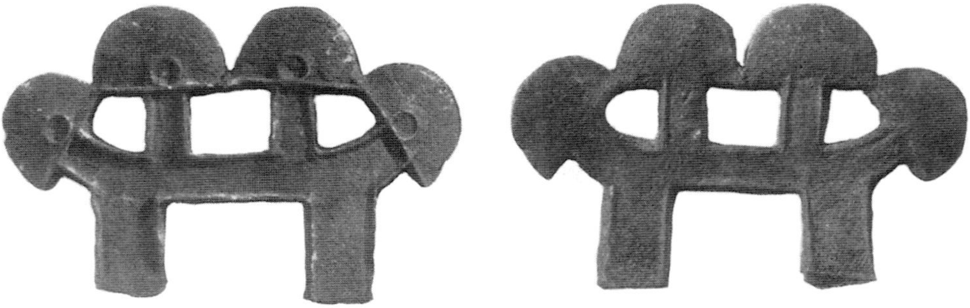

59 Griff-Fragment eines hunnischen Bronzekessels, angeblich vom „katalaunischen Schlachtfeld“ (Vorder- und Rückansicht)

60 Griff-Fragment eines hunnischen Bronzekessels vom Motiştea-See (Rumänien)

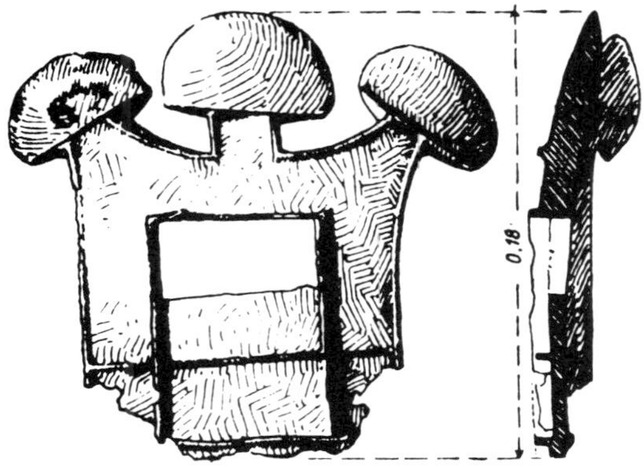

61 Griff-Fragment eines hunnischen Bronzekessels aus West-Oltenien (Rumänien)

62 Griff-Fragment eines hunnischen Bronzekessels aus einem See bei Hotărani (Rumänien)

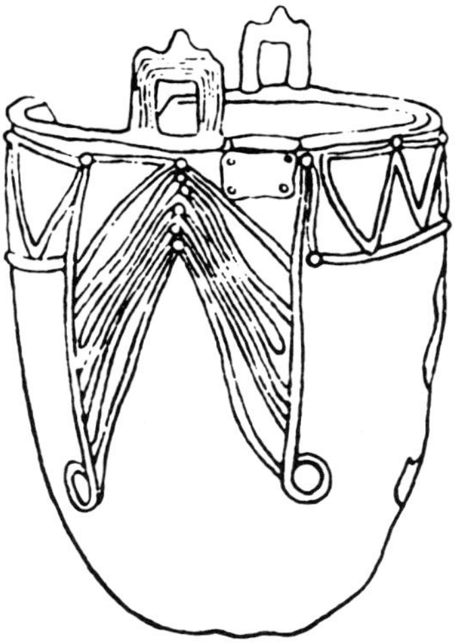

63 Bronzekessel von Solikamsk (Perm'-Gebiet, UdSSR)

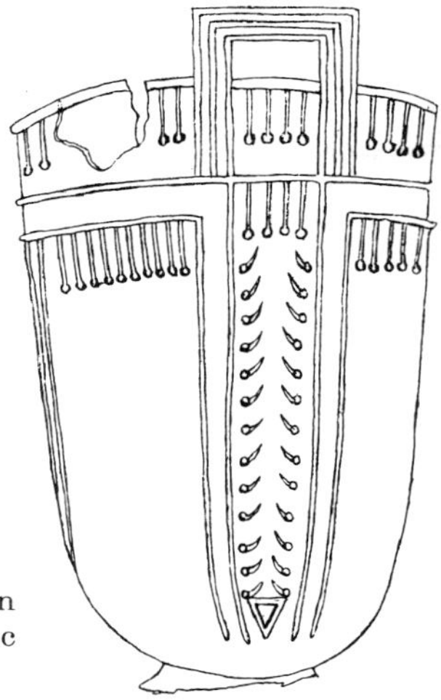

64 Bronzekessel von Verchnij Konec (UdSSR)

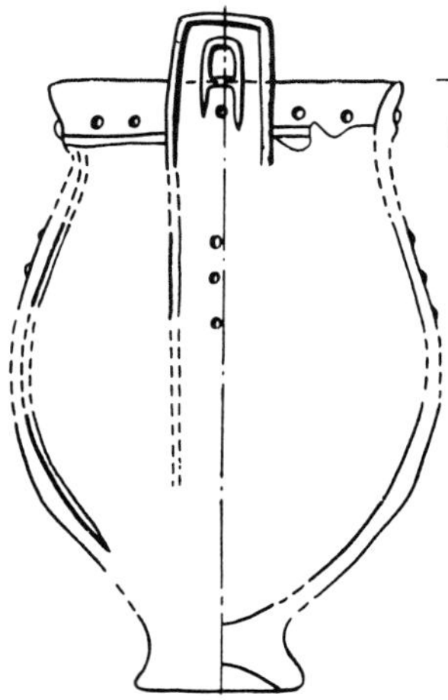

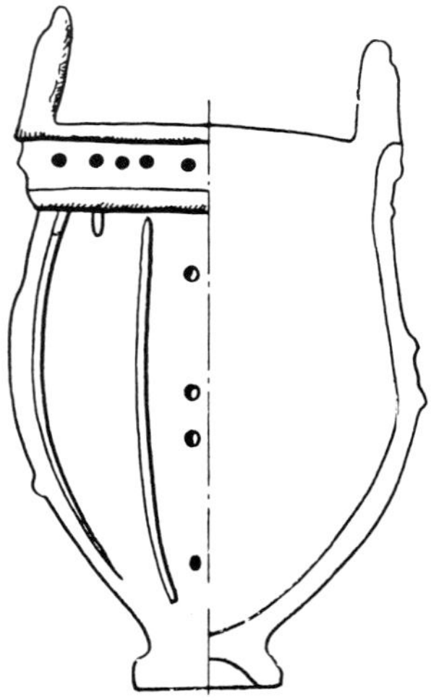

65 Ton-Nachahmung eines hunnischen Kessels des Typus Verchnij Konec von Altyn-Asar (Kasachstan)

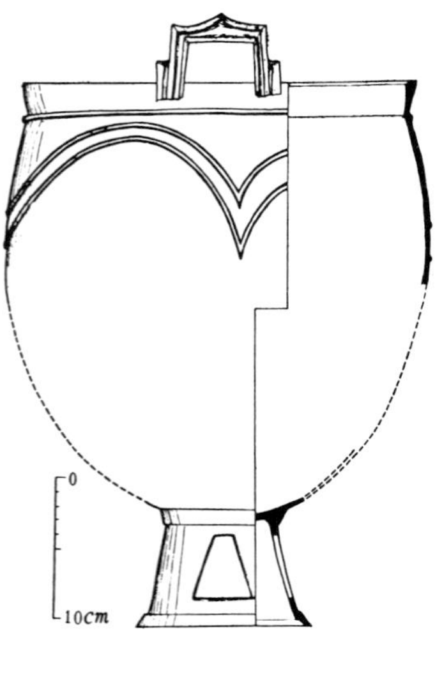

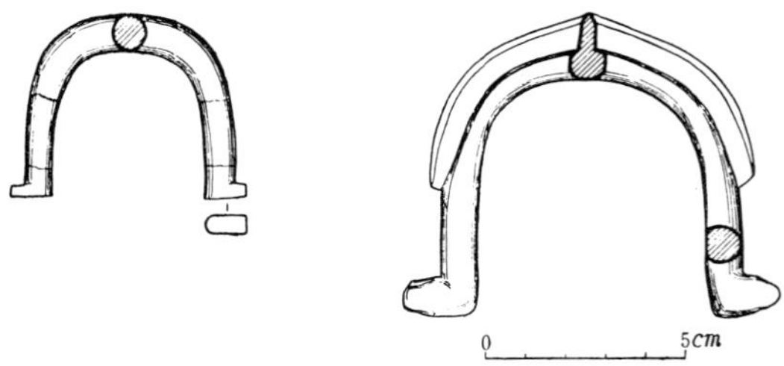

66 Bronzekessel aus Hsiung-nu-Gräbern von Noin Ula und vom Kiran-Fluß

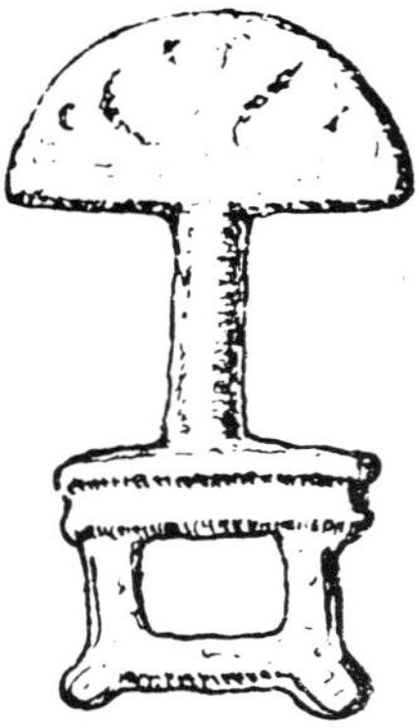

67 Griff-Fragment eines Bronzekessels von Narindžan-baba (UdSSR)

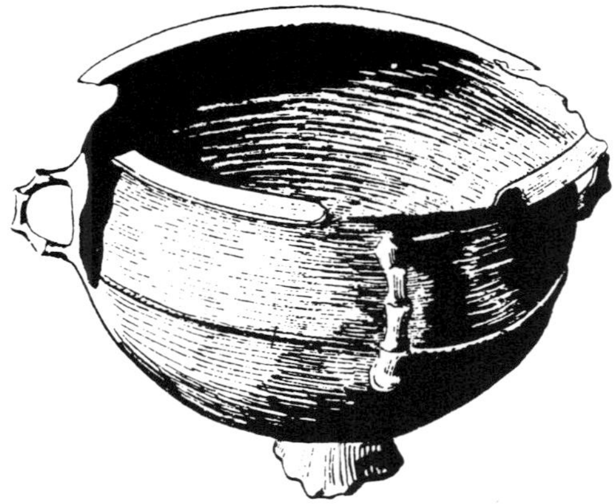

68 Bronzekessel von Borovoje (Nordkasachstan)

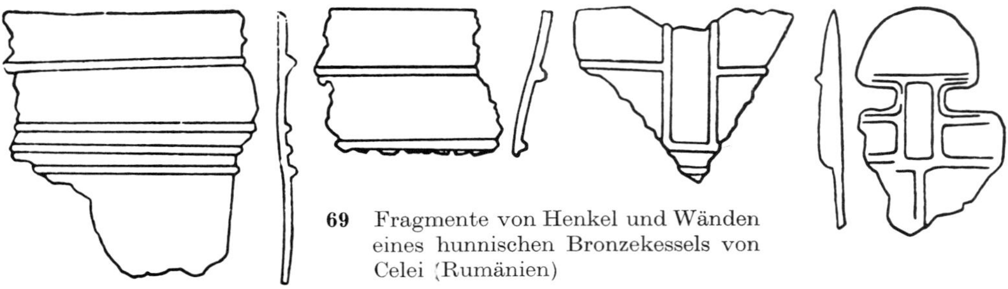

69 Fragmente von Henkel und Wänden eines hunnischen Bronzekessels von Celei (Rumänien)

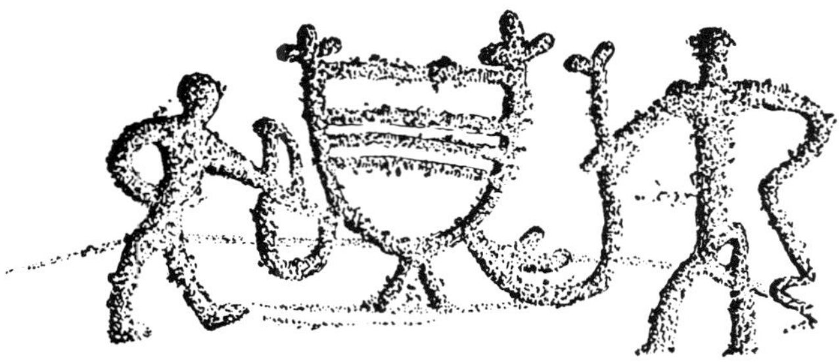

70 Kesseldarstellung auf einem Felsbild (Detail) von Pisannaja Gora (Minussinsk-Gebiet)

71 Kesseldarstellungen auf einem Felsbild von Bol'šaja Bojarskaja Pisanica (Minussinsk-Gebiet)

72 Keramikgefäß vom sog. Goldglockengrab in Kyongju (Korea) in Gestalt eines Pferdes mit Reiter als Beispiel für die Transportweise von Kesseln durch die Nomaden

73 Chinesischer TLV-Spiegel (Bronze) aus der Mitte der späteren Han-Zeit (erste Hälfte des 2. Jhs. n. Chr.)

74 Chinesischer Spiegel (Bronze) der Han-Zeit vom Torgun-Fluß (Wolgagebiet)

75 Kleiner Bronzespiegel aus Lo-yang (Westchina)

76 Nachahmung eines chinesischen TLV-Spiegels (Bronze) von Lou-lan (Westchina)

77 Kleiner Bronzespiegel mit vereinfachtem Dekor von Lo-yang (Westchina)

78 Bronzespiegel von Kosino (Slowakei)

79 Bronzespiegel ähnlich dem Typus von Abb. 88 (Taf. XXVII), aber mit Zapfen für Griffbefestigung

80 Bronzespiegel von Možary (Wolgograd-Gebiet, UdSSR)

81 Sarmatische Nachahmung eines chinesischen Spiegels von Norka (unteres Wolgagebiet)

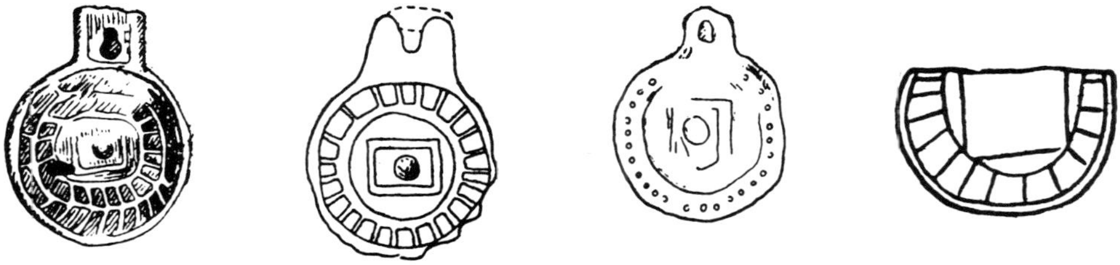

82—85 Bronzespiegelanhänger: Von Berežnovka am unteren Jeruslan (UdSSR); von Tria Brata (Kalmückensteppe); vom unteren Wolgagebiet; von Alkhastə (NW-Kaukasus)

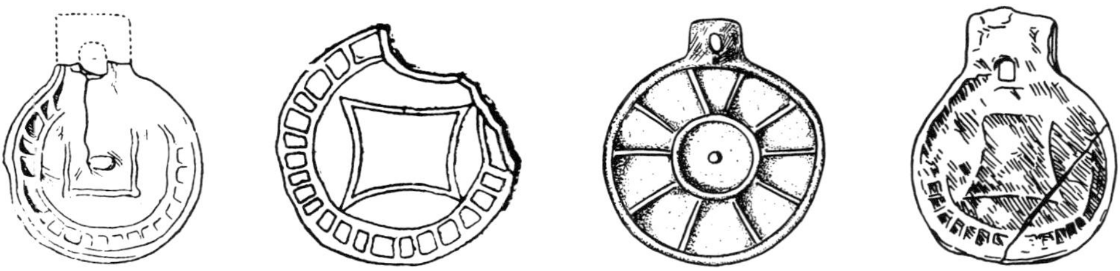

86—89 Zwei Bronzespiegelanhänger von Susly (frühere Deutsche Wolgarepublik, UdSSR); sarmatische Bronzescheibe in Form eines Spiegelanhängers des zwischen Wolga und Donau verbreiteten Typus; Bronzespiegelanhänger von Alt-Weimar (frühere Deutsche Wolgarepublik)

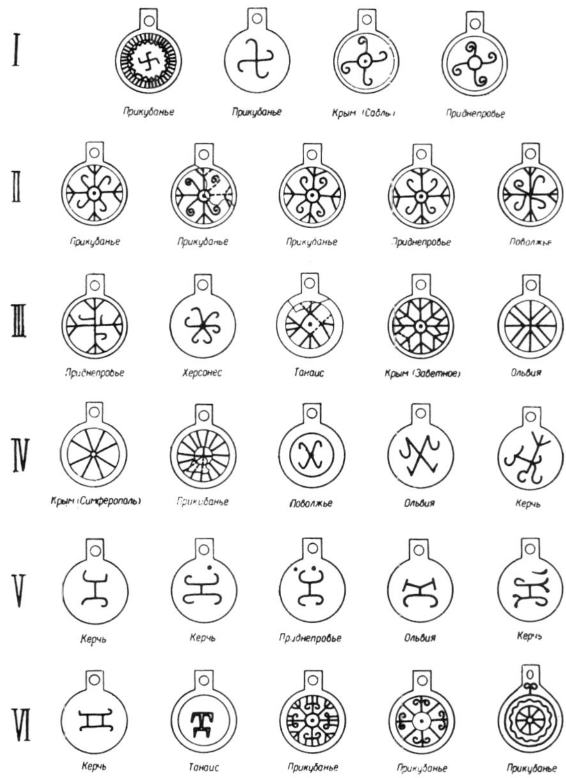

90 Bronzespiegelanhänger des zwischen Dnjepr und Wolga verbreiteten Typus

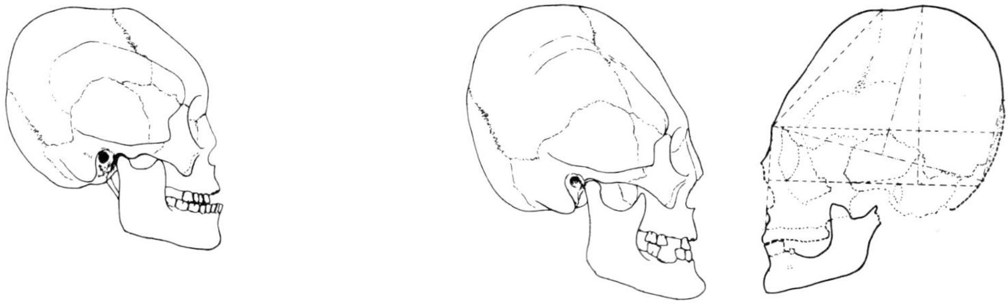

91—93 Drei artifiziell deformierte Schädel. **91** und **92**: Von Tsjung-Tipä am Talas (Kasachstan); **93**: Von Obermöllern (Sachsen)

94 Kleine Bronzeapplike eines Reiters mit starken Backenknochen und Vollbart von Troickovavsk (Transbaikalien)

95 Bronzeapplike eines europäiden Kriegers mit weitgeöffneten Augen und mit Schnurrbart

DIÖZESEN UND PROVINZEN
DES RÖMISCHEN REICHES
5. Jahrhundert n. Chr.

DIÖZESEN IN FETTER TYPE, z. B. D. DACIAE
PROVINZEN IN MAGERER TYPE, z. B. DALMATIA